BECK'SCHE TEXTAUSGABEN

Bayerische Bauordnung

# Bayerische Bauordnung

und ergänzende Bestimmungen

TEXTAUSGABE
mit Verweisungen und Sachverzeichnis

46. Auflage
Stand: 1. April 2025

C.H.BECK

**beck.de**

ISBN 978 3 406 83733 3


Wilhelmstraße 9, 80801 München
info@beck.de
Satz, Druck und Bindung: Druckerei C.H.Beck Nördlingen
(Adresse wie Verlag)
Umschlag: Druckerei C.H.Beck Nördlingen

myclimate
shape our future

chbeck.de/nachhaltig
produktsicherheit.beck.de

# Inhaltsverzeichnis

# Abkürzungsverzeichnis

| | |
|---|---|
| AG | Ausführungsgesetz |
| AGBGB | Gesetz zur Ausführung des Bürgerlichen Gesetzbuchs und anderer Gesetze |
| AllMBl. | Allgemeines Ministerialblatt |
| AMBl. | Amtsblatt des Bayer. Staatsministeriums für Arbeit und Sozialordnung |
| Art. | Artikel |
| BauKaG | Baukammerngesetz |
| BauPrüfV | Bautechnische Prüfungsverordnung |
| BauVorlV | Bauvorlagenverordnung |
| BayAbgrG | Bayerisches Abgrabungsgesetz |
| BayBO | Bayerische Bauordnung |
| BayBSVA | Bereinigte Sammlung der Verwaltungsvorschriften des Bayer. Staatsministeriums für Arbeit und soziale Fürsorge |
| BayBSVFin | Bereinigte Sammlung der bayerischen Finanzverwaltungsvorschriften |
| BayBSVI | Bereinigte Sammlung der Verwaltungsvorschriften des Bayer. Staatsministeriums des Innern |
| BayBSVJu | Bereinigte Sammlung der bayerischen Justizverwaltungsvorschriften |
| BayBSVK | Bereinigte Sammlung der Verwaltungsvorschriften des Bayer. Staatsministeriums für Unterricht und Kultus |
| BayBSVWV | Bereinigte Sammlung der Verwaltungsvorschriften des Bayer. Staatsministeriums für Wirtschaft und Verkehr |
| BayDSchG | Bayerisches Denkmalschutzgesetz |
| BayRS | Bayerische Rechtssammlung, Gliederungsnummer |
| BayStrWG | Bayerisches Straßen- und Wegegesetz |
| BayTB | Bayerische Technische Baubestimmungen |
| BayWG | Bayerisches Wassergesetz |
| Bek. | Bekanntmachung |
| BGB | Bürgerliches Gesetzbuch |
| BGBl. I, II | Bundesgesetzblatt Teil I bzw. Teil II |
| BGHZ | Entscheidungen des Bundesgerichtshofes in Zivilsachen |
| BStättV | Beherbergungsstättenverordnung |
| BVwGE | Amtliche Sammlung der Entscheidungen des Bundesverwaltungsgerichts |
| DBauV | Digitale Bauantragsverordnung |
| EG | Einführungsgesetz |
| EltBauV | Verordnung über den Bau von Betriebsräumen für elektrische Anlagen |
| FeuV | Feuerungsverordnung |
| FMBl. | Amtsblatt des Bayer. Staatsministeriums der Finanzen |
| FStrG | Bundesfernstraßengesetz |

## Abkürzungsverzeichnis

| | |
|---|---|
| GaStellV ........ | Verordnung über den Bau und Betrieb von Garagen sowie über die Zahl der notwendigen Stellplätze |
| GewO ........... | Gewerbeordnung |
| GG ............... | Grundgesetz für die Bundesrepublik Deutschland |
| GMBl. ........... | Gemeinsames Bundesministerialblatt |
| GVBl. ........... | Bayerisches Gesetz- und Verordnungsblatt |
| idF ............... | in der Fassung |
| JMBl. ............. | Bayerisches Justizministerialblatt |
| KG ............... | Vollzug des Kostengesetzes |
| KVz ............... | Kostenverzeichnis |
| LMBl. ........... | Amtsblatt des Bayer. Staatsministeriums für Ernährung, Landwirtschaft und Forsten |
| LStVG ........... | Landesstraf- und Verordnungsgesetz |
| LUMBl. .......... | Amtsblatt des Bayer. Staatsministeriums für Landesentwicklung und Umweltfragen |
| LuftVG .......... | Luftverkehrsgesetz |
| MABl. ........... | Ministerialamtsblatt der Bayerischen Inneren Verwaltung |
| MB .............. | Ministerialbekanntmachung |
| ME .............. | Ministerialentschließung |
| Nr. ............... | Nummer |
| PrüfVBau ........ | Verordnung über die Prüfingenieure, Prüfämter und Prüfsachverständigen im Bauwesen |
| RGBl. I .......... | Reichsgesetzblatt Teil I |
| S. .................. | Seite |
| StAnz. ........... | Bayerischer Staatsanzeiger |
| StGB ............. | Strafgesetzbuch |
| SVBau ........... | Sachverständigenverordnung – Bau |
| VAwS ............ | Anlagenverordnung |
| VGH n. F. Bd. ... | Amtliche Sammlung der Entscheidungen des Bayerischen Verwaltungsgerichtshofes, neue Folge |
| VkV .............. | Verkaufsstättenverordnung |
| VO ............... | Verordnung |
| VStättV .......... | Versammlungsstättenverordnung |
| WHG ............ | Wasserhaushaltsgesetz |
| WVMBl. ......... | Amtsblatt des Bayer. Staatsministeriums für Wirtschaft und Verkehr |
| ZustVBau ....... | Zuständigkeitsverordnung im Bauwesen |

# *A. Bauordnung und Vollzugsvorschriften*

## 1. Bayerische Bauordnung (BayBO)[1)]

in der Fassung der Bekanntmachung vom 14. August 2007[2)]
(GVBl. S. 588)

**BayRS 2132-1-B**

zuletzt geänd. durch § 4 Zweites ModernisierungsG Bayern v. 23.12.2024 (GVBl. S. 619)

**Nichtamtliche Inhaltsübersicht[3)]**



---

[1)] Überschrift geänd. (Fußnote aufgeh.) mWv 1.8.2009 durch G v. 27.7.2009 (GVBl. S. 385).

[2)] Neubekanntmachung der Bayerischen Bauordnung in der Fassung der Bekanntmachung vom 4. August 1997 (GVBl. S. 433; 1998 S. 270) in der vom 1. Januar 2008 an geltenden Fassung mit neuer Artikel-, Absatz- und Nummernfolge gem. § 4 Abs. 3 G v. 24.7.2007 (GVBl. S. 499).

[3)] Amtliche Inhaltsübersicht aufgeh. mWv 1.2.2021 durch G v. 23.12.2020 (GVBl. S. 663).

## Erster Teil. Allgemeine Vorschriften

**Art. 1[1)] Anwendungsbereich.** (1) [1] Dieses Gesetz gilt für alle baulichen Anlagen und Bauprodukte. [2] Es gilt auch für Grundstücke sowie für andere Anlagen und Einrichtungen, an die nach diesem Gesetz oder in Vorschriften auf Grund dieses Gesetzes Anforderungen gestellt werden.

(2) Dieses Gesetz gilt nicht für

1. Anlagen des öffentlichen Verkehrs sowie ihre Nebenanlagen und Nebenbetriebe, ausgenommen Gebäude an Flugplätzen,
2. Anlagen, die der Bergaufsicht unterliegen,
3. Rohrleitungsanlagen sowie Leitungen aller Art, ausgenommen in Gebäuden,
4. Kräne und Krananlagen,
5. Gerüste,
6. Feuerstätten, die nicht der Raumheizung oder der Brauchwassererwärmung dienen, ausgenommen Gas-Haushalts-Kochgeräte,
7. Einrichtungsgegenstände, insbesondere Regale und Messestände.

**Art. 2[2)] Begriffe.** (1) [1] Bauliche Anlagen sind mit dem Erdboden verbundene, aus Bauprodukten hergestellte Anlagen. [2] Ortsfeste Anlagen der Wirtschaftswerbung (Werbeanlagen) einschließlich Automaten sind bauliche Anlagen. [3] Als

---

[1)] Art. 1 Abs. 2 Nr. 6 geänd., Nr. 7 angef. mWv 1.1.2013 durch G v. 11.12.2012 (GVBl. S. 633); Abs. 2 Nr. 7 neu gef. mWv 1.9.2018 durch G v. 10.7.2018 (GVBl. S. 523).

[2)] Art. 2 Abs. 4 Nr. 8 und 15 geänd. mWv 1.8.2009 durch G v. 27.7.2009 (GVBl. S. 385); Abs. 4 Nr. 7 Buchst. b neu gef., Nr. 8 geänd., Nr. 9 und 10 neu gef., Nr. 11 und 12 eingef., bish. Nr. 11–17 werden Nr. 13–19, bish. Nr. 18 wird Nr. 20 und geänd., Abs. 10 eingef., bish. Abs. 10 und 11 werden Abs. 11 und 12 mWv 1.1.2013 durch G v. 11.12.2012 (GVBl. S. 633); Abs. 4 Nr. 12 neu gef. mWv 1.8.2017 durch G v. 12.7.2017 (GVBl. S. 375); Abs. 11 neu gef. mWv 1.9.2018 durch G v. 10.7.2018 (GVBl. S. 523); Abs. 3 Satz 1 Nr. 4 neu gef., Abs. 4 Nr. 4 geänd., Nr. 8 neu gef., Nr. 9 und 10 eingef., bish. Nr. 9–14 werden Nr. 11–16, bish. Nr. 15 aufgeh., bish. 16–20 werden Nr. 17–21 mWv 1.1. 2025 durch G v. 23.12.2024 (GVBl. S. 605).

bauliche Anlagen gelten Anlagen, die nach ihrem Verwendungszweck dazu bestimmt sind, überwiegend ortsfest benutzt zu werden, sowie
1. Aufschüttungen, soweit sie nicht unmittelbare Folge von Abgrabungen sind,
2. Lagerplätze, Abstellplätze und Ausstellungsplätze,
3. Campingplätze und Wochenendplätze,
4. Freizeit- und Vergnügungsparks,
5. Stellplätze für Kraftfahrzeuge.

[4] Anlagen sind bauliche Anlagen sowie andere Anlagen und Einrichtungen im Sinn des Art. 1 Abs. 1 Satz 2.

(2) Gebäude sind selbständig benutzbare, überdeckte bauliche Anlagen, die von Menschen betreten werden können.

(3) [1] Gebäude werden in folgende Gebäudeklassen eingeteilt:
1. Gebäudeklasse 1:
   a) freistehende Gebäude mit einer Höhe bis zu 7 m und nicht mehr als zwei Nutzungseinheiten von insgesamt nicht mehr als 400 $m^2$ und
   b) land- oder forstwirtschaftlich genutzte Gebäude,
2. Gebäudeklasse 2:
   Gebäude mit einer Höhe bis zu 7 m und nicht mehr als zwei Nutzungseinheiten von insgesamt nicht mehr als 400 $m^2$,
3. Gebäudeklasse 3:
   sonstige Gebäude mit einer Höhe bis zu 7 m,
4. Gebäudeklasse 4:
   Gebäude mit einer Höhe bis zu 13 m und Nutzungseinheiten oder Teile von Nutzungseinheiten, die durch Außen- oder Trennwände nach Art. 27 Abs. 2 Nr. 1 begrenzt sind und über von anderen Teilen unabhängige Rettungswege nach Art. 31 Abs. 1 verfügen, mit jeweils nicht mehr als 400 $m^2$,
5. Gebäudeklasse 5:
   sonstige Gebäude einschließlich unterirdischer Gebäude.

[2] Höhe im Sinn des Satzes 1 ist das Maß der Fußbodenoberkante des höchstgelegenen Geschosses, in dem ein Aufenthaltsraum möglich ist, über der Geländeoberfläche im Mittel. [3] Bei der Berechnung der Flächen nach Satz 1 bleiben die Flächen im Kellergeschoss außer Betracht.

(4) Sonderbauten sind Anlagen und Räume besonderer Art oder Nutzung, die einen der nachfolgenden Tatbestände erfüllen:
1. Hochhäuser (Gebäude mit einer Höhe nach Abs. 3 Satz 2 von mehr als 22 m),
2. bauliche Anlagen mit einer Höhe von mehr als 30 m,
3. Gebäude mit mehr als 1 600 $m^2$ Fläche des Geschosses mit der größten Ausdehnung, ausgenommen Wohngebäude und Garagen,
4. Verkaufsstätten, deren Verkaufsräume und Ladenstraßen eine Fläche von insgesamt mehr als 800 $m^2$, bei erdgeschossigen Verkaufsstätten mehr als 2 000 $m^2$, haben,
5. Gebäude mit Räumen, die einer Büro- oder Verwaltungsnutzung dienen und einzeln mehr als 400 $m^2$ haben,
6. Gebäude mit Räumen, die einzeln für eine Nutzung durch mehr als 100 Personen bestimmt sind,

7. Versammlungsstätten
   a) mit Versammlungsräumen, die insgesamt mehr als 200 Besucher fassen, wenn diese Versammlungsräume gemeinsame Rettungswege haben,
   b) im Freien mit Szenenflächen sowie Freisportanlagen jeweils mit Tribünen, die keine fliegenden Bauten sind und insgesamt mehr als 1 000 Besucher fassen,
8. Gaststätten
   a) mit mehr als 60 Gastplätzen in Gebäuden, soweit sie nicht ausschließlich erdgeschossig sind,
   b) mit mehr als 100 Gastplätzen in Gebäuden, soweit sie ausschließlich erdgeschossig sind, oder
   c) mit mehr als 1 000 Gastplätzen im Freien,
9. Beherbergungsstätten mit mehr als 30 Betten,
10. Spielhallen mit mehr als 150 $m^2$,
11. Gebäude mit Nutzungseinheiten zum Zweck der Pflege oder Betreuung von Personen mit Pflegebedürftigkeit oder Behinderung, deren Selbstrettungsfähigkeit eingeschränkt ist, wenn die Nutzungseinheiten
    a) einzeln für mehr als sechs Personen bestimmt sind,
    b) für Personen mit Intensivpflegebedarf bestimmt sind oder
    c) einen gemeinsamen Rettungsweg haben und für insgesamt mehr als zwölf Personen bestimmt sind,
12. Krankenhäuser,
13. sonstige Einrichtungen zur Unterbringung von Personen sowie Wohnheime,
14. Tageseinrichtungen für Kinder, Menschen mit Behinderung und alte Menschen, in denen mehr als zehn Personen betreut werden,
15. Schulen, Hochschulen und ähnliche Einrichtungen,
16. Justizvollzugsanstalten und bauliche Anlagen für den Maßregelvollzug,
17. Freizeit- und Vergnügungsparks,
18. fliegende Bauten, soweit sie einer Ausführungsgenehmigung bedürfen, sowie Fahrgeschäfte, die keine fliegenden Bauten und nicht verfahrensfrei sind,
19. Regale mit einer Oberkante Lagerguthöhe von mehr als 7,50 m,
20. bauliche Anlagen, deren Nutzung durch Umgang mit oder Lagerung von Stoffen mit Explosions- oder erhöhter Brandgefahr verbunden ist,
21. Anlagen und Räume, die in den Nrn. 1 bis 19 nicht aufgeführt und deren Art oder Nutzung mit vergleichbaren Gefahren verbunden sind, ausgenommen Wohngebäude, die keine Hochhäuser sind.

(5) Aufenthaltsräume sind Räume, die zum nicht nur vorübergehenden Aufenthalt von Menschen bestimmt oder geeignet sind.

(6) Flächen von Gebäuden, Geschossen, Nutzungseinheiten und Räumen sind als Brutto-Grundfläche zu ermitteln, soweit nichts anderes geregelt ist.

(7) [1] Geschosse sind oberirdische Geschosse, wenn ihre Deckenoberkanten im Mittel mehr als 1,40 m über die Geländeoberfläche hinausragen; im Übrigen sind sie Kellergeschosse. [2] Hohlräume zwischen der obersten Decke und der Bedachung, in denen Aufenthaltsräume nicht möglich sind, sind keine Geschosse.

(8) [1] Stellplätze sind Flächen, die dem Abstellen von Kraftfahrzeugen außerhalb der öffentlichen Verkehrsfläche dienen. [2] Garagen sind Gebäude oder Gebäudeteile zum Abstellen von Kraftfahrzeugen. [3] Ausstellungs-, Verkaufs-, Werk- und Lagerräume für Kraftfahrzeuge sind keine Stellplätze oder Garagen.

(9) Feuerstätten sind in oder an Gebäuden ortsfest benutzte Anlagen, die dazu bestimmt sind, durch Verbrennung Wärme zu erzeugen.

(10) Barrierefrei sind bauliche Anlagen, soweit sie für Menschen mit Behinderung in der allgemein üblichen Weise, ohne besondere Erschwernis und grundsätzlich ohne fremde Hilfe zugänglich und nutzbar sind.

(11) Bauprodukte sind

1. Produkte, Baustoffe, Bauteile, Anlagen und Bausätze gemäß Art. 2 Nr. 2 der Verordnung (EU) Nr. 305/2011, die hergestellt werden, um dauerhaft in bauliche Anlagen eingebaut zu werden,
2. aus ihnen vorgefertigte Anlagen, die hergestellt werden, um mit dem Erdboden verbunden zu werden,

wenn sich deren Verwendung auf die Anforderungen nach Art. 3 Satz 1 auswirken kann.

(12) Bauart ist das Zusammenfügen von Bauprodukten zu baulichen Anlagen oder Teilen von baulichen Anlagen.

**Art. 3[1)] Allgemeine Anforderungen.** [1] Bei der Anordnung, Errichtung, Änderung, Nutzungsänderung, Instandhaltung und Beseitigung von Anlagen sind die Belange der Baukultur, insbesondere die anerkannten Regeln der Baukunst, so zu berücksichtigen, dass die öffentliche Sicherheit und Ordnung, insbesondere Leben und Gesundheit, und die natürlichen Lebensgrundlagen nicht gefährdet werden. [2] Anlagen müssen bei ordnungsgemäßer Instandhaltung die Anforderungen des Satzes 1 während einer dem Zweck entsprechenden angemessenen Zeitdauer erfüllen und ohne Missstände benutzbar sein.

## Zweiter Teil. Das Grundstück und seine Bebauung

**Art. 4[2)] Bebauung der Grundstücke mit Gebäuden.** (1) Gebäude dürfen nur unter folgenden Voraussetzungen errichtet werden:

1. Das Grundstück muss nach Lage, Form, Größe und Beschaffenheit für die beabsichtigte Bebauung geeignet sein;
2. das Grundstück muss in einer angemessenen Breite an einer befahrbaren öffentlichen Verkehrsfläche liegen.

(2) Abweichend von Abs. 1 Nr. 2 sind im Geltungsbereich eines Bebauungsplans im Sinn der §§ 12 und 30 Abs. 1 des Baugesetzbuchs (BauGB) und innerhalb eines im Zusammenhang bebauten Ortsteils (§ 34 BauGB) nicht erforderlich

1. die Befahrbarkeit von Wohnwegen begrenzter Länge, wenn keine Bedenken wegen des Brandschutzes oder des Rettungsdienstes bestehen,
2. die Widmung von Wohnwegen begrenzter Länge, wenn von dem Wohnweg nur Wohngebäude der Gebäudeklassen 1 bis 3 erschlossen werden und

---

[1)] Art. 3 neu gef. mWv 1.9.2018 durch G v. 10.7.2018 (GVBl. S. 523).
[2)] Art. 4 Abs. 2 einl. Satzteil geänd. mWv 1.8.2009 durch G v. 27.7.2009 (GVBl. S. 385).

gegenüber dem Rechtsträger der Bauaufsichtsbehörde rechtlich gesichert ist, dass der Wohnweg sachgerecht unterhalten wird und allgemein benutzt werden kann.

(3) Im Außenbereich genügt eine befahrbare, gegenüber dem Rechtsträger der Bauaufsichtsbehörde rechtlich gesicherte Zufahrt zu einem befahrbaren öffentlichen Weg.

**Art. 5 Zugänge und Zufahrten auf den Grundstücken.** (1) [1] Von öffentlichen Verkehrsflächen ist insbesondere für die Feuerwehr ein geradliniger Zu- oder Durchgang zu rückwärtigen Gebäuden zu schaffen; zu anderen Gebäuden ist er zu schaffen, wenn der zweite Rettungsweg dieser Gebäude über Rettungsgeräte der Feuerwehr führt. [2] Zu Gebäuden, bei denen die Oberkante der Brüstung von zum Anleitern bestimmten Fenstern oder Stellen mehr als 8 m über dem Gelände liegt, ist in den Fällen des Satzes 1 an Stelle eines Zu- oder Durchgangs eine Zu- oder Durchfahrt zu schaffen. [3] Ist für die Personenrettung der Einsatz von Hubrettungsfahrzeugen erforderlich, sind die dafür erforderlichen Aufstell- und Bewegungsflächen vorzusehen. [4] Bei Gebäuden, die ganz oder mit Teilen mehr als 50 m von einer öffentlichen Verkehrsfläche entfernt sind, sind Zufahrten oder Durchfahrten nach Satz 2 zu den vor und hinter den Gebäuden gelegenen Grundstücksteilen und Bewegungsflächen herzustellen, wenn sie aus Gründen des Feuerwehreinsatzes erforderlich sind.

(2) [1] Zu- und Durchfahrten, Aufstellflächen und Bewegungsflächen müssen für Feuerwehreinsatzfahrzeuge ausreichend befestigt und tragfähig sein; sie sind als solche zu kennzeichnen und ständig frei zu halten; die Kennzeichnung von Zufahrten muss von der öffentlichen Verkehrsfläche aus sichtbar sein. [2] Fahrzeuge dürfen auf den Flächen nach Satz 1 nicht abgestellt werden.

**Art. 6[1)] Abstandsflächen, Abstände.** (1) [1] Vor den Außenwänden von Gebäuden sind Abstandsflächen von oberirdischen Gebäuden freizuhalten. [2] Satz 1 gilt entsprechend für andere Anlagen, von denen Wirkungen wie von Gebäuden ausgehen, gegenüber Gebäuden und Grundstücksgrenzen. [3] Satz 2 gilt insbesondere nicht für

1. Antennen und Antennen tragende Masten für den Mobilfunk und den Digitalfunk der Behörden und Organisationen mit Sicherheitsaufgaben (BOS) im Außenbereich,
2. Windenergieanlagen im Außenbereich,
3. ebenerdige Terrassen und
4. Wärmepumpen und zugehörige Einhausungen mit einer Höhe bis zu 2 m über der Geländeoberfläche.

---

[1)] Art. 6 Abs. 5 Satz 4 angef., Abs. 8 Nr. 2 einl. Satzteil geänd., Buchst. a neu gef., Nr. 3 angef., Abs. 9 Satz 1 Nr. 1 geänd. mWv 1.8.2009 durch G v. 27.7.2009 (GVBl. S. 385); Abs. 1 Satz 4 angef., Abs. 5 Satz 2 neu gef., Abs. 6 Satz 1 und Abs. 8 Nr. 2 Buchst. a und Nr. 3 Buchst. a geänd. mWv 1.9. 2018 durch G v. 10.7.2018 (GVBl. S. 523); Abs. 2 Satz 3 geänd., Abs. 4 Satz 3 neu gef., Satz 4 aufgeh., bish. Satz 5 wird Satz 4 und geänd., bish. Satz 6 wird Satz 5, Abs. 5 neu gef., Abs. 5a eingef., Abs. 6 und 7 aufgeh., bish. Abs. 8 wird Abs. 6 und Satz 1 Nr. 3 neu gef., Nr. 4 und Satz 2 angef., bish. Abs. 9 wird Abs. 7, Satz 1 einl. Satzteil geänd., Nr. 1 neu gef. mWv 1.2.2021 durch G v. 23.12.2020 (GVBl. S. 663); Abs. 7 Satz 1 Nr. 1 geänd. mWv 1.6.2021 durch G v. 25.5.2021 (GVBl. S. 286); Abs. 7 Satz 1 Nr. 3 geänd., Nr. 4 angef. mWv 1.7.2023 durch G v. 23.6.2023 (GVBl. S. 250); Abs. 1 Satz 3 eingef., bish. Sätze 3 und 4 werden Sätze 4 und 5, Abs. 5a Satz 1 geänd., Abs. 7 Satz 1 Nr. 3 geänd., Nr. 4 aufgeh. mWv 1.1.2025 durch G v. 23.12.2024 (GVBl. S. 619).

[4]Eine Abstandsfläche ist nicht erforderlich vor Außenwänden, die an Grundstücksgrenzen errichtet werden, wenn nach planungsrechtlichen Vorschriften an die Grenze gebaut werden muss oder gebaut werden darf. [5]Art. 63 bleibt unberührt.

(2) [1]Abstandsflächen sowie Abstände nach Art. 28 Abs. 2 Nr. 1 und Art. 30 Abs. 2 müssen auf dem Grundstück selbst liegen. [2]Sie dürfen auch auf öffentlichen Verkehrs-, Grün- und Wasserflächen liegen, jedoch nur bis zu deren Mitte. [3]Abstandsflächen sowie Abstände im Sinn des Satzes 1 dürfen sich ganz oder teilweise auf andere Grundstücke erstrecken, wenn rechtlich oder tatsächlich gesichert ist, dass sie nicht überbaut werden, oder wenn der Nachbar gegenüber der Bauaufsichtsbehörde schriftlich zustimmt; die Zustimmung des Nachbarn gilt auch für und gegen seinen Rechtsnachfolger. [4]Abstandsflächen dürfen auf die auf diesen Grundstücken erforderlichen Abstandsflächen nicht angerechnet werden.

(3) Die Abstandsflächen dürfen sich nicht überdecken; das gilt nicht für

1. Außenwände, die in einem Winkel von mehr als 75 Grad zueinander stehen,
2. Außenwände zu einem fremder Sicht entzogenen Gartenhof bei Wohngebäuden der Gebäudeklassen 1 und 2,
3. Gebäude und andere bauliche Anlagen, die in den Abstandsflächen zulässig sind.

(4) [1]Die Tiefe der Abstandsfläche bemisst sich nach der Wandhöhe; sie wird senkrecht zur Wand gemessen. [2]Wandhöhe ist das Maß von der Geländeoberfläche bis zum Schnittpunkt der Wand mit der Dachhaut oder bis zum oberen Abschluss der Wand. [3]Die Höhe von Dächern mit einer Neigung von bis einschließlich 70 Grad wird zu einem Drittel der Wandhöhe, von Dächern mit einer Neigung von mehr als 70 Grad voll der Wandhöhe hinzugerechnet. [4]Die Sätze 1 bis 3 gelten für Dachaufbauten entsprechend. [5]Das sich ergebende Maß ist H.

(5) [1]Die Tiefe der Abstandsflächen beträgt 0,4 H, in Gewerbe- und Industriegebieten 0,2 H, jeweils aber mindestens 3 m. [2]Durch städtebauliche Satzung oder eine Satzung nach Art. 81 kann ein abweichendes Maß der Tiefe der Abstandsfläche zugelassen oder vorgeschrieben werden. [3]Für solche Regelungen in Bebauungsplänen gilt § 33 BauGB entsprechend.

(5a) [1]Abweichend von Abs. 5 Satz 1 beträgt die Abstandsfläche in Gemeinden mit mehr als 250 000 Einwohnern außerhalb von Gewerbe-, Kern- und Industriegebieten sowie festgesetzten urbanen Gebieten 1 H, mindestens jedoch 3 m, wenn die nähere Umgebung überwiegend durch Gebäude der Gebäudeklassen 1, 2 oder 3 geprägt ist. [2]Vor bis zu zwei Außenwänden von nicht mehr als 16 m Länge genügen in diesen Fällen 0,5 H, mindestens jedoch 3 m, wenn das Gebäude an mindestens zwei Außenwänden Satz 1 beachtet. [3]Abweichend von Abs. 4 Satz 3 wird die Höhe von Dächern mit einer Neigung von mehr als 45 Grad zu einem Drittel, mit einer Neigung von mehr als 70 Grad voll der Wandhöhe hinzugerechnet. [4]Die Höhe der Giebelflächen im Bereich des Dachs wird abweichend von Satz 3 und von Abs. 4 Satz 3 bei Dachneigung von mehr als 70 Grad voll, im Übrigen zu einem Drittel angerechnet. [5]Dabei bleiben auch untergeordnete Dachgauben bei der Bemessung der Abstandsfläche außer Betracht, wenn

1. sie insgesamt nicht mehr als ein Drittel der Breite der Außenwand des jeweiligen Gebäudes, höchstens jeweils 5 m in Anspruch nehmen und
2. ihre Ansichtsfläche jeweils nicht mehr als 4 m² beträgt und eine Höhe von nicht mehr als 2,5 m aufweist.

(6) [1] Bei der Bemessung der Abstandsflächen bleiben außer Betracht

1. vor die Außenwand vortretende Bauteile wie Gesimse und Dachüberstände,
2. untergeordnete Vorbauten wie Balkone und eingeschossige Erker, wenn sie
   a) insgesamt nicht mehr als ein Drittel der Breite der Außenwand des jeweiligen Gebäudes, höchstens jeweils 5 m, in Anspruch nehmen,
   b) nicht mehr als 1,50 m vor diese Außenwand vortreten und
   c) mindestens 2 m von der gegenüberliegenden Nachbargrenze entfernt bleiben,
3. bei Gebäuden an der Grundstücksgrenze die Seitenwände von Vorbauten und Dachaufbauten, auch wenn sie nicht an der Grundstücksgrenze errichtet werden,
4. Maßnahmen zum Zwecke der Energieeinsparung an bestehenden Gebäuden, wenn sie
   a) eine Stärke von nicht mehr als 0,30 m aufweisen und
   b) mindestens 2,50 m von der Grundstücksgrenze zurückbleiben.

[2] Abs. 5a Satz 5 bleibt unberührt.

(7) [1] In den Abstandsflächen sowie ohne eigene Abstandsflächen sind, auch wenn sie nicht an der Grundstücksgrenze errichtet werden, zulässig

1. Garagen einschließlich ihrer Nebenräume, überdachte Tiefgaragenzufahrten, Aufzüge zu Tiefgaragen und Gebäude ohne Aufenthaltsräume und Feuerstätten mit einer mittleren Wandhöhe bis zu 3 m und einer Gesamtlänge je Grundstücksgrenze von 9 m, wobei die Höhe von Dächern mit einer Neigung von mehr als 45 Grad zu einem Drittel, mit einer Neigung von mehr als 70 Grad voll der Wandhöhe hinzugerechnet wird; Giebelflächen bleiben bei einer Dachneigung bis zu 45 Grad unberücksichtigt,
2. gebäudeunabhängige Solaranlagen mit einer Höhe bis zu 3 m und einer Gesamtlänge je Grundstücksgrenze von 9 m,
3. Stützmauern und geschlossene Einfriedungen in Gewerbe- und Industriegebieten, außerhalb dieser Baugebiete mit einer Höhe bis zu 2 m.

[2] Die Länge der die Abstandsflächentiefe gegenüber den Grundstücksgrenzen nicht einhaltenden Bebauung nach den Nrn. 1 und 2 darf auf einem Grundstück insgesamt 15 m nicht überschreiten.

**Art. 7[1)] *[bis 30.9.2025:* Begrünung, Kinderspielplätze*][ab 1.10.2025:* Begrünung*].*** (1) [1] Die nicht mit Gebäuden oder vergleichbaren baulichen Anlagen überbauten Flächen der bebauten Grundstücke sind

1. wasseraufnahmefähig zu belassen oder herzustellen und
2. zu begrünen oder zu bepflanzen,

---

[1)] Art. 7 Überschrift neu gef., Abs. 2 eingef., bish. Abs. 2 wird Abs. 3 mWv 1.8.2019 durch G v. 24.7.2019 (GVBl. S. 408); Abs. 3 neu gef. mWv 1.2.2021 durch G v. 23.12.2020 (GVBl. S. 663); Abs. 1 Satz 2 eingef., bish. Satz 2 wird Satz 3 mWv 1.1.2025, Überschrift neu gef., Abs. 3 aufgeh. mWv 1.10.2025 durch G v. 23.12.2024 (GVBl. S. 605).

soweit dem nicht die Erfordernisse einer anderen zulässigen Verwendung der Flächen entgegenstehen. [2] Soweit die Flächen nach Satz 1 zulässigerweise anders verwendet werden, ist eine Bodenversiegelung möglichst zu vermeiden. [3] Satz 1 findet keine Anwendung, soweit Bebauungspläne oder andere Satzungen Festsetzungen zu den nicht überbauten Flächen treffen.

(2) [1] Im Eigentum des Freistaates Bayern stehende Gebäude und ihre zugehörigen Freiflächen sollen über Abs. 1 hinaus vorbehaltlich der bestehenden baurechtlichen, satzungsrechtlichen, denkmalschützenden oder sonstigen rechtlichen Festlegungen angemessen begrünt oder bepflanzt werden. [2] Den kommunalen Gebietskörperschaften wird empfohlen, hinsichtlich ihrer Gebäude und zugehörigen Freiflächen entsprechend Satz 1 zu verfahren.

***[Abs. 3 bis 30.9.2025:]***

(3) [1] Bei der Errichtung von Gebäuden mit mehr als drei Wohnungen ist ein ausreichend großer Kinderspielplatz anzulegen. [2] Art. 47 Abs. 3 gilt entsprechend. [3] Die Gemeinde hat den Geldbetrag für die Ablösung von Kinderspielplätzen für die Herstellung oder Unterhaltung einer örtlichen Kinder- oder Jugendfreizeiteinrichtung zu verwenden.

## Dritter Teil. Bauliche Anlagen

### Abschnitt I. Baugestaltung

**Art. 8 Baugestaltung.** [1] Bauliche Anlagen müssen nach Form, Maßstab, Verhältnis der Baumassen und Bauteile zueinander, Werkstoff und Farbe so gestaltet sein, dass sie nicht verunstaltet wirken. [2] Bauliche Anlagen dürfen das Straßen-, Orts- und Landschaftsbild nicht verunstalten. [3] Die störende Häufung von Werbeanlagen ist unzulässig.

### Abschnitt II. Allgemeine Anforderungen an die Bauausführung

**Art. 9 Baustelle.** (1) Baustellen sind so einzurichten, dass bauliche Anlagen ordnungsgemäß errichtet, geändert, beseitigt oder instand gehalten werden können und dass keine Gefahren, vermeidbaren Nachteile oder vermeidbaren Belästigungen entstehen.

(2) Öffentliche Verkehrsflächen, Versorgungs-, Abwasserbeseitigungs- und Meldeanlagen, Grundwassermessstellen, Vermessungszeichen, Abmarkungszeichen und Grenzzeichen sind für die Dauer der Bauausführung zu schützen und, soweit erforderlich, unter den notwendigen Sicherheitsvorkehrungen zugänglich zu halten.

(3) Bei der Ausführung nicht verfahrensfreier Bauvorhaben hat der Bauherr an der Baustelle ein Schild, das die Bezeichnung des Bauvorhabens sowie die Namen und Anschriften des Bauherrn und des Entwurfsverfassers enthalten muss, dauerhaft und von der öffentlichen Verkehrsfläche aus sichtbar anzubringen.

**Art. 10 Standsicherheit.** [1] Jede bauliche Anlage muss im Ganzen, in ihren einzelnen Teilen und für sich allein standsicher sein. [2] Die Standsicherheit muss auch während der Errichtung und bei der Änderung und der Beseitigung gewährleistet sein. [3] Die Standsicherheit anderer baulicher Anlagen und die Tragfähigkeit des Baugrunds des Nachbargrundstücks dürfen nicht gefährdet werden.

**Art. 11 Schutz gegen Einwirkungen.** Bauliche Anlagen sind so anzuordnen, zu errichten, zu ändern und instand zu halten, dass durch Wasser, Feuchtigkeit, pflanzliche und tierische Schädlinge sowie andere chemische, physikalische oder biologische Einflüsse Gefahren oder unzumutbare Belästigungen nicht entstehen.

**Art. 12 Brandschutz.** Bauliche Anlagen sind so anzuordnen, zu errichten, zu ändern und instand zu halten, dass der Entstehung eines Brandes und der Ausbreitung von Feuer und Rauch (Brandausbreitung) vorgebeugt wird und bei einem Brand die Rettung von Menschen und Tieren sowie wirksame Löscharbeiten möglich sind.

**Art. 13 Wärme-, Schall- und Erschütterungsschutz.** (1) Gebäude müssen einen ihrer Nutzung und den klimatischen Verhältnissen entsprechenden Wärmeschutz haben.

(2) [1] Gebäude müssen einen ihrer Nutzung entsprechenden Schallschutz haben. [2] Geräusche, die von ortsfesten Einrichtungen in baulichen Anlagen oder auf Baugrundstücken ausgehen, sind so zu dämmen, dass Gefahren oder unzumutbare Belästigungen nicht entstehen.

(3) Erschütterungen oder Schwingungen, die von ortsfesten Einrichtungen in baulichen Anlagen oder auf Baugrundstücken ausgehen, sind so zu dämmen, dass Gefahren oder unzumutbare Belästigungen nicht entstehen.

**Art. 14 Verkehrssicherheit.** (1) Bauliche Anlagen und die dem Verkehr dienenden nicht überbauten Flächen bebauter Grundstücke müssen verkehrssicher sein.

(2) Die Sicherheit und Leichtigkeit des öffentlichen Verkehrs darf durch bauliche Anlagen und deren Nutzung nicht gefährdet werden.

## Abschnitt III.[1] Bauarten und Bauprodukte

**Art. 15[1] Bauarten.** (1) Bauarten dürfen nur angewendet werden, wenn sie für ihren Anwendungszweck tauglich sind und bei ihrer Anwendung die baulichen Anlagen bei ordnungsgemäßer Instandhaltung während einer dem Zweck entsprechenden angemessenen Zeitdauer die Anforderungen dieses Gesetzes oder auf Grund dieses Gesetzes erfüllen.

(2) [1] Bauarten, die von Technischen Baubestimmungen in Bezug auf die Planung, Bemessung und Ausführung baulicher Anlagen und ihrer Teile wesentlich abweichen, oder für die es keine allgemein anerkannten Regeln der Technik gibt, dürfen nur angewendet werden, wenn für sie

1. eine allgemeine Bauartgenehmigung oder
2. eine vorhabenbezogene Bauartgenehmigung

erteilt worden ist. [2] Art. 18 gilt entsprechend.

(3) [1] Anstelle einer allgemeinen Bauartgenehmigung genügt ein allgemeines bauaufsichtliches Prüfzeugnis, wenn die Bauart nach allgemein anerkannten Prüfverfahren beurteilt werden kann. [2] Art. 18 gilt entsprechend.

(4) Sind Gefahren für die öffentliche Sicherheit und Ordnung, insbesondere Leben und Gesundheit, und die natürlichen Lebensgrundlagen nicht zu erwar-

[1] Abschnitt III (Art. 15–23) neu gef. mWv 1.9.2018 durch G v. 10.7.2018 (GVBl. S. 523).

ten, kann die oberste Bauaufsichtsbehörde festlegen, dass eine Bauartgenehmigung nicht erforderlich ist.

(5) [1] Für jede Bauart muss bestätigt werden, dass sie mit den Technischen Baubestimmungen, den allgemeinen Bauartgenehmigungen, den allgemeinen bauaufsichtlichen Prüfzeugnissen für Bauarten oder den vorhabenbezogenen Bauartgenehmigungen übereinstimmt. [2] Unwesentliche Abweichungen bleiben außer Betracht. [3] Art. 21 Abs. 3 gilt für den Anwender der Bauart entsprechend.

(6) Hängt die Anwendung einer Bauart in außergewöhnlichem Maß von der Sachkunde und Erfahrung der damit betrauten Personen oder von einer Ausstattung mit besonderen Vorrichtungen ab oder bedarf die Bauart einer außergewöhnlichen Sorgfalt bei Ausführung oder Instandhaltung, gilt Art. 22 entsprechend.

**Art. 16[1)] Verwendung von Bauprodukten.** (1) [1] CE-gekennzeichnete Bauprodukte dürfen verwendet werden, wenn die erklärten Leistungen den in diesem Gesetz oder auf Grund dieses Gesetzes festgelegten Anforderungen für diese Verwendung entsprechen. [2] Auf Bauprodukte, die die CE-Kennzeichnung auf Grund der Verordnung (EU) Nr. 305/2011 tragen, finden die Art. 17 bis 22 Nr. 1 und Art. 23 keine Anwendung.

(2) [1] Im Übrigen dürfen Bauprodukte nur verwendet werden, wenn sie gebrauchstauglich sind und bei ihrer Verwendung die baulichen Anlagen bei ordnungsgemäßer Instandhaltung während einer dem Zweck entsprechenden angemessenen Zeitdauer die Anforderungen dieses Gesetzes oder auf Grund dieses Gesetzes erfüllen. [2] Dies gilt auch für Bauprodukte, die technischen Anforderungen entsprechen, wie sie in den Vorschriften anderer Vertragsstaaten des Abkommens vom 2. Mai 1992 über den Europäischen Wirtschaftsraum enthalten sind.

**Art. 17[2)] Verwendbarkeitsnachweise.** Die in Art. 16 Abs. 2 Satz 1 genannten Anforderungen sind für Bauprodukte, die für die Erfüllung der Anforderungen dieses Gesetzes oder auf Grund dieses Gesetzes nicht nur eine untergeordnete Bedeutung haben, durch eine allgemeine bauaufsichtliche Zulassung, ein allgemeines bauaufsichtliches Prüfzeugnis oder eine Zustimmung im Einzelfall (Verwendbarkeitsnachweise) nachzuweisen, wenn

1. es keine Technische Baubestimmung oder allgemein anerkannte Regel der Technik gibt,
2. das Bauprodukt von einer Technischen Baubestimmung in Bezug auf die Leistung von Bauprodukten wesentlich abweicht oder
3. eine Rechtsverordnung nach Art. 80 Abs. 5 Nr. 5 es vorsieht.

**Art. 18[3)] Allgemeine bauaufsichtliche Zulassung.** (1) Eine allgemeine bauaufsichtliche Zulassung wird auf Antrag erteilt und nach Gegenstand und wesentlichem Inhalt öffentlich bekannt gemacht.

---

[1)] Abschnitt III (Art. 15–23) neu gef. mWv 1.9.2018 durch G v. 10.7.2018 (GVBl. S. 523).

[2)] Art. 17 neu gef. mWv 1.9.2018 durch G v. 10.7.2018 (GVBl. S. 523); Nr. 3 geänd. mWv 1.2.2021 durch G v. 23.12.2020 (GVBl. S. 663).

[3)] Art. 18 neu gef. mWv 1.9.2018 durch G v. 10.7.2018 (GVBl. S. 523); Abs. 3 Satz 3 geänd. mWv 1.2.2021 durch G v. 23.12.2020 (GVBl. S. 663); Abs. 2 Satz 3 geänd. mWv 1.1.2025 durch G v. 23.12.2024 (GVBl. S. 619).

(2) [1]Der Antrag ist zu begründen. [2]Soweit erforderlich, sind Probestücke vom Antragsteller zur Verfügung zu stellen, durch sachverständige Stellen zu entnehmen oder Probeausführungen unter Aufsicht dieser sachverständigen Stellen vorzunehmen. [3]Art. 65 Abs. 1 Satz 1 bis 3 gilt entsprechend.

(3) [1]Die allgemeine bauaufsichtliche Zulassung wird widerruflich und befristet erteilt. [2]Die Frist beträgt in der Regel fünf Jahre. [3]Die Zulassung kann auf Antrag verlängert werden. [4]Art. 69 Abs. 2 Satz 2 gilt entsprechend.

(4) Die Zulassung wird unbeschadet der Rechte Dritter erteilt.

(5) Allgemeine bauaufsichtliche Zulassungen nach dem Recht anderer Länder gelten auch im Freistaat Bayern.

**Art. 19[1)] Allgemeines bauaufsichtliches Prüfzeugnis.** [1]Anstelle einer allgemeinen bauaufsichtlichen Zulassung bedarf es nur eines allgemeinen bauaufsichtlichen Prüfzeugnisses, wenn allgemein anerkannte Prüfverfahren bestehen. [2]Art. 18 gilt entsprechend.

**Art. 20[1)] Zustimmung im Einzelfall.** [1]Ein Bauprodukt darf auch verwendet werden, wenn die Verwendbarkeit durch Zustimmung im Einzelfall nachgewiesen ist. [2]Die Zustimmung kann außer in den Fällen des Art. 16 Abs. 2 Satz 1 auch erteilt werden, wenn Gefahren für die öffentliche Sicherheit und Ordnung, insbesondere Leben und Gesundheit, und die natürlichen Lebensgrundlagen nicht zu erwarten sind.

**Art. 21[1)] Übereinstimmungserklärung, Zertifizierung.** (1) [1]Bauprodukte bedürfen einer Bestätigung ihrer Übereinstimmung mit den Technischen Baubestimmungen oder den Verwendbarkeitsnachweisen. [2]Unwesentliche Abweichungen bleiben außer Betracht.

(2) [1]Der Hersteller erklärt die Übereinstimmung, die er durch werkseigene Produktionskontrolle sicherzustellen hat, durch Kennzeichnung der Bauprodukte mit dem Übereinstimmungszeichen (Ü-Zeichen) unter Hinweis auf den Verwendungszweck. [2]Das Ü-Zeichen ist auf dem Bauprodukt, auf einem Beipackzettel oder auf seiner Verpackung oder, wenn dies Schwierigkeiten bereitet, auf dem Lieferschein oder auf einer Anlage zum Lieferschein anzubringen. [3]Ü-Zeichen aus anderen Ländern und aus anderen Staaten gelten auch im Freistaat Bayern.

(3) [1]Soweit in den Technischen Baubestimmungen nichts Näheres geregelt ist, kann in den Verwendbarkeitsnachweisen eine Regelung zur Prüfung der Bauprodukte vor Abgabe der Übereinstimmungserklärung oder deren Zertifizierung vorgeschrieben werden, wenn dies zur Sicherung oder zum Nachweis einer ordnungsgemäßen Herstellung erforderlich ist. [2]Im Übrigen bedürfen Bauprodukte, die nicht in Serie hergestellt werden, nur der Übereinstimmungserklärung des Herstellers nach Abs. 2.

(4) [1]Dem Hersteller ist das Zertifikat für Bauprodukte zu erteilen, wenn sie den Technischen Baubestimmungen oder den Verwendbarkeitsnachweisen entsprechen und die Übereinstimmung durch werkseigene Produktionskontrolle und regelmäßige Fremdüberwachung sichergestellt ist. [2]Im Einzelfall kann die Verwendung von Bauprodukten ohne Zertifizierung gestattet werden.

---

[1)] Abschnitt III (Art. 15–23) neu gef. mWv 1.9.2018 durch G v. 10.7.2018 (GVBl. S. 523).

**Art. 22**[1] **Besondere Sachkunde- und Sorgfaltsanforderungen.** In der allgemeinen bauaufsichtlichen Zulassung oder in der Zustimmung im Einzelfall kann vorgeschrieben werden, dass

1. der Hersteller von Bauprodukten, deren Herstellung in außergewöhnlichem Maß von der Sachkunde und Erfahrung der damit betrauten Personen oder von einer Ausstattung mit besonderen Vorrichtungen abhängt, über solche Fachkräfte und Vorrichtungen verfügen muss und den Nachweis hierüber gegenüber einer Prüfstelle zu erbringen hat,
2. der Einbau, der Transport, die Instandhaltung oder die Reinigung von Bauprodukten, die wegen ihrer besonderen Eigenschaften oder ihres besonderen Verwendungszwecks einer außergewöhnlichen Sorgfalt bedürfen, durch eine Überwachungsstelle zu überwachen sind, soweit diese Tätigkeiten nicht bereits durch die Verordnung (EU) Nr. 305/2011 erfasst sind.

**Art. 23**[1] **Zuständigkeiten.** (1) [1] Das Deutsche Institut für Bautechnik erteilt die allgemeine Bauartgenehmigung nach Art. 15 Abs. 2 Satz 1 Nr. 1 und die allgemeine bauaufsichtliche Zulassung nach Art. 18 Abs. 1. [2] Es kann vorschreiben, wann welche sachverständige Stelle die Prüfung durchzuführen oder nach Art. 18 Abs. 2 Satz 2 eine Probeausführung vorzunehmen oder Probestücke zu entnehmen hat.

(2) [1] Die oberste Bauaufsichtsbehörde erteilt die vorhabenbezogene Bauartgenehmigung nach Art. 15 Abs. 2 Satz 1 Nr. 2 sowie die Zustimmung im Einzelfall nach Art. 20. [2] Art. 6 Abs. 3 des Bayerischen Denkmalschutzgesetzes[2] bleibt unberührt. [3] Die oberste Bauaufsichtsbehörde kann die Verwendung von Bauprodukten ohne Zertifizierung nach Art. 21 Abs. 4 Satz 2 gestatten.

(3) [1] Es obliegen die Aufgaben

1. der Prüfung nach Art. 15 Abs. 3 und 6, Art. 19, Art. 21 Abs. 3 Satz 1, Art. 22 Nr. 1 den anerkannten Prüfstellen,
2. der Überwachung nach Art. 15 Abs. 6, Art. 21 Abs. 4 Satz 1, Art. 22 Nr. 2 den anerkannten Überwachungsstellen und
3. der Zertifizierung nach Art. 21 Abs. 3 Satz 1 den anerkannten Zertifizierungsstellen.

[2] Die Anerkennung der in Satz 1 genannten Stellen erteilt die oberste Bauaufsichtsbehörde oder nach Art. 80 Abs. 5 Nr. 2 das Deutsche Institut für Bautechnik an private Träger, wenn die privaten Träger oder die bei ihr Beschäftigten nach ihrer Ausbildung, Fachkenntnis, persönlichen Zuverlässigkeit, ihrer Unparteilichkeit und ihren Leistungen die Gewähr dafür bieten, dass diese Aufgaben den öffentlich-rechtlichen Vorschriften entsprechend wahrgenommen werden, und wenn die privaten Träger über die erforderlichen Vorrichtungen verfügen. [3] Soweit und solange solche Stellen von privaten Trägern nicht zur Verfügung stehen, kann eine Behörde die Aufgaben nach Satz 1 wahrnehmen. [4] Die Anerkennung von Prüf-, Zertifizierungs- und Überwachungsstellen anderer Länder gilt auch im Freistaat Bayern.

---

[1] Abschnitt III (Art. 15–23) neu gef. mWv 1.9.2018 durch G v. 10.7.2018 (GVBl. S. 523).
[2] Nr. **41**.

(4) Die Anerkennungsbehörde nach Abs. 3 Satz 2 kann allgemeine bauaufsichtliche Prüfzeugnisse nach Art. 15 Abs. 3, Art. 19 zurücknehmen oder widerrufen.

## Abschnitt IV. Brandverhalten von Baustoffen und Bauteilen; Wände, Decken, Dächer

**Art. 24[1)] Allgemeine Anforderungen an das Brandverhalten von Baustoffen und Bauteilen.** (1) [1] Baustoffe werden nach den Anforderungen an ihr Brandverhalten unterschieden in

1. nichtbrennbare,
2. schwerentflammbare,
3. normalentflammbare.

[2] Baustoffe, die nicht mindestens normalentflammbar sind (leichtentflammbare Baustoffe), dürfen nicht verwendet werden; das gilt nicht, wenn sie in Verbindung mit anderen Baustoffen nicht leichtentflammbar sind.

(2) [1] Bauteile werden nach den Anforderungen an ihre Feuerwiderstandsfähigkeit unterschieden in

1. feuerbeständige,
2. hochfeuerhemmende,
3. feuerhemmende;

die Feuerwiderstandsfähigkeit bezieht sich bei tragenden und aussteifenden Bauteilen auf deren Standsicherheit im Brandfall, bei raumabschließenden Bauteilen auf deren Widerstand gegen die Brandausbreitung. [2] Bauteile werden zusätzlich nach dem Brandverhalten ihrer Baustoffe unterschieden in

1. Bauteile aus nichtbrennbaren Baustoffen,
2. Bauteile, deren tragende und aussteifende Teile aus nichtbrennbaren Baustoffen bestehen und die bei raumabschließenden Bauteilen zusätzlich eine in Bauteilebene durchgehende Schicht aus nichtbrennbaren Baustoffen haben,
3. Bauteile, deren tragende und aussteifende Teile aus brennbaren Baustoffen bestehen und die allseitig eine brandschutztechnisch wirksame Bekleidung aus nichtbrennbaren Baustoffen (Brandschutzbekleidung) und Dämmstoffe aus nichtbrennbaren Baustoffen haben,
4. Bauteile aus brennbaren Baustoffen.

[3] Soweit in diesem Gesetz oder in Vorschriften auf Grund dieses Gesetzes nichts anderes bestimmt ist, müssen

1. Bauteile, die feuerbeständig sein müssen, mindestens den Anforderungen des Satzes 2 Nr. 2,
2. Bauteile, die hochfeuerhemmend sein müssen, mindestens den Anforderungen des Satzes 2 Nr. 3

entsprechen; das gilt nicht für feuerwiderstandsfähige Abschlüsse von Öffnungen. [4] Abweichend von Satz 3 sind Bauteile, die feuerbeständig oder hochfeuerhemmend sein müssen, aus brennbaren Baustoffen zulässig, sofern sie den Technischen Baubestimmungen nach Art. 81a entsprechen. [5] Satz 4 gilt nicht

[1)] Art. 24 Abs. 2 Sätze 4 und 5 angef. mWv 1.2.2021 durch G v. 23.12.2020 (GVBl. S. 663).

für Brandwände nach Art. 28 Abs. 3 Satz 1 und Wände notwendiger Treppenräume nach Art. 33 Abs. 4 Satz 1 Nr. 1.

**Art. 25 Tragende Wände, Stützen.** (1) [1]Tragende und aussteifende Wände und Stützen müssen im Brandfall ausreichend lang standsicher sein. [2]Sie müssen

1. in Gebäuden der Gebäudeklasse 5 feuerbeständig,
2. in Gebäuden der Gebäudeklasse 4 hochfeuerhemmend,
3. in Gebäuden der Gebäudeklassen 2 und 3 feuerhemmend

sein. [3]Satz 2 gilt

1. für Geschosse im Dachraum nur, wenn darüber noch Aufenthaltsräume möglich sind; Art. 27 Abs. 4 bleibt unberührt,
2. nicht für Balkone, ausgenommen offene Gänge, die als notwendige Flure dienen.

(2) Im Kellergeschoss müssen tragende und aussteifende Wände und Stützen

1. in Gebäuden der Gebäudeklassen 3 bis 5 feuerbeständig,
2. in Gebäuden der Gebäudeklassen 1 und 2 feuerhemmend

sein.

**Art. 26[1)] Außenwände.** (1) Außenwände und Außenwandteile wie Brüstungen und Schürzen sind so auszubilden, dass eine Brandausbreitung auf und in diesen Bauteilen ausreichend lang begrenzt ist.

(2) [1]Nichttragende Außenwände und nichttragende Teile tragender Außenwände müssen aus nichtbrennbaren Baustoffen bestehen; sie sind aus brennbaren Baustoffen zulässig, wenn sie als raumabschließende Bauteile feuerhemmend sind. [2]Satz 1 gilt nicht für

1. Fenster und Türen,
2. Fugendichtungen und
3. brennbare Dämmstoffe in nichtbrennbaren geschlossenen Profilen der Außenwandkonstruktion.

(3) [1]Oberflächen von Außenwänden sowie Außenwandbekleidungen müssen einschließlich der Dämmstoffe und Unterkonstruktionen schwerentflammbar sein; Unterkonstruktionen aus normalentflammbaren Baustoffen sind zulässig, wenn die Anforderungen nach Abs. 1 erfüllt sind. [2]Balkonbekleidungen, die über die erforderliche Umwehrungshöhe hinaus hochgeführt werden, und mehr als zwei Geschosse überbrückende Solaranlagen an Außenwänden müssen schwerentflammbar sein. [3]Baustoffe, die schwerentflammbar sein müssen, in Bauteilen nach Satz 1 Halbsatz 1 und Satz 2 dürfen nicht brennend abfallen oder abtropfen.

(4) Bei Außenwandkonstruktionen mit geschossübergreifenden Hohl- oder Lufträumen wie Doppelfassaden sind gegen die Brandausbreitung besondere Vorkehrungen zu treffen; das gilt für hinterlüftete Außenwandbekleidungen entsprechend.

---

[1)] Art. 26 Abs. 2 Satz 2 neu gef., Abs. 3 Satz 2 geänd., Satz 3 angef. mWv 1.1.2013 durch G v. 11.12.2012 (GVBl. S. 633); Abs. 5 Satz 2 angef. mWv 1.2.2021 durch G v. 23.12.2020 (GVBl. S. 663).

men zu Ausgängen in notwendige Treppenräume oder ins Freie führen (notwendige Flure), müssen so angeordnet und ausgebildet sein, dass die Nutzung im Brandfall ausreichend lang möglich ist. [2]Notwendige Flure sind nicht erforderlich

1. in Wohngebäuden der Gebäudeklassen 1 und 2,
2. in sonstigen Gebäuden der Gebäudeklassen 1 und 2, ausgenommen in Kellergeschossen,
3. innerhalb von Nutzungseinheiten mit nicht mehr als 200 $m^2$ und innerhalb von Wohnungen,
4. innerhalb von Nutzungseinheiten, die einer Büro- oder Verwaltungsnutzung dienen, mit nicht mehr als 400 $m^2$; das gilt auch für Teile größerer Nutzungseinheiten, wenn diese Teile nicht größer als 400 $m^2$ sind, Trennwände nach Art. 27 Abs. 2 Nr. 1 haben und jeder Teil unabhängig von anderen Teilen Rettungswege nach Art. 31 Abs. 1 hat.

(2) [1]Notwendige Flure müssen so breit sein, dass sie für den größten zu erwartenden Verkehr ausreichen. [2]In den Fluren ist eine Folge von weniger als drei Stufen unzulässig.

(3) [1]Notwendige Flure sind durch nichtabschließbare, rauchdichte und selbstschließende Abschlüsse in Rauchabschnitte zu unterteilen. [2]Die Rauchabschnitte sollen nicht länger als 30 m sein. [3]Die Abschlüsse sind bis an die Rohdecke zu führen; sie dürfen bis an die Unterdecke der Flure geführt werden, wenn die Unterdecke feuerhemmend ist. [4]Notwendige Flure mit nur einer Fluchtrichtung, die zu einem Sicherheitstreppenraum führen, dürfen nicht länger als 15 m sein. [5]Die Sätze 1 bis 4 gelten nicht für notwendige Flure, die als offene Gänge vor den Außenwänden angeordnet sind.

(4) [1]Die Wände notwendiger Flure müssen als raumabschließende Bauteile feuerhemmend, in Kellergeschossen, deren tragende und aussteifende Bauteile feuerbeständig sein müssen, feuerbeständig sein. [2]Die Wände sind bis an die Rohdecke zu führen. [3]Sie dürfen bis an die Unterdecke der Flure geführt werden, wenn die Unterdecke feuerhemmend und ein demjenigen nach Satz 1 vergleichbarer Raumabschluss sichergestellt ist. [4]Türen in diesen Wänden müssen dicht schließen; Öffnungen zu Lagerbereichen im Kellergeschoss müssen feuerhemmende, dicht- und selbstschließende Abschlüsse haben.

(5) [1]Für Wände und Brüstungen notwendiger Flure mit nur einer Fluchtrichtung, die als offene Gänge vor den Außenwänden angeordnet sind, gilt Abs. 4 entsprechend. [2]Fenster sind in diesen Außenwänden ab einer Brüstungshöhe von 0,90 m zulässig.

(6) In notwendigen Fluren sowie in offenen Gängen nach Abs. 5 müssen

1. Bekleidungen, Putze, Unterdecken und Dämmstoffe aus nichtbrennbaren Baustoffen bestehen,
2. Wände und Decken aus brennbaren Baustoffen eine Bekleidung aus nichtbrennbaren Baustoffen in ausreichender Dicke haben.

**Art. 35 Fenster, Türen, sonstige Öffnungen.** (1) [1]Glastüren und andere Glasflächen, die bis zum Fußboden allgemein zugänglicher Verkehrsflächen herabreichen, sind so zu kennzeichnen, dass sie leicht erkannt werden können. [2]Weitere Schutzmaßnahmen sind für größere Glasflächen vorzusehen, wenn dies die Verkehrssicherheit erfordert.

(2) Eingangstüren von Wohnungen, die über Aufzüge erreichbar sein müssen, müssen eine lichte Durchgangsbreite von mindestens 0,90 m haben.

(3) [1] Jedes Kellergeschoss ohne Fenster muss mindestens eine Öffnung ins Freie haben, um eine Rauchableitung zu ermöglichen. [2] Gemeinsame Kellerlichtschächte für übereinander liegende Kellergeschosse sind unzulässig.

(4) [1] Fenster, die als Rettungswege nach Art. 31 Abs. 2 Satz 2 dienen, müssen in der Breite mindestens 0,60 m, in der Höhe mindestens 1 m groß, von innen zu öffnen und nicht höher als 1,20 m über der Fußbodenoberkante angeordnet sein. [2] Liegen diese Fenster in Dachschrägen oder Dachaufbauten, so darf ihre Unterkante oder ein davor liegender Austritt von der Traufkante horizontal gemessen nicht mehr als 1 m entfernt sein.

**Art. 36 Umwehrungen.** (1) In, an und auf baulichen Anlagen sind zu umwehren

1. Flächen, die im Allgemeinen zum Begehen bestimmt sind und unmittelbar an mehr als 0,50 m tiefer liegende Flächen angrenzen; das gilt nicht, wenn die Umwehrung dem Zweck der Flächen widerspricht,
2. Dächer, die zum Aufenthalt von Menschen bestimmt sind, sowie Öffnungen und nicht begehbare Flächen in diesen Dächern und in begehbaren Decken, soweit sie nicht sicher abgedeckt oder gegen Betreten gesichert sind,
3. die freien Seiten von Treppenläufen, Treppenabsätzen und Treppenöffnungen (Treppenaugen); Fenster, die unmittelbar an Treppen und deren Brüstungen unter der notwendigen Umwehrungshöhe liegen, sind zu sichern.

(2) [1] Die Umwehrungen müssen ausreichend hoch und fest sein. [2] Ist mit der Anwesenheit unbeaufsichtigter Kleinkinder auf der zu sichernden Fläche üblicherweise zu rechnen, müssen Umwehrungen so ausgebildet werden, dass sie Kleinkindern das Über- oder Durchklettern nicht erleichtern; das gilt nicht innerhalb von Wohngebäuden der Gebäudeklassen 1 und 2 und innerhalb von Wohnungen.

## Abschnitt VI. Technische Gebäudeausrüstung

**Art. 37[1)] Aufzüge.** (1) [1] Aufzüge im Innern von Gebäuden müssen eigene Fahrschächte haben, um eine Brandausbreitung in andere Geschosse ausreichend lang zu verhindern. [2] In einem Fahrschacht dürfen bis zu drei Aufzüge liegen. [3] Aufzüge ohne eigene Fahrschächte sind zulässig

1. innerhalb eines notwendigen Treppenraums, ausgenommen in Hochhäusern,
2. innerhalb von Räumen, die Geschosse überbrücken,
3. zur Verbindung von Geschossen, die offen miteinander in Verbindung stehen dürfen,
4. in Gebäuden der Gebäudeklassen 1 und 2;

sie müssen sicher umkleidet sein.

(2) [1] Die Fahrschachtwände müssen als raumabschließende Bauteile

---

[1)] Art. 37 Abs. 3 Satz 2 eingef., bish. Satz 2 wird Satz 3, Abs. 4 Satz 4 aufgeh, bish. Satz 5 wird Satz 4 mWv 1.7.2013 durch G v. 11.12.2012 (GVBl. S. 633); Abs. 4 Satz 5 angef. mWv 1.2.2021 durch G v. 23.12.2020 (GVBl. S. 663).

1. in Gebäuden der Gebäudeklasse 5 feuerbeständig und aus nichtbrennbaren Baustoffen,
2. in Gebäuden der Gebäudeklasse 4 hochfeuerhemmend,
3. in Gebäuden der Gebäudeklasse 3 feuerhemmend

sein; Fahrschachtwände aus brennbaren Baustoffen müssen schachtseitig eine Bekleidung aus nichtbrennbaren Baustoffen in ausreichender Dicke haben. [2] Fahrschachttüren und andere Öffnungen in Fahrschachtwänden mit erforderlicher Feuerwiderstandsfähigkeit sind so herzustellen, dass die Anforderungen nach Abs. 1 Satz 1 nicht beeinträchtigt werden.

(3) [1] Fahrschächte müssen zu lüften sein und eine Öffnung zur Rauchableitung mit einem freien Querschnitt von mindestens 2,5 v. H. der Fahrschachtgrundfläche, mindestens jedoch 0,10 $m^2$ haben. [2] Diese Öffnung darf einen Abschluss haben, der im Brandfall selbsttätig öffnet und von mindestens einer geeigneten Stelle aus bedient werden kann. [3] Die Lage der Rauchaustrittsöffnungen muss so gewählt werden, dass der Rauchaustritt durch Windeinfluss nicht beeinträchtigt wird.

(4) [1] Gebäude mit einer Höhe nach Art. 2 Abs. 3 Satz 2 von mehr als 13 m müssen Aufzüge in ausreichender Zahl haben. [2] Von diesen Aufzügen muss mindestens ein Aufzug Kinderwagen, Rollstühle, Krankentragen und Lasten aufnehmen können und Haltestellen in allen Geschossen haben. [3] Dieser Aufzug muss von allen Wohnungen in dem Gebäude und von der öffentlichen Verkehrsfläche aus stufenlos erreichbar sein. [4] Haltestellen im obersten Geschoss, im Erdgeschoss und in den Kellergeschossen sind nicht erforderlich, wenn sie nur unter besonderen Schwierigkeiten hergestellt werden können. [5] Die Sätze 1 bis 4 gelten nicht bei der Schaffung von Wohnraum durch Aufstockung, wenn die Anforderungen nur mit einem unverhältnismäßigen Aufwand erfüllt werden können.

(5) [1] Fahrkörbe zur Aufnahme einer Krankentrage müssen eine nutzbare Grundfläche von mindestens 1,10 m x 2,10 m, zur Aufnahme eines Rollstuhls von mindestens 1,10 m x 1,40 m haben; Türen müssen eine lichte Durchgangsbreite von mindestens 0,90 m haben. [2] In einem Aufzug für Rollstühle und Krankentragen darf der für Rollstühle nicht erforderliche Teil der Fahrkorbgrundfläche durch eine verschließbare Tür abgesperrt werden. [3] Vor den Aufzügen muss eine ausreichende Bewegungsfläche vorhanden sein.

**Art. 38[1)] Leitungsanlagen, Installationsschächte und -kanäle.** (1) Leitungen dürfen durch raumabschließende Bauteile, für die eine Feuerwiderstandsfähigkeit vorgeschrieben ist, nur hindurchgeführt werden, wenn eine Brandausbreitung ausreichend lang nicht zu befürchten ist oder Vorkehrungen hiergegen getroffen sind; das gilt nicht

1. innerhalb von Gebäuden der Gebäudeklassen 1 und 2,
2. innerhalb von Wohnungen,
3. innerhalb derselben Nutzungseinheit mit insgesamt nicht mehr als 400 $m^2$ in nicht mehr als zwei Geschossen.

---

[1)] Art. 38 Abs. 1 Halbs. 2 einl. Satzteil und Nr. 1 geänd. mWv 1.1.2013 durch G v. 11.12.2012 (GVBl. S. 633).

(2) In notwendigen Treppenräumen, in Räumen nach Art. 33 Abs. 3 Satz 2 und in notwendigen Fluren sind Leitungsanlagen nur zulässig, wenn eine Nutzung als Rettungsweg im Brandfall ausreichend lang möglich ist.

(3) Für Installationsschächte und -kanäle gelten Abs. 1 sowie Art. 39 Abs. 2 Satz 1 und Abs. 3 entsprechend.

**Art. 39[1] Lüftungsanlagen.** (1) Lüftungsanlagen müssen betriebssicher und brandsicher sein; sie dürfen den ordnungsgemäßen Betrieb von Feuerungsanlagen nicht beeinträchtigen.

(2) [1] Lüftungsleitungen sowie deren Bekleidungen und Dämmstoffe müssen aus nichtbrennbaren Baustoffen bestehen; brennbare Baustoffe sind zulässig, wenn ein Beitrag der Lüftungsleitung zur Brandentstehung und Brandweiterleitung nicht zu befürchten ist. [2] Lüftungsleitungen dürfen raumabschließende Bauteile, für die eine Feuerwiderstandsfähigkeit vorgeschrieben ist, nur überbrücken, wenn eine Brandausbreitung ausreichend lang nicht zu befürchten ist oder wenn Vorkehrungen hiergegen getroffen sind.

(3) Lüftungsanlagen sind so herzustellen, dass sie Gerüche und Staub nicht in andere Räume übertragen.

(4) [1] Lüftungsanlagen dürfen nicht in Abgasanlagen eingeführt werden; die gemeinsame Nutzung von Lüftungsleitungen zur Lüftung und zur Ableitung der Abgase von Feuerstätten ist zulässig, wenn keine Bedenken wegen der Betriebssicherheit und des Brandschutzes bestehen. [2] Die Abluft ist ins Freie zu führen. [3] Nicht zur Lüftungsanlage gehörende Einrichtungen sind in Lüftungsleitungen unzulässig.

(5) Die Abs. 2 und 3 gelten nicht

1. innerhalb von Gebäuden der Gebäudeklassen 1 und 2,
2. innerhalb von Wohnungen,
3. innerhalb derselben Nutzungseinheit mit insgesamt nicht mehr als 400 $m^2$ in nicht mehr als zwei Geschossen.

(6) Für raumlufttechnische Anlagen und Warmluftheizungen gelten die Abs. 1 bis 5 entsprechend.

**Art. 40 Feuerungsanlagen, sonstige Anlagen zur Wärmeerzeugung, Brennstoffversorgung.** (1) Feuerstätten und Abgasanlagen (Feuerungsanlagen) müssen betriebssicher und brandsicher sein.

(2) Feuerstätten dürfen in Räumen nur aufgestellt werden, wenn nach der Art der Feuerstätte und nach Lage, Größe, baulicher Beschaffenheit und Nutzung der Räume Gefahren nicht entstehen.

(3) [1] Abgase von Feuerstätten sind durch Abgasleitungen, Kamine und Verbindungsstücke (Abgasanlagen) so abzuführen, dass keine Gefahren oder unzumutbaren Belästigungen entstehen. [2] Abgasanlagen sind in solcher Zahl und Lage und so herzustellen, dass die Feuerstätten des Gebäudes ordnungsgemäß angeschlossen werden können. [3] Sie müssen leicht gereinigt werden können.

(4) [1] Behälter und Rohrleitungen für brennbare Gase und Flüssigkeiten müssen betriebssicher und brandsicher sein. [2] Diese Behälter sowie feste Brennstoffe

---

[1] Art. 39 Abs. 5 Nr. 1 geänd. mWv 1.1.2013 durch G v. 11.12.2012 (GVBl. S. 633).

sind so aufzustellen oder zu lagern, dass keine Gefahren oder unzumutbaren Belästigungen entstehen.

(5) Für die Aufstellung von ortsfesten Verbrennungsmotoren, Blockheizkraftwerken, Brennstoffzellen und Verdichtern sowie die Ableitung ihrer Verbrennungsgase gelten die Abs. 1 bis 3 entsprechend.

**Art. 41[1)] Nicht durch Sammelkanalisation erschlossene Anwesen.**

(1) Die einwandfreie Beseitigung des Abwassers einschließlich des Fäkalschlamms innerhalb und außerhalb des Grundstücks muss gesichert sein.

(2) Hausabwässer aus abgelegenen landwirtschaftlichen Anwesen oder abgelegenen Anwesen, die früher einem landwirtschaftlichen Betrieb dienten und deren Hausabwässer bereits in Gruben eingeleitet worden sind, dürfen in Gruben eingeleitet werden, wenn

1. das Abwasser in einer Mehrkammerausfaulgrube vorbehandelt wird und
2. die ordnungsgemäße Entsorgung oder Verwertung des geklärten Abwassers und des Fäkalschlamms gesichert ist.

(3) [1] Für die Einleitung von Hausabwässern aus abgelegenen landwirtschaftlichen Anwesen in Biogasanlagen gilt Abs. 2 entsprechend. [2] Die Vorbehandlung in einer Mehrkammerausfaulgrube ist nicht erforderlich, wenn durch den Betrieb der Biogasanlage eine gleichwertige Hygienisierung sichergestellt ist.

**Art. 42 Sanitäre Anlagen.** Fensterlose Bäder und Toiletten sind nur zulässig, wenn eine wirksame Lüftung gewährleistet ist.

**Art. 43 Aufbewahrung fester Abfallstoffe.** Feste Abfallstoffe dürfen innerhalb von Gebäuden vorübergehend aufbewahrt werden, in Gebäuden der Gebäudeklassen 3 bis 5 jedoch nur, wenn die dafür bestimmten Räume

1. Trennwände und Decken als raumabschließende Bauteile mit der Feuerwiderstandsfähigkeit der tragenden Wände und
2. Öffnungen vom Gebäudeinnern zum Aufstellraum mit feuerhemmenden, dicht- und selbstschließenden Abschlüssen haben,
3. unmittelbar vom Freien entleert werden können und
4. eine ständig wirksame Lüftung haben.

**Art. 44 Blitzschutzanlagen.** Bauliche Anlagen, bei denen nach Lage, Bauart oder Nutzung Blitzschlag leicht eintreten oder zu schweren Folgen führen kann, sind mit dauernd wirksamen Blitzschutzanlagen zu versehen.

**Art. 44a[2)] Solaranlagen.** (1) [1] Auf geeigneten Dachflächen von im Eigentum des Freistaates Bayern stehenden Gebäuden sind im Rahmen verfügbarer Haushaltsmittel in angemessener Auslegung Anlagen zur Erzeugung von Strom aus solarer Strahlungsenergie zu errichten und betreiben. [2] Eine angemessene Auslegung nach Satz 1 liegt vor, wenn die Modulfläche mindestens einem Drittel der geeigneten Dachfläche entspricht. [3] Dachflächen sind insbesondere nicht geeignet, soweit sie der Belichtung oder Be- und Entlüftung dienen. [4] Bei

---

[1)] Überschrift neu gef. mWv 1.8.2009 durch G v. 27.7.2009 (GVBl. S. 385).

[2)] Art. 44a eingef. mWv 1.1.2023 durch G v. 23.12.2022 (GVBl. S. 704); Abs. 5 geänd., Abs. 6 neu gef. mWv 1.1.2025 durch G v. 23.12.2024 (GVBl. S. 605).

geneigten Dachflächen müssen die Module dachparallel errichtet werden oder in die Dachfläche integriert sein.

(2) [1] Die Eigentümer von Nichtwohngebäuden, deren Antrag auf Baugenehmigung oder deren vollständige Bauvorlagen

1. ab dem 1. März 2023 für Gebäude, die ausschließlich gewerblicher oder industrieller Nutzung zu dienen bestimmt sind, oder
2. ab dem 1. Juli 2023 für sonstige Nichtwohngebäude

eingehen, haben sicherzustellen, dass Anlagen in angemessener Auslegung zur Erzeugung von Strom aus solarer Strahlungsenergie auf den hierfür geeigneten Dachflächen errichtet und betrieben werden. [2] Die Pflichten nach Satz 1 gelten auch bei vollständiger Erneuerung der Dachhaut eines Gebäudes, die ab dem 1. Januar 2025 begonnen wird. [3] Abs. 1 Satz 2 bis 4 gilt entsprechend.

(3) Die Abs. 1 und 2 sind nicht anzuwenden auf

1. Gebäude mit einer Dachfläche bis zu 50 $m^2$,
2. Wohngebäuden dienende Gebäude oder Gebäudeteile wie Garagen, Carports oder Schuppen,
3. unterirdische Bauten,
4. Gewächshäuser,
5. Traglufthallen und Zelte,
6. vorübergehend aufgestellte oder benutzbare Gebäude.

(4) [1] Die Eigentümer von Wohngebäuden, deren Antrag auf Baugenehmigung oder deren vollständige Bauvorlagen ab dem 1. Januar 2025 eingehen, sollen sicherstellen, dass Anlagen in angemessener Auslegung zur Erzeugung von Strom aus solarer Strahlungsenergie auf den hierfür geeigneten Dachflächen errichtet und betrieben werden. [2] Dies gilt auch bei vollständiger Erneuerung der Dachhaut eines Gebäudes, die ab dem 1. Januar 2025 begonnen wird. [3] Abs. 1 Satz 2 bis 4 gilt entsprechend. [4] Die Abs. 5 und 6 gelten entsprechend.

(5) Die Pflichten nach Abs. 1 und 2 entfallen, soweit ihre Erfüllung

1. anderen öffentlich-rechtlichen Pflichten, insbesondere solchen aus einer städtebaulichen Satzung oder einer Satzung nach Art. 81, widerspricht, oder
2. im Einzelfall
   a) technisch unmöglich ist oder
   b) wegen besonderer Umstände, durch einen unangemessenen Aufwand oder in sonstiger Weise zu einer unbilligen Härte führen würde, insbesondere wenn glaubhaft gemacht wird, dass die erforderlichen Aufwendungen innerhalb der üblichen Nutzungsdauer nicht erwirtschaftet werden können.

(6) Die Pflichten nach den Abs. 1 und 2 gelten für Gebäude, die der Nutzungspflicht erneuerbarer Energien des Gebäudeenergiegesetzes unterfallen, als erfüllt, wenn solarthermische Anlagen oder Anlagen für Strom aus solarer Strahlungsenergie errichtet und betrieben werden, mit denen mindestens 15 % des Wärme- und Kälteenergiebedarfs gedeckt werden.

## Abschnitt VII. Nutzungsbedingte Anforderungen

**Art. 45[1)] Aufenthaltsräume.** (1) [1] Aufenthaltsräume müssen eine lichte Raumhöhe von mindestens 2,40 m, im Dachgeschoss über der Hälfte ihrer Nutzfläche 2,20 m haben, wobei Raumteile mit einer lichten Höhe unter 1,50 m außer Betracht bleiben. [2] Das gilt nicht für Aufenthaltsräume in Wohngebäuden der Gebäudeklassen 1 und 2.

(2) [1] Aufenthaltsräume müssen ausreichend belüftet und mit Tageslicht belichtet werden können. [2] Sie müssen Fenster mit einem Rohbaumaß der Fensteröffnungen von mindestens einem Achtel der Netto-Grundfläche des Raums einschließlich der Netto-Grundfläche verglaster Vorbauten und Loggien haben.

(3) Aufenthaltsräume, deren Nutzung eine Belichtung mit Tageslicht verbietet, sowie Verkaufsräume, Schank- und Speisegaststätten, ärztliche Behandlungs-, Sport-, Spiel-, Werk- und ähnliche Räume sind ohne Fenster zulässig.

(4) [1] In Beherbergungsstätten, die keine Sonderbauten sind, müssen Schlafräume jeweils mindestens einen Rauchwarnmelder haben. [2] Die Rauchwarnmelder müssen so eingebaut oder angebracht und betrieben werden, dass Brandrauch frühzeitig erkannt und gemeldet wird.

**Art. 46[2)] Wohnungen.** (1) [1] Jede Wohnung muss eine Küche oder Kochnische haben. [2] Fensterlose Küchen oder Kochnischen sind zulässig, wenn eine wirksame Lüftung gewährleistet ist.

(2) Für Gebäude der Gebäudeklassen 3 bis 5 sind für jede Wohnung ein ausreichend großer Abstellraum und, soweit die Wohnungen nicht nur zu ebener Erde liegen, leicht erreichbare und gut zugängliche Abstellräume für Kinderwagen, Fahrräder und Mobilitätshilfen erforderlich.

(3) Jede Wohnung muss ein Bad mit Badewanne oder Dusche und eine Toilette haben.

(4) [1] In Wohnungen müssen Schlafräume und Kinderzimmer sowie Flure, die zu Aufenthaltsräumen führen, jeweils mindestens einen Rauchwarnmelder haben. [2] Die Rauchwarnmelder müssen so eingebaut oder angebracht und betrieben werden, dass Brandrauch frühzeitig erkannt und gemeldet wird. [3] Die Eigentümer vorhandener Wohnungen sind verpflichtet, jede Wohnung bis zum 31. Dezember 2017 entsprechend auszustatten. [4] Die Sicherstellung der Betriebsbereitschaft obliegt den unmittelbaren Besitzern, es sei denn, der Eigentümer übernimmt diese Verpflichtung selbst.

(5) Sollen Nutzungseinheiten mit Aufenthaltsräumen in bestandsgeschützten Gebäuden in Wohnraum umgewandelt werden, sind auf bestehende Bauteile Art. 6, 25, 26, 28, 29 und 30 nicht anzuwenden.

(6) [1] Sollen bestandsgeschützte Gebäude zur Schaffung von Wohnraum erstmals um nicht mehr als ein Geschoss aufgestockt werden, so sind auf bestehende Bauteile die Art. 25 bis 29 und 32 bis 34 nicht anzuwenden. [2] Im Bereich der Aufstockung gelten die Anforderungen an die bisherige Gebäudeklasse. [3] In den Wänden notwendiger Treppenräume müssen Öffnungen zu Kellergeschossen mindestens feuerhemmende und selbstschließende Abschlüsse ha-

---

[1)] Art. 45 Abs. 4 angef. mWv 1.1.2025 durch G v. 23.12.2024 (GVBl. S. 605).

[2)] Art. 46 Abs. 4 angef. mWv 1.1.2013 durch G v. 11.12.2012 (GVBl. S. 633); Abs. 5 angef. mWv 1.2.2021 durch G v. 23.12.2020 (GVBl. S. 663); Abs. 6 angef. mWv 1.1.2025 durch G v. 23.12.2024 (GVBl. S. 605).

ben. [4]Soweit bei bestehenden Gebäuden in notwendigen Treppenräumen die Treppe selbst oder Wand- und Deckenbekleidungen aus brennbaren Baustoffen bestehen, müssen Öffnungen zu Nutzungseinheiten im Bereich der Aufstockung mindestens feuerhemmende und selbstschließende Abschlüsse haben. [5]Soweit in notwendigen Treppenräumen keine Fenster nach Art. 33 Abs. 8 Satz 2 Nr. 1 vorhanden sind, ist an oberster Stelle eine Öffnung nach Art. 33 Abs. 8 Satz 2 Nr. 2 zu schaffen. [6]Der zweite Rettungsweg nach Art. 31 Abs. 2 Satz 2 ist nachzuweisen.

**Art. 47[1)] Stellplätze, Verordnungsermächtigung.**

***[Abs. 1 bis 30.9.2025:]***

(1) [1]Werden Anlagen errichtet, bei denen ein Zu- oder Abfahrtsverkehr zu erwarten ist, sind Stellplätze in ausreichender Zahl und Größe und in geeigneter Beschaffenheit herzustellen. [2]Bei Änderungen oder Nutzungsänderungen von Anlagen sind Stellplätze in solcher Zahl und Größe herzustellen, dass die Stellplätze die durch die Änderung zusätzlich zu erwartenden Kraftfahrzeuge aufnehmen können. [3]Das gilt nicht, wenn sonst die Schaffung oder Erneuerung von Wohnraum auch unter Berücksichtigung der Möglichkeit einer Ablösung nach Abs. 3 Nr. 3 erheblich erschwert oder verhindert würde.

***[Abs. 1 ab 1.10.2025:]***

*(1) [1]Wenn die Gemeinde dies durch Satzung nach Art. 81 Abs. 1 Nr. 4 angeordnet hat, sind Stellplätze auf dem Baugrundstück oder auf einem geeigneten Grundstück in der Nähe des Baugrundstücks herzustellen. [2]Bei Herstellung der Stellplätze auf einem geeigneten Grundstück in der Nähe des Baugrundstücks ist dessen Benutzung für diesen Zweck gegenüber dem Rechtsträger der Bauaufsichtsbehörde rechtlich zu sichern.*

(2) [1]Die Zahl der notwendigen Stellplätze nach Abs. 1 Satz 1 legt das Staatsministerium für Wohnen, Bau und Verkehr durch Rechtsverordnung fest. ***[Satz 2 bis 30.9.2025:]*** [2]Wird die Zahl der notwendigen Stellplätze durch eine örtliche Bauvorschrift oder eine städtebauliche Satzung festgelegt, ist diese Zahl maßgeblich. ***[Satz 2 ab 1.10.2025:]*** *[2]Wird eine geringere Zahl notwendiger Stellplätze durch Satzung nach Art. 81 Abs. 1 Nr. 4 festgelegt, ist diese Zahl maßgeblich.*

***[Abs. 3 bis 30.9.2025:]***

(3) Die Stellplatzpflicht kann erfüllt werden durch

1. Herstellung der notwendigen Stellplätze auf dem Baugrundstück,
2. Herstellung der notwendigen Stellplätze auf einem geeigneten Grundstück in der Nähe des Baugrundstücks, wenn dessen Benutzung für diesen Zweck gegenüber dem Rechtsträger der Bauaufsichtsbehörde rechtlich gesichert ist, oder
3. Übernahme der Kosten für die Herstellung der notwendigen Stellplätze durch den Bauherrn gegenüber der Gemeinde (Ablösungsvertrag).

***[Abs. 4 bis 30.9.2025:]***

(4) Die Gemeinde hat den Geldbetrag für die Ablösung notwendiger Stellplätze zu verwenden für

---

1) Art. 47 Abs. 2 Satz 1 geänd. mWv 30.8.2014 durch V v. 22.7.2014 (GVBl. S. 286); Überschrift geänd. mWv 1.8.2017 durch G v. 12.7.2017 (GVBl. S. 375); Abs. 4 Nr. 1 geänd., Nr. 2 eingef., bish. Nr. 2 wird Nr. 3 mWv 1.9.2018 durch G v. 10.7.2018 (GVBl. S. 523); Abs. 2 Satz 1 geänd. mWv 1.5. 2019 durch V v. 26.3.2019 (GVBl. S. 98); Abs. 1, Abs. 2 Satz 2 neu gef., Abs. 3 und 4 aufgeh. mWv 1.10.2025 durch G v. 23.12.2024 (GVBl. S. 605).

1. die Herstellung zusätzlicher oder die Instandhaltung, die Instandsetzung oder die Modernisierung bestehender Parkeinrichtungen einschließlich der Ausstattung mit Elektroladestationen,
2. den Bau und die Einrichtung von innerörtlichen Radverkehrsanlagen, die Schaffung von öffentlichen Fahrradabstellplätzen und gemeindlichen Mietfahrradanlagen einschließlich der Ausstattung mit Elektroladestationen,
3. sonstige Maßnahmen zur Entlastung der Straßen vom ruhenden Verkehr einschließlich investiver Maßnahmen des öffentlichen Personennahverkehrs.

**Art. 48[1)] Barrierefreies Bauen.** (1) [1] In Gebäuden mit mehr als zwei Wohnungen müssen die Wohnungen eines Geschosses barrierefrei erreichbar sein; diese Verpflichtung kann auch durch barrierefrei erreichbare Wohnungen in mehreren Geschossen erfüllt werden. [2] In Gebäuden mit mehr als zwei Wohnungen und mit nach Art. 37 Abs. 4 Satz 1 erforderlichen Aufzügen muss ein Drittel der Wohnungen barrierefrei erreichbar sein. [3] In den Wohnungen nach den Sätzen 1 und 2 müssen die Wohn- und Schlafräume, eine Toilette, ein Bad, die Küche oder Kochnische sowie der Raum mit Anschlussmöglichkeit für eine Waschmaschine barrierefrei sein. [4] Art. 32 Abs. 6 Satz 2, Art. 35 Abs. 2 und Art. 37 Abs. 4 und 5 bleiben unberührt.

(2) [1] Bauliche Anlagen, die öffentlich zugänglich sind, müssen in den dem allgemeinen Besucher- und Benutzerverkehr dienenden Teilen barrierefrei sein. [2] Dies gilt insbesondere für

1. Einrichtungen der Kultur und des Bildungswesens,
2. Tageseinrichtungen für Kinder,
3. Sport- und Freizeitstätten,
4. Einrichtungen des Gesundheitswesens,
5. Büro-, Verwaltungs- und Gerichtsgebäude,
6. Verkaufsstätten,
7. Gaststätten, die keiner gaststättenrechtlichen Erlaubnis bedürfen,
8. Beherbergungsstätten,
9. Stellplätze, Garagen und Toilettenanlagen.

[3] Für die der zweckentsprechenden Nutzung dienenden Räume und Anlagen genügt es, wenn sie in dem erforderlichen Umfang barrierefrei sind. [4] Toilettenräume und Stellplätze für Besucher und Benutzer müssen in der erforderlichen Anzahl barrierefrei sein. [5] Diese Anforderungen gelten nicht bei Nutzungsänderungen, wenn die Anforderungen nur mit unverhältnismäßigem Aufwand erfüllt werden können. [6] Die Anforderungen an Gaststätten, die einer gaststättenrechtlichen Erlaubnis bedürfen, sind im Rahmen des gaststättenrechtlichen Erlaubnisverfahrens zu beachten.

---

[1)] Art. 48 Abs. 1 Sätze 2 und 3 neu gef. mWv 31.7.2008 durch G v. 22.7.2008 (GVBl. S. 479); Abs. 1 Satz 2 eingef., bish. Sätze 2 und 3 werden Sätze 3 und 4, Abs. 4 Satz 10 geänd. und Halbs. angef., Abs. 5 Satz 1 neu gef. mWv 1.8.2009 durch G v. 27.7.2009 (GVBl. S. 385); Abs. 1 Sätze 1–3 neu gef., Satz 4 geänd., Abs. 2 Satz 1 neu gef., Satz 2 einl. Satzteil geänd., Sätze 3 und 4 eingef., bish. Satz 3 wird Satz 5 und geänd., bish. Satz 4 wird Satz 6, Abs. 3 neu gef., Abs. 4 aufgeh., bish. Abs. 5 wird Abs. 4, Satz 1 geänd. mWv 1.7.2013 durch G v. 11.12.2012 (GVBl. S. 633); Abs. 2 Satz 4 geänd. mWv 1.1.2025 durch G v. 23.12.2024 (GVBl. S. 605).

(3) Bauliche Anlagen und Einrichtungen, die überwiegend oder ausschließlich von Menschen mit Behinderung, alten Menschen und Personen mit Kleinkindern genutzt werden, wie

1. Tagesstätten, Werkstätten und stationäre Einrichtungen für Menschen mit Behinderung,
2. stationäre Einrichtungen für pflegebedürftige und alte Menschen

müssen in allen der zweckentsprechenden Nutzung dienenden Teilen barrierefrei sein.

(4) [1] Die Abs. 1 bis 3 gelten nicht, soweit die Anforderungen wegen schwieriger Geländeverhältnisse, wegen ungünstiger vorhandener Bebauung oder im Hinblick auf die Sicherheit der Menschen mit Behinderung oder alten Menschen oder bei Anlagen nach Abs. 1 auch wegen des Einbaus eines sonst nicht erforderlichen Aufzugs nur mit einem unverhältnismäßigen Mehraufwand erfüllt werden können. [2] Bei bestehenden baulichen Anlagen im Sinn der Abs. 2 und 3 soll die Bauaufsichtsbehörde verlangen, dass ein gleichwertiger Zustand hergestellt wird, wenn das technisch möglich und dem Eigentümer wirtschaftlich zumutbar ist.

## Vierter Teil. Die am Bau Beteiligten

**Art. 49 Grundpflichten.** Bei der Errichtung, Änderung, Nutzungsänderung und der Beseitigung von Anlagen sind der Bauherr und im Rahmen ihres Wirkungskreises die anderen am Bau Beteiligten dafür verantwortlich, dass die öffentlich-rechtlichen Vorschriften eingehalten werden.

**Art. 50[1)] Bauherr.** (1) [1] Der Bauherr hat zur Vorbereitung, Überwachung und Ausführung eines nicht verfahrensfreien Bauvorhabens sowie der Beseitigung von Anlagen geeignete Beteiligte nach Maßgabe der Art. 51 und 52 zu bestellen, soweit er nicht selbst zur Erfüllung der Verpflichtungen nach diesen Vorschriften geeignet ist. [2] Dem Bauherrn obliegen außerdem die nach den öffentlich-rechtlichen Vorschriften erforderlichen Anträge und Anzeigen. [3] Erforderliche Nachweise und Unterlagen hat er bereitzuhalten. [4] Werden Bauprodukte verwendet, die die CE-Kennzeichnung nach der Verordnung (EU) Nr. 305/2011 tragen, ist die Leistungserklärung bereitzuhalten. [5] Wechselt der Bauherr, hat der neue Bauherr dies der Bauaufsichtsbehörde unverzüglich in Textform mitzuteilen.

(2) [1] Treten bei einem Bauvorhaben mehrere Personen als Bauherr auf, so kann die Bauaufsichtsbehörde verlangen, dass ihr gegenüber ein Vertreter bestellt wird, der die dem Bauherrn nach den öffentlich-rechtlichen Vorschriften obliegenden Verpflichtungen zu erfüllen hat. [2] Im Übrigen findet Art. 18 Abs. 1 Satz 2 und 3 sowie Abs. 2 des Bayerischen Verwaltungsverfahrensgesetzes (BayVwVfG) mit der Maßgabe entsprechende Anwendung, dass eine Erklärung in Textform ausreichend ist.

---

[1)] Art. 50 Abs. 2 Satz 2 geänd. mWv 1.1.2013 durch G v. 11.12.2012 (GVBl. S. 633); Abs. 1 Satz 2 neu gef., Sätze 3 und 4 eingef., bish. Satz 3 wird Satz 5 mWv 1.9.2018 durch G v. 10.7.2018 (GVBl. S. 523); Abs. 1 Satz 5 und Abs. 2 Satz 2 geänd. mWv 1.2.2021 durch G v. 23.12.2020 (GVBl. S. 663); Abs. 2 Satz 2 geänd. mWv 1.3.2023 durch G v. 10.2.2023 (GVBl. S. 22).

**Art. 51 Entwurfsverfasser.** (1) [1]Der Entwurfsverfasser muss nach Sachkunde und Erfahrung zur Vorbereitung des jeweiligen Bauvorhabens geeignet sein. [2]Er ist für die Vollständigkeit und Brauchbarkeit seines Entwurfs verantwortlich. [3]Der Entwurfsverfasser hat dafür zu sorgen, dass die für die Ausführung notwendigen Einzelzeichnungen, Einzelberechnungen und Anweisungen den öffentlich-rechtlichen Vorschriften entsprechen.

(2) [1]Hat der Entwurfsverfasser auf einzelnen Fachgebieten nicht die erforderliche Sachkunde und Erfahrung, so hat er den Bauherrn zu veranlassen, geeignete Fachplaner heranzuziehen. [2]Diese sind für die von ihnen gefertigten Unterlagen, die sie zu unterzeichnen haben, verantwortlich. [3]Für das ordnungsgemäße Ineinandergreifen aller Fachplanungen bleibt der Entwurfsverfasser verantwortlich.

**Art. 52[1)] Unternehmer.** (1) [1]Jeder Unternehmer ist für die mit den öffentlich-rechtlichen Anforderungen übereinstimmende Ausführung der von ihm übernommenen Arbeiten und insoweit für die ordnungsgemäße Einrichtung und den sicheren Betrieb der Baustelle verantwortlich. [2]Erforderliche Nachweise und Unterlagen hat er zu erbringen und auf der Baustelle bereitzuhalten. [3]Werden Bauprodukte verwendet, die die CE-Kennzeichnung nach der Verordnung (EU) Nr. 305/2011 tragen, ist die Leistungserklärung bereitzuhalten.

(2) Jeder Unternehmer hat auf Verlangen der Bauaufsichtsbehörde für Arbeiten, bei denen die Sicherheit der Anlage in außergewöhnlichem Maße von der besonderen Sachkenntnis und Erfahrung des Unternehmers oder von einer Ausstattung des Unternehmens mit besonderen Vorrichtungen abhängt, nachzuweisen, dass er für diese Arbeiten geeignet ist und über die erforderlichen Vorrichtungen verfügt.

## Fünfter Teil. Bauaufsichtsbehörden, Verfahren

### Abschnitt I. Bauaufsichtsbehörden

**Art. 53[2)] Aufbau und Zuständigkeit der Bauaufsichtsbehörden, Verordnungsermächtigung.** (1) [1]Untere Bauaufsichtsbehörden sind die Kreisverwaltungsbehörden, höhere Bauaufsichtsbehörden sind die Regierungen, oberste Bauaufsichtsbehörde ist das Staatsministerium für Wohnen, Bau und Verkehr. [2]Für den Vollzug dieses Gesetzes sowie anderer öffentlich-rechtlicher Vorschriften für die Errichtung, Änderung, Nutzungsänderung und Beseitigung sowie die Nutzung und Instandhaltung von Anlagen ist die untere Bauaufsichtsbehörde zuständig, soweit nichts anderes bestimmt ist. [3]Satz 2 gilt nicht für bauliche Anlagen inländischer öffentlicher Stellen auf dauerhaft militärisch genutzten Grundstücken, die im Eigentum des Bundes stehen oder deren militärische Nutzung dinglich gesichert ist (Militärgelände).

---

[1)] Art. 52 Abs. 1 Satz 2 neu gef., Satz 3 angef. mWv 1.9.2018 durch G v. 10.7.2018 (GVBl. S. 523).

[2)] Art. 53 Abs. 2 Satz 1 Nr. 2 abschl. Satzteil geänd. mWv 1.8.2009 durch G v. 27.7.2009 (GVBl. S. 385); Abs. 3 Sätze 2–4 neu gef. mWv 1.1.2012 durch G v. 20.12.2011 (GVBl. S. 689); Abs. 1 Satz 1, Abs. 2 Satz 1 einl. Satzteil und Satz 2 geänd. mWv 30.8.2014 durch V v. 22.7.2014 (GVBl. S. 286); Überschrift geänd. mWv 1.8.2017 durch G v. 12.7.2017 (GVBl. S. 375); Abs. 1 Satz 1, Abs. 2 Satz 1 einl. Satzteil und Satz 2 geänd. mWv 1.5.2019 durch V v. 26.3.2019 (GVBl. S. 98); Abs. 2 Satz 3 geänd. mWv 1.3.2023 durch G v. 10.2.2023 (GVBl. S. 22); Abs. 1 Satz 3 angef. mWv 1.8.2024 durch G v. 23.7.2024 (GVBl. S. 257).

(2) [1]Das Staatsministerium für Wohnen, Bau und Verkehr überträgt leistungsfähigen kreisangehörigen Gemeinden auf Antrag durch Rechtsverordnung

1. alle Aufgaben der unteren Bauaufsichtsbehörde oder
2. Aufgaben der unteren Bauaufsichtsbehörde für
   a) Wohngebäude der Gebäudeklassen 1 bis 3,
   b) Gebäude der Gebäudeklassen 1 bis 3, die neben einer Wohnnutzung teilweise oder ausschließlich freiberuflich oder gewerblich im Sinn des § 13 der Baunutzungsverordnung (BauNVO) genutzt werden,

   einschließlich ihrer jeweiligen Nebengebäude und Nebenanlagen im Geltungsbereich von Bebauungsplänen im Sinn der §§ 12, 30 Abs. 1 und 2 BauGB.

[2]Das Staatsministerium für Wohnen, Bau und Verkehr kann die Rechtsverordnung nach Satz 1 auf Antrag der Gemeinde aufheben. [3]Die Rechtsverordnung ist aufzuheben, wenn die Voraussetzungen für ihren Erlass nach Satz 1 und Abs. 3 Satz 1 bis 4 nicht vorgelegen haben oder nicht mehr vorliegen. [4]Werden Aufgaben der unteren Bauaufsichtsbehörde nach Satz 1 übertragen, ist für die Entscheidung über Anträge nach Art. 63 Abs. 2 Satz 2, Art. 64 Abs. 1 Satz 1, Art. 70 Satz 1 und Art. 71 Satz 1 als untere Bauaufsichtsbehörde diejenige Behörde zuständig, die zum Zeitpunkt des Eingangs des Antrags bei der Gemeinde zuständig war; das gilt entsprechend bei der Erhebung einer Gemeinde zur Großen Kreisstadt. [5]Die Aufhebung eines Verwaltungsakts der unteren Bauaufsichtsbehörde kann nicht allein deshalb beansprucht werden, weil er unter Verletzung von Vorschriften über die sachliche Zuständigkeit zustande gekommen ist, wenn diese Verletzung darauf beruht, dass eine sachliche Zuständigkeit nach Satz 1 Nr. 2 wegen Unwirksamkeit des zugrunde liegenden Bebauungsplans nicht begründet war; das gilt nicht, wenn zum Zeitpunkt der Entscheidung der unteren Bauaufsichtsbehörde die Unwirksamkeit des Bebauungsplans gemäß § 47 Abs. 5 Satz 2 der Verwaltungsgerichtsordnung (VwGO) rechtskräftig festgestellt war. [6]Art. 46 BayVwVfG bleibt unberührt.

(3) [1]Die Bauaufsichtsbehörden sind für ihre Aufgaben ausreichend mit geeigneten Fachkräften zu besetzen. [2]Den unteren Bauaufsichtsbehörden müssen

1. Beamte in der Fachlaufbahn Verwaltung und Finanzen, fachlicher Schwerpunkt nichttechnischer Verwaltungsdienst,
2. Beamte in der Fachlaufbahn Naturwissenschaft und Technik, fachlicher Schwerpunkt bautechnischer und umweltfachlicher Verwaltungsdienst, mit besonderen Kenntnissen im Hochbau oder Städtebau

angehören, die jeweils mindestens ein Amt der Besoldungsgruppe A 13 innehaben und für ein Amt ab der Besoldungsgruppe A 14 qualifiziert sind. [3]An Stelle von Beamten im Sinn des Satzes 2 Nr. 2 können auch Beamte, die mindestens ein Amt der Besoldungsgruppe A 9 in der Fachlaufbahn Naturwissenschaft und Technik, fachlicher Schwerpunkt bautechnischer und umweltfachlicher Verwaltungsdienst, innehaben und für ein Amt ab der Besoldungsgruppe A 10 qualifiziert sind, beschäftigt werden, wenn sie über eine langjährige Berufserfahrung im Aufgabenbereich des leitenden bautechnischen Mitarbeiters der unteren Bauaufsichtsbehörde verfügen und sich in diesem Aufgabenbereich bewährt haben; in begründeten Ausnahmefällen, insbesondere wenn geeignete Beamte des bautechnischen Verwaltungsdienstes nicht gewonnen werden können, dürfen an Stelle von Beamten auch vergleichbar qualifizierte Arbeitnehmer beschäftigt werden. [4]In Gemeinden, denen nach Abs. 2 Satz 1 Nr. 2 Aufgaben der unteren Bauaufsichtsbehörde übertragen worden sind, genügt es, dass an Stelle von Beamten im Sinn des Satzes 2 Nr. 1 Beamte, die mindestens ein Amt der Besoldungsgruppe A 9 in der Fachlaufbahn Verwaltung und Finanzen, fachlicher Schwerpunkt nichttechnischer Verwaltungsdienst, innehaben und für ein Amt ab der Besoldungsgruppe A 10 qualifiziert sind, an Stelle von Beamten im Sinn des Satzes 2 Nr. 2 auch sonstige Bedienstete, beschäftigt werden, die mindestens einen Fachhochschulabschluss der Fachrichtung Hochbau, Städtebau oder konstruktiver Ingenieurbau erworben haben. [5]Das bautechnische Personal und die notwendigen Hilfskräfte bei den Landratsämtern sind von den Landkreisen anzustellen.

**Art. 54[1)] Aufgaben und Befugnisse der Bauaufsichtsbehörden.**

(1) Die Aufgaben der Bauaufsichtsbehörden sind Staatsaufgaben; für die Gemeinden sind sie übertragene Aufgaben.

(2) [1]Die Bauaufsichtsbehörden haben bei der Errichtung, Änderung, Nutzungsänderung und Beseitigung sowie bei der Nutzung und Instandhaltung von Anlagen darüber zu wachen, dass die öffentlich-rechtlichen Vorschriften und die auf Grund dieser Vorschriften erlassenen Anordnungen eingehalten werden, soweit nicht andere Behörden zuständig sind. [2]Sie können in Wahrnehmung dieser Aufgaben die erforderlichen Maßnahmen treffen; sie sind berechtigt, die Vorlage von Bescheinigungen von Prüfsachverständigen zu verlangen. [3]Bauaufsichtliche Genehmigungen, Vorbescheide und sonstige Maßnahmen gelten auch für und gegen die Rechtsnachfolger; das gilt auch für Personen, die ein Besitzrecht nach Erteilung einer bauaufsichtlichen Genehmigung, eines Vorbescheids oder nach Erlass einer bauaufsichtlichen Maßnahme erlangt haben. [4]Die mit dem Vollzug dieses Gesetzes beauftragten Personen sind berechtigt, in Ausübung ihres Amtes Grundstücke und Anlagen einschließlich der Wohnungen zu betreten; das Grundrecht der Unverletzlichkeit der Wohnung (Art. 13 des Grundgesetzes, Art. 106 Abs. 3 der Verfassung) wird insoweit eingeschränkt.

(3) [1]Soweit die Vorschriften des Zweiten und des Dritten Teils mit Ausnahme der Art. 8 und 9 und die auf Grund dieses Gesetzes erlassenen Vorschriften nicht ausreichen, um die Anforderungen nach Art. 3 zu erfüllen, können die Bauaufsichtsbehörden im Einzelfall weitergehende Anforderungen stellen, um erhebliche Gefahren abzuwehren, bei Sonderbauten auch zur Abwehr von Nachteilen; dies gilt nicht für Sonderbauten, soweit für sie eine Rechtsverordnung nach Art. 80 Abs. 1 Nr. 4 erlassen worden ist. [2]Die Anforderungen des Satzes 1 Halbsatz 1 gelten nicht für Sonderbauten, wenn ihre Erfüllung wegen der besonderen Art oder Nutzung oder wegen anderer besonderer Anforderungen nicht erforderlich ist.

(4) Bei bestandsgeschützten baulichen Anlagen können Anforderungen gestellt werden, wenn das zur Abwehr von erheblichen Gefahren für Leben und Gesundheit notwendig ist.

(5) Werden bestehende bauliche Anlagen wesentlich geändert, so kann angeordnet werden, dass auch die von der Änderung nicht berührten Teile dieser

---

[1)] Art. 54 Abs. 5 geänd. mWv 1.9.2018 durch G v. 10.7.2018 (GVBl. S. 523); Abs. 3 Satz 1 geänd. mWv 1.2.2021 durch G v. 23.12.2020 (GVBl. S. 663).

baulichen Anlagen mit diesem Gesetz oder den auf Grund dieses Gesetzes erlassenen Vorschriften in Einklang gebracht werden, wenn das aus Gründen des Art. 3 Satz 1 erforderlich und dem Bauherrn wirtschaftlich zumutbar ist und diese Teile mit den Teilen, die geändert werden sollen, in einem konstruktiven Zusammenhang stehen oder mit ihnen unmittelbar verbunden sind.

(6) Bei Modernisierungsvorhaben soll von der Anwendung des Abs. 5 abgesehen werden, wenn sonst die Modernisierung erheblich erschwert würde.

### Abschnitt II. Genehmigungspflicht, Genehmigungsfreiheit

**Art. 55**[1] **Grundsatz.** (1) Die Errichtung, Änderung und Nutzungsänderung von Anlagen bedürfen der Baugenehmigung, soweit in Art. 56 bis 58, 72 und 73 nichts anderes bestimmt ist.

(2) Die Genehmigungsfreiheit nach Art. 56 bis 58, 72 und 73 Abs. 1 Satz 3, die Beschränkung der bauaufsichtlichen Prüfung nach Art. 59, 60, 62a Abs. 2, Art. 62b Abs. 2, Art. 73 Abs. 2 und Art. 73a sowie die Genehmigungsfiktion nach Art. 68 Abs. 2 entbinden nicht von der Verpflichtung zur Einhaltung der Anforderungen, die durch öffentlich-rechtliche Vorschriften an Anlagen gestellt werden, und lassen die bauaufsichtlichen Eingriffsbefugnisse unberührt.

**Art. 56**[2] **Vorrang anderer Gestattungsverfahren.** [1]Keiner Baugenehmigung, Abweichung, Genehmigungsfreistellung, Zustimmung und Bauüberwachung nach diesem Gesetz bedürfen

1. nach anderen Rechtsvorschriften zulassungsbedürftige Anlagen in oder an oberirdischen Gewässern und Anlagen, die dem Ausbau, der Unterhaltung oder der Benutzung eines Gewässers dienen oder als solche gelten, ausgenommen Gebäude, Überbrückungen, Lager-, Camping- und Wochenendplätze,
2. Anlagen, die einer Genehmigung nach dem Bayerischen Abgrabungsgesetz bedürfen,
3. nach anderen Rechtsvorschriften zulassungsbedürftige Anlagen für die öffentliche Versorgung mit Elektrizität, Gas, Wärme, Wasser und für die öffentliche Verwertung oder Entsorgung von Abwässern, ausgenommen oberirdische Anlagen mit einem Brutto-Rauminhalt von mehr als 100 $m^3$, Gebäude und Überbrückungen,
4. nichtöffentliche Eisenbahnen, nichtöffentliche Seilbahnen und sonstige Bahnen besonderer Bauart, auf die die Vorschriften über fliegende Bauten keine Anwendung finden, im Sinn des Bayerischen Eisenbahn- und Seilbahngesetzes (BayESG),
5. Werbeanlagen, soweit sie einer Ausnahmegenehmigung nach Straßenverkehrsrecht bedürfen,

---

[1] Art. 55 Abs. 2 geänd. mWv 1.9.2018 durch G v. 10.7.2018 (GVBl. S. 523); Abs. 2 neu gef. mWv 1.2.2021 durch G v. 23.12.2020 (GVBl. S. 663).

[2] Art. 56 Satz 1 Nr. 1 geänd. mWv 31.7.2008 durch G v. 22.7.2008 (GVBl. S. 479); Satz 2 geänd. mWv 1.8.2009 durch G v. 27.7.2009 (GVBl. S. 385); Satz 1 Nr. 7 geänd. mWv 1.3.2010 durch G v. 25.2.2010 (GVBl. S. 66); Satz 1 Nr. 2 und Nr. 8 geänd., Nr. 5 neu gef. mWv 1.1.2013 durch G v. 11.12.2012 (GVBl. S. 633); Satz 3 geänd. mWv 1.9.2018 durch G v. 10.7.2018 (GVBl. S. 523); Satz 3 geänd. mWv 1.2.2021 durch G v. 23.12.2020 (GVBl. S. 663); Satz 1 Nr. 6 und 8 geänd. mWv 1.8. 2023 durch G v. 7.7.2023 (GVBl. S. 327).

6. Anlagen, die nach dem Kreislaufwirtschaftsgesetz einer Genehmigung bedürfen,
7. Beschneiungsanlagen nach Art. 35 des Bayerischen Wassergesetzes (BayWG),
8. Anlagen, die einer Erlaubnis nach der Betriebssicherheitsverordnung bedürfen,
9. Anlagen, die einer Errichtungsgenehmigung nach dem Atomgesetz bedürfen,
10. Friedhöfe, die einer Genehmigung nach dem Bestattungsgesetz (BestG) bedürfen.

[2] Für Anlagen, bei denen ein anderes Gestattungsverfahren die Baugenehmigung, die Abweichung oder die Zustimmung einschließt oder die nach Satz 1 keiner Baugenehmigung, Abweichung oder Zustimmung bedürfen, nimmt die für den Vollzug der entsprechenden Rechtsvorschriften zuständige Behörde die Aufgaben und Befugnisse der Bauaufsichtsbehörde wahr. [3] Sie kann Prüfingenieure, Prüfämter und Prüfsachverständige in entsprechender Anwendung der Art. 62a Abs. 2, Art. 62b Abs. 2 und Art. 77 Abs. 2 sowie der auf Grund des Art. 80 Abs. 2 erlassenen Rechtsverordnung heranziehen; Art. 59 Satz 1, Art. 60 Satz 1, Art. 62, 62a Abs. 1 und 2 Satz 3 Nr. 2, Art. 62b Abs. 1, Art. 63 Abs. 1 Satz 3 und Art. 77 Abs. 2 Satz 3 gelten entsprechend.

### Art. 57[1] Verfahrensfreie Bauvorhaben, Beseitigung von Anlagen.

(1) Verfahrensfrei sind

1. folgende Gebäude:
   a) Gebäude mit einem Brutto-Rauminhalt bis zu 75 m³, außer im Außenbereich,

---

[1] Art. 57 Abs. 1 Nr. 2 Buchst. b aufgeh., bish. Buchst. c wird Buchst. b, Nr. 3 eingef., bish. Nr. 3–10 werden Nr. 4–11, Nr. 12 eingef., bish. Nr. 11 und 12 werden Nr. 13 und 14, Nr. 15 eingef., bish. Nr. 13 und 14 werden Nr. 16 und 17, Abs. 2 Nr. 6 neu gef., Nr. 8 geänd., Nr. 9 angef., Abs. 3 Satz 1 und Abs. 5 Satz 3 geänd. mWv 1.8.2009 durch G v. 27.7.2009 (GVBl. S. 385); Abs. 1 Nr. 2 einl. Satzteil, Buchst. a geänd., Nr. 3 Buchst. a Doppelbuchst. aa neu gef., Buchst. b geänd., Buchst. c angef., Nr. 5 Buchst. a neu gef., Buchst. e geänd., Nr. 7 Buchst. a geänd., Buchst. c aufgeh., Nr. 11 Buchst. e geänd., Buchst. f angef., Nr. 12 aufgeh., bish. Nr. 13 wird Nr. 12, Buchst. g geänd., bish. Nr. 14–17 wird Nr. 13–16, Abs. 2 Nr. 6, Nr. 9 und Abs. 4 Nr. 1 geänd., Abs. 5 Sätze 3 und 4 neu gef., Satz 5 aufgeh., bish. Satz 6 wird Satz 5 mWv 1.1.2013 durch G v. 11.12.2012 (GVBl. S. 633); Abs. 1 Nr. 2 Buchst. a geänd., Nr. 5 Bucht. a neu gef., Nr. 16 Buchst. e eingef., bish. Buchst. 3 wird Buchst. f mWv 1.8.2017 durch G v. 12.7.2017 (GVBl. S. 375); Abs. 3 Satz 2, Abs. 4 Nr. 1, Abs. 5 Satz 3 geänd. mWv 1.9.2018 durch G v. 10.7.2018 (GVBl. S. 523); Abs. 1 Nr. 15 Buchst. c geänd. mWv 1.8.2019 durch G v. 24.7.2019 (GVBl. S. 408); Abs. 1 Nr. 1 Buchst. b, Nr. 5 Buchst. a Doppelbuchst. aa, Nr. 16 Buchst. a geänd., Buchst. b eingef., bish. Buchst. b–f wird Buchst. c–g, Abs. 5 Satz 5 geänd. mWv 1.2.2021 durch G v. 23.12.2020 (GVBl. S. 663); Abs. 1 Nr. 16 Buchst. b geänd. mWv 16.11.2022 durch G v. 8.11.2022 (GVBl. S. 650); Abs. 1 Nr. 1 Buchst. c und d, Nr. 15 Buchst. a und Abs. 5 Satz 5 geänd. mWv 1.3.2023 durch G v. 10.2.2023 (GVBl. S. 22); Abs. 1 Nr. 5 Buchst. a Doppelbuchst. aa geänd., Abs. 3 neu gef. mWv 1.7.2023 durch G v. 23.6.2023 (GVBl. S. 250); Abs. 1 Nr. 16 Buchst. g geänd., Nr. 17 angef. mWv 1.8.2024 durch G v. 23.7.2024 (GVBl. S. 257); Abs. 1 Nr. 1 Buchst. g, Nr. 3 Buchst. a Doppelbuchst. bb, Buchst. b, Nr. 5 Buchst. a Doppelbuchst. bb, Nr. 6 Buchst. f, Nr. 10 Buchst. a geänd., Nr. 11 Buchst. c aufgeh., bish. Buchst. d–f werden Buchst. c–e, Nr. 12 Buchst. a und g geänd., Buchst. b neu gef., Nr. 13 Buchst. e, Nr. 15 Buchst. b–d geänd., Nr. 16 Buchst. a geänd., Buchst. b und e neu gef., Nr. 17 geänd., Nr. 18 angef., Abs. 2 Nr. 7 neu gef., Abs. 3 Satz 1 Nr. 2 geänd., Nr. 3 angef., Sätze 3 und 4 geänd., Abs. 4 Nr. 1 geänd., Abs. 7 angef. mWv 1.1.2025 durch G v. 23.12.2024 (GVBl. S. 605); Abs. 1 Nr. 4 Buchst. c angef. mWv 1.1.2025 durch G v. 23.12.2024 (GVBl. S. 619).

b) Garagen einschließlich überdachter Stellplätze im Sinn des Art. 6 Abs. 7 Satz 1 Nr. 1 mit einer Fläche bis zu 50 m², außer im Außenbereich,

c) freistehende Gebäude ohne Feuerungsanlagen, die einem land- oder forstwirtschaftlichen Betrieb oder einem Betrieb der gartenbaulichen Erzeugung im Sinn der § 35 Abs. 1 Nr. 1 und 2, § 201 BauGB dienen, nur eingeschossig und nicht unterkellert sind, höchstens 100 m² Brutto-Grundfläche und höchstens 140 m² überdachte Fläche haben und nur zur Unterbringung von Sachen oder zum vorübergehenden Schutz von Tieren bestimmt sind,

d) Gewächshäuser mit einer Firsthöhe bis zu 5 m und nicht mehr als 1 600 m² Fläche, die einem land- oder forstwirtschaftlichen Betrieb oder einem Betrieb der gartenbaulichen Erzeugung im Sinn der § 35 Abs. 1 Nr. 1 und 2, § 201 BauGB dienen,

e) Fahrgastunterstände, die dem öffentlichen Personenverkehr oder der Schülerbeförderung dienen,

f) Schutzhütten für Wanderer, die jedermann zugänglich sind und keine Aufenthaltsräume haben,

g) Terrassenüberdachungen mit einer Fläche bis zu 30 m²,

h) Gartenlauben in Kleingartenanlagen im Sinn des § 1 Abs. 1 des Bundeskleingartengesetzes (BKleingG) vom 28. Februar 1983 (BGBl I S. 210), zuletzt geändert durch Art. 11 des Gesetzes vom 19. September 2006 (BGBl I S. 2146),

2. folgende Anlagen der technischen Gebäudeausrüstung:

a) Abgasanlagen in, auf und an Gebäuden sowie freistehende Abgasanlagen mit einer freien Höhe bis zu 10 m,

b) sonstige Anlagen der technischen Gebäudeausrüstung,

3. folgende Energiegewinnungsanlagen:

a) Solarenergieanlagen und Sonnenkollektoren

aa) in, auf und an Dach- und Außenwandflächen sowie, soweit sie in, auf oder an einer bestehenden baulichen Anlage errichtet werden, die damit verbundene Änderung der Nutzung oder der äußeren Gestalt der Anlage,

bb) die gemäß § 35 Abs. 1 Nr. 8 BauGB zulässig sind, im Übrigen gebäudeunabhängig mit einer Höhe bis zu 3 m und einer Gesamtlänge bis zu 9 m,

b) Kleinwindkraftanlagen mit einer freien Höhe bis zu 15 m,

c) Blockheizkraftwerke,

4. folgende Anlagen der Versorgung:

a) Brunnen,

b) Anlagen, die der Telekommunikation, der öffentlichen Versorgung mit Elektrizität einschließlich Trafostationen, Gas, Öl oder Wärme dienen, mit einer Höhe bis zu 5 m und einer Fläche bis zu 10 m²,

c) Anlagen, die der öffentlichen Versorgung mit Wärme oder Elektrizität dienen und gemäß § 35 Abs. 1 Nr. 3 BauGB zulässig sind, einschließlich Trafostationen und Speicher,

5. folgende Masten, Antennen und ähnliche Anlagen:

a) aa) Antennen und Antennen tragende Masten mit einer freien Höhe bis zu 15 m, im Außenbereich bis zu 20 m, bb) zugehörige Versorgungseinheiten mit einem Brutto-Rauminhalt bis zu 30 $m^3$

sowie die mit solchen Vorhaben verbundene Änderung der Nutzung oder der äußeren Gestalt einer bestehenden baulichen Anlage,

b) Masten und Unterstützungen für Fernsprechleitungen, für Leitungen zur Versorgung mit Elektrizität, für Sirenen und für Fahnen,

c) Masten, die aus Gründen des Brauchtums errichtet werden,

d) Signalhochbauten für die Landesvermessung,

e) Flutlichtmasten mit einer freien Höhe bis zu 10 m,

6. folgende Behälter:

   a) ortsfeste Behälter für Flüssiggas mit einem Fassungsvermögen von weniger als 3 t, für nicht verflüssigte Gase mit einem Rauminhalt bis zu 6 $m^3$,

   b) ortsfeste Behälter für brennbare oder wassergefährdende Flüssigkeiten mit einem Rauminhalt bis zu 10 $m^3$,

   c) ortsfeste Behälter sonstiger Art mit einem Rauminhalt bis zu 50 $m^3$,

   d) Gülle- und Jauchebehälter und -gruben mit einem Rauminhalt bis zu 50 $m^3$ und einer Höhe bis zu 3 m,

   e) Gärfutterbehälter mit einer Höhe bis zu 6 m und Schnitzelgruben,

   f) Dungstätten, Fahrsilos, Kompost- und ähnliche Anlagen,

   g) Wasserbecken mit einem Beckeninhalt bis zu 100 $m^3$,

7. folgende Mauern und Einfriedungen:

   a) Mauern einschließlich Stützmauern und Einfriedungen, Sichtschutzzäunen und Terrassentrennwänden mit einer Höhe bis zu 2 m, außer im Außenbereich,

   b) offene, sockellose Einfriedungen im Außenbereich, soweit sie der Hoffläche eines landwirtschaftlichen Betriebs, der Weidewirtschaft einschließlich der Haltung geeigneter Schalenwildarten für Zwecke der Landwirtschaft, dem Erwerbsgartenbau oder dem Schutz von Forstkulturen und Wildgehegen zu Jagdzwecken oder dem Schutz landwirtschaftlicher Kulturen vor Schalenwild sowie der berufsmäßigen Binnenfischerei dienen,

8. private Verkehrsanlagen einschließlich Brücken und Durchlässen mit einer lichten Weite bis zu 5 m und Untertunnelungen mit einem Durchmesser bis zu 3 m,

9. Aufschüttungen mit einer Höhe bis zu 2 m und einer Fläche bis zu 500 $m^2$,

10. folgende Anlagen in Gärten und zur Freizeitgestaltung:

    a) Schwimmbecken einschließlich dazugehöriger temporärer luftgetragener Überdachungen, außer im Außenbereich,

    b) Sprungschanzen, Sprungtürme und Rutschbahnen mit einer Höhe bis zu 10 m,

    c) Anlagen, die der zweckentsprechenden Einrichtung von Spiel-, Abenteuerspiel-, Bolz- und Sportplätzen, Reit- und Wanderwegen, Trimm- und Lehrpfaden dienen, ausgenommen Gebäude und Tribünen,

    d) Wohnwagen, Zelte und bauliche Anlagen, die keine Gebäude sind, auf Camping-, Zelt- und Wochenendplätzen,

e) Anlagen, die der Gartennutzung, der Gartengestaltung oder der zweckentsprechenden Einrichtung von Gärten dienen, ausgenommen Gebäude und Einfriedungen,

11. folgende tragende und nichttragende Bauteile:
   a) nichttragende und nichtaussteifende Bauteile in baulichen Anlagen,
   b) die Änderung tragender oder aussteifender Bauteile innerhalb von Wohngebäuden,
   c) Fenster und Türen sowie die dafür bestimmten Öffnungen,
   d) Außenwandbekleidungen einschließlich Maßnahmen der Wärmedämmung, ausgenommen bei Hochhäusern, Verblendungen und Verputz baulicher Anlagen,
   e) Bedachungen einschließlich Maßnahmen der Wärmedämmung ausgenommen bei Hochhäusern,

   auch vor Fertigstellung der Anlage,
12. folgende Werbeanlagen:
   a) Werbeanlagen am Ort der Leistungserbringung, in Auslagen oder an Schaufenstern, im Übrigen mit einer Ansichtsfläche bis zu 1 $m^2$,
   b) Waren- und Geldautomaten,
   c) Werbeanlagen, die nicht vom öffentlichen Verkehrsraum aus sichtbar sind,
   d) Werbeanlagen, die nach ihrem erkennbaren Zweck nur vorübergehend für höchstens zwei Monate angebracht werden, im Außenbereich nur, soweit sie einem Vorhaben im Sinn des § 35 Abs. 1 BauGB dienen,
   e) Zeichen, die auf abseits oder versteckt gelegene Stätten hinweisen (Hinweiszeichen), außer im Außenbereich,
   f) Schilder, die Inhaber und Art gewerblicher Betriebe kennzeichnen (Hinweisschilder), wenn sie vor Ortsdurchfahrten auf einer einzigen Tafel zusammengefasst sind,
   g) Werbeanlagen in Gewerbe-, Industrie- und vergleichbaren Sondergebieten an der Stätte der Leistung, an und auf Flugplätzen, Sportanlagen, auf abgegrenzten Versammlungsstätten, Ausstellungs- und Messegeländen, soweit sie nicht in die freie Landschaft wirken, mit einer freien Höhe bis zu 10 m, sowie, soweit sie in, auf oder an einer bestehenden baulichen Anlage errichtet werden, die damit verbundene Änderung der Nutzung oder der äußeren Gestalt der Anlage,
13. folgende vorübergehend aufgestellte oder benutzbare Anlagen:
   a) Baustelleneinrichtungen einschließlich der Lagerhallen, Schutzhallen und Unterkünfte,
   b) Toilettenwagen,
   c) Behelfsbauten, die der Landesverteidigung, dem Katastrophenschutz oder der Unfallhilfe dienen,
   d) bauliche Anlagen, die für höchstens drei Monate auf genehmigtem Messe- und Ausstellungsgelände errichtet werden, ausgenommen fliegende Bauten,
   e) Verkaufsstände und andere bauliche Anlagen wie Zelte, Bühnen und Tribünen auf Straßenfesten, Volksfesten, Vereinsfesten und Märkten, ausgenommen fliegende Bauten,

f) Zeltlager, die nach ihrem erkennbaren Zweck gelegentlich, höchstens für zwei Monate errichtet werden,

14. Fahrgeschäfte mit einer Höhe bis zu 5 m, die für Kinder betrieben werden und eine Geschwindigkeit von höchstens 1 m/s haben,
15. folgende Plätze:
    a) Lager-, Abstell- und Ausstellungsplätze, die einem land- oder forstwirtschaftlichen Betrieb oder einem Betrieb der gartenbaulichen Erzeugung im Sinn der § 35 Abs. 1 Nr. 1 und 2, § 201 BauGB dienen,
    b) nicht überdachte Stellplätze und sonstige Lager- und Abstellplätze und deren Zufahrten, außer im Außenbereich,
    c) Kinderspielplätze,
    d) Freischankflächen bis zu 100 m² einschließlich einer damit verbundenen Nutzungsänderung einer Gaststätte oder einer Verkaufsstelle des Lebensmittelhandwerks,
16. folgende sonstige Anlagen:
    a) Fahrradabstellanlagen, soweit sie nicht Gebäude sind,
    b) Ladestationen für Elektrofahrzeuge einschließlich technischer Nebenanlagen,
    c) Zapfsäulen und Tankautomaten genehmigter Tankstellen,
    d) Regale mit einer Höhe bis zu 7,50 m Oberkante Lagergut,
    e) Feldkreuze, Denkmäler und sonstige Kunstwerke jeweils mit einer Höhe bis zu 4 m sowie Grabdenkmale auf Friedhöfen,
    f) transparente Wetterschutzeinrichtungen, die auf Masten mit einer Höhe bis zu 10 m befestigt werden und einem Betrieb der gartenbaulichen Erzeugung im Sinn von § 35 Abs. 1 Nr. 2 BauGB dienen,
    g) andere unbedeutende Anlagen oder unbedeutende Teile von Anlagen wie Hauseingangsüberdachungen, Markisen, Rollläden, Terrassen, Maschinenfundamente, Straßenfahrzeugwaagen, Pergolen, Jägerstände, Wildfütterungen, Bienenfreistände, Taubenhäuser, Hofeinfahrten und Teppichstangen,
17. alle baulichen Anlagen inländischer öffentlicher Stellen auf Militärgelände,
18. Dachgeschossausbauten zu Wohnzwecken einschließlich der Errichtung von Dachgauben, wenn die Dachkonstruktion und die äußere Gestalt des Gebäudes im Übrigen nicht verändert werden.

(2) Unbeschadet des Abs. 1 sind verfahrensfrei

1. Garagen mit einer Nutzfläche bis zu 100 m² sowie überdachte Stellplätze,
2. Wochenendhäuser sowie Anlagen, die keine Gebäude sind, in durch Bebauungsplan festgesetzten Wochenendhausgebieten,
3. Anlagen in Dauerkleingärten im Sinn des § 1 Abs. 3 BKleingG,
4. Dachgauben und vergleichbare Dachaufbauten,
5. Mauern und Einfriedungen,
6. Werbeanlagen mit einer freien Höhe bis zu 10 m, sowie, soweit sie in, auf oder an einer bestehenden baulichen Anlage errichtet werden, die damit verbundene Änderung der Nutzung oder der äußeren Gestalt der Anlage,
7. Spiel- und Bolzplätze,
8. Friedhöfe,

9. Solarenergieanlagen und Sonnenkollektoren sowie, soweit sie in, auf oder an einer bestehenden baulichen Anlage errichtet werden, die damit verbundene Änderung der Nutzung oder der äußeren Gestalt der Anlage

im Geltungsbereich einer städtebaulichen oder einer Satzung nach Art. 81, die Regelungen über die Zulässigkeit, den Standort und die Größe der Anlage enthält, wenn sie den Festsetzungen der Satzung entspricht.

(3) [1] Verfahrensfrei sind

1. luftrechtlich zugelassenen Flugplätzen dienende Anlagen, ausgenommen Gebäude, die Sonderbauten sind,
2. Antennen und Antennen tragende Masten für den Mobilfunk und die zugehörigen Versorgungseinheiten mit einem Brutto-Rauminhalt bis zu 30 $m^3$, die zur Schließung von Versorgungslücken für längstens 24 Monate aufgestellt werden,
3. Instandsetzungsarbeiten.

[2] Für nach Satz 1 Nr. 1 verfahrensfreie Anlagen gelten die Art. 61 bis 62b entsprechend. [3] Für nach Satz 1 Nr. 2 verfahrensfreie Anlagen sowie Instandsetzungsarbeiten nach Satz 1 Nr. 3 gelten die Art. 61, 62, 62a Abs. 1, 2 Satz 1, 3 und 4 sowie Art. 62b Abs. 1 entsprechend. [4] Der Bauherr hat die Aufstellung verfahrensfreier Anlagen nach Satz 1 Nr. 2 sowie Instandsetzungsarbeiten nach Satz 1 Nr. 3 mindestens zwei Wochen vorher der Bauaufsichtsbehörde anzuzeigen.

(4) Verfahrensfrei ist die Änderung der Nutzung von Anlagen, wenn

1. für die neue Nutzung keine anderen öffentlich-rechtlichen Anforderungen nach Art. 60 Satz 1 und Art. 62 bis 62b als für die bisherige Nutzung in Betracht kommen, wobei andere öffentliche-rechtliche Anforderungen in diesem Sinne die Verfahrensfreiheit unberührt lassen, soweit die neue Nutzung gebietstypisch im jeweiligen Baugebiet nach den Vorschriften der Baunutzungsverordnung allgemein zulässig ist und kein Sonderbau betroffen ist, oder
2. die Errichtung oder Änderung der Anlagen nach Abs. 1 und 2 verfahrensfrei wäre.

(5) [1] Verfahrensfrei ist die Beseitigung von

1. Anlagen nach Abs. 1 bis 3,
2. freistehenden Gebäuden der Gebäudeklassen 1 und 3,
3. sonstigen Anlagen, die keine Gebäude sind, mit einer Höhe bis zu 10 m.

[2] Im Übrigen ist die beabsichtigte Beseitigung von Anlagen mindestens einen Monat zuvor der Gemeinde und der Bauaufsichtsbehörde anzuzeigen. [3] Bei nicht freistehenden Gebäuden muss durch einen qualifizierten Tragwerksplaner im Sinn des Art. 62a Abs. 1 beurteilt und im erforderlichen Umfang nachgewiesen werden, dass das Gebäude oder die Gebäude, an die das zu beseitigende Gebäude angebaut ist, während und nach der Beseitigung standsicher sind; die Beseitigung ist, soweit notwendig, durch den qualifizierten Tragwerksplaner zu überwachen. [4] Satz 3 gilt nicht, soweit an verfahrensfreie Gebäude angebaut ist. [5] Art. 68 Abs. 6 Nr. 3 und Abs. 8 gilt entsprechend.

(6) Verfahrensfrei sind Instandhaltungsarbeiten.

(7) Dachgeschossausbauten im Sinne von Abs. 1 Nr. 18 sind der Gemeinde zwei Wochen vor Baubeginn in Textform anzuzeigen, Nutzungsänderungen nach Abs. 4 Nr. 1 zwei Wochen vor Aufnahme der geänderten Nutzung.

**Art. 58[1)] Genehmigungsfreistellung.** (1) [1] Die Errichtung, Änderung und Nutzungsänderung einer baulichen Anlage, die kein Sonderbau ist, ist genehmigungsfrei gestellt, wenn

1. sie im Geltungsbereich eines Bebauungsplans im Sinn des § 30 Abs. 1 oder der §§ 12, 30 Abs. 2 BauGB liegt,
2. sie den Festsetzungen des Bebauungsplans und den Regelungen örtlicher Bauvorschriften im Sinn des Art. 81 Abs. 1 nicht widerspricht,
3. die Erschließung im Sinn des Baugesetzbuchs gesichert ist,
4. sie nicht die Errichtung, Änderung oder Nutzungsänderung baulicher Anlagen betrifft,
   a) durch die dem Wohnen dienende Nutzungseinheiten mit einer Größe von insgesamt mehr als 5 000 m² Bruttogrundfläche geschaffen werden oder
   b) die öffentlich zugänglich sind und der gleichzeitigen Nutzung durch mehr als 100 Personen dienen

   und die Vorhaben den angemessenen Sicherheitsabstand im Sinn des Art. 13 Abs. 2 Buchst. a der Richtlinie 2012/18/EU zu einem Betriebsbereich nicht einhalten und
5. die Gemeinde nicht innerhalb der Frist nach Abs. 3 Satz 5 erklärt, dass das vereinfachte Baugenehmigungsverfahren durchgeführt werden soll, oder eine vorläufige Untersagung nach § 15 Abs. 1 Satz 2 BauGB beantragt.

[2] Die Gemeinde kann durch örtliche Bauvorschrift im Sinn des Art. 81 Abs. 2 die Anwendung dieser Vorschrift auf bestimmte handwerkliche und gewerbliche Bauvorhaben ausschließen.

(2) [1] Der Bauherr hat die erforderlichen Unterlagen bei der Gemeinde einzureichen; die Gemeinde legt, soweit sie nicht selbst Bauaufsichtsbehörde ist, eine Fertigung der Unterlagen unverzüglich der unteren Bauaufsichtsbehörde vor. [2] Spätestens mit der Vorlage bei der Gemeinde benachrichtigt der Bauherr die Eigentümer der benachbarten Grundstücke von dem Bauvorhaben. [3] Ist ein zu benachrichtigender Eigentümer nur unter Schwierigkeiten zu ermitteln oder zu benachrichtigen, so genügt die Benachrichtigung des unmittelbaren Besitzers. [4] Art. 66 Abs. 1 Satz 1 und 2 und Abs. 3 gilt entsprechend. [5] Mit dem Bauvorhaben darf einen Monat nach Vorlage der erforderlichen Unterlagen bei der Gemeinde begonnen werden. [6] Teilt die Gemeinde dem Bauherrn vor Ablauf der Frist schriftlich mit, dass kein Genehmigungsverfahren durchgeführt werden soll und sie eine Untersagung nach § 15 Abs. 1 Satz 2 BauGB nicht

---

[1)] Art. 58 Abs. 2 Nr. 3 geänd., Nr. 4 eingef., bish. Nr. 4 wird Nr. 5 mWv 1.8.2017 durch G v. 12.7. 2017 (GVBl. S. 375); Abs. 4 Satz 1 und Abs. 5 Satz 1 geänd. mWv 1.9.2018 durch G v. 10.7.2018 (GVBl. S. 523); Abs. 1 und 2 neu gef., Abs. 3 Satz 2 geänd., Sätze 3 und 4 eingef., bish. Sätze 3 und 4 werden Sätze 5 und 6, bish. Satz 5 wird Satz 7 und geänd., Abs. 4 Satz 1 geänd., Satz 3 aufgeh., bish. Satz 4 wird Satz 3 und geänd., Abs. 5 Satz 2 geänd. mWv 1.2.2021 durch G v. 23.12.2020 (GVBl. S. 663); Abs. 1 Satz 1 Nr. 4 neu gef., Nr. 5, Abs. 4 Satz 1 und Abs. 5 Satz 2 geänd. mWv 1.3.2023 durch G v. 10.2.2023 (GVBl. S. 22); Abs. 2 Satz 1 geänd. mWv 1.8.2023 durch G v. 7.7.2023 (GVBl. S. 327); Abs. 2 aufgeh., bish. Abs. 3–5 werden Abs. 2–4 mWv 1.1.2025 durch G v. 23.12.2024 (GVBl. S. 605).

beantragen wird, darf der Bauherr mit der Ausführung des Bauvorhabens beginnen; von der Mitteilung nach Halbsatz 1 hat die Gemeinde die Bauaufsichtsbehörde zu unterrichten. [7] Will der Bauherr mit der Ausführung des Bauvorhabens mehr als vier Jahre, nachdem die Bauausführung nach den Sätzen 5 und 6 zulässig geworden ist, beginnen, gelten die Sätze 1 bis 6 entsprechend.

(3) [1] Die Erklärung der Gemeinde nach Abs. 1 Satz 1 Nr. 5 Alternative 1 kann insbesondere deshalb erfolgen, weil sie eine Überprüfung der sonstigen Voraussetzungen des Abs. 1 oder des Bauvorhabens aus anderen Gründen für erforderlich hält. [2] Darauf, dass die Gemeinde von ihrer Erklärungsmöglichkeit keinen Gebrauch macht, besteht kein Rechtsanspruch. [3] Hat der Bauherr bei der Vorlage der Unterlagen bestimmt, dass seine Vorlage im Fall der Erklärung nach Abs. 1 Nr. 5 als Bauantrag zu behandeln ist, leitet sie die Unterlagen gleichzeitig mit der Erklärung an die Bauaufsichtsbehörde weiter.

(4) [1] Die Art. 62 bis 62b bleiben unberührt. [2] Art. 64 Abs. 2 Satz 1, Abs. 4 Satz 1 und 2, Art. 68 Abs. 6 Nr. 2 und 3, Abs. 7 und 8 sind entsprechend anzuwenden.

## Abschnitt III. Genehmigungsverfahren

**Art. 59[1)] Vereinfachtes Baugenehmigungsverfahren.** [1] Außer bei Sonderbauten prüft die Bauaufsichtsbehörde

1. die Übereinstimmung mit
   a) den Vorschriften über die Zulässigkeit der baulichen Anlagen nach den §§ 29 bis 38 BauGB,
   b) den Vorschriften über Abstandsflächen nach Art. 6,
   c) den Regelungen örtlicher Bauvorschriften im Sinn des Art. 81 Abs. 1,
2. beantragte Abweichungen im Sinn des Art. 63 Abs. 1 und Abs. 2 Satz 2 sowie
3. andere öffentlich-rechtliche Anforderungen, soweit wegen der Baugenehmigung eine Entscheidung nach anderen öffentlich-rechtlichen Vorschriften entfällt, ersetzt oder eingeschlossen wird.

[2] Die Art. 62 bis 62b bleiben unberührt.

**Art. 60[2)] Baugenehmigungsverfahren.** [1] Bei Sonderbauten prüft die Bauaufsichtsbehörde

1. die Übereinstimmung mit den Vorschriften über die Zulässigkeit der baulichen Anlagen nach den §§ 29 bis 38 BauGB,
2. Anforderungen nach den Vorschriften dieses Gesetzes und auf Grund dieses Gesetzes,
3. andere öffentlich-rechtliche Anforderungen, soweit wegen der Baugenehmigung eine Entscheidung nach anderen öffentlich-rechtlichen Vorschriften entfällt, ersetzt oder eingeschlossen wird.

[2] Die Art. 62 bis 62b bleiben unberührt.

---

[1)] Art. 59 Satz 1 Nr. 1 neu gef., Satz 2 geänd. mWv 1.9.2018 durch G v. 10.7.2018 (GVBl. S. 523).

[2)] Art. 60 Satz 1 einl. Satzteil geänd. mWv 1.8.2009 durch G v. 27.7.2009 (GVBl. S. 385); Satz 2 geänd. mWv 1.9.2018 durch G v. 10.7.2018 (GVBl. S. 523).

**Art. 61[1)] Bauvorlageberechtigung.** (1) Bauvorlagen für die nicht verfahrensfreie Errichtung und Änderung von Gebäuden müssen von einem Entwurfsverfasser erstellt sein, der bauvorlageberechtigt ist.

(2) Bauvorlageberechtigt ist, wer

1. die Berufsbezeichnung „Architektin" oder „Architekt" führen darf,
2. in die von der Bayerischen Ingenieurekammer-Bau geführte Liste der bauvorlageberechtigten Ingenieure eingetragen ist; vergleichbare Eintragungen anderer Länder gelten auch im Freistaat Bayern.

(3) [1]Bauvorlageberechtigt sind ferner die Angehörigen der Fachrichtungen Architektur, Hochbau oder Bauingenieurwesen, die Absolventen einer Ausbildung sind, die dazu berechtigt, die Berufsbezeichnung „Ingenieurin" oder „Ingenieur" führen zu dürfen, sowie die staatlich geprüften Techniker der Fachrichtung Bautechnik und die Handwerksmeister des Maurer- und Betonbauer- sowie des Zimmererfachs für

1. freistehende oder nur einseitig angebaute oder anbaubare Wohngebäude der Gebäudeklassen 1 bis 3 mit nicht mehr als drei Wohnungen,
2. eingeschossige gewerblich genutzte Gebäude mit freien Stützweiten von nicht mehr als 12 m und nicht mehr als 250 $m^2$,
3. land- oder forstwirtschaftlich genutzte Gebäude,
4. Kleingaragen im Sinn der Rechtsverordnung nach Art. 80 Abs. 1 Satz 1 Nr. 3,
5. einfache Änderungen von sonstigen Gebäuden.

[2]Staatsangehörige eines anderen Mitgliedstaates der Europäischen Union oder eines durch Abkommen gleichgestellten Staates sind im Sinn des Satzes 1 bauvorlageberechtigt, wenn sie eine vergleichbare Berechtigung besitzen und dafür den staatlich geprüften Technikern der Fachrichtung Bautechnik oder den Handwerksmeistern des Maurer- und Betonbauer- sowie des Zimmererfachs vergleichbare Anforderungen erfüllen mussten.

(4) Bauvorlageberechtigt ist ferner, wer

1. unter Beschränkung auf sein Fachgebiet Bauvorlagen aufstellt, die üblicherweise von Fachkräften mit einer anderen Ausbildung als sie die in Abs. 2 genannten Personen haben, aufgestellt werden,
2. für ein Amt ab der Besoldungsgruppe A 10 in der Fachlaufbahn Naturwissenschaft und Technik, fachlicher Schwerpunkt bautechnischer und umweltfachlicher Verwaltungsdienst, qualifiziert ist, für seine Tätigkeit für seinen Dienstherrn,
3. einen berufsqualifizierenden Hochschulabschluss eines Studiums der Fachrichtung Architektur, Hochbau (Art. 49 Abs. 1 der Richtlinie 2005/36/EG)

---

[1)] Art. 61 neu gef. mWv 1.8.2009 durch G v. 27.7.2009 (GVBl. S. 385); Abs. 4 Nr. 2 geänd. mWv 1.1.2012 durch G v. 20.12.2011 (GVBl. S. 689); Abs. 2 Nr. 2 geänd., Abs. 3 Satz 3 aufgeh., Abs. 4 Nr. 3 und Abs. 5 Nr. 1 geänd. mWv 1.1.2013 durch G v. 11.12.2012 (GVBl. S. 633); Abs. 4 Nr. 6 geänd. mWv 30.8.2014 durch V v. 22.7.2014 (GVBl. S. 286); Abs. 4 Nr. 3, 5 und 6, Abs. 5 Satz 2 geänd. mWv 1.9.2018 durch G v. 10.7.2018 (GVBl. S. 523); Abs. 4 Nr. 6 geänd. mWv 1.5.2019 durch V v. 26.3.2019 (GVBl. S. 98); Abs. 1 und Abs. 9 Satz 1 geänd. mWv 1.2.2021 durch G v. 23.12.2020 (GVBl. S. 663); Abs. 6 Satz 1 Nr. 2 und Satz 2 Nr. 2, Abs. 7 Sätze 1 und 3 geänd. mWv 1.3.2023 durch G v. 10.2.2023 (GVBl. S. 22); Abs. 3 Satz 1 einl. Satzteil und Satz 2 geänd., Abs. 5 Satz 4 neu gef., Satz 5 angef., Abs. 6–8 aufgeh., bish. Abs. 9 wird Abs. 6 und Satz 1 geänd., bish. Abs. 10 wird Abs. 7 mWv 1.8.2023 durch G v. 7.7.2023 (GVBl. S. 327).

oder Bauingenieurwesen nachweist, danach mindestens zwei Jahre auf dem Gebiet der Entwurfsplanung von Gebäuden praktisch tätig gewesen ist und Bedienstete oder Bediensteter einer juristischen Person des öffentlichen Rechts ist, für die dienstliche Tätigkeit,
4. die Berufsbezeichnung „Innenarchitektin" oder „Innenarchitekt" führen darf, für die mit der Berufsaufgabe verbundenen baulichen Änderungen von Gebäuden,
5. Ingenieurin oder Ingenieur der Fachrichtung Innenausbau ist und eine praktische Tätigkeit in dieser Fachrichtung von mindestens zwei Jahren ausgeübt hat, für die Planung von Innenräumen und die damit verbundenen baulichen Änderungen von Gebäuden; Abs. 3 Satz 2 gilt entsprechend,
6. einen Studiengang der Fachrichtung Holzbau und Ausbau, den das Staatsministerium für Wohnen, Bau und Verkehr als gleichwertig mit einer Ausbildung nach Abs. 3 einschließlich der Anforderungen auf Grund der Rechtsverordnung nach Art. 80 Abs. 3 anerkannt hat, erfolgreich abgeschlossen hat, für die Bauvorhaben nach Abs. 3, sofern sie in Holzbauweise errichtet werden; Abs. 3 Satz 2 gilt entsprechend.

(5) [1] In die Liste der bauvorlageberechtigten Ingenieure nach Abs. 2 Nr. 2 ist auf Antrag von der Bayerischen Ingenieurekammer-Bau einzutragen, wer
1. auf Grund eines Studiums des Bauingenieurwesens die Voraussetzungen zur Führung der Berufsbezeichnung „Ingenieur" oder „Ingenieurin" nach dem Gesetz zum Schutze der Berufsbezeichnung „Ingenieur" und „Ingenieurin" – Ingenieurgesetz – IngG – (BayRS 702-2-W) in der jeweils geltenden Fassung, erfüllt oder einen berufsqualifizierenden Hochschulabschluss eines Studiums der Fachrichtung Hochbau (Art. 49 Abs. 1 der Richtlinie 2005/36/EG) nachweist und
2. danach mindestens zwei Jahre auf dem Gebiet der Entwurfsplanung von Gebäuden praktisch tätig gewesen ist.

[2] Art. 7 des Baukammerngesetzes (BauKaG) gilt entsprechend. [3] Dem Antrag sind die zur Beurteilung erforderlichen Unterlagen beizufügen. [4] Art. 42a BayVwVfG gilt entsprechend mit der Maßgabe, dass die Frist nur einmalig um bis zu einen Monat verlängert werden kann. [5] Einer Eintragung bedarf es nicht, wenn der Antragsteller aufgrund der Regelung eines anderen Landes bauvorlageberechtigt ist.

(6) [1] Unternehmen dürfen Bauvorlagen als Entwurfsverfasser erstellen, wenn dies unter der Leitung eines Bauvorlageberechtigten nach den Abs. 2 bis 4, Art. 61a Abs. 1 und 2 oder Art. 61b Abs. 1 erfolgt. [2] Auf den Bauvorlagen ist der Name des Bauvorlageberechtigten anzugeben.

(7) Für Bauvorlageberechtigte, die weder Mitglied der Bayerischen Architektenkammer noch der Bayerischen Ingenieurekammer-Bau sind, gilt Art. 24 Abs. 1 Satz 2 Nr. 4 BauKaG[1)] entsprechend.

**Art. 61a[2)] Bauvorlageberechtigung Staatsangehöriger anderer Mitgliedstaaten.** (1) [1] Auf Antrag ist in die Liste nach Art. 61 Abs. 5 einzutragen, wer über einen auswärtigen Hochschulabschluss verfügt, der den in Art. 61 Abs. 5 Satz 1 Nr. 1 genannten Anforderungen gleichwertig ist, und die An-

---

[1)] Nr. **40**.
[2)] Art. 61a eingef. mWv 1.8.2023 durch G v. 7.7.2023 (GVBl. S. 327).

forderungen des Art. 61 Abs. 5 Satz 1 Nr. 2 erfüllt. [2] Art. 61 Abs. 5 Satz 4 und 5 findet entsprechende Anwendung.

(2) [1] Ein Antragsteller wird in die Liste nach Art. 61 Abs. 5 auch eingetragen, wenn

1. er in Bezug auf die Studienanforderungen einen Ausbildungsnachweis nach Art. 11 der Richtlinie 2005/36/EG besitzt, soweit dieser in einem Mitgliedstaat der Europäischen Union oder einem durch Abkommen gleichgestellten Staat erforderlich ist, um in dessen Hoheitsgebiet die Erlaubnis zur Aufnahme und Ausübung dieses Berufes zu erhalten,
2. der Ausbildungsnachweis den Anforderungen nach Art. 13 Abs. 2 UnterAbs. 2 der Richtlinie 2005/36/EG genügt und
3. die berufspraktische Tätigkeit mit den Anforderungen nach Art. 61 Abs. 5 Satz 1 Nr. 2 vergleichbar ist.

[2] Satz 1 gilt auch für einen Antragsteller, der nachweist, dass er

1. diesen Beruf ein Jahr lang vollzeitbeschäftigt oder während einer entsprechenden Gesamtdauer in Teilzeit während der vorhergehenden zehn Jahre in Mitgliedstaaten der Europäischen Union oder einem gleichgestellten Staat ausgeübt hat, sofern der Beruf im Niederlassungsmitgliedstaat nicht reglementiert ist,
2. im Besitz eines Befähigungs- oder Ausbildungsnachweises ist, der den Anforderungen nach Art. 13 Abs. 2 UnterAbs. 2 der Richtlinie 2005/36/EG genügt und
3. keine wesentlichen Unterschiede gemäß Art. 61 Abs. 5 Satz 1 Nr. 1 bestehen.

[3] Kann eine Eintragung in die Liste nicht erfolgen, weil der Antragsteller die Voraussetzungen der Sätze 1 oder 2 nicht erfüllt, ist dies durch Bescheid gemäß Art. 10 des Bayerischen Berufsqualifikationsfeststellungsgesetzes (BayBQFG) festzustellen.

(3) [1] Antragsteller haben zum Nachweis der Voraussetzungen des Abs. 2 Unterlagen nach Art. 50 Abs. 1 der Richtlinie 2005/36/EG in Verbindung mit deren Anhang VII Nr. 1 Buchst. a und b Satz 1 sowie auf Anforderung nach Anhang VII Nr. 1 Buchst. b UnterAbs. 2 dieser Richtlinie vorzulegen. [2] Gibt der Antragsteller an, hierzu nicht in der Lage zu sein, wendet sich die Bayerische Ingenieurekammer-Bau zur Beschaffung der erforderlichen Unterlagen an das Beratungszentrum nach Art. 57b der Richtlinie 2005/36/EG, die zuständige Behörde oder eine Ausbildungsstelle des Herkunftsmitgliedstaates. [3] Bei Ausbildungsnachweisen gemäß Art. 50 Abs. 3 der Richtlinie 2005/36/EG kann die Bayerische Ingenieurekammer-Bau bei berechtigten Zweifeln von der zuständigen Stelle des Ausstellungsstaates die Überprüfung der Kriterien gemäß Art. 50 Abs. 3 Buchst. a bis c der Richtlinie 2005/36/EG verlangen. [4] War der Antragsteller bereits in einem anderen Mitgliedstaat der Europäischen Union oder einem gleichgestellten Staat tätig, kann die Bayerische Ingenieurekammer-Bau im Fall berechtigter Zweifel von der im Herkunftsstaat zuständigen Behörde eine Bestätigung der Tatsache verlangen, dass die Ausübung dieses Berufes durch den Antragsteller nicht aufgrund schwerwiegenden standeswidrigen Verhaltens oder einer Verurteilung wegen strafbarer Handlungen untersagt worden ist. [5] Im Übrigen finden die Vorschriften des Art. 50 Abs. 1 der Richtlinie 2005/36/EG in Verbindung mit deren Anhang VII Nr. 1 Buchst. d

bis g Anwendung. [6] Die auf Verlangen übermittelten Unterlagen und Bescheinigungen dürfen bei ihrer Vorlage nicht älter als drei Monate sein. [7] Der Informationsaustausch erfolgt über das Binnenmarkt-Informationssystem (IMI). [8] Im Übrigen gelten die Art. 12 und 13 BayBQFG entsprechend.

(4) [1] Über die Eintragung nach den Abs. 1 und 2 in die Liste ist eine Bescheinigung auszustellen. [2] Die Liste enthält folgende Angaben:

1. Zeitpunkt der Eintragung,
2. Familienname, Geburtsname und Vornamen,
3. Geburtsdatum, Geburtsort und Geschlecht,
4. akademische Grade und Titel,
5. ladungsfähige Adresse,
6. Staatsangehörigkeit des Antragstellers,
7. Staat, in dem die Berufsqualifikation erworben wurde.

[3] Wesentliche Änderungen gegenüber der nach Satz 2 bescheinigten Situation hat der Antragsteller der Bayerischen Ingenieurekammer-Bau unverzüglich mitzuteilen. [4] Art. 7 BauKaG[1] gilt entsprechend.

(5) [1] Antragsteller, die nicht nach Abs. 2 in die Liste eingetragen werden können, weil sie aufgrund von wesentlichen Unterschieden nicht über eine gleichwertige Berufsqualifikation verfügen und die über einen Ausbildungsnachweis im Sinne des Abs. 2 verfügen, der dem Berufsqualifikationsniveau nach Art. 11 Buchst. b, c, d oder e der Richtlinie 2005/36/EG entspricht, können einen höchstens dreijährigen Anpassungslehrgang absolvieren oder eine Eignungsprüfung (Ausgleichsmaßnahmen) ablegen. [2] Beantragt ein Inhaber einer Berufsqualifikation gemäß Art. 11 Buchst. a der Richtlinie 2005/36/EG die Anerkennung seiner Berufsqualifikationen und ist die erforderliche Berufsqualifikation unter Art. 11 Buchst. d der Richtlinie 2005/36/EG eingestuft, so kann die Bayerische Ingenieurekammer-Bau sowohl einen Anpassungslehrgang als auch eine Eignungsprüfung vorschreiben. [3] Art. 11 Abs. 3 Satz 2 BayBQFG gilt entsprechend.

(6) [1] Die Einzelheiten zur Durchführung von Ausgleichsmaßnahmen werden durch Satzung der Bayerischen Ingenieurekammer-Bau festgelegt. [2] Die nach Maßgabe der Rechtsverordnung gemäß Art. 18 Abs. 4 Satz 2 BauKaG erlassene Satzung bedarf der Genehmigung der nach Art. 12 Abs. 6 BauKaG zuständigen Aufsichtsbehörde.

(7) [1] Die Bayerische Ingenieurekammer-Bau kann mit anderen zuständigen Stellen innerhalb der Bundesrepublik Deutschland landesübergreifende Vereinbarungen zur Durchführung von Ausgleichsmaßnahmen schließen. [2] Die Vereinbarung bedarf der Genehmigung des Staatsministeriums für Wohnen, Bau und Verkehr.

(8) [1] Art. 61 Abs. 7 gilt entsprechend. [2] Art. 16 BayBQFG gilt entsprechend.

### Art. 61b[2] Bauvorlageberechtigung auswärtiger Dienstleister.

(1) Personen, die in einem anderen Mitgliedstaat der Europäischen Union oder einem durch Abkommen gleichgestellten Staat rechtmäßig als Bauvorlageberechtigte niedergelassen sind und sich zu einer vorübergehenden und gele-

---

[1] Nr. **40**.
[2] Art. 61b eingef. mWv 1.8.2023 durch G v. 7.7.2023 (GVBl. S. 327).

gentlichen Dienstleistungserbringung in den Freistaat Bayern begeben (auswärtige Dienstleister) sind bauvorlageberechtigt und haben sich in ein entsprechendes Verzeichnis bei der Bayerischen Ingenieurekammer-Bau einzutragen.

(2) [1] Ein auswärtiger Dienstleister nach Abs. 1 hat das erstmalige Erbringen von Dienstleistungen zuvor der Bayerischen Ingenieurekammer-Bau in Textform anzuzeigen. [2] Einer Anzeige bedarf es nicht, wenn der auswärtige Dienstleister bereits aufgrund einer Regelung eines anderen Landes zur Dienstleistungserbringung berechtigt ist. [3] Mit der Anzeige sind vorzulegen:

1. ein Identitätsnachweis,
2. eine Bescheinigung, dass er in einem Mitgliedstaat der Europäischen Union oder einem durch Abkommen gleichgestellten Staat rechtmäßig zur Ausübung der betreffenden Tätigkeit niedergelassen ist und ihm die Ausübung dieser Tätigkeit zum Zeitpunkt der Vorlage der Bescheinigung nicht, auch nicht vorübergehend, untersagt ist,
3. ein Berufsqualifikationsnachweis,
4. in den in Art. 61a Abs. 2 Satz 2 genannten Fällen ein Nachweis in beliebiger Form darüber, dass der auswärtige Dienstleister die betreffende Tätigkeit mindestens ein Jahr während der vorhergehenden zehn Jahre ausgeübt hat, sofern der Beruf im Niederlassungsmitgliedstaat nicht reglementiert ist,
5. ein Nachweis über den ausreichenden Versicherungsschutz.

[4] Im Übrigen gelten die Art. 12 und 13 BayBQFG entsprechend.

(3) [1] Die Vorlage der Meldung nach Abs. 2 berechtigt den auswärtigen Dienstleister zur Erstellung von Bauvorlagen. [2] Die Bayerische Ingenieurekammer-Bau kann die Unterlagen nach Abs. 2 Satz 3 nachprüfen. [3] Die Erstellung von Bauvorlagen ist dem auswärtigen Dienstleister nur zu untersagen, wenn der auswärtige Dienstleister nicht zur Ausübung desselben Berufs rechtmäßig in einem Mitgliedstaat niedergelassen ist, ihm die Ausübung dieser Tätigkeit in einem Mitgliedstaat nach der Anzeige untersagt wird oder er die Voraussetzungen des Art. 61a Abs. 2 Satz 2 nicht erfüllt. [4] In diesem Fall ist dem auswärtigen Dienstleister entsprechend Art. 11 BayBQFG die Möglichkeit einzuräumen, fehlende Kenntnisse, Fähigkeiten und Kompetenzen durch einen Anpassungslehrgang zu erwerben oder eine Eignungsprüfung abzulegen. [5] Ist der auswärtige Dienstleister zur Ausübung desselben Berufs rechtmäßig in einem Mitgliedstaat niedergelassen oder erfüllt er die Voraussetzungen des Art. 61a Abs. 2 Satz 2, so darf ihm die Erstellung von Bauvorlagen nicht aufgrund seiner Berufsqualifikation beschränkt werden.

(4) [1] Das Recht zur Führung der Berufsbezeichnung des Niederlassungsstaates nach Art. 7 Abs. 3 der Richtlinie 2005/36/EG bleibt unberührt. [2] Die Berufsbezeichnung ist dann so zu führen, dass keine Verwechslung mit einer inländischen Berufsbezeichnung möglich ist.

(5) [1] Auswärtige bauvorlageberechtigte Ingenieure haben die Berufspflichten zu beachten. [2] Die Bayerische Ingenieurekammer-Bau stellt über die Eintragung in das Verzeichnis nach Abs. 1 eine auf fünf Jahre befristete Bescheinigung aus, die auf Antrag verlängert werden kann.

(6) [1] Art. 61 Abs. 7 gilt entsprechend. [2] Art. 16 BayBQFG gilt entsprechend.

**Art. 62**[1)] **Bautechnische Nachweise.** (1) [1]Die Einhaltung der Anforderungen an die Standsicherheit, den Brand-, Schall- und Erschütterungsschutz ist nach Maßgabe der Rechtsverordnung auf Grund des Art. 80 Abs. 4 nachzuweisen (bautechnische Nachweise). [2]Bautechnische Nachweise sind nicht erforderlich für verfahrensfreie Bauvorhaben. [3]Art. 57 Abs. 5 Satz 2 bis 5 und Regelungen auf Grund des Art. 80 Abs. 4 bleiben unberührt. [4]Werden bautechnische Nachweise durch einen Prüfsachverständigen bescheinigt, gelten die entsprechenden Anforderungen auch in den Fällen des Art. 63 als eingehalten.

(2) Die Bauvorlageberechtigung nach Art. 61 Abs. 2, 3 und 4 Nr. 2 bis 6 berechtigt zur Erstellung bautechnischer Nachweise, soweit die Art. 62a und 62b nichts Abweichendes bestimmen.

(3) [1]Tragwerksplaner nach Art. 62a Abs. 1 Nr. 1 und Brandschutzplaner nach Art. 62b Abs. 1 Nr. 3 sind in eine von der Bayerischen Architektenkammer oder der Bayerischen Ingenieurekammer-Bau zu führende Liste einzutragen. [2]Vergleichbare Berechtigungen anderer Länder gelten auch im Freistaat Bayern. [3]Für Personen, die in einem anderen Mitgliedstaat der Europäischen Union oder einem durch Abkommen gleichgestellten Staat zur Erstellung von Standsicherheits- oder Brandschutznachweisen niedergelassen sind, gilt Art. 61b mit der Maßgabe entsprechend, dass die Anzeige oder der Antrag auf Erteilung einer Bescheinigung bei der zuständigen Bayerischen Architektenkammer oder der Bayerischen Ingenieurekammer-Bau einzureichen ist. [4]Art. 61 Abs. 5 Satz 2 bis 4 und Abs. 7 gilt entsprechend.

**Art. 62a**[2)] **Standsicherheitsnachweis.** (1) Bei Gebäuden der Gebäudeklassen 1 bis 3 und bei sonstigen baulichen Anlagen, die keine Gebäude sind, muss der Standsicherheitsnachweis erstellt sein

1. von Personen mit einem berufsqualifizierenden Hochschulabschluss eines Studiums der Fachrichtung Architektur, Hochbau (Art. 49 Abs. 1 der Richtlinie 2005/36/EG) oder des Bauingenieurwesens mit einer mindestens dreijährigen Berufserfahrung in der Tragwerksplanung oder
2. im Rahmen ihrer Bauvorlageberechtigung von
   a) staatlich geprüften Technikern der Fachrichtung Bautechnik und Handwerksmeistern des Maurer- und Betonbauer- sowie des Zimmererfachs (Art. 61 Abs. 3), wenn sie mindestens drei Jahre zusammenhängende Berufserfahrung nachweisen und die durch Rechtsverordnung gemäß Art. 80 Abs. 3 näher bestimmte Zusatzqualifikation besitzen oder
   b) Bauvorlageberechtigten nach Art. 61 Abs. 4 Nr. 6.

(2) [1]Der Standsicherheitsnachweis muss durch einen Prüfsachverständigen bescheinigt sein bei

1. Gebäuden der Gebäudeklassen 4 und 5 sowie
2. Gebäuden der Gebäudeklassen 1 bis 3, bei Behältern, Brücken, Stützmauern, Tribünen und bei sonstigen baulichen Anlagen mit einer freien Höhe von mehr als 10 m, die keine Gebäude sind, wenn dies nach Maßgabe eines in

---

1) Art. 62 neu gef. mWv 1.9.2018 durch G v. 10.7.2018 (GVBl. S. 523); Abs. 1 Satz 1 geänd. mWv 1.2.2021 durch G v. 23.12.2020 (GVBl. S. 663); Abs. 3 Satz 1 geänd., Satz 4 neu gef. mWv 1.3.2023 durch G v. 10.2.2023 (GVBl. S. 22); Abs. 3 Sätze 3 und 4 geänd. mWv 1.8.2023 durch G v. 7.7.2023 (GVBl. S. 327).

2) Art. 62a eingef. mWv 1.9.2018 durch G v. 10.7.2018 (GVBl. S. 523); Abs. 2 Satz 3 einl. Satzteil neu gef., Nr. 2 geänd. mWv 1.2.2021 durch G v. 23.12.2020 (GVBl. S. 663).

der Rechtsverordnung nach Art. 80 Abs. 4 geregelten Kriterienkatalogs erforderlich ist.

²Bei baulichen Anlagen nach Satz 1, die Sonderbauten sind, muss der Standsicherheitsnachweis durch die Bauaufsichtsbehörde, einen Prüfingenieur oder ein Prüfamt geprüft sein. ³Einer Bescheinigung oder Prüfung bedarf es nicht

1. für Wohngebäude der Gebäudeklassen 1 und 2 sowie für oberirdische eingeschossige Gebäude mit freien Stützweiten von nicht mehr als 12 m und nicht mehr als 1 600 $m^2$, die nicht oder nur zum vorübergehenden Aufenthalt einzelner Personen bestimmt sind, sowie
2. für Bauvorhaben oder deren Teile, für die Standsicherheitsnachweise vorliegen, die von einem Prüfamt oder der zuständigen Stelle eines anderen Landes allgemein geprüft sind (Typenprüfung).

⁴Im Übrigen wird der Standsicherheitsnachweis nicht geprüft.

**Art. 62b[1] Brandschutznachweis.** (1) Der Brandschutznachweis muss erstellt sein von Personen, die

1. für das Bauvorhaben bauvorlageberechtigt sind,
2. zur Bescheinigung von Brandschutznachweisen befugt sind oder
3. nach Abschluss der Ausbildung mindestens zwei Jahre auf dem Gebiet der brandschutztechnischen Planung und Ausführung von Gebäuden oder deren Prüfung praktisch tätig gewesen sind und die erforderlichen Kenntnisse des Brandschutzes nachgewiesen haben
   a) als Angehöriger eines Studiengangs der Fachrichtung Architektur, Hochbau (Art. 49 Abs. 1 der Richtlinie 2005/36/EG), Bauingenieurwesen oder eines Studiengangs mit Schwerpunkt Brandschutz, der ein Studium an einer deutschen Hochschule oder ein gleichwertiges Studium an einer ausländischen Hochschule abgeschlossen hat, oder
   b) als Absolvent einer Ausbildung für Ämter mit Einstieg in der dritten und vierten Qualifikationsebene in der Fachlaufbahn Naturwissenschaft und Technik, Schwerpunkt feuerwehrtechnischer Dienst.

(2) ¹Der Brandschutznachweis muss durch einen Prüfsachverständigen für Brandschutz bescheinigt sein oder wird bauaufsichtlich geprüft bei

1. Sonderbauten,
2. Mittel- und Großgaragen im Sinn der Rechtsverordnung nach Art. 80 Abs. 1 Satz 1 Nr. 3,
3. Gebäuden der Gebäudeklasse 5.

²Im Übrigen wird der Brandschutznachweis nicht geprüft.

**Art. 63[2] Abweichungen.** (1) ¹Die Bauaufsichtsbehörde soll Abweichungen von Anforderungen dieses Gesetzes und auf Grund dieses Gesetzes erlassener

---

[1] Art. 62b eingef. mWv 1.9.2018 durch G v. 10.7.2018 (GVBl. S. 523); Abs. 2 Satz 1 Nr. 2 geänd. mWv 1.2.2021 durch G v. 23.12.2020 (GVBl. S. 663).

[2] Art. 63 Abs. 2 Sätze 1 und 2 geänd., Satz 2 Halbs. 2 angef. mWv 1.8.2009 durch G v. 27.7.2009 (GVBl. S. 385); Abs. 1 Sätze 1 und 2 geänd. mWv 1.9.2018 durch G v. 10.7.2018 (GVBl. S. 523); Abs. 1 Satz 2 eingef., bish. Satz 2 wird Satz 3 mWv 1.2.2021 durch G v. 23.12.2020 (GVBl. S. 663); Abs. 1 Satz 1 geänd., Satz 2 neu gef., Satz 4 angef. mWv 1.8.2023 durch G v. 7.7.2023 (GVBl. S. 327); Abs. 1 Satz 1 geänd. mWv 1.1.2025 durch G v. 23.12.2024 (GVBl. S. 619).

Vorschriften zulassen, wenn sie unter Berücksichtigung des Zwecks der jeweiligen Anforderung und bei Würdigung sowohl gesetzlich definierter überragender öffentlicher wie auch öffentlich-rechtlich geschützter nachbarlicher Interessen mit den öffentlichen Belangen, insbesondere den Anforderungen des Art. 3 Satz 1 vereinbar sind. [2] Dies gilt insbesondere für

1. Vorhaben, die der Weiternutzung bestehender Gebäude dienen,
2. Abweichungen von den Anforderungen des Art. 6, wenn ein rechtmäßig errichtetes Gebäude durch ein Gebäude höchstens gleicher Abmessung und Gestalt ersetzt wird,
3. Vorhaben zur Energieeinsparung und Nutzung erneuerbarer Energien,
4. Vorhaben zur Erprobung neuer Bau- und Wohnformen.

[3] Der Zulassung einer Abweichung bedarf es nicht, wenn bautechnische Nachweise durch einen Prüfsachverständigen bescheinigt werden oder in den Fällen des Abs. 2 Satz 2 Halbsatz 1 das Vorliegen der Voraussetzung für eine Abweichung durch ihn bescheinigt wird. [4] Art. 81a Abs. 1 Satz 2 bleibt unberührt.

(2) [1] Die Zulassung von Abweichungen nach Abs. 1 Satz 1, von Ausnahmen und Befreiungen von den Festsetzungen eines Bebauungsplans, einer sonstigen städtebaulichen Satzung oder von Regelungen der Baunutzungsverordnung ist gesondert schriftlich zu beantragen; der Antrag ist zu begründen. [2] Für Anlagen, die keiner Genehmigung bedürfen, sowie für Abweichungen von Vorschriften, die im Genehmigungsverfahren nicht geprüft werden, gilt Satz 1 entsprechend; bei Bauvorhaben, die einer Genehmigung bedürfen, ist der Abweichungsantrag mit dem Bauantrag zu stellen.

(3) [1] Über Abweichungen nach Abs. 1 Satz 1 von örtlichen Bauvorschriften sowie über Ausnahmen und Befreiungen nach Abs. 2 Satz 1 entscheidet bei verfahrensfreien Bauvorhaben die Gemeinde nach Maßgabe der Abs. 1 und 2. [2] Im Übrigen lässt die Bauaufsichtsbehörde Abweichungen von örtlichen Bauvorschriften im Einvernehmen mit der Gemeinde zu; § 36 Abs. 2 Satz 2 BauGB gilt entsprechend.

**Art. 64[1)] Bauantrag, Bauvorlagen.** (1) [1] Der Bauantrag ist schriftlich bei der Bauaufsichtsbehörde einzureichen. [2] Diese setzt unverzüglich die Gemeinde über Eingang und Inhalt in Kenntnis, soweit sie nicht selbst Gemeinde ist.

(2) [1] Mit dem Bauantrag sind alle für die Beurteilung des Bauvorhabens und die Bearbeitung des Bauantrags erforderlichen Unterlagen (Bauvorlagen) einzureichen. [2] Es kann gestattet werden, dass einzelne Bauvorlagen nachgereicht werden.

(3) In besonderen Fällen kann zur Beurteilung der Einwirkung des Bauvorhabens auf die Umgebung verlangt werden, dass es in geeigneter Weise auf dem Baugrundstück dargestellt wird.

(4) [1] Der Bauherr und der Entwurfsverfasser haben den Bauantrag und die Bauvorlagen zu unterschreiben. [2] Soweit der Eigentümer oder der Erbbauberechtigte dem Bauvorhaben zugestimmt hat, ist er verpflichtet, bauaufsichtliche Maßnahmen zu dulden, die aus Nebenbestimmungen der Baugenehmigung herrühren.

---

[1)] Art. 64 Abs. 4 Satz 2 aufgeh., bish. Satz 3 wird Satz 2 mWv 1.8.2009 durch G v. 27.7.2009 (GVBl. S. 385); Abs. 1 neu gef. mWv 1.1.2025 durch G v. 23.12.2024 (GVBl. S. 619).

**Art. 65[1)] Behandlung des Bauantrags.** (1) [1]Die Bauaufsichtsbehörde hat innerhalb von drei Wochen nach Eingang des Bauantrags den Bauantrag und die Bauvorlagen auf Vollständigkeit zu prüfen. [2]Ist der Bauantrag unvollständig oder weist er sonstige erhebliche Mängel auf, fordert die Bauaufsichtsbehörde den Bauherrn zur Behebung der Mängel innerhalb einer angemessenen Frist auf. [3]Werden die Mängel innerhalb der Frist nicht behoben, gilt der Antrag als zurückgenommen, wenn der Antragsteller auf diese Rechtsfolge hingewiesen worden ist. [4]Sobald der Bauantrag und die Bauvorlagen für die Entscheidung der Gemeinde über ihr Einvernehmen nach § 36 BauGB hinreichend vollständig sind, hat die Bauaufsichtsbehörde unverzüglich die Gemeinde zu beteiligen.

(2) [1]Die Bauaufsichtsbehörde hört zum Bauantrag diejenigen Stellen,

1. deren Beteiligung oder Anhörung für die Entscheidung über den Bauantrag durch Rechtsvorschrift vorgeschrieben ist, oder
2. ohne deren Stellungnahme die Genehmigungsfähigkeit des Bauantrags nicht beurteilt werden kann;

die Beteiligung oder Anhörung entfällt, wenn die jeweilige Stelle dem Bauantrag bereits vor Einleitung des Baugenehmigungsverfahrens in Textform zugestimmt hat. [2]Bedarf die Erteilung der Baugenehmigung der Zustimmung oder des Einvernehmens einer anderen Körperschaft, Behörde oder sonstigen Stelle, so gilt diese als erteilt, wenn sie nicht einen Monat nach Eingang des Ersuchens verweigert wird; von der Frist nach Halbsatz 1 abweichende Regelungen durch Rechtsvorschrift bleiben unberührt. [3]Stellungnahmen bleiben unberücksichtigt, wenn sie nicht innerhalb eines Monats nach Aufforderung zur Stellungnahme bei der Bauaufsichtsbehörde eingehen, es sei denn, die verspätete Stellungnahme ist für die Rechtmäßigkeit der Entscheidung über den Bauantrag von Bedeutung.

(3) Betrifft der Bauantrag eine Anlage, die in den Anwendungsbereich der Richtlinie (EU) 2018/2001 fällt, gilt:

1. Auf Antrag des Bauherrn werden die erforderlichen Zulassungsverfahren über eine einheitliche Stelle im Sinne des Art. 71a Abs. 1 BayVwVfG abgewickelt.
2. Einheitliche Stelle nach Nr. 1 sind die unteren Bauaufsichtsbehörden, soweit sich nicht aus Art. 1 Abs. 1 Satz 3 des Bayerischen Immissionsschutzgesetzes oder Art. 63 Abs. 6 BayWG Abweichendes ergibt.
3. Die einheitliche Stelle stellt ein Verfahrenshandbuch für Bauherren bereit und macht diese Informationen auch im Internet zugänglich, wobei sie auch gesondert auf kleinere Vorhaben und Vorhaben zur Eigenversorgung mit Elektrizität eingeht und darauf hinweist, für welche Anlagen sie zuständig ist und welche anderen einheitlichen Stellen für Anlagen im Anwendungsbereich der Richtlinie (EU) 2018/2001 zuständig sind.
4. Nach Eingang der vollständigen Antragsunterlagen stellt die untere Bauaufsichtsbehörde dem Bauherrn unverzüglich einen Zeitplan für das weitere Verfahren zur Verfügung.

---

[1)] Art. 65 Abs. 1 Satz 1 geänd. mWv 1.8.2009 durch G v. 27.7.2009 (GVBl. S. 385); Abs. 1 Satz 1 abschl. Satzteil und Abs. 2 Satz 2 geänd. mWv 1.2.2021 durch G v. 23.12.2020 (GVBl. S. 663); Abs. 3 angef. mWv 1.3.2023 durch G v. 10.2.2023 (GVBl. S. 22); Abs. 1 eingef., bish. Abs. 1 wird Abs. 2, bish. Abs. 2 aufgeh. mWv 1.1.2025 durch G v. 23.12.2024 (GVBl. S. 619).

5. Das Baugenehmigungsverfahren darf nach Eingang des vollständigen Bauantrags
   a) für eine Anlage mit einer Stromerzeugungskapazität unter 150 kW oder im Fall des Repowering einer bestehenden Anlage im Sinne des Art. 2 Nr. 10 der Richtlinie (EU) 2018/2001 nicht länger als ein Jahr und
   b) im Übrigen nicht länger als zwei Jahre dauern; die Frist kann in durch außergewöhnliche Umstände hinreichend begründeten Fällen um bis zu einem Jahr verlängert werden.

**Art. 66[1)] Beteiligung des Nachbarn.** (1) [1] Den Eigentümern der benachbarten Grundstücke sind vom Bauherrn oder seinem Beauftragten der Lageplan und die Bauzeichnungen zur Zustimmung vorzulegen. [2] Die Zustimmung bedarf der Schriftform. [3] Im Bauantrag ist anzugeben, ob zugestimmt wurde. [4] Hat ein Nachbar nicht zugestimmt oder wird seinen Einwendungen nicht entsprochen, so ist ihm eine Ausfertigung der Baugenehmigung zuzustellen.

(2) [1] Der Nachbar ist Beteiligter im Sinn des Art. 13 Abs. 1 Nr. 1 BayVwVfG. [2] Art. 28 BayVwVfG findet keine Anwendung. [3] Sind an einem Baugenehmigungsverfahren mindestens zehn Nachbarn im gleichen Interesse beteiligt, ohne vertreten zu sein, so kann die Bauaufsichtsbehörde sie auffordern, innerhalb einer angemessenen Frist einen Vertreter zu bestellen; Art. 18 Abs. 1 Satz 2 und 3, Abs. 2 BayVwVfG findet Anwendung. [4] Bei mehr als 20 Beteiligten im Sinn des Satzes 3 kann die Zustellung nach Abs. 1 Satz 4 durch öffentliche Bekanntmachung ersetzt werden; die Bekanntmachung hat den verfügenden Teil der Baugenehmigung, die Rechtsbehelfsbelehrung sowie einen Hinweis darauf zu enthalten, wo die Akten des Baugenehmigungsverfahrens eingesehen werden können. [5] Sie ist im amtlichen Veröffentlichungsblatt der zuständigen Bauaufsichtsbehörde bekannt zu machen. [6] Die Zustellung gilt mit dem Tag der Bekanntmachung als bewirkt.

(3) [1] Ein Erbbauberechtigter tritt an die Stelle des Eigentümers. [2] Ist Eigentümer des Nachbargrundstücks eine Eigentümergemeinschaft nach dem Wohnungseigentumsgesetz, so genügt die Vorlage nach Abs. 1 Satz 1 an den Verwalter; seine Zustimmung gilt jedoch nicht als Zustimmung der einzelnen Wohnungseigentümer. [3] Der Eigentümer des Nachbargrundstücks nimmt auch die Rechte des Mieters oder Pächters wahr, die aus deren Eigentumsgrundrecht folgen.

**Art. 66a[2)] Beteiligung der Öffentlichkeit.** (1) [1] Bei baulichen Anlagen, die auf Grund ihrer Beschaffenheit oder ihres Betriebs geeignet sind, die Allgemeinheit oder die Nachbarschaft zu gefährden, zu benachteiligen oder zu belästigen, kann die Bauaufsichtsbehörde auf Antrag des Bauherrn das Bauvorhaben in ihrem amtlichen Veröffentlichungsblatt und außerdem in örtlichen Tageszeitungen, die im Bereich des Standorts der Anlage verbreitet sind, öffent-

---

[1)] Art. 66 Abs. 4 Satz 1 geänd., Halbs. 2 angef. mWv 1.8.2009 durch G v. 27.7.2009 (GVBl. S. 385); Abs. 4 Satz 4 Nr. 1 und 2 geänd. mWv 1.1.2013 durch G v. 11.12.2012 (GVBl. S. 633); Abs. 4 aufgeh. mWv 1.8.2017 durch G v. 12.7.2017 (GVBl. S. 375); Abs. 1 Satz 1 geänd., Sätze 2 und 3 neu gef., bish. Sätze 4 und 5 aufgeh., bish. Satz 6 wird Satz 4, Abs. 2 Satz 4 und Abs. 3 Satz 2 geänd. mWv 1.2. 2021 durch G v. 23.12.2020 (GVBl. S. 663); Abs. 2 Satz 3 geänd. mWv 1.3.2023 durch G v. 10.2. 2023 (GVBl. S. 22).

[2)] Art. 66a eingef. mWv 1.8.2017 durch G v. 12.7.2017 (GVBl. S. 375); Abs. 1 Satz 3 und Abs. 2 Satz 1 Nr. 1 geänd. mWv 1.2.2021 durch G v. 23.12.2020 (GVBl. S. 663).

lich bekannt machen; verfährt die Bauaufsichtsbehörde nach Halbsatz 1, findet Art. 66 Abs. 1 und 3 keine Anwendung. [2] Mit Ablauf einer Frist von einem Monat nach der Bekanntmachung des Bauvorhabens sind alle öffentlich-rechtlichen Einwendungen gegen das Bauvorhaben ausgeschlossen. [3] Die Zustellung der Baugenehmigung nach Art. 66 Abs. 1 Satz 4 kann durch öffentliche Bekanntmachung ersetzt werden; Satz 1 und Art. 66 Abs. 2 Satz 6 gelten entsprechend. [4] In der Bekanntmachung nach Satz 1 ist darauf hinzuweisen,

1. wo und wann Beteiligte nach Art. 29 BayVwVfG die Akten des Verfahrens einsehen können,
2. wo und wann Beteiligte Einwendungen gegen das Bauvorhaben vorbringen können,
3. welche Rechtsfolgen mit Ablauf der Frist des Satzes 2 eintreten und
4. dass die Zustellung der Baugenehmigung durch öffentliche Bekanntmachung ersetzt werden kann.

(2) [1] Bei der Errichtung, Änderung oder Nutzungsänderung

1. von Vorhaben nach Art. 58 Abs. 1 Nr. 4 sowie
2. baulicher Anlagen, die nach Durchführung des Bauvorhabens Sonderbauten nach Art. 2 Abs. 4 Nr. 9 bis 13, 15 und 16 sind,

ist eine Öffentlichkeitsbeteiligung nach Abs. 1 durchzuführen, wenn sie den angemessenen Sicherheitsabstand im Sinn des Art. 13 Abs. 2 Buchst. a der Richtlinie 2012/18/EU zu einem Betriebsbereich nicht einhalten. [2] In die öffentliche Bekanntmachung nach Abs. 1 Satz 4 sind zusätzlich folgende Angaben aufzunehmen:

1. ob für das Vorhaben eine Umweltverträglichkeitsprüfung durchzuführen ist (§§ 3a, 8 und 9 des Gesetzes über die Umweltverträglichkeitsprüfung),
2. wo und wann die betroffene Öffentlichkeit im Sinn des Art. 3 Nr. 18 der Richtlinie 2012/18/EU Einwendungen gegen das Bauvorhaben vorbringen kann und
3. die grundsätzlichen Entscheidungsmöglichkeiten der Behörde oder, soweit vorhanden, der Entscheidungsentwurf.

[3] Die Baugenehmigung ist nach Art. 41 Abs. 4 BayVwVfG öffentlich bekannt zu geben und, soweit Einwendungen vorgebracht wurden, zu begründen. [4] In der Begründung sind die wesentlichen tatsächlichen und rechtlichen Gründe, die Behandlung der Einwendungen sowie Angaben über das Verfahren zur Beteiligung der Öffentlichkeit aufzunehmen.

**Art. 67[1)] Ersetzung des gemeindlichen Einvernehmens.** (1) [1] Hat eine Gemeinde ihr nach § 14 Abs. 2 Satz 2, § 22 Abs. 5 Satz 1, § 145 Abs. 1 Satz 2, § 173 Abs. 1 Satz 2 Halbsatz 1 BauGB oder nach Art. 63 Abs. 3 Satz 2 Halbsatz 1 erforderliches Einvernehmen rechtswidrig versagt und besteht ein Rechtsanspruch auf Erteilung der Genehmigung, kann das fehlende Einvernehmen nach Maßgabe der Abs. 2 bis 4 ersetzt werden; in den Fällen des § 36 Abs. 1 Satz 1 und 2 BauGB ist das fehlende Einvernehmen nach Maßgabe von Abs. 2 bis 4 zu ersetzen. [2] Außer in den Fällen des § 36 Abs. 2 Satz 3 BauGB besteht kein Rechtsanspruch auf Ersetzung des gemeindlichen Einvernehmens.

---

[1)] Art. 67 Abs. 1 Satz 1 Halbs. 1 geänd., Halbs. 2 angef., Satz 2 neu gef. mWv 1.1.2013 durch G v. 11.12.2012 (GVBl. S. 633); Abs. 1 Satz 1 geänd. mWv 1.3.2023 durch G v. 10.2.2023 (GVBl. S. 22).

(2) Art. 112 der Gemeindeordnung (GO) findet keine Anwendung.

(3) [1] Die Genehmigung gilt zugleich als Ersatzvornahme im Sinn des Art. 113 GO; sie ist insoweit zu begründen. [2] Entfällt die aufschiebende Wirkung der Anfechtungsklage gegen die Genehmigung nach § 80 Abs. 2 Satz 1 Nr. 3 oder 4 VwGO, hat die Anfechtungsklage auch insoweit keine aufschiebende Wirkung, als die Genehmigung als Ersatzvornahme gilt.

(4) [1] Die Gemeinde ist vor Erlass der Genehmigung anzuhören. [2] Dabei ist ihr Gelegenheit zu geben, binnen angemessener Frist erneut über das gemeindliche Einvernehmen zu entscheiden.

### Art. 68[1)] Baugenehmigung, Genehmigungsfiktion und Baubeginn.

(1) [1] Die Baugenehmigung ist zu erteilen, wenn dem Bauvorhaben keine öffentlich-rechtlichen Vorschriften entgegenstehen, die im bauaufsichtlichen Genehmigungsverfahren zu prüfen sind; die Bauaufsichtsbehörde darf den Bauantrag auch ablehnen, wenn das Bauvorhaben gegen sonstige öffentlich-rechtliche Vorschriften verstößt. [2] Die durch eine Umweltverträglichkeitsprüfung ermittelten, beschriebenen und bewerteten Umweltauswirkungen sind nach Maßgabe der hierfür geltenden Vorschriften zu berücksichtigen.

(2)[2)] [1] Betrifft ein Bauantrag die Errichtung oder Änderung eines Gebäudes, das ausschließlich oder überwiegend dem Wohnen dient, oder eine Nutzungsänderung, durch die Wohnraum geschaffen werden soll, und ist über diesen Bauantrag im vereinfachten Genehmigungsverfahren nach Art. 59 zu entscheiden, gilt Art. 42a BayVwVfG mit folgenden Maßgaben entsprechend:

1. Die Frist für die Entscheidung beginnt
   a) drei Wochen nach Zugang des Bauantrags oder
   b) drei Wochen nach Zugang der verlangten Unterlagen, wenn die Bauaufsichtsbehörde vor Fristbeginn eine Aufforderung nach Art. 65 Abs. 1 Satz 2 versandt hat.
2. Die Bescheinigung nach Art. 42a Abs. 3 BayVwVfG ist unverlangt und unverzüglich auszustellen; sie hat den Inhalt der Genehmigung wiederzugeben, eine Rechtsbehelfsbelehrung nach § 58 VwGO zu enthalten und ist dem Antragsteller, der Gemeinde sowie jedem Nachbarn zuzustellen, der dem Bauantrag nicht zugestimmt hat.

[2] Betrifft ein Bauantrag die Errichtung oder Änderung einer Mobilfunkanlage, gilt Satz 1 entsprechend. [3] Die Sätze 1 und 2 finden keine Anwendung, wenn der Antragsteller vor Ablauf der Entscheidungsfrist gegenüber der Bauaufsichtsbehörde in Textform auf den Eintritt der Genehmigungsfiktion verzichtet hat. [4] In den Fällen der Sätze 1 und 2 finden die Abs. 3 und 4 keine Anwendung.

---

[1)] Art. 68 Abs. 1 Satz 1 neu gef. mWv 1.8.2009 durch G v. 27.7.2009 (GVBl. S. 385); Abs. 2 Satz 2 geänd. mWv 1.8.2017 durch G v. 12.7.2017 (GVBl. S. 375); Abs. 5 Nr. 2 geänd. mWv 1.9.2018 durch G v. 10.7.2018 (GVBl. S. 523); Überschrift geänd., Abs. 2 eingef., bish. Abs. 2 wird Abs. 3 und Satz 1 geänd., Sätze 2 und 3 geänd., Satz 4 angef., bish. Abs. 3 und 4 werden Abs. 4 und 5, bish. Abs. 5 wird Abs. 6, Nr. 1 geänd., bish. Abs. 6 und 7 werden Abs. 7 und 8 mWv 1.2.2021 durch G v. 23.12. 2020 (GVBl. S. 663); Abs. 2 Satz 2 eingef., bish. Satz 2 wird Satz 3 und geänd., bish. Satz 3 wird Satz 4 und geänd. mWv 1.7.2023 durch G v. 23.6.2023 (GVBl. S. 250); Abs. 2 Satz 3 geänd. mWv 1.8.2024 durch G v. 23.7.2024 (GVBl. S. 257); Abs. 2 Satz 2 geänd. mWv 1.1.2025 durch G v. 23.12.2024 (GVBl. S. 605); Abs. 2 Satz 1 Nr. 1 Buchst. b geänd. mWv 1.1.2025 durch G v. 23.12.2024 (GVBl. S. 619).

[2)] Gemäß Art. 83 Abs. 7 gelten die Vorschriften des Art. 68 Abs. 2 zur Genehmigungsfiktion für ab dem 1. Mai 2021 eingereichte Bauanträge.

(3) [1]Die Baugenehmigung bedarf der Schriftform. [2]Sie ist nur insoweit zu begründen, als ohne Zustimmung des Nachbarn von nachbarschützenden Vorschriften abgewichen wird oder der Nachbar gegen das Bauvorhaben in Textform Einwendungen erhoben hat; Art. 39 Abs. 2 Nr. 2 BayVwVfG und Art. 66a Abs. 2 Satz 3 bleiben unberührt. [3]Sie ist mit einer Ausfertigung der mit einem Genehmigungsvermerk zu versehenden Bauvorlagen dem Antragsteller zuzustellen. [4]Die Gemeinde erhält die Baugenehmigung und die Bauvorlagen; hat sie dem Bauvorhaben nicht zugestimmt, ist die Baugenehmigung zuzustellen.

(4) Wird die Baugenehmigung unter Auflagen oder Bedingungen erteilt, kann eine Sicherheitsleistung verlangt werden.

(5) Die Baugenehmigung wird unbeschadet der privaten Rechte Dritter erteilt.

(6) Mit der Bauausführung oder mit der Ausführung des jeweiligen Bauabschnitts darf erst begonnen werden, wenn

1. die Baugenehmigung oder eine Bescheinigung gemäß Art. 42a Abs. 3 BayVwVfG dem Bauherrn zugegangen ist sowie
2. die Bescheinigungen nach Art. 62a Abs. 2 und Art. 62b Abs. 2 und
3. die Baubeginnsanzeige

der Bauaufsichtsbehörde vorliegen.

(7) [1]Vor Baubeginn müssen die Grundfläche der baulichen Anlage abgesteckt und ihre Höhenlage festgelegt sein. [2]Die Bauaufsichtsbehörde kann verlangen, dass Absteckung und Höhenlage von ihr abgenommen oder die Einhaltung der festgelegten Grundfläche und Höhenlage nachgewiesen wird. [3]Baugenehmigungen, Bauvorlagen, bautechnische Nachweise, soweit es sich nicht um Bauvorlagen handelt, sowie Bescheinigungen von Prüfsachverständigen müssen an der Baustelle von Baubeginn an vorliegen.

(8) Der Bauherr hat den Ausführungsbeginn genehmigungspflichtiger Bauvorhaben und die Wiederaufnahme der Bauarbeiten nach einer Unterbrechung von mehr als sechs Monaten mindestens eine Woche vorher der Bauaufsichtsbehörde schriftlich mitzuteilen (Baubeginnsanzeige).

**Art. 69[1)] Geltungsdauer der Baugenehmigung und der Teilbaugenehmigung.** (1) Sind in ihnen keine anderen Fristen bestimmt, erlöschen die Baugenehmigung und die Teilbaugenehmigung, wenn innerhalb von vier Jahren nach ihrer Erteilung mit der Ausführung des Bauvorhabens nicht begonnen oder die Bauausführung vier Jahre unterbrochen worden ist; die Einlegung eines Rechtsbehelfs hemmt den Lauf der Frist bis zur Unanfechtbarkeit der Genehmigung.

(2) [1]Die Frist nach Abs. 1 kann auf schriftlichen Antrag jeweils bis zu vier Jahre verlängert werden. [2]Sie kann auch rückwirkend verlängert werden, wenn der Antrag vor Fristablauf bei der Bauaufsichtsbehörde eingegangen ist.

**Art. 70[2)] Teilbaugenehmigung.** [1]Ist ein Bauantrag eingereicht, kann der Beginn der Bauarbeiten für die Baugrube und für einzelne Bauteile oder Bauabschnitte auf schriftlichen Antrag schon vor Erteilung der Baugenehmigung

---

[1)] Art. 69 Abs. 2 Satz 1 geänd. mWv 1.1.2025 durch G v. 23.12.2024 (GVBl. S. 619).

[2)] Art. 70 Satz 2 geänd. mWv 1.2.2021 durch G v. 23.12.2020 (GVBl. S. 663).

gestattet werden (Teilbaugenehmigung); eine Teilbaugenehmigung kann auch für die Errichtung einer baulichen Anlage unter Vorbehalt der künftigen Nutzung erteilt werden, wenn und soweit die Genehmigungsfähigkeit der baulichen Anlage nicht von deren künftiger Nutzung abhängt. [2] Art. 67 und 68 Abs. 1 und Abs. 3 bis 8 gelten entsprechend.

**Art. 71[1)] Vorbescheid.** [1] Vor Einreichung des Bauantrags ist auf Antrag des Bauherrn zu einzelnen Fragen des Bauvorhabens ein Vorbescheid zu erteilen. [2] Der Vorbescheid gilt vier Jahre, soweit in ihm keine andere Frist bestimmt ist. [3] Die Frist kann auf schriftlichen Antrag jeweils bis zu vier Jahre verlängert werden. [4] Art. 64 bis 67, Art. 68 Abs. 1 und Abs. 3 bis 5 sowie Art. 69 Abs. 2 Satz 2 gelten entsprechend; die Bauaufsichtsbehörde kann von der Anwendung des Art. 66 absehen, wenn der Bauherr dies beantragt.

**Art. 72[2)] Genehmigung fliegender Bauten.** (1) [1] Fliegende Bauten sind bauliche Anlagen, die geeignet und bestimmt sind, wiederholt an wechselnden Orten aufgestellt und zerlegt zu werden. [2] Baustelleneinrichtungen gelten nicht als fliegende Bauten.

(2) [1] Fliegende Bauten dürfen nur aufgestellt und in Gebrauch genommen werden, wenn vor ihrer erstmaligen Aufstellung oder Ingebrauchnahme eine Ausführungsgenehmigung erteilt worden ist. [2] Die Ausführungsgenehmigung wird für eine bestimmte Frist erteilt, die höchstens fünf Jahre betragen soll; sie kann auf schriftlichen Antrag von der für die Ausführungsgenehmigung zuständigen Behörde oder der nach Art. 80 Abs. 5 Nr. 7 bestimmten Stelle jeweils um bis zu fünf Jahre verlängert werden, wenn das der Inhaber vor Ablauf der Frist schriftlich beantragt. [3] Die Ausführungsgenehmigung kann vorschreiben, dass der fliegende Bau vor jeder Inbetriebnahme oder in bestimmten zeitlichen Abständen jeweils vor einer Inbetriebnahme von einem Sachverständigen abgenommen wird. [4] Ausführungsgenehmigungen anderer Länder der Bundesrepublik Deutschland gelten auch im Freistaat Bayern.

(3) Keiner Ausführungsgenehmigung bedürfen

1. fliegende Bauten bis zu 5 m Höhe, die nicht dazu bestimmt sind, von Besuchern betreten zu werden,
2. fliegende Bauten mit einer Höhe bis zu 5 m, die für Kinder betrieben werden und eine Geschwindigkeit von höchstens 1 m/s haben,
3. Bühnen, die fliegende Bauten sind, einschließlich Überdachungen und sonstigen Aufbauten mit einer Höhe bis zu 5 m, einer Grundfläche bis zu 100 $m^2$ und einer Fußbodenhöhe bis zu 1,50 m,
4. erdgeschossige Zelte und betretbare Verkaufsstände, die fliegende Bauten sind, jeweils mit einer Grundfläche bis zu 200 $m^2$ und einer Achsbreite von nicht mehr als 10 m,

---

[1)] Art. 71 Satz 4 geänd. mWv 1.2.2021 durch G v. 23.12.2020 (GVBl. S. 663); Sätze 2 und 3 geänd. mWv 1.1.2025 durch G v. 23.12.2024 (GVBl. S. 619).

[2)] Art. 72 Abs. 1 Satz 2 aufgeh., bish. Satz 3 wird Satz 2 mWv 1.8.2009 durch G v. 27.7.2009 (GVBl. S. 385); Abs. 3 Nr. 4 neu gef., Nr. 5 eingef., bish. Nr. 5 wird Nr. 6 mWv 1.1.2013 durch G v. 11.12.2012 (GVBl. S. 633); Abs. 2 Satz 2 geänd. mWv 1.3.2023 durch G v. 10.2.2023 (GVBl. S. 22); Abs. 3 Nr. 4 und 6 geänd., Nr. 7 angef., Abs. 4 eingef., bish. Abs. 4 wird Abs. 5 und Satz 1 neu gef., bish. Abs. 5 wird Abs. 6, bish. Abs. 6 wird Abs. 7 und Satz 1 geänd. mWv 1.1.2025 durch G v. 23.12.2024 (GVBl. S. 605).

5. aufblasbare Spielgeräte mit einer Höhe des betretbaren Bereichs von bis zu 5 m oder mit überdachten Bereichen, bei denen die Entfernung zum Ausgang nicht mehr als 3 m, oder, sofern ein Absinken der Überdachung konstruktiv verhindert wird, nicht mehr als 10 m, beträgt,
6. Toilettenwagen,
7. Tribünen und Podien ohne Überdachung mit einer Grundfläche bis zu 200 $m^2$ und einer Höhe der betretbaren Fläche bis zu 1 m.

(4) Für erdgeschossige Zelte, betretbare Verkaufsstände, Tribünen und Podien ohne Überdachung, die nach Abs. 3 Nr. 4 und 7 keiner Ausführungsgenehmigung bedürfen, kann auf Antrag eine Ausführungsgenehmigung erteilt werden.

(5) [1] Für jeden fliegenden Bau, für den eine Ausführungsgenehmigung erteilt wird, ist ein Prüfbuch anzulegen. [2] Wird die Aufstellung oder der Gebrauch des fliegenden Baus wegen Mängeln untersagt, die eine Versagung der Ausführungsgenehmigung rechtfertigen würden, ist das Prüfbuch einzuziehen und der für die Ausführungsgenehmigung zuständigen Behörde oder Stelle zuzuleiten. [3] In das Prüfbuch sind einzutragen

1. die Erteilung der Ausführungsgenehmigung und deren Verlängerungen unter Beifügung einer mit einem Genehmigungsvermerk versehenen Ausfertigung der Bauvorlagen,
2. die Übertragung des fliegenden Baus an Dritte,
3. die Änderung der für die Ausführungsgenehmigung zuständigen Behörde oder Stelle,
4. Durchführung und Ergebnisse bauaufsichtlicher Überprüfungen und Abnahmen,
5. die Einziehung des Prüfbuchs nach Satz 2.

[4] Umstände, die zu Eintragungen nach Nrn. 2 und 3 führen, hat der Inhaber der Ausführungsgenehmigung der dafür zuletzt zuständigen Behörde oder Stelle unverzüglich anzuzeigen.

(6) [1] Die beabsichtigte Aufstellung genehmigungspflichtiger fliegender Bauten ist der Bauaufsichtsbehörde mindestens eine Woche zuvor unter Vorlage des Prüfbuchs anzuzeigen, es sei denn, dass dies nach der Ausführungsgenehmigung nicht erforderlich ist. [2] Genehmigungsbedürftige fliegende Bauten dürfen nur in Betrieb genommen werden, wenn

1. sie von der Bauaufsichtsbehörde abgenommen worden sind (Gebrauchsabnahme), es sei denn, dass dies nach der Ausführungsgenehmigung nicht erforderlich ist oder die Bauaufsichtsbehörde im Einzelfall darauf verzichtet, und
2. in der Ausführungsgenehmigung vorgeschriebene Abnahmen durch Sachverständige nach Abs. 2 Satz 3 vorgenommen worden sind.

(7) [1] Auf fliegende Bauten, die der Landesverteidigung oder dem Katastrophenschutz dienen, finden die Abs. 1 bis 6 und Art. 73 keine Anwendung. [2] Sie bedürfen auch keiner Baugenehmigung.

**Art. 73[1)] Bauaufsichtliche Zustimmung.** (1) [1] Nicht verfahrensfreie Bauvorhaben bedürfen keiner Baugenehmigung, Genehmigungsfreistellung, Anzeige und Bauüberwachung (Art. 57 Abs. 5, Art. 58, 68, 77 und 78), wenn

1. die Leitung der Entwurfsarbeiten und die Bauüberwachung einer Baudienststelle des Bundes, eines Landes oder eines Bezirks übertragen sind und
2. die Baudienststelle mindestens mit einem Bediensteten, der für ein Amt ab der Besoldungsgruppe A 14 in der Fachlaufbahn Naturwissenschaft und Technik, fachlicher Schwerpunkt bautechnischer und umweltfachlicher Verwaltungsdienst, qualifiziert ist, und mit sonstigen geeigneten Fachkräften ausreichend besetzt

ist. [2] Solche Bauvorhaben bedürfen der Zustimmung der Regierung (Zustimmungsverfahren). [3] Die Zustimmung der Regierung entfällt, wenn

1. die Gemeinde nicht widerspricht,
2. die Nachbarn dem Bauvorhaben zustimmen und
3. keine Öffentlichkeitsbeteiligung nach Art. 66a Abs. 2 vorgeschrieben ist.

[4] Keiner Baugenehmigung, Genehmigungsfreistellung oder Zustimmung bedürfen unter den Voraussetzungen des Satzes 1 Baumaßnahmen in oder an bestehenden Gebäuden, soweit sie nicht zur Erweiterung des Bauvolumens oder zu einer der Genehmigungspflicht unterliegenden Nutzungsänderung führen.

(2) [1] Der Antrag auf Zustimmung ist bei der Regierung einzureichen. [2] Die Regierung prüft

1. die Übereinstimmung des Bauvorhabens mit den Vorschriften über die Zulässigkeit der baulichen Anlagen nach den §§ 29 bis 38 BauGB und den Regelungen örtlicher Bauvorschriften im Sinn des Art. 81 Abs. 1 sowie
2. andere öffentlich-rechtliche Anforderungen, soweit wegen der Zustimmung eine Entscheidung nach anderen öffentlich-rechtlichen Vorschriften entfällt, ersetzt oder eingeschlossen wird.

[3] Sie führt eine Öffentlichkeitsbeteiligung nach Art. 66a Abs. 2 durch. [4] Die Regierung entscheidet über Abweichungen von den nach Satz 2 zu prüfenden sowie sonstigen Vorschriften, soweit sie drittschützend sind; darüber hinaus bedarf die Zulässigkeit von Ausnahmen, Befreiungen und Abweichungen keiner bauaufsichtlichen Entscheidung. [5] Die Gemeinde ist vor Erteilung der Zustimmung zu hören; § 36 Abs. 2 Satz 2 Halbsatz 1 BauGB gilt entsprechend. [6] Im Übrigen sind die Vorschriften über das Genehmigungsverfahren entsprechend anzuwenden.

(3) [1] Die Baudienststelle trägt die Verantwortung dafür, dass die Errichtung, die Änderung, die Nutzungsänderung und die Beseitigung baulicher Anlagen den öffentlich-rechtlichen Vorschriften entsprechen; die Verantwortung für die Unterhaltung baulicher Anlagen trägt die Baudienststelle nur, wenn und solang sie der für die Anlage Verantwortliche ausschließlich ihr überträgt. [2] Die Bau-

---

[1)] Art. 73 Abs. 1 Satz 1 einl. Satzteil, Nr. 1 und Abs. 5 Satz 1 geänd. mWv 1.8.2009 durch G v. 27.7.2009 (GVBl. S. 385); Abs. 1 Satz 1 Nr. 2 und Abs. 5 Satz 1 geänd. mWv 1.1.2012 durch G v. 20.12.2011 (GVBl. S. 689); Abs. 4 Satz 1 geänd., Halbs. 2 angef. mWv 1.1.2013 durch G v. 11.12. 2012 (GVBl. S. 633); Abs. 1 Satz 3 neu gef., Abs. 2 Satz 3 eingef., bish. Sätze 3–5 werden Sätze 4–6 mWv 1.8.2017 durch G v. 12.7.2017 (GVBl. S. 375); Abs. 3 Satz 2 geänd. mWv 1.9.2018 durch G v. 10.7.2018 (GVBl. S. 523); Abs. 5 Satz 1 geänd. mWv 1.3.2023 durch G v. 10.2.2023 (GVBl. S. 22).

dienststelle kann Sachverständige in entsprechender Anwendung der Art. 62a Abs. 2, Art. 62b Abs. 2 und Art. 77 Abs. 2 sowie der auf Grund des Art. 80 Abs. 2 erlassenen Rechtsverordnung heranziehen. [3]Die Verantwortung des Unternehmers (Art. 52) bleibt unberührt.

(4) [1]Bauvorhaben, die der Landesverteidigung, dienstlichen Zwecken der Bundespolizei oder dem zivilen Bevölkerungsschutz dienen, sind vor Baubeginn mit Bauvorlagen in dem erforderlichen Umfang der Regierung zur Kenntnis zu bringen; Abs. 1 Satz 3 gilt entsprechend. [2]Im Übrigen wirken die Bauaufsichtsbehörden nicht mit.

(5) [1]Für nicht verfahrensfreie Bauvorhaben der Landkreise und Gemeinden gelten die Abs. 1 Satz 2 bis 4 sowie die Abs. 2 und 3 entsprechend, soweit der Landkreis oder die Gemeinde mindestens mit einem Bediensteten, der für ein Amt ab der Besoldungsgruppe A 14 in der Fachlaufbahn Naturwissenschaft und Technik, fachlicher Schwerpunkt bautechnischer und umweltfachlicher Verwaltungsdienst, qualifiziert ist, und mit sonstigen geeigneten Fachkräften ausreichend besetzt ist und diesen Bediensteten die Leitung der Entwurfsarbeiten und die Bauüberwachung übertragen sind. [2]An Stelle der Regierung ist die untere Bauaufsichtsbehörde zuständig.

**Art. 73a[1]) Typengenehmigung.** (1) [1]Für bauliche Anlagen, die mehrfach in derselben Ausführung errichtet werden sollen, erteilt die oberste Bauaufsichtsbehörde eine allgemeine bautechnische Genehmigung (Typengenehmigung), wenn diese den Anforderungen dieses Gesetzes entsprechen. [2]Für bauliche Anlagen, die in unterschiedlicher Ausführung, aber nach einem bestimmten System aus Bauteilen errichtet werden sollen, gilt Satz 1 mit der Maßgabe entsprechend, dass die Zulässigkeit der Veränderbarkeit festgelegt wird.

(2) [1]Regelt die Typengenehmigung Anforderungen an die Standsicherheit, den Brand-, Schall- und Erschütterungsschutz und stellt sie fest, welche dieser Anforderungen eingehalten sind, gilt sie insoweit als bautechnischer Nachweis im Sinn von Art. 62 bis 62b. [2]Art. 81a Abs. 1 Satz 2 gilt mit der Maßgabe entsprechend, dass Art. 15 Abs. 2 und Art. 17 keine Anwendung finden. [3]Art. 63 gilt entsprechend.

(3) [1]Der Antrag ist schriftlich bei der obersten Bauaufsichtsbehörde einzureichen. [2]Die Typengenehmigung bedarf der Schriftform.

(4) Vergleichbare Typengenehmigungen anderer Länder gelten auch im Freistaat Bayern.

(5) Eine Typengenehmigung entbindet nicht von der Verfahrenspflicht nach Art. 58 bis 60.

(6) Für typengenehmigte Gebäude finden Satzungen nach Art. 81 Abs. 1 Nr. 1 keine Anwendung.

## Abschnitt IV. Bauaufsichtliche Maßnahmen

**Art. 74[2]) Verbot unrechtmäßig gekennzeichneter Bauprodukte.** Sind Bauprodukte entgegen Art. 21 mit dem Ü-Zeichen gekennzeichnet, kann die

---

[1]) Art. 73a eingef. mWv 1.2.2021 durch G v. 23.12.2020 (GVBl. S. 663); Abs. 3 Sätze 3 und 4 aufgeh., Abs. 6 angef. mWv 1.1.2025 durch G v. 23.12.2024 (GVBl. S. 605).

[2]) Art. 74 geänd. mWv 1.9.2018 durch G v. 10.7.2018 (GVBl. S. 523).

Bauaufsichtsbehörde die Verwendung dieser Bauprodukte untersagen und deren Kennzeichnung entwerten oder beseitigen lassen.

**Art. 75[1)] Einstellung von Arbeiten.** (1) [1] Werden Anlagen im Widerspruch zu öffentlich-rechtlichen Vorschriften errichtet, geändert oder beseitigt, kann die Bauaufsichtsbehörde die Einstellung der Arbeiten anordnen. [2] Das gilt auch dann, wenn

1. die Ausführung eines Bauvorhabens entgegen den Vorschriften des Art. 68 Abs. 6 begonnen wurde oder
2. bei der Ausführung
   a) eines genehmigungsbedürftigen Bauvorhabens von den genehmigten Bauvorlagen,
   b) eines genehmigungsfreigestellten Bauvorhabens von den eingereichten Unterlagen

   abgewichen wird,
3. Bauprodukte verwendet werden, die entgegen der Verordnung (EU) Nr. 305/2011 keine CE-Kennzeichnung oder entgegen Art. 21 kein Ü-Zeichen tragen,
4. Bauprodukte verwendet werden, die unberechtigt mit der CE-Kennzeichnung oder entgegen Art. 21 Abs. 2 Satz 2 dem Ü-Zeichen gekennzeichnet sind.

(2) Werden unzulässige Arbeiten trotz einer verfügten Einstellung fortgesetzt, kann die Bauaufsichtsbehörde die Baustelle versiegeln oder die an der Baustelle vorhandenen Bauprodukte, Geräte, Maschinen und Bauhilfsmittel in amtlichen Gewahrsam bringen.

**Art. 76 Beseitigung von Anlagen, Nutzungsuntersagung.** [1] Werden Anlagen im Widerspruch zu öffentlich-rechtlichen Vorschriften errichtet oder geändert, so kann die Bauaufsichtsbehörde die teilweise oder vollständige Beseitigung der Anlagen anordnen, wenn nicht auf andere Weise rechtmäßige Zustände hergestellt werden können. [2] Werden Anlagen im Widerspruch zu öffentlich-rechtlichen Vorschriften genutzt, so kann diese Nutzung untersagt werden. [3] Die Bauaufsichtsbehörde kann verlangen, dass ein Bauantrag gestellt wird.

## Abschnitt V. Bauüberwachung

**Art. 77[2)] Bauüberwachung.** (1) Die Bauaufsichtsbehörde kann die Einhaltung der öffentlich-rechtlichen Vorschriften und Anforderungen und die ordnungsgemäße Erfüllung der Pflichten der am Bau Beteiligten überprüfen.

(2) [1] Die Bauaufsichtsbehörde sowie nach Maßgabe der Rechtsverordnung gemäß Art. 80 Abs. 2 der Prüfingenieur, das Prüfamt oder der Prüfsachverständige überwachen die Bauausführung bei baulichen Anlagen

---

[1)] Art. 75 Abs. 1 Satz 2 Nr. 3 und 4 geänd. mWv 1.9.2018 durch G v. 10.7.2018 (GVBl. S. 523); Abs. 1 Satz 2 Nr. 1 und Abs. 2 geänd. mWv 1.2.2021 durch G v. 23.12.2020 (GVBl. S. 663).

[2)] Art. 77 Abs. 2 Satz 1 einl. Satzteil neu gef., Satz 2 geänd., Abs. 3 neu gef. mWv 1.8.2009 durch G v. 27.7.2009 (GVBl. S. 385); Abs. 2 Satz 1 Nr. 1 und 2 sowie Satz 2 geänd., Abs. 3 Satz 1 neu gef., Abs. 5 geänd., Abs. 6 angef. mWv 1.9.2018 durch G v. 10.7.2018 (GVBl. S. 523); Abs. 2 Satz 2 geänd. mWv 1.2.2021 durch G v. 23.12.2020 (GVBl. S. 663).

1. nach Art. 62a Abs. 2 hinsichtlich des von ihr oder ihm geprüften oder bescheinigten Standsicherheitsnachweises,
2. nach Art. 62b Abs. 2 hinsichtlich des von ihr oder ihm geprüften oder bescheinigten Brandschutznachweises.

[2]Bei Gebäuden der Gebäudeklasse 4, ausgenommen Sonderbauten sowie Mittel- und Großgaragen im Sinn der Rechtsverordnung nach Art. 80 Abs. 1 Satz 1 Nr. 3, ist die mit dem Brandschutznachweis übereinstimmende Bauausführung vom Nachweisersteller oder einem anderen Nachweisberechtigten im Sinn des Art. 62b Abs. 1 zu bestätigen. [3]Wird die Bauausführung durch einen Prüfsachverständigen bescheinigt oder nach Satz 2 bestätigt, gelten insoweit die jeweiligen bauaufsichtlichen Anforderungen als eingehalten.

(3) [1]Bei nicht oder nur zum vorübergehenden Aufenthalt einzelner Personen bestimmten oberirdischen eingeschossigen Gebäuden im Sinn des Art. 62a Abs. 2 Satz 3 Nr. 1 ist der Ersteller des Standsicherheitsnachweises nach Art. 62a Abs. 1 auch für die Einhaltung der bauaufsichtlichen Anforderungen an die Standsicherheit bei der Bauausführung verantwortlich; benennt der Bauherr der Bauaufsichtsbehörde einen anderen Tragwerksplaner im Sinn des Art. 62a Abs. 1, ist dieser verantwortlich. [2]Ein verantwortlicher Tragwerkplaner im Sinn des Satzes 1 ist nicht erforderlich bei land- oder forstwirtschaftlichen Betriebsgebäuden und gewerblichen Lagergebäuden mit freien Stützweiten von nicht mehr als 12 m und

1. nicht mehr als 500 $m^2$ oder
2. nicht mehr als 1600 $m^2$, wenn sie statisch einfach sind.

(4) Im Rahmen der Bauüberwachung können Proben von Bauprodukten, soweit erforderlich, auch aus fertigen Bauteilen zu Prüfzwecken entnommen werden.

(5) Im Rahmen der Bauüberwachung ist jederzeit Einblick in die Genehmigungen, Zulassungen, Prüfzeugnisse, Übereinstimmungszertifikate, Zeugnisse und Aufzeichnungen über die Prüfungen von Bauprodukten, in die CE-Kennzeichnungen und Leistungserklärungen nach der Verordnung (EU) Nr. 305/2011, in die Bautagebücher und andere vorgeschriebene Aufzeichnungen zu gewähren.

(6) Rechtsverstöße gegen die Verordnung (EU) Nr. 305/2011 sollen die Bauaufsichtsbehörde oder der Prüfsachverständige der für die Marktüberwachung zuständigen Stelle mitteilen.

**Art. 78[1)] Bauzustandsanzeigen, Aufnahme der Nutzung.** (1) [1]Die Bauaufsichtsbehörde, der Prüfingenieur, das Prüfamt oder der Prüfsachverständige kann verlangen, dass ihm Beginn und Beendigung bestimmter Bauarbeiten angezeigt werden. [2]Die Bauarbeiten dürfen erst fortgesetzt werden, wenn die Bauaufsichtsbehörde, der Prüfingenieur, das Prüfamt oder der Prüfsachverständige der Fortführung der Bauarbeiten zugestimmt hat.

(2) [1]Der Bauherr hat die beabsichtigte Aufnahme der Nutzung einer nicht verfahrensfreien baulichen Anlage mindestens zwei Wochen vorher der Bauaufsichtsbehörde anzuzeigen. [2]Mit der Anzeige nach Satz 1 sind vorzulegen

---

[1)] Art. 78 Abs. 3 Halbs. 1 geänd. mWv 1.1.2013 durch G v. 11.12.2012 (GVBl. S. 633); Abs. 2 Satz 2 Nr. 1 und 2 sowie Abs. 3 geänd. mWv 1.9.2018 durch G v. 10.7.2018 (GVBl. S. 523).

1. bei Bauvorhaben nach Art. 62a Abs. 2 Satz 1 eine Bescheinigung des Prüfsachverständigen über die ordnungsgemäße Bauausführung hinsichtlich der Standsicherheit,
2. bei Bauvorhaben nach Art. 62b Abs. 2 Satz 1 eine Bescheinigung des Prüfsachverständigen über die ordnungsgemäße Bauausführung hinsichtlich des Brandschutzes (Art. 77 Abs. 2 Satz 1), soweit kein Fall des Art. 62b Abs. 2 Satz 1 Alternative 2 vorliegt,
3. in den Fällen des Art. 77 Abs. 2 Satz 2 die jeweilige Bestätigung.

[3] Eine bauliche Anlage darf erst benutzt werden, wenn sie selbst, Zufahrtswege, Wasserversorgungs- und Abwasserentsorgungs- sowie Gemeinschaftsanlagen in dem erforderlichen Umfang sicher benutzbar sind, nicht jedoch vor dem in Satz 1 bezeichneten Zeitpunkt.

(3) Feuerstätten dürfen erst in Betrieb genommen werden, wenn der bevollmächtigte Bezirksschornsteinfeger die Tauglichkeit und die sichere Benutzbarkeit der Abgasanlagen bescheinigt hat; ortsfeste Verbrennungsmotoren und Blockheizkraftwerke dürfen erst dann in Betrieb genommen werden, wenn er die Tauglichkeit und sichere Benutzbarkeit der Leitungen zur Abführung von Verbrennungsgasen bescheinigt hat.

## Sechster Teil. Ordnungswidrigkeiten, Rechtsvorschriften

**Art. 79[1)] Ordnungswidrigkeiten.** (1) [1] Mit Geldbuße bis zu fünfhunderttausend Euro kann belegt werden, wer vorsätzlich oder fahrlässig

1. einem Gebot oder Verbot einer Rechtsverordnung nach Art. 80 Abs. 1 bis 4 oder Art. 80a oder einer Satzung nach Art. 81 Abs. 1 oder einer vollziehbaren Anordnung der Bauaufsichtsbehörde auf Grund einer solchen Rechtsverordnung oder Satzung zuwiderhandelt, sofern die Rechtsverordnung oder die Satzung für einen bestimmten Tatbestand auf diese Bußgeldvorschrift verweist,
2. einer vollziehbaren schriftlichen Anordnung der Bauaufsichtsbehörde auf Grund dieses Gesetzes zuwiderhandelt,
3. entgegen Art. 9 Abs. 1 eine Baustelle nicht ordnungsgemäß einrichtet, entgegen Art. 9 Abs. 2 Verkehrsflächen, Versorgungs-, Abwasserbeseitigungs- oder Meldeanlagen, Grundwassermessstellen, Vermessungszeichen, Abmarkungszeichen oder Grenzzeichen nicht schützt oder zugänglich hält oder entgegen Art. 9 Abs. 3 ein Schild nicht oder nicht ordnungsgemäß anbringt,
4. Bauprodukte entgegen Art. 21 Abs. 2 Satz 1 ohne Ü-Zeichen verwendet,
5. Bauarten entgegen Art. 15 Abs. 2 Satz 1 ohne Bauartgenehmigung oder entgegen Art. 15 Abs. 3 Satz 1 ohne allgemeines bauaufsichtliches Prüfzeugnis für Bauarten anwendet,

---

[1)] Art. 79 Abs. 2 Nr. 2 eingef., bish. Nr. 2 und 3 wird Nr. 3 und 4 mWv 1.8.2009 durch G v. 27.7. 2009 (GVBl. S. 385); Abs. 1 Satz 1 Nr. 11 geänd. mWv 1.8.2017 durch G v. 12.7.2017 (GVBl. S. 375); Abs. 1 Satz 1 Nr. 4 geänd., Nr. 5 neu gef., Nr. 6 und 13 sowie Abs. 2 Nr. 2 und 3 geänd. mWv 1.9. 2018 durch G v. 10.7.2018 (GVBl. S. 523); Abs. 1 Satz 1 Nr. 1, 9, 11, 12 und Abs. 2 Nr. 1 und 2 geänd. mWv 1.2.2021 durch G v. 23.12.2020 (GVBl. S. 663); Abs. 1 Satz 1 Nr. 9 und Satz 2 geänd. mWv 1.3.2023 durch G v. 10.2.2023 (GVBl. S. 22); Abs. 1 Satz 1 Nr. 13 geänd., Nr. 14 angef. mWv 1.1.2025 durch G v. 23.12.2024 (GVBl. S. 605).

6. entgegen Art. 21 Abs. 2 Satz 2 ein Ü-Zeichen nicht oder nicht ordnungsgemäß anbringt,
7. als Verfügungsberechtigter entgegen Art. 5 Abs. 2 Satz 1 Halbsatz 2 Zu- oder Durchfahrten, Aufstellflächen oder Bewegungsflächen nicht frei hält,
8. entgegen Art. 55 Abs. 1, Art. 63 Abs. 1 Satz 1 oder Art. 70 bauliche Anlagen errichtet, ändert oder benutzt oder entgegen Art. 57 Abs. 5 Satz 2 eine Beseitigung nicht oder nicht rechtzeitig anzeigt,
9. entgegen Art. 58 Abs. 3 Satz 5 und 6, auch in Verbindung mit Satz 7, mit der Ausführung eines Bauvorhabens beginnt,
10. entgegen Art. 72 Abs. 2 Satz 1 fliegende Bauten aufstellt oder einer nach Art. 72 Abs. 2 Satz 3 mit einer Ausführungsgenehmigung verbundenen vollziehbaren Auflage zuwiderhandelt oder entgegen Art. 72 Abs. 5 Satz 1 die Aufstellung eines fliegenden Baus nicht oder nicht rechtzeitig anzeigt oder entgegen Art. 72 Abs. 5 Satz 2 einen fliegenden Bau in Gebrauch nimmt,
11. entgegen Art. 68 Abs. 6, auch in Verbindung mit Art. 57 Abs. 5 Satz 5, mit der Bauausführung, der Ausführung eines Bauabschnitts oder der Beseitigung einer Anlage beginnt, entgegen Art. 78 Abs. 1 Bauarbeiten fortsetzt, entgegen Art. 78 Abs. 2 Satz 1 in Verbindung mit Satz 2 die Aufnahme der Nutzung nicht, nicht rechtzeitig oder nicht richtig anzeigt oder entgegen Art. 78 Abs. 3 Feuerstätten, Verbrennungsmotoren oder Blockheizkraftwerke in Betrieb nimmt,
12. entgegen Art. 68 Abs. 8 den Ausführungsbeginn oder die Wiederaufnahme der Bauarbeiten nicht oder nicht rechtzeitig mitteilt,
13. entgegen Art. 50 Abs. 1 Satz 1 keine geeigneten Beteiligten bestellt oder entgegen Art. 50 Abs. 1 Satz 5 eine Mitteilung nicht oder nicht rechtzeitig erstattet oder entgegen Art. 50 Abs. 1 Satz 4 oder entgegen Art. 52 Abs. 1 Satz 2 und 3 die erforderlichen Nachweise und Unterlagen nicht bereithält,
14. entgegen Art. 57 Abs. 7 einen Dachgeschossausbau im Sinne von Art. 57 Abs. 1 Nr. 18 oder eine Nutzungsänderung nach Art. 57 Abs. 4 Nr. 1 nicht oder nicht rechtzeitig anzeigt.

[2] Ist eine Ordnungswidrigkeit nach Satz 1 Nr. 9 bis 11 begangen worden, können Gegenstände, auf die sich die Ordnungswidrigkeit bezieht, eingezogen werden; § 23 des Gesetzes über Ordnungswidrigkeiten (OWiG) ist anzuwenden.

(2) Mit einer Geldbuße bis zu fünfhunderttausend Euro belegt werden kann ferner, wer

1. vorsätzlich oder fahrlässig unrichtige Angaben macht oder unrichtige Pläne oder Unterlagen vorlegt, um einen nach diesem Gesetz vorgesehenen Verwaltungsakt zu erwirken oder zu verhindern,
2. vorsätzlich oder fahrlässig unrichtige Angaben in dem Kriterienkatalog nach Art. 62a Abs. 2 Satz 1 macht,
3. ohne dazu berechtigt zu sein, bautechnische Nachweise im Sinn des Art. 57 Abs. 5 Satz 3, des Art. 62 Abs. 1 Satz 1 oder des Art. 78 Abs. 2 Satz 2 erstellt, bescheinigt oder bestätigt,
4. als Prüfsachverständiger unrichtige Bescheinigungen über die Einhaltung bauordnungsrechtlicher Anforderungen ausstellt.

**Art. 80[1)] Rechtsverordnungen.** (1) [1]Zur Verwirklichung der in Art. 3 Satz 1, Art. 15 Abs. 1 und Art. 16 Abs. 2 Satz 1 bezeichneten Anforderungen wird das Staatsministerium für Wohnen, Bau und Verkehr ermächtigt, durch Rechtsverordnung Vorschriften zu erlassen über

1. die nähere Bestimmung allgemeiner Anforderungen der Art. 4 bis 46,
2. Anforderungen an Feuerungsanlagen (Art. 40),
3. Anforderungen an Garagen (Art. 2 Abs. 8),
4. besondere Anforderungen oder Erleichterungen, die sich aus der besonderen Art oder Nutzung der baulichen Anlagen für Errichtung, Änderung, Unterhaltung, Betrieb und Nutzung ergeben (Art. 2 Abs. 4), sowie über die Anwendung solcher Anforderungen auf bestehende bauliche Anlagen dieser Art,
5. Erst-, Wiederholungs- und Nachprüfung von Anlagen, die zur Verhütung erheblicher Gefahren oder Nachteile ständig ordnungsgemäß unterhalten werden müssen, und die Erstreckung dieser Nachprüfungspflicht auf bestehende Anlagen,
6. die Anwesenheit fachkundiger Personen beim Betrieb technisch schwieriger baulicher Anlagen und Einrichtungen wie Bühnenbetriebe und technisch schwierige fliegende Bauten einschließlich des Nachweises der Befähigung dieser Personen.

[2]In diesen Rechtsverordnungen kann wegen der technischen Anforderungen auf Bekanntmachungen besonders sachverständiger Stellen mit Angabe der Fundstelle verwiesen werden.

(2) [1]Das Staatsministerium für Wohnen, Bau und Verkehr wird ermächtigt, durch Rechtsverordnung Vorschriften zu erlassen über

1. Prüfingenieure und Prüfämter, denen bauaufsichtliche Prüfaufgaben einschließlich der Bauüberwachung und der Bauzustandsbesichtigung übertragen werden, sowie
2. Prüfsachverständige, die im Auftrag des Bauherrn oder des sonstigen nach Bauordnungsrecht Verantwortlichen die Einhaltung bauordnungsrechtlicher Anforderungen prüfen und bescheinigen.

[2]Die Rechtsverordnungen nach Satz 1 regeln, soweit erforderlich,

1. die Fachbereiche und die Fachrichtungen, in denen Prüfingenieure, Prüfämter und Prüfsachverständige tätig werden,
2. die Anerkennungsvoraussetzungen und das Anerkennungsverfahren,
3. Erlöschen, Rücknahme und Widerruf der Anerkennung einschließlich der Festlegung einer Altersgrenze,

---

[1)] Art. 80 Abs. 5 Nr. 2 geänd. mWv 1.7.2013, Abs. 6 Sätze 1 und 3 geänd., Abs. 7 Satz 1 Nr. 3 neu gef., Satz 2 geänd. mWv 1.1.2013 durch G v. 11.12.2012 (GVBl. S. 633); Abs. 1 Satz 1 einl. Satzteil, Abs. 2 Satz 1 einl. Satzteil, Satz 3 einl. Satzteil, Abs. 3 Satz 1, Abs. 4 Satz 1 einl. Satzteil, Abs. 5 einl. Satzteil, Abs. 6 Satz 1 und Abs. 7 Satz 1 einl. Satzteil geänd. mWv 30.8.2014 durch V v. 22.7.2014 (GVBl. S. 286); Abs. 1 Satz 1 einl. Satzteil, Abs. 2 Satz 3 Nr. 3, Abs. 3 Satz 1, Abs. 5 Nr. 1, 2 und 4 geänd., Abs. 5 Nr. 5 und 6 eingef., bish. Nr. 5 wird Nr. 7, Abs. 7 Satz 1 Nr. 3 neu gef. mWv 1.9.2018 durch G v. 10.7.2018 (GVBl. S. 523); Abs. 1 Satz 1 einl. Satzteil, Abs. 2 Satz 1 einl. Satzteil, Satz 3 einl. Satzteil, Abs. 3 Satz 1, Abs. 4 Satz 1 einl. Satzteil, Abs. 5 einl. Satzteil, Abs. 6 Satz 1 und Abs. 7 Satz 1 einl. Satzteil geänd. mWv 1.5.2019 durch V v. 26.3.2019 (GVBl. S. 98); Abs. 6 Satz 2 geänd. mWv 1.2.2021 durch G v. 23.12.2020 (GVBl. S. 663); Abs. 5 Nr. 6 geänd., Abs. 7 Satz 1 Nr. 3 neu gef. mWv 1.3.2023 durch G v. 10.2.2023 (GVBl. S. 22).

4. die Aufgabenerledigung,
5. die Vergütung.

[3] Das Staatsministerium für Wohnen, Bau und Verkehr kann durch Rechtsverordnung ferner

1. den Leitern und stellvertretenden Leitern von Prüfämtern die Stellung eines Prüfsachverständigen nach Satz 1 Nr. 2 zuweisen,
2. soweit für bestimmte Fachbereiche und Fachrichtungen Prüfsachverständige nach Satz 1 Nr. 2 noch nicht in ausreichendem Umfang anerkannt sind, anordnen, dass die von solchen Prüfsachverständigen zu prüfenden und zu bescheinigenden bauordnungsrechtlichen Anforderungen bauaufsichtlich geprüft werden können,
3. soweit Tragwerksplaner oder Brandschutzplaner nach Art. 62 Abs. 3 noch nicht in ausreichendem Umfang eingetragen sind, anordnen, dass die Standsicherheits- oder Brandschutznachweise bauaufsichtlich geprüft werden und die Bauausführung bauaufsichtlich überwacht wird.

(3) [1] Das Staatsministerium für Wohnen, Bau und Verkehr wird ermächtigt, durch Rechtsverordnung Vorschriften für eine Zusatzqualifikation im Sinn des Art. 62a Abs. 1 zu erlassen, die bezogen auf die Bauvorhaben nach Art. 61 Abs. 3 Satz 1 ausreichende Kenntnisse und Fertigkeiten hinsichtlich Standsicherheit, Schall-, Wärme- und baulichen Brandschutz sicherstellen. [2] Dabei können insbesondere geregelt werden

1. die Notwendigkeit einer staatlichen Anerkennung, die die erfolgreiche Ablegung der Prüfung voraussetzt,
2. die Voraussetzungen, die Inhalte und das Verfahren für diese Prüfung,
3. das Verfahren sowie die Voraussetzungen der Anerkennung, ihren Widerruf, ihre Rücknahme und ihr Erlöschen,
4. Weiter- und Fortbildungserfordernisse sowie
5. die Maßnahmen bei Pflichtverletzungen.

(4) [1] Das Staatsministerium für Wohnen, Bau und Verkehr wird ermächtigt, durch Rechtsverordnung Vorschriften zu erlassen über

1. Umfang, Inhalt und Zahl der erforderlichen Unterlagen einschließlich der Vorlagen bei der Anzeige der beabsichtigten Beseitigung von Anlagen nach Art. 57 Abs. 5 Satz 2 und bei der Genehmigungsfreistellung nach Art. 58,
2. die erforderlichen Anträge, Anzeigen, Nachweise, Bescheinigungen und Bestätigungen, auch bei verfahrensfreien Bauvorhaben,
3. das Verfahren im Einzelnen.

[2] Es kann dabei für verschiedene Arten von Bauvorhaben unterschiedliche Anforderungen und Verfahren festlegen.

(5) Das Staatsministerium für Wohnen, Bau und Verkehr wird ermächtigt, durch Rechtsverordnung

1. die Zuständigkeit für die vorhabenbezogene Bauartgenehmigung nach Art. 15 Abs. 2 Satz 1 Nr. 2 und den Verzicht darauf nach Art. 15 Abs. 4 sowie die Zustimmung im Einzelfall nach Art. 20 auf ihm unmittelbar nachgeordnete Behörden zu übertragen,

2. die Zuständigkeit für die Anerkennung von Prüf-, Zertifizierungs- und Überwachungsstellen nach Art. 23 Abs. 3 auf das Deutsche Institut für Bautechnik zu übertragen,
3. das Ü-Zeichen festzulegen und zu diesem Zeichen zusätzliche Angaben zu verlangen,
4. das Anerkennungsverfahren nach Art. 23 Abs. 3, die Voraussetzungen für die Anerkennung, ihre Rücknahme, ihren Widerruf und ihr Erlöschen zu regeln, insbesondere auch Altersgrenzen festzulegen, sowie eine ausreichende Haftpflichtversicherung zu fordern,
5. die Anwendbarkeit der Art. 15 Abs. 2, Art. 17 bis 23 für bestimmte Bauprodukte und Bauarten, auch soweit sie Anforderungen nach anderen Rechtsvorschriften unterliegen, hinsichtlich dieser Anforderungen ganz oder teilweise vorzuschreiben, wenn die anderen Rechtsvorschriften dies verlangen oder zulassen,
6. besondere Sachkunde- und Sorgfaltsanforderungen nach Art. 22 und 15 Abs. 6 in Verbindung mit Art. 22, insbesondere auch Mindestanforderungen an die Ausbildung, die durch Prüfung nachzuweisende Befähigung und die Ausbildungsstätten einschließlich der Anerkennungsvoraussetzungen zu stellen,
7. zu bestimmen, dass Ausführungsgenehmigungen für fliegende Bauten nur durch bestimmte Bauaufsichtsbehörden oder durch von ihm bestimmte Stellen erteilt werden, und die Vergütung dieser Stellen zu regeln.

(6) [1] Das Staatsministerium für Wohnen, Bau und Verkehr wird ermächtigt, durch Rechtsverordnung zu bestimmen, dass die Anforderungen der auf Grund des § 34 des Produktsicherheitsgesetzes (ProdSG) und des § 49 Abs. 4 des Energiewirtschaftsgesetzes erlassenen Rechtsverordnungen entsprechend für Anlagen gelten, die weder gewerblichen noch wirtschaftlichen Zwecken dienen und in deren Gefahrenbereich auch keine Arbeitnehmer beschäftigt werden. [2] Es kann auch die Verfahrensvorschriften dieser Rechtsverordnungen für anwendbar erklären oder selbst das Verfahren bestimmen sowie Zuständigkeiten und Gebühren regeln. [3] Dabei kann es auch vorschreiben, dass danach zu erteilende Erlaubnisse die Baugenehmigung einschließlich der zugehörigen Abweichungen einschließen und dass § 35 Abs. 2 ProdSG insoweit Anwendung findet.

(7) [1] Das Staatsministerium für Wohnen, Bau und Verkehr wird ermächtigt, durch Rechtsverordnung die zuständigen Behörden zur Durchführung

1. des Baugesetzbuchs,
2. des § 6b Abs. 9 des Einkommensteuergesetzes,
3. der Verordnung (EU) Nr. 305/2011, der Verordnung (EU) 2019/1020 und des Bauproduktengesetzes

in den jeweils geltenden Fassungen zu bestimmen, soweit nicht durch Bundesgesetz oder Landesgesetz etwas anderes vorgeschrieben ist. [2] Die Zuständigkeiten nach Satz 1 Nr. 3 können auch auf das Deutsche Institut für Bautechnik übertragen werden.

**Art. 80a[1)] Digitale Baugenehmigung, digitale Verfahren.** [1] Die Staatsregierung wird ermächtigt, zur Digitalisierung der Baugenehmigung oder anderer bauaufsichtlicher Verfahren durch Rechtsverordnung räumlich bestimmte Abweichungen von den durch oder aufgrund dieses Gesetzes bestehenden Zuständigkeits-, Verfahrens- und Formvorschriften vorzusehen. [2] Abweichungen nach Satz 1 für Zuständigkeits- und Verfahrensvorschriften können sich auch auf die Einreichung in Papierform erstrecken. [3] Soweit die Festlegung des örtlichen Anwendungsbereichs einer Rechtsverordnung nach Satz 1 und 2 betroffen ist, kann die Staatsregierung die Ermächtigung nach Satz 1 und 2 durch Rechtsverordnung auf das Staatsministerium für Wohnen, Bau und Verkehr übertragen.

**Art. 81[2)] Örtliche Bauvorschriften.** (1) Die Gemeinden können durch Satzung im eigenen Wirkungskreis örtliche Bauvorschriften erlassen

1. über besondere Anforderungen an die äußere Gestaltung von baulichen Anlagen zur Erhaltung und Gestaltung des Ortsbildes, insbesondere zur Begrünung von Gebäuden,
2. über das Verbot der Errichtung von Werbeanlagen aus ortsgestalterischen Gründen,

***[Nr. 3 bis 30.9.2025:]***

3. über die Lage, Größe, Beschaffenheit, Ausstattung und Unterhaltung von Spielplätzen, die Art der Erfüllung sowie über die Ablöse der Pflicht (Art. 7 Abs. 3),

***[Nr. 3 ab 1.10.2025:]***

*3. über die Pflicht, bei der Errichtung von Gebäuden mit mehr als fünf Wohnungen einen Spielplatz angemessener Größe und Ausstattung zu errichten, auszustatten und zu unterhalten, sowie die Lage des Spielplatzes, die Art der Erfüllung einschließlich der Ablöse dieser Pflicht; soweit die Pflicht auch für Gebäude gilt, die dem Wohnen von Senioren und Studenten bestimmt sind, ist ein Recht des Bauherrn auf Ablöse dieser Pflicht vorzusehen, wobei der Ablösebetrag 5 000 € je abzulösenden Spielplatz nicht übersteigen darf; mit der Ablöse vereinnahmte Geldbeträge hat die Gemeinde für die Herstellung oder Unterhaltung örtlicher Kinder- oder Jugendfreizeiteinrichtungen zu verwenden,*

***[Nr. 4 bis 30.9.2025:]***

4. über Zahl, Größe und Beschaffenheit der Stellplätze für Kraftfahrzeuge und der Abstellplätze für Fahrräder, einschließlich der Ausstattung mit Elektroladestationen, des Mehrbedarfs bei Änderungen und Nutzungsänderungen der Anlagen, der Berücksichtigung örtlicher Verkehrsinfrastruktur, der Anrechnung von Fahrradstellplätzen auf die Zahl notwendiger Stellplätze sowie die Ablösung der Herstellungspflicht und die Höhe der Ablösungsbeträge, die

---

1) Art. 80a eingef. mWv 1.2.2021 durch G v. 23.12.2020 (GVBl. S. 663).

2) Art. 81 Abs. 1 Nr. 7 geänd. mWv 31.7.2008 durch G v. 22.7.2008 (GVBl. S. 479); Abs. 2 Satz 2 geänd. mWv 1.1.2013 durch G v. 11.12.2012 (GVBl. S. 633); Abs. 1 Nr. 1 und 4 sowie Abs. 2 Satz 2 geänd. mWv 1.9.2018 durch G v. 10.7.2018 (GVBl. S. 523); Abs. 1 Nr. 3 geänd. mWv 1.8.2019 durch G v. 24.7.2019 (GVBl. S. 408); Abs. 1 Nr. 6 neu gef. mWv 15.1.2021, Nr. 1 und 3 neu gef., Nr. 4 und 5 geänd. mWv 1.2.2021 durch G v. 23.12.2020 (GVBl. S. 663); Abs. 1 Nr. 4 geänd. mWv 1.8.2023 durch G v. 24.7.2023 (GVBl. S. 371); Abs. 4 angef. mWv 1.8.2024 durch G v. 23.7.2024 (GVBl. S. 257); Abs. 5 angef. mWv 1.1.2025, Abs. 1 Nr. 3–5 neu gef., Nr. 6 Buchst. b geänd., Nr. 7 aufgeh. mWv 1.10.2025 durch G v. 23.12.2024 (GVBl. S. 605).

nach Art der Nutzung und Lage der Anlage unterschiedlich geregelt werden kann,

***[Nr. 4 ab 1.10.2025:]***

*4. über*

*a) die Pflicht, Stellplätze oder Fahrradabstellplätze bei der Errichtung von Anlagen herzustellen, bei denen ein Zu- oder Abfahrtsverkehr zu erwarten ist,*

*b) die Pflicht, Stellplätze oder Fahrradabstellplätze bei der Änderung oder Nutzungsänderung von Anlagen herzustellen, wenn dadurch zusätzlicher Zu- oder Abfahrtsverkehr zu erwarten ist; ausgenommen sind, wenn sie zu Wohnzwecken erfolgen, Nutzungsänderungen, der Ausbau von Dachgeschossen und die Aufstockung von Wohngebäuden,*

*c) eine im Sinne von Art. 47 Abs. 2 Satz 2 geringere Zahl von Stellplätzen sowie die Erfüllung der Stellplatzpflicht durch Herstellung der Stellplätze auf einem geeigneten Grundstück in der Nähe des Baugrundstücks oder die Übernahme der Kosten für die Herstellung der Stellplätze durch den Bauherrn gegenüber der Gemeinde (Ablösevertrag); im Fall der Stellplatzablöse hat die Gemeinde den Geldbetrag zu verwenden für die Herstellung zusätzlicher oder die Instandhaltung, die Instandsetzung oder die Modernisierung bestehender Parkeinrichtungen einschließlich der Ausstattung mit Elektroladestationen, für den Bau und die Einrichtung von innerörtlichen Radverkehrsanlagen, für die Schaffung von öffentlichen Fahrradabstellplätzen und gemeindlichen Mietfahrradanlagen einschließlich der Ausstattung mit Elektroladestationen oder für sonstige Maßnahmen zur Entlastung der Straßen vom ruhenden Verkehr einschließlich investiver Maßnahmen des öffentlichen Personennahverkehrs,*

***[Nr. 5 bis 30.9.2025:]***

5. über die Gestaltung der Plätze für bewegliche Abfallbehälter, die Gestaltung und Bepflanzung der unbebauten Flächen der bebauten Grundstücke sowie über die Notwendigkeit, Art, Gestaltung und Höhe von Einfriedungen; dabei kann bestimmt werden, dass Vorgärten nicht als Arbeitsflächen oder Lagerflächen benutzt werden dürfen,

***[Nr. 5 ab 1.10.2025:]***

*5. über das Verbot von Bodenversiegelung, nicht begrünten Steingärten sowie ähnlich eintönigen Flächennutzungen mit hoher thermischer oder hydrologischer Last oder erheblich unterdurchschnittlichem ökologischem oder wohnklimatischem Wert,*

6. über von Art. 6 abweichende Maße der Abstandsflächentiefe,

a) eine Erhöhung auf bis zu 1,0 H, mindestens 3 m, insbesondere, wenn dies die Erhaltung des Ortsbildes im Gemeindegebiet oder in Teilen des Gemeindegebiets bezweckt oder der Verbesserung oder Erhaltung der Wohnqualität dient,

b) eine Verkürzung auf bis zu 0,4 H, mindestens 3 m, in Gemeinden mit mehr als 250 000 Einwohnern, wenn eine ausreichende Belichtung und Belüftung sowie der Brandschutz gewährleistet sind***[bis 30.9.2025: ,][ab 1.10.2025: .]***

***[Nr. 7 bis 30.9.2025:]***

7. in Gebieten, in denen es für das Straßen- und Ortsbild oder für den Lärmschutz oder die Luftreinhaltung bedeutsam oder erforderlich ist, darüber, dass auf den nicht überbaubaren Flächen der bebauten Grundstücke Bäume nicht beseitigt oder beschädigt werden dürfen, und dass die Flächen nicht unterbaut werden dürfen.

(2) [1] Örtliche Bauvorschriften können auch durch Bebauungsplan oder, soweit das Baugesetzbuch dies vorsieht, durch andere Satzungen nach den Vorschriften des Baugesetzbuchs erlassen werden. [2] In diesen Fällen sind, soweit das Baugesetzbuch kein abweichendes Verfahren regelt, die Vorschriften des Ersten und des Dritten Abschnitts des Ersten Teils, des Ersten Abschnitts des Zweiten Teils des Ersten Kapitels, die §§ 13, 13a, 13b, 30, 31, 33, 36, 214 und 215 BauGB entsprechend anzuwenden.

(3) [1] Anforderungen nach den Abs. 1 und 2 können in der Satzung auch zeichnerisch gestellt werden. [2] Die zeichnerischen Darstellungen können auch dadurch bekannt gemacht werden, dass sie bei der erlassenden Behörde zur Einsicht ausgelegt werden. [3] Hierauf ist in der Satzung hinzuweisen.

(4) Satzungen nach den Abs. 1 bis 3 finden keine Anwendung auf bauliche Anlagen öffentlicher Stellen auf Militärgelände.

(5) Örtliche Bauvorschriften stehen einem Bauvorhaben nach Art. 57 Abs. 1 Nr. 18 nicht entgegen.

**Art. 81a[1)] Technische Baubestimmungen.** (1) [1] Die vom Staatsministerium für Wohnen, Bau und Verkehr öffentlich bekanntgemachten Technischen Baubestimmungen sind zu beachten. [2] Von den Technischen Baubestimmungen kann abgewichen werden, wenn mit einer anderen Lösung in gleichem Maße die allgemeinen Anforderungen des Art. 3 Satz 1 erfüllt werden und in der Technischen Baubestimmung eine Abweichung nicht ausgeschlossen ist; Art. 15 Abs. 2 und Art. 17 bleiben unberührt. [3] Werden die allgemein anerkannten Regeln der Baukunst und Technik beachtet, gelten die entsprechenden bauaufsichtlichen Anforderungen dieses Gesetzes und der auf Grund dieses Gesetzes erlassenen Vorschriften als eingehalten.

(2) Zur Sicherstellung der Anforderungen nach Art. 3 Satz 1, Art. 15 Abs. 1 und Art. 16 Abs. 2 Satz 1 können im Rahmen der Technischen Baubestimmungen im erforderlichen Umfang Regelungen getroffen werden in Bezug auf

1. bestimmte bauliche Anlagen oder ihre Teile,
2. die Planung, Bemessung und Ausführung baulicher Anlagen und ihrer Teile,
3. die Leistung von Bauprodukten in bestimmten baulichen Anlagen oder ihren Teilen, insbesondere
   a) Planung, Bemessung und Ausführung baulicher Anlagen bei Einbau eines Bauprodukts,
   b) Merkmale von Bauprodukten, die sich für einen Verwendungszweck auf die Erfüllung der Anforderungen nach Art. 3 Satz 1 auswirken,
   c) Verfahren für die Feststellung der Leistung eines Bauproduktes im Hinblick auf Merkmale, die sich für einen Verwendungszweck auf die Erfüllung der Anforderungen nach Art. 3 Satz 1 auswirken,
   d) zulässige oder unzulässige besondere Verwendungszwecke,
   e) die Festlegung von Klassen und Stufen in Bezug auf bestimmte Verwendungszwecke,
   f) die für einen bestimmten Verwendungszweck anzugebende oder erforderliche und anzugebende Leistung in Bezug auf ein Merkmal, das sich für

---

[1)] Art. 81a eingef. mWv 1.9.2018 durch G v. 10.7.2018 (GVBl. S. 523).

einen Verwendungszweck auf die Erfüllung der Anforderungen nach Art. 3 Satz 1 auswirkt, soweit vorgesehen in Klassen und Stufen,
4. die Bauprodukte, die keines Verwendbarkeitsnachweises nach Art. 17 bedürfen,
5. die Bauarten und die Bauprodukte, die nur eines allgemeinen bauaufsichtlichen Prüfzeugnisses nach allgemein anerkannten Prüfverfahren nach Art. 15 Abs. 3 oder Art. 19 bedürfen,
6. Voraussetzungen zur Abgabe der Übereinstimmungserklärung für ein Bauprodukt nach Art. 21,
7. die Art, den Inhalt und die Form technischer Dokumentation.

## Siebter Teil. Ausführungsbestimmungen zum Baugesetzbuch

**Art. 82[1)] Windenergie und Nutzungsänderung ehemaliger landwirtschaftlicher Gebäude.** (1) § 35 Abs. 1 Nr. 5 BauGB findet auf Vorhaben, die der Erforschung, Entwicklung oder Nutzung der Windenergie dienen, nur Anwendung, wenn diese Vorhaben einen Mindestabstand vom 10-fachen ihrer Höhe zu Wohngebäuden in Gebieten mit Bebauungsplänen (§ 30 BauGB), innerhalb im Zusammenhang bebauter Ortsteile (§ 34 BauGB) – sofern in diesen Gebieten Wohngebäude nicht nur ausnahmsweise zulässig sind – und im Geltungsbereich von Satzungen nach § 35 Abs. 6 BauGB einhalten.

(2) [1] Höhe im Sinn des Abs. 1 ist die Nabenhöhe zuzüglich Radius des Rotors. [2] Der Abstand bemisst sich von der Mitte des Mastfußes bis zum nächstgelegenen Wohngebäude, das im jeweiligen Gebiet im Sinn des Abs. 1 zulässigerweise errichtet wurde bzw. errichtet werden kann.

(3) Soll auf einem gemeindefreien Gebiet ein Vorhaben nach Abs. 1, das nicht unter Abs. 5 fällt, errichtet werden und würde der in Abs. 1 beschriebene Mindestabstand auch entsprechende Wohngebäude auf dem Gebiet einer Nachbargemeinde einschließen, gilt hinsichtlich dieser Gebäude der Schutz der Abs. 1 und 2, solange und soweit die Gemeinde nichts anderes in einem ortsüblich bekannt gemachten Beschluss feststellt.

(4) Abs. 1 und 2 finden keine Anwendung,
1. wenn in einem Flächennutzungsplan für Vorhaben der in Abs. 1 beschriebenen Art vor dem 21. November 2014 eine Darstellung für die Zwecke des § 35 Abs. 3 Satz 3 BauGB erfolgt ist,
2. soweit und sobald die Gemeinde der Fortgeltung der Darstellung nicht bis einschließlich 21. Mai 2015 in einem ortsüblich bekannt gemachten Beschluss widerspricht und
3. soweit und sobald auch eine betroffene Nachbargemeinde der Fortgeltung der Darstellung nicht bis einschließlich 21. Mai 2015 in einem ortsüblich bekannt gemachten Beschluss widerspricht; als betroffen gilt dabei eine Nachbargemeinde, deren Wohngebäude in Gebieten im Sinn des Abs. 1 in einem geringeren Abstand als dem 10-fachen der Höhe der Windkraftanla-

---

1) Art. 82 neu gef. mWv 1.7.2009 durch G v. 28.5.2009 (GVBl. S. 218); Überschrift neu gef., Abs. 1–5 eingef., bish. Wortlaut wird Abs. 6 mWv 21.11.2014 durch G v. 17.11.2014 (GVBl. S. 478); Abs. 5 aufgeh., bish. Abs. 6 wird Abs. 5 mWv 1.9.2018 durch G v. 10.7.2018 (GVBl. S. 523); Abs. 3 geänd., Abs. 5 eingef., bish. Abs. 5 wird Abs. 6 mWv 16.11.2022 durch G v. 8.11.2022 (GVBl. S. 650).

gen, sofern der Flächennutzungsplan jedoch keine Regelung enthält, maximal in einem Abstand von 2 000 m, stehen.

(5) Die Abs. 1 und 2 finden ferner keine Anwendung auf Vorhaben, die der Erforschung, Entwicklung oder Nutzung der Windenergie dienen, welche

1. in Vorrang- und Vorbehaltsgebieten für Windkraft im Sinn des Art. 14 Abs. 2 Satz 1 Nr. 1 und 2 des Bayerischen Landesplanungsgesetzes oder auf Sonderbauflächen oder in Sondergebieten für Windkraft, die durch Flächennutzungsplan festgesetzt sind, errichtet werden,
2. in einem Abstand von höchstens 2 000 m zu einem Gewerbe- oder Industriegebiet errichtet werden und bei denen der erzeugte Strom überwiegend zur Versorgung der in dem Gewerbe- oder Industriegebiet liegenden Gewerbe- und Industriebetriebe bestimmt ist,
3. längs von Haupteisenbahnstrecken im Sinn des § 47b Nr. 4 des Bundes-Immissionsschutzgesetzes (BImSchG), Bundesautobahnen oder vier- oder mehrstreifigen Bundesstraßen in einer Entfernung von bis zu 500 m errichtet werden; die in § 9 des Bundesfernstraßengesetzes[1)] geregelten Anbauverbots- und Anbaubeschränkungszonen, sich aus anderen öffentlich-rechtlichen Vorschriften ergebende gesetzliche Mindestabstände sowie im Einzelfall darüber hinaus erforderliche Sicherheitsabstände sind hinzuzurechnen,
4. die Voraussetzungen des § 16b Abs. 1 und 2 BImSchG in der am 31. August 2021 geltenden Fassung erfüllen,
5. auf militärischem Übungsgelände errichtet werden oder
6. im Wald im Sinn des Art. 2 Abs. 1 und 2 des Bayerischen Waldgesetzes errichtet werden, wenn von der Mitte des Mastfußes zum Waldrand mindestens ein Abstand in Höhe des Radius des Rotors eingehalten wird; Voraussetzung ist, dass der Wald bereits am 16. November 2022 bestanden hat.

(6) Die Frist nach § 35 Abs. 4 Satz 1 Nr. 1 Buchst. c BauGB ist nicht anzuwenden.

**Art. 82a[2)] Feste Abstandsvorschriften für Windenergieanlagen.** [1] § 35 Abs. 1 Nr. 5 BauGB findet auf Vorhaben, die der Erforschung, Entwicklung oder Nutzung der Windenergie dienen, in den in Art. 82 Abs. 5 Nr. 1 bis 6 genannten Fällen nur Anwendung, wenn diese Vorhaben einen Mindestabstand von 1 000 m zu Wohngebäuden in Gebieten mit Bebauungsplänen (§ 30 BauGB), innerhalb im Zusammenhang bebauter Ortsteile (§ 34 BauGB) – sofern in diesen Gebieten Wohngebäude nicht nur ausnahmsweise zulässig sind – und im Geltungsbereich von Satzungen nach § 35 Abs. 6 BauGB einhalten. [2] Art. 82 Abs. 2 Satz 2 gilt entsprechend. [3] Im Fall des Art. 82 Abs. 4 findet Satz 1 keine Anwendung.

**Art. 82b[3)] Windenergiegebiete.** Die Mindestabstände nach Art. 82 und 82a finden keine Anwendung auf Flächen in Windenenergiegebieten gemäß § 2 Nr. 1 des Windenergieflächenbedarfsgesetzes.

---

1) Nr. **30**.
2) Art. 82a eingef. mWv 16.11.2022 durch G v. 8.11.2022 (GVBl. S. 650).
3) Art. 82b eingef. mWv 31.5.2023 durch G v. 8.11.2022 (GVBl. S. 650).

## Achter Teil. Übergangs- und Schlussvorschriften

**Art. 83[1)] Übergangsvorschriften.** (1) Art. 82 Abs. 1 und 2 findet keine Anwendung auf Anlagen zur Erforschung, Entwicklung oder Nutzung der Windenergie, soweit

1. vor Ablauf des 4. Februar 2014 bei der zuständigen Behörde ein vollständiger Antrag auf Genehmigung eingegangen ist, oder
2. die Anlage am selben Standort mit gleicher, geringfügig höherer oder niedrigerer Höhe statt einer anderen Anlage errichtet wurde, die mit Ablauf des 20. November 2014 zwar noch nicht errichtet aber entweder bereits genehmigt oder nach Nr. 1 genehmigungsfähig war.

(2) Bis zum Ablauf des 31. August 2018 für Bauarten erteilte allgemeine bauaufsichtliche Zulassungen oder Zustimmungen im Einzelfall gelten als Bauartgenehmigung fort.

(3) Als Tragwerksplaner im Sinn des Art. 62a Abs. 1 gelten die im Sinn des Art. 68 Abs. 7 Satz 2 in der bis zum 31. Dezember 2007 geltenden Fassung Nachweisberechtigten.

(4) Als Brandschutzplaner im Sinn des Art. 62b Abs. 1 gelten die im Sinn des Art. 68 Abs. 7 Satz 3 in der bis zum 31. Dezember 2007 geltenden Fassung Nachweisberechtigten sowie die auf der Grundlage der Rechtsverordnung nach Art. 90 Abs. 9 in der bis zum 31. Dezember 2007 geltenden Fassung anerkannten verantwortlichen Sachverständigen für vorbeugenden Brandschutz.

***[Abs. 5 bis 30.9.2025:]***

(5) Art. 53 Abs. 1 Satz 2 in der bis zum 31. Dezember 2007 geltenden Fassung findet keine Anwendung im Geltungsbereich von Satzungen, die auf Grund von Art. 91 Abs. 2 Nr. 4 in der bis zum 31. Dezember 2007 geltenden Fassung erlassen worden sind.

***[Abs. 5 ab 1.10.2025:]***

*(5) [1] Satzungen, die auf Grundlage von Art. 91 Abs. 2 Nr. 4 in einer der bis zum 31. Dezember 2007 geltenden Fassung sowie auf Grundlage von Art. 81 Abs. 1 Nr. 5, mit Ausnahme von Satzungen, die die Notwendigkeit, Art, Gestaltung und Höhe von Einfriedungen regeln, und Art. 81 Abs. 1 Nr. 7 jeweils in einer bis einschließlich 30. September 2025 geltenden Fassung erlassen worden sind, treten mit Ablauf des 30. September 2025 außer Kraft. [2] Satzungen, die auf Grundlage von Art. 81 Abs. 1 Nr. 4 in einer bis einschließlich 30. September 2025 geltenden Fassung erlassen worden sind, gelten fort, wenn sie die in der Anlage zur Garagen- und Stellplatzverordnung festgelegten Höchstzahlen nicht überschreiten oder durch Bebauungsplan oder eine andere Satzung nach den Vorschriften des Baugesetzbuchs nach Art. 81 Abs. 2 erlassen worden sind. [3] Im Übrigen treten Satzungen, die auf Grundlage von Art. 81 Abs. 1 Nr. 4 in*

---

[1)] Art. 83 Abs 1, 2 und 5 aufgeh. mWv 30.4.2013 durch G v. 8.4.2013 (GVBl. S. 174); Abs. 1 eingef. mWv 21.11.2014 durch G v. 17.11.2014 (GVBl. S. 478), befristet bis 31.12.2015; Befristung aufgeh. mWv 1.8.2015 durch G v. 24.7.2015 (GVBl. S. 296); Abs. 2 eingef., Abs. 3 und Abs. 4 geänd., bish. Abs. 6 und 7 werden Abs. 5 und 6 mWv 1.9.2018 durch G v. 10.7.2018 (GVBl. S. 523); Abs. 1 neu gef. mWv 1.8.2020 durch G v. 24.7.2020 (GVBl. S. 381); Abs. 4 geänd., Abs. 7 angef. mWv 1.2.2021 durch G v. 23.12.2020 (GVBl. S. 663); Abs. 8 angef. mWv 1.3.2023 durch G v. 10.2.2023 (GVBl. S. 22); Abs. 7 Satz 1 neu gef., Satz 2 angef. mWv 1.7.2023 durch G v. 23.6.2023 (GVBl. S. 250); Abs. 5 neu gef. mWv 1.10.2025 durch G v. 23.12.2024 (GVBl. S. 605).

*einer bis einschließlich 30. September 2025 geltenden Fassung erlassen worden sind, mit Ablauf des 30. September 2025 außer Kraft.*

(6) Soweit § 20 Abs. 1 BauNVO zur Begriffsbestimmung des Vollgeschosses auf Landesrecht verweist, gilt insoweit Art. 2 Abs. 5 in der bis zum 31. Dezember 2007 geltenden Fassung fort.

(7) [1]Die Vorschrift zur Genehmigungsfiktion gemäß Art. 68 Abs. 2 Satz 1 gilt für ab dem 1. Mai 2021 eingereichte Bauanträge [2]Die Vorschrift zur Genehmigungsfiktion gemäß Art. 68 Abs. 2 Satz 2 gilt für ab dem 1. Oktober 2023 eingereichte Bauanträge.

(8) Art. 65 Abs. 3 findet keine Anwendung auf Bauanträge, die vor dem 1. März 2023 eingereicht worden sind.

**Art. 84[1)] Inkrafttreten[2)].** [1]Dieses Gesetz tritt am 1. Oktober 1962 in Kraft. [2]Die Vorschriften über die Ermächtigung zum Erlass von Rechtsverordnungen und von örtlichen Bauvorschriften treten jedoch bereits am 1. August 1962 in Kraft.

---

[1)] Art. 84 Überschrift geänd., Satz 3 angef. mWv 21.11.2014 durch G v. 17.11.2014 (GVBl. S. 478); Überschrift geänd., Satz 3 aufgeh. mWv 1.8.2015 durch G v. 24.7.2015 (GVBl. S. 296).

[2)] **Amtl. Anm.:** Diese Vorschrift betrifft das Inkrafttreten des Gesetzes in der ursprünglichen Fassung vom 1. August 1962 (GVBl S. 179, ber. S. 250). Der Zeitpunkt des Inkrafttretens der späteren Änderungen ergibt sich aus den jeweiligen Änderungsgesetzen.

# 2. Verordnung über die digitale Einreichung bauaufsichtlicher Anträge und Anzeigen (Digitale Bauantragsverordnung – DBauV)

Vom 2. Februar 2021
(GVBl. S. 26)

**BayRS 2132-1-24-B**

zuletzt geänd. durch V zur Änd. der Digitalen BauantragsV v. 6.3.2025 (GVBl. S. 74)

Auf Grund

- des Art. 80a der Bayerischen Bauordnung (BayBO)[1] in der Fassung der Bekanntmachung vom 14. August 2007 (GVBl. S. 588, BayRS 2132-1-B), die zuletzt durch § 1 des Gesetzes vom 23. Dezember 2020 (GVBl. S. 663) geändert worden ist, und
- des Art. 7 Abs. 3 des Bayerischen Abgrabungsgesetzes (BayAbgrG)[2] vom 27. Dezember 1999 (GVBl. S. 535, BayRS 2132-2-B), das zuletzt durch § 2 des Gesetzes vom 23. Dezember 2020 (GVBl. S. 663) geändert worden ist,

verordnet die Bayerische Staatsregierung:

## Teil 1. Allgemeines

**§ 1[3] Anwendungsbereich.** (1) [1]Diese Verordnung findet Anwendung auf Anträge, Anzeigen, Unterlagen und Bauvorlagen, die digital eingereicht wer-

---

[1] Nr. **1**.

[2] Nr. **4**.

[3] § 1 Abs. 2 neu gef. mWv 1.8.2021, Nr. 2 eingef., bish. Nr. 2–8 werden Nr. 3–9 mWv 1.9.2021 durch V v. 7.7.2021 (GVBl. S. 474); Abs. 2 Nr. 6 eingef., bish. Nr. 6–9 werden Nr. 7–10 mWv 1.10.2021, Nr. 2 eingef., bish. Nr. 2–10 werden Nr. 3–11 mWv 1.11.2021 durch V v. 24.8.2021 (GVBl. S. 569); Abs. 2 Nr. 10 und 11 geänd., Nr. 12 angef. mWv 1.3.2022, Nr. 1 eingef., bish. Nr. 1–12 werden Nr. 2–13 mWv 1.4.2022 durch V v. 28.1.2022 (GVBl. S. 46); bish. Abs. 2 wird Abs. 2 Satz 1 und Nr. 2 eingef., bish. Nr. 2–13 werden Nr. 3–14, Satz 2 angef. mWv 1.7.2022 durch V v. 3.6.2022 (GVBl. S. 297); Abs. 1 Satz 3 geänd., Abs. 2 Satz 1 Nr. 7 eingef., bish. Nr. 7–14 werden Nr. 8–15 mWv 1.10.2022 durch V v. 13.9.2022 (GVBl. S. 628); Abs. 2 Satz 2 neu gef., Abs. 3 angef. mWv 1.11.2022; Abs. 2 Satz 1 Nr. 10 eingef., bish. Nr. 10 wird Nr. 11, Nr. 12 eingef., bish. Nr. 11–15 werden Nr. 13–17, Satz 2 neu gef., Abs. 3 Nr. 1 eingef., bish. Nr. 1 und 2 werden Nr. 2 und 3 mWv 1.12.2022 durch V v. 10.10.2022 (GVBl. S. 644); Abs. 2 Satz 1 Nr. 1–17 neu gef., Nr. 18–23 angef., Satz 2 Nr. 1 und 2 eingef., bish. Nr. 1 und 2 werden Nr. 3 und 4, Abs. 3 Nr. 1 eingef., bish. Nr. 1 wird Nr. 2, bish. Nr. 2 und 3 werden Nr. 3 und 4 und geänd., Nr. 5 angef. mWv 1.1.2023 durch V v. 9.12.2022 (GVBl. S. 753); Abs. 2 Satz 1 Nr. 21 und 22 eingef., bish. Nr. 21 wird Nr. 23, bish. Nr. 22 und 23 werden Nr. 24 und 25 und geänd., Nr. 26 angef. mWv 1.2.2023 durch V v. 5.1.2023 (GVBl. S. 12); Abs. 2 Satz 1 Nr. 10 eingef., bish. Nr. 10–15 werden Nr. 11–16, Nr. 17 eingef., bish. Nr. 16–24 werden Nr. 18–26, Nr. 27 eingef., bish. Nr. 25 wird Nr. 28 und geänd., bish. Nr. 26 wird Nr. 29 und geänd., Nr. 30 angef., Satz 2 Nr. 3 geänd., Nr. 4 und 5 eingef., bish. Nr. 4 wird Nr. 6 mWv 1.3.2023 durch V v. 1.2.2023 (GVBl. S. 63); Abs. 2 Satz 1 Nr. 21 eingef., bish. Nr. 21–30 werden Nr. 22–31, Abs. 3 Nr. 1 eingef., bish. Nr. 1–5 werden Nr. 2–6 mWv 1.4.2023, Abs. 2 Satz 2 Nr. 3 eingef., bish. Nr. 3–6 werden Nr. 4–7, Abs. 3 Nr. 1 eingef., bish. Nr. 1–6 werden Nr. 2–7 mWv 1.5.2023 durch V v. 8.3.2023 (GVBl. S. 106); Abs. 2 Satz 1 Nr. 7 eingef., bish. Nr. 7–31 werden Nr. 8–32, Satz 2 Nr. 3 eingef., bish. Nr. 3–5 werden Nr. 4–6, bish. Nr. 6 wird Nr. 7 und geänd., bish. Nr. 7 wird Nr. 8 und geänd., Nr. 9 angef., Abs. 3 Nr. 3 eingef., bish. Nr. 3–5 werden Nr. 4–6, Nr. 7 eingef., bish. Nr. 6 und 7 werden Nr. 8 und 9 mWv 1.6.2023 durch V v. 27.4.2023 (GVBl. S. 224); Abs. 2 Satz 1 Nr. 9 eingef., bish. Nr. 9–12 werden Nr. 10–13, Nr. 14 eingef., bish, Nr. 13–21 werden Nr. 15–23, Nr. 24 eingef., bish. Nr. 22–32 werden Nr. 25–35, Abs. 3 Nr. 8 geänd., Nr. 9 eingef., →

den. [2] Digital eingereicht ist, was unter Verwendung der zu diesem Zweck vom Staatsministerium für Wohnen, Bau und Verkehr vorgegebenen digitalen Formulare (Online-Assistenten) eingereicht wird.

(2) [1] Diese Verordnung gilt für den Zuständigkeitsbereich folgender unterer Bauaufsichts- und Abgrabungsbehörden:

1. Landratsamt Aichach-Friedberg,
2. Landratsamt Altötting,
3. Landratsamt Amberg-Sulzbach,
4. Landratsamt Ansbach,
5. Landratsamt Aschaffenburg,
6. Landratsamt Augsburg,

---

*(Fortsetzung der Anm. von voriger Seite)*
bish. Nr. 9 wird Nr. 10 mWv 1.7.2023 durch V v. 2.6.2023 (GVBl. S. 297); Abs. 2 Satz 2 Nr. 8 und 9 geänd., Nr. 10 angef. mWv 1.8.2023 durch V v. 3.7.2023 (GVBl. S. 484); Abs. 2 Satz 2 Nr. 3 eingef., bish. Nr. 3–5 werden Nr. 4–6, Nr. 7 eingef., bish. Nr. 6–10 werden Nr. 8–12 mWv 1.9.2023 durch V v. 2.8.2023 (GVBl. S. 545); Abs. 2 Satz 1 Nr. 19 eingef., bish. Nr. 19 wird Nr. 20, Nr. 21 eingef., bish. Nr. 20–23 werden Nr. 22–25, Nr. 26 eingef., bish. Nr. 24–27 werden Nr. 27–30, Nr. 31 eingef., bish. Nr. 28–35 werden Nr. 32–39 mWv 1.11.2023 durch V v. 2.10.2023 (GVBl. S. 594); Abs. 2 Satz 1 Nr. 12 eingef., bish. Nr. 12–14 werden Nr. 13–15, Nr. 16 eingef., bish. Nr. 15–39 werden Nr. 17–41, Abs. 3 Nr. 2 eingef., bish. Nr. 2–10 werden Nr. 3–11 mWv 1.12.2023 durch V v. 6.11. 2023 (GVBl. S. 615); Abs. 2 Satz 1 Nr. 3 eingef., bish. Nr. 3 und 4 werden Nr. 4 und 5, Nr. 6 eingef., bish. Nr. 5–10 werden Nr. 7–12, Nr. 13 eingef., bish. Nr. 11–16 werden Nr. 14–19, Nr. 20 eingef., bish. Nr. 17–20 werden Nr. 21–24, bish. Nr. 21 wird Nr. 25 und geänd., bish. Nr. 22–29 werden Nr. 26–33, Nr. 34 eingef., bish. Nr. 30 und 31 werden Nr. 35 und 36, Nr. 37 eingef., bish. Nr. 32–39 werden Nr. 38–45, bish. Nr. 40 wird Nr. 46 und geänd., bish. Nr. 41 wird Nr. 47 und geänd., Nr. 48 angef., Satz 2 Nr. 8 eingef., bish. Nr. 8–12 werden Nr. 9–13, Abs. 3 Nr. 3 eingef., bish. Nr. 3–11 werden Nr. 4–12 mWv 1.1.2024 durch V v. 30.11.2023 (GVBl. S. 640, 2024 S. 25); Abs. 2 Satz 2 Nr. 1 eingef., bish. Nr. 1–13 werden Nr. 2–14, Abs. 3 Nr. 10 eingef., bish. Nr. 10–12 werden Nr. 11–13 mWv 1.2.2024 durch V v. 11.1.2024 (GVBl. S. 23); Abs. 2 Satz 1 Nr. 16 eingef., bish. Nr. 16–39 werden Nr. 17–40, Nr. 41 eingef., bish. Nr. 40–48 werden Nr. 42–50, Satz 2 Nr. 12 eingef., bish. Nr. 12–14 werden Nr. 13–15, Abs. 3 Nr. 9 eingef., bish. Nr. 9–13 werden Nr. 10–14 mWv 1.3.2024 durch V v. 6.2.2024 (GVBl. S. 42); Abs. 2 Satz 1 Nr. 3 eingef., bish. Nr. 3–44 werden Nr. 4–45, Nr. 46 eingef., bish. Nr. 45–50 werden Nr. 47–52 mWv 1.4.2024 durch V v. 4.3.2024 (GVBl. S. 55); Abs. 2 Satz 1 Nr. 27 eingef., bish. Nr. 27–52 werden Nr. 28–53, Satz 2 Nr. 14 und 15 geänd., Nr. 16 angef., Abs. 3 Nr. 13 eingef., bish. Nr. 13 und 14 werden Nr. 14 und 15 mWv 1.6. 2024 durch V v. 2.5.2024 (GVBl. S. 88); Abs. 2 Satz 1 Nr. 17 eingef., bish. Nr. 17–53 werden Nr. 18–54 mWv 1.7.2024 durch V v. 6.6.2024 (GVBl. S. 158); Abs. 2 Satz 1 Nr. 26 eingef., bish. Nr. 26–28 werden Nr. 27–29, Nr. 30 eingef., bish. Nr. 29–54 werden Nr. 31–56, Satz 2 Nr. 14 eingef., bish. Nr. 14–16 werden Nr. 15–17 mWv 1.8.2024 durch V v. 1.7.2024 (GVBl. S. 277); Abs. 3 Nr. 6 eingef., bish. Nr. 6–15 werden Nr. 7–16 mWv 1.9.2024 durch V v. 2.8.2024 (GVBl. S. 405); Abs. 2 Satz 1 Nr. 14 eingef., bish. Nr. 14–56 werden Nr. 15–57 mWv 1.10.2024 durch V v. 30.8.2024 (GVBl. S. 461); Abs. 2 Satz 2 Nr. 4 eingef., bish. Nr. 4–12 werden Nr. 5–13, Nr. 14 eingef., bish. Nr. 13–17 werden Nr. 15–19, Abs. 3 Nr. 1 eingef., bish. Nr. 1–16 werden Nr. 2–17 mWv 1.11.2024 durch V v. 4.10.2024 (GVBl. S. 536); Abs. 2 Satz 1 Nr. 12 eingef., bish. Nr. 12 und 13 werden Nr. 13 und 14, Nr. 15 eingef., bish. Nr. 14–18 werden Nr. 16–20, Nr. 21 und 22 eingef., bish. Nr. 19–24 werden Nr. 23–28, Nr. 29 eingef., bish. Nr. 25–31 werden Nr. 30–36, Nr. 37 eingef., bish. Nr. 32–35 werden Nr. 38–41, Nr. 42 eingef, bish. Nr. 36–45 werden Nr. 43–52, Nr. 53 eingef., bish. Nr. 46–49 werden Nr. 54–57, Nr. 58 eingef., bish. Nr. 50–57 werden Nr. 59–66, Abs. 3 Nr. 5 eingef., bish. Nr. 5–9 werden Nr. 6–10, Nr. 11 eingef., bish. Nr. 10 wird Nr. 12, Nr. 13 eingef., bish. Nr. 11–15 werden Nr. 14–18, bish. Nr. 16 und 17 werden Nr. 19 und 20 und jeweils geänd., Nr. 21 angef. mWv 1.1.2025 durch V v. 27.11.2024 (GVBl. S. 592); Abs. 1 Satz 3 aufgeh. mWv 16.1.2025 durch V v. 18.12.2024 (GVBl. 2025 S. 2); Abs. 2 Nr. 10 eingef., bish. Nr. 10–66 werden Nr. 11–67, Abs. 3 Nr. 14 eingef., bish. Nr. 14–21 werden Nr. 15–22 mWv 1.3.2025 durch V v. 30.1.2025 (GVBl. S. 52); Abs. 2 Satz 1 Nr. 60 eingef., bish. Nr. 60–67 werden Nr. 61–68 mWv 1.4.2025 durch V v. 6.3.2025 (GVBl. S. 74).

7. Landratsamt Bad Kissingen,
8. Landratsamt Bad Tölz-Wolfratshausen,
9. Landratsamt Bamberg,
10. Landratsamt Bayreuth,
11. Landratsamt Berchtesgadener Land,
12. Landratsamt Cham,
13. Landratsamt Coburg,
14. Landratsamt Dachau,
15. Landratsamt Deggendorf,
16. Landratsamt Dillingen a.d.Donau,
17. Landratsamt Dingolfing-Landau,
18. Landratsamt Donau-Ries,
19. Landratsamt Ebersberg,
20. Landratsamt Eichstätt,
21. Landratsamt Erding,
22. Landratsamt Erlangen-Höchstadt,
23. Landratsamt Forchheim,
24. Landratsamt Freising,
25. Landratsamt Freyung-Grafenau,
26. Landratsamt Fürstenfeldbruck,
27. Landratsamt Fürth,
28. Landratsamt Garmisch-Partenkirchen,
29. Landratsamt Günzburg,
30. Landratsamt Haßberge,
31. Landratsamt Hof,
32. Landratsamt Kelheim,
33. Landratsamt Kitzingen,
34. Landratsamt Kronach,
35. Landratsamt Kulmbach,
36. Landratsamt Landsberg am Lech,
37. Landratsamt Landshut,
38. Landratsamt Lichtenfels,
39. Landratsamt Lindau (Bodensee),
40. Landratsamt Main-Spessart,
41. Landratsamt Mühldorf a.Inn,
42. Landratsamt München,
43. Landratsamt Neuburg-Schrobenhausen,
44. Landratsamt Neumarkt i.d.Opf.,
45. Landratsamt Neustadt a.d.Aisch-Bad Windsheim,
46. Landratsamt Neustadt a.d.Waldnaab,
47. Landratsamt Nürnberger Land,
48. Landratsamt Oberallgäu,
49. Landratsamt Ostallgäu,
50. Landratsamt Passau,

51. Landratsamt Pfaffenhofen a.d.Ilm,
52. Landratsamt Regen,
53. Landratsamt Regensburg,
54. Landratsamt Rhön-Grabfeld,
55. Landratsamt Rosenheim,
56. Landratsamt Roth,
57. Landratsamt Rottal-Inn,
58. Landratsamt Schwandorf,
59. Landratsamt Schweinfurt,
60. Landratsamt Starnberg,
61. Landratsamt Straubing-Bogen,
62. Landratsamt Tirschenreuth,
63. Landratsamt Traunstein,
64. Landratsamt Unterallgäu,
65. Landratsamt Weilheim-Schongau,
66. Landratsamt Weißenburg-Gunzenhausen,
67. Landratsamt Wunsiedel i.Fichtelgebirge und
68. Landratsamt Würzburg.

[2] Sie gilt ferner für den Zuständigkeitsbereich folgender Gemeinden, soweit diese Aufgaben als untere Bauaufsichts- und Abgrabungsbehörden wahrnehmen:

1. Stadt Aschaffenburg,
2. Stadt Augsburg,
3. Stadt Bamberg,
4. Stadt Bayreuth,
5. Stadt Erlangen,
6. Stadt Fürth,
7. Stadt Ingolstadt,
8. Stadt Kempten (Allgäu),
9. Stadt Landshut,
10. Stadt München,
11. Stadt Nürnberg,
12. Stadt Passau,
13. Stadt Regensburg,
14. Stadt Rosenheim,
15. Stadt Schwabach,
16. Stadt Schweinfurt,
17. Stadt Straubing,
18. Stadt Weiden i.d.OPf. und
19. Stadt Würzburg.

(3) Sie gilt ferner für den Zuständigkeitsbereich folgender Gemeinden, soweit diese Aufgaben als untere Bauaufsichtsbehörden wahrnehmen:

1. Gemeinde Vaterstetten,
2. Stadt Alzenau,

3. Stadt Bad Kissingen,
4. Stadt Bad Reichenhall,
5. Stadt Deggendorf,
6. Stadt Eichstätt,
7. Stadt Erding,
8. Stadt Freising,
9. Stadt Friedberg,
10. Stadt Fürstenfeldbruck,
11. Stadt Germering,
12. Stadt Kitzingen,
13. Stadt Lindau (Bodensee),
14. Stadt Neuburg a.d.Donau,
15. Stadt Neumarkt i.d.Opf.,
16. Stadt Nördlingen,
17. Stadt Rothenburg ob der Tauber,
18. Stadt Schwandorf,
19. Stadt Sulzbach-Rosenberg,
20. Stadt Traunstein,
21. Stadt Waldkraiburg und
22. Stadt Waldsassen.

**§ 2 Digitale Einreichung, Authentifizierung.** (1) [1]Es können digital eingereicht werden:

1. Bauanträge (Art. 64 Bayerische Bauordnung – BayBO)[1)],
2. Vorlagen im Genehmigungsfreistellungsverfahren (Art. 58 BayBO),
3. Anträge auf Teilbaugenehmigung (Art. 70 BayBO),
4. Anträge auf Vorbescheid (Art. 71 BayBO),
5. Anträge auf Zulassung von Abweichungen von Anforderungen der Bayerischen Bauordnung und auf Grund der Bayerischen Bauordnung erlassenen Vorschriften, von Ausnahmen und Befreiungen von den Festsetzungen eines Bebauungsplans, einer sonstigen städtebaulichen Satzung oder von Regelungen der Baunutzungsverordnung (Art. 63 BayBO),
6. Anträge auf Verlängerung der Geltungsdauer der Baugenehmigung und der Teilbaugenehmigung (Art. 69 Abs. 2 BayBO),
7. Anträge auf Verlängerung der Geltungsdauer des Vorbescheids (Art. 71 Satz 3 BayBO),
8. Baubeginnsanzeigen (Art. 68 Abs. 8 BayBO),
9. Anzeigen der Nutzungsaufnahme (Art. 78 Abs. 2 Satz 1 und 2 BayBO),
10. Anzeigen der Beseitigung (Art. 57 Abs. 5 Satz 2 BayBO),
11. Erklärungen des Tragwerksplaners nach Maßgabe des Kriterienkatalogs (Art. 62a Abs. 2 Satz 1 Nr. 2 BayBO in Verbindung mit Anlage 2 Bauvorlagenverordnung – BauVorlV),
12. Abgrabungsanträge (Art. 7 Bayerisches Abgrabungsgesetz – BayAbgrG[2)]),

---

1) Nr. **1**.
2) Nr. **4**.

13. erforderliche Unterlagen für genehmigungsfreie Abgrabungen im Geltungsbereich eines Bebauungsplans (Art. 6 Abs. 2 Satz 1 Nr. 3 BayAbgrG),
14. Anträge auf Teilabgrabungsgenehmigung (Art. 9 Abs. 1 Satz 5 BayAbgrG),
15. Anträge auf Vorbescheid (Art. 9 Abs. 1 Satz 4 BayAbgrG) sowie
16. Beginnsanzeigen (Art. 9 Abs. 4 Satz 2 BayAbgrG).

[2]Die digitale Einreichung der in Satz 1 Nr. 11 genannten Bauvorlagen ist nur begleitend zu ebenfalls digital eingereichten Anträgen oder Anzeigen nach Satz 1 Nr. 1 oder Nr. 8 möglich.

(2) [1]Bei der digitalen Einreichung hat sich die dafür vom Online-Assistenten vorgesehene Person zu authentifizieren. [2]Dies erfolgt über die Authentifizierung mit einem am Nutzerkonto zugelassenen Verfahren. [3]Die Authentifizierung ersetzt etwaige Schriftformerfordernisse, die die Bayerische Bauordnung und das Bayerische Abgrabungsgesetz für die Einreichung anordnen. [4]Sich authentifizierende Entwurfsverfasser, Tragwerksplaner und Vertreter müssen vom Bauherrn oder Antragsteller beauftragt und bevollmächtigt sein, die Anträge, Anzeigen, Unterlagen oder Bauvorlagen digital einzureichen. [5]Dies gilt bei Anträgen, bei denen mehrere Personen als Bauherr oder Antragsteller auftreten, auch für den sich authentifizierenden Bauherrn oder Antragsteller.

## Teil 2. Bauaufsichtliches Verfahren

**§ 3 Abstandsflächen, Abstände.** [1]Abweichend von Art. 6 Abs. 2 Satz 3 BayBO[1)] kann die Zustimmung des Nachbarn gegenüber der Bauaufsichtsbehörde als elektronisches Abbild des unterschriebenen Originals abgegeben werden. [2]Die Bauaufsichtsbehörde kann die Vorlage des unterschriebenen Originals verlangen.

**§ 4 Entwurfsverfasser und Fachplaner.** [1]Abweichend von Art. 51 Abs. 2 Satz 2 BayBO[1)] müssen Fachplaner die von ihnen gefertigten Unterlagen nicht unterzeichnen, soweit nachfolgend nichts Anderes bestimmt ist. [2]Die Unterlagen müssen die Person des Fachplaners erkennen lassen. [3]Der Entwurfsverfasser ist für die korrekte Angabe der Person des Fachplaners verantwortlich.

**§ 5 Anzeige der Beseitigung.** [1]Abweichend von Art. 57 Abs. 5 Satz 2 BayBO[1)] genügt die Anzeige bei der Bauaufsichtsbehörde. [2]Die Bauaufsichtsbehörde leitet, soweit sie nicht Gemeinde ist, die Anzeige unter Mitteilung des Tages der Einreichung unverzüglich an die Gemeinde weiter.

**§ 6 Genehmigungsfreistellung.** [1]Abweichend von Art. 58 Abs. 3 Satz 1 Halbsatz 1 BayBO[1)] sind die Unterlagen bei der Bauaufsichtsbehörde einzureichen. [2]Ist die Bauaufsichtsbehörde nicht selbst Gemeinde, leitet sie die Unterlagen unverzüglich an die zuständige Gemeinde weiter. [3]Art. 58 Abs. 3 Satz 1 Halbsatz 2 BayBO kommt nicht zur Anwendung. [4]Die Bauaufsichtsbehörde teilt der Gemeinde mit, an welchem Tag die Unterlagen digital eingereicht wurden. [5]Art. 58 Abs. 3 Satz 2 und 5 findet mit der Maßgabe Anwendung, dass statt auf den Zeitpunkt der Vorlage der erforderlichen Unterlagen bei der Gemeinde auf den Zeitpunkt der digitalen Einreichung abzustellen ist. [6]Ab-

---

[1)] Nr. **1**.

weichend von Art. 58 Abs. 4 Satz 3 BayBO genügt die Weiterleitung der Erklärung nach Art. 58 Abs. 1 Satz 1 Nr. 5 BayBO an die Bauaufsichtsbehörde.

**§ 7 Abweichungen, Ausnahmen, Befreiungen.** [1] Der Antrag nach Art. 63 Abs. 3 Satz 1 BayBO[1)] ist bei der Bauaufsichtsbehörde einzureichen. [2] Ist die Bauaufsichtsbehörde nicht selbst Gemeinde, leitet sie den Antrag unverzüglich an die zuständige Gemeinde weiter. [3] Ist der Antrag gemäß Art. 63 Abs. 2 Satz 2 Halbsatz 2 BayBO mit dem Bauantrag zu stellen, erfolgt die digitale Einreichung mit der digitalen Einreichung des Bauantrags.

**§ 8[2)] Bauantrag, Bauvorlagen.** Abweichend von Art. 64 Abs. 4 Satz 1 BayBO[1)] müssen der Bauantrag und die Bauvorlagen nicht unterschrieben werden.

**§ 9[3)] Genehmigungsfiktion, Baugenehmigung.** [1] Abweichend von Art. 68 Abs. 3 Satz 3 BayBO[1)] genügt die Zustellung einer angemessen maßstäblich verkleinerten, mit einem Genehmigungsvermerk versehenen Fassung der Bauvorlagen, wenn der Antragsteller die Bauvorlagen zusätzlich in digitaler Form erhält. [2] Auf der Papierfassung ist in geeigneter Weise kenntlich zu machen, dass sie abgesehen von der Verkleinerung mit der Urschrift übereinstimmt.

**§ 10 Vorbescheid.** Abweichend von Art. 71 Satz 4 BayBO[1)] gilt für den Antrag auf Vorbescheid Art. 64 BayBO in Verbindung mit § 8 entsprechend.

**§ 11[4)] Bauvorlagen.** (1) [1] Werden Anträge, Anzeigen oder Unterlagen digital eingereicht, sind Bauvorlagen und Anlagen unter Verwendung der entsprechenden Funktion der Online-Assistenten in elektronischer Form beizufügen, soweit sie nicht ihrerseits unter Verwendung eines entsprechenden Online-Assistenten digital eingereicht werden. [2] Die Nachreichung von Bauvorlagen muss auf dem dafür von der Bauaufsichtsbehörde eröffneten elektronischen Weg oder in einem Online-Assistenten erfolgen. [3] Die Bauaufsichtsbehörde kann ausnahmsweise Papierform zulassen.

(2) [1] Dateien müssen als Einzeldateien in einem Portable Document Format vorliegen. [2] Dateianlagen innerhalb der Dateien sind unzulässig. [3] Die Dateien dürfen keine Sicherheitseinstellungen und keinen Schreibschutz enthalten. [4] Lageplan und Bauzeichnungen müssen neben der numerischen Angabe des Maßstabes auch eine grafische, mit den tatsächlichen Distanzen zu beschriftende Maßstabsleiste enthalten, sofern nicht vorhandene Maßketten eine Kalibrierung ermöglichen. [5] § 1 Abs. 2 Satz 1 BauVorlV[5)] findet keine Anwendung.

(3) [1] § 1 Abs. 3 BauVorlV findet nur Anwendung, soweit die öffentlich bekanntgemachten Vordrucke nicht durch entsprechende Online-Assistenten ersetzt werden. [2] § 2 BauVorlV findet keine Anwendung. [3] Gemäß Abs. 1 Satz 3 in Papierform eingereichte Bauvorlagen sind einfach einzureichen.

(4) [1] Die Nachweise der Standsicherheit, des Brandschutzes und die Bestätigung nach Art. 78 Abs. 2 Satz 2 Nr. 3 BayBO[1)] werden als elektronisches

---

[1)] Nr. **1**.

[2)] § 8 Sätze 1–3 aufgeh. mWv 16.1.2025 durch V v. 18.12.2024 (GVBl. 2025 S. 2).

[3)] § 9 neu gef. mWv 1.10.2022 durch V v. 13.9.2022 (GVBl. S. 628); Abs. 1 aufgeh. mWv 16.1.2025 durch V v. 18.12.2024 (GVBl. 2025 S. 2).

[4)] § 11 Abs. 4 Sätze 5 und 6 angef. mWv 1.10.2022 durch V v. 13.9.2022 (GVBl. S. 628).

[5)] Nr. **3**.

Abbild des vom Ersteller unterschriebenen Originals abgegeben. [2] Sind nach § 1 Abs. 3 BauVorlV in Verbindung mit Abs. 3 Satz 1 öffentlich bekannt gemachte Vordrucke zu verwenden, erfolgt die Abgabe als elektronisches Abbild des unterschriebenen Originals. [3] Im Übrigen müssen Bauvorlagen die Person des Entwurfsverfassers erkennen lassen. [4] In den Fällen des Satzes 1 und 2 kann die Bauaufsichtsbehörde die Vorlage des unterschriebenen Originals verlangen. [5] Art. 3a Abs. 2 des Bayerischen Verwaltungsverfahrensgesetzes bleibt unberührt. [6] § 7 Abs. 2 Satz 4 BauVorlV findet keine Anwendung.

(5) Die Erklärungen nach § 15 Abs. 1 BauVorlV werden durch Erklärungen des sich authentifizierenden Bauherrn oder Vertreter des Bauherrn darüber ersetzt, dass der jeweils angegebene Nachweisersteller den bautechnischen Nachweis erstellt hat.

## Teil 3. Abgrabungsaufsichtliches Verfahren

**§ 12 Genehmigungsfreie Abgrabung im Geltungsbereich eines Bebauungsplans.** [1] Unterlagen nach Art. 6 Abs. 2 Satz 1 Nr. 3 Buchst. e BayAbgrG[1)] sind bei der Abgrabungsbehörde einzureichen. [2] Ist die Abgrabungsbehörde nicht selbst Gemeinde, leitet sie die Unterlagen unverzüglich an die zuständige Gemeinde weiter. [3] Die Abgrabungsbehörde teilt der Gemeinde mit, an welchem Tag die Unterlagen digital eingereicht wurden. [4] Art. 6 Abs. 2 Satz 1 Nr. 3 Buchst. e BayAbgrG findet mit der Maßgabe Anwendung, dass statt auf den Zeitpunkt der Vorlage der erforderlichen Unterlagen bei der Gemeinde auf den Zeitpunkt der digitalen Einreichung abzustellen ist.

**§ 13[2)] Abgrabungsplan.** Abweichend von § 14 Satz 1 BauVorlV[3)] gelten für den Abgrabungsplan nach Art. 7 Abs. 1 Satz 1 BayAbgrG[1)] die Vorschriften des Ersten bis Dritten Teils der Bauvorlagenverordnung in Verbindung mit § 11 Abs. 1 bis 4 entsprechend.

## Teil 4. Schlussvorschriften

**§ 14[4)] Inkrafttreten.** Diese Verordnung tritt am 1. März 2021 in Kraft.

---

[1)] Nr. **4**.
[2)] § 13 aufgeh., bish. § 14 wird § 13 mWv 16.1.2025 durch V v. 18.12.2024 (GVBl. 2025 S. 2).
[3)] Nr. **3**.
[4)] Bish. § 15 wird § 14, Überschrift geänd., Satz 2 aufgeh. mWv 16.1.2025 durch V v. 18.12.2024 (GVBl. 2025 S. 2).

# 3. Verordnung über Bauvorlagen und bauaufsichtliche Anzeigen (Bauvorlagenverordnung – BauVorlV)[1)]

Vom 10. November 2007
(GVBl. S. 792)

**BayRS 2132-1-2-B**

zuletzt geänd. durch § 13 Abs. 2 Zweites ModernisierungsG Bayern v. 23.12.2024 (GVBl. S. 619)

Auf Grund von Art. 80 Abs. 4 der Bayerischen Bauordnung (BayBO)[2)] in der Fassung der Bekanntmachung vom 14. August 2007 (GVBl S. 588, BayRS 2132-1-I) und Art. 7 Abs. 2 des Bayerischen Abgrabungsgesetzes (BayAbgrG)[3)] vom 27. Dezember 1999 (GVBl S. 532, 535, BayRS 2132-2-I) erlässt das Bayerische Staatsministerium des Innern folgende Verordnung:

**Nichtamtliche Inhaltsübersicht[4)]**



---

[1)] In Kraft getreten gem. § 17 Abs. 1 Satz 1 am 1.1.2008; siehe bis zum 31.12.2007 die Bauvorlagenverordnung (BauVorlV) v. 8.12.1997 (GVBl. S. 822; 1998 S. 271).

[2)] Nr. **1**.

[3)] Nr. **4**.

[4)] Amtl. Inhaltsübersicht aufgeh. mWv 1.9.2018 durch V v. 7.8.2018 (GVBl. S. 694).

## Erster Teil. Allgemeines

**§ 1[1)] Begriff, Beschaffenheit.** (1) [1]Bauvorlagen sind die einzureichenden Unterlagen, die für die Beurteilung des Bauvorhabens und die Bearbeitung des Bauantrags (Art. 64 Abs. 2 Satz 1 BayBO[2)]), für die Anzeige der beabsichtigten Beseitigung (Art. 57 Abs. 5 Satz 2 BayBO) oder für die Genehmigungsfreistellung (Art. 58 Abs. 3 Satz 1 Halbsatz 1 BayBO) erforderlich sind. [2]Bautechnische Nachweise gelten auch dann als Bauvorlagen im Sinn dieser Verordnung, wenn sie der Bauaufsichtsbehörde nicht vorzulegen sind.

(2) [1]Bauvorlagen müssen aus alterungsbeständigem Papier oder gleichwertigem Material lichtbeständig hergestellt sein und dem Format DIN A 4 entsprechen oder auf diese Größe gefaltet sein. [2]Art. 3a des Bayerischen Verwaltungsverfahrensgesetzes (BayVwVfG) bleibt unberührt.

(3) Hat das Staatsministerium für Wohnen, Bau und Verkehr Vordrucke öffentlich bekannt gemacht, sind diese zu verwenden.

(4) Die Bauaufsichtsbehörde darf ein Modell oder weitere Nachweise verlangen, wenn dies zur Beurteilung des Bauvorhabens erforderlich ist.

(5) Die Bauaufsichtsbehörde soll auf Bauvorlagen nach dem Zweiten Teil und einzelne Angaben in den Bauvorlagen sowie auf bautechnische Nachweise einschließlich deren Prüfung und deren Bescheinigung durch Prüfsachverständige verzichten, soweit diese zur Beurteilung der Genehmigungsfähigkeit des Bauvorhabens nicht erforderlich sind.

**§ 2[3)] Anzahl.** [1]Bauvorlagen sind dreifach, ist die Gemeinde zugleich Bauaufsichtsbehörde, zweifach einzureichen. [2]Die Bauaufsichtsbehörde kann Mehrfertigungen verlangen, soweit dies zur Beteiligung von Stellen nach Art. 65 Abs. 2 Satz 1 Halbsatz 1 BayBO[2)] (Sternverfahren) erforderlich ist; die Mehrfertigungen müssen nicht nach Art. 51 Abs. 2 Satz 2, Art. 64 Abs. 4 Sätze 1 und 2 BayBO unterschrieben sein. [3]Im Fall der Errichtung, Änderung oder Nutzungsänderung einer baulichen Anlage mit Arbeitsstätten mit einem höheren Gefährdungspotential ist eine weitere Ausfertigung vorzulegen, die die Bauaufsichtsbehörde an das Gewerbeaufsichtsamt der zuständigen Regierung weiterleitet; ein höheres Gefährdungspotential liegt in der Regel nicht vor bei

1. Schulen, Hochschulen und ähnlichen Einrichtungen,
2. Gesundheitseinrichtungen, ausgenommen Krankenhäuser,
3. Heimen und sonstigen Einrichtungen zur Unterbringung oder Pflege von Personen sowie Tageseinrichtungen für Kinder, behinderte und alte Menschen, ausgenommen Werkstätten für Menschen mit Behinderung,
4. Gast- und Beherbergungsstätten und Lagereinrichtungen mit voraussichtlich weniger als 20 Beschäftigten,
5. Büro- und Verwaltungsgebäuden,
6. Anlagen des Dienstleistungs- sowie des Verlags- und Mediengewerbes, ausgenommen Anlagen des Druckgewerbes,
7. Anlagen des Bau- und Elektroinstallationsgewerbes,

---

[1)] § 1 Abs. 3 geänd. mWv 30.8.2014 durch V v. 22.7.2014 (GVBl. S. 286); Abs. 3 geänd. mWv 1.5. 2019 durch V v. 26.3.2019 (GVBl. S. 98).

[2)] Nr. **1**.

[3)] § 2 Satz 2 geänd. mWv 1.1.2025 durch G v. 23.12.2024 (GVBl. S. 619).

8. Verkaufsstätten mit einer Fläche von weniger als 2000 m²,
9. Anlagen der Land- und Forstwirtschaft sowie der Fischerei,
10. Anlagen von Verkehrsbetrieben, ausgenommen Anlagen zum Güterumschlag,
11. Anlagen von Versorgungsbetrieben, ausgenommen Anlagen zum Güterumschlag.

## Zweiter Teil. Vorzulegende Bauvorlagen

**§ 3[1) ] Bauliche Anlagen.** Vorzulegen sind:
1. ein aktueller Auszug aus dem Katasterwerk und, soweit es sich nicht um Änderungen baulicher Anlagen handelt, bei denen Außenwände und Dächer sowie die Nutzung nicht verändert werden, der Lageplan (§ 7),
2. die Bauzeichnungen (§ 8),
3. die Baubeschreibung (§ 9),
4. bei Sonderbauten der Nachweis der Standsicherheit (§ 10), soweit er bauaufsichtlich geprüft wird, andernfalls die Erklärung des Tragwerksplaners nach Maßgabe des Kriterienkatalogs der **Anlage 2**,
5. der Nachweis des Brandschutzes (§ 11), soweit er bauaufsichtlich geprüft wird und nicht bereits in den übrigen Bauvorlagen enthalten ist,
6. die erforderlichen Angaben über die gesicherte Erschließung hinsichtlich der Versorgung mit Wasser und Energie sowie der Entsorgung von Abwasser und der verkehrsmäßigen Erschließung, soweit das Bauvorhaben nicht an eine öffentliche Wasser- oder Energieversorgung oder eine öffentliche Abwasserentsorgungsanlage angeschlossen werden kann oder nicht in ausreichender Breite an einer öffentlichen Verkehrsfläche liegt,
7. bei Bauvorhaben im Geltungsbereich eines Bebauungsplans, der Festsetzungen darüber enthält, eine Berechnung des zulässigen, des vorhandenen und des geplanten Maßes der baulichen Nutzung,
8. soweit erforderlich, die Erklärung der Übernahme einer Abstandsfläche nach Art. 6 Abs. 2 Satz 3 Halbsatz 1 BayBO[2)],
9. erforderliche Abweichungsanträge (Art. 63 BayBO).

**§ 4[3)] Werbeanlagen.** (1) Vorzulegen sind:
1. ein aktueller Auszug aus dem Katasterwerk mit Einzeichnung des Standorts,
2. eine Zeichnung (Abs. 2) und Beschreibung (Abs. 3) oder eine andere geeignete Darstellung der Werbeanlage, wie ein farbiges Lichtbild oder eine farbige Lichtbildmontage,
3. bei Sonderbauten der Nachweis der Standsicherheit (§ 10), soweit er bauaufsichtlich geprüft wird, andernfalls die Erklärung des Tragwerkplaners nach Maßgabe des Kriterienkatalogs der Anlage 2.

(2) Die Zeichnung muss die Darstellung der Werbeanlage und ihre Maße, auch bezogen auf den Standort und auf Anlagen, an denen die Werbeanlage

---

[1)] § 3 Nr. 4 neu gef. mWv 1.8.2009 durch V v. 8.7.2009 (GVBl. S. 332); Nr. 8 geänd., Nr. 9 angef. mWv 1.11.2009 durch V v. 22.10.2009 (GVBl. S. 542).

[2)] Nr. **1**.

[3)] § 4 Abs. 1 Nr. 3 geänd. mWv 1.11.2009 durch V v. 22.10.2009 (GVBl. S. 542).

angebracht oder in deren Nähe sie aufgestellt werden soll, sowie Angaben über die Farbgestaltung enthalten.

(3) In der Beschreibung sind die Art und die Beschaffenheit der Werbeanlage, sowie, soweit erforderlich, die Abstände zu öffentlichen Verkehrsflächen sowie zu benachbarten Signalanlagen und Verkehrszeichen anzugeben.

**§ 5 Vorbescheid.** Vorzulegen sind diejenigen Bauvorlagen, die zur Beurteilung der durch den Vorbescheid zu entscheidenden Fragen des Bauvorhabens erforderlich sind.

**§ 6[1] Beseitigung von Anlagen.** Vorzulegen sind:

1. ein Lageplan, der die Lage der zu beseitigenden Anlagen unter Bezeichnung des Grundstücks nach Katasterwerk sowie nach Straße und Hausnummer darstellt (§ 7),
2. in den Fällen des Art. 57 Abs. 5 Satz 3 Halbsatz 1 BayBO[2] die Erklärung des Tragwerksplaners über die Standsicherheit angebauter Gebäude.

## Dritter Teil. Inhalt der Bauvorlagen

**§ 7[3] Auszug aus dem Katasterwerk, Lageplan.** (1) [1]Der Auszug aus dem Katasterwerk (Ausschnitt aus der Flurkarte) muss das Baugrundstück und die benachbarten Grundstücke im Umkreis von mindestens 50 m darstellen. [2]Das Baugrundstück ist zu kennzeichnen. [3]Der Auszug ist mit dem Namen des Bauherrn, der Bezeichnung des Bauvorhabens und dem Datum des dazugehörigen Bauantrags oder der Unterlagen nach Art. 58 Abs. 3 Satz 1 Halbsatz 2 BayBO[2] zu beschriften.

(2) [1]Der Lageplan ist auf der Grundlage des Auszugs aus dem Katasterwerk zu erstellen. [2]Dabei ist ein Maßstab nicht kleiner als 1 : 1000 zu verwenden. [3]Ein größerer Maßstab ist zu wählen, wenn es für die Beurteilung des Bauvorhabens erforderlich ist. [4]Der Auszug muss jeweils von der katasterführenden Behörde (Art. 12 Abs. 4 des Vermessungs- und Katastergesetzes – VermKatG) beglaubigt oder durch ein automatisiertes Abrufverfahren gemäß Art. 11 Abs. 2 VermKatG zum Zweck der Bauvorlage abgerufen worden sein.

(3) Der Lageplan muss, soweit dies zur Beurteilung des Bauvorhabens erforderlich ist, enthalten:

1. den Maßstab und die Nordrichtung,
2. die katastermäßigen Flächen, Flurstücksnummern und die Flurstücksgrenzen des Baugrundstücks und der benachbarten Grundstücke,
3. die im Grundbuch geführte Bezeichnung des Baugrundstücks und der benachbarten Grundstücke mit den jeweiligen Eigentümerangaben,
4. die vorhandenen baulichen Anlagen auf dem Baugrundstück und den benachbarten Grundstücken mit Angabe ihrer Nutzung, First- und Außenwandhöhe, Dachform und der Art der Außenwände und der Bedachung,

---

[1] § 6 Nr. 2 neu gef., Nr. 3 aufgeh. mWv 1.1.2013 durch V v. 7.12.2012 (GVBl. S. 732).

[2] Nr. **1**.

[3] § 7 Abs. 2 Satz 3 und Abs. 3 geänd. mWv 1.8.2009 durch V v. 8.7.2009 (GVBl. S. 332); Abs. 5 Satz 1 Halbs. 1 geänd. mWv 1.1.2013 durch V v. 7.12.2012 (GVBl. S. 732); Abs. 5 Satz 1 geänd. mWv 1.9.2018 durch V v. 7.8.2018 (GVBl. S. 694).

5. Baudenkmäler einschließlich Ensembles sowie geschützte Teile von Natur und Landschaft auf dem Baugrundstück und auf den Nachbargrundstücken,
6. Leitungen, die der öffentlichen Versorgung mit Wasser, Gas, Elektrizität, Wärme, der öffentlichen Abwasserentsorgung oder der Telekommunikation und Rohrleitungen, die dem Ferntransport von Stoffen dienen, sowie deren Abstände zu der geplanten baulichen Anlage,
7. die angrenzenden öffentlichen Verkehrsflächen mit Angabe der Breite, der Straßenklasse und der Höhenlage mit Bezug auf das Höhenbezugssystem,
8. Hydranten und andere Wasserentnahmestellen für die Feuerwehr,
9. die Festsetzungen eines Bebauungsplans für das Baugrundstück über die überbaubaren und die nicht überbaubaren Grundstücksflächen,
10. die geplante bauliche Anlage unter Angabe der Außenmaße, der Dachform und der Höhenlage des Erdgeschossfußbodens zur Straße,
11. die Höhenlage der Eckpunkte des Baugrundstücks und der Eckpunkte der geplanten baulichen Anlage mit Bezug auf das Höhenbezugssystem,
12. die Aufteilung der nicht überbauten Flächen unter Angabe der Lage und Breite der Zu- und Abfahrten, der Anzahl, Lage und Größe der Kinderspielplätze, der Stellplätze und der Flächen für die Feuerwehr,
13. die Abstände der geplanten baulichen Anlage zu anderen baulichen Anlagen auf dem Baugrundstück und auf den benachbarten Grundstücken, zu den Nachbargrenzen sowie die Abstandsflächen der geplanten baulichen Anlagen und der bestehenden Anlagen auf dem Baugrundstück und den Nachbargrundstücken,
14. die Abstände der geplanten baulichen Anlage zu oberirdischen Gewässern,
15. geschützten Baumbestand.

(4) Der Inhalt des Lageplans nach Abs. 3 ist auf besonderen Blättern in geeignetem Maßstab darzustellen, wenn der Lageplan sonst unübersichtlich würde.

(5) [1] Im Lageplan sind die Zeichen oder Farben der **Anlage 1** zu verwenden; im Übrigen ist die Planzeichenverordnung 1990 entsprechend anzuwenden. [2] Sonstige Darstellungen sind zu erläutern.

**§ 8[1)] Bauzeichnungen.** (1) [1] Für die Bauzeichnungen ist ein Maßstab von 1 : 100 zu verwenden. [2] Ein größerer Maßstab ist zu wählen, wenn er zur Darstellung der erforderlichen Eintragung notwendig ist; ein kleinerer Maßstab kann gewählt werden, wenn er dafür ausreicht.

(2) In den Bauzeichnungen sind darzustellen:

1. die Grundrisse aller Geschosse mit Angabe der vorgesehenen Nutzung der Räume und mit Einzeichnung der
   a) Treppen,
   b) lichten Durchgangsmaße der Türen sowie deren Art, Anordnung und Aufschlagrichtung an und in Rettungswegen,
   c) Abgasanlagen,

---

[1)] § 8 Abs. 4 geänd. mWv 1.1.2013 durch V v. 7.12.2012 (GVBl. S. 732); Abs. 2 Nr. 1 Buchst. g geänd. mWv 1.9.2018 durch V v. 7.8.2018 (GVBl. S. 694).

d) Räume für die Aufstellung von Feuerstätten unter Angabe der Nennleistung sowie der Räume für die Brennstofflagerung unter Angabe der vorgesehenen Art und Menge des Brennstoffes,

e) Aufzugsschächte, Aufzüge und der nutzbaren Grundflächen der Fahrkörbe von Personenaufzügen,

f) Installationsschächte, -kanäle und Lüftungsleitungen, soweit sie raumabschließende Bauteile durchdringen,

g) Räume für die Aufstellung von Lüftungsanlagen,

2. die Schnitte, aus denen folgende Punkte ersichtlich sind:

a) die Gründung der geplanten baulichen Anlage und, soweit erforderlich, die Gründungen anderer baulicher Anlagen,

b) der Anschnitt der vorhandenen und der geplanten Geländeoberfläche,

c) die Höhenlage des Erdgeschossfußbodens mit Bezug auf das Höhenbezugssystem,

d) die Höhe der Fußbodenoberkante des höchstgelegenen Geschosses, in dem ein Aufenthaltsraum möglich ist, über der geplanten Geländeoberfläche,

e) die lichten Raumhöhen,

f) der Verlauf der Treppen und Rampen mit ihrem Steigungsverhältnis,

g) die Wandhöhe im Sinn des Art. 6 Abs. 4 BayBO[1],

h) die Dachhöhen und Dachneigungen,

3. die Ansichten der geplanten baulichen Anlage mit dem Anschluss an Nachbargebäude unter Angabe von Baustoffen und Farben, der vorhandenen und geplanten Geländeoberfläche sowie des Straßengefälles.

(3) In den Bauzeichnungen sind anzugeben:

1. der Maßstab und die Maße,
2. die wesentlichen Bauprodukte und Bauarten,
3. die Rohbaumaße der Fensteröffnungen in Aufenthaltsräumen,
4. bei Änderung baulicher Anlagen die zu beseitigenden und die geplanten Bauteile.

(4) In den Bauzeichnungen sind die Zeichen oder Farben der **Anlage 1** zu verwenden.

**§ 9[2] Baubeschreibung.** [1] In der Baubeschreibung sind das Bauvorhaben und seine Nutzung zu erläutern, soweit dies zur Beurteilung erforderlich ist und die notwendigen Angaben nicht im Lageplan und den Bauzeichnungen enthalten sind. [2] Die Gebäudeklasse und die Höhe im Sinn des Art. 2 Abs. 3 Satz 2 BayBO[1] sind anzugeben. [3] Die Baukosten der baulichen Anlagen einschließlich der dazugehörenden Wasserversorgungsanlagen auf dem Baugrundstück sind anzugeben.

**§ 10 Standsicherheitsnachweis.** (1) Für den Nachweis der Standsicherheit tragender Bauteile einschließlich ihrer Feuerwiderstandsfähigkeit nach § 11 Abs. 1 Satz 1 Nr. 1 sind eine Darstellung des gesamten statischen Systems sowie

[1] Nr. **1**.
[2] § 9 geänd. mWv 1.8.2009 durch V v. 8.7.2009 (GVBl. S. 332).

die erforderlichen Konstruktionszeichnungen, Berechnungen und Beschreibungen vorzulegen.

(2) [1]Die statischen Berechnungen müssen die Standsicherheit der baulichen Anlagen und ihrer Teile nachweisen. [2]Die Beschaffenheit des Baugrunds und seine Tragfähigkeit sind anzugeben. [3]Soweit erforderlich, ist nachzuweisen, dass die Standsicherheit anderer baulicher Anlagen und die Tragfähigkeit des Baugrunds der Nachbargrundstücke nicht gefährdet werden.

(3) Die Standsicherheit kann auf andere Weise als durch statische Berechnungen nachgewiesen werden, wenn hierdurch die Anforderungen an einen Standsicherheitsnachweis in gleichem Maße erfüllt werden.

**§ 11 Brandschutznachweis.** (1) Für den Nachweis des Brandschutzes sind im Lageplan, in den Bauzeichnungen und in der Baubeschreibung, soweit erforderlich, anzugeben:

1. das Brandverhalten der Baustoffe (Baustoffklasse) und die Feuerwiderstandsfähigkeit der Bauteile (Feuerwiderstandsklasse) entsprechend den Benennungen nach Art. 24 BayBO[1)] oder entsprechend den Klassifizierungen nach den Anlagen zur Bauregelliste A Teil 1,
2. die Bauteile, Einrichtungen und Vorkehrungen, an die Anforderungen hinsichtlich des Brandschutzes gestellt werden, wie Brandwände und Decken, Trennwände, Unterdecken, Installationsschächte und -kanäle, Lüftungsanlagen, Feuerschutzabschlüsse und Rauchschutztüren, Öffnungen zur Rauchableitung, einschließlich der Fenster nach Art. 33 Abs. 8 Satz 2 BayBO,
3. die Nutzungseinheiten, die Brand- und Rauchabschnitte,
4. die aus Gründen des Brandschutzes erforderlichen Abstände innerhalb und außerhalb des Gebäudes,
5. der erste und zweite Rettungsweg nach Art. 31 BayBO, insbesondere notwendige Treppenräume, Ausgänge, notwendige Flure, mit Rettungsgeräten der Feuerwehr erreichbare Stellen einschließlich der Fenster, die als Rettungswege nach Art. 31 Abs. 2 Satz 2 BayBO dienen, unter Angabe der lichten Maße und Brüstungshöhen,
6. die Flächen für die Feuerwehr, Zu- und Durchgänge, Zu- und Durchfahrten, Bewegungsflächen und die Aufstellflächen für Hubrettungsfahrzeuge,
7. die Löschwasserversorgung.

(2) [1]Bei Sonderbauten, Mittel- und Großgaragen müssen, soweit es für die Beurteilung erforderlich ist, zusätzlich Angaben gemacht werden, insbesondere über:

1. brandschutzrelevante Einzelheiten der Nutzung, insbesondere auch die Anzahl und Art der die bauliche Anlage nutzenden Personen sowie Explosions- oder erhöhte Brandgefahren, Brandlasten, Gefahrstoffe und Risikoanalysen,
2. Rettungswegbreiten und -längen, Einzelheiten der Rettungswegführung und -ausbildung einschließlich Sicherheitsbeleuchtung und -kennzeichnung,
3. technische Anlagen und Einrichtungen zum Brandschutz, wie Branderkennung, Brandmeldung, Alarmierung, Brandbekämpfung, Rauchableitung, Rauchfreihaltung,
4. die Sicherheitsstromversorgung,

---

1) Nr. 1.

5. die Bemessung der Löschwasserversorgung, Einrichtungen zur Löschwasserentnahme sowie die Löschwasserrückhaltung,
6. betriebliche und organisatorische Maßnahmen zur Brandverhütung, Brandbekämpfung und Rettung von Menschen und Tieren wie Feuerwehrplan, Brandschutzordnung, Werkfeuerwehr, Bestellung von Brandschutzbeauftragten und Selbsthilfekräften.

[2] Anzugeben ist auch, weshalb es der Einhaltung von Vorschriften wegen der besonderen Art oder Nutzung baulicher Anlagen oder Räume oder wegen besonderer Anforderungen nicht bedarf (Art. 54 Abs. 3 Satz 2 BayBO). [3] Der Brandschutznachweis kann auch gesondert in Form eines objektbezogenen Brandschutzkonzepts dargestellt werden.

**§ 12[1)] Nachweise für Schall- und Erschütterungsschutz.** Die Berechnungen müssen den nach bauordnungsrechtlichen Vorschriften geforderten Schall- und Erschütterungsschutz nachweisen.

**§ 13 Übereinstimmungsgebot.** Die Bauzeichnungen, Baubeschreibungen, Berechnungen und Konstruktionszeichnungen sowie sonstige Zeichnungen und Beschreibungen, die den bautechnischen Nachweisen zugrunde liegen, müssen miteinander übereinstimmen und gleiche Positionsangaben haben.

## Vierter Teil. Abgrabungsplan

**§ 14 Abgrabungsplan.** [1] Für den Abgrabungsplan (Art. 7 Abs. 1 Satz 1 BayAbgrG[2)]) gelten die Vorschriften des Ersten bis Dritten Teils entsprechend. [2] In den Fällen des Art. 8 BayAbgrG bleiben weitergehende Anforderungen nach Abschnitt III des Fünften Teils BayVwVfG unberührt.

## Fünfter Teil. Bauzustandsanzeigen

**§ 15[3)] Baubeginnsanzeige.** (1) [1] Soweit bautechnische Nachweise nicht bauaufsichtlich geprüft und nicht durch einen Prüfsachverständigen bescheinigt werden, ist eine Erklärung des jeweiligen Nachweiserstellers nach den Art. 62 Abs. 2, Art. 62a Abs. 1 und Art. 62b Abs. 1 BayBO[4)] über die Erstellung des bautechnischen Nachweises spätestens mit der Baubeginnsanzeige (Art. 68 Abs. 8, Art. 58 Abs. 5 Satz 2 BayBO) vorzulegen. [2] Wird das Bauvorhaben abschnittsweise ausgeführt, muss die Erklärung spätestens bei Beginn der Ausführung des jeweiligen Bauabschnitts vorliegen.

(2) Für die nach Art. 68 Abs. 6 Nr. 2 BayBO vorzulegenden Bescheinigungen nach den Art. 62a Abs. 2, Art. 62b Abs. 2 BayBO gilt Abs. 1 Satz 2 entsprechend.

(3) [1] Muss der Standsicherheitsnachweis bei Bauvorhaben nach Art. 62a Abs. 2 Satz 1 Nr. 2 BayBO nicht bauaufsichtlich geprüft und nicht durch einen

---

[1)] § 12 Überschr. neu gef., Wortlaut geänd. mWv 1.1.2013 durch V v. 7.12.2012 (GVBl. S. 732).

[2)] Nr. **4**.

[3)] § 15 Abs. 3 geänd. mWv 1.8.2009 durch V v. 8.7.2009 (GVBl. S. 332); Abs. 3 Satz 2 angef. mWv 1.1.2013 durch V v. 7.12.2012 (GVBl. S. 732); Abs. 1 Satz 1, Abs. 2, Abs. 3 Sätze 1 und 2 geänd. mWv 1.9.2018 durch V v. 7.8.2018 (GVBl. S. 694); Abs. 1 Satz 1, Abs. 2 geänd. mWv 1.2.2021 durch G v. 23.12.2020 (GVBl. S. 663).

[4)] Nr. **1**.

Prüfsachverständigen bescheinigt werden, ist spätestens mit der Baubeginnsanzeige eine Erklärung des Tragwerksplaners hierüber nach Maßgabe des Kriterienkatalogs der Anlage 2 vorzulegen. [2]Dies gilt nicht für Bauvorhaben nach Art. 62a Abs. 2 Satz 3 Nr. 1 BayBO.

**§ 16**[1] **Anzeige der beabsichtigten Nutzungsaufnahme.** Sind bei einem Bauvorhaben wiederkehrende bauaufsichtliche Prüfungen durch Rechtsverordnung nach Art. 80 Abs. 1 Satz 1 Nr. 4 oder 5 BayBO[2] oder im Einzelfall vorgeschrieben, ist mit der Anzeige nach Art. 78 Abs. 2 Satz 1 BayBO über die in Art. 78 Abs. 2 Satz 2 BayBO genannten Bescheinigungen und Bestätigungen hinaus der Brandschutznachweis (§ 11) vorzulegen, soweit er nicht bauaufsichtlich geprüft ist.

## Sechster Teil. Inkrafttreten, Außerkrafttreten

**§ 17**[3] **Inkrafttreten.** Diese Verordnung tritt am 1. Januar 2008 in Kraft.

---

[1] § 16 geänd. mWv 1.8.2009 durch V v. 8.7.2009 (GVBl. S. 332).
[2] Nr. **1**.
[3] § 17 Überschrift geänd., Satz 2 aufgeh. mWv 1.9.2018 durch V v. 7.8.2018 (GVBl. S. 694).

## Anlage 1

## Zeichen und Farben für Bauvorlagen (zu § 7 Abs. 5 und § 8 Abs. 4)

| | | Zeichen: | Farbe: |
|---|---|---|---|
| 1. | Grenzen des Grundstücks | — — — — — | Violett |
| 2. | vorhandene bauliche Anlagen oder Bauteile | 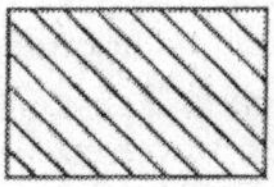 | Grau |
| 3. | geplante bauliche Anlagen oder Bauteile | 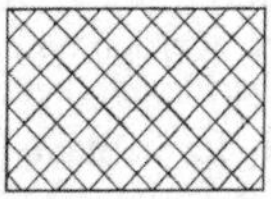 | Rot |
| 4. | zu beseitigende bauliche Anlagen oder Bauteile | 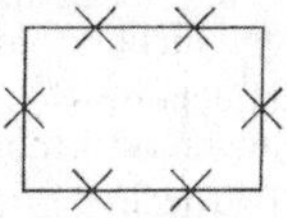 | Gelb |
| 5. | Flächen, auf denen Abstandsflächen nach Art. 6 Abs. 2 Satz 3 BayBO übernommen sind | 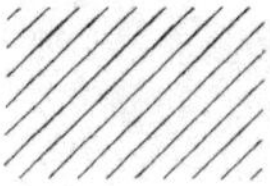 | Braun |

## Anlage 2

### Kriterienkatalog nach § 15 Abs. 3

Sind die nachfolgenden Kriterien ausnahmslos erfüllt, ist eine Prüfung des Standsicherheitsnachweises nicht erforderlich:

1. Die Baugrundverhältnisse sind eindeutig und erlauben eine übliche Flachgründung entsprechend DIN 1054. Ausgenommen sind Gründungen auf setzungsempfindlichem Baugrund.
2. Bei erddruckbelasteten Gebäuden beträgt die Höhendifferenz zwischen Gründungssohle und Erdoberfläche maximal 4 m. Einwirkungen aus Wasserdruck müssen rechnerisch nicht berücksichtigt werden.
3. Angrenzende bauliche Anlagen oder öffentliche Verkehrsflächen werden nicht beeinträchtigt. Nachzuweisende Unterfangungen oder Baugrubensicherungen sind nicht erforderlich.
4. Die tragenden und aussteifenden Bauteile gehen im Wesentlichen bis zu den Fundamenten unversetzt durch. Ein rechnerischer Nachweis der Gebäudeaussteifung, auch für Teilbereiche, ist nicht erforderlich.
5. Die Geschossdecken sind linienförmig gelagert und dürfen für gleichmäßig verteilte Lasten ($kN/m^2$) und Linienlasten aus nichttragenden Wänden (kN/m) bemessen werden. Geschossdecken ohne ausreichende Querverteilung erhalten keine Einzellasten.
6. Die Bauteile der baulichen Anlage oder die bauliche Anlage selbst können mit einfachen Verfahren der Baustatik berechnet oder konstruktiv festgelegt werden. Räumliche Tragstrukturen müssen rechnerisch nicht nachgewiesen werden. Besondere Stabilitäts-, Verformungs- und Schwingungsuntersuchungen sind nicht erforderlich.
7. Außergewöhnliche sowie dynamische Einwirkungen sind nicht vorhanden. Beanspruchungen aus Erdbeben müssen rechnerisch nicht verfolgt werden.
8. Besondere Bauarten wie Spannbetonbau, Verbundbau, Leimholzbau und geschweißte Aluminiumkonstruktionen werden nicht angewendet.

# 4. Bayerisches Abgrabungsgesetz (BayAbgrG)[1)]

Vom 27. Dezember 1999

(GVBl. S. 532, 535)

**BayRS 2132-2-B**

zuletzt geänd. durch § 6 Zweites ModernisierungsG Bayern v. 23.12.2024 (GVBl. S. 619)

**Art. 1 Anwendungsbereich.** Dieses Gesetz gilt für Abgrabungen zur Gewinnung von nicht dem Bergrecht unterliegenden Bodenschätzen und sonstige Abgrabungen einschließlich der Aufschüttungen, die unmittelbare Folge von Abgrabungen sind, sowie der dem Abgrabungsbetrieb dienenden Gebäude und Nebenanlagen.

**Art. 2 Allgemeine Anforderungen.** [1] Abgrabungen sind so auszuführen, dass die öffentliche Sicherheit und Ordnung, insbesondere Leben oder Gesundheit, und die natürlichen Lebensgrundlagen nicht gefährdet werden. [2] Im Vollzug dieses Gesetzes ist ein bestmöglicher Ausgleich zwischen dem öffentlichen Interesse an der Gewinnung heimischer Bodenschätze zur Sicherung der Rohstoffversorgung und den Belangen des Naturschutzes und der Landschaftspflege anzustreben.

**Art. 3[2)] Abgrabungsbehörden.** [1] Untere Abgrabungsbehörden sind die Kreisverwaltungsbehörden. [2] Höhere Abgrabungsbehörden sind die Regierungen. [3] Oberste Abgrabungsbehörde ist das Staatsministerium für Wohnen, Bau und Verkehr.

**Art. 4 Aufgaben und Befugnisse der Abgrabungsbehörden.** (1) [1] Die Aufgaben der Abgrabungsbehörden sind Staatsaufgaben. [2] Für die Gemeinden sind sie übertragene Aufgaben.

(2) [1] Die Abgrabungsbehörden wachen darüber, dass die öffentlich-rechtlichen Vorschriften, die für die Anlagen nach Art. 1 gelten, sowie die auf Grund dieser Vorschriften erlassenen Anordnungen eingehalten werden. [2] Sie können in Wahrnehmung dieser Aufgaben die erforderlichen Maßnahmen treffen. [3] Abgrabungsaufsichtliche Genehmigungen und Maßnahmen gelten auch für und gegen die Rechtsnachfolger; das Gleiche gilt auch für Personen, die ein Besitzrecht nach Erteilung einer abgrabungsaufsichtlichen Genehmigung oder nach Erlass einer abgrabungsaufsichtlichen Maßnahme erlangt haben. [4] Die mit dem Vollzug dieses Gesetzes Beauftragten sind berechtigt, in Ausübung ihres Amts Grundstücke und Anlagen nach Art. 1 auch gegen den Willen der Betroffenen zu betreten; das Grundrecht der Unverletzlichkeit der Wohnung (Art. 13 des Grundgesetzes, Art. 106 der Verfassung) wird insoweit eingeschränkt.

---

1) Verkündet als § 2 Bayerisches UVP-UmsetzungsG v. 27.12.1999 (GVBl. S. 532), geänd. durch G v. 12.7.2017 (GVBl. S. 366) v. 27.12.1999 (GVBl. S. 532); Inkrafttreten gem. § 10 dieses G am 14.3. 1999 (Art. 10 am 1.1.2002).

2) Art. 3 Satz 3 geänd. mWv 30.8.2014 durch V v. 22.7.2014 (GVBl. S. 286 ber. S. 405); Satz 3 geänd. mWv 1.5.2019 durch V v. 26.3.2019 (GVBl. S. 98).

**Art. 5[1)] Sachliche Zuständigkeit.** [1]Sachlich zuständig ist die untere Abgrabungsbehörde, soweit nichts anderes bestimmt ist. [2]Für Anlagen nach Art. 1 ist unter den Voraussetzungen des Art. 73 Abs. 1 Satz 1 der Bayerischen Bauordnung (BayBO)[2)] die höhere Abgrabungsbehörde sachlich zuständig.

**Art. 6[3)] Genehmigungspflicht.** (1) Die Ausführung einer Abgrabung bedarf der Genehmigung, soweit nichts anderes bestimmt ist.

(2) [1]Keiner Genehmigung nach Absatz 1 bedürfen

1. Abgrabungen mit einer Grundfläche bis zu 500 m² und einer Tiefe bis zu 2 m,
2. Abgrabungen, die einer anderen öffentlich-rechtlichen Zulassung bedürfen,
3. Abgrabungen im Geltungsbereich eines Bebauungsplans im Sinn des § 30 des Baugesetzbuchs (BauGB), wenn
   a) der Bebauungsplan Regelungen über die Zulässigkeit, den Standort und die Größe der Abgrabung enthält,
   b) für die Abgrabung im Verfahren zur Aufstellung des Bebauungsplans eine nach Art. 8 erforderliche Umweltverträglichkeitsprüfung durchgeführt worden ist,
   c) die Abgrabung den Festsetzungen des Bebauungsplans und örtlichen Bauvorschriften nach Art. 81 Abs. 1 BayBO[2)] nicht widerspricht,
   d) die Erschließung gesichert ist und
   e) die Gemeinde nicht innerhalb eines Monats nach Vorlage der erforderlichen Unterlagen eine vorläufige Untersagung nach § 15 Abs. 1 Satz 2 BauGB beantragt,
4. Abgrabungen, für die keine Umweltverträglichkeitsprüfung nach Art. 8 durchzuführen ist, unter den Voraussetzungen des Art. 73 Abs. 1 Satz 3 BayBO,
5. Grabungen im Sinn des Art. 7 Abs. 3 des Denkmalschutzgesetzes (DSchG)[4)], für die keine Umweltverträglichkeitsprüfung nach Art. 8 durchzuführen ist,
6. bauliche Anlagen nach Art. 1, wenn sie nach Art. 57 oder 58 BayBO keiner Genehmigung bedürfen.

[2]In den Fällen des Satzes 1 Nr. 3 darf mit der Ausführung der Abgrabung auch begonnen werden, wenn die Gemeinde vor Ablauf der Frist nach Satz 1 Nr. 3 Buchst. e erklärt, dass sie eine vorläufige Untersagung der Ausführung der Abgrabung nicht beantragen wird.

(3) [1]Die Genehmigungsfreiheit nach Absatz 2 entbindet nicht von der Verpflichtung zur Einhaltung der Anforderungen, die durch öffentlich-rechtliche Vorschriften an die Anlagen nach Art. 1 gestellt werden. [2]Die abgrabungsaufsichtlichen Eingriffsbefugnisse und die Verpflichtung, andere öffentlich-rechtliche Gestattungen für die Ausführung oder Verfüllung der Abgrabung oder für die Errichtung, Änderung oder Nutzungsänderung baulicher Anlagen nach Art. 1 einzuholen, werden durch die Genehmigungsfreiheit nicht berührt.

---

1) Art. 5 Satz 2 geänd. mWv 1.1.2008 durch G v. 20.12.2007 (GVBl. S. 958); Satz 2 geänd. mWv 1.2.2021 durch G v. 23.12.2020 (GVBl. S. 663).

2) Nr. **1**.

3) Art. 6 Abs. 2 Satz 1 Nr. 3 Buchst. c, Nr. 4 und 6 geänd. mWv 1.1.2008 durch G v. 20.12.2007 (GVBl. S. 958).

4) Nr. **41**.

**Art. 7[1)] Genehmigungsverfahren.** (1) [1]Der Abgrabungsantrag ist mit den erforderlichen Unterlagen (Abgrabungsplan) bei der Abgrabungsbehörde einzureichen. [2]Soweit die Gemeinde nicht Abgrabungsbehörde ist, ist sie von dieser unverzüglich nach Eingang des Abgrabungsantrags zu beteiligen.

(2) Das Staatsministerium für Wohnen, Bau und Verkehr wird ermächtigt, zum abgrabungsaufsichtlichen Genehmigungsverfahren durch Rechtsverordnung Vorschriften über Umfang und Inhalt des Abgrabungsplans, die Zahl der einzureichenden Fertigungen sowie die erforderlichen Nachweise zu erlassen.

(3) [1]Die Staatsregierung wird ermächtigt, zur Digitalisierung des abgrabungsaufsichtlichen Genehmigungsverfahrens durch Rechtsverordnung räumlich bestimmte Abweichungen von den durch oder aufgrund dieses Gesetzes bestehenden Zuständigkeits-, Verfahrens- und Formvorschriften vorzusehen. [2]Abweichungen nach Satz 1 für Zuständigkeits- und Verfahrensvorschriften können sich auch auf die Einreichung in Papierform erstrecken. [3]Soweit die Festlegung des örtlichen Anwendungsbereichs einer Rechtsverordnung nach Satz 1 und 2 betroffen ist, kann die Staatsregierung die Ermächtigung nach Satz 1 und 2 durch Rechtsverordnung auf das Staatsministerium für Wohnen, Bau und Verkehr übertragen.

**Art. 8[2)] Umweltverträglichkeitsprüfung.** (1) [1]Für nach Art. 6 genehmigungsbedürftige Abgrabungen ist die Umweltverträglichkeitsprüfung nach dem Fünften Teil Abschnitt III des Bayerischen Verwaltungsverfahrensgesetzes durchzuführen, wenn eine Abbaufläche von mehr als 10 ha beantragt wird. [2]Bei Abgrabungen in einem gemäß der Richtlinie 92/43/EWG oder der Richtlinie 2009/147/EG ausgewiesenen Schutzgebiet oder in Nationalparken (§ 24 Abs. 1 bis 3 des Bundesnaturschutzgesetzes – BNatSchG) oder Naturschutzgebieten (§ 23 BNatSchG) ist die Umweltverträglichkeitsprüfung durchzuführen, wenn eine Abbaufläche von mehr als 1 ha beantragt wird. [3]Eine Umweltverträglichkeitsprüfung ist auch dann durchzuführen, wenn die Abbaufläche zu mehr als 1 ha in einem Biotop im Sinn des § 30 Abs. 2 BNatSchG in Verbindung mit Art. 23 Abs. 1 des Bayerischen Naturschutzgesetzes (BayNatSchG) liegt.

(2) Absatz 1 gilt auch für Erweiterungen von Abgrabungen,

1. für die eine Umweltverträglichkeitsprüfung durchgeführt worden ist, wenn die Erweiterungsfläche mindestens 50 v.H. der Schwellenwerte nach Absatz 1 Satz 1 oder 2 aufweist oder zu mehr als 1 ha in einem Biotop im Sinn des § 30 Abs. 2 BNatSchG in Verbindung mit Art. 23 Abs. 1 BayNatSchG liegt,
2. die nach dem 13. März 1999 ohne Durchführung einer Umweltverträglichkeitsprüfung genehmigt worden sind, wenn die Erweiterungsfläche zusammen mit der bei Abgrabungsbeginn noch nicht rekultivierten oder renaturierten Fläche 10 ha, in den Fällen des Absatzes 1 Satz 2 1 ha überschreitet oder zu mehr als 1 ha in einem Biotop im Sinn des § 30 Abs. 2 BNatSchG in Verbindung mit Art. 23 Abs. 1 BayNatSchG liegt.

---

[1)] Art. 7 Abs. 2 geänd. mWv 30.8.2014 durch V v. 22.7.2014 (GVBl. S. 286); Abs. 2 geänd. mWv 1.5.2019 durch V v. 26.3.2019 (GVBl. S. 98); Abs. 3 eingef. mWv 1.2.2021 durch G v. 23.12.2020 (GVBl. S. 663); Abs. 1 neu gef. mWv 1.1.2025 durch G v. 23.12.2024 (GVBl. S. 619).

[2)] Art. 8 Abs. 1 Satz 2 und 3, Abs. 2 Nr. 1 und 2 geänd. mWv 30.4.2013 durch G v. 8.4.2013 (GVBl. S. 174).

**Art. 9[1)] Genehmigung.** (1) [1]Die Genehmigung ist zu erteilen, wenn Anlagen nach Art. 1 den öffentlich-rechtlichen Vorschriften, die im abgrabungsaufsichtlichen Genehmigungsverfahren zu prüfen sind, nicht widersprechen; für dem abgrabungsaufsichtlichen Genehmigungsverfahren unterliegende bauliche Anlagen gelten Art. 59, 60, 62a Abs. 2 Satz 4 und 62b Abs. 2 Satz 2 BayBO[2)] entsprechend. [2]Die abgrabungsaufsichtliche Erlaubnis erlischt, wenn innerhalb von vier Jahren nach Erteilung mit der Ausführung der Abgrabung nicht begonnen oder die Ausführung vier Jahre unterbrochen worden ist. [3]Art. 62 Abs. 1 Satz 4 und Art. 77 Abs. 2 Satz 3 BayBO gelten entsprechend. [4]Vor Einreichung des Abgrabungsantrags kann auf schriftlichen Antrag zu einzelnen in der Abgrabungsgenehmigung zu entscheidenden Fragen vorweg ein schriftlicher Bescheid (Vorbescheid) erteilt werden. [5]Ist ein Abgrabungsantrag eingereicht, so kann die Ausführung von Teilen des Vorhabens auf schriftlichen Antrag schon vor Erteilung der Abgrabungsgenehmigung durch schriftlichen Bescheid (Teilabgrabungsgenehmigung) gestattet werden. [6]Für Vorbescheid und Teilabgrabungsgenehmigung gelten die Vorschriften über die Abgrabungsgenehmigung sinngemäß.

(2) [1]Art. 66 BayBO gilt entsprechend, soweit nicht für die Fälle des Art. 8 Abweichendes geregelt ist. [2]Die Anfechtungsklage eines Dritten gegen die Genehmigung nach Abs. 1 Satz 1 Halbsatz 1 hat keine aufschiebende Wirkung.

(3) Die Genehmigung wird unbeschadet der privaten Rechte Dritter erteilt.

(4) [1]Vor Bekanntgabe der Genehmigung darf mit der Ausführung der Abgrabung nicht begonnen werden. [2]Der Beginn, bei einer Unterbrechung von mehr als sechs Monaten auch die Fortsetzung der Ausführung, ist der Abgrabungsbehörde mindestens eine Woche zuvor schriftlich mitzuteilen.

**Art. 10[3)] Ordnungswidrigkeiten.** (1) Mit Geldbuße bis zu fünfhunderttausend Euro kann belegt werden, wer vorsätzlich oder fahrlässig

1. eine Abgrabung ohne die nach Art. 6 Abs. 1 erforderliche Genehmigung oder entgegen Art. 9 Abs. 4 Satz 1 ausführt, einer mit der Genehmigung verbundenen vollziehbaren Auflage zuwiderhandelt oder den Beginn der Ausführung der Abgrabung oder der Wiederaufnahme der Abgrabung entgegen Art. 9 Abs. 4 Satz 2 nicht oder nicht rechtzeitig anzeigt,
2. eine Abgrabung vor Ablauf der Frist nach Art. 6 Abs. 2 Satz 1 Nr. 3 Buchst. e und ohne dass die Gemeinde die Erklärung nach Art. 6 Abs. 3 Satz 2 abgegeben hat, ausführt,
3. eine Abgrabung ausführt, bevor die erforderlichen Nachweise oder die Bescheinigungen verantwortlicher Sachverständiger erstellt sind,
4. eine Abgrabung entgegen einer vollziehbaren Anordnung nach Art. 4 Abs. 2 Satz 2 ausführt.

(2) Mit Geldbuße bis zu fünftausend Euro kann belegt werden, wer vorsätzlich oder leichtfertig unrichtige Angaben macht oder unrichtige Pläne oder

---

[1)] Art. 9 Abs. 1 Satz 1, Satz 3, Abs. 2 Satz 1 geänd., Satz 2 neu gef. mWv 1.1.2008 durch G v. 20.12.2007 (GVBl. S. 958); Abs. 1 Sätze 1 und 3 geänd. mWv 1.9.2018 durch G v. 10.7.2018 (GVBl. S. 523).

[2)] Nr. **1**.

[3)] Inkrafttreten gem. § 10 Bayerisches UVP-UmsetzungsG v. 27.12.1999 (GVBl. S. 532), geänd. durch G v. 12.7.2017 (GVBl. S. 366) v. 27.12.1999 (GVBl. S. 532) am 1.1.2002.

Unterlagen vorlegt, um einen Verwaltungsakt nach diesem Gesetz zu erwirken oder zu verhindern.

(3) [1] Ist eine vorsätzliche Ordnungswidrigkeit nach Absätzen 1 und 2 begangen worden, so können

1. Gegenstände, auf die sich die Ordnungswidrigkeit bezieht, und
2. Gegenstände, die zu ihrer Begehung oder Vorbereitung gebraucht worden oder bestimmt gewesen sind,

eingezogen werden. [2] § 23 des Gesetzes über Ordnungswidrigkeiten (OWiG) ist anzuwenden.

## Nr. 5 *(nicht belegt)*

# 6. Verordnung über den Bau und Betrieb von Garagen sowie über die Zahl der notwendigen Stellplätze (Garagen- und Stellplatzverordnung – GaStellV)[1) 2)]

Vom 30. November 1993

(GVBl. S. 910)

**BayRS 2132-1-4-B**

zuletzt geänd. durch § 5 Zweites ModernisierungsG Bayern v. 23.12.2024 (GVBl. S. 619)

Auf Grund von Art. 90 Abs. 1 Nrn. 1 und 3 der Bayerischen Bauordnung (BayBO)[3)] in der Fassung der Bekanntmachung vom 4. August 1997 (GVBl. S. 433, BayRS 2132–1–I) und Art. 38 Abs. 3 des Landesstraf- und Verordnungsgesetzes[4)] erläßt das Bayerische Staatsministerium des Innern folgende Verordnung:[5)]

**Nichtamtliche Inhaltsübersicht**[6)]



---

1) Überschrift neu gef. mWv 1.1.2008 durch V v. 29.11.2007 (GVBl. S. 847); Kurztitel angef. mWv 1.6.2015 durch V v. 25.4.2015 (GVBl. S. 148).

2) **Die Verordnung tritt mit Ablauf des 31.12.2028 außer Kraft**, vgl. § 24.

3) Nr. **1**.

4) Nr. **26**.

5) Einleitungssatz geänd. durch V v. 8.12.1997 (GVBl. S. 827).

6) Amtl. Inhaltsübersicht aufgeh. mWv 1.9.2018 durch V v. 7.8.2018 (GVBl. S. 694).

## Teil I. Allgemeine Vorschriften

**§ 1[1)] Begriffe und allgemeine Anforderungen.** (1) [1] Offene Garagen sind Garagen, die unmittelbar ins Freie führende unverschließbare Öffnungen in einer Größe von insgesamt mindestens einem Drittel der Gesamtfläche der Umfassungswände haben. [2] Offene Mittel- und Großgaragen haben diese Öffnungen mindestens in gegenüberliegenden Umfassungswänden, die nicht mehr als 70 m voneinander entfernt sind. [3] Stellplätze mit Schutzdächern (Carports) gelten als offene Garagen.

(2) Geschlossene Garagen sind Garagen, die die Voraussetzungen nach Abs. 1 nicht erfüllen.

(3) [1] Oberirdische Garagen sind Garagen, deren Fußboden im Mittel nicht mehr als 1,50 m unter oder mindestens an einer Seite in Höhe oder über der Geländeoberfläche liegt. [2] Unterirdische Garagen sind Garagen, die die Voraussetzungen des Satzes 1 nicht erfüllen.

(4) Automatische Garagen sind Garagen ohne Personen- und Fahrverkehr, in denen die Kraftfahrzeuge mit mechanischen Förderanlagen von der Garagenzufahrt zu den Einstellplätzen und zum Abholen an die Garagenausfahrt befördert werden.

(5) Ein Einstellplatz ist die Fläche, die dem Abstellen eines Kraftfahrzeuges in einer Garage dient.

(6) [1] Die Nutzfläche einer Garage ist die Summe aller Flächen der Einstellplätze und der Verkehrsflächen. [2] Einstellplätze auf Dächern (Dacheinstellplätze) und die dazugehörigen Verkehrsflächen werden der Nutzfläche nicht zugerechnet, soweit nichts anderes bestimmt ist.

(7) [1] Garagen sind mit einer Nutzfläche

1. bis 100 $m^2$ Kleingaragen,
2. über 100 $m^2$ und bis 1000 $m^2$ Mittelgaragen,
3. über 1000 $m^2$ Großgaragen.

[2] Automatische Garagen mit mehr als 50 Einstellplätzen gelten als Großgaragen.

(8) Soweit in dieser Verordnung nichts Abweichendes geregelt ist, sind auf tragende, aussteifende und raumabschließende Bauteile von Garagen die Anforderungen der Bayerischen Bauordnung an diese Bauteile in Gebäuden der Gebäudeklasse 5 anzuwenden; Art. 28 Abs. 3 Satz 2, Art. 29 Abs. 4 Nrn. 1

---

1) § 1 Überschrift geänd., Abs. 1 aufgeh., bish. Abs. 2 bis 8 werden Abs. 1 bis 7, Abs. 8 angef. mWv 1.1.2008 durch V v. 29.11.2007 (GVBl. S. 847); Abs. 2 geänd. mWv 1.8.2009 durch V v. 8.7.2009 (GVBl. S. 332).

und 2, Art. 32 Abs. 3 Satz 2 Nr. 1, Art. 33 Abs. 1 Satz 3 Nr. 1, Art. 34 Abs. 1 Satz 2 Nr. 2, Art. 37 Abs. 1 Satz 3 Nr. 4, Art. 38 Abs. 1 Nrn. 1 und 3 sowie Art. 39 Abs. 5 Nrn. 1 und 3 BayBO[1] sind nicht anzuwenden.

## Teil II. Bauvorschriften

**§ 2[2] Zu- und Abfahrten.** (1) [1] Zwischen Garagen und öffentlichen Verkehrsflächen müssen Zu- und Abfahrten von mindestens 3 m Länge vorhanden sein. [2] Abweichungen können gestattet werden, wenn wegen der Sicht auf die öffentliche Verkehrsfläche keine Bedenken bestehen.

(2) Vor den die freie Zufahrt zur Garage zeitweilig hindernden Anlagen, wie Schranken oder Tore, ist ein Stauraum für wartende Kraftfahrzeuge vorzusehen, wenn dies wegen der Sicherheit und Leichtigkeit des Verkehrs erforderlich ist.

(3) [1] Die Fahrbahnen von Zu- und Abfahrten vor Mittel- und Großgaragen müssen mindestens 2,75 m breit sein; der Halbmesser des inneren Fahrbahnrandes muß mindestens 5 m betragen. [2] Für Fahrbahnen im Bereich von Zu- und Abfahrtssperren genügt eine Breite von 2,30 m. [3] Breitere Fahrbahnen sind in Kurven mit Innenhalbmessern von weniger als 10 m vorzusehen, wenn dies wegen der Verkehrssicherheit erforderlich ist.

(4) Großgaragen müssen getrennte Fahrbahnen für Zu- und Abfahrten haben.

(5) [1] Vor Großgaragen ist neben den Fahrbahnen der Zu- und Abfahrten ein mindestens 0,80 m breiter Gehweg erforderlich, soweit nicht für Fußgänger besondere Fußwege vorhanden sind. [2] Der Gehweg muß gegenüber der Fahrbahn erhöht oder verkehrssicher abgegrenzt werden.

(6) In den Fällen der Absätze 3 bis 5 sind die Dacheinstellplätze und die dazugehörigen Verkehrsflächen der Nutzfläche zuzurechnen.

**§ 3[3] Rampen.** (1) [1] Rampen von Mittel- und Großgaragen dürfen nicht mehr als 15 v.H., bei gewendelten Rampenteilen bezogen auf den inneren Fahrbahnrand, geneigt sein. [2] Die Breite der Fahrbahnen auf diesen Rampen muß mindestens 2,75 m, in gewendelten Rampenbereichen mindestens 3,50 m betragen. [3] Gewendelte Rampenteile müssen eine ausreichende Querneigung haben. [4] Der Halbmesser des inneren Fahrbahnrandes muß mindestens 5 m betragen.

(2) Zwischen öffentlicher Verkehrsfläche und einer Rampe mit mehr als 10 v.H. Neigung muß eine geringer geneigte Fläche mit weniger als 5 v.H. Neigung und von mindestens 3 m Länge liegen.

(3) [1] In Großgaragen müssen Rampen, die auch zum Begehen bestimmt sind, einen mindestens 0,80 m breiten Gehweg haben, der gegenüber der Fahrbahn erhöht oder verkehrssicher abgegrenzt ist. [2] An Rampen, die von Personen nicht begangen werden dürfen, ist auf das Verbot hinzuweisen.

---

[1] Nr. **1**.

[2] § 2 Abs. 1 Satz 2 und Abs. 3 Satz 3 geänd. durch V v. 8.12.1997 (GVBl. S. 827).

[3] § 3 Abs. 1 Satz 1 geänd. durch V v. 8.12.1997 (GVBl. S. 827).

**§ 4[1)] Einstellplätze und Fahrgassen.** (1) [1]Ein notwendiger Einstellplatz muß mindestens 5 m lang sein. [2]Die lichte Breite eines Einstellplatzes muß mindestens betragen

1. 2,30 m, wenn keine Längsseite,
2. 2,40 m, wenn eine Längsseite,
3. 2,50 m, wenn jede Längsseite des Einstellplatzes durch Wände, Stützen, andere Bauteile oder Einrichtungen begrenzt ist,
4. 3,50 m, wenn der Einstellplatz für Behinderte bestimmt ist.

(2) Fahrgassen müssen, soweit sie unmittelbar der Zu- oder Abfahrt von Einstellplätzen dienen, hinsichtlich ihrer Breite mindestens die Anforderungen der folgenden Tabelle erfüllen; Zwischenwerte sind geradlinig einzuschalten:

| Anordnung der Einstellplätze zur Fahrgasse | Erforderliche Fahrgassenbreite (in m) bei einer Einstellplatzbreite von | | |
|---|---|---|---|
| | 2,30 m | 2,40 m | 2,50 m |
| 90° | 6,50 | 6,25 | 6,00 |
| 60° | 4,50 | 4,25 | 4,00 |
| 45° | 3,50 | 3,25 | 3,00 |

(3) Fahrgassen in Mittel- und Großgaragen müssen, soweit sie nicht unmittelbar der Zu- oder Abfahrt von Einstellplätzen dienen, mindestens 3 m, bei Gegenverkehr mindestens 5 m breit sein.

(4) [1]Einstellplätze auf kraftbetriebenen Hebebühnen brauchen abweichend von Absatz 1 Nrn. 1 bis 3 nur 2,30 m breit zu sein; die Fahrgassen müssen mindestens 8 m breit sein, wenn die Hebebühnen Fahrspuren haben oder beim Absenken in die Fahrgasse hineinragen. [2]Einstellplätze auf geneigten kraftbetriebenen Hebebühnen sind in allgemein zugänglichen Garagen nicht zulässig.

(5) [1]Einstellplätze auf horizontal verschiebbaren Plattformen sind in Fahrgassen zulässig, wenn

1. eine Breite der Fahrgasse von mindestens 2,75 m erhalten bleibt,
2. die Plattformen nicht vor kraftbetriebenen Hebebühnen angeordnet werden und
3. in Fahrgassen mit Gegenverkehr kein Durchgangsverkehr stattfindet.

[2]Absatz 1 Sätze 1 und 2 gelten nicht für diese Plattformen.

(6) [1]Die einzelnen Einstellplätze und die Fahrgassen sind mindestens durch Markierungen am Boden leicht erkennbar und dauerhaft gegeneinander abzugrenzen. [2]Dies gilt nicht für

1. Kleingaragen ohne Fahrgassen,
2. Einstellplätze auf kraftbetriebenen Hebebühnen,
3. Einstellplätze auf horizontal verschiebbaren Plattformen.

[3]Mittel- und Großgaragen müssen in jedem Geschoß leicht erkennbare und dauerhafte Hinweise auf Fahrtrichtungen und Ausfahrten haben.

---

[1)] § 4 Abs. 1 Satz 1, Abs. 4 Satz 2 geänd. durch V v. 8.12.1997 (GVBl. S. 827); Abs. 7 eingef., bish. Abs. 7 wird Abs. 8 mWv 1.8.2009 durch V v. 8.7.2009 (GVBl. S. 332).

(7) Abschlüsse zwischen Fahrgasse und Einstellplätzen sind in Mittel- und Großgaragen nur zulässig, wenn wirksame Löscharbeiten möglich bleiben.

(8) Die Absätze 1 bis 6 gelten nicht für automatische Garagen.

**§ 5 Lichte Höhe.** [1] Garagen müssen in zum Begehen bestimmten Bereichen, auch unter Unterzügen, Lüftungsleitungen und sonstigen Bauteilen eine lichte Höhe von mindestens 2 m haben. [2] Dies gilt nicht für kraftbetriebene Hebebühnen.

**§ 6[1)] Tragende Wände, Decken, Dächer.** (1) In Mittel- und Großgaragen müssen tragende Wände sowie Decken über und unter den Garagengeschossen feuerbeständig sein.

(2) Liegen Einstellplätze nicht mehr als 22 m über der Geländeoberfläche, so brauchen tragende Wände und Decken

1. von oberirdischen Mittel- und Großgaragen nur feuerhemmend zu sein und aus nichtbrennbaren Baustoffen zu bestehen, soweit nicht bei Garagen in sonst anders genutzten Gebäuden nach Art. 25 und 29 BayBO[2)] weitergehende Anforderungen an das Gebäude gestellt werden,
2. von eingeschossigen oberirdischen Mittel- und Großgaragen, auch mit Dacheinstellplätzen, nur feuerhemmend zu sein oder aus nichtbrennbaren Baustoffen zu bestehen, wenn das Gebäude allein der Garagennutzung dient,
3. von offenen Mittel- und Großgaragen nur aus nichtbrennbaren Baustoffen zu bestehen, wenn das Gebäude allein der Garagennutzung dient.

(3) [1] In Kleingaragen müssen tragende Wände sowie Decken feuerhemmend sein oder aus nichtbrennbaren Baustoffen bestehen. [2] Das gilt nicht, wenn

1. das Gebäude allein der Garagennutzung dient; Abstellräume bis 20 $m^2$ Grundfläche bleiben dabei unberücksichtigt,
2. die Garagen offene Kleingaragen sind,
3. die Kleingaragen in sonst anders genutzten Gebäuden liegen, an deren tragende und aussteifende Wände und Decken nach Art. 25 und 29 BayBO keine Anforderungen gestellt werden.

(4) Für befahrbare Dächer von Garagen gelten die Anforderungen an Decken.

(5) Tragende Wände und Decken brauchen bei automatischen Garagen nur aus nichtbrennbaren Baustoffen zu bestehen, wenn das Gebäude allein als automatische Garage genutzt wird.

(6) Bekleidungen und Dämmschichten unter Decken und Dächern müssen

1. in Großgaragen aus nichtbrennbaren,
2. in Mittelgaragen aus mindestens schwerentflammbaren

Baustoffen bestehen.

(7) Für Pfeiler, Stützen und Rampen gelten die Absätze 1 bis 6 sinngemäß.

---

[1)] § 6 Abs. 2 Nr. 1, Abs. 3 Nr. 3 geänd., Abs. 8 angef. durch V v. 8.12.1997 (GVBl. S. 827); Abs. 2 Nr. 1, Abs. 3 Nr. 3 und Abs. 6 geänd., Abs. 8 neu gef. mWv 1.1.2008 durch V v. 29.11.2007 (GVBl. S. 847).

[2)] Nr. **1**.

(8) In Mittel- und Großgaragen müssen sonstige Wände, Tore und Einbauten, insbesondere Einrichtungen für mechanische Parksysteme, aus nichtbrennbaren Baustoffen bestehen.

**§ 7[1)] Außenwände.** [1]Nichttragende Außenwände und nichttragende Teile von Außenwänden von Mittel- und Großgaragen müssen aus nichtbrennbaren Baustoffen bestehen. [2]Das gilt nicht für Außenwände von eingeschossigen oberirdischen Mittel- und Großgaragen, wenn das Gebäude allein der Garagennutzung dient.

**§ 8[2)] Trennwände.** (1) [1]Zwischen Garagen und anders genutzten Gebäuden sind feuerbeständige Trennwände erforderlich. [2]Für geschlossene Kleingaragen einschließlich Abstellräumen mit nicht mehr als 20 m² Grundfläche genügen Wände, die feuerhemmend sind oder aus nichtbrennbaren Baustoffen bestehen. [3]Satz 1 gilt nicht für offene Kleingaragen.

(2) Für Wände zwischen Garagen und nicht zur Garage gehörenden Räumen, sofern sie keine Trennwände nach Abs. 1 sind, gilt Art. 27 Abs. 3 Satz 1 BayBO[3)] entsprechend.

(3) Absatz 2 gilt nicht für Trennwände

1. zwischen Kleingaragen und Räumen, die nur Abstellzwecken dienen und nicht mehr als 20 m² Grundfläche haben,
2. zwischen offenen Kleingaragen und anders genutzten Räumen.

**§ 9[4)] Brandwände als Gebäudeabschlusswand.** (1) In den Fällen des Art. 28 Abs. 2 Satz 1 Nr. 1 und Satz 2 BayBO[3)] genügen

1. bei eingeschossigen oberirdischen Mittel- und Großgaragen feuerbeständige Wände ohne Öffnungen, wenn das Gebäude allein der Garagennutzung dient,
2. bei geschlossenen Kleingaragen einschließlich Abstellräumen mit nicht mehr als 20 m² Grundfläche mindestens feuerhemmende oder aus nichtbrennbaren Baustoffen bestehende Wände ohne Öffnungen.

(2) Art. 28 Abs. 2 Satz 1 Nr. 1 und Satz 2 BayBO gilt nicht für offene Kleingaragen.

**§ 10[5)] Rauchabschnitte, Brandabschnitte.** (1) [1]Geschlossene Großgaragen müssen durch mindestens feuerhemmende und aus nichtbrennbaren Baustoffen bestehende Wände in Rauchabschnitte unterteilt sein. [2]Die Nutzfläche eines Rauchabschnitts darf

1. in oberirdischen geschlossenen Garagen höchstens 5000 m²,

---

[1)] § 7 Abs. 2 geänd. durch V v. 8.12.1997 (GVBl. S. 827); Abs. 2 aufgeh., bish. Abs. 1 wird alleiniger Wortlaut mWv 1.1.2008 durch V v. 29.11.2007 (GVBl. S. 847).

[2)] § 8 Abs. 2 Nr. 2 durch V v. 8.12.1997 (GVBl. S. 827); Abs. 1 und 2 neu gef. mWv 1.1.2008 durch V v. 29.11.2007 (GVBl. S. 847); Abs. 1 Sätze 2 und 3 angef. mWv 1.4.2008 durch V v. 19.2. 2008 (GVBl. S. 69).

[3)] Nr. **1**.

[4)] § 9 Abs. 1 und 2 geänd. durch V v. 8.12.1997 (GVBl. S. 827); Überschrift, Abs. 1 und 2 geänd. mWv 1.1.2008 durch V v. 29.11.2007 (GVBl. S. 847); Abs. 1 Satz 1 einl. Satzteil geänd., Abs. 2 neu gef. mWv 1.1.2025 durch G v. 23.12.2024 (GVBl. S. 619).

[5)] § 10 Abs. 4 geänd. durch V v. 8.12.1997 (GVBl. S. 827); Abs. 3 und 4 geänd. mWv 1.1.2008 durch V v. 29.11.2007 (GVBl. S. 847).

2. in sonstigen geschlossenen Garagen höchstens 2500 $m^2$

betragen; sie darf doppelt so groß sein, wenn die Garagen automatische Löschanlagen haben. [3]Ein Rauchabschnitt darf sich auch über mehrere Geschosse erstrecken.

(2) [1]Öffnungen in den Wänden nach Absatz 1 müssen mit selbstschließenden und mindestens dichtschließenden Abschlüssen aus nichtbrennbaren Baustoffen versehen sein. [2]Die Abschlüsse dürfen Feststellanlagen haben, die bei Raucheinwirkung ein selbsttätiges Schließen bewirken; sie müssen auch von Hand geschlossen werden können. [3]Öffnungen in Decken zwischen Rauchabschnitten sind unzulässig.

(3) Automatische Garagen müssen durch innere Brandwände in Brandabschnitte von höchstens 6000 $m^3$ Brutto-Rauminhalt unterteilt sein; Absatz 1 gilt nicht für automatische Garagen.

(4) Art. 28 Abs. 2 Nr. 2 BayBO[1)] gilt nicht für Garagen.

**§ 11[2)] Verbindung zu anderen Räumen und zwischen Garagengeschossen.** (1) Flure, Treppenräume und Aufzugsvorräume, die nicht nur der Benutzung der Garagen dienen, dürfen verbunden sein

1. mit geschlossenen Mittel- und Großgaragen nur durch Räume mit feuerbeständigen Wänden und Decken sowie mindestens feuerhemmenden, rauchdichten und selbstschließenden, in Fluchtrichtung aufschlagenden Türen (Sicherheitsschleusen); zwischen Sicherheitsschleusen und Fluren oder Treppenräumen sowie Aufzugsvorräumen genügen selbstschließende und rauchdichte Türen,
2. mit anderen Garagen unmittelbar nur durch Öffnungen mit feuerhemmenden, dicht- und selbstschließenden Türen.

(2) Garagen dürfen mit sonstigen nicht zur Garage gehörenden Räumen unmittelbar nur durch Öffnungen mit feuerhemmenden, dicht- und selbstschließenden Türen verbunden sein.

(3) Automatische Garagen dürfen mit nicht zur Garage gehörenden Räumen sowie mit anderen Gebäuden nicht verbunden sein.

(4) Die Absätze 1 und 2 gelten nicht für Verbindungen

1. zu offenen Kleingaragen,
2. zwischen Kleingaragen und Räumen oder Gebäuden, die nur Abstellzwecken dienen und nicht mehr als 20 $m^2$ Grundfläche haben.

(5) Türen zu Treppenräumen, die Garagengeschosse miteinander verbinden, müssen feuerhemmend, rauchdicht und selbstschließend sein.

**§ 12[3)] Rettungswege.** (1) [1]Jede Mittel- und Großgarage muß in jedem Geschoß mindestens zwei möglichst entgegengesetzt liegende Ausgänge haben, die unmittelbar ins Freie oder in Treppenräume notwendiger Treppen führen. [2]Von zwei Rettungswegen darf einer auch über eine Rampe führen. [3]Bei oberirdischen Mittel- und Großgaragen, deren Einstellplätze im Mittel nicht

---

[1)] Nr. 1.

[2)] § 11 Abs. 1 Nr. 1 und 2, Abs. 2 und 5 geänd. mWv 1.1.2008 durch V v. 29.11.2007 (GVBl. S. 847).

[3)] § 12 Abs. 3 Satz 1 abschl. Satzteil geänd. mWv 1.9.2018 durch V v. 7.8.2018 (GVBl. S. 694).

mehr als 3 m über der Geländeoberfläche liegen, sind Treppenräume für notwendige Treppen nicht erforderlich. [4] Die Rettungswege müssen auch dann erreicht werden können, wenn Tore zwischen Rauchabschnitten geschlossen sind.

(2) Die nutzbare Breite der Rettungswege muß an jeder Stelle 80 cm betragen, Treppen müssen eine nutzbare Laufbreite von 1 m haben.

(3) [1] Von jeder Stelle einer Mittel- und Großgarage muß in demselben Geschoß mindestens ein Treppenraum einer notwendigen Treppe oder, wenn Treppenräume nicht erforderlich sind, mindestens eine notwendige Treppe oder ein Ausgang ins Freie

1. bei offenen Mittel- und Großgaragen in einer Entfernung von höchstens 50 m,
2. bei geschlossenen Mittel- und Großgaragen in einer Entfernung von höchstens 30 m

über Fahrgassen und Gänge erreichbar sein. [2] Die Entfernung ist in der Lauflinie zu messen.

(4) [1] In Mittel- und Großgaragen müssen leicht erkennbare und dauerhaft beleuchtete Hinweise auf die Ausgänge vorhanden sein. [2] In Großgaragen müssen die zu den notwendigen Treppen oder zu den Ausgängen ins Freie führenden Wege auf dem Fußboden durch dauerhafte und leicht erkennbare Markierungen sowie an den Wänden durch beleuchtete Hinweise gekennzeichnet sein.

(5) Für Dacheinstellplätze gelten die Absätze 1 bis 4 sinngemäß.

(6) Die Absätze 1 bis 4 gelten nicht für automatische Garagen.

**§ 13[1)] Beleuchtung.** (1) [1] In Mittel- und Großgaragen muß eine allgemeine elektrische Beleuchtung vorhanden sein. [2] Sie muß so beschaffen und mindestens in zwei Stufen derartig schaltbar sein, daß an allen Stellen der Nutzflächen und Rettungswege gemäß § 17 Abs. 2 in der ersten Stufe eine Beleuchtungsstärke von mindestens 1 Lux und in der zweiten Stufe an allen Stellen der Rettungswege und Stellen, die barrierefrei sein müssen, von mindestens 20 Lux, im Übrigen von mindestens 15 Lux erreicht werden.

(2) In geschlossenen Großgaragen und in mehrgeschossigen unterirdischen Mittelgaragen muß zur Beleuchtung der Rettungswege eine Sicherheitsbeleuchtung vorhanden sein; das gilt nicht für eingeschossige Garagen mit festem Benutzerkreis.

(3) Die Absätze 1 und 2 gelten nicht für automatische Garagen.

**§ 14[2)] Lüftung.** (1) [1] Geschlossene Mittel- und Großgaragen müssen maschinelle Abluftanlagen und so große und so verteilte Zuluftöffnungen haben, daß alle Teile der Garage ausreichend gelüftet werden. [2] Bei nicht ausreichenden Zuluftöffnungen muß eine maschinelle Zuluftanlage vorhanden sein. [3] Es kann verlangt werden, daß die Abluftöffnungen so hoch gelegt werden, daß die Abluft in den freien Windstrom geführt wird.

---

[1)] § 13 Abs. 1 Satz 2 geänd. mWv 1.1.2024 durch V v. 29.11.2023 (GVBl. S. 639).

[2)] § 14 Abs. 3, Abs. 4 Satz 2, Abs. 6 Satz 2 geänd. durch V v. 8.12.1997 (GVBl. S. 827); Abs. 3 und Abs. 4 Satz 2 geänd. mWv 1.8.2009 durch V v. 8.7.2009 (GVBl. S. 332).

(2) [1] Für geschlossene oberirdische und eingeschossige unterirdische Mittel- und Großgaragen mit geringem Zu- und Abgangsverkehr, wie Wohnhausgaragen, genügt eine natürliche Lüftung durch Lüftungsöffnungen oder über Lüftungsschächte, wenn

1. die Lüftungsöffnungen oder die Lüftungsschächte einen freien Gesamtquerschnitt von mindestens 1 500 $cm^2$ je Einstellplatz haben,
2. die Lüftungsöffnungen in den Außenwänden oberhalb der Geländeoberfläche in einer Entfernung von höchstens 35 m einander gegenüberliegen,
3. die Lüftungsschächte untereinander einen Abstand von höchstens 20 m haben und
4. Lüftungsöffnungen und Lüftungsschächte unverschließbar und so angeordnet sind, daß eine ausreichende Durchlüftung der Garage ständig gesichert ist.

[2] Die Mündungen der Lüftungsschächte müssen zu Fenstern von Aufenthaltsräumen einen ausreichenden Abstand einhalten. [3] Bei Lüftungsschächten mit mehr als 2 m Höhe ist der Querschnitt nach Nummer 1 zu verdoppeln.

(3) Für geschlossene Mittel- und Großgaragen genügt abweichend von den Absätzen 1 und 2 eine natürliche Lüftung, wenn im Einzelfall auf Grund einer Bescheinigung eines Prüfsachverständigen zu erwarten ist, daß der Mittelwert des Volumengehalts an Kohlenmonoxid in der Luft, gemessen über jeweils eine halbe Stunde und in einer Höhe von 1,50 m über dem Fußboden (CO-Halbstundenmittelwert), auch während der regelmäßigen Verkehrsspitzen im Mittel nicht mehr als 100 ppm (= 100 $cm^3/m^3$) betragen wird und wenn dies auf der Grundlage von ununterbrochenen Messungen, die nach Inbetriebnahme der Garage über einen Zeitraum von mindestens einem Monat durchzuführen sind, von einem Prüfsachverständigen bescheinigt wird.

(4) [1] Die maschinellen Abluftanlagen sind so zu bemessen, daß der CO-Halbstundenmittelwert unter Berücksichtigung der regelmäßig zu erwartenden Verkehrsspitzen nicht mehr als 100 ppm beträgt. [2] Diese Anforderungen gelten als erfüllt, wenn die Abluftanlage in Garagen mit geringem Zu- und Abgangsverkehr mindestens 6 $m^3$, bei anderen Garagen mindestens 12 $m^3$ Abluft in der Stunde je $m^2$ Garagennutzfläche abführen kann; für Garagen mit regelmäßig besonders hohen Verkehrsspitzen kann im Einzelfall verlangt werden, daß die nach Satz 1 erforderliche Leistung der Abluftanlage durch einen Prüfsachverständigen bescheinigt wird.

(5) [1] Maschinelle Abluftanlagen müssen in jedem Lüftungssystem mindestens zwei gleich große Ventilatoren haben, die bei gleichzeitigem Betrieb zusammen den erforderlichen Gesamtvolumenstrom erbringen. [2] Jeder End- und Hilfsstromkreis einer maschinellen Zu- oder Abluftanlage ist so auszuführen, daß ein elektrischer Fehler nicht zum Ausfall der gesamten Lüftungsanlage führt. [3] Andere elektrische Anlagen dürfen nicht an die Stromkreise für die Lüftungsanlage angeschlossen werden. [4] Soll das Lüftungssystem zeitweise nur mit einem Ventilator betrieben werden, müssen die Ventilatoren so geschaltet sein, daß sich bei Ausfall eines Ventilators der andere selbständig einschaltet.

(6) [1] Geschlossene Großgaragen mit nicht nur geringem Zu- und Abgangsverkehr müssen CO-Anlagen zur Messung und Warnung (CO-Warnanlagen) haben. [2] Die CO-Warnanlagen müssen so beschaffen sein, daß bei einem CO-Gehalt der Luft von mehr als 250 ppm über ein akustisches Signal und durch Blinkzeichen dazu aufgefordert wird, die Motoren abzustellen und die Garage zügig zu verlassen. [3] Während dieses Zeitraums müssen die Garagenausfahrten

ständig offen gehalten werden. [4] Die CO-Warnanlagen müssen an eine Ersatzstromquelle angeschlossen sein.

(7) Die Absätze 1 bis 6 gelten nicht für automatische Garagen.

**§ 15 Feuerlöschanlagen, Rauch- und Wärmeabzug.** (1) [1] Nichtselbständige Feuerlöschanlagen müssen vorhanden sein

1. in geschlossenen Garagen mit mehr als 20 Einstellplätzen auf kraftbetriebenen Hebebühnen, wenn jeweils mehr als zwei Kraftfahrzeuge übereinander angeordnet werden können,
2. in automatischen Garagen mit nicht mehr als 20 Einstellplätzen.

[2] Automatische Löschanlagen müssen vorhanden sein

1. in Geschossen von Großgaragen, die unter dem ersten unterirdischen Geschoß liegen, wenn das Gebäude nicht allein der Garagennutzung dient,
2. in automatischen Garagen mit mehr als 20 Einstellplätzen.

[3] Die Art der Feuerlöschanlage ist im Einzelfall im Benehmen mit der für den abwehrenden Brandschutz zuständigen Dienststelle festzulegen.

(2) Geschlossene Großgaragen müssen für den Rauch- und Wärmeabzug

1. Öffnungen ins Freie haben, die insgesamt mindestens 1000 $cm^2$ je Einstellplatz groß, von keinem Einstellplatz mehr als 20 m entfernt und im Decken- oder oberen Wandbereich angeordnet sind, oder
2. maschinelle Rauch- und Wärmeabzugsanlagen haben, die sich bei Raucheinwirkung selbsttätig einschalten, mindestens für eine Stunde einer Temperatur von 300°C standhalten, deren elektrische Leitungsanlagen bei äußerer Brandeinwirkung für mindestens die gleiche Zeit funktionsfähig bleiben und die in der Stunde einen mindestens zehnfachen Luftwechsel gewährleisten.

(3) Absatz 2 gilt nicht für Garagen, die

1. Lüftungsöffnungen oder Lüftungsschächte nach § 14 Abs. 2 oder 3 haben,
2. automatische Löschanlagen und eine maschinelle Abluftanlage nach § 14 Abs. 4 haben, die mindestens 12 $m^3$ Abluft in der Stunde je $m^2$ Garagennutzfläche abführen kann.

**§ 16 Brandmeldeanlagen.** [1] Geschlossene Großgaragen müssen Brandmeldeanlagen haben. [2] Geschlossene Mittelgaragen müssen Brandmeldeanlagen haben, wenn sie in Verbindung stehen mit baulichen Anlagen oder Räumen, für die Brandmeldeanlagen erforderlich sind. [3] Jedes Auslösen automatischer Feuerlöschanlagen ist über eine Brandmeldeanlage anzuzeigen.

## Teil III. Betriebsvorschriften

**§ 17[1)] Betriebsvorschriften für Garagen.** (1) Die Zu- und Abfahrten und die Rettungswege sind bis zur öffentlichen Verkehrsfläche verkehrssicher und frei zu halten; das gilt auch bei Eis- und Schneeglätte.

(2) In Mittel- und Großgaragen muss die allgemeine elektrische Beleuchtung nach § 13 Abs. 1

---

1) § 17 Abs. 2 neu gef. mWv 1.1.2024 durch V v. 29.11.2023 (GVBl. S. 639).

1. während der Benutzungszeit an allen Stellen der Rettungswege und Stellen, die barrierefrei sein müssen, mit einer Beleuchtungsstärke von mindestens 20 Lux, im Übrigen von mindestens 15 Lux,
2. während der Betriebszeit ständig mit einer Beleuchtungsstärke von mindestens einem Lux,

eingeschaltet sein, soweit nicht Tageslicht mit einer entsprechenden Beleuchtungsstärke vorhanden ist.

(3) [1] Lüftungsöffnungen und -schächte dürfen nicht verschlossen oder zugestellt werden. [2] Maschinelle Lüftungsanlagen und CO-Warnanlagen müssen so gewartet werden, daß sie ständig betriebsbereit sind. [3] CO-Warnanlagen müssen ständig eingeschaltet sein. [4] Maschinelle Abluftanlagen müssen so betrieben werden, daß der CO-Halbstundenmittelwert nicht mehr als 100 ppm beträgt (§ 14 Abs. 4).

(4) [1] In Mittel- und Großgaragen dürfen brennbare Stoffe außerhalb von Kraftfahrzeugen nur in unerheblichen Mengen aufbewahrt werden. [2] In Kleingaragen dürfen bis zu 200 l Dieselkraftstoff und bis zu 20 l Benzin in dicht verschlossenen, bruchsicheren Behältern aufbewahrt werden.

**§ 18[1)] Abstellen von Kraftfahrzeugen in anderen Räumen als Garagen.**

(1) Kraftfahrzeuge dürfen in Treppenräumen, Fluren und Kellergängen nicht abgestellt werden.

(2) Kraftfahrzeuge dürfen in sonstigen Räumen, die keine Garagen sind, nur abgestellt werden, wenn

1. das Gesamtfassungsvermögen der Kraftstoffbehälter aller abgestellten Kraftfahrzeuge nicht mehr als 12 l beträgt,
2. Kraftstoff außer dem Inhalt der Kraftstoffbehälter abgestellter Kraftfahrzeuge in diesen Räumen nicht aufbewahrt wird und
3. diese Räume keine Zündquellen oder leicht entzündlichen Stoffe enthalten.

(3) Abs. 2 gilt nicht für Kraftfahrzeuge,

1. die Arbeitsmaschinen oder landwirtschaftliche Zugmaschinen sind,
2. deren Batterie ausgebaut ist oder
3. die in Ausstellungs-, Verkaufs-, Werk- oder Lagerräumen für Kraftfahrzeuge stehen.

## Teil IV. Bauvorlagen, Prüfungen

**§ 19[2)] Zusätzliche Bauvorlagen.** Die Bauvorlagen müssen zusätzliche Angaben enthalten über:

1. die Zahl, Abmessung und Kennzeichnung der Einstellplätze und Fahrgassen sowie über die Rettungswege,
2. die Brandmelde- und Feuerlöschanlagen,
3. den Rauch- und Wärmeabzug,
4. die CO-Warnanlagen,
5. die natürliche Lüftung oder die maschinellen Lüftungsanlagen,

---

[1)] § 18 Abs. 3 neu gef. mWv 1.6.2015 durch V v. 25.4.2015 (GVBl. S. 148).
[2)] Überschrift geänd. mWv 1.9.2018 durch V v. 7.8.2018 (GVBl. S. 694).

6. die Sicherheitsbeleuchtung.

## Teil V.[1] Notwendige Stellplätze

**§ 20**[2] **Notwendige Stellplätze.** [1]Die Zahl der notwendigen Stellplätze im Sinn des Art. 47 Abs. 1 Satz 1, Abs. 2 Satz 1 BayBO[3] bemisst sich nach der **Anlage**. [2]Ist eine Nutzung nicht in der Anlage aufgeführt, ist die Zahl der notwendigen Stellplätze in Anlehnung an eine oder mehrere vergleichbare Nutzungen zu ermitteln.

## Teil VI.[4] Schlußvorschriften

**§ 21**[5] **Weitergehende Anforderungen.** (1) Soweit eine Garage für Kraftfahrzeuge bestimmt ist, deren Länge mehr als 5 m und deren Breite mehr als 2 m beträgt, können weitergehende Anforderungen als nach dieser Verordnung zur Erfüllung des Art. 3 BayBO[3] im Einzelfall gestellt werden.

(2) Für geschlossene Großgaragen können im Einzelfall von den Brandschutzdienststellen Feuerwehrpläne gefordert werden.

**§ 22**[6] **Ordnungswidrigkeiten.** Nach Art. 79 Abs. 1 Satz 1 Nr. 1 BayBO[3] kann mit Geldbuße bis zu fünfhunderttausend Euro belegt werden, wer vorsätzlich oder fahrlässig

1. entgegen § 17 Abs. 1 die Zu- oder Abfahrten oder die Rettungswege nicht verkehrssicher oder frei hält,
2. entgegen § 17 Abs. 2 Mittel- und Großgaragen nicht ständig beleuchtet,
3. entgegen § 17 Abs. 3 Satz 1 Lüftungsöffnungen oder -schächte verschließt oder zustellt,
4. entgegen § 17 Abs. 3 Satz 3 CO-Warnanlagen nicht ständig eingeschaltet läßt,
5. entgegen § 17 Abs. 3 Satz 4 maschinelle Lüftungsanlagen so betreibt, daß der genannte Wert des CO-Gehaltes der Luft überschritten wird.

**§ 23**[7] **Übergangsvorschriften.** Auf die zum Zeitpunkt des Inkrafttretens dieser Verordnung[8] bestehenden Garagen sind die Betriebsvorschriften (§ 17) sowie die Vorschriften über Prüfung sicherheitsrelevanter technischer Anlagen und Einrichtungen (§ 20) entsprechend anzuwenden.

---

[1] Neuer Teil V eingef. mWv 1.1.2008 durch V v. 29.11.2007 (GVBl. S. 847).

[2] Neuer § 20 eingef., alter Wortlaut zu § 20 gestr. mWv 1.1.2008 durch V v. 29.11.2007 (GVBl. S. 847).

[3] Nr. **1**.

[4] Bish. Teil V wird Teil VI mWv 1.1.2008 durch V v. 29.11.2007 (GVBl. S. 847).

[5] § 21 bish Wortlaut wird Abs. 1, Abs. 2 angef. mWv 1.8.2009 durch V v. 8.7.2009 (GVBl. S. 332); Abs. 1 geänd. mWv 1.9.2018 durch V v. 7.8.2018 (GVBl. S. 694).

[6] § 22 Einleitungssatz und Nr. 6 geänd. durch V v. 8.12.1997 (GVBl. S. 827), Einleitungssatz geänd. mWv 1.1.2002 durch V v. 28.3.2001 (GVBl. S. 174), Nr. 6 aufgeh. mWv 1.1.2002 durch V v. 3.8.2001 (GVBl. S. 593); Einleitungssatz geänd. mWv 1.1.2008 durch V v. 29.11.2007 (GVBl. S. 847).

[7] § 23 geänd. durch V v. 8.12.1997 (GVBl. S. 827).

[8] Diese V tritt am 1.1.1994 in Kraft, vgl. § 24.

**§ 24[1)] Inkrafttreten, Außerkrafttreten.** Diese Verordnung tritt am 1. Januar 1994 in Kraft; sie tritt mit Ablauf des 31. Dezember 2028 außer Kraft.

*[Anl. bis 30.9.2025:]*

**Anlage[2)]**

| Nr. | Verkehrsquelle | Zahl der Stellplätze | hiervon in Vomhundertsätzen für Besucher |
|---|---|---|---|
| **1.** | **Wohngebäude** | | |
| 1.1 | Einfamilienhäuser | 1 Stellplatz je Wohnung | – |
| 1.2 | Mehrfamilienhäuser und sonstige Gebäude mit Wohnungen | 1 Stellplatz je Wohnung | 10 |
| 1.3 | Gebäude mit Altenwohnungen | 0,2 Stellplätze je Wohnung | 20 |
| 1.4 | Wochenend- und Ferienhäuser | 1 Stellplatz je Wohnung | – |
| 1.5 | Kinder-, Schüler- und Jugendwohnheime | 1 Stellplatz je 20 Betten, mindestens 2 Stellplätze | 75 |
| 1.6 | Studentenwohnheime | 1 Stellplatz je 5 Betten | 10 |
| 1.7 | Schwestern-/ Pflegerwohnheime | 1 Stellplatz je 2 Betten, mindestens 3 Stellplätze | 10 |
| 1.8 | Arbeitnehmerwohnheime | 1 Stellplatz je 4 Betten, mindestens 3 Stellplätze | 20 |
| 1.9 | Altenwohnheime | 1 Stellplatz je 15 Betten, mindestens 3 Stellplätze | 50 |
| 1.10 | Altenheime, Langzeit- und Kurzzeitpflegeheime | 1 Stellplatz je 12 Betten bzw. Pflegeplätze, mindestens 3 Stellplätze | 50 |
| 1.11 | Tagespflegeeinrichtungen | 1 Stellplatz je 12 Pflegeplätze, mindestens 3 Stellplätze | 50 |
| 1.12 | Obdachlosenheime, Gemeinschaftsunterkünfte für Leistungsberechtigte nach dem Asylbewerberleistungsgesetz | 1 Stellplatz je 30 Betten, mindestens 3 Stellplätze | 10 |
| **2.** | **Gebäude mit Büro-, Verwaltungs- und Praxisräumen** | | |
| 2.1 | Büro- und Verwaltungsräume allgemein | 1 Stellplatz je 40 m² NF*1) | 20 |
| 2.2 | Räume mit erheblichem Besucherverkehr (Schalter-, Abfertigungs oder Beratungsräume, Arztpraxen und dergl.) | 1 Stellplatz, je 30 m² NF*1), mindestens 3 Stellplätze | 75 |
| **3.** | **Verkaufsstätten** | | |
| 3.1 | Läden | 1 Stellplatz je 40 m² NF (V)*2), mindestens 2 Stellplätze je Laden | 75 |

1) § 24 Überschrift und Wortlaut geänd. mWv 1.9.2018 durch V v. 7.8.2018 (GVBl. S. 694).

2) Anlage eingef. mWv 1.1.2008 durch V v. 29.11.2007 (GVBl. S. 847); geänd. mWv 1.8.2009 durch V v. 8.7.2009 (GVBl. S. 332).

*1) **Amtl. Anm.:** NF = Nutzfläche nach DIN 277 Teil 2

*2) **Amtl. Anm.:** NF (V) = Verkaufsnutzfläche

| Nr. | Verkehrsquelle | Zahl der Stellplätze | hiervon in Vomhundertsätzen für Besucher |
|---|---|---|---|
| 3.2 | Waren- und Geschäftshäuser (einschließlich Einkaufszentren, großflächigen Einzelhandelsbetrieben) | 1 Stellplatz je 40 $m^2$ NF (V)*2) | 75 |
| **4.** | **Versammlungsstätten (außer Sportstätten), Kirchen** | | |
| 4.1 | Versammlungsstätten von überörtlicher Bedeutung (z.B. Theater, Konzerthäuser, Mehrzweckhallen) | 1 Stellplatz je 5 Sitzplätze | 90 |
| 4.2 | Sonstige Versammlungsstätten (z.B. Lichtspieltheater, Schulaulen, Vortragssäle) | 1 Stellplatz je 10 Sitzplätze | 90 |
| 4.3 | Gemeindekirchen | 1 Stellplatz je 30 Sitzplätze | 90 |
| 4.4 | Kirchen von überörtlicher Bedeutung | 1 Stellplatz je 20 Sitzplätze | 90 |
| **5.** | **Sportstätten** | | |
| 5.1 | Sportplätze ohne Besucherplätze (z.B. Trainingsplätze) | 1 Stellplatz je 300 $m^2$ Sportfläche | – |
| 5.2 | Sportplätze und Sportstadien mit Besucherplätzen | 1 Stellplatz je 300 $m^2$ Sportfläche, zusätzlich 1 Stellplatz je 15 Besucherplätze | – |
| 5.3 | Turn- und Sporthallen ohne Besucherplätze | 1 Stellplatz je 50 $m^2$ Hallenflächen | – |
| 5.4 | Turn- und Sporthallen mit Besucherplätzen | 1 Stellplatz je 50 $m^2$ Hallenfläche; zusätzlich 1 Stellplatz je 15 Besucherplätze | – |
| 5.5 | Freibäder und Freiluftbäder | 1 Stellplatz je 300 $m^2$ Grundstücksfläche | – |
| 5.6 | Hallenbäder ohne Besucherplätze | 1 Stellplatz je 10 Kleiderablagen | – |
| 5.7 | Hallenbäder mit Besucherplätzen | 1 Stellplatz je 10 Kleiderablagen, zusätzlich 1 Stellplatz je 15 Besucherplätze | – |
| 5.8 | Tennisplätze ohne Besucherplätze | 2 Stellplätze je Spielfeld | – |
| 5.9 | Tennisplätze mit Besucherplätzen | 2 Stellplätze je Spielfeld, zusätzlich 1 Stellplatz je 15 Besucherplätze | – |
| 5.10 | Squashanlagen | 2 Stellplätze je Court | – |
| 5.11 | Minigolfplätze | 6 Stellplätze je Minigolfanlage | – |
| 5.12 | Kegel-, Bowlingbahnen | 4 Stellplätze je Bahn | – |
| 5.13 | Bootshäuser und Bootsliegeplätze | 1 Stellplatz je 5 Boote | – |
| 5.14 | Fitnesscenter | 1 Stellplatz je 40 $m^2$ Sportfläche | – |
| **6.** | **Gaststätten und Beherbergungsbetriebe** | | |
| 6.1 | Gaststätten | 1 Stellplatz je 10 $m^2$ Gastfläche | 75 |
| 6.2 | Spiel- und Automatenhallen, Billard-Salons, sonst. Vergnügungsstätten | 1 Stellplatz je 20 $m^2$ NF*1), mind. 3 Stellplätze | 90 |
| 6.3 | Hotels, Pensionen, Kurheime und andere Beherbergungsbetriebe | 1 Stellplatz je 6 Betten, bei Restaurationsbetrieb Zuschlag nach 6.1 oder 6.2 | 75 |
| 6.4 | Jugendherbergen | 1 Stellplatz je 15 Betten | 75 |
| **7.** | **Krankenanstalten** | | |

| Nr. | Verkehrsquelle | Zahl der Stellplätze | hiervon in Vomhundertsätzen für Besucher |
|---|---|---|---|
| 7.1 | Krankenanstalten von überörtlicher Bedeutung | 1 Stellplatz je 4 Betten | 60 |
| 7.2 | Krankenanstalten von örtlicher Bedeutung | 1 Stellplatz je 6 Betten | 60 |
| 7.3 | Sanatorien, Kuranstalten, Anstalten für langfristig Kranke | 1 Stellplatz je 4 Betten | 25 |
| 7.4 | Ambulanzen | 1 Stellplatz je 30 m² NF*1), mindestens 3 Stellplätze | 75 |
| **8.** | **Schulen, Einrichtungen der Jugendförderung** | | |
| 8.1 | Grundschulen, Schulen für Lernbehinderte | 1 Stellplatz je Klasse | – |
| 8.2 | Hauptschulen, sonstige allgemeinbildende Schulen, Berufsschulen, Berufsfachschulen | 1 Stellplatz je Klasse, zusätzlich 1 Stellplatz je 10 Schüler über 18 Jahre | 10 |
| 8.3 | Sonderschulen für Behinderte | 1 Stellplatz je 15 Schüler | – |
| 8.4 | Hochschulen | 1 Stellplatz je 10 Studierende | – |
| 8.5 | Tageseinrichtungen für Kinder | 1 Stellplatz je 30 Kinder, mindestens 2 Stellplätze | – |
| 8.6 | Jugendfreizeitheime und dergl. | 1 Stellplatz je 15 Besucherplätze | – |
| 8.7 | Berufsbildungswerke, Ausbildungswerkstätten und dergl. | 1 Stellplatz je 10 Auszubildende | – |
| **9.** | **Gewerbliche Anlagen** | | |
| 9.1 | Handwerks- und Industriebetriebe | 1 Stellplatz je 70 m² NF*1) oder je 3 Beschäftigte | 10 |
| 9.2 | Lagerräume, -plätze, Ausstellungs-, Verkaufsplätze | 1 Stellplatz je 100 m² NF*1) oder je 3 Beschäftigte | – |
| 9.3 | Kraftfahrzeugwerkstätten | 6 Stellplätze je Wartungs- oder Reparaturstand | – |
| 9.4 | Tankstellen | Bei Einkaufsmöglichkeit über Tankstellenbedarf hinaus: Zuschlag nach 3.1 (ohne Besucheranteil) | – |
| 9.5 | Automatische Kfz-Waschanlagen | 5 Stellplätze je Waschanlage*3) | – |
| **10.** | **Verschiedenes** | | |
| 10.1 | Kleingartenanlagen | 1 Stellplatz je 3 Kleingärten | – |
| 10.2 | Friedhöfe | 1 Stellplatz je 1500 m² Grundstücksfläche, jedoch mindestens 10 Stellplätze | – |

*3) **Amtl. Anm.:** Zusätzlich muss ein Stauraum für mindestens 10 Kraftfahrzeuge vorhanden sein.

***[Anl. ab 1.10.2025:]***

***Anlage***[1)]

*(zu § 20)*

| *Nr.* | *Verkehrsquelle* | *Zahl der Stellplätze* | *hiervon für Besucher in %* |
|---|---|---|---|
| ***1.*** | ***Wohngebäude*** | | |
| *1.1* | *Gebäude mit Wohnungen* | *2 Stellplätze je Wohnung, bei Mietwohnungen, für die eine Bindung nach dem Bayerischen Wohnraumförderungsgesetz besteht, 0,5 Stellplätze* | *–* |
| *1.2* | *Kinder-, Schüler- und Jugendwohnheime* | *1 Stellplatz je 20 Betten, mindestens 2 Stellplätze* | *75* |
| *1.3* | *Studentenwohnheime* | *1 Stellplatz je 5 Betten* | *10* |
| *1.4* | *Schwestern-/ Pflegerwohnheime, Arbeitnehmerwohnheime u.ä.* | *1 Stellplatz je 4 Betten* | *10* |
| *1.5* | *Altenwohnheime, Altenheime, Langzeit- und Kurzzeitpflegeheime, Tagespflegeeinrichtungen u.ä.* | *1 Stellplatz je 15 Betten bzw. Pflegeplätze, mindestens 2 Stellplätze* | *50* |
| *1.6* | *Obdachlosenheime, Gemeinschaftsunterkünfte für Leistungsberechtigte nach dem Asylbewerberleistungsgesetz* | *1 Stellplatz je 30 Betten, mindestens 2 Stellplätze* | *10* |
| ***2.*** | ***Gebäude mit Büro-, Verwaltungs- und Praxisräumen*** | | |
| *2.1* | *Büro- und Verwaltungsräume allgemein* | *1 Stellplatz je 40 m² NUF*1)* | *20* |
| *2.2* | *Räume mit erheblichem Besucherverkehr (Schalter-, Abfertigungs- oder Beratungsräume, Arztpraxen und dergl.)* | *1 Stellplatz, je 30 m² NUF*1), mindestens 3 Stellplätze* | *75* |
| ***3.*** | ***Verkaufsstätten*** | | |
| *3.1* | *Läden* | *1 Stellplatz je 40 m² Verkaufsfläche für den Kundenverkehr, mindestens 2 Stellplätze je Laden* | *75* |
| *3.2* | *Waren- und Geschäftshäuser (einschließlich Einkaufszentren, großflächigen Einzelhandelsbetrieben)* | *1 Stellplatz je 40 m² Verkaufsfläche für den Kundenverkehr* | *75* |
| ***4.*** | ***Versammlungsstätten (außer Sportstätten), Kirchen*** | | |
| *4.1* | *Versammlungsstätten von überörtlicher Bedeutung (z.B. Theater, Konzerthäuser, Mehrzweckhallen)* | *1 Stellplatz je 5 Sitzplätze* | *90* |
| *4.2* | *Sonstige Versammlungsstätten (z.B. Lichtspieltheater, Schulaulen, Vortragssäle)* | *1 Stellplatz je 10 Sitzplätze* | *90* |
| *4.3* | *Kirchen* | *1 Stellplatz je 30 Sitzplätze* | *90* |
| ***5.*** | ***Sportstätten*** | | |
| *5.1* | *Sportplätze ohne Besucherplätze (z.B. Trainingsplätze)* | *1 Stellplatz je 300 m² Sportfläche* | *–* |
| *5.2* | *Sportplätze und Sportstadien mit Besucherplätzen* | *1 Stellplatz je 300 m² Sportfläche, zusätzlich 1 Stellplatz je 15 Besucherplätze* | *–* |
| *5.3* | *Turn- und Sporthallen ohne Besucherplätze* | *1 Stellplatz je 50 m² Hallenflächen* | *–* |

[1)] Anlage neu gef. mWv 1.10.2025 durch G v. 23.12.2024 (GVBl. S. 605).

| *Nr.* | *Verkehrsquelle* | *Zahl der Stellplätze* | *hiervon für Besucher in %* |
|---|---|---|---|
| 5.4 | *Turn- und Sporthallen mit Besucherplätzen* | *1 Stellplatz je 50 m² Hallenfläche, zusätzlich 1 Stellplatz je 15 Besucherplätze* | – |
| 5.5 | *Freibäder und Freiluftbäder* | *1 Stellplatz je 300 m² Grundstücksfläche* | – |
| 5.6 | *Hallenbäder ohne Besucherplätze* | *1 Stellplatz je 10 Kleiderablagen* | – |
| 5.7 | *Hallenbäder mit Besucherplätzen* | *1 Stellplatz je 10 Kleiderablagen, zusätzlich 1 Stellplatz je 15 Besucherplätze* | – |
| 5.8 | *Tennisplätze, Squashanlagen o.ä. ohne Besucherplätze* | *2 Stellplätze je Spielfeld* | – |
| 5.9 | *Tennisplätze, Squashanlagen o.ä. mit Besucherplätzen* | *2 Stellplätze je Spielfeld, zusätzlich 1 Stellplatz je 15 Besucherplätze* | – |
| 5.10 | *Minigolfplätze* | *6 Stellplätze je Minigolfanlage* | – |
| 5.11 | *Kegel- und Bowlingbahnen* | *4 Stellplätze je Bahn* | – |
| 5.12 | *Bootshäuser und Bootsliegeplätze* | *1 Stellplatz je 5 Boote* | – |
| 5.13 | *Fitnesscenter* | *1 Stellplatz je 40 m² Sportfläche* | – |
| ***6.*** | ***Gaststätten und Beherbergungsbetriebe*** | | |
| 6.1 | *Gaststätten* | *1 Stellplatz je 10 m² Gastfläche* | 75 |
| 6.2 | *Spiel- und Automatenhallen, Billard-Salons, sonst. Vergnügungsstätten* | *1 Stellplatz je 20 m² NUF*1), mindestens 3 Stellplätze* | 90 |
| 6.3 | *Hotels, Pensionen, Kurheime und andere Beherbergungsbetriebe* | *1 Stellplatz je 6 Betten, bei Restaurationsbetrieb Zuschlag nach den Nrn. 6.1 oder 6.2* | 75 |
| 6.4 | *Jugendherbergen* | *1 Stellplatz je 15 Betten* | 75 |
| ***7.*** | ***Krankenanstalten*** | | |
| 7.1 | *Krankenanstalten von überörtlicher Bedeutung* | *1 Stellplatz je 4 Betten* | 60 |
| 7.2 | *Krankenanstalten von örtlicher Bedeutung* | *1 Stellplatz je 6 Betten* | 60 |
| 7.3 | *Sanatorien, Kuranstalten, Anstalten für langfristig Kranke* | *1 Stellplatz je 4 Betten* | 25 |
| 7.4 | *Ambulanzen* | *1 Stellplatz je 30 m² NUF*1), mindestens 3 Stellplätze* | 75 |
| ***8.*** | ***Schulen, Einrichtungen der Jugendförderung*** | | |
| 8.1 | *Schulen, Berufsschulen, Berufsfachschulen* | *1 Stellplatz je Klasse, zusätzlich 1 Stellplatz je 10 Schüler über 18 Jahre* | 10 |
| 8.2 | *Hochschulen* | *1 Stellplatz je 10 Studierende* | – |
| 8.3 | *Tageseinrichtungen für mehr als 12 Kinder* | *1 Stellplatz je 30 Kinder, mindestens 2 Stellplätze* | – |
| 8.4 | *Tageseinrichtungen bis zu 12 Kinder* | *1 Stellplatz* | – |
| 8.5 | *Jugendfreizeitheime und dergl.* | *1 Stellplatz je 15 Besucherplätze* | – |
| 8.6 | *Berufsbildungswerke, Ausbildungswerkstätten und dergl.* | *1 Stellplatz je 10 Auszubildende* | – |
| ***9.*** | ***Gewerbliche Anlagen*** | | |
| 9.1 | *Handwerks- und Industriebetriebe* | *1 Stellplatz je 70 m² NUF*1) oder je 3 Beschäftigte* | 10 |

| *Nr.* | *Verkehrsquelle* | *Zahl der Stellplätze* | *hiervon für Besucher in %* |
|---|---|---|---|
| *9.2* | *Lagerräume, -plätze, Ausstellungs-, Verkaufsplätze* | *1 Stellplatz je 100 m² NUF*[*1)]* oder je 3 Beschäftigte* | – |
| *9.3* | *Kraftfahrzeugwerkstätten* | *6 Stellplätze je Wartungs- oder Reparaturstand* | – |
| *9.4* | *Tankstellen* | *Bei Einkaufsmöglichkeit über Tankstellenbedarf hinaus: Zuschlag nach Nr. 3.1 (ohne Besucheranteil)* | – |
| *9.5* | *Automatische Kfz-Waschanlagen* | *5 Stellplätze je Waschanlage*[*2)] | – |
| ***10.*** | ***Verschiedenes*** | | |
| *10.1* | *Kleingartenanlagen* | *1 Stellplatz je 3 Kleingärten* | – |
| *10.2* | *Friedhöfe* | *1 Stellplatz je 1 500 m² Grundstücksfläche, jedoch mindestens 10 Stellplätze* | – |

[*1)] ***Amtl. Anm.**: NUF = Nutzungsfläche nach DIN 277*

[*2)] ***Amtl. Anm.**: Zusätzlich muss ein Stauraum für mindestens 10 Kraftfahrzeuge vorhanden sein.*

# 7. Feuerungsverordnung(FeuV)[1) 2)]

Vom 11. November 2007
(GVBl. S. 800)

**BayRS 2132-1-3-B**

zuletzt geänd. durch § 2 V zur Anpassung an die Bayerische Bauordnung v. 7.8.2018 (GVBl. S. 694)

Auf Grund des Art. 80 Abs. 1 Satz 1 Nrn. 1 und 2 sowie Abs. 6 der Bayerischen Bauordnung (BayBO)[3)] in der Fassung der Bekanntmachung vom 14. August 2007 (GVBl S. 588, BayRS 2132-1-I) erlässt das Bayerische Staatsministerium des Innern folgende Verordnung:

**§ 1 Einschränkung des Anwendungsbereichs.** [1]Für Feuerstätten, Wärmepumpen und Blockheizkraftwerke gilt diese Verordnung nur, soweit diese Anlagen der Beheizung von Räumen oder der Warmwasserversorgung dienen oder Gas-Haushalts-Kochgeräte sind. [2]Sie gilt nicht für Brennstoffzellen und ihre Anlagen zur Abführung der Prozessgase.

**§ 2 Begriffe.** (1) Als Nennleistung gilt

1. die auf dem Typenschild der Feuerstätte angegebene höchste Leistung, bei Blockheizkraftwerken die Gesamtleistung,
2. die in den Grenzen des auf dem Typenschild angegebenen Leistungsbereichs festeingestellte und auf einem Zusatzschild angegebene höchste nutzbare Leistung der Feuerstätte oder
3. bei Feuerstätten ohne Typenschild die aus dem Brennstoffdurchsatz mit einem Wirkungsgrad von 80 v.H. ermittelte Leistung.

(2) [1]Raumluftunabhängig sind Feuerstätten, denen die Verbrennungsluft über Leitungen oder Schächte nur direkt vom Freien zugeführt wird und bei denen kein Abgas in gefahrdrohender Menge in den Aufstellraum austreten kann. [2]Andere Feuerstätten sind raumluftabhängig.

**§ 3 Verbrennungsluftversorgung von Feuerstätten.** (1) Für raumluftabhängige Feuerstätten mit einer Nennleistung von insgesamt nicht mehr als 35 kW reicht die Verbrennungsluftversorgung aus, wenn jeder Aufstellraum

1. mindestens eine Tür ins Freie oder ein Fenster, das geöffnet werden kann (Räume mit Verbindung zum Freien), und einen Rauminhalt von mindestens 4 $m^3$ je 1 kW Nennleistung dieser Feuerstätten hat,
2. mit anderen Räumen mit Verbindung zum Freien nach Maßgabe des Abs. 2 verbunden ist (Verbrennungsluftverbund) oder

---

[1)] **Amtl. Anm.:** Die Verpflichtungen aus der Richtlinie 98/34/EG des Europäischen Parlaments und des Rates vom 22. Juni 1998 über ein Informationsverfahren auf dem Gebiet der Normen und technischen Vorschriften (ABl EG Nr. L 204 S. 37), geändert durch die Richtlinie 98/48/EG des Europäischen Parlaments und des Rates vom 20. Juli 1998 (ABl EG Nr. L 217 S. 18), jetzt Richtlinie des Europäischen Parlaments und des Rates über ein Informationsverfahren auf dem Gebiet der Normen und technischen Vorschriften und der Vorschriften für die Dienste der Informationsgesellschaft, sind beachtet worden.

[2)] **Die Verordnung tritt mit Ablauf des 31.12.2028 außer Kraft**, vgl. § 15.

[3)] Nr. **1**.

3. eine ins Freie führende Öffnung mit einem lichten Querschnitt von mindestens 150 $cm^2$ oder zwei Öffnungen von je 75 $cm^2$ oder Leitungen ins Freie mit strömungstechnisch äquivalenten Querschnitten hat.

(2) [1] Der Verbrennungsluftverbund im Sinn des Abs. 1 Nr. 2 zwischen dem Aufstellraum und Räumen mit Verbindung zum Freien muss durch Verbrennungsluftöffnungen von mindestens 150 $cm^2$ zwischen den Räumen hergestellt sein. [2] Der Gesamtrauminhalt der Räume, die zum Verbrennungsluftverbund gehören, muss mindestens 4 $m^3$ je 1 kW Nennleistung der Feuerstätten, die gleichzeitig betrieben werden können, betragen. [3] Räume ohne Verbindung zum Freien sind auf den Gesamtrauminhalt nicht anzurechnen.

(3) Für raumluftabhängige Feuerstätten mit einer Nennleistung von insgesamt mehr als 35 kW und nicht mehr als 50 kW reicht die Verbrennungsluftversorgung aus, wenn jeder Aufstellraum die Anforderungen nach Abs. 1 Nr. 3 erfüllt.

(4) [1] Für raumluftabhängige Feuerstätten mit einer Nennleistung von insgesamt mehr als 50 kW reicht die Verbrennungsluftversorgung aus, wenn jeder Aufstellraum eine ins Freie führende Öffnung oder Leitung hat. [2] Der Querschnitt der Öffnung muss mindestens 150 $cm^2$ und für jedes über 50 kW hinausgehende Kilowatt 2 $cm^2$ mehr betragen. [3] Leitungen müssen strömungstechnisch äquivalent bemessen sein. [4] Der erforderliche Querschnitt darf auf höchstens zwei Öffnungen oder Leitungen aufgeteilt sein.

(5) [1] Verbrennungsluftöffnungen und -leitungen dürfen nicht verschlossen oder zugestellt werden, sofern nicht durch besondere Sicherheitseinrichtungen gewährleistet ist, dass die Feuerstätten nur bei geöffnetem Verschluss betrieben werden können. [2] Der erforderliche Querschnitt darf durch den Verschluss oder durch Gitter nicht verengt werden.

(6) Abweichend von Abs. 1 bis 4 kann für raumluftabhängige Feuerstätten eine ausreichende Verbrennungsluftversorgung auf andere Weise nachgewiesen werden.

(7) [1] Abs. 1 und 2 gelten nicht für Gas-Haushalts-Kochgeräte. [2] Abs. 1 bis 4 gelten nicht für offene Kamine.

**§ 4 Aufstellung von Feuerstätten, Gasleitungsanlagen.** (1) Feuerstätten dürfen nicht aufgestellt werden

1. in notwendigen Treppenräumen, in Räumen zwischen notwendigen Treppenräumen und Ausgängen ins Freie und in notwendigen Fluren,
2. in Garagen, ausgenommen raumluftunabhängige Feuerstätten, deren Oberflächentemperatur bei Nennleistung nicht mehr als 300°C beträgt.

(2) [1] Die Betriebssicherheit von raumluftabhängigen Feuerstätten darf durch den Betrieb von Raumluft absaugenden Anlagen wie Lüftungs- oder Warmluftheizungsanlagen, Dunstabzugshauben, Abluft-Wäschetrockner nicht beeinträchtigt werden. [2] Dies gilt als erfüllt, wenn

1. ein gleichzeitiger Betrieb der Feuerstätten und der Luft absaugenden Anlagen durch Sicherheitseinrichtungen verhindert wird,
2. die Abgasabführung durch besondere Sicherheitseinrichtungen überwacht wird,
3. die Abgase der Feuerstätten über die Luft absaugenden Anlagen abgeführt werden oder

4. anlagentechnisch sichergestellt ist, dass während des Betriebs der Feuerstätten kein gefährlicher Unterdruck entstehen kann.

(3) [1] Feuerstätten für gasförmige Brennstoffe ohne Flammenüberwachung dürfen nur in Räumen aufgestellt werden, wenn durch mechanische Lüftungsanlagen während des Betriebs der Feuerstätten stündlich mindestens ein fünffacher Luftwechsel sichergestellt ist. [2] Für Gas-Haushalts-Kochgeräte genügt ein Außenluftvolumenstrom von 100 $m^3$/h.

(4) Feuerstätten für gasförmige Brennstoffe mit Strömungssicherung dürfen unbeschadet des § 3 in Räumen aufgestellt werden,

1. mit einem Rauminhalt von mindestens 1 $m^3$ je kW Nennleistung dieser Feuerstätten, soweit sie gleichzeitig betrieben werden können,
2. in denen durch unten und oben angeordnete Öffnungen mit einem Mindestquerschnitt von jeweils 75 $cm^2$ ins Freie eine Durchlüftung sichergestellt ist oder
3. in denen durch andere Maßnahmen wie beispielsweise unten und oben in derselben Wand angeordnete Öffnungen mit einem Mindestquerschnitt von jeweils 150 $cm^2$ zu unmittelbaren Nachbarräumen ein zusammenhängender Rauminhalt der Größe nach Nr. 1 eingehalten wird.

(5) [1] Gasleitungsanlagen in Räumen müssen so beschaffen, angeordnet oder mit Vorrichtungen ausgerüstet sein, dass bei einer äußeren thermischen Beanspruchung von bis zu 650°C über einen Zeitraum von 30 Minuten keine gefährlichen Gas-Luft-Gemische entstehen können. [2] Alle Gasentnahmestellen müssen mit einer Vorrichtung ausgerüstet sein, die im Brandfall die Brennstoffzufuhr selbsttätig absperrt. [3] Satz 2 gilt nicht, wenn Gasleitungsanlagen durch Ausrüstung mit anderen selbsttätigen Vorrichtungen die Anforderungen nach Satz 1 erfüllen.

(6) Feuerstätten für Flüssiggas (Propan, Butan und deren Gemische) dürfen in Räumen, deren Fußboden an jeder Stelle mehr als 1 m unter der Geländeoberfläche liegt, nur aufgestellt werden, wenn

1. die Feuerstätten eine Flammenüberwachung haben und
2. sichergestellt ist, dass auch bei abgeschalteter Feuerungseinrichtung Flüssiggas aus den im Aufstellraum befindlichen Brennstoffleitungen in gefahrdrohender Menge nicht austreten kann oder über eine mechanische Lüftungsanlage sicher abgeführt wird.

(7) [1] Feuerstätten müssen von Bauteilen aus brennbaren Baustoffen so weit entfernt oder so abgeschirmt sein, dass an diesen bei Nennleistung der Feuerstätten keine höheren Temperaturen als 85°C auftreten können. [2] Dies gilt als erfüllt, wenn mindestens die vom Hersteller angegebenen Abstandsmaße eingehalten werden oder, wenn diese Angaben fehlen, ein Mindestabstand von 40 cm eingehalten wird.

(8) [1] Vor den Feuerungsöffnungen von Feuerstätten für feste Brennstoffe sind Fußböden aus brennbaren Baustoffen durch einen Belag aus nichtbrennbaren Baustoffen zu schützen. [2] Der Belag muss sich nach vorn auf mindestens 50 cm und seitlich auf mindestens 30 cm über die Feuerungsöffnung hinaus erstrecken.

(9) [1] Bauteile aus brennbaren Baustoffen müssen von den Feuerraumöffnungen offener Kamine nach oben und nach den Seiten einen Abstand von

mindestens 80 cm haben. [2]Bei Anordnung eines beiderseits belüfteten Strahlungsschutzes genügt ein Abstand von 40 cm.

**§ 5 Aufstellräume für Feuerstätten.** (1) [1]In einem Raum dürfen Feuerstätten mit einer Nennleistung von insgesamt mehr als 100 kW, die gleichzeitig betrieben werden sollen, nur aufgestellt werden, wenn dieser Raum

1. nicht anderweitig genutzt wird, ausgenommen zur Aufstellung von Wärmepumpen, Blockheizkraftwerken und ortsfesten Verbrennungsmotoren sowie für zugehörige Installationen und zur Lagerung von Brennstoffen,
2. gegenüber anderen Räumen keine Öffnungen, ausgenommen Öffnungen für Türen, hat,
3. dicht- und selbstschließende Türen hat und
4. gelüftet werden kann.

[2]In einem Raum nach Satz 1 dürfen Feuerstätten für feste Brennstoffe jedoch nur aufgestellt werden, wenn deren Nennleistung insgesamt nicht mehr als 50 kW beträgt.

(2) [1]Brenner und Brennstofffördereinrichtungen der Feuerstätten für flüssige und gasförmige Brennstoffe mit einer Gesamtnennleistung von mehr als 100 kW müssen durch einen außerhalb des Aufstellraums angeordneten Schalter (Notschalter) jederzeit abgeschaltet werden können. [2]Neben dem Notschalter muss ein Schild mit der Aufschrift „NOTSCHALTERFEUERUNG" vorhanden sein.

(3) Wird in dem Aufstellraum nach Abs. 1 Heizöl gelagert oder ist der Raum für die Heizöllagerung nur von diesem Aufstellraum zugänglich, muss die Heizölzufuhr von der Stelle des Notschalters nach Abs. 2 aus durch eine entsprechend gekennzeichnete Absperreinrichtung unterbrochen werden können.

(4) Abweichend von Abs. 1 dürfen die Feuerstätten auch in anderen Räumen aufgestellt werden, wenn die Nutzung dieser Räume dies erfordert und die Feuerstätten sicher betrieben werden können.

**§ 6 Heizräume.** (1) [1]Feuerstätten für feste Brennstoffe mit einer Nennleistung von insgesamt mehr als 50 kW, die gleichzeitig betrieben werden sollen, dürfen nur in besonderen Räumen (Heizräumen) aufgestellt werden. [2]§ 5 Abs. 3 und 4 gelten entsprechend. [3]Die Heizräume dürfen

1. nicht anderweitig genutzt werden, ausgenommen zur Aufstellung von Feuerstätten für flüssige und gasförmige Brennstoffe, Wärmepumpen, Blockheizkraftwerke, ortsfesten Verbrennungsmotoren und für zugehörige Installationen sowie zur Lagerung von Brennstoffen und
2. mit Aufenthaltsräumen, ausgenommen solchen für das Betriebspersonal, sowie mit notwendigen Treppenräumen nicht in unmittelbarer Verbindung stehen.

[4]Wenn in Heizräumen Feuerstätten für flüssige und gasförmige Brennstoffe aufgestellt werden, gilt § 5 Abs. 2 entsprechend.

(2) Heizräume müssen

1. mindestens einen Rauminhalt von 8 $m^3$ und eine lichte Höhe von 2 m,
2. einen Ausgang, der ins Freie oder einen Flur führt und die Anforderungen an notwendige Flure erfüllt, und

3. Türen, die in Fluchtrichtung aufschlagen,

haben.

(3) [1] Wände, ausgenommen nichttragende Außenwände, und Stützen von Heizräumen sowie Decken über und unter ihnen müssen feuerbeständig sein. [2] Öffnungen in Decken und Wänden müssen, soweit sie nicht unmittelbar ins Freie führen, mindestens feuerhemmende und selbstschließende Abschlüsse haben. [3] Sätze 1 und 2 gelten nicht für Trennwände zwischen Heizräumen und den zum Betrieb der Feuerstätten gehörenden Räumen, wenn diese Räume die Anforderungen der Sätze 1 und 2 erfüllen.

(4) [1] Heizräume müssen zur Raumlüftung jeweils eine obere und eine untere Öffnung ins Freie mit einem Querschnitt von mindestens je 150 $cm^2$ oder Leitungen ins Freie mit strömungstechnisch äquivalenten Querschnitten haben. [2] § 3 Abs. 5 gilt sinngemäß. [3] Der Querschnitt einer Öffnung oder Leitung darf auf die Verbrennungsluftversorgung nach § 3 Abs. 4 angerechnet werden.

(5) [1] Lüftungsleitungen für Heizräume müssen eine Feuerwiderstandsfähigkeit von mindestens 90 Minuten haben, soweit sie durch andere Räume führen, ausgenommen angrenzende, zum Betrieb der Feuerstätten gehörende Räume, die die Anforderungen nach Abs. 3 Sätze 1 und 2 erfüllen. [2] Die Lüftungsleitungen dürfen mit anderen Lüftungsanlagen nicht verbunden sein und nicht der Lüftung anderer Räume dienen.

(6) Lüftungsleitungen, die der Lüftung anderer Räume dienen, müssen, soweit sie durch Heizräume führen,

1. eine Feuerwiderstandsfähigkeit von mindestens 90 Minuten oder selbsttätige Absperrvorrichtungen mit einer Feuerwiderstandsfähigkeit von mindestens 90 Minuten haben und
2. ohne Öffnungen sein.

**§ 7 Abgasanlagen.** (1) Abgasanlagen müssen nach lichtem Querschnitt und Höhe, soweit erforderlich auch nach Wärmedurchlasswiderstand und Beschaffenheit der inneren Oberfläche, so bemessen sein, dass die Abgase bei allen bestimmungsgemäßen Betriebszuständen ins Freie abgeführt werden und gegenüber Räumen kein gefährlicher Überdruck auftreten kann.

(2) [1] Die Abgase von Feuerstätten für feste Brennstoffe müssen in Schornsteine, die Abgase von Feuerstätten für flüssige oder gasförmige Brennstoffe dürfen auch in Abgasleitungen eingeleitet werden. [2] Art. 39 Abs. 4 BayBO[1)] bleibt unberührt.

(3) [1] Abweichend von Abs. 2 Satz 1 sind Feuerstätten für gasförmige Brennstoffe ohne Abgasanlage zulässig, wenn durch einen sicheren Luftwechsel im Aufstellraum gewährleistet ist, dass Gefahren oder unzumutbare Belästigungen nicht entstehen. [2] Dies gilt insbesondere als erfüllt, wenn

1. durch maschinelle Lüftungsanlagen während des Betriebs der Feuerstätten ein Luftvolumenstrom von mindestens 30 $m^3/h$ je kW Nennleistung aus dem Aufstellraum ins Freie abgeführt wird oder
2. besondere Sicherheitseinrichtungen verhindern, dass die Kohlenmonoxid-Konzentration in den Aufstellräumen einen Wert von 30 ppm überschreitet,

---

[1)] Nr. **1**.

3. bei Gas-Haushalts-Kochgeräten, soweit sie gleichzeitig betrieben werden können, mit einer Nennleistung von nicht mehr als 11 kW der Aufstellraum einen Rauminhalt von mehr als 15 m³ aufweist und mindestens eine Tür ins Freie oder ein Fenster hat, das geöffnet werden kann.

(4) Mehrere Feuerstätten dürfen an einen gemeinsamen Schornstein, an eine gemeinsame Abgasleitung oder an ein gemeinsames Verbindungsstück nur angeschlossen werden, wenn

1. durch die Bemessung nach Abs. 1 und die Beschaffenheit der Abgasanlage die Ableitung der Abgase für jeden Betriebszustand sichergestellt ist,
2. eine Übertragung von Abgasen zwischen den Aufstellräumen und ein Austritt von Abgasen über nicht in Betrieb befindliche Feuerstätten ausgeschlossen sind,
3. die gemeinsame Abgasleitung aus nichtbrennbaren Baustoffen besteht oder eine Brandübertragung zwischen den Geschossen durch selbsttätige Absperrvorrichtungen oder andere Maßnahmen verhindert wird und
4. die Anforderungen des § 4 Abs. 2 für alle angeschlossenen Feuerstätten gemeinsam erfüllt sind.

(5) [1] In Gebäuden muss jede Abgasleitung, die Geschosse überbrückt, in einem eigenen Schacht angeordnet sein. [2] Dies gilt nicht

1. für Abgasleitungen in Gebäuden der Gebäudeklassen 1 und 2, die durch nicht mehr als eine Nutzungseinheit führen,
2. für einfach belegte Abgasleitungen im Aufstellraum der Feuerstätte und
3. für Abgasleitungen, die eine Feuerwiderstandsfähigkeit von mindestens 90 Minuten, in Gebäuden der Gebäudeklassen 1 und 2 eine Feuerwiderstandsfähigkeit von mindestens 30 Minuten haben.

[3] Schächte für Abgasleitungen dürfen nicht anderweitig genutzt werden. [4] Die Anordnung mehrerer Abgasleitungen in einem gemeinsamen Schacht ist zulässig, wenn

1. die Abgasleitungen aus nichtbrennbaren Baustoffen bestehen,
2. die zugehörigen Feuerstätten in demselben Geschoss aufgestellt sind oder
3. eine Brandübertragung zwischen den Geschossen durch selbsttätige Absperrvorrichtungen oder andere Maßnahmen verhindert wird.

[5] Die Schächte müssen eine Feuerwiderstandsfähigkeit von mindestens 90 Minuten, in Gebäuden der Gebäudeklassen 1 und 2 von mindestens 30 Minuten haben.

(6) [1] Abgasleitungen aus normalentflammbaren Baustoffen innerhalb von Gebäuden müssen, soweit sie nicht gemäß Abs. 5 in Schächten zu verlegen sind, zum Schutz gegen mechanische Beanspruchung von außen in Schutzrohren aus nichtbrennbaren Baustoffen angeordnet oder mit vergleichbaren Schutzvorkehrungen aus nichtbrennbaren Baustoffen ausgestattet sein. [2] Dies gilt nicht für Abgasleitungen im Aufstellraum der Feuerstätten. [3] § 8 Abs. 1 bis 3, 5 und 6 bleiben unberührt.

(7) Schornsteine müssen

1. gegen Rußbrände beständig sein,
2. in Gebäuden, in denen sie Geschosse überbrücken, eine Feuerwiderstandsfähigkeit von mindestens 90 Minuten haben oder in durchgehenden Schäch-

ten mit einer Feuerwiderstandsfähigkeit von mindestens 90 Minuten angeordnet sein,

3. unmittelbar auf dem Baugrund gegründet oder auf einem feuerbeständigen Unterbau errichtet sein; es genügt ein Unterbau aus nichtbrennbaren Baustoffen für Schornsteine in Gebäuden der Gebäudeklassen 1 bis 3, für Schornsteine, die oberhalb der obersten Geschossdecke beginnen, sowie für Schornsteine an Gebäuden,
4. durchgehend, insbesondere nicht durch Decken unterbrochen sein und
5. für die Reinigung Öffnungen mit Schornsteinreinigungsverschlüssen haben.

(8) Schornsteine, Abgasleitungen und Verbindungsstücke, die unter Überdruck betrieben werden, müssen innerhalb von Gebäuden

1. in vom Freien dauernd gelüfteten Räumen liegen,
2. in Räumen liegen, die § 3 Abs. 1 Nr. 3 entsprechen,
3. soweit sie in Schächten liegen, über die gesamte Länge und den ganzen Umfang hinterlüftet sein oder
4. der Bauart nach so beschaffen sein, dass Abgase in gefahrdrohender Menge nicht austreten können.

(9) Verbindungsstücke dürfen nicht in Decken, Wänden oder unzugänglichen Hohlräumen angeordnet sowie nicht in andere Geschosse oder Nutzungseinheiten geführt werden.

(10) [1] Luft-Abgas-Systeme sind zur Abgasabführung nur zulässig, wenn sie getrennte, durchgehende Luft- und Abgasführungen haben. [2] An diese Systeme dürfen nur raumluftunabhängige Feuerstätten angeschlossen werden, deren Bauart sicherstellt, dass sie für diese Betriebsweise geeignet sind. [3] Im Übrigen gelten für Luft-Abgas-Systeme Abs. 4 bis 9 sinngemäß.

**§ 8[1)] Abstände von Abgasanlagen zu brennbaren Bauteilen.** (1) Abgasanlagen müssen zu Bauteilen aus brennbaren Baustoffen so weit entfernt oder so abgeschirmt sein, dass an den genannten Bauteilen

1. bei Nennleistung keine höheren Temperaturen als 85°C und
2. bei Rußbränden in Schornsteinen keine höheren Temperaturen als 100°C auftreten können.

(2) [1] Die Anforderungen des Abs. 1 gelten für den Fall der Hinterlüftung der Abgasanlagen als erfüllt, wenn

1. die auf Grund von harmonisierten technischen Spezifikationen in der Produktbezeichnung angegebenen Mindestabstände eingehalten sind,
2. bei Abgasanlagen für Abgastemperaturen der Feuerstätten bei Nennleistung bis zu 400°C, deren Wärmedurchlasswiderstand mindestens 0,12 $m^2K/W$ und deren Feuerwiderstandsdauer mindestens 90 Minuten beträgt, ein Mindestabstand von 5 cm eingehalten ist oder
3. bei Abgasanlagen für Abgastemperaturen der Feuerstätten bei Nennleistung bis zu 400°C ein Mindestabstand von 40 cm eingehalten ist.

[2] Im Fall von Satz 1 Nr. 2 ist

---

[1)] § 8 neu gef. mWv 1.8.2009 durch V v. 8.7.2009 (GVBl. S. 332).

1. zu Holzbalken und Bauteilen entsprechender Abmessungen ein Mindestabstand von 2 cm ausreichend,
2. zu Bauteilen mit geringer Fläche wie Fußleisten und Dachlatten, soweit die Ableitung der Wärme aus diesen Bauteilen nicht durch Wärmedämmung behindert wird, kein Mindestabstand erforderlich.

[3] Abweichend von Satz 1 Nr. 3 genügt bei Abgasleitungen für Abgastemperaturen der Feuerstätten bei Nennleistung bis zu 300°C außerhalb von Schächten

1. ein Mindestabstand von 20 cm oder
2. wenn die Abgasleitungen mindestens 2 cm dick mit nichtbrennbaren Baustoffen mit geringer Wärmeleitfähigkeit ummantelt sind oder die Abgastemperatur der Feuerstätte bei Nennleistung nicht mehr als 160°C betragen kann, ein Mindestabstand von 5 cm.

[4] Abweichend von Satz 1 Nr. 3 genügt für Verbindungsstücke zu Schornsteinen ein Mindestabstand von 10 cm, wenn die Verbindungsstücke mindestens 2 cm dick mit nichtbrennbaren Baustoffen mit geringer Wärmeleitfähigkeit ummantelt sind.

(3) [1] Bei Abgasleitungen und Verbindungsstücken zu Schornsteinen für Abgastemperaturen der Feuerstätten bei Nennleistung bis zu 400°C, die durch Bauteile aus brennbaren Baustoffen führen, gelten die Anforderungen des Abs. 1 insbesondere als erfüllt, wenn diese Leitungen und Verbindungsstücke

1. in einem Mindestabstand von 20 cm mit einem Schutzrohr aus nichtbrennbaren Baustoffen versehen oder
2. in einer Dicke von mindestens 20 cm mit nichtbrennbaren Baustoffen mit geringer Wärmeleitfähigkeit ummantelt werden.

[2] Abweichend von Satz 1 genügt bei Feuerstätten für flüssige und gasförmige Brennstoffe ein Maß von 5 cm, wenn die Abgastemperatur bei Nennleistung der Feuerstätten nicht mehr als 160°C betragen kann.

(4) Werden bei Durchführungen von Abgasanlagen durch Bauteile aus brennbaren Baustoffen Zwischenräume verschlossen, müssen dafür nichtbrennbare Baustoffe mit geringer Wärmeleitfähigkeit verwendet und die Anforderungen des Abs. 1 erfüllt werden.

**§ 9 Abführung von Abgasen.** (1) Die Mündungen von Abgasanlagen müssen

1. den First um mindestens 40 cm überragen oder von der Dachfläche mindestens 1 m entfernt sein; ein Abstand von der Dachfläche von 40 cm genügt, wenn nur raumluftunabhängige Feuerstätten für flüssige oder gasförmige Brennstoffe angeschlossen sind, die Summe der Nennleistungen der angeschlossenen Feuerstätten nicht mehr als 50 kW beträgt und das Abgas durch Ventilatoren abgeführt wird,
2. Dachaufbauten, Gebäudeteile, Öffnungen zu Räumen und ungeschützte Bauteile aus brennbaren Baustoffen, ausgenommen Bedachungen, um mindestens 1 m überragen, soweit deren Abstand zu den Abgasanlagen weniger als 1,5 m beträgt,

3. bei Feuerstätten für feste Brennstoffe in Gebäuden, deren Bedachung überwiegend nicht den Anforderungen des Art. 30 Abs. 1 BayBO[1] entspricht, am First des Daches austreten und diesen um mindestens 80 cm überragen,
4. die Oberkanten von Lüftungsöffnungen, Fenstern oder Türen um mindestens 1 m überragen
   a) in einem Umkreis von 15 m bei Feuerstätten für feste Brennstoffe mit einer Gesamtnennwärmeleistung bis 50 kW; der Umkreis vergrößert sich um 2 m je weitere angefangene 50 kW bis auf höchstens 40 m,
   b) in einem Umkreis von 8 m bei Feuerstätten für flüssige oder gasförmige Brennstoffe mit einer Gesamtnennwärmeleistung bis 50 kW; der Umkreis vergrößert sich um 1 m je weitere angefangene 50 kW bis auf höchstens 40 m.

(2) Die Abgase von raumluftunabhängigen Feuerstätten für gasförmige Brennstoffe dürfen durch die Außenwand ins Freie geleitet werden, wenn
1. eine Ableitung der Abgase über Dach nicht oder nur mit unverhältnismäßig hohem Aufwand möglich ist,
2. die Nennleistung der Feuerstätte 11 kW zur Beheizung und 28 kW zur Warmwasseraufbereitung nicht überschreitet und
3. Gefahren oder unzumutbare Belästigungen nicht entstehen.

**§ 10 Wärmepumpen, Blockheizkraftwerke, und ortsfeste Verbrennungsmotoren.** (1) Für die Aufstellung von
1. Sorptionswärmepumpen mit feuerbeheizten Austreibern,
2. Blockheizkraftwerken in Gebäuden und
3. ortsfesten Verbrennungsmotoren

gelten § 3 Abs. 1 bis 6 sowie § 4 Abs. 1 bis 7 entsprechend.

(2) Es dürfen
1. Sorptionswärmepumpen mit einer Nennleistung der Feuerung von mehr als 50 kW,
2. Wärmepumpen, die die Abgaswärme von Feuerstätten mit einer Nennleistung von insgesamt mehr als 50 kW nutzen,
3. Kompressionswärmepumpen mit elektrisch angetriebenen Verdichtern mit Antriebsleistungen von mehr als 50 kW,
4. Kompressionswärmepumpen mit Verbrennungsmotoren,
5. Blockheizkraftwerke mit mehr als 35 kW Nennleistung in Gebäuden und
6. ortsfeste Verbrennungsmotoren

nur in Räumen aufgestellt werden, die die Anforderungen nach § 5 erfüllen.

(3) [1]Die Verbrennungsgase von Blockheizkraftwerken und ortsfesten Verbrennungsmotoren in Gebäuden sind durch eigene, dichte Leitungen über Dach abzuleiten. [2]Mehrere Verbrennungsmotoren dürfen an eine gemeinsame Leitung nach Maßgabe des § 7 Abs. 4 angeschlossen werden. [3]Die Leitungen müssen außerhalb der Aufstellräume der Verbrennungsmotoren nach Maßgabe des § 7 Abs. 5 und 8 sowie § 8 beschaffen oder angeordnet sein.

---

[1] Nr. **1**.

(4) [1]Die Einleitung der Verbrennungsgase von Blockheizkraftwerken oder ortsfesten Verbrennungsmotoren in Abgasanlagen für Feuerstätten ist zulässig, wenn die einwandfreie Abführung der Verbrennungsgase und, soweit Feuerstätten angeschlossen sind, auch die einwandfreie Abführung der Abgase nachgewiesen ist. [2]§ 7 Abs. 1 gilt entsprechend.

(5) Für die Abführung der Abgase von Sorptionswärmepumpen mit feuerbeheizten Austreibern und Abgaswärmepumpen gelten die §§ 7 bis 9 entsprechend.

**§ 11 Brennstofflagerung in Brennstofflagerräumen.** (1) [1]Je Gebäude oder Brandabschnitt darf die Lagerung von

1. Holzpellets von mehr als 10 000 l,
2. sonstigen festen Brennstoffen in einer Menge von mehr als 15 000 kg,
3. Heizöl und Dieselkraftstoff in Behältern mit mehr als insgesamt 5 000 l oder
4. Flüssiggas in Behältern mit einem Füllgewicht von mehr als insgesamt 16 kg

nur in besonderen Räumen (Brennstofflagerräumen) erfolgen, die nicht zu anderen Zwecken genutzt werden dürfen. [2]Das Fassungsvermögen der Behälter darf insgesamt 100 000 l Heizöl oder Dieselkraftstoff oder 6500 l Flüssiggas je Brennstofflagerraum und 30 000 l Flüssiggas je Gebäude oder Brandabschnitt nicht überschreiten.

(2) [1]Wände und Stützen von Brennstofflagerräumen sowie Decken über oder unter ihnen müssen feuerbeständig sein. [2]Öffnungen in Decken und Wänden müssen, soweit sie nicht unmittelbar ins Freie führen, mindestens feuerhemmende und selbstschließende Abschlüsse haben. [3]Durch Decken und Wände von Brennstofflagerräumen dürfen keine Leitungen geführt werden, ausgenommen Leitungen, die zum Betrieb dieser Räume erforderlich sind sowie Heizrohrleitungen, Wasserleitungen und Abwasserleitungen. [4]Sätze 1 und 2 gelten nicht für Trennwände zwischen Brennstofflagerräumen und Heizräumen.

(3) Brennstofflagerräume für flüssige Brennstoffe müssen

1. gelüftet und von der Feuerwehr vom Freien aus beschäumt werden können und
2. an den Zugängen mit der Aufschrift „HEIZÖLLAGERUNG“ oder „DIESELKRAFTSTOFFLAGERUNG“ gekennzeichnet sein.

(4) Brennstofflagerräume für Flüssiggas

1. müssen über eine ständig wirksame Lüftung verfügen,
2. dürfen keine Öffnungen zu anderen Räumen, ausgenommen Öffnungen für Türen, und keine offenen Schächte und Kanäle haben,
3. dürfen mit ihren Fußböden nicht allseitig unterhalb der Geländeoberfläche liegen,
4. dürfen in ihren Fußböden keine Öffnungen haben,
5. müssen an ihren Zugängen mit der Aufschrift „FLÜSSIGGASANLAGE“ gekennzeichnet sein und
6. dürfen nur mit elektrischen Anlagen ausgestattet sein, die den Anforderungen der Vorschriften auf Grund des § 14 des Geräte- und Produktsicherheitsgesetzes (GPSG) für elektrische Anlagen in explosionsgefährdeten Räumen entsprechen.

(5) Für Brennstofflagerräume für Holzpellets gilt Abs. 4 Nr. 6 entsprechend.

**§ 12[1] Brennstofflagerung außerhalb von Brennstofflagerräumen.**

(1) Feste Brennstoffe sowie Behälter zur Lagerung von brennbaren Gasen und Flüssigkeiten dürfen nicht in notwendigen Treppenräumen, in Räumen zwischen notwendigen Treppenräumen und Ausgängen ins Freie und in notwendigen Fluren gelagert oder aufgestellt werden.

(2) Heizöl oder Dieselkraftstoff dürfen gelagert werden

1. in Wohnungen bis zu 100 l,
2. in Räumen außerhalb von Wohnungen bis zu 1 000 l,
3. in Räumen außerhalb von Wohnungen bis zu 5 000 l je Gebäude oder Brandabschnitt, wenn diese Räume gelüftet werden können und gegenüber anderen Räumen keine Öffnungen, ausgenommen Öffnungen mit dichtschließenden Türen, und nur Bodenabläufe mit Heizölsperren oder Leichtflüssigkeitsabscheidern haben,
4. in Räumen in Gebäuden der Gebäudeklasse 1 mit nicht mehr als einer Nutzungseinheit, die keine Aufenthaltsräume sind und den Anforderungen nach Nr. 3 genügen, bis zu 5 000 l.

(3) [1] Sind in den Räumen nach Abs. 2 Nrn. 2 bis 4 Feuerstätten aufgestellt, müssen diese

1. außerhalb erforderlicher Auffangräume für auslaufenden Brennstoff stehen und
2. einen Abstand von mindestens 1 m zu Behältern für Heizöl oder Dieselkraftstoff haben.

[2] Dieser Abstand kann bis auf die Hälfte verringert werden, wenn ein beiderseits belüfteter Strahlungsschutz vorhanden ist. [3] Ein Abstand von 0,1 m genügt, wenn nachgewiesen ist, dass die Oberflächentemperatur der Feuerstätte 40°C nicht überschreitet.

(4) Flüssiggas darf in Wohnungen und in Räumen außerhalb von Wohnungen jeweils in Behältern mit einem Füllgewicht von insgesamt nicht mehr als 16 kg gelagert werden, wenn die Fußböden allseitig oberhalb der Geländeoberfläche liegen und außer Abläufen mit Flüssigkeitsverschluss keine Öffnungen haben.

**§ 13[2] Flüssiggasanlagen und Dampfkesselanlagen.** (1) [1] Für Flüssiggasanlagen und Dampfkesselanlagen, die weder gewerblichen noch wirtschaftlichen Zwecken dienen oder durch die keine Beschäftigten gefährdet werden können, gelten die materiellen Anforderungen und Festlegungen über erstmalige Prüfungen vor Inbetriebnahme und wiederkehrende Prüfungen der auf Grund des § 34 ProdSG erlassenen Vorschriften entsprechend. [2] Dies gilt nicht für die in diesen Vorschriften genannten Flüssiggasanlagen und Dampfkesselanlagen, auf die diese Vorschriften keine Anwendung finden.

(2) [1] Zuständige Behörden im Sinn der Vorschriften nach Abs. 1 sind die Gewerbeaufsichtsämter der Regierungen. [2] Im Rahmen des Vollzugs dieser

[1] § 12 Abs. 4 geänd. mWv 1.8.2009 durch V v. 8.7.2009 (GVBl. S. 332).
[2] § 13 Abs. 1 Satz 1 geänd. mWv 1.1.2013 durch V v. 7.12.2012 (GVBl. S. 732).

Verordnung nehmen sie auch die Aufgaben und Befugnisse der Bauaufsichtsbehörden wahr.

**§ 14 Ordnungswidrigkeiten.** Nach Art. 79 Abs. 1 Nr. 1 BayBO[1] kann mit Geldbuße belegt werden, wer als am Bau Beteiligter nach Art. 49 bis 52 BayBO vorsätzlich oder fahrlässig

1. Feuerstätten aufstellt oder Bauteile aus brennbaren Baustoffen oder Einbaumöbel anordnet, ohne die Abstände nach § 4 Abs. 7 einzuhalten,
2. Fußböden vor Feuerungsöffnungen entgegen § 4 Abs. 8 nicht schützt,
3. Bauteile aus brennbaren Baustoffen oder offene Kamine anordnet, ohne die Abstände nach § 4 Abs. 9 einzuhalten,
4. Abgasleitungen außerhalb von Schächten oder Bauteile aus brennbaren Baustoffen anordnet, ohne die Abstände nach § 8 Abs. 1 Satz 2 Nr. 3 in Verbindung mit § 8 Abs. 3 einzuhalten,
5. Verbindungsstücke zu Kaminen oder Bauteile aus brennbaren Baustoffen anordnet, ohne die Abstände nach § 8 Abs. 1 Satz 2 Nr. 3 in Verbindung mit § 8 Abs. 4 einzuhalten,
6. Abgasleitungen oder Verbindungsstücke zu Kaminen durch Bauteile aus brennbaren Baustoffen führt, ohne die Abstände nach § 8 Abs. 5 einzuhalten.

**§ 15[2] Inkrafttreten, Außerkrafttreten.** Diese Verordnung tritt am 1. Januar 2008 in Kraft; sie tritt mit Ablauf des 31. Dezember 2028 außer Kraft.

**Nr. 8** *(nicht belegt)*

---

[1] Nr. **1**.
[2] § 15 Satz 1 geänd., Satz 2 aufgeh. mWv 1.9.2018 durch V v. 7.8.2018 (GVBl. S. 694).

# 9. Verordnung über die Prüfingenieure, Prüfämter und Prüfsachverständigen im Bauwesen (Prüfsachverständigenverordnung – PrüfVBau)[1) 2)]

Vom 29. November 2007

(GVBl. S. 829)

**BayRS 2132-1-10-B**

zuletzt geänd. durch § 6 G zur Vereinfachung baurechtlicher Regelungen und zur Beschleunigung sowie Förderung des Wohnungsbaus v. 23.12.2020 (GVBl. S. 663)

Auf Grund des Art. 80 Abs. 2 der Bayerischen Bauordnung (BayBO)[3)] in der Fassung der Bekanntmachung vom 14. August 2007 (GVBl S. 588, BayRS 2132-1-I) erlässt das Bayerische Staatsministerium des Innern folgende Verordnung:

**Nichtamtliches Inhaltsverzeichnis**[4)]



---

1) Überschrift geänd. mWv 1.9.2018 durch V v. 7.8.2018 (GVBl. S. 694).

2) **Die Verordnung tritt mit Ablauf des 31.12.2028 außer Kraft**, vgl. § 38 Abs. 1.

3) Nr. **1**.

4) Amtl. Inhaltsübersicht aufgeh. mWv 1.9.2018 durch V v. 7.8.2018 (GVBl. S. 694).

## Erster Teil. Allgemeine Vorschriften

**§ 1 Anwendungsbereich.** [1] Diese Verordnung regelt die Anerkennung und Tätigkeit der Prüfingenieure und Prüfsachverständigen in den Fachbereichen nach Satz 2, ferner die Rechtsverhältnisse der Prüfämter und die Typenprüfung. [2] Prüfingenieure und Prüfsachverständige werden anerkannt im Fachbereich Standsicherheit; Prüfsachverständige werden darüber hinaus anerkannt in den Fachbereichen

1. Brandschutz,
2. Vermessung im Bauwesen,
3. sicherheitstechnische Anlagen und Einrichtungen sowie
4. Erd- und Grundbau.

**§ 2[1)] Prüfingenieure und Prüfsachverständige.** (1) [1] Prüfingenieure nehmen in ihrem jeweiligen Fachbereich bauaufsichtliche Prüfaufgaben auf Grund der Bayerischen Bauordnung oder von Vorschriften auf Grund der Bayerischen Bauordnung im Auftrag der Bauaufsichtsbehörde wahr. [2] Sie unterstehen der Fachaufsicht des Staatsministeriums für Wohnen, Bau und Verkehr (Staatsministerium).

(2) [1] Prüfsachverständige prüfen und bescheinigen in ihrem jeweiligen Fachbereich im Auftrag des Bauherrn oder des sonstigen nach Bauordnungsrecht

---

[1)] § 2 Abs. 1 Satz 2 geänd. mWv 30.8.2014 durch V v. 22.7.2014 (GVBl. S. 286); Abs. 1 Satz 2 geänd. mWv 1.5.2019 durch V v. 26.3.2019 (GVBl. S. 98).

Verantwortlichen die Einhaltung bauordnungsrechtlicher Anforderungen, soweit dies in der Bayerischen Bauordnung oder in Vorschriften auf Grund der Bayerischen Bauordnung vorgesehen ist; sie nehmen keine hoheitlichen bauaufsichtlichen Prüfaufgaben wahr. [2]Die Prüfsachverständigen sind im Rahmen der ihnen obliegenden Pflichten unabhängig und an Weisungen des Auftraggebers nicht gebunden.

**§ 3[1)] Voraussetzungen der Anerkennung.** Soweit nachfolgend nichts anderes geregelt ist, werden als Prüfingenieure und Prüfsachverständige nur Personen anerkannt, welche die allgemeinen Voraussetzungen des § 4 sowie die besonderen Voraussetzungen ihres jeweiligen Fachbereichs und, soweit erforderlich, ihrer jeweiligen Fachrichtung nachgewiesen haben.

**§ 4[2)] Allgemeine Voraussetzungen.** [1]Prüfingenieure und Prüfsachverständige können nur Personen sein, die

1. nach ihrer Persönlichkeit Gewähr dafür bieten, dass sie ihre Aufgaben ordnungsgemäß im Sinn des § 5 erfüllen,
2. die Fähigkeit besitzen, öffentliche Ämter zu bekleiden,
3. eigenverantwortlich und unabhängig tätig sind,
4. den Geschäftssitz im Freistaat Bayern haben und
5. die deutsche Sprache in Wort und Schrift beherrschen.

[2]Eigenverantwortlich tätig im Sinn des Satzes 1 Nr. 3 ist,

1. wer seine berufliche Tätigkeit als einziger Inhaber eines Büros selbstständig auf eigene Rechnung und Verantwortung ausübt,
2. wer
   a) sich mit anderen Prüfingenieuren/Prüfsachverständigen, Ingenieuren oder Architekten zum Zweck der Berufsausübung zusammengeschlossen hat,
   b) innerhalb dieses Zusammenschlusses Vorstand, Geschäftsführer oder persönlich haftender Gesellschafter mit einer rechtlich gesicherten leitenden Stellung ist und
   c) kraft Satzung, Statut oder Gesellschaftsvertrag dieses Zusammenschlusses seine Aufgaben als Prüfingenieur und Prüfsachverständiger selbstständig, auf eigene Rechnung und Verantwortung und frei von Weisungen ausüben kann

   oder
3. wer als Hochschullehrer im Rahmen einer Nebentätigkeit in selbstständiger Beratung tätig ist.

[3]Unabhängig tätig im Sinn des Satzes 1 Nr. 3 ist, wer bei Ausübung seiner Tätigkeit weder eigene Produktions-, Handels- oder Lieferinteressen hat noch fremde Interessen dieser Art vertritt, die unmittelbar oder mittelbar im Zusammenhang mit seiner Tätigkeit stehen.

---

[1)] § 3 Absatzbez. „(1)" und Abs. 2 aufgeh. mWv 1.1.2013 durch V v. 7.12.2012 (GVBl. S. 732).

[2)] § 4 Satz 2 Nr. 2 Buchst. c und Satz 3 geänd. mWv 1.11.2009 durch V v. 22.10.2009 (GVBl. S. 542); Satz 2 Nr. 2 Buchst. c geänd. mWv 1.1.2012 durch V v. 11.12.2011 (GVBl. S. 720).

**§ 5[1)] Allgemeine Pflichten.** (1) [1]Prüfingenieure und Prüfsachverständige haben ihre Tätigkeit unparteiisch, gewissenhaft und gemäß den bauordnungsrechtlichen Vorschriften zu erfüllen; sie müssen sich darüber und über die Entwicklungen in ihrem Fachbereich stets auf dem Laufenden halten und über die für ihre Aufgabenerfüllung erforderlichen Geräte und Hilfsmittel verfügen. [2]Die Prüfung der bautechnischen Nachweise muss am Geschäftssitz des Prüfingenieurs oder des Prüfsachverständigen, für den die Anerkennung als Prüfingenieur oder Prüfsachverständiger ausgesprochen worden ist, erfolgen. [3]Unbeschadet weitergehender Vorschriften dürfen sich Prüfingenieure und Prüfsachverständige bei ihrer Tätigkeit der Mitwirkung befähigter und zuverlässiger, an ihrem Geschäftssitz fest angestellter Mitarbeiter nur in einem solchen Umfang bedienen, dass sie deren Tätigkeit jederzeit voll überwachen können. [4]Prüfingenieure und Prüfsachverständige müssen mit einer Haftungssumme von mindestens je 500 000 € für Personen- sowie für Sach- und Vermögensschäden je Schadensfall, die mindestens zweimal im Versicherungsjahr zur Verfügung stehen muss, haftpflichtversichert sein; die Anerkennungsbehörde ist zuständige Stelle im Sinn des § 117 Abs. 2 des Versicherungsvertragsgesetzes.

(2) Ergeben sich Änderungen der Verhältnisse der Prüfingenieure und Prüfsachverständigen nach § 6 Abs. 2 Satz 2 Nrn. 4 und 5, sind sie verpflichtet, dies der Anerkennungsbehörde (§ 6 Abs. 1) unverzüglich anzuzeigen.

(3) [1]Die Errichtung einer Zweitniederlassung als Prüfingenieur oder Prüfsachverständiger in der Bundesrepublik Deutschland bedarf der Genehmigung durch die Anerkennungsbehörde. [2]Dem Antrag sind die für die Genehmigung erforderlichen Nachweise beizugeben, insbesondere sind Angaben zur Eigenverantwortlichkeit der Tätigkeit in der Zweitniederlassung, zu den Mitarbeitern, die bei der Prüftätigkeit mitwirken sollen, sowie zur Sicherstellung der Überwachung der ordnungsgemäßen Bauausführung zu machen. [3]Die Genehmigung ist zu versagen, wenn wegen der Zahl der Mitarbeiter, die bei der Prüftätigkeit mitwirken sollen, der Entfernung zwischen den Niederlassungen oder aus anderen Gründen Bedenken gegen die ordnungsgemäße Aufgabenerledigung bestehen. [4]Liegt die Zweitniederlassung in einem anderen Land, entscheidet die Anerkennungsbehörde im Einvernehmen mit der Anerkennungsbehörde des anderen Landes. [5]Für die Prüftätigkeit an der Zweitniederlassung gelten Abs. 1 Sätze 2 und 3 sowie § 13 Abs. 3 Satz 2 und § 30 Abs. 6 Satz 1 entsprechend.

(4) Prüfingenieure und Prüfsachverständige dürfen nicht tätig werden, wenn sie, ihre Mitarbeiter oder Angehörige des Zusammenschlusses nach § 4 Satz 2 Nr. 2 bereits, insbesondere als Entwurfsverfasser, Nachweisersteller, Bauleiter oder Unternehmer, mit dem Gegenstand der Prüfung oder der Bescheinigung befasst waren oder wenn ein sonstiger Befangenheitsgrund vorliegt.

(5) [1]Der Prüfingenieur oder Prüfsachverständige, der aus wichtigem Grund einen Auftrag nicht annehmen kann, muss die Ablehnung unverzüglich erklären. [2]Er hat den Schaden zu ersetzen, der aus einer schuldhaften Verzögerung dieser Erklärung entsteht.

(6) Ergibt sich bei der Tätigkeit der Prüfingenieure und Prüfsachverständigen, dass der Auftrag teilweise einem anderen Fachbereich oder einer anderen

---

1) § 5 Abs. 1 Satz 4 geänd. mWv 1.8.2009 durch V v. 8.7.2009 (GVBl. S. 332); Abs. 1 Satz 2 neu gef., Satz 3 geänd., Abs. 3 eingef., bish. Abs. 3–5 werden Abs. 4–6 mWv 1.11.2009 durch V v. 22.10. 2009 (GVBl. S. 542).

Fachrichtung zuzuordnen ist, sind sie verpflichtet, den Auftraggeber zu unterrichten.

**§ 6[1)] Anerkennungsverfahren.** (1) [1] Über den Antrag auf Anerkennung entscheidet

1. bei Prüfingenieuren für Standsicherheit das Staatsministerium,
2. bei Prüfsachverständigen für Brandschutz der Eintragungsausschuss bei der Bayerischen Architektenkammer,
3. im Übrigen der Eintragungsausschuss bei der Bayerischen Ingenieurekammer-Bau

(Anerkennungsbehörde). [2] Örtlich zuständig ist die Anerkennungsbehörde des Geschäftssitzes des Bewerbers.

(2) [1] Im Antrag auf Anerkennung muss angegeben sein,

1. für welche Fachbereiche und, soweit vorgesehen, für welche Fachrichtungen die Anerkennung beantragt wird, und
2. ob und wie oft der Bewerber sich bereits erfolglos auch in einem anderen Land der Bundesrepublik Deutschland einem Anerkennungsverfahren in diesen Fachbereichen und, soweit vorgesehen, in diesen Fachrichtungen unterzogen hat.

[2] Dem Antrag sind die für die Anerkennung erforderlichen Nachweise beizugeben, insbesondere

1. ein Lebenslauf mit lückenloser Angabe des fachlichen Werdegangs bis zum Zeitpunkt der Antragstellung,
2. je eine Kopie der Abschluss- und Beschäftigungszeugnisse,
3. der Nachweis über den Antrag auf Erteilung eines Führungszeugnisses zur Vorlage bei einer Behörde, der nicht älter als drei Monate sein soll, oder ein gleichwertiges Dokument eines Mitgliedstaates der Europäischen Union,
4. Angaben über etwaige sonstige Niederlassungen,
5. Angaben über eine etwaige Beteiligung an einer Gesellschaft, deren Zweck die Planung oder Durchführung von Bauvorhaben ist, und
6. die Nachweise über die Erfüllung der besonderen Voraussetzungen für die Anerkennung in den jeweiligen Fachbereichen und, soweit vorgesehen, in den jeweiligen Fachrichtungen.

[3] Die Anerkennungsbehörde kann, soweit erforderlich, weitere Unterlagen anfordern.

(3) [1] Über die Erteilung ist innerhalb von drei Monaten nach Vorlage der vollständigen Unterlagen zu entscheiden; die Anerkennungsbehörde kann die Frist gegenüber dem Bewerber einmal um bis zu zwei Monate verlängern. [2] Der Antrag gilt als genehmigt, wenn über ihn nicht innerhalb der nach Satz 1 maßgeblichen Frist entschieden worden ist. [3] Das Verfahren kann über eine einheitliche Stelle nach den Vorschriften des Bayerischen Verwaltungsverfahrensgesetzes abgewickelt werden.

---

1) § 6 Abs. 2 Satz 1 Nr. 2, Satz 2 Nr. 2–4 geänd., Abs. 3 eingef., bish. Abs. 3 und 4 werden Abs. 4 und 5 mWv 1.11.2009 durch V v. 22.10.2009 (GVBl. S. 542); Abs. 5 Satz 3 geänd. mWv 1.1.2012 durch V v. 11.12.2011 (GVBl. S. 720); Abs. 1 Satz 1 Nr. 1 und Abs. 4 geänd. mWv 30.8.2014 durch V v. 22.7.2014 (GVBl. S. 286).

(4) Das Staatsministerium führt in den Fällen des Abs. 1 Satz 1 Nr. 1, die Bayerische Architektenkammer in den Fällen des Abs. 1 Satz 1 Nr. 2 und die Bayerische Ingenieurekammer-Bau in den Fällen des Abs. 1 Satz 1 Nr. 3 nach Fachbereichen und Fachrichtungen gesonderte Listen der Prüfingenieure und Prüfsachverständigen, die in geeigneter Weise bekannt zu machen sind.

(5) [1] Verlegt der Prüfingenieur oder der Prüfsachverständige seinen Geschäftssitz, für den die Anerkennung als Prüfingenieur oder als Prüfsachverständiger ausgesprochen worden ist, in ein anderes Land der Bundesrepublik Deutschland, hat er dies der Anerkennungsbehörde anzuzeigen. [2] Die Anerkennungsbehörde übersendet die über den Prüfingenieur oder Prüfsachverständigen vorhandenen Akten der Anerkennungsbehörde des Landes, in dem der Prüfingenieur oder Prüfsachverständige seinen neuen Geschäftssitz begründen will. [3] Diese trägt den Prüfingenieur oder Prüfsachverständigen in die von ihr geführte Liste nach Abs. 4 ein; damit erlischt die Eintragung in die Liste nach Abs. 4 in dem Land des ursprünglichen Geschäftssitzes. [4] Im Übrigen findet ein neues Anerkennungsverfahren nicht statt.

**§ 7[1)] Erlöschen, Widerruf und Rücknahme der Anerkennung.**

(1) Die Anerkennung erlischt, wenn

1. der Prüfingenieur oder der Prüfsachverständige gegenüber der Anerkennungsbehörde schriftlich darauf verzichtet,
2. der Prüfingenieur oder der Prüfsachverständige die Fähigkeit zur Bekleidung öffentlicher Ämter verliert,
3. der erforderliche Versicherungsschutz (§ 5 Abs. 1 Satz 4) nicht mehr besteht oder
4. der Prüfingenieur oder der Prüfsachverständige das 70. Lebensjahr vollendet hat.

(2) Unbeschadet des Art. 49 BayVwVfG kann die Anerkennung widerrufen werden, wenn der Prüfingenieur oder der Prüfsachverständige

1. in Folge geistiger und körperlicher Gebrechen nicht mehr in der Lage ist, seine Tätigkeit ordnungsgemäß auszuüben,
2. gegen die ihm obliegenden Pflichten schwerwiegend, wiederholt oder mindestens grob fahrlässig verstoßen hat,
3. seine Tätigkeit in einem Umfang ausübt, die eine ordnungsgemäße Erfüllung seiner Pflichten nicht erwarten lässt, oder
4. in der Bundesrepublik Deutschland außerhalb des Geschäftssitzes, für den die Anerkennung als Prüfingenieur oder Prüfsachverständiger ausgesprochen worden ist, ohne die erforderliche Genehmigung nach § 5 Abs. 3 Zweitniederlassungen als Prüfingenieur oder Prüfsachverständiger einrichtet.

(3) Art. 48 BayVwVfG bleibt unberührt.

(4) Die Anerkennungsbehörde soll in Abständen von mindestens fünf Jahren nachprüfen, ob die Anerkennungsvoraussetzungen noch vorliegen.

**§ 8 Führung der Bezeichnung Prüfingenieur oder Prüfsachverständiger.** Wer nicht als Prüfingenieur oder Prüfsachverständiger in einem bestimm-

---

1) § 7 Abs. 2 Nr. 4 geänd. mWv 1.11.2009 durch V v. 22.10.2009 (GVBl. S. 542); Abs. 1 Nr. 4 geänd. mWv 1.4.2020 durch V v. 6.3.2020 (GVBl. S. 187).

ten Fachbereich oder, soweit vorgesehen, in einer bestimmten Fachrichtung nach dieser Verordnung anerkannt ist, darf die Bezeichnung Prüfingenieur oder Prüfsachverständiger für diesen Fachbereich und für diese Fachrichtung nicht führen.

**§ 9[1)] Gleichwertigkeit, gegenseitige Anerkennung.** (1) [1]Die Anerkennung als Prüfingenieur und die Anerkennung als Prüfsachverständiger für den jeweiligen Fachbereich und, soweit vorgesehen, für die jeweilige Fachrichtung sind gleichwertig. [2]Vergleichbare Anerkennungen anderer Länder gelten auch im Freistaat Bayern, solange der Prüfingenieur oder der Prüfsachverständige das 70. Lebensjahr noch nicht vollendet hat; eine weitere Eintragung in die von der Anerkennungsbehörde nach § 6 Abs. 4 geführte Liste erfolgt nicht.[2)]

(2) [1]Personen, die in einem anderen Mitgliedstaat der Europäischen Union oder einem nach dem Recht der Europäischen Gemeinschaften gleichgestellten Staat zur Wahrnehmung von Aufgaben im Sinn dieser Verordnung niedergelassen sind, sind berechtigt, als Prüfingenieur oder Prüfsachverständiger Aufgaben nach dieser Verordnung auszuführen, wenn sie

1. hinsichtlich des Tätigkeitsbereichs eine vergleichbare Berechtigung besitzen,
2. dafür hinsichtlich der Anerkennungsvoraussetzungen und des Nachweises von Kenntnissen vergleichbare Anforderungen erfüllen mussten und
3. die deutsche Sprache in Wort und Schrift beherrschen.

[2]Sie haben das erstmalige Tätigwerden vorher der Anerkennungsbehörde anzuzeigen und dabei

1. eine Bescheinigung darüber, dass sie in einem Mitgliedstaat der Europäischen Union oder einem nach dem Recht der Europäischen Gemeinschaften gleichgestellten Staat rechtmäßig zur Wahrnehmung von Aufgaben im Sinn dieser Verordnung niedergelassen sind und ihnen die Ausübung dieser Tätigkeiten zum Zeitpunkt der Vorlage der Bescheinigung nicht, auch nicht vorübergehend, untersagt ist, und
2. einen Nachweis darüber, dass sie im Staat ihrer Niederlassung dafür die Voraussetzungen des Satzes 1 Nr. 2 erfüllen mussten,

vorzulegen. [3]Die Anerkennungsbehörde soll das Tätigwerden untersagen, wenn die Voraussetzungen des Satzes 1 nicht erfüllt sind; sie hat auf Antrag zu bestätigen, dass die Anzeige nach Satz 2 erfolgt ist.

(3) [1]Personen, die in einem anderen Mitgliedstaat der Europäischen Union oder einem nach dem Recht der Europäischen Gemeinschaften gleichgestellten Staat zur Wahrnehmung von Aufgaben im Sinn dieser Verordnung niedergelassen sind, ohne im Sinn des Abs. 2 Satz 1 Nr. 2 vergleichbar zu sein, sind berechtigt, als Prüfingenieur oder Prüfsachverständiger Aufgaben nach dieser Verordnung auszuführen, wenn ihnen die Anerkennungsbehörde bescheinigt hat, dass sie die Anforderungen hinsichtlich der Anerkennungsvoraussetzungen,

---

[1)] § 9 bish. Wortlaut wird Abs. 1, Abs. 2–4 angef. mWv 1.11.2009 durch V v. 22.10.2009 (GVBl. S. 542); Abs. 1 Satz 2 geänd. mWv 1.1.2012 durch V v. 11.12.2011 (GVBl. S. 720); Abs. 1 Satz 2 geänd. mWv 1.1.2012 durch V v. 15.3.2012 (GVBl. S. 91); Abs. 1 Satz 2 geänd. mWv 1.4.2012 durch V v. 15.3.2012 (GVBl. S. 91); Abs. 1 Satz 2 geänd. mWv 1.4.2020 durch V v. 6.3.2020 (GVBl. S. 187).

[2)] § 9 Abs. 1 Satz 2 PrüfVBau in der Fassung vom 1. Januar 2012 gilt für Prüfingenieure und Prüfsachverständige, die am 31. März 2012 über eine vergleichbare Anerkennung eines anderen Landes verfügt haben, bis zum Ablauf des 31. Dezember 2013.

des Nachweises von Kenntnissen und des Tätigkeitsbereichs nach dieser Verordnung erfüllen. [2] Die Bescheinigung wird auf Antrag erteilt, dem die zur Beurteilung erforderlichen Unterlagen beizufügen sind. [3] § 6 Abs. 3 gilt entsprechend.

(4) [1] Anzeigen und Bescheinigungen nach den Abs. 2 und 3 sind nicht erforderlich, wenn bereits in einem anderen Land eine Anzeige erfolgt ist oder eine Bescheinigung erteilt wurde. [2] Verfahren nach den Abs. 2 und 3 können über eine einheitliche Stelle nach den Vorschriften des Bayerischen Verwaltungsverfahrensgesetzes abgewickelt werden.

## Zweiter Teil. Prüfingenieure und Prüfsachverständige für Standsicherheit; Prüfämter für Standsicherheit, Typenprüfung

### Erster Abschnitt. Prüfingenieure und Prüfsachverständige für Standsicherheit

**§ 10[1] Besondere Voraussetzungen.** (1) [1] Als Prüfingenieure und Prüfsachverständige für Standsicherheit in den Fachrichtungen Massivbau, Metallbau und Holzbau werden nur Personen anerkannt, die

1. das Studium des Bauingenieurwesens an einer deutschen Hochschule oder ein gleichwertiges Studium an einer ausländischen Hochschule abgeschlossen haben,
2. seit mindestens zwei Jahren als mit der Tragwerksplanung befasster Ingenieur eigenverantwortlich und unabhängig oder als hauptberuflicher Hochschullehrer tätig sind,
3. mindestens zehn Jahre mit der Aufstellung von Standsicherheitsnachweisen, der technischen Bauleitung oder mit vergleichbaren Tätigkeiten betraut gewesen sind, wovon sie mindestens fünf Jahre lang Standsicherheitsnachweise aufgestellt haben und mindestens ein Jahr lang mit der technischen Bauleitung betraut gewesen sein müssen; die Zeit einer technischen Bauleitung darf jedoch nur bis zu höchstens drei Jahren angerechnet werden,
4. über die erforderlichen Kenntnisse der einschlägigen bauordnungsrechtlichen Vorschriften verfügen,
5. durch ihre Leistungen als Ingenieure überdurchschnittliche Fähigkeiten bewiesen haben und
6. die für einen Prüfingenieur oder Prüfsachverständigen erforderlichen Fachkenntnisse und Erfahrungen besitzen.

[2] Das Vorliegen der Anerkennungsvoraussetzungen nach Satz 1 Nrn. 3 bis 6 ist durch eine Bescheinigung des Prüfungsausschusses nachzuweisen.

(2) [1] Prüfsachverständige für Standsicherheit sind auch

1. Prüfingenieure für Standsicherheit sowie
2. die Leiter und stellvertretenden Leiter der Prüfämter (§ 14), die im Auftrag und auf Rechnung des jeweiligen Prüfamts und abweichend von § 4 Satz 1 Nr. 3 nicht eigenverantwortlich und unabhängig tätig werden.

[2] Die Rechtswirkung des Satzes 1 tritt nicht ein, wenn die Personen nach Satz 1 gegenüber dem Eintragungsausschuss bei der Bayerischen Ingenieurekammer-

[1] § 10 Abs. 1 Satz 2 angef. mWv 1.11.2009 durch V v. 22.10.2009 (GVBl. S. 542).

Bau erklären, dass sie nicht als Prüfsachverständige für Standsicherheit tätig werden wollen.

**§ 11[1)] Prüfungsausschuss.** (1) Beim Staatsministerium wird ein Prüfungsausschuss gebildet.

(2) [1]Der Prüfungsausschuss besteht aus mindestens sechs Mitgliedern. [2]Das Staatsministerium beruft die Mitglieder des Prüfungsausschusses sowie, soweit erforderlich, stellvertretende Mitglieder für den Verhinderungsfall. [3]Dem Prüfungsausschuss sollen mindestens angehören:

1. ein Hochschulprofessor für jede Fachrichtung,
2. ein Mitglied aus dem Bereich der Bauwirtschaft oder der freiberuflich tätigen Bauingenieure,
3. ein von der Vereinigung der Prüfingenieure in Bayern vorgeschlagenes Mitglied und
4. ein Mitglied aus dem Geschäftsbereich des Staatsministeriums, das die Voraussetzungen für den Einstieg in der vierten Qualifikationsebene in der Fachlaufbahn Naturwissenschaft und Technik, fachlicher Schwerpunkt bautechnischer und umweltfachlicher Verwaltungsdienst, erfüllt.

[4]Die Berufung erfolgt für fünf Jahre; Wiederberufungen sind zulässig. [5]Abweichend von Satz 4 endet die Mitgliedschaft im Prüfungsausschuss, wenn die Voraussetzungen für die Berufung nach Satz 3 nicht mehr vorliegen oder mit der Vollendung des 70. Lebensjahres; der Abschluss eines eingeleiteten Prüfungsverfahrens bleibt unberührt. [6]Das Staatsministerium ist berechtigt, an den Sitzungen und Beratungen des Prüfungsausschusses ohne Stimmrecht teilzunehmen.

(3) [1]Die Mitglieder des Prüfungsausschusses sind unabhängig und an Weisungen nicht gebunden. [2]Sie sind zur Unparteilichkeit und Verschwiegenheit verpflichtet. [3]Sie sind ehrenamtlich tätig und haben Anspruch auf Ersatz der notwendigen Auslagen einschließlich der Reisekosten.

(4) Der Prüfungsausschuss gibt sich eine Geschäftsordnung.

**§ 12[2)] Prüfungsverfahren.** (1) [1]Die Anerkennungsbehörde leitet die Antragsunterlagen nach § 6 Abs. 2 Satz 2 Nrn. 1, 2 und 6 dem Prüfungsausschuss zu. [2]Der Prüfungsausschuss bescheinigt gegenüber der Anerkennungsbehörde das Vorliegen der Anerkennungsvoraussetzungen nach § 10 Abs. 1 Satz 1 Nrn. 3 bis 6. [3]Die Entscheidung ist zu begründen.

(2) [1]Der Prüfungsausschuss kann verlangen, dass der Bewerber seine Kenntnisse schriftlich und mündlich nachweist. [2]Der Bewerber kann bei mündlichen Prüfungsleistungen verlangen, dass ihm der Prüfungsausschuss die Gründe für die vorgenommene Bewertung unmittelbar im Anschluss an die Eröffnung des Ergebnisses mündlich darlegt. [3]Die Einwendungen gegen die Bewertung der Prüfungsleistungen sind innerhalb von zwei Wochen nach Bekanntgabe der Bewertung gegenüber der Anerkennungsbehörde schriftlich zu begründen.

---

1) § 11 Abs. 2 Satz 3 Nr. 3 geänd. mWv 1.11.2009 durch V v. 22.10.2009 (GVBl. S. 542); Abs. 2 Satz 3 Nr. 4 geänd. mWv 1.1.2011 durch V v. 3.1.2011 (GVBl. S. 22); Abs. 1, Abs. 2 Satz 2 und Satz 3 Nr. 4 und Satz 6 geänd. mWv 30.8.2014 durch V v. 22.7.2014 (GVBl. S. 286); Abs. 2 Satz 5 geänd. mWv 1.4.2020 durch V v. 6.3.2020 (GVBl. S. 187).

2) § 12 Abs. 1 Sätze 1 und 2 neu gef., Abs. 3 Satz 1 geänd. mWv 1.11.2009 durch V v. 22.10.2009 (GVBl. S. 542).

[4]Sie werden dem Prüfungsausschuss zur Überprüfung seiner Bewertung zugeleitet. [5]§ 74 Abs. 1 Satz 2 und Abs. 2 der Verwaltungsgerichtsordnung bleiben unberührt.

(3) [1]Ein Bewerber, der die Prüfung nach Abs. 2 nicht bestanden hat, kann sie insgesamt nur zweimal wiederholen; dies gilt auch, soweit die Prüfung in einem anderen Land der Bundesrepublik Deutschland nicht bestanden worden ist. [2]Die Prüfung ist im gesamten Umfang zu wiederholen.

**§ 13[1)] Aufgabenerledigung.** (1) [1]Prüfingenieure für Standsicherheit dürfen bauaufsichtliche Prüfaufgaben nur wahrnehmen, Prüfsachverständige für Standsicherheit Bescheinigungen nur hinsichtlich baulicher Anlagen ausstellen, für deren Fachrichtung sie anerkannt sind. [2]Sie sind auch berechtigt, einzelne Bauteile mit höchstens durchschnittlichem Schwierigkeitsgrad der anderen Fachrichtungen zu prüfen. [3]Gehören wichtige Teile einer baulichen Anlage mit überdurchschnittlichem oder sehr hohem Schwierigkeitsgrad zu Fachrichtungen, für die der Prüfingenieur oder der Prüfsachverständige für Standsicherheit nicht anerkannt ist, hat er unter seiner Federführung weitere, für diese Fachrichtungen anerkannte Prüfingenieure oder Prüfsachverständige für Standsicherheit hinzuzuziehen, deren Ergebnisse der Überprüfung in den Prüfbericht oder in die Bescheinigung aufzunehmen sind; der Auftraggeber ist darüber zu unterrichten.

(2) Prüfingenieure und Prüfsachverständige dürfen Prüfaufträge nur annehmen, wenn sie unter Berücksichtigung des Umfangs ihrer Prüftätigkeit und der Zeit, die sie benötigen, um auf der Baustelle anwesend zu sein, die Überwachung der ordnungsgemäßen Bauausführung nach Art. 77 BayBO[2)] sicherstellen können.

(3) [1]Prüfingenieure und Prüfsachverständige für Standsicherheit können sich als Hochschullehrer vorbehaltlich der dienstrechtlichen Regelungen auch hauptberuflicher Mitarbeiter aus dem ihnen zugeordneten wissenschaftlichen Personal bedienen. [2]Angehörige des Zusammenschlusses nach § 4 Satz 2 Nr. 2 stehen fest angestellten Mitarbeitern nach § 5 Abs. 1 Satz 3 gleich, sofern der Prüfingenieur oder der Prüfsachverständige für Standsicherheit hinsichtlich ihrer Mitwirkung bei der Prüftätigkeit ein Weisungsrecht hat und die Prüfung der Standsicherheitsnachweise am Geschäftssitz des Prüfingenieurs oder des Prüfsachverständigen, für den die Anerkennung als Prüfingenieur oder Prüfsachverständiger ausgesprochen worden ist, erfolgt.

(4) [1]Prüfingenieure und Prüfsachverständige für Standsicherheit prüfen die Vollständigkeit und Richtigkeit der Standsicherheitsnachweise. [2]Das Staatsministerium kann für den Prüfbericht des Prüfingenieurs und die Bescheinigung des Prüfsachverständigen ein Muster einführen und dessen Verwendung vorschreiben. [3]Verfügt der Prüfingenieur oder der Prüfsachverständige für Standsicherheit nicht über die zur Beurteilung der Gründung erforderliche Sachkunde oder hat er Zweifel hinsichtlich der verwendeten Annahmen oder der bodenmechanischen Kenngrößen, sind von ihm im Einvernehmen mit

---

[1)] § 13 Abs. 4 Satz 4 neu gef. mWv 1.8.2009 durch V v. 8.7.2009 (GVBl. S. 332); Abs. 2 eingef., bish. Abs. 2 wird Abs. 3, Satz 2 geänd., bish. Abs. 3–6 werden Abs. 4–7 mWv 1.11.2009 durch V v. 22.10.2009 (GVBl. S. 542); Abs. 6 geänd. mWv 1.1.2012 durch V v. 11.12.2011 (GVBl. S. 720); Abs. 4 Satz 2 und Abs. 7 Sätze 1 und 3 geänd. mWv 30.8.2014 durch V v. 22.7.2014 (GVBl. S. 286).

[2)] Nr. **1**.

dem Auftraggeber Prüfsachverständige für den Erd- und Grundbau einzuschalten.

(5) [1] Prüfingenieure und Prüfsachverständige für Standsicherheit überwachen die ordnungsgemäße Bauausführung hinsichtlich der von ihnen geprüften oder bescheinigten Standsicherheitsnachweise. [2] Für die Bescheinigung der ordnungsgemäßen Bauausführung darf sich der Bauherr nur aus wichtigem Grund eines anderen Prüfsachverständigen für Standsicherheit als desjenigen bedienen, der den Standsicherheitsnachweis bescheinigt hat. [3] Ein wichtiger Grund liegt insbesondere vor, wenn der zuvor bescheinigende Prüfsachverständige verstorben oder auf unbestimmte Zeit erkrankt ist. [4] Es genügt eine stichprobenartige Überwachung der ordnungsgemäßen Bauausführung.

(6) Liegen die Voraussetzungen für die Erteilung der Bescheinigungen nach Abs. 4 und 5 nicht vor, unterrichtet der Prüfsachverständige unverzüglich die Bauaufsichtsbehörde.

(7) [1] Die Prüfingenieure und die Prüfsachverständigen für Standsicherheit haben ein Verzeichnis über die von ihnen ausgeführten Prüfaufträge und die von ihnen erteilten Bescheinigungen nach einem vom Staatsministerium festgelegten Muster zu führen. [2] Das Verzeichnis ist jeweils für ein Kalenderjahr, spätestens am 31. Januar des folgenden Jahres, der Anerkennungsbehörde vorzulegen. [3] Der Eintragungsausschuss bei der Bayerischen Ingenieurekammer-Bau und das Staatsministerium unterrichten sich über Tatsachen, die Zweifel an der ordnungsgemäßen Erfüllung der Pflichten durch die Prüfsachverständigen für Standsicherheit, die zugleich Prüfingenieure sind, begründen.

## Zweiter Abschnitt. Prüfämter für Standsicherheit, Typenprüfung

**§ 14[1)] Prüfämter für Standsicherheit.** (1) [1] Prüfämter für Standsicherheit sind vom Staatsministerium anerkannte Behörden, die bauaufsichtliche Prüfaufgaben im Bereich der Standsicherheit wahrnehmen. [2] Organisationen der Technischen Überwachung können für die Bereiche Fliegende Bauten und Windenergieanlagen als Prüfamt anerkannt werden. [3] Die Prüfämter unterstehen der Fachaufsicht des Staatsministeriums.

(2) [1] Die Prüfämter müssen mit geeigneten Ingenieuren besetzt sein. [2] Sie müssen von einer im Bauingenieurwesen besonders vorgebildeten und erfahrenen Person, die die Voraussetzungen für den Einstieg in der vierten Qualifikationsebene in der Fachlaufbahn Naturwissenschaft und Technik, fachlicher Schwerpunkt bautechnischer und umweltfachlicher Verwaltungsdienst, erfüllt, geleitet werden. [3] Für Organisationen der Technischen Überwachung kann das Staatsministerium Ausnahmen von den Anforderungen des Satzes 2 zulassen.

(3) Anerkennungen anderer Länder der Bundesrepublik Deutschland gelten auch im Freistaat Bayern.

---

[1)] § 14 Abs. 1 Satz 1 geänd., Satz 2 eingef., bish. Satz 2 wird Satz 3 und geänd., Abs. 2 Satz 3 geänd. mWv 1.11.2009 durch V v. 22.10.2009 (GVBl. S. 542); Abs. 2 Satz 2 neu gef. mWv 1.1.2011 durch V v. 3.1.2011 (GVBl. S. 22); Abs. 1 Sätze 1 und 3, Abs. 2 Satz 3 geänd. mWv 30.8.2014 durch V v. 22.7.2014 (GVBl. S. 286).

**§ 15[1] Typenprüfung.** (1) Sollen prüf- oder bescheinigungspflichtige bauliche Anlagen oder Teile von baulichen Anlagen (Art. 62a Abs. 2 BayBO[2]) in gleicher Ausführung an mehreren Stellen errichtet oder verwendet werden, ohne dass deren Standsicherheit bauaufsichtlich geprüft oder durch einen Prüfsachverständigen bescheinigt ist, müssen die Standsicherheitsnachweise von einem Prüfamt geprüft sein (Typenprüfung).

(2) [1] Die Geltungsdauer der Typenprüfung ist zu befristen; sie soll nicht mehr als fünf Jahre betragen. [2] Sie kann auf schriftlichen Antrag um jeweils höchstens fünf Jahre verlängert werden.

## Dritter Teil. Prüfsachverständige für Brandschutz

**§ 16[3] Besondere Voraussetzungen.** [1] Als Prüfsachverständige für Brandschutz werden nur Personen anerkannt, die

1. als Angehörige der Fachrichtung Architektur, Hochbau, Bauingenieurwesen oder eines Studiengangs mit Schwerpunkt Brandschutz ein Studium an einer deutschen Hochschule, ein gleichwertiges Studium an einer ausländischen Hochschule abgeschlossen haben oder für ein Amt mindestens der Besoldungsgruppe A 10 in der Fachlaufbahn Naturwissenschaft und Technik, fachlicher Schwerpunkt feuerwehrtechnischer Dienst, qualifiziert sind,
2. danach mindestens fünf Jahre Erfahrung in der brandschutztechnischen Planung und Ausführung von Gebäuden, insbesondere von Sonderbauten unterschiedlicher Art mit höherem brandschutztechnischen Schwierigkeitsgrad, oder deren Prüfung,
3. die erforderlichen Kenntnisse im Bereich des abwehrenden Brandschutzes,
4. die erforderlichen Kenntnisse des Brandverhaltens von Bauprodukten und Bauarten,
5. die erforderlichen Kenntnisse im Bereich des anlagentechnischen Brandschutzes und
6. die erforderlichen Kenntnisse der einschlägigen bauordnungsrechtlichen Vorschriften besitzen.

[2] Das Vorliegen der Anerkennungsvoraussetzungen nach Satz 1 Nrn. 2 bis 6 ist durch eine Bescheinigung des Prüfungsausschusses nachzuweisen.

**§ 17[4] Prüfungsausschuss.** (1) [1] Bei der Bayerischen Architektenkammer wird ein Prüfungsausschuss gebildet. [2] Der Prüfungsausschuss besteht aus sechs Mitgliedern. [3] Dem Prüfungsausschuss sollen angehören:

1. ein von der Bayerischen Architektenkammer benanntes Mitglied,
2. ein von der Bayerischen Ingenieurekammer-Bau benanntes Mitglied,
3. ein vom Staatsministerium benanntes Mitglied aus dem Bereich der Bauaufsicht,

---

[1] § 15 Abs. 2 Satz 2 geänd. mWv 1.11.2009 durch V v. 22.10.2009 (GVBl. S. 542); Abs. 1 geänd. mWv 1.9.2018 durch V v. 7.8.2018 (GVBl. S. 694).

[2] Nr. **1**.

[3] § 16 Satz 2 angef. mWv 1.11.2009 durch V v. 22.10.2009 (GVBl. S. 542); Satz 1 Nr. 1 geänd. mWv 1.1.2011 durch V v. 3.1.2011 (GVBl. S. 22).

[4] § 17 Abs. 1 Satz 3 Nr. 3 und 4 geänd. mWv 30.8.2014 durch V v. 22.7.2014 (GVBl. S. 286); Abs. 1 Satz 3 Nr. 4 geänd. mWv 1.5.2019 durch V v. 26.3.2019 (GVBl. S. 98).

4. ein vom Staatsministerium des Innern, für Sport und Integration benanntes Mitglied aus dem Bereich der Feuerwehr,
5. ein von der Bayerischen Architektenkammer berufenes Mitglied aus dem Bereich der Sachversicherer und
6. ein von der Bayerischen Architektenkammer berufenes Mitglied aus dem Bereich der Baustoffforschung oder -prüfung.

(2) § 11 Abs. 2 Sätze 4 bis 6, Abs. 3 und 4 gelten entsprechend.

**§ 18**[1] **Prüfungsverfahren.** (1) [1]Die Anerkennungsbehörde leitet die Antragsunterlagen nach § 6 Abs. 2 Satz 2 Nrn. 1, 2 und 6 dem Prüfungsausschuss zu. [2]Der Prüfungsausschuss bescheinigt gegenüber der Anerkennungsbehörde das Vorliegen der Anerkennungsvoraussetzungen nach § 16 Satz 1 Nrn. 2 bis 6.

(2) § 12 Abs. 1 Satz 3, Abs. 2 und 3 gelten entsprechend.

**§ 19**[2] **Aufgabenerledigung.** (1) [1]Prüfsachverständige für Brandschutz prüfen die Vollständigkeit und Richtigkeit der Brandschutznachweise; sie haben sich bei der örtlichen Feuerwehr (örtlicher Kommandant und Kreisbrandrat, ggf. Stadtbrandrat) über örtliche Festlegungen, die vorhandene Ausrüstung und die im Brandfall zur Verfügung stehenden Einsatzkräfte zu informieren sowie die von den Feuerwehren zur Wahrung der Belange des Brandschutzes erhobenen Forderungen zu würdigen. [2]Prüfsachverständige für Brandschutz überwachen die ordnungsgemäße Bauausführung hinsichtlich der Verwirklichung der von ihnen bescheinigten Brandschutznachweise.

(2) § 13 Abs. 2, 3 und 4 Satz 2, Abs. 5 Sätze 2 bis 4, Abs. 6 und 7 gelten entsprechend.

## Vierter Teil. Prüfsachverständige für Vermessung im Bauwesen

**§ 20 Besondere Voraussetzungen.** Als Prüfsachverständige für Vermessung im Bauwesen werden Personen anerkannt, die

1. ein Studium im Studiengang Vermessungswesen an einer deutschen Hochschule oder ein gleichwertiges Studium an einer ausländischen Hochschule mit Erfolg abgeschlossen haben und
2. über eine dreijährige Berufserfahrung im Vermessungswesen verfügen.

**§ 21**[3] **Aufgabenerledigung.** [1]Prüfsachverständige für Vermessung im Bauwesen bescheinigen die Einhaltung der in den Bauvorlagen oder bauaufsichtlich festgelegten Grundfläche und Höhenlage im Sinn von Art. 68 Abs. 7 Satz 2 BayBO[4]. [2]§ 5 Abs. 4 gilt nicht.

---

[1] § 18 Abs. 1 neu gef., Abs. 2 geänd. mWv 1.11.2009 durch V v. 22.10.2009 (GVBl. S. 542).

[2] § 19 Abs. 1 Satz 2 geänd. mWv 1.8.2009 durch V v. 8.7.2009 (GVBl. S. 332); Abs. 2 neu gef. mWv 1.11.2009 durch V v. 22.10.2009 (GVBl. S. 542).

[3] § 21 Satz 2 geänd. mWv 1.1.2012 durch V v. 11.12.2011 (GVBl. S. 720); Satz 1 geänd. mWv 1.2.2021 durch G v. 23.12.2020 (GVBl. S. 663).

[4] Nr. **1**.

## Fünfter Teil. Prüfsachverständige für die Prüfung sicherheitstechnischer Anlagen und Einrichtungen

**§ 22[1)] Besondere Voraussetzungen.** (1) Als Prüfsachverständige für die Prüfung sicherheitstechnischer Anlagen und Einrichtungen im Sinn von § 1 Satz 1, § 2 Abs. 1 der Sicherheitsanlagen-Prüfverordnung (SPrüfV) werden nur Personen anerkannt, die

1. ein Ingenieurstudium an einer deutschen Hochschule oder ein gleichwertiges Studium an einer ausländischen Hochschule abgeschlossen haben,
2. den Nachweis ihrer besonderen Sachkunde in der Fachrichtung im Sinn von § 23, auf die sich ihre Prüftätigkeit beziehen soll, durch ein Fachgutachten einer vom Staatsministerium bestimmten Stelle erbracht haben,
3. als Ingenieure mindestens fünf Jahre in der Fachrichtung, in der die Prüftätigkeit ausgeübt werden soll, praktisch tätig gewesen sind und dabei mindestens zwei Jahre bei Prüfungen mitgewirkt haben.

(2) Abweichend von § 4 Satz 1 Nr. 3 müssen Prüfsachverständige für die Prüfung sicherheitstechnischer Anlagen und Einrichtungen nicht eigenverantwortlich tätig sein, wenn sie Beschäftigte eines Unternehmens oder einer Organisation sind, deren Zweck in der Durchführung vergleichbarer Prüfungen besteht und deren Beschäftigte für die Prüftätigkeit nach Abs. 1 keiner fachlichen Weisung unterliegen.

(3) [1]Bedienstete einer öffentlichen Verwaltung mit den für die Ausübung der Tätigkeit als Prüfsachverständige erforderlichen Kenntnissen und Erfahrungen für technische Anlagen und Einrichtungen gelten im Zuständigkeitsbereich dieser Verwaltung als Prüfsachverständige nach Abs. 1. [2]Sie werden in der Liste nach § 6 Abs. 4 nicht geführt.

**§ 23[2)] Fachrichtungen.** [1]Prüfsachverständige für die Prüfung sicherheitstechnischer Anlagen und Einrichtungen können für folgende Fachrichtungen anerkannt werden:

1. Lüftungsanlagen (§ 2 Abs. 1 Nr. 1 SPrüfV),
2. CO-Warnanlagen (§ 2 Abs. 1 Nr. 2 SPrüfV),
3. Rauch- und Wärmeabzugsanlagen (§ 2 Abs. 1 Nr. 3 SPrüfV),
4. Brandmelde- und Alarmierungsanlagen (§ 2 Abs. 1 Nr. 6 SPrüfV),
5. Sicherheitsstromversorgungen (§ 2 Abs. 1 Nr. 7 SPrüfV),
6. Feuerlöschanlagen (§ 2 Abs. 1 Nrn. 4 und 5 SPrüfV).

[2]Die Anerkennung nach Satz 1 Nr. 1 kann auf Lüftungsanlagen für Garagen (§ 14 Abs. 1 der Garagen- und Stellplatzverordnung[3)]) beschränkt werden.

**§ 24[4)] Aufgabenerledigung.** [1]Die Prüfsachverständigen für die Prüfung sicherheitstechnischer Anlagen und Einrichtungen bescheinigen die Überein-

---

[1)] § 22 Abs. 1 Nr. 2 geänd. mWv 1.11.2009 durch V v. 22.10.2009 (GVBl. S. 542); Abs. 3 Satz 2 geänd. mWv 1.1.2012 durch V v. 11.12.2011 (GVBl. S. 720); Abs. 1 Nr. 2 geänd. mWv 30.8.2014 durch V v. 22.7.2014 (GVBl. S. 286).

[2)] § 23 Satz 2 geänd. mWv 1.9.2018 durch V v. 7.8.2018 (GVBl. S. 694).

[3)] Nr. **6**.

[4)] § 24 Satz 3 aufgeh. mWv 1.1.2012 durch V v. 11.12.2011 (GVBl. S. 720).

stimmung der technischen Anlagen und Einrichtungen mit den öffentlich-rechtlichen Anforderungen im Sinn von §§ 1 und 2 SPrüfV. [2]Werden festgestellte Mängel nicht in der von den Prüfsachverständigen festgelegten Frist beseitigt, haben sie die Bauaufsichtsbehörde unverzüglich zu unterrichten.

## Sechster Teil. Prüfsachverständige für den Erd- und Grundbau

**§ 25[1)] Besondere Voraussetzungen.** (1) [1]Als Prüfsachverständige für den Erd- und Grundbau werden nur Personen anerkannt, die

1. als Angehörige der Fachrichtung Bauingenieurwesen, der Geotechnik oder eines Studiengangs mit Schwerpunkt Ingenieurgeologie ein Studium an einer deutschen Hochschule oder ein gleichwertiges Studium an einer ausländischen Hochschule abgeschlossen haben,
2. neun Jahre im Bauwesen tätig, davon mindestens drei Jahre im Erd- und Grundbau mit der Anfertigung oder Beurteilung von Standsicherheitsnachweisen betraut gewesen sind,
3. über vertiefte Kenntnisse und Erfahrungen im Erd- und Grundbau verfügen,
4. weder selbst noch ihre Mitarbeiter noch Angehörige des Zusammenschlusses nach § 4 Satz 2 Nr. 2 an einem Unternehmen der Bauwirtschaft oder an einem Bohrunternehmen beteiligt sind.

[2]Der Nachweis der Anerkennungsvoraussetzungen nach Satz 1 Nr. 3 ist durch ein Fachgutachten eines Beirats, der bei einer vom Staatsministerium bestimmten Stelle gebildet ist, zu erbringen. [3]Über das Vorliegen der Zulassungsvoraussetzung nach Satz 1 Nr. 4 hat der Bewerber eine besondere Erklärung abzugeben.

(2) Abweichend von § 4 Satz 1 Nr. 3 müssen Prüfsachverständige für den Erd- und Grundbau nicht eigenverantwortlich tätig sein, wenn sie in fachlicher Hinsicht für ihre Tätigkeit allein verantwortlich sind und Weisungen nicht unterliegen.

**§ 26[2)] Verfahren.** [1]Dem Beirat ist ein Verzeichnis aller innerhalb eines Zeitraums von zwei Jahren vor Antragstellung erstellten Baugrundgutachten vorzulegen, von denen mindestens zehn Gutachten, wovon zwei wiederum gesondert vorzulegen sind, die Bewältigung überdurchschnittlicher Aufgaben zeigen müssen. [2]Der Beirat erstellt ein Fachgutachten über die Anerkennungsvoraussetzungen nach § 25 Abs. 1 Satz 1 Nr. 3. [3]§ 12 Abs. 1 Satz 3 und Abs. 3 gelten entsprechend.

**§ 27[3)] Aufgabenerledigung.** [1]Prüfsachverständige für Erd- und Grundbau bescheinigen die Vollständigkeit und Richtigkeit der Angaben über den Baugrund hinsichtlich Stoffbestand, Struktur und geologischer Einflüsse, dessen Tragfähigkeit und die getroffenen Annahmen zur Gründung oder Einbettung der baulichen Anlage. [2]§ 13 Abs. 3 gilt entsprechend.

---

[1)] § 25 Abs. 1 Satz 2 neu gef. mWv 1.11.2009 durch V v. 22.10.2009 (GVBl. S. 542); Abs. 1 Satz 2 geänd. mWv 30.8.2014 durch V v. 22.7.2014 (GVBl. S. 286).

[2)] § 26 neu gef. mWv 1.11.2009 durch V v. 22.10.2009 (GVBl. S. 542).

[3)] § 27 Satz 2 geänd. mWv 1.1.2012 durch V v. 11.12.2011 (GVBl. S. 720).

## Siebter Teil. Vergütung

### Erster Abschnitt. Vergütung für die Prüfämter, Prüfingenieure und Prüfsachverständigen für Standsicherheit

**§ 28 Allgemeines.** (1) [1]Die Prüfingenieure und Prüfsachverständigen für Standsicherheit erhalten für ihre Leistungen eine Vergütung. [2]Die Vergütung besteht

1. bei den Prüfingenieuren aus der Gebühr,
2. bei den Prüfsachverständigen aus dem Honorar

sowie den notwendigen Auslagen.

(2) [1]Die Gebühr und das Honorar richten sich nach den anrechenbaren Bauwerten (§ 29 Abs. 1 und 2) und der Bauwerksklasse (§ 29 Abs. 4), soweit die Leistungen nicht nach dem Zeitaufwand (§ 31 Abs. 5) zu vergüten sind; der zeitliche Prüfaufwand ist für jeden Auftrag festzuhalten. [2]Für die Bestimmung der anrechenbaren Bauwerte ist **Anlage 1** in der zum Zeitpunkt der Erteilung des Prüf- oder Bescheinigungsauftrags geltenden Fassung, für die Berechnung der Gebühr oder des Honorars **Anlage 3** in der zum Zeitpunkt der abschließenden Leistungserbringung geltenden Fassung maßgeblich.

(3) Wird die Prüfung aus Gründen abgebrochen, die vom Prüfingenieur oder vom Prüfsachverständigen für Standsicherheit nicht zu vertreten sind, so wird die Prüfung entsprechend der anteilig erbrachten Leistung vergütet.

(4) Schuldner der Vergütung ist, wer die Prüfung in Auftrag gegeben hat.

(5) Ein Nachlass auf die Gebühr und das Honorar ist unzulässig.

**§ 29[1)] Anrechenbare Bauwerte und Bauwerksklassen.** (1) [1]Für die in Anlage 1 aufgeführten baulichen Anlagen sind die anrechenbaren Bauwerte aus dem Brutto-Rauminhalt der baulichen Anlage, vervielfältigt mit dem jeweils angegebenen Wert je Kubikmeter Brutto-Rauminhalt, zu berechnen. [2]Die anrechenbaren Bauwerte in Anlage 1 basieren auf der Indexzahl 1,000 für das Jahr 2005. [3]Für die folgenden Jahre sind die dort angegebenen anrechenbaren Bauwerte jährlich mit einer Indexzahl zu vervielfältigen, die sich aus dem arithmetischen Mittel der vom Statistischen Bundesamt ermittelten jährlichen Baupreisindizes für Bauleistungen am Bauwerk für den Neubau von Wohngebäuden, Bürogebäuden und gewerblichen Betriebsgebäuden errechnet; maßgeblich sind die jeweiligen Baupreisindizes des Vorjahres ohne Umsatzsteuer. [4]Die fortgeschriebenen anrechenbaren Bauwerte gelten jeweils ab dem 1. Juni jeden Jahres.

(2) [1]Für die nicht in der Anlage 1 aufgeführten baulichen Anlagen sind die anrechenbaren Bauwerte die Kosten nach § 48 Abs. 1 bis 3 der Honorarordnung für Architekten und Ingenieure (HOAI). [2]Zu den anrechenbaren Bauwerten zählen auch die nicht in den Kosten nach Satz 1 enthaltenen Kosten für Bauteile, für die ein Standsicherheitsnachweis geprüft werden muss, ausgenommen die Kosten für Außenwandbekleidungen und für Fassaden. [3]Bei Umbauten sind auch die Kosten für Abbrucharbeiten anrechenbar. [4]Nicht anrechenbar sind die auf die Kosten nach den Sätzen 1 bis 3 entfallende

---

[1)] § 29 Abs. 1 Satz 2 und Abs. 2 Sätze 1, 2 und 4 geänd. mWv 1.11.2009 durch V v. 22.10.2009 (GVBl. S. 542); Abs. 1 Sätze 3 und 4 neu gef. mWv 1.1.2012 durch V v. 11.12.2011 (GVBl. S. 720).

Umsatzsteuer und die in § 48 Abs. 4 HOAI genannten Kosten. [5]Bei der Ermittlung der anrechenbaren Bauwerte ist von den Kosten der Kostenberechnung auszugehen, die ortsüblich im Zeitpunkt der Auftragserteilung für die Herstellung der baulichen Anlagen erforderlich sind. [6]Einsparungen durch Eigenleistungen oder Vergünstigungen sind nicht zu berücksichtigen.

(3) Die anrechenbaren Bauwerte sind jeweils auf volle tausend Euro aufzurunden.

(4) [1]Die zu prüfenden baulichen Anlagen werden entsprechend ihrem statischen und konstruktiven Schwierigkeitsgrad in fünf Bauwerksklassen nach **Anlage 2** eingeteilt. [2]Besteht eine bauliche Anlage aus Bauteilen mit unterschiedlichem Schwierigkeitsgrad, so ist sie entsprechend dem überwiegenden Leistungsumfang einzustufen.

(5) Mit dem Prüfauftrag teilt die untere Bauaufsichtsbehörde dem Prüfingenieur die anrechenbaren Bauwerte, die für die Gebührenberechnung anzuwendende Bauwerksklasse und etwaige Zuschläge mit.

**§ 30 Berechnungsart der Vergütung.** (1) [1]Die Grundgebühr und das Grundhonorar errechnen sich in Abhängigkeit von den anrechenbaren Bauwerten (§ 29 Abs. 1 und 2) und der Bauwerksklasse (§ 29 Abs. 4) nach Maßgabe der Gebühren- und Honorartafel nach Anlage 3. [2]Für Zwischenwerte der anrechenbaren Bauwerte sind die Grundgebühr und das Grundhonorar durch geradlinige Interpolation zu ermitteln.

(2) [1]Umfasst ein Prüfauftrag mehrere in statisch-konstruktiver Hinsicht unterschiedliche bauliche Anlagen, so sind die Gebühr und das Honorar für jede einzelne bauliche Anlage getrennt zu ermitteln. [2]Gehören bauliche Anlagen jedoch der gleichen Bauwerksklasse an, so sind, wenn sie auch im Übrigen in statisch-konstruktiver Hinsicht weitgehend vergleichbar sind und die Bauvorlagen gleichzeitig zur Prüfung vorgelegt werden, die anrechenbaren Bauwerte dieser baulichen Anlagen zusammenzufassen; die Gebühr und das Honorar sind danach wie für eine einzige bauliche Anlage zu ermitteln. [3]Abs. 3 und 4 bleiben unberührt.

(3) [1]Umfasst ein Prüfauftrag mehrere bauliche Anlagen mit gleichen Standsicherheitsnachweisen einschließlich gleichen Nachweisen der Feuerwiderstandsfähigkeit der tragenden Bauteile, so ermäßigen sich die Gebühren und die Honorare nach § 31 Abs. 1 Nrn. 1 bis 5 sowie nach Abs. 2 und 3 für die zweite und jede weitere bauliche Anlage auf ein Zehntel. [2]Für Abweichungen in einzelnen baulichen Anlagen mit zusätzlichen rechnerischen Nachweisen und zugehörigen Konstruktionszeichnungen ist die Gebühr nach § 31 Abs. 5 zu berechnen.

(4) [1]Besteht eine bauliche Anlage aus gleichartigen durch Dehnfugen unterteilten Abschnitten, für welche zumindest derselbe rechnerische Standsicherheitsnachweis und dieselben Nachweise der Feuerwiderstandsfähigkeit der tragenden Bauteile gelten sollen, so ermäßigen sich die Gebühr und das Honorar nach § 31 Abs. 1 Nrn. 1 bis 5 sowie Abs. 2 und 3 für den zweiten und jeden weiteren gleichartigen Abschnitt auf die Hälfte. [2]Das gilt nicht, wenn nur Deckenfelder, Stützenzüge oder Binder in einer baulichen Anlage gleich sind.

(5) Bauhilfskonstruktionen, ausgenommen Baugrubensicherungen, ohne direkte Verbindung zum oder Abhängigkeit vom Bauwerk oder ohne direkte Verbindung zu oder Abhängigkeit von neu zu erstellenden Bauteilen, für die

Standsicherheitsnachweise zu prüfen sind, gelten als gesonderte bauliche Anlagen.

(6) [1] Fahrtkosten für notwendige Reisen, die über den Umkreis von 15 km vom Geschäftssitz des Prüfingenieurs oder des Prüfsachverständigen für Standsicherheit hinausgehen, können in Höhe der steuerlich zulässigen Pauschalsätze in Ansatz gebracht werden. [2] Fahrt- und Wartezeiten sind nach dem Zeitaufwand (§ 31 Abs. 5) zu ersetzen. [3] Sonstige Auslagen werden nur erstattet, wenn dies bei Auftragserteilung schriftlich vereinbart worden ist.

**§ 31[1)] Höhe der Vergütung.** (1) Der Prüfingenieur und der Prüfsachverständige für Standsicherheit erhalten:

1. für die Prüfung der rechnerischen Nachweise der Standsicherheit
die Grundgebühr oder das Grundhonorar nach Anlage 3,
2. für die Prüfung der zugehörigen Konstruktionszeichnungen in statisch-konstruktiver Hinsicht
die Hälfte der Gebühr oder des Honorars nach Nr. 1,
3. für die Prüfung von Elementplänen des Fertigteilbaus sowie Werkstattzeichnungen des Metall- und Ingenieurholzbaus
je nach dem zusätzlichen Aufwand einen Zuschlag zur Gebühr oder zum Honorar nach Nr. 2 bis zur Hälfte der Gebühr oder des Honorars nach Nr. 1,
4. für die Prüfung
   a) des Nachweises der Feuerwiderstandsfähigkeit der tragenden Bauteile
   ein Zwanzigstel der Gebühr oder des Honorars nach Nr. 1, höchstens jedoch ein Zwanzigstel der sich aus der Bauwerksklasse 3 ergebenden Gebühr oder des Honorars nach Nr. 1,
   b) der Konstruktionszeichnungen auf Übereinstimmung mit dem Nachweis bzw. auf Einhaltung weiterer Forderungen nach lfd. Nr. 3.1 der Liste der Technischen Baubestimmungen, falls eine Feuerwiderstandsfähigkeit höher als feuerhemmend zu berücksichtigen ist,
   ein Zehntel der Gebühr oder des Honorars nach Nr. 1, höchstens jedoch je ein Zehntel der sich aus der Bauwerksklasse 3 ergebenden Gebühr oder des Honorars nach Nr. 1,
5. für die Prüfung der rechnerischen Nachweise für bauliche Anlagen der Bauwerksklassen 3 bis 5 (Anlage 2), wenn diese nur durch besondere elektronische Vergleichsrechnungen an komplexen räumlichen Tragsystemen (Untersuchung am Gesamtsystem) geprüft werden können,
je nach dem zusätzlichen Aufwand einen Zuschlag bis zu drei Vierteln der Gebühr oder des Honorars nach Nr. 1,
6. für die Prüfung einer Lastvorberechnung
zusätzlich bis zu ein Viertel der Gebühr oder des Honorars nach Nr. 1,
7. für die Prüfung von Nachträgen zu den Nachweisen infolge von Änderungen oder Fehlern bei einem Umfang der Nachträge von mehr als einem Zwanzigstel
eine Gebühr oder ein Honorar je nach dem zusätzlichen Aufwand, in der Regel eine Gebühr oder ein Honorar nach den Nrn. 1, 2, 3, 4 oder Nr. 6

---

[1)] § 31 Abs. 5 Satz 5 aufgeh., bish. Satz 6 wird Satz 5 mWv 1.1.2012 durch V v. 11.12.2011 (GVBl. S. 720).

vervielfacht mit dem Verhältnis des Umfangs der Nachträge zum ursprünglichen Umfang, höchstens jedoch jeweils die Gebühren oder die Honorare nach den Nrn. 1, 2, 3, 4 oder Nr. 6.

(2) Für die Prüfung von Standsicherheitsnachweisen bei Nutzungsänderungen, Umbauten und Aufstockungen wird je nach dem zusätzlichen Aufwand ein Zuschlag bis zur Hälfte der Gebühr oder des Honorars nach Abs. 1 Nrn. 1 und 2 vergütet.

(3) Werden Teile des rechnerischen Nachweises der Standsicherheit in größeren Zeitabständen vorgelegt und wird dadurch der Prüfaufwand erheblich erhöht, wird ein Zuschlag bis zur Hälfte der Gebühr oder des Honorars nach Abs. 1 Nr. 1 vergütet.

(4) In besonderen Fällen können, wenn die Gebühren oder die Honorare nach Abs. 1 bis 3 in einem groben Missverhältnis zum Aufwand für die Leistung stehen, abweichend davon höhere oder niedrigere Gebühren oder Honorare berechnet werden, die den besonderen Schwierigkeitsgrad oder den veränderten Umfang einer Leistung berücksichtigen.

(5) [1] Nach Zeitaufwand werden vergütet

1. Leistungen, die durch anrechenbare Bauwerte nicht zu erfassende bauliche Anlagen oder Bauteile zum Gegenstand haben oder bei denen die über die anrechenbaren Bauwerte nach § 29 Abs. 1 und 2 ermittelten Gebühren oder Honorare in einem groben Missverhältnis zum Aufwand stehen,
2. die Prüfung von Nachweisen der Standsicherheit von Außenwandbekleidungen und Fassaden, für die ein Standsicherheitsnachweis geführt werden muss,
3. die Prüfung von besonderen rechnerischen Nachweisen für die Feuerwiderstandsfähigkeit der tragenden Bauteile,
4. die Prüfung von zusätzlichen Nachweisen wie Erdbebenschutz, Militärlastklassen, Bergschädensicherung, Bauzustände und Baugrubensicherung,
5. die Überwachung von Baumaßnahmen in statisch-konstruktiver Hinsicht,
6. sonstige Leistungen, die in den Nrn. 1 bis 5 und in Abs. 1 bis 4 nicht aufgeführt sind.

[2] Bei der Berechnung der Gebühr und des Honorars ist die Zeit anzusetzen, die üblicherweise von einer entsprechend ausgebildeten Fachkraft benötigt wird. [3] Für jede Arbeitsstunde wird ein Betrag von 1,847 v.H. des Monatsgrundgehalts eines Landesbeamten in der Endstufe der Besoldungsgruppe A 15 berechnet. [4] Der Betrag ist auf volle Euro aufzurunden. [5] In dem Stundensatz ist die Umsatzsteuer enthalten.

(6) Als Mindestgebühr und als Mindesthonorar für eine Prüfung wird der zweifache Stundensatz nach Abs. 5 vergütet.

**§ 32 Abrechnungsstelle.** Die Prüfsachverständigen für Standsicherheit sollen sich zur einheitlichen Vertragsgestaltung und zur Abrechnung ihrer Honorare der Bewertungs- und Verrechnungsstelle der Prüfsachverständigen für Bayern GmbH an der Bayerischen Ingenieurekammer-Bau bedienen.

**§ 33 Vergütung der Prüfämter.** (1) Die Prüfämter erhalten eine Vergütung nach Maßgabe der §§ 28 bis 31 sowie nach den folgenden Vorschriften.

(2) Für die Typenprüfung (§ 15) einschließlich der Prüfung von Bemessungstabellen und für die Verlängerung der Geltungsdauer von Typenprüfungen ist das Zweifache der nach dem Zeitaufwand ermittelten Gebühr zu erheben.

**§ 34 Umsatzsteuer, Fälligkeit.** (1) [1]Mit der Gebühr für den Prüfingenieur für Standsicherheit ist die Umsatzsteuer abgegolten. [2]Der Prüfsachverständige für Standsicherheit hat die in seinem Honorar enthaltene Umsatzsteuer in seiner Rechnung gesondert auszuweisen, sofern sie nicht nach § 19 Abs. 1 des Umsatzsteuergesetzes unerhoben bleibt.

(2) [1]Die Gebühr und das Honorar werden mit Eingang der Rechnung fällig. [2]Bis zur Schlussabrechnung kann eine Berichtigung der anrechenbaren Bauwerte, der Bauwerksklasse und der Zuschläge verlangt oder ein besonderer Fall (§ 31 Abs. 4) geltend gemacht werden.

## Zweiter Abschnitt. Vergütung für die Prüfsachverständigen für Brandschutz, für die Prüfung sicherheitstechnischer Anlagen und Einrichtungen sowie für Erd- und Grundbau

**§ 35[1)] Vergütung für die Prüfsachverständigen für Brandschutz, für die Prüfung sicherheitstechnischer Anlagen und Einrichtungen sowie für Erd- und Grundbau.** (1) [1]Die Prüfsachverständigen für Brandschutz, für die Prüfung sicherheitstechnischer Anlagen und Einrichtungen sowie für Erd- und Grundbau erhalten für ihre Tätigkeit ein Honorar und die notwendigen Auslagen. [2]Das Honorar wird nach dem Zeitaufwand abgerechnet. [3]Bei der Berechnung des Honorars ist die Zeit anzusetzen, die unter regelmäßigen Verhältnissen von einer entsprechend ausgebildeten Fachkraft benötigt wird. [4]§ 28 Abs. 1, 3 bis 5, § 30 Abs. 6, § 31 Abs. 5 Sätze 2 bis 5, § 34 Abs. 1 Satz 2, Abs. 2 Satz 1 sowie § 37 Abs. 2 gelten entsprechend.

(2) Als Mindesthonorar gilt der zweifache Stundensatz nach § 31 Abs. 5 Sätze 2 bis 5.

## Dritter Abschnitt. Vergütung für die Prüfsachverständigen für Vermessung im Bauwesen

**§ 36[2)] Vergütung für die Prüfsachverständigen für Vermessung im Bauwesen.** Die Prüfsachverständigen für Vermessung im Bauwesen erhalten für ihre Tätigkeit eine Vergütung auf der Grundlage von Nr. 1.5 der Anlage 1 der Honorarordnung für Architekten und Ingenieure (HOAI) in der Fassung der Bekanntmachung vom 11. August 2009 (BGBl I S. 2732).

## Achter Teil. Ordnungswidrigkeiten

**§ 37[3)] Ordnungswidrigkeiten.** (1) Nach Art. 79 Abs. 1 Satz 1 Nr. 1 BayBO[4)] kann mit Geldbuße bis zu fünfhunderttausend Euro belegt werden, wer entgegen § 8 die Bezeichnung Prüfingenieur oder Prüfsachverständiger führt.

---

[1)] § 35 Abs. 1 Satz 4 und Abs. 2 geänd. mWv 1.1.2013 durch V v. 7.12.2012 (GVBl. S. 732).
[2)] § 36 geänd. mWv 1.11.2009 durch V v. 22.10.2009 (GVBl. S. 542).
[3)] § 37 Abs. 3 aufgeh. mWv 20.11.2009 durch V v. 27.10.2009 (GVBl. S. 552).
[4)] Nr. **1**.

(2) Nach Art. 79 Abs. 1 Satz 1 Nr. 1 BayBO kann mit Geldbuße bis zu fünfhunderttausend Euro belegt werden, wer entgegen § 28 Abs. 5 einen Nachlass auf das Honorar gewährt.

## Neunter Teil. Schlussvorschriften

### § 38[1)] Inkrafttreten, Außerkrafttreten, Übergangsvorschriften.

(1) Diese Verordnung tritt am 1. Januar 2008 in Kraft; sie tritt mit Ablauf des 31. Dezember 2028 außer Kraft.

(2) Nach der Verordnung über die verantwortlichen Sachverständigen im Bauwesen (SachverständigenverordnungBau – SVBau) vom 24. September 2001 (GVBl S. 578, BayRS 2132-1-10-I) anerkannte verantwortliche Sachverständige für die Fachbereiche Standsicherheit, vorbeugender Brandschutz, Vermessung im Bauwesen, sicherheitstechnische Anlagen und Einrichtungen sowie Erd- und Grundbau gelten als Prüfsachverständige im Sinn dieser Verordnung für die entsprechenden Fachbereiche.

### Anlage 1[2)]

(zu § 29 Abs. 1 Satz 1 PrüfVBau)

## Tabelle der durchschnittlichen anrechenbaren Bauwerte je Kubikmeter Brutto-Rauminhalt

Bezugsjahr 2005 = 100 v.H.

| | Art der baulichen Anlage | anrechenbare Bauwerte in Euro/m³ |
|---|---|---|
| 1. | Wohngebäude | 98 |
| 2. | Wochenendhäuser | 86 |
| 3. | Büro- und Verwaltungsgebäude, Banken und Arztpraxen | 132 |
| 4. | Schulen | 125 |
| 5. | Kindertageseinrichtungen | 112 |
| 6. | Hotels, Pensionen und Heime bis jeweils 60 Betten, Gaststätten | 112 |
| 7. | Hotels, Heime und Sanatorien mit jeweils mehr als 60 Betten | 130 |
| 8. | Krankenhäuser | 146 |
| 9. | Versammlungsstätten, wie Mehrzweckhallen, soweit nicht unter Nrn. 11 und 12, Theater, Kinos | 112 |
| 10. | Hallenbäder | 121 |
| 11. | eingeschossige, hallenartige Gebäude mit nicht mehr als 30 000 m³ Brutto-Rauminhalt, wie Verkaufsstätten, Fabrik-, Werkstatt- und Lagergebäude in einfachen Rahmen- oder Stiel-Konstruktionen sowie einfache Sporthallen und landwirtschaftliche Betriebsgebäude, soweit nicht unter Nr. 19 | |
| 11.1 | bis 2 500 m³ Brutto-Rauminhalt | |
| | Bauart schwer*[1)] | 48 |
| | sonstige Bauart | 40 |
| 11.2 | der 2 500 m³ übersteigende Brutto-Rauminhalt bis 5 000 m³ | |
| | Bauart schwer*[1)] | 40 |
| | sonstige Bauart | 33 |

[1)] § 38 Abs. 1 Satz 2 sowie Abs. 3 und 4 aufgeh. mWv 30.4.2013 durch G v. 8.4.2013 (GVBl. S. 174); Abs. 1 geänd. mWv 1.9.2018 durch V v. 7.8.2018 (GVBl. S. 694).

[2)] Anlage 1 geänd. mWv 1.11.2009 durch V v. 22.10.2009 (GVBl. S. 542).

| | Art der baulichen Anlage | anrechenbare Bauwerte in Euro/m³ |
|---|---|---|
| 11.3 | der 5 000 m³ übersteigende Brutto-Rauminhalt bis 30 000 m³ | |
| | Bauart schwer*1) | 33 |
| | sonstige Bauart | 26 |
| 12. | konstruktiv andere eingeschossige Verkaufsstätten, Sportstätten | 74 |
| 13. | konstruktiv andere eingeschossige Fabrik-, Werkstatt- und Lagergebäude | 66 |
| 14. | mehrgeschossige Verkaufsstätten | |
| 14.1 | bis 30 000 m³ Brutto-Rauminhalt | 100 |
| 14.2 | der 30 000 m³ übersteigende Brutto-Rauminhalt bis 60 000 m³ | 81 |
| 14.3 | der 60 000 m³ übersteigende Brutto-Rauminhalt | 70 |
| 15. | mehrgeschossige Fabrik-, Werkstatt- und Lagergebäude | |
| 15.1 | bis 30 000 m³ Brutto-Rauminhalt | 87 |
| 15.2 | der 30 000 m³ übersteigende Brutto-Rauminhalt bis 60 000 m³ | 70 |
| 15.3 | der 60 000 m³ übersteigende Brutto-Rauminhalt | 60 |
| 16. | eingeschossige Garagen, ausgenommen offene Kleingaragen | 72 |
| 17. | mehrgeschossige Mittel- und Großgaragen | 87 |
| 18. | Tiefgaragen | 134 |
| 19. | Schuppen, Kaltställe, offene Feldscheunen, offene Kleingaragen und ähnliche Gebäude | 35 |
| 20. | Gewächshäuser | |
| 20.1 | bis 1 500 m³ Brutto-Rauminhalt | 26 |
| 20.2 | der 1 500 m³ übersteigende Brutto-Rauminhalt | 15 |

*1) **Amtl. Anm.:** Gebäude mit Tragwerken, die überwiegend in Massivbauart errichtet werden.

## Zuschläge auf die anrechenbaren Bauwerte:

| | |
|---|---|
| – bei Gebäuden mit mehr als fünf Vollgeschossen oder beim Nachweis nach lfd. Nr. 2.2.1 (DIN 1053-1, Abschnitt 7) der Liste der Technischen Baubestimmungen | 5 v.H. |
| – mit Hochhäusern vergleichbar hohe Gebäude | 10 v.H. |
| – bei Geschossdecken außer bei den Nrn. 16 bis 18, die mit Gabelstaplern, Schwerlastwagen oder Schienenfahrzeugen befahren werden, für die betreffenden Geschosse | 10 v.H. |
| – bei Hallenbauten mit Kränen, bei denen der Standsicherheitsnachweis für die Kranbahnen geprüft werden muss, für den von den Kranbahnen erfassten Hallenbereich, vervielfacht mit der Indexzahl nach § 29 Abs. 1 | 39 €/m² |

## Sonstiges:

- Für die Berechnung des Brutto-Rauminhalts ist DIN 277-1: 2005-02 maßgebend.
- Die in der Tabelle angegebenen Werte berücksichtigen nur Flachgründungen mit Streifen- oder Einzelfundamenten. Mehrkosten für andere Gründungen, wie Pfahlgründungen, Schlitzwände, sind getrennt zu ermitteln und den anrechenbaren Bauwerten hinzuzurechnen. Bei Flächengründungen, für die rechnerische Nachweise zu prüfen sind (z.B. bei elastisch gebetteten Sohlplatten), sind je Quadratmeter Sohlplatte 2,00 m³ abzüglich dem Volumenanteil der Sohlplatte je Quadratmeter zum Brutto-Rauminhalt hinzuzurechnen, höchstens jedoch 1,50 m³ je Quadratmeter Sohlplatte.
- Bei Gebäuden mit gemischter Nutzung ist, soweit Nutzungsarten nicht nur Nebenzwecken dienen, für die Ermittlung der anrechenbaren Bauwerte die offensichtlich überwiegende Nutzung maßgebend. Liegt ein offensichtliches Überwiegen einer Nutzung nicht vor, sind für die Gebäudeteile mit verschie-

denen Nutzungsarten, im Hochbau in der Regel geschossweise, die anrechenbaren Bauwerte anteilig zu ermitteln. Dies gilt auch für Wohngebäude mit darunter liegender Tiefgarage.

**Anlage 2**
(zu § 29 Abs. 4 PrüfVBau)

## Bauwerksklassen

**Bauwerksklasse 1**

Tragwerke mit sehr geringem Schwierigkeitsgrad, insbesondere einfache statisch bestimmte ebene Tragwerke aus Holz, Stahl, Stein oder unbewehrtem Beton mit vorwiegend ruhenden Lasten, ohne Nachweis horizontaler Aussteifung;

**Bauwerksklasse 2**

Tragwerke mit geringem Schwierigkeitsgrad, insbesondere statisch bestimmte ebene Tragwerke in gebräuchlichen Bauarten ohne vorgespannte Konstruktionen und Verbundkonstruktionen mit vorwiegend ruhenden Lasten,

- einfache Dach- und Fachwerkbinder,
- Kehlbalkendächer,
- Deckenkonstruktionen mit vorwiegend ruhenden Flächenlasten, die nach gebräuchlichen Tabellen berechnet werden können,
- Mauerwerksbauten mit bis zur Gründung durchgehenden tragenden Wänden ohne Nachweis der horizontalen Aussteifung des Gebäudes,
- Stützwände einfacher Art,
- Flachgründungen einfacher Art (Einzel- und Streifenfundamente);

**Bauwerksklasse 3**

Tragwerke mit durchschnittlichem Schwierigkeitsgrad, insbesondere schwierige statisch bestimmte und statisch unbestimmte ebene Tragwerke in gebräuchlichen Bauarten ohne vorgespannte Konstruktionen und ohne schwierige Stabilitätsuntersuchungen,

- einfache Verbundkonstruktionen des Hochbaus ohne Berücksichtigung des Einflusses von Kriechen und Schwinden,
- Tragwerke für Gebäude mit Abfangung von tragenden beziehungsweise aussteifenden Wänden,
- Tragwerke für Rahmen- und Skelettbauten, bei denen die Stabilität der einzelnen Bauteile mit Hilfe von einfachen Formeln oder Tabellen nachgewiesen werden kann,
- Behälter einfacher Konstruktion,
- Schornsteine ohne Schwingungsberechnung,
- Maste mit einfachen Abspannungen, bei denen der Seildurchhang vernachlässigt werden kann,
- ein- und zweiachsig gespannte mehrfeldrige Decken unter ruhenden Lasten, soweit sie nicht der Bauwerksklasse 2 zuzuordnen sind,
- Flächengründungen einfacher Art,

– Stützwände ohne Rückverankerung bei schwierigen Baugrund- und Belastungsverhältnissen und einfach verankerte Stützwände,
– ebene Pfahlrostgründungen;

**Bauwerksklasse 4**

Tragwerke mit überdurchschnittlichem Schwierigkeitsgrad, insbesondere statisch und konstruktiv schwierige Tragwerke in gebräuchlichen Bauarten und Tragwerke, für deren Standsicherheits- und Festigkeitsnachweis schwierig zu ermittelnde Einflüsse zu berücksichtigen sind

– statisch bestimmte räumliche Fachwerke,
– weitgespannte Hallentragwerke in Ingenieurholzbaukonstruktion,
– mehrgeschossige Bauwerke mit unregelmäßiger Grundrissgestaltung und wiederholt im Grundriss verspringenden Aussteifungselementen, bei deren Schnittgrößenermittlung die Formänderungen zu berücksichtigen sind,
– Bauwerke, bei denen Aussteifung und Stabilität durch Zusammenwirken von Fertigteilen sichergestellt und nachgewiesen werden muss,
– unregelmäßige mehrgeschossige Rahmentragwerke und Skelettbauten, Kesselgerüste,
– einfache Trägerroste und einfache orthotrope Platten,
– Hallentragwerke mit Kranbahnen,
– vorgespannte Fertigteile,
– Tragwerke für schwierige Rahmen- und Skelettbauten sowie turmartige Bauten, bei denen der Nachweis der Stabilität und Aussteifung die Anwendung besonderer Berechnungsverfahren erfordert,
– einfache Faltwerke nach der Balkentheorie,
– statisch bestimmte und einfache statisch unbestimmte Tragwerke, deren Schnittkraftermittlung nach Theorie II. Ordnung erfolgen muss,
– statisch bestimmte und statisch unbestimmte Tragwerke des Hochbaus unter Einwirkung von Vorspannung, soweit sie nicht der Bauwerksklasse 5 zuzuordnen sind,
– Verbundkonstruktionen, soweit sie nicht den Bauwerksklassen 3 oder 5 zuzuordnen sind,
– einfache Tragwerke nach dem Traglastverfahren,
– einfache Rotationsschalen,
– Tankbauwerke aus Stahl mit einfachen Stabilitätsnachweisen,
– Behälter und Silos schwieriger Konstruktion, auch in Gruppenbauweise,
– Maste, Schornsteine, Maschinenfundamente mit einfachen Schwingungsuntersuchungen,
– schwierige Abspannungen von Einzelmasten oder Mastgruppen,
– Seilbahnkonstruktionen,
– schwierige verankerte Stützwände, schwierige statisch unbestimmte Flächengründungen, schwierige ebene oder räumliche Pfahlgründungen, besondere Gründungsverfahren, Unterfahrungen;

**Bauwerksklasse 5**

Tragwerke mit sehr hohem Schwierigkeitsgrad, insbesondere statisch und konstruktiv ungewöhnlich schwierige Tragwerke und schwierige Tragwerke in neuen Bauarten,

- räumliche Stabtragwerke,
- statisch unbestimmte räumliche Fachwerke,
- Faltwerke, Schalentragwerke, soweit sie nicht der Bauwerksklasse 4 zuzuordnen sind,
- statisch unbestimmte Tragwerke, die Schnittkraftermittlungen nach Theorie II. Ordnung unter Berücksichtigung des nichtlinearen Werkstoffverhaltens erfordern,
- Tragwerke mit Standsicherheitsnachweisen, die nur unter Zuhilfenahme modellstatischer Untersuchungen beurteilt werden können,
- Tragwerke mit Schwingungsuntersuchungen, soweit sie nicht der Bauwerksklasse 4 zuzuordnen sind,
- seilverspannte Zeltdachkonstruktionen und Traglufthallen bei Behandlung nach der Membrantheorie,
- mit Hochhäusern vergleichbar hohe Gebäude, bei denen ein Stabilitätsnachweis nach Theorie II. Ordnung erforderlich sowie das Schwingungsverhalten zu untersuchen ist,
- Verbundkonstruktionen nach der Plastizitätstheorie oder mit Vorspannung,
- schwierige Trägerroste und schwierige orthotrope Platten,
- Turbinenfundamente.

**Anlage 3**
(zu § 30 Abs. 1 Satz 1 und § 31 Abs. 1 Nr. 1 PrüfVBau)

## Gebührentafel und Honorartafel in Euro*1)

| Anrechenbare Bauwerte | Grundgebühr und Grundhonorar Prüfung Standsicherheitsnachweis | | | | |
|---|---|---|---|---|---|
| | Bauwerksklasse | | | | |
| Euro | 1 | 2 | 3 | 4 | 5 |
| 10 000 | 102 | 136 | 203 | 271 | 339 |
| 15 000 | 141 | 188 | 281 | 375 | 469 |
| 20 000 | 177 | 236 | 354 | 472 | 590 |
| 25 000 | 212 | 282 | 423 | 565 | 706 |
| 30 000 | 245 | 327 | 490 | 653 | 817 |
| 35 000 | 277 | 370 | 554 | 739 | 924 |
| 40 000 | 308 | 411 | 617 | 822 | 1 028 |
| 45 000 | 339 | 452 | 678 | 903 | 1 130 |
| 50 000 | 369 | 492 | 737 | 983 | 1 229 |
| 75 000 | 510 | 680 | 1 020 | 1 360 | 1 700 |
| 100 000 | 642 | 856 | 1 284 | 1 711 | 2 140 |
| 150 000 | 887 | 1 184 | 1 775 | 2 367 | 2 959 |
| 200 000 | 1 117 | 1 490 | 2 235 | 2 980 | 3 725 |
| 250 000 | 1 336 | 1 782 | 2 672 | 3 562 | 4 453 |
| 300 000 | 1 545 | 2 062 | 3 091 | 4 121 | 5 153 |

*1) **Amtl. Anm.:** In der Gebühr und in dem Honorar ist die Umsatzsteuer enthalten.

| Anrechenbare Bauwerte | Grundgebühr und Grundhonorar Prüfung Standsicherheitsnachweis | | | | |
|---|---|---|---|---|---|
| | Bauwerksklasse | | | | |
| Euro | 1 | 2 | 3 | 4 | 5 |
| 350 000 | 1 748 | 2 332 | 3 497 | 4 662 | 5 829 |
| 400 000 | 1 945 | 2 595 | 3 891 | 5 188 | 6 486 |
| 450 000 | 2 137 | 2 852 | 4 275 | 5 701 | 7 127 |
| 500 000 | 2 325 | 3 102 | 4 652 | 6 202 | 7 754 |
| 1 000 000 | 4 048 | 5 401 | 8 099 | 10 798 | 13 500 |
| 1 500 000 | 5 600 | 7 472 | 11 202 | 14 936 | 18 672 |
| 2 000 000 | 7 048 | 9 404 | 14 100 | 18 800 | 23 504 |
| 3 500 000 | 11 029 | 14 714 | 22 064 | 29 418 | 36 778 |
| 5 000 000 | 14 670 | 19 575 | 29 350 | 39 130 | 48 920 |
| 10 000 000 | 25 540 | 34 080 | 51 100 | 68 130 | 85 180 |
| 15 000 000 | 35 325 | 47 130 | 70 680 | 94 230 | 117 810 |
| 20 000 000 | 44 480 | 59 340 | 88 960 | 118 620 | 148 300 |
| 25 000 000 | 53 175 | 70 925 | 106 350 | 141 800 | 177 300 |
| Bei anrechenbaren Bauwerten über 25 000 000 € errechnen sich die Gebühr und das Honorar aus dem Tausendstel der jeweiligen anrechenbaren Bauwerte, vervielfältigt mit *nachsthend*[1] aufgeführten Faktoren. | | | | | |
| | 2,127 | 2,837 | 4,254 | 5,672 | 7,091 |

## Nr. 10 und 11 *(nicht belegt)*

[1] Richtig wohl: „nachstehend".

# 12. Verordnung über den Bau von Betriebsräumen für elektrische Anlagen (EltBauV)[1]

Vom 13. April 1977
(BayRS III S. 575)

**BayRS 2132-1-8-B**

zuletzt geänd. durch § 6 ÄndV v. 8.12.1997 (GVBl S. 827)

Auf Grund des Art. 90 Abs. 1 Satz 1 Nrn. 1 und 3 der Bayerischen Bauordnung (BayBO)[2] in der Fassung der Bekanntmachung vom 4. August 1997 (GVBl S. 433, BayRS 2132-1-I) erläßt das Bayerische Staatsministerium des Innern folgende Verordnung:

**§ 1 Geltungsbereich.** (1) Diese Verordnung gilt für elektrische Betriebsräume mit den in § 3 Abs. 1 Nrn. 1 bis 3 genannten elektrischen Anlagen in

1. Waren- und Geschäftshäusern,
2. Versammlungsstätten, ausgenommen Versammlungsstätten in fliegenden Bauten,
3. Büro- und Verwaltungsgebäuden,
4. Krankenhäusern, Altenpflegeheimen, Entbindungs- und Säuglingsheimen,
5. Schulen und Sportstätten,
6. Beherbergungsstätten, Gaststätten,
7. geschlossenen Großgaragen und
8. Wohngebäuden.

(2) Diese Verordnung gilt nicht für elektrische Betriebsräume in freistehenden Gebäuden oder durch Brandwände abgetrennten Gebäudeteilen, wenn diese nur die elektrischen Betriebsräume enthalten.

**§ 2 Begriffsbestimmung.** Betriebsräume für elektrische Anlagen (elektrische Betriebsräume) sind Räume, die ausschließlich zur Unterbringung von Einrichtungen zur Erzeugung oder Verteilung elektrischer Energie oder zur Aufstellung von Batterien dienen.

**§ 3 Allgemeine Anforderungen.** [1]Innerhalb von Gebäuden nach § 1 Abs. 1 müssen

1. Transformatoren und Schaltanlagen für Nennspannungen über 1 kV, Transformatoren und Kondensatoren mit polychlorierten Biphenylen (PCB) und einer Leistung von mehr als 3 kVA,
2. ortsfeste Stromerzeugungsaggregate und
3. Zentralbatterien für Sicherheitsbeleuchtung

in jeweils eigenen elektrischen Betriebsräumen untergebracht sein. [2]Schaltanlagen für Sicherheitsbeleuchtung dürfen nicht in elektrischen Betriebsräumen

---

[1] Änderungen vor dem 1.1.1999 sind nicht in Fußnoten nachgewiesen.
[2] Nr. **1**.

mit Anlagen nach Satz 1 Nrn. 1 und 2 aufgestellt werden. [3]Es kann verlangt werden, daß sie in eigenen elektrischen Betriebsräumen aufzustellen sind.

**§ 4 Anforderungen an elektrische Betriebsräume.** (1) [1]Die elektrischen Betriebsräume müssen so angeordnet sein, daß sie im Gefahrenfall von allgemein zugänglichen Räumen oder vom Freien leicht und sicher erreichbar sind und ungehindert verlassen werden können; sie dürfen von Treppenräumen mit notwendigen Treppen nicht unmittelbar zugänglich sein. [2]Der Rettungsweg innerhalb elektrischer Betriebsräume bis zu einem Ausgang darf nicht länger als 40 m sein.

(2) [1]Die Räume müssen so groß sein, daß die elektrischen Anlagen ordnungsgemäß errichtet und betrieben werden können; sie müssen eine lichte Höhe von mindestens 2 m haben. [2]Über Bedienungs- und Wartungsgängen muß eine Durchgangshöhe von mindestens 1,8 m vorhanden sein.

(3) Die Räume müssen ständig so wirksam be- und entlüftet werden, daß die beim Betrieb der Transformatoren und Stromerzeugungsaggregate entstehende Verlustwärme, bei Batterien die Gase, abgeführt werden.

(4) In den Räumen sollen Leitungen und Einrichtungen, die nicht zum Betrieb der elektrischen Anlagen erforderlich sind, nicht vorhanden sein.

**§ 5 Zusätzliche Anforderungen an elektrische Betriebsräume für Transformatoren und Schaltanlagen mit Nennspannungen über 1 kV oder für Transformatoren und Kondensatoren mit PCB.** (1) [1]Elektrische Betriebsräume für Transformatoren und Schaltanlagen mit Nennspannungen über 1 kV oder für Transformatoren und Kondensatoren mit PCB und einer Leistung von mehr als 3 kVA müssen von anderen Räumen feuerbeständig abgetrennt sein. [2]Wände von Räumen mit Öltransformatoren oder mit Transformatoren und Kondensatoren mit PCB und einer Leistung von mehr als 3 kVA müssen außerdem so dick wie Brandwände sein. [3]Öffnungen zur Durchführung von Kabeln sind mit nichtbrennbaren Baustoffen zu schließen. [4]Transformatoren oder Kondensatoren mit PCB und einer Leistung von mehr als 3 kVA dürfen nicht in Räumen mit Öltransformatoren aufgestellt werden.

(2) [1]Türen müssen mindestens feuerhemmend und selbstschließend sein sowie aus nichtbrennbaren Baustoffen bestehen; soweit sie ins Freie führen, genügen selbstschließende Türen aus nichtbrennbaren Baustoffen. [2]Türen müssen nach außen aufschlagen. [3]Türschlösser in Türen von Betriebsräumen von Transformatoren und Schaltanlagen mit Nennspannungen über 1 kV müssen so beschaffen sein, daß der Zutritt unbefugter Personen jederzeit verhindert ist, der Betriebsraum jedoch ungehindert verlassen werden kann; an den Türen muß außen ein Hochspannungswarnschild angebracht sein. [4]Betriebsräume mit Transformatoren oder Kondensatoren mit PCB und einer Leistung von mehr als 3 kVA sind bei den Zugängen mit einem zinkgelben Warnschild aus Aluminium mit schwarzem Rand und schwarzer Beschriftung „PCB" in der Größe 297 × 148 mm zu versehen.

(3) [1]Elektrische Betriebsräume für Öltransformatoren oder für Transformatoren und Kondensatoren mit PCB und einer Leistung von mehr als 3 kVA dürfen sich nicht in Geschossen befinden, deren Fußboden mehr als 4 m unter der festgelegten Geländeoberfläche liegt. [2]Sie dürfen auch nicht in Geschossen über dem Erdgeschoß liegen.

(4) [1]Die Zuluft für die Räume muß unmittelbar oder über besondere Lüftungsleitungen dem Freien entnommen, die Abluft unmittelbar oder über besondere Lüftungsleitungen ins Freie geführt werden. [2]Lüftungsleitungen, die durch andere Räume führen, sind so herzustellen, daß Feuer und Rauch nicht in andere Räume übertragen werden können. [3]Öffnungen von Lüftungsleitungen zum Freien müssen Schutzgitter haben.

(5) Fußböden müssen mindestens aus schwer entflammbaren Baustoffen bestehen.

(6) [1]Unter Transformatoren muß auslaufende Isolier- und Kühlflüssigkeit sicher aufgefangen werden können. [2]Für höchstens drei Transformatoren mit jeweils bis zu 1000 l Isolierflüssigkeit in einem elektrischen Betriebsraum genügt es, wenn die Wände in der erforderlichen Höhe sowie der Fußboden undurchlässig ausgebildet sind; an den Türen müssen entsprechend hohe und undurchlässige Schwellen vorhanden sein.

(7) Fenster, die von außen leicht erreichbar sind, müssen so beschaffen oder gesichert sein, daß Unbefugte nicht in den elektrischen Betriebsraum eindringen können.

(8) [1]Räume mit Transformatoren oder Kondensatoren nach § 3 Abs. 1 Satz 1 Nr. 1 dürfen vom Gebäudeinnern aus nur von Fluren und über Sicherheitsschleusen zugänglich sein. [2]Bei Räumen mit Öltransformatoren oder mit Transformatoren und Kondensatoren mit PCB und einer Leistung von mehr als 3 kVA muß mindestens ein Ausgang unmittelbar ins Freie oder über einen Vorraum ins Freie führen. [3]Der Vorraum darf auch mit dem Schaltraum, jedoch nicht mit anderen Räumen in Verbindung stehen. [4]Sicherheitsschleusen mit mehr als 20 $m^3$ Luftraum müssen Rauchabzüge haben.

(9) [1]Abweichend von Absatz 8 Sätze 1 und 2 sind Sicherheitsschleusen und unmittelbar oder über einen Vorraum ins Freie führende Ausgänge nicht erforderlich bei Räumen mit Transformatoren in

1. Waren- oder Geschäftshäusern mit Verkaufsstätten, die nicht dem Geltungsbereich der Warenhausverordnung[*2)] unterliegen,
2. Versammlungsstätten, die nicht dem Geltungsbereich der Versammlungsstättenverordnung[1)] unterliegen,
3. Büro- oder Verwaltungsgebäuden, die keine Hochhäuser sind,
4. Krankenhäusern, Altenpflegeheimen, Entbindungs- und Säuglingsheimen mit nicht mehr als 30 Betten,
5. Schulen und Sportstätten, die keine Räume enthalten, auf welche die Versammlungsstättenverordnung anzuwenden ist,
6. Beherbergungsstätten mit nicht mehr als 30 Betten,
7. Wohngebäuden, die keine Hochhäuser sind.

[2]Türen in Trennwänden von Räumen mit Öltransformatoren oder mit Transformatoren und Kondensatoren mit PCB müssen feuerbeständig und selbstschließend sein.

**§ 6 Zusätzliche Anforderungen an elektrische Betriebsräume für ortsfeste Stromerzeugungsaggregate.** (1) [1]Für elektrische Betriebsräume für

---

[*2)] **Amtl. Anm.:** BayRS 2132-1-6-I

[1)] Nr. **15**.

ortsfeste Stromerzeugungsaggregate gelten § 5 Abs. 1, 2, 4 und 5 sinngemäß. [2] Wände in der erforderlichen Höhe sowie der Fußboden müssen gegen wassergefährdende Flüssigkeiten undurchlässig ausgebildet sein; an den Türen muß eine mindestens 10 cm hohe Schwelle vorhanden sein.

(2) [1] Die Abgase von Verbrennungsmaschinen sind über besondere Leitungen ins Freie zu führen. [2] Die Abgasrohre müssen von Bauteilen aus brennbaren Baustoffen einen Abstand von mindestens 10 cm haben. [3] Werden Abgasrohre durch Bauteile aus brennbaren Baustoffen geführt, so sind die Bauteile im Umkreis von 10 cm aus nichtbrennbaren, formbeständigen Baustoffen herzustellen, wenn ein besonderer Schutz gegen strahlende Wärme nicht vorhanden ist.

(3) Die Räume müssen frostfrei sein oder beheizt werden können.

**§ 7 Zusätzliche Anforderungen an Batterieräume.** (1) [1] Räume für Zentralbatterien müssen von Räumen mit erhöhter Brandgefahr feuerbeständig, von anderen Räumen mindestens feuerhemmend getrennt sein. [2] Dies gilt auch für Batterieschränke. [3] § 5 Abs. 4 gilt sinngemäß. [4] Die Räume müssen frostfrei sein oder beheizt werden können. [5] Öffnungen zur Durchführung von Kabeln sind mit nichtbrennbaren Baustoffen zu schließen.

(2) Türen müssen nach außen aufschlagen, in feuerbeständigen Trennwänden mindestens feuerhemmend und selbstschließend sein und in allen anderen Fällen aus nichtbrennbaren Baustoffen bestehen.

(3) [1] Fußböden sowie Sockel für Batterien müssen gegen die Einwirkungen von Elektrolyten widerstandsfähig sein. [2] An den Türen muß eine Schwelle vorhanden sein, die auslaufende Elektrolyten zurückhält.

(4) Der Fußboden von Batterieräumen muß an allen Stellen für elektrostatische Ladungen einheitlich und ausreichend ableitfähig sein.

(5) Lüftungsanlagen müssen gegen die Einwirkungen von Elektrolyten widerstandsfähig sein.

(6) Das Rauchen und das Verwenden von offenem Feuer sind in den Batterieräumen verboten; hierauf ist durch Schilder an der Außenseite der Türen hinzuweisen.

**§ 8 Zusätzliche Bauvorlagen.** [1] Die Bauvorlagen müssen Angaben über die Lage des Betriebsraums und die Art der elektrischen Anlagen enthalten. [2] Soweit erforderlich, müssen sie ferner Angaben über die Schallschutzmaßnahmen enthalten.

**§ 9 Inkrafttreten.** Diese Verordnung tritt am 1. Oktober 1977 in Kraft[*4)].

**Nr. 13** *(nicht belegt)*

---

[*4)] **Amtl. Anm.:** Betrifft die ursprüngliche Fassung vom 13. April 1977 (GVBl. S. 421)

# 14. Verordnung über den Bau und Betrieb von Verkaufsstätten (Bayerische Verkaufsstättenverordnung – BayVkV)[1) 2)]

Vom 6. November 1997

(GVBl. S. 751)

**BayRS 2132-1-6-B**

zuletzt geänd. durch V zur Änd. der Bayerischen VerkaufsstättenV v. 5.12.2022 (GVBl. S. 752)

Auf Grund von Art. 90 Abs. 1 Nrn. 3 und 5 der Bayerischen Bauordnung (BayBO)[3)] und Art. 38 Abs. 3 des Landesstraf- und Verordnungsgesetzes[4)] erläßt das Bayerische Staatsministerium des Innern folgende Verordnung:

**Nichtamtliche Inhaltsübersicht** [5)]



---

[1)] Überschrift geänd. mWv 30.12.2017 durch V v. 11.12.2017 (GVBl. S. 595).

[2)] Die Verordnung **tritt mit Ablauf des 31.12.2027 außer Kraft**, vgl. § 34.

[3)] Nr. **1**.

[4)] Nr. **26**.

[5)] Amtl. Inhaltsübersicht aufgeh. mWv 30.12.2017 durch V v. 11.12.2017 (GVBl. S. 595).

**§ 1**[1] **Anwendungsbereich** Die Vorschriften dieser Verordnung gelten für jede Verkaufsstätte, deren Verkaufsräume und Ladenstraßen eine Fläche von insgesamt mehr als 2.000 $m^2$ haben.

**§ 2**[2] **Begriffe.** (1) [1] Verkaufsstätten sind Gebäude oder Gebäudeteile, die
1. ganz oder teilweise dem Verkauf von Waren dienen,
2. mindestens einen Verkaufsraum haben und
3. keine Messebauten sind.

[2] Zu einer Verkaufsstätte gehören alle Räume, die unmittelbar oder mittelbar, insbesondere durch Aufzüge oder Ladenstraßen, miteinander in Verbindung stehen; als Verbindung gilt nicht die Verbindung durch Treppenräume notwendiger Treppen sowie durch Leitungen, Schächte und Kanäle haustechnischer Anlagen.

(2) Erdgeschossige Verkaufsstätten sind Gebäude mit nicht mehr als einem Geschoß, dessen Fußboden an keiner Stelle mehr als 1 m unter der Geländeoberfläche liegt; dabei bleiben Treppenraumerweiterungen sowie Geschosse außer Betracht, die ausschließlich der Unterbringung von haustechnischen Anlagen und Feuerungsanlagen dienen.

(3) [1] Verkaufsräume sind Räume, in denen Waren zum Verkauf oder sonstige Leistungen angeboten werden oder die dem Kundenverkehr dienen, ausgenommen Treppenräume notwendiger Treppen, Treppenraumerweiterungen sowie Garagen. [2] Ladenstraßen gelten nicht als Verkaufsräume.

(4) Ladenstraßen sind überdachte oder überdeckte Flächen, an denen Verkaufsräume liegen und die dem Kundenverkehr dienen.

(5) Treppenraumerweiterungen sind Räume, die Treppenräume mit Ausgängen ins Freie verbinden.

(6) Flächen von Gebäuden, Geschossen und Räumen sind als Brutto-Grundfläche zu ermitteln, wenn nichts anderes geregelt ist.

**§ 3**[3] **Tragende Wände, Pfeiler und Stützen.** Tragende Wände, Pfeiler und Stützen sind
1. in erdgeschossigen Verkaufsstätten mit Sprinkleranlagen ohne Feuerwiderstandsfähigkeit zulässig,
2. in erdgeschossigen Verkaufsstätten ohne Sprinkleranlagen mindestens feuerhemmend herzustellen,
3. in sonstigen Verkaufsstätten feuerbeständig herzustellen.

**§ 4 Außenwände.** Außenwände sind herzustellen
1. in erdgeschossigen Verkaufsstätten aus mindestens schwerentflammbaren Baustoffen, soweit sie nicht mindestens feuerhemmend sind,
2. in sonstigen Verkaufsstätten aus nichtbrennbaren Baustoffen, soweit sie nicht feuerbeständig sind.

---

[1] § 1 geänd. mWv 1.1.2008 durch V v. 29.11.2007 (GVBl. S. 847).
[2] § 2 Abs. 6 angef. mWv 1.1.2008 durch V v. 29.11.2007 (GVBl. S. 847).
[3] § 3 Nr. 1 geänd. mWv 1.1.2008 durch V v. 29.11.2007 (GVBl. S. 847).

**§ 5[1)] Trennwände.** (1) Trennwände zwischen einer Verkaufsstätte und Räumen, die nicht zur Verkaufsstätte gehören, müssen feuerbeständig sein und dürfen keine Öffnungen haben.

(2) [1] In Verkaufsstätten ohne Sprinkleranlagen sind Lagerräume mit einer Nutzfläche von mehr als jeweils 100 $m^2$ sowie Werkräume mit erhöhter Brandgefahr, wie Schreinereien, Maler- oder Dekorationswerkstätten, von anderen Räumen durch feuerbeständige Trennwände zu trennen. [2] Diese Werk- und Lagerräume müssen durch feuerbeständige Trennwände so unterteilt werden, daß Abschnitte von nicht mehr als 500 $m^2$ Nutzfläche entstehen. [3] Öffnungen in den Trennwänden müssen mindestens feuerhemmende, dicht- und selbstschließende Abschlüsse haben.

**§ 6[2)] Brandabschnitte.** (1) [1] Verkaufsstätten sind durch innere Brandwände in Brandabschnitte zu unterteilen. [2] Abweichend von Art. 28 Abs. 2 Nr. 2 BayBO[3)] darf die Fläche je Geschoß betragen in

1. erdgeschossigen Verkaufsstätten mit Sprinkleranlagen nicht mehr als 10.000 $m^2$,
2. erdgeschossigen Verkaufsstätten ohne Sprinkleranlagen nicht mehr als 3.000 $m^2$,
3. sonstigen Verkaufsstätten mit Sprinkleranlagen nicht mehr als 5.000 $m^2$,
4. sonstigen Verkaufsstätten ohne Sprinkleranlagen nicht mehr als 1.500 $m^2$.

(2) Abweichend von Absatz 1 können Verkaufsstätten mit Sprinkleranlagen auch durch Ladenstraßen an Stelle von durchgehenden Brandwänden in Brandabschnitte unterteilt werden, wenn

1. die Ladenstraßen bis zu ihrem Dach in voller Höhe mindestens 10 m breit sind; Einbauten oder Einrichtungen sind innerhalb dieser Breite unzulässig,
2. die Ladenstraßen ausreichende Rauchabzugsanlagen haben,
3. das Tragwerk der Dächer der Ladenstraßen aus nichtbrennbaren Baustoffen und
4. die Bedachung der Ladenstraßen aus nichtbrennbaren Baustoffen besteht.

(3) Abweichend von Absatz 1 brauchen in Verkaufsstätten mit Sprinkleranlagen Brandwände im Kreuzungsbereich mit Ladenstraßen nicht hergestellt zu werden, wenn die Ladenstraßen über eine Länge von mindestens 10 m beiderseits der Brandwände den Anforderungen des Absatzes 2 entsprechen; Einbauten oder Einrichtungen sind innerhalb dieser Fläche unzulässig.

(4) [1] Öffnungen in den Brandwänden nach Absatz 1 sind zulässig, wenn sie feuerbeständige, dicht- und selbstschließende Abschlüsse haben. [2] Die Abschlüsse müssen Feststellanlagen haben, die bei Raucheinwirkung ein selbsttätiges Schließen bewirken.

(5) Brandwände sind mindestens 30 cm über Dach zu führen oder in Höhe der Dachhaut mit einer beiderseits 50 cm auskragenden feuerbeständigen Platte aus nichtbrennbaren Baustoffen abzuschließen; darüber dürfen brennbare Teile des Dachs oder Teile des Dachs mit Hohlräumen nicht hinweggeführt werden.

---

[1)] § 5 Abs. 2 Sätze 1, 2 und 3 geänd. mWv 1.1.2008 durch V v. 29.11.2007 (GVBl. S. 847).

[2)] § 6 Abs. 1 Satz 1 und Satz 2 einl. Satzteil, Abs. 4 Satz 1 geänd., Abs. 6 neu gef. mWv 1.1.2008 durch V v. 29.11.2007 (GVBl. S. 847).

[3)] Nr. **1**.

(6) Verkaufsstätten müssen zu anderen Gebäuden Brandwände als Gebäudeabschlusswände haben, soweit sie aneinander gebaut sind.

**§ 7[1)] Decken.** (1) [1] Decken sind

1. in erdgeschossigen Verkaufsstätten mit Sprinkleranlagen aus nichtbrennbaren Baustoffen,
2. in erdgeschossigen Verkaufsstätten ohne Sprinkleranlagen mindestens feuerhemmend und aus nichtbrennbaren Baustoffen,
3. in sonstigen Verkaufsstätten feuerbeständig und aus nichtbrennbaren Baustoffen

herzustellen. [2] Bei der Beurteilung der Feuerwiderstandsfähigkeit bleiben abgehängte Unterdecken außer Betracht.

(2) [1] Unterdecken einschließlich ihrer Aufhängungen müssen in Verkaufsräumen, Treppenräumen, Treppenraumerweiterungen, notwendigen Fluren und in Ladenstraßen aus nichtbrennbaren Baustoffen bestehen. [2] In Verkaufsräumen mit Sprinkleranlagen dürfen Unterdecken aus brennbaren Baustoffen bestehen, wenn auch der Deckenhohlraum durch die Sprinkleranlagen geschützt ist.

(3) [1] In Decken sind Öffnungen unzulässig. [2] Dies gilt nicht für Öffnungen in Decken zwischen Verkaufsräumen sowie in Decken zwischen Ladenstraßen

1. in Verkaufsstätten mit Sprinkleranlagen,
2. in Verkaufsstätten ohne Sprinkleranlagen, soweit die Öffnungen für nicht notwendige Treppen erforderlich sind.

**§ 8[2)] Dächer.** (1) Das Tragwerk von Dächern, die den oberen Abschluß von Räumen der Verkaufsstätten bilden oder die von diesen Räumen nicht durch feuerbeständige Bauteile getrennt sind, ist

1. in erdgeschossigen Verkaufsstätten mit Sprinkleranlagen ohne Feuerwiderstandsfähigkeit aus brennbaren Baustoffen zulässig,
2. in erdgeschossigen Verkaufsstätten ohne Sprinkleranlagen mindestens feuerhemmend,
3. in sonstigen Verkaufsstätten mit Sprinkleranlagen aus nichtbrennbaren Baustoffen,
4. in sonstigen Verkaufsstätten ohne Sprinkleranlagen feuerbeständig

herzustellen.

(2) Bedachungen ausgenommen Dachhaut und Dampfsperre müssen bei Dächern, die den oberen Abschluß von Räumen der Verkaufsstätten bilden oder die von diesen Räumen nicht durch feuerbeständige Bauteile getrennt sind, aus nichtbrennbaren Baustoffen bestehen.

(3) [1] Lichtdurchlässige Bedachungen über Verkaufsräumen und Ladenstraßen sind

1. in Verkaufsstätten ohne Sprinkleranlagen nur aus nichtbrennbaren Baustoffen,
2. in Verkaufsstätten mit Sprinkleranlagen auch aus mindestens schwerentflammbaren Baustoffen zulässig; sie dürfen im Brandfall nicht brennend abtropfen.

---

[1)] § 7 Abs. 1 Satz 2 geänd. mWv 1.1.2008 durch V v. 29.11.2007 (GVBl. S. 847).

[2)] § 8 Abs. 1 Nr. 1 geänd., Abs. 3 Satz 2 neu gef. mWv 1.1.2008 durch V v. 29.11.2007 (GVBl. S. 847).

[2] Art. 30 Abs. 1 BayBO[1)] ist für Bedachungen nach Satz 1 Nr. 2 nicht anzuwenden.

**§ 9[2)] Bekleidungen, Dämmstoffe, Bodenbeläge.** (1) Außenwandbekleidungen einschließlich der Dämmstoffe und Unterkonstruktionen sind

1. in erdgeschossigen Verkaufsstätten aus mindestens schwerentflammbaren Baustoffen,
2. in sonstigen Verkaufsstätten aus nichtbrennbaren Baustoffen

herzustellen.

(2) Deckenbekleidungen einschließlich der Dämmstoffe und Unterkonstruktionen müssen aus nichtbrennbaren Baustoffen bestehen.

(3) Wandbekleidungen einschließlich der Dämmstoffe und Unterkonstruktionen müssen in Treppenräumen, Treppenraumerweiterungen, notwendigen Fluren und in Ladenstraßen aus nichtbrennbaren Baustoffen bestehen.

(4) Bodenbeläge müssen in Treppenräumen und Treppenraumerweiterungen nichtbrennbar, in notwendigen Fluren für Kunden und in Ladenstraßen mindestens schwerentflammbar sein.

**§ 10[3)] Rettungswege in Verkaufsstätten.** (1) [1] Für jeden Verkaufsraum, Aufenthaltsraum und für jede Ladenstraße müssen in demselben Geschoß mindestens zwei voneinander unabhängige Rettungswege zu Ausgängen ins Freie oder zu Treppenräumen notwendiger Treppen vorhanden sein. [2] Die Rettungswege dürfen auch über Außentreppen ohne Treppenräume, Rettungsbalkone, Terrassen und begehbare Dächer auf das Grundstück führen, wenn wegen des Brandschutzes keine Bedenken bestehen; diese Rettungswege gelten als Ausgang ins Freie.

(2) [1] Von jeder Stelle

1. eines Verkaufsraums in höchstens 25 m Entfernung,
2. eines sonstigen Aufenthaltsraums oder einer Ladenstraße in höchstens 35 m Entfernung

muß mindestens ein Ausgang ins Freie oder ein Treppenraum notwendiger Treppen erreichbar sein (erster Rettungsweg). [2] Die Entfernung nach Satz 1 Nr. 1 wird in der Luftlinie, jedoch nicht durch Bauteile, die Entfernung nach Satz 1 Nr. 2 wird in der Lauflinie gemessen.

(3) Der erste Rettungsweg darf, soweit er über eine Ladenstraße führt, auf der Ladenstraße eine zusätzliche Länge von höchstens 35 m haben, wenn die Ladenstraße Rauchabzugsanlagen hat und der nach Absatz 1 erforderliche zweite Rettungsweg für Verkaufsräume mit einer Fläche von mehr als 100 m² nicht über diese Ladenstraße führt.

(4) In erdgeschossigen Verkaufsstätten sowie in sonstigen Verkaufsstätten mit Sprinkleranlagen darf der Rettungsweg nach den Absätzen 2 und 3 innerhalb von Brandabschnitten, soweit er über einen notwendigen Flur für Kunden mit einem unmittelbaren Ausgang ins Freie oder in einen Treppenraum notwendiger Treppen führt, in diesem Flur eine zusätzliche Länge von höchstens 35 m haben.

---

1) Nr. 1.
2) § 9 Überschrift, Abs. 1 bis 3 geänd. mWv 1.1.2008 durch V v. 29.11.2007 (GVBl. S. 847).
3) § 10 Abs. 8 geänd. mWv 30.12.2017 durch V v. 11.12.2017 (GVBl. S. 595).

(5) Von jeder Stelle eines Verkaufsraums muß ein Hauptgang oder eine Ladenstraße in höchstens 10 m Entfernung, gemessen in der Luftlinie, jedoch nicht durch Bauteile, erreichbar sein.

(6) [1] In Rettungswegen ist nur eine Folge von mindestens drei Stufen zulässig. [2] Die Stufen müssen eine Stufenbeleuchtung haben.

(7) [1] An Kreuzungen der Ladenstraßen und der Hauptgänge sowie an Türen im Zug von Rettungswegen ist durch beleuchtete Sicherheitszeichen deutlich und dauerhaft auf die Ausgänge hinzuweisen. [2] Von jeder Stelle der Verkaufsräume oder der Ladenstraßen muß mindestens ein Sicherheitszeichen erkennbar sein.

(8) Rettungswege dürfen innerhalb der nach § 11 Abs. 2, § 12 Abs. 3 Satz 1 Nr. 3 und § 13 Abs. 1 bis 3 erforderlichen Breiten nicht durch Einbauten oder Einrichtungen eingeengt werden.

**§ 11[1)] Treppen.** (1) [1] Notwendige Treppen müssen feuerbeständig sein, aus nichtbrennbaren Baustoffen bestehen und an den Unterseiten geschlossen sein. [2] Dies gilt nicht für notwendige Treppen nach § 10 Abs. 1 Satz 2, wenn wegen des Brandschutzes keine Bedenken bestehen.

(2) [1] Notwendige Treppen für Kunden müssen mindestens 2 m breit sein und dürfen eine Breite von 2,50 m nicht überschreiten. [2] Für notwendige Treppen für Kunden genügt eine Breite von mindestens 1,25 m, wenn die Treppen für Verkaufsräume bestimmt sind, deren Fläche insgesamt nicht mehr als 500 m² beträgt.

(3) Notwendige Treppen brauchen nicht in Treppenräumen zu liegen und die Anforderungen nach Absatz 1 Satz 1 nicht zu erfüllen in Verkaufsräumen, die

1. eine Nutzfläche von nicht mehr als 100 m² haben oder
2. eine Nutzfläche von mehr als 100 m², aber nicht mehr als 500 m² haben, wenn diese Treppen im Zug nur eines der zwei erforderlichen Rettungswege liegen.

(4) [1] Notwendige Treppen mit gewendelten Läufen sind in Verkaufsräumen unzulässig. [2] Dies gilt nicht für notwendige Treppen nach Absatz 3.

(5) [1] Treppen für Kunden müssen auf beiden Seiten Handläufe ohne freie Enden haben. [2] Die Handläufe müssen fest und griffsicher sein; sie sind über Treppenabsätze fortzuführen.

**§ 12 Treppenräume, Treppenraumerweiterungen.** (1) Jede notwendige Treppe muß in einem eigenen, durchgehenden Treppenraum liegen.

(2) Die Wände von Treppenräumen notwendiger Treppen müssen in der Bauart von Brandwänden hergestellt sein.

(3) [1] Treppenraumerweiterungen müssen

1. die Anforderungen an Treppenräume erfüllen,
2. feuerbeständige Decken aus nichtbrennbaren Baustoffen haben und
3. mindestens so breit sein wie die notwendigen Treppen, mit denen sie in Verbindung stehen.

[2] Sie dürfen nicht länger als 35 m sein und keine Öffnungen zu anderen Räumen haben.

---

[1)] § 11 Abs. 3 Nr. 1 und 2 geänd. mWv 1.1.2008 durch V v. 29.11.2007 (GVBl. S. 847).

**§ 13[1)] Ladenstraßen, Flure, Hauptgänge.** (1) Ladenstraßen müssen mindestens 5 m breit sein.

(2) [1] Notwendige Flure für Kunden müssen mindestens 2 m breit sein. [2] Für notwendige Flure für Kunden genügt eine Breite von 1,40 m, wenn die Flure für Verkaufsräume bestimmt sind, deren Nutzfläche insgesamt nicht mehr als 500 m² beträgt.

(3) [1] Hauptgänge müssen mindestens 2 m breit sein. [2] Sie müssen auf möglichst kurzem Weg zu Ausgängen ins Freie, zu Treppenräumen notwendiger Treppen, zu notwendigen Fluren für Kunden oder zu Ladenstraßen führen. [3] Verkaufsstände an Hauptgängen müssen unverrückbar sein. [4] Nebengänge müssen auf möglichst kurzem Weg zu Hauptgängen führen und mindestens 1 m breit sein.

(4) Wände und Decken notwendiger Flure für Kunden sind

1. in Verkaufsstätten mit Sprinkleranlagen mindestens feuerhemmend und in den wesentlichen Teilen aus nichtbrennbaren Baustoffen,
2. in Verkaufsstätten ohne Sprinkleranlagen feuerbeständig und aus nichtbrennbaren Baustoffen

herzustellen.

(5) Im Übrigen gilt Art. 34 BayBO[2)] entsprechend; die Anforderungen an das barrierefreie Bauen nach Art. 48 BayBO bleiben unberührt.

**§ 14[3)] Ausgänge.** (1) [1] Jeder Verkaufsraum und jede Ladenstraße müssen mindestens zwei Ausgänge haben, die zum Freien oder zu Treppenräumen notwendiger Treppen führen. [2] Für Verkaufsräume mit einer Nutzfläche von nicht mehr als 50 m² genügt ein Ausgang.

(2) [1] Ausgänge aus Verkaufsräumen müssen mindestens 2 m breit sein; für Ausgänge aus Verkaufsräumen mit einer Nutzfläche von nicht mehr als 500 m² genügt eine Breite von 1 m. [2] Ausgänge in Flure dürfen nicht breiter sein als die Flure.

(3) [1] Die Ausgänge aus einem Geschoß einer Verkaufsstätte ins Freie oder in Treppenräume notwendiger Treppen müssen mindestens 2 m breit sein und insgesamt eine Breite von mindestens 30 cm je 100 m² der Nutzflächen der Verkaufsräume haben; dabei bleiben die Flächen von Ladenstraßen außer Betracht. [2] Ausgänge in Treppenräume dürfen nicht breiter sein als die Treppen.

(4) Ausgänge aus Treppenräumen notwendiger Treppen ins Freie oder in Treppenraumerweiterungen und aus diesen ins Freie müssen mindestens so breit sein wie die notwendigen Treppen.

**§ 15[4)] Türen in Rettungswegen.** (1) Türen von Treppenräumen notwendiger Treppen und von notwendigen Fluren für Kunden, ausgenommen Türen, die ins Freie führen, müssen

1. in Verkaufsstätten mit Sprinkleranlagen rauchdicht und selbstschließend,

---

[1)] § 13 Abs. 2 Satz 2 geänd., Abs. 5 neu gef. mWv 1.1.2008 durch V v. 29.11.2007 (GVBl. S. 847); Abs. 5 geänd. mWv 30.12.2017 durch V v. 11.12.2017 (GVBl. S. 595).

[2)] Nr. **1**.

[3)] § 14 Abs. 1 Satz 2, Abs. 2 Satz 1, Abs. 3 Satz 1 geänd. mWv 1.1.2008 durch V v. 29.11.2007 (GVBl. S. 847).

[4)] § 15 Abs. 1 Nr. 1 geänd. mWv 1.1.2008 durch V v. 29.11.2007 (GVBl. S. 847).

2. in Verkaufsstätten ohne Sprinkleranlagen mindestens feuerhemmend, rauchdicht und selbstschließend

sein.

(2) [1] Türen im Verlauf von Rettungswegen dürfen nur in Fluchtrichtung aufschlagen und keine Schwellen haben. [2] Sie müssen während der Betriebszeit von innen mit einem einzigen Griff leicht in voller Breite zu öffnen sein. [3] Elektrische Verriegelungen sind nur zulässig, wenn die Türen im Gefahrenfall jederzeit durch Betätigung einer Nottaste unmittelbar im Bereich der Tür geöffnet werden können.

(3) Türen, die selbstschließend sein müssen, dürfen offengehalten werden, wenn sie Feststellanlagen haben, die bei Raucheinwirkung ein selbsttätiges Schließen der Türen bewirken; sie müssen auch von Hand geschlossen werden können.

(4) [1] Drehtüren und Schiebetüren sind im Verlauf von Rettungswegen unzulässig; dies gilt nicht für automatische Dreh- und Schiebetüren, die die Rettungswege im Gefahrenfall nicht beeinträchtigen. [2] Pendeltüren müssen in Rettungswegen Schließvorrichtungen haben, die ein Durchpendeln der Türen verhindern.

(5) Rolläden, Scherengitter oder ähnliche Abschlüsse von Türöffnungen, Toröffnungen oder Durchfahrten im Zug von Rettungswegen müssen so beschaffen sein, daß sie von Unbefugten nicht geschlossen werden können.

**§ 16[1)] Rauchabführung.** (1) [1] Verkaufsräume ohne notwendige Fenster nach Art. 45 Abs. 2 BayBO[2)] sowie Ladenstraßen müssen ausreichende Rauchabzugsanlagen haben; in Verkaufsstätten mit Sprinkleranlagen genügen statt dessen Lüftungsanlagen, die im Brandfall so betrieben werden können, daß sie nur entlüften und die Zweckbestimmung von Absperrvorrichtungen gegen Brandübertragung dies zuläßt.

(2) [1] Rauchabzugsanlagen müssen von Hand und automatisch durch Rauchmelder ausgelöst werden können; sie sind an den Bedienungsstellen mit der Aufschrift „Rauchabzug" zu versehen. [2] An den Bedienungseinrichtungen muß erkennbar sein, ob die Rauchabzugsanlage offen oder geschlossen ist.

(3) [1] Innenliegende Treppenräume notwendiger Treppen müssen Rauchabzugsanlagen haben. [2] Sonstige Treppenräume notwendiger Treppen, die durch mehr als zwei Geschosse führen, müssen an ihrer obersten Stelle eine Rauchabzugsvorrichtung mit einem freien Querschnitt von mindestens fünf v.H. der Grundfläche der Treppenräume, jedoch nicht weniger als 1 $m^2$ haben. [3] Die Rauchabzugsvorrichtungen müssen von jedem Geschoß aus zu öffnen sein.

**§ 17 Beheizung.** Feuerstätten dürfen in Verkaufsräumen, Ladenstraßen, Lagerräumen und Werkräumen zur Beheizung nicht aufgestellt werden.

**§ 18 Sicherheitsbeleuchtung.** Verkaufsstätten müssen eine Sicherheitsbeleuchtung haben

1. in Verkaufsräumen,
2. in Rettungswegen,

---

1) § 16 Abs. 1 Satz 1 geänd. mWv 1.1.2008 durch V v. 29.11.2007 (GVBl. S. 847).

2) Nr. 1.

3. in Arbeits- und Pausenräumen,
4. in Toilettenräumen,
5. in elektrischen Betriebsräumen und Räumen für haustechnische Anlagen,
6. für Hinweisschilder auf Ausgänge und für Stufenbeleuchtung.

**§ 19 Blitzschutzanlagen.** Gebäude mit Verkaufsstätten müssen Blitzschutzanlagen haben.

**§ 20[1)] Feuerlöscheinrichtungen, Brandmeldeanlagen und Alarmierungseinrichtungen.** (1) [1] Verkaufsstätten müssen Sprinkleranlagen haben. [2] Dies gilt nicht für

1. erdgeschossige Verkaufsstätten mit nicht mehr als 3.000 $m^2$ Fläche der Brandabschnitte,
2. sonstige Verkaufsstätten, wenn sie sich über nicht mehr als drei Geschosse erstrecken und die Gesamtfläche aller Geschosse innerhalb eines Brandabschnitts nicht mehr als 3.000 $m^2$ beträgt.

[3] Verkaufsstätten nach Satz 2 Nr. 2 müssen Sprinkleranlagen haben, wenn sie Verkaufsräume mit einer Nutzfläche von mehr als 500 $m^2$ haben, die mit ihrem Fußboden im Mittel mehr als 3 m unter der Geländeoberfläche liegen.

(2) In Verkaufsstätten müssen vorhanden sein:

1. geeignete Feuerlöscher und Wandhydranten an geeigneter Stelle in ausreichender Zahl, gut sichtbar und leicht zugänglich,
2. geeignete Brandmeldeanlagen zur unmittelbaren Alarmierung der dafür zuständigen Stelle und
3. Alarmierungseinrichtungen, durch die alle Betriebsangehörigen alarmiert und Anweisungen an sie und an die Kunden gegeben werden können.

(3) Es kann verlangt werden, daß das Auslösen von Sprinkleranlagen oder die Meldung von Brandmeldeanlagen der Feuerwehr selbsttätig gemeldet werden.

**§ 21 Sicherheitsstromversorgungsanlagen.** Verkaufsstätten müssen eine Sicherheitsstromversorgungsanlage haben, die bei Störung der allgemeinen Stromversorgung den Betrieb der sicherheitstechnischen Anlagen und Einrichtungen übernimmt, insbesondere der

1. Sicherheitsbeleuchtung,
2. Stufenbeleuchtung und der Hinweisschilder auf Ausgänge,
3. Sprinkleranlagen,
4. Rauchabzugsanlagen,
5. Schließeinrichtungen für Feuerschutzabschlüsse,
6. Brandmeldeanlagen,
7. Alarmierungseinrichtungen.

**§ 22 Lage der Verkaufsräume.** [1] Verkaufsräume, ausgenommen Gaststätten, dürfen mit ihrem Fußboden nicht mehr als 22 m über der Geländeoberfläche liegen. [2] Verkaufsräume dürfen mit ihrem Fußboden im Mittel nicht mehr als 5 m unter der Geländeoberfläche liegen.

---

[1)] § 20 Abs. 1 Satz 3 geänd. mWv 1.1.2008 durch V v. 29.11.2007 (GVBl. S. 847).

**§ 23[1] Räume für Abfälle zur Beseitigung und Verwertung.** [1]Verkaufsstätten müssen besondere Räume für Abfälle zur Beseitigung und Verwertung haben, die mindestens den Abfall von zwei Tagen aufnehmen können. [2]Die Räume müssen feuerbeständige Wände und Decken sowie mindestens feuerhemmende und dicht- und selbstschließende Türen haben.

**§ 24[2] Gefahrenverhütung.** (1) [1]Das Rauchen und das Verwenden von offenem Feuer ist in Verkaufsräumen und Ladenstraßen verboten. [2]Dies gilt nicht für Bereiche, in denen Besprechungen abgehalten werden. [3]Auf das Verbot ist dauerhaft und leicht erkennbar hinzuweisen.

(2) [1]In Ladenstraßen nach § 6 Abs. 2 innerhalb der erforderlichen Breiten, in Ladenstraßen nach § 6 Abs. 3 innerhalb der erforderlichen Flächen, in Treppenräumen notwendiger Treppen, in Treppenraumerweiterungen und in notwendigen Fluren dürfen Dekorationen nicht angebracht oder Gegenstände nicht abgestellt werden. [2]In Ladenstraßen und Gängen innerhalb der nach § 13 Abs. 1 und 3 erforderlichen Breiten dürfen Gegenstände nicht abgestellt werden. [3]Für Dekorationen in Verkaufsräumen und Ladenstraßen gilt § 19 Abs. 1 und 2 der Verordnung über die Verhütung von Bränden.

**§ 25 Rettungswege auf dem Grundstück, Flächen für die Feuerwehr.**

(1) Kunden und Betriebsangehörige müssen aus der Verkaufsstätte unmittelbar oder über Flächen auf dem Grundstück auf öffentliche Verkehrsflächen gelangen können.

(2) Die erforderlichen Zufahrten, Durchfahrten und Aufstell- und Bewegungsflächen für die Feuerwehr müssen vorhanden sein.

(3) [1]Die als Rettungswege dienenden Flächen auf dem Grundstück sowie die Flächen für die Feuerwehr nach Absatz 2 müssen ständig freigehalten werden. [2]Hierauf ist dauerhaft und leicht erkennbar hinzuweisen.

**§ 26[3] Verantwortliche Personen.** (1) Während der Betriebszeit einer Verkaufsstätte muß die Person, die die Verkaufsstätte betreibt (Betreiber) oder eine von ihr bestimmte Person als Vertreter ständig anwesend sein.

(2) [1]Der Betreiber einer Verkaufsstätte hat

1. eine Person als Brandschutzbeauftragte und
2. für Verkaufsstätten, deren Verkaufsräume eine Fläche von insgesamt mehr als 5.000 $m^2$ haben, Selbsthilfekräfte für den Brandschutz mindestens in der nach Absatz 4 festgelegten Anzahl

zu bestellen. [2]Die Namen dieser Personen und jeder Wechsel sind der für den Brandschutz zuständigen Dienststelle auf Verlangen mitzuteilen. [3]Der Betreiber hat für die Ausbildung dieser Personen im Einvernehmen mit der für den Brandschutz zuständigen Dienststelle zu sorgen.

(3) [1]Die Brandschutzbeauftragten haben darüber zu wachen, daß die Vorschriften über Einbauten oder Einrichtungen, Dekorationen oder Gegenstände (§ 6 Abs. 2 und 3, § 10 Abs. 8, § 13 Abs. 3, § 24 Abs. 2, § 25 Abs. 3), über Brandverhütung (§ 17, § 24 Abs. 1), über Türen im Verlauf von Rettungswegen

---

[1] § 23 Satz 2 geänd. mWv 1.1.2008 durch V v. 29.11.2007 (GVBl. S. 847).

[2] § 24 Abs. 1 Satz 2, Abs. 2 Sätze 2 und 3 geänd. mWv 30.12.2017 durch V v. 11.12.2017 (GVBl. S. 595).

[3] § 26 Abs. 3 Satz 1 geänd. mWv 30.12.2017 durch V v. 11.12.2017 (GVBl. S. 595).

(§ 15) sowie Brandschutztüren beachtet werden und daß die Selbsthilfe- und sicherheitstechnischen Anlagen und Einrichtungen betriebsbereit sind. [2] Sie haben für die Einhaltung von § 26 Abs. 5 und § 27 zu sorgen.

(4) Die erforderliche Anzahl der Selbsthilfekräfte für den Brandschutz ist von der Bauaufsichtsbehörde im Einvernehmen mit der für den Brandschutz zuständigen Dienststelle festzulegen.

(5) Selbsthilfekräfte für den Brandschutz müssen in erforderlicher Anzahl während der Betriebszeit der Verkaufsstätte anwesend sein.

**§ 27[1)] Brandschutzordnung.** (1) [1] Der Betreiber einer Verkaufsstätte hat im Einvernehmen mit der für den Brandschutz zuständigen Dienststelle eine Brandschutzordnung aufzustellen. [2] In der Brandschutzordnung sind insbesondere die Aufgaben des Brandschutzbeauftragten und der Selbsthilfekräfte für den Brandschutz sowie die Maßnahmen festzulegen, die zur Räumung der Verkaufsstätte im Gefahrenfall und zur Rettung von Menschen mit Behinderung erforderlich sind.

(2) Die Betriebsangehörigen sind bei Beginn des Arbeitsverhältnisses und danach mindestens einmal jährlich zu belehren über

1. die Lage und die Bedienung der Feuerlöschgeräte, Brandmelde- und Feuerlöscheinrichtungen und
2. die Brandschutzordnung, über das Verhalten bei einem Brand oder einer sonstigen Gefahr insbesondere bei einer Panik.

(3) [1] Im Erdgeschoß sind an gut sichtbarer Stelle ein Lageplan und Grundrißpläne aller Geschosse anzubringen. [2] In den Plänen sind die Rettungswege, die für die Brandbekämpfung freizuhaltenden Flächen, die Brandmelde- und Feuerlöscheinrichtungen, die Löschwasserversorgung und die Bedienungseinrichtungen der technischen Anlagen einzutragen. [3] Eine Fertigung der Pläne ist der örtlichen Feuerwehr zu überlassen.

**§ 28[2)] Stellplätze für Menschen mit Behinderung.** [1] Mindestens drei v. H. der notwendigen Stellplätze, mindestens jedoch ein Stellplatz, müssen für Menschen mit Behinderung vorgesehen sein. [2] Auf diese Stellplätze ist dauerhaft und leicht erkennbar hinzuweisen.

**§ 29 Zusätzliche Bauvorlagen.** Die Bauvorlagen müssen zusätzliche Angaben enthalten über

1. eine Berechnung der Flächen der Verkaufsräume und der Brandabschnitte,
2. eine Berechnung der erforderlichen Breiten der Ausgänge aus den Geschossen ins Freie oder in Treppenräume notwendiger Treppen,
3. den Verlauf und die Länge der Rettungswege einschließlich ihres Verlaufs im Freien sowie über die Ausgänge und die Art der Türen,
4. die Sprinkleranlagen, die sonstigen Feuerlöscheinrichtungen und die Feuerlöschgeräte,
5. die Brandmeldeanlagen,
6. die Alarmierungseinrichtungen,
7. die Sicherheitsbeleuchtung und die Sicherheitsstromversorgung,

---

1) § 27 Abs. 1 Satz 2 geänd. mWv 30.12.2017 durch V v. 11.12.2017 (GVBl. S. 595).
2) § 28 Überschrift und Satz 1 geänd. mWv 30.12.2017 durch V v. 11.12.2017 (GVBl. S. 595).

8. die Rauchabzugsvorrichtungen und Rauchabzugsanlagen,
9. die Rettungswege auf dem Grundstück und die Flächen für die Feuerwehr.

**§ 30**[1] *(aufgehoben)*

**§ 31 Weitergehende Anforderungen.** An Verkaufsräume und Lagerräume mit einer lichten Höhe von mehr als 8 m können aus Gründen des Brandschutzes weitergehende Anforderungen gestellt werden.

**§ 32**[2] **Übergangsvorschriften.** Auf am 31. Dezember 1997 bestehende Verkaufsstätten sind nur § 10 Abs. 8 und die §§ 24 bis 27 anzuwenden.

**§ 33**[3] **Ordnungswidrigkeiten.** Nach Art. 79 Abs. 1 Satz 1 Nr. 1 BayBO[4] kann mit Geldbuße bis zu fünfhunderttausend Euro belegt werden, wer vorsätzlich oder fahrlässig

1. entgegen § 10 Abs. 8 Rettungswege einengt oder einengen läßt,
2. entgegen § 15 Abs. 2 Sätze 2 oder 3 nicht dafür Sorge trägt, daß Türen im Verlauf von Rettungswegen während der Betriebszeit in der dort vorgeschriebenen Weise geöffnet werden können,
3. entgegen § 24 Abs. 2 Satz 1 in Ladenstraßen nach § 6 Abs. 2 oder 3, in Treppenräumen notwendiger Treppen, in Treppenraumerweiterungen oder in notwendigen Fluren Dekorationen anbringt oder anbringen läßt oder Gegenstände abstellt oder abstellen läßt,
4. entgegen § 24 Abs. 2 Satz 2 in Ladenstraßen oder Gängen Gegenstände abstellt oder abstellen läßt,
5. entgegen § 25 Abs. 3 Satz 1 Rettungswege auf dem Grundstück oder Flächen für die Feuerwehr nicht freihält oder freihalten läßt,
6. der Vorschrift des § 26 Abs. 1 über die Anwesenheitspflicht zuwiderhandelt,
7. entgegen § 26 Abs. 2 Satz 1 auch in Verbindung mit § 26 Abs. 4 eine Person als Brandschutzbeauftragte oder Selbsthilfekräfte für den Brandschutz nicht oder nicht in der festgelegten Anzahl bestellt oder
8. entgegen § 26 Abs. 5 nicht sicherstellt, daß Selbsthilfekräfte für den Brandschutz in der erforderlichen Anzahl während der Betriebszeit anwesend sind.

**§ 34**[5] **Inkrafttreten, Außerkrafttreten.** Diese Verordnung tritt am 1. Januar 1998 in Kraft, sie tritt mit Ablauf des 31. Dezember 2027 außer Kraft.

---

[1] § 30 aufgeh. mWv 1.1.2002 durch V v. 3.8.2001 (GVBl. S. 593).

[2] § 32 Satz 1 neu gef., Satz 2 aufgeh. mWv 30.12.2017 durch V v. 11.12.2017 (GVBl. S. 595).

[3] § 33 geänd. mWv 1.1.2002 durch V v. 28.3.2001 (GVBl. S. 174), Nr. 9 aufgeh. mWv 1.1.2002 durch V v. 3.8.2001 (GVBl. S. 593); einl. Satzteil geänd. mWv 1.1.2008 durch V v. 29.11.2007 (GVBl. S. 847); Nr. 7 neu gef., Nr. 8 geänd. mWv 30.12.2017 durch V v. 11.12.2017 (GVBl. S. 595).

[4] Nr. **1**.

[5] § 34 geänd. mWv 30.12.2017 durch V v. 11.12.2017 (GVBl. S. 595); Überschrift und Wortlaut geänd. mWv 31.12.2022 durch V v. 5.12.2022 (GVBl. S. 752).

# 15. Verordnung über den Bau und Betrieb von Versammlungsstätten (Versammlungsstättenverordnung – VStättV)[1) 2)]

Vom 2. November 2007
(GVBl. S. 736)

**BayRS 2132-1-5-B**

zuletzt geänd. durch § 4 V zur Anpassung an die Bayerische Bauordnung v. 7.8.2018 (GVBl. S. 694)

Auf Grund des Art. 80 Abs. 1 Satz 1 Nrn. 4 und 6 der Bayerischen Bauordnung (BayBO)[3)] in der Fassung der Bekanntmachung vom 14. August 2007 (GVBl S. 588, BayRS 2132-1-I) und Art. 38 Abs. 1 Nrn. 2 bis 4 und Abs. 3 des Gesetzes über das Landesstrafrecht und das Verordnungsrecht auf dem Gebiet der öffentlichen Sicherheit und Ordnung – Landesstraf- und Verordnungsgesetz – LStVG –[4)] (BayRS 2011-2-I), zuletzt geändert durch § 2 des Gesetzes vom 27. Dezember 2004 (GVBl S. 540), erlässt das Bayerische Staatsministerium des Innern folgende Verordnung:

**Nichtamtliche Inhaltsübersicht**[5)]



---

[1)] **Amtl. Anm.:** Die Verpflichtungen aus der Richtlinie 98/34/EG des Europäischen Parlaments und des Rates vom 22. Juni 1998 über ein Informationsverfahren auf dem Gebiet der Normen und technischen Vorschriften (ABl EG Nr. L 204 S. 37), zuletzt geändert durch die Richtlinie 98/48/EG des Europäischen Parlaments und des Rates vom 20. Juli 1998 (ABl EG Nr. L 217 S. 18) sind beachtet worden.

[2)] **Die Verordnung tritt mit Ablauf des 31.12.2028 außer Kraft**, vgl. § 49.

[3)] Nr. **1**.

[4)] Nr. **26**.

[5)] Amtl. Inhaltsübersicht aufgeh. mWv 1.9.2018 durch V v. 7.8.2018 (GVBl. S. 694).

## Teil 1. Allgemeine Vorschriften

**§ 1[1] Anwendungsbereich.** (1) Die Vorschriften dieser Verordnung gelten für den Bau und Betrieb von

[1] § 1 Abs. 1 Nr. 2 neu gef. mWv 1.1.2013 durch V v. 7.12.2012 (GVBl. S. 732).

1. Versammlungsstätten mit Versammlungsräumen, die einzeln mehr als 200 Besucher fassen; sie gelten auch für Versammlungsstätten mit mehreren Versammlungsräumen, die insgesamt mehr als 200 Besucher fassen, wenn diese Versammlungsräume gemeinsame Rettungswege haben;
2. Versammlungsstätten im Freien mit Szenenflächen sowie Freisportanlagen jeweils mit Tribünen, die keine fliegenden Bauten sind und insgesamt mehr als 1 000 Besucher fassen;
3. Sportstadien, die mehr als 5000 Besucher fassen.

(2) [1] Die Anzahl der Besucher ist wie folgt zu bemessen:

1. für Sitzplätze an Tischen: ein Besucher je $m^2$ Grundfläche des Versammlungsraums,
2. für Sitzplätze in Reihen und für Stehplätze: zwei Besucher je $m^2$ Grundfläche des Versammlungsraums,
3. für Stehplätze auf Stufenreihen: zwei Besucher je laufendem Meter Stufenreihe,
4. bei Ausstellungsräumen: ein Besucher je $m^2$ Grundfläche des Versammlungsraums.

[2] Für Besucher nicht zugängliche Flächen werden in die Berechnung nicht einbezogen. [3] Für Versammlungsstätten im Freien und für Sportstadien gelten Satz 1 Nrn. 1 bis 3 und Satz 2 entsprechend.

(3) Die Vorschriften dieser Verordnung gelten nicht für

1. Räume, die dem Gottesdienst gewidmet sind,
2. Unterrichtsräume in allgemein- und berufsbildenden Schulen,
3. Ausstellungsräume in Museen,
4. Fliegende Bauten.

(4) [1] Soweit in dieser Verordnung nichts Abweichendes geregelt ist, sind auf tragende und aussteifende sowie auf raumabschließende Bauteile die Anforderungen der Bayerischen Bauordnung[1)] an diese Bauteile in Gebäuden der Gebäudeklasse 5 anzuwenden. [2] Die Erleichterungen der Art. 28 Abs. 3 Satz 2, Art. 29 Abs. 4 Nrn. 1 und 2, Art. 34 Abs. 1 Satz 2 Nr. 2, Art. 37 Abs. 1 Satz 3 Nr. 4, Art. 38 Abs. 1 Nrn. 1 und 3 sowie des Art. 39 Abs. 5 Nrn. 1 und 3 BayBO sind nicht anzuwenden.

(5) Bauprodukte, Bauarten und Prüfverfahren, die den in Vorschriften eines anderen Mitgliedstaates der Europäischen Union, der Türkei oder eines Vertragsstaates des Abkommens über den Europäischen Wirtschaftsraum genannten technischen Anforderungen entsprechen, dürfen verwendet werden, wenn das geforderte Schutzniveau in Bezug auf Sicherheit, Gesundheit und Gebrauchstauglichkeit gleichermaßen dauerhaft erreicht und die Verwendbarkeit nachgewiesen wird.

**§ 2 Begriffe.** (1) Versammlungsstätten sind bauliche Anlagen oder Teile baulicher Anlagen, die für die gleichzeitige Anwesenheit vieler Menschen bei Veranstaltungen, insbesondere erzieherischer, wirtschaftlicher, geselliger, kultureller, künstlerischer, politischer, sportlicher oder unterhaltender Art, bestimmt sind sowie Schank- und Speisewirtschaften.

---

[1)] Nr. **1**.

(2) Erdgeschossige Versammlungsstätten sind Gebäude mit nur einem Geschoss ohne Ränge oder Emporen, dessen Fußboden an keiner Stelle mehr als 1 m unter der Geländeoberfläche liegt; dabei bleiben Geschosse außer Betracht, die ausschließlich der Unterbringung technischer Anlagen und Einrichtungen dienen.

(3) [1] Versammlungsräume sind Räume für Veranstaltungen oder für den Verzehr von Speisen und Getränken. [2] Hierzu gehören auch Aulen und Foyers, Vortragssäle, Hörsäle sowie Studios.

(4) Szenenflächen sind Flächen für künstlerische und andere Darbietungen; für Darbietungen bestimmte Flächen unter 20 $m^2$ gelten nicht als Szenenflächen.

(5) In Versammlungsstätten mit einem Bühnenhaus ist

1. das Zuschauerhaus der Gebäudeteil, der die Versammlungsräume und die mit ihnen in baulichem Zusammenhang stehenden Räume umfasst,
2. das Bühnenhaus der Gebäudeteil, der die Bühnen und die mit ihnen in baulichen[1)] Zusammenhang stehenden Räume umfasst,
3. die Bühnenöffnung die Öffnung in der Trennwand zwischen der Hauptbühne und dem Versammlungsraum,
4. die Bühne der hinter der Bühnenöffnung liegende Raum mit Szenenflächen; zur Bühne zählen die Hauptbühne sowie die Hinter- und Seitenbühnen einschließlich der jeweils zugehörigen Ober- und Unterbühnen,
5. eine Großbühne eine Bühne
   a) mit einer Szenenfläche hinter der Bühnenöffnung von mehr als 200 $m^2$,
   b) mit einer Oberbühne mit einer lichten Höhe von mehr als 2,5 m über der Bühnenöffnung oder
   c) mit einer Unterbühne,
6. die Unterbühne der begehbare Teil des Bühnenraums unter dem Bühnenboden, der zur Unterbringung einer Untermaschinerie geeignet ist,
7. die Oberbühne der Teil des Bühnenraums über der Bühnenöffnung, der zur Unterbringung einer Obermaschinerie geeignet ist.

(6) Mehrzweckhallen sind überdachte Versammlungsstätten für verschiedene Veranstaltungsarten.

(7) Studios sind Produktionsstätten für Film, Fernsehen und Hörfunk und mit Besucherplätzen.

(8) Foyers sind Empfangs- und Pausenräume für Besucher.

(9) [1] Ausstattungen sind Bestandteile von Bühnen- oder Szenenbildern. [2] Hierzu gehören insbesondere Wand-, Fußboden- und Deckenelemente, Bildwände, Treppen und sonstige Bühnenbildteile.

(10) [1] Requisiten sind bewegliche Einrichtungsgegenstände von Bühnen- oder Szenenbildern. [2] Hierzu gehören insbesondere Möbel, Leuchten, Bilder und Geschirr.

(11) [1] Ausschmückungen sind vorübergehend eingebrachte Dekorationsgegenstände. [2] Zu den Ausschmückungen gehören insbesondere Drapierungen, Girlanden, Fahnen und künstlicher Pflanzenschmuck.

---

1) Richtig wohl: „baulichem".

(12) Sportstadien sind Versammlungsstätten mit Tribünen für Besucher und mit nicht überdachten Sportflächen.

(13) Tribünen sind bauliche Anlagen mit ansteigenden Steh- oder Sitzplatzreihen (Stufenreihen) für Besucher.

(14) Innenbereich ist die von Tribünen umgebene Fläche für Darbietungen.

## Teil 2. Allgemeine Bauvorschriften

### Abschnitt 1. Höhenlage

**§ 3 Versammlungsräume in Kellergeschossen.** Versammlungsräume in Kellergeschossen sind unzulässig, wenn

1. ihre Fußbodenoberfläche tiefer als 5 m unter der natürlichen oder festgelegten Geländeoberfläche liegt oder
2. sie mit Bühnen oder Szenenflächen von mehr als 100 $m^2$ verbunden sind.

### Abschnitt 2. Bauteile und Baustoffe

**§ 4 Wände, Decken, Dächer.** (1) [1] Tragende und aussteifende Bauteile, wie Wände, Pfeiler, Stützen und Decken müssen feuerbeständig, in erdgeschossigen Versammlungsstätten feuerhemmend sein. [2] Satz 1 gilt nicht für erdgeschossige Versammlungsstätten mit automatischen Feuerlöschanlagen.

(2) Außenwände mehrgeschossiger Versammlungsstätten müssen aus nichtbrennbaren Baustoffen bestehen.

(3) [1] Trennwände sind erforderlich zum Abschluss von Versammlungsräumen und Bühnen. [2] Diese Trennwände müssen feuerbeständig, in erdgeschossigen Versammlungsstätten mindestens feuerhemmend sein. [3] In der Trennwand zwischen der Bühne und dem Versammlungsraum ist eine Bühnenöffnung zulässig.

(4) Werkstätten, Magazine und Lagerräume sowie Räume unter Tribünen und Podien müssen feuerbeständige Trennwände und Decken haben.

(5) [1] Der Fußboden von Szenenflächen muss fugendicht sein. [2] Betriebsbedingte Öffnungen sind zulässig. [3] Die Unterkonstruktion mit Ausnahme der Lagerhölzer muss aus nichtbrennbaren Baustoffen bestehen. [4] Räume unter dem Fußboden, die nicht zu einer Unterbühne gehören, müssen feuerbeständige Wände und Decken haben.

(6) Die Unterkonstruktion der Fußböden von Tribünen und Podien, die veränderbare Einbauten in Versammlungsräumen sind, muss aus nichtbrennbaren Baustoffen bestehen; dies gilt nicht für Podien mit insgesamt nicht mehr als 20 $m^2$ Fläche.

(7) Veränderbare Einbauten sind so auszubilden, dass sie in ihrer Standsicherheit nicht durch dynamische Schwingungen gefährdet werden können.

(8) [1] Tragwerke von Dächern, die den oberen Abschluss von Räumen der Versammlungsstätte bilden oder die von diesen Räumen nicht durch feuerbeständige Bauteile getrennt sind, müssen feuerhemmend sein. [2] Tragwerke von Dächern über Tribünen und Szenenflächen im Freien müssen mindestens feuerhemmend sein oder aus nichtbrennbaren Baustoffen bestehen. [3] Satz 1 gilt nicht für Versammlungsstätten mit automatischen Feuerlöschanlagen.

(9) [1] Bedachungen, ausgenommen Dachhaut und Dampfsperre, müssen bei Dächern, die den oberen Abschluss von Räumen der Versammlungsstätte

bilden oder die von diesen Räumen nicht durch feuerbeständige Bauteile getrennt sind, aus nichtbrennbaren Baustoffen hergestellt werden. [2]Dies gilt nicht für Bedachungen von Versammlungsstätten mit Versammlungsräumen von insgesamt nicht mehr als 1000 m² Grundfläche.

(10) [1]Lichtdurchlässige Bedachungen über Versammlungsräumen müssen aus nichtbrennbaren Baustoffen bestehen. [2]Bei Versammlungsräumen mit automatischen Feuerlöschanlagen genügen schwerentflammbare Baustoffe, die nicht brennend abtropfen können.

**§ 5 Dämmstoffe, Unterdecken, Bekleidungen, Bodenbeläge und Sitze.** (1) Dämmstoffe müssen aus nichtbrennbaren Baustoffen bestehen.

(2) [1]Bekleidungen an Wänden in Versammlungsräumen müssen aus mindestens schwerentflammbaren Baustoffen bestehen. [2]In Versammlungsräumen mit nicht mehr als 1000 m² Grundfläche genügen geschlossene, nicht hinterlüftete Holzbekleidungen.

(3) [1]Unterdecken und Bekleidungen an Decken in Versammlungsräumen müssen aus nichtbrennbaren Baustoffen bestehen. [2]In Versammlungsräumen mit nicht mehr als 1000 m² Grundfläche genügen Bekleidungen aus mindestens schwerentflammbaren Baustoffen oder geschlossene, nicht hinterlüftete Holzbekleidungen.

(4) In Foyers, durch die Rettungswege aus anderen Versammlungsräumen führen, in notwendigen Treppenräumen, Räumen zwischen notwendigen Treppenräumen und Ausgängen ins Freie sowie notwendigen Fluren müssen Unterdecken und Bekleidungen aus nichtbrennbaren Baustoffen bestehen.

(5) Unterdecken und Bekleidungen, die mindestens schwerentflammbar sein müssen, dürfen nicht brennend abtropfen.

(6) [1]Unterkonstruktionen, Halterungen und Befestigungen von Unterdecken und Bekleidungen nach den Abs. 2 bis 4 müssen aus nichtbrennbaren Baustoffen bestehen; dies gilt nicht für Versammlungsräume mit nicht mehr als 100 m² Grundfläche. [2]In den Hohlräumen hinter Unterdecken und Bekleidungen aus brennbaren Baustoffen dürfen Kabel und Leitungen nur in Installationsschächten oder Installationskanälen aus nichtbrennbaren Baustoffen verlegt werden.

(7) [1]In notwendigen Treppenräumen sowie Räumen zwischen notwendigen Treppenräumen und Ausgängen ins Freie müssen Bodenbeläge nichtbrennbar sein. [2]In notwendigen Fluren sowie Foyers, durch die Rettungswege aus anderen Versammlungsräumen führen, müssen Bodenbeläge mindestens schwerentflammbar sein.

(8) [1]Sitze von Versammlungsstätten mit mehr als 5000 Besucherplätzen müssen aus mindestens schwerentflammbarem Material bestehen. [2]Die Unterkonstruktion muss aus nichtbrennbarem Material bestehen.

## Abschnitt 3. Rettungswege

**§ 6[1] Führung der Rettungswege.** (1) [1]Rettungswege müssen ins Freie unmittelbar oder über Verkehrsflächen auf dem Grundstück zu öffentlichen Verkehrsflächen führen. [2]Zu den Rettungswegen von Versammlungsstätten gehören insbesondere die frei zu haltenden Gänge und Stufengänge, die Ausgänge

[1] § 6 Abs. 3 geänd. mWv 1.8.2009 durch V v. 8.7.2009 (GVBl. S. 332).

aus Versammlungsräumen, die notwendigen Flure und notwendigen Treppen, die Ausgänge ins Freie, die als Rettungsweg dienenden Balkone, Dachterrassen und Außentreppen sowie die Rettungswege im Freien auf dem Grundstück.

(2) [1] Versammlungsstätten müssen in jedem Geschoss mit Aufenthaltsräumen mindestens zwei voneinander unabhängige bauliche Rettungswege haben; dies gilt für Tribünen entsprechend. [2] Die Führung beider Rettungswege innerhalb eines Geschosses durch einen gemeinsamen notwendigen Flur ist zulässig. [3] Rettungswege dürfen über Balkone, Dachterrassen und Außentreppen auf das Grundstück führen, wenn sie im Brandfall sicher begehbar sind.

(3) Rettungswege dürfen über offene Gänge und Treppen durch Foyers oder Hallen zu Ausgängen ins Freie geführt werden, wenn für jedes Geschoss mindestens ein weiterer von dem Foyer oder der Halle unabhängiger baulicher Rettungsweg vorhanden ist.

(4) Versammlungsstätten müssen für Geschosse mit jeweils mehr als 800 Besucherplätzen nur diesen Geschossen zugeordnete Rettungswege haben.

(5) Versammlungsräume und sonstige Aufenthaltsräume mit mehr als 100 $m^2$ Grundfläche müssen jeweils mindestens zwei möglichst weit auseinander und entgegengesetzt liegende Ausgänge ins Freie oder zu Rettungswegen haben.

(6) Ausgänge und Rettungswege müssen durch Sicherheitszeichen dauerhaft und gut sichtbar gekennzeichnet sein.

**§ 7[1)] Bemessung der Rettungswege.** (1) Die Entfernung von jedem Besucherplatz bis zum nächsten Ausgang aus dem Versammlungsraum oder bei Tribünen außerhalb von Versammlungsräumen bis zum Ausgang aus dem Tribünenbereich darf nicht länger als 30 m sein.

(2) [1] Die Entfernung von jeder Stelle einer Bühne bis zum nächsten Ausgang darf nicht länger als 30 m sein. [2] Gänge zwischen den Wänden der Bühne und dem Rundhorizont oder den Dekorationen müssen eine lichte Breite von 1,20 m haben; in Großbühnen müssen diese Gänge vorhanden sein.

(3) Die Entfernung von jeder Stelle eines notwendigen Flurs oder eines Foyers bis zum Ausgang ins Freie oder zu einem notwendigen Treppenraum darf nicht länger als 30 m sein.

(4) [1] Die Breite der Rettungswege ist nach der größtmöglichen Personenzahl zu bemessen. [2] Die lichte Breite eines jeden Teils von Rettungswegen muss mindestens 1,20 m betragen. [3] Die lichte Breite eines jeden Teils von Rettungswegen muss für die darauf angewiesenen Personen mindestens betragen bei

1. Versammlungsstätten im Freien sowie Sportstadien
   1,20 m je 600 Personen,
2. anderen Versammlungsstätten
   1,20 m je 200 Personen.

[4] Staffelungen sind nur in Schritten von 0,60 m zulässig. [5] Bei Rettungswegen von Versammlungsräumen mit nicht mehr als 200 Besucherplätzen und bei Rettungswegen im Bühnenhaus genügt eine lichte Breite von 0,90 m. [6] Für Rettungswege von Arbeitsgalerien genügt eine Breite von 0,80 m.

(5) [1] Ausstellungshallen müssen durch Gänge so unterteilt sein, dass die Tiefe der zur Aufstellung von Ausstellungsständen bestimmten Grundflächen (Aus-

---

1) § 7 Abs. 4 Satz 7 aufgeh. mWv 1.7.2013 durch V v. 7.12.2012 (GVBl. S. 732).

stellungsflächen) nicht mehr als 30 m beträgt. [2]Die Entfernung von jeder Stelle auf einer Ausstellungsfläche bis zu einem Gang darf nicht mehr als 20 m betragen; sie wird auf die nach Abs. 1 bemessene Entfernung nicht angerechnet. [3]Die Gänge müssen auf möglichst geradem Weg zu entgegengesetzt liegenden Ausgängen führen. [4]Die lichte Breite der Gänge und der zugehörigen Ausgänge muss mindestens 3 m betragen.

(6) Die Entfernungen werden in der Lauflinie gemessen.

**§ 8[1)] Treppen.** (1) [1]Art. 33 Abs. 1 Satz 3 Nrn. 1 und 2 BayBO[2)] sind nicht anzuwenden; § 6 Abs. 3 bleibt unberührt. [2]Die Führung der jeweils anderen Geschossen zugeordneten notwendigen Treppen in einem gemeinsamen notwendigen Treppenraum (Schachteltreppen) ist zulässig.

(2) [1]Notwendige Treppen müssen feuerbeständig sein. [2]Für notwendige Treppen in notwendigen Treppenräumen oder als Außentreppen genügen nichtbrennbare Baustoffe. [3]Für notwendige Treppen von Tribünen und Podien als veränderbaren Einbauten genügen Bauteile aus nichtbrennbaren Baustoffen und Stufen aus Holz.

(3) Die lichte Breite notwendiger Treppen darf nicht mehr als 2,40 m betragen.

(4) [1]Notwendige Treppen und dem allgemeinen Besucherverkehr dienende Treppen müssen auf beiden Seiten feste und griffsichere Handläufe ohne freie Enden haben. [2]Die Handläufe sind über Treppenabsätze fortzuführen.

(5) Notwendige Treppen und dem allgemeinen Besucherverkehr dienende Treppen müssen geschlossene Trittstufen haben; dies gilt nicht für Außentreppen.

(6) Wendeltreppen sind als notwendige Treppen für Besucher unzulässig.

(7) Zwischen Türen und Stufen oder Rampen müssen Absätze von mindestens 90 cm liegen.

**§ 9[3)] Türen und Tore.** (1) Türen und Tore in raumabschließenden Innenwänden, die feuerbeständig sein müssen, müssen mindestens feuerhemmend, rauchdicht und selbstschließend sein.

(2) Türen und Tore in raumabschließenden Innenwänden, die feuerhemmend sein müssen, müssen mindestens rauchdicht und selbstschließend sein.

(3) [1]Türen in Rettungswegen müssen in Fluchtrichtung aufschlagen und dürfen keine Schwellen haben. [2]Während des Aufenthalts von Personen in der Versammlungsstätte müssen die Türen der jeweiligen Rettungswege jederzeit von innen leicht und in voller Breite geöffnet werden können.

(4) [1]Schiebetüren sind im Zuge von Rettungswegen unzulässig, dies gilt nicht für automatische Schiebetüren, die die Rettungswege nicht beeinträchtigen. [2]Pendeltüren müssen in Rettungswegen Vorrichtungen haben, die ein Durchpendeln der Türen verhindern.

(5) Türen, die selbstschließend sein müssen, dürfen offengehalten werden, wenn sie Einrichtungen haben, die bei Raucheinwirkung ein selbsttätiges

---

[1)] § 8 Abs. 7 angef. mWv 1.8.2009 durch V v. 8.7.2009 (GVBl. S. 332).
[2)] Nr. **1**.
[3)] § 9 Abs. 3 Satz 2 geänd. mWv 1.8.2009 durch V v. 8.7.2009 (GVBl. S. 332).

Schließen der Türen bewirken; sie müssen auch von Hand geschlossen werden können.

(6) Mechanische Vorrichtungen zur Vereinzelung oder Zählung von Besuchern, wie Drehtüren oder -kreuze, sind in Rettungswegen unzulässig; dies gilt nicht für mechanische Vorrichtungen, die im Gefahrenfall von innen leicht und in voller Breite geöffnet werden können.

## Abschnitt 4. Besucherplätze und Einrichtungen für Besucher

**§ 10 Bestuhlung, Gänge und Stufengänge.** (1) [1] In Reihen angeordnete Sitzplätze müssen unverrückbar befestigt sein; werden nur vorübergehend Stühle aufgestellt, so sind sie in den einzelnen Reihen fest miteinander zu verbinden. [2] Satz 1 gilt nicht für Gaststätten und Kantinen sowie für abgegrenzte Bereiche von Versammlungsräumen mit nicht mehr als 20 Sitzplätzen und ohne Stufen, wie Logen.

(2) Die Sitzplatzbereiche der Tribünen von Versammlungsstätten mit mehr als 5000 Besucherplätzen müssen unverrückbar befestigte Einzelsitze haben.

(3) [1] Sitzplätze müssen mindestens 0,50 m breit sein. [2] Zwischen den Sitzplatzreihen muss eine lichte Durchgangsbreite von mindestens 0,40 m vorhanden sein.

(4) [1] Sitzplätze müssen in Blöcken von höchstens 30 Sitzplatzreihen angeordnet sein. [2] Hinter und zwischen den Blöcken müssen Gänge mit einer Mindestbreite von 1,20 m vorhanden sein. [3] Die Gänge müssen auf möglichst kurzem Weg zum Ausgang führen.

(5) [1] Seitlich eines Gangs dürfen höchstens zehn Sitzplätze, bei Versammlungsstätten im Freien und Sportstadien höchstens 20 Sitzplätze angeordnet sein. [2] Zwischen zwei Seitengängen dürfen 20 Sitzplätze, bei Versammlungsstätten im Freien und Sportstadien höchstens 40 Sitzplätze angeordnet sein. [3] In Versammlungsräumen dürfen zwischen zwei Seitengängen höchstens 50 Sitzplätze angeordnet sein, wenn auf jeder Seite des Versammlungsraums für jeweils vier Sitzreihen eine Tür mit einer lichten Breite von 1,20 m angeordnet ist.

(6) [1] Von jedem Tischplatz darf der Weg zu einem Gang nicht länger als 10 m sein. [2] Der Abstand von Tisch zu Tisch soll 1,50 m nicht unterschreiten.

(7) [1] In Versammlungsräumen müssen für Rollstuhlbenutzer mindestens 1 v.H. der Besucherplätze, mindestens jedoch 2 Plätze auf ebenen Standflächen vorhanden sein. [2] Den Plätzen für Rollstuhlbenutzer sind Besucherplätze für Begleitpersonen zuzuordnen. [3] Die Plätze für Rollstuhlbenutzer und die Wege zu ihnen sind durch Hinweisschilder gut sichtbar zu kennzeichnen.

(8) [1] Stufen in Gängen (Stufengänge) müssen eine Steigung von mindestens 0,10 m und höchstens 0,19 m und einen Auftritt von mindestens 0,26 m haben. [2] Der Fußboden des Durchgangs zwischen Sitzplatzreihen und der Fußboden von Stehplatzreihen muss mit dem anschließenden Auftritt des Stufengangs auf einer Höhe liegen. [3] Stufengänge in Mehrzweckhallen mit mehr als 5000 Besucherplätzen und in Sportstadien müssen sich durch farbliche Kennzeichnung von den umgebenden Flächen deutlich abheben.

**§ 11[1)] Abschrankungen und Schutzvorrichtungen.** (1) [1]Flächen, die im Allgemeinen zum Begehen bestimmt sind und unmittelbar an tiefer liegende Flächen angrenzen, sind mit Abschrankungen zu umwehren, soweit sie nicht durch Stufengänge oder Rampen mit der tiefer liegenden Fläche verbunden sind. [2]Satz 1 ist nicht anzuwenden:

1. für die den Besuchern zugewandten Seiten von Bühnen und Szenenflächen,
2. vor Stufenreihen, wenn die Stufenreihe nicht mehr als 0,50 m über dem Fußboden der davor liegenden Stufenreihe oder des Versammlungsraums liegt oder
3. vor Stufenreihen, wenn die Rückenlehnen der Sitzplätze der davor liegenden Stufenreihe den Fußboden der hinteren Stufenreihe um mindestens 0,65 m überragen.

(2) Abschrankungen, wie Umwehrungen, Geländer, Wellenbrecher, Zäune, Absperrgitter oder Glaswände, müssen mindestens 1,10 m hoch sein.

(3) [1]Vor Sitzplatzreihen genügen Umwehrungen von 0,90 m Höhe; bei mindestens 0,20 m Brüstungsbreite der Umwehrung genügen 0,80 m; bei mindestens 0,50 m Brüstungsbreite genügen 0,70 m. [2]Liegt die Stufenreihe nicht mehr als 1 m über dem Fußboden der davor liegenden Stufenreihe oder des Versammlungsraums, genügen vor Sitzplatzreihen 0,65 m.

(4) Abschrankungen in den für Besucher zugänglichen Bereichen müssen so bemessen sein, dass sie dem Druck einer Personengruppe standhalten.

(5) Die Fußböden und Stufen von Tribünen, Podien, Bühnen oder Szenenflächen dürfen keine Öffnungen haben, durch die Personen abstürzen können.

(6) [1]Spielfelder, Manegen, Fahrbahnen für den Rennsport und Reitbahnen müssen durch Abschrankungen, Netze oder andere Vorrichtungen so gesichert sein, dass Besucher durch die Darbietung oder den Betrieb des Spielfelds, der Manege oder der Bahn nicht gefährdet werden. [2]Für Darbietungen und für den Betrieb technischer Einrichtungen im Luftraum über den Besucherplätzen gilt Satz 1 entsprechend.

(7) Werden Besucherplätze im Innenbereich von Fahrbahnen angeordnet, so muss der Innenbereich ohne Betreten der Fahrbahnen erreicht werden können.

**§ 12 Toilettenräume.** (1) [1]Versammlungsstätten müssen getrennte Toilettenräume für Damen und Herren haben. [2]Toiletten sollen in jedem Geschoss angeordnet werden. [3]Es sollen mindestens vorhanden sein:

| Besucherplätze | Damentoiletten | Herrentoiletten | |
|---|---|---|---|
| | Toilettenbecken | Toilettenbecken | Urinalbecken |
| bis 1000 je 100 | 1,2 | 0,8 | 1,2 |
| über 1000 je weitere 100 | 0,8 | 0,4 | 0,6 |
| über 20000 je weitere 100 | 0,4 | 0,3 | 0,6 |

[4]Die ermittelten Zahlen sind auf ganze Zahlen aufzurunden. [5]Soweit die Aufteilung der Toilettenräume nach Satz 2 nach der Art der Veranstaltung nicht

[1)] § 11 Abs. 1 Satz 2 Nr. 3 geänd. mWv 1.8.2009 durch V v. 8.7.2009 (GVBl. S. 332); Abs. 4 geänd. mWv 1.9.2018 durch V v. 7.8.2018 (GVBl. S. 694).

zweckmäßig ist, kann für die Dauer der Veranstaltung eine andere Aufteilung erfolgen, wenn die Toilettenräume entsprechend gekennzeichnet werden. [6] Auf dem Gelände der Versammlungsstätte oder in der Nähe vorhandene Toiletten können angerechnet werden, wenn sie für die Besucher der Versammlungsstätte zugänglich sind.

(2) Für Rollstuhlbenutzer muss eine ausreichende Zahl geeigneter, stufenlos erreichbarer Toiletten, mindestens jedoch je zehn Plätze für Rollstuhlbenutzer eine Toilette, vorhanden sein.

(3) Jeder Toilettenraum muss einen Vorraum mit Waschbecken haben.

**§ 13 Stellplätze für Menschen mit Behinderung.** [1] Die Zahl der notwendigen Stellplätze für die Kraftfahrzeuge von Menschen mit Behinderung muss mindestens der Hälfte der Zahl der nach § 10 Abs. 7 erforderlichen Besucherplätze entsprechen. [2] Auf diese Stellplätze ist dauerhaft und leicht erkennbar hinzuweisen.

## Abschnitt 5. Technische Anlagen und Einrichtungen, besondere Räume

**§ 14 Sicherheitsstromversorgungsanlagen, elektrische Anlagen und Blitzschutzanlagen.** (1) Versammlungsstätten müssen eine Sicherheitsstromversorgungsanlage haben, die bei Ausfall der Stromversorgung den Betrieb der sicherheitstechnischen Anlagen und Einrichtungen übernimmt, insbesondere der

1. Sicherheitsbeleuchtung,
2. automatischen Feuerlöschanlagen und Druckerhöhungsanlagen für die Löschwasserversorgung,
3. Rauchabzugsanlagen,
4. Brandmeldeanlagen,
5. Alarmierungsanlagen.

(2) In Versammlungsstätten für verschiedene Veranstaltungsarten, wie Mehrzweckhallen, Theater und Studios, sind für die vorübergehende Verlegung beweglicher Kabel und Leitungen bauliche Vorkehrungen, wie Installationsschächte und -kanäle oder Abschottungen, zu treffen, die die Ausbreitung von Feuer und Rauch verhindern und die sichere Begehbarkeit insbesondere der Rettungswege gewährleisten.

(3) Elektrische Schaltanlagen dürfen für Besucher nicht zugänglich sein.

(4) Versammlungsstätten müssen Blitzschutzanlagen haben, die auch die sicherheitstechnischen Einrichtungen schützen (äußerer und innerer Blitzschutz).

**§ 15 Sicherheitsbeleuchtung.** (1) In Versammlungsstätten muss eine Sicherheitsbeleuchtung vorhanden sein, die so beschaffen ist, dass Arbeitsvorgänge auf Bühnen und Szenenflächen sicher abgeschlossen werden können und sich Besucher, Mitwirkende und Betriebsangehörige auch bei vollständigem Versagen der allgemeinen Beleuchtung bis zu öffentlichen Verkehrsflächen hin gut zurechtfinden können.

(2) Eine Sicherheitsbeleuchtung muss vorhanden sein

1. in notwendigen Treppenräumen, in Räumen zwischen notwendigen Treppenräumen und Ausgängen ins Freie und in notwendigen Fluren,
2. in Versammlungsräumen sowie in allen übrigen Räumen für Besucher,
3. für Bühnen und Szenenflächen,
4. in den Räumen für Mitwirkende und Beschäftigte mit mehr als 20 $m^2$ Grundfläche, ausgenommen Büroräume,
5. in elektrischen Betriebsräumen, in Räumen für haustechnische Anlagen sowie in Scheinwerfer- und Bildwerferräumen,
6. in Versammlungsstätten im Freien und Sportstadien, die während der Dunkelheit benutzt werden,
7. für Sicherheitszeichen von Ausgängen und Rettungswegen,
8. für Stufenbeleuchtungen.

(3) [1] In betriebsmäßig verdunkelten Versammlungsräumen, auf Bühnen und Szenenflächen muss eine Sicherheitsbeleuchtung in Bereitschaftsschaltung vorhanden sein. [2] Die Ausgänge, Gänge und Stufen im Versammlungsraum müssen auch bei Verdunklung unabhängig von der übrigen Sicherheitsbeleuchtung erkennbar sein. [3] Bei Gängen in Versammlungsräumen mit auswechselbarer Bestuhlung sowie bei Sportstadien mit Sicherheitsbeleuchtung ist eine Stufenbeleuchtung nicht erforderlich.

**§ 16 Rauchableitung.** (1) Versammlungsräume und sonstige Aufenthaltsräume mit mehr als 200 $m^2$ Grundfläche, Versammlungsräume in Kellergeschossen, Bühnen sowie notwendige Treppenräume müssen entraucht werden können.

(2) Versammlungsräume müssen Rauchableitungsöffnungen mit einer freien Öffnungsfläche von insgesamt 1 v.H. der Grundfläche, Fenster mit einer freien Öffnungsfläche von insgesamt 2 v.H. der Grundfläche oder maschinelle Rauchabzugsanlagen mit einem Luftvolumenstrom von 36 $m^3/h$ je Quadratmeter Grundfläche haben

(3) [1] Bühnen und Szenenflächen müssen Rauchableitungsöffnungen mit einer freien Öffnungsfläche von insgesamt mindestens 3 v.H. ihrer Grundfläche haben. [2] Großbühnen müssen Rauchableitungsöffnungen mit einer freien Öffnungsfläche von mindestens 8 v.H. ihrer Grundfläche haben. [3] Anstelle der Öffnungen nach Satz 1 und Satz 2 können maschinelle Rauchabzugsanlagen verwendet werden, wenn sie für eine wirksame Brandbekämpfung ausreichend bemessen sind.

(4) Notwendige Treppenräume müssen Rauchableitungsöffnungen mit einer freien Öffnungsfläche von mindestens 1 $m^2$ haben.

(5) [1] Rauchableitungsöffnungen sollen an der höchsten Stelle des Raums liegen und müssen unmittelbar ins Freie führen. [2] Die Rauchableitung über Schächte mit strömungstechnisch äquivalenten Querschnitten ist zulässig, wenn die Wände der Schächte die Anforderungen nach § 4 Abs. 3 erfüllen. [3] Die Austrittsöffnungen müssen mindestens 0,25 m über der Dachfläche liegen. [4] Fenster, die auch der Rauchableitung dienen, müssen im oberen Drittel der Außenwand angeordnet werden.

(6) Die Abschlüsse der Rauchableitungsöffnungen von Bühnen mit Schutzvorhang müssen bei einem Überdruck von 350 Pa selbsttätig öffnen; eine automatische Auslösung durch geeignete Temperaturmelder ist zulässig.

(7) [1] Maschinelle Rauchabzugsanlagen sind für eine Betriebszeit von 30 Minuten bei einer Rauchgastemperatur von 300°C auszulegen. [2] Maschinelle Lüftungsanlagen können als maschinelle Rauchabzugsanlage betrieben werden, wenn sie die an diese gestellten Anforderungen erfüllen.

(8) [1] Die Vorrichtungen zum Öffnen oder Einschalten der Rauchabzugsanlagen, der Abschlüsse der Rauchableitungsöffnungen und zum Öffnen der nach Abs. 5 angerechneten Fenster müssen von einer jederzeit zugänglichen Stelle im Raum aus leicht bedient werden können. [2] Bei notwendigen Treppenräumen muss die Vorrichtung zum Öffnen von jedem Geschoss aus leicht bedient werden können. [3] Die Vorrichtungen zum Öffnen oder Einschalten der Rauchabzugsanlagen oder der Abschlüsse der Rauchableitungsöffnungen von Bühnen müssen zusätzlich von einer jederzeit zugänglichen Stelle außerhalb der Bühne aus leicht bedient werden können.

(9) [1] Jede Bedienungsstelle muss mit einem Hinweisschild mit der Bezeichnung „RAUCHABZUG“ und der Bezeichnung des jeweiligen Raums gekennzeichnet sein. [2] An der Bedienungsvorrichtung muss die Betriebsstellung der Anlage oder Öffnung erkennbar sein.

**§ 17 Heizungs- und Lüftungsanlagen.** (1) [1] Heizungsanlagen in Versammlungsstätten müssen dauerhaft fest eingebaut sein. [2] Sie müssen so angeordnet sein, dass ausreichende Abstände zu Personen, brennbaren Bauprodukten und brennbarem Material eingehalten werden und keine Beeinträchtigungen durch Abgase entstehen.

(2) Versammlungsräume und sonstige Aufenthaltsräume mit mehr als 200 m² Grundfläche müssen Lüftungsanlagen haben.

**§ 18[1)] Stände und Arbeitsgalerien für Licht-, Ton-, Bild- und Regieanlagen.** (1) [1] Stände und Arbeitsgalerien für den Betrieb von Licht-, Ton-, Bild- und Regieanlagen, wie Schnürböden, Beleuchtungstürme oder Arbeitsbrücken, müssen aus nichtbrennbaren Baustoffen bestehen. [2] Der Abstand zwischen Arbeitsgalerien und Raumdecken muss mindestens 2 m betragen.

(2) [1] Von Arbeitsgalerien müssen mindestens zwei Rettungswege erreichbar sein. [2] Jede Arbeitsgalerie einer Hauptbühne muss auf beiden Seiten der Hauptbühne einen Ausgang zu Rettungswegen außerhalb des Bühnenraums haben.

(3) Öffnungen in Arbeitsgalerien müssen so gesichert sein, dass Personen oder Gegenstände nicht herabfallen können.

**§ 19 Feuerlöscheinrichtungen und -anlagen.** (1) [1] Versammlungsräume, Bühnen, Foyers, Werkstätten, Magazine, Lagerräume und notwendige Flure sind mit geeigneten Feuerlöschern in ausreichender Zahl auszustatten. [2] Die Feuerlöscher sind gut sichtbar und leicht zugänglich anzubringen.

(2) In Versammlungsstätten mit Versammlungsräumen von insgesamt mehr als 1000 m² Grundfläche müssen Wandhydranten in ausreichender Zahl gut sichtbar und leicht zugänglich an geeigneten Stellen angebracht sein.

(3) Foyers oder Hallen, durch die Rettungswege aus anderen Versammlungsräumen führen, müssen eine automatische Feuerlöschanlage haben; dies gilt nicht für Foyers oder Hallen, die nicht dazu bestimmt sind, als Versammlungsraum genutzt zu werden.

---

1) § 18 Abs. 1 Satz 1 geänd. mWv 1.8.2009 durch V v. 8.7.2009 (GVBl. S. 332).

(4) Versammlungsräume, bei denen eine Fußbodenebene höher als 22 m über der Geländeoberfläche liegt, sind nur in Gebäuden mit automatischer Feuerlöschanlage zulässig.

(5) In Versammlungsräumen müssen offene Küchen oder ähnliche Einrichtungen mit einer Grundfläche von mehr als 30 m² eine dafür geeignete automatische Feuerlöschanlage haben.

(6) Die Wirkung automatischer Feuerlöschanlagen darf durch Einbauten, Raumausstattungen oder sonstige Gegenstände nicht beeinträchtigt werden.

(7) Automatische Feuerlöschanlagen müssen an eine Brandmelderzentrale angeschlossen sein.

**§ 20 Brandmelde- und Alarmierungsanlagen, Brandmelder- und Alarmzentrale, Brandfallsteuerung der Aufzüge.** (1) Versammlungsstätten mit Versammlungsräumen von insgesamt mehr als 1000 m² Grundfläche müssen Brandmeldeanlagen mit automatischen und nichtautomatischen Brandmeldern haben.

(2) Versammlungsstätten mit Versammlungsräumen von insgesamt mehr als 1000 m² Grundfläche müssen Alarmierungs- und Lautsprecheranlagen haben, mit denen im Gefahrenfall Besucher, Mitwirkende und Betriebsangehörige alarmiert und Anweisungen erteilt werden können.

(3) In Versammlungsstätten mit Versammlungsräumen von insgesamt mehr als 1000 m² Grundfläche müssen zusätzlich zu den örtlichen Bedienungsvorrichtungen zentrale Bedienungsvorrichtungen für Rauchabzugs-, Feuerlösch-, Brandmelde-, Alarmierungs- und Lautsprecheranlagen in einem für die Feuerwehr leicht zugänglichen Raum (Brandmelder- und Alarmzentrale) zusammen gefasst werden.

(4) [1] In Versammlungsstätten mit Versammlungsräumen von insgesamt mehr als 1000 m² Grundfläche müssen die Aufzüge mit einer Brandfallsteuerung ausgestattet sein, die durch die automatische Brandmeldeanlage ausgelöst wird. [2] Die Brandfallsteuerung muss sicherstellen, dass die Aufzüge ein Geschoss mit Ausgang ins Freie oder das diesem nächstgelegene, nicht von der Brandmeldung betroffene Geschoss unmittelbar anfahren und dort mit geöffneten Türen außer Betrieb gehen.

**§ 21 Werkstätten, Magazine und Lagerräume.** (1) Für feuergefährliche Arbeiten, wie Schweiß-, Löt- oder Klebearbeiten, müssen dafür geeignete Werkstätten vorhanden sein.

(2) Für das Aufbewahren von Dekorationen, Requisiten und anderem brennbaren Material müssen eigene Lagerräume (Magazine) vorhanden sein.

(3) Für die Sammlung von Abfällen und Werkstoffen müssen dafür geeignete Behälter im Freien oder besondere Lagerräume vorhanden sein.

(4) Werkstätten, Magazine und Lagerräume dürfen mit notwendigen Treppenräumen nicht in unmittelbarer Verbindung stehen.

## Teil 3. Besondere Bauvorschriften

### Abschnitt 1. Großbühnen

**§ 22 Bühnenhaus.** (1) In Versammlungsstätten mit Großbühnen sind alle für den Bühnenbetrieb notwendigen Räume und Einrichtungen in einem eigenen, von dem Zuschauerhaus getrennten Bühnenhaus unterzubringen.

(2) [1]Die Trennwand zwischen Bühnen- und Zuschauerhaus muss feuerbeständig und in der Bauart einer Brandwand hergestellt sein. [2]Türen in dieser Trennwand müssen feuerbeständig und selbstschließend sein.

**§ 23 Schutzvorhang.** (1) [1]Die Bühnenöffnung von Großbühnen muss gegen den Versammlungsraum durch einen Vorhang aus nichtbrennbarem Material dicht geschlossen werden können (Schutzvorhang). [2]Der Schutzvorhang muss durch sein Eigengewicht schließen können. [3]Die Schließzeit darf 30 Sekunden nicht überschreiten. [4]Der Schutzvorhang muss einem Druck von 450 Pa nach beiden Richtungen standhalten. [5]Eine höchstens 1 m breite, zur Hauptbühne sich öffnende, selbsttätig schließende Tür im Schutzvorhang ist zulässig.

(2) [1]Der Schutzvorhang muss so angeordnet sein, dass er im geschlossenen Zustand an allen Seiten an feuerbeständige Bauteile anschließt. [2]Der Bühnenboden darf unter dem Schutzvorhang durchgeführt werden. [3]Das untere Profil dieses Schutzvorhangs muss ausreichend steif sein oder mit Stahldornen in entsprechende stahlbewehrte Aussparungen im Bühnenboden eingreifen.

(3) [1]Die Vorrichtung zum Schließen des Schutzvorhangs muss mindestens an zwei Stellen von Hand ausgelöst werden können. [2]Beim Schließen muss auf der Bühne ein Warnsignal zu hören sein.

**§ 24 Feuerlösch- und Brandmeldeanlagen.** (1) Großbühnen müssen eine automatische Sprühwasserlöschanlage haben, die auch den Schutzvorhang beaufschlagt.

(2) Die Sprühwasserlöschanlage muss zusätzlich mindestens von zwei Stellen aus von Hand in Betrieb gesetzt werden können.

(3) In Großbühnen müssen neben den Ausgängen zu den Rettungswegen in Höhe der Arbeitsgalerien und des Schnürbodens Wandhydranten vorhanden sein.

(4) Großbühnen und Räume mit besonderen Brandgefahren müssen eine Brandmeldeanlage mit automatischen und nichtautomatischen Brandmeldern haben.

(5) Die Auslösung eines Alarms muss optisch und akustisch am Platz der Brandsicherheitswache erkennbar sein.

**§ 25 Platz für die Brandsicherheitswache.** (1) [1]Auf jeder Seite der Bühnenöffnung muss für die Brandsicherheitswache ein besonderer Platz mit einer Grundfläche von mindestens 1 m mal 1 m und einer Höhe von mindestens 2,20 m vorhanden sein. [2]Die Brandsicherheitswache muss die Fläche, die bespielt wird, überblicken und betreten können.

(2) [1]Am Platz der Brandsicherheitswache müssen die Vorrichtung zum Schließen des Schutzvorhangs und die Auslösevorrichtungen der Rauchabzugs- und Sprühwasserlöschanlagen der Bühne sowie ein nichtautomatischer Brand-

melder leicht erreichbar angebracht und durch Hinweisschilder gekennzeichnet sein. [2]Die Auslösevorrichtungen müssen beleuchtet sein. [3]Diese Beleuchtung muss an die Sicherheitsstromversorgung angeschlossen sein. [4]Die Vorrichtungen sind gegen unbeabsichtigtes Auslösen zu sichern.

### Abschnitt 2. Versammlungsstätten mit mehr als 5000 Besucherplätzen

**§ 26 Räume für Lautsprecherzentrale, Polizei, Feuerwehr, Sanitäts- und Rettungsdienst.** (1) [1]Mehrzweckhallen und Sportstadien müssen einen Raum für eine Lautsprecherzentrale haben, von dem aus die Besucherbereiche und der Innenbereich überblickt und Polizei, Feuerwehr und Rettungsdienste benachrichtigt werden können. [2]Die Lautsprecheranlage muss eine Vorrangschaltung für die Einsatzleitung der Polizei haben.

(2) [1]In Mehrzweckhallen und Sportstadien sind ausreichend große Räume für die Polizei und die Feuerwehr einzuordnen. [2]Der Raum für die Einsatzleitung der Polizei muss eine räumliche Verbindung mit der Lautsprecherzentrale haben und mit Anschlüssen für eine Videoanlage zur Überwachung der Besucherbereiche ausgestattet sein; von ihm aus müssen die Besucherbereiche und der Innenbereich überblickt werden können.

(3) Wird die Funkkommunikation der Einsatzkräfte von Polizei und Feuerwehr innerhalb der Versammlungsstätte durch die bauliche Anlage gestört, ist die Versammlungsstätte mit technischen Anlagen zur Unterstützung des Funkverkehrs auszustatten.

(4) In Mehrzweckhallen und Sportstadien muss mindestens ein ausreichend großer Raum für den Sanitäts- und Rettungsdienst vorhanden sein.

**§ 27 Abschrankung und Blockbildung in Sportstadien mit mehr als 10000 Besucherplätzen.** (1) [1]Die Besucherplätze müssen vom Innenbereich durch mindestens 2,20 m hohe Abschrankungen abgetrennt sein. [2]In diesen Abschrankungen sind den Stufengängen zugeordnete, mindestens 1,80 m breite Tore anzuordnen, die sich im Gefahrenfall leicht zum Innenbereich hin öffnen lassen. [3]Die Tore dürfen nur vom Innenbereich oder von zentralen Stellen aus zu öffnen sein und müssen in geöffnetem Zustand durch selbsteinrastende Feststeller gesichert werden. [4]Der Übergang in den Innenbereich muss niveaugleich sein.

(2) Stehplätze müssen in Blöcken für höchstens 2500 Besucher angeordnet werden, die durch mindestens 2,20 m hohe Abschrankungen mit eigenen Zugängen abgetrennt sind.

(3) Die Anforderungen nach Abs. 1 oder Abs. 2 gelten nicht, soweit in dem mit den für öffentliche Sicherheit und Ordnung zuständigen Behörden, insbesondere der Polizei, der Feuerwehr und der Rettungsdienste, abgestimmten Sicherheitskonzept nachgewiesen wird, dass abweichende Abschrankungen oder Blockbildungen unbedenklich sind.

**§ 28 Wellenbrecher.** [1]Werden mehr als fünf Stufen von Stehplatzreihen hintereinander angeordnet, so ist vor der vordersten Stufe eine durchgehende Schranke von 1,10 m Höhe anzuordnen. [2]Nach jeweils fünf weiteren Stufen sind Schranken gleicher Höhe (Wellenbrecher) anzubringen, die einzeln mindestens 3 m und höchstens 5,50 m lang sind. [3]Die seitlichen Abstände zwischen den Wellenbrechern dürfen nicht mehr als 5 m betragen. [4]Die Abstände sind nach höchstens fünf Stehplatzreihen durch versetzt angeordnete Wellenbrecher zu überdecken, die auf beiden Seiten mindestens 0,25 m länger sein müssen als die seitlichen Abstände zwischen den Wellenbrechern. [5] Die Wellenbrecher sind im Bereich der Stufenvorderkante anzuordnen.

**§ 29 Abschrankung von Stehplätzen vor Szenenflächen.** (1) Werden vor Szenenflächen Stehplätze für Besucher angeordnet, so sind die Besucherplätze von der Szenenfläche durch eine Abschrankung so abzutrennen, dass zwischen der Szenenfläche und der Abschrankung ein Gang von mindestens 2 m Breite für den Ordnungsdienst und Rettungskräfte vorhanden ist.

(2) [1] Werden vor Szenenflächen mehr als 5000 Stehplätze für Besucher angeordnet, so sind durch mindestens zwei weitere Abschrankungen vor der Szenenfläche nur von den Seiten zugängliche Stehplatzbereiche zu bilden. [2] Die Abschrankungen müssen voneinander an den Seiten einen Abstand von jeweils mindestens 5 m und über die Breite der Szenenfläche einen Abstand von mindestens 10 m haben.

**§ 30 Einfriedungen und Eingänge von Stadionanlagen.** (1) Stadionanlagen müssen eine mindestens 2,20 m hohe Einfriedung haben, die das Überklettern erschwert.

(2) [1] Vor den Eingängen sind Geländer so anzuordnen, dass Besucher nur einzeln und hintereinander Einlass finden. [2] Es sind Einrichtungen für Zugangskontrollen sowie für die Durchsuchung von Personen und Sachen vorzusehen. [3] Für die Einsatzkräfte von Polizei, Feuerwehr und Rettungsdiensten sind von den Besuchereingängen getrennte Eingänge anzuordnen.

(3) [1] Für Einsatz- und Rettungsfahrzeuge müssen besondere Zufahrten, Aufstell- und Bewegungsflächen vorhanden sein. [2] Von den Zufahrten und Aufstellflächen aus müssen die Eingänge der Versammlungsstätten unmittelbar erreichbar sein. [3] Für Einsatz- und Rettungsfahrzeuge muss eine Zufahrt zum Innenbereich vorhanden sein. [4] Die Zufahrten, Aufstell- und Bewegungsflächen müssen gekennzeichnet sein.

## Teil 4. Betriebsvorschriften

### Abschnitt 1. Rettungswege, Besucherplätze

**§ 31 Rettungswege, Flächen für die Feuerwehr.** (1) [1] Rettungswege auf dem Grundstück sowie Zufahrten, Aufstell- und Bewegungsflächen für Einsatzfahrzeuge von Polizei, Feuerwehr und Rettungsdiensten müssen ständig frei gehalten werden. [2] Darauf ist dauerhaft und gut sichtbar hinzuweisen.

(2) Rettungswege in der Versammlungsstätte müssen ständig frei gehalten werden.

(3) Während des Betriebs müssen alle Türen von Rettungswegen unverschlossen sein.

**§ 32 Besucherplätze nach dem Bestuhlungs- und Rettungswegeplan.** (1) Die Zahl der im Bestuhlungs- und Rettungswegeplan genehmigten Besucherplätze darf nicht überschritten und die genehmigte Anordnung der Besucherplätze darf nicht geändert werden.

(2) Eine Ausfertigung des für die jeweilige Nutzung genehmigten Plans ist in der Nähe des Haupteingangs eines jeden Versammlungsraums gut sichtbar anzubringen.

(3) Ist nach Art der Veranstaltung die Abschrankung der Stehflächen vor Szenenflächen erforderlich, sind Abschrankungen nach § 29 auch in Versammlungsstätten mit nicht mehr als 5000 Stehplätzen einzurichten.

### Abschnitt 2. Brandverhütung

**§ 33 Vorhänge, Ausstattungen, Requisiten und Ausschmückungen.**

(1) Für Vorhänge von Bühnen und Szenenflächen muss mindestens schwerentflammbares Material verwendet werden.

(2) [1] Für Ausstattungen muss mindestens schwerentflammbares Material verwendet werden. [2] Bei Bühnen oder Szenenflächen mit automatischen Feuerlöschanlagen genügen Ausstattungen aus normalentflammbarem Material.

(3) Für Requisiten muss mindestens normalentflammbares Material verwendet werden.

(4) [1] Für Ausschmückungen muss mindestens schwerentflammbares Material verwendet werden. [2] Für Ausschmückungen in notwendigen Fluren und notwendigen Treppenräumen muss nichtbrennbares Material verwendet werden.

(5) [1] Ausschmückungen müssen unmittelbar an Wänden, Decken oder Ausstattungen angebracht werden. [2] Frei im Raum hängende Ausschmückungen sind zulässig, wenn sie einen Abstand von mindestens 2,50 m zum Fußboden haben. [3] Ausschmückungen aus natürlichem Pflanzenschmuck dürfen sich nur, so lange sie frisch sind, in den Räumen befinden.

(6) Der Raum unter dem Schutzvorhang ist von Ausstattungen, Requisiten oder Ausschmückungen so freizuhalten, dass die Funktion des Schutzvorhangs nicht beeinträchtigt wird.

(7) Brennbares Material muss von Zündquellen, wie Scheinwerfern oder Heizstrahlern, so weit entfernt sein, dass das Material durch diese nicht entzündet werden kann.

**§ 34 Aufbewahrung von Ausstattungen, Requisiten, Ausschmückungen und brennbarem Material.** (1) Ausstattungen, Requisiten und Ausschmückungen dürfen nur außerhalb der Bühnen und der Szenenflächen aufbewahrt werden; dies gilt nicht für den Tagesbedarf.

(2) Auf den Bühnenerweiterungen dürfen Szenenaufbauten der laufenden Spielzeit nur bereitgestellt werden, wenn die Bühnenerweiterungen durch dichtschließende Abschlüsse aus nichtbrennbaren Baustoffen gegen die Hauptbühne abgetrennt sind.

(3) An den Zügen von Bühnen oder Szenenflächen dürfen nur Ausstattungsteile für einen Tagesbedarf aufgehängt werden.

(4) Pyrotechnische Gegenstände, brennbare Flüssigkeiten und anderes brennbares Material, insbeondere Packmaterial, dürfen nur in den dafür vorgesehenen Magazinen aufbewahrt werden.

**§ 35 Rauchen, Verwendung von offenem Feuer und pyrotechnischen Gegenständen.** (1) [1] Auf Bühnen und Szenenflächen, in Werkstätten und Magazinen ist das Rauchen verboten. [2] Das Rauchverbot gilt nicht für Darsteller und Mitwirkende auf Bühnen- und Szenenflächen während der Proben und Veranstaltungen, soweit das Rauchen in der Art der Veranstaltungen begründet ist.

(2) [1] In Versammlungsräumen, auf Bühnen- und Szenenflächen und in Sportstadien ist das Verwenden von offenem Feuer, brennbaren Flüssigkeiten und Gasen, pyrotechnischen Gegenständen und anderen explosionsgefährlichen Stoffen verboten. [2] § 17 Abs. 1 bleibt unberührt. [3] Das Verwendungsverbot gilt nicht, soweit das Verwenden von offenem Feuer, brennbaren Flüssigkeiten und Gasen sowie pyrotechnischen Gegenständen in der Art der Veranstaltung begründet ist und der Veranstalter die erforderlichen Brandschutzmaßnahmen im Einzelfall mit der Feuerwehr abgestimmt hat. [4] Die Verwendung pyrotechnischer Gegenstände muss durch eine nach Sprengstoffrecht geeignete Person überwacht werden.

(3) Die Verwendung von Kerzen und ähnlichen Lichtquellen als Tischdekoration sowie die Verwendung von offenem Feuer in dafür vorgesehenen Kücheneinrichtungen zur Zubereitung von Speisen ist zulässig.

(4) Auf die Verbote nach Abs. 1 und 2 Sätze 1 bis 3 ist dauerhaft und gut sichtbar hinzuweisen.

## Abschnitt 3. Betrieb technischer Einrichtungen

**§ 36 Bedienung und Wartung der technischen Einrichtungen.**

(1) [1] Der Schutzvorhang muss täglich vor der ersten Vorstellung oder Probe durch Aufziehen und Herablassen auf seine Betriebsbereitschaft geprüft werden. [2] Der Schutzvorhang ist nach jeder Vorstellung herabzulassen und zu allen arbeitsfreien Zeiten geschlossen zu halten.

(2) Die Automatik der Sprühwasserlöschanlage kann während der Dauer der Anwesenheit der Verantwortlichen für Veranstaltungstechnik abgeschaltet werden.

(3) Die automatische Brandmeldeanlage kann abgeschaltet werden, soweit dies in der Art der Veranstaltung begründet ist und der Veranstalter die erforderlichen Brandschutzmaßnahmen im Einzelfall mit der Feuerwehr abgestimmt hat.

(4) Während des Aufenthalts von Personen in Räumen, für die eine Sicherheitsbeleuchtung vorgeschrieben ist, muss diese in Betrieb sein, soweit die Räume nicht ausreichend durch Tageslicht erhellt sind.

**§ 37 Laseranlagen.** Auf den Betrieb von Laseranlagen in den für Besucher zugänglichen Bereichen sind die arbeitsschutzrechtlichen Vorschriften entsprechend anzuwenden.

## Abschnitt 4. Verantwortliche Personen, besondere Betriebsvorschriften

**§ 38 Pflichten der Betreiber, Veranstalter und Beauftragten.** (1) Der Betreiber ist für die Sicherheit der Veranstaltung und die Einhaltung der Vorschriften verantwortlich.

(2) Während des Betriebs von Versammlungsstätten muss der Betreiber oder ein von ihm beauftragter Veranstaltungsleiter ständig anwesend sein.

(3) Der Betreiber muss die Zusammenarbeit von Ordnungsdienst, Brandsicherheitswache und Sanitätswache mit der Polizei, der Feuerwehr und dem Rettungsdienst gewährleisten.

(4) Der Betreiber ist zur Einstellung des Betriebs verpflichtet, wenn für die Sicherheit der Versammlungsstätte notwendige Anlagen, Einrichtungen oder Vorrichtungen nicht betriebsfähig sind oder wenn Betriebsvorschriften nicht eingehalten werden können.

(5) [1] Der Betreiber kann die Verpflichtungen nach den Abs. 1 bis 4 durch schriftliche Vereinbarung auf den Veranstalter übertragen, wenn dieser oder dessen beauftragter Veranstaltungsleiter mit der Versammlungsstätte und deren Einrichtungen vertraut ist. [2] Der Veranstalter ist verantwortlich für die Verpflichtungen, die er vertraglich übernommen hat. [3] Die Verantwortung des Betreibers bleibt unberührt.

**§ 39[1)] Verantwortliche für Veranstaltungstechnik.** (1) [1] Verantwortliche für Veranstaltungstechnik sind

1. die Geprüften Meister für Veranstaltungstechnik,
2. technische Fachkräfte mit bestandenem fachrichtungsspezifischen Teil der Prüfung nach § 3 Abs. 1 Nr. 2 in Verbindung mit den §§ 5, 6 oder 7 der Verordnung über die Prüfung zum anerkannten Abschluss Geprüfter Meister für Veranstaltungstechnik/Geprüfte Meisterin für Veranstaltungstechnik in den Fachrichtungen Bühne/Studio, Beleuchtung, Halle in der jeweiligen Fachrichtung,
3. Hochschulabsolventen mit berufsqualifizierendem Hochschulabschluss der Fachrichtung Theater- oder Veranstaltungstechnik mit mindestens einem Jahr Berufserfahrung im technischen Betrieb von Bühnen, Studios oder Mehrzweckhallen in der jeweiligen Fachrichtung,
4. technische Bühnen- und Studiofachkräfte, die das Befähigungszeugnis nach den bis zum Inkrafttreten dieser Verordnung geltenden Vorschriften erworben haben,
5. Personen, die die Tätigkeit als technische Fachkraft ohne Befähigungszeugnis ausüben durften und in den letzten drei Jahren ausgeübt haben.

[2] Auf Antrag stellen die Industrie- und Handelskammern den Personen nach Satz 1 Nrn. 1 bis 4 ein Befähigungszeugnis aus. [3] Das Verfahren kann über eine einheitliche Stelle nach den Vorschriften des Bayerischen Verwaltungsverfahrensgesetzes abgewickelt werden. [4] Die in einem anderen Land der Bundesrepublik Deutschland ausgestellten Befähigungszeugnisse werden anerkannt.

(2) [1] Gleichwertige Ausbildungen, die in einem anderen Mitgliedstaat der Europäischen Union oder einem Vertragsstaat des Abkommens über den Europäischen Wirtschaftsraum erworben und durch einen Ausbildungsnachweis belegt werden, sind entsprechend den europäischen Richtlinien zur Anerkennung von Berufsqualifikationen den in Abs. 1 genannten Ausbildungen gleichgestellt. [2] Abs. 1 Sätze 2 bis 4 gelten entsprechend.

**§ 40[2)] Aufgaben und Pflichten der Verantwortlichen für Veranstaltungstechnik, technische Probe.** (1) Die Verantwortlichen für Veranstaltungstechnik müssen mit den bühnen-, studio- und beleuchtungstechnischen

---

[1)] § 39 Abs. 1 Satz 3 eingef., bish. Satz 3 wird Satz 4, Abs. 2 Satz 2 geänd. mWv 1.11.2009 durch V v. 22.10.2009 (GVBl. S. 542); Abs. 1 Satz 1 Nr. 1 geänd. mWv 1.5.2012 durch V v. 12.4.2012 (GVBl. S. 144); Abs. 1 Satz 1 Nr. 2 geänd. mWv 1.9.2018 durch V v. 7.8.2018 (GVBl. S. 694).

[2)] § 40 Abs. 6 Satz 5 angef. mWv 1.8.2009 durch V v. 8.7.2009 (GVBl. S. 332); Abs. 3 neu gef. mWv 1.5.2012 durch V v. 12.4.2012 (GVBl. S. 144).

und sonstigen technischen Einrichtungen der Versammlungsstätte vertraut sein und deren Sicherheit und Funktionsfähigkeit, insbesondere hinsichtlich des Brandschutzes, während des Betriebs gewährleisten.

(2) Auf- oder Abbau bühnen-, studio- und beleuchtungstechnischer Einrichtungen von Großbühnen oder Szenenflächen mit mehr als 200 $m^2$ Grundfläche oder in Mehrzweckhallen mit mehr als 5000 Besucherplätzen, wesentliche Wartungs- und Instandsetzungsarbeiten an diesen Einrichtungen und technische Proben müssen von einem Verantwortlichen für Veranstaltungstechnik geleitet und beaufsichtigt werden.

(3) Bei Generalproben, Veranstaltungen, Sendungen oder Aufzeichnungen von Veranstaltungen auf Großbühnen oder Szenenflächen mit mehr als 200 $m^2$ Grundfläche oder in Mehrzweckhallen mit mehr als 5 000 Besucherplätzen müssen mindestens ein für die bühnen- oder studiotechnischen Einrichtungen sowie ein für die beleuchtungstechnischen Einrichtungen zuständiger Verantwortlicher für Veranstaltungstechnik anwesend sein.

(4) [1] Bei Szenenflächen mit mehr als 50 $m^2$ und nicht mehr als 200 $m^2$ Grundfläche oder in Mehrzweckhallen mit nicht mehr als 5000 Besucherplätzen müssen die Aufgaben nach den Abs. 1 bis 3 zumindest von einer Fachkraft für Veranstaltungstechnik mit mindestens drei Jahren Berufserfahrung wahrgenommen werden. [2] Die Aufgaben können auch von erfahrenen Bühnenhandwerkern oder Beleuchtern wahrgenommen werden, die diese Aufgaben nach den bis zum Inkrafttreten dieser Verordnung geltenden Vorschriften wahrnehmen durften und in den letzten drei Jahren ausgeübt haben.

(5) [1] Die Anwesenheit nach Abs. 3 ist nicht erforderlich, wenn

1. die Sicherheit und Funktionsfähigkeit der bühnen-, studio- und beleuchtungstechnischen sowie der sonstigen technischen Einrichtungen der Versammlungsstätte vom Verantwortlichen für Veranstaltungstechnik überprüft wurden,
2. diese Einrichtungen während der Veranstaltung nicht bewegt oder sonst verändert werden,
3. von Art oder Ablauf der Veranstaltung keine Gefahren ausgehen können und
4. die Aufsicht durch eine Fachkraft für Veranstaltungstechnik geführt wird, die mit den technischen Einrichtungen vertraut ist.

[2] Im Fall des Abs. 4 können die Aufgaben nach Abs. 1 bis 3 von einer aufsichtführenden Person wahrgenommen werden, wenn

1. von Auf- und Abbau sowie dem Betrieb der bühnen-, studio- und beleuchtungstechnischen Einrichtungen keine Gefahren ausgehen können,
2. von Art oder Ablauf der Veranstaltung keine Gefahren ausgehen können und
3. die aufsichtführende Person mit den technischen Einrichtungen vertraut ist.

(6) [1] Bei Großbühnen sowie bei Szenenflächen mit mehr als 200 $m^2$ Grundfläche und bei Gastspielveranstaltungen mit eigenem Szenenaufbau in Versammlungsräumen muss vor der ersten Veranstaltung eine nichtöffentliche technische Probe mit vollem Szenenaufbau und voller Beleuchtung stattfinden. [2] Diese technische Probe ist der Bauaufsichtsbehörde mindestens 24 Stunden vorher anzuzeigen. [3] Beabsichtigte wesentliche Änderungen des Szenenaufbaus nach der technischen Probe sind der zuständigen Bauaufsichtsbehörde rechtzeitig anzuzeigen. [4] Die Bauaufsichtsbehörde kann auf die technische Probe verzichten, wenn dies nach der Art der Veranstaltung oder nach dem Umfang

des Szenenaufbaus unbedenklich ist. [5]Art. 73 Abs. 3 Satz 1 BayBO[1)] bleibt unberührt.

**§ 41 Brandsicherheitswache, Sanitäts- und Rettungsdienst.** (1) Bei Veranstaltungen mit erhöhten Brandgefahren hat der Betreiber eine Brandsicherheitswache einzurichten.

(2) [1]Bei jeder Veranstaltung auf Großbühnen sowie Szenenflächen mit mehr als 200 m² Grundfläche muss eine Brandsicherheitswache der Feuerwehr anwesend sein. [2]Den Anweisungen der Brandsicherheitswache ist zu folgen. [3]Eine Brandsicherheitswache der Feuerwehr ist nicht erforderlich, wenn der Betreiber über eine ausreichende Zahl ausgebildeter Kräfte verfügt, die die Aufgaben der Brandsicherheitswache wahrnehmen und die Brandschutzdienststelle dies dem Betreiber bestätigt hat.

(3) Veranstaltungen mit voraussichtlich mehr als 5000 Besuchern sind der für den Sanitäts- und Rettungsdienst zuständigen Behörde durch den Betreiber rechtzeitig anzuzeigen.

**§ 42 Brandschutzordnung, Feuerwehrpläne.** (1) [1]Der Betreiber oder ein von ihm Beauftragter hat im Einvernehmen mit der Brandschutzdienststelle eine Brandschutzordnung aufzustellen und durch Aushang bekannt zu machen. [2]In der Brandschutzordnung sind insbesondere die Erforderlichkeit und die Aufgaben eines Brandschutzbeauftragten und der Kräfte für den Brandschutz sowie die Maßnahmen festzulegen, die zur Rettung von Menschen mit Behinderung, insbesondere Rollstuhlbenutzern, erforderlich sind.

(2) [1]Der Betreiber oder ein von ihm Beauftragter hat das Betriebspersonal bei Beginn des Arbeitsverhältnisses und danach mindestens einmal jährlich zu unterweisen über

1. die Lage und die Bedienung der Feuerlöscheinrichtungen und -anlagen, Rauchabzugsanlagen, Brandmelde- und Alarmierungsanlagen und der Brandmelder- und Alarmzentrale,
2. die Brandschutzordnung, insbesondere über das Verhalten bei einem Brand oder bei einer Panik und die Maßnahmen zur Rettung von Menschen mit Behinderung sowie
3. die Betriebsvorschriften.

[2]Den Brandschutzdienststellen ist Gelegenheit zu geben, an der Unterweisung teilzunehmen. [3]Über die Unterweisung ist eine Niederschrift zu fertigen, die der Bauaufsichtsbehörde auf Verlangen vorzulegen ist.

(3) Im Einvernehmen mit der Brandschutzdienststelle sind Feuerwehrpläne anzufertigen und der örtlichen Feuerwehr zur Verfügung zu stellen.

**§ 43 Sicherheitskonzept, Ordnungsdienst.** (1) Erfordert es die Art der Veranstaltung, hat der Betreiber ein Sicherheitskonzept aufzustellen und einen Ordnungsdienst einzurichten.

(2) [1]Für Versammlungsstätten mit mehr als 5000 Besucherplätzen hat der Betreiber im Einvernehmen mit den für Sicherheit oder Ordnung zuständigen Behörden, insbesondere der Polizei, der Feuerwehr und der Rettungsdienste, ein Sicherheitskonzept aufzustellen. [2]Im Sicherheitskonzept sind die Mindest-

---

[1)] Nr. **1**.

zahl der Kräfte des Ordnungsdienstes gestaffelt nach Besucherzahlen und Gefährdungsgraden sowie die betrieblichen Sicherheitsmaßnahmen und die allgemeinen und besonderen Sicherheitsdurchsagen festzulegen.

(3) Der Betreiber oder der Veranstalter haben für den nach dem Sicherheitskonzept erforderlichen Ordnungsdienst einen Ordnungsdienstleiter zu bestellen.

(4) [1] Der Ordnungsdienstleiter und die Ordnungsdienstkräfte sind für die betrieblichen Sicherheitsmaßnahmen verantwortlich. [2] Sie sind insbesondere für die Kontrolle an den Ein- und Ausgängen und den Zugängen zu den Besucherblöcken, die Beachtung der maximal zulässigen Besucherzahl und der Anordnung der Besucherplätze, die Beachtung der Verbote des § 35, die Sicherheitsdurchsagen sowie für die geordnete Evakuierung im Gefahrenfall verantwortlich.

## Teil 5. Zusätzliche Bauvorlagen

**§ 44 Zusätzliche Bauvorlagen, Bestuhlungs- und Rettungswegeplan.**

(1) Mit den bautechnischen Nachweisen sind Standsicherheitsnachweise für dynamische Belastungen vorzulegen.

(2) [1] Zusätzlich zu den Angaben nach § 11 Abs. 1 der Bauvorlagenverordnung (BauVorlV) müssen die Bauvorlagen mindestens Angaben enthalten über

1. die Sicherheitsstromversorgung,
2. die Sicherheitsbeleuchtung,
3. die Einrichtungen zur Rauchableitung,
4. die Feuerlöscheinrichtungen,
5. die Brandmeldeanlage,
6. die Alarmierungsanlage,
7. den Verlauf der Rettungswege im Freien.

[2] Im Übrigen bleibt § 11 Abs. 2 BauVorlV unberührt.

(3) [1] Die Anordnung der Sitz- und Stehplätze, einschließlich der Plätze für Rollstuhlbenutzer, der Bühnen-, Szenen- oder Spielflächen sowie der Verlauf der Rettungswege sind in einem Bestuhlungs- und Rettungswegeplan im Maßstab von mindestens 1:200 darzustellen. [2] Sind verschiedene Anordnungen vorgesehen, so ist für jede ein besonderer Plan vorzulegen.

**§ 45[1)] Gastspielprüfbuch.** (1) Für den eigenen, gleich bleibenden Szenenaufbau von wiederkehrenden Gastspielveranstaltungen kann auf schriftlichen Antrag ein Gastspielprüfbuch erteilt werden.

(2) [1] Das Gastspielprüfbuch muss dem Muster der **Anlage** entsprechen. [2] Der Veranstalter ist durch das Gastspielprüfbuch von der Verpflichtung entbunden, an jedem Gastspielort die Sicherheit des Szenenaufbaus und der dazu gehörenden technischen Einrichtungen erneut nachzuweisen. [3] Anforderungen, die sich aus den örtlichen Verhältnissen des jeweiligen Gastspielorts ergeben, bleiben unberührt.

(3) [1] Das Gastspielprüfbuch wird von der für den ersten Spielort zuständigen unteren Bauaufsichtsbehörde erteilt. [2] Die untere Bauaufsichtsbehörde kann

---

1) § 45 Abs. 3 Satz 2 geänd. mWv 1.9.2018 durch V v. 7.8.2018 (GVBl. S. 694).

dazu die Vorlage einer Bescheinigung der TÜV SÜD Industrie Service GmbH, München, oder der LGA (Landesgewerbeanstalt Bayern), Nürnberg, welche die Rechtswirkung einer Bescheinigung nach Art. 62 Abs. 1 Satz 4 BayBO[1] hat, verlangen. [3]Die Geltungsdauer ist auf die Dauer der Tournee zu befristen und kann auf schriftlichen Antrag verlängert werden. [4]Vor der Erteilung ist eine technische Probe durchzuführen. [5]Die in einem anderen Land der Bundesrepublik Deutschland ausgestellten Gastspielprüfbücher werden anerkannt.

(4) [1]Das Gastspielprüfbuch ist der für den Gastspielort zuständigen Bauaufsichtsbehörde rechtzeitig vor der ersten Veranstaltung am Gastspielort vorzulegen. [2]Werden für die Gastspielveranstaltung Fliegende Bauten genutzt, ist das Gastspielprüfbuch mit der Anzeige der Aufstellung der Fliegenden Bauten vorzulegen. [3]Die Befugnisse nach Art. 54 BayBO bleiben unberührt.

## Teil 6. Bestehende Versammlungsstätten

**§ 46 Anwendung der Vorschriften auf bestehende Versammlungsstätten.** (1) Die zum Zeitpunkt des Inkrafttretens dieser Verordnung bestehenden Versammlungsstätten mit mehr als 5000 Besucherplätzen sind durch den Betreiber innerhalb von zwei Jahren folgenden Vorschriften anzupassen:

1. Kennzeichnung der Ausgänge und Rettungswege (§ 6 Abs. 6),
2. Sitzplätze (§ 10 Abs. 2),
3. Lautsprecheranlage (§ 20 Abs. 2 und § 26 Abs. 1),
4. Einsatzzentrale für die Polizei (§ 26 Abs. 2),
5. Abschrankung von Besucherbereichen (§ 27 Abs. 1 und 3),
6. Wellenbrecher (§ 28),
7. Abschrankung von Stehplätzen vor Szenenflächen (§ 29).

(2) Auf die zum Zeitpunkt des Inkrafttretens der Verordnung bestehenden Versammlungsstätten sind die Betriebsvorschriften des Teils 4 sowie § 10 Abs. 1, § 14 Abs. 3 und § 19 Abs. 6 entsprechend anzuwenden.

(3) [1]Die Bauaufsichtsbehörde hat Versammlungsstätten in Zeitabständen von höchstens drei Jahren zu prüfen. [2]Dabei ist auch die Einhaltung der Betriebsvorschriften zu überwachen und festzustellen, ob die vorgeschriebenen wiederkehrenden Prüfungen der sicherheitstechnischen Anlagen fristgerecht durchgeführt und etwaige Mängel beseitigt worden sind. [3]Den Ordnungsbehörden, der Gewerbeaufsicht und der Brandschutzdienststelle ist Gelegenheit zur Teilnahme an den Prüfungen zu geben. [4]Art. 73 Abs. 3 Satz 1 BayBO[1] bleibt unberührt.

**§ 47[2] Vorübergehende Verwendung von Räumen.** [1]Sollen Veranstaltungen nach § 2 Abs. 1 vor mehr als 200 Besuchern nur vorübergehend in Räumen durchgeführt werden, die nicht den Vorschriften dieser Verordnung entsprechen, ist dies der zuständigen Bauaufsichtsbehörde unter Angabe von Art, Ort, Zeitpunkt und Dauer der Veranstaltung sowie der voraussichtlichen Teilnehmerzahl rechtzeitig anzuzeigen; dies gilt nicht für die Durchführung von Veranstaltungen in Räumen, die als Versammlungsräume genehmigt sind, wenn die Genehmigung die Art der Veranstaltung einschließt. [2]Die Bauauf-

---

[1] Nr. **1**.
[2] § 47 Satz 1 neu gef. mWv 1.8.2009 durch V v. 8.7.2009 (GVBl. S. 332).

sichtsbehörde bestätigt dem Betreiber oder Veranstalter den Eingang der Anzeige und teilt ihm mit, ob sie beabsichtigt, Maßnahmen nach Art. 54 Abs. 2 Satz 2 BayBO[1] zu treffen. [3] Art. 73 Abs. 3 Satz 1 BayBO bleibt unberührt.

## Teil 7. Schlussvorschriften

**§ 48[2] Ordnungswidrigkeiten.** Ordnungswidrig nach Art. 79 Abs. 1 Satz 1 Nr. 1 BayBO[1] und Art. 38 Abs. 4 LStVG[3] handelt, wer vorsätzlich oder fahrlässig

1. als Betreiber entgegen § 31 Abs. 1 Satz 1 nicht sicherstellt, dass die Rettungswege sowie die Zufahrten, Aufstell- und Bewegungsflächen ständig frei gehalten werden,
2. als Betreiber oder Veranstalter entgegen § 31 Abs. 2 nicht sicherstellt, dass die Rettungswege ständig frei gehalten werden,
3. entgegen § 31 Abs. 3 Türen in Rettungswegen verschließt,
4. als Betreiber oder Veranstalter entgegen § 32 Abs. 1 nicht sicherstellt, dass die Zahl der genehmigten Besucherplätze nicht überschritten und die genehmigte Anordnung der Besucherplätze nicht geändert wird,
5. als Betreiber oder Veranstalter entgegen § 32 Abs. 3 nicht sicherstellt, dass Abschrankungen eingerichtet werden,
6. entgegen § 33 Abs. 1, 2, 3 oder Abs. 4 andere als die dort genannten Materialien verwendet oder entgegen § 33 Abs. 5 Sätze 1 und 2 Ausschmückungen anbringt,
7. als Betreiber oder Veranstalter entgegen § 33 Abs. 5 Satz 3 nicht sicherstellt, dass Ausschmückungen aus natürlichem Pflanzenschmuck sich nur, solang sie frisch sind, in den Räumen befinden,
8. als Betreiber oder Veranstalter entgegen § 33 Abs. 6 nicht sicherstellt, dass der Raum unter dem Schutzvorhang von Ausstattungen, Requisiten oder Ausschmückungen so freigehalten wird, dass die Funktion des Schutzvorhangs nicht beeinträchtigt wird,
9. als Betreiber oder Veranstalter entgegen § 33 Abs. 7 nicht sicherstellt, dass brennbares Material von Zündquellen wie Scheinwerfern so weit entfernt ist, dass das Material durch diese nicht entzündet werden kann,
10. entgegen § 34 Abs. 1 Halbsatz 1 Ausstattungen, Requisiten oder Ausschmückungen aufbewahrt oder entgegen § 34 Abs. 2 Szenenaufbauten bereitstellt,
11. als Betreiber oder Veranstalter entgegen § 34 Abs. 3 nicht sicherstellt, dass an den Zügen von Bühnen und Szenenflächen nur Ausstattungsteile für einen Tagesbedarf aufgehängt werden,
12. entgegen § 34 Abs. 4 pyrotechnische Gegenstände, brennbare Flüssigkeiten oder anderes brennbares Material aufbewahrt,
13. entgegen § 35 Abs. 1 oder Abs. 2 Sätze 1 bis 3 raucht oder offenes Feuer, brennbare Flüssigkeiten oder Gase, explosionsgefährliche Stoffe oder pyrotechnische Gegenstände verwendet,

---

[1] Nr. **1**.
[2] § 48 bish. Nr. 6a–20 werden Nr. 7–25 mWv 1.8.2009 durch V v. 8.7.2009 (GVBl. S. 332).
[3] Nr. **26**.

14. als Betreiber entgegen § 36 Abs. 4 nicht sicherstellt, dass die Sicherheitsbeleuchtung in Betrieb ist,
15. entgegen § 38 Abs. 2 auch in Verbindung mit Abs. 5 Satz 1 während des Betriebs nicht oder nicht ständig anwesend ist,
16. entgegen § 38 Abs. 4 auch in Verbindung mit Abs. 5 Satz 1 den Betrieb der Versammlungsstätte nicht einstellt,
17. als Betreiber oder Veranstalter entgegen § 40 Abs. 2 oder Abs. 3, auch in Verbindung mit Abs. 4, nicht sicherstellt, dass die dort genannten Personen anwesend sind,
18. entgegen § 40 Abs. 2 oder Abs. 3, auch in Verbindung mit Abs. 4, die Großbühne, Szenenfläche oder Mehrzweckhalle während des Betriebs verlässt,
19. entgegen § 41 Abs. 1 eine Brandsicherheitswache nicht einrichtet oder entgegen § 41 Abs. 3 die Veranstaltung nicht, nicht richtig, nicht vollständig oder nicht rechtzeitig anzeigt,
20. als Betreiber oder Veranstalter entgegen § 41 Abs. 2 Satz 1 nicht sicherstellt, dass eine Brandsicherheitswache der Feuerwehr anwesend ist,
21. entgegen § 42 Abs. 2 Satz 1 das Betriebspersonal nicht, nicht richtig, nicht vollständig oder nicht rechtzeitig unterweist,
22. entgegen § 43 Abs. 1 oder Abs. 2 Satz 1 ein Sicherheitskonzept nicht aufstellt oder nicht abstimmt, entgegen § 43 Abs. 1 keinen Ordnungsdienst einrichtet oder entgegen § 43 Abs. 3 keinen Ordnungsdienstleiter bestellt,
23. den in § 43 Abs. 4 Satz 2 bezeichneten Aufgaben nicht oder nicht ordnungsgemäß nachkommt,
24. als Betreiber den in § 46 Abs. 1 bezeichneten Pflichten nicht oder nicht rechtzeitig nachkommt,
25. als Betreiber oder Veranstalter entgegen § 47 Satz 1 die dort genannten Veranstaltungen nicht, nicht richtig oder nicht rechtzeitig anzeigt.

**§ 49[1] Inkrafttreten, Außerkrafttreten.** Diese Verordnung tritt am 1. Januar 2008 in Kraft; sie tritt mit Ablauf des 31. Dezember 2028 außer Kraft.

[1] § 49 Abs. 2 und 3 aufgeh. mWv 30.4.2013 durch G v. 8.4.2013 (GVBl. S. 174); Überschrift und Wortlaut geänd. mWv 1.9.2018 durch V v. 7.8.2018 (GVBl. S. 694).

**Anlage**[1)]
(zu § 45 VStättV)

# GASTSPIELPRÜFBUCH

| | |
|---|---|
| **Gastspielveranstaltung** | |

| | |
|---|---|
| Art der Veranstaltung | |

| | |
|---|---|
| **Veranstalter** | |
| Straße, Hausnummer | |
| PLZ, Ort | |
| Telefon | |
| Fax | |
| E-Mail | |

| | |
|---|---|
| das Gastspielprüfbuch gilt bis zum | |

Auf der Grundlage der Angaben in diesem Gastspielprüfbuch, evtl. Auflagen und einer

| | |
|---|---|
| nichtöffentlichen Probe am | |
| in der Veranstaltungsstätte | |

ist der Nachweis der Sicherheit der Gastspielveranstaltung erbracht.

Dieses Gastspielprüfbuch ist in drei Ausfertigungen ausgestellt worden, davon verbleibt eine Ausfertigung bei der ausstellenden Behörde

| | |
|---|---|
| ausgestellt am | |
| durch | |

[1)] Anl. geänd. mWv 1.1.2013 durch V v. 7.12.2012 (GVBl. S. 732); aus technischen Gründen wird die Anlage erst geändert, wenn der Gesetzgeber eine neue Vorlage der Abbildung veröffentlicht.

- Seite 2 –

| | |
|---|---|
| Name des Geschäftsführers / Vertreters des Veranstalters: | |

(Anschrift, falls diese nicht mit der des Veranstalters identisch ist.)

| | |
|---|---|
| Straße, Hausnummer | |
| PLZ, Ort | |
| Telefon | |
| Fax | |
| E-Mail | |

Dieses Gastspielprüfbuch hat fünf Seiten und folgende Anhänge:

☐ ☐ Seiten statische Berechnungen (Anhang 1)
☐ ☐ Seiten Angaben über das Brandverhalten der Materialien (Anhang 2)
☐ ☐ Seiten Angaben über die feuergefährlichen Handlungen (Anhang 3)
☐ ☐ Seiten Angaben über pyrotechnische Effekte (Anhang 4)
☐ ☐ Seiten sonstige Angaben z. B. über Prüfzeugnisse, Baumuster (Anhang 5)

☐ ☐ Seiten ☐
☐ ☐ Seiten ☐

**Veranstaltungsleiter gemäß § 38 Abs. 2 und 5 VStättV für die geplanten Gastspiele ist**

Herr / Frau: ☐

**Verantwortliche für Veranstaltungstechnik der Fachrichtung nach § 40 VStättV sind**

1. **Bühne/Studio:**
   Herr / Frau: ☐
   Befähigungszeugnis-Nr.: ☐
   Ausstellungsdatum: ☐
   ausstellende Behörde: ☐

2. **Halle:**
   Herr / Frau: ☐
   Befähigungszeugnis-Nr.: ☐
   Ausstellungsdatum: ☐
   ausstellende Behörde: ☐

3. **Beleuchtung:**
   Herr / Frau: ☐
   Befähigungszeugnis-Nr.: ☐
   Ausstellungsdatum: ☐
   ausstellende Behörde: ☐

4. **Fachkraft für Veranstaltungstechnik** (§ 40 Abs. 4 VStättV)
   **Bei Szenenflächen mit nicht mehr als 200 $m^2$ Grundfläche**
   Herr / Frau: ☐

- Seite 3 –

**1. Ausführliche Beschreibung der Veranstaltung**

(Angaben zur Veranstaltungsart zu den vorgesehenen Gastspielen, zur Anzahl der Mitwirkenden, zu feuergefährlichen Handlungen, pyrotechnischen Effekten, anderen technischen Einrichtungen, z.B. Laser, zur Ausstattung, zum Ablauf der Veranstaltung und zu sonstigen Vorgängen, die Maßnahmen zur Gefahrenabwehr erforderlich machen.)

**2. Darstellung der Aufbauten, Ausstattungen, technischen Einrichtungen**

(Die Aufbauten und Ausstattungen sind zu beschreiben, zeichnerisch ist der Bühnenaufbau mindestens durch einen Grundriss und möglichst durch einen Schnitt darzustellen. Werden Ausrüstungen in größerem Umfang gehangen, ist ein Hängeplan erforderlich, auf bewegliche Teile der Dekoration und zum Aufbau gehörende maschinen- und elektrotechnische Einrichtungen und die damit verbundenen Gefahren ist hinzuweisen. Es sind Angaben zu mitgeführten Bühnen/Szenenflächen, Zuschauertribünen und Bestuhlungen zu machen, sonstige Angaben.)

- Seite 4 –

### 3. Gefährdungsanalyse

a) Bei gefährlichen szenischen Vorgängen ist eine Gefährdungsanalyse durchzuführen. Gefährliche szenische Vorgänge sind z. B. offene Verwandlungen, maschinentechnische Bewegungen, künstlerische Tätigkeiten im oder über dem Zuschauerbereich

| | |
|---|---|
| Beschreibung der gefährlichen szenischen Handlung: | |
| Unterwiesene Personen: | |
| Schutzmaßnahmen: | |

Einweisung vor jeder Probe und Vorstellung erforderlich: ☐ ja ☐ nein

b) Vor dem Einsatz gefährlicher szenischer Einrichtungen ist eine Gefährdungsanalyse durchzuführen. Gefährliche szenische Einrichtungen sind Geräte, Einrichtungen und Einbauten in kritischen Bereichen von Bühnen, Szenenflächen und Zuschauerbereichen, z. B. Unterbauen des Schutzvorhangs, Anordnung von Regieeinrichtungen, Vorführgeräten, Scheinwerfern, Kameras, Laseranlagen usw. im Zuschauerraum, Leitungsverbindungen zwischen Brandabschnitten.

| | |
|---|---|
| Geräte, Einrichtungen und Einbauten: | |
| Unterbauen des Schutzvorhangs: | |
| Ortsveränderliche technische Einrichtungen im Zuschauerraum: | |
| Laseranlagen / Standort: | |
| Leitungsverbindungen: | |
| Sonstiges: | |

- Seite 5 –

**4. Auflagen**

**5. Rechtsbehelfsbelehrung**

Gegen diesen Bescheid kann innerhalb eines Monats nach Bekanntgabe Klage erhoben werden. Die Klage ist schriftlich oder zur Niederschrift beim

Bayerischen Verwaltungsgericht

in

zu erheben.

| Ort, Datum | Behörde |
|---|---|
| | |

| Unterschrift | Dienstsiegel |
|---|---|
| | |

- Seite 6 –

**Anhang 1**

zum Gastspielprüfbuch

| Titel der Gastspielveranstaltung |
| --- |
| |

**Standsicherheitsnachweis***)

| (ggf. Hinweis auf beigefügte statische Berechnungen) |
| --- |
| |

*) *ggf. weitere Seiten anfügen*

- Seite 7 –

**Anhang 2**

zum Gastspielprüfbuch

| Titel der Gastspielveranstaltung |
|---|
| |

**Baustoff- und Materialliste**

In der VStättV werden an die zur Verwendung kommenden Baustoffe und Materialien brandschutztechnische Anforderungen gestellt. Folgende Mindestanforderungen sind zu erfüllen:

| Ort:<br>Gegenstand: | Szenenfläche ohne automatische Feuerlöschanlage | Szenenfläche mit automatischer Feuerlöschanlage | Großbühne | Zuschauerraum und Nebenräume | Foyer |
|---|---|---|---|---|---|
| Szenenpodien: Fußboden/Bodenbeläge | normal-entflammbar | normal-entflammbar | normal-entflammbar | normal-entflammbar | normal-entflammbar |
| Szenenpodien: Unterkonstruktion | nicht-brennbar | nicht-brennbar | nicht-brennbar | nicht-brennbar | nicht-brennbar |
| Vorhänge: | schwer-entflammbar | schwer-entflammbar | schwer-entflammbar | - | - |
| Ausstattungen: | schwer-entflammbar | normal-entflammbar | normal-entflammbar | - | - |
| Requisiten: | normal-entflammbar | normal-entflammbar | normal-entflammbar | - | - |
| Ausschmückungen: | schwer-entflammbar | schwer-entflammbar | schwer-entflammbar | schwer-entflammbar | schwer-entflammbar |

**Erläuterungen:**

Nach Bauregelliste A Teil1, Anlage 0.2 sind den bauordnungsrechtlichen Anforderungen an Baustoffe folgende Baustoffklassen nach DIN 4102-1 zugeordnet:

| | |
|---|---|
| **nichtbrennbare Baustoffe:** | **A (A1, A2)** |
| **brennbare Baustoffe:** | **B** |
| **- schwerentflammbare Baustoffe:** | **B1** |
| **- normalentflammbare Baustoffe:** | **B2** |

Soweit die eingesetzten Materialien keine Baustoffe sind, werden die Bezeichnungen entsprechend den für Baustoffe geltenden Klassifizierungen verwendet.

Ort bezeichnet den Einsatzort des Baustoffes oder Materials:

**B** = Bühne
**S** = Szenenfläche
**SmF** = Szenenfläche mit automatischer Feuerlöschanlage
**SoL** = Szenenfläche ohne automatische Feuerlöschanlage
**Z** = Zuschauerraum (bei Versammlungsstätten mit Bühnenhaus)
**V** = Versammlungsraum
**F** = Foyer

Für Baustoffe und Materialien sind die Verwendungsnachweise nach Art. 15 ff. BayBO zu führen. Für Textilien und Möbel können gleichwertige Klassifizierungen nach den dafür geltenden Normen nachgewiesen werden.

Ist das Material nach DIN 4102-1 geprüft und klassifiziert, so wird das Brandverhalten mit dem (allgemeinen bauaufsichtlichen) Prüfzeugnis nachgewiesen. Ansonsten ist das Material mit einem dafür durch allgemeines bauaufsichtliches Prüfzeugnis zugelassenen Feuerschutzmittel zu behandeln, durch das die Zuordnung zu einer angestrebten Baustoffklasse erreicht wird.

- Seite 8 –

(noch Anhang 2)

zum Gastspielprüfbuch

| Titel der Gastspielveranstaltung |
|---|
| |

**Zur Verwendung kommen folgende Baustoffe und Materialien[*]:**

| Baustoff oder Material | | | | Feuerschutz | | |
|---|---|---|---|---|---|---|
| lfd. Nr. | Beschreibung | Baustoffklasse - Klassifizierung nachgewiesen | Ort | Feuerschutzmittel - Nr. des allgemeinen bauaufsichtlichen Prüfzeugnisses | damit erreichte Baustoff-klasse | aufgebracht am |
| | | | | | | |
| | | | | | | |
| | | | | | | |
| | | | | | | |
| | | | | | | |
| | | | | | | |
| | | | | | | |
| | | | | | | |
| | | | | | | |
| | | | | | | |
| | | | | | | |
| | | | | | | |
| | | | | | | |
| | | | | | | |
| | | | | | | |
| | | | | | | |
| | | | | | | |
| | | | | | | |
| | | | | | | |
| | | | | | | |
| | | | | | | |
| | | | | | | |
| | | | | | | |
| | | | | | | |
| | | | | | | |

[*] *ggf. weitere Seiten anfügen*

- Seite 9 –

**Anhang 3**

zum Gastspielprüfbuch

| Titel der Gastspielveranstaltung |
|---|
| |

**Angaben über feuergefährliche Handlungen**

Dieser Anhang ist erforderlich, wenn auf der Bühne/Szenenfläche oder im Versammlungsraum szenisch bedingt geraucht oder offenes Feuer verwendet wird. Feuergefährliche Handlungen sind der zuständigen Behörde am Gastspielort anzuzeigen. Für feuergefährliche Handlungen, von denen eine besondere Gefahr wegen ihrer Art oder der Nähe des Abbrennortes zu Ausstattungen oder Personen ausgeht, ist eine Gefährdungsanalyse durchzuführen. Für die Einhaltung der sich daraus ergebenden Auflagen ist der Veranstalter verantwortlich.

**Handlungen mit offenem Feuer*):**

| Zeitpunkt im Ablauf | Anzahl | Art (Zigarette, Kerze o. Ä.) | Szenischer Ablauf (Ablauf der Aktion) | Ort auf der Bühne / Szenenfläche | Löschen / Aschenablage | Nummer der Gefährdungs-analyse |
|---|---|---|---|---|---|---|
| | | | | | | |
| | | | | | | |
| | | | | | | |
| | | | | | | |
| | | | | | | |
| | | | | | | |
| | | | | | | |
| | | | | | | |
| | | | | | | |
| | | | | | | |
| | | | | | | |
| | | | | | | |
| | | | | | | |
| | | | | | | |
| | | | | | | |
| | | | | | | |
| | | | | | | |
| | | | | | | |
| | | | | | | |

**Erläuterungen:**

Der Zeitpunkt im Ablauf kann, je nach Veranstaltungstyp, in Akten, Szenen, Bildern, Programmpunkten oder Musikstücken oder in Minuten von einer Nullzeit ausgehend, angegeben werden. Unter Anzahl ist die Stückzahl der zu diesem Zeitpunkt entzündeten Effekte einzutragen. Art bezeichnet den Typ des Effektes (z. B. Zigarette, Kerze, Fackel, Brennpaste, Gas usw.), Ort auf der Bühne/Szenenfläche bezeichnet, in welchem Teilraum oder auf welcher Teilfläche die Aktion hauptsächlich stattfindet. Unter Löschen/Aschenablage sind die Vorrichtungen einzutragen, die für das sichere Löschen der feuergefährlichen Gegenstände oder für die Ablage der Asche vorgesehen sind.

*) *ggf. weitere Seiten anfügen*

- Seite 10 –

(noch Anhang 3)

zum Gastspielprüfbuch

| Titel der Gastspielveranstaltung |
|---|
| |

**Brandschutztechnische Gefährdungsanalyse*):**

(Für feuergefährliche Handlungen, von denen eine besondere Gefahr wegen ihrer Art oder der Nähe des Abbrennortes zu Ausstattungen oder Personen ausgeht, ist eine Gefährdungsanalyse durchzuführen).

**Feuergefährliche Handlungen**

Gefahren durch:

- ☐ Flammbildung
- ☐ Funkenflug
- ☐ Blendung
- ☐ Wärmestrahlung
- ☐ Abtropfen heißer Schlacke
- ☐ Druckwirkung
- ☐ Splittereinwirkung
- ☐ Staubablagerung
- ☐ Schallwirkung
- ☐ Gegenseitige Beeinflussung verschiedener Effekte
- ☐ Gesundheitsgefährdende Gase, Stäube, Dämpfe, Rauch

Schutzmaßnahmen:

| | |
|---|---|
| Abstände zu Personen: | |
| Abstände zu Dekorationen: | |
| Unterwiesene Personen: | |
| Lösch- und Feuerbekämpfungsmittel: | |

Sonstige Maßnahmen:

| |
|---|
| |

*) *ggf. weitere Seiten anfügen*

- Seite 11 –

**Anhang 4**

| zum Gastspielprüfbuch | Titel der Gastspielveranstaltung |
|---|---|

**Angaben über die pyrotechnischen Effekte**

Diese Angaben sind erforderlich, wenn auf der Bühne/Szenenfläche oder im Versammlungsraum szenisch bedingte pyrotechnische Effekte durchgeführt werden. Pyrotechnische Effekte sind der zuständigen Behörde anzuzeigen und bedürfen der Genehmigung. Für pyrotechnische Effekte, von denen eine besondere Gefahr wegen ihrer Art oder der Nähe des Abbrennortes zu Ausstattungen oder Personen ausgeht, ist eine Gefährdungsanalyse durchzuführen. Für die Einhaltung der sich daraus ergebenden Auflagen ist der Veranstalter verantwortlich.

Hinweis:
Pyrotechnische Effekte der Klassen III, IV und T2 dürfen nur von verantwortlichen Personen im Sinne der §§ 19 und 21 SprengG durchgeführt werden. Pyrotechnische Gegenstände der Klassen I, II und T1 dürfen auch von Personen ohne Befähigungsschein verwendet werden, wenn sie vom Veranstalter hierzu beauftragt sind.

**Nach Sprengstoffrecht verantwortliche Personen:**

**Erlaubnisscheininhaber:**

| | |
|---|---|
| Name, Vorname: | |
| Erlaubnisschein-Nr.: | |
| Ausstellungsdatum: | |
| ausstellende Behörde: | |

**Befähigungsscheininhaber:**

| | |
|---|---|
| Name, Vorname: | |
| Befähigungsschein-Nr.: | |
| Ausstellungsdatum: | |
| ausstellende Behörde: | |

**Beauftragte Person:** (nur Klasse I, II, T1)

| | |
|---|---|
| Herr / Frau: | |

- Seite 12 –

(noch Anhang 4)

zum Gastspielprüfbuch

| Titel der Gastspielveranstaltung |
|---|
| |

**Pyrotechnische Effekte***)

| lfd. Nr. | Zeitpunkt im Ablauf | Anzahl | Art des Effektes | BAM-Nummer | Ort auf der Bühne / Szenenfläche | Dauer des Effektes | Nummer der Gefährdungs-analyse |
|---|---|---|---|---|---|---|---|
| | | | | | | | |
| | | | | | | | |
| | | | | | | | |
| | | | | | | | |
| | | | | | | | |
| | | | | | | | |
| | | | | | | | |
| | | | | | | | |
| | | | | | | | |
| | | | | | | | |
| | | | | | | | |
| | | | | | | | |
| | | | | | | | |
| | | | | | | | |
| | | | | | | | |
| | | | | | | | |
| | | | | | | | |
| | | | | | | | |
| | | | | | | | |

**Erläuterungen:**
Unter lfd. Nr. sind die vorgesehenen Effekte fortlaufend in der Reihenfolge des Abbrennens zu nummerieren. Der Zeitpunkt im Ablauf kann, je nach Veranstaltungstyp, in Akten, Szenen, Bildern, Programmpunkten oder Musikstücken oder in Minuten von einer Nullzeit ausgehend, angegeben werden. Unter Anzahl ist die Stückzahl der zu diesem Zeitpunkt gezündeten, identischen Effekte einzutragen. Art bezeichnet den Typ des Effektes (Bühnenblitz, Fontäne o. a.). BAM-Nummer meint das Zulassungszeichen der Bundesanstalt für Materialprüfung. Bei Ort auf der Bühne / Szenenfläche ist anzugeben, wo die Effekte gezündet werden. Dauer des Effektes bezeichnet die Zeitspanne vom Zünden des Effektes bis zum endgültigen Verlöschen in Sekunden. Bei extrem kurzzeitigen Effekten, wie Blitzen oder Knallkörpern, ist eine "0" einzutragen.

- Seite 13 –

(noch Anhang 4)

zum Gastspielprüfbuch

| Titel der Gastspielveranstaltung |
|---|
| |

**Pyrotechnische Gefährdungsanalyse**[*)]

(Vor dem Einsatz pyrotechnischer Effekte ist eine Gefährdungsanalyse durchzuführen.)

**Pyrotechnische Effekte**

Gefahren durch:

- ☐ Flammbildung
- ☐ Funkenflug
- ☐ Blendung
- ☐ Wärmestrahlung
- ☐ Abtropfen heißer Schlacke
- ☐ Druckwirkung
- ☐ Splittereinwirkung
- ☐ Staubablagerung
- ☐ Schallwirkung
- ☐ Gegenseitige Beeinflussung verschiedener Effekte
- ☐ Gesundheitsgefährdende Gase, Stäube, Dämpfe, Rauch

Schutzmaßnahmen:

| | |
|---|---|
| Abstände zu Personen: | |
| Abstände zu Dekorationen: | |
| Unterwiesene Personen: | |
| Lösch- und Feuerbekämpfungsmittel: | |

Sonstige Maßnahmen:

| |
|---|
| |

- Seite 14 –

**Anhang 5**

zum Gastspielprüfbuch

| Titel der Gastspielveranstaltung |
|---|
| |

**Sonstige Angaben**

**Für folgende Bauprodukte liegen Prüfzeugnisse vor:**

| |
|---|
| |

**Für folgende Fliegende Bauten liegen Ausführungsgenehmigungen vor:**

| |
|---|
| |

# 16. Verordnung über den Bau und Betrieb von Beherbergungsstätten (Beherbergungsstättenverordnung – BStättV)[1] [2]

Vom 2. Juli 2007
(GVBl. S. 538)

**BayRS 2132-1-19-B**

zuletzt geänd. durch § 7 V zur Anpassung an die Bayerische Bauordnung v. 7.8.2018 (GVBl. S. 694)

Auf Grund des Art. 90 Abs. 1 Satz 1 Nr. 3 der Bayerischen Bauordnung (BayBO)[3] in der Fassung der Bekanntmachung vom 4. August 1997 (GVBl S. 433, BayRS 2132-1-I), zuletzt geändert durch Gesetz vom 10. März 2006 (GVBl S. 120), erlässt das Bayerische Staatsministerium des Innern folgende Verordnung:

**§ 1 Anwendungsbereich.** (1) Die Vorschriften dieser Verordnung gelten für Beherbergungsstätten mit mehr als 30 Gastbetten.

(2) Die Vorschriften dieser Verordnung gelten nicht für Berghütten.

**§ 2[4] Begriffe und allgemeine Anforderungen.** (1) Beherbergungsstätten sind Gebäude oder Gebäudeteile, die ganz oder teilweise für die Beherbergung von Gästen, ausgenommen die Beherbergung in Ferienwohnungen, bestimmt sind.

(2) [1] Beherbergungsräume sind Räume, die dem Wohnen oder Schlafen von Gästen dienen. [2] Eine Folge unmittelbar zusammenhängender Beherbergungsräume (Suite) gilt als ein Beherbergungsraum.

(3) Gasträume sind Räume, die für den Aufenthalt von Gästen, jedoch nicht zum Wohnen oder Schlafen bestimmt sind, wie Speiseräume und Tagungsräume.

(4) Soweit in dieser Verordnung nichts Abweichendes geregelt ist, gelten die Anforderungen der Bayerischen Bauordnung; nicht anzuwenden sind die Erleichterungen für Gebäude der Gebäudeklassen 1 und 2 sowie die Erleichterungen innerhalb derselben Nutzungseinheit mit nicht mehr als 400 $m^2$.

**§ 3 Rettungswege.** (1) [1] Für jeden Beherbergungsraum müssen mindestens zwei voneinander unabhängige Rettungswege vorhanden sein; sie dürfen jedoch innerhalb eines Geschosses über denselben notwendigen Flur führen. [2] Der erste Rettungsweg muss für Beherbergungsräume, die nicht zu ebener Erde liegen, über eine notwendige Treppe führen, der zweite Rettungsweg

---

[1] **Amtl. Anm.:** Die Verpflichtungen aus der Richtlinie 98/34/EG des Europäischen Parlaments und des Rates vom 22. Juni 1998 über ein Informationsverfahren auf dem Gebiet der Normen und technischen Vorschriften (ABl EG Nr. L 204 S. 37), geändert durch die Richtlinie 98/48/EG des Europäischen Parlaments und des Rates vom 20. Juli 1998 (ABl EG Nr. L 217 S. 18), jetzt Richtlinie des Europäischen Parlaments und des Rates über ein Informationsverfahren auf dem Gebiet der Normen und technischen Vorschriften und der Vorschriften für die Dienste der Informationsgesellschaft, sind beachtet worden.

[2] **Die Verordnung tritt mit Ablauf des 31.12.2028 außer Kraft**, vgl. § 15.

[3] Nr. **1**.

[4] § 2 Überschrift geänd., Abs. 4 angef. mWv 1.1.2008 durch V v. 29.11.2007 (GVBl. S. 847).

über eine weitere notwendige Treppe oder eine Außentreppe. [3] In Beherbergungsstätten mit insgesamt nicht mehr als 60 Gastbetten genügt als zweiter Rettungsweg eine mit Rettungsgeräten der Feuerwehr erreichbare Stelle des Beherbergungsraums; dies gilt nicht, wenn in einem nicht zu ebener Erde liegenden Geschoss mehr als 30 Gastbetten vorhanden sind.

(2) [1] An den Abzweigungen notwendiger Flure, an den Zugängen zu notwendigen Treppenräumen und an den Ausgängen ins Freie ist durch Sicherheitszeichen auf die Ausgänge hinzuweisen. [2] Die Sicherheitszeichen müssen beleuchtet sein.

**§ 4[1)] Tragende Wände, Stützen, Decken.** (1) [1] Tragende Wände, Stützen und Decken müssen feuerbeständig sein. [2] Dies gilt nicht für oberste Geschosse von Dachräumen, wenn sich dort keine Beherbergungsräume befinden; § 5 Abs. 4 bleibt unberührt.

(2) Tragende Wände, Stützen und Decken brauchen nur feuerhemmend zu sein

1. in Gebäuden mit nicht mehr als zwei oberirdischen Geschossen,
2. in obersten Geschossen von Dachräumen mit Beherbergungsräumen.

(3) Die Anforderungen gelten nicht für Balkone, ausgenommen offene Gänge, die als notwendige Flure dienen.

**§ 5[2)] Trennwände, Brandwände.** (1) [1] Trennwände müssen feuerbeständig sein

1. zwischen Räumen einer Beherbergungsstätte und Räumen, die nicht zu der Beherbergungsstätte gehören,

sowie

2. zwischen Beherbergungsräumen und
   a) Gasträumen,
   b) Küchen.

[2] Soweit in Beherbergungsstätten die tragenden Wände, Stützen und Decken nur feuerhemmend zu sein brauchen, genügen feuerhemmende Trennwände.

(2) Trennwände zwischen Beherbergungsräumen sowie zwischen Beherbergungsräumen und sonstigen Räumen müssen feuerhemmend sein.

(3) [1] In Trennwänden nach Abs. 1 Satz 1 Nr. 2 und nach Abs. 2 sind Öffnungen unzulässig. [2] Öffnungen in Trennwänden nach Abs. 1 Satz 1 Nr. 1 müssen feuerhemmende, rauchdichte und selbstschließende Abschlüsse haben.

(4) Trennwände sind bis zur Rohdecke, im Dachraum bis unter die Dachhaut zu führen; werden in Dachräumen Trennwände nur bis zur Rohdecke geführt, ist diese Decke als raumabschließendes Bauteil einschließlich der sie tragenden und aussteifenden Bauteile feuerhemmend herzustellen.

(5) Brandwände müssen auch unter zusätzlicher mechanischer Beanspruchung feuerbeständig sein und aus nichtbrennbaren Baustoffen bestehen.

---

[1)] § 4 Abs. 1 Satz 2 geänd., Abs. 3 angef. mWv 1.1.2008 durch V v. 29.11.2007 (GVBl. S. 847).

[2)] § 5 Überschrift neu gef., Abs. 4 und 5 angef. mWv 1.1.2008 durch V v. 29.11.2007 (GVBl. S. 847).

**§ 6**[1] **Notwendige Treppen und Treppenräume, notwendige Flure, Fahrschächte.** (1) [1]Notwendige Treppen sind in einem Zuge zu allen angeschlossenen Geschossen zu führen. [2]Die Wände notwendiger Treppenräume müssen die Feuerwiderstandsfähigkeit der tragenden Wände haben; in Gebäuden mit mehr als drei oberirdischen Geschossen müssen sie in der Bauart von Brandwänden hergestellt sein.

(2) In notwendigen Fluren müssen Bodenbeläge aus mindestens schwerentflammbaren Baustoffen bestehen.

(3) In notwendigen Fluren mit nur einer Fluchtrichtung (Stichfluren) darf die Entfernung zwischen Türen von Beherbergungsräumen und notwendigen Treppenräumen oder Ausgängen ins Freie nicht länger als 15 m sein.

(4) Stufen in notwendigen Fluren müssen beleuchtet sein.

(5) [1]In Gebäuden mit mehreren notwendigen Treppen darf der Ausgang eines Treppenraums in eine Eingangshalle mit Rezeption und von dort ins Freie führen. [2]Die Entfernung von der Treppe bis ins Freie darf nicht mehr als 20 m betragen. [3]Die Halle muss zu anderen Räumen Trennwände nach § 5 Abs. 1 und Öffnungen mit Abschlüssen nach § 5 Abs. 3 Satz 2 haben.

(6) [1]Fahrschachtwände müssen als raumabschließende Bauteile feuerbeständig und aus nichtbrennbaren Baustoffen sein. [2]In Gebäuden mit nicht mehr als zwei oberirdischen Geschossen genügen feuerhemmende Wände.

**§ 7 Türen.** (1) Feuerhemmende, rauchdichte und selbstschließende Türen müssen vorhanden sein in Öffnungen

1. von notwendigen Treppenräumen zu anderen Räumen, ausgenommen zu notwendigen Fluren, und
2. von notwendigen Fluren in Kellergeschossen zu Räumen, die von Gästen nicht benutzt werden.

(2) Rauchdichte und selbstschließende oder vollwandige, dicht- und selbstschließende Türen müssen vorhanden sein in Öffnungen

1. von notwendigen Treppenräumen zu notwendigen Fluren,
2. von notwendigen Fluren zu Beherbergungsräumen und
3. von notwendigen Fluren zu Gasträumen und Eingangshallen, wenn an den Fluren in demselben Rauchabschnitt Öffnungen zu Beherbergungsräumen liegen.

(3) Türen von Beherbergungsräumen müssen im Brandfall von der Feuerwehr geöffnet werden können.

**§ 8 Sicherheitsbeleuchtung, Sicherheitsstromversorgung.** (1) Beherbergungsstätten müssen

1. in notwendigen Fluren und in notwendigen Treppenräumen,
2. in Räumen zwischen notwendigen Treppenräumen und Ausgängen ins Freie,
3. für Sicherheitszeichen, die auf Ausgänge hinweisen, und
4. für Stufen in notwendigen Fluren

---

[1] § 6 Überschrift und Abs. 1 neu gef., Abs. 2 Satz 1 aufgeh., bish. Satz 2 wird alleiniger Wortlaut und geänd., Abs. 5 Satz 1 geänd., Abs. 6 angef. mWv 1.1.2008 durch V v. 29.11.2007 (GVBl. S. 847).

eine Sicherheitsbeleuchtung haben.

(2) Beherbergungsstätten müssen eine Sicherheitsstromversorgung haben, die bei Ausfall der allgemeinen Stromversorgung den Betrieb der sicherheitstechnischen Anlagen und Einrichtungen übernimmt, insbesondere

1. der Sicherheitsbeleuchtung,
2. der Alarmierungseinrichtungen und
3. der Brandmeldeanlage.

**§ 9 Alarmierungseinrichtungen, Brandmeldeanlagen, Brandfallsteuerung von Aufzügen.** (1) [1]Beherbergungsstätten müssen Alarmierungseinrichtungen haben, durch die im Gefahrenfall die Betriebsangehörigen und Gäste gewarnt werden können. [2]Bei Beherbergungsstätten mit mehr als 60 Gastbetten müssen sich die Alarmierungseinrichtungen bei Auftreten von Rauch in den notwendigen Fluren auch selbsttätig auslösen.

(2) [1]Beherbergungsstätten mit mehr als 60 Gastbetten müssen Brandmeldeanlagen mit automatischen Brandmeldern und mit nichtautomatischen Brandmeldern (Handfeuermeldern) haben. [2]Die automatischen Brandmelder müssen auf die Kenngröße Rauch ansprechen und mindestens die notwendigen Flure überwachen. [3]Die nichtautomatischen Brandmelder sind in den notwendigen Fluren in ausreichender Zahl und an gut sichtbarer Stelle anzubringen.

(3) [1]Aufzüge von Beherbergungsstätten mit mehr als 60 Gastbetten sind mit einer Brandfallsteuerung auszustatten, die durch die automatische Brandmeldeanlage ausgelöst wird. [2]Die Brandfallsteuerung hat sicherzustellen, dass die Aufzüge das nicht vom Rauch betroffene Eingangsgeschoss, ansonsten das in Fahrtrichtung davor liegende Geschoss, anfahren und dort mit geöffneten Türen außer Betrieb gehen.

**§ 10 Weitergehende Anforderungen.** An Beherbergungsstätten in Hochhäusern können aus Gründen des Brandschutzes weitergehende Anforderungen gestellt werden.

**§ 11 Freihalten der Rettungswege, Brandschutzordnung, verantwortliche Personen.** (1) [1]Die Rettungswege müssen frei von Hindernissen sein. [2]Türen im Zug von Rettungswegen dürfen nicht versperrt werden und müssen von innen leicht zu öffnen sein.

(2) [1]In jedem Beherbergungsraum sind an dessen Ausgang ein Rettungswegplan mit Angaben zur Lage des Beherbergungsraums, zum Verlauf der Rettungswege und zur Art des Alarmzeichens sowie Hinweise zum Verhalten bei einem Brand anzubringen. [2]Die Hinweise müssen auch in den Fremdsprachen, die der Herkunft der üblichen Gäste Rechnung tragen, abgefasst sein.

(3) Für Beherbergungsstätten mit mehr als 60 Gastbetten sind im Einvernehmen mit der für den Brandschutz zuständigen Dienststelle

1. eine Brandschutzordnung zu erstellen und
2. Feuerwehrpläne anzufertigen; die Feuerwehrpläne sind der örtlichen Feuerwehr zur Verfügung zu stellen.

(4) Die Betriebsangehörigen sind bei Beginn des Arbeitsverhältnisses und danach mindestens einmal jährlich

1. über die Bedienung der Alarmierungseinrichtungen und der Brandmelder zu unterweisen und
2. über die Brandschutzordnung und das Verhalten bei einem Brand und über die Hilfestellung für behinderte Menschen zu belehren.

(5) [1] Während des Betriebs von Beherbergungsstätten muss der Betreiber oder ein von ihm Beauftragter herbeigerufen werden können. [2] Für die Einhaltung der in den Abs. 1 bis 4 gestellten Anforderungen ist der Betreiber oder der von ihm Beauftragte verantwortlich.

**§ 12[1)] Zusätzliche Bauvorlagen.** [1] Zusätzlich zu den Angaben nach § 11 Abs. 1 Bauvorlagenverordnung (BauVorlV)[2)] müssen die Bauvorlagen mindestens Angaben enthalten über

1. die Sicherheitsbeleuchtung,
2. die Sicherheitsstromversorgung,
3. die Alarmierungseinrichtungen,
4. die Brandmeldeanlage,
5. den Verlauf der Rettungswege im Freien,
6. die Anzahl und Art der die bauliche Anlage nutzenden Personen.

[2] Im Übrigen bleibt § 11 Abs. 2 BauVorlV unberührt.

**§ 13 Anwendung der Vorschriften auf bestehende Beherbergungsstätten.** Auf die im Zeitpunkt des Inkrafttretens dieser Verordnung bestehenden Beherbergungsstätten sind die Vorschriften des § 11 anzuwenden.

**§ 14[3)] Ordnungswidrigkeiten.** Ordnungswidrig nach Art. 79 Abs. 1 Satz 1 Nr. 1 BayBO[4)] handelt, wer vorsätzlich oder fahrlässig

1. entgegen § 11 Abs. 1 auch in Verbindung mit Abs. 5 Satz 2 Rettungswege nicht frei von Hindernissen hält, Türen im Zug von Rettungswegen versperrt oder versperren lässt oder als Verantwortlicher nicht dafür sorgt, dass diese Türen von innen leicht geöffnet werden können,
2. entgegen § 11 Abs. 2 Satz 1 auch in Verbindung mit Abs. 5 Satz 2 den Rettungswegplan und Hinweise zum Verhalten bei einem Brand nicht oder nicht in jedem Beherbergungsraum anbringt oder anbringen lässt.

**§ 15[5)] Inkrafttreten, Außerkrafttreten.** Diese Verordnung tritt am 1. September 2007 in Kraft; sie tritt mit Ablauf des 31. Dezember 2028 außer Kraft.

## Nrn. 17–19 *(nicht belegt)*

---

[1)] § 12 Satz 1 einleit. Satzteil und Nr. 5 und Satz 2 geänd., Nr. 6 angef., mWv 1.1.2008 durch V v. 29.11.2007 (GVBl. S. 847).

[2)] Nr. **3**.

[3)] § 14 geänd. mWv 1.1.2008 durch V v. 29.11.2007 (GVBl. S. 847); geänd. mWv 1.8.2009 durch V v. 8.7.2009 (GVBl. S. 332).

[4)] Nr. **1**.

[5)] § 15 Überschrift und Wortlaut geänd. mWv 1.9.2018 durch V v. 7.8.2018 (GVBl. S. 694).

# 20. Zuständigkeitsverordnung im Bauwesen (ZustVBau)[1)]

Vom 5. Juli 1994
(GVBl. S. 573)

**BayRS 2130-3-B**

zuletzt geänd. durch V zur Änd. der ZuständigkeitsV im Bauwesen v. 3.1.2025 (GVBl. S. 16)

Es erlassen auf Grund

1. von § 19 Abs. 5 und § 203 Abs. 1 und 3 des Baugesetzbuchs (BauGB) in der Fassung der Bekanntmachung vom 27. August 1997 (BGBl I S. 2141) die Bayerische Staatsregierung
2. von § 11 Abs. 1, 2, 3 und 7 , § 13 Abs. 1 und 2 sowie § 16 Abs. 4 des Bauproduktengesetzes (BauPG) vom 10. August 1992 (BGBl I S. 1495), zuletzt geändert durch § 16 des Gesetzes vom 22. April 1997 (BGBl I S. 934),
   Art. 59 Abs. 2 und 3, Art. 90 Abs. 7 und 8 und Art. 92 der Bayerischen Bauordnung (BayBO)[2)] in der Fassung der Bekanntmachung vom 4. August 1997 (GVBl.S. 433, BayRS 2132-1-I)
   das Bayerische Staatsministerium des Innern

folgende Verordnung:

**Nichtamtliche Inhaltsübersicht[3)]**



**§ 1[4)] Zuständigkeiten der Regierungen.** (1) Die Regierung ist zuständige Behörde für die Zustimmung zur Beschränkung der Kosten- und Finanzierungsübersicht nach § 149 Abs. 4 Satz 1 des Baugesetzbuchs (BauGB).

(2) Die Regierung ist zuständige Behörde zum Erlaß von Rechtsverordnungen nach § 203 Abs. 1 BauGB; soweit Gemeinden aus verschiedenen Regierungsbezirken betroffen sind, ist das Staatsministerium für Wohnen, Bau und Verkehr zuständige Behörde.

---

[1)] Änderungen vor dem 1.10.1999 sind nicht in Fußnoten nachgewiesen.

[2)] Nr. **1**.

[3)] Amtl. Inhaltsübersicht aufgeh. mWv 15.7.2020 durch V v. 16.6.2020 (GVBl. S. 310).

[4)] § 1 Abs. 1 neu gef. mWv 1.10.2006 durch V v. 13.9.2006 (GVBl. S. 748); Abs. 2 geänd. mWv 30.8.2014 durch V v. 22.7.2014 (GVBl. S. 286); Abs. 2 geänd. mWv 1.5.2019 durch V v. 26.3.2019 (GVBl. S. 98); Abs. 1 geänd. mWv 1.12.2022 durch V v. 8.11.2022 (GVBl. S. 661).

**§ 2[1) 2)] Zuständigkeiten der Landratsämter.** (1) Die Genehmigung von Flächennutzungsplänen (§ 6 BauGB) und von Bebauungsplänen (§ 10 Abs. 2 Satz 1 BauGB) kreisangehöriger Gemeinden erteilen die Landratsämter.

(2) Abs. 1 gilt nicht für Flächennutzungspläne und Bebauungspläne der Großen Kreisstädte.

(3) Das Verlangen, daß bestimmte Verfahrensabschnitte wiederholt werden (§ 204 Abs. 3 Satz 3 BauGB), obliegt für kreisangehörige Gemeinden mit Ausnahme der in Abs. 2 genannten Gemeinden den Landratsämtern.

(4) Schließen sich Gemeinden, die demselben Landkreis angehören, zur Wahrnehmung von Aufgaben nach dem BauGB zusammen (gemäß §§ 204, 205 BauGB oder im Sinn von § 205 Abs. 6 BauGB), so obliegen die in Abs. 1 und 3 genannten Befugnisse ebenfalls den Landratsämtern, sofern diese jeweils gemäß Abs. 1 bis 3 im Fall jeder der beteiligten Gemeinden zuständig wären.

***[Abs. 5 bis 31.12.2027:]***

(5) [1] Die Landratsämter sind zuständige Behörden für die Erteilung der Abweichungen nach § 246 Abs. 14 BauGB. [2] Satz 1 gilt nicht für Vorhaben im Zuständigkeitsbereich Großer Kreisstädte und kreisfreier Gemeinden sowie für bauaufsichtliche Zustimmungen der Regierungen nach Art. 73 Abs. 1 der Bayerischen Bauordnung (BayBO)[3)].

**§ 3[4)] Zuständigkeit für Enteignungen und vergleichbare Verfahren.**

(1) Enteignungen nach dem Baugesetzbuch und Verfahren, in denen die Enteignungsbehörde in entsprechender Anwendung der Vorschriften des Fünften Teils des Ersten Kapitels des Baugesetzbuchs zu entscheiden hat, führen die Kreisverwaltungsbehörden durch (Enteignungsbehörden).

(2) Ist in von Abs. 1 nicht erfaßten Fällen eine Entschädigung in Geld, durch Übernahme eines Grundstücks oder Begründung eines Rechts zu leisten, werden die Aufgaben der höheren Verwaltungsbehörde, die darüber mangels Einigung des Entschädigungsberechtigten und des Entschädigungsverpflichteten zu entscheiden hat, den Kreisverwaltungsbehörden übertragen (§ 18 Abs. 2 Satz 4, § 28 Abs. 6 Satz 3, § 43 Abs. 2 Satz 1, § 126 Abs. 2 Satz 2, § 150 Abs. 2, § 185 Abs. 2 Satz 2 und Abs. 3 Satz 3, § 209 Abs. 2 Satz 1 Halbsatz 2 BauGB).

(3) Die Zustimmung zum Antrag auf Durchführung einer Unternehmensflurbereinigung (§ 190 Abs. 1 Satz 1 BauGB) erteilt die Kreisverwaltungsbehörde.

**§ 4[5)] Zuständigkeit für Bescheinigungen.** Die unteren Bauaufsichtsbehörden sind zuständige Behörden für die Bescheinigungen nach § 6b Abs. 9 des Einkommensteuergesetzes und nach § 7 Abs. 4 Satz 1 Nr. 2 und § 32 Abs. 2 Satz 2 Nr. 2 des Wohnungseigentumsgesetzes.

---

1) § 2 Abs. 7 geänd. mWv 1.1.2001 durch V v. 7 12. 2000 (GVBl. S. 966); Abs. 2 Nr. 2 neu gef., Abs. 3 und 4 geänd., Abs 6 aufgeh., bish Abs. 7 wird Abs. 6 und geänd. mWv 1.10.2006 durch V v. 13.9.2006 (GVBl. S. 748); Abs. 1 geänd., Abs. 2 neu gef., Abs. 3 und 4 aufgeh., bish. Abs. 5 wird Abs. 3 und geänd., bish. Abs. 6 wird Abs. 4 und geänd. mWv 1.9.2013 durch V v. 3.9.2013 (GVBl. S. 575); Abs. 5 angef. mWv 1.8.2016 durch V v. 12.7.2016 (GVBl. S. 191); Abs. 5 angef. mWv 1.12. 2022 durch V v. 8.11.2022 (GVBl. S. 661).

2) § 2 Abs. 5 außer Kraft mit Ablauf des 31.12.2027, vgl. § 11 Satz 2.

3) Nr. **1**.

4) § 3 Abs. 2 geänd. mWv 15.7.2020 durch V v. 16.6.2020 (GVBl. S. 310).

5) § 4 neu gef. mWv 1.12.2022 durch V v. 8.11.2022 (GVBl. S. 661).

**§ 5[1)] Übertragung nach Art. 53 Abs. 2 BayBO.** (1) Die Aufgaben der unteren Bauaufsichtsbehörde im Sinn von Art. 53 Abs. 2 Satz 1 Nr. 1 BayBO[2)] werden den Städten Burghausen, Feuchtwangen, Friedberg, Sulzbach-Rosenberg, Waldkraiburg und Alzenau i. UFr. sowie dem Markt Garmisch-Partenkirchen und der Gemeinde Vaterstetten übertragen.

(2) Die Aufgaben der unteren Bauaufsichtsbehörde im Sinn von Art. 53 Abs. 2 Satz 1 Nr. 2 BayBO werden den Städten Pfaffenhofen a.d.Ilm, Waldsassen und Bad Wörishofen übertragen.

**§ 6[3)] Zuständigkeit für fliegende Bauten.** Zur Entscheidung über die Ausführungsgenehmigung für fliegende Bauten nach Art. 72 Abs. 2 BayBO[2)] sind
– die TÜV SÜD Industrie Service GmbH, München, für die Regierungsbezirke Oberbayern, Niederbayern, Oberpfalz und Schwaben und
– die LGA (Landesgewerbeanstalt Bayern), Nürnberg, für die Regierungsbezirke Oberfranken, Mittelfranken und Unterfranken zuständig.

**§ 7[4)] Vergütung.** (1) [1]Der TÜV SÜD Industrie Service GmbH, München und der LGA (Landesgewerbeanstalt Bayern) steht für Amtshandlungen im Vollzug von Art. 72 BayBO[2)] eine Vergütung zu. [2]Die Vergütung besteht aus Gebühren und Auslagen.

(2) [1]Die Höhe der Gebühren bemisst sich nach dem dieser Verordnung als Anlage beigefügten Verzeichnis. [2]Soweit sich die Gebühr nach dem Zeitaufwand bestimmt, ist die Zeit anzusetzen, die unter regelmäßigen Verhältnissen von einer entsprechend ausgebildeten Fachkraft benötigt wird. [3]Für jede Arbeitsstunde wird ein Betrag von 1,552 % des Monatsgrundgehalts eines Staatsbeamten in der Endstufe der Besoldungsgruppe A 15 zuzüglich der gesetzlichen Umsatzsteuer berechnet; angefangene Arbeitsstunden werden zeitanteilig verrechnet. [4]Der Betrag ist auf volle Euro aufzurunden. [5]Bei der Abnahme von fliegenden Bauten im Rahmen der Erteilung der Ausführungsgenehmigung kann bei dringlichen vom Benutzer veranlassten Arbeiten an Samstagen oder an Sonn- und Feiertagen ein Zuschlag bis zu 70 % und bei Nachtarbeit ein Zuschlag bis zu 40 % erhoben werden.

(3) Als Auslagen werden die Reisekosten nach den für Landesbeamte geltenden Vorschriften und die anderen Behörden oder anderen Personen für ihre Tätigkeit zustehenden Beträge erhoben.

---

[1)] § 5 Abs. 2 geänd. mWv 1.5.2000 durch G v. 4.4.2000 (GVBl. S. 286); Abs. 1 geänd. mWv 1.1. 2001 durch V v. 7.12.2000 (GVBl. S. 966); Abs. 1 neu gef., Abs. 2 geänd. mWv 1.1.2003 durch V v. 7.7.2002 (GVBl. S. 345); Abs. 1 geänd. mWv 1.1.2005 durch V v. 24.11.2004 (GVBl. S. 502); Überschrift, Abs. 1 und 2 geänd. mWv 1.1.2008 durch V v. 29.11.2007 (GVBl. S. 847); Abs. 2 geänd. mWv 1.5.2014 durch V v. 7.4.2014 (GVBl. S. 171); Abs. 2 geänd. mWv 1.2.2025 durch V v. 3.1.2025 (GVBl. S. 16).

[2)] Nr. **1**.

[3)] § 6 geänd. mWv 1.1.2005 durch V v. 24.11.2004 (GVBl. S. 502); geänd. mWv 1.10.2006 durch V v. 13.9.2006 (GVBl. S. 748); geänd. mWv 1.1.2008 durch V v. 29.11.2007 (GVBl. S. 847).

[4)] § 7 Abs. 2 Satz 3 geänd. mWv 1.1.2002 durch V v. 28.3.2001 (GVBl. S. 174); Abs. 1 Satz 1 und Abs. 3 geänd., Abs. 2 neu gef. mWv 1.1.2005 durch V v. 24.11.2004 (GVBl. S. 502); Abs. 1 Satz 1, Abs. 2 Sätze 3 und 5 geänd. mWv 1.10.2006 durch V v. 13.9.2006 (GVBl. S. 748); Abs. 1 Satz 1 geänd. mWv 1.1.2008 durch V v. 29.11.2007 (GVBl. S. 847); Abs. 2 Satz 5 aufgeh., bish. Satz 6 wird Satz 5 mWv 1.5.2012 durch V v. 12.4.2012 (GVBl. S. 144); Abs. 2 Sätze 3 und 5 geänd. mWv 1.12. 2022 durch V v. 8.11.2022 (GVBl. S. 661).

(4) Im übrigen findet der Erste Abschnitt des Kostengesetzes entsprechende Anwendung.

**§ 8**[1)] **Rechts- und Fachaufsicht.** Beim Vollzug von Art. 72 BayBO[2)] führt die Regierung von Oberbayern die Aufsicht über die TÜV SÜD Industrie Service GmbH, München die Regierung von Mittelfranken die Aufsicht über die LGA (Landesgewerbeanstalt Bayern).

**§ 9**[3)] **Anerkennung von Prüf-, Überwachungs- und Zertifizierungsstellen.** Das Deutsche Institut für Bautechnik in Berlin ist zuständige Behörde für die Anerkennung von Prüf-, Überwachungs- und Zertifizierungsstellen nach § 7 Abs. 1 der Verordnung über das Inverkehrbringen von Heizkesseln und Geräten nach dem Bauproduktengesetz und nach Art. 23 Abs. 3 BayBO[2)].

**§ 10**[4)] **Marktüberwachung.** (1) Marktüberwachungsbehörden sind

1. die Landesbaudirektion Bayern (Marktüberwachungsbehörde),
2. das Staatsministerium für Wohnen, Bau und Verkehr (obere Marktüberwachungsbehörde),
3. das Deutsche Institut für Bautechnik (gemeinsame Marktüberwachungsbehörde).

(2) [1]Die Marktüberwachungsbehörden nehmen die Aufgaben und Befugnisse wahr nach

1. der Verordnung (EU) 2019/1020 bezüglich Bauprodukten im Sinn des Art. 16 Abs. 1 Satz 2 BayBO,
2. dem Marktüberwachungsgesetz, soweit es auf Produkte im Sinn der Verordnung (EU) 2019/1020 Anwendung findet,
3. der Verordnung (EU) Nr. 305/2011 und
4. dem Bauproduktengesetz.

[2]Die Aufsicht über die gemeinsame Marktüberwachungsbehörde richtet sich nach Art. 5 des DIBt-Abkommens.

---

[1)] § 8 geänd. mWv 1.1.2005 durch V v. 24.11.2004 (GVBl. S. 502); geänd. mWv 1.10.2006 durch V v. 13.9.2006 (GVBl. S. 748); geänd. mWv 1.1.2008 durch V v. 29.11.2007 (GVBl. S. 847).

[2)] Nr. **1**.

[3)] § 9 neu gef. durch V v. 20.9.1999 (GVBl. S. 424); geänd. mWv 1.5.2012 durch V v. 12.4.2012 (GVBl. S. 144); geänd. mWv 1.7.2013 durch V v. 17.5.2013 (GVBl. S. 353); geänd. mWv 1.8.2016 durch V v. 12.7.2016 (GVBl. S. 191); geänd. mWv 1.9.2018 durch G v. 10.7.2018 (GVBl. S. 523); geänd. mWv 1.12.2022 durch V v. 8.11.2022 (GVBl. S. 661).

[4)] Früherer § 11 neu gef. mWv 1.12.2010 durch V v. 28.10.2010 (GVBl. S. 734); Abs. 1 Nr. 2 eingef., bish. Nr. 2 wird Nr. 3 und geänd., Abs. 2 Satz 1 geänd., Abs. 3 Satz 2 eingef., bish. Satz 2 wird Satz 3 und geänd., Satz 4 angef. mWv 1.5.2012 durch V v. 12.4.2012 (GVBl. S. 144); Abs. 2 Satz 1 neu gef., Abs. 3 Satz 1 und Satz 2 Nr. 1 geänd. mWv 1.7.2013 durch V v. 17.5.2013 (GVBl. S. 353); Abs. 1 Nr. 3 geänd. mWv 30.8.2014 durch V v. 22.7.2014 (GVBl. S. 286); Abs. 1 Nr. 3 geänd., Nr. 4 angef., Abs. 2 Satz 1 neu gef., Satz 3 und Abs. 4–7 angef. mWv 1.9.2015 durch V v. 14.8.2015 (GVBl. S. 317); bish. § 11 wird § 10, Abs. 1 Nr. 1 neu gef. mWv 1.8.2016 durch V v. 12.7. 2016 (GVBl. S. 191); Abs. 2 Satz 1 Nr. 1 geänd. mWv 1.9.2018 durch G v. 10.7.2018 (GVBl. S. 523); Abs. 1 Nr. 3 geänd. mWv 1.5.2019 durch V v. 26.3.2019 (GVBl. S. 98); Abs. 1 Nr. 2 geänd. mWv 15.7.2020 durch V v. 16.6.2020 (GVBl. S. 310); Abs. 1 Nr. 1 aufgeh., bish. Nr. 2 und 3 werden Nr. 1 und 2 und geänd., bish. Nr. 4 wird Nr. 3, Abs. 2 Satz 1 Nr. 1 und 2 geänd., Satz 2 aufgeh., bish. Satz 3 wird Satz 2, Abs. 3 neu gef., Abs. 4 Nr. 2 und Abs. 5 Satz 1 geänd., Abs. 7 neu gef. mWv 1.12.2022 durch V v. 8.11.2022 (GVBl. S. 661).

(3) [1]Zuständig ist die Marktüberwachungsbehörde nach Abs. 1 Nr. 1, soweit nachfolgend nichts Abweichendes bestimmt ist. [2]Die Befugnisse der Marktüberwachungsbehörde nach Abs. 1 Nr. 1 stehen bei Gefahr im Verzug auch der oberen Marktüberwachungsbehörde zu.

(4) Die gemeinsame Marktüberwachungsbehörde ist zuständig

1. für die einheitliche Prüfung und Bewertung von Bauprodukten in technischer Hinsicht,
2. in Fällen, in denen Bauprodukte nach den Anforderungen der Verordnung (EU) Nr. 305/2011 die in Bezug auf die Wesentlichen Merkmale erklärte Leistung nicht erbringen oder eine Gefahr im Sinn des Art. 58 der Verordnung (EU) Nr. 305/2011 darstellen, die den Marktüberwachungsbehörden zustehenden Maßnahmen nach der Verordnung (EU) 2019/1020, dem Marktüberwachungsgesetz und der Verordnung (EU) Nr. 305/2011 zu ergreifen.

(5) [1]Stellt eine Marktüberwachungsbehörde nach Abs. 1 Nr. 1 oder Nr. 2 fest, dass Maßnahmen nach Abs. 4 in Betracht kommen, gibt sie die Sachbehandlung für das Bauprodukt an die gemeinsame Marktüberwachungsbehörde ab. [2]Die ausschließliche Zuständigkeit der gemeinsamen Marktüberwachungsbehörde für das Bauprodukt beginnt mit dem Zugang der Abgabeerklärung; das gilt auch für eine Zuständigkeit der gemeinsamen Marktüberwachungsbehörde für ein Bauprodukt, die durch eine Abgabeerklärung eines anderen Landes begründet worden ist. [3]Die Zuständigkeit der Marktüberwachungsbehörden bei Gefahr im Verzug bleibt unberührt.

(6) Verwaltungsakte der gemeinsamen Marktüberwachungsbehörde gelten auch im Freistaat Bayern.

(7) Die Marktüberwachungsbehörde nach Abs. 1 Nr. 1 ist zuständig für die Vollstreckung von Verwaltungsakten der Marktüberwachungsbehörden.

**§ 11[1)] Inkrafttreten, Außerkrafttreten.** [1]Diese Verordnung tritt am 1. September 1994 in Kraft. [2]§ 2 Abs. 5 tritt mit Ablauf des 31. Dezember 2027 außer Kraft.

---

[1)] Früherer § 14 Abs. 2 neu gef. mWv 1.9.2013 durch V v. 3.9.2013 (GVBl. S. 575); Überschrift geänd., Abs. 2 aufgeh. mWv 1.9.2015 durch V v. 14.8.2015 (GVBl. S. 317); bish. § 14 wird § 11, Überschrift geänd., Satz 2 angef. mWv 1.8.2016 durch V v. 12.7.2016 (GVBl. S. 191); Satz 2 neu gef. mWv 1.12.2022 durch V v. 8.11.2022 (GVBl. S. 661); Satz 2 geänd. mWv 17.9.2024 durch V v. 3.9.2024 (GVBl. S. 419).

**Anlage**[1)]

Die Gebühr für Amtshandlungen beim Vollzug von Art. 72 BayBO[2)] beträgt:

1. Für die Erteilung der Ausführungsgenehmigung (Art. 72 Abs. 2 Satz 1 BayBO[2)]) 5 v.T. der Herstellungskosten (Anschaffungs- und Aufstellungskosten) zuzüglich einer gemäß § 7 Abs. 2 Sätze 2 und 3 nach dem Zeitaufwand bemessenen Gebühr für die technische Prüfung,
2. für die Verlängerung der Ausführungsgenehmigung (Art. 72 Abs. 2 Satz 2 Halbsatz 2 BayBO[2)]) 15 bis 1250 € zuzüglich einer gemäß § 7 Abs. 2 Sätze 2 und 3 nach dem Zeitaufwand bemessenen Gebühr für die technische Prüfung,
3. für die Eintragung der Änderung der für die Ausführungsgenehmigung zuständigen Behörde oder Stelle (Art. 72 Abs. 4 Satz 3 Nr. 3 BayBO[2)]) 5 bis 50 €,
4. für die Eintragung der Übertragung von fliegenden Bauten an Dritte in das Prüfbuch (Art. 72 Abs. 4 Satz 3 Nr. 2 BayBO[2)]) 1/10 bis 1/3 der Gebühr nach Nummer 1, mindestens 13 €, zuzüglich einer gemäß § 7 Abs. 2 Sätze 2 und 3 nach dem Zeitaufwand bemessenen Gebühr für die technische Prüfung.

## Nrn. 21–24 *(nicht belegt)*

---

[1)] Anl. neu gef. mWv 1.1.2002 durch V v. 28.3.2001 (GVBl. S. 174); geänd. mWv 1.1.2008 durch V v. 29.11.2007 (GVBl. S. 847).

[2)] Nr. **1**.

## *B. Strafrecht*

# 25. Strafgesetzbuch (StGB)

In der Fassung der Bekanntmachung vom 13. November 1998[1)]
(BGBl. I S. 3322)

**FNA 450-2**

zuletzt geänd. durch Art. 2 Abs. 2 Zweites G zur Änd. des SchwangerschaftskonfliktG v. 7.11.2024 (BGBl. 2024 I Nr. 351)

– Auszug –

## Besonderer Teil

### Achtundzwanzigster Abschnitt. Gemeingefährliche Straftaten

**§ 319 Baugefährdung.** (1) Wer bei der Planung, Leitung oder Ausführung eines Baues oder des Abbruchs eines Bauwerks gegen die allgemein anerkannten Regeln der Technik verstößt und dadurch Leib oder Leben eines anderen Menschen gefährdet, wird mit Freiheitsstrafe bis zu fünf Jahren oder mit Geldstrafe bestraft.

(2) Ebenso wird bestraft, wer in Ausübung eines Berufs oder Gewerbes bei der Planung, Leitung oder Ausführung eines Vorhabens, technische Einrichtungen in ein Bauwerk einzubauen oder eingebaute Einrichtungen dieser Art zu ändern, gegen die allgemein anerkannten Regeln der Technik verstößt und dadurch Leib oder Leben eines anderen Menschen gefährdet.

(3) Wer die Gefahr fahrlässig verursacht, wird mit Freiheitsstrafe bis zu drei Jahren oder mit Geldstrafe bestraft.

(4) Wer in den Fällen der Absätze 1 und 2 fahrlässig handelt und die Gefahr fahrlässig verursacht, wird mit Freiheitsstrafe bis zu zwei Jahren oder mit Geldstrafe bestraft.

---

[1)] Neubekanntmachung des StGB idF der Bek. v. 10.3.1987 (BGBl. I S. 945, 1160) in der ab 1.1.1999 geltenden Fassung.

# 26. Gesetz über das Landesstrafrecht und das Verordnungsrecht auf dem Gebiet der öffentlichen Sicherheit und Ordnung (Landesstraf- und Verordnungsgesetz – LStVG)[1]

in der Fassung der Bekanntmachung vom 13. Dezember 1982
(BayRS II S. 241)

**BayRS 2011-2-I**

zuletzt geänd. durch § 2 G zur Erleichterung des Ehrenamts v. 9.12.2024 (GVBl. S. 570)

– Auszug –

## Erster Teil. Allgemeine Vorschriften über Straftaten und Ordnungswidrigkeiten

**Art. 1 Einteilung der Tatbestände.** (1) Die im Landesrecht mit Freiheitsstrafe oder mit Geldstrafe bedrohten Handlungen sind Straftaten.

(2) Die im Landesrecht mit Geldbuße bedrohten Handlungen sind Ordnungswidrigkeiten.

**Art. 2[2] Straftaten.** Auf die Straftaten des Landesrechts sind die im Allgemeinen Teil des Strafgesetzbuchs[3] enthaltenen Vorschriften sowie die Vorschriften des Jugendgerichtsgesetzes, der Strafprozeßordnung und des Gerichtsverfassungsgesetzes anzuwenden, soweit gesetzlich nichts anderes bestimmt ist.

**Art. 3[4] Ordnungswidrigkeiten.** Für die Ordnungswidrigkeiten des Landesrechts gilt das Gesetz über Ordnungswidrigkeiten (OWiG), soweit gesetzlich nichts anderes bestimmt ist.

**Art. 4 Zuwiderhandlungen gegen Rechtsvorschriften oder Anordnungen für den Einzelfall.** (1) Zuwiderhandlungen gegen Rechtsvorschriften im Rang unter dem Gesetz können auf Grund eines Landesgesetzes mit Strafe oder Geldbuße nur geahndet werden, wenn die Rechtsvorschrift für einen bestimmten Tatbestand auf die zugrundeliegende gesetzliche Straf- oder Bußgeldvorschrift verweist.

(2) Zuwiderhandlungen gegen Anordnungen der Verwaltungsbehörden für den Einzelfall können nach Landesrecht mit Strafe oder Geldbuße nur geahndet werden, wenn die Anordnung nicht mehr mit ordentlichen Rechtsbehelfen angefochten werden kann oder ihre Vollziehung angeordnet ist.

**Art. 5[5] Vollstreckung des Bußgeldbescheids.** Der Bußgeldbescheid wird nach den Vorschriften des Bayerischen Verwaltungszustellungs- und Vollstre-

---

[1] Änderungen vor dem 1.1.1999 sind nicht in Fußnoten nachgewiesen.
[2] Art. 2 Fußnoten 1–4 aufgeh. mWv 25.5.2018 durch G v. 18.5.2018 (GVBl. S. 301).
[3] Auszugsweise abgedruckt unter Nr. **25**.
[4] Art. 3 Fußnote 5 aufgeh. mWv 25.5.2018 durch G v. 18.5.2018 (GVBl. S. 301).
[5] Art. 5 Fußnoten 6 und 5 aufgeh. mWv 25.5.2018 durch G v. 18.5.2018 (GVBl. S. 301).

ckungsgesetzes vollstreckt, soweit nicht das Gesetz über Ordnungswidrigkeiten etwas anderes bestimmt.

## Dritter Teil. Einzelne Ermächtigungen und Ordnungswidrigkeiten

### 4. Abschnitt.[1] Weitere Vorschriften zum Schutz der öffentlichen Sicherheit und Ordnung

**Art. 25[2] Zelten, Aufstellen von Wohnwagen.** (1) Zur Sicherung der Erholung in der freien Natur, zum Schutz der Natur und Landschaft, zur Verhütung von Gefahren für Leben, Gesundheit, Eigentum oder Besitz, zum Schutz der Jagdausübung und zur Aufrechterhaltung der öffentlichen Ruhe können die Gemeinden, Landkreise und das Staatsministerium des Innern, für Sport und Integration durch Verordnung den Betrieb und die Benutzung von Plätzen, die zum Aufstellen und Bewohnen von mehr als drei Zelten oder Wohnwagen bestimmt sind (Campingplätze), regeln.

(2) [1] Wer einen Campingplatz errichten und betreiben will, bedarf der Erlaubnis der Gemeinde. [2] Die Erlaubnis darf nur erteilt werden, wenn Rechtsgüter im Sinn des Absatzes 1 nicht gefährdet werden. [3] Versagungsgründe, die sich aus anderen Rechtsvorschriften, insbesondere des Naturschutzrechts, ergeben, bleiben unberührt. [4] Die Sätze 1 bis 3 gelten nicht für Campingplätze, die einer Genehmigung nach der Bayerischen Bauordnung (BayBO)[3] bedürfen.

(3) Mit Geldbuße kann belegt werden, wer

1. einer auf Grund des Absatzes 1 erlassenen Verordnung zuwiderhandelt oder
2. ohne die nach Absatz 2 erforderliche Erlaubnis einen Campingplatz errichtet oder betreibt oder einer mit einer solchen Erlaubnis verbundenen vollziehbaren Auflage zuwiderhandelt.

**Art. 28[4] Öffentliche Anschläge.** (1) [1] Zum Schutz des Orts- und Landschaftsbilds oder eines Natur-, Kunst- oder Kulturdenkmals können die Gemeinden durch Verordnung Anschläge, insbesondere Plakate, und Darstellungen durch Bildwerfer in der Öffentlichkeit auf bestimmte Flächen beschränken. [2] Dies gilt nicht für Werbeanlagen, die von der Bayerischen Bauordnung[3] erfaßt werden.

(2) Wer vorsätzlich oder fahrlässig einer auf Grund des Absatzes 1 erlassenen Verordnung zuwiderhandelt, kann mit Geldbuße belegt werden.

(3) Die Gemeinde kann die Beseitigung von Anschlägen, insbesondere Plakaten, und von Darstellungen durch Bildwerfer in der Öffentlichkeit anordnen, wenn sie Rechtsgüter im Sinn des Absatzes 1 beeinträchtigen.

---

[1] Bish. 3. Abschnitt wird 4. Abschnitt mWv 17.12.2024 durch G v. 9.12.2024 (GVBl. S. 570).

[2] Art. 25 Abs. 1 geänd. mWv 30.8.2014 durch V v. 22.7.2014 (GVBl. S. 286); Abs. 2 Satz 4 Fußnote 15 aufgeh. mWv 25.5.2018 durch G v. 18.5.2018 (GVBl. S. 301); Abs. 1 geänd. mWv 1.5.2019 durch V v. 26.3.2019 (GVBl. S. 98).

[3] Nr. **1**.

[4] Art. 28 Abs. 1 Satz 2 Fußnote 15 aufgeh. mWv 25.5.2018 durch G v. 18.5.2018 (GVBl. S. 301).

**Art. 29**[1] **Fliegende Verkaufsanlagen.** (1) [1] Zum Schutz des Orts- und Landschaftsbilds, eines Natur-, Kunst- oder Kulturdenkmals sowie zur Aufrechterhaltung der öffentlichen Reinlichkeit können die Gemeinden durch Verordnung oder Anordnung für den Einzelfall das Aufstellen fliegender Verkaufsanlagen an bestimmten Orten außerhalb der öffentlichen Wege, Straßen und Plätze verbieten oder davon abhängig machen, daß Störungen durch geeignete Vorkehrungen verhütet werden. [2] Fliegende Verkaufsanlagen sind vorübergehend aufgestellte, dem Vertrieb von Waren dienende Stände oder ähnliche Verkaufsstellen. [3] Art. 72 BayBO[2] bleibt unberührt.

(2) Wer vorsätzlich oder fahrlässig einer auf Grund des Absatzes 1 erlassenen Verordnung oder vollziehbaren Anordnung zuwiderhandelt, kann mit Geldbuße belegt werden.

**Art. 38**[3] **Verhütung von Bränden.** (1) Zur Verhütung von Gefahren für Leben, Gesundheit, Eigentum oder Besitz durch Brand kann, soweit nicht bundesrechtliche oder besondere landesrechtliche Vorschriften bestehen, das Staatsministerium des Innern, für Sport und Integration Verordnungen erlassen über

1. die der Feuerbeschau unterliegenden Gebäude, Feuerungsanlagen und sonstigen Anlagen und Gegenstände, von denen Brandgefahren ausgehen können, die Ausübung der Feuerbeschau und die Beseitigung der bei der Feuerbeschau festgestellten Mängel; dabei kann bestimmt werden, dass die zuständige Behörde die Durchführung der Feuerbeschau auf Betriebe oder sonstige Einrichtungen, für die nach Art. 15 des Bayerischen Feuerwehrgesetzes Werkfeuerwehren bestehen, auf deren Kosten übertragen kann,
2. Lichtspielvorführungen und die Einrichtung von Lichtspieltheatern, insbesondere der Zuschauer- und Bildwerferräume, sowie die Ausbildungs- und Bedienungsvorschriften für Filmvorführer,
3. Theateraufführungen und sonstige Schaustellungen, die Einrichtung von Theatern und sonstigen Versammlungsstätten, insbesondere die Zuschauer- und Bühnenräume, ferner über die Ausbildung und Prüfung der technischen Bühnenvorstände,
4. die Errichtung, die Einrichtung und den Betrieb elektrischer Anlagen.

(2) In den Verordnungen nach Absatz 1 kann zugelassen werden, daß bestimmte Gemeinden abweichende Vorschriften erlassen.

(3) Zur Verhütung von Gefahren für Leben, Gesundheit, Eigentum oder Besitz durch Brand können ferner, soweit nicht bundesrechtliche oder besondere landesrechtliche Vorschriften bestehen, die Gemeinden und das Staatsministerium des Innern, für Sport und Integration Verordnungen erlassen über

1. die Verwendung von Feuer und offenem Licht in Gebäuden oder in der Nähe von Gebäuden oder brandgefährlichen Stoffen,

---

[1] Art. 29 Abs. 1 Satz 3 geänd. durch G v. 12.4.1999 (GVBl. S. 130); Abs. 1 Satz 3 geänd. mWv 1.1. 2008 durch G v. 20.12.2007 (GVBl. S. 958); Abs. 1 Satz 3 Fußnote 15 aufgeh. mWv 25.5.2018 durch G v. 18.5.2018 (GVBl. S. 301).

[2] Nr. **1**.

[3] Art. 38 Abs. 1 Nr. 1 geänd. durch G v. 12.4.1999 (GVBl. S. 130); Abs. 1 einl. Satzteil, Abs. 3 einl. Satzteil geänd. mWv 30.8.2014 durch V v. 22.7.2014 (GVBl. S. 286); Abs. 1 einl. Satzteil, Abs. 3 einl. Satzteil geänd. mWv 1.5.2019 durch V v. 26.3.2019 (GVBl. S. 98).

2. Herstellung, Abgabe, Lagerung und Verwendung von Brennstoffen und brandgefährlichen Stoffen,
3. Auflagen und Schutzmaßnahmen für die Errichtung, die Einrichtung und den Betrieb brandgefährlicher Anlagen, die nicht unter Absatz 1 fallen,
4. Blitzableiter, Feuerlöscheinrichtungen und andere Schutzmaßnahmen zur Verhütung oder Beseitigung feuergefährlicher Zustände sowie zur Bekämpfung von Bränden.

(4) Mit Geldbuße kann belegt werden, wer einer auf Grund der Absätze 1 bis 3 erlassenen Verordnung oder einer vollziehbaren Anordnung, die auf Grund einer solchen Verordnung getroffen wurde, vorsätzlich oder fahrlässig zuwiderhandelt.

(5) [1] Die Eigentümer und Besitzer von Gebäuden, Anlagen oder Gegenständen, auf die sich Verordnungen nach den Absätzen 1 bis 3 beziehen, haben gegenüber den Beauftragten der Gemeinden und Landratsämter die in Art. 33 Abs. 1 Satz 1 genannten Pflichten, wenn das zur Prüfung der Brandgefährlichkeit erforderlich ist. [2] Art. 33 Abs. 1 Satz 2 gilt entsprechend.

(6) Wer den Pflichten nach Absatz 5 zuwiderhandelt, kann mit Geldbuße belegt werden.

## Fünfter Teil. Übergangs- und Schlußvorschriften

**Art. 60[1)] Fortbestand alten Verordnungsrechts.** (1) [1] Die auf Grund des bisherigen Rechts erlassenen orts-, distrikts-, bezirks-, kreis- und oberpolizeilichen Vorschriften sowie die anderen auf gesetzlicher Ermächtigung beruhenden Vorschriften des Landesrechts, deren Übertretung mit Strafe oder als Ordnungswidrigkeit mit Geldbuße bedroht ist, treten ohne Rücksicht auf ihre Bezeichnung 20 Jahre nach dem Tag ihres Inkrafttretens, frühestens jedoch am 31. Dezember 1960, außer Kraft, wenn sie nicht aus einem anderen Grund ihre Geltung vorher verlieren. [2] Bis zu ihrem Außerkrafttreten gilt Art. 49.

(2) Absatz 1 gilt nicht

1. für Vorschriften, die auf einer fortgeltenden Ermächtigung des Bundesrechts beruhen,
2. für Satzungen der Gemeinden, Landkreise und Bezirke,
3. für Anordnungen durch amtliche Verkehrszeichen,
4. für Rechtsvorschriften, die auf dem Naturschutzrecht beruhen.

**Art. 61 Einstweilige Vorschriften über die Stillegung und Beseitigung von Anlagen und Geräten.** (1) [1] Werden Anlagen oder Geräte unter Zuwiderhandlung gegen ein Gesetz, eine Verordnung oder eine Anordnung für den Einzelfall errichtet, aufgestellt, verändert, betrieben oder in einem ordnungswidrigen Zustand erhalten und verwirklicht die rechtswidrige Tat den Tatbestand eines Strafgesetzes oder einer Ordnungswidrigkeit, so können die kreisfreien Gemeinden und die Landratsämter die Vornahme notwendiger Sicherungs- oder Ausbesserungsarbeiten oder die Stillegung anordnen. [2] Sie können auch die teilweise oder gänzliche Beseitigung der Anlage oder des Geräts anordnen, wenn Gefahr im Verzug oder ein dringendes öffentliches

---

1) Art. 60 Abs. 2 Nr. 4 geänd. durch G v. 12.4.1999 (GVBl. S. 130).

Interesse an einem sofortigen Vollzug besteht oder ein Straf- oder Bußgeldverfahren nicht durchgeführt werden kann. [3] Liegen diese Voraussetzungen nicht vor, so kann die Beseitigung der Anlage oder des Geräts nur angeordnet werden, wenn die Zuwiderhandlung rechtskräftig festgestellt ist. [4] Im Fall einer Genehmigungspflicht für die Anlage oder das Gerät darf die Beseitigung nach Satz 2 oder Satz 3 nur angeordnet werden, wenn die nachträgliche Genehmigung nach den Vorschriften des geltenden Rechts nicht erteilt werden kann.

(2) Absatz 1 gilt nicht, soweit Rechtsvorschriften außerhalb dieses Gesetzes besondere Bestimmungen über die Stillegung und Beseitigung von Anlagen oder Geräten enthalten.

## *C. Bürgerliches Recht*

# 27. Bürgerliches Gesetzbuch (BGB)

In der Fassung der Bekanntmachung vom 2. Januar 2002[1)]
(BGBl. I S. 42, 2909; 2003 I S. 738)

**FNA 400-2**

zuletzt geänd. durch Art. 14 Viertes BürokratieentlastungsG v. 23.10.2024 (BGBl. 2024 I Nr. 323)

– Auszug –

**§ 93 Wesentliche Bestandteile einer Sache.** Bestandteile einer Sache, die voneinander nicht getrennt werden können, ohne dass der eine oder der andere zerstört oder in seinem Wesen verändert wird (wesentliche Bestandteile), können nicht Gegenstand besonderer Rechte sein.[2)]

**§ 94 Wesentliche Bestandteile eines Grundstücks oder Gebäudes.**

(1) [1] Zu den wesentlichen Bestandteilen eines Grundstücks gehören die mit dem Grund und Boden fest verbundenen Sachen, insbesondere Gebäude, sowie die Erzeugnisse des Grundstücks, solange sie mit dem Boden zusammenhängen. [2] Samen wird mit dem Aussäen, eine Pflanze wird mit dem Einpflanzen wesentlicher Bestandteil des Grundstücks.

(2) Zu den wesentlichen Bestandteilen eines Gebäudes gehören die zur Herstellung des Gebäudes eingefügten Sachen.

**§ 95 Nur vorübergehender Zweck.** (1) [1] Zu den Bestandteilen eines Grundstücks gehören solche Sachen nicht, die nur zu einem vorübergehenden Zweck mit dem Grund und Boden verbunden sind. [2] Das Gleiche gilt von einem Gebäude oder anderen Werk, das in Ausübung eines Rechts an einem fremden Grundstück von dem Berechtigten mit dem Grundstück[3)] verbunden worden ist.

(2) Sachen, die nur zu einem vorübergehenden Zwecke in ein Gebäude eingefügt sind, gehören nicht zu den Bestandteilen des Gebäudes.

**§ 226 Schikaneverbot.** Die Ausübung eines Rechts ist unzulässig, wenn sie nur den Zweck haben kann, einem anderen Schaden zuzufügen.

**§ 823 Schadensersatzpflicht.** (1) Wer vorsätzlich oder fahrlässig das Leben, den Körper, die Gesundheit, die Freiheit, das Eigentum oder ein sonstiges Recht eines anderen widerrechtlich verletzt, ist dem anderen zum Ersatz des daraus entstehenden Schadens verpflichtet.

---

[1)] Neubekanntmachung des BGB v. 18.8.1896 (RGBl. S. 195) in der ab 1.1.2002 geltenden Fassung.

[2)] Beachte hierzu das WohnungseigentumsG idF der Bek. v. 12.1.2021 (BGBl. I S. 34), zuletzt geänd. durch G v. 10.10.2024 (BGBl. 2024 I Nr. 306).

[3)] Siehe G über das Erbbaurecht in der im BGBl. III, Gliederungsnummer 403-6, veröffentlichten bereinigten Fassung, zuletzt geänd. durch G v. 1.10.2013 (BGBl. I S. 3719), ferner G über das Wohnungseigentum und das Dauerwohnrecht (Wohnungseigentumsgesetz) idF der Bek. v. 12.1.2021 (BGBl. I S. 34), zuletzt geänd. durch G v. 10.10.2024 (BGBl. 2024 I Nr. 306).

(2) [1]Die gleiche Verpflichtung trifft denjenigen, welcher gegen ein den Schutz eines anderen bezweckendes Gesetz verstößt. [2]Ist nach dem Inhalt des Gesetzes ein Verstoß gegen dieses auch ohne Verschulden möglich, so tritt die Ersatzpflicht nur im Falle des Verschuldens ein.

**§ 836 Haftung des Grundstücksbesitzers.** (1) [1]Wird durch den Einsturz eines Gebäudes oder eines anderen mit einem Grundstück verbundenen Werkes oder durch die Ablösung von Teilen des Gebäudes oder des Werkes ein Mensch getötet, der Körper oder die Gesundheit eines Menschen verletzt oder eine Sache beschädigt, so ist der Besitzer des Grundstücks, sofern der Einsturz oder die Ablösung die Folge fehlerhafter Errichtung oder mangelhafter Unterhaltung ist, verpflichtet, dem Verletzten den daraus entstehenden Schaden zu ersetzen. [2]Die Ersatzpflicht tritt nicht ein, wenn der Besitzer zum Zwecke der Abwendung der Gefahr die im Verkehr erforderliche Sorgfalt beobachtet hat.

(2) Ein früherer Besitzer des Grundstücks ist für den Schaden verantwortlich, wenn der Einsturz oder die Ablösung innerhalb eines Jahres nach der Beendigung seines Besitzes eintritt, es sei denn, dass er während seines Besitzes die im Verkehr erforderliche Sorgfalt beobachtet hat oder ein späterer Besitzer durch Beobachtung dieser Sorgfalt die Gefahr hätte abwenden können.

(3) Besitzer im Sinne dieser Vorschriften ist der Eigenbesitzer.

**§ 837 Haftung des Gebäudebesitzers.** Besitzt jemand auf einem fremden Grundstück in Ausübung eines Rechts ein Gebäude oder ein anderes Werk, so trifft ihn anstelle des Besitzers des Grundstücks die im § 836 bestimmte Verantwortlichkeit.

**§ 838 Haftung des Gebäudeunterhaltungspflichtigen.** Wer die Unterhaltung eines Gebäudes oder eines mit einem Grundstück verbundenen Werkes für den Besitzer übernimmt oder das Gebäude oder das Werk vermöge eines ihm zustehenden Nutzungsrechts zu unterhalten hat, ist für den durch den Einsturz oder die Ablösung von Teilen verursachten Schaden in gleicher Weise verantwortlich wie der Besitzer.

**§ 903 Befugnisse des Eigentümers.** [1]Der Eigentümer einer Sache kann, soweit nicht das Gesetz oder Rechte Dritter entgegenstehen, mit der Sache nach Belieben verfahren und andere von jeder Einwirkung ausschließen. [2]Der Eigentümer eines Tieres hat bei der Ausübung seiner Befugnisse die besonderen Vorschriften zum Schutz der Tiere zu beachten.

**§ 904 Notstand.** [1]Der Eigentümer einer Sache ist nicht berechtigt, die Einwirkung eines anderen auf die Sache zu verbieten, wenn die Einwirkung zur Abwendung einer gegenwärtigen Gefahr notwendig und der drohende Schaden gegenüber dem aus der Einwirkung dem Eigentümer entstehenden Schaden unverhältnismäßig groß ist. [2]Der Eigentümer kann Ersatz des ihm entstehenden Schadens verlangen.

**§ 905 Begrenzung des Eigentums.** [1]Das Recht des Eigentümers eines Grundstücks erstreckt sich auf den Raum über der Oberfläche und auf den Erdkörper unter der Oberfläche. [2]Der Eigentümer kann jedoch Einwirkungen nicht verbieten, die in solcher Höhe oder Tiefe vorgenommen werden, dass er an der Ausschließung kein Interesse hat.

**§ 906[1] Zuführung unwägbarer Stoffe.** (1) [1]Der Eigentümer eines Grundstücks kann die Zuführung von Gasen, Dämpfen, Gerüchen, Rauch, Ruß, Wärme, Geräusch, Erschütterungen und ähnliche von einem anderen Grundstück ausgehende Einwirkungen insoweit nicht verbieten, als die Einwirkung die Benutzung seines Grundstücks nicht oder nur unwesentlich beeinträchtigt. [2]Eine unwesentliche Beeinträchtigung liegt in der Regel vor, wenn die in Gesetzen oder Rechtsverordnungen festgelegten Grenz- oder Richtwerte von den nach diesen Vorschriften ermittelten und bewerteten Einwirkungen nicht überschritten werden. [3]Gleiches gilt für Werte in allgemeinen Verwaltungsvorschriften, die nach § 48 des Bundes-Immissionsschutzgesetzes erlassen worden sind und den Stand der Technik wiedergeben.

(2) [1]Das Gleiche gilt insoweit, als eine wesentliche Beeinträchtigung durch eine ortsübliche Benutzung des anderen Grundstücks herbeigeführt wird und nicht durch Maßnahmen verhindert werden kann, die Benutzern dieser Art wirtschaftlich zumutbar sind. [2]Hat der Eigentümer hiernach eine Einwirkung zu dulden, so kann er von dem Benutzer des anderen Grundstücks einen angemessenen Ausgleich in Geld verlangen, wenn die Einwirkung eine ortsübliche Benutzung seines Grundstücks oder dessen Ertrag über das zumutbare Maß hinaus beeinträchtigt.

(3) Die Zuführung durch eine besondere Leitung ist unzulässig.

**§ 907 Gefahr drohende Anlagen.** (1) [1]Der Eigentümer eines Grundstücks kann verlangen, dass auf den Nachbargrundstücken nicht Anlagen hergestellt oder gehalten werden, von denen mit Sicherheit vorauszusehen ist, dass ihr Bestand oder ihre Benutzung eine unzulässige Einwirkung auf sein Grundstück zur Folge hat. [2]Genügt eine Anlage den landesgesetzlichen Vorschriften, die einen bestimmten Abstand von der Grenze oder sonstige Schutzmaßregeln vorschreiben, so kann die Beseitigung der Anlage erst verlangt werden, wenn die unzulässige Einwirkung tatsächlich hervortritt.

(2) Bäume und Sträucher gehören nicht zu den Anlagen im Sinne dieser Vorschriften.

**§ 908 Drohender Gebäudeeinsturz.** Droht einem Grundstück die Gefahr, dass es durch den Einsturz eines Gebäudes oder eines anderen Werkes, das mit einem Nachbargrundstück verbunden ist, oder durch die Ablösung von Teilen des Gebäudes oder des Werkes beschädigt wird, so kann der Eigentümer von demjenigen, welcher nach dem § 836 Abs. 1 oder den §§ 837, 838 für den

---

[1] Vgl. ferner §§ 14 und 14a Bundes-ImmissionsschutzG idF der Bek. v. 17.5.2013 (BGBl. I S. 1274; 2021 I S. 123), zuletzt geänd. durch G v. 24.2.2025 (BGBl. 2025 I Nr. 58).

„**§ 14 Ausschluss von privatrechtlichen Abwehransprüchen.** [1]Auf Grund privatrechtlicher, nicht auf besonderen Titeln beruhender Ansprüche zur Abwehr benachteiligender Einwirkungen von einem Grundstück auf ein benachbartes Grundstück kann nicht die Einstellung des Betriebs einer Anlage verlangt werden, deren Genehmigung unanfechtbar ist; es können nur Vorkehrungen verlangt werden, die die benachteiligenden Wirkungen ausschließen. [2]Soweit solche Vorkehrungen nach dem Stand der Technik nicht durchführbar oder wirtschaftlich nicht vertretbar sind, kann lediglich Schadensersatz verlangt werden.

**§ 14a Vereinfachte Klageerhebung.** Der Antragsteller kann eine verwaltungsgerichtliche Klage erheben, wenn über seinen Widerspruch nach Ablauf von drei Monaten seit der Einlegung nicht entschieden ist, es sei denn, dass wegen besonderer Umstände des Falles eine kürzere Frist geboten ist."

eintretenden Schaden verantwortlich sein würde, verlangen, dass er die zur Abwendung der Gefahr erforderliche Vorkehrung trifft.

**§ 909 Vertiefung.** Ein Grundstück darf nicht in der Weise vertieft werden, dass der Boden des Nachbargrundstücks die erforderliche Stütze verliert, es sei denn, dass für eine genügende anderweitige Befestigung gesorgt ist.

**§ 912 Überbau; Duldungspflicht.** (1) Hat der Eigentümer eines Grundstücks bei der Errichtung eines Gebäudes über die Grenze gebaut, ohne dass ihm Vorsatz oder grobe Fahrlässigkeit zur Last fällt, so hat der Nachbar den Überbau zu dulden, es sei denn, dass er vor oder sofort nach der Grenzüberschreitung Widerspruch erhoben hat.

(2) [1] Der Nachbar ist durch eine Geldrente zu entschädigen. [2] Für die Höhe der Rente ist die Zeit der Grenzüberschreitung maßgebend.

**§ 913 Zahlung der Überbaurente.** (1) Die Rente für den Überbau ist dem jeweiligen Eigentümer des Nachbargrundstücks von dem jeweiligen Eigentümer des anderen Grundstücks zu entrichten.

(2) Die Rente ist jährlich im Voraus zu entrichten.

**§ 914 Rang, Eintragung und Erlöschen der Rente.** (1) [1] Das Recht auf die Rente geht allen Rechten an dem belasteten Grundstück, auch den älteren, vor. [2] Es erlischt mit der Beseitigung des Überbaus.

(2) [1] Das Recht wird nicht in das Grundbuch eingetragen. [2] Zum Verzicht auf das Recht sowie zur Feststellung der Höhe der Rente durch Vertrag ist die Eintragung erforderlich.

(3) Im Übrigen finden die Vorschriften Anwendung, die für eine zugunsten des jeweiligen Eigentümers eines Grundstücks bestehende Reallast gelten.

**§ 915 Abkauf.** (1) [1] Der Rentenberechtigte kann jederzeit verlangen, dass der Rentenpflichtige ihm gegen Übertragung des Eigentums an dem überbauten Teil des Grundstücks den Wert ersetzt, den dieser Teil zur Zeit der Grenzüberschreitung gehabt hat. [2] Macht er von dieser Befugnis Gebrauch, so bestimmen sich die Rechte und Verpflichtungen beider Teile nach den Vorschriften über den Kauf.

(2) Für die Zeit bis zur Übertragung des Eigentums ist die Rente fortzuentrichten.

**§ 916 Beeinträchtigung von Erbbaurecht oder Dienstbarkeit.** Wird durch den Überbau ein Erbbaurecht oder eine Dienstbarkeit an dem Nachbargrundstück beeinträchtigt, so finden zugunsten des Berechtigten die Vorschriften der §§ 912 bis 914 entsprechende Anwendung.

**§ 917 Notweg.** (1) [1] Fehlt einem Grundstück die zur ordnungsmäßigen Benutzung notwendige Verbindung mit einem öffentlichen Wege, so kann der Eigentümer von den Nachbarn verlangen, dass sie bis zur Hebung des Mangels die Benutzung ihrer Grundstücke zur Herstellung der erforderlichen Verbindung dulden. [2] Die Richtung des Notwegs und der Umfang des Benutzungsrechts werden erforderlichenfalls durch Urteil bestimmt.

(2) [1] Die Nachbarn, über deren Grundstücke der Notweg führt, sind durch eine Geldrente zu entschädigen. [2] Die Vorschriften des § 912 Abs. 2 Satz 2 und der §§ 913, 914, 916 finden entsprechende Anwendung.

**§ 918 Ausschluss des Notwegrechts.** (1) Die Verpflichtung zur Duldung des Notwegs tritt nicht ein, wenn die bisherige Verbindung des Grundstücks mit dem öffentlichen Wege durch eine willkürliche Handlung des Eigentümers aufgehoben wird.

(2) [1] Wird infolge der Veräußerung eines Teils des Grundstücks der veräußerte oder der zurückbehaltene Teil von der Verbindung mit dem öffentlichen Wege abgeschnitten, so hat der Eigentümer desjenigen Teils, über welchen die Verbindung bisher stattgefunden hat, den Notweg zu dulden. [2] Der Veräußerung eines Teils steht die Veräußerung eines von mehreren demselben Eigentümer gehörenden Grundstücken gleich.

**§ 921 Gemeinschaftliche Benutzung von Grenzanlagen.** Werden zwei Grundstücke durch einen Zwischenraum, Rain, Winkel, einen Graben, eine Mauer, Hecke, Planke oder eine andere Einrichtung, die zum Vorteil beider Grundstücke dient, voneinander geschieden, so wird vermutet, dass die Eigentümer der Grundstücke zur Benutzung der Einrichtung gemeinschaftlich berechtigt seien, sofern nicht äußere Merkmale darauf hinweisen, dass die Einrichtung einem der Nachbarn allein gehört.

**§ 922 Art der Benutzung und Unterhaltung.** [1] Sind die Nachbarn zur Benutzung einer der in § 921 bezeichneten Einrichtungen gemeinschaftlich berechtigt, so kann jeder sie zu dem Zwecke, der sich aus ihrer Beschaffenheit ergibt, insoweit benutzen, als nicht die Mitbenutzung des anderen beeinträchtigt wird. [2] Die Unterhaltungskosten sind von den Nachbarn zu gleichen Teilen zu tragen. [3] Solange einer der Nachbarn an dem Fortbestand der Einrichtung ein Interesse hat, darf sie nicht ohne seine Zustimmung beseitigt oder geändert werden. [4] Im Übrigen bestimmt sich das Rechtsverhältnis zwischen den Nachbarn nach den Vorschriften über die Gemeinschaft.

**§ 946 Verbindung mit einem Grundstück.** Wird eine bewegliche Sache mit einem Grundstück dergestalt verbunden, dass sie wesentlicher Bestandteil des Grundstücks wird, so erstreckt sich das Eigentum an dem Grundstück auf diese Sache.

**§ 951 Entschädigung für Rechtsverlust.** (1) [1] Wer infolge der Vorschriften der §§ 946 bis 950 einen Rechtsverlust erleidet, kann von demjenigen, zu dessen Gunsten die Rechtsänderung eintritt, Vergütung in Geld nach den Vorschriften über die Herausgabe einer ungerechtfertigten Bereicherung fordern. [2] Die Wiederherstellung des früheren Zustands kann nicht verlangt werden.

(2) [1] Die Vorschriften über die Verpflichtung zum Schadensersatz wegen unerlaubter Handlungen sowie die Vorschriften über den Ersatz von Verwendungen und über das Recht zur Wegnahme einer Einrichtung bleiben unberührt. [2] In den Fällen der §§ 946, 947 ist die Wegnahme nach den für das Wegnahmerecht des Besitzers gegenüber dem Eigentümer geltenden Vorschriften auch dann zulässig, wenn die Verbindung nicht von dem Besitzer der Hauptsache bewirkt worden ist.

**§ 1004 Beseitigungs- und Unterlassungsanspruch.** (1) [1] Wird das Eigentum in anderer Weise als durch Entziehung oder Vorenthaltung des Besitzes beeinträchtigt, so kann der Eigentümer von dem Störer die Beseitigung der Beeinträchtigung verlangen. [2] Sind weitere Beeinträchtigungen zu besorgen, so kann der Eigentümer auf Unterlassung klagen.

(2) Der Anspruch ist ausgeschlossen, wenn der Eigentümer zur Duldung verpflichtet ist.

**§ 1018 Gesetzlicher Inhalt der Grunddienstbarkeit.** Ein Grundstück kann zugunsten des jeweiligen Eigentümers eines anderen Grundstücks in der Weise belastet werden, dass dieser das Grundstück in einzelnen Beziehungen benutzen darf oder dass auf dem Grundstück gewisse Handlungen nicht vorgenommen werden dürfen oder dass die Ausübung eines Rechts ausgeschlossen ist, das sich aus dem Eigentum an dem belasteten Grundstück dem anderen Grundstück gegenüber ergibt (Grunddienstbarkeit).

**§ 1019 Vorteil des herrschenden Grundstücks.** [1] Eine Grunddienstbarkeit kann nur in einer Belastung bestehen, die für die Benutzung des Grundstücks des Berechtigten Vorteil bietet. [2] Über das sich hieraus ergebende Maß hinaus kann der Inhalt der Dienstbarkeit nicht erstreckt werden.

**§ 1020 Schonende Ausübung.** [1] Bei der Ausübung einer Grunddienstbarkeit hat der Berechtigte das Interesse des Eigentümers des belasteten Grundstücks tunlichst zu schonen. [2] Hält er zur Ausübung der Dienstbarkeit auf dem belasteten Grundstück eine Anlage, so hat er sie in ordnungsmäßigem Zustand zu erhalten, soweit das Interesse des Eigentümers es erfordert.

**§ 1021 Vereinbarte Unterhaltungspflicht.** (1) [1] Gehört zur Ausübung einer Grunddienstbarkeit eine Anlage auf dem belasteten Grundstück, so kann bestimmt werden, dass der Eigentümer dieses Grundstücks die Anlage zu unterhalten hat, soweit das Interesse des Berechtigten es erfordert. [2] Steht dem Eigentümer das Recht zur Mitbenutzung der Anlage zu, so kann bestimmt werden, dass der Berechtigte die Anlage zu unterhalten hat, soweit es für das Benutzungsrecht des Eigentümers erforderlich ist.

(2) Auf eine solche Unterhaltungspflicht finden die Vorschriften über die Reallasten entsprechende Anwendung.

**§ 1022 Anlagen auf baulichen Anlagen.** [1] Besteht die Grunddienstbarkeit in dem Recht, auf einer baulichen Anlage des belasteten Grundstücks eine bauliche Anlage zu halten, so hat, wenn nicht ein anderes bestimmt ist, der Eigentümer des belasteten Grundstücks seine Anlage zu unterhalten, soweit das Interesse des Berechtigten es erfordert. [2] Die Vorschrift des § 1021 Abs. 2 gilt auch für diese Unterhaltungspflicht.

**§ 1030 Gesetzlicher Inhalt des Nießbrauchs an Sachen.** (1) Eine Sache kann in der Weise belastet werden, dass derjenige, zu dessen Gunsten die Belastung erfolgt, berechtigt ist, die Nutzungen der Sache zu ziehen (Nießbrauch).

(2) Der Nießbrauch kann durch den Ausschluss einzelner Nutzungen beschränkt werden.

**§ 1090 Gesetzlicher Inhalt der beschränkten persönlichen Dienstbarkeit.** (1) Ein Grundstück kann in der Weise belastet werden, dass derjenige, zu dessen Gunsten die Belastung erfolgt, berechtigt ist, das Grundstück in einzelnen Beziehungen zu benutzen, oder dass ihm eine sonstige Befugnis zusteht, die den Inhalt einer Grunddienstbarkeit bilden kann (beschränkte persönliche Dienstbarkeit).

(2) Die Vorschriften der §§ 1020 bis 1024, 1026 bis 1029, 1061 finden entsprechende Anwendung.

# 28. Einführungsgesetz zum Bürgerlichen Gesetzbuche

In der Fassung der Bekanntmachung vom 21. September 1994[1)]
(BGBl. I S. 2494; 1997 I S. 1061)

**FNA 400-1**

zuletzt geänd. durch Art. 15 Viertes BürokratieentlastungsG v. 23.10.2024 (BGBl. 2024 I Nr. 323)

– Auszug –

**Art. 109 [Enteignung]** [1] Unberührt bleiben die landesgesetzlichen Vorschriften über die im öffentlichen Interesse erfolgende Entziehung, Beschädigung oder Benutzung einer Sache, Beschränkung des Eigentums und Entziehung oder Beschränkung von Rechten. [2] Auf die nach landesgesetzlicher Vorschrift wegen eines solchen Eingriffs zu gewährende Entschädigung finden die Vorschriften der Artikel 52 und 53 Anwendung, soweit nicht die Landesgesetze ein anderes bestimmen.[2)] [3] Die landesgesetzlichen Vorschriften können nicht bestimmen, daß für ein Rechtsgeschäft, für das notarielle Beurkundung vorgeschrieben ist, eine andere Form genügt.

**Art. 111 [Öffentlich-rechtliche Eigentumsbeschränkungen]** Unberührt bleiben die landesgesetzlichen Vorschriften, welche im öffentlichen Interesse das Eigentum in Ansehung tatsächlicher Verfügungen beschränken.

**Art. 113 [Flurbereinigung]** [1] Unberührt bleiben die landesgesetzlichen Vorschriften über die Zusammenlegung von Grundstücken, über die Gemeinheitsteilung, die Regulierung der Wege, die Ordnung der gutsherrlich-bäuerlichen Verhältnisse sowie über die Ablösung, Umwandlung oder Einschränkung von Dienstbarkeiten und Reallasten.[3)] [2] Dies gilt insbesondere auch von den Vorschriften, welche die durch ein Verfahren dieser Art begründeten gemeinschaftlichen Angelegenheiten zum Gegenstand haben oder welche sich auf den Erwerb des Eigentums, auf die Begründung, Änderung und Aufhebung von anderen Rechten an Grundstücken und auf die Berichtigung des Grundbuchs beziehen.

**Art. 124 [Nachbarrecht; Eigentumsbeschränkungen]** [1] Unberührt bleiben die landesgesetzlichen Vorschriften, welche das Eigentum an Grundstücken zugunsten der Nachbarn noch anderen als den im Bürgerlichen Gesetzbuch bestimmten Beschränkungen unterwerfen. [2] Dies gilt insbesondere auch von den Vorschriften, nach welchen Anlagen sowie Bäume und Sträucher nur in einem bestimmten Abstand von der Grenze gehalten werden dürfen.

---

[1)] Neubekanntmachung des EGBGB v. 18.8.1896 (RGBl. S. 604) in der ab 1.10.1994 geltenden Fassung.

[2)] Vgl. hierzu Art. 14 Abs. 3 GG in der im BGBl. III, Gliederungsnummer 100-1, veröffentlichten bereinigten Fassung, zuletzt geänd. durch G v. 20.12.2024 (BGBl. 2024 I Nr. 439) und Bayerisches Gesetz über die entschädigungspflichtige Enteignung (BayEG) idF der Bek. v. 25.7.1978 (BayRS 2141-1-B), zuletzt geänd. durch V v. 26.3.2019 (GVBl. S. 98).

[3)] Siehe das FlurbereinigungsG idF der Bek. v. 16.3.1976 (BGBl. I S. 546), zuletzt geänd. durch G v. 19.12.2008 (BGBl. I S. 2794) sowie das Gesetz zur Ausführung des Flurbereinigungsgesetzes (AGFlurbG) idF der Bek. v. 8.2.1994 (GVBl. S. 127), zuletzt geänd. durch V v. 4.6.2024 (GVBl. S. 98).

# 29. Gesetz zur Ausführung des Bürgerlichen Gesetzbuchs (AGBGB)[1) 2)]

Vom 20. September 1982
(BayRS IV S. 571)

**BayRS 400-1-J**

zuletzt geänd. durch § 14 G zur Änd. des G zur Ausführung des BetreuungsG und weiterer Rechtsvorschriften v. 23.12.2022 (GVBl. S. 718)

– Auszug –

## Siebter Abschnitt. Nachbarrecht

**Art. 43 Fensterrecht.** (1) [1] Sind Fenster weniger als 0,60 m von der Grenze eines Nachbargrundstücks entfernt, auf dem Gebäude errichtet sind oder das als Hofraum oder Hausgarten dient, so müssen sie auf Verlangen des Eigentümers dieses Grundstücks so eingerichtet werden, daß bis zur Höhe von 1,80 m über dem hinter ihnen befindlichen Boden weder das Öffnen noch das Durchblicken möglich ist. [2] Die Entfernung wird von dem Fuß der Wand, in der sich das Fenster befindet, unterhalb der zunächst an der Grenze befindlichen Außenkante der Fensteröffnung ab gemessen.

(2) Den Fenstern stehen Lichtöffnungen jeder Art gleich.

**Art. 44 Balkone und ähnliche Anlagen.** [1] Balkone, Erker, Galerien und ähnliche Anlagen, die weniger als 0,60 m von der Grenze eines Nachbargrundstücks abstehen, auf dem Gebäude errichtet sind oder das als Hofraum oder Hausgarten dient, müssen auf der dem Nachbargrundstück zugekehrten Seite auf Verlangen des Nachbarn mit einem der Vorschrift des Art. 43 entsprechenden Abschluß versehen werden. [2] Der Abstand wird bei vorspringenden Anlagen von dem zunächst an der Grenze befindlichen Vorsprung ab, bei anderen Anlagen nach Art. 43 Abs. 1 Satz 2 gemessen.

**Art. 45 Besondere Vorschriften für Fenster, Balkone und ähnliche Anlagen.** (1) [1] Art. 43 und 44 gelten auch zugunsten von Grundstücken, die einer öffentlichen Eisenbahnanlage dienen. [2] Die Fenster und andere Lichtöffnungen sowie der Abschluß der in Art. 44 bezeichneten Anlagen dürfen jedoch so eingerichtet werden, daß sie das Durchblicken gestatten.

(2) Für die zur Zeit des Inkrafttretens dieses Gesetzes bestehenden, begonnenen oder baurechtlich genehmigten Anlagen der in Art. 43 und 44 bezeichneten Art sind die vor diesem Zeitpunkt geltenden Vorschriften weiterhin anzuwenden, soweit sie eine geringere Beschränkung festgelegt haben als die Art. 43 und 44 sowie Absatz 1.

**Art. 46[3)] Erhöhung einer Kommunmauer.** (1) Werden zwei Grundstücke durch eine Mauer geschieden, zu deren Benutzung die Eigentümer der Grundstücke gemeinschaftlich berechtigt sind, so kann der Eigentümer des einen

---

[1)] Überschrift geänd. mWv 1.12.2016 durch G v. 24.11.2016 (GVBl. S. 318).
[2)] Amtl. Inhaltsübersicht aufgeh. mWv 1.1.2023 durch G v. 23.12.2022 (GVBl. S. 718).
[3)] Art. 46 Abs. 4 Satz 3 Fußnote aufgeh. mWv 1.12.2016 durch G v. 24.11.2016 (GVBl. S. 318).

Grundstücks dem Eigentümer des anderen Grundstücks nicht verbieten, die Mauer ihrer ganzen Dicke nach zu erhöhen, wenn ihm nachgewiesen wird, daß durch die Erhöhung die Mauer nicht gefährdet wird.

(2) [1] Der Eigentümer des Grundstücks, von dem aus die Erhöhung erfolgt ist, kann dem Eigentümer des anderen Grundstücks die Benutzung des Aufbaus verbieten, bis ihm für die Hälfte oder, wenn nur ein Teil des Aufbaus benutzt werden soll, für den entsprechenden Teil der Baukosten Ersatz geleistet wird. [2] Ist der Bauwert geringer als der Betrag der Baukosten, so bestimmt sich der zu ersetzende Betrag nach dem Bauwert. [3] Die Ersatzleistung kann auch durch Hinterlegung oder durch Aufrechnung erfolgen. [4] Solange die Befugnis nach Satz 1 besteht, hat der Berechtigte den Mehraufwand zu tragen, den die Unterhaltung der Mauer infolge der Erhöhung verursacht.

(3) [1] Wird die Mauer zum Zweck der Erhöhung verstärkt, so ist die Verstärkung auf dem Grundstück anzubringen, dessen Eigentümer die Erhöhung unternimmt. [2] Der nach Absatz 2 von dem Eigentümer des anderen Grundstücks zu ersetzende Betrag erhöht sich um den entsprechenden Teil des Werts der zu der Verstärkung verwendeten Grundfläche. [3] Verlangt der Eigentümer des Grundstücks, auf dem die Verstärkung angebracht worden ist, die Ersatzleistung, so ist er verpflichtet, dem Eigentümer des anderen Grundstücks das Eigentum an der zu der Mauer verwendeten Grundfläche seines Grundstücks soweit zu übertragen, daß die neue Grenzlinie durch die Mitte der verstärkten Mauer geht; die Vorschriften über den Kauf sind anzuwenden.

(4) [1] Die Befugnis nach Absatz 2 Satz 1 erlischt durch Verzicht des Berechtigten. [2] Der Verzicht ist gegenüber dem Eigentümer des Nachbargrundstücks zu erklären. [3] Ist das Grundstück des Berechtigten mit dem Recht eines Dritten belastet, so gilt § 876 des Bürgerlichen Gesetzbuchs entsprechend. [4] Im Fall der Belastung mit einer Reallast, einer Hypothek, einer Grundschuld oder einer Rentenschuld ist der Verzicht dem Dritten gegenüber wirksam, wenn er erklärt wurde, bevor das Grundstück zugunsten des Dritten in Beschlag genommen worden ist.

**Art. 46a[1)] Überbau durch Wärmedämmung.** (1) [1] Der Eigentümer und der Nutzungsberechtigte eines Grundstücks haben zu dulden, dass die auf einer vorhandenen Grenzmauer oder Kommunmauer nachträglich aufgebrachte Wärmedämmung und sonstige mit ihr in Zusammenhang stehende untergeordnete Bauteile auf das Grundstück übergreifen, soweit und solange

1. diese die Benutzung des Grundstücks nicht oder nur geringfügig beeinträchtigen und eine zulässige beabsichtigte Nutzung des Grundstücks nicht behindern,
2. die übergreifenden Bauteile öffentlich-rechtlichen Vorschriften nicht widersprechen und
3. eine vergleichbare Wärmedämmung auf andere Weise als durch eine Außendämmung mit vertretbarem Aufwand nicht vorgenommen werden kann.

[2] § 912 Abs. 2 und §§ 913, 914 des Bürgerlichen Gesetzbuchs[2)] gelten entsprechend.

---

[1)] Art. 46a eingef. mWv 1.1.2012 durch G v. 20.12.2011 (GVBl. S. 714).
[2)] Nr. **27**.

(2) Der Eigentümer und jeder Nutzungsberechtigte des überbauten Grundstücks können verlangen, dass der Eigentümer des durch den Wärmeschutzüberbau begünstigten Grundstücks die Wärmedämmung in einem ordnungsgemäßen Zustand erhält.

(3) Schaden, der dem Eigentümer oder Nutzungsberechtigten des Grundstücks durch einen Überbau nach Abs. 1 entsteht, ist von dem Veranlasser des Überbaus ohne Rücksicht auf Verschulden zu ersetzen.

**Art. 46b[1] Hammerschlags- und Leiterrecht.** (1) [1]Der Eigentümer und der Nutzungsberechtigte eines Grundstücks müssen dulden, dass das Grundstück von dem Eigentümer oder dem Nutzungsberechtigten des Nachbargrundstücks und von diesem beauftragten Personen zwecks Errichtung, Veränderung, Instandhaltung oder Beseitigung einer baulichen Anlage betreten wird und dass auf dem Grundstück Gerüste und Geräte aufgestellt werden oder auf dieses übergreifen sowie die zu den Arbeiten erforderlichen Baustoffe über das Grundstück gebracht oder dort niedergelegt werden, wenn und soweit

1. das Vorhaben anders nicht oder nur mit unverhältnismäßig hohen Kosten durchgeführt werden kann,
2. die mit der Duldung verbundenen Nachteile oder Belästigungen nicht außer Verhältnis zu dem von dem Berechtigten erstrebten Vorteil stehen und
3. das Vorhaben öffentlich-rechtlichen Vorschriften nicht widerspricht.

[2]Das Recht ist so schonend wie möglich auszuüben. [3]Es darf nicht zur Unzeit geltend gemacht werden.

(2) Abs. 1 findet auf den Eigentümer öffentlicher Verkehrsflächen keine Anwendung.

(3) [1]Die Absicht, das Recht nach Abs. 1 auszuüben, sowie Art und Dauer der Arbeiten sind mindestens einen Monat vor deren Beginn dem Eigentümer und Nutzungsberechtigten des betroffenen Grundstücks von dem die Arbeiten veranlassenden Eigentümer oder Nutzungsberechtigten anzuzeigen. [2]Ist ein Betroffener, dem Anzeige zu machen ist, unbekannten Aufenthalts oder nicht alsbald erreichbar und hat er auch keinen Vertreter bestellt, so genügt statt der Anzeige an diesen Betroffenen die Anzeige an den unmittelbaren Besitzer.

(4) [1]Schaden, der bei der Ausübung der Rechte nach Abs. 1 dem Eigentümer oder Nutzungsberechtigten des betroffenen Grundstücks entsteht, ist ohne Rücksicht auf Verschulden von dem Eigentümer oder Nutzungsberechtigten, der die Arbeiten veranlasst hat, zu ersetzen. [2]Auf Verlangen ist Sicherheit in Höhe des voraussichtlichen Schadensbetrags zu leisten; in einem solchen Fall darf das Recht erst nach Leistung der Sicherheit ausgeübt werden.

(5) Ist die Ausübung des Rechts nach Abs. 1 zur Abwendung einer gegenwärtigen erheblichen Gefahr erforderlich, entfällt die Verpflichtung zur Anzeige und zur Sicherheitsleistung.

(6) [1]Der Eigentümer oder Nutzungsberechtigte, der ein Nachbargrundstück länger als eine Woche nach Abs. 1 benutzt, hat demjenigen, dessen dingliches Recht auf Nutzung des Grundstücks beeinträchtigt ist, für die gesamte Zeit der Benutzung eine Entschädigung in Höhe der ortsüblichen Miete für einen dem benutzten Grundstücksteil vergleichbaren gewerblichen Lagerplatz zu zahlen.

---

[1] Art. 46b eingef. mWv 1.1.2012 durch G v. 20.12.2011 (GVBl. S. 714).

[2] Eine Nutzungsentschädigung kann nicht verlangt werden, soweit nach Abs. 4 Ersatz für entgangene anderweitige Nutzung gefordert wird.

**Art. 47 Grenzabstand von Pflanzen.** (1) Der Eigentümer eines Grundstücks kann verlangen, daß auf einem Nachbargrundstück nicht Bäume, Sträucher oder Hecken, Weinstöcke oder Hopfenstöcke in einer geringeren Entfernung als 0,50 m oder, falls sie über 2 m hoch sind, in einer geringeren Entfernung als 2 m von der Grenze seines Grundstücks gehalten werden.

(2) [1] Zugunsten eines Waldgrundstücks kann nur die Einhaltung eines Abstands von 0,50 m verlangt werden. [2] Das gleiche gilt, wenn Wein oder Hopfen auf einem Grundstück angebaut wird, in dessen Lage dieser Anbau nach den örtlichen Verhältnissen üblich ist.

**Art. 48 Grenzabstand bei landwirtschaftlichen Grundstücken.**

(1) Gegenüber einem landwirtschaftlich genutzten Grundstück, dessen wirtschaftliche Bestimmung durch Schmälerung des Sonnenlichts erheblich beeinträchtigt werden würde, ist mit Bäumen von mehr als 2 m Höhe ein Abstand von 4 m einzuhalten.

(2) Die Einhaltung des in Absatz 1 bestimmten Abstands kann nur verlangt werden, wenn das Grundstück die bezeichnete wirtschaftliche Bestimmung schon zu der Zeit gehabt hat, zu der die Bäume die Höhe von 2 m überschritten haben.

**Art. 49 Messung des Grenzabstands.** Der Abstand nach Art. 47 und 48 wird von der Mitte des Stammes an der Stelle, an der dieser aus dem Boden hervortritt, bei Sträuchern und Hecken von der Mitte der zunächst an der Grenze befindlichen Triebe, bei Hopfenstöcken von der Hopfenstange oder dem Steigdraht ab gemessen.

**Art. 50 Ausnahmen vom Grenzabstand.** (1) [1] Art. 47 und 48 sind nicht auf Gewächse anzuwenden, die sich hinter einer Mauer oder einer sonstigen dichten Einfriedung befinden und diese nicht oder nicht erheblich überragen. [2] Sie gelten ferner nicht für Bepflanzungen, die längs einer öffentlichen Straße oder auf einem öffentlichen Platz gehalten werden, sowie für Bepflanzungen, die zum Uferschutz, zum Schutz von Abhängen oder Böschungen oder zum Schutz einer Eisenbahn dienen.

(2) Art. 48 Abs. 1 gilt auch nicht für Stein- und Kernobstbäume sowie Bäume, die sich in einem Hofraum oder einem Hausgarten befinden.

(3) [1] Im Fall einer Aufforstung kann die Einhaltung des in Art. 48 Abs. 1 bestimmten Abstands nicht verlangt werden, wenn die Aufforstung nach der Lage des aufzuforstenden Grundstücks der wirtschaftlichen Zweckmäßigkeit entspricht. [2] Im übrigen bleiben die besonderen Vorschriften über den Grenzabstand bei der Erstaufforstung unberührt.

**Art. 51[1)] Ältere Gewächse und Waldungen.** (1) Für die bereits zur Zeit des Inkrafttretens des Bürgerlichen Gesetzbuchs[2)] vorhandenen Bäume, Sträucher und Hecken sind die vor diesem Zeitpunkt geltenden Vorschriften weiterhin anzuwenden, soweit sie das Halten der Gewächse in einer geringeren als

---

[1)] Art. 51 Abs. 1 Fußnote aufgeh. mWv 1.12.2016 durch G v. 24.11.2016 (GVBl. S. 318).

[2)] Auszugsweise abgedruckt unter Nr. **27**.

der nach Art. 47 bis 50 einzuhaltenden Entfernung von der Grenze des Nachbargrundstücks gestatten.

(2) [1] Bei einem Grundstück, das bereits zur Zeit des Inkrafttretens des Bürgerlichen Gesetzbuchs[1)] mit Wald bestanden war, gilt bis zur ersten Verjüngung des Waldes nach Inkrafttreten des Bürgerlichen Gesetzbuchs[1)] das gleiche auch für neue Bäume und Sträucher. [2] Auch nach der Verjüngung ist Art. 48 nicht anzuwenden.

(3) Der Eigentümer eines Waldgrundstücks ist verpflichtet, die Wurzeln eines Baums oder Strauchs, die von einem Nachbargrundstück eingedrungen sind, das bereits zur Zeit des Inkrafttretens des Bürgerlichen Gesetzbuchs[1)] mit Wald bestanden war, sowie die von einem solchen Grundstück herüberragenden Zweige bis zur ersten Verjüngung des Waldes auf dem Nachbargrundstück nach Inkrafttreten des Bürgerlichen Gesetzbuchs[1)] zu dulden.

(4) [1] Dem Eigentümer eines anderen Grundstücks obliegt die Duldungspflicht nach Absatz 3 nur gegenüber den herüberragenden Zweigen, soweit diese mindestens 5 m vom Boden entfernt sind; die Entfernung wird bis zu den unteren Spitzen der Zweige gemessen. [2] Herüberragende Zweige, die weniger als 5 m vom Boden entfernt sind, müssen auf der westlichen, nordwestlichen, südwestlichen und südlichen Seite des mit Wald bestandenen Grundstücks geduldet werden, wenn durch ihre Beseitigung der Fortbestand eines zum Schutz des Waldes erforderlichen Baums oder Strauchs gefährdet oder die Ertragsfähigkeit des Waldbodens infolge des Eindringens von Wind und Sonne beeinträchtigt werden würde.

**Art. 52[2)] Verjährung der nachbarrechtlichen Ansprüche.** (1) [1] Die sich aus Art. 43 bis 45 und 46 Abs. 1 ergebenden Ansprüche unterliegen nicht der Verjährung. [2] Der Anspruch auf Beseitigung eines die Art. 47 bis 50 und 51 Abs. 1 und 2 verletzenden Zustands verjährt in fünf Jahren. [3] Die Verjährung beginnt mit dem Schluss des Jahres, in dem

1. der Anspruch entstanden ist, und
2. der Eigentümer des Grundstücks von den den Anspruch begründenden Umständen Kenntnis erlangt oder ohne grobe Fahrlässigkeit erlangen müsste.

(2) Sind Ansprüche nach Absatz 1 Sätze 2 und 3 verjährt und werden die Gewächse durch neue ersetzt, so kann hinsichtlich der neuen Gewächse die Einhaltung des in Art. 47 bis 50 und 51 Abs. 1 und 2 vorgeschriebenen Abstands verlangt werden.

**Art. 53[3)] Erlöschen von Anwenderechten.** (1) Eine im Zeitpunkt des Inkrafttretens des Bürgerlichen Gesetzbuchs[1)] nach örtlichem Herkommen bestehende Befugnis, bei der Bestellung landwirtschaftlicher Grundstücke die Grenze eines Nachbargrundstücks zu überschreiten (Anwenderecht), erlischt mit dem Ablauf von zehn Jahren nach der letzten Ausübung oder durch Verzicht.

---

[1)] Auszugsweise abgedruckt unter Nr. **27**.

[2)] Art. 52 Abs. 1 Satz 3 neu gef. mWv 1.1.2003 durch G v. 24.12.2002 (GVBl. S. 975, ber. 2003 S. 52).

[3)] Art. 53 Abs. 2 Satz 1 neu gef. mWv 1.1.2003 durch G v. 24.12.2002 (GVBl. S. 975); Abs. 2 Satz 1 geänd. mWv 1.3.2016 durch G v. 23.2.2016 (GVBl. S. 14); Abs. 1 Fußnote aufgeh. mWv 1.12.2016 durch G v. 24.11.2016 (GVBl. S. 318).

(2) [1]Die für die Verjährung geltenden Vorschriften der §§ 203, 204 Abs. 1 Nrn. 1, 4, 6, 7 bis 9, 11 bis 14, Abs. 2 und 3, §§ 205 bis 207, 209 bis 213 des Bürgerlichen Gesetzbuchs sind entsprechend anzuwenden. [2]Ein Verzicht muß in öffentlich beglaubigter Form abgegeben werden; im übrigen gelten Art. 46 Abs. 4 Sätze 2 und 3 entsprechend.

**Art. 54**[1)] **Ausschluß von privatrechtlichen Ansprüchen bei Verkehrsunternehmen.** § 14 des Bundes-Immissionsschutzgesetzes gilt für Eisenbahn-, Dampfschiffahrts- und ähnliche Unternehmen, die dem öffentlichen Verkehr dienen, entsprechend.

[1)] Art. 54 Fußnote aufgeh. mWv 1.12.2016 durch G v. 24.11.2016 (GVBl. S. 318).

## *D. Straßen- und Wegerecht; Luftrecht*

# 30. Bundesfernstraßengesetz (FStrG)

In der Fassung der Bekanntmachung vom 28. Juni 2007[1)]
(BGBl. I S. 1206)

**FNA 911-1**

zuletzt geänd. durch Art. 1 G zur Beschleunigung von Genehmigungsverfahren im Verkehrsbereich und zur Umsetzung der RL (EU) 2021/1187 über die Straffung von Maßnahmen zur rascheren Verwirklichung des transeuropäischen Verkehrsnetzes v. 22.12.2023 (BGBl. 2023 I Nr. 409)

– Auszug –

**§ 9[2)] Bauliche Anlagen an Bundesfernstraßen.** (1) [1] Längs der Bundesfernstraßen dürfen nicht errichtet werden

1. Hochbauten jeder Art in einer Entfernung bis zu 40 Meter bei Bundesautobahnen und bis zu 20 Meter bei Bundesstraßen außerhalb der zur Erschließung der anliegenden Grundstücke bestimmten Teile der Ortsdurchfahrten, jeweils gemessen vom äußeren Rand der befestigten Fahrbahn,
2. bauliche Anlagen, die außerhalb der zur Erschließung der anliegenden Grundstücke bestimmten Teile der Ortsdurchfahrten über Zufahrten oder Zugänge an Bundesstraßen unmittelbar oder mittelbar angeschlossen werden sollen.

[2] Satz 1 Nr. 1 gilt entsprechend für Aufschüttungen oder Abgrabungen größeren Umfangs. [3] Satz 1 Nummer 1 gilt nicht für technische Einrichtungen, die für das Erbringen von öffentlich zugänglichen Telekommunikationsdiensten erforderlich sind. [4] Weitergehende bundes- oder landesrechtliche Vorschriften bleiben unberührt.

(2) [1] Im Übrigen bedürfen Baugenehmigungen oder nach anderen Vorschriften notwendige Genehmigungen der Zustimmung der obersten Landesstraßenbaubehörde an Bundesfernstraßen, soweit dem Bund die Verwaltung einer Bundesfernstraße zusteht, der Zustimmung des Fernstraßen-Bundesamtes, wenn

1. bauliche Anlagen längs der Bundesautobahnen in einer Entfernung bis zu 100 Meter und längs der Bundesstraßen außerhalb der zur Erschließung der anliegenden Grundstücke bestimmten Teile der Ortsdurchfahrten bis zu 40 Meter, gemessen vom äußeren Rand der befestigten Fahrbahn, errichtet, erheblich geändert oder anders genutzt werden sollen,
2. bauliche Anlagen auf Grundstücken, die außerhalb der zur Erschließung der anliegenden Grundstücke bestimmten Teile der Ortsdurchfahrten über Zufahrten oder Zugänge an Bundesstraßen unmittelbar oder mittelbar angeschlossen sind, erheblich geändert oder anders genutzt werden sollen.

---

1) Neubekanntmachung des FStrG idF der Bek. v. 20.2.2003 (BGBl. I S. 286) in der ab 17.12.2006 geltenden Fassung.

2) § 9 Abs. 1 Satz 3 eingef., bish. Satz 3 wird Satz 4 mWv 1.10.2020 durch G v. 29.6.2020 (BGBl. I S. 1528); Abs. 2 Satz 1 einl. Satzteil, Abs. 5 und Abs. 8 Satz 1 geänd. mWv 1.1.2021 durch G v. 14.8. 2017 (BGBl. I S. 3122); Abs. 2a–2c eingef., Abs. 4 neu gef. mWv 29.12.2023 durch G v. 22.12.2023 (BGBl. 2023 I Nr. 409).

[2]Die Zustimmungsbedürftigkeit nach Satz 1 gilt entsprechend für bauliche Anlagen, die nach Landesrecht anzeigepflichtig sind. [3]Weitergehende bundes- oder landesrechtliche Vorschriften bleiben unberührt.

(2a) [1]Die im Fall des Absatzes 2 erforderliche Zustimmung gilt nach Ablauf einer Frist von zwei Monaten nach Eingang aller für die straßenrechtliche Prüfung erforderlichen Unterlagen bei der zuständigen Straßenbaubehörde als erteilt. [2]Diese Frist beginnt nicht, wenn der Antrag unvollständig ist und die für die Zustimmung zuständige Straßenbaubehörde dies innerhalb von zehn Arbeitstagen nach Eingang des Antrags der zuständigen Genehmigungsbehörde schriftlich oder elektronisch mitteilt. [3]Im Fall der Ergänzung oder Änderung des Antrags beginnen die Fristen nach den Sätzen 1 und 2 neu zu laufen, sofern durch die Ergänzung oder Änderung des Antrags die Belange nach Absatz 3 betroffen sind. [4]Die Zustimmungsfrist kann von der für die Zustimmung zuständigen Straßenbaubehörde um einen Monat verlängert werden, wenn dies wegen der Schwierigkeit der Angelegenheit erforderlich ist. [5]Die Fristverlängerung ist zu begründen und der Genehmigungsbehörde rechtzeitig vor Fristablauf mitzuteilen.

(2b) [1]Die Absätze 2 und 2a gelten nicht für Windenergieanlagen, wenn nur deren Rotor in die Anbaubeschränkungszone hineinragt. [2]In diesem Fall ist die oberste Landesstraßenbaubehörde an Bundesfernstraßen und, soweit dem Bund die Verwaltung der Bundesfernstraßen zusteht, das Fernstraßen-Bundesamt in den Genehmigungs- oder Anzeigeverfahren für die Anlage zu beteiligen. [3]Die für die Erteilung der Genehmigung oder für die Anzeige zuständige Behörde hat im Rahmen der Beteiligung die Stellungnahme der jeweiligen Behörde nach Satz 2 einzuholen. [4]Bedarf es keiner Genehmigung oder Anzeige der Anlage, hat der Vorhabenträger die in Satz 2 genannten Behörden um eine Stellungnahme zu dem Vorhaben zu ersuchen. [5]Bei der Errichtung und dem Betrieb einer in Satz 1 bezeichneten Anlage sind die in Absatz 3 und in § 2 des Erneuerbare-Energien-Gesetzes genannten Belange zu beachten.

(2c) [1]Absatz 1 Satz 1 Nummer 1 und Absatz 2 gelten nicht für Anlagen zur Erzeugung von Strom aus solarer Strahlungsenergie. [2]Die oberste Landesstraßenbaubehörde oder, soweit dem Bund die Verwaltung einer Bundesfernstraße zusteht, das Fernstraßen-Bundesamt ist im Genehmigungsverfahren für eine Anlage nach Satz 1 zu beteiligen, wenn eine solche Anlage längs einer Bundesautobahn in Entfernung bis zu 100 Meter oder längs einer Bundesstraße außerhalb der zur Erschließung der anliegenden Grundstücke bestimmten Teile der Ortsdurchfahrten bis zu 40 Meter, jeweils gemessen vom äußeren Rand der befestigten Fahrbahn, errichtet oder erheblich geändert werden soll. [3]Bedarf eine Anlage nach Satz 1 keiner Genehmigung, hat der Vorhabenträger das Vorhaben vor Baubeginn bei der jeweils zuständigen Behörde nach Satz 2 anzuzeigen. [4]Bei der Genehmigung, der Errichtung und dem Betrieb einer Anlage nach Satz 1 sind die in Absatz 3 und in § 2 des Erneuerbare-Energien-Gesetzes genannten Belange zu beachten.

(3) Die Zustimmung nach Absatz 2 darf nur versagt oder mit Bedingungen und Auflagen erteilt werden, soweit dies wegen der Sicherheit oder Leichtigkeit des Verkehrs, der Ausbauabsichten oder der Straßenbaugestaltung nötig ist.

(3a) Die Belange nach Absatz 3 sind auch bei Erteilung von Baugenehmigungen innerhalb der zur Erschließung der anliegenden Grundstücke bestimmten Teile der Ortsdurchfahrten von Bundesstraßen zu beachten.

(4) Bei geplanten Bundesfernstraßen gelten die Beschränkungen der Absätze 1 und 2 vom Beginn der Veröffentlichung der Pläne im Internet oder ihrer Auslegung im Rahmen des Planfeststellungsverfahrens oder von dem Zeitpunkt an, zu dem den Betroffenen Gelegenheit gegeben wird, den Plan einzusehen oder er ihnen zugänglich gemacht wird.

(5) Bedürfen die baulichen Anlagen im Sinne des Absatzes 2 außerhalb der zur Erschließung der anliegenden Grundstücke bestimmten Teile der Ortsdurchfahrten keiner Baugenehmigung oder keiner Genehmigung nach anderen Vorschriften, so tritt an die Stelle der Zustimmung die Genehmigung der obersten Landesstraßenbaubehörde, an Bundesfernstraßen, soweit dem Bund die Verwaltung einer Bundesfernstraße zusteht, die Genehmigung des Fernstraßen-Bundesamtes.

(5a) Als bauliche Anlagen im Sinne dieses Gesetzes gelten auch die im Landesbaurecht den baulichen Anlagen gleichgestellten Anlagen.

(6) [1] Anlagen der Außenwerbung stehen außerhalb der zur Erschließung der anliegenden Grundstücke bestimmten Teile der Ortsdurchfahrten den Hochbauten des Absatzes 1 und den baulichen Anlagen des Absatzes 2 gleich. [2] An Brücken über Bundesfernstraßen außerhalb dieser Teile der Ortsdurchfahrten dürfen Anlagen der Außenwerbung nicht angebracht werden. [3] Weitergehende bundes- oder landesrechtliche Vorschriften bleiben unberührt.

(7) Die Absätze 1 bis 5 gelten nicht, soweit das Bauvorhaben den Festsetzungen eines Bebauungsplans entspricht (§ 9 des Baugesetzbuchs), der mindestens die Begrenzung der Verkehrsflächen sowie an diesen gelegene überbaubare Grundstücksflächen enthält und unter Mitwirkung des Trägers der Straßenbaulast zustande gekommen ist.

(8) [1] Die oberste Landesstraßenbaubehörde oder das Fernstraßen-Bundesamt an den Bundesfernstraßen, soweit dem Bund die Verwaltung einer Bundesfernstraße zusteht, kann im Einzelfall Ausnahmen von den Verboten der Absätze 1, 4 und 6 zulassen, wenn die Durchführung der Vorschriften im Einzelfall zu einer offenbar nicht beabsichtigten Härte führen würde und die Abweichung mit den öffentlichen Belangen vereinbar ist oder wenn Gründe des Wohls der Allgemeinheit die Abweichungen erfordern. [2] Ausnahmen können mit Bedingungen und Auflagen versehen werden.

(9) [1] Wird infolge der Anwendung der Absätze 1, 2, 4 und 5 die bauliche Nutzung eines Grundstücks, auf deren Zulassung bisher ein Rechtsanspruch bestand, ganz oder teilweise aufgehoben, so kann der Eigentümer insoweit eine angemessene Entschädigung in Geld verlangen, als seine Vorbereitungen zur baulichen Nutzung des Grundstücks in dem bisher zulässigen Umfang für ihn an Wert verlieren oder eine wesentliche Wertminderung des Grundstücks eintritt. [2] Zur Entschädigung ist der Träger der Straßenbaulast verpflichtet.

(10) Im Fall des Absatzes 4 entsteht der Anspruch nach Absatz 9 erst, wenn der Plan rechtskräftig festgestellt oder genehmigt oder mit der Ausführung begonnen worden ist, spätestens jedoch nach Ablauf von vier Jahren, nachdem die Beschränkungen der Absätze 1 und 2 in Kraft getreten sind.

**Nr. 31** *(nicht belegt)*

# 32. Bayerisches Straßen- und Wegegesetz (BayStrWG)

in der Fassung der Bekanntmachung vom 5. Oktober 1981
(BayRS V S. 731)

**BayRS 91-1-B**

zuletzt geänd. durch § 1 Abs. 101 V zur Anpassung des Landesrechts an die geltende Geschäftsverteilung v. 4.6.2024 (GVBl. S. 98)

– Auszug –

## Erster Teil. Allgemeine Vorschriften

### Abschnitt 4. Anbau an Straßen und Schutzmaßnahmen

**Art. 23[1] Errichtung baulicher Anlagen.** (1) [1] Außerhalb der zur Erschließung der anliegenden Grundstücke bestimmten Teile der Ortsdurchfahrten dürfen bauliche Anlagen

1. an Staatsstraßen in einer Entfernung bis zu 20 m,
2. an Kreisstraßen in einer Entfernung bis zu 15 m,

jeweils gemessen vom äußeren Rand der Fahrbahndecke, nicht errichtet werden. [2] Dies gilt nicht für Aufschüttungen und Abgrabungen geringeren Umfangs und für technische Einrichtungen, die für das Erbringen von der öffentlichen Versorgung dienenden Telekommunikationsdiensten erforderlich sind. [3] Sind besondere Fahrbahnen, wie Radwege, getrennt von der Hauptfahrbahn angelegt, dann werden die Entfernungen vom Rand der Decke der Hauptfahrbahn ab gerechnet.

(2) [1] Ausnahmen von den Anbauverboten nach Abs. 1 können zugelassen werden, wenn dies die Sicherheit und Leichtigkeit des Verkehrs, besonders wegen der Sichtverhältnisse, Verkehrsgefährdung, Bebauungsabsichten und Straßenbaugestaltung gestattet. [2] Die Entscheidung wird im Baugenehmigungsverfahren durch die untere Bauaufsichtsbehörde im Einvernehmen mit der Straßenbaubehörde oder, wenn kein Baugenehmigungsverfahren durchgeführt wird, in einem eigenen Verfahren durch die Straßenbaubehörde getroffen. [3] Soweit nach Art. 73 Abs. 1 BayBO[2] die Regierung zuständig ist, trifft diese die Entscheidung.

(3) Abs. 1 gilt nicht, wenn das Bauvorhaben den Festsetzungen eines Bebauungsplans im Sinn des Baugesetzbuchs entspricht, der mindestens die Begrenzung der Verkehrsflächen und die an diesen gelegenen überbaubaren Grundstücksflächen enthält und unter Mitwirkung der Straßenbaubehörde zustande gekommen ist.

(4) [1] Die Gemeinden können durch Satzung vorschreiben, daß bestimmte Gemeindeverbindungsstraßen vom Anbau nach Abs. 1 freizuhalten sind, soweit dies für die Sicherheit oder Leichtigkeit des Verkehrs, besonders im Hinblick auf Sichtverhältnisse, Verkehrsgefährdung, Bebauungsabsichten und Straßenbaugestaltung erforderlich ist. [2] Das Anbauverbot darf sich nur auf eine Entfernung bis zu 10 m, gemessen vom Rand der Fahrbahndecke, erstrecken.

---

[1] Art. 23 Abs. 2 Satz 3 geänd. mWv 1.1.2008 durch G v. 20.12.2007 (GVBl. S. 958); Abs. 2 Satz 3 Fußnote aufgeh., Abs. 3 geänd. mWv 1.8.2017 durch G v. 12.7.2017 (GVBl. S. 375); Abs. 2 Satz 1, Abs. 3 und Abs. 4 Satz 1 geänd. mWv 1.1.2021 durch G v. 23.12.2020 (GVBl. S. 683); Abs. 1 Satz 2 geänd. mWv 1.3.2023 durch G v. 10.2.2023 (GVBl. S. 22).

[2] Nr. **1**.

**Art. 24[1)] Errichtung oder Änderung baulicher Anlagen.** (1) [1]Unbeschadet der Vorschrift des Art. 23 dürfen baurechtliche oder nach anderen Vorschriften erforderliche Genehmigungen nur im Einvernehmen mit der Straßenbaubehörde erteilt werden, wenn bauliche Anlagen längs

1. von Staatsstraßen in einer Entfernung bis zu 40 m und
2. von Kreisstraßen in einer Entfernung bis zu 30 m,

jeweils gemessen vom äußeren Rand der Fahrbahndecke, errichtet, erheblich geändert oder so anders genutzt werden sollen, daß Auswirkungen auf die Sicherheit und Leichtigkeit des Verkehrs zu erwarten sind. [2]Das Einvernehmen darf nur verweigert oder von Nebenbestimmungen abhängig gemacht werden, soweit dies für die Sicherheit oder Leichtigkeit des Verkehrs, besonders wegen der Sichtverhältnisse, Verkehrsgefährdung, Bebauungsabsichten und Straßenbaugestaltung erforderlich ist.

(2) Das Einvernehmen ist auch erforderlich, wenn infolge der Errichtung, Änderung oder anderen Nutzung von baulichen Anlagen außerhalb der zur Erschließung der anliegenden Grundstücke bestimmten Teile der Ortsdurchfahrten

1. Grundstücke eine Zufahrt (Art. 19 Abs. 1) zu einer Staatsstraße oder Kreisstraße erhalten sollen oder
2. die Änderung einer bestehenden Zufahrt zu einer Staats- oder Kreisstraße erforderlich würde.

(3) [1]Die Entscheidung trifft in den Fällen der Abs. 1 und 2 die untere Bauaufsichtsbehörde oder die nach anderen Vorschriften zuständige Genehmigungsbehörde. [2]Ist eine baurechtliche oder anderweitige Genehmigung nicht erforderlich, so entscheidet die Straßenbaubehörde. [3]Art. 23 Abs. 2 Satz 3 gilt entsprechend.

(4) Art. 23 Abs. 3 gilt entsprechend.

**Art. 25** *(aufgehoben)*

**Art. 26 Freihaltung von Sichtdreiecken.** [1]Bauliche Anlagen dürfen nicht errichtet oder geändert werden, wenn die Sichtverhältnisse bei höhengleichen Kreuzungen von Straßen mit dem öffentlichen Verkehr dienenden Eisenbahnen dadurch beeinträchtigt werden. [2]Das gleiche gilt für höhengleiche Kreuzungen und Einmündungen von Straßen außerhalb der geschlossenen Ortslage.

**Art. 27 Baubeschränkungen für geplante Straßen.** [1]Für geplante Straßen gelten die Beschränkungen der Art. 23 bis 26 vom Beginn der Auslegung der Pläne im Planfeststellungsverfahren an. [2]Wird auf die Auslegung verzichtet, so gelten sie von dem Zeitpunkt an, zu dem den Betroffenen Gelegenheit gegeben wird, den Plan einzusehen.

**Art. 27a[2)] Entschädigung wegen Baubeschränkungen.** (1) [1]Wird nach den Art. 23 bis 26 die bauliche Nutzung eines Grundstücks, auf deren Zulassung bisher ein Rechtsanspruch bestand, ganz oder teilweise aufgehoben, so kann der Eigentü-

---

[1)] Art. 24 Abs. 3 Satz 2 neu gef. mWv 1.1.2008 durch G v. 20.12.2007 (GVBl. S. 958); Abs. 3 Satz 1 geänd. mWv 1.1.2021 durch G v. 23.12.2020 (GVBl. S. 683); Abs. 1 Satz 1 abschl. Satzteil sowie Satz 2 geänd., Abs. 3 Satz 1 eingef., bish. Sätze 1 und 2 werden Sätze 2 und 3, neuer Satz 2 geänd. mWv 1.3.2023 durch G v. 10.2.2023 (GVBl. S. 22).

[2)] Art. 27a Abs. 1 Sätze 1 und 2 Fußnoten aufgeh. mWv 1.8.2017 durch G v. 12.7.2017 (GVBl. S. 375); Abs. 2 geänd. mWv 1.1.2021 durch G v. 23.12.2020 (GVBl. S. 683).

mer und ein sonst zur Nutzung Berechtigter insoweit nach den Vorschriften des Bayerischen Gesetzes über die entschädigungspflichtige Enteignung Entschädigung in Geld verlangen, als seine Vorbereitungen zur baulichen Nutzung des Grundstücks in dem bisher zulässigen Umfang für ihn an Wert verlieren oder eine wesentliche Wertminderung des Grundstücks eintritt. [2] Zur Entschädigung ist der Träger der Straßenbaulast verpflichtet, im Fall des Art. 26 Satz 1 unbeschadet seiner Ausgleichsansprüche nach dem Eisenbahnkreuzungsgesetz.

(2) Im Fall des Art. 27 entsteht der Anspruch nach Abs. 1 erst, wenn der Plan unanfechtbar festgestellt oder mit der Ausführung begonnen worden ist, spätestens jedoch vier Jahre nach Auslegung der Pläne.

**Art. 27b[1)] Veränderungssperre.** (1) [1] Vom Beginn der Auslegung der Pläne im Planfeststellungsverfahren oder von dem Zeitpunkt an, zu dem den Betroffenen Gelegenheit gegeben wird, den Plan einzusehen, dürfen auf den vom Plan betroffenen Flächen bis zu ihrer Übernahme durch den Träger der Straßenbaulast wesentlich wertsteigernde oder das Straßenbauvorhaben erheblich erschwerende Veränderungen nicht vorgenommen werden. [2] Veränderungen, die in rechtlich zulässiger Weise vorher begonnen worden sind, Unterhaltungsarbeiten und die Fortführung einer bisher ausgeübten Nutzung sind hiervon ausgenommen.

(2) [1] Dauern diese Beschränkungen länger als vier Jahre, so können die Eigentümer und die sonst zur Nutzung Berechtigten für danach eintretende Vermögensnachteile vom Träger der Straßenbaulast nach den Vorschriften des Bayerischen Gesetzes über die entschädigungspflichtige Enteignung Entschädigung in Geld verlangen. [2] Der Eigentümer einer vom Plan betroffenen Fläche kann vom Träger der Straßenbaulast ferner verlangen, daß er die Fläche zu Eigentum übernimmt, wenn es dem Eigentümer wegen dieser Beschränkungen wirtschaftlich nicht mehr zuzumuten ist, die Fläche in der bisherigen oder einer anderen zulässigen Art zu nutzen. [3] Kommt eine Einigung über die Übernahme nicht zustande, kann der Eigentümer das Enteignungsverfahren beantragen; im übrigen gelten die Vorschriften des Bayerischen Gesetzes über die entschädigungspflichtige Enteignung sinngemäß.

(3) [1] Zur Sicherung der Planung neuer Staatsstraßen und Kreisstraßen können die Regierungen nach Anhörung der Gemeinden, deren Gebiet betroffen wird, Planungsgebiete festlegen. [2] Für diese gilt Abs. 1 entsprechend. [3] Die Festlegung ist auf höchstens zwei Jahre zu befristen. [4] Die Frist kann, wenn besondere Umstände es erfordern, auf höchstens vier Jahre verlängert werden. [5] Sie tritt mit Beginn der Auslegung der Pläne im Planfeststellungsverfahren oder von dem Zeitpunkt an, zu dem den Betroffenen Gelegenheit gegeben wird, den Plan einzusehen, außer Kraft. [6] Ihre Dauer ist auf die Vierjahresfrist nach Abs. 2 anzurechnen.

(4) [1] Die Festlegung eines Planungsgebiets ist in den Gemeinden, deren Gebiet betroffen wird, auf ortsübliche Weise bekanntzumachen. [2] Planungsgebiete sind außerdem in Karten einzutragen, die in den Gemeinden während der Geltungsdauer der Festlegung zur Einsicht auszulegen sind.

(5) Die Regierungen können im Einzelfall Ausnahmen von den Abs. 1 und 3 zulassen, wenn keine überwiegenden öffentlichen Belange entgegenstehen.

---

[1)] Art. 27b Abs. 2 Satz 1 Fußnote aufgeh. mWv 1.8.2017 durch G v. 12.7.2017 (GVBl. S. 375); Abs. 3 Sätze 2 und 6, Abs. 5 geänd. mWv 1.1.2021 durch G v. 23.12.2020 (GVBl. S. 683).

# 33. Luftverkehrsgesetz (LuftVG)

In der Fassung der Bekanntmachung vom 10. Mai 2007[1)]
(BGBl. I S. 698)

**FNA 96-1**

zuletzt geänd. durch Art. 3 G zur Änd. agrarrechtlicher Vorschriften und zur Änd. weiterer G v. 23.10.2024 (BGBl. 2024 I Nr. 327)

– Auszug –

## Erster Abschnitt. Luftverkehr

### 2. Unterabschnitt. Flugplätze

**§ 6**[2)] **[Genehmigung]** (1) [1] Flugplätze (Flughäfen, Landeplätze und Segelfluggelände) dürfen nur mit Genehmigung angelegt oder betrieben werden. [2] Im Genehmigungsverfahren für Flugplätze, die einer Planfeststellung bedürfen, ist die Umweltverträglichkeit zu prüfen. [3] § 47 Absatz 2 des Gesetzes über die Umweltverträglichkeitsprüfung bleibt unberührt. [4] Die Genehmigung kann mit Auflagen verbunden und befristet werden.

(2) [1] Vor Erteilung der Genehmigung ist besonders zu prüfen, ob die geplante Maßnahme den Erfordernissen der Raumordnung entspricht und ob die Erfordernisse des Naturschutzes und der Landschaftspflege sowie des Städtebaus und der Schutz vor Fluglärm angemessen berücksichtigt sind. [2] §§ 4 und 5 des Raumordnungsgesetzes bleiben unberührt. [3] Ist das in Aussicht genommene Gelände ungeeignet oder rechtfertigen Tatsachen die Annahme, dass die öffentliche Sicherheit oder Ordnung gefährdet wird, ist die Genehmigung zu versagen. [4] Ergeben sich später solche Tatsachen, so kann die Genehmigung widerrufen werden.

(3) Die Genehmigung eines Flughafens, der dem allgemeinen Verkehr dienen soll, ist außerdem zu versagen, wenn durch die Anlegung und den Betrieb des beantragten Flughafens die öffentlichen Interessen in unangemessener Weise beeinträchtigt werden.

(4) [1] Die Genehmigung ist zu ergänzen oder zu ändern, wenn dies nach dem Ergebnis des Planfeststellungsverfahrens (§§ 8 bis 10) notwendig ist. [2] Eine Änderung der Genehmigung ist auch erforderlich, wenn die Anlage oder der Betrieb des Flugplatzes wesentlich erweitert oder geändert werden soll.

(5) [1] Für das Genehmigungsverfahren gelten § 73 Absatz 3a, § 75 Absatz 1a sowie § 74 Abs. 4 und 5 des Verwaltungsverfahrensgesetzes über die Bekanntgabe entsprechend. [2] Für die in § 8 Abs. 1 bezeichneten Flugplätze gilt für die Durchführung des Genehmigungsverfahrens auch § 10 Absatz 4 und 5 entsprechend.

---

[1)] Neubekanntmachung des LuftVG idF der Bek. v. 27.3.1999 (BGBl. I S. 550) in der ab 17.12. 2006 geltenden Fassung.

[2)] § 6 Abs. 2 Satz 2 geänd. mWv 30.6.2009 durch G v. 22.12.2008 (BGBl. I S. 2986); Abs. 5 Sätze 1 und 2 geänd. mWv 1.6.2015 durch G v. 31.5.2013 (BGBl. I S. 1388, geänd. durch G v. 24.5.2014, BGBl. I S. 538); Abs. 7 geänd. mWv 2.6.2017 durch G v. 29.5.2017 (BGBl. I S. 1298); Abs. 1 Satz 3 und Abs. 7 geänd. mWv 29.7.2017 durch G v. 20.7.2017 (BGBl. I S. 2808, ber. 2018 S. 472).

(6) [1] Im Falle des Absatzes 5 Satz 2 hat der Widerspruch eines Dritten gegen die Erteilung der Genehmigung keine aufschiebende Wirkung. [2] Der Antrag auf Anordnung der aufschiebenden Wirkung nach § 80 Abs. 5 Satz 1 der Verwaltungsgerichtsordnung kann nur innerhalb eines Monats nach Zustellung des Genehmigungsbescheides gestellt und begründet werden. [3] Darauf ist in der Rechtsbehelfsbelehrung hinzuweisen.

(7) Ist nach dem Gesetz über die Umweltverträglichkeitsprüfung im Genehmigungsverfahren eine Umweltverträglichkeitsprüfung durchzuführen, so bedarf es keiner förmlichen Erörterung im Sinne des § 18 Absatz 1 Satz 4 des Gesetzes über die Umweltverträglichkeitsprüfung.

**§ 7 [Vorarbeiten]** (1) Die Genehmigungsbehörde kann dem Antragsteller die zur Vorbereitung seines Antrags (§ 6) oder die zur Durchführung des Vorhabens notwendigen Vermessungen, Boden- und Grundwasseruntersuchungen einschließlich der vorübergehenden Anbringung von Markierungszeichen und sonstigen Vorarbeiten gestatten, wenn eine Prüfung ergeben hat, dass die Voraussetzungen für die Erteilung einer Genehmigung voraussichtlich vorliegen.

(2) [1] Die Dauer der Erlaubnis soll zwei Jahre nicht überschreiten. [2] Diese Erlaubnis gibt keinen Anspruch auf Erteilung der Genehmigung nach § 6.

(3) [1] Die Beauftragten der Genehmigungsbehörde können Grundstücke, die für die Genehmigung in Betracht kommen, auch ohne Zustimmung des Berechtigten betreten, diese Grundstücke vermessen und sonstige Vorarbeiten vornehmen, die für die endgültige Entscheidung über die Eignung des Geländes notwendig sind. [2] Zum Betreten von Wohnungen sind sie nicht berechtigt.

(4) [1] Die Genehmigungsbehörde kann die Vorarbeiten von Auflagen abhängig machen. [2] Ist durch die Vorarbeiten ein erheblicher Schaden zu erwarten, hat die Genehmigungsbehörde Sicherheitsleistung durch den Antragsteller anzuordnen.

(5) [1] Wenn durch die Vorarbeiten Schäden verursacht werden, hat der Antragsteller unverzüglich nach Eintritt des jeweiligen Schadens volle Entschädigung in Geld zu leisten oder auf Verlangen des Geschädigten den früheren Zustand wiederherzustellen. [2] Über Art und Höhe der Entschädigung entscheiden im Streitfalle die ordentlichen Gerichte.

**§ 8[1)] [Planfeststellung für Flughäfen]** (1) [1] Flughäfen sowie Landeplätze mit beschränktem Bauschutzbereich nach § 17 dürfen nur angelegt, bestehende nur geändert werden, wenn der Plan nach § 10 vorher festgestellt ist. [2] Bei der Planfeststellung sind die von dem Vorhaben berührten öffentlichen und privaten Belange einschließlich der Umweltverträglichkeit im Rahmen der Abwägung zu berücksichtigen. [3] Hierbei sind zum Schutz der Allgemeinheit und der Nachbarschaft vor schädlichen Umwelteinwirkungen durch Fluglärm die jeweils anwendbaren Werte des § 2 Absatz 2 des Gesetzes zum Schutz gegen Fluglärm zu beachten. [4] Die Prüfung der Umweltverträglichkeit und der Verträglichkeit mit den Erhaltungszielen von Natura 2000-Gebieten muss sich

---

1) § 8 Abs. 1 Sätze 3 und 4 angef. mWv 7.6.2007 durch G v. 1.6.2007 (BGBl. I S. 986); Abs. 8 Satz 1 geänd. mWv 18.12.2008 durch G v. 11.12.2008 (BGBl. I S. 2418); Abs. 1 Satz 5 angef., Abs. 2 neu gef., Abs. 3 aufgeh. mWv 1.6.2015 durch G v. 31.5.2013 (BGBl. I S. 1388, geänd. durch G v. 24.5. 2014, BGBl. I S. 538); Abs. 1 neu gef. mWv 3.7.2016 durch G v. 28.6.2016 (BGBl. I S. 1548).

räumlich auf den gesamten Einwirkungsbereich des Vorhabens erstrecken, in dem entscheidungserhebliche Auswirkungen möglich sind. [5]Hierbei sind in der Umgebung der in Satz 1 bezeichneten Flugplätze alle die Bereiche zu berücksichtigen, in denen An- und Abflugverkehr weder aus tatsächlichen noch aus rechtlichen Gründen ausgeschlossen werden kann. [6]Lässt sich die Zulassung des Vorhabens nur rechtfertigen, wenn bestimmte Gebiete von erheblichen Beeinträchtigungen durch An- und Abflugverkehr verschont bleiben, legt die Planfeststellungsbehörde fest, dass An- und Abflugverkehr über diesen Gebieten nicht abgewickelt werden darf. [7]Die Planfeststellungsbehörde kann auch Bedingungen für die Zulässigkeit von Überflügen über bestimmten Gebieten festlegen. [8]Vor einer Festlegung im Planfeststellungsbeschluss ist der Flugsicherungsorganisation und dem Bundesaufsichtsamt für Flugsicherung Gelegenheit zu geben, zu den Auswirkungen einer solchen Festlegung auf die künftige Verkehrsführung und Abwicklung des Luftverkehrs Stellung zu nehmen. [9]Auf Genehmigungen nach § 6 Absatz 1 und 4 Satz 2 sind die Sätze 3 bis 5 entsprechend anzuwenden. [10]Für das Planfeststellungsverfahren gelten die §§ 72 bis 78 des Verwaltungsverfahrensgesetzes nach Maßgabe dieses Gesetzes.

(2) Für die Plangenehmigung gilt § 9 Absatz 1 entsprechend.

(3) *(aufgehoben)*

(4) [1]Betriebliche Regelungen und die bauplanungsrechtliche Zulässigkeit von Hochbauten auf dem Flugplatzgelände können Gegenstand der Planfeststellung sein. [2]Änderungen solcherart getroffener betrieblicher Regelungen bedürfen nur einer Regelung entsprechend § 6 Abs. 4 Satz 2.

(5) [1]Für die zivile Nutzung eines aus der militärischen Trägerschaft entlassenen ehemaligen Militärflugplatzes ist eine Änderungsgenehmigung nach § 6 Abs. 4 Satz 2 durch die zuständige Zivilluftfahrtbehörde erforderlich, in der der Träger der zivilen Nutzung anzugeben ist. [2]Die Genehmigungsurkunde muss darüber hinaus die für die entsprechende Flugplatzart vorgeschriebenen Angaben enthalten (§ 42 Abs. 2, § 52 Abs. 2, § 57 Abs. 2 der Luftverkehrs-Zulassungs-Ordnung). [3]Eine Planfeststellung oder Plangenehmigung findet nicht statt, jedoch muss das Genehmigungsverfahren den Anforderungen des Gesetzes über die Umweltverträglichkeitsprüfung entsprechen, wenn die zivile Nutzung des Flugplatzes mit baulichen Änderungen oder Erweiterungen verbunden ist, für die nach dem Gesetz über die Umweltverträglichkeitsprüfung eine Umweltverträglichkeitsprüfung durchzuführen ist. [4]Ein militärischer Bauschutzbereich bleibt bestehen, bis die Genehmigungsbehörde etwas anderes bestimmt. [5]Spätestens mit der Bekanntgabe der Änderungsgenehmigung nach § 6 Abs. 4 Satz 2 gehen alle Rechte und Pflichten von dem militärischen auf den zivilen Träger über.

(6) Die Genehmigung nach § 6 ist nicht Voraussetzung für ein Planfeststellungsverfahren oder ein Plangenehmigungsverfahren.

(7) Absatz 5 Satz 1 bis 3 gilt entsprechend bei der zivilen Nutzung oder Mitbenutzung eines nicht aus der militärischen Trägerschaft entlassenen Militärflugplatzes.

(8) [1]§ 7 gilt für das Planfeststellungsverfahren entsprechend. [2]Vorarbeiten zur Baudurchführung sind darüber hinaus auch vor Eintritt der Bestandskraft eines Planfeststellungsbeschlusses oder einer Plangenehmigung zu dulden.

**§ 8a [Veränderungssperre]** (1) [1] Sobald der Plan ausgelegt oder andere Gelegenheit gegeben ist, den Plan einzusehen, dürfen auf den vom Plan betroffenen Flächen bis zu ihrer Inanspruchnahme wesentlich wertsteigernde oder die geplanten Baumaßnahmen erheblich erschwerende Veränderungen nicht vorgenommen werden (Veränderungssperre). [2] Als vom Plan betroffen gelten Flächen auch insoweit, als für die Erteilung einer Baugenehmigung nach dem im Plan für den Ausbau bezeichneten Bauschutzbereich (§§ 12, 17) ein Zustimmungsvorbehalt der Luftfahrtbehörde besteht. [3] Veränderungen, die in rechtlich zulässiger Weise vorher begonnen worden sind, Unterhaltungsarbeiten und die Fortführung einer bisher ausgeübten Nutzung werden davon nicht berührt. [4] Unzulässige Veränderungen bleiben bei der Anordnung von Vorkehrungen und Anlagen und im Entschädigungsverfahren unberücksichtigt.

(2) Dauert die Veränderungssperre über vier Jahre, können die Eigentümer für die dadurch entstandenen Vermögensnachteile Entschädigung verlangen.

(3) In den Fällen des Absatzes 1 Satz 1 steht dem Unternehmer an den betroffenen Flächen ein Vorkaufsrecht zu.

**§ 9[1)] [Inhalt der Planfeststellung]** (1) § 75 Absatz 1 des Verwaltungsverfahrensgesetzes gilt nicht für Entscheidungen des Bundesministeriums für Digitales und Verkehr nach § 27d Absatz 1, 1a und 4 und Entscheidungen der Baugenehmigungsbehörden auf Grund des Baurechts.

(2) [1] Wird der Plan nicht innerhalb von fünf Jahren nach Rechtskraft durchgeführt, so können die vom Plan betroffenen Grundstückseigentümer verlangen, dass der Unternehmer ihre Grundstücke und Rechte insoweit erwirbt, als nach § 28 die Enteignung zulässig ist. [2] Kommt keine Einigung zustande, so können sie die Durchführung des Enteignungsverfahrens bei der Enteignungsbehörde beantragen. [3] Im Übrigen gilt § 28.

(3) Wird mit der Durchführung des Plans nicht innerhalb von zehn Jahren nach Eintritt der Unanfechtbarkeit begonnen, so tritt er außer Kraft, es sei denn, er wird vorher auf Antrag des Trägers des Vorhabens von der Planfeststellungsbehörde um höchstens fünf Jahre verlängert.

**§ 10[2)] [Planfeststellungsbehörde, Verfahren]** (1) [1] Planfeststellungsbehörde und Anhörungsbehörde sind die von der Landesregierung bestimmten Behörden des Landes, in dem das Gelände liegt. [2] Erstreckt sich das Gelände auf mehrere Länder, so trifft die Bestimmung nach Satz 1 die Landesregierung des Landes, in dem der überwiegende Teil des Geländes liegt.

---

[1)] § 9 Abs. 1 neu gef., Abs. 2 und 3 aufgeh., bish. Abs. 4 wird Abs. 2, bish. Abs. 5 wird Abs. 3 und Sätze 2 und 3 aufgeh. mWv 1.6.2015 durch G v. 31.5.2013 (BGBl. I S. 1388, geänd. durch G v. 24.5. 2014, BGBl. I S. 538); Abs. 1 geänd. mWv 8.9.2015 durch VO v. 31.8.2015 (BGBl. I S. 1474); Abs. 1 geänd. mWv 9.7.2021 durch G v. 5.7.2021 (BGBl. I S. 2287); Abs. 1 geänd. mWv 29.12.2023 durch G v. 22.12.2023 (BGBl. 2023 I Nr. 409).

[2)] § 10 Abs. 2 Satz 1 Nr. 3 Satz 4, Nr. 6 Satz 1, Abs. 4 Satz 2 geänd. mWv 1.3.2010 durch G v. 29.7.2009 (BGBl. I S. 2542); Abs. 1 Satz 1 neu gef., Satz 3 aufgeh., Abs. 2 Satz 1 Nr. 1 neu gef., Nr. 2–4 aufgeh., bish. Nr. 5 und 6 werden Nr. 2 und 3, Abs. 4, 5 und 8 aufgeh., bish. Abs. 6 und 7 werden Abs. 4 und 5 mWv 1.6.2015 durch G v. 31.5.2013 (BGBl. I S. 1388, geänd. durch G v. 24.5. 2014, BGBl. I S. 538); Abs. 3 geänd. mWv 8.9.2015 durch VO v. 31.8.2015 (BGBl. I S. 1474); Abs. 2 Satz 1 Nr. 3 Satz 3 geänd. mWv 2.6.2017 durch G v. 29.5.2017 (BGBl. I S. 1298); Abs. 2 Satz 1 Nr. 2 Satz 1 und Nr. 3 Satz 3 geänd. mWv 29.7.2017 durch G v. 20.7.2017 (BGBl. I S. 2808, ber. 2018 S. 472); Abs. 3 geänd. mWv 29.12.2023 durch G v. 22.12.2023 (BGBl. 2023 I Nr. 409).

(2) [1] Für das Anhörungsverfahren gilt § 73 des Verwaltungsverfahrensgesetzes mit folgenden Maßgaben:

1. § 73 Absatz 3a des Verwaltungsverfahrensgesetzes gilt für Äußerungen der Kommission nach § 32b entsprechend.
2. [1] Bei der Änderung eines Flughafens oder eines Landeplatzes mit beschränktem Bauschutzbereich nach § 17 kann von einer förmlichen Erörterung im Sinne des § 73 Abs. 6 des Verwaltungsverfahrensgesetzes und des § 18 Absatz 1 Satz 2 des Gesetzes über die Umweltverträglichkeitsprüfung abgesehen werden. [2] Vor dem Abschluss des Planfeststellungsverfahrens ist den Einwendern Gelegenheit zur Äußerung zu geben. [3] Die Stellungnahme der Anhörungsbehörde nach § 73 Abs. 9 des Verwaltungsverfahrensgesetzes ist innerhalb von sechs Wochen nach Ablauf der Einwendungsfrist abzugeben.
3. [1] Soll ein ausgelegter Plan geändert werden, so sind auch die vom Bund oder Land anerkannten Naturschutzvereinigungen entsprechend § 73 Abs. 8 Satz 1 des Verwaltungsverfahrensgesetzes zu beteiligen. [2] Im Falle des § 73 Abs. 8 Satz 2 des Verwaltungsverfahrensgesetzes erfolgt die Beteiligung in entsprechender Anwendung der Nummer 3 Satz 3 und 4. [3] Von einer Erörterung im Sinne des § 73 Abs. 6 des Verwaltungsverfahrensgesetzes und des § 18 Absatz 1 Satz 4 des Gesetzes über die Umweltverträglichkeitsprüfung kann abgesehen werden.

[2] Die Maßgaben gelten entsprechend, wenn das Verfahren landesrechtlich durch ein Verwaltungsverfahrensgesetz geregelt ist.

(3) Werden öffentliche Interessen berührt, für die die Zuständigkeit von Bundesbehörden oder von Behörden, die im Auftrag des Bundes tätig werden, gegeben ist, und kommt eine Verständigung zwischen der Planfeststellungsbehörde und den genannten Behörden nicht zustande, so hat die Planfeststellungsbehörde im Benehmen mit dem Bundesministerium für Digitales und Verkehr zu entscheiden.

(4) [1] Die Anfechtungsklage gegen einen Planfeststellungsbeschluss oder eine Plangenehmigung für den Bau oder die Änderung von Flughäfen oder Landeplätzen mit beschränktem Bauschutzbereich hat keine aufschiebende Wirkung. [2] Der Antrag auf Anordnung der aufschiebenden Wirkung der Anfechtungsklage gegen einen Planfeststellungsbeschluss oder eine Plangenehmigung nach § 80 Abs. 5 Satz 1 der Verwaltungsgerichtsordnung kann nur innerhalb eines Monats nach Zustellung des Planfeststellungsbeschlusses oder der Plangenehmigung gestellt und begründet werden. [3] § 58 der Verwaltungsgerichtsordnung gilt entsprechend. [4] Treten später Tatsachen ein, die die Wiederherstellung der aufschiebenden Wirkung rechtfertigen, so kann der durch den Planfeststellungsbeschluss oder die Plangenehmigung Beschwerte einen hierauf gestützten Antrag nach § 80 Abs. 5 Satz 1 der Verwaltungsgerichtsordnung innerhalb von einem Monat stellen. [5] Die Frist beginnt in dem Zeitpunkt, in dem der Beschwerte von den Tatsachen Kenntnis erlangt.

(5) [1] Der Kläger hat innerhalb einer Frist von sechs Wochen die zur Begründung seiner Klage dienenden Tatsachen und Beweismittel anzugeben. [2] § 87b Abs. 3 und § 128a der Verwaltungsgerichtsordnung gelten entsprechend.

**§ 11 [Einwirkungen auf Nachbargrundstücke]** Die Vorschrift des § 14 des Bundes-Immissionsschutzgesetzes gilt für Flugplätze entsprechend.

**§ 12[1) [Baubeschränkungen im Bauschutzbereich]** (1) [1]Bei Genehmigung eines Flughafens ist für den Ausbau ein Plan festzulegen. [2]Dieser ist maßgebend für den Bereich, in dem die in den Absätzen 2 und 3 bezeichneten Baubeschränkungen gelten (Bauschutzbereich). [3]Der Plan muss enthalten

1. die Start- und Landebahnen einschließlich der sie umgebenden Schutzstreifen (Start- und Landeflächen),
2. die Sicherheitsflächen, die an den Enden der Start- und Landeflächen nicht länger als je 1 000 Meter und seitlich der Start- und Landeflächen bis zum Beginn der Anflugsektoren je 350 Meter breit sein sollen,
3. den Flughafenbezugspunkt, der in der Mitte des Systems der Start- und Landeflächen liegen soll,
4. die Startbahnbezugspunkte, die je in der Mitte der Start- und Landeflächen liegen sollen,
5. die Anflugsektoren, die sich beiderseits der Außenkanten der Sicherheitsflächen an deren Enden mit einem Öffnungswinkel von je 15 Grad anschließen; sie enden bei Hauptstart- und Hauptlandeflächen in einer Entfernung von 15 Kilometern, bei Nebenstart- und Nebenlandeflächen in einer Entfernung von 8,5 Kilometern vom Startbahnbezugspunkt.

(2) [1]Nach Genehmigung eines Flughafens darf die für die Erteilung einer Baugenehmigung zuständige Behörde die Errichtung von Bauwerken im Umkreis von 1,5 Kilometer Halbmesser um den Flughafenbezugspunkt sowie auf den Start- und Landeflächen und den Sicherheitsflächen nur mit Zustimmung der Luftfahrtbehörden genehmigen. [2]Die Zustimmung der Luftfahrtbehörden gilt als erteilt, wenn sie nicht binnen zwei Monaten nach Eingang des Ersuchens der für die Erteilung einer Baugenehmigung zuständigen Behörde verweigert wird. [3]Die Frist nach Satz 2 beginnt nicht, wenn der Antrag unvollständig ist und die Luftfahrtbehörde dies der zuständigen Behörde innerhalb von zehn Werktagen nach Eingang des Ersuchens mitteilt. [4]Im Fall der Ergänzung oder Änderung des Antrags beginnt die Frist nach den Sätzen 2 und 3 ab dem Zeitpunkt der Ergänzung oder Änderung erneut. [5]Die Frist nach Satz 2 kann von der zuständigen Luftfahrtbehörde um einen Monat verlängert werden, wenn dies wegen eines erhöhten Prüfaufwandes insbesondere für die Erstellung von Risikoanalysen erforderlich ist. [6]Die Fristverlängerung ist zu begründen und rechtzeitig mitzuteilen. [7]Sehen landesrechtliche Bestimmungen für die Errichtung von Bauwerken nach Satz 1 die Einholung einer Baugenehmigung nicht vor, bedarf die Errichtung dieser Bauwerke der Genehmigung der Luftfahrtbehörde unter ausschließlich luftverkehrssicherheitlichen Erwägungen.

(3) [1]In der weiteren Umgebung eines Flughafens ist die Zustimmung der Luftfahrtbehörden erforderlich, wenn die Bauwerke folgende Begrenzung überschreiten sollen:

1. außerhalb der Anflugsektoren
   a) im Umkreis von 4 Kilometer Halbmesser um den Flughafenbezugspunkt eine Höhe von 25 Metern (Höhe bezogen auf den Flughafenbezugspunkt),

---

[1)] § 12 Abs. 2 Satz 3 geänd. mWv 4.8.2009 durch G v. 29.7.2009 (BGBl. I S. 2424); Abs. 2 Satz 3 neu gef., Sätze 4–6 angef., bish. Satz 4 wird Satz 7 mWv 29.12.2023 durch G v. 22.12.2023 (BGBl. 2023 I Nr. 409).

b) im Umkreis von 4 Kilometer bis 6 Kilometer Halbmesser um den Flughafenbezugspunkt die Verbindungslinie, die von 45 Meter Höhe bis 100 Meter Höhe (Höhen bezogen auf den Flughafenbezugspunkt) ansteigt;

2. innerhalb der Anflugsektoren

a) von dem Ende der Sicherheitsflächen bis zu einem Umkreis um den Startbahnbezugspunkt von 10 Kilometer Halbmesser bei Hauptstart- und Hauptlandeflächen und von 8,5 Kilometer bei Nebenstart- und Nebenlandeflächen die Verbindungslinie, die von 0 Meter Höhe an diesem Ende bis 100 Meter Höhe (Höhen bezogen auf den Startbahnbezugspunkt der betreffenden Start- und Landefläche) ansteigt,

b) im Umkreis von 10 Kilometer bis 15 Kilometer Halbmesser um den Startbahnbezugspunkt bei Hauptstart- und Hauptlandeflächen die Höhe von 100 Metern (Höhe bezogen auf den Startbahnbezugspunkt der betreffenden Start- und Landeflächen).

[2] Absatz 2 Satz 2 bis 4 gilt entsprechend.

(4) Zur Wahrung der Sicherheit der Luftfahrt und zum Schutz der Allgemeinheit können die Luftfahrtbehörden ihre Zustimmung nach den Absätzen 2 und 3 davon abhängig machen, dass die Baugenehmigung unter Auflagen erteilt wird.

**§ 13 [Bauhöhen]** Sofern Baubeschränkungen im Bauschutzbereich infolge besonderer örtlicher Verhältnisse oder des Verwendungszwecks des Flughafens in bestimmten Geländeteilen für die Sicherheit der Luftfahrt nicht in dem nach § 12 festgelegten Umfang notwendig sind, können die Luftfahrtbehörden für diese Geländeteile Bauhöhen festlegen, bis zu welchen Bauwerke ohne ihre Zustimmung genehmigt werden können.

**§ 14 [Bauwerke außerhalb des Bauschutzbereichs]** (1) Außerhalb des Bauschutzbereichs darf die für die Erteilung einer Baugenehmigung zuständige Behörde die Errichtung von Bauwerken, die eine Höhe von 100 Metern über der Erdoberfläche überschreiten, nur mit Zustimmung der Luftfahrtbehörden genehmigen; § 12 Abs. 2 Satz 2 und 3 und Abs. 4 gilt entsprechend.

(2) [1] Das gleiche gilt für Anlagen von mehr als 30 Meter Höhe auf natürlichen oder künstlichen Bodenerhebungen, sofern die Spitze dieser Anlage um mehr als 100 Meter die Höhe der höchsten Bodenerhebung im Umkreis von 1,6 Kilometer Halbmesser um die für die Anlage vorgesehene Bodenerhebung überragt. [2] Im Umkreis von 10 Kilometer Halbmesser um einen Flughafenbezugspunkt gilt als Höhe der höchsten Bodenerhebung die Höhe des Flughafenbezugspunktes.

**§ 15 [Andere Luftfahrthindernisse]** (1) [1] Die §§ 12 bis 14 gelten sinngemäß für Bäume, Freileitungen, Masten, Dämme sowie für andere Anlagen und Geräte. [2] § 12 Abs. 2 ist auf Gruben, Anlagen der Kanalisation und ähnliche Bodenvertiefungen sinngemäß anzuwenden.

(2) [1] Die Errichtung der in Absatz 1 genannten Luftfahrthindernisse bedarf der Genehmigung. [2] Falls die Genehmigung von einer anderen als der Baugenehmigungsbehörde erteilt wird, bedarf diese der Zustimmung der Luftfahrtbehörde. [3] Ist eine andere Genehmigungsbehörde nicht vorgesehen, so ist die Genehmigung der Luftfahrtbehörde erforderlich.

**§ 16 [Beseitigung von Luftfahrthindernissen]** (1) [1]Die Eigentümer und anderen Berechtigten haben auf Verlangen der Luftfahrtbehörden zu dulden, dass Bauwerke und andere Luftfahrthindernisse (§ 15), welche die nach den §§ 12 bis 15 zulässige Höhe überragen, auf diese Höhe abgetragen werden. [2]Im Falle des § 15 Abs. 1 Satz 2 erstreckt sich die Verpflichtung zur Duldung auf die Beseitigung der Vertiefungen. [3]Ist die Abtragung oder Beseitigung der Luftfahrthindernisse im Einzelfall nicht durchführbar, so sind die erforderlichen Sicherungsmaßnahmen für die Luftfahrt zu dulden.

(2) Das Recht des Eigentümers oder eines anderen Berechtigten und eine nach anderen Vorschriften bestehende Verpflichtung, diese Maßnahmen auf eigene Kosten selbst durchzuführen, bleiben unberührt.

**§ 16a[1)] [Kennzeichnung von Luftfahrthindernissen]** (1) [1]Die Eigentümer und anderen Berechtigten von Bauwerken und von Gegenständen im Sinne des § 15 Abs. 1 Satz 1, die die nach § 14 zulässige Höhe nicht überschreiten, haben auf Verlangen der zuständigen Luftfahrtbehörde zu dulden, dass die Bauwerke und Gegenstände in geeigneter Weise gekennzeichnet werden, wenn und insoweit dies zur Sicherheit des Luftverkehrs erforderlich ist. [2]Das Bestehen sowie der Beginn des Errichtens oder Abbauens von Freileitungen, Seilbahnen und ähnlichen Anlagen, die in einer Länge von mehr als 75 m Täler oder Schluchten überspannen oder Steilabhängen folgen und dabei die Höhe von 20 m über der Erdoberfläche überschreiten, sind der zuständigen Luftfahrtbehörde von den Eigentümern und anderen Berechtigten unverzüglich anzuzeigen.

(2) § 16 Abs. 2 gilt entsprechend.

**§ 17[2)] [Beschränkter Bauschutzbereich]** [1]Die Luftfahrtbehörden können bei der Genehmigung von Landeplätzen und Segelfluggeländen bestimmen, dass die zur Erteilung einer Baugenehmigung zuständige Behörde nur mit Zustimmung der Luftfahrtbehörde genehmigen darf (beschränkter Bauschutzbereich)

1. die Errichtung von Bauwerken jeder Höhe im Umkreis von 1,5 Kilometern Halbmesser um den dem Flugplatzbezugspunkt entsprechenden Punkt,
2. die Errichtung von Bauwerken, die eine Höhe von 25 Meter, bezogen auf den dem Flughafenbezugspunkt entsprechenden Punkt, überschreiten im Umkreis von 4 Kilometern Halbmesser um den Flugplatzbezugspunkt.

[2]Auf den beschränkten Bauschutzbereich sind § 12 Abs. 2 Satz 2 und 3 und Abs. 4 sowie die §§ 13, 15 und 16 sinngemäß anzuwenden.

**§ 18 [Bekanntmachung des Bauschutzbereichs]** Der Umfang des Bauschutzbereichs ist den Eigentümern von Grundstücken im Bauschutzbereich und den anderen zum Gebrauch oder zur Nutzung dieser Grundstücke Berechtigten sowie den dinglich Berechtigten, soweit sie der zuständigen Behörde bekannt oder aus dem Grundbuch ersichtlich sind, bekannt zu geben oder in ortsüblicher Weise öffentlich bekannt zu machen.

---

[1)] § 16a Abs. 1 Satz 1 und 2 geänd. mWv 4.8.2009 durch G v. 29.7.2009 (BGBl. I S. 2424); Abs. 1 Sätze 1 und 2 geänd. mWv 12.5.2012 durch G v. 8.5.2012 (BGBl. I S. 1032).

[2)] § 17 Satz 1 neu gef. mWv 12.5.2012 durch G v. 8.5.2012 (BGBl. I S. 1032).

**§ 18a[1)] [Verbot der Errichtung von Bauwerken]** (1) [1]Bauwerke dürfen nicht errichtet werden, wenn dadurch Flugsicherungseinrichtungen gestört werden können. [2]Das Bundesaufsichtsamt für Flugsicherung entscheidet auf der Grundlage einer gutachtlichen Stellungnahme der Flugsicherungsorganisation, ob durch die Errichtung der Bauwerke Flugsicherungseinrichtungen gestört werden können. [3]Das Bundesaufsichtsamt für Flugsicherung teilt seine Entscheidung der für die Genehmigung des Bauwerks zuständigen Behörde oder, falls es einer Genehmigung nicht bedarf, dem Bauherrn mit.

(1a) [1]Bei der Errichtung von Windenergieanlagen an Land hat die zuständige Immissionsschutzbehörde über die zuständige Landesluftfahrtbehörde dem Bundesaufsichtsamt für Flugsicherung die für die Entscheidung nach Absatz 1 notwendigen Unterlagen und Informationen zu übersenden und dabei Name, Anschrift, Telefonnummer und E-Mailadresse des zuständigen Bearbeiters in der zuständigen Immissionsschutzbehörde mitzuteilen. [2]Das Bundesaufsichtsamt für Flugsicherung hat nach Eingang der Unterlagen binnen zehn Arbeitstagen der vorlegenden Immissionsschutzbehörde mitzuteilen, ob die Unterlagen und Informationen vollständig sind. [3]Sind diese nicht vollständig, so hat das Bundesaufsichtsamt für Flugsicherung die zuständige Immissionsschutzbehörde unverzüglich aufzufordern, die Unterlagen und Informationen innerhalb einer angemessenen Frist zu ergänzen. [4]Teilprüfungen sollen vor Vorlage der vollständigen Unterlagen und Informationen vorgenommen werden, soweit dies nach den bereits vorliegenden Unterlagen und Informationen möglich ist. [5]Das Bundesaufsichtsamt für Flugsicherung soll seine Entscheidung nach Absatz 1 spätestens zwei Monate nach Erhalt aller angeforderten und vollständigen Unterlagen und Informationen mitteilen. [6]Das Bundesaufsichtsamt für Flugsicherung hat seine Aufsichtsbehörde quartalsweise über die Einhaltung der Fristen zu unterrichten.

(1b) [1]Das Bundesaufsichtsamt für Flugsicherung veröffentlicht amtlich die Standorte aller Flugsicherungseinrichtungen und Bereiche um diese, in denen Störungen durch Bauwerke zu erwarten sind. [2]Die Flugsicherungsorganisation meldet ihre Flugsicherungseinrichtungen und die Bereiche nach Satz 1 dem Bundesaufsichtsamt für Flugsicherung. [3]Die jeweils zuständigen Luftfahrtbehörden der Länder unterrichten das Bundesaufsichtsamt für Flugsicherung, wenn sie von der Planung von Bauwerken innerhalb von Bereichen nach Satz 1 Kenntnis erhalten.

(2) [1]Die Eigentümer und anderen Berechtigten haben auf Verlangen des Bundesaufsichtsamtes für Flugsicherung zu dulden, dass Bauwerke, die den Betrieb von Flugsicherungseinrichtungen stören, in einer Weise verändert werden, dass Störungen unterbleiben. [2]Das gilt nicht, wenn die Störungen durch Maßnahmen der Flugsicherungsorganisation mit einem Kostenaufwand verhindert werden können, der nicht über dem Geldwert der beabsichtigten Veränderung liegt.

(3) [1]Die Absätze 1 und 2 gelten sinngemäß für die nach § 15 Abs. 1 Satz 1 genannten Gegenstände. [2]§ 30 Abs. 2 Satz 1, 2 und 4 bleibt unberührt.

---

[1)] § 18a Abs. 1 und 2 neu gef., Abs. 1a, Abs. 3 Satz 2 eingef. mWv 4.8.2009 durch G v. 29.7.2009 (BGBl. I S. 2424); Abs. 1 Satz 3 und Abs. 1a Satz 1 geänd. mWv 2.7.2017 durch G v. 28.6.2016 (BGBl. I S. 1548); Abs. 1a eingef., bish. Abs. 1a wird Abs. 1b, Abs. 4 angef. mWv 29.12.2023 durch G v. 22.12.2023 (BGBl. 2023 I Nr. 409).

(4) Das Bundesministerium für Digitales und Verkehr wird ermächtigt, im Einvernehmen mit dem Bundesministerium für Wirtschaft und Klimaschutz durch Rechtsverordnung ohne Zustimmung des Bundesrates die näheren Einzelheiten zur Durchführung der Absätze 1 bis 3 zu regeln.

**§ 18b[1)] [Gegenseitige Unterrichtung]** (1) Bauwerke dürfen in den Bereichen, die für die Einrichtung und Überwachung von Verfahren für Flüge nach Instrumentenflugregeln aus Gründen der Hindernisfreiheit zu bewerten sind, nur errichtet werden, wenn die zuständige Luftfahrtbehörde zuvor über das Vorhaben informiert wurde.

(2) [1] Das Bundesaufsichtsamt für Flugsicherung unterrichtet die zuständigen Luftfahrtbehörden der Länder über die Bereiche, die für die Einrichtung und Überwachung von Verfahren für Flüge nach Instrumentenflugregeln aus Gründen der Hindernisfreiheit zu bewerten sind. [2] Die zuständigen Luftfahrtbehörden der Länder unterrichten das Bundesaufsichtsamt für Flugsicherung über Bauwerke, welche in diesem Bereich errichtet werden sollen.

(3) [1] Die Absätze 1 und 2 gelten sinngemäß für die nach § 15 Abs. 1 Satz 1 genannten Gegenstände. [2] § 30 Abs. 2 Satz 1, 2 und 4 bleibt unberührt.

**§ 19[2)] [Entschädigung]** (1) [1] Entstehen durch Maßnahmen auf Grund der Vorschriften der §§ 12, 14 bis 17 und 18a dem Eigentümer oder einem anderen Berechtigten Vermögensnachteile, so ist hierfür eine angemessene Entschädigung in Geld zu leisten. [2] Hierbei ist die entzogene Nutzung, die Beschädigung oder Zerstörung einer Sache unter gerechter Abwägung der Interessen der Allgemeinheit und der Beteiligten zu berücksichtigen. [3] Für Vermögensnachteile, die nicht im unmittelbaren Zusammenhang mit der Beeinträchtigung stehen, ist den in Satz 1 bezeichneten Personen eine Entschädigung zu zahlen, wenn und soweit dies zur Abwendung oder zum Ausgleich unbilliger Härten geboten erscheint.

(2) Unterlässt der Berechtigte eine Änderung der Nutzung, die ihm zuzumuten ist, so mindert sich seine Entschädigung um den Wert der Vermögensvorteile, die ihm bei Ausübung der geänderten Nutzung erwachsen wären.

(3) [1] Werden Bauwerke und sonstige Luftfahrthindernisse (§ 15), deren entschädigungslose Entfernung oder Umgestaltung nach dem jeweils geltenden Recht gefordert werden kann, auf Grund von Maßnahmen nach § 16 ganz oder teilweise entfernt oder umgestaltet, so ist eine Entschädigung nur zu leisten, wenn es aus Gründen der Billigkeit geboten ist. [2] Sind sie befristet zugelassen und ist die Frist noch nicht abgelaufen, so ist eine Entschädigung nach dem Verhältnis der restlichen Frist zu der gesamten Frist zu leisten.

(4) Dinglich Berechtigte, die nicht zum Gebrauch oder zur Nutzung der Sache berechtigt sind, sind nach den Artikeln 52 und 53 des Einführungsgesetzes zum Bürgerlichen Gesetzbuch auf die Entschädigung des Eigentümers angewiesen.

(5) [1] Die Entschädigung ist in den Fällen der §§ 12 und 17 von dem Flugplatzunternehmer zu zahlen. [2] In den Fällen des § 18a und soweit die bezeichneten Maßnahmen Grundstücke oder andere Sachen außerhalb der Bauschutz-

---

1) § 18b Abs. 2 neu gef., Abs. 3 Satz 2 eingef. mWv 4.8.2009 durch G v. 29.7.2009 (BGBl. I S. 2424).

2) § 19 Abs. 5 Satz 2 geänd. mWv 4.8.2009 durch G v. 29.7.2009 (BGBl. I S. 2424).

bereiche der §§ 12 und 17 betreffen, ist die Entschädigung, wenn es sich um Maßnahmen der Flugsicherung handelt, die sich nicht auf den Start- und Landevorgang beziehen, von demjenigen zu leisten, dessen Flugsicherungstätigkeit durch die Veränderung von Bauwerken unmittelbar gefördert und erleichtert wird; im Übrigen obliegt sie dem jeweiligen Flugplatzunternehmer. [3]In den Fällen des § 16a ist die Entschädigung von demjenigen zu leisten, der ein Interesse an der Kennzeichnung geltend macht.

(6) Im Übrigen sind die Vorschriften des § 13 Abs. 2, der §§ 14, 15, 17 bis 25, 31 und 32 des Schutzbereichgesetzes sinngemäß anzuwenden.

**§ 19a[1)] [Anlagen zur Messung des Fluglärms]** [1]Der Unternehmer eines Flughafens oder eines Landeplatzes im Sinne von § 4 Abs. 1 Nr. 1 und 2 des Gesetzes zum Schutz gegen Fluglärm hat innerhalb einer von der Genehmigungsbehörde festzusetzenden Frist auf dem Flughafen oder Landeplatz und in dessen Umgebung Anlagen zur fortlaufend registrierenden Messung der durch die an- und abfliegenden Luftfahrzeuge entstehenden Geräusche einzurichten und zu betreiben. [2]Die Mess- und Auswertungsergebnisse sind der Genehmigungsbehörde und der Kommission nach § 32b sowie auf Verlangen der Genehmigungsbehörde anderen Behörden mitzuteilen und regelmäßig zu veröffentlichen. [3]Sofern ein Bedürfnis für die Beschaffung und den Betrieb von Anlagen nach Satz 1 nicht besteht, kann die Genehmigungsbehörde Ausnahmen zulassen.

## 7. Unterabschnitt. Gemeinsame Vorschriften

### § 30[2)] [Ausnahmen für Bundeswehr, Bundespolizei und Polizei]

(1) [1]Die Bundeswehr und die Truppen der NATO-Vertragsstaaten sowie Truppen, die auf Grund einer gesonderten Vereinbarung in Deutschland üben, dürfen von den Vorschriften des Ersten Abschnitts dieses Gesetzes, ausgenommen die §§ 12, 13 und 15 bis 19, und von den zu seiner Durchführung erlassenen Vorschriften unter Berücksichtigung der öffentlichen Sicherheit oder Ordnung abweichen, soweit dies zur Erfüllung ihrer besonderen Aufgaben erforderlich ist. [2]Das in § 8 vorgesehene Planfeststellungsverfahren entfällt, wenn militärische Flugplätze angelegt oder geändert werden sollen. [3]Von den Vorschriften über das Verhalten im Luftraum darf nur abgewichen werden, soweit dies zur Erfüllung hoheitlicher Aufgaben zwingend notwendig ist.

(1a) [1]Die Polizeien des Bundes und der Länder dürfen von den Vorschriften des Ersten Abschnitts dieses Gesetzes – ausgenommen die §§ 5 bis 10, 12, 13 sowie 15 bis 19 – und den zu seiner Durchführung erlassenen Vorschriften abweichen, soweit dies zur Erfüllung ihrer Aufgaben unter Berücksichtigung der öffentlichen Sicherheit oder Ordnung erforderlich ist. [2]Von den Vorschriften über das Verhalten im Luftraum darf nur abgewichen werden, soweit dies zur Erfüllung hoheitlicher Aufgaben zwingend notwendig ist.

---

[1)] § 19a Sätze 1 und 2 geänd. mWv 7.6.2007 durch G v. 1.6.2007 (BGBl. I S. 986).

[2)] § 30 Abs. 3 Satz 2 geänd. mWv 30.6.2009 durch G v. 22.12.2008 (BGBl. I S. 2986); Abs. 2 Satz 4 neu gef. mWv 4.8.2009 durch G v. 29.7.2009 (BGBl. I S. 2424); Abs. 1 Satz 1 geänd., Satz 4 aufgeh., Abs. 1a eingef. mWv 13.8.2013 durch G v. 7.8.2013 (BGBl. I S. 3123); Abs. 3 Satz 3 geänd. mWv 8.9.2015 durch VO v. 31.8.2015 (BGBl. I S. 1474); Abs. 1 Satz 1 und Abs. 2 Satz 4 neu gef., Satz 1 geänd., Sätze 5 und 6 angef. mWv 3.7.2016 durch G v. 28.6.2016 (BGBl. I S. 1548); Abs. 3 Satz 3 geänd. mWv 29.12.2023 durch G v. 22.12.2023 (BGBl. 2023 I Nr. 409).

(2) [1] Die Verwaltungszuständigkeiten auf Grund dieses Gesetzes werden für den Dienstbereich der Bundeswehr und, soweit völkerrechtliche Verträge nicht entgegenstehen, der Truppen der NATO-Vertragsstaaten und der in Deutschland übenden Truppen durch Dienststellen der Bundeswehr nach Bestimmungen des Bundesministeriums der Verteidigung wahrgenommen. [2] Dies gilt nicht für die Aufgaben der Flugsicherung nach § 27c mit Ausnahme der örtlichen Flugsicherung an den militärischen Flugplätzen; die notwendigen Vorbereitungen zur Wahrnehmung der Aufgaben nach Artikel 87a des Grundgesetzes bleiben unberührt. [3] Das Bundesministerium der Verteidigung erteilt die Erlaubnisse nach § 2 Abs. 7 und § 27 auch für andere militärische Luftfahrzeuge. [4] In den Fällen der §§ 12, 13 und 15 bis 19 treten bei militärischen Flugplätzen die Dienststellen der Bundeswehr an die Stelle der Flugsicherungsorganisationen und der genannten Luftfahrtbehörden. [5] Die Dienststellen der Bundeswehr treffen ihre Entscheidungen in eigener Zuständigkeit und Verantwortung für die öffentliche Sicherheit und Ordnung. [6] Zusätzlicher Genehmigungen und Erlaubnisse der zivilen Luftfahrtbehörden bedarf es nicht.

(3) [1] Bei der Anlegung und wesentlichen Änderung militärischer Flugplätze auf Gelände, das nicht durch Maßnahmen auf Grund des Landbeschaffungsgesetzes beschafft zu werden braucht, sind die Erfordernisse der Raumordnung, insbesondere des zivilen Luftverkehrs, nach Anhörung der Regierungen der Länder, die von der Anlegung oder Änderung betroffen werden, angemessen zu berücksichtigen. [2] §§ 4 und 5 des Raumordnungsgesetzes bleiben unberührt. [3] Das Bundesministerium der Verteidigung kann von der Stellungnahme dieser Länder hinsichtlich der Erfordernisse des zivilen Luftverkehrs nur im Einvernehmen mit dem Bundesministerium für Digitales und Verkehr abweichen; es unterrichtet die Regierungen der betroffenen Länder von seiner Entscheidung. [4] Wird Gelände für die Anlegung und wesentliche Änderung militärischer Flugplätze nach den Vorschriften des Landbeschaffungsgesetzes beschafft, findet allein das Anhörungsverfahren nach § 1 Abs. 2 des Landbeschaffungsgesetzes statt; hierbei sind insbesondere die Erfordernisse des zivilen Luftverkehrs angemessen zu berücksichtigen.

# E. Wasserrecht

## 34. Gesetz zur Ordnung des Wasserhaushalts (Wasserhaushaltsgesetz – WHG) [1) 2) 3)]

Vom 31. Juli 2009
(BGBl. I S. 2585)

**FNA 753-13**

zuletzt geänd. durch Art. 7 G zur Beschleunigung von Genehmigungsverfahren im Verkehrsbereich und zur Umsetzung der RL (EU) 2021/1187 über die Straffung von Maßnahmen zur rascheren Verwirklichung des transeuropäischen Verkehrsnetzes v. 22.12.2023 (BGBl. 2023 I Nr. 409)

– Auszug –

**§ 17 Zulassung vorzeitigen Beginns.** (1) In einem Erlaubnis- oder Bewilligungsverfahren kann die zuständige Behörde auf Antrag zulassen, dass bereits vor Erteilung der Erlaubnis oder der Bewilligung mit der Gewässerbenutzung begonnen wird, wenn

1. mit einer Entscheidung zugunsten des Benutzers gerechnet werden kann,
2. an dem vorzeitigen Beginn ein öffentliches Interesse oder ein berechtigtes Interesse des Benutzers besteht und

---

[1)] **Amtl. Anm.:** Dieses Gesetz dient der Umsetzung der
- Richtlinie 80/68/EWG des Rates vom 17. Dezember 1979 über den Schutz des Grundwassers gegen Verschmutzung durch bestimmte gefährliche Stoffe (ABl. L 20 vom 26.1.1980, S. 43), die durch die Richtlinie 2000/60/EG (ABl. L 327 vom 22.12.2000, S. 1) geändert worden ist,
- Richtlinie 91/271/EWG des Rates vom 21. Mai 1991 über die Behandlung von kommunalem Abwasser (ABl. L 135 vom 30.5.1991, S. 40), die zuletzt durch die Verordnung (EG) Nr. 1137/2008 (ABl. L 311 vom 21.11.2008, S. 1) geändert worden ist,
- Richtlinie 2000/60/EG des Europäischen Parlaments und des Rates vom 23. Oktober 2000 zur Schaffung eines Ordnungsrahmens für Maßnahmen der Gemeinschaft im Bereich der Wasserpolitik (ABl. L 327 vom 22.12.2000, S. 1), die zuletzt durch die Richtlinie 2008/105/EG (ABl. L 348 vom 24.12.2008, S. 84) geändert worden ist,
- Richtlinie 2004/35/EG des Europäischen Parlaments und des Rates vom 21. April 2004 über Umwelthaftung zur Vermeidung und Sanierung von Umweltschäden (ABl. L 143 vom 30.4.2004, S. 56), die durch die Richtlinie 2006/21/EG (ABl. L 102 vom 11.4.2006, S. 15) geändert worden ist,
- Richtlinie 2006/11/EG des Europäischen Parlaments und des Rates vom 15. Februar 2006 betreffend die Verschmutzung infolge der Ableitung bestimmter gefährlicher Stoffe in die Gewässer der Gemeinschaft (ABl. L 64 vom 4.3.2006, S. 52),
- Richtlinie 2006/118/EG des Europäischen Parlaments und des Rates vom 12. Dezember 2006 zum Schutz des Grundwassers vor Verschmutzung und Verschlechterung (ABl. L 372 vom 27.12.2006, S. 19, L 53 vom 22.2.2007, S. 30, L 139 vom 31.5.2007, S. 39),
- Richtlinie 2007/60/EG des Europäischen Parlaments und des Rates vom 23. Oktober 2007 über die Bewertung und das Management von Hochwasserrisiken (ABl. L 288 vom 6.11.2007, S. 27).

[2)] **Amtl. Anm.:** Die Verpflichtungen aus der Richtlinie 98/34/EG des Europäischen Parlaments und des Rates vom 22. Juni 1998 über ein Informationsverfahren auf dem Gebiet der Normen und technischen Vorschriften und der Vorschriften für die Dienste der Informationsgesellschaft (ABl. L 204 vom 21.7.1998, S. 37), die zuletzt durch die Richtlinie 2006/96/EG (ABl. L 363 vom 20.12.2006, S. 81) geändert worden ist, sind beachtet worden.

[3)] Verkündet als Art. 1 G zur Neuregelung des Wasserrechts v. 31.7.2009 (BGBl. I S. 2585); Inkrafttreten gem. Art. 24 Abs. 2 Satz 1 dieses G am 1.3.2010 mit Ausnahme der §§ 23, 48 Abs. 1 Satz 2 und Abs. 2 Satz 3, § 57 Abs. 2, § 58 Abs. 1 Satz 2, § 61 Abs. 3, § 62 Abs. 4 und 7 Satz 2 und § 63 Abs. 2 Satz 2, die gem. Art. 24 Abs. 1 bereits am 7.8.2009 in Kraft getreten sind.

3. der Benutzer sich verpflichtet, alle bis zur Entscheidung durch die Benutzung verursachten Schäden zu ersetzen und, falls die Benutzung nicht erlaubt oder bewilligt wird, den früheren Zustand wiederherzustellen.

(2) [1] Die Zulassung des vorzeitigen Beginns kann jederzeit widerrufen werden. [2] § 13 gilt entsprechend.

**§ 48 Reinhaltung des Grundwassers.** (1) [1] Eine Erlaubnis für das Einbringen und Einleiten von Stoffen in das Grundwasser darf nur erteilt werden, wenn eine nachteilige Veränderung der Wasserbeschaffenheit nicht zu besorgen ist. [2] Durch Rechtsverordnung nach § 23 Absatz 1 Nummer 3 kann auch festgelegt werden, unter welchen Voraussetzungen die Anforderung nach Satz 1, insbesondere im Hinblick auf die Begrenzung des Eintrags von Schadstoffen, als erfüllt gilt. [3] Die Verordnung bedarf der Zustimmung des Bundestages. [4] Die Zustimmung gilt als erteilt, wenn der Bundestag nicht innerhalb von drei Sitzungswochen nach Eingang der Vorlage der Bundesregierung die Zustimmung verweigert hat.

(2) [1] Stoffe dürfen nur so gelagert oder abgelagert werden, dass eine nachteilige Veränderung der Grundwasserbeschaffenheit nicht zu besorgen ist. [2] Das Gleiche gilt für das Befördern von Flüssigkeiten und Gasen durch Rohrleitungen. [3] Absatz 1 Satz 2 bis 4 gilt entsprechend.

**§ 49 Erdaufschlüsse.** (1) [1] Arbeiten, die so tief in den Boden eindringen, dass sie sich unmittelbar oder mittelbar auf die Bewegung, die Höhe oder die Beschaffenheit des Grundwassers auswirken können, sind der zuständigen Behörde einen Monat vor Beginn der Arbeiten anzuzeigen. [2] Werden bei diesen Arbeiten Stoffe in das Grundwasser eingebracht, ist abweichend von § 8 Absatz 1 in Verbindung mit § 9 Absatz 1 Nummer 4 anstelle der Anzeige eine Erlaubnis nur erforderlich, wenn sich das Einbringen nachteilig auf die Grundwasserbeschaffenheit auswirken kann. [3] Die zuständige Behörde kann für bestimmte Gebiete die Tiefe nach Satz 1 näher bestimmen.

(2) Wird unbeabsichtigt Grundwasser erschlossen, ist dies der zuständigen Behörde unverzüglich anzuzeigen.

(3) [1] In den Fällen der Absätze 1 und 2 hat die zuständige Behörde die Einstellung oder die Beseitigung der Erschließung anzuordnen, wenn eine nachteilige Veränderung der Grundwasserbeschaffenheit zu besorgen oder eingetreten ist und der Schaden nicht anderweitig vermieden oder ausgeglichen werden kann; die zuständige Behörde hat die insoweit erforderlichen Maßnahmen anzuordnen. [2] Satz 1 gilt entsprechend, wenn unbefugt Grundwasser erschlossen wird.

(4) Durch Landesrecht können abweichende Regelungen getroffen werden.

**§ 57[1)] Einleiten von Abwasser in Gewässer.** (1) Eine Erlaubnis für das Einleiten von Abwasser in Gewässer (Direkteinleitung) darf nur erteilt werden, wenn

1. die Menge und Schädlichkeit des Abwassers so gering gehalten wird, wie dies bei Einhaltung der jeweils in Betracht kommenden Verfahren nach dem Stand der Technik möglich ist,

---

[1)] § 57 Abs. 3 geänd. mWv 18.8.2010 durch G v. 11.8.2010 (BGBl. I S. 1163); Abs. 2 Satz 3 aufgeh., Abs. 3 neu gef., Abs. 4 und 5 angef. mWv 2.5.2013 durch G v. 8.4.2013 (BGBl. I S. 734).

2. die Einleitung mit den Anforderungen an die Gewässereigenschaften und sonstigen rechtlichen Anforderungen vereinbar ist und
3. Abwasseranlagen oder sonstige Einrichtungen errichtet und betrieben werden, die erforderlich sind, um die Einhaltung der Anforderungen nach den Nummern 1 und 2 sicherzustellen.

(2) [1] Durch Rechtsverordnung nach § 23 Absatz 1 Nummer 3 können an das Einleiten von Abwasser in Gewässer Anforderungen festgelegt werden, die nach Absatz 1 Nummer 1 dem Stand der Technik entsprechen. [2] Die Anforderungen können auch für den Ort des Anfalls des Abwassers oder vor seiner Vermischung festgelegt werden.

(3) [1] Nach Veröffentlichung einer BVT-Schlussfolgerung ist bei der Festlegung von Anforderungen nach Absatz 2 Satz 1 unverzüglich zu gewährleisten, dass für Anlagen nach § 3 der Verordnung über genehmigungsbedürftige Anlagen und nach § 60 Absatz 3 Satz 1 Nummer 2 die Einleitungen unter normalen Betriebsbedingungen die in den BVT-Schlussfolgerungen genannten Emissionsbandbreiten nicht überschreiten. [2] Wenn in besonderen Fällen wegen technischer Merkmale der betroffenen Anlagenart die Einhaltung der in Satz 1 genannten Emissionsbandbreiten unverhältnismäßig wäre, können in der Rechtsverordnung für die Anlagenart geeignete Emissionswerte festgelegt werden, die im Übrigen dem Stand der Technik entsprechen müssen. [3] Bei der Festlegung der abweichenden Anforderungen nach Satz 2 ist zu gewährleisten, dass die in den Anhängen V bis VIII der Richtlinie 2010/75/EU festgelegten Emissionsgrenzwerte nicht überschritten werden, keine erheblichen nachteiligen Auswirkungen auf den Gewässerzustand hervorgerufen werden und zu einem hohen Schutzniveau für die Umwelt insgesamt beigetragen wird. [4] Die Notwendigkeit abweichender Anforderungen ist zu begründen.

(4) [1] Für vorhandene Abwassereinleitungen aus Anlagen nach § 3 der Verordnung über genehmigungsbedürftige Anlagen oder bei Anlagen nach § 60 Absatz 3 Satz 1 Nummer 2 ist

1. innerhalb eines Jahres nach Veröffentlichung von BVT-Schlussfolgerungen zur Haupttätigkeit eine Überprüfung und gegebenenfalls Anpassung der Rechtsverordnung vorzunehmen und
2. innerhalb von vier Jahren nach Veröffentlichung von BVT-Schlussfolgerungen zur Haupttätigkeit sicherzustellen, dass die betreffenden Einleitungen oder Anlagen die Emissionsgrenzwerte der Rechtsverordnung einhalten; dabei gelten die Emissionsgrenzwerte als im Einleitungsbescheid festgesetzt, soweit der Bescheid nicht weitergehende Anforderungen im Einzelfall festlegt.

[2] Sollte die Anpassung der Abwassereinleitung an die nach Satz 1 Nummer 1 geänderten Anforderungen innerhalb der in Satz 1 bestimmten Frist wegen technischer Merkmale der betroffenen Anlage unverhältnismäßig sein, soll die zuständige Behörde einen längeren Zeitraum festlegen.

(5) [1] Entsprechen vorhandene Einleitungen, die nicht unter die Absätze 3 bis 4 fallen, nicht den Anforderungen nach Absatz 2, auch in Verbindung mit Satz 2, oder entsprechenden Anforderungen der Abwasserverordnung in ihrer am 28. Februar 2010 geltenden Fassung, so hat der Betreiber die erforderlichen Anpassungsmaßnahmen innerhalb angemessener Fristen durchzuführen; Absatz 4 Satz 1 Nummer 2 zweiter Halbsatz gilt entsprechend. [2] Für Einleitungen nach Satz 1 sind in der Rechtsverordnung nach Absatz 2 Satz 1 abweichende

Anforderungen festzulegen, soweit die erforderlichen Anpassungsmaßnahmen unverhältnismäßig wären.

**§ 58[1)] Einleiten von Abwasser in öffentliche Abwasseranlagen.**

(1) [1] Das Einleiten von Abwasser in öffentliche Abwasseranlagen (Indirekteinleitung) bedarf der Genehmigung durch die zuständige Behörde, soweit an das Abwasser in der Abwasserverordnung in ihrer jeweils geltenden Fassung Anforderungen für den Ort des Anfalls des Abwassers oder vor seiner Vermischung festgelegt sind. [2] Durch Rechtsverordnung nach § 23 Absatz 1 Nummer 5, 8 und 10 kann bestimmt werden,

1. unter welchen Voraussetzungen die Indirekteinleitung anstelle einer Genehmigung nach Satz 1 nur einer Anzeige bedarf,
2. dass die Einhaltung der Anforderungen nach Absatz 2 auch durch Sachverständige überwacht wird.

[3] Weitergehende Rechtsvorschriften der Länder, die den Maßgaben des Satzes 2 entsprechen oder die über Satz 1 oder Satz 2 hinausgehende Genehmigungserfordernisse vorsehen, bleiben unberührt. [4] Ebenfalls unberührt bleiben Rechtsvorschriften der Länder, nach denen die Genehmigung der zuständigen Behörde durch eine Genehmigung des Betreibers einer öffentlichen Abwasseranlage ersetzt wird.

(2) Eine Genehmigung für eine Indirekteinleitung darf nur erteilt werden, wenn

1. die nach der Abwasserverordnung in ihrer jeweils geltenden Fassung für die Einleitung maßgebenden Anforderungen einschließlich der allgemeinen Anforderungen eingehalten werden,
2. die Erfüllung der Anforderungen an die Direkteinleitung nicht gefährdet wird und
3. Abwasseranlagen oder sonstige Einrichtungen errichtet und betrieben werden, die erforderlich sind, um die Einhaltung der Anforderungen nach den Nummern 1 und 2 sicherzustellen.

(3) Entsprechen vorhandene Indirekteinleitungen nicht den Anforderungen nach Absatz 2, so sind die erforderlichen Maßnahmen innerhalb angemessener Fristen durchzuführen.

(4) [1] § 13 Absatz 1 und § 17 gelten entsprechend. [2] Eine Genehmigung kann auch unter dem Vorbehalt des Widerrufs erteilt werden.

**§ 62[2)] Anforderungen an den Umgang mit wassergefährdenden Stoffen.** (1) [1] Anlagen zum Lagern, Abfüllen, Herstellen und Behandeln wassergefährdender Stoffe sowie Anlagen zum Verwenden wassergefährdender Stoffe im Bereich der gewerblichen Wirtschaft und im Bereich öffentlicher Einrichtungen müssen so beschaffen sein und so errichtet, unterhalten, betrieben und

---

[1)] § 58 Abs. 1 Satz 1, Abs. 2 Nr. 1 geänd. mWv 18.8.2010 durch G v. 11.8.2010 (BGBl. I S. 1163).

[2)] § 62 Abs. 4 Nr. 4 neu gef. mWv 18.8.2010 durch G v. 11.8.2010 (BGBl. I S. 1163); Abs. 4 Nr. 1–3 neu gef., Nr. 4–6 eingef., bish. Nr. 4 wird Nr. 7 mWv 14.10.2011 durch G v. 6.10,2011 (BGBl. I S. 1986); Abs. 7 Sätze 1–3 geänd. mWv 15.8.2013 durch G v. 7.8.2013 (BGBl. I S. 3154); Abs. 4 Nr. 2 geänd. mWv 8.9.2015 durch VO v. 31.8.2015 (BGBl. I S. 1474); Abs. 7 aufgeh. mWv 1.10.2021 durch G v. 18.7.2016 (BGBl. I S. 1666); Abs. 4 Nr. 2 geänd. mWv 27.6.2020 durch VO v. 19.6.2020 (BGBl. I S. 1328); Abs. 4 Nr. 2 geänd. mWv 29.12.2023 durch G v. 22.12.2023 (BGBl. 2023 I Nr. 409).

stillgelegt werden, dass eine nachteilige Veränderung der Eigenschaften von Gewässern nicht zu besorgen ist. [2]Das Gleiche gilt für Rohrleitungsanlagen, die

1. den Bereich eines Werksgeländes nicht überschreiten,
2. Zubehör einer Anlage zum Umgang mit wassergefährdenden Stoffen sind oder
3. Anlagen verbinden, die in engem räumlichen und betrieblichen Zusammenhang miteinander stehen.

[3]Für Anlagen zum Umschlagen wassergefährdender Stoffe sowie zum Lagern und Abfüllen von Jauche, Gülle und Silagesickersäften sowie von vergleichbaren in der Landwirtschaft anfallenden Stoffen gilt Satz 1 entsprechend mit der Maßgabe, dass der bestmögliche Schutz der Gewässer vor nachteiligen Veränderungen ihrer Eigenschaften erreicht wird.

(2) Anlagen im Sinne des Absatzes 1 dürfen nur entsprechend den allgemein anerkannten Regeln der Technik beschaffen sein sowie errichtet, unterhalten, betrieben und stillgelegt werden.

(3) Wassergefährdende Stoffe im Sinne dieses Abschnitts sind feste, flüssige und gasförmige Stoffe, die geeignet sind, dauernd oder in einem nicht nur unerheblichen Ausmaß nachteilige Veränderungen der Wasserbeschaffenheit herbeizuführen.

(4) Durch Rechtsverordnung nach § 23 Absatz 1 Nummer 5 bis 11 können nähere Regelungen erlassen werden über

1. die Bestimmung der wassergefährdenden Stoffe und ihre Einstufung entsprechend ihrer Gefährlichkeit, über eine hierbei erforderliche Mitwirkung des Umweltbundesamtes und anderer Stellen sowie über Mitwirkungspflichten von Anlagenbetreibern im Zusammenhang mit der Einstufung von Stoffen,
2. die Einsetzung einer Kommission zur Beratung des Bundesministeriums für Umwelt, Naturschutz, nukleare Sicherheit und Verbraucherschutz in Fragen der Stoffeinstufung einschließlich hiermit zusammenhängender organisatorischer Fragen,
3. Anforderungen an die Beschaffenheit und Lage von Anlagen nach Absatz 1,
4. technische Regeln, die den allgemein anerkannten Regeln der Technik entsprechen,
5. Pflichten bei der Planung, der Errichtung, dem Betrieb, dem Befüllen, dem Entleeren, der Instandhaltung, der Instandsetzung, der Überwachung, der Überprüfung, der Reinigung, der Stilllegung und der Änderung von Anlagen nach Absatz 1 sowie Pflichten beim Austreten wassergefährdender Stoffe aus derartigen Anlagen; in der Rechtsverordnung kann die Durchführung bestimmter Tätigkeiten Sachverständigen oder Fachbetrieben vorbehalten werden,
6. Befugnisse der zuständigen Behörde, im Einzelfall Anforderungen an Anlagen nach Absatz 1 festzulegen und den Betreibern solcher Anlagen bestimmte Maßnahmen aufzuerlegen,
7. Anforderungen an Sachverständige und Sachverständigenorganisationen sowie an Fachbetriebe und Güte- und Überwachungsgemeinschaften.

(5) Weitergehende landesrechtliche Vorschriften für besonders schutzbedürftige Gebiete bleiben unberührt.

(6) Die §§ 62 und 63 gelten nicht für Anlagen im Sinne des Absatzes 1 zum Umgang mit

1. Abwasser,
2. Stoffen, die hinsichtlich der Radioaktivität die Freigrenzen des Strahlenschutzrechts überschreiten.

**§ 62a[1] Nationales Aktionsprogramm zum Schutz von Gewässern vor Nitrateinträgen aus Anlagen.** [1] Das Bundesministerium für Umwelt, Naturschutz, nukleare Sicherheit und Verbraucherschutz erarbeitet im Einvernehmen mit dem Bundesministerium für Ernährung und Landwirtschaft ein nationales Aktionsprogramm im Sinne des Artikels 5 Absatz 1 in Verbindung mit Absatz 4 Buchstabe b, Artikel 4 Absatz 1 Buchstabe a und Anhang II Buchstabe A Nummer 5 der Richtlinie 91/676/EWG des Rates vom 12. Dezember 1991 zum Schutz der Gewässer vor Verunreinigung durch Nitrat aus landwirtschaftlichen Quellen (ABl. L 375 vom 31.12.1991, S. 1), die zuletzt durch die Verordnung (EG) Nr. 1137/2008 (ABl. L 311 vom 21.11.2008, S. 1) geändert worden ist. [2] Dieses enthält insbesondere Angaben zur Beschaffenheit, zur Lage, zur Errichtung und zum Betrieb von Anlagen zum Lagern und Abfüllen von Jauche, Gülle und Silagesickersäften sowie von vergleichbaren in der Landwirtschaft anfallenden Stoffen. [3] Zu dem Entwurf des Aktionsprogramms sowie zu Entwürfen zur Änderung des Aktionsprogramms wird eine Strategische Umweltprüfung nach dem Gesetz über die Umweltverträglichkeitsprüfung durchgeführt. [4] Das Aktionsprogramm und seine Änderungen sind bei Erlass der Rechtsverordnung auf Grund des § 23 Absatz 1 Nummer 5 bis 11 in Verbindung mit § 62 Absatz 4 zu berücksichtigen.

**§ 63[2] Eignungsfeststellung.** (1) [1] Anlagen zum Lagern, Abfüllen oder Umschlagen wassergefährdender Stoffe dürfen nur errichtet, betrieben und wesentlich geändert werden, wenn ihre Eignung von der zuständigen Behörde festgestellt worden ist. [2] § 13 Absatz 1 und § 17 gelten entsprechend.

(2) [1] Absatz 1 gilt nicht

1. für Anlagen zum Lagern und Abfüllen von Jauche, Gülle und Silagesickersäften sowie von vergleichbaren in der Landwirtschaft anfallenden Stoffen,
2. wenn wassergefährdende Stoffe
   a) kurzzeitig in Verbindung mit dem Transport bereitgestellt oder aufbewahrt werden und die Behälter oder Verpackungen den Vorschriften und Anforderungen für den Transport im öffentlichen Verkehr genügen,
   b) in Laboratorien in der für den Handgebrauch erforderlichen Menge bereitgehalten werden.

---

[1] § 62a eingef. mWv 29.1.2013 durch G v. 21.1.2013 (BGBl. I S. 95); Satz 1 geänd. mWv 8.9.2015 durch VO v. 31.8.2015 (BGBl. I S. 1474); Satz 1 geänd. mWv 27.6.2020 durch VO v. 19.6.2020 (BGBl. I S. 1328); Satz 1 geänd. mWv 29.12.2023 durch G v. 22.12.2023 (BGBl. 2023 I Nr. 409).

[2] § 63 Abs. 3 Satz 1 Nr. 1 geänd. mWv 18.8.2010 durch G v. 11.8.2010 (BGBl. I S. 1163); Abs. 3 Satz 1 Nr. 1 neu gef. mWv 1.7.2013 durch G v. 5.12.2012 (BGBl. I S. 2449); Abs. 1, 2 Satz 2 und Abs. 3 neu gef., Abs. 4 und 5 angef. mWv 28.1.2018 durch G v. 18.7.2017 (BGBl. I S. 2771).

[2]Durch Rechtsverordnung nach § 23 Absatz 1 Nummer 5, 6 und 10 kann geregelt werden,

1. unter welchen Voraussetzungen über die Regelungen nach Satz 1 hinaus keine Eignungsfeststellung erforderlich ist,
2. dass über die Regelungen nach Absatz 4 hinaus bestimmte Anlagenteile als geeignet gelten, einschließlich hierfür zu erfüllender Voraussetzungen.

(3) Die Eignungsfeststellung entfällt, wenn

1. für die Anlage eine Baugenehmigung erteilt worden ist und
2. die Baugenehmigung die Einhaltung der wasserrechtlichen Anforderungen voraussetzt.

(4) [1]Folgende Anlagenteile gelten als geeignet:

1. Bauprodukte im Sinne von Artikel 2 Nummer 1 und 2 der Verordnung (EU) Nr. 305/2011 des Europäischen Parlaments und des Rates vom 9. März 2011 zur Festlegung harmonisierter Bedingungen für die Vermarktung von Bauprodukten und zur Aufhebung der Richtlinie 89/106/EWG des Rates (ABl. L 88 vom 4.4.2011, S. 5), wenn
   a) die Bauprodukte von einer harmonisierten Norm im Sinne von Artikel 2 Nummer 11 der Verordnung (EU) Nr. 305/2011 erfasst sind oder einer Europäischen Technischen Bewertung im Sinne von Artikel 2 Nummer 13 der Verordnung (EU) Nr. 305/2011 entsprechen und die CE-Kennzeichnung angebracht wurde und
   b) die erklärten Leistungen alle wesentlichen Merkmale der harmonisierten Norm oder der Europäischen Technischen Bewertung umfassen, die dem Gewässerschutz dienen,
2. serienmäßig hergestellte Bauprodukte, die nicht unter Nummer 1 fallen und für die nach bauordnungsrechtlichen Vorschriften ein Verwendbarkeitsnachweis erteilt wurde, der die Einhaltung der wasserrechtlichen Anforderungen gewährleistet,
3. Anlagenteile, die aus Bauprodukten zusammengefügt werden, sofern hierfür nach bauordnungsrechtlichen Vorschriften eine Bauartgenehmigung oder eine allgemeine bauaufsichtliche Zulassung erteilt wurde, die jeweils die Einhaltung der wasserrechtlichen Anforderungen gewährleistet,
4. Druckgeräte im Sinne von § 2 Satz 1 Nummer 3 der Druckgeräteverordnung vom 13. Mai 2015 (BGBl. I S. 692), die durch Artikel 2 der Verordnung vom 6. April 2016 (BGBl. I S. 597) geändert worden ist, und Baugruppen im Sinne von § 2 Satz 1 Nummer 1 dieser Verordnung, sofern die CE-Kennzeichnung angebracht wurde und die Druckgeräte und Baugruppen in Übereinstimmung mit der Betriebsanleitung und den Sicherheitsinformationen nach § 6 Absatz 3 dieser Verordnung in Betrieb genommen werden, und
5. Maschinen im Sinne von § 2 Nummer 1 bis 4 der Maschinenverordnung vom 12. Mai 1993 (BGBl. I S. 704), die zuletzt durch Artikel 19 des Gesetzes vom 8. November 2011 (BGBl. I S. 2178) geändert worden ist, sofern die CE-Kennzeichnung angebracht wurde und die Maschinen in Übereinstimmung mit der Betriebsanleitung und den Sicherheitsanforderungen nach § 3 Absatz 2 Nummer 1 dieser Verordnung in Betrieb genommen werden.

[2]Entsprechen bei Bauprodukten nach Satz 1 Nummer 1 die erklärten Leistungen nicht den wasserrechtlichen Anforderungen an die jeweilige Verwendung,

muss die Anlage insgesamt so beschaffen sein, dass die wasserrechtlichen Anforderungen erfüllt werden. [3]Bei Anlagenteilen nach Satz 1 Nummer 4 und 5 bleiben die wasserrechtlichen Anforderungen an die Rückhaltung wassergefährdender Stoffe unberührt. [4]Druckgeräte und Baugruppen nach Satz 1 Nummer 4, für die eine Betreiberprüfstelle eine EU-Konformitätserklärung nach § 2 Satz 1 Nummer 10 der Druckgeräteverordnung erteilt hat, bedürfen keiner CE-Kennzeichnung.

(5) [1]Bei serienmäßig hergestellten Bauprodukten, die nicht unter Absatz 4 Satz 1 Nummer 1 fallen, sowie bei Anlagenteilen, die aus Bauprodukten zusammengefügt werden, stehen den Verwendbarkeitsnachweisen nach Absatz 4 Satz 1 Nummer 2 sowie den Bauartgenehmigungen oder allgemeinen bauaufsichtlichen Zulassungen nach Absatz 4 Satz 1 Nummer 3 Zulassungen aus einem anderen Mitgliedstaat der Europäischen Union, einem anderen Vertragsstaat des Abkommens über den Europäischen Wirtschaftsraum oder der Türkei gleich, wenn mit den Zulassungen dauerhaft das gleiche Schutzniveau erreicht wird. [2]Das Ergebnis von Prüfungen von Anlagenteilen nach Satz 1, die bereits in einem anderen Mitgliedstaat der Europäischen Union, einem anderen Vertragsstaat des Abkommens über den Europäischen Wirtschaftsraum oder der Türkei vorgenommen worden sind, ist bei der Eignungsfeststellung zu berücksichtigen.

# 35. Bayerisches Wassergesetz (BayWG)[1]

Vom 25. Februar 2010
(GVBl. S. 66, 130)

**BayRS 753-1-U**

zuletzt geänd. durch § 1 G zur Änd. des Bayerischen WasserG und des Bayerischen ImmissionsschutzG v. 9.11.2021 (GVBl. S. 608)

– Auszug –

**Art. 30 Erdaufschlüsse (Abweichend von § 49 WHG[2]).** (1) [1]Der Anzeige nach § 49 Abs. 1 Satz 1 WHG[2] sind die zur Beurteilung erforderlichen Unterlagen beizufügen. [2]Werden Dritte mit der Durchführung der Arbeiten beauftragt, so obliegt diesen die Anzeige. [3]Bei erlaubnispflichtigen Gewässerbenutzungen, gestattungsbedürftigen Anlagen nach dem Bayerischen Abgrabungsgesetz[3] oder nach der Bayerischen Bauordnung (BayBO)[4] gilt der Antrag auf Genehmigung als Anzeige; in diesen Fällen kommt Abs. 2 nicht zur Anwendung. [4]Im Vollzug des § 49 Abs. 1 Satz 3 WHG[2] ist zuständige Behörde die Kreisverwaltungsbehörde in Abstimmung mit dem Wasserwirtschaftsamt.

(2) Ist seit der Anzeige ein Monat vergangen, ohne dass eine Einstellungs- oder Beseitigungsanordnung nach § 49 Abs. 3 WHG[2] ergangen ist, können die Arbeiten begonnen und so lange durchgeführt werden, bis auf das Grundwasser eingewirkt wird.

(3) [1]Ergibt sich, dass auf das Grundwasser eingewirkt wird, so sind die Arbeiten einzustellen, bis die Gewässerbenutzung oder der Gewässerausbau vorzeitig zugelassen oder die erforderliche Erlaubnis oder Bewilligung erteilt oder der Plan festgestellt oder genehmigt ist; dies gilt nicht für erlaubnisfreie Grundwasserbenutzungen. [2]Ist eine baurechtliche Genehmigung oder Zustimmung zu erteilen, so entfällt die wasserrechtliche Erlaubnis für das Einbringen von Stoffen in das Grundwasser.

(4) Abs. 1 und 2 gelten nicht für Arbeiten, die von Staatsbaubehörden oder unter deren Aufsicht ausgeführt werden oder die der bergbehördlichen Aufsicht unterliegen.

(5) Wird durch Arbeiten, die der bergbehördlichen Aufsicht unterliegen, unbefugt oder unbeabsichtigt Grundwasser erschlossen, so ist die Bergbehörde für die zum Schutz des Grundwassers erforderlichen Anordnungen zuständig.

**Art. 61[5] Bauabnahme.** (1) [1]Nach Fertigstellung von Baumaßnahmen, die einer Erlaubnis, Bewilligung, Genehmigung oder Planfeststellung nach dem Wasserhaushaltsgesetz oder nach diesem Gesetz bedürfen, hat der Bauherr der Kreisverwaltungsbehörde die Bestätigung eines privaten Sachverständigen nach Art. 65 vorzulegen, aus der sich ergibt, dass die Baumaßnahmen entsprechend

---

[1] Das Gesetz weicht in einzelnen Punkten vom Wasserhaushaltsgesetz ab, vgl. Hinweis v. 24.10. 2012 (BGBl. I S. 2176) und Hinweis v. 19.2.2015 (BGBl. I S. 153).

[2] Nr. **34**.

[3] Nr. **4**.

[4] Nr. **1**.

[5] Art. 61 Abs. 1 Satz 2 eingef., bish. Sätze 2–4 werden Sätze 3–5 mWv 1.3.2018 durch G v. 21.2. 2018 (GVBl. S. 48).

dem Bescheid ausgeführt oder welche Abweichungen von der zugelassenen Bauausführung vorgenommen worden sind. [2]Kann durch eine Bauabnahme nach Fertigstellung der Baumaßnahmen die bescheidsgemäße Ausführung oder eine Abweichung von der zugelassenen Ausführung nicht mehr festgestellt werden, ist eine baubegleitende Bauabnahme zu fordern. [3]Die Kreisverwaltungsbehörde kann Abweichungen von der zugelassenen Ausführung ohne Änderung der wasserrechtlichen Gestattung im Sinn des Satzes 1 genehmigen, sofern die Abweichung eine schädliche Gewässerveränderung nicht erwarten lässt. [4]Die Genehmigung kann unter Auflagen erteilt werden, soweit der zugrundeliegende Bescheid mit Auflagen verbunden werden kann. [5]Werden durch die Abweichungen Ansprüche Dritter berührt, über die im vorausgegangenen Verfahren zu entscheiden war, so können nach Anhörung der Dritten auch Ausgleichsmaßnahmen oder Entschädigungen festgesetzt werden.

(2) [1]Die Kreisverwaltungsbehörde kann im Einzelfall auf die Bauabnahme verzichten, wenn nach Größe und Art der baulichen Anlage nicht zu erwarten ist, dass durch sie erhebliche Gefahren oder Nachteile herbeigeführt werden können, oder eine Bauabnahme nach anderen Vorschriften durchgeführt wird; dies gilt nicht für Anlagen nach Art. 70 Abs. 1 Nr. 2. [2]Bauliche Anlagen des Bundes, der Länder und der Kommunen bedürfen keiner Bauabnahme nach Abs. 1, wenn der öffentliche Bauherr die Bauabnahme Beamten des höheren bautechnischen Verwaltungsdienstes übertragen hat.

# 36. Verordnung über Anlagen zum Umgang mit wassergefährdenden Stoffen (AwSV)

Vom 18. April 2017
(BGBl. I S. 905)

**FNA 753-13-6**

geänd. durch Art. 256 Elfte ZuständigkeitsanpassungsVO v. 19.6.2020 (BGBl. I S. 1328)

– Auszug –

**Inhaltsübersicht**

(10) „Fass- und Gebindelager" sind Lageranlagen für ortsbewegliche Behälter und Verpackungen, deren Einzelvolumen 1,25 Kubikmeter nicht überschreitet.

(11) [1] „Heizölverbraucheranlagen" sind Lageranlagen und im Bereich der gewerblichen Wirtschaft und öffentlicher Einrichtungen auch Verwendungsanlagen,

1. die dem Beheizen oder Kühlen von Wohnräumen, Geschäfts- und sonstigen Arbeitsräumen oder dem Erwärmen von Wasser dienen,
2. deren Jahresverbrauch an Heizöl leicht (Heizöl EL) nach DIN 51603-1, Ausgabe August 2008, die bei der Beuth Verlag GmbH, Berlin, zu beziehen und bei der Deutschen Nationalbibliothek archivmäßig gesichert niedergelegt ist, an anderen leichten Heizölen mit gleichwertiger Qualität, an flüssigen Triglyceriden oder an flüssigen Fettsäuremethylestern 100 Kubikmeter nicht übersteigt und
3. deren Behälter jährlich höchstens viermal befüllt werden.

[2] Notstromanlagen stehen Heizölverbraucheranlagen gleich.

(12) „Eigenverbrauchstankstellen" sind Lager- und Abfüllanlagen,

1. die für die Öffentlichkeit nicht zugänglich sind,
2. die dafür bestimmt sind, Fahrzeuge und Geräte, die für den zugehörigen Betrieb genutzt werden, mit Kraftstoffen zu versorgen,
3. deren Jahresabgabe 100 Kubikmeter nicht übersteigt und
4. die nur vom Betreiber oder den von ihm bestimmten und unterwiesenen Personen bedient werden.

(13) „Jauche-, Gülle- und Silagesickersaftanlagen (JGS-Anlagen)" sind Anlagen zum Lagern oder Abfüllen ausschließlich von

1. Wirtschaftsdünger, insbesondere Gülle oder Festmist, im Sinne des § 2 Satz 1 Nummer 2 bis 4 des Düngegesetzes,
2. Jauche im Sinne des § 2 Satz 1 Nummer 5 des Düngegesetzes,
3. tierischen Ausscheidungen nicht landwirtschaftlicher Herkunft, auch in Mischung mit Einstreu oder in verarbeiteter Form,
4. Flüssigkeiten, die während der Herstellung oder Lagerung von Gärfutter durch Zellaufschluss oder Pressdruck anfallen und die überwiegend aus einem Gemisch aus Wasser, Zellsaft, organischen Säuren und Mikroorganismen sowie etwaigem Niederschlagswasser bestehen (Silagesickersaft), oder
5. Silage oder Siliergut, soweit hierbei Silagesickersaft anfallen kann.

(14) „Biogasanlagen" sind

1. Anlagen zum Herstellen von Biogas, insbesondere Vorlagebehälter, Fermenter, Kondensatbehälter und Nachgärer,
2. Anlagen zum Lagern von Gärresten oder Gärsubstraten, wenn sie in einem engen räumlichen und funktionalen Zusammenhang mit Anlagen nach Nummer 1 stehen, und
3. zu den Anlagen nach den Nummern 1 und 2 gehörige Abfüllanlagen.

(15) [1] „Unterirdische Anlagen" sind Anlagen, bei denen zumindest ein Anlagenteil unterirdisch ist; unterirdisch sind Anlagenteile,

1. die vollständig oder teilweise im Erdreich eingebettet sind oder

2. die nicht vollständig einsehbar in Bauteilen, die unmittelbar mit dem Erdreich in Berührung stehen, eingebettet sind.

[2] Alle anderen Anlagen sind oberirdisch; oberirdisch sind insbesondere auch Anlagen, deren Rückhalteeinrichtungen teilweise im Erdreich eingebettet sind, sowie Behälter, die mit ihren flachen Böden vollflächig oder mit Stützkonstruktionen auf dem Untergrund aufgestellt sind.

(16) „Rückhalteeinrichtungen" sind Anlagenteile zur Rückhaltung von wassergefährdenden Stoffen, die aus undicht gewordenen Anlagenteilen, die bestimmungsgemäß wassergefährdende Stoffe umschließen, austreten; dazu zählen insbesondere Auffangräume, Auffangwannen, Auffangtassen, Auffangvorrichtungen, Rohrleitungen, Schutzrohre, Behälter oder Flächen, in oder auf denen Stoffe zurückgehalten oder in oder auf denen Stoffe abgeleitet werden.

(17) „Doppelwandige Anlagen" sind Anlagen, die aus zwei unabhängigen Wänden bestehen, deren Zwischenraum als Überwachungsraum ausgestaltet ist, der mit einem Leckanzeigesystem ausgestattet ist, das ein Undichtwerden der inneren und der äußeren Wand anzeigt.

(18) „Abfüll- oder Umschlagflächen" sind Anlagenteile, die beim Abfüllen oder Umschlagen im Fall einer Betriebsstörung mit wassergefährdenden Stoffen beaufschlagt werden können, zuzüglich der Ablauf- und Stauflächen sowie der Abtrennung von anderen Flächen.

(19) „Rohrleitungen" sind feste oder flexible Leitungen zum Befördern wassergefährdender Stoffe, einschließlich ihrer Formstücke, Armaturen, Förderaggregate, Flansche und Dichtmittel.

(20) „Lagern" ist das Vorhalten von wassergefährdenden Stoffen zur weiteren Nutzung, Abgabe oder Entsorgung.

(21) „Erdbecken" sind ins Erdreich gebaute oder durch Dämme errichtete Becken zum Lagern von Jauche, Gülle und Silagesickersäften, die im Sohlen- und Böschungsbereich aus Erdreich bestehen und gegenüber dem Boden mit Dichtungsbahnen abgedichtet sind.

(22) „Abfüllen" ist das Befüllen von Behältern oder Verpackungen mit wassergefährdenden Stoffen.

(23) [1] „Umschlagen" ist das Laden und Löschen von Schiffen, soweit es unverpackte wassergefährdende Stoffe betrifft, sowie das Umladen von wassergefährdenden Stoffen in Behältern oder Verpackungen von einem Transportmittel auf ein anderes. [2] Zum Umschlagen gehört auch das vorübergehende Abstellen von Behältern oder Verpackungen mit wassergefährdenden Stoffen in einer Umschlaganlage im Zusammenhang mit dem Transport.

(24) „Intermodaler Verkehr" umfasst den Transport von Gütern in ein und derselben Ladeeinheit oder demselben Straßenfahrzeug mit zwei oder mehr Verkehrsträgern, wobei ein Wechsel der Verkehrsträger, aber kein Umschlag der transportierten Güter selbst erfolgt.

(25) „Herstellen" ist das Erzeugen und Gewinnen von wassergefährdenden Stoffen.

(26) „Behandeln" ist das Einwirken auf wassergefährdende Stoffe, um deren Eigenschaften zu verändern.

(27) „Verwenden" ist das Anwenden, Gebrauchen und Verbrauchen von wassergefährdenden Stoffen unter Ausnutzung ihrer Eigenschaften im Bereich der gewerblichen Wirtschaft und im Bereich öffentlicher Einrichtungen.

(28) „Errichten" ist das Aufstellen, Einbauen oder Einfügen von Anlagen und Anlagenteilen.

(29) „Instandhalten" ist das Aufrechterhalten des ordnungsgemäßen Zustands einer Anlage, „Instandsetzen" ist das Wiederherstellen dieses Zustands.

(30) „Stilllegen" ist die dauerhafte Außerbetriebnahme einer Anlage.

(31) „Wesentliche Änderungen" einer Anlage sind Maßnahmen, die die baulichen oder sicherheitstechnischen Merkmale der Anlage verändern.

(32) [1] „Schutzgebiete" sind

1. Wasserschutzgebiete nach § 51 Absatz 1 Satz 1 Nummer 1 und 2 des Wasserhaushaltsgesetzes,
2. Gebiete, für die eine vorläufige Anordnung nach § 52 Absatz 2 in Verbindung mit § 51 Absatz 1 Satz 1 Nummer 1 oder Nummer 2 des Wasserhaushaltsgesetzes erlassen worden ist, und
3. Heilquellenschutzgebiete nach § 53 Absatz 4 des Wasserhaushaltsgesetzes.

[2] Ist die weitere Zone eines Schutzgebietes unterteilt, so gilt als Schutzgebiet nur deren innerer Bereich; sind Zonen zum Schutz gegen qualitative und quantitative Beeinträchtigungen unterschiedlich abgegrenzt, gelten die Abgrenzungen zum Schutz gegen qualitative Beeinträchtigungen.

(33) „Sachverständige" sind von nach § 52 anerkannten Sachverständigenorganisationen bestellte Personen, die berechtigt sind, Anlagen zu prüfen und zu begutachten.

## Kapitel 2. Einstufung von Stoffen und Gemischen

### Abschnitt 1. Grundsätze

**§ 3 Grundsätze.** (1) [1] Nach Maßgabe der Bestimmungen dieses Kapitels werden Stoffe und Gemische, mit denen in Anlagen umgegangen wird, entsprechend ihrer Gefährlichkeit als nicht wassergefährdend oder in eine der folgenden Wassergefährdungsklassen eingestuft:

| | |
|---|---|
| Wassergefährdungsklasse 1: | schwach wassergefährdend, |
| Wassergefährdungsklasse 2: | deutlich wassergefährdend, |
| Wassergefährdungsklasse 3: | stark wassergefährdend. |

[2] Die Absätze 2 bis 4 bleiben unberührt.

(2) [1] Folgende Stoffe und Gemische gelten als allgemein wassergefährdend und werden nicht in Wassergefährdungsklassen eingestuft:

1. Wirtschaftsdünger, insbesondere Gülle oder Festmist, im Sinne des § 2 Satz 1 Nummer 2 bis 4 des Düngegesetzes,
2. Jauche im Sinne des § 2 Satz 1 Nummer 5 des Düngegesetzes,
3. tierische Ausscheidungen nicht landwirtschaftlicher Herkunft, auch in Mischung mit Einstreu oder in verarbeiteter Form,
4. Silagesickersaft,
5. Silage oder Siliergut, bei denen Silagesickersaft anfallen kann,
6. Gärsubstrate landwirtschaftlicher Herkunft zur Gewinnung von Biogas sowie die bei der Vergärung anfallenden flüssigen und festen Gärreste,

7. aufschwimmende flüssige Stoffe, die nach Anlage 1 Nummer 3.2 vom Umweltbundesamt im Bundesanzeiger veröffentlicht worden sind, und Gemische, die nur aus derartigen Stoffen bestehen, sowie
8. feste Gemische, vorbehaltlich einer abweichenden Einstufung gemäß § 10.

[2] Abweichend von Satz 1 Nummer 8 ist ein festes Gemisch nicht wassergefährdend, wenn das Gemisch oder die darin enthaltenen Stoffe vom Umweltbundesamt nach § 6 Absatz 4 oder § 66 als nicht wassergefährdend im Bundesanzeiger veröffentlicht wurden. [3] Als nicht wassergefährdend gelten auch feste Gemische, bei denen insbesondere auf Grund ihrer Herkunft oder ihrer Zusammensetzung eine nachteilige Veränderung der Gewässereigenschaften nicht zu besorgen ist.

(3) Als nicht wassergefährdend gelten:
1. Stoffe und Gemische, die dazu bestimmt sind oder von denen erwartet werden kann, dass sie als Lebensmittel aufgenommen werden, und
2. Stoffe und Gemische, die zur Tierfütterung bestimmt sind, mit Ausnahme von Siliergut und Silage, soweit bei diesen Silagesickersaft anfallen kann.

(4) [1] Solange Stoffe und Gemische nicht nach Maßgabe dieses Kapitels oder nach § 66 eingestuft sind, gelten sie als stark wassergefährdend. [2] Dies gilt nicht für Stoffe und Gemische, die unter Absatz 2 oder Absatz 3 fallen.

## Abschnitt 2. Einstufung von Stoffen und Dokumentation; Entscheidung über die Einstufung

### § 4 Selbsteinstufung von Stoffen; Ausnahmen; Dokumentation.

(1) Beabsichtigt ein Betreiber, in einer Anlage mit einem Stoff umzugehen, hat er diesen nach Maßgabe der Kriterien von Anlage 1 als nicht wassergefährdend oder in eine Wassergefährdungsklasse nach § 3 Absatz 1 einzustufen.

(2) Die Verpflichtung zur Selbsteinstufung nach Absatz 1 gilt nicht für
1. Stoffe nach § 3 Absatz 2 und 3,
2. Stoffe, deren Einstufung bereits nach § 6 Absatz 4 oder § 66 im Bundesanzeiger veröffentlicht worden ist,
3. Stoffe, die zu einer Stoffgruppe gehören, deren Einstufung bereits nach § 6 Absatz 4 oder § 66 im Bundesanzeiger veröffentlicht worden ist,
4. Stoffe, die der Betreiber unabhängig von ihren Eigenschaften als stark wassergefährdend betrachtet, sowie
5. Stoffe, die während der Durchführung einer Beförderung in Behältern oder Verpackungen umgeschlagen werden.

(3) Der Betreiber hat die Selbsteinstufung eines Stoffes nach Maßgabe von Anlage 2 Nummer 1 zu dokumentieren und diese Dokumentation dem Umweltbundesamt vorzulegen.

(4) [1] Ist der Betreiber der Auffassung, dass die Einstufung eines Stoffes nach Maßgabe der Anlage 1 die Wassergefährdung unzureichend abbildet, kann er dem Umweltbundesamt eine abweichende Einstufung vorschlagen. [2] Dem Vorschlag sind zusätzlich zu der Dokumentation nach Absatz 3 alle für die Beurteilung der abweichenden Einstufung erforderlichen Unterlagen beizufügen.

**§ 5 Kontrolle und Überprüfung der Dokumentation; Stoffgruppen.**

(1) [1]Das Umweltbundesamt kontrolliert die Dokumentationen zur Selbsteinstufung von Stoffen auf ihre Vollständigkeit und Plausibilität. [2]Das Umweltbundesamt kann den Betreiber verpflichten, fehlende oder nicht plausible Angaben zu ergänzen oder zu berichtigen.

(2) [1]Darüber hinaus überprüft das Umweltbundesamt stichprobenartig die Qualität der Dokumentation der Selbsteinstufungen von Stoffen. [2]Hierbei wird die ausgewählte Dokumentation anhand von Prüfberichten, Literatur und anderen geeigneten Unterlagen überprüft. [3]Zum Zweck der Überprüfung kann das Umweltbundesamt den Betreiber verpflichten, die nach § 4 Absatz 3 und 4 dokumentierten Angaben anhand vorhandener und ihm zugänglicher Unterlagen zu belegen.

(3) Das Umweltbundesamt kann Stoffe zu Stoffgruppen zusammenfassen und die Stoffgruppen einstufen.

**§ 6 Entscheidung über die Einstufung; Veröffentlichung im Bundesanzeiger.** (1) [1]Das Umweltbundesamt entscheidet auf Grund der Ergebnisse der Kontrollen und Überprüfungen nach § 5 Absatz 1 und 2 über die Einstufung von Stoffen und Stoffgruppen. [2]Bei der Entscheidung kann auch Folgendes berücksichtigt werden:

1. vorliegende eigene Erkenntnisse oder Bewertungen, insbesondere zur Toxizität, zur Mobilität eines Stoffes im Boden, zur Grundwassergängigkeit oder zur Anreicherung im Sediment sowie
2. vorliegende Stellungnahmen der Kommission zur Bewertung wassergefährdender Stoffe nach § 12 Absatz 1.

(2) Das Umweltbundesamt kann nach Maßgabe von Absatz 1 Satz 2 auch unabhängig von einer Selbsteinstufung des Betreibers eine Entscheidung zur Einstufung von Stoffen und Stoffgruppen treffen.

(3) Das Umweltbundesamt gibt die Entscheidung nach Absatz 1 Satz 1 dem Betreiber in schriftlicher Form bekannt; Absatz 4 bleibt hiervon unberührt.

(4) [1]Das Umweltbundesamt gibt die Entscheidungen nach Absatz 1 Satz 1 und Absatz 2 im Bundesanzeiger öffentlich bekannt. [2]Es stellt zudem im Internet eine Suchfunktion bereit, mit der die bestehenden Einstufungen wassergefährdender Stoffe und Stoffgruppen ermittelt werden können.

**§ 7 Änderung bestehender Einstufungen; Mitteilungspflicht.** (1) [1]Liegen dem Umweltbundesamt Erkenntnisse vor, die die Änderung einer Einstufung nach § 6 Absatz 1 oder Absatz 2 notwendig machen können, nimmt es eine Neubewertung und erforderlichenfalls eine Änderung der Einstufung vor. [2]§ 6 Absatz 3 und 4 gilt entsprechend.

(2) Liegen dem Betreiber Erkenntnisse vor, die zu einer Änderung der veröffentlichten Einstufung eines Stoffes oder einer Stoffgruppe führen können, muss er diese Erkenntnisse unverzüglich schriftlich dem Umweltbundesamt mitteilen.

### Abschnitt 4. Kommission zur Bewertung wassergefährdender Stoffe

**§ 12[1)] Kommission zur Bewertung wassergefährdender Stoffe.**

(1) [1] Beim Bundesministerium für Umwelt, Naturschutz und nukleare Sicherheit wird als Beirat eine Kommission zur Bewertung wassergefährdender Stoffe eingerichtet. [2] Sie berät das Bundesministerium für Umwelt, Naturschutz und nukleare Sicherheit und das Umweltbundesamt in Fragen, die die Einstufung betreffen.

(2) [1] In die Kommission zur Bewertung wassergefährdender Stoffe sind Vertreterinnen und Vertreter aus den betroffenen Bundes- und Landesbehörden, aus der Wissenschaft sowie von Betreibern von Anlagen zu berufen. [2] Die Kommission soll nicht mehr als zwölf Mitglieder umfassen. [3] Die Mitgliedschaft ist ehrenamtlich. [4] Die Mitglieder der Kommission sind zur Wahrung von Betriebs- und Geschäftsgeheimnissen verpflichtet, die ihnen im Rahmen ihrer Tätigkeit in der Kommission bekannt werden. [5] Die Vertreterinnen und Vertreter von Betreibern in der Kommission sind darüber hinaus verpflichtet, Betriebs- und Geschäftsgeheimnisse, die ihnen im Rahmen ihrer Tätigkeit in der Kommission bekannt werden, nicht für eigene Zwecke, insbesondere für Geschäftszwecke, zu nutzen.

(3) [1] Das Bundesministerium für Umwelt, Naturschutz und nukleare Sicherheit beruft die Mitglieder der Kommission zur Bewertung wassergefährdender Stoffe. [2] Die Kommission gibt sich eine Geschäftsordnung und wählt aus ihrer Mitte eine Vorsitzende oder einen Vorsitzenden. [3] Die Geschäftsordnung bedarf der Zustimmung des Bundesministeriums für Umwelt, Naturschutz und nukleare Sicherheit.

## Kapitel 3. Technische und organisatorische Anforderungen an Anlagen zum Umgang mit wassergefährdenden Stoffen

### Abschnitt 1. Allgemeine Bestimmungen

**§ 13 Einschränkungen des Geltungsbereichs dieses Kapitels.** (1) [1] Dieses Kapitel gilt für Anlagen, in denen mit aufschwimmenden flüssigen Stoffen gemäß § 3 Absatz 2 Satz 1 Nummer 7 umgegangen wird, nur, sofern nicht ausgeschlossen werden kann, dass diese Stoffe in ein oberirdisches Gewässer gelangen können. [2] Satz 1 gilt auch für Gemische, die nur aufschwimmende flüssige Stoffe gemäß § 3 Absatz 2 Satz 1 Nummer 7 enthalten, sowie für Gemische aus diesen aufschwimmenden flüssigen Stoffen und nicht wassergefährdenden Stoffen.

(2) Dieses Kapitel gilt nicht für

1. Anlagen zum Lagern von Haushaltsabfällen und vergleichbaren Abfällen, insbesondere aus Büros, Behörden, Schulen oder Gaststätten, die in oder an den Gebäuden eingerichtet sind, bei denen diese Abfälle anfallen;
2. Anlagen zum Lagern und Behandeln von Bioabfällen im Rahmen der Eigenkompostierung im privaten Bereich;
3. Anlagen zum Lagern von festen gewerblichen Abfällen und festen gewerblichen Abfällen, denen wassergefährdende Stoffe anhaften, wenn

---

[1)] § 12 Abs. 1 Sätze 1 und 2, Abs. 3 Sätze 1 und 3 geänd. mWv 27.6.2020 durch VO v. 19.6.2020 (BGBl. I S. 1328).

a) das Volumen des Lagerbehälters 1,25 Kubikmeter nicht übersteigt,

b) der Lagerbehälter dicht ist,

c) die Fläche, auf der der Lagerbehälter aufgestellt ist, so ausgeführt ist, dass bei Betriebsstörungen wassergefährdende Stoffe nicht in ein Gewässer gelangen können, und

d) ein für Betriebsstörungen geeignetes Bindemittel vorgehalten wird;

4. Anlagen zum Lagern von festen Gemischen, die auf der Baustelle unmittelbar durch die Bautätigkeit entstehen.

(3) Für JGS-Anlagen gelten aus diesem Kapitel nur die §§ 16, 24 Absatz 1 und 2 und § 51 sowie Anlage 7.

**§ 14 Bestimmung und Abgrenzung von Anlagen.** (1) Der Betreiber einer Anlage hat zu dokumentieren, welche Anlagenteile zu der Anlage gehören und wo die Schnittstellen zu anderen Anlagen sind.

(2) [1] Zu einer Anlage gehören alle Anlagenteile, die in einem engen funktionalen oder verfahrenstechnischen Zusammenhang miteinander stehen. [2] Dies ist insbesondere dann anzunehmen, wenn zwischen den Anlagenteilen wassergefährdende Stoffe ausgetauscht werden oder ein unmittelbarer sicherheitstechnischer Zusammenhang zwischen ihnen besteht.

(3) Zu einer Anlage gehören auch die Flächen einschließlich ihrer Einrichtungen, die dem Lagern oder dem regelmäßigen Abstellen von wassergefährdenden Stoffen in Behältern oder Verpackungen dienen.

(4) [1] Flächen, auf denen Transportmittel mit wassergefährdenden Stoffen abgestellt werden, sind keine Lageranlagen. [2] Bei Umschlaganlagen sind auch solche Flächen, auf denen Behälter oder Verpackungen mit wassergefährdenden Stoffen vorübergehend im Zusammenhang mit dem Transport abgestellt werden, keine Lageranlagen, sondern der Umschlaganlage zuzuordnen.

(5) Eine Fläche, von der aus eine Anlage mit wassergefährdenden Stoffen befüllt wird oder von der aus Behälter oder Verpackungen mit wassergefährdenden Stoffen in eine Anlage hineingestellt oder aus einer Anlage genommen werden, ist Teil dieser Anlage.

(6) [1] Ein Behälter, in dem wassergefährdende Stoffe weder hergestellt noch behandelt noch verwendet werden, der jedoch in engem funktionalen Zusammenhang mit einer Herstellungs-, Behandlungs- oder Verwendungsanlage steht, ist Teil dieser Anlage. [2] Ein Behälter ist jedoch dann Teil einer Lageranlage, wenn er mehreren Herstellungs-, Behandlungs- und Verwendungsanlagen zugeordnet ist oder wenn er ein größeres Volumen enthalten kann, als für eine Tagesproduktion oder Charge benötigt wird.

(7) Eine Rohrleitung, die nach § 62 Absatz 1 Satz 2 Nummer 2 des Wasserhaushaltsgesetzes[1)] Zubehör einer Anlage zum Umgang mit wassergefährdenden Stoffen ist oder die nach § 62 Absatz 1 Satz 2 Nummer 3 des Wasserhaushaltsgesetzes[1)] Anlagen verbindet, die in einem engen räumlichen und betrieblichen Zusammenhang miteinander stehen, ist der Anlage zuzuordnen, deren Zubehör sie ist oder mit der sie im Zusammenhang steht.

---

[1)] Nr. **34**.

**§ 15 Technische Regeln.** (1) Den allgemein anerkannten Regeln der Technik nach § 62 Absatz 2 des Wasserhaushaltsgesetzes[1] entsprechende Regeln (technische Regeln) sind insbesondere die folgenden Regeln:

1. technische Regeln wassergefährdender Stoffe der Deutschen Vereinigung für Wasserwirtschaft, Abwasser und Abfall e.V. (DWA),
2. technische Regeln, die in der Musterliste der technischen Baubestimmungen oder in der Bauregelliste des Deutschen Instituts für Bautechnik (DIBt) aufgeführt sind, soweit sie den Gewässerschutz betreffen, sowie
3. DIN-Normen und EN-Normen, soweit sie den Gewässerschutz betreffen und nicht in der Bauregelliste des Deutschen Instituts für Bautechnik aufgeführt sind.

(2) Normen und sonstige Bestimmungen anderer Mitgliedstaaten der Europäischen Union oder anderer Vertragsstaaten des Abkommens über den Europäischen Wirtschaftsraum stehen technischen Regeln nach Absatz 1 gleich, wenn mit ihnen dauerhaft das gleiche Schutzniveau erreicht wird.

**§ 16 Behördliche Anordnungen.** (1) [1] Ist auf Grund der besonderen Umstände des Einzelfalls, insbesondere auf Grund der hydrogeologischen Beschaffenheit und der Schutzbedürftigkeit des Aufstellungsortes, nicht gewährleistet, dass die Anforderungen des § 62 Absatz 1 des Wasserhaushaltsgesetzes[1] erfüllt werden, kann die zuständige Behörde Anforderungen stellen, die über die im Folgenden genannten hinausgehen:

1. über die allgemein anerkannten Regeln der Technik,
2. über die Anforderungen nach diesem Kapitel oder
3. über die Anforderungen, die in einer Eignungsfeststellung oder in einer die Eignungsfeststellung ersetzenden sonstigen Regelung festgelegt sind.

[2] Unter den Voraussetzungen nach Satz 1 kann die zuständige Behörde auch die Errichtung einer Anlage untersagen.

(2) Die zuständige Behörde kann dem Betreiber Maßnahmen zur Beobachtung der Gewässer und des Bodens auferlegen, soweit dies zur frühzeitigen Erkennung von Verunreinigungen erforderlich ist, die von seiner Anlage ausgehen können.

(3) Die zuständige Behörde kann im Einzelfall Ausnahmen von den Anforderungen dieses Kapitels zulassen, wenn die Anforderungen des § 62 Absatz 1 des Wasserhaushaltsgesetzes[1] dennoch erfüllt werden.

## Abschnitt 2. Allgemeine Anforderungen an Anlagen

**§ 17 Grundsatzanforderungen.** (1) Anlagen müssen so geplant und errichtet werden, beschaffen sein und betrieben werden, dass

1. wassergefährdende Stoffe nicht austreten können,
2. Undichtheiten aller Anlagenteile, die mit wassergefährdenden Stoffen in Berührung stehen, schnell und zuverlässig erkennbar sind,
3. austretende wassergefährdende Stoffe schnell und zuverlässig erkannt und zurückgehalten sowie ordnungsgemäß entsorgt werden; dies gilt auch für betriebsbedingt auftretende Spritz- und Tropfverluste, und

---

[1] Nr. **34**.

4. bei einer Störung des bestimmungsgemäßen Betriebs der Anlage (Betriebsstörung) anfallende Gemische, die ausgetretene wassergefährdende Stoffe enthalten können, zurückgehalten und ordnungsgemäß als Abfall entsorgt oder als Abwasser beseitigt werden.

(2) Anlagen müssen dicht, standsicher und gegenüber den zu erwartenden mechanischen, thermischen und chemischen Einflüssen hinreichend widerstandsfähig sein.

(3) [1] Einwandige unterirdische Behälter für flüssige wassergefährdende Stoffe sind unzulässig. [2] Einwandige unterirdische Behälter für gasförmige wassergefährdende Stoffe sind unzulässig, wenn die gasförmigen wassergefährdenden Stoffe flüssig austreten, schwerer sind als Luft oder sich nach Austritt im umgebenden Boden in vorhandener Feuchtigkeit lösen.

(4) [1] Der Betreiber hat bei der Stilllegung einer Anlage oder von Anlagenteilen alle in der Anlage oder in den Anlagenteilen enthaltenen wassergefährdenden Stoffe, soweit technisch möglich, zu entfernen. [2] Er hat die Anlage gegen missbräuchliche Nutzung zu sichern.

## § 18 Anforderungen an die Rückhaltung wassergefährdender Stoffe.

(1) [1] Anlagen müssen ausgetretene wassergefährdende Stoffe auf geeignete Weise zurückhalten. [2] Dazu sind sie mit einer Rückhalteeinrichtung im Sinne von § 2 Absatz 16 auszurüsten. [3] Satz 2 gilt nicht, wenn es sich um eine doppelwandige Anlage im Sinne von § 2 Absatz 17 handelt. [4] Einzelne Anlagenteile können über unterschiedliche, jeweils voneinander unabhängige Rückhalteeinrichtungen verfügen. [5] Bei Anlagen, die nur teilweise doppelwandig ausgerüstet sind, sind einwandige Anlagenteile mit einer Rückhalteeinrichtung zu versehen.

(2) [1] Rückhalteeinrichtungen müssen flüssigkeitsundurchlässig sein und dürfen keine Abläufe haben. [2] Flüssigkeitsundurchlässig sind Bauausführungen dann, wenn sie ihre Dicht- und Tragfunktion während der Dauer der Beanspruchung durch die wassergefährdenden Stoffe, mit denen in der Anlage umgegangen wird, nicht verlieren.

(3) [1] Rückhalteeinrichtungen müssen für folgendes Volumen ausgelegt sein:

1. bei Anlagen zum Lagern, Herstellen, Behandeln oder Verwenden wassergefährdender Stoffe muss das Rückhaltevolumen dem Volumen an wassergefährdenden Stoffen entsprechen, das bei Betriebsstörungen bis zum Wirksamwerden geeigneter Sicherheitsvorkehrungen freigesetzt werden kann,
2. bei Anlagen zum Abfüllen flüssiger wassergefährdender Stoffe muss das Rückhaltevolumen dem Volumen entsprechen, das bei größtmöglichem Volumenstrom bis zum Wirksamwerden geeigneter Sicherheitsvorkehrungen freigesetzt werden kann,
3. bei Anlagen zum Umschlagen wassergefährdender Stoffe muss das Rückhaltevolumen dem Volumen entsprechen, das aus dem größten Behälter, der größten Verpackung oder der größten Umschlagseinheit, in dem oder in der sich wassergefährdende Stoffe befinden und für den oder für die die Anlage ausgelegt ist, freigesetzt werden kann.

[2] Auf ein Rückhaltevolumen kann bei oberirdischen Anlagen zum Umgang mit wassergefährdenden Stoffen der Wassergefährdungsklasse 1 mit einem Volumen

bis 1 000 Liter verzichtet werden, sofern sich diese auf einer Fläche befinden, die

1. den betriebstechnischen Anforderungen genügt, und eine Leckerkennung durch infrastrukturelle Maßnahmen gewährleistet ist, oder
2. flüssigkeitsundurchlässig ausgebildet ist.

(4) Bei Anlagen zum Lagern, Herstellen, Behandeln oder Verwenden wassergefährdender Stoffe der Gefährdungsstufe D nach § 39 Absatz 1 muss die Rückhalteeinrichtung abweichend von Absatz 3 Satz 1 Nummer 1 so ausgelegt sein, dass das Volumen flüssiger wassergefährdender Stoffe, das aus der größten abgesperrten Betriebseinheit bei Betriebsstörungen freigesetzt werden kann, ohne dass Gegenmaßnahmen getroffen werden, vollständig zurückgehalten werden kann.

(5) Einwandige Behälter, Rohrleitungen und sonstige Anlagenteile müssen von Wänden, Böden und sonstigen Bauteilen sowie untereinander einen solchen Abstand haben, dass die Erkennung von Leckagen und die Zustandskontrolle, insbesondere auch der Rückhalteeinrichtungen, jederzeit möglich sind.

(6) Bei oberirdischen doppelwandigen Behältern, die über ein Leckanzeigesystem mit Flüssigkeiten der Wassergefährdungsklasse 1 verfügen, ist eine Rückhaltung der Leckanzeigeflüssigkeit nicht erforderlich, wenn das Volumen dieser Flüssigkeit 1 Kubikmeter nicht übersteigt.

(7) Wassergefährdende Stoffe, die beim Austreten so miteinander reagieren können, dass die Funktion der Rückhaltung nach Absatz 1 beeinträchtigt wird, müssen getrennt aufgefangen werden.

## Abschnitt 3. Besondere Anforderungen an die Rückhaltung bei bestimmten Anlagen

**§ 25 Vorrang der Regelungen des Abschnitts 3.** Soweit dieser Abschnitt für bestimmte Anlagen besondere Anforderungen an die Rückhaltung wassergefährdender Stoffe vorsieht oder nach diesem Abschnitt unter bestimmten Voraussetzungen eine Rückhaltung nicht erforderlich ist, gehen diese Regelungen den jeweiligen Anforderungen nach § 18 Absatz 1 bis 3 vor.

## Abschnitt 4. Anforderungen an Anlagen in Abhängigkeit von ihren Gefährdungsstufen

**§ 39 Gefährdungsstufen von Anlagen.** (1) [1] Betreiber haben Anlagen nach Maßgabe der nachstehenden Tabelle einer Gefährdungsstufe zuzuordnen. [2] Bei flüssigen Stoffen ist das für die jeweilige Anlage maßgebende Volumen zugrunde zu legen, bei gasförmigen und festen Stoffen die für die jeweilige Anlage maßgebende Masse.

| Ermittlung der Gefährdungsstufen | Wassergefährdungsklasse (WGK) | | |
|---|---|---|---|
| Volumen in Kubikmetern ($m^3$) oder Masse in Tonnen (t) | 1 | 2 | 3 |
| $\leq 0{,}22$ $m^3$ oder 0,2 t | Stufe A | Stufe A | Stufe A |
| $> 0{,}22$ $m^3$ oder 0,2 t $\leq 1$ | Stufe A | Stufe A | Stufe B |
| $> 1 \leq 10$ | Stufe A | Stufe B | Stufe C |
| $> 10 \leq 100$ | Stufe A | Stufe C | Stufe D |

| Ermittlung der Gefährdungsstufen | Wassergefährdungsklasse (WGK) | | |
|---|---|---|---|
| Volumen in Kubikmetern ($m^3$) oder Masse in Tonnen (t) | 1 | 2 | 3 |
| > 100 ≤ 1 000 | Stufe B | Stufe D | Stufe D |
| > 1 000 | Stufe C | Stufe D | Stufe D |

(2) [1]Soweit in den Absätzen 3 bis 8 nichts anderes geregelt ist,

1. ist das maßgebende Volumen das Nennvolumen der Anlage einschließlich aller Anlagenteile oder nach sicherheitstechnischer Umrüstung das Volumen, das im Betrieb maximal genutzt werden kann und das auf nicht zu entfernende Art auf der Anlage angegeben ist, und
2. ist die maßgebende Masse die Masse wassergefährdender Stoffe, mit der in der Anlage einschließlich aller Anlagenteile umgegangen werden kann.

[2]Betrieblich genutzte Absperreinrichtungen innerhalb einer Anlage bleiben außer Betracht.

(3) [1]Bei Lageranlagen ergibt sich das maßgebende Volumen aus dem betriebstechnisch nutzbaren Rauminhalt aller zur Anlage gehörenden Behälter. [2]Das maßgebende Volumen eines Fass- und Gebindelagers ergibt sich aus der Summe der Rauminhalte aller Behältnisse und Verpackungen, für die die Lageranlage ausgelegt ist.

(4) Bei Abfüllanlagen ist das maßgebende Volumen entweder der Rauminhalt, der sich beim größten Volumenstrom über einen Zeitraum von zehn Minuten ergibt, oder der Rauminhalt, der sich aus dem mittleren Tagesdurchsatz der Anlage ergibt, wobei der größere Wert maßgebend ist.

(5) Bei Anlagen zum Umladen wassergefährdender Stoffe in Behältern oder Verpackungen von einem Transportmittel auf ein anderes sowie bei Anlagen zum Laden und Löschen von Stückgut oder losen Schüttungen von Schiffen entspricht das maßgebende Volumen oder die maßgebende Masse der größten Umladeeinheit, für die die Anlage ausgelegt ist.

(6) Bei Anlagen zum Herstellen, Behandeln oder Verwenden wassergefährdender Stoffe bestimmt sich das maßgebende Volumen nach dem unter Berücksichtigung der Verfahrenstechnik ermittelten größten Volumen, das bei bestimmungsgemäßem Betrieb in einer Anlage vorhanden ist.

(7) Bei Rohrleitungsanlagen ist das maßgebende Volumen entweder der Rauminhalt, der sich beim größten Volumenstrom über einen Zeitraum von zehn Minuten zusätzlich zum Volumen der Rohrleitungsanlage ergibt, oder der Rauminhalt, der sich aus dem mittleren Tagesdurchsatz der Anlage ergibt, wobei der größere Wert maßgebend ist.

(8) Bei Anlagen zum Lagern, Abfüllen oder Umschlagen fester Stoffe, denen flüssige wassergefährdende Stoffe anhaften, ist das Volumen flüssiger wassergefährdender Stoffe maßgeblich, das sich ansammeln kann.

(9) Das maßgebende Volumen einer Biogasanlage ergibt sich aus der Summe der Volumina der in § 2 Absatz 14 genannten Anlagen.

(10) [1]Bei Anlagen, in denen gleichzeitig mit wassergefährdenden Stoffen unterschiedlicher Wassergefährdungsklassen umgegangen wird, sind für die Ermittlung der Gefährdungsstufe die Stoffe mit der höchsten Wassergefährdungsklasse maßgebend, sofern der Anteil dieser Stoffe mehr als 3 Prozent des

Gesamtinhalts der Anlage beträgt. [2] Ist dieser Prozentsatz kleiner, ist die nächstniedrigere Wassergefährdungsklasse maßgebend.

(11) Anlagen zum Umgang mit allgemein wassergefährdenden Stoffen nach § 3 Absatz 2 werden keiner Gefährdungsstufe zugeordnet.

**§ 40 Anzeigepflicht.** (1) Wer eine nach § 46 Absatz 2 oder Absatz 3 prüfpflichtige Anlage errichten oder wesentlich ändern will oder an dieser Anlage Maßnahmen ergreifen will, die zu einer Änderung der Gefährdungsstufe nach § 39 Absatz 1 führen, hat dies der zuständigen Behörde mindestens sechs Wochen im Voraus schriftlich anzuzeigen.

(2) Die Anzeige nach Absatz 1 muss Angaben zum Betreiber, zum Standort und zur Abgrenzung der Anlage, zu den wassergefährdenden Stoffen, mit denen in der Anlage umgegangen wird, zu bauaufsichtlichen Verwendbarkeitsnachweisen sowie zu den technischen und organisatorischen Maßnahmen, die für die Sicherheit der Anlage bedeutsam sind, enthalten.

(3) [1] Nicht anzeigepflichtig nach Absatz 1 ist das Errichten von

1. Anlagen zum Lagern, Abfüllen oder Umschlagen wassergefährdender Stoffe, für die eine Eignungsfeststellung nach § 63 Absatz 1 des Wasserhaushaltsgesetzes[1)] beantragt wird, und
2. sonstigen Anlagen, die Gegenstand eines Zulassungsverfahrens nach anderen Rechtsvorschriften sind, sofern im Zulassungsverfahren auch die Erfüllung der Anforderungen dieser Verordnung sichergestellt wird.

[2] Nicht anzeigepflichtig sind in den Fällen des Satzes 1 Nummer 2 auch zulassungsbedürftige wesentliche Änderungen der Anlage.

(4) [1] Nach einem Wechsel des Betreibers einer nach § 46 Absatz 2 oder Absatz 3 prüfpflichtigen Anlage hat der neue Betreiber diesen Wechsel der zuständigen Behörde unverzüglich schriftlich anzuzeigen. [2] Satz 1 gilt nicht für Betreiber von Heizölverbraucheranlagen.

**§ 41 Ausnahmen vom Erfordernis der Eignungsfeststellung.** (1) Die Eignungsfeststellung nach § 63 Absatz 1 des Wasserhaushaltsgesetzes[1)] ist über die in § 63 Absatz 2 und 3 des Wasserhaushaltsgesetzes[1)] geregelten Fälle hinaus nicht erforderlich für

1. Anlagen zum Lagern, Abfüllen oder Umschlagen gasförmiger wassergefährdender Stoffe sowie Anlagen zum Lagern, Abfüllen oder Umschlagen flüssiger oder fester wassergefährdender Stoffe der Gefährdungsstufe A,
2. Anlagen zum Lagern, Abfüllen oder Umschlagen von aufschwimmenden flüssigen Stoffen nach § 3 Absatz 2 Satz 1 Nummer 7,
3. Anlagen zum Lagern, Abfüllen oder Umschlagen von allgemein wassergefährdenden Stoffen, die keiner Prüfpflicht nach § 46 Absatz 2 oder Absatz 3 unterliegen,
4. Heizölverbraucheranlagen und
5. Anlagen mit einem Volumen von bis zu 1 Kubikmeter, die doppelwandig sind oder über ein Rückhaltevolumen verfügen, das das gesamte in der Anlage vorhandene Volumen wassergefährdender Stoffe zurückhalten kann.

---

[1)] Nr. **34**.

(2) [1] Eine Eignungsfeststellung ist für Anlagen der Gefährdungsstufen B und C sowie für nach § 46 Absatz 2 oder Absatz 3 prüfpflichtige Anlagen mit allgemein wassergefährdenden Stoffen nicht erforderlich, wenn

1. für alle Teile einer Anlage einschließlich ihrer technischen Schutzvorkehrungen einer der folgenden Nachweise vorliegt:
   a) ein CE-Kennzeichen, das zulässige Klassen und Leistungsstufen nach § 63 Absatz 3 Satz 1 Nummer 1 des Wasserhaushaltsgesetzes[1)] aufweist,
   b) Zulassungen oder Nachweise nach § 63 Absatz 3 Satz 1 Nummer 2 und Satz 2 des Wasserhaushaltsgesetzes[1)] oder
   c) bei Behältern und Verpackungen die Zulassungen nach gefahrgutrechtlichen Vorschriften

und

2. durch das Gutachten eines Sachverständigen bestätigt wird, dass die Anlage insgesamt die Gewässerschutzanforderungen erfüllt.

[2] Die Anlage darf wie geplant errichtet und betrieben werden, wenn die zuständige Behörde innerhalb einer Frist von sechs Wochen nach Vorlage der in Satz 1 Nummer 1 genannten Nachweise und des Gutachtens nach Satz 1 Nummer 2 weder die Errichtung oder den Betrieb untersagt noch Anforderungen an die Errichtung oder den Betrieb festgesetzt hat. [3] Anforderungen nach anderen Rechtsbereichen bleiben unberührt.

(3) Bei Anlagen der Gefährdungsstufe D kann die zuständige Behörde von einer Eignungsfeststellung absehen, wenn die Anforderungen nach Absatz 2 Satz 1 erfüllt sind.

**§ 42 Antragsunterlagen für die Eignungsfeststellung.** [1] Dem Antrag auf Erteilung einer Eignungsfeststellung sind die zum Nachweis der Eignung erforderlichen Unterlagen beizufügen. [2] Auf Verlangen der zuständigen Behörde ist dem Antrag ein Gutachten eines Sachverständigen beizufügen. [3] Als Nachweise gelten auch Prüfbescheinigungen und Gutachten von in anderen Mitgliedstaaten der Europäischen Union und anderen Vertragsstaaten des Abkommens über den Europäischen Wirtschaftsraum zugelassenen Prüfstellen oder Sachverständigen, wenn die Anforderungen an die Prüfung der Anlage denen nach dieser Verordnung gleichwertig sind; für die Prüfbescheinigungen und Gutachten gilt § 52 Absatz 2 Satz 2 und 3 entsprechend.

**§ 46 Überwachungs- und Prüfpflichten des Betreibers.** (1) [1] Der Betreiber hat die Dichtheit der Anlage und die Funktionsfähigkeit der Sicherheitseinrichtungen regelmäßig zu kontrollieren. [2] Die zuständige Behörde kann im Einzelfall anordnen, dass der Betreiber einen Überwachungsvertrag mit einem Fachbetrieb nach § 62 abschließt, wenn er selbst nicht die erforderliche Sachkunde besitzt und auch nicht über sachkundiges Personal verfügt.

(2) Betreiber haben Anlagen außerhalb von Schutzgebieten und außerhalb von festgesetzten oder vorläufig gesicherten Überschwemmungsgebieten nach Maßgabe der in Anlage 5 geregelten Prüfzeitpunkte und -intervalle auf ihren ordnungsgemäßen Zustand prüfen zu lassen.

(3) Betreiber haben Anlagen in Schutzgebieten und in festgesetzten oder vorläufig gesicherten Überschwemmungsgebieten nach Maßgabe der in Anlage

---

1) Nr. **34**.

6 geregelten Prüfzeitpunkte und -intervalle auf ihren ordnungsgemäßen Zustand prüfen zu lassen.

(4) Die zuständige Behörde kann unabhängig von den sich nach den Absätzen 2 und 3 ergebenden Prüfzeitpunkten und -intervallen eine einmalige Prüfung oder wiederkehrende Prüfungen anordnen, insbesondere wenn die Besorgnis einer nachteiligen Veränderung von Gewässereigenschaften besteht.

(5) Betreiber haben Anlagen, bei denen nach § 47 Absatz 2 ein erheblicher oder ein gefährlicher Mangel festgestellt worden ist, nach Beseitigung des Mangels nach § 48 Absatz 1 erneut prüfen zu lassen.

(6) Die Prüfung nach Absatz 2 oder Absatz 3 entfällt, wenn die Anlage der Forschung, Entwicklung oder Erprobung neuer Einsatzstoffe, Brennstoffe, Erzeugnisse oder Verfahren dient und nicht länger als ein Jahr betrieben wird.

(7) Weiter gehende Regelungen, insbesondere in einer Eignungsfeststellung nach § 63 Absatz 1 des Wasserhaushaltsgesetzes[1], bleiben unberührt.

**§ 47 Prüfung durch Sachverständige.** (1) Prüfungen nach § 46 Absatz 2 bis 5 dürfen nur von Sachverständigen durchgeführt werden.

(2) Der Sachverständige hat die Anlage auf Grund des Ergebnisses der Prüfungen nach § 46 in eine der folgenden Klassen einzustufen:

1. ohne Mangel,
2. mit geringfügigem Mangel,
3. mit erheblichem Mangel oder
4. mit gefährlichem Mangel.

(3) [1]Der Sachverständige hat der zuständigen Behörde über das Ergebnis jeder von ihm durchgeführten Prüfung nach § 46 innerhalb von vier Wochen nach Durchführung der Prüfung einen Prüfbericht vorzulegen. [2]Über einen gefährlichen Mangel hat er die zuständige Behörde unverzüglich zu unterrichten. [3]Der Prüfbericht nach Satz 1 muss Angaben zu Folgendem enthalten:

1. zum Betreiber,
2. zum Standort,
3. zur Anlagenidentifikation,
4. zur Anlagenzuordnung,
5. zu den wassergefährdenden Stoffen, mit denen in der Anlage umgegangen wird,
6. zu behördlichen Zulassungen,
7. zum Sachverständigen und zu der Sachverständigenorganisation, die ihn bestellt hat,
8. zu Art und Umfang der Prüfung,
9. dazu, ob die Prüfung der gesamten Anlage abgeschlossen ist oder welche Anlagenteile noch nicht geprüft wurden,
10. zu Art und Umfang der festgestellten Mängel,
11. zu Datum und Ergebnis der Prüfung,
12. zu erforderlichen Maßnahmen und zu einem Vorschlag für eine angemessene Frist für ihre Umsetzung oder zur Erforderlichkeit der Erarbeitung eines Instandsetzungskonzeptes,

---

[1] Nr. **34**.

13. zum Datum der nächsten Prüfung und
14. zu einer erfolgreichen Beseitigung festgestellter Mängel bei Nachprüfungen nach § 46 Absatz 5.

[4] Die Angaben nach Satz 3 Nummer 1, 2, 3, 9, 11 und 13 sind auf der ersten Seite des Prüfberichts in optisch deutlich hervorgehobener Form darzustellen.

(4) Stuft der Sachverständige eine Heizölverbraucheranlage nach Abschluss ihrer Prüfung in die Klasse „ohne Mangel" oder „mit geringfügigem Mangel" nach Absatz 2 ein, hat er auf der Anlage an gut sichtbarer Stelle eine Plakette anzubringen, aus der das Datum der Prüfung und das Datum der nächsten Prüfung ersichtlich sind.

(5) Bei der Prüfung einer Heizölverbraucheranlage hat der Sachverständige dem Betreiber das Merkblatt nach Anlage 3 auszuhändigen, sofern an der Anlage ein solches Merkblatt nicht bereits aushängt.

**§ 48 Beseitigung von Mängeln.** (1) [1] Werden bei Prüfungen nach § 46 durch einen Sachverständigen geringfügige Mängel festgestellt, hat der Betreiber diese Mängel innerhalb von sechs Monaten und, soweit nach § 45 erforderlich, durch einen Fachbetrieb nach § 62 zu beseitigen. [2] Erhebliche und gefährliche Mängel sind dagegen unverzüglich zu beseitigen.

(2) [1] Hat der Sachverständige bei seiner Prüfung nach § 46 einen gefährlichen Mangel im Sinne von § 47 Absatz 2 Nummer 4 festgestellt, hat der Betreiber die Anlage unverzüglich außer Betrieb zu nehmen und, soweit dies nach Feststellung des Sachverständigen erforderlich ist, zu entleeren. [2] Die Anlage darf erst wieder in Betrieb genommen werden, wenn der zuständigen Behörde eine Bestätigung des Sachverständigen über die erfolgreiche Beseitigung der festgestellten Mängel vorliegt.

## Abschnitt 5. Anforderungen an Anlagen in Schutzgebieten und Überschwemmungsgebieten

**§ 49 Anforderungen an Anlagen in Schutzgebieten.** (1) Im Fassungsbereich und in der engeren Zone von Schutzgebieten dürfen keine Anlagen errichtet und betrieben werden.

(2) [1] In der weiteren Zone von Schutzgebieten dürfen folgende Anlagen nicht errichtet und folgende bestehende Anlagen nicht erweitert werden:

1. Anlagen der Gefährdungsstufe D,
2. Biogasanlagen mit einem maßgebenden Volumen von insgesamt über 3 000 Kubikmetern,
3. unterirdische Anlagen der Gefährdungsstufe C sowie
4. Anlagen mit Erdwärmesonden.

[2] Anlagen in der weiteren Zone von Schutzgebieten dürfen nicht so geändert werden, dass sie durch diese Änderung zu Anlagen nach Satz 1 werden. [3] Satz 1 Nummer 2 gilt nicht, soweit die Überschreitung des Volumens zur Erfüllung der Anforderungen gemäß § 12 der Düngeverordnung an die Kapazität des Gärrestelagers erforderlich ist oder in den Biogasanlagen ausschließlich mit den tierischen Ausscheidungen aus einer eigenen in der weiteren Schutzzone bestehenden Tierhaltung umgegangen wird.

(3) [1]Unbeschadet des Absatzes 2 dürfen in der weiteren Zone von Schutzgebieten nur Lageranlagen und Anlagen zum Herstellen, Behandeln und Verwenden wassergefährdender Stoffe errichtet und betrieben werden, die

1. mit einer Rückhalteeinrichtung ausgerüstet sind, die abweichend von § 18 Absatz 3 das gesamte in der Anlage vorhandene Volumen wassergefährdender Stoffe aufnehmen kann, oder
2. doppelwandig ausgeführt und mit einem Leckanzeigesystem ausgerüstet sind.

[2]Abweichend von Satz 1 gelten für die in Abschnitt 3 bestimmten Anlagen nur die dort geregelten Anforderungen; dies gilt nicht für die in §§ 31 und 38 genannten Anlagen sowie die in § 34 genannten Anlagen zum Verwenden wassergefährdender Stoffe im Bereich der Energieversorgung.

(4) Die zuständige Behörde kann eine Befreiung von den Anforderungen nach den Absätzen 1 und 2 erteilen, wenn

1. das Wohl der Allgemeinheit dies erfordert oder das Verbot zu einer unzumutbaren Härte führen würde und
2. der Schutzzweck des Schutzgebietes nicht beeinträchtigt wird.

(5) Die Absätze 2 und 3 gelten nicht, soweit landesrechtliche Verordnungen zur Festsetzung von Schutzgebieten weiter gehende Regelungen treffen.

**§ 50 Anforderungen an Anlagen in festgesetzten und vorläufig gesicherten Überschwemmungsgebieten.** (1) Anlagen dürfen in festgesetzten und vorläufig gesicherten Überschwemmungsgebieten im Sinne des § 76 des Wasserhaushaltsgesetzes oder nach landesrechtlichen Vorschriften nur errichtet und betrieben werden, wenn wassergefährdende Stoffe durch Hochwasser nicht abgeschwemmt oder freigesetzt werden und auch nicht auf eine andere Weise in ein Gewässer oder eine Abwasserbehandlungsanlage gelangen können.

(2) Für Befreiungen von den Anforderungen nach Absatz 1 gilt § 49 Absatz 4 entsprechend.

(3) § 78 des Wasserhaushaltsgesetzes sowie weiter gehende landesrechtliche Vorschriften für Überschwemmungsgebiete bleiben unberührt.

**§ 51 Abstand zu Trinkwasserbrunnen, Quellen und oberirdischen Gewässern.** [1]Der Abstand von JGS-Anlagen und Biogasanlagen, in denen ausschließlich Gärsubstrate nach § 2 Absatz 8 eingesetzt werden, zu privat oder gewerblich genutzten Quellen oder zu Brunnen, die der Trinkwassergewinnung dienen, hat mindestens 50 Meter, der Abstand zu oberirdischen Gewässern mindestens 20 Meter zu betragen. [2]Dies gilt nicht, wenn der Betreiber nachweist, dass ein entsprechender Schutz der Trinkwassergewinnung oder der Gewässer auf andere Weise gewährleistet ist.

## Kapitel 5. Ordnungswidrigkeiten; Schlussvorschriften

**§ 67 Änderung der Einstufung wassergefährdender Stoffe.** [1]Führt die Änderung der Einstufung eines wassergefährdenden Stoffes zur Erhöhung der Gefährdungsstufe einer Anlage, sind die hieraus folgenden weiter gehenden Anforderungen an die Anlage erst zu erfüllen, wenn die zuständige Behörde dies anordnet. [2]Satz 1 gilt auch für Anlagen, die am 1. August 2017 bereits errichtet sind (bestehende Anlagen).

**§ 68 Bestehende wiederkehrend prüfpflichtige Anlagen.** (1) [1] Für bestehende Anlagen, die einer wiederkehrenden Prüfpflicht nach § 46 Absatz 2 bis 4 unterliegen, gelten ab dem 1. August 2017:

1. § 23 Absatz 1 und die §§ 24, 40 bis 48 und
2. die übrigen Vorschriften dieser Verordnung, soweit sie Anforderungen beinhalten, die den Anforderungen entsprechen, die nach den jeweiligen landesrechtlichen Vorschriften am 31. Juli 2017 zu beachten waren; Anforderungen in behördlichen Zulassungen gelten als Anforderungen nach landesrechtlichen Vorschriften.

[2] Informationen nach § 43 Absatz 1 Satz 1 und 2, deren Beschaffung nicht oder nur mit unverhältnismäßigem Aufwand möglich ist, müssen in der Anlagendokumentation nicht enthalten sein.

(2) Bei bestehenden Anlagen, die einer wiederkehrenden Prüfpflicht nach § 46 Absatz 2 bis 4 unterliegen, hat der Sachverständige zu prüfen, inwieweit die Anlage die Anforderungen nach Absatz 1 Satz 1 Nummer 2 nicht erfüllt.

(3) [1] Für bestehende Anlagen, die einer wiederkehrenden Prüfpflicht nach § 46 Absatz 2 bis 4 unterliegen, hat der Sachverständige bei der ersten Prüfung nach diesen Vorschriften festzustellen, inwieweit für die Anlage Anforderungen dieser Verordnung bestehen, die über die Anforderungen hinausgehen, die nach den jeweiligen landesrechtlichen Vorschriften am 31. Juli 2017 zu beachten waren, mit Ausnahme der in Absatz 1 Satz 1 Nummer 1 genannten Vorschriften. [2] Die Feststellung nach Satz 1 ist der zuständigen Behörde zusammen mit dem Prüfbericht nach § 47 Absatz 3 vorzulegen.

(4) [1] Werden nach Absatz 3 Satz 1 Abweichungen festgestellt, kann die zuständige Behörde technische oder organisatorische Anpassungsmaßnahmen anordnen,

1. mit denen diese Abweichungen behoben werden,
2. die für diese Abweichungen in technischen Regeln für bestehende Anlagen vorgesehen sind oder
3. mit denen eine Gleichwertigkeit zu den in Absatz 3 Satz 1 bezeichneten Anforderungen erreicht wird.

[2] In den Fällen des Satzes 1 Nummer 2 und 3 sind die Anforderungen des § 62 Absatz 1 des Wasserhaushaltsgesetzes[1)] zu beachten.

(5) Auf Grund von nach Absatz 3 Satz 1 festgestellten Abweichungen können die Stilllegung oder die Beseitigung einer Anlage oder Anpassungsmaßnahmen, die einer Neuerrichtung der Anlage gleichkommen oder die den Zweck der Anlage verändern, nicht verlangt werden.

(6) Werden bei einer Prüfung nach § 46 Absatz 2 bis 4 von bestehenden Anlagen erhebliche oder gefährliche Mängel am Behälter oder an der Rückhalteeinrichtung festgestellt, sind bei der Beseitigung dieser Mängel die Anforderungen dieser Verordnung einzuhalten.

(7) Sollen wesentliche bauliche Teile oder wesentliche Sicherheitseinrichtungen einer bestehenden Anlage geändert werden, gelten für diese Teile oder diese Sicherheitseinrichtungen die Anforderungen dieser Verordnung, die über die Anforderungen hinausgehen, die nach den jeweiligen landesrechtlichen

---

[1)] Nr. **34**.

Vorschriften am 31. Juli 2017 zu beachten waren, mit Ausnahme der in Absatz 1 Satz 1 Nummer 1 genannten Vorschriften, bereits ab dem Zeitpunkt der Änderung.

(8) Bestehende Anlagen, die im Sinne von § 19h Absatz 1 Satz 2 Nummer 1 des Wasserhaushaltsgesetzes in der am 28. Februar 2010 geltenden Fassung und nach näherer Maßgabe der am 31. Juli 2017 geltenden landesrechtlichen Vorschriften einfacher oder herkömmlicher Art sind, bedürfen keiner Eignungsfeststellung nach § 63 Absatz 1 Satz 1 des Wasserhaushaltsgesetzes[1)].

(9) Gleisflächen von bestehenden Umschlaganlagen müssen abweichend von § 28 Absatz 1 Satz 1 und § 29 Absatz 1 Satz 2 nicht flüssigkeitsundurchlässig nachgerüstet werden.

(10) [1] Bestehende Biogasanlagen mit Gärsubstraten ausschließlich landwirtschaftlicher Herkunft sind bis zum 1. August 2022 mit einer Umwallung nach § 37 Absatz 3 zu versehen. [2] Mit Zustimmung der zuständigen Behörde kann darauf verzichtet werden, wenn eine Umwallung, insbesondere aus räumlichen Gründen, nicht zu verwirklichen ist. [3] Weitere Anpassungsmaßnahmen sind nach Maßgabe von Absatz 4 auf Anordnung der zuständigen Behörde erst nach dem 1. August 2022 zu verwirklichen.

**§ 69 Bestehende nicht wiederkehrend prüfpflichtige Anlagen.**

(1) [1] Für bestehende Anlagen, die keiner wiederkehrenden Prüfpflicht nach § 46 Absatz 2 bis 4 unterliegen, sind die am 31. Juli 2017 geltenden landesrechtlichen Vorschriften weiter anzuwenden, solange und soweit die zuständige Behörde keine Entscheidung nach Satz 2 getroffen hat. [2] Die zuständige Behörde kann für Anlagen im Sinne von Satz 1 festlegen, welche Anforderungen nach dieser Verordnung zu welchem Zeitpunkt erfüllt werden müssen. [3] Unbeschadet der Sätze 1 und 2 gelten § 23 Absatz 1 und die §§ 24, 40 und 43 bis 48 bereits ab dem 1. August 2017.

(2) Im Übrigen gilt § 68 Absatz 5, 7 und 8 entsprechend.

**§ 70 Prüffristen für bestehende Anlagen.** (1) [1] Die Frist für die erste wiederkehrende Prüfung von Anlagen nach Spalte 3 der Anlage 5 oder der Anlage 6 beginnt bei Anlagen, die am 1. August 2017 bereits errichtet sind, mit dem Abschluss der letzten Prüfung nach landesrechtlichen Vorschriften. [2] Als Prüfung im Sinne von Satz 1 gelten auch Tätigkeiten eines Fachbetriebs, die nach Landesrecht die Prüfung ersetzten.

(2) Bestehende Anlagen, die nach Spalte 3 der Anlage 5 oder der Anlage 6 einer wiederkehrenden Prüfung unterliegen, die aber nach den landesrechtlichen Vorschriften vor dem 1. August 2017 nicht wiederkehrend prüfpflichtig waren, sind innerhalb der folgenden Fristen erstmals zu prüfen:

1. Anlagen, die vor dem 1. Januar 1971 in Betrieb genommen wurden, bis zum 1. August 2019,
2. Anlagen, die im Zeitraum vom 1. Januar 1971 bis zum 31. Dezember 1975 in Betrieb genommen wurden, bis zum 1. August 2021,
3. Anlagen, die im Zeitraum vom 1. Januar 1976 bis zum 31. Dezember 1982 in Betrieb genommen wurden, bis zum 1. August 2023,

---

1) Nr. **34**.

4. Anlagen, die im Zeitraum vom 1. Januar 1983 bis zum 31. Dezember 1993 in Betrieb genommen wurden, bis zum 1. August 2025,
5. Anlagen, die nach dem 31. Dezember 1993 in Betrieb genommen wurden, bis zum 1. August 2027.

**§ 71 Einbau von Leichtflüssigkeitsabscheidern.** Leichtflüssigkeitsabscheider für Kraftstoffe mit Zumischung von Ethanol dürfen nur eingebaut werden, wenn der Nachweis erbracht worden ist, dass sie gegenüber diesen Kraftstoffen beständig sind und ihre Funktionsfähigkeit nur unerheblich verringert wird.

**§ 72 Übergangsbestimmung für Fachbetriebe, Sachverständigenorganisationen und bestellte Personen.** (1) [1] Ein Betrieb, der am 21. April 2017 berechtigt war, Gütezeichen einer baurechtlich anerkannten Überwachungs- oder Gütegemeinschaft zu führen, oder der vor dem 22. April 2017 einen Überwachungsvertrag mit einer Technischen Überwachungsorganisation abgeschlossen hatte, gilt bis zum 22. April 2019 als Fachbetrieb im Sinne von § 62 Absatz 1, solange die Anforderungen nach § 62 Absatz 2 erfüllt sind und die baurechtlich anerkannte Überwachungs- oder Gütegemeinschaft oder die Technische Überwachungsorganisation die Einhaltung der Anforderungen überwacht. [2] In den Fällen des § 64 Satz 1 ist der Nachweis der Fachbetriebseigenschaft geführt, wenn der Fachbetrieb eine Bestätigung der Überwachungs- oder Gütegemeinschaft, dass er zur Führung des Gütezeichens berechtigt ist, oder eine Bestätigung einer Technischen Überwachungsorganisation, dass der Fachbetrieb von ihr im Rahmen eines Überwachungsvertrages überwacht wird, vorlegt.

(2) [1] Anerkennungen von Sachverständigenorganisationen nach landesrechtlichen Vorschriften, die vor dem 1. August 2017 erteilt worden sind, gelten als Anerkennungen nach § 52 Absatz 1 Satz 1 fort. [2] Soweit § 52 Absatz 3 Anforderungen enthält, die über die Anforderungen der bisherigen landesrechtlichen Vorschriften hinausgehen, sind diese Anforderungen ab dem 1. Oktober 2017 zu erfüllen. [3] Wurde die Anerkennung nach Satz 1 befristet erteilt und endet diese Befristung vor dem 1. Februar 2018, so gilt sie bis zum 1. Februar 2018 als Anerkennung im Sinne des § 52 Absatz 1 Satz 1 fort.

(3) Die Anforderungen nach § 53 Absatz 1 Satz 1 Nummer 4 in Verbindung mit Absatz 5 sowie nach § 62 Absatz 2 Satz 1 Nummer 2 Buchstabe a bis c gelten nicht für Personen, die vor dem 1. August 2017 von einer Sachverständigenorganisation oder einem Fachbetrieb bestellt worden sind.

**§ 73 Inkrafttreten; Außerkrafttreten.** [1] Die §§ 57 bis 60 treten am Tag nach der Verkündung[1)] in Kraft. [2] Im Übrigen tritt diese Verordnung am 1. August 2017 in Kraft. [3] Zu dem in Satz 2 genannten Zeitpunkt tritt die Verordnung über Anlagen zum Umgang mit wassergefährdenden Stoffen vom 31. März 2010 (BGBl. I S. 377) außer Kraft.

---

[1)] Verkündet am 21.4.2017.

**Anlage 7**
(zu § 13 Absatz 3, § 52 Absatz 1 Satz 2 Nummer 1 Buchstabe a)

## Anforderungen an Jauche-, Gülle- und Silagesickersaftanlagen (JGS-Anlagen)

### 1 Begriffsbestimmungen

**1.1** Zu JGS-Anlagen zählen insbesondere Behälter, Sammelgruben, Erdbecken, Silos, Fahrsilos, Güllekeller und -kanäle, Festmistplatten, Abfüllflächen mit den zugehörigen Rohrleitungen, Sicherheitseinrichtungen, Fugenabdichtungen, Beschichtungen und Auskleidungen.

**1.2** Sammeleinrichtungen sind alle baulich-technischen Einrichtungen zum Sammeln und Fördern von Jauche, Gülle und Silagesickersäften. Zu ihnen gehören auch die Entmistungskanäle und -leitungen, Vorgruben, Pumpstationen sowie die Zuleitung zur Vorgrube, sofern sie nicht regelmäßig eingestaut sind.

### 2 Allgemeine Anforderungen

**2.1** Es dürfen für die Anlagen nur Bauprodukte, Bauarten oder Bausätze verwendet werden, für die die bauaufsichtlichen Verwendbarkeitsnachweise unter Berücksichtigung wasserrechtlicher Anforderungen vorliegen.

**2.2** Anlagen müssen so geplant und errichtet werden, beschaffen sein und betrieben werden, dass

a) allgemein wassergefährdende Stoffe nach § 3 Absatz 2 Satz 1 Nummer 1 bis 5 nicht austreten können,

b) Undichtheiten aller Anlagenteile, die mit Stoffen nach Buchstabe a in Berührung stehen, schnell und zuverlässig erkennbar sind,

c) austretende allgemein wassergefährdende Stoffe nach § 3 Absatz 2 Satz 1 Nummer 1 bis 5 schnell und zuverlässig erkannt werden und

d) bei einer Betriebsstörung anfallende Gemische, die ausgetretene wassergefährdende Stoffe enthalten können, ordnungsgemäß und schadlos verwertet oder beseitigt werden.

**2.3** JGS-Anlagen müssen flüssigkeitsundurchlässig, standsicher und gegen die zu erwartenden mechanischen, thermischen und chemischen Einflüsse widerstandsfähig sein.

**2.4** Der Betreiber hat mit dem Errichten und dem Instandsetzen einer JGS-Anlage einen Fachbetrieb nach § 62 zu beauftragen, sofern er nicht selbst die Anforderungen an einen Fachbetrieb erfüllt. Dies gilt nicht für Anlagen zum Lagern von Silagesickersaft mit einem Volumen von bis zu 25 Kubikmetern, sonstige JGS-Anlagen mit einem Gesamtvolumen von bis zu 500 Kubikmetern oder für Anlagen zum Lagern von Festmist oder Siliergut mit einem Volumen von bis zu 1 000 Kubikmetern.

**2.5** Unzulässig ist das Errichten von Behältern aus Holz.

**3 Anlagen zum Lagern von flüssigen allgemein wassergefährdenden Stoffen**

**3.1** Einwandige JGS-Lageranlagen für flüssige allgemein wassergefährdende Stoffe mit einem Gesamtvolumen von mehr als 25 Kubikmetern müssen mit einem Leckageerkennungssystem ausgerüstet sein. Einwandige Rohrleitungen sind zulässig, wenn sie den technischen Regeln entsprechen.

**3.2** Sammel- und Lagereinrichtungen sind in das Leckageerkennungssystem nach Nummer 3.1 mit einzubeziehen. Bei Sammel- und Lagereinrichtungen unter Ställen kann auf ein Leckageerkennungssystem verzichtet werden, wenn die Aufstauhöhe auf das zur Entmistung notwendige Maß begrenzt wird und insbesondere Fugen und Dichtungen vor Inbetriebnahme auf ihren ordnungsgemäßen Zustand geprüft werden.

**4 Anlagen zum Lagern von Festmist und Siliergut**

**4.1** Die Lagerflächen von Anlagen zur Lagerung von Festmist und Siliergut sind seitlich einzufassen und gegen das Eindringen von oberflächig abfließendem Niederschlagswasser aus dem umgebenden Gelände zu schützen. An Flächen von Foliensilos für Rund- und Quaderballen werden keine Anforderungen gestellt, wenn auf ihnen keine Entnahme von Silage erfolgt.

**4.2** Es ist sicherzustellen, dass Jauche, Silagesickersaft und das mit Festmist oder Siliergut verunreinigte Niederschlagswasser vollständig aufgefangen und ordnungsgemäß als Abwasser beseitigt oder als Abfall verwertet wird, soweit keine Verwendung entsprechend der guten fachlichen Praxis der Düngung möglich ist.

**5 Abfülleinrichtungen**

**5.1** Wer eine JGS-Anlage befüllt oder entleert, hat

a) diesen Vorgang zu überwachen und sich vor Beginn der Arbeiten von dem ordnungsgemäßen Zustand der dafür erforderlichen Sicherheitseinrichtungen zu überzeugen und

b) die zulässigen Belastungsgrenzen der Anlage und der Sicherheitseinrichtungen beim Befüllen und beim Entleeren einzuhalten.

**5.2** Es ist sicherzustellen, dass das beim Abfüllen durch allgemein wassergefährdende Stoffe verunreinigte Niederschlagswasser vollständig aufgefangen und ordnungsgemäß als Abwasser beseitigt oder als Abfall verwertet wird, soweit keine Verwendung entsprechend der guten fachlichen Praxis der Düngung möglich ist.

**6 Pflichten des Betreibers zur Anzeige und zur Überwachung**

**6.1** Soll eine Anlage zum Lagern von Silagesickersaft mit einem Volumen von mehr als 25 Kubikmetern, eine sonstige JGS-Anlage mit einem Gesamtvolumen von mehr als 500 Kubikmetern oder eine Anlage zum Lagern von Festmist oder Silage mit einem Volumen von mehr als 1 000 Kubikmetern errichtet, stillgelegt oder wesentlich geändert werden, hat der Betreiber dies der zuständigen Behörde mindestens sechs Wochen im Voraus schriftlich anzuzeigen. Satz 1 gilt nicht für das Errichten von Anlagen, die einer Zulassung im Einzelfall nach anderen Rechtsvorschrif ten bedürfen oder diese erlangt haben, sofern durch die Zulassung auch die Erfüllung der Anforderungen dieser Verordnung sichergestellt wird.

**6.2** Der Betreiber hat den ordnungsgemäßen Betrieb und die Dichtheit der Anlagen sowie die Funktionsfähigkeit der Sicherheitseinrichtungen regelmäßig zu überwachen. Ergibt die Überwachung nach Satz 1 einen Verdacht auf Undichtheit, hat er unverzüglich die erforderlichen Maßnahmen zu ergreifen, um ein Austreten der Stoffe zu verhindern. Besteht der Verdacht, dass wassergefährdende Stoffe in einer nicht nur unerheblichen Menge bereits ausgetreten sind und eine Gefährdung eines Gewässers nicht auszuschließen ist, hat er unverzüglich die zuständige Behörde zu benachrichtigen.

**6.3** Bestätigt sich der Verdacht auf Undichtheit oder treten wassergefährdende Stoffe aus, hat der Betreiber unverzüglich Maßnahmen zur Schadensbegrenzung zu ergreifen und eine Instandsetzung durch einen Fachbetrieb zu veranlassen, sofern er nicht selbst Fachbetrieb ist.

**6.4** Betreiber haben nach Nummer 6.1 anzeigepflichtige Anlagen einschließlich der Rohrleitungen vor Inbetriebnahme und auf Anordnung der zuständigen Behörde durch einen Sachverständigen auf ihre Dichtheit und Funktionsfähigkeit prüfen zu lassen. Betreiber haben Erdbecken alle fünf Jahre, in Wasserschutzgebieten alle 30 Monate, durch einen Sachverständigen prüfen zu lassen.

**6.5** Der Sachverständige hat der zuständigen Behörde über das Ergebnis jeder von ihm durchgeführten Prüfung nach Nummer 6.4 innerhalb von vier Wochen nach Durchführung der Prüfung einen Prüfbericht vorzulegen. Er hat die Anlage auf Grund des Ergebnisses der Prüfungen in eine der folgenden Klassen einzustufen:

a) ohne Mangel,

b) mit geringfügigem Mangel,

c) mit erheblichem Mangel oder

d) mit gefährlichem Mangel.

Über gefährliche Mängel hat der Sachverständige die zuständige Behörde unverzüglich zu unterrichten.

**6.6** Der Prüfbericht nach Nummer 6.5 muss Angaben zu Folgendem enthalten:

a) zum Betreiber,

b) zum Standort,

c) zur Anlagenidentifikation,

d) zur Anlagenzuordnung,

e) zu behördlichen Zulassungen,

f) zum Sachverständigen und zu der Sachverständigenorganisation, die ihn bestellt hat,

g) zu Art und Umfang der Prüfung,

h) dazu, ob die Prüfung der gesamten Anlage abgeschlossen ist oder welche Anlagenteile noch nicht geprüft wurden,

i) zu Art und Umfang der festgestellten Mängel,

j) zu Datum und Ergebnis der Prüfung und

k) zu erforderlichen Maßnahmen und zu einem Vorschlag für eine angemessene Frist für ihre Umsetzung.

**6.7** Der Betreiber hat die bei Prüfungen nach Nummer 6.4 festgestellten geringfügigen Mängel innerhalb von sechs Monaten nach Feststellung und, soweit nach Nummer 2.4 erforderlich, durch einen Fachbetrieb nach § 62 zu beseitigen. Erhebliche und gefährliche Mängel hat der Betreiber unverzüglich zu beseitigen. Die Beseitigung erheblicher Mängel bedarf der Nachprüfung durch einen Sachverständigen. Stellt der Sachverständige einen gefährlichen Mangel fest, hat der Betreiber die Anlage unverzüglich außer Betrieb zu nehmen und, soweit dies nach Feststellung des Sachverständigen erforderlich ist, zu entleeren. Die Anlage darf erst wieder in Betrieb genommen werden, wenn der zuständigen Behörde eine Bestätigung des Sachverständigen über die erfolgreiche Beseitigung der festgestellten Mängel vorliegt.

**7 Bestehende Anlagen**

**7.1** Für JGS-Anlagen, die am 1. August 2017 bereits errichtet sind (bestehende Anlagen), gelten ab diesem Datum

a) § 24 Absatz 1 und 2 sowie die Nummern 5.1 und 6.1 bis 6.3,

b) die Nummern 6.4 bis 6.7 mit der Maßgabe, dass die zuständige Behörde die Prüfung der dort genannten Anlagen und Erdbecken durch einen Sachverständigen nur dann anordnen kann, wenn der Verdacht erheblicher oder gefährlicher Mängel vorliegt und

c) die Nummern 1 bis 4 und 5.2, soweit sie Anforderungen beinhalten, die den Anforderungen entsprechen, die nach den jeweiligen landesrechtlichen Vorschriften am 31. Juli 2017 zu beachten waren.

Im Übrigen gelten für bestehende Anlagen, die vor dem 1. August 2017 bereits nach den jeweils geltenden landesrechtlichen Vorschriften prüfpflichtig waren, diese Prüfpflichten auch weiterhin.

**7.2** Bei bestehenden Anlagen mit einem Volumen von mehr als 1 500 Kubikmetern, die den Anforderungen nach den Nummern 2 bis 4 und 5.2 nicht entsprechen, kann die zuständige Behörde technische oder organisatorische Anpassungsmaßnahmen anordnen,

a) mit denen diese Abweichungen behoben werden,

b) die für diese Abweichungen in technischen Regeln für bestehende Anlagen vorgesehen sind oder

c) mit denen eine Gleichwertigkeit zu den in den Nummern 2 bis 4 und 5.2 bezeichneten Anforderungen erreicht wird.

In den Fällen des Satzes 1 Buchstabe b und c sind die Anforderungen des § 62 Absatz 1 des Wasserhaushaltsgesetzes[1] zu beachten.

Davon unberührt bleibt für alle bestehenden Anlagen die Anordnungsbefugnis nach § 100 Absatz 1 Satz 2 des Wasserhaushaltsgesetzes.

---

[1] Nr. **34**.

**7.3** Bei bestehenden Anlagen mit einem Volumen von mehr als 1 500 Kubikmetern, bei denen eine Nachrüstung mit einem Leckageerkennungssystem aus technischen Gründen nicht möglich oder nur mit unverhältnismäßigem Aufwand zu erreichen ist, ist die Dichtheit der Anlage durch geeignete technische und organisatorische Maßnahmen nachzuweisen.

**7.4** In den Anordnungen nach Nummer 7.2 kann die Behörde nicht verlangen, dass die Anlage stillgelegt oder beseitigt wird oder Anpassungsmaßnahmen fordern, die einer Neuerrichtung gleichkommen oder die den Zweck der Anlage verändern. Bei der Beseitigung von erheblichen oder gefährlichen Mängeln eines JGS-Behälters sind die Anforderungen dieser Verordnung zu beachten. Im Übrigen gilt für bestehende Anlagen § 68 Absatz 7 entsprechend.

**7.5** Bei bestehenden Anlagen mit einem Volumen von mehr als 1 500 Kubikmetern hat der Betreiber die Einhaltung der Anforderungen nach den Nummern 6.2 und 6.3, insbesondere Art, Umfang, Ergebnis, Ort und Zeitpunkt der jeweiligen Überwachung sowie die ergriffenen Maßnahmen zu dokumentieren und die Dokumentation der zuständigen Behörde auf Verlangen vorzulegen.

**8 Anforderungen in besonderen Gebieten**

**8.1** Im Fassungsbereich und in der engeren Zone von Schutzgebieten dürfen keine JGS-Anlagen errichtet und betrieben werden. In der weiteren Zone von Schutzgebieten dürfen einwandige JGS-Lageranlagen für flüssige allgemein wassergefährdende Stoffe nur mit einem Leckageerkennungssystem errichtet und betrieben werden.

**8.2** In festgesetzten und vorläufig gesicherten Überschwemmungsgebieten dürfen JGS-Anlagen nur errichtet und betrieben werden, wenn

a) sie nicht aufschwimmen oder anderweitig durch Hochwasser beschädigt werden können und

b) wassergefährdende Stoffe durch Hochwasser nicht abgeschwemmt werden, nicht freigesetzt werden und nicht auf eine andere Weise in ein Gewässer gelangen können.

**8.3** Die zuständige Behörde kann eine Befreiung von den Anforderungen nach den Nummern 8.1 und 8.2 erteilen, wenn

a) das Wohl der Allgemeinheit dies erfordert oder das Verbot zu einer unzumutbaren Härte führen würde und

b) wenn der Schutzzweck des Schutzgebietes nicht beeinträchtigt wird.

**8.4** Weiter gehende Vorschriften in landesrechtlichen Verordnungen zur Festsetzung von Schutzgebieten bleiben unberührt.

**Nr. 37** *(nicht belegt)*

## *F. Kostenrecht*

# 38. Verordnung über den Erlass des Kostenverzeichnisses zum Kostengesetz (Kostenverzeichnis – KVz –)[1)]

Vom 12. Oktober 2001
(GVBl. S. 766)

**BayRS 2013-1-2-F**

zuletzt geänd. durch § 5 G zur Änd. des G über den gesundheitlichen Verbraucherschutz und das Veterinärwesen und weiterer Rechtsvorschriften v. 23.6.2023 (GVBl. S. 246)

– Auszug –

**§ 1 [Kostenverzeichnis]** Auf Grund von Art. 5 und 10 des Kostengesetzes vom 20. Februar 1998 (GVBl S. 43, BayRS 2013-1-1-F), zuletzt geändert durch § 11 des Gesetzes vom 24. April 2001 (GVBl S. 140), erlässt das Bayerische Staatsministerium der Finanzen das als Anlage beigefügte Kostenverzeichnis, das Bestandteil dieser Verordnung ist.

**§ 2 [Inkrafttreten]** [1] Diese Verordnung tritt am 1. Januar 2002 in Kraft. [2] Die Verordnung über den Erlass des Kostenverzeichnisses zum Kostengesetz (Kostenverzeichnis – KVz) vom 18. Juli 1995 (GVBl S. 454, BayRS 2013-1-2-F), zuletzt geändert durch Verordnung vom 25. Juli 2001 (GVBl S. 406), tritt mit Ablauf des 31. Dezember 2001 außer Kraft.

## Anlage[2)]

### 1. Allgemeine Bestimmungen

### 1. I Allgemeine Amtshandlungen

| Tarif-Nr. | | Gegenstand | Gebühr |
|---|---|---|---|
| Lfd. Nr. | Tarif-Stelle | | Euro |
| **1.I.1/** | | **Beglaubigungen:** | |

[1)] Die Verordnung weicht in einzelnen Punkten vom Bundesgesetz ab; vgl. Hinweis auf von BundesR abweichendes LandesR v. 7.12.2020 (BGBl. I S. 2654).

[2)] Anl. geänd. mWv 1.11.2002, 15.2.2003 und 1.6.2004 durch V v. 17.4.2004 (GVBl. S. 136); geänd. mWv 1.1.2005 durch V v. 29.11.2004 (GVBl. S. 504); geänd. mWv 1.4.2006 durch V v. 5.3. 2006 (GVBl. S. 131); geänd. mWv 1.7.2007 durch V v. 16.6.2007 (GVBl. S. 396); geänd. mWv 1.1. 2008 durch V v. 18.11.2007 (GVBl. S. 816); geänd. mWv 1.5.2008 durch V v. 8.4.2008 (GVBl. S. 152); geänd. mWv 1.11.2007, 1.1.2008, 20.11.2008 und 1.1.2009 durch V v. 4.11.2008 (GVBl. S. 861); geänd. mWv 1.8.2009 durch V v. 1.7.2009 (GVBl. S. 265); geänd. mWv 20.11.2009 und 1.1. 2010 durch V v. 27.10.2009 (GVBl. S. 559); geänd. mWv 1.6.2010 durch V v. 10.5.2010 (GVBl. S. 235); geänd. mWv 1.10.2011 durch V v. 11.8.2011 (GVBl. S. 406); geänd. mWv 1.7.2012 durch V v. 6.6.2012 (GVBl. S. 283); geänd. mWv 1.9.2012 durch V v. 30.7.2012 (GVBl. S. 409); geänd. mWv 1.5.2013 und 1.5.2014 durch V v. 24.3.2014 (GVBl. S. 118); geänd. mWv 1.6.2015 durch V v. 6.5. 2015 (GVBl. S. 170); geänd. mWv 1.9.2016 durch V v. 16.8.2016 (GVBl. S. 274); geänd. mWv 17.7. 2015 durch V v. 13.4.2019 (GVBl. S. 179); geänd. mWv 1.10.2017 und mWv 1.6.2019 durch V v. 13.4.2019 (GVBl. S. 179, 588); geänd. mWv 14.12.2019 durch V v. 1.11.2019 (GVBl. S. 640); geänd. mWv 18.3.2023 durch G v. 10.3.2023 (GVBl. S. 91); geänd. mWv 1.7.2023 durch G v. 23.6.2023 (GVBl. S. 246).

| Tarif-Nr. Lfd. Nr. | Tarif-Stelle | Gegenstand | Gebühr Euro |
|---|---|---|---|
| | 1 | Beglaubigung von Unterschriften oder Handzeichen | |
| | 1.1 | In Zusammenhang mit einer Zeugenaussage für Zwecke des Internationalen Suchdienstes Arolsen | kostenfrei |
| | 1.2 | Sonst | 5 bis 60 € |
| | 2 | Beglaubigung von nicht von der Behörde selbst hergestellten Abschriften, Fotokopien und dergleichen: | |
| | 2.1 | Bei Schriftstücken in deutscher Sprache | 0,75 € je angefangene Seite bis zu der für die Erteilung des Originals vorgesehenen Gebühr, mindestens 5 € |
| | 2.2 | Bei Schriftstücken, die nicht in deutscher Sprache abgefasst sind | 1,50 € je angefangene Seite, mindestens 10 € |
| | 3 | Beglaubigung von durch die Behörde selbst hergestellten Abschriften, Fotokopien und dergleichen unabhängig von der Seitenzahl | 5 € im Einzelfall |
| | 4 | Elektronische Übermittlung einer Amtsblatt-Ausgabe einschließlich Beglaubigung der Übereinstimmung der übersandten Ausgabe mit der auf der Verkündungsplattform eingestellten Fassung durch qualifizierte elektronische Signatur | 10 € je übermittelte Ausgabe |
| | | Werden mehrere Abschriften, Fotokopien und dergleichen gleichzeitig beglaubigt, kann die Gebühr je Beglaubigung auf 50 % ermäßigt werden. | |
| **1.I.2/** | | **Bescheinigungen:** | |
| | | Erteilung einer Bescheinigung | 5 bis 75 € |
| **1.I.3/** | | **Akteneinsicht:** | |
| | | Einsichtgewährung in Akten und amtliche Bücher, soweit die Einsicht nicht in einem gebührenpflichtigen Verfahren gewährt wird | 1 € je Akte oder Buch, mindestens 10 € |
| **1.I.4/** | | **Fristverlängerungen:** | |
| | 1 | Verlängerung einer Frist, deren Ablauf einen neuen Antrag auf Erteilung einer gebührenpflichtigen Genehmigung, Erlaubnis, Zulassung, Verleihung oder Bewilligung erforderlich machen würde | 10 bis 25 % der für die Genehmigung, Erlaubnis, Zulassung, Verleihung oder Bewilligung vorgesehenen Gebühr, mindestens 5 € |
| | 2 | Verlängerung einer Frist in anderen Fällen | 5 bis 60 € |
| **1.I.5/** | | **Zweitschriften:** | |
| | | Erteilung einer Zweitschrift | 10 bis 50 % der für die Erstschrift vorgesehenen Gebühr, mindestens 15 € |
| | | Ist die Erteilung der Erstschrift gebührenfrei, beträgt die Gebühr 0,50 € je angefangene Seite, mindestens aber 15 €. | |
| **1.I.6/** | | **Niederschriften:** | |
| | | Aufnahme einer Niederschrift | 7,50 bis 75 € je angefangene Stunde |
| **1.I.7/** | | **Rückständige Beträge:** | |
| | | Anmahnung | 5 bis 150 € |

| Tarif-Nr. Lfd. Nr. | Tarif-Stelle | Gegenstand | Gebühr Euro |
|---|---|---|---|
| **1.I.8/** | | **Amtshandlungen im Vollstreckungsverfahren:** | |
| | 1 | Androhung von Zwangsmitteln nach Art. 36VwZVG, soweit sie nicht mit dem Verwaltungsakt verbunden ist, durch den die Handlung, Duldung oder Unterlassung aufgegeben wird | 12,50 bis 150 € |
| | 2 | Anwendung der Zwangsmittel Ersatzvornahme (Art. 32, 35 VwZVG) oder unmittelbarer Zwang (Art. 34, 35 VwZVG) | 50 bis 2.500 € |
| | 3 | Entscheidung nach Art. 21 VwZVG über unzulässige oder unbegründete Einwendungen gegen die Vollstreckung, die den zu vollstreckenden Anspruch betreffen | 15 bis 250 € |
| **1.I.9/** | | **Aufhebung eines Zuwendungs- oder Subventionsbescheids und Verfahren zur Rückforderung von Zuwendungen oder Subventionen:** | |
| | 1 | Aufhebung eines Zuwendungs- oder Subventionsbescheids, gegebenenfalls einschließlich Rückforderung der Beträge | 15 bis 2.500 € |
| | 2 | Rückforderung von Zuwendungen oder Subventionen wegen Unwirksamkeit des Bescheids infolge Eintritts einer auflösenden Bedingung | wie zu Tarif-Stelle 1 |
| | 3 | Die Kostenerhebung unterbleibt, wenn die Zuwendungs- oder Subventionsempfänger die Gründe für die Aufhebung des Bescheids oder die Rückforderung der Beträge nicht zu vertreten haben. | |
| | 4 | Kosten werden nicht erhoben, wenn die Rückforderung weniger als 50 € beträgt. | |
| **1.I.10/** | | **Auskünfte:** | |
| | 1 | Allgemein: | |
| | | Erteilung von Auskünften einfacher Art aus Registern und Dateien, sofern nicht in den Lfd. Nrn. 2.I. ff bewertet | kostenfrei |
| | **2** | **Bayerisches Umweltinformationsgesetz:** | |
| | 2.1 | Eröffnung des Zugangs zu Umweltinformationen nach Art. 3 Abs. 2 | 10 bis 2.500 € |
| | | Die Höhe der Gebühr bestimmt sich nach dem Bearbeitungsaufwand, Art. 6 Abs. 2 KG findet keine Anwendung (Art. 12 Abs. 1 Satz 3 BayUIG) | |
| | 2.2 | Erteilung mündlicher und einfacher schriftlicher Auskünfte, Einsichtnahme in Umweltinformationen vor Ort, Maßnahmen und Vorkehrungen nach Art. 5 Abs. 1 und 2 sowie Unterrichtung der Öffentlichkeit nach Art. 10 und 11 | gebührenfrei |
| | 2.3 | Rücknahme oder Ablehnung eines Antrags | kostenfrei |
| | **3** | **Umwelthaftungsgesetz:** | |
| | 3.1 | Auskunft nach | |
| | 3.1.1 | § 9 Satz 1 an den Geschädigten | 10 bis 2.500 € |
| | 3.1.2 | § 10 Abs. 1 an den Inhaber einer Anlage | 10 bis 2.500 € |

| Tarif-Nr. Lfd. Nr. | Tarif-Stelle | Gegenstand | Gebühr Euro |
|---|---|---|---|
| | 3.2 | Erteilung mündlicher und einfacher schriftlicher Auskünfte, Einsichtnahme in Umweltinformationen vor Ort | gebührenfrei |
| | 3.3 | Rücknahme oder Ablehnung eines Antrags | kostenfrei |
| | 3.4 | Anordnung nach § 19 Abs. 1 Satz 2, weiterhin entsprechende Deckungsvorsorge zu treffen | 100 bis 2.000 € |
| | 3.5 | Untersagung des Betriebs einer Anlage nach § 19 Abs. 4 | 100 bis 3.500 € |
| **1.II.0/** | | **Anrechnung von Gebühren für Auskünfte:** Wurde vor der Einleitung eines Verwaltungsverfahrens bereits eine kostenpflichtige Auskunft erteilt, kann die Gebühr dafür ganz oder teilweise auf die sich nach den Lfd. Nrn. 2.1 ff ergebende Gebühr angerechnet werden, wenn durch die vorweg erteilte Auskunft der mit dem Verwaltungsverfahren verbundene Aufwand vermindert wurde. | |
| **1.III.0/** | | **Herstellung und Überlassung von Kopien von Entscheidungen, Bescheiden oder sonstigen Unterlagen:** | |
| | 1 | **Entscheidung** über die Herstellung und Überlassung von Kopien: | |
| | 1.1 | von **gerichtlichen** Entscheidungen und von Unterlagen aus **Gerichtsakten** an nicht am Verfahren Beteiligte: | |
| | 1.1.1 | Bei Herstellung und Überlassung auf elektronischem Weg (unabhängig vom Umfang) | 7,50 € je übermittelte Datei |
| | 1.1.2 | Bei Herstellung und Überlassung in Papierform oder per Telefax: | |
| | 1.1.2.1 | Für bis zu 10 Seiten | 10 € |
| | 1.1.2.2 | Für mehr als 10 bis zu 50 Seiten | 10 € zuzüglich 0,50 € je 10 Seiten übersteigende Seite |
| | 1.1.2.3 | Für mehr als 50 Seiten | 30 € zuzüglich 0,15 € je 50 Seiten übersteigende Seite |
| | 1.2 | **aus Behördenakten:** | |
| | 1.2.1 | Bei Herstellung und Überlassung auf elektronischem Weg (unabhängig vom Umfang) | |
| | 1.2.1.1 | an am Verfahren Beteiligte | 5 € je übermittelte Datei |
| | 1.2.1.2 | an nicht am Verfahren Beteiligte | 7,50 € je übermittelte Datei |
| | 1.2.2 | Bei Herstellung und Überlassung in Papierform oder per Telefax | |
| | 1.2.2.1 | an am Verfahren Beteiligte: | |
| | 1.2.2.1.1 | Für bis zu 10 Seiten | 7,50 € |
| | 1.2.2.1.2 | Für mehr als 10 bis zu 50 Seiten | 7,50 € zuzüglich 0,50 € je 10 Seiten übersteigende Seite |
| | 1.2.2.1.3 | Für mehr als 50 Seiten | 27,50 € zuzüglich 0,15 € je 50 Seiten übersteigende Seite |
| | 1.2.2.2 | an nicht am Verfahren Beteiligte: | |
| | 1.2.2.2.1 | Für bis zu 10 Seiten | 10 € |

| Tarif-Nr. Lfd. Nr. | Tarif-Nr. Tarif-Stelle | Gegenstand | Gebühr Euro |
|---|---|---|---|
| | 1.2.2.2.2 | Für mehr als 10 bis zu 50 Seiten | 10 € zuzüglich 0,50 € je 10 Seiten übersteigende Seite |
| | 1.2.2.2.3 | Für mehr als 50 Seiten | 30 € zuzüglich 0,15 € je 50 Seiten übersteigende Seite |
| | 2 | **Schreibauslagen** werden erhoben, für<br>– auf besonderen Antrag<br>– unabhängig vom Übermittlungsmedium (Papierform oder auf elektronischem Weg)<br>erteilte Ausfertigungen und Kopien, wenn abweichend von Tarif-Stelle 1 **keine Entscheidung** über die Überlassung von Unterlagen erforderlich ist (z.B. für die Fertigung von mehrfachen Ausfertigungen von Bescheiden).<br>Die Schreibauslagen betragen unabhängig von der Art der Herstellung | |
| | 2.1 | bei Bereitstellung auf elektronischem Weg | 2,50 € je übermittelte Datei |
| | 2.2 | bei Bereitstellung in Papierform:<br>Für bis zu 50 Seiten<br>Für mehr als 50 Seiten | <br>0,50 € je Seite<br>25 € zuzüglich 0,15 € je 50 Seiten übersteigende Seite |
| | | Angefangene Seiten werden voll berechnet. | |
| | 3 | Ist die Anfertigung einer Kopie besonders zeitaufwendig, kann der Betrag nach den Tarif-Stellen 1.1.2, 1.2.2 und 2.2 bis auf das Fünffache erhöht werden. | |
| **1.IV.0/** | | **Gebührenbefreiung des Bundes, der Bundesanstalt für Immobilienaufgaben (BImA), der NATO und der ausländischen Streitkräfte:**<br>Amtshandlungen zur Durchführung von Bau- und Sanierungsvorhaben des Bundes, der BImA, der NATO und der ausländischen Streitkräfte im Auftrags- und Truppenbauverfahren, wenn sich der Bund oder die BImA zur Durchführung dieser Bauvorhaben der Staatsbauverwaltung im Wege der Organleihe bedient | gebührenfrei |
| **1.V.0/** | | **Investitionskosten:** | |
| | 1. | Wird eine Gebühr nach den Lfd. Nrn. 2.I.1/ ff. nach den Investitionskosten berechnet, gilt – soweit in den Lfd. Nrn. 2.I.1/ ff. nichts anderes bestimmt ist – Folgendes: | |
| | 2. | Als Investitionskosten sind die Kosten (einschließlich Umsatzsteuer) zugrundezulegen, die im Zeitpunkt der Entstehung des Kostenanspruchs gem. Art. 11 KG für die Verwirklichung des geplanten Vorhabens ortsüblich erforderlich sind, sowie gegebenenfalls die voraussichtlichen Kosten für eine abschließende Rekultivierung der Anlage. Die Investitionskosten umfassen alle zu erbringenden Lieferungen, Arbeiten und sonstigen Leistungen einschließlich der Inanspruchnahme von Maschinen und sonstigen Geräten. Einzubeziehen sind auch die Gründungskosten und Kosten für die Erdaushubarbeiten sowie die Aufwendungen für die Entwicklung und Vorplanung, für den Erwerb des unbebauten Grundstücks und des zum Be- | |

| Tarif-Nr. Lfd. Nr. | Tarif-Stelle | Gegenstand | Gebühr Euro |
|---|---|---|---|
| | | trieb der Anlage notwendigen Zubehörs. Der Betrag wird auf volle 500 € aufgerundet. | |
| | 3. | Über die Investitionskosten ist vom Träger des Vorhabens eine nachprüfbare Berechnung vorzulegen. | |
| 1.VI.0/ | | **Gebührenbefreiung der Immobilien Freistaat Bayern:** | |
| | | Amtshandlungen gegenüber der Immobilien Freistaat Bayern, es sei denn diese handelt in eigenen betrieblichen Angelegenheiten | gebührenfrei |

## 2.I Bau-, Wohnungs- und Siedlungswesen

| Tarif-Nr. Lfd. Nr. | Tarif-Stelle | Gegenstand | Gebühr Euro |
|---|---|---|---|
| **2.I.** | | **Bau-, Wohnungs- und Siedlungswesen** | |
| **2.I.1/** | | **Bausachen, Abgrabungssachen:** | |
| | **1** | **Grundgebühren:** | |
| | 1.1 | Entscheidung über einen Antrag nach § 205 Abs. 2 oder 5 BauGB | kostenfrei |
| | 1.2 | Aufstellung und Festsetzung einer Satzung oder eines Plans nach § 205 Abs. 3 BauGB | kostenfrei |
| | 1.3 | Ausnahme nach § 14 Abs. 2 BauGB außerhalb eines bauaufsichtlichen Verfahrens | 25 bis 3.000 € |
| | 1.4 | Entscheidung nach § 18 Abs. 2, § 28 Abs. 6 oder § 43 Abs. 2 BauGB | 3 v.T. der Entschädigung, mindestens 25 € |
| | 1.5 | unbesetzt | |
| | 1.6 | Genehmigung nach § 22 BauGB | 1 v.T. des auf volle 500 € aufzurundenden Verkehrswerts des Grundstücks, mindestens 40 € |
| | | Bei erstmalig zu begründendem oder zu teilendem Wohnungs- oder Teileigentum ist der Verkehrswert des gesamten unbebauten Grundstücks zugrundezulegen. | |
| | | Bei Begründung weiteren Wohnungs- oder Teileigentums sowie bei späteren Teilungen auf demselben Grundstück ist der Verkehrswert des unbebauten Grundstücksanteils zugrundezulegen, der dem Verhältnis des neu zu begründenden oder zu teilenden Wohnungs- oder Teileigentums zur Gesamtbebauung entspricht. | |
| | | Gilt eine Genehmigung nach § 22 Abs. 5 Satz 4 BauGB als erteilt, ermäßigt sich die Gebühr um 10 v.H., höchstens jedoch auf 40 €. Damit entfällt eine weitere Gebühr für die Zeugniserteilung nach § 22 Abs. 5 Satz 5 BauGB. | |
| | 1.7 | Erteilung eines Zeugnisses nach § 22 Abs. 5 BauGB, soweit eine Genehmigung nicht erforderlich ist | 25 bis 125 € |
| | | Wird das Zeugnis ausschließlich im Interesse einer Umschreibung von Grundbuchblättern nach der Grundbuchverfügung erteilt | kostenfrei |
| | 1.8 | Auskunft aus der Kaufpreissammlung nach § 11 GutachterausschußV, über die Bodenrichtwerte nach § 196 Abs. 3 Satz 2 BauGB und über sons- | 20 bis 350 € je übermittelten Vergleichswert aus der Kaufpreissammlung, je |

| Tarif-Nr. Lfd. Nr. | Tarif-Stelle | Gegenstand | Gebühr Euro |
|---|---|---|---|
| | | tige Daten für die Wertermittlung nach § 14 GutachterausschußV | übermittelten Bodenrichtwert oder je übermitteltes wertermittlungsrelevantes Datum |
| | 1.9 | Erteilung oder Verlängerung eines Prüfzeugnisses nach Art. 17 Abs. 2 BayBO[1] | 250 bis 5.000 € |
| | 1.10 | Städtebauliche Sanierungs- oder Entwicklungsmaßnahmen: | |
| | | Amtshandlungen zur Vorbereitung oder Durchführung von städtebaulichen Sanierungsmaßnahmen (§ 151 Abs. 1 Nr. 1 BauGB) und von städtebaulichen Entwicklungsmaßnahmen (§ 169 Abs. 1 Nr. 5 BauGB), soweit sie durch ein städtebauliches Gebot der §§ 175 bis 179 BauGB veranlasst wurden | kostenfrei |
| | 1.11 | Amtshandlungen, die der Durchführung oder Vermeidung der Umlegung (§§ 45 ff., § 79 Abs. 1 BauGB) dienen | kostenfrei |
| | 1.12 | Zustimmung und Verzichtserklärung im Einzelfall nach Art. 18 Abs. 1, Art. 19 Abs. 1, Gestattung nach Art. 20 Abs. 2 Satz 4 BayBO, Zulassung von Abweichungen nach § 5 BauPAV | 30 bis 4.500 € |
| | 1.13 | Anerkennung von Prüf-, Zertifizierungs- und Überwachungsstellen nach Art. 23 Abs. 1BayBO | 250 bis 10.000 € |
| | 1.14 | *(aufgehoben)* | |
| | 1.15 | *(aufgehoben)* | |
| | 1.16–1.21 | *unbesetzt* | |
| | 1.22 | Anordnung nach Art. 54 Abs. 3 oder Abs. 4 BayBO | 25 bis 1.250 € |
| | 1.23 | Anordnung nach Art. 54 Abs. 5 BayBO | 25 bis 600 € |
| | 1.24 | Erteilung einer Genehmigung zur Errichtung oder Änderung baulicher Anlagen (Art. 55 BayBO) einschließlich der Zulassung von Abweichungen im Rahmen eines Baugenehmigungsverfahrens nach Art. 60 BayBO mit Ausnahme der Abweichungen von Vorschriften nach Art. 81 BayBO und einschließlich der einmaligen Abnahme von Absteckungen und Höhenlagen nach Art. 68 Abs. 6 BayBO: | |
| | 1.24.1 | Allgemein | |
| | 1.24.1.1 | für den bauplanungsrechtlichen Teil (einschließlich örtlicher Bauvorschriften im Sinn des Art. 81 Abs. 1 BayBO): | |
| | 1.24.1.1.1 | Wenn das Vorhaben im Geltungsbereich eines Bebauungsplans gemäß § 30 Abs. 1 oder Abs. 2 BauGB genehmigt wird | 1 v.T. der Baukosten, mindestens 75 € |
| | 1.24.1.1.2 | In allen anderen Fällen | 2 v.T. der Baukosten, mindestens 75 € |
| | 1.24.1.2 | für den bauordnungsrechtlichen Teil (einschließlich der Prüfung sonstiger öffentlich-rechtlicher Vorschriften): | |
| | 1.24.1.2.1 | Im vereinfachten Baugenehmigungsverfahren (Art. 59 BayBO) | |

[1] Nr. **1**.

| Tarif-Nr. Lfd. Nr. | Tarif-Stelle | Gegenstand | Gebühr Euro |
|---|---|---|---|
| | 1.24.1.2.1-.1 | wenn der Brandschutz bauaufsichtlich geprüft wird (Art. 62 Abs. 3 Satz 3 Nrn. 2 und 3 BayBO) | bis zu 1,5 v.T. der Baukosten, mindestens 75 € |
| | 1.24.1.2.1-.2 | Sonst | kostenfrei |
| | 1.24.1.2.2 | In allen anderen Fällen, | |
| | 1.24.1.2.2-.1 | wenn die Genehmigungsbehörde die Leistungen nach § 31 PrüfVBau selbst erbringt | bis zu 2 v.T. der Baukosten zuzüglich der Vergütung, die sich nach der PrüfVBau für die Leistungen nach § 31 PrüfVBau ergeben würde, mindestens 75 € |
| | 1.24.1.2.2-.2 | wenn die Genehmigungsbehörde die Leistungen nach § 31 PrüfVBau nicht selbst erbringt | bis zu 2 v.T. der Baukosten, mindestens 75 € |
| | 1.24.2 | Können der Gebührenberechnung Baukosten nicht zugrundegelegt werden, beträgt die Gebühr | 10 bis 3.000 € |
| | 1.24.3 | Genehmigung zur Errichtung, Aufstellung, Anbringung oder Änderung von Werbeanlagen (Art. 2 Abs. 1 Satz 2 BayBO) | 10 bis 3.000 € |
| | 1.24.4 | Bei Aufschüttungen, die nicht dem Bayerischen Abgrabungsgesetz[1] unterliegen, beträgt die Gebühr | 50 bis 10.000 € |
| | 1.24.5 | Bauaufsichtliche Prüfung des Brandschutzes in den Fällen des Art. 62 Abs. 3 Satz 3 Nrn. 2 und 3 i.V.m. Art. 58 Abs. 5 Satz 1 BayBO | bis zu 1,5 v.T. der Baukosten, mindestens 75 € |
| | 1.25 | Erteilung einer Genehmigung zur Änderung von baulichen Anlagen in Abweichung von bereits genehmigten Bauvorlagen: | |
| | 1.25.1 | Wenn das genehmigte Bauvorhaben wesentlich geändert wird | wie zu Tarif-Stelle 1.24 abzüglich 50 v.H. der Gebühr für die Erstgenehmigung |
| | | Enthielt die Gebühr für die Erstgenehmigung einen anteiligen Betrag in Höhe der Vergütung nach der PrüfVBau (Tarif-Stelle 1.24.1.2.2.1), wird dieser Betrag nicht mit abgezogen. Die Gebühr beträgt mindestens 40 €. | |
| | | Die Gebühr wird aus den Baukosten berechnet, die zur Ausführung des gesamten Bauvorhabens erforderlich sind. | |
| | 1.25.2 | Wenn das genehmigte Bauvorhaben nicht wesentlich geändert, insbesondere in seinen Grundzügen nicht berührt wird | 40 bis 1.750 € |
| | 1.26 | Genehmigung nach Art. 55 BayBO für die Nutzungsänderung baulicher Anlagen | 40 bis 5.000 € |
| | 1.27 bis 1.29 | *unbesetzt* | |
| | 1.30 | Zulassung von Abweichungen nach Art. 63 Abs. 1 Satz 1 BayBO und von Ausnahmen nach Art. 63 Abs. 2 Satz 2 BayBO außerhalb eines Baugenehmigungsverfahrens nachArt. 60 BayBO oder im Rahmen eines vereinfachten Baugenehmigungsverfahrens nach Art. 59 BayBO sowie von Ab- | 5 v.H. des Werts des Nutzens, der durch die Abweichung in Aussicht steht, mindestens 75 € |

[1] Nr. 4.

| Tarif-Nr. | | Gegenstand | Gebühr |
|---|---|---|---|
| Lfd. Nr. | Tarif-Stelle | | Euro |
| | | weichungen von Vorschriften nach Art. 81 BayBO | |
| | | Für die Zulassung von Abweichungen nach Art. 63 Abs. 1 Satz 1 BayBO im Rahmen eines vereinfachten Baugenehmigungsverfahrens (Art. 59 BayBO) beträgt die Gebühr höchstens die Gebühr nach der Tarif-Stelle 1.24.1.2.2.2. | |
| | | Wird für das Vorhaben, für das eine Abweichung von Vorschriften nach Art. 81 BayBO erforderlich ist, gleichzeitig eine Genehmigung zur Errichtung oder Änderung, eine Genehmigung zur Änderung in Abweichung von bereits genehmigten Bauvorlagen oder eine Genehmigung für die Nutzungsänderung (Art. 55 BayBO) erteilt, beträgt die Gebühr höchstens die Gebühr nach den Tarif-Stellen 1.24, 1.25 oder 1.26. | |
| | 1.31 | Befreiung von Festsetzungen des Bebauungsplans nach § 31 Abs. 2 BauGB | 10 v.H. des Werts des Nutzens, der durch die Befreiung in Aussicht steht, mindestens 75 € |
| | | Wird für das Vorhaben daneben eine Genehmigung zur Errichtung oder Änderung, eine Genehmigung zur Änderung in Abweichung von bereits genehmigten Bauvorlagen oder eine Genehmigung für die Nutzungsänderung (Art. 55 BayBO) erteilt, beträgt die Gebühr höchstens das Doppelte der Gebühr nach den Tarif-Stellen 1.24, 1.25 oder 1.26. | |
| | 1.32 | Ausnahme nach § 9 Abs. 8 FStrG[1] oder Art. 23 Abs. 2 BayStrWG[2] | 25 bis 3.000 € |
| | 1.33 | Benachrichtigung nach Art. 66 Abs. 1 Satz 3 BayBO | 25 € |
| | 1.34 | Vorbescheid nach Art. 71 BayBO | 40 bis 2.500 € |
| | 1.35 | Teilbaugenehmigung nach Art. 70 BayBO | wie zu Tarif-Stelle 1.24 |
| | 1.36 | Abnahme der Absteckung und der Höhenlagen nach Art. 68 Abs. 6 BayBO auf Antrag des Bauherrn bei Vorhaben nach Art. 58 BayBO | 40 bis 1.500 € |
| | 1.37 | Verlängerung der Baugenehmigung (Art. 69 Abs. 2 BayBO), eines Vorbescheids oder sonstiger baurechtlicher Genehmigungen | 40 bis 10.000 € |
| | 1.38 | Bauüberwachung im Rahmen des Art. 77 BayBO: | |
| | 1.38.1 | Ohne Beanstandung | kostenfrei |
| | 1.38.2 | Sonst | 25 bis 1.250 € |
| | 1.39 | Zwischenabnahme aufgrund einer Anordnung nach Art. 78 Abs. 1 BayBO | gebührenfrei |
| | 1.40 | Fliegende Bauten: | |
| | 1.40.1 | Gebrauchsabnahme fliegender Bauten (Art. 72 Abs. 5 Satz 2 Nr. 1 BayBO) einschließlich einer nachfolgenden Gebrauchsuntersagung mit Einziehung des Prüfbuchs nach Art. 72 Abs. 4 BayBO | 40 bis 1.000 € |

[1] Nr. **30**.
[2] Nr. **32**.

| Tarif-Nr. Lfd. Nr. | Tarif-Nr. Tarif-Stelle | Gegenstand | Gebühr Euro |
|---|---|---|---|
| | 1.40.2 | Gebrauchsuntersagung nach Art. 72 Abs. 4 BayBO, die nicht auf Grund einer Gebrauchsabnahme ergeht | 40 bis 100 € |
| | 1.41 | Zustimmung nach Art. 73 Abs. 1 BayBO: | |
| | 1.41.1 | Allgemein | 2 v.T. der Baukosten, mindestens 40 € |
| | 1.41.2 | Bei einer Nutzungsänderung | 40 bis 5.000 € |
| | 1.42 | Erteilung einer Zustimmung zur Änderung von Bauvorhaben in Abweichung von Bauvorlagen, denen bereits zugestimmt worden ist: | |
| | 1.42.1 | Wenn das Bauvorhaben wesentlich geändert wird | wie zu Tarif-Stelle 1.41.1 abzüglich 50 v.H. der Gebühr für die Erstzustimmung. Die Gebühr beträgt mindestens 40 €. |
| | | Die Gebühr wird aus den Baukosten berechnet, die zur Ausführung des gesamten Bauvorhabens erforderlich sind. | |
| | 1.42.2 | Wenn das Bauvorhaben nicht wesentlich geändert wird | 40 bis 600 € |
| | 1.43 | Erst-, Wiederholungs- und Nachprüfungen aufgrund einer nach Art. 80 Abs. 1 Satz 1 Nr. 5 BayBO erlassenen Rechtsverordnung | 25 bis 600 € |
| | 1.44 | Anerkennung von Prüfingenieuren und Prüfämtern (Art. 80 Abs. 2 Satz 1 Nr. 1 BayBO i.V.m. der PrüfVBau[1]) | 125 bis 3.000 € |
| | 1.45 | Verfügungen oder Maßnahmen, die durch Verstöße gegen öffentlich-rechtliche Vorschriften veranlasst werden (z.B. Einstellung von Arbeiten, Beseitigung von Anlagen, Nutzungsuntersagung oder Anordnungen nach Art. 54 Abs. 2 Satz 2 BayBO) | 25 bis 2.500 € |
| | 1.46 | Genehmigung nach § 9 Abs. 5 FStrG[2] oder Art. 24 Abs. 3 BayStrWG[3] | 25 bis 3.000 € |
| | 1.47 | *unbesetzt* | |
| | 1.48 | Untersagung der Verwendung von Bauprodukten und Anordnung der Entwertung oder Beseitigung der Kennzeichen nach Art. 74 BayBO | 40 bis 1.500 € |
| | 1.49 | Maßnahmen nach Kapitel III der Verordnung (EG) Nr. 765/2008 des Europäischen Parlaments und des Rates vom 9. Juli 2008 über die Vorschriften für die Akkreditierung und Marktüberwachung im Zusammenhang mit der Vermarktung von Produkten und zur Aufhebung der Verordnung (EWG) Nr. 339/93 des Rates (ABl L 218 S. 30) und in Verbindung mit Kapitel VIII der Verordnung (EU) Nr. 305/2011 des Europäischen Parlaments und des Rates vom 9. März 2011 zur Festlegung harmonisierter Bedingungen für die Vermarktung von Bauprodukten und zur Aufhebung der Richtlinie 89/106/EWG des Rates (ABl L 88 S. 5) | 40 bis 1.500 € |

[1] Nr. **9**.
[2] Nr. **30**.
[3] Nr. **32**.

| Tarif-Nr. Lfd. Nr. | Tarif-Nr. Tarif-Stelle | Gegenstand | Gebühr Euro |
|---|---|---|---|
| | 1.50 | Genehmigung von Abgrabungen nach Art. 9 Abs. 1 Satz 1 BayAbgrG, | |
| | 1.50.1 | Bei Sand- und Kiesgruben, Steinbrüchen und ähnlichen Abgrabungen zur Gewinnung von Abbaugut für Vorhaben mit einem verwertbaren Abbaugut | |
| | | bis zu 50.000 m³ | 100 € zuzüglich 25 € je angefangene 1.000 m³ |
| | | über 50.000 m³ bis zu 500.000 m³ | 1.350 € zuzüglich 55 € je 50.000 m³ übersteigende angefangene 10.000 m³ |
| | | über 500.000 m³ | 3.825 € zuzüglich 110 € je 500.000 m³ übersteigende angefangene 50.000 m³ |
| | | Abraum und Mutterboden sind kein verwertbares Abbaugut. | |
| | 1.50.2 | Bei anderen selbstständigen Abgrabungen | 50 bis 2.000 € |
| | 1.50.3 | Wenn mit der Erteilung der Genehmigung die Durchführung einer Umweltverträglichkeitsprüfung verbunden ist, erhöht sich die Gebühr nach den Tarif-Stellen 1.50.1 oder 1.50.2 um 40 %. | |
| | 1.51 | Vorbescheid nach Art. 9 Abs. 1 Satz 4 BayAbgrG | 40 bis 2.500 € |
| | 1.52 | Teilabgrabungsgenehmigung nach Art. 9 Abs. 1 Satz 5 BayAbgrG | wie zu Tarif-Stelle 1.50 |
| | 1.53 | Genehmigung von Aufschüttungen, die unmittelbare Folge von Abgrabungen sind (Art. 1 BayAbgrG) | 50 bis 10.000 € |
| | 1.54 | Überwachung nach Art. 4 Abs. 2 Satz 1 BayAbgrG: | |
| | 1.54.1 | Ohne Beanstandung | kostenfrei |
| | 1.54.2 | Sonst | 50 bis 2.500 € |
| | 1.55 | Verfügungen oder Maßnahmen, die durch Verstöße gegen öffentlich-rechtliche Vorschriften veranlasst werden (Art. 4 Abs. 2 Satz 2 BayAbgrG) | 25 bis 2.500 € |
| | 1.56 | Benachrichtigungen nach Art. 9 Abs. 2 Satz 1 BayAbgrG | 25 € |
| | 1.57 | Prüfung nach Art. 78 Abs. 3 BayBO | |
| | 1.57.1 | von Abgasanlagen vor Inbetriebnahme der angeschlossenen Feuerstätten | 1,20 € je Arbeitsminute |
| | 1.57.2 | von Leitungen zur Abführung von Verbrennungsgasen vor Inbetriebnahme der angeschlossenen ortsfesten Verbrennungsmotoren und Blockheizkraftwerke | 1,20 € je Arbeitsminute |
| | 1.57.3 | Die Gebühr nach der Tarif-Stelle 1.57.1 oder 1.57.2 erhöht sich jeweils um die gesetzliche Umsatzsteuer. | |
| | **2** | **Berechnung der Gebühren:** | |
| | 2.1 | Soweit die Gebühren nach den Baukosten berechnet werden, ist von den Kosten (einschließlich Umsatzsteuer) auszugehen, die am Ort der Bauausführung im Zeitpunkt der Erteilung der Genehmigung zur Vollendung des zu genehmigenden Vorhabens erforderlich sind. Einsparungen durch Eigenleistungen (Material und Arbeits- | |

| Tarif-Nr. Lfd. Nr. | Tarif-Nr. Tarif-Stelle | Gegenstand | Gebühr Euro |
|---|---|---|---|
| | | leistungen) sind dabei nicht zu berücksichtigen. Der Betrag wird auf volle 500 € aufgerundet. | |
| | 2.2 | Enthält ein Bauvorhaben Elemente eines Sonderbaus und Elemente eines Standardbauvorhabens die technisch-konstruktiv und funktional voneinander trennbar sind, so dass für diese „Prüfabschnitte" unterschiedliche Prüfprogramme (Art. 59 oder 60 BayBO) anzuwenden sind, setzt sich die Gebühr für den bauordnungsrechtlichen Teil der Genehmigung nach der Tarif-Stelle 1.24.1.2 aus den einzelnen Prüfprogrammen der einzelnen Vorhabensteile zusammen. | |
| | 2.3 | Der Nutzen im Sinn der Tarif-Stellen 1.30 und 1.31 ist unter Berücksichtigung aller Umstände des Einzelfalles nach pflichtgemäßem Ermessen zu schätzen. Dabei können der Verkaufsmehrwert, die Einsparungen bei der Bauausführung und ähnliches als Schätzungsgrundlage verwendet werden. | |
| | **3** | **Ermäßigungen:** | |
| | 3.1 | Für den Bau von Wohnungen und Wohnräumen einschließlich unselbstständiger Nebengebäude (z.B. Garagen und Holzlegen), für den der Bauherr Mittel aus öffentlichen Wohnraumförderungsprogrammen des Freistaats Bayern, der Kommunen oder der Bayerischen Landesbodenkreditanstalt erhält, wird die Gebühr nach den Tarif-Stellen 1.24.1, 1.25.1 und 1.35 bei Nachweis der entsprechenden Voraussetzungen ermäßigt. | |
| | 3.1.1 | Die Gebühr beträgt im Fall der Tarif-Stelle 1.24.1 | |
| | 3.1.1.1 | im vereinfachten Verfahren | 50 v.H. der Gebühr nach Tarif-Stelle 1.24.1.1 und 1.24.1.2.1, mindestens 20 € |
| | 3.1.1.2 | in allen anderen Fällen | |
| | 3.1.1.2.1 | wenn die Genehmigungsbehörde die Leistungen nach § 31 PrüfVBau selbst erbringt | 50 v.H. der Gebühr nach Tarif-Stelle 1.24.1.1 und 1.24.1.2.2.2 zuzüglich der Vergütung, die sich nach der PrüfVBau für die Leistungen nach § 31 PrüfVBau ergeben würde, mindestens 20 € |
| | 3.1.1.2.2 | wenn die Genehmigungsbehörde die Leistungen nach § 31 PrüfVBau nicht selbst erbringt | 50 v.H. der Gebühr nach Tarif-Stelle 1.24.1.1 und 1.24.1.2.2.2, mindestens 20 € |
| | 3.1.2 | Die Gebühr beträgt im Fall der Tarif-Stelle 1.25.1 | |
| | 3.1.2.1 | im vereinfachten Verfahren | wie zu Tarif-Stelle 3.1.1.1 abzüglich 50 v.H. der Gebühr für die Erstgenehmigung. Die Gebühr beträgt mindestens 20 € |
| | 3.1.2.2 | in allen anderen Fällen | |
| | 3.1.2.2.1 | wenn die Genehmigungsbehörde die Leistungen nach § 31 PrüfVBau selbst erbringt | wie zu Tarif-Stelle 3.1.1.2.1 abzüglich 50 v.H. |

| Tarif-Nr. Lfd. Nr. | Tarif-Stelle | Gegenstand | Gebühr Euro |
|---|---|---|---|
| | | | der Gebühr für die Erstgenehmigung. Die Gebühr beträgt mindestens 20 € |
| | 3.1.2.2.2 | wenn die Genehmigungsbehörde die Leistungen nach § 31 PrüfVBau nicht selbst erbringt | wie zu Tarif-Stelle 3.1.1.2.2 abzüglich 50 v.H. der Gebühr für die Erstgenehmigung. Enthielt die Gebühr für die Erstgenehmigung einen anteiligen Betrag in Höhe der Vergütung nach § 31 PrüfVBau (Tarif-Stelle 1.24.1.2.2.1), ist die um diesen Anteil verminderte Gebühr Berechnungsgrundlage für den Abzug. Die Gebühr beträgt mindestens 20 € |
| | 3.1.3 | Die Gebühr beträgt im Fall der Tarif-Stelle 1.35 | wie zu Tarif-Stelle 3.1.1 |
| | 3.1.4 | Dient ein Vorhaben teilweise anderen als den vorgenannten begünstigten Zwecken, werden die anteilig auf diese Gebäudeteile entfallenden Gebühren nicht ermäßigt. | |
| | 3.2 | *unbesetzt* | |
| | 3.3 | Die Gebühren nach den Tarif-Stellen 1.24, 1.25 und 1.35 werden auf ¼, jedoch höchstens auf 20 €, ermäßigt | |
| | 3.3.1 | bei baulichen Anlagen einer inländischen Körperschaft, Personenvereinigung, Stiftung oder Vermögensmasse, die nach der Satzung oder sonstigen Verfassung und nach ihrer tatsächlichen Geschäftsführung ausschließlich und unmittelbar gemeinnützigen oder mildtätigen Zwecken im Sinn des Abschnitts „Steuerbegünstigte Zwecke" der Abgabenordnung dient, wenn die bauliche Anlage unmittelbar für gemeinnützige oder mildtätige Zwecke im Sinn des Abschnitts „Steuerbegünstigte Zwecke" der Abgabenordnung benutzt wird. | |
| | 3.3.2 | bei baulichen Anlagen eines öffentlich-rechtlichen Sozialversicherungsträgers, wenn die bauliche Anlage von diesem unmittelbar für die besonderen Zwecke der Sozialversicherung benutzt wird. | |
| | 3.3.3 | bei baulichen Anlagen, die dem Gottesdienst einer Religionsgesellschaft, die Körperschaft des öffentlichen Rechts ist, oder einer jüdischen Kultusgemeinde gewidmet sind. | |
| | 3.3.4 | bei baulichen Anlagen, die von einer Religionsgesellschaft, die Körperschaft des öffentlichen Rechts ist, von einem ihrer Orden, von einer ihrer religiösen Genossenschaften oder von einem ihrer Verbände unmittelbar für Zwecke der religiösen Unterweisung, der Wissenschaft, des Unterrichts, der Erziehung oder unmittelbar für Zwecke der eigenen Verwaltung benutzt werden und entweder im Eigentum der benutzenden | |

| Tarif-Nr. Lfd. Nr. | Tarif-Stelle | Gegenstand | Gebühr Euro |
|---|---|---|---|
| | | Körperschaft (Personenvereinigung) oder im Eigentum einer Körperschaft des öffentlichen Rechts stehen. Den Religionsgesellschaften stehen die jüdischen Kultusgemeinden gleich, die nicht Körperschaften des öffentlichen Rechts sind. | |
| | 3.3.5 | Dienen die in den Tarif-Stellen 3.3.1 bis 3.3.4 aufgeführten baulichen Anlagen nicht nur unmittelbar begünstigten Zwecken, sondern auch nicht begünstigten Zwecken (z.B. Wohnzwecken) oder nur mittelbar begünstigten Zwecken und wird jeweils ein räumlich abgrenzbarer Teil der baulichen Anlage für die einzelnen Zwecke benutzt, wird nur die anteilig auf die unmittelbar für begünstigte Zwecke benutzten Gebäudeteile entfallende Gebühr ermäßigt. Ist eine räumliche Abgrenzung nicht möglich, wird die Gebührenermäßigung nur gewährt, wenn die bauliche Anlage überwiegend unmittelbar den begünstigten Zwecken dient. § 5 Grundsteuergesetz (GrStG) gilt jedoch sinngemäß. | |
| | 3.4 | Bei der gleichzeitigen Behandlung einer Mehrzahl von baulichen Anlagen desselben Bauherrn nach dem gleichen Typ auf einem zusammenhängenden Baugelände in einem oder mehreren baurechtlichen Verfahren werden die Gebühren nach den Tarif-Stellen 1.24, 1.25 und 1.35 für die zweite und jede weitere bauliche Anlage auf die Hälfte ermäßigt. | |
| | 3.5 | *unbesetzt* | |
| | 3.6 | Die für einen Vorbescheid oder eine Teilbaugenehmigung festgesetzten Gebühren können auf die Gebühren nach Tarif-Stelle 1.24 bis zur Hälfte angerechnet werden. Tarif-Stelle 4 ist vor der Anrechnung anzuwenden. Die nach Tarif-Stelle 1.30 für Abweichungen außerhalb eines Baugenehmigungsverfahrens (Art. 60 BayBO) festgesetzten Gebühren können auf die Gebühren nach Tarif-Stelle 1.24 in gleicher Weise angerechnet werden. | |
| | 3.7 | Bei Zulassung einer Abweichung von Vorschriften im Sinn des Art. 81 BayBO im Zusammenhang mit dem Vorbescheid ist die Gebühr nach Tarif-Stelle 1.30 auf höchstens die Gebühr nach den Tarif-Stellen 1.24, 1.25 oder 1.26 zu begrenzen. Bei Erteilung einer Befreiung im Zusammenhang mit dem Vorbescheid ist die Gebühr nach Tarif-Stelle 1.31 auf höchstens das Doppelte der Gebühr nach den Tarif-Stellen 1.24, 1.25 oder 1.26 zu begrenzen. Die Gebührenbegrenzung nach den Sätzen 1 und 2 wird nur gewährt, wenn die Baugenehmigung innerhalb der Geltungsdauer des Vorbescheids erteilt wird. Die Gebührenbegrenzung wird vorläufig bereits bei Erteilung des Vorbescheids auf Grundlage der voraussichtlich zu erwartenden Baugenehmigungsgebühren gewährt. | |
| | 3.8 | Die Ermäßigungen nach den Tarif-Stellen 3.1 bis 3.7 werden nebeneinander gewährt in der Weise, | |

| Tarif-Nr. Lfd. Nr. | Tarif-Nr. Tarif-Stelle | Gegenstand | Gebühr Euro |
|---|---|---|---|
| | | dass bei der Ermäßigung jeweils vom Betrag der ermäßigten Gebühr auszugehen ist. Abweichend davon wird im Fall der Tarif-Stelle 3.2 die Ermäßigung nach Tarif-Stelle 3.1 nicht gewährt. | |
| | 3.9 | Wird die genehmigte bauliche Anlage oder eine bauliche Anlage, der bereits zugestimmt wurde, endgültig nicht ausgeführt, wird die festgesetzte Gebühr in den Fällen der Tarif-Stellen 1.24, 1.25, 1.35, 1.37, 1.41 und 1.42 auf Antrag bis auf die Hälfte, jedoch höchstens auf 20 € herabgesetzt, wenn der Baugenehmigungs- bzw. Zustimmungsbescheid und die Bauvorlage der Bauaufsichtsbehörde ausgehändigt werden. Enthielt die Gebühr einen anteiligen Betrag in Höhe der Vergütung nach der PrüfVBau, wird dieser Betrag nicht in die Herabsetzung mit einbezogen. Der Antrag muss während der Gültigkeit des Bescheids gestellt werden. | |
| | 3.10 | Macht der Bauherr von einer außerhalb eines Genehmigungsverfahrens nach Art. 60 BayBO zugelassenen Abweichung nach Art. 63 BayBO, von einer Abweichung von Vorschriften nach Art. 81 BayBO oder von einer Befreiung endgültig keinen Gebrauch und händigt er den entsprechenden Bescheid der Bauaufsichtsbehörde aus, kann die nach Tarif-Stelle 1.30 oder 1.31 festgesetzte und gegebenenfalls nach Tarif-Stelle 3.7 (auch vorläufig) begrenzte Gebühr auf Antrag bis auf ein Viertel, höchstens jedoch auf 20 € herabgesetzt werden. Bei genehmigungsfreien Bauvorhaben muss der Antrag innerhalb von vier Jahren nach Zulassung der Abweichung oder Befreiung gestellt werden. Im Übrigen ist der Antrag während der Gültigkeitsdauer des Genehmigungs- oder des Vorbescheids zu stellen. | |
| | 3.11 | Die für einen Vorbescheid nach Art. 9 Abs. 1 Satz 4 BayAbgrG oder eine Teilabgrabungsgenehmigung festgesetzte Gebühr kann auf die Gebühr nach der Tarif-Stelle 1.50 bis zur Hälfte angerechnet werden. | |
| | 3.12 | Wird eine bereits genehmigte Abgrabung endgültig nicht ausgeführt, wird die festgesetzte Gebühr in den Fällen der Tarif-Stellen 1.50, 1.52 und 1.53 auf Antrag bis auf die Hälfte, jedoch höchstens auf 20 € herabgesetzt, wenn der Genehmigungsbescheid und der Abgrabungsplan der Genehmigungsbehörde ausgehändigt werden. Der Antrag muss während der Gültigkeit des Bescheids gestellt werden. | |
| | **4** | **Erhöhungen:** | |
| | 4.1 | Wenn eine **UVP** durchzuführen ist, erhöht sich die Gebühr nach Tarif-Stelle 1, soweit nicht die Tarif-Stelle 1.50.3 Anwendung findet, um 500 bis 3.000 €. | |
| | 4.2 | Entfällt aufgrund einer baurechtlichen Genehmigung die wasserrechtliche Genehmigung nach Art. 20 Abs. 5 Satz 1 BayWG, erhöht sich die – gegebenenfalls nach den Tarif-Stellen 3.1 bis 3.4 | |

| Tarif-Nr. Lfd. Nr. | Tarif-Nr. Tarif-Stelle | Gegenstand | Gebühr Euro |
|---|---|---|---|
| | | ermäßigte – Gebühr um den Betrag, der für die sonst erforderliche Genehmigung nach diesem Kostenverzeichnis oder nach Art. 6 Abs. 1 Satz 2 oder 3 KG als Gebühr zu erheben wäre, wenn sie gesondert ausgesprochen würde. | |
| | 4.3 | Führt die fachkundige Stelle der Genehmigungsbehörde im Rahmen der Erteilung einer baurechtlichen Genehmigung wasserwirtschaftliche Prüfungen als Sachverständige durch, erhöht sich die – gegebenenfalls nach den Tarif-Stellen 3.1 bis 3.4 ermäßigte – Gebühr um den Betrag, der der Gebühr nach § 2 UGebO entspricht. | |
| | 4.4 | Führt die Genehmigungsbehörde im Rahmen der Erteilung einer baurechtlichen Genehmigung Prüfungen durch das eigene Gesundheits- oder Veterinäramt als Sachverständigen durch, erhöht sich die – gegebenenfalls nach den Tarif-Stellen 3.1 bis 3.4 ermäßigte – Gebühr nach Tarif-Stelle 1.24, 1.25, 1.35, 1.41 und 1.42 um 10 v.H. | |
| | 4.5 | Entfällt aufgrund einer baurechtlichen Genehmigung eine naturschutzrechtliche Gestattung, erhöht sich die – gegebenenfalls nach den Tarif-Stellen 3.1 bis 3.4 ermäßigte – Gebühr um den Betrag, der für die sonst erforderliche Gestattung nach diesem Kostenverzeichnis oder nach Art. 6 Abs. 1 Satz 2 oder Satz 3 KG als Gebühr zu erheben wäre, wenn sie gesondert ausgesprochen würde. | |
| | **5** | **Auslagen:** | |
| | | Neben den Gebühren werden Auslagen für Entgelte für Telekommunikationsdienstleistungen sowie Auslagen im Sinn des Art. 10 Abs. 1 Nr. 4 KG nicht erhoben. Bei Gebührenfreiheit werden alle Auslagen nach Art. 10 KG erhoben. | |

## Nr. 39 *(nicht belegt)*

# *G. Berufsrecht*

## 40. Gesetz über die Bayerische Architektenkammer und die Bayerische Ingenieurekammer-Bau (Baukammerngesetz – BauKaG)[1)]

Vom 9. Mai 2007
(GVBl. S. 308)

**BayRS 2133-1-B**

zuletzt geänd. durch §§ 1, 2 G zur Änd. des BaukammernG und weiterer Rechtsvorschriften v. 7.7. 2023 (GVBl. S. 327)

Der Landtag des Freistaates Bayern hat das folgende Gesetz beschlossen, das hiermit bekannt gemacht wird:

**Nichtamtliche Inhaltsübersicht[2)]**



---

[1)] Überschrift geänd. (Fußnote aufgeh.) mWv 1.8.2009 durch G v. 27.7.2009 (GVBl. S. 385).
[2)] Amtl. Inhaltsübersicht aufgeh. mWv 1.8.2020 durch G v. 24.7.2020 (GVBl. S 370).

## Erster Teil. Geschützte Berufsbezeichnungen, Berufsaufgaben

**Art. 1[1)] Geschützte Berufsbezeichnungen.** (1) Die Berufsbezeichnungen „Architektin" und „Architekt", „Innenarchitektin" und „Innenarchitekt" sowie „Landschaftsarchitektin" und „Landschaftsarchitekt" darf nur führen, wer unter dieser Bezeichnung in die Architektenliste oder eine entsprechende Liste eines anderen Landes eingetragen oder wer zur Führung der Berufsbezeichnung nach Art. 2 berechtigt ist.

(2) Die Berufsbezeichnungen „Beratende Ingenieurin" und „Beratender Ingenieur" darf nur führen, wer unter dieser Bezeichnung in die Liste Beratender Ingenieure oder eine entsprechende Liste eines anderen Landes eingetragen oder wer zur Führung der Berufsbezeichnung nach Art. 2 berechtigt ist.

(3) Die Berufsbezeichnungen „Stadtplanerin" und „Stadtplaner" darf nur führen, wer in die Stadtplanerliste oder eine entsprechende Liste eines anderen Landes eingetragen oder zur Führung der Berufsbezeichnung nach Art. 2 berechtigt ist.

(4) Wortverbindungen mit den Berufsbezeichnungen nach Abs. 1 bis 3 oder ähnliche Bezeichnungen darf nur verwenden, wer die entsprechende Berufsbezeichnung zu führen befugt ist.

(5) Das Recht zum Führen akademischer Grade wird nicht berührt.

**Art. 2[2)] Auswärtige Dienstleister.** (1) [1]Personen, die im Ausland niedergelassen sind oder ihren Beruf überwiegend dort ausüben und die sich zu einer vorübergehenden und gelegentlichen Dienstleistungserbringung gemäß Art. 3 nach Bayern begeben (auswärtige Dienstleister), müssen das erstmalige Tätigwerden der nach den Art. 4 bis 6 zuständigen Kammer vorher schriftlich anzeigen. [2]Die Kammer trägt sie in gesonderte Verzeichnisse ein und erteilt hierüber eine fünf Jahre gültige Bestätigung, die auf Antrag um jeweils höchstens fünf Jahre verlängert wird. [3]Auswärtige Dienstleister haben die jeweiligen Berufspflichten zu beachten und sind hierfür wie Mitglieder der jeweiligen Kammer zu behandeln. [4]Die Sätze 1 und 2 gelten nicht für Personen, die über eine Satz 2 entsprechende Bestätigung einer anderen deutschen Architekten- oder Ingenieurekammer verfügen.

---

[1)] Art. 1 Abs. 1–3 geänd., Abs. 6 angef. mWv 1.8.2017 durch G v. 12.7.2017 (GVBl. S. 356); Abs. 6 aufgeh. mWv 1.1.2021 durch G v. 23.12.2020 (GVBl. S. 678).

[2)] Art. 2 neu gef. mWv 1.8.2017 durch G v. 12.7.2017 (GVBl. S. 356); Abs. 2 Satz 1 Nr. 1 Buchst. a, Satz 2 geänd. mWv 1.1.2021 durch G v. 23.12.2020 (GVBl. S. 678).

(2) [1]Auswärtige Dienstleister dürfen die Berufsbezeichnung oder eine Wortverbindung nach Art. 1 ohne Eintragung in die jeweilige Liste nach den Art. 4 bis 6 nur führen, wenn

1. sie hinsichtlich der Berufsbezeichnungen
   a) nach Art. 1 Abs. 1 die Voraussetzungen des Art. 4 Abs. 2 Nr. 2 und 3 oder des Art. 31 Abs. 1,
   b) nach Art. 1 Abs. 2 die Voraussetzungen des Art. 5 Abs. 2 Satz 1 Nr. 2 bis 4 oder
   c) nach Art. 1 Abs. 3 die Voraussetzungen des Art. 6 Abs. 2 Nr. 2 und 3

   erfüllen und
2. eine deutsche Architekten- oder Ingenieurekammer ihnen dies bestätigt hat.

[2]Satz 1 Nr. 2 gilt nicht für auswärtige Dienstleister, die die Voraussetzungen des Art. 31 Abs. 1 erfüllen.

(3) Das Führen der Berufsbezeichnung kann in entsprechender Anwendung des Art. 7 untersagt werden.

(4) [1]Das Recht nach Art. 7 Abs. 3 der Richtlinie 2005/36/EG, die Berufsbezeichnung des Niederlassungsstaats zu führen, bleibt unberührt. [2]Die Berufsbezeichnung ist so zu führen, dass keine Verwechslung mit Berufsbezeichnungen nach Art. 1 möglich ist.

**Art. 3[1)] Berufsaufgaben.** (1) Berufsaufgaben der Architektin und des Architekten sind insbesondere die gestaltende, technische, wirtschaftliche, umweltgerechte und soziale Planung von Bauwerken unter besonderer Beachtung der die Sicherheit der Nutzer und der Öffentlichkeit betreffenden Gesichtspunkte sowie die Orts- und Stadtplanung innerhalb ihrer oder seiner Fachrichtung.

(2) Berufsaufgaben der Innenarchitektin und des Innenarchitekten sind insbesondere die gestaltende, technische, wirtschaftliche, umweltgerechte und soziale Planung von Innenräumen und der damit verbundenen baulichen Änderung von Gebäuden.

(3) Berufsaufgaben der Landschaftsarchitektin und des Landschaftsarchitekten sind insbesondere die gestaltende, technische, wirtschaftliche, umweltgerechte und soziale Planung von Landschaft, Freianlagen und Gärten sowie die Orts- und Stadtplanung innerhalb ihrer oder seiner Fachrichtung.

(4) Berufsaufgaben der Stadtplanerin und des Stadtplaners sind insbesondere die gestaltende, technische, wirtschaftliche, umweltgerechte und soziale Stadt- und Raumplanung sowie die Erarbeitung städtebaulicher Pläne.

(5) [1]Berufsaufgaben der Beratenden Ingenieurin und des Beratenden Ingenieurs sind insbesondere die eigenverantwortliche und unabhängige Beratung und Planung auf dem Gebiet des Ingenieurwesens. [2]Eigenverantwortlich ist, wer

1. seine berufliche Tätigkeit als alleinige Inhaberin oder alleiniger Inhaber eines Büros selbständig auf eigene Rechnung und Verantwortung ausübt oder
2. sich mit anderen zusammengeschlossen hat und innerhalb dieses Zusammenschlusses eine Rechtsstellung besitzt, kraft derer sie oder er ihre oder seine Berufsaufgaben nach Satz 1 unbeeinflusst ausüben kann, oder

---

[1)] Art. 3 Abs. 1 geänd., Abs. 6 Satz 1 geänd., Satz 2 angef., Abs. 7 angef. mWv 1.8.2017 durch G v. 12.7.2017 (GVBl. S. 356).

3. als leitende Angestellte oder leitender Angestellter in einem unabhängigen Ingenieurunternehmen nach Satz 3 im Wesentlichen selbständig Aufgaben nach Satz 1 wahrnimmt, die ihr oder ihm regelmäßig wegen ihrer Bedeutung übertragen werden, oder
4. als Hochschullehrerin oder Hochschullehrer in selbständiger Beratung tätig ist.

[3] Unabhängig ist, wer bei der Ausübung seiner Berufstätigkeit weder eigene Produktions-, Handels- oder Lieferinteressen hat noch fremde Interessen dieser Art vertritt, die unmittelbar oder mittelbar im Zusammenhang mit der beruflichen Tätigkeit stehen.

(6) [1] Zu den Berufsaufgaben nach Abs. 1 bis 5 gehören auch die Beratung, Betreuung und Vertretung des Auftraggebers, Arbeitgebers oder Dienstherrn in den mit der Planung, Ausführung und Steuerung des Vorhabens zusammenhängenden Angelegenheiten sowie die Überwachung der Ausführung und die Projektentwicklung. [2] Zu den Berufsaufgaben können auch Sachverständigen-, Lehr-, Forschungsund Entwicklungstätigkeiten sowie sonstige Dienstleistungen bei der Vorbereitung und Steuerung von Planungs- und Baumaßnahmen, bei der Nutzung von Bauwerken sowie die Wahrnehmung der damit verbundenen sicherheits- und gesundheitstechnischen Belange gehören.

(7) [1] Kennzeichen der beruflichen Tätigkeit der in den Abs. 1 bis 5 genannten Personen ist die geistig-schöpferische Bewältigung der Berufsaufgaben unter Berücksichtigung ihrer Vielschichtigkeit insbesondere auch im Hinblick auf technisch-funktionale, sozioökonomische, baukulturelle, rechtliche und ökologische Belange. [2] Die Tätigkeit berücksichtigt die Bedürfnisse der Auftraggeber und des Gemeinwesens und achtet dabei das architektonische Erbe sowie die natürlichen Lebensgrundlagen.

## Zweiter Teil. Architektenliste, Liste Beratender Ingenieure, Stadtplanerliste

**Art. 4[1)] Architektenliste, Eintragung.** (1) [1] Die Architektenliste wird von der Bayerischen Architektenkammer (Architektenkammer) geführt. [2] Aus der Architektenliste muss neben der Fachrichtung der oder des Eingetragenen die Tätigkeitsart – freiberuflich, angestellt, beamtet oder in der Bauwirtschaft tätig – ersichtlich sein.

(2) In die Architektenliste ist auf Antrag einzutragen, wer

1. Wohnsitz, Niederlassung oder überwiegende berufliche Beschäftigung in Bayern hat,
2. ein Studium an einer deutschen Hochschule, an einer deutschen öffentlichen oder staatlich anerkannten Ingenieurschule oder Akademie oder an einer dieser gleichwertigen deutschen Lehreinrichtung erfolgreich abgeschlossen hat, das

---

1) Art. 4 Abs. 9 angef. mWv 1.8.2009 durch G v. 27.7.2009 (GVBl. S. 385); Abs. 9 aufgeh. mWv 1.1.2010 durch G v. 22.12.2009 (GVBl. S. 630); Abs. 4 Satz 2 geänd. mWv 1.1.2013 durch G v. 11.12.2012 (GVBl. S. 633); Abs. 4 Sätze 2 und 3, Abs. 5 Satz 2, Abs. 6 Satz 5, Abs. 7 und 8 geänd. mWv 1.8.2015 durch G v. 24.7.2015 (GVBl. S. 296); Abs. 1 Satz 2 geänd., Abs. 2–6 und 8 neu gef. mWv 1.8.2017 durch G v. 12.7.2017 (GVBl. S. 356); Abs. 3–6 aufgeh., Abs. 7 und 8 werden Abs. 3 und 4 mWv 1.1.2021 durch G v. 23.12.2020 (GVBl. S. 678); Abs. 1 Satz 1, Abs. 2 Nr. 2 Buchst. b und c geänd. mWv 1.8.2023 durch G v. 7.7.2023 (GVBl. S. 327).

a) den Anforderungen von Art. 46 Abs. 2 der Richtlinie 2005/36/EG entspricht und auf Architektur im Sinn von Art. 3 Abs. 1 ausgerichtet ist, eine Regelstudienzeit von mindestens acht Semestern in Vollzeit aufweist und mit dem bei Anwendung des ECTS-Systems mindestens 240 Punkte erworben werden können,

b) auf Innenarchitektur im Sinn des Art. 3 Abs. 2 ausgerichtet ist, eine Regelstudienzeit von mindestens acht Semestern in Vollzeit aufweist und mit dem bei Anwendung des ECTS-Systems mindestens 240 Punkte erworben werden können oder

c) auf Landschaftsarchitektur im Sinn des Art. 3 Abs. 3 ausgerichtet ist, eine Regelstudienzeit von mindestens acht Semestern in Vollzeit aufweist und mit dem bei Anwendung des ECTS-Systems mindestens 240 Punkte erworben werden können,

und

3. eine nachfolgende praktische Tätigkeit in der betreffenden Fachrichtung von mindestens zwei Jahren ausgeübt hat, die auf den während des Studiums erworbenen Kenntnissen, Fähigkeiten und Kompetenzen aufbaut. In der Fachrichtung Architektur muss die praktische Tätigkeit unter Beaufsichtigung einer berufsangehörigen Person oder der Architektenkammer absolviert werden (Berufspraktikum). Ein im Ausland absolviertes Berufspraktikum wird von der Architektenkammer anerkannt, soweit es den Vorgaben nach Art. 18 Abs. 2 Nr. 9 entspricht.

(3) Eine Bewerberin oder ein Bewerber, die oder der in die Liste der jeweiligen Fachrichtung bei der Architektenkammer eines anderen Landes eingetragen ist, ist auf Antrag ohne Prüfung der Befähigung nach Abs. 2 in die Liste ihrer oder seiner Fachrichtung einzutragen.

(4) Ist die Eintragung in einem anderen Land nur gelöscht worden, weil die Wohnung oder berufliche Niederlassung in diesem Land aufgegeben worden ist, ist eine antragstellende Person innerhalb eines Jahres nach Löschung aus der Liste ohne Prüfung der Befähigung nach Abs. 2 in die Liste ihrer Fachrichtung einzutragen.

**Art. 5[1)] Liste Beratender Ingenieure, Eintragung.** (1) [1] Die Liste Beratender Ingenieure wird von der Bayerischen Ingenieurekammer-Bau (Ingenieurekammer-Bau) geführt. [2] Aus der Liste muss die Zugehörigkeit der oder des Eingetragenen zu den im Bauwesen tätigen oder den sonstigen Beratenden Ingenieurinnen oder Ingenieuren nach Art. 12 Abs. 5 Satz 1 Nr. 2 Buchst. a ersichtlich sein. [3] Im Bauwesen tätig ist eine Ingenieurin oder ein Ingenieur insbesondere, wenn sie oder er in einer oder mehreren Fachrichtungen des Bauingenieur-, Vermessungs-, Wasserwirtschafts- oder Verkehrswesens, der Ingenieurgeologie, der Bauphysik, der Energie-, Heizungs-, Klima-, Ver- und Entsorgungs-, Telekommunikations-, Elektro- und Lichttechnik, der Förder- und Lagertechnik oder der Arbeitssicherheit an baulichen Anlagen tätig ist.

(2) [1] In die Liste Beratender Ingenieure ist auf Antrag einzutragen, wer

---

[1)] Art. 5 Abs. 2 Satz 3 geänd. mWv 1.8.2009 durch G v. 27.7.2009 (GVBl. S. 385); Abs. 2 Satz 3 geänd. mWv 1.1.2010 durch G v. 22.12.2009 (GVBl. S. 630); Abs. 2 Satz 1 Nr. 2 neu gef., Nr. 3 geänd., Satz 3 eingef., bish. Satz 3 wird Satz 4 und geänd. mWv 1.8.2017 durch G v. 12.7.2017 (GVBl. S. 356); Abs. 2 Satz 4 geänd. mWv 1.1.2021 durch G v. 23.12.2020 (GVBl. S. 678); Abs. 1 Satz 1 geänd. mWv 1.8.2023 durch G v. 7.7.2023 (GVBl. S. 327).

1. Wohnsitz, Niederlassung oder überwiegende berufliche Beschäftigung in Bayern hat,
2. nach den Vorschriften des Bayerischen Ingenieurgesetzes (BayIngG) berechtigt ist, die Berufsbezeichnung „Ingenieurin" oder „Ingenieur" zu führen,
3. seit dem Zeitpunkt des Erwerbs der Berechtigung nach Nr. 2 eine nachfolgende entsprechende praktische Tätigkeit von mindestens drei Jahren ausgeübt hat, die auf den während des Studiums nach Art. 2 Abs. 1 Nr. 1 BayIngG erworbenen Kenntnissen, Fähigkeiten und Kompetenzen aufbaut, und
4. seinen Beruf eigenverantwortlich und unabhängig ausübt.

[2] Auf die Zeit der praktischen Tätigkeit sind berufsfördernde Fort- und Weiterbildungsveranstaltungen der Ingenieurekammer-Bau im Aufgabenbereich der technischen und wirtschaftlichen Planung und des Baurechts sowie ein Jahr eines einschlägigen abgeschlossenen Master-Ingenieurstudiengangs anzurechnen. [3] Art. 4 Abs. 1 und 2 BayIngG gilt entsprechend. [4] Art. 4 Abs. 3 und 4 gilt entsprechend.

**Art. 6[1)] Stadtplanerliste, Eintragung.** (1) [1] Von der Architektenkammer wird eine Stadtplanerliste geführt. [2] Aus der Stadtplanerliste muss die Tätigkeitsart – freiberuflich, angestellt, beamtet oder in der Bauwirtschaft tätig – ersichtlich sein.

(2) In die Stadtplanerliste ist auf Antrag einzutragen, wer
1. Wohnsitz, Niederlassung oder überwiegende berufliche Beschäftigung in Bayern hat,
2. ein Studium an einer deutschen Hochschule, an einer deutschen öffentlichen oder staatlich anerkannten Ingenieurschule oder Akademie oder an einer dieser gleichwertigen deutschen Lehreinrichtung erfolgreich abgeschlossen hat, das auf Stadtplanung im Sinn von Art. 3 Abs. 4 ausgerichtet ist, eine Regelstudienzeit von mindestens sechs Semestern in Vollzeit aufweist und mit dem bei Anwendung des ECTS-Systems mindestens 180 Punkte erworben werden können, und
3. danach eine mindestens zweijährige praktische Tätigkeit ausgeübt hat, die auf den während des Studiums erworbenen Kenntnissen, Fähigkeiten und Kompetenzen aufbaut.

(3) Art. 4 Abs. 3 und 4 gilt entsprechend.

**Art. 7[2)] Versagung und Löschung der Eintragung.** (1) Die Eintragung in die Architektenliste, die Stadtplanerliste, die Liste Beratender Ingenieure oder das Verzeichnis nach Art. 2 Abs. 1 Satz 2 ist zu versagen, wenn Tatsachen vorliegen, aus denen sich ergibt, dass die Bewerberin oder der Bewerber nicht die für den jeweiligen Beruf erforderliche Zuverlässigkeit besitzt.

(2) [1] Die Eintragung ist zu löschen, wenn
1. die eingetragene Person dies schriftlich beantragt,

---

[1)] Bish. Art. 7 wird Art. 6, Abs. 3 neu gef. mWv 1.8.2015 durch G v. 24.7.2015 (GVBl. S. 296); Abs. 1 Satz 2 und 3 geänd., Abs. 2 neu gef. mWv 1.8.2017 durch G v. 12.7.2017 (GVBl. S. 356); Abs. 3 geänd. mWv 1.1.2021 durch G v. 23.12.2020 (GVBl. S. 678).

[2)] Bish. Art 6 wird Art. 7, Abs. 1 neu gef. mWv 1.8.2015 durch G v. 24.7.2015 (GVBl. S. 296); Abs. 1 geänd. mWv 1.8.2017 durch G v. 12.7.2017 (GVBl. S. 356).

2. die eingetragene Person verstorben ist,
3. in einem berufsgerichtlichen Verfahren rechtskräftig auf Löschung der Eintragung erkannt worden ist oder
4. die eingetragene Person ihren Wohnsitz, ihre Niederlassung oder ihre überwiegende berufliche Beschäftigung in Bayern dauerhaft aufgibt.

[2]Die Vorschriften des Bayerischen Verwaltungsverfahrensgesetzes über die Rücknahme und den Widerruf eines Verwaltungsaktes bleiben unberührt.

## Dritter Teil. Gesellschaften

**Art. 8[1)] Kapitalgesellschaften, Gesellschaftsverzeichnisse.** (1) [1]Die Berufsbezeichnungen nach Art. 1 dürfen im Namen einer Kapitalgesellschaft nur geführt werden, wenn die Gesellschaft

1. im Fall des Art. 1 Abs. 1 oder Abs. 3 in das von der Architektenkammer geführte Gesellschaftsverzeichnis,
2. im Fall des Art. 1 Abs. 2 in das von der Ingenieurekammer-Bau geführte Gesellschaftsverzeichnis

eingetragen oder als auswärtige Gesellschaft hierzu berechtigt ist. [2]Art. 1 Abs. 4 gilt jeweils entsprechend. [3]Der Eintragung in das jeweilige Gesellschaftsverzeichnis steht die Eintragung in ein entsprechendes Gesellschaftsverzeichnis einer anderen deutschen Architekten- oder Ingenieurekammer gleich, wenn die Gesellschaft in Bayern weder Sitz noch Niederlassung hat.

(2) Aus dem Gesellschaftsverzeichnis müssen Firma, Sitz der Gesellschaft, Geschäftsgegenstand, Geschäftsführer und die Gesellschafter mit den für die Eintragung in die Architektenliste, in die Stadtplanerliste oder die Liste Beratender Ingenieure maßgeblichen Angaben ersichtlich sein.

(3) [1]Eine Gesellschaft ist auf Antrag in das jeweilige Gesellschaftsverzeichnis einzutragen, wenn sie

1. ihren Sitz oder ihre Niederlassung in Bayern hat,
2. das Bestehen einer ausreichenden Berufshaftpflichtversicherung nachweist und
3. in dem Gesellschaftsvertrag oder der Satzung regelt, dass
   a) Gegenstand des Unternehmens die Wahrnehmung von Berufsaufgaben nach Art. 3 in der Fachrichtung der beteiligten Gesellschafter ist,
   b) mindestens die Hälfte des Kapitals und der Stimmanteile in Händen von Mitgliedern der Architektenkammer oder von Pflichtmitgliedern der Ingenieurekammer-Bau ist; die Berufszugehörigkeit der Gesellschafter, die mindestens ein Viertel des Kapitals oder der Stimmanteile innehaben, ist in geeigneter Weise kenntlich zu machen,

---

1) Art. 8 Abs. 3 Satz 1 Nr. 3 Buchst. d und Abs. 4 Satz 1 Nr. 3 Buchst. d geänd. mWv 1.1.2013 durch G v. 11.12.2012 (GVBl. S. 633); Überschrift geänd., Abs. 1 Satz 1 neu gef., Satz 2 aufgeh., bish. Satz 3 wird Satz 2, bish. Satz 4 wird Satz 3 und geänd., Abs. 2 neu gef., Abs. 3 Satz 1 einl. Satzteil geänd., Nr. 3 einl. Satzteil neu gef., Buchst. a geänd., Buchst. b–d neu gef., Abs. 4 aufgeh., bish. Abs. 5 wird Abs. 4 und Satz 1 geänd., Satz 4 neu gef., bish. Abs. 6 wird Abs. 5 und Sätze 1 und 2 geänd., Satz 3 eingef., bish. Satz 3 wird Satz 4, Sätze 5 und 6 angef., Abs. 7 aufgeh. mWv 1.8.2015 durch G v. 24.7.2015 (GVBl. S. 296); Abs. 3 Satz 1 Nr. 3 Buchst. a–d geänd. mWv 1.8.2023 durch G v. 7.7.2023 (GVBl. S. 327).

c) die Gesellschaft verantwortlich von Mitgliedern der Architektenkammer oder von Pflichtmitgliedern der Ingenieurekammer-Bau geführt wird,
d) Kapitalanteile nicht für Rechnung Dritter gehalten werden dürfen,
e) bei einer Aktiengesellschaft und einer Kommanditgesellschaft auf Aktien die Aktien auf den Namen lauten,
f) die Übertragung von Gesellschafts- und Kapitalanteilen an die Zustimmung der Gesellschaft gebunden ist und
g) die für die Berufsangehörigen nach diesem Gesetz bestehenden Pflichten von der Gesellschaft beachtet werden.

[2] Abweichend von Satz 1 Nr. 3 Buchst. b dürfen Anteile auch von Gesellschaften gehalten werden, die die Voraussetzungen des Satzes 1 Nrn. 2 und 3 sinngemäß erfüllen.

(4) [1] Abweichend von Abs. 3 darf eine Gesellschaft Berufsbezeichnungen nach Art. 1 Abs. 1 in Verbindung mit Berufsbezeichnungen nach Art. 1 Abs. 2 führen, wenn beide Berufsgruppen zusammen mindestens zwei Drittel des Kapitals und der Stimmanteile innehaben und jede der im Namen der Gesellschaft genannten Berufsgruppen mindestens ein Viertel des Kapitals und der Stimmanteile hält. [2] Die Gesellschaft ist in diesem Fall in dem Gesellschaftsverzeichnis der Kammer einzutragen, deren Kammerangehörige innerhalb der Gesellschaft über das größere Gewicht des Kapitals und der Stimmanteile verfügen. [3] Bei gleichem Gewicht ist in das Gesellschaftsverzeichnis der Kammer einzutragen, die über den Schutz der Berufsbezeichnung wacht, die im Namen der Gesellschaft an vorderster Stelle steht. [4] Im Übrigen gilt Abs. 3 sinngemäß.

(5) [1] Die zur Deckung der sich aus der Tätigkeit der Gesellschaft ergebenden Haftpflichtgefahren erforderliche Berufshaftpflichtversicherung (Abs. 3 Satz 1 Nr. 2) ist für die Dauer der Eintragung in das jeweilige Gesellschaftsverzeichnis abzuschließen und für eine Nachhaftungszeit von mindestens fünf Jahren aufrecht zu erhalten. [2] Die Mindestversicherungssumme für jeden Versicherungsfall beträgt 2 500 000 € für Personenschäden und 600 000 € für sonstige Schäden. [3] Im Hinblick auf das ausschließliche Führen der Berufsbezeichnung nach Art. 1 Abs. 3 im Namen einer Gesellschaft genügt der Abschluss einer Berufshaftpflichtversicherung, die ausschließlich sonstige Schäden umfasst. [4] Die Leistungen des Versicherers für alle innerhalb eines Versicherungsjahres verursachten Schäden können auf den dreifachen Betrag der Mindestversicherungssumme begrenzt werden. [5] Zuständige Stelle im Sinn des § 117 Abs. 2 Satz 1 des Versicherungsvertragsgesetzes ist die jeweilige Kammer. [6] Diese erteilt Dritten zur Geltendmachung von Schadensersatzansprüchen auf Antrag Auskunft über den Namen, die Adresse und die Versicherungsnummer der Berufshaftpflichtversicherung der Gesellschaft, soweit diese kein überwiegendes schutzwürdiges Interesse an der Nichterteilung der Auskunft hat; dies gilt auch, wenn die Eintragung in das Gesellschaftsverzeichnis erloschen ist.

**Art. 9[1)] Partnerschaftsgesellschaften, Haftungsbeschränkungen, Personengesellschaften.** (1) Auf Partnerschaftsgesellschaften nach § 1 Abs. 1 des Partnerschaftsgesellschaftsgesetzes (PartGG) findet Art. 8 mit Ausnahme von Art. 8 Abs. 3 Satz 1 Nrn. 2, 3 Buchst. b bis f und Abs. 5 Anwendung.

---

1) Bish. Art. 10 wird Art. 9 und neu gef. mWv 1.8.2015 durch G v. 24.7.2015 (GVBl. S. 296); Überschrift und Abs. 3 Satz 2 geänd., Sätze 3 und 4 aufgeh. mWv 1.8.2023, Abs. 4 angef. mWv 1.1.2024 durch G v. 7.7.2023 (GVBl. S. 327).

(2) Wird für die Deckung der sich aus der Tätigkeit der Partnerschaftsgesellschaft ergebenden Haftpflichtgefahren eine Berufshaftpflichtversicherung entsprechend Art. 8 Abs. 3 Satz 1 Nr. 2 und Abs. 5 abgeschlossen, kann der Anspruch des Auftraggebers wegen fehlerhafter Berufsausübung auf Ersatz eines fahrlässig verursachten Schadens beschränkt werden

1. durch schriftliche Vereinbarung im Einzelfall bis zur Höhe der Mindestversicherungssumme und
2. durch vorformulierte Vertragsbedingungen für Fälle einfacher Fahrlässigkeit auf den dreifachen Betrag der Mindestversicherungssumme für Sach- und Vermögensschäden, wenn insoweit Versicherungsschutz besteht.

(3) [1] Die Berufshaftpflichtversicherung einer Partnerschaftsgesellschaft mit beschränkter Berufshaftung (§ 8 Abs. 4 PartGG) muss die Haftpflichtgefahren decken, die sich aus der Wahrnehmung der Aufgaben nach Art. 3 ergeben. [2] Art. 8 Abs. 5 Satz 2 bis 6 gilt entsprechend.

(4) [1] Auf eingetragene Gesellschaften bürgerlichen Rechts, offene Handelsgesellschaften und Kommanditgesellschaften findet Art. 8 mit Ausnahme von Art. 8 Abs. 3 Satz 1 Nr. 3 Buchst. e Anwendung. [2] Ist eine Gesellschaft als Gesellschafter beteiligt, gelten die Voraussetzungen nach Art. 8 Abs. 3 Satz 1 Nr. 3 Buchst. b bis g und Art. 8 Abs. 4 Satz 1 für diese sinngemäß.

**Art. 10[1)] Eintragung, Löschung.** (1) Mit dem Antrag auf Eintragung in das Gesellschaftsverzeichnis ist eine Kopie des Gesellschaftsvertrags oder der Satzung vorzulegen oder elektronisch zu übermitteln und die Anmeldung zum Handels- oder Partnerschaftsregister nachzuweisen.

(2) Die für die Eintragung zuständige Stelle hat gegenüber dem Registergericht zu bescheinigen, dass die einzutragende Gesellschaft die Voraussetzungen nach Art. 8 Abs. 3 und 4 oder Art. 9 erfüllt.

(3) Die Eintragung in die Gesellschaftsverzeichnisse ist zu versagen, wenn in der Person eines der Geschäftsführer oder eines der Gesellschafter, die nach Art. 8 Abs. 3 Satz 1 Nr. 3 Buchst. b die Mehrheit des Kapitals und der Stimmanteile innehaben müssen, oder eines Partners ein Versagungsgrund nach Art. 7 Abs. 1 vorliegt.

(4) [1] Die Eintragung einer Gesellschaft in das Gesellschaftsverzeichnis bei einer Kammer ist zu löschen, wenn

1. die Gesellschaft nicht mehr besteht,
2. die Gesellschaft die Berufsbezeichnung nicht mehr führt,
3. die Eintragungsvoraussetzungen nicht mehr vorliegen oder
4. die Gesellschaft dies schriftlich beantragt.

[2] Die Vorschriften des Bayerischen Verwaltungsverfahrensgesetzes über die Rücknahme und den Widerruf eines Verwaltungsaktes bleiben unberührt.

(5) [1] In den Fällen des Abs. 4 Satz 1 Nr. 3 ist der Gesellschaft eine Frist von höchstens einem Jahr zu setzen, innerhalb derer die Eintragungsvoraussetzungen wieder erfüllt werden müssen. [2] Im Fall des Todes eines Gesellschafters soll die Frist mindestens ein Jahr, höchstens jedoch zwei Jahre betragen.

---

[1)] Bis. Art. 9 wird Art. 10 und Abs. 2 geänd., Abs. 3 und Abs. 4 Satz 2 neu gef. mWv 1.8.2015 durch G v. 24.7.2015 (GVBl S. 296); Abs. 1 und 6 geänd. mWv 1.8.2023 durch G v. 7.7.2023 (GVBl. S. 327).

(6) Die in die Gesellschaftsverzeichnisse eingetragenen Gesellschaften sind verpflichtet, Änderungen des Gesellschaftsvertrags oder der Satzung, der Gesellschafter und Geschäftsführer sowie Änderungen im Handels- oder Partnerschaftsregister unverzüglich der jeweiligen Kammer in Kopie vorzulegen oder elektronisch zu übermitteln.

**Art. 11[1] Auswärtige Gesellschaften.** (1) Gesellschaften, die in der Bundesrepublik Deutschland nicht in einem Gesellschaftsverzeichnis eingetragen sind (auswärtige Gesellschaften), dürfen in ihrer Firma oder ihrem Namen die in Art. 1 genannten Berufsbezeichnungen und Wortverbindungen nur führen, wenn sie nach dem Recht ihres Herkunftsstaates befugt sind, diese oder vergleichbare Berufsbezeichnungen zu führen.

(2) Die auswärtigen Gesellschaften mit einem Unternehmensgegenstand im Sinn von Art. 8 Abs. 3 Satz 1 Nr. 3 Buchst. a haben das erstmalige Erbringen von Leistungen der jeweiligen Kammer vorher anzuzeigen.

(3) Das Führen der Berufsbezeichnung ist einer auswärtigen Gesellschaft durch die zuständige Kammer zu untersagen, wenn die Gesellschaft auf Verlangen nicht nachweist, dass sie oder ihre Gesellschafter und gesetzlichen Vertreter die die Kammer betreffende Tätigkeit nach dem Recht des Herkunftsstaates der Gesellschaft rechtmäßig ausüben.

(4) Die auswärtigen Gesellschaften haben die Berufspflichten zu beachten.

## Vierter Teil.[2] Architektenkammer, Ingenieurekammer-Bau

**Art. 12[3] Kammern, Mitgliedschaft.** (1) [1]Die Architektenkammer und die Ingenieurekammer-Bau sind Körperschaften des öffentlichen Rechts mit Sitz in München. [2]Sie führen ein Dienstsiegel.

(2) [1]Die Kammern können Untergliederungen bilden. [2]Sie sind zuständige Stellen im Sinn der Richtlinie 2005/36/EG.

(3) [1]Der Architektenkammer gehören an

1. als Mitglieder
   a) die in die Architektenliste eingetragenen Architektinnen und Architekten, Innen- und Landschaftsarchitektinnen, Innen- und Landschaftsarchitekten sowie
   b) die in die Stadtplanerliste eingetragenen Stadtplanerinnen und Stadtplaner sowie
2. als Juniormitglieder die nach Satz 2 in das Verzeichnis für Juniormitglieder eingetragenen Personen.

[2]In das Verzeichnis für Juniormitglieder ist auf Antrag einzutragen, wer die Voraussetzungen des Art. 4 Abs. 2 Nr. 1 und 2 oder Art. 6 Abs. 2 Nr. 1 und 2 erfüllt und eine praktische Tätigkeit nach Art. 4 Abs. 2 Nr. 3 oder Art. 6 Abs. 2

---

[1] Art. 11 Abs. 2 neu gef., Abs. 3 Satz 2 aufgeh. mWv 1.8.2015 durch G v. 24.7.2015 (GVBl. S. 296).

[2] Überschrift geänd. mWv 1.8.2023 durch G v. 7.7.2023 (GVBl. S. 327).

[3] Art. 12 Abs. 3 und Abs. 4 Satz 2 neu gef., Abs. 5 Satz 3 geänd. mWv 1.8.2015 durch G v. 24.7. 2015 (GVBl. S. 296); Abs. 2 Satz 2 angef., Abs. 5 Satz 1 Nr. 2 neu gef., Abs. 6 angef. mWv 1.8.2017 durch G v. 12.7.2017 (GVBl. S. 356); Abs. 6 geänd. mWv 1.5.2019 durch V v. 26.3.2019 (GVBl. S. 98); Abs. 1 Satz 1 geänd. mWv 1.8.2023, Abs. 3 Satz 1 Nr. 1 und 2 neu gef., Sätze 2–4 eingef., bish. Satz 2 wird Satz 5 mWv 1.1.2024 durch G v. 7.7.2023 (GVBl. S. 327).

Nr. 3 begonnen hat. [3]Für die Versagung und Löschung der Eintragung gilt Art. 7 entsprechend. [4]Die Eintragung ist auch zu löschen

1. mit Eintragung in die Architektenliste oder Stadtplanerliste,
2. drei Monate nach Abschluss der praktischen Tätigkeit, wenn kein Antrag auf Eintragung in die Architektenliste oder Stadtplanerliste gestellt wurde, oder
3. vier Jahre und sechs Monate nach Beginn der praktischen Tätigkeit; die Frist kann einmalig auf Antrag in Textform bis zu vier Jahre verlängert werden.

[5]Die Mitgliedschaft endet durch Löschen der Eintragung.

(4) [1]Der Ingenieurekammer-Bau gehören als Pflichtmitglieder alle im Bauwesen tätigen Ingenieurinnen und Ingenieure an, die in die Liste Beratender Ingenieure eingetragen sind. [2]Die Mitgliedschaft endet durch Löschen der Eintragung.

(5) [1]Der Ingenieurekammer-Bau kann freiwillig als Mitglied beitreten, wer

1. Wohnsitz, Niederlassung oder überwiegende berufliche Beschäftigung in Bayern hat und
2. a) in die Liste Beratender Ingenieure eingetragen ist, ohne im Bauwesen tätig zu sein, oder
   b) im Bauwesen tätig ist, ohne in die Liste Beratender Ingenieure eingetragen zu sein, und berechtigt ist, nach den Vorschriften des Bayerischen Ingenieurgesetzes die Berufsbezeichnung „Ingenieurin" oder „Ingenieur" zu führen.

[2]Über die Aufnahme freiwilliger Mitglieder entscheidet der Vorstand. [3]Art. 7 gilt entsprechend.

(6) Die Aufsicht über die Kammern und deren Eintragungsausschüsse führt das Staatsministerium für Wohnen, Bau und Verkehr nach den Vorschriften der Gemeindeordnung, soweit durch Gesetz oder Verordnung nichts anderes bestimmt ist.

**Art. 13[1)] Aufgaben der Kammern.** (1) [1]Aufgabe der Architektenkammer ist es, die Baukultur, die Baukunst, das Bauwesen, das barrierefreie Bauen, die Orts- und Stadtplanung sowie die Landschaftspflege zu fördern. [2]Aufgabe der Ingenieurekammer-Bau ist es, die Baukultur sowie die Wissenschaft und die Technik des Bauwesens zu fördern. [3]Aufgaben beider Kammern sind,

1. die beruflichen Belange der Gesamtheit ihrer Mitglieder sowie das Ansehen des Berufsstandes zu wahren, die Mitglieder in Fragen der Berufsausübung zu beraten und die Erfüllung der beruflichen Pflichten zu überwachen,
2. die berufliche Ausbildung zu fördern und für die berufliche Fort- und Weiterbildung zu sorgen,
3. die nach diesem Gesetz und anderen Rechtsvorschriften vorgeschriebenen Listen und Verzeichnisse zu führen und die danach notwendigen Bescheinigungen zu erteilen,
4. bei der Regelung des Wettbewerbswesens mitzuwirken,

---

[1)] Art. 13 Abs. 1 Satz 1, Satz 3 Nr. 6 und 7 geänd., Nr. 8 und 9 angef. mWv 1.8.2017 durch G v. 12.7.2017 (GVBl. S. 356); Abs. 1 Satz 3 einl. Satzteil geänd., Abs. 4 angef. mWv 1.8.2023, Abs. 2 Sätze 1 und 2 geänd. mWv 1.1.2024 durch G v. 7.7.2023 (GVBl. S. 327).

5. Behörden und Gerichte in allen die Berufsaufgaben betreffenden Fragen zu unterstützen,
6. auf die Beilegung von Streitigkeiten, die sich aus der Berufsausübung ergeben, hinzuwirken,
7. bei der Regelung des Sachverständigenwesens mitzuwirken,
8. die Berufsqualifikationen zu überprüfen und anzuerkennen sowie Ausgleichsmaßnahmen anzuordnen und zu bewerten und
9. die während der praktischen Tätigkeit sowie der begleitenden Fort- und Weiterbildungsmaßnahmen zu bearbeitenden Mindestaufgaben und Mindestinhalte festzulegen sowie Berufspraktika zu beaufsichtigen und zu bewerten.

(2) [1] Die Kammern können Fürsorgeeinrichtungen für ihre Mitglieder und Juniormitglieder und deren Familien schaffen. [2] Für Mitglieder und Juniormitglieder, deren Versorgung gesetzlich geregelt ist, darf die Teilnahme hieran nicht zwingend sein.

(3) [1] Die Kammern sind berechtigt, sich im Rahmen der Aufgaben nach Abs. 1 an Arbeitsgemeinschaften mit anderen Organisationen zu beteiligen. [2] Eine Aufgabenübertragung ist dabei jedoch nicht zulässig.

(4) Beteiligungen der Kammern an Entwicklungsprojekten im Ausland sind in angemessenem Maße zulässig, wenn der Vorstand und die Vertreterversammlung im begründeten Einzelfall einen Zusammenhang mit Aufgaben der Kammer gemäß Abs. 1 Satz 3 Nr. 2 festgestellt haben.

**Art. 14[1)] Organe der Kammern.** (1) Organe der Kammern sind jeweils
1. die Vertreterversammlung und
2. der Vorstand.

(2) [1] Den Organen der Kammern dürfen nur Kammermitglieder angehören. [2] Die in die Organe berufenen Mitglieder sind zur Annahme und Ausübung ihres Amtes verpflichtet, soweit nicht ein wichtiger Grund entgegensteht.

(3) [1] Die Mitglieder der Organe sind ehrenamtlich tätig. [2] Sie haben Anspruch auf angemessene Entschädigung für Auslagen und Zeitaufwand.

(4) [1] Die Mitglieder der Organe und Einrichtungen der Kammern einschließlich deren Hilfskräfte und hinzugezogenen Sachverständigen sind zur Verschwiegenheit über alle Angelegenheiten verpflichtet, die ihnen im Zusammenhang mit ihrer Tätigkeit bekannt geworden sind. [2] Dies gilt nicht für Mitteilungen im amtlichen Verkehr und über Tatsachen, die offenkundig sind oder ihrer Bedeutung nach keiner Geheimhaltung bedürfen. [3] Die Pflicht zur Verschwiegenheit besteht nach der Beendigung der Tätigkeit der oder des Verpflichteten fort.

(5) Die Mitglieder der Organe und Ausschüsse haben für die Zeit der Ausübung ihres Mandats Anspruch auf unbezahlte Freistellung von der Arbeitsleistung, wenn zwingende betriebliche oder dienstliche Belange nicht entgegenstehen.

---

[1)] Art. 14 Abs. 5 angef. mWv 1.8.2023 durch G v. 7.7.2023 (GVBl. S. 327).

**Art. 15[1] Vertreterversammlungen.** (1) [1]Die Mitglieder der Architektenkammer wählen in geheimer Wahl auf die Dauer von fünf Jahren 125 Vertreter und eine gleiche Zahl von Nachrückern; jede Fachrichtung (Art. 3 Abs. 1 bis 4) muss dabei durch mindestens zwei Mitglieder vertreten sein. [2]Die Mitglieder der Ingenieurekammer-Bau wählen in geheimer Wahl auf die Dauer von fünf Jahren 125 Vertreter, von denen mindestens 75 Pflichtmitglieder sein müssen, sowie eine gleiche Zahl von Nachrückern. [3]Die Wahl kann auch als elektronische Wahl durchgeführt werden.

(2) Die Amtszeit der Mitglieder der Vertreterversammlung dauert bis zum Amtsantritt der neuen Mitglieder.

(3) Das Nähere regelt eine durch Satzung zu erlassende Wahlordnung.

**Art. 16[2] Aufgaben der Vertreterversammlungen.** (1) Die Vertreterversammlungen sind insbesondere zuständig für

1. den Erlass von Satzungen,
2. die Abnahme der Jahresrechnung und die Wahl der Rechnungsprüfer,
3. die Wahl, Entlastung und Abberufung der Vorstandsmitglieder,
4. die Festsetzung der Entschädigungen für die Mitglieder der Organe, der Eintragungsausschüsse und der Ausschüsse,
5. die Bildung von Ausschüssen sowie die Wahl und Abwahl der Mitglieder dieser Ausschüsse und
6. die Bildung von Fürsorgeeinrichtungen.

(2) [1]Die Vertreterversammlungen sind beschlussfähig, wenn die Ladung ordnungsgemäß erfolgt und mehr als die Hälfte der Mitglieder anwesend ist. [2]Ist eine Angelegenheit wegen Beschlussunfähigkeit der Vertreterversammlung zurückgestellt worden und tritt die Vertreterversammlung zur Verhandlung über denselben Gegenstand zum zweiten Mal zusammen, so ist sie ohne Rücksicht auf die Zahl der Erschienenen beschlussfähig. [3]In der Ladung zu dieser Sitzung muss hierauf hingewiesen werden.

(3) [1]Die Beschlüsse werden mit der Mehrheit der abgegebenen gültigen Stimmen gefasst. [2]Bei Stimmengleichheit ist der Antrag abgelehnt.

(4) Beschlüsse über Satzungen nach Art. 18 Abs. 2 Nrn. 1 bis 5 und zur vorzeitigen Abberufung eines Vorstandsmitglieds bedürfen der Mehrheit von zwei Dritteln der anwesenden Mitglieder der Vertreterversammlung, mindestens aber der Mehrheit der Mitglieder der Vertreterversammlung.

(5) [1]Abweichend von Abs. 2 und 4 sowie von auf Grundlage des Art. 18 erlassenen Satzungen kann der Vorstand die Vertreterversammlung ohne persönliche Anwesenheit der Mitglieder als Online-Format im Wege elektronischer Kommunikation durchführen. [2]Die Nichtöffentlichkeit, sichere Authentifizierung und die Möglichkeit zur ordnungsgemäßen Stimmabgabe durch alle geladenen Mitglieder sind sicherzustellen. [3]Die elektronische Teilnahme gilt als Anwesenheit im Sinne des Abs. 2 und 4.

**Art. 17 Vorstände.** (1) [1]Die Vorstände bestehen aus der Präsidentin oder dem Präsidenten, bis zu drei Stellvertretern (Vizepräsidentinnen oder Vizeprä-

---

[1] Art. 15 Abs. 1 Satz 1 Halbs. 2 geänd. mWv 1.8.2015 durch G v. 24.7.2015 (GVBl. S. 296); Abs. 1 Satz 3 angef. mWv 1.8.2023 durch G v. 7.7.2023 (GVBl. S. 327).

[2] Art. 16 Abs. 5 angef. mWv 11.11.2020 durch G v. 3.11.2020 (GVBl. S. 590)

sidenten) und mindestens vier weiteren Mitgliedern. [2] Sie werden auf die Dauer von fünf Jahren von der Vertreterversammlung gewählt. [3] Art. 15 Abs. 2 gilt entsprechend. [4] Bei der Ingenieurekammer-Bau müssen die Präsidentin oder der Präsident, eine Vizepräsidentin oder ein Vizepräsident und mindestens drei weitere Mitglieder des Vorstands Pflichtmitglieder sein.

(2) Die Präsidentin oder der Präsident vertritt die Kammer gerichtlich und außergerichtlich.

(3) Der Vorstand führt die Geschäfte der Kammer.

(4) [1] Erklärungen, durch welche eine Kammer verpflichtet werden soll, bedürfen der Schriftform. [2] Sie sind von der Präsidentin oder vom Präsidenten zu unterzeichnen, soweit durch Satzung nichts anderes bestimmt ist.

**Art. 18[1)] Satzungen.** (1) Die Kammern können ihre Angelegenheiten durch Satzung regeln.

(2) Die Kammern haben durch Satzung Bestimmungen zu treffen über

1. die beruflichen Rechte und Pflichten ihrer Mitglieder (Berufsordnung),
2. die Wahl und die Zusammensetzung der Vorstände,
3. die Wahl, Einberufung und Geschäftsordnung der Vertreterversammlungen sowie deren Ausschüsse,
4. die Schlichtungsausschüsse,
5. die Beiträge und Gebühren,
6. die Bildung von Untergliederungen,
7. die Haushaltspläne,
8. das vor der vorübergehenden Erbringung von Dienstleistungen zu beachtende Verfahren,
9. die Inhalte der praktischen Tätigkeit im Sinn von Art. 4 Abs. 2 Nr. 3, Art. 5 Abs. 2 Satz 1 Nr. 3 und Art. 6 Abs. 2 Nr. 3 einschließlich erforderlicher Fortbildungsmaßnahmen, deren Bewertung, sowie die Organisation, Anerkennung und Überwachung von im Ausland erbrachten Teilen des Berufspraktikums,
10. das Nähere zu den Ausgleichsmaßnahmen nach Art. 11 des Bayerischen Berufsqualifikationsfeststellungsgesetzes (BayBQFG) sowie Art. 31 Abs. 3 und Art. 5 Abs. 2 Satz 3 einschließlich des Verfahrens und
11. die Rechte und Pflichten der Juniormitglieder, insbesondere deren beratende Mitwirkung in Vertreterversammlung und Vorstand.

(3) [1] Satzungen nach Abs. 2 Nr. 1 und 8 bis 10 bedürfen der Genehmigung durch die Aufsichtsbehörde. [2] Satzungen nach Abs. 2 Nr. 1 bis 5 und 8 bis 11 sind im Bayerischen Staatsanzeiger zu veröffentlichen.

(4) [1] Die Kammern sind verpflichtet, vor dem Erlass oder der Änderung einer Regelung, die die Titelführung im Sinn dieses Gesetzes beschränkt, eine Prüfung der Verhältnismäßigkeit nach den Vorgaben der Richtlinie (EU) 2018/

---

[1)] Art. 18 Abs. 3 Satz 1 eingef., bish. Wortlaut wird Satz 2 mWv 1.8.2009 durch G v. 27.7.2009 (GVBl. S. 385); Abs. 2 Nr. 6 und 7 geänd., Nr. 8–10 angef., Abs. 3 Satz 2 geänd. mWv 1.8.2017 durch G v. 12.7.2017 (GVBl. S. 356); Abs. 4 angef. mWv 1.8.2020 durch G v. 24.7.2020 (GVBl. S. 370); Abs. 2 Nr. 10 geänd. mWv 1.1.2021 durch G v. 23.12.2020 (GVBl. S. 678); Abs. 3 Satz 1 und Abs. 4 Satz 2 neu gef., Satz 3 aufgeh. mWv 1.8.2023, Abs. 2 Nr. 9 und 10 geänd., Nr. 11 angef., Abs. 3 Satz 2 geänd. durch G v. 7.7.2023 (GVBl. S. 327).

958 vorzunehmen und in der Begründung der Regelung die Übereinstimmung mit dem Grundsatz der Verhältnismäßigkeit nach den Kriterien des Art. 7 der Richtlinie (EU) 2018/958 zu erläutern. [2]Das Staatsministerium für Wohnen, Bau und Verkehr wird ermächtigt, durch Rechtsverordnung Vorschriften zur Umsetzung der Richtlinie (EU) 2018/958 zu erlassen.

**Art. 19[1)] Finanzwesen.** (1) [1]Der Finanzbedarf der Kammern wird, soweit er nicht anderweitig gedeckt werden kann, durch Beiträge der Mitglieder aufgebracht. [2]Die Beiträge können insbesondere für einzelne Mitgliedergruppen und nach der Höhe der Einnahmen aus der Berufstätigkeit unterschiedlich bemessen werden. [3]In die Stadtplanerliste eingetragene Stadtplanerinnen und Stadtplaner, die zum Zeitpunkt der Eintragung in die Stadtplanerliste bereits Mitglied einer anderen berufsständischen Kammer sind, sind in der Architektenkammer nicht beitragspflichtig, solange die Mitgliedschaft in der anderen Kammer fortbesteht.

(2) Für die Inanspruchnahme von Einrichtungen, für Amtshandlungen und sonstige Leistungen der Kammern sowie Amtshandlungen der Eintragungsausschüsse können die Kammern Gebühren und Auslagen erheben.

(3) [1]Die Kammern sind für die Vollstreckung ihrer Beitrags-, Gebühren- und Kostenforderungen Anordnungs- und Vollstreckungsbehörden im Sinn des Bayerischen Verwaltungszustellungs- und Vollstreckungsgesetzes. [2]Sie sind zur Anbringung der Vollstreckungsklausel befugt.

**Art. 20[2)] Auskünfte.** (1) [1]Jeder hat bei Darlegung eines berechtigten Interesses das Recht auf Auskunft aus den von den Kammern zu führenden Listen und Verzeichnissen über Namen, akademische Grade, Anschriften, Fachrichtung und Tätigkeitsart, falls vorhanden auch über Telefon- und Telefaxnummern sowie E-Mail-Adressen. [2]Die Angaben dürfen auch veröffentlicht oder zum Zweck der Veröffentlichung übermittelt werden, soweit der Betroffene nicht widerspricht.

(2) [1]Die Architektenkammer gibt der Bayerischen Architektenversorgung aus den von ihr geführten Listen und aus dem Verzeichnis für Juniormitglieder die Eintragungen, Löschungen und sonstigen Veränderungen bekannt, die für die Mitgliedschaft der von der Eintragung Betroffenen bei der Bayerischen Architektenversorgung von Bedeutung sein können. [2]Die Lehreinrichtungen nach Art. 4 Abs. 2 Nr. 2 oder Art. 6 Abs. 2 Nr. 2 mit Sitz in Bayern geben der Architektenkammer nach Abschluss der jeweiligen Prüfungen Namen, Vornamen und Anschriften derjenigen Personen bekannt, die sich erfolgreich einer Abschlussprüfung für die Berufsaufgaben nach Art. 3 Abs. 1 bis 4 unterzogen haben.

**Art. 21[3)] Schlichtungsausschüsse.** (1) [1]Zur gütlichen Beilegung von Streitigkeiten, die sich aus der Berufsausübung zwischen Kammermitgliedern oder zwischen diesen und Dritten ergeben, ist bei den Kammern je ein Schlich-

---

[1)] Art. 19 Abs. 1 Satz 3 angef. mWv 1.8.2015 durch G v. 24.7.2015 (GVBl. S. 296); Abs. 1 Satz 3 geänd. mWv 1.8.2023 durch G v. 7.7.2023 (GVBl. S. 327).

[2)] Art. 20 Abs. 3 Sätze 1 und 2 geänd. mWv 1.8.2015 durch G v. 24.7.2015 (GVBl. S. 296); Abs. 2 aufgeh., bish. Abs. 3 wird Abs. 2 und Satz 2 geänd. mWv 1.8.2017 durch G v. 12.7.2017 (GVBl. S. 356); Abs. 2 Sätze 1 und 2 geänd. mWv 1.1.2024 durch G v. 7.7.2023 (GVBl. S. 327).

[3)] Art. 21 Abs. 1 Sätze 2–4 angef. mWv 1.8.2009 durch G v. 27.7.2009 (GVBl. S. 385).

tungsausschuss zu bilden. 2 Die Mitglieder der Schlichtungsausschüsse werden vom Vorstand der jeweiligen Kammer für dessen Amtsdauer bestellt. 3 Sofern nach einer Neuwahl des Vorstands die Mitglieder des neuen Schlichtungsausschusses noch nicht bestellt worden sind, wird bis zur Bestellung der bisherige Schlichtungsausschuss tätig, soweit und solang dies erforderlich ist. 4 Die Mitglieder sind ehrenamtlich tätig.

(2) 1 Bei Streitigkeiten zwischen Mitgliedern einer Kammer hat der Schlichtungsausschuss auf Anrufung durch einen Beteiligten oder auf Anordnung des Vorstands dieser Kammer einen Schlichtungsversuch zu unternehmen. 2 Ist ein Dritter beteiligt, kann der Schlichtungsausschuss nur mit dessen Einverständnis tätig werden.

## Fünfter Teil. Eintragungsausschüsse

**Art. 22[1)] Errichtung, Zuständigkeit, Zusammensetzung.** (1) 1 Bei den Kammern wird je ein Eintragungsausschuss gebildet. 2 Die Kosten eines Eintragungsausschusses trägt die jeweilige Kammer; ihr fließen die Gebühren und Auslagen zu.

(2) Die Eintragungsausschüsse sind zuständig für Entscheidungen oder die Entgegennahme von Anzeigen nach Art. 2, 4 bis 11 und 13 Abs. 1 Satz 3 Nr. 3, 8 und 9 sowie für die Erteilung von nach dem Recht der Europäischen Union erforderlichen Bescheinigungen und Auskünfte.

(3) 1 Die Eintragungsausschüsse bestehen jeweils aus der oder dem Vorsitzenden und der erforderlichen Zahl von Beisitzerinnen und Beisitzern. 2 Für die Vorsitzende oder den Vorsitzenden ist mindestens eine Vertretung zu bestellen. 3 Die oder der Vorsitzende sowie die Vertreterinnen und Vertreter müssen die Befähigung zum Richteramt nach dem Deutschen Richtergesetz haben. 4 Die Beisitzerinnen und Beisitzer müssen Mitglieder der jeweiligen Kammer sein; bei Entscheidungen über die Eintragung in die Liste Beratender Ingenieure und in das Verzeichnis der auswärtigen Beratenden Ingenieure müssen sie in die Liste Beratender Ingenieure bzw. bei Entscheidungen über die Eintragung in die Stadtplanerliste und in das Verzeichnis der auswärtigen Stadtplaner in die Stadtplanerliste eingetragen sein. 5 Die Mitglieder der Eintragungsausschüsse dürfen weder dem Vorstand der jeweiligen Kammer angehören noch Bedienstete dieser Kammer oder der Aufsichtsbehörde sein.

(4) 1 Die Mitglieder der Eintragungsausschüsse werden vom Vorstand der jeweiligen Kammer für dessen Amtsdauer bestellt. 2 Sofern nach einer Neuwahl des Vorstands die Mitglieder des neuen Eintragungsausschusses noch nicht bestellt worden sind, wird bis zur Bestellung der bisherige Eintragungsausschuss tätig, soweit und solang dies erforderlich ist. 3 Die Mitglieder sind ehrenamtlich tätig.

**Art. 23 Verfahren.** (1) 1 Die Eintragungsausschüsse sind unabhängig und an Weisungen nicht gebunden. 2 Sie entscheiden nach ihrer freien, aus dem Gang des gesamten Verfahrens gewonnenen Überzeugung. 3 Die Sitzungen der Eintragungsausschüsse sind nicht öffentlich.

---

[1)] Art. 22 Abs. 4 neu gef. mWv 1.8.2009 durch G v. 27.7.2009 (GVBl. S. 385); Abs. 1 Satz 2 aufgeh., bish. Satz 3 wird Satz 2, Abs. 2 Satz 2 aufgeh., bish. Satz 1 geänd. mWv 1.8.2015 durch G v. 24.7.2015 (GVBl. S. 296); Abs. 2 geänd. mWv 1.8.2017 durch G v. 12.7.2017 (GVBl. S. 356).

(2) [1] Die Eintragungsausschüsse sind fähig, am verwaltungsgerichtlichen Verfahren beteiligt zu werden. [2] Sie werden dabei durch die Vorsitzende oder den Vorsitzenden vertreten.

## Sechster Teil. Berufspflichten, Berufsgerichtsbarkeit

**Art. 24[1)] Berufspflichten.** (1) [1] Die Mitglieder der Kammern sind verpflichtet, ihren Beruf gewissenhaft auszuüben, dem ihnen im Zusammenhang mit ihrem Berufsstand entgegen gebrachten Vertrauen zu entsprechen und alles zu unterlassen, was dem Ansehen ihres Berufsstandes schaden kann. [2] Sie sind insbesondere verpflichtet,

1. sich beruflich fortzubilden,
2. sich kollegial zu verhalten und unlauteren Wettbewerb zu unterlassen,
3. sich ausreichend gegen Haftpflichtansprüche zu versichern,
4. Dienstleistungsempfängern und den zuständigen Behörden Informationen und Kontaktdaten gemäß Art. 22, 27 und 28 Abs. 4 der Richtlinie 2006/123/EG des Europäischen Parlaments und des Rates vom 12. Dezember 2006 über die Dienstleistungen im Binnenmarkt (ABl L 376 S. 36) zur Verfügung zu stellen.

[3] Das Nähere regeln die Berufsordnungen.

(2) Ein außerhalb der Berufstätigkeit liegendes Verhalten ist eine Berufspflichtverletzung, wenn es nach den Umständen des Einzelfalls in besonderem Maß geeignet ist, Achtung und Vertrauen in einer für das Ansehen des Berufsstandes bedeutsamen Weise zu beeinträchtigen.

**Art. 25[2)] Rügerecht der Vorstände.** (1) [1] Der Vorstand kann das Verhalten eines Kammermitglieds, durch das dieses ihm obliegende Berufspflichten verletzt hat, rügen, wenn die Schuld gering ist und ein Antrag auf Einleitung eines berufsgerichtlichen Verfahrens nicht erforderlich erscheint. [2] Kammermitglieder im öffentlichen Dienst unterliegen hinsichtlich ihrer dienstlichen Tätigkeit nicht dem Rügerecht.

(2) [1] Das Rügerecht erlischt, sobald das berufsgerichtliche Verfahren gegen das Mitglied eingeleitet ist. [2] Art. 27 Abs. 3 gilt entsprechend.

(3) Gegen den Bescheid kann das Mitglied binnen eines Monats nach Bekanntgabe die Einleitung eines berufsgerichtlichen Verfahrens beim zuständigen Gericht beantragen.

**Art. 26[3)] Berufsgerichtsbarkeit.** (1) [1] Mitglieder der Kammern oder in das Verzeichnis nach Art. 2 Abs. 1 Satz 2 eingetragene Personen, die schuldhaft gegen Berufspflichten verstoßen, haben sich im berufsgerichtlichen Verfahren zu verantworten. [2] Kammermitglieder im öffentlichen Dienst unterliegen hinsichtlich ihrer dienstlichen Tätigkeit nicht dem berufsgerichtlichen Verfahren.

---

[1)] Art. 24 Abs. 1 Satz 2 Nr. 3 geänd., Nr. 4 angef. mWv 1.8.2009 durch G v. 27.7.2009 (GVBl. S. 385).

[2)] Art. 25 Abs. 2 Satz 2 angef. mWv 1.8.2023 durch G v. 7.7.2023 (GVBl. S. 327).

[3)] Art. 26 Abs. 1 Satz 1 geänd., Abs. 2 Satz 2 angef. mWv 1.8.2009 durch G v. 27.7.2009 (GVBl. S. 385); Abs. 1 Satz 1 und Abs. 2 Satz 2 geänd. mWv 1.8.2015 durch G v. 24.7.2015 (GVBl. S. 296); Abs. 1 Satz 1, Abs. 2 Satz 2 geänd. mWv 1.8.2017 durch G v. 12.7.2017 (GVBl. S. 356).

(2) [1] Einen Antrag auf Einleitung eines berufsgerichtlichen Verfahrens gegen ein Mitglied können stellen

1. der Vorstand der jeweiligen Kammer oder
2. Mitglieder gegen sich selbst.

[2] Gegen in das Verzeichnis nach Art. 2 Abs. 1 Satz 2 eingetragene Personen, die Staatsangehörige eines Mitgliedstaates der Europäischen Union oder eines Vertragsstaates des Abkommens über den Europäischen Wirtschaftsraum sind, kann der Vorstand die Einleitung eines berufsgerichtlichen Verfahrens nur unter Einhaltung des Amtshilfeverfahrens nach Art. 35 der Richtlinie 2006/123/EG beantragen und nur, wenn der Niederlassungsmitgliedstaat keine bzw. unzureichende Maßnahmen ergriffen hat.

**Art. 27[1)] Berufsgerichtliche Maßnahmen.** (1) Im berufsgerichtlichen Verfahren kann erkannt werden auf

1. Verweis,
2. Geldbuße bis zu zwanzigtausend Euro,
3. Entziehung der Wählbarkeit zu Organen der jeweiligen Kammer für eine Dauer von bis zu fünf Jahren,
4. Entziehung der Mitgliedschaft in Organen der jeweiligen Kammer,
5. Löschung der Eintragung in der Architektenliste, Stadtplanerliste oder der Liste Beratender Ingenieure oder aus dem Verzeichnis nach Art. 2 Abs. 1 Satz 2 oder
6. Ausschluss aus der Ingenieurekammer-Bau bei freiwilligen Mitgliedern dieser Kammer.

(2) [1] Die Maßnahmen nach Abs. 1 Nr. 2 bis 4 können nebeneinander verhängt werden. [2] Hat ein Gericht oder eine Behörde wegen desselben Verhaltens bereits eine Strafe, Geldbuße, Disziplinarmaßnahme oder ein Ordnungsmittel verhängt, so ist von einer Maßnahme nach Abs. 1 Nr. 1 und 2 abzusehen, es sei denn, dass diese Maßnahme zusätzlich erforderlich ist, um das Mitglied zur Erfüllung seiner Berufspflichten anzuhalten und das Ansehen des Berufsstandes zu wahren. [3] Ist zu erwarten, dass in einem berufsgerichtlichen Verfahren auf Löschung der Eintragung aus einer Liste nach Art. 1 Abs. 1 bis 3 erkannt wird, so kann das Berufsgericht auf Grund mündlicher Verhandlung die Führung der Berufsbezeichnung bis zur rechtskräftigen Entscheidung des berufsgerichtlichen Verfahrens vorläufig untersagen. [4] Eine Berufspflichtverletzung kann auch nach Beendigung der Mitgliedschaft geahndet werden.

(3) [1] Die Verfolgung der Verletzung einer Berufspflicht verjährt in fünf Jahren. [2] Für den Beginn, die Unterbrechung und das Ruhen der Verjährung gelten die Vorschriften des Strafgesetzbuchs über die Verfolgungsverjährung entsprechend. [3] Verstößt die Tat auch gegen ein Strafgesetz, so verjährt die Verfolgung nicht, bevor die Strafverfolgung verjährt.

---

1) Art. 27 Abs. 1 Nr. 5 geänd. mWv 1.1.2013 durch G v. 11.12.2012 (GVBl. S. 633); Abs. 1 Nr. 5 und Abs. 2 Satz 3 geänd. mWv 1.8.2015 durch G v. 24.7.2015 (GVBl. S. 296); Abs. 1 Nr. 5 geänd. mWv 1.8.2017 durch G v. 12.7.2017 (GVBl. S. 356); Abs. 2 Sätze 1 und 2 geänd., Satz 4 angef. mWv 1.8.2023 durch G v. 7.7.2023 (GVBl. S. 327).

**Art. 28[1)] Berufsgerichte.** (1) Das berufsgerichtliche Verfahren wird von den Berufsgerichten als erster Instanz und von dem Landesberufsgericht als Rechtsmittelinstanz durchgeführt.

(2) [1]Die Berufsgerichte verhandeln und entscheiden in der Besetzung mit einer Berufsrichterin oder einem Berufsrichter als Vorsitzender oder Vorsitzendem und zwei Kammermitgliedern als ehrenamtlichen Richterinnen oder Richtern. [2]Das Landesberufsgericht verhandelt und entscheidet in der Besetzung mit drei Berufsrichterinnen oder Berufsrichtern einschließlich der oder des Vorsitzenden und zwei Kammermitgliedern als ehrenamtlichen Richterinnen oder Richtern. [3]Bei Verfahren gegen Mitglieder der Architektenkammer soll eine ehrenamtliche Richterin oder ein ehrenamtlicher Richter der Fachrichtung der oder des Beschuldigten angehören. [4]Bei Beschlüssen außerhalb der mündlichen Verhandlung wirken die ehrenamtlichen Richterinnen und Richter nicht mit.

(3) [1]Das Berufsgericht für die Regierungsbezirke Oberbayern, Niederbayern und Schwaben wird beim Landgericht München I, das Berufsgericht für die Regierungsbezirke Oberfranken, Mittelfranken, Unterfranken und Oberpfalz beim Landgericht Nürnberg-Fürth errichtet. [2]Das Landesberufsgericht wird beim Obersten Landesgericht errichtet; seine Aufgaben werden den Strafsenaten in Nürnberg übertragen.

(4) Die Aufgaben der Geschäftsstelle werden von der Geschäftsstelle des jeweiligen Gerichts wahrgenommen.

**Art. 29[2)] Bestellung der Richterinnen und Richter.** (1) Die Präsidentinnen oder Präsidenten des Obersten Landesgerichts und der Landgerichte München I und Nürnberg-Fürth bestellen für die Dauer von fünf Jahren jeweils für das bei ihrem Gericht errichtete Berufsgericht und Landesberufsgericht die Mitglieder und deren Vertreter sowie für jedes Berufsgericht eine Untersuchungsführerin oder einen Untersuchungsführer und deren oder dessen Vertreter.

(2) [1]Die ehrenamtlichen Richterinnen und Richter werden vom Vorstand der jeweiligen Kammer vorgeschlagen. [2]Der Vorschlag muss mindestens doppelt so viele Namen enthalten wie ehrenamtliche Richterinnen und Richter zu bestellen sind.

(3) [1]Bei jedem Gericht ist eine genügende Anzahl von ehrenamtlichen Richterinnen und Richtern zu bestellen. [2]Ehrenamtliche Richterin oder ehrenamtlicher Richter kann nicht sein, wer Mitglied eines Organs oder Bedienstete oder Bediensteter einer Kammer oder der Aufsichtsbehörde ist. [3]Die Vorsitzenden der Berufsgerichte und des Landesberufsgerichts bestimmen vor Beginn jedes Geschäftsjahres, in welcher Reihenfolge die ehrenamtlichen Richterinnen und Richter heranzuziehen sind.

**Art. 30[3)] Anwendung des Heilberufe-Kammergesetzes und des Gerichtsverfassungsgesetzes.** [1]Für die Berufsgerichtsbarkeit der Mitglieder der Kammern gelten im Übrigen die Vorschriften des Heilberufe-Kammergesetzes

---

1) Art. 28 Abs. 3 Satz 2 geänd. mWv 1.2.2019 durch G v. 12.7.2018 (GVBl. S. 545).
2) Art. 29 Abs. 1 geänd. mWv 1.2.2019 durch G v. 12.7.2018 (GVBl. S. 545).
3) Art. 30 Überschr. geänd., Satz 2 angef. mWv 1.1.2013 durch G v. 11.12.2012 (GVBl. S. 633); Satz 1 geänd. mWv 1.8.2017 durch G v. 12.7.2017 (GVBl. S. 356).

(HKaG) über Zuständigkeit und Verfahren, Wiederaufnahme des Verfahrens und Verfahrenskosten mit Ausnahme des Art. 88 Abs. 2 und 3 HKaG sinngemäß. [2]Die Vorschriften des Siebzehnten Titels des Gerichtsverfassungsgesetzes sind entsprechend anzuwenden.

## Siebter Teil.[1)] Anerkennung von ausländischen Berufsqualifikationen

**Art. 31[1)] Abweichungen vom Bayerischen Berufsqualifikationsfeststellungsgesetz.** (1) In der Fachrichtung Architektur gelten als mit den Anforderungen des Art. 4 Abs. 2 Nr. 2 und 3 gleichwertig die nach den Art. 21, 46 und 47 der Richtlinie 2005/36/EG in Verbindung mit deren Anhang V Nr. 5.7.1 bekannt gemachten oder als entsprechend anerkannten Berufsqualifikationsnachweise sowie die Nachweise nach den Art. 23, 48 und 49 der Richtlinie 2005/36/EG in Verbindung mit deren Anhang VI.

(2) [1]Im Anwendungsbereich des Art. 10 Buchst. b, c, d und g der Richtlinie 2005/36/EG erfüllt die Voraussetzungen

1. nach Art. 4 Abs. 2 Nr. 2, wer einen gleichwertigen Studienabschluss an einer ausländischen Hochschule oder an einer sonstigen ausländischen Einrichtung nachweisen kann,
2. nach Art. 4 Abs. 2 Nr. 2 und 3, wer vorbehaltlich des Abs. 3
   a) über einen Berufsqualifikationsnachweis verfügt, der in einem anderen Mitglieds- oder Vertragsstaat im Sinn des Art. 5 Abs. 6 Satz 3 BayBQFG erforderlich ist, um dort die Erlaubnis zum Führen der Berufsbezeichnung zu erhalten, oder
   b) denselben Beruf in den vorhergehenden zehn Jahren ein Jahr lang in Vollzeit oder während einer entsprechenden Gesamtdauer in Teilzeit in einem anderen Mitglieds- oder Vertragsstaat, der diesen Beruf nicht reglementiert, ausgeübt hat und einen Befähigungs- oder Ausbildungsnachweis besitzt, der bescheinigt, dass die Inhaberin oder der Inhaber auf die Ausübung des betreffenden Berufs vorbereitet wurde.

[2]Für die Anerkennung nach Satz 1 Nr. 2 müssen die übrigen Anforderungen an die Befähigungs- oder Ausbildungsnachweise nach Art. 13 der Richtlinie 2005/36/EG erfüllt sein; dabei sind Ausbildungsgänge oder -nachweise im Sinn der Art. 3 Abs. 3 und Art. 12 der Richtlinie 2005/36/EG gleichgestellt. [3]Die Berufserfahrung gemäß Satz 1 Nr. 2 Buchst. b ist nicht erforderlich, wenn der Befähigungs- oder Ausbildungsnachweis gemäß Satz 1 Nr. 2 Buchst. b einen reglementierten Ausbildungsgang im Sinn des Art. 3 Abs. 1 Buchst. e der Richtlinie 2005/36/EG bestätigt.

(3) [1]Unterscheidet sich die Berufsqualifikation der antragstellenden Person im Sinn von Art. 14 Abs. 1 der Richtlinie 2005/36/EG wesentlich von den Eintragungsvoraussetzungen nach Art. 4 Abs. 2 Nr. 2 und 3, können wesentliche Abweichungen nach Art. 4 Abs. 2 Nr. 2 und 3 durch einen höchstens dreijährigen Anpassungslehrgang oder eine Eignungsprüfung ausgeglichen werden. [2]Entspricht der Ausbildungsnachweis dem Qualifikationsniveau des Art. 11 Buchst. a der Richtlinie 2005/36/EG, hat die antragstellende Person sowohl einen Anpassungslehrgang als auch eine Eignungsprüfung abzulegen. [3]In den

[1)] Siebter Teil (Art. 31) eingef. mWv 1.1.2021 durch G v. 23.12.2020 (GVBl. S. 678).

Fällen von Art. 10 Buchst. c und Art. 11 Buchst. b der Richtlinie 2005/36/EG erfolgt die Überprüfung der Fähigkeiten der antragstellenden Person durch Eignungsprüfung. [4] Im Übrigen besteht das Wahlrecht nach Art. 11 Abs. 3 Satz 1 BayBQFG. [5] Die Architektenkammer bewertet abschließend das Ergebnis der Ausgleichsmaßnahme im Hinblick auf die Anerkennung der Berufsqualifikation.

(4) Für die Berufsbezeichnung Stadtplanerin und Stadtplaner gelten die Abs. 2 und 3 entsprechend.

**Art. 31a[1)] Anerkennung von Berufsqualifikationen aus Drittstaaten.**

Für die Anerkennung von Berufsqualifikationen, die nicht in den Anwendungsbereich der Richtlinie 2005/36/EG fallen, sind die Eintragungsvoraussetzungen nach Art. 4 Abs. 2 Nr. 2 und 3 die landesrechtlich geregelte Berufsqualifikation.

## Achter Teil. Ordnungswidrigkeiten, Rechtsverordnungen, Übergangs- und Schlussbestimmungen

**Art. 32[2)] Ordnungswidrigkeiten.** (1) Mit Geldbuße bis zu zwanzigtausend Euro kann belegt werden, wer entgegen Art. 1 Abs. 1 bis 4, Art. 8 Abs. 1 Satz 1 und 2 sowie Art. 9 Abs. 1 oder Abs. 4 Berufsbezeichnungen, Wortverbindungen oder ähnliche Bezeichnungen führt.

(2) [1] Geldbußen und Verwarnungsgelder fließen in die Kasse der jeweils zuständigen Kammer. [2] Diese trägt auch die notwendigen Auslagen abweichend von § 105 Abs. 2 des Gesetzes über Ordnungswidrigkeiten (OWiG) und ist ersatzpflichtig im Sinn des § 110 Abs. 4 OWiG.

**Art. 33[3)] Rechtsverordnungen.** Das Staatsministerium für Wohnen, Bau und Verkehr wird ermächtigt, durch Rechtsverordnung Vorschriften zu erlassen über

1. das Verfahren vor den Eintragungsausschüssen, insbesondere die vorzulegenden Unterlagen,
2. die Zusammensetzung der Eintragungsausschüsse,
3. ausbildungsbezogene Eintragungsvoraussetzungen im Sinn von Art. 4 Abs. 2 Nr. 2 und Art. 6 Abs. 2 Nr. 2 im Einvernehmen mit dem Staatsministerium für Wissenschaft und Kunst,
4. das Verfahren bei der Erfüllung der Aufgaben nach Art. 22 Abs. 2.

**Art. 34[4)] Übergangsvorschrift.** Art. 4 Abs. 2 Nr. 2 Buchst. b und c in der am 31. Juli 2023 geltenden Fassung findet Anwendung auf Personen, die ihr Studium vor dem Wintersemester 2026/2027 begonnen haben.

---

[1)] Art. 31a eingef. mWv 1.8.2023 durch G v. 7.7.2023 (GVBl. S. 327).

[2)] Art. 32 Abs. 1 und Abs. 2 Sätze 1 und 2 geänd. mWv 1.8.2015 durch G v. 24.7.2015 (GVBl. S. 296); Abs. 2 aufgeh., bish. Abs. 3 wird Abs. 2 mWv 1.8.2017 durch G v. 12.7.2017 (GVBl. S. 356); Abs. 1 geänd. mWv 1.8.2023 durch G v. 7.7.2023 (GVBl. S. 327).

[3)] Art. 33 neu gef. mWv 1.8.2017 durch G v. 12.7.2017 (GVBl. S. 356); einl. Satzteil und Nr. 3 geänd. mWv 1.5.2019 durch V v. 26.3.2019 (GVBl. S. 98).

[4)] Art. 34 eingef. mWv 1.8.2023 durch G v. 7.7.2023 (GVBl. S. 327).

**Art. 35[1)] Inkrafttreten.** (1) Art. 33 tritt am 1. Juni 2007 in Kraft, im Übrigen tritt dieses Gesetz am 1. Juli 2007 in Kraft.

(2) Art. 18 Abs. 4 tritt am 30. Juli 2020 in Kraft.

---

[1)] Früherer Art. 34 aufgeh., bish. Art. 35 wird Art. 34 mWv 1.8.2009 durch G v. 27.7.2009 (GVBl. S. 385); Überschrift geänd., Satz 2 aufgeh., Abs. 2 und 3 angef. mWv 1.8.2015 durch G v. 24.7.2015 (GVBl. S. 296), Abs. 2 **tritt am 1.11.2015 außer Kraft**, vgl. Abs. 3 dieser V.; Überschrift geänd., Abs. 2 neu gef., Abs. 3 aufgeh. mWv 1.8.2017 durch G v. 12.7.2017 (GVBl. S. 356); Abs. 3 angef. mWv 1.8.2020 durch G v. 24.7.2020 (GVBl. S. 370); bish. Art. 34 wird Art. 35, Überschrift geänd., Abs. 2 aufgeh., bish. Abs. 3 wird Abs. 2 mWv 1.8.2023 durch G v. 7.7.2023 (GVBl. S. 327).

## *H. Denkmalschutz*

# 41. Gesetz zum Schutz und zur Pflege der Denkmäler (Bayerisches Denkmalschutzgesetz – BayDSchG)[1)]

Vom 25. Juni 1973

(BayRS IV S. 354)

**BayRS 2242-1-WK**

zuletzt geänd. durch § 13 Abs. 3 Zweites ModernisierungsG Bayern v. 23.12.2024 (GVBl. S. 619)

### Teil 1.[2)] Allgemeine Bestimmungen

**Art. 1[3)] Begriffsbestimmungen.** (1) Denkmäler sind von Menschen geschaffene Sachen oder Teile davon aus vergangener Zeit, deren Erhaltung wegen ihrer geschichtlichen, künstlerischen, städtebaulichen, wissenschaftlichen oder volkskundlichen Bedeutung im Interesse der Allgemeinheit liegt.

(2) [1] Baudenkmäler sind bauliche Anlagen oder Teile davon aus vergangener Zeit, soweit sie nicht unter Abs. 4 fallen, einschließlich dafür bestimmter historischer Ausstattungsstücke und mit der in Abs. 1 bezeichneten Bedeutung. [2] Auch bewegliche Sachen können historische Ausstattungsstücke sein, wenn sie integrale Bestandteile einer historischen Raumkonzeption oder einer ihr gleichzusetzenden historisch abgeschlossenen Neuausstattung oder Umgestaltung sind. [3] Gartenanlagen, die die Voraussetzungen des Abs. 1 erfüllen, gelten als Baudenkmäler.

(3) Zu den Baudenkmälern kann auch eine Mehrheit von baulichen Anlagen (Ensemble) gehören, und zwar auch dann, wenn keine oder nur einzelne dazugehörige bauliche Anlagen die Voraussetzungen des Abs. 1 erfüllen, das Orts-, Platz- oder Straßenbild aber insgesamt erhaltenswürdig ist.

(4) Bodendenkmäler sind bewegliche und unbewegliche Denkmäler, die sich im Boden befinden oder befanden und in der Regel aus vor- oder frühgeschichtlicher Zeit stammen.

**Art. 2[4)] Denkmalliste.** (1) [1] Die Baudenkmäler und die Bodendenkmäler sollen nachrichtlich in ein Verzeichnis (Denkmalliste) aufgenommen werden. [2] Die Eintragung erfolgt durch das Landesamt für Denkmalpflege von Amts wegen im Benehmen mit der Gemeinde. [3] Der Berechtigte und der zuständige Heimatpfleger können die Eintragung anregen. [4] Die Eintragung ist im Bebauungsplan kenntlich zu machen. [5] Die Liste kann von jedermann eingesehen werden.

---

[1)] Überschrift geänd. mWv 1.5.2017 durch G v. 4.4.2017 (GVBl. S. 70).

[2)] Überschrift neu gef. mWv 1.5.2017 durch G v. 4.4.2017 (GVBl. S. 70).

[3)] Art. 1 Abs. 2 Satz 2 eingef., bish. Satz 2 wird Satz 3 mWv 1.8.1994 durch G v. 23.7.1994 (GVBl. S. 622); Abs. 3 geänd. mWv 1.5.2017 durch G v. 4.4.2017 (GVBl. S. 70); Abs. 2 Sätze 1 und 3 geänd. mWv 1.7.2023 durch G v. 23.6.2023 (GVBl. S. 251)

[4)] Art. 2 Abs. 2 geänd. mWv 1.7.2023 durch G v. 23.6.2023 (GVBl. S. 251)

(2) Auf Antrag des Berechtigten und in besonders wichtigen Fällen können bewegliche Denkmäler, soweit sie nicht nach Abs. 1 eingetragen sind, in das Verzeichnis eingetragen werden.

**Art. 3[1)] Gemeindliche Rücksichtnahme.** Die Gemeinden nehmen bei ihrer Tätigkeit, vor allem im Rahmen der Bauleitplanung, auf die Belange des Denkmalschutzes und der Denkmalpflege, insbesondere auf die Erhaltung von Ensembles, angemessen Rücksicht.

## Teil 2.[2)] Baudenkmäler

**Art. 4[3)] Erhaltung von Baudenkmälern.** (1) [1]Die Eigentümer und die sonst dinglich Verfügungsberechtigten von Baudenkmälern haben ihre Baudenkmäler instandzuhalten, instandzusetzen, sachgemäß zu behandeln und vor Gefährdung zu schützen, soweit ihnen das zuzumuten ist. [2]Ist der Eigentümer oder der sonst dinglich Verfügungsberechtigte nicht der unmittelbare Besitzer, so gilt Satz 1 auch für den unmittelbaren Besitzer, soweit dieser die Möglichkeit hat, entsprechend zu verfahren.

(2) [1]Die in Abs. 1 genannten Personen können verpflichtet werden, bestimmte Erhaltungsmaßnahmen ganz oder zum Teil durchzuführen, soweit ihnen das insbesondere unter Berücksichtigung ihrer sonstigen Aufgaben und Verpflichtungen zumutbar ist; soweit sie die Maßnahmen nicht selbst durchzuführen haben, können sie zur Duldung der Maßnahmen verpflichtet werden. [2]Entscheidungen, durch die der Bund oder die Länder verpflichtet werden sollen, bedürfen der vorherigen Zustimmung der Obersten Denkmalschutzbehörde.

(3) [1]Macht der Zustand eines Baudenkmals Maßnahmen zu seiner Instandhaltung, Instandsetzung oder zu seinem Schutz erforderlich, ohne daß eine vollstreckbare Entscheidung nach Abs. 2 vorliegt, so kann die zuständige Denkmalschutzbehörde die Maßnahmen durchführen oder durchführen lassen. [2]Die dinglich und obligatorisch Berechtigten können zur Duldung der Maßnahmen verpflichtet werden. [3]Die Kosten der Maßnahmen tragen die in Abs. 1 genannten Personen, soweit sie nach Abs. 2 zur Durchführung der Maßnahmen verpflichtet wurden oder hätten verpflichtet werden können, im übrigen der Entschädigungsfonds.

(4) Handlungen, die ein Baudenkmal schädigen oder gefährden, können untersagt werden.

**Art. 5 Nutzung von Baudenkmälern.** [1]Baudenkmäler sollen möglichst entsprechend ihrer ursprünglichen Zweckbestimmung genutzt werden. [2]Werden Baudenkmäler nicht mehr entsprechend ihrer ursprünglichen Zweckbestimmung genutzt, so sollen die Eigentümer und die sonst dinglich oder obligatorisch zur Nutzung Berechtigten eine der ursprünglichen gleiche oder gleichwertige Nutzung anstreben. [3]Soweit dies nicht möglich ist, soll eine Nutzung gewählt werden, die eine möglichst weitgehende Erhaltung der Substanz auf die Dauer gewährleistet. [4]Sind verschiedene Nutzungen möglich, so

---

1) Art. 3 Überschrift neu gef., Abs. 1 aufgeh. mWv 1.5.2017 durch G v. 4.4.2017 (GVBl. S. 70).

2) Überschrift neu gef. mWv 1.5.2017 durch G v. 4.4.2017 (GVBl. S. 70).

3) Art. 4 Abs. 2 Satz 1, Abs. 3 Sätze 1 und 3 geänd. mWv 1.7.2023 durch G v. 23.6.2023 (GVBl. S. 251).

soll diejenige Nutzung gewählt werden, die das Baudenkmal und sein Zubehör am wenigsten beeinträchtigt. [5]Staat, Gemeinden und sonstige Körperschaften des öffentlichen Rechts sollen Eigentümer und Besitzer unterstützen. [6]Die Eigentümer und die sonst dinglich oder obligatorisch zur Nutzung Berechtigten können bei Vorliegen der Voraussetzungen des Art. 4 Abs. 2 verpflichtet werden, eine bestimmte Nutzungsart durchzuführen; soweit sie nicht zur Durchführung verpflichtet werden, können sie zur Duldung einer bestimmten Nutzungsart verpflichtet werden.

**Art. 6[1)] Maßnahmen an Baudenkmälern.** (1) [1]Wer
1. Baudenkmäler beseitigen, verändern oder an einen anderen Ort verbringen oder
2. geschützte Ausstattungsstücke beseitigen, verändern, an einen anderen Ort verbringen oder aus einem Baudenkmal entfernen

will, bedarf der Erlaubnis. [2]Der Erlaubnis bedarf auch, wer in der Nähe von Baudenkmälern Anlagen errichten, verändern oder beseitigen will, wenn sich dies auf Bestand oder Erscheinungsbild eines der Baudenkmäler auswirken kann. [3]Wer ein Ensemble verändern will, bedarf der Erlaubnis nur, wenn die Veränderung eine bauliche Anlage betrifft, die für sich genommen ein Baudenkmal ist, oder wenn sie sich auf das Erscheinungsbild des Ensembles auswirken kann.

(2) [1]Die Erlaubnis kann im Fall des Abs. 1 Satz 1 Nr. 1 und 2 versagt werden, soweit gewichtige Gründe des Denkmalschutzes für die unveränderte Beibehaltung des bisherigen Zustands sprechen. [2]Im Fall des Abs. 1 Satz 2 kann die Erlaubnis versagt werden, soweit das Vorhaben zu einer Beeinträchtigung des Wesens, des überlieferten Erscheinungsbilds oder der künstlerischen Wirkung eines Baudenkmals führen würde und gewichtige Gründe des Denkmalschutzes für die unveränderte Beibehaltung des bisherigen Zustands sprechen. [3]Dient die Maßnahme der Gewinnung erneuerbarer Energien überwiegend für den Energiebedarf im Baudenkmal oder zu seiner energetischen Verbesserung, kann die Erlaubnis in den Fällen des Satzes 1 oder 2 nur versagt werden, soweit überwiegende Gründe des Denkmalschutzes entgegenstehen und diesen nicht durch Nebenbestimmungen zur Art der Umsetzung Rechnung getragen werden kann.

(3) [1]Ist eine Baugenehmigung oder an ihrer Stelle eine bauaufsichtliche Zustimmung oder abgrabungsaufsichtliche Genehmigung erforderlich, entfällt die Erlaubnis. [2]Unbeschadet des Satzes 1 entfällt die Erlaubnis bei Bauvorhaben, die die Voraussetzungen des Art. 73 Abs. 1 Satz 1 der Bayerischen Bauordnung (BayBO)[2)] erfüllen und bei verfahrensfreien Bauvorhaben, die im Übrigen die Voraussetzungen des Art. 73 Abs. 1 Satz 1 BayBO erfüllen, wenn das Landesamt für Denkmalpflege dem Bauvorhaben auf Ersuchen der Bau-

---

[1)] Art. 6 Abs. 3 Sätze 1 und 2 geänd. mWv 14.3.1999 durch G v. 27.12.1999 (GVBl. S. 532); Abs. 4 angef. mWv 1.8.2003 durch G v. 9.7.2003 (GVBl. S. 419); Überschrift neu gef., Abs. 1 Satz 3 angef., Abs. 2 Satz 1 geänd. mWv 1.8.2003 durch G v. 24.7.2003 (GVBl. S. 475); Abs. 3 Satz 2 aufgeh. mWv 1.1.2008 durch G v. 20.12.2007 (GVBl. S. 958); Abs. 3 neu gef. mWv 1.8.2009 durch G v. 27.7.2009 (GVBl. S. 385); Abs. 3 neu gef. mWv 1.9.2018 durch G v. 10.7.2018 (GVBl. S. 523); Abs. 2 Sätze 1 und 2 geänd., Satz 3 angef., Abs. 3 Satz 2 eingef., bish. Satz 2 wird Satz 3 und neu gef., bish. Satz 3 wird aufgeh., Satz 4 und Abs. 5 angef. mWv 1.7.2023 durch G v. 23.6.2023 (GVBl. S. 251); Abs. 5 tritt **mit Ablauf des 31.12.2035 außer Kraft**, vgl. Art. 25 Abs. 2.

[2)] Nr. **1**.

dienststelle zugestimmt hat. [3] Für denkmaltypische Bauprodukte, die in Baudenkmälern verwendet werden sollen, erteilt die untere Bauaufsichtsbehörde die Zustimmung im Einzelfall nach Art. 20 BayBO. [4] Werden denkmaltypische Bauprodukte bei Bauvorhaben verwendet, die die Voraussetzungen des Art. 73 Abs. 1 Satz 1 BayBO erfüllen, oder in verfahrensfreien Bauvorhaben, die im Übrigen die Voraussetzungen des Art. 73 Abs. 1 Satz 1 BayBO erfüllen, entscheidet die höhere Bauaufsichtsbehörde.

(4) Bei Entscheidungen nach den Abs. 1 bis 3 sind auch die Belange von Menschen mit Behinderung und von Menschen mit sonstigen Mobilitätsbeeinträchtigungen zu berücksichtigen.

(5) [1] Abweichend von Abs. 1 Satz 2 bedarf die Errichtung, Veränderung oder Beseitigung von Windenergieanlagen nur in der Nähe von besonders landschaftsprägenden Baudenkmälern der Erlaubnis. [2] Die Erlaubnis ist zu versagen, soweit das Vorhaben zu einer Beeinträchtigung des Wesens, des überlieferten Erscheinungsbilds oder der künstlerischen Wirkung des besonders landschaftsprägenden Baudenkmals führen würde und gewichtige Gründe des Denkmalschutzes für die unveränderte Beibehaltung des bisherigen Zustands sprechen.

## Teil 3.[1)] Bodendenkmäler

**Art. 7[2)] Ausgraben von Bodendenkmälern, Verordnungsermächtigung.** (1) [1] Wer auf einem Grundstück nach Bodendenkmälern graben oder zu einem anderen Zweck Erdarbeiten auf einem Grundstück vornehmen will, obwohl er weiß oder vermutet oder den Umständen nach annehmen muß, daß sich dort Bodendenkmäler befinden, bedarf der Erlaubnis. [2] Er hat die Kosten für die vorherige wissenschaftliche Untersuchung, die Bergung von Funden und die Dokumentation der Befunde zu tragen, soweit ihm das zuzumuten ist. [3] Die Erlaubnis kann versagt werden, soweit dies zum Schutz eines Bodendenkmals erforderlich ist.

(2) [1] Die Bezirke können durch Rechtsverordnung bestimmte Grundstücke, in oder auf denen Bodendenkmäler zu vermuten sind, zu Grabungsschutzgebieten erklären. [2] In einem Grabungsschutzgebiet bedürfen alle Arbeiten, die Bodendenkmäler gefährden können, der Erlaubnis. [3] Abs. 1 Satz 2 und Art. 6 Abs. 2 Satz 2 sowie Art. 6 Abs. 3 gelten entsprechend. [4] Grabungsschutzgebiete sind im Flächennutzungsplan kenntlich zu machen.

(3) Abs. 1 und Abs. 2 Satz 2 gelten nicht für Grabungen, die vom Landesamt für Denkmalpflege oder unter seiner Mitwirkung vorgenommen oder veranlaßt werden.

(4) [1] Wer in der Nähe von Bodendenkmälern, die ganz oder zum Teil über der Erdoberfläche erkennbar sind, Anlagen errichten, verändern oder beseitigen will, bedarf der Erlaubnis, wenn sich dies auf Bestand oder Erscheinungsbild eines dieser Bodendenkmäler auswirken kann. [2] Abs. 1 Satz 2 und Art. 6 Abs. 2 Satz 2 sowie Art. 6 Abs. 3 gelten entsprechend. [3] Abweichend von Satz 1

---

[1)] Überschrift neu gef. mWv 1.5.2017 durch G v. 4.4.2017 (GVBl. S. 70).

[2)] Art. 7 Überschrift und Abs. 2 Satz 1 geänd. mWv 1.5.2017 durch G v. 4.4.2017 (GVBl. S. 70); Abs. 1 Satz 2 eingef., bish. Satz 2 wird Satz 3, Abs. 2 Satz 3 neu gef., Abs. 3 geänd., Abs. 4 Satz 2 neu gef., Sätze 3 und 4 sowie Abs. 6 angef. mWv 1.7.2023 durch G v. 23.6.2023 (GVBl. S. 251); Abs. 4 Satz 3 Nr. 1 und Satz 4 treten **mit Ablauf des 31.12.2035 außer Kraft**, vgl. Art. 25 Abs. 2.

bedarf die Errichtung, Veränderung oder Beseitigung von Windenergieanlagen der Erlaubnis

1. in der Nähe von besonders landschaftsprägenden Bodendenkmälern oder
2. wenn sie sich auf den Bestand eines Bodendenkmals auswirken kann.

4 In den Fällen des Satzes 3 Nr. 1 gilt Art. 6 Abs. 5 Satz 2 entsprechend.

(5) 1 Soll eine Grabung auf einem fremden Grundstück erfolgen, so kann der Eigentümer verpflichtet werden, die Grabung zuzulassen, wenn das Landesamt für Denkmalpflege festgestellt hat, daß ein besonderes öffentliches Interesse an der Grabung besteht. 2 Der Inhaber der Grabungsgenehmigung hat den dem Eigentümer entstehenden Schaden zu ersetzen.

(6) 1 Auf in der Denkmalliste nach Art. 2 Abs. 1 verzeichneten Bodendenkmälern ist der Einsatz technischer Ortungsgeräte, die geeignet sind, Denkmäler im Erdreich aufzufinden, verboten. 2 Eine Erlaubnis kann nur für berechtigte berufliche Zwecke erteilt werden. 3 Abs. 1 Satz 3 und Abs. 3 gelten entsprechend.

**Art. 8[1] Auffinden von Bodendenkmälern.** (1) 1 Wer Bodendenkmäler auffindet, ist verpflichtet, dies unverzüglich der Unteren Denkmalschutzbehörde oder dem Landesamt für Denkmalpflege anzuzeigen. 2 Zur Anzeige verpflichtet sind auch der Eigentümer und der Besitzer des Grundstücks sowie der Unternehmer und der Leiter der Arbeiten, die zu dem Fund geführt haben. 3 Die Anzeige eines der Verpflichteten befreit die übrigen. 4 Nimmt der Finder an den Arbeiten, die zu dem Fund geführt haben, auf Grund eines Arbeitsverhältnisses teil, so wird er durch Anzeige an den Unternehmer oder den Leiter der Arbeiten befreit.

(2) Die aufgefundenen Gegenstände und der Fundort sind bis zum Ablauf von einer Woche nach der Anzeige unverändert zu belassen, wenn nicht die Untere Denkmalschutzbehörde die Gegenstände vorher freigibt oder die Fortsetzung der Arbeiten gestattet.

(3) Die Abs. 1 und 2 gelten nicht bei Arbeiten, die vom Landesamt für Denkmalpflege oder unter seiner Mitwirkung vorgenommen oder veranlaßt werden.

(4) Eigentümer, dinglich Verfügungsberechtigte und unmittelbare Besitzer eines Grundstücks, auf dem Bodendenkmäler gefunden werden, können verpflichtet werden, die notwendigen Maßnahmen zur sachgemäßen Bergung des Fundgegenstands sowie zur Klärung der Fundumstände und zur Sicherung weiterer auf dem Grundstück vorhandener Bodendenkmäler zu dulden.

**Art. 9[2] Schatzregal.** (1) 1 Bewegliche Bodendenkmäler oder Teile davon, die herrenlos oder so lange verborgen gewesen sind, dass ihr Eigentümer nicht mehr zu ermitteln ist, werden unabhängig von einer Eintragung nach Art. 2 Abs. 1 mit der Entdeckung Eigentum des Freistaates Bayern. 2 Sie sind unverzüglich dem Landesamt für Denkmalpflege zu übergeben.

(2) 1 Der Eigentümer des Grundstücks, auf dem das Bodendenkmal entdeckt wurde, hat gegen den Freistaat Bayern einen Anspruch auf Ausgleich. 2 Für

---

[1] Art. 8 Abs. 3 geänd., Abs. 5 aufgeh. mWv 1.7.2023 durch G v. 23.6.2023 (GVBl. S. 251).
[2] Art. 9 neu gef. mWv 1.7.2023 durch G v. 23.6.2023 (GVBl. S. 251).

Funde auf der Grundstücksgrenze gilt § 432 des Bürgerlichen Gesetzbuches (BGB). [3]Die Sätze 1 und 2 gelten nicht für Objekte, deren

1. Verkehrswert weniger als 1000 € beträgt oder
2. deren Fund oder Bergung unter Verstoß gegen gesetzliche Bestimmungen erfolgte.

[4]Die Höhe des Ausgleichs bemisst sich nach dem Verkehrswert des restaurierten Objekts abzüglich des Aufwands für eine fachgerechte Restaurierung und Konservierung. [5]Die Belohnung nach Abs. 3 ist zum Abzug zu bringen.

(3) [1]Der Entdecker, der nicht zugleich Grundstückseigentümer ist, hat gegen den Freistaat Bayern einen Anspruch auf Belohnung nach § 971 BGB. [2]Abs. 2 Satz 3 gilt entsprechend. [3]Für die Wertberechnung im Rahmen des § 971 Abs. 1 Satz 2 BGB gilt Abs. 2 Satz 4.

(4) [1]Der Anspruch auf Ausgleich oder Belohnung entsteht 24 Monate nach der Übergabe an das Landesamt für Denkmalpflege. [2]Er entfällt, wenn das Objekt an die nach § 984 BGB Berechtigten zurückgegeben und diesen je zur Hälfte das Eigentum an dem Objekt übertragen wird.

(5) [1]Das Eigentum soll vom Freistaat Bayern auf Antrag der Gemeinde des Fundorts übertragen werden, wenn die fachgerechte Archivierung und Lagerung der gesamten Funde einer Grabung durch eine fachlich besetzte Einrichtung gewährleistet wird. [2]In diesem Fall bestehen keine Ansprüche der Gemeinde nach den Abs. 2 und 3.

(6) Für Entdeckungen vor dem 1. Juli 2023 sind die Vorschriften des Bayerischen Denkmalschutzgesetzes in der am 30. Juni 2023 geltenden Fassung anzuwenden.

## Teil 4.[1)] Eingetragene bewegliche Denkmäler

**Art. 10 Erlaubnispflicht.** (1) [1]Wer ein eingetragenes bewegliches Denkmal beseitigen, verändern oder an einen anderen Ort verbringen will, bedarf der Erlaubnis. [2]Die Erlaubnis kann versagt werden, soweit dies zum Schutz des Denkmals erforderlich ist.

(2) [1]Die Veräußerung eines eingetragenen beweglichen Denkmals ist dem Landesamt für Denkmalpflege unverzüglich anzuzeigen. [2]Zur Anzeige sind der Veräußerer und der Erwerber verpflichtet.

## Teil 5.[1)] Verfahrensbestimmungen

**Art. 11[2)] Denkmalschutzbehörden.** (1) [1]Untere Denkmalschutzbehörden sind die Kreisverwaltungsbehörden. [2]Soweit kreisangehörigen Gemeinden die Aufgaben der Unteren Bauaufsichtsbehörden übertragen sind oder übertragen

---

[1)] Überschrift neu gef. mWv 1.5.2017 durch G v. 4.4.2017 (GVBl. S. 70).

[2)] Art. 11 Abs. 3 geänd., Abs. 4 bish. Wortlaut wird Satz 1, Satz 2 angef. mWv 1.8.2003 durch G v. 24.7.2003 (GVBl. S. 475); Abs. 4 Satz 2 neu gef. mWv 1.1.2008 durch G v. 20.12.2007 (GVBl. S. 958); Abs. 4 Satz 2 geänd. mWv 1.8.2009 durch G v. 27.7.2009 (GVBl. S. 385); Abs. 1 Satz 3 Fußnote 1 gestr., Abs. 3 neu gef. mWv 1.5.2017 durch G v. 4.4.2017 (GVBl. S. 70); Abs. 3 geänd. mWv 1.5.2019 durch V v. 26.3.2019 (GVBl. S. 98); Abs. 4 Satz 2 neu gef., Satz 3 angef. mWv 1.7.2023 durch G v. 23.6.2023 (GVBl. S. 251).

werden, gilt diese Übertragung auch für die Aufgaben der Unteren Denkmalschutzbehörden. 3 Art. 115 Abs. 2 der Gemeindeordnung gilt entsprechend.

(2) Höhere Denkmalschutzbehörden sind die Regierungen.

(3) Oberste Denkmalschutzbehörde ist das Staatsministerium für Wissenschaft und Kunst (Staatsministerium).

(4) 1 Soweit nichts anderes bestimmt ist, sind die Unteren Denkmalschutzbehörden für den Vollzug dieses Gesetzes zuständig. 2 Bei Bauvorhaben, die die Voraussetzungen des Art. 73 Abs. 1 Satz 1 BayBO[1)] erfüllen und bei verfahrensfreien Bauvorhaben, die im Übrigen die Voraussetzungen des Art. 73 Abs. 1 Satz 1 BayBO erfüllen, treten die Höheren an die Stelle der Unteren Denkmalschutzbehörden. 3 Satz 2 gilt auch für Entscheidungen nach Art. 7.

(5) Die Aufgaben der Denkmalschutzbehörden sind Staatsaufgaben; für die Gemeinden sind sie übertragene Aufgaben.

**Art. 12[2)] Landesamt für Denkmalpflege.** (1) 1 Das Landesamt für Denkmalpflege ist die staatliche Fachbehörde für alle Fragen des Denkmalschutzes und der Denkmalpflege. 2 Es ist dem Staatsministerium unmittelbar nachgeordnet.

(2) 1 Dem Landesamt für Denkmalpflege obliegen die Denkmalpflege und die Mitwirkung beim Denkmalschutz. 2 Die Denkmalpflege umfasst auch die Erforschung der Denkmäler, soweit solche Vorhaben mit den sonstigen Aufgaben des Landesamts für Denkmalpflege in unmittelbarem Zusammenhang stehen und mit diesen vereinbar sind. 3 Insbesondere hat es folgende Aufgaben:

1. Mitwirkung beim Vollzug dieses Gesetzes und anderer einschlägiger Vorschriften nach Maßgabe der hierzu ergangenen und ergehenden Bestimmungen;
2. Herausgabe von Richtlinien zur Pflege der Denkmäler unter Beteiligung der kommunalen Spitzenverbände;
3. Erstellung und Fortführung der Inventare und der Denkmalliste;
4. Konservierung und Restaurierung von Denkmälern, soweit die Konservierung und die Restaurierung nicht von anderen dafür zuständigen staatlichen Stellen durchgeführt werden;
5. fachliche Beratung und Erstattung von Gutachten in allen Angelegenheiten des Denkmalschutzes und der Denkmalpflege;
6. Überwachung der Ausgrabungen sowie die Überwachung und Erfassung der anfallenden beweglichen Bodendenkmäler;
7. Fürsorge für Heimatmuseen und ähnliche Sammlungen, soweit diese nicht vom Staat verwaltet werden.

4 Das Staatsministerium kann dem Landesamt für Denkmalpflege weitere einschlägige Aufgaben zuweisen.

(3) Die bisherigen Aufgaben der Bayerischen Verwaltung der staatlichen Schlösser, Gärten und Seen bleiben unberührt.

---

[1)] Nr. **1**.

[2)] Art. 12 Abs. 3 neu gef. mWv 1.6.1994 durch G v. 12.4.1994 (GVBl. S. 210); Abs. 3 geänd. mWv 1.1.2000 durch G v. 16.12.1999 (GVBl. S. 521); Abs. 1 Satz 2 geänd., Satz 3 aufgeh., Abs. 2 Satz 2 neu gef., Sätze 3 und 4 geänd., Abs. 3 aufgeh., bish. Abs. 4 wird Abs. 3 mWv 1.8.2003 durch G v. 24.7.2003 (GVBl. S. 475).

**Art. 13 Heimatpfleger.** (1) [1]Die Heimatpfleger beraten und unterstützen die Denkmalschutzbehörden und das Landesamt für Denkmalpflege in den Fragen der Denkmalpflege und des Denkmalschutzes. [2]Ihnen ist durch die Denkmalschutzbehörden in den ihren Aufgabenbereich betreffenden Fällen rechtzeitig Gelegenheit zur Äußerung zu geben.

(2) Die Denkmalschutzbehörden und das Landesamt für Denkmalpflege sollen sich in geeigneten Fällen der Unterstützung kommunaler Stellen sowie privater Initiativen bedienen.

**Art. 14[1)] Landesdenkmalrat.** (1) [1]Der Landesdenkmalrat berät die Staatsregierung in allen wichtigen Fragen der Denkmalpflege. [2]Er wirkt an der Festlegung von Ensembles mit.

(2) [1]In den Landesdenkmalrat werden folgende Mitglieder jeweils für die Dauer der Legislaturperiode entsandt:

1. sechs von den Fraktionen des Bayerischen Landtags gemäß ihren Besetzungsrechten nach dem Verfahren Sainte-Laguë/Schepers,
2. je zwei von der Katholischen Kirche und der Evangelisch-Lutherischen Landeskirche,
3. je eines
   a) von den israelitischen Kultusgemeinden in Bayern,
   b) vom Verein zur Erhaltung privater Baudenkmäler und sonstiger Kulturgüter in Bayern e.V.,
   c) von der Deutschen Burgenvereinigung, Landesgruppe Bayern,
   d) vom Landesverband der Bayerischen Haus- und Grundbesitzer e.V.,
   e) vom Familienbetriebe Land und Forst Bayern e.V.,
   f) von der Bayerischen Akademie der Schönen Künste,
   g) von der Bayerischen Architektenkammer,
   h) von der Deutschen Akademie für Städtebau und Landesplanung, Landesgruppe Bayern,
   i) vom Bayerischen Landesverein für Heimatpflege,
   j) vom Bayerischen Bauernverband,
   k) von der Arbeitsgemeinschaft der Bayerischen Handwerkskammern,
   l) vom Bayerischen Gemeindetag,
   m) vom Bayerischen Städtetag,
   n) vom Bayerischen Landkreistag,
   o) vom Bayerischen Bezirketag,
   p) von der Bayerischen Ingenieurekammer-Bau,
4. bis zu sechs vom Staatsministerium.

[2]Es wird entsprechend Satz 1 jeweils ein Stellvertreter bestimmt. [3]Die Mitglieder und ihre Stellvertreter werden vom Landtag bestellt, in den Fällen des Satzes 1 Nr. 2 bis 4 auf Vorschlag der jeweiligen entsendenden Stelle.

(3) [1]Die Mitglieder sind ehrenamtlich tätig. [2]Sie erhalten Reisekosten nach den Vorschriften des Bayerischen Reisekostengesetzes wie ein Ehrenbeamter.

---

[1)] Art. 14 neu gef. mWv 1.5.2017 durch G v. 4.4.2017 (GVBl. S. 70); Abs. 2 Satz 1 Nr. 3 Buchst. p angef., Nr. 4 geänd. mWv 1.7.2023 durch G v. 23.6.2023 (GVBl. S. 251).

(4) [1]Der Landesdenkmalrat wählt aus seiner Mitte mit einfacher Mehrheit der anwesenden Mitglieder ein vorsitzendes Mitglied und einen Stellvertreter. [2]Der Landesdenkmalrat gibt sich im Übrigen eine Geschäftsordnung. [3]Das Staatsministerium führt seine Geschäfte.

(5) Ohne Stimmrecht nehmen an den Beratungen des Landesdenkmalrats bei Bedarf Sachverständige nach Einladung des Landesdenkmalrats teil.

**Art. 15[1)] Erlaubnisverfahren und Wiederherstellung.** (1) [1]Der Antrag auf Erteilung einer Erlaubnis nach den Art. 6, 7 und 10 Abs. 1 und auf Verpflichtung des Eigentümers nach Art. 7 Abs. 5 ist schriftlich bei der zuständigen Denkmalschutzbehörde einzureichen, die ihn unverzüglich der Gemeinde zur Stellungnahme übermittelt. [2]Art. 75 und 76 BayBO[2)] gelten in den Fällen der Art. 6, 7 und 8 Abs. 2 entsprechend.

(2) [1]Die zuständige Denkmalschutzbehörde soll vor einer Entscheidung nach den Teilen 2 bis 4 das Landesamt für Denkmalpflege hören. [2]Art. 65 Abs. 2 Satz 3 BayBO gilt entsprechend.

(3) Für eine Erlaubnis nach den Teilen 2 bis 4 gilt Art. 69 BayBO entsprechend.

(4) Werden Handlungen nach Art. 6, 7, 8 Abs. 2 oder Art. 10 Abs. 1 ohne die erforderliche Erlaubnis, Baugenehmigung oder abgrabungsaufsichtliche Genehmigung durchgeführt, so kann die Untere Denkmalschutzbehörde verlangen, daß der ursprüngliche Zustand wieder hergestellt wird, soweit dies noch möglich ist, oder daß Bau- und Bodendenkmäler und eingetragene bewegliche Denkmäler auf andere Weise wieder instandgesetzt werden.

(5) Wer widerrechtlich Bau- oder Bodendenkmäler oder eingetragene bewegliche Denkmäler vorsätzlich oder grob fahrlässig zerstört oder beschädigt, ist unabhängig von der Verhängung einer Geldbuße zur Wiedergutmachung des von ihm angerichteten Schadens bis zu dessen vollem Umfang verpflichtet.

(6) Die zuständige Behörde kann die Entscheidung über einen Antrag auf Erlaubnis, Baugenehmigung, baurechtliche Zustimmung oder abgrabungsaufsichtliche Genehmigung auf höchstens zwei Jahre aussetzen, soweit dies zur Klärung der Belange des Denkmalschutzes, insbesondere für Untersuchungen des Baudenkmals und seiner Umgebung, erforderlich ist.

(7) Art. 4 Abs. 1 Satz 1 der Verordnung (EU) 2022/2577 findet aus Gründen des Schutzes kulturellen Erbes keine Anwendung.

**Art. 16 Betretungs- und Auskunftsrecht.** (1) Die Denkmalschutzbehörden und das Landesamt für Denkmalpflege sind berechtigt, im Vollzug dieses Gesetzes Grundstücke auch gegen den Willen der Betroffenen zu betreten, soweit das zur Erhaltung eines Bau- oder Bodendenkmals oder eines eingetragenen beweglichen Denkmals dringend erforderlich erscheint.

---

[1)] Art. 15 Abs. 2 Satz 2 aufgeh. mWv 1.6.1994 durch G v. 12.4.1994 (GVBl. S. 210); Abs. 2 Satz 2 angef., Abs. 2a eingef., Abs. 3 und 5 geänd. mWv 1.8.2003 durch G v. 24.7.2003 (GVBl. S. 475); Abs. 1 Satz 2, Abs. 2 Satz 2, Abs. 2a geänd. mWv 1.1.2008 durch G v. 20.12.2007 (GVBl. S. 958); Abs. 1 Satz 2 Fußnote 2 gestr., Abs. 2 Satz 1 geänd., bish. Abs. 2a wird Abs. 3 und geänd., bish. Abs. 3–5 werden Abs. 4–6 mWv 1.5.2017 durch G v. 4.4.2017 (GVBl. S. 70); Abs. 7 angef. mWv 18.3.2023 durch G v. 10.3.2023 (GVBl. S. 91); Abs. 1 Satz 1 neu gef., Abs. 2 Satz 1 geänd. mWv 1.7.2023 durch G v. 23.6.2023 (GVBl. S. 251); Abs. 2 Satz 2 geänd. mWv 1.1.2025 durch G v. 23.12.2024 (GVBl. S. 619).

[2)] Nr. **1**.

(2) Eigentümer und Besitzer von Bau- und Bodendenkmälern und von eingetragenen beweglichen Denkmälern und sonstige Berechtigte sind verpflichtet, den Denkmalschutzbehörden und dem Landesamt für Denkmalpflege alle zum Vollzug dieses Gesetzes erforderlichen Auskünfte zu erteilen.

**Art. 17[1)] Kostenfreiheit.** [1] Für Amtshandlungen nach diesem Gesetz werden Kosten nicht erhoben. [2] Schließt die Erlaubnis gemäß Art. 6 Abs. 3 Satz 3 die Zustimmung im Einzelfall nach Art. 20 BayBO[2)] oder die Abweichung nach Art. 63 Abs. 1 Satz 1 BayBO ein, werden für die Zustimmung oder die Abweichung Kosten nach dem Kostengesetz erhoben.

## Teil 6.[3)] Enteignung

**Art. 18[4)] Zulässigkeit der Enteignung.** [1] Kann eine Gefahr für den Bestand oder die Gestalt eines Bau- oder Bodendenkmals oder eines eingetragenen beweglichen Denkmals auf andere Weise nicht nachhaltig abgewehrt werden, so ist die Enteignung zugunsten des Staates oder einer anderen juristischen Person des öffentlichen Rechts zulässig. [2] Zugunsten einer juristischen Person des Privatrechts ist die Enteignung dann zulässig, wenn die dauernde Erhaltung des Bau- oder Bodendenkmals oder des eingetragenen beweglichen Denkmals zu den satzungsmäßigen Aufgaben der juristischen Person gehört und bei Berücksichtigung aller Umstände gesichert erscheint.

(2) *(aufgehoben)*

(3) bis (5) *(aufgehoben)*

**Art. 19[5)] Entschädigungsfonds.** (1) [1] Für Entschädigungen bei Enteignung nach Art. 18, Ausgleich unzumutbarer Kostenbelastungen nach Art. 4 Abs. 3 sowie bei Instandsetzungsmaßnahmen nach Art. 4 Abs. 1 wird ein Entschädigungsfonds vorgehalten, der von der Obersten Denkmalschutzbehörde als staatliches Sondervermögen unterhalten wird. [2] Steuervorteile, die auf die Denkmaleigenschaft zurückzuführen sind, sind bei Zahlungen an den Betroffenen in angemessenem Umfang anzurechnen.

(2) [1] Der Freistaat Bayern und die Gemeinden haben die Entschädigung grundsätzlich gemeinsam zu tragen. [2] Die Ansprüche des Berechtigten sind gegen den Freistaat Bayern zu richten. [3] Der Entschädigungsfonds erstattet dem Freistaat Bayern auf Antrag der örtlich zuständigen Regierung die dem Betroffenen gewährten Entschädigungsleistungen.

(3) [1] Der Freistaat Bayern und die Gemeinden tragen den Fonds durch Beiträge von je 16 Millionen Euro jährlich. [2] Die staatlichen Beiträge sind in zwei gleichen Teilbeträgen im Januar und im Juli zahlbar. [3] Die von den Gemeinden zu tragenden Einzelbeiträge errechnen sich nach dem Verhältnis

---

[1)] Art. 17 Satz 2 angef. mWv 1.8.2009 durch G v. 27.7.2009 (GVBl. S. 385); Satz 2 geänd. mWv 1.9.2018 durch G v. 10.7.2018 (GVBl. S. 523).

[2)] Nr. **1**.

[3)] Überschrift neu gef. mWv 1.5.2017 durch G v. 4.4.2017 (GVBl. S. 70).

[4)] Art. 18 Abs. 2 aufgeh. mWv 1.7.2023 durch G v. 23.6.2023 (GVBl. S. 251).

[5)] Früherer Art. 21 neu gef. mWv 1.1.2018 durch G v. 22.3.2018 (GVBl. S. 187); Abs. 2 Satz 2 geänd. mWv 1.1.2023 durch G v. 21.4.2023 (GVBl. S. 128); bish. Art. 21 wird Art. 19 und Überschrift geänd., Abs. 1 eingef., bish. Abs. 1 wird Abs. 2 und Satz 1 aufgeh., Abs. 3 bish. Abs. 2 Satz 2 wird Satz 1, bish. Sätze 1–5 werden Sätze 2–6 mWv 1.7.2023 durch G v. 23.6.2023 (GVBl. S. 251).

der jeweiligen gemeindlichen Umlagegrundlagen für die Kreisumlage oder die Bezirksumlage. [4]Sie werden jährlich vom Landesamt für Statistik berechnet und sollen entsprechend bis 31. März des jeweiligen Beitragsjahres gegenüber den Gemeinden durch Beitragsbescheid festgesetzt werden. [5]Die Beiträge werden mit der Auszahlung der Schlüsselzuweisungen für das dritte Vierteljahr fällig, staatlicherseits einbehalten und an den Fonds abgeführt. [6]Soweit Gemeinden keine Schlüsselzuweisungen erhalten, zahlen sie die Beiträge bis zum 15. September an die Staatsoberkasse.

(4) Erfolgt eine Enteignung zugunsten einer juristischen Person des öffentlichen Rechts, die nicht Gebietskörperschaft ist, oder zugunsten einer juristischen Person des Privatrechts, so hat diese die Entschädigung zu tragen.

## Teil 7.[1)] Finanzierung

**Art. 20[2)] Leistungen.** (1) [1]Der Freistaat Bayern beteiligt sich unbeschadet bestehender Verpflichtungen in Höhe der jeweils im Staatshaushalt ausgewiesenen Mittel an den Kosten des Denkmalschutzes und der Denkmalpflege, insbesondere an den Kosten der Instandsetzung, Erhaltung, Sicherung und Freilegung von Denkmälern. [2]Die Höhe der Beteiligung richtet sich nach der Bedeutung und der Dringlichkeit des Falls und nach der Leistungsfähigkeit des Eigentümers.

(2) Die kommunalen Gebietskörperschaften beteiligen sich im Rahmen ihrer Leistungsfähigkeit in angemessenem Umfang an den Kosten der in Abs. 1 genannten Maßnahmen.

## Teil 8.[1)] Ordnungswidrigkeiten

**Art. 21[3)] Ordnungswidrigkeiten.** (1) Mit Geldbuße bis zu fünf Millionen Euro kann belegt werden, wer vorsätzlich oder fahrlässig

1. Handlungen nach Art. 4 Abs. 4 vornimmt, obwohl ihm dies durch vollziehbare Anordnung untersagt wurde,
2. ohne die nach Art. 6 Abs. 1, Art. 7 Abs. 4 Satz 1 oder Art. 10 Abs. 1 erforderliche Erlaubnis oder die an ihre Stelle tretende baurechtliche oder abgrabungsaufsichtliche Genehmigung Maßnahmen an einem Denkmal durchführt,
3. ohne die nach Art. 7 Abs. 1 erforderliche Erlaubnis nach Bodendenkmälern gräbt oder zu einem anderen Zweck Erdarbeiten auf einem Grundstück vornimmt oder wer ohne die nach Art. 7 Abs. 2 erforderliche Erlaubnis Arbeiten in einem Grabungsschutzgebiet durchführt, die Bodendenkmäler gefährden können,

---

[1)] Überschrift neu gef. mWv 1.5.2017 durch G v. 4.4.2017 (GVBl. S. 70).

[2)] Bish. Art. 22 wird Art. 20 und Abs. 2 geänd. mWv 1.7.2023 durch G v. 23.6.2023 (GVBl. S. 251).

[3)] Früherer Art. 23 Abs. 1 geänd. mWv 1.1.2002 durch G v. 24.4.2001 (GVBl. S. 140); Abs. 1 Nr. 2 neu gef. mWv 1.8.2003 durch G v. 24.7.2003 (GVBl. S. 475); Überschrift neu gef. mWv 1.5.2017 durch G v. 4.4.2017 (GVBl. S. 70); Abs. 1 geänd. mWv 1.5.2021 durch G v. 23.4.2021 (GVBl. S. 199); bish. Art. 23 wird Art. 21 und Abs. 1 Nr. 6 geänd., Nr. 7 angef. mWv 1.7.2023 durch G v. 23.6.2023 (GVBl. S. 251).

4. die gemäß Art. 8 Abs. 1 oder Art. 10 Abs. 2 erforderliche Anzeige nicht unverzüglich erstattet,
5. die aufgefundenen Gegenstände und den Fundort nicht gemäß Art. 8 Abs. 2 unverändert läßt,
6. seiner Übergabepflicht gemäß Art. 8 Abs. 5 nicht unverzüglich nachkommt,
7. entgegen Art. 7 Abs. 6 ohne Erlaubnis technische Ortungsgeräte einsetzt.

(2) Die Verfolgung der Ordnungswidrigkeiten verjährt in fünf Jahren.

## Teil 9.[1)] Allgemeine Bestimmungen und Schlussbestimmungen

**Art. 22[2)] Grundrechtseinschränkung.** Die Grundrechte der Unverletzlichkeit der Wohnung (Art. 13 des Grundgesetzes, Art. 106 Abs. 3 der Verfassung), der freien Entfaltung der Persönlichkeit (Art. 2 Abs. 1 des Grundgesetzes, Art. 101 der Verfassung) und des Eigentums (Art. 14 des Grundgesetzes, Art. 103 der Verfassung) werden durch dieses Gesetz eingeschränkt.

**Art. 23[3)] Erteilung von Bescheinigungen für steuerliche Zwecke.** Bescheinigungen für die Erlangung von Steuervergünstigungen werden vorbehaltlich anderweitiger Bestimmungen vom Landesamt für Denkmalpflege erteilt.

**Art. 24[4)] Kirchliche Denkmäler.** (1) Art. 10 §§ 3 und 4 des Konkordats mit dem Heiligen Stuhl vom 29. März 1924 und Art. 18 und 19 des Vertrags zwischen dem Freistaat Bayern und der Evangelisch-Lutherischen Kirche in Bayern rechts des Rheins vom 15. November 1924 bleiben unberührt.

(2) [1] Sollen Entscheidungen über Bau- oder Bodendenkmäler oder über eingetragene bewegliche Denkmäler getroffen werden, die unmittelbar gottesdienstlichen Zwecken der Katholischen Kirche oder der Evangelisch-Lutherischen Kirche dienen, so haben die Denkmalschutzbehörden die von den zuständigen kirchlichen Oberbehörden festgestellten kirchlichen Belange zu berücksichtigen. [2] Die Kirchen sind am Verfahren zu beteiligen. [3] Die zuständige kirchliche Oberbehörde entscheidet im Benehmen mit der Obersten Denkmalschutzbehörde, falls die Untere und Höhere Denkmalschutzbehörde die geltend gemachten kirchlichen Belange nicht anerkennen. [4] Gegenüber anderen Religionsgemeinschaften, die Körperschaften des öffentlichen Rechts sind, gelten die Sätze 1 bis 3 sinngemäß.

**Art. 25[5)] Militärgelände.** [1] Auf dauerhaft militärisch genutzten Grundstücken, die im Eigentum des Bundes stehen oder deren militärische Nutzung dinglich gesichert ist (Militärgelände), liegen die der Landes- und Bündnisverteidigung dienenden Vorhaben und eine den jeweils aktuellen militärischen Anforderungen entsprechende Nutzung vorhandener Baudenkmäler im über-

---

[1)] Überschrift neu gef. mWv 1.5.2017 durch G v. 4.4.2017 (GVBl. S. 70).

[2)] Früherer Art. 24 Fußnoten 4 und 5 gestr. mWv 1.5.2017 durch G v. 4.4.2017 (GVBl. S. 70); bish. Art. 24 wird Art. 22 mWv 1.7.2023 durch G v. 23.6.2023 (GVBl. S. 251).

[3)] Früherer Art. 25 geänd. mWv 1.8.2003 durch G v. 24.7.2003 (GVBl. S. 475); bish. Art. 25 wird Art. 23 mWv 1.7.2023 durch G v. 23.6.2023 (GVBl. S. 251).

[4)] Früherer Art. 26 Abs. 2 Satz 1 geänd., Satz 4 angef. mWv 1.8.2003 durch G v. 24.7.2003 (GVBl. S. 475); Abs. 1 Fußnote 8 gestr. mWv 1.5.2017 durch G v. 4.4.2017 (GVBl. S. 70); bish. Art. 26 wird Art. 24 mWv 1.7.2023 durch G v. 23.6.2023 (GVBl. S. 251).

[5)] Art. 25 eingef. mWv 1.8.2024 durch G v. 23.7.2024 (GVBl. S. 257).

ragenden öffentlichen Interesse. [2] Abweichend von Art. 4 Abs. 2 und 3, Art. 5 und 6 ist das Landesamt für Denkmalpflege vor entsprechenden Maßnahmen zu beteiligen und seine Stellungnahme maßgeblich zu berücksichtigen.

**Art. 26[1)] Inkrafttreten, Außerkrafttreten.** (1) Dieses Gesetz tritt am 1. Oktober 1973 in Kraft[*1)].

(2) Art. 6 Abs. 5 sowie Art. 7 Abs. 4 Satz 3 Nr. 1 und Satz 4 treten mit Ablauf des 31. Dezember 2035 außer Kraft.

---

[1)] Früherer Art. 27 aufgeh., früherer Art. 28 wird Art. 27, Überschrift geänd., Fußnote 9 wird Fußnote 1, Abs. 2 neu gef. mWv 1.5.2017 durch G v. 4.4.2017 (GVBl. S. 70); früherer Art. 27 wird Art. 25 und Abs. 2 neu gef. mWv 1.7.2023 durch G v. 23.6.2023 (GVBl. S. 251); bish. Art. 25 wird Art. 26 mWv 1.8.2024 durch G v. 23.7.2024 (GVBl. S. 257).

[*1)] **Amtl. Anm.:** Betrifft die ursprüngliche Fassung vom 25. Juni 1973 (GVBl S. 328).

# 42. Vollzug des Art. 81a Abs. 1 Satz 1 der Bayerischen Bauordnung (BayBO); Bayerische Technische Baubestimmungen (BayTB)*1

Vom 13. Dezember 2024

Bekanntmachung des Bayerischen Staatsministeriums für Wohnen, Bau und Verkehr, Az. 28-4130-3-10

(BayMBl. 2025 Nr. 87)

**Datenbank BAYERN-RECHT 2132.3-B**

Anlage: Bayerische Technische Baubestimmungen (BayTB) – Ausgabe Februar 2025

1. Aufgrund Art. 81a Abs. 1 Satz 1 der Bayerischen Bauordnung (BayBO)[1)] werden die in der Anlage enthaltenen Bayerischen Technischen Baubestimmungen (BayTB) bauaufsichtlich eingeführt.

2. Die BayTB beruhen auf dem Muster einer Verwaltungsvorschrift Technische Baubestimmungen (MVV TB), die vom Deutschen Institut für Bautechnik (DIBt) nach Anhörung der beteiligten Kreise im Einvernehmen mit den obersten Baurechtsbehörden der Länder als Ausgabe 2024/1 am 28. August 2024 in den Mitteilungen des DIBt veröffentlicht wurde.

3. [1]Diese Bekanntmachung tritt am 28. Februar 2025 in Kraft. [2]Die Bekanntmachung des Bayerischen Staatsministeriums für Wohnen, Bau und Verkehr vom 10. Oktober 2023 (BayMBl. 2023 Nr. 539) tritt mit Ablauf des 27. Februar 2025 außer Kraft.

4. Auf Bauvorhaben, für die das Baugenehmigungsverfahren vor dem 28. Februar 2025 eingeleitet worden ist (Art. 64 Abs. 1 Satz 1 BayBO[1)]) oder die bis zu diesem Zeitpunkt der Gemeinde vorgelegt worden sind (Art. 58 Abs. 3 Satz 1 BayBO), sowie auf verfahrensfreie Bauvorhaben mit Baubeginn vor dem 28. Februar 2025 dürfen die BayTB nach der bisherigen Fassung (Bekanntmachung vom 10. Oktober 2023[2)], BayMBl. 2023 Nr. 539) angewendet werden.

5. Für die Verlängerung der Befristung nach den laufenden Nummern C 4.1 und C 4.2 der bis zum 31. Mai 2022 geltenden BayTB – Ausgabe April 2021 – (Bekanntmachung vom 26. Februar 2021, BayMBl. Nr. 235) erteilter allgemeiner bauaufsichtlicher Prüfzeugnisse für Bauteile in Holzbauweise nach Art. 23 Abs. 3 Nr. 1. in

---

*1 **Amtl. Anm.:** Die Verpflichtungen aus der Richtlinie (EU) 2015/1535 sind beachtet.

1) Nr. **1**.

2) Nr. **42**.

Verbindung mit Art. 18 Abs. 3 Sätze 3 und 4 BayBO[1)] gelten die BayTB – Ausgabe April 2021.

6. Für die Verlängerung der Befristung nach der laufenden Nummern C 3.21 der bis zum 31. Mai 2022 geltenden BayTB – Ausgabe April 2021 – (Bekanntmachung vom 26. Februar 2021, BayMBl. Nr. 235) erteilter allgemeiner bauaufsichtlicher Prüfzeugnisse nach Art. 23 Abs. 3 Nr. 1. in Verbindung mit Art. 18 Abs. 3 Sätze 3 und 4 BayBO[1)] gelten die BayTB – Ausgabe April 2021.

7. Entsprechend Art. 81a Abs. 1 Satz 2 BayBO[1)] kann von den BayTB abgewichen werden, wenn mit einer anderen Lösung in gleichem Maße die in den BayTB konkretisierten Anforderungen erfüllt werden, sofern in den BayTB eine Abweichung nicht explizit ausgeschlossen ist.

---

[1)] Nr. 1.

**Anlage**

## Bayerische Technische Baubestimmungen (BayTB)

Ausgabe Februar 2025

Inhaltsverzeichnis

| | |
|---|---|
| **Anhang 1** zu lfd. Nr. A 1.2.3.7 | Anforderungen an Planung, Bemessung und Ausführung; Stand: April 2024 |
| **Anhang 2** zu lfd. Nr. A 1.2.3.8 | Anforderungen an Planung, Bemessung und Ausführung; Stand: April 2024 |
| **Anhang 3** zu lfd. Nr. A 1.2.6.3 | Anforderungen an Planung, Bemessung und Ausführung; Stand: April 2024 |
| **Anhang 4** zu lfd. Nr. A 2.2.1.2 | Bauaufsichtliche Anforderungen, Zuordnung der Klassen, Verwendung von Bauprodukten, Anwendung von Bauarten; Stand: Januar 2024 |
| **Anhang 5** zu lfd. Nr. A 2.2.1.5 | WDVS mit EPS, Sockelbrandprüfverfahren; Stand: Juni 2016 |
| **Anhang 6** zu lfd. Nr. A 2.2.1.6 | Hinterlüftete Außenwandbekleidungen; Stand: Januar 2024 |
| **Anhang 7** | „Anforderungen an Feststellanlagen" – gestrichen in den BayTB – Ausgabe April 2021 |
| **Anhang 8** zu lfd. Nr. A 3.2.1 | Anforderungen an bauliche Anlagen bezüglich des Gesundheitsschutzes (ABG); Stand: Oktober 2022 |
| **Anhang 9** zu lfd. Nr. A 3.2.2 | Textile Bodenbeläge; Stand: August 2020 |
| **Anhang 10** zu lfd. Nr. A 3.2.3 | Anforderungen an bauliche Anlagen bezüglich der Auswirkungen auf Boden und Gewässer (ABuG); Stand: August 2023 |
| **Anhang 11** zu lfd. Nr. B 2.2 | WDVS mit ETA nach ETAG 004; Stand: Mai 2019 |
| **Anhang 12** zu lfd. Nr. B 2.2.1.6 | Anwendungsregeln für nicht lasttragende verlorene Schalungsbausätze/-systeme und Schalungssteine für die Erstellung von Ortbeton-Wänden; Stand: April 2024 |
| **Anhang 13** zu lfd. Nr. C 2.8.1 | Richtlinie über Rollladenkästen (RokR); Stand: September 2022 |
| **Anhang 14** zu lfd. Nr. A 2.2.1.16 | Technische Regel Technische Gebäudeausrüstung – TR TGA; Stand: April 2022 |
| **Anhang 15** zu lfd. Nr. B 2.2.5 | Produkte für die Abdichtung von Bauwerken – Mindestens erforderliche Leistungen; Stand: November 2019 |
| **Anhang 16** zu lfd. Nr. A 3.2.5 | Richtlinie für die Bewertung und Sanierung schwach gebundener Asbestprodukte in Gebäuden (Asbest-Richtlinie); Stand: November 2020 |
| **Anhang 17** zu lfd. Nr. C 2.15.12 | Richtlinie über die Anforderungen an Auffangwannen aus Stahl mit einem Auffangvolumen bis 1000 Liter (StawaR); Stand: September 2020 |

| | |
|---|---|
| **Anhang 18** zu lfd. Nr. A 2.2.1.17 | Verwendung von normalentflammbaren Verglasungen in Außenwänden, ausgenommen Außenwandkonstruktionen mit geschossübergreifenden Hohl- oder Lufträumen und Fassaden; Stand: Juli 2022 |

**Vorbemerkungen**

**1. Bauordnungsrechtliche Vorgaben**

Die Bayerische Bauordnung (BayBO)[1)] enthält in Art. 81a Abs. 1 die Ermächtigung, im Rahmen einer Verwaltungsvorschrift die allgemeinen Anforderungen an bauliche Anlagen, Bauprodukte und andere Anlagen und Einrichtungen durch Technische Baubestimmungen zu konkretisieren (Bayerische Technische Baubestimmungen).

Art. 81a Abs. 2 BayBO gibt detaillierte vor, zu welchen bauaufsichtlichen Anforderungen Konkretisierungen vorgenommen werden können. Die Konkretisierungen können durch Bezugnahme auf technische Regeln und deren Fundstellen oder auf andere Weise erfolgen, insbesondere in Bezug auf:

- die Planung, Bemessung und Ausführung baulicher Anlagen und ihrer Teile,
- Merkmale und Leistungen von Bauprodukten in bestimmten baulichen Anlagen oder ihren Teilen,
- Verfahren für die Feststellung der Leistung eines Bauproduktes, das nicht das CE-Zeichen nach Bauproduktenverordnung (Verordnung (EU) Nr. 305/2011 – EU-BauPVO) trägt,
- zulässige und unzulässige besondere Verwendungszwecke für Bauprodukte,
- Festlegungen von Klassen und Stufen, die Bauprodukte für bestimmte Verwendungszwecke aufweisen sollen,
- Voraussetzungen für die Abgabe der Übereinstimmungserklärung für nicht harmonisierte Produkte,
- Angaben zu nicht harmonisierten Bauprodukten sowie zu Bauarten, die eines allgemeinen bauaufsichtlichen Prüfzeugnisses bedürfen sowie
- Art, Inhalt und Form der technischen Dokumentation.

Die Bayerischen Technischen Baubestimmungen (BayTB) basieren auf der Musterverwaltungsvorschrift Technische Baubestimmungen (MVV TB), die vom Deutschen Institut für Bautechnik nach Anhörung der beteiligten Kreise im Einvernehmen mit den obersten Baurechtsbehörden der Länder veröffentlicht wurde. Es gilt der Grundsatz, dass nur solche Inhalte in die BayTB als Technische Baubestimmungen aufgenommen werden, die zur Erfüllung der Anforderungen der BayBO an bauliche Anlagen, Bauprodukte und andere Anlagen und Einrichtungen unerlässlich sind. Anlagen mit spezifisch bayerischen Konkretisierungen sind mit/Bay gekennzeichnet.

Die Bauaufsichtsbehörden können jedoch im Rahmen ihrer Entscheidungen zur Ausfüllung unbestimmter Rechtsbegriffe auch auf allgemein anerkannte Regeln der Technik zurückgreifen, die keine Technischen Baubestimmungen sind.

Die MVV TB ist notifiziert gemäß der Richtlinie (EU) 2015/1535 des Europäischen Parlaments und des Rates vom 9. September 2015 über ein

---

1) Nr. 1.

Informationsverfahren auf dem Gebiet der technischen Vorschriften und der Vorschriften für die Dienste der Informationsgesellschaft (ABl. L 241 vom 17.09.2015, S. 1).

**2. Struktur und Gliederung der BayTB**

**2.1**

Die Technischen Baubestimmungen sind in vier Teile gegliedert:

A Technische Baubestimmungen, die bei der Erfüllung der Grundanforderungen an Bauwerke zu beachten sind
Teil A gliedert sich nach den Grundanforderungen für Bauwerke gem. Anhang I der EU-BauPVO wie folgt:
A 1 – Mechanische Festigkeit und Standsicherheit,
A 2 – Brandschutz,
A 3 – Hygiene, Gesundheit und Umweltschutz,
A 4 – Sicherheit und Barrierefreiheit bei der Nutzung,
A 5 – Schallschutz und
A 6 – Wärmeschutz.

B Technische Baubestimmungen für Bauteile und Sonderkonstruktionen, die zusätzlich zu den in Teil A aufgeführten Technischen Baubestimmungen zu beachten sind

C Technische Baubestimmungen für Bauprodukte, die nicht die CE-Kennzeichnung tragen, und für Bauarten

D Bauprodukte, die keines Verwendbarkeitsnachweises bedürfen

**2.2**

Wesentliche Inhalte der Kapitel in Teil A sind:

Kapitel A 1 – Mechanische Festigkeit und Standsicherheit – beinhaltet die Eurocodes zu den Grundlagen für die Tragwerksplanung, zu den Einwirkungen auf Bauwerke sowie zur Bemessung. Aus deren Anwendung ergibt sich, welche Merkmale und konkreten Leistungen die verwendeten Produkte am Bauwerk zur Erfüllung der bauwerksbezogenen Anforderungen ausweisen müssen.

Kapitel A 2 – Brandschutz – konkretisiert die in der BayBO[1)] und in den aufgrund der BayBO erlassenen Rechtsverordnungen enthaltenen brandschutztechnischen Anforderungen an bauliche Anlagen oder Teile baulicher Anlagen insbesondere im Hinblick auf das Brandverhalten und den Feuerwiderstand.

In Kapitel A 3 – Hygiene, Gesundheit- und Umweltschutz – sind die Anforderungen an bauliche Anlagen in Form der technischen Regeln „Anforderungen an bauliche Anlagen bezüglich des Gesundheitsschutzes“ (ABG) sowie „Anforderungen an bauliche Anlagen bezüglich der Auswirkungen auf Boden und Gewässer“ (ABuG) konkretisiert.

Kapitel A 4 – Sicherheit und Barrierefreiheit bei der Nutzung – konkretisiert die in der BayBO geregelten Anforderungen an die Nutzungssicherheit und Barrierefreiheit baulicher Anlagen im Ganzen und in ihren Teilen.

Kapitel A 5 – Schallschutz – enthält technische Regeln zur Erfüllung der schallschutztechnischen Anforderungen an bauliche Anlagen und deren Teile.

---

1) Nr. 1.

In Kapitel A 6 – Wärmeschutz – werden die Anforderungen an eine den klimatischen Verhältnissen entsprechende Nutzung einer baulichen Anlage und ihrer Teile mittels technischer Regeln konkretisiert.

**2.3**

Teil B betrifft Sonderkonstruktionen und besondere Bauteile, die einerseits den Anforderungen von Teil A nicht eindeutig zugeordnet werden können und andererseits teilweise einen anderen Rechtshintergrund haben.

Teil B enthält dabei Technische Baubestimmungen für Bauteile und Sonderkonstruktionen, die zusätzlich zu den in Teil A aufgeführten Technischen Baubestimmungen beachtet werden müssen. Die hier für bestimmte Sonderkonstruktionen und Bauteile aufgeführten technischen Regeln dienen der Konkretisierung mehrerer Grundanforderungen und sind materialübergreifend.

Kapitel B 2 beinhaltet technische Regeln für Sonderkonstruktionen und Bauteile im Hinblick auf deren Planung, Bemessung und Ausführung.

Kapitel B 3 bezieht sich auf technische Gebäudeausrüstungen und Teile von Anlagen zum Lagern, Abfüllen und Umschlagen von wassergefährdenden Stoffen, die anderen Harmonisierungsrechtsvorschriften (z.B. Maschinenrichtlinie, Niederspannungsrichtlinie, Druckgeräterichtlinie) unterliegen, aber hinsichtlich eines bestimmten Verwendungszwecks Grundanforderungen nach Art. 3 Abs. 1 der EU-BauPVO an bauliche Anlagen und ihre Teile nicht erfüllen. Für diese Produkte ist zum Nachweis der fehlenden Wesentlichen Merkmale ein Verwendbarkeitsnachweis erforderlich, sofern nicht festgelegt wurde, dass eine Übereinstimmungserklärung zu den fehlenden Wesentlichen Merkmalen nach Art. 21 BayBO[1] aufgrund vorheriger Prüfung der Bauprodukte durch eine hierfür bauaufsichtlich anerkannte Prüfstelle ausreichend ist.

Kapitel B 4 beinhaltet Technische Anforderungen für Bauprodukte und Bauarten, die Anforderungen nach anderen Rechtsvorschriften unterliegen, für die nach Art. 80 Abs. 5 Nr. 5 BayBO eine Rechtsverordnung erlassen wurde. Dabei handelt es sich um Technische Anforderungen an ortsfest verwendete Anlagen und Anlagenteile in Lager-, Abfüll- und Umschlaganlagen (LAU-Anlagen) zum Umgang mit wassergefährdenden Stoffen sowie an den Einbau, Betrieb und die Wartung von Anlagen mit Bauprodukten zur Abwasserbehandlung.

**2.4**

Teil C – Technische Baubestimmungen für Bauprodukte, die nicht die CE-Kennzeichnung tragen, und für Bauarten – bestimmt die Angaben zu nicht nach der EU-BauPVO harmonisierten Bauprodukten sowie zu Bauarten, die nur eines allgemeinen bauaufsichtlichen Prüfzeugnisses bedürfen sowie die Anforderungen zur Abgabe der Übereinstimmungserklärung für ein Bauprodukt nach Art. 21 BayBO[1].

Teil C gilt daher nicht für Bauprodukte, für die eine harmonisierte Norm oder eine Europäische Technische Bewertung (ETA) im Geltungsbereich der EU-BauPVO vorliegt.

In Kapitel C 2 sind die technischen Regeln sowie die Anforderungen an die Übereinstimmungsbestätigung für nicht harmonisierte Bauprodukte bestimmt.

---

[1] Nr. **1**.

Kapitel C 3 führt Bauprodukte auf, die lediglich eines allgemeinen bauaufsichtlichen Prüfzeugnisses (abP) bedürfen. An dieser Stelle sind auch die jeweils anerkannten Prüfverfahren und die Art der erforderlichen Übereinstimmungsbestätigung aufgeführt.

In Kapitel C 4 sind die Bauarten ausgewiesen, die lediglich eines abP bedürfen. Auch hier sind die anerkannten Prüfverfahren jeweils aufgelistet.

Sofern von der maßgebenden technischen Regel abgewichen wird, ist für Bauprodukte eine allgemeine bauaufsichtliche Zulassung oder eine Zustimmung im Einzelfall und für Bauarten eine allgemeine oder vorhabenbezogene Bauartgenehmigung erforderlich.

Bei Bauprodukten und Bauarten, die (nur) eines abP bedürfen, wird das Vorliegen einer maßgebenden Prüfnorm zwingend vorausgesetzt. Dabei können auch weitere technische Bestimmungen, die für die Erteilung des abP erforderlich sind, angegeben werden. Dazu gehören z.B. ergänzende Angaben zu Prüfumfang, Prüfaufbau, Prüfhäufigkeit.

**2.5**

Teil D enthält die nach Art. 81a Abs. 2 Nr. 4 BayBO[1] vorgesehene Liste von Bauprodukten, welche keines Verwendbarkeitsnachweises bedürfen. Hierunter fallen Bauprodukte, für die es allgemein anerkannte Regeln der Technik gibt, jedoch auf Verwendbarkeitsnachweise verzichtet wird sowie Bauprodukte, für die es weder Technische Baubestimmungen noch allgemein anerkannte Regeln der Technik gibt und die bauordnungsrechtlich von untergeordneter Bedeutung sind. Die Liste hat klarstellenden Charakter und erhebt keinen Anspruch auf Vollständigkeit.

Im Kapitel D 3 wird ein Weg aufgezeigt, wie mit lückenhaften und unvollständigen harmonisierten Spezifikationen umgegangen werden kann.

## A. Technische Baubestimmungen, die bei der Erfüllung der Grundanforderungen an Bauwerke zu beachten sind

A 1. Mechanische Festigkeit und Standsicherheit
A 2. Brandschutz
A 3. Hygiene, Gesundheit und Umweltschutz
A 4. Sicherheit und Barrierefreiheit bei der Nutzung
A 5. Schallschutz
A 6. Wärmeschutz

### A 1. Mechanische Festigkeit und Standsicherheit

### A 1.1. Allgemeines

Gemäß Art. 3 und Art. 10 Abs. 1 BayBO[1] muss jede bauliche Anlage im Ganzen und in ihren einzelnen Teilen und für sich allein standsicher sein. Die Standsicherheit anderer baulicher Anlagen und die Tragfähigkeit des Baugrundes der Nachbargrundstücke dürfen nicht gefährdet werden. Darüber hinaus dürfen die während der Errichtung und Nutzung möglichen Einwirkungen keine Beschädigungen anderer Teile des Bauwerks oder Einrichtungen und Ausstattungen infolge zu großer Verformungen der tragenden Baukonstruktion zur Folge haben.

---

[1] Nr. **1**.

## 42 Technische Baubestimmungen

Zur Erfüllung dieser Anforderungen an bauliche Anlagen sind die technischen Regeln nach Abschnitt A 1.2 zu beachten.

### A 1.2. Technische Anforderungen hinsichtlich Planung, Bemessung und Ausführung an bestimmte bauliche Anlagen und ihre Teile gem. Art. 81a Abs. 2 BayBO[1]

| Lfd. Nr. | Anforderungen an Planung, Bemessung und Ausführung gem. Art. 81a Abs. 2 BayBO[1] | Technische Regeln/Ausgabe | Weitere Maßgaben gem. Art. 81a Abs. 2 BayBO[1] |
|---|---|---|---|
| 1 | 2 | 3 | 4 |
| **A 1.2.1** | **Grundlagen der Tragwerksplanung und Einwirkungen auf Tragwerke** | | |
| A 1.2.1.1 | Grundlagen der Tragwerksplanung | DIN EN 1990:2010-12<br>DIN EN 1990/NA:2010-12 | Anlage A 1.2.1/1 |
| A 1.2.1.2 | Einwirkungen auf Tragwerke | | |
| | Wichten, Eigengewicht und Nutzlasten im Hochbau | DIN EN 1991-1-1:2010-12<br>DIN EN 1991-1-1/NA:2010-12<br>DIN EN 1991-1-1/NA/A1:2015-05 | Anlage A 1.2.1/2 |
| | Brandeinwirkungen auf Tragwerke | DIN EN 1991-1-2:2010-12<br>DIN EN 1991-1-2 Ber. 1:2013-08<br>DIN EN 1991-1-2/NA:2015-09 | Anlage A 1.2.1/3 |
| | Schneelasten | DIN EN 1991-1-3:2010-12<br>DIN EN 1991-1-3/A1:2015-12<br>DIN EN 1991-1-3/NA:2019-04 | Anlage A 1.2.1/4 |
| | Windlasten | DIN EN 1991-1-4:2010-12<br>DIN EN 1991-1-4/NA:2010-12 | Anlage A 1.2.1/5 |
| | Außergewöhnliche Einwirkungen | DIN EN 1991-1-7:2010-12<br>DIN EN 1991-1-7/NA:2019-09 | Anlage A 1.2.1/6 |
| | Einwirkungen infolge von Kranen und Maschinen | DIN EN 1991-3:2010-12<br>DIN EN 1991-3 Ber. 1:2013-08<br>DIN EN 1991-3/NA:2010-12 | |
| | Einwirkungen auf Silos und Flüssigkeitsbehälter | DIN EN 1991-4:2010-12<br>DIN EN 1991-4 Ber. 1:2013-08<br>DIN EN 1991-4/NA:2010-12<br>DIN FB 140:2005-01 | Anlage A 1.2.1/7 |
| A 1.2.1.3 | Bauteile, die gegen Absturz sichern | ETB-Richtlinie – Bauteile, die gegen Absturz sichern, Juni 1985 | Anlage A 1.2.1/8 |
| **A 1.2.2** | **Bauliche Anlagen im Erd- und Grundbau** | | |
| A 1.2.2.1 | Entwurf, Berechnung und Bemessung in der Geotechnik | | |
| | Allgemeine Regeln | DIN EN 1997-1:2009-09<br>DIN EN 1997-1/NA:2010-12 | Anlage A 1.2.2/1 |
| | Baugrund – Sicherheitsnachweise im Erdbau- und Grundbau | DIN 1054:2021-04 | Anlage A 1.2.2/1 |
| A 1.2.2.2 | Ausführung von Bohrpfählen | DIN EN 1536:2010-12<br>DIN SPEC 18140:2012-02 | |
| A 1.2.2.3 | Ausführung von Verdrängungspfählen | DIN EN 12699:2001-05<br>DIN EN 12699 Ber. 1:2010-11 | Anlage A 1.2.2/2 |

[1] Nr. **1**.

| Lfd. Nr. | Anforderungen an Planung, Bemessung und Ausführung gem. Art. 81a Abs. 2 BayBO | Technische Regeln/Ausgabe | Weitere Maßgaben gem. Art. 81a Abs. 2 BayBO |
|---|---|---|---|
| 1 | 2 | 3 | 4 |
| | | DIN SPEC 18538:2012-02 | |
| A 1.2.2.4 | Ausschachtungen, Gründungen und Unterfangungen im Bereich bestehender Gebäude | DIN 4123:2013-04 | |
| A 1.2.2.5 | Ausführung von Verpressankern | DIN EN 1537:2014-07<br>DIN/TS 18537:2021-05 | Anlage A 1.2.2/3 |
| A 1.2.2.6 | Ausführung von besonderen geotechnischen Arbeiten (Spezialtiefbau) – Pfähle mit kleinen Durchmessern (Mikropfähle) | DIN EN 14199:2012-01<br>DIN SPEC 18539:2012-02 | |
| A 1.2.2.7 | Ausführung von besonderen geotechnischen Arbeiten (Spezialtiefbau) – Injektionen, Düsenstrahlverfahren | DIN EN 12715:2000-10<br>DIN SPEC 18187:2015-08<br>DIN EN 12716:2019-03 | Anlage A 1.2.2/4 |
| | Bemessung von verfestigten Bodenkörpern – Hergestellt mit Düsenstrahl-, Deep-Mixing- oder Injektions-Verfahren | DIN 4093:2015-11 | |
| **A 1.2.3** | **Bauliche Anlagen im Beton-, Stahlbeton- und Spannbetonbau** | | |
| A 1.2.3.1 | Bemessung und Konstruktion von Stahlbeton- und Spannbetontragwerken | | |
| | Allgemeine Bemessungsregeln und Regeln für den Hochbau | DIN EN 1992-1-1:2011-01<br>DIN EN 1992-1-1/A1:2015-03<br>DIN EN 1992-1-1/NA:2013-04<br>DIN EN 1992-1-1/NA/A1:2015-12<br>DIN 1045-1:2023-08<br>DIN 1045-1000:2023-08 | Anlage A 1.2.3/1<br>Anlage A 1.2.3/2 |
| | Tragwerksbemessung für den Brandfall | DIN EN 1992-1-2:2010-12<br>DIN EN 1992-1-2/NA:2010-12<br>DIN EN 1992-1-2/NA/A1:2015-09<br>DIN EN 1992-1-2/A1:2019-11<br>DIN EN 1992-1-2/NA/A2:2021-04 | Anlage A 1.2.3/1<br>Anlage A 1.2.3/3 |
| | Beton, Stahlbeton und Spannbeton | DIN 1045-2:2023-08 | Anlage A 1.2.3/1<br>Anlage A 1.2.3/4 |
| | Ausführung von Tragwerken aus Beton | DIN 1045-3:2023-08 | Anlage A 1.2.3/1<br>Anlage A 1.2.3/4 |
| | Fertigteile | DIN 1045-4:2023-08 | Anlage A 1.2.3/1 |
| | Ziegeldecken | DIN 1045-100:2017-09 | |
| A 1.2.3.2 | Schutz und Instandsetzung von Betonbauteilen | Technische Regel (DIBt) Instandhaltung von Betonbauwerken (TR Instandhaltung):2020-05<br>Teil 1 – Anwendungsbereich und Planung der Instandhaltung | Anlage A 1.2.3/5 |

| Lfd. Nr. | Anforderungen an Planung, Bemessung und Ausführung gem. Art. 81a Abs. 2 BayBO | Technische Regeln/Ausgabe | Weitere Maßgaben gem. Art. 81a Abs. 2 BayBO |
|---|---|---|---|
| 1 | 2 | 3 | 4 |
| | | Teil 2 – Merkmale von Produkten oder Systemen für die Instandsetzung und Regelungen für deren Verwendung in Verbindung mit DAfStb-Richtlinie – Schutz und Instandsetzung von Betonbauteilen:2001-10<br>Ber. 1:2002-01<br>Ber. 3:2014-09 | |
| A 1.2.3.3 | Spritzbeton | DIN EN 14487-1:2006-03<br>DIN EN 14487-2:2007-01<br>DIN 18551:2014-08 | |
| A 1.2.3.4 | Schweißen von Betonstahl | DIN EN ISO 17660-1:2006-12<br>DIN EN ISO 17660-1 Ber. 1:2007-08<br>DIN EN ISO 17660-2:2006-12<br>DIN EN ISO 17660-2 Ber. 1:2007-08 | Anlage A 1.2.3/6 |
| A 1.2.3.5 | Anwendung von vorgefertigten bewehrten Bauteilen aus dampfgehärtetem Porenbeton | DIN 4223-101:2014-12<br>DIN 4223-102:2014-12<br>DIN 4223-103:2014-12 | Anlage A 1.2.3/1<br>Abschnitt 1, 2.2, 2.3, 4 |
| A 1.2.3.6 | Anwendung von vorgefertigten Bauteilen aus haufwerksporigem Leichtbeton mit statisch anrechenbarer oder nicht anrechenbarer Bewehrung in Bauwerken | DIN 4213:2015-10<br>DIN 4213/A1:2022-08 | Anlage A 1.2.3/1<br>Abschnitte 1, 2.2, 2.3, 4 |
| A 1.2.3.7 | Nachträgliche Bewehrungsanschlüsse mit eingemörtelten Bewehrungsstäben | Anforderungen an Planung, Bemessung und Ausführung von nachträglichen Bewehrungsanschlüssen mit eingemörtelten Bewehrungsstäben: 2024-04 (s. Anhang 1) | |
| A 1.2.3.8 | Verankerungen in Beton mit einbetonierten oder nachträglich gesetzten Befestigungsmitteln | DIN EN 1992-4:2019-04<br>DIN EN 1992-4/NA:2019-04<br>und<br>Anforderungen an Planung, Bemessung und Ausführung von Verankerungen in Beton mit einbetonierten oder nachträglich gesetzten Befestigungsmitteln: 2024-04 (s. Anhang 2) | |
| **A 1.2.4** | **Bauliche Anlagen im Metall- und Verbundbau** | | |
| A 1.2.4.1 | Bemessung und Konstruktion von Stahlbauten | | |
| | Allgemeine Bemessungsregeln und Regeln für den Hochbau | DIN EN 1993-1-1:2010-12<br>DIN EN 1993-1-1/A1:2014-07<br>DIN EN 1993-1-1/NA:2018-12 | Anlagen A 1.2.3/2 und A 1.2.4/1 |
| | Tragwerksbemessung für den Brandfall | DIN EN 1993-1-2:2010-12<br>DIN EN 1993-1-2/NA:2010-12 | Anlagen A 1.2.3/3 und A 1.2.4/9 |

| Lfd. Nr. | Anforderungen an Planung, Bemessung und Ausführung gem. Art. 81a Abs. 2 BayBO | Technische Regeln/Ausgabe | Weitere Maßgaben gem. Art. 81a Abs. 2 BayBO |
|---|---|---|---|
| 1 | 2 | 3 | 4 |
| | Ergänzende Regeln für kaltgeformte Bauteile und Bleche | DIN EN 1993-1-3:2010-12<br>DIN EN 1993-1-3/NA:2017-05 | Anlage A 1.2.4/2 |
| | Ergänzende Regeln zur Anwendung von nichtrostenden Stählen | DIN EN 1993-1-4:2015-10<br>DIN EN 1993-1-4/A2:2021-02<br>DIN EN 1993-1-4/NA:2020-11 | |
| | Plattenförmige Bauteile | DIN EN 1993-1-5:2019-10<br>DIN EN 1993-1-5 Berichtigung 2020-07<br>DIN EN 1993-1-5/NA:2018-11 | Anlage A 1.2.4/10 |
| | Festigkeit und Stabilität von Schalen | DIN EN 1993-1-6:2010-12<br>DIN EN 1993-1-6/NA:2010-12 | |
| | Plattenförmige Bauteile mit Querbelastung | DIN EN 1993-1-7:2010-12<br>DIN EN 1993-1-7/NA:2010-12 | |
| | Bemessung von Anschlüssen | DIN EN 1993-1-8:2010-12<br>DIN EN 1993-1-8/NA:2020-11 | Anlage A 1.2.4/11 |
| | Ermüdung | DIN EN 1993-1-9:2010-12<br>DIN EN 1993-1-9/NA:2010-12 | |
| | Stahlsortenauswahl im Hinblick auf Bruchzähigkeit und Eigenschaften in Dickenrichtung | DIN EN 1993-1-10:2010-12<br>DIN EN 1993-1-10/NA:2016-04 | |
| | Bemessung und Konstruktion von Tragwerken mit Zuggliedern aus Stahl | DIN EN 1993-1-11:2010-12<br>DIN EN 1993-1-11/NA:2010-12 | Anlage A 1.2.4/3 |
| | Zusätzliche Regeln zur Erweiterung von EN 1993 auf Stahlgüten bis S700 | DIN EN 1993-1-12:2010-12<br>DIN EN 1993-1-12/NA:2011-08 | |
| | Türme und Maste | DIN EN 1993-3-1:2010-12<br>DIN EN 1993-3-1/NA:2015-11 | |
| | Schornsteine | DIN EN 1993-3-2:2010-12<br>DIN EN 1993-3-2/NA:2017-01 | Anlage A 1.2.4/4 |
| | Silos | DIN EN 1993-4-1:2017-09<br>DIN EN 1993-4-1/NA:2018-11 | Anlage A 1.2.4/12 |
| | Pfähle und Spundwände | DIN EN 1993-5:2010-12<br>DIN EN 1993-5/NA:2010-12 | |
| | Kranbahnen | DIN EN 1993-6:2010-12<br>DIN EN 1993-6/NA:2022-08 | |
| | Ausführung von Stahltragwerken | DIN EN 1090-2:2018-09<br>DIN EN 1090-4:2018-09 | Anlage A 1.2.4/5 |
| | Oberirdische zylindrische Flachboden-Tankbauwerke | DIN EN 1993-4-2:2017-09<br>DIN EN 1993-4-2/NA:2018-12 | Anlage A 1.2.4/8 |
| A 1.2.4.2 | Bemessung und Konstruktion von Verbundtragwerken aus Stahl und Beton | | |
| | Allgemeine Bemessungsregeln und Anwendungsregeln für den Hochbau | DIN EN 1994-1-1:2010-12<br>DIN EN 1994-1-1/NA:2010-12 | Anlagen A 1.2.3/2 und A 1.2.4/1 |
| | Tragwerksbemessung für den Brandfall | DIN EN 1994-1-2:2010-12<br>DIN EN 1994-1-2/A1:2014-06<br>DIN EN 1994-1-2/NA:2010-12 | Anlagen A 1.2.3/3 und A 1.2.4/9 |
| A 1.2.4.3 | Bemessung und Konstruktion von Aluminiumtragwerken | | |

| Lfd. Nr. | Anforderungen an Planung, Bemessung und Ausführung gem. Art. 81a Abs. 2 BayBO | Technische Regeln/Ausgabe | Weitere Maßgaben gem. Art. 81a Abs. 2 BayBO |
|---|---|---|---|
| 1 | 2 | 3 | 4 |
| | Allgemeine Bemessungsregeln | DIN EN 1999-1-1:2014-03<br>DIN EN 1999-1-1/NA:2021-03 | Anlage A 1.2.4/1 |
| | Tragwerksbemessung für den Brandfall | DIN EN 1999-1-2:2010-12<br>DIN EN 1999-1-2/NA:2011-04 | Anlage A 1.2.3/3 |
| | Ermüdungsbeanspruchte Tragwerke | DIN EN 1999-1-3:2011-11<br>DIN EN 1999-1-3/NA:2013-01 | |
| | Kaltgeformte Profiltafeln | DIN EN 1999-1-4:2010-05<br>DIN EN 1999-1-4/A1:2011-11<br>DIN EN 1999-1-4/NA:2017-10 | Anlage A 1.2.4/2 |
| | Schalentragwerke | DIN EN 1999-1-5:2017-03<br>DIN EN 1999-1-5/NA:2010-12 | |
| | Ausführung von Aluminiumtragwerken | DIN EN 1090-3:2019-07<br>DIN EN 1090-5:2017-07 | Anlage A 1.2.4/6 |
| A 1.2.4.4 | Oberirdische zylindrische Flachboden-Tankbauwerke aus metallischen Werkstoffen – gestrichen in den BayTB – Ausgabe Juni 2022 | | |
| **A 1.2.5** | **Bauliche Anlagen im Holzbau** | | |
| A 1.2.5.1 | Bemessung und Konstruktion von Holzbauten | | |
| | Bemessung und Konstruktion von Holzbauten | DIN EN 1995-1-1:2010-12<br>DIN EN 1995-1-1/A2:2014-07<br>DIN EN 1995-1-1/NA:2013-08 | Anlage A 1.2.5/1 |
| | Tragwerksbemessung für den Brandfall | DIN EN 1995-1-2:2010-12<br>DIN EN 1995-1-2/NA:2010-12 | Anlage A 1.2.3/3 |
| | Brücken | DIN EN 1995-2:2010-12<br>DIN EN 1995-2/NA:2021-06 | Anlage A 1.2.5/1 |
| | Herstellung und Ausführung von Holzbauwerken | DIN 1052-10:2012-05 | |
| A 1.2.5.2 | Holzschutz | DIN 68800-1:2019-06<br>DIN 68800-2:2022-02 | Anlage A 1.2.5/2 |
| **A 1.2.6** | **Bauliche Anlagen im Mauerwerksbau** | | |
| A 1.2.6.1 | Bemessung und Konstruktion von Mauerwerksbauten | | |
| | Allgemeine Regeln für bewehrtes und unbewehrtes Mauerwerk | DIN EN 1996-1-1:2013-02<br>DIN EN 1996-1-1/NA:2019-12 | Anlage A 1.2.6/1 |
| | Tragwerksbemessung für den Brandfall | DIN EN 1996-1-2:2011-04<br>DIN EN 1996-1-2/NA:2022-09 | Anlage A 1.2.6/2 |
| | Planung, Auswahl der Baustoffe und Ausführung von Mauerwerk | DIN EN 1996-2:2010-12<br>DIN EN 1996-2/NA:2012-01<br>DIN EN 1996-2/NA/A1:2021-06 | |
| | Vereinfachte Berechnungsmethoden für unbewehrte Mauerwerksbauten | DIN EN 1996-3:2010-12<br>DIN EN 1996-3/NA:2019-12 | |
| A 1.2.6.2 | Fertigbauteile | DIN 1053-4:2018-05 | Anlage A 1.2.6/3 |
| A 1.2.6.3 | Verankerungen in Mauerwerk mit nachträglich gesetzten Befestigungsmitteln | Anforderungen an Planung, Bemessung und Ausführung von Verankerungen in Mauerwerk mit nachträglich gesetzten Befesti- | |

| Lfd. Nr. | Anforderungen an Planung, Bemessung und Ausführung gem. Art. 81a Abs. 2 BayBO | Technische Regeln/Ausgabe | Weitere Maßgaben gem. Art. 81a Abs. 2 BayBO |
|---|---|---|---|
| 1 | 2 | 3 | 4 |
| | | gungsmitteln: 2024-04 (s. Anhang 3) | |
| **A 1.2.7** | **Glaskonstruktionen** | | |
| A 1.2.7.1 | Glas im Bauwesen – Bemessungs- und Konstruktionsregeln | | |
| | Begriffe und allgemeine Grundlagen | DIN 18008-1:2020-05 | Anlagen A 1.2.7/1 und A 1.2.7/2 |
| | Linienförmig gelagerte Verglasungen | DIN 18008-2:2020-05 | Anlage A 1.2.7/3 |
| | Punktförmig gelagerte Verglasungen | DIN 18008-3:2013-07 | Anlage A 1.2.7/4 |
| | Zusatzanforderungen an absturzsichernde Verglasungen | DIN 18008-4:2013-07 | Anlage A 1.2.7/4 |
| | Zusatzanforderungen an begehbare Verglasungen | DIN 18008-5:2013-07 | Anlage A 1.2.7/4 |
| | Zusatzanforderungen an zu Instandhaltungsmaßnahmen betretbare Verglasungen und an durchsturzsichere Verglasungen | DIN 18008-6:2018-02 | |
| **A 1.2.8** | **Sonderkonstruktionen** | | |
| A 1.2.8.1 | Freistehende Schornsteine | DIN 1056:2009-01 | Anlagen A 1.2.4/4 und A 1.2.8/1 |
| | | DIN EN 13084-1:2007-05 | Anlage A 1.2.8/1 |
| | | DIN EN 13084-2:2007-08 | |
| | | DIN EN 13084-4:2005-12 | |
| | | DIN EN 13084-6:2005-03 | Anlage A 1.2.8/2 |
| | | DIN EN 13084-8:2005-08 | Anlage A 1.2.8/2 |
| A 1.2.8.2 | Glockentürme | DIN 4178:2005-04 | |
| A 1.2.8.3 | Gewächshäuser | DIN V 11535-1:1998-02 | Anlage A 1.2.7/2 |
| A 1.2.8.4 | „Traggerüste" – in Bayern nicht besetzt | | |
| A 1.2.8.5 | „Arbeitsgerüste" – in Bayern nicht besetzt | | |
| | „Schutzgerüste" – in Bayern nicht besetzt | | |
| A 1.2.8.6 | Gärfuttersilos und Güllebehälter | DIN 11622-2:2015-09 | |
| A 1.2.8.7 | Windenergieanlagen; Einwirkungen und Standsicherheitsnachweise für Turm und Gründung | Richtlinie für Windenergieanlagen; Einwirkungen und Standsicherheitsnachweise für Turm und Gründung, Stand: Oktober 2012, korrigierte Fassung März 2015 | Anlage A 1.2.8/6 |
| A 1.2.8.8 | Lehmbauten für Wohngebäude der Gebäudeklasse 1 und 2 mit höchstens zwei Vollgeschossen | Lehmbau Regeln, Februar 2008 | |
| A 1.2.8.9 | Ortsfeste liegende zylindrische ein- und doppelwandige Behälter (Tanks) aus Stahl zur oberirdischen Lagerung von wassergefährdenden flüssigen Brennstoffen für die | | Anlage A 1.2.8/7 |

| Lfd. Nr. | Anforderungen an Planung, Bemessung und Ausführung gem. Art. 81a Abs. 2 BayBO | Technische Regeln/Ausgabe | Weitere Maßgaben gem. Art. 81a Abs. 2 BayBO |
|---|---|---|---|
| 1 | 2 | 3 | 4 |
| | energetische Versorgung von Heiz- und Kühlanlagen für Gebäude | | |
| A 1.2.8.10 | Ortsfeste Tanks aus Thermoplasten zur oberirdischen Lagerung von flüssigen Brennstoffen für die energetische Versorgung von Heiz- und Kühlsystemen in Gebäuden | | Anlage A 1.2.8/8 |
| **A 1.2.9** | **Bauliche Anlagen in Erdbebengebieten** | | |
| A 1.2.9.1 | Bauten in deutschen Erdbebengebieten | DIN 4149:2005-04 | Anlage A 1.2.9/1 |

## Anlage A 1.2.1/1
## Zu DIN EN 1990 in Verbindung mit DIN EN 1990/NA

Die informativen Anhänge B, C und D sind nicht anzuwenden.

## Anlage A 1.2.1/2
## Zu DIN EN 1991-1-1 in Verbindung mit DIN EN 1991-1-1/NA

Zu Abschnitt 6.4:

Ergänzend gilt für Horizontallasten für Hubschrauberlandeplätze auf Dachdecken:

**1**

In der Ebene der Start- und Landefläche und des umgebenden Sicherheitsstreifens ist eine horizontale Nutzlast $q_k$ = 1,0 kN/m an der für den untersuchten Querschnitt eines Bauteils jeweils ungünstigsten Stelle anzunehmen.

**2**

Für den mindestens 10 cm hohen Überrollschutz ist am oberen Rand eine Horizontallast von 10 kN anzunehmen.

## Anlage A 1.2.1/3
## Zu DIN EN 1991-1-2 in Verbindung mit DIN EN 1991-1-2/NA

Bei Anwendung des Abschnittes 3.3 ist Folgendes zu beachten:

Werden Naturbrandmodelle angewendet, so ist Nr. 6 des Kriterienkatalogs nach § 15 Abs. 3 BauVorlV[1)] nicht erfüllt; der Standsicherheitsnachweis muss nach Art. 62a Abs. 1 BayBO[2)] geprüft/bescheinigt werden.

Bei Anwendung von Naturbrandmodellen ist zu beachten:

**1**

Das Ergebnis der Bemessung des Feuerwiderstands (Brandeinwirkung und Nachweis) tragender oder aussteifender Bauteile auf der Grundlage von Naturbrandmodellen (Abschnitt 3.3 DIN EN 1991-1-2:2010-12) bedarf einer Abweichung nach Art. 63 Abs. 1 BayBO[2)].

Anmerkung:

---

1) Nr. **3**.
2) Nr. **1**.

Die Beurteilung der Feuerwiderstandsfähigkeit von Bauteilen in bauaufsichtlichen Verfahren erfolgt auf der Grundlage von Brandprüfungen nach der Einheits-Temperaturzeitkurve (ETK) und führt zu Einstufungen in Feuerwiderstandsklassen (DIN 4102-2:1977-09, DIN EN 13501-2:2016-12), die den bauaufsichtlichen Anforderungen zugeordnet werden.

Bauteilbemessungen auf der Grundlage von Naturbrandmodellen stellen auf die jeweilige konkrete Nutzung und Ausgestaltung eines Raums oder Gebäudes unter Berücksichtigung der vorhandenen brandschutztechnischen Infrastruktur ab.

Eine solche Bauteilbemessung deckt das auf Feuerwiderstandsklassen ausgerichtete globale bauaufsichtliche Anforderungssystem (Gebäudeklassen, Höhenlage der Geschosse, Gebäudeart) nicht vollständig ab.

Über die Anwendbarkeit von Naturbrandmodellen ist daher im Rahmen einer Abweichung nach Art. 63 Abs. 1 BayBO zu entscheiden. Dazu ist im Bauantrag oder in den Bauvorlagen anzugeben, weshalb es einer ETK-Brandbeanspruchung nicht bedarf und darzustellen, dass (und weshalb) das gewählte Brandmodell für das Vorhaben geeignet ist und wie die damit zwangsläufig verbundene eingeschränkte Nutzung der Anlage (z.B. aufgrund begrenzter Brandlasten) sichergestellt werden soll (Art. 63 Abs. 1 BayBO, § 11 Abs. 2 Satz 1 Nr. 1, Satz 2 BauVorlV[1]) vgl. Nr. 5).

**2**

Für den Nachweis der Standsicherheit (§ 10 Abs. 1 BauVorlV[1])) sind die für die Beurteilung der Brandeinwirkungen erforderlichen Unterlagen, insbesondere für die Ermittlung der thermischen Einwirkungen und die bemessungsrelevanten Brandszenarien einschließlich der entsprechenden Bemessungsbrände, als zusätzliche Bauvorlage (§ 1 Abs. 4 BauVorlV) vorzulegen. Die erforderlichen Unterlagen müssen vollständig, nachvollziehbar und prüfbar sein; die thermischen Einwirkungen sind raumbezogen zu ermitteln und zu dokumentieren. Die Eingangsparameter sind repräsentativ und konservativ zu wählen; dabei sind auch Brandeinwirkungen von außen und spezifische Nutzungszustände zu berücksichtigen (z.B. Fahrzeuge in Ausstellungshallen im Rahmen der Auf- und Abbauphase von Messeständen).

Der mit der Prüfung/Bescheinigung des Standsicherheitsnachweises nach Art. 62 Abs. 3 BayBO[2]) beauftragte Prüfingenieur/Prüfsachverständige muss entweder zugleich Prüfsachverständiger für Brandschutz sein oder für die Beurteilung der Brandeinwirkungen einen mit derartigen Brandmodellen erfahrenen Prüfsachverständigen für Brandschutz heranziehen oder diese mit der Bauaufsichtsbehörde abstimmen. Im Rahmen der Beurteilung der Brandeinwirkung sind alle Eingangsparameter auf Vollständigkeit und Richtigkeit zu überprüfen; nur stichprobenartige oder Plausibilitätsprüfungen sind nicht ausreichend.

**3**

Für den Nachweis des Brandschutzes (§ 11 BauVorlV[1])) ist in den Bauvorlagen auch darzustellen, wie die nach Naturbrandmodellen bemessenen Bauteile des Tragwerks mit den erforderlichen (klassifizierten) raumabschließenden Bauteilen (wie Brand- und Trennwände, Decken, Wände notwendiger Treppenräume

---

[1]) Nr. **3**.
[2]) Nr. **1**.

und Flure) zu einem geeigneten Brandschutzkonzept zusammengeführt werden sollen. Dazu gehören auch Aussagen zu den Anschlüssen brandschutztechnisch unterschiedlich bemessener Bauteile.

Die bauordnungsrechtlichen Anforderungen (der BayBO[1]) oder aufgrund der BayBO erlassener Rechtsverordnungen) an raumabschließende Bauteile bleiben unberührt.

**4**

Die Feuerwiderstandsfähigkeit des Tragwerks ist für die Durchführung wirksamer Löscharbeiten von wesentlicher Bedeutung. Vor der Entscheidung über die Abweichung/Erleichterung ist die zuständige Brandschutzdienststelle im Hinblick auf die Belange des abwehrenden Brandschutzes zu hören; § 19 Abs. 1 PrüfVbau bleibt unberührt.

**5**

Die zulässige Art der Nutzung des Bauvorhabens (z.B. Bürogebäude) wird durch die – gewählten und durch die Baugenehmigung festgelegten – Eingangsparameter für die Ermittlung der Brandbeanspruchung (raumbezogen) konkretisiert und begrenzt. Es sind daher geeignete Maßnahmen festzulegen, die die Einhaltung dieser Nutzungsbeschränkung sicherstellen. Dazu kommen insbesondere die Bestellung eines Brandschutzbeauftragten für die diesbezügliche Überwachung des laufenden Betriebs sowie eine Überprüfung der Brandlastannahmen innerhalb des ersten Jahres nach Aufnahme der Nutzung und wiederkehrende Überprüfungen (z.B. in Abständen von 3–5 Jahren) durch einen Prüfsachverständigen für Brandschutz in Betracht.

Die Nutzungsbeschränkung und die zu ihrer Einhaltung vorgesehenen Maßnahmen sind durch entsprechende Nebenbestimmungen in der Baugenehmigung festzulegen. In der Baugenehmigung ist darauf hinzuweisen, dass Änderungen des genehmigten Nutzungskonzepts, die zu einer höheren Brandbeanspruchung führen (z.B. veränderte Brandlasten), eine Überprüfung der Standsicherheit und gegebenenfalls die Beantragung und Erteilung einer neuen Baugenehmigung erforderlich machen.

Anmerkung:

Gebäude, deren Standsicherheit auf der Grundlage von Naturbrandmodellen bemessen ist, unterliegen Nutzungsbegrenzungen, die durch betriebliche Maßnahmen und externe Überprüfungen sicherzustellen sind. Die Anwendung solcher Modelle kann daher nur bei bestimmten Gebäudenutzungen sachgerecht sein. Sie kann bei Nutzungen mit geringen und beständigen Brandlasten insbesondere in großen Raumstrukturen angemessen sein; anders verhält es sich bei Räumen mit veränderlichen Brandlasten und Nutzungen oder Gebäuden mit besonderen Sicherheitsanforderungen (z.B. Hochhäuser); die Erforderlichkeit betrieblicher Maßnahmen schließt eine Anwendung bei Wohnungen oder ähnlichen Nutzungen grundsätzlich aus.

**6. Zu DIN EN 1991-1-2/NA:2015-09, Anhang BB (NA.BB)**

**6.1**

Die Brandlastdichten nach Abschnitt NA.BB.3.2, Tabelle BB.1, Spalte 3, dürfen auch bei Ermittlungen im Einzelfall nach Abschnitt NA.BB.3.3 nicht unterschritten werden; die Werte beziehen sich nur auf eine für die jeweilige

---

[1]) Nr. **1**.

Gebäudeart typische Raumnutzung und nicht auf die Raumnutzungen des gesamten Gebäudes (vgl. NA.BB.3.2 Absatz 3 bezüglich Bürogebäude); dies gilt für Tabelle BB.2 entsprechend.

**6.2**

Die maximale Wärmefreisetzungsrate $Q_{max,k}$ nach Abschnitt NA.BB.4, Gleichung (BB.7) ist auch für Räume mit mehr als 400 $m^2$ unter Ermittlung zunächst der Wärmefreisetzungsrate $Q_{max,f,k}$ für einen angenommenen brandlastgesteuerten Brand nach Gleichung (BB.5) und der Ermittlung der Wärmefreisetzungsrate $Q_{max,v,k}$ unter der Annahme eines ventilationsgesteuerten Brandes nach Gleichung (BB.6) zu bestimmen. Der so aus Gleichung (BB.7) gebildete Wert (charakteristischer Wert $Q_{max,k}$) liegt stets auf der sicheren Seite.

**6.3**

Für die Auftretenswahrscheinlichkeit $p_1$ eines Entstehungsbrandes je Jahr und Nutzungseinheit ist nach Abschnitt NA.BB.5.1 der größere und damit ungünstigere Wert aus den Angaben nach Tabelle BB.3 zur Bestimmung der Auftretenswahrscheinlichkeit $p_{fi}$ eines Schadenfeuers nach Gleichung (BB.9) in Ansu bringen.

Für die Ausfallwahrscheinlichkeit der öffentlichen Feuerwehr ist der Wert $p_{2,2} = 0{,}5$ nach Tabelle BB.4 anzusetzen.

**6.4**

Für die Ermittlung der bedingten Versagenswahrscheinlichkeit $p_{f,fi}$ nach Abschnitt NA.BB.5.2 ist in Gleichung (BB.13) die Versagenswahrscheinlichkeit $p_f$ für Bauteile des Tragwerks stets zumindest aus der Zuordnung zur Schadensfolge „mittel" nach Tabelle BB.5 in Ansatz zu bringen.

Für Gebäude, die einer Büro- oder vergleichbaren Nutzung dienen und deren Nutzungseinheiten mehr als 400 $m^2$ Brutto-Grundfläche haben (vgl. Art. 34 Abs. 1 Satz 2 Nr. 4 BayBO[1)]), ist für den Zuverlässigkeitsindex $\beta$ der Wert 4,7 und für die zugehörige Versagenswahrscheinlichkeit $p_f$ der Wert 1,3E-6 nach Tabelle BB.5 in Ansatz zu bringen. Sonderbauten, bei denen die Auswirkungen des Versagens oder der Funktionsbeeinträchtigung eines Tragwerks zu schweren Folgen für Leben, Gesundheit und die natürlichen Lebensgrundlagen (vgl. DIN EN 1990:2010-12, Anhang B) führen können, sind der Schadensfolge „hoch" nach Tabelle BB.5 zuzuordnen.

**Anlage A 1.2.1/4**
**Zu DIN EN 1991-1-3 in Verbindung mit DIN EN 1991-1-3/A1 und DIN EN 1991-1-3/NA**

**1**

Hinsichtlich der Zuordnung der Schneelastzonen nach Verwaltungsgrenzen wird auf die Tabelle „Zuordnung der Schneelastzonen nach Verwaltungsgrenzen" hingewiesen. Die Tabelle „Zuordnung der Schneelastzonen nach Verwaltungsgrenzen" ist über https://www.is-argebau.de oder https://www.dibt.de/de/wir-bieten/technische-baubestimmungen abrufbar.

**2**

Der NCI Anhang NA.F (informativ) Eislasten ist zu beachten.

---

[1)] Nr. 1.

**3**

Zu Abschnitt 6.3:

Anstelle des ersten Satzes zu NDP zu 6.3(2) gilt Folgendes: „Der Beiwert k für die Form des Überhanges darf in Deutschland mit k = 0,4 angesetzt werden."

**Anlage A 1.2.1/5**
**Zu DIN EN 1991-1-4 in Verbindung mit DIN EN 1991-1-4/NA**

**1**

Zu Abschnitt NA.B.3.2 Tabelle NA.B.3, Spalte 2:

Bei Gebäuden (Reihenmittelhäuser) mit einer Gesamthöhe h ≤ 10,0 m, an die beidseitig im Wesentlichen profilgleich angebaut und bei denen (rechtlich) gesichert ist, dass die angebauten Gebäude nicht dauerhaft beseitigt werden, darf die Einwirkung des Windes als veränderliche Einwirkung aus Druck oder Sog nachgewiesen werden. Dabei ist der ungünstigere Wert maßgebend. Die Einwirkung von Druck und Sog gemeinsam muss dann als außergewöhnliche Einwirkung angesetzt werden.

**2**

Hinsichtlich der Zuordnung der Windzonen nach Verwaltungsgrenzen der Länder wird auf die Tabelle „Zuordnung der Windzonen nach Verwaltungsgrenzen der Länder" hingewiesen. Die Tabelle „Zuordnung der Windzonen nach Verwaltungsgrenzen der Länder" ist über https://www.is-argebau.de oder https://www.dibt.de/de/wir-bieten/technische-baubestimmungen abrufbar.

**Anlage A 1.2.1/6**
**Zu DIN EN 1991-1-7 in Verbindung mit DIN EN 1991-1-7/NA**

Die informativen Anhänge sind nicht anzuwenden.

**Anlage A 1.2.1/7**
**Zu DIN EN 1991-4 in Verbindung mit DIN EN 1991-4/NA und DIN-Fachbericht 140**

**1**

Bei Silozellen bis zu einem Behältervolumen von 4000 m³ und einer Schlankheit (Verhältnis Zellenhöhe $h_c$ zu Zellendurchmesser $d_c$) $h_c/d_c < 4{,}0$ können neben dem DIN-Fachbericht 140:2005-01 auch die Regeln von DIN EN 14491:2012-10 angewendet werden, sofern die Masse des Entlastungssystems den Wert von $m_E = 50$ kg/m² nicht überschreitet.

**2**

Bei Anwendung der technischen Regel DIN-Fachbericht 140:2005-01 gilt Folgendes:

Sofern keine sphärischen Explosionsbedingungen vorliegen, darf bei der Anwendung der Nomogramme des DIN-Fachberichts 140:2005-01 für niedrige Silozellen mit Schlankheiten von $h_c/d_c < 2{,}0$ eine Extrapolation der Nomogrammwerte mit den Schlankheiten H/D=2 und H/D=4 vorgenommen werden.

**Anlage A 1.2.1/8**
**Zur ETB-Richtlinie „Bauteile, die gegen Absturz sichern"**

**1**

Zu Abschnitt 3.1; 1. Absatz:

Sofern sich nach DIN EN 1991-1-1:2010-12 in Verbindung mit DIN EN 1991-1-1/NA:2010-12 größere horizontale Linienlasten ergeben, müssen diese berücksichtigt werden.

2

Zu Abschnitt 3.1, 4. Absatz:
Anstelle des Satzes „Windlasten sind diesen Lasten zu überlagern." gilt:

„Windlasten sind diesen Lasten zu überlagern, ausgenommen für Brüstungen von Balkonen und Laubengängen, die nicht als Fluchtwege dienen."

3

Die ETB-Richtlinie ist nicht bei Bauteilen aus Glas anzuwenden.

**Anlage A 1.2.2/1**

1

In Ermangelung einer allgemein anerkannten Regel der Technik für die Planung, Bemessung und Ausführung unter Verwendung folgender Bauprodukte/Bausätze mit einer ETA*1 ist ein Nachweis gemäß Art. 15 BayBO[1)] erforderlich:

- Gabionen
- Pfähle aus duktilen Gusseisenrohren
- Fels- und Bodennägel
- Verpresspfähle (Verbundpfähle) mit kleinem Durchmesser (Mikropfähle)
- Fels- und Bodenanker.

2

Zu DIN 1054, Abschnitt A 11.5.4:
Erdbauwerke müssen dauerhaft standsicher sein. Werden bei der Errichtung von Erdbauwerken Geokunststoffe nach EN 13251:2016*2 mit der Funktion Bewehren verwendet, so kann die Bemessung nach „Empfehlungen für den Entwurf und die Berechnung von Erdkörpern mit Bewehrungen aus Geokunststoffen (EBGEO)" durchgeführt werden.

3

Zu ETAs für „Bausatz für Fels- und Bodennägeln, Bausätze mit Hohlstäben für selbstbohrende Nägel":

Die Anwendung von Fels- und Bodennägeln ist nur für vorübergehenden Einsatz (≤ 2 Jahre) zulässig.

4

Zu ETAs für „Bausatz für Verpresspfähle mit kleinem Durchmesser", „Bausätze mit Hohlstäben für selbstbohrende Verpresspfähle": Die Anwendung der Verpresspfähle ist nur für vorübergehenden Einsatz (≤ 2 Jahre) zulässig.

---

*1 **Amtl. Anm.:** nach ETAG/CUAP/EAD
*2 **Amtl. Anm.:** In Deutschland umgesetzt durch DIN EN 13251:2016-12.

---

1) Nr. **1**.

**Anlage A 1.2.2/2**
**Zu DIN EN 12699**

Zu DIN EN 12699:2001-05, Abschnitt 6.2.1 und 7.8.4 und DIN SPEC 18538:2012-02, A 6.2.1.1:

Bei der Ausführung von Pfählen oder Segmentpfählen nach EN 12794:2005 +A1:2007*1 müssen die einschlägigen Bestimmungen und Maßgaben nach Anlage A 1.2.3/1 eingehalten werden.

- Die Pfähle und Segmentpfähle müssen der Klasse 1 nach Tabelle 3 von EN 12794:2005+A1:2007*1 entsprechen.
- Die Tragfähigkeit gekuppelter Pfähle mit Pfahlverbindungen der Klassen A bis C nach Tabelle 4 von EN 12794:2005+A1:2007*1 muss der eines ungekuppelten Pfahls entsprechen.
- Gekuppelte Pfähle dürfen nur durch vorwiegend ruhende Einwirkungen beansprucht werden.

*1 **Amtl. Anm.:** In Deutschland umgesetzt durch DIN EN 12794:2007-08 und DIN EN 12794 Berichtigung 1:2009-04.

**Anlage A 1.2.2/3**
**Zu DIN EN 1537**

In Ermangelung einer allgemein anerkannten Regel der Technik für die Planung, Bemessung und Ausführung unter Verwendung von Dauerankern ist, insbesondere für bestimmte Aspekte der Dauerhaftigkeit, ein Nachweis gemäß Art. 15 BayBO[1] erforderlich.

**Anlage A 1.2.2/4**

Zu DIN EN 12716 Ergänzende Anforderungen an die stoffliche Zusammensetzung der Suspension:
Zemente gemäß DIN EN 197-1:2011-11 sowie Zusatzstoffe und Zusatzmittel gemäß DIN 1045-2:2023-08.

**Anlage A 1.2.3/1**

**1**

Der Abschnitt C 2.1 dieser BayTB regelt die Anforderungen an Bauprodukte des Beton-, Stahlbeton- bzw. Spannbetonbaus.

**2. Fertigteile**

**2.1**

Bei der Verwendung von nicht harmonisierten Ausgangsstoffen gelten die technischen Regelungen nach Abschnitt C 2.1. Der verwendete Beton, Betonstahl und/oder Spannstahl sowie deren technische Spezifikationen sind anzugeben.

**2.2**

Werden Tragfähigkeitsmerkmale von Bauteilen oder Bausätzen in Form von rechnerisch ermittelten Tragfähigkeitswerten, mechanischen Festigkeiten oder komplette statische Berechnungen im Rahmen der Leistungserklärung angegeben, so gehören diese zu den bautechnischen Nachweisen.

[1] Nr. **1**.

**2.3**

Auch die Bemessung und konstruktive Durchbildung von Betonfertigteilen in baulichen Anlagen muss nach A 1.2.3.1 erfolgen.

**2.4**

Bei Einzelgaragen nach EN 13978-1:2005*1 darf zusätzlich DIN V 20000-125:2006-12 hinsichtlich Planung, Bemessung und Ausführung angewendet werden. Anstelle der DIN 1045-1:2001-07 gelten dann die Regeln nach A 1.2.3.1 entsprechend.

**2.5**

Bei Verwendung von Ziegeln nach EN 15037-3:2009+A1:2011*2 in Deckensystemen ist zusätzlich DIN 20000-129:2014-10 – Anwendung von Bauprodukten in Bauwerken – Teil 129: Regeln für die Verwendung von keramischen Zwischenbauteilen nach DIN EN 15037-3:2011-07 – zu beachten.

**2.6**

Für die Planung, Bemessung und Ausführung von Betondecken/-dächern aus Fertigteilhohlplatten sind die Teile 1 und 2 der „DAfStb-Richtlinie Betondecken und -dächer aus Fertigteilhohlplatten“ (01-2023) zu beachten. In Ermangelung einer allgemein anerkannten Regel der Technik zum Nachweis der Feuerwiderstandsfähigkeit ist ein Nachweis gemäß Art. 15 BayBO[1)] erforderlich.

**3**

In Ermangelung einer allgemein anerkannten Regel der Technik für die Planung, Bemessung und Ausführung von baulichen Anlagen unter Verwendung von Spannverfahren mit Ausnahme der Spannbett-Verfahren für Vorspannung mit sofortigem Verbund nach DIN EN 1992-1-1:2011-01, Abschnitt 5.10, ist ein Nachweis gemäß Art. 15 BayBO[1)] erforderlich.

**4**

Zu DIN EN 1992-1-1:2011-01, Abschnitt 2.5:
Die Bemessung von Tragwerken auf der Grundlage von Versuchen ist nicht anzuwenden.

**5**

Folgende Bemessungs- und Konstruktionsregeln für Flachdecken, Einzelfundamente und Bodenplatten aus Stahlbeton mit Doppelkopfankern oder Gitterträgern als Durchstanzbewehrung sind zu beachten:

- Technische Regel (DIBt) Bemessung von Flachdecken, Einzelfundamenten und Bodenplatten aus Stahlbeton mit Doppelkopfankern als Durchstanzbewehrung (Anwendungsdokument zu EOTA TR 060).
- Technische Regel (DIBt) Bemessung von Flachdecken, Einzelfundamenten und Bodenplatten aus Stahlbeton mit Gitterträgern als Durchstanzbewehrung (Anwendungsdokument zu EOTA TR 058); Stand August 2019.

**6**

Bei der Planung und Bemessung von Bauteilen aus Stahlfaserbeton ist zusätzlich die „DAfStb-Richtlinie Stahlfaserbeton“ (2021-06), Teil 1 zu beachten.

---

[1)] Nr. **1**.

**7**

Zu DIN 1045-1000:2023-08

Die Anforderungen an die Kommunikation und deren Dokumentation in Teilen der Abschnitte 4 und 5 sowie in Anhang A gelten nicht als Technische Baubestimmungen.

**8**

Zu DIN 1045-4:2023-08

Im zweiten Absatz von Anhang C, Abschnitt C 5 ist der Faktor 0,90 durch 0,95 zu ersetzen.

---

*1 **Amtl. Anm.:** In Deutschland umgesetzt durch DIN EN 13978-1:2005-07.
*2 **Amtl. Anm.:** In Deutschland umgesetzt durch DIN EN 15037-3:2011-07.

**Anlage A 1.2.3/2**

Für die Planung, Bemessung und Konstruktion von Brücken sind die Regelungen gemäß Allgemeinem Rundschreiben Straßenbau Nr. 22/2012 des BMVBS (veröffentlicht im Verkehrsblatt 2012, Heft 24, S. 995) anzuwenden.

**Anlage A 1.2.3/3**
**Zu DIN EN 1992-1-2, DIN EN 1993-1-2, DIN EN 1994-1-2, DIN EN 1995-1-2 und DIN EN 1999-1-2**

Für spezielle Ausbildungen (z.B. Anschlüsse, Fugen etc.) sind die Anwendungsregeln nach DIN 4102-4:2016-05 zu beachten, sofern die Eurocodes dazu keine Angaben enthalten.

**Anlage A 1.2.3/4**

**1**

Es gelten die Festlegungen von C 2.1.4.3.

**2**

Für die Bestimmung der Druckfestigkeit von Beton in bestehenden Gebäuden ist DIN EN 13791:2020-02 in Verbindung mit DIN EN 13791/A20:2022-04 zu beachten.

**3**

Für massige Bauteile aus Beton gilt die „DAfStb-Richtlinie Massige Bauteile aus Beton" (2010-04).

**4**

Bei Verwendung von Stahlfaserbeton ist die „DAfStb-Richtlinie Stahlfaserbeton" (2021-06), Teil 2 und Teil 3 zu beachten.

**Anlage A 1.2.3/5**

Bauaufsichtlich ist die Anwendung der technischen Regel nur für Instandsetzungen von Betonbauteilen, bei denen die Standsicherheit gefährdet ist, gefordert. Von einer Gefährdung der Standsicherheit ist auszugehen, wenn ein Schadenseintritt mit hinreichender Wahrscheinlichkeit künftig zu erwarten ist.

**Anlage A 1.2.3/6**
**Zu DIN EN ISO 17660-1 und -2**

**1**

Zu Abschnitt 7:

**1.1**

Es sind schweißgeeignete Betonstähle nach DIN 488-1 und -2:2009-08 zu verwenden.

**1.2**

Es sind Baustähle nach EN 10025-1:2004*1 zu verwenden.

**1.3**

Es sind Schweißzusätze nach EN 13479:2004*2 zu verwenden.

2

Zu den Abschnitten 8 und 9:
Es ist die DVS-Richtlinie DVS 1708:2009-09 zu beachten.

---

*1 **Amtl. Anm.:** In Deutschland umgesetzt durch DIN EN 10025-1:2005-02.
*2 **Amtl. Anm.:** In Deutschland umgesetzt durch DIN EN 13479:2005-03.

**Anlage A 1.2.4/1**

Bei der Ausführung von Bauteilen oder Bausätzen aus Stahl nach DIN EN 1993-1-1:2010-12 und DIN EN 1993-1-1/A1:2014-07 im Zusammenhang mit DIN EN 1993-1-1/NA:2018-12, aus Aluminium nach DIN EN 1999-1-1:2014-03 im Zusammenhang mit DIN EN 1999-1-1/NA:2021-03, oder von Verbundtragwerken oder -bauteilen nach DIN EN 1994-1-1:2010-12 im Zusammenhang mit DIN EN 1994-1-1/NA:2010-12 gilt Folgendes:

1

Werden Tragfähigkeitsmerkmale von Bauteilen oder Bausätzen in Form von rechnerisch ermittelten Tragfähigkeitswerten, mechanischen Festigkeiten oder komplette statische Berechnungen im Rahmen der Leistungserklärung angegeben, so gehören diese zu den bautechnischen Nachweisen.

2

Die Bemessung von Tragwerken auf der Grundlage von Versuchen ist nicht anzuwenden. Ausgenommen hiervon sind Trapezprofile und Wellprofile aus Stahl und Aluminium, deren Tragfähigkeit auch nach Anhang A von DIN EN 1993-1-3:2010-12 oder Anhang A von DIN EN 1999-1-4:2010-05 auf Basis von Versuchen ermittelt werden darf. Die Versuchsberichte sowie deren Auswertung nach Anhang A von DIN EN 1993-1-3:2010-12 oder Anhang A von DIN EN 1999-1-4:2010-05 gehören zu den bautechnischen Nachweisen.

**Anlage A 1.2.4/2**

**1**

Für die Herstellung und konstruktive Ausbildung von tragenden, kaltgeformten Bauelementen und tragenden, kaltgeformten Bauteilen für Dach-, Decken-, Boden- und Wandanwendungen aus Stahl gilt DIN EN 1090-4:2018-09.

Die in DIN EN 1090-4:2018-09 enthaltene Formulierung „sofern nicht anders festgelegt“ (siehe Tabelle F.2 der Norm) ist nicht anzuwenden.

Für den Korrosionsschutz nach Anhang E von DIN EN 1090-4:2018-09 gelten DIN 55634-1:2018-03 und DIN 55634-2:2018-03.

**2**

Für die Herstellung und konstruktive Ausbildung von tragenden, kaltgeformten Bauelementen und tragenden, kaltgeformten Bauteilen für Dach-, Decken-,

Boden- und Wandanwendungen aus Aluminium gilt DIN EN 1090-5:2017-07.

Die in DIN EN 1090-5:2017-07 enthaltende Formulierung „sofern nicht anders festgelegt" (siehe Tabelle F.2 der Norm) ist nicht anzuwenden.

**Anlage A 1.2.4/3**

Für Seilnetzkonstruktionen und vorgefertigte Drahtseile aus Stahl und nichtrostendem Stahl mit Endverankerungen nach ETA gilt:

**1**

Abhängig von der Werkstoffnummer können offene Spiralseile und Rundlitzenseile aus nichtrostendem Stahl den in Tabelle 1 angegebenen Korrosionsbeständigkeitsklassen (CRC) nach DIN EN 1993-1-4:2015-10 zugeordnet werden.

**Tabelle 1: Korrosionsbeständigkeitsklassen**

| Werkstoffnummer | Korrosionsbeständigkeitsklassen (CRC) nach DIN EN 1993-1-4:2015-10 |
|---|---|
| 1.4401 | II |
| 1.4404 | II |
| 1.4436 | III |
| 1.4462 | III |

**2**

Die Kriechdehnungen $\varepsilon_k$ sind bei der Bemessung zu berücksichtigen, wenn die Beanspruchung durch die ständigen Einwirkungen, ermittelt mit 1,0-fachen charakteristischen Werten, mehr als 40 % des 1,65-fachen Wertes der in der zugehörigen ETA angegebenen Grenzzugkraft ist. Hierbei sind die Werte für $\varepsilon_k$ entsprechend Tabelle 2 zu berücksichtigen.

**Tabelle 2: Kriechdehnungen $\varepsilon_k$ in %**

| Temperatur in °C | $\varepsilon_k$ in % |
|---|---|
| 20 | $2{,}5 \times 10^{-2}$ |
| 40 | $3{,}0 \times 10^{-2}$ |
| 70 | $3{,}5 \times 10^{-2}$ |

**Anlage A 1.2.4/4**
**Zu DIN EN 1993-3-2**

Zusätzlich gilt DIN EN 13084-1:2007-05 in Verbindung mit Anlage A 1.2.8/1.

**Anlage A 1.2.4/5**
**Zu DIN EN 1090-2**

Die technische Regel ist wie folgt anzuwenden:

**1**

Die Herstellung von tragenden Bauteilen aus Stahl in den genannten Ausführungsklassen darf nur durch solche Hersteller erfolgen, deren werkseigene Produktionskontrolle durch eine notifizierte Stelle entsprechend EN 1090-1:2009 +A1:2011*1 zertifiziert ist.

2

Die Ausführung von geschweißten Bauteilen, Tragwerken und Bauwerken aus Stahl in den genannten Ausführungsklassen darf nur durch solche Betriebe auf der Baustelle erfolgen, die über einen Eignungsnachweis für die Ausführung von Schweißarbeiten in den entsprechenden Ausführungsklassen verfügen. Als Eignungsnachweis gilt alternativ:

- ein durch eine notifizierte Stelle ausgestelltes oder bestätigtes Schweißzertifikat nach EN 1090-1:2009+A1:2011*1, wenn die werkseigene Produktionskontrolle des Betriebs durch diese Stelle entsprechend EN 1090-1:2009 +A1:2011*1 zertifiziert ist;
- ein auf Grundlage von DIN EN 1090-2:2011-10 bzw. DIN EN 1090-2:2018-09 in Verbindung mit EN 1090-1:2009+A1:2011*1, Tabelle B.1 durch eine bauaufsichtlich anerkannte Stelle ausgestelltes Schweißzertifikat.

§ 8 der Verordnung über bauordnungsrechtliche Regelungen für Bauprodukte und Bauarten (Bauprodukte- und Bauartenverordnung – BauPAV) bleibt unberührt.

---

*1 **Amtl. Anm.:** In Deutschland umgesetzt durch DIN EN 1090-1:2012-02.

**Anlage A 1.2.4/6**
**Zu DIN EN 1090-3**

Die technische Regel ist wie folgt anzuwenden:

1

Die Herstellung von tragenden Bauteilen aus Aluminium in den genannten Ausführungsklassen darf nur durch solche Hersteller erfolgen, deren werkseigene Produktionskontrolle durch eine notifizierte Stelle entsprechend EN 1090-1:2009+A1:2011*1 zertifiziert ist.

2

Die Ausführung von geschweißten Bauteilen, Tragwerken und Bauwerken aus Aluminium in den genannten Ausführungsklassen darf nur durch solche Firmen auf der Baustelle erfolgen, die über einen Eignungsnachweis für die Ausführung von Schweißarbeiten in den entsprechenden Ausführungsklassen verfügen. Als Eignungsnachweis gilt alternativ:

- ein durch eine notifizierte Stelle ausgestelltes oder bestätigtes Schweißzertifikat nach EN 1090-1:2009+A1:2011*1, wenn die werkseigene Produktionskontrolle des Betriebs durch diese Stelle entsprechend EN 1090-1:2009 +A1:2011*1 zertifiziert ist;
- ein auf Grundlage von DIN EN 1090-3:2008-09 bzw. DIN EN 1090-3:2019-07 in Verbindung mit EN 1090-1:2009+A1:2011*1, Tabelle B.1 durch eine bauaufsichtlich anerkannte Stelle ausgestelltes Schweißzertifikat.

§ 8 der Verordnung über bauordnungsrechtliche Regelungen für Bauprodukte und Bauarten (Bauprodukte- und Bauartenverordnung – BauPAV) bleibt unberührt.

---

*1 **Amtl. Anm.:** In Deutschland umgesetzt durch DIN EN 1090-1:2012-02.

**Anlage A 1.2.4/7**

gestrichen in den BayTB – Ausgabe Juni 2022

## Anlage A 1.2.4/8

### 1. Grundsätzliches

Die technische Regel ist auch anzuwenden auf Tankbauwerke mit einem Volumen ≤ 100 $m^3$.

DIN EN 1993-4-2:2017-09, Abschnitt 2.8 gilt nicht.

Die starre Zuordnung der Schadensfolgeklasse des Tankbauwerkes zu einer Berechnungsmethode nach DIN EN 1993-4-2:2017-09, Abschnitt 4.2.2 gilt nicht. Das Bemessungsverfahren der zylindrischen Wände richtet sich nach den Regeln in DIN EN 1993-1-6:2010-12, Abschnitt 2.2 in Abhängigkeit der Tankgeometrie, den Randbedingungen und der Gestalt/Lastmuster der Einwirkung.

Es gelten die in dem informativen Anhang B zu DIN EN 1991-4:2010-12 genannten Zahlenwerte der Einwirkungen. Anhang B, Abschnitt B.3, Absatz 2 aus DIN EN 1991-4:2010-12 gilt nicht. Zusätzlich sind vom Betreiber Nennwerte für Betriebszustände und Störfälle sowie Anforderungen, die über die Forderungen nach EN 1990, EN 1993-1-1 und EN 1993-1-6 hinausgehen, anzugeben.

Sofern für den Umfangsbeulsicherheitsnachweis bei Windbeanspruchung der auf der Schale ungleichmäßig verteilte Winddruck $q_w$ durch den äquivalenten konstanten Außendruck ersetzt wird, ist die Ermittlung des äquivalenten konstanten Außendruckes ist nach DIN EN 1993-1-6:2010-12, Abschnitt D.1.3.2 vorzunehmen.

Tabelle NA.1 aus DIN EN 1993-4-2/NA:2018-12 gilt nicht. Wenn die maximale Füllhöhe und die größten anzusetzenden Wichten der zur Lagerung vorgesehenen Flüssigkeiten nicht überschritten werden können, darf der Sicherheitsbeiwert $\gamma_F$ der veränderlichen Flüssigkeitseinwirkung von 1,50 auf 1,35 reduziert werden. Bemessungsregeln, die im Widerspruch zu den Eurocodes stehen, sind nicht anzuwenden. Treten Anforderungen aus DIN EN 14015 und DIN EN 14620 mit Anforderungen der Eurocodes in Konkurrenz, gelten die Anforderungen der Eurocode-Reihe. Eine temperaturabhängige Veränderung der charakteristischen Materialkennwerte ist für Behälter zur Lagerung von verflüssigten Gasen mit Siedetemperaturen unter 0 °C grundsätzlich zu prüfen und erforderlichenfalls zu berücksichtigen. Für Behälter zur Lagerung von Flüssigkeiten bei Umgebungstemperatur und höheren Temperaturen sind die charakteristischen Materialkennwerte bereits bei einer Betriebstemperatur > 50 °C abzumindern.

Zur Herstellung von Behältern zur Lagerung tiefkalt verflüssigter Gase sind nachweislich geeignete kältezähe Werkstoffe zu verwenden.

### 2. Erdbebennachweis

Bei der Bestimmung der Bemessungsbeschleunigung für die außergewöhnliche Einwirkung aus einem Erdbeben ist

1. für Behälter bis Schadensfolgeklasse 2 entsprechend Abschnitt A 1.2.9 der MVV TB vorzugehen. Sofern kein genauerer Nachweis erbracht wird, ist das Bemessungsspektrum $S_d(T)$ für die horizontale und vertikale Einwirkung nach DIN 4149:2005-04, Abschnitt 5.4.3, Formel (6) bis (9) zu ermitteln,
2. für Behälter der Schadensfolgeklasse 3 im Grenzzustand der Tragfähigkeit die Erdbebeneinwirkung über ein seismologisches Standortgutachten festzulegen.

Für die Bemessung des Tankbauwerks darf kein höherer Verhaltensbeiwert als q = 1,0 angesetzt werden. Bei aufgeständerten Behältern darf im seismischen Lastfall für die Unterkonstruktion in Abhängigkeit ihrer dissipativen Eigenschaften ein höherer Verhaltensbeiwert angesetzt werden.

Zur Ermittlung der hydrodynamischen Drücke ist das Lastmodell nach DIN EN 1998-4:2007-01, Anhang A zu verwenden.

Die Bemessung der zylindrischen Wände im Grenzzustand der Tragfähigkeit ist nach DIN EN 1993-4-2:2017-09 unter Berücksichtigung der Bestimmung aus Ziffer 1 dieser Anlage durchzuführen.

**3. Prüfungen**

An geschweißten Flachbodentankbauwerken sind in Ergänzung zu DIN EN 1090-2:2018-09 mindestens folgende Prüfungen durchzuführen:

1. Für Behälter zur Lagerung von Flüssigkeiten bei Umgebungstemperatur und höheren Temperaturen Prüfungen nach DIN EN 14015:2005, Abschnitt 10.
2. Für Behälter zur Lagerung von tiefkalt verflüssigten Gasen:
   a) Wasserprobe und Gasdruckprüfungen nach DIN EN 14620-5:2006-12, wobei die Wasserprobe in reduzierter Höhe durchzuführen ist,
   b) Schweißnahtprüfungen nach DIN EN 14620-2:2006-12, Tabelle 14, wobei sich der Umfang der Durchstrahlungs-/Ultraschallprüfungen von Schweißnähten am Mantel des flüssigkeitstragenden Innen- und Außenbehälters nach Tabelle 15 richtet.

## Anlage A 1.2.4/9

In Ergänzung zu DIN EN 1993-1-2 und DIN EN 1994-1-2 darf die Emissivität feuerverzinkter Bauteile unter Beachtung der DASt-Richtlinie 027:2020-11 ermittelt werden. In diesem Fall ist sicherzustellen, dass über die gesamte Nutzungsdauer keine zusätzlichen Beschichtungen aufgebracht werden oder oberflächenbeeinflussende Veränderungen vorgenommen werden. Abschnitt 6, Absatz 2 der DASt-Richtlinie 027:2020-11 ist nicht anzuwenden.

## Anlage A 1.2.4/10

Zu DIN EN 1993-1-5/NA:2018-11

In DIN EN 1993-1-5/NA:2018-11 ist „DIN EN 1993-1-5:2017-07“ durch „DIN EN 1993-1-5:2019-10 und DIN EN 1993-1-5 Berichtigung 1:2020-07“ zu ersetzen.

## Anlage A 1.2.4/11

Zu DIN EN 1993-1-8:2010-12

In Ermangelung einer allgemein anerkannten Regel der Technik für die Planung, Bemessung und Ausführung von Anschlüssen unter Verwendung von Injektionsschrauben ist ein Nachweis gemäß Art. 15 BayBO[1)] erforderlich.

Zu DIN EN 1993-1-8/NA:2020-11, Anhang NA.A

Die Festlegung von Anziehverfahren und/oder Anziehparametern durch Verfahrensprüfungen (siehe Abschnitt 5 und 9 der DASt-Richtlinie 024:2018) ist nicht anzuwenden.

---

[1)] Nr. 1.

**Anlage A 1.2.4/12**

Zu DIN EN 1993 4 1:2017 09 Abschnitt 5.3.2.4

Bei Ansatz der in Abschnitt 5.3.2.4 (15) enthaltenen Gleichungen für $\beta$ und $\eta$ zur Ermittlung des Abminderungsbeiwerts $X_X$ im Bereich des bezogenen Schlankheitsgrads zwischen $\lambda_0$ und $\lambda_p$ darf zur Berechnung des Bemessungswiderstands gegen Beulen unter Axialdruckbeanspruchung (Meridianbeulen) nach Abschnitt 5.3.2.4 (16), Gleichung (5.36) der Wert von $\gamma_{M1}$ nicht kleiner sein als $\gamma_{M1} = 1{,}2$.

**Anlage A 1.2.5/1**

**1**

Neben DIN EN 1995-1-1:2010-12, DIN EN 1995-1-1/A2:2014-07 und DIN EN 1995-1-1/NA:2013-08 sind für Planung, Bemessung und Ausführung noch folgende Anwendungsnormen zu beachten:

| | |
|---|---|
| DIN 20000-1:2017-06 | Anwendung von Bauprodukten in Bauwerken – Teil 1: Holzwerkstoffe |
| DIN 20000-3:2022-02 | Anwendung von Bauprodukten in Bauwerken – Teil 3: Brettschichtholz und Balkenschichtholz nach DIN EN 14080:2013-09<br>Abschnitt 4.2 und 4.11:<br>Die Schutzmittelspezifizierung erfolgt ausschließlich nach der Verordnung (EU) Nr. 528/2012 (Biozid Verordnung) i.V.m. den nationalen Durchführungsbestimmungen |
| DIN 20000-4:2013-08 | Anwendung von Bauprodukten in Bauwerken – Teil 4: Vorgefertigte tragende Bauteile mit Nagelplattenverbindungen nach DIN EN 14250:2010-05 |
| DIN 20000-5:2016-06 und DIN 20000-5/A1:2021-06 | Anwendung von Bauprodukten in Bauwerken – Teil 5: Nach Festigkeit sortiertes Bauholz für tragende Zwecke mit rechteckigem Querschnitt |
| DIN 20000-6:2015-02 | Anwendung von Bauprodukten in Bauwerken – Teil 6: Stiftförmige und nicht stiftförmige Verbindungsmittel nach DIN EN 14592 und DIN EN 14545 |
| DIN 20000-7:2022-02 | Anwendung von Bauprodukten in Bauwerken – Teil 7: Keilgezinktes Vollholz für tragende Zwecke nach DIN EN 15497:2014-07<br>Abschnitt 4.2 und 4.11:<br>Die Schutzmittelspezifizierung erfolgt ausschließlich nach der Verordnung (EU) Nr. 528/2012 (Biozid Verordnung) i.V.m. den nationalen Durchführungsbestimmungen |

**1a**

In Ermangelung einer allgemein anerkannten Regel der Technik für die Planung, Bemessung und Ausführung unter Verwendung von Bauteilen mit Furnierschichtholz nach DIN EN 1995-1-1:2010-12 und DIN EN 1995-1-1/

A2:2014-07 mit DIN EN 1995-1-1/NA:2013-08, insbesondere für Verbindungen, ist ein Nachweis gemäß Art. 15 BayBO[1] erforderlich.

**2**

Zu DIN EN 1995-1-1/NA:2013-08, Abschnitt 3.6 „Klebstoffe":

Holzbauteile mit geklebten tragenden Verbindungen dürfen nur verwendet werden, wenn diese Verbindungen mit Klebstoffen hergestellt worden sind, die als Klebstoffe des Typs I nach DIN EN 301:2013-12 oder nach DIN EN 15425:2008-06 in Verbindung mit EN 14080:2013*1, Anhang B.2 oder nach DIN EN 16254:2014-02 klassifiziert sind. Dies gilt nicht für die Verbindung der Komponenten in Holzwerkstoffen.

Für die Herstellung geklebter tragender Verbindungen von Holzbauteilen auf der Baustelle gilt Satz 1 sinngemäß.

In Ermangelung einer allgemein anerkannten Regel der Technik für die Planung, Bemessung und Ausführung unter Verwendung von Holzbauprodukten und geklebten Anschlüssen an Holzbauteile, die mit Klebstoffen für allgemeine Anwendungen in strukturellen Klebverbunden nach EN 15274:2015*2 hergestellt oder mit diesen Klebstoffen instandgesetzt wurden, ist ein Nachweis gemäß Art. 15 BayBO[1] erforderlich.

**3**

Zu ETAs für „Balken aus ein bis vier auf Zugfestigkeit geprüften keilgezinkten Hölzern":

Bei der Bemessung der Balken ist der Prüflastbeiwert mit einem Wert von $k_{pl}$ = 1,0 in Rechnung zu stellen.

**4**

In Ermangelung einer allgemein anerkannten Regel der Technik für die Planung, Bemessung und Ausführung unter Verwendung von Bausätzen für Holz-beton-Verbundsysteme nach ETA ist ein Nachweis gemäß Art. 15 BayBO[1] erforderlich.

**5**

Zum EAD 130022-00-03.04:

Vollholz und Brettschichtholz mit Keilzinkenverbindung darf in den Nutzungsklassen 1 und 2 verwendet werden. Es dürfen nur Balken vom Typ „beam log" verwendet werden.

**6**

Werden Tragfähigkeitsmerkmale von Bauteilen oder Bausätzen in Form von rechnerisch ermittelten Tragfähigkeitswerten, mechanischen Festigkeiten oder komplette statische Berechnungen im Rahmen der Leistungserklärung angegeben, so gehören diese zu den bautechnischen Nachweisen.

***6*[2]**

Zu DIN EN 1995-2/NA:2021-06:

NCI NA 3,3 Werden Tragfähigkeitsmerkmale von Bauteilen oder Bausätzen in Form von rechnerisch ermittelten Tragfähigkeitswerten, mechanischen Festig-

---

[1] Nr. **1**.

[2] Zählung amtlich.

keiten oder komplette statische Berechnungen im Rahmen der Leistungserklärung angegeben, so gehören diese zu den bautechnischen Nachweisen.

**7**

Zu DIN EN 1995-2/NA:2021-06:

NCI NA.4.4.2 Absatz (NA.1) erster Spiegelstrich, erster Unter-Spiegelstrich erhält folgende Fassung: „- wenn geeignete nichtrostende Stähle entsprechend DIN EN 1993-1-4, Anhang A in Verbindung mit DIN EN 1993-1-4/NA verwendet werden“

NCI NA.C.1 Absatz (NA.1) erhält folgende Fassung: „Bauteile, die nicht oder nur mit erheblichem Aufwand ausgetauscht werden können, wie z.B. Hauptträger, müssen als geschützte Bauteile ausgebildet werden. Dies gilt nicht für Hölzer der Dauerhaftigkeitsklasse 1 nach DIN EN 350.“

NCI NA.C.1 Absatz (NA.3) erhält folgende Fassung: „Die oberen Bauteilflächen ungeschützter tragender Bauteile sowie Hirnholzflächen sollten Abdeckungen erhalten. Hiervon ausgenommen sind Bohlenbeläge und Hölzer der Dauerhaftigkeitsklasse 1 nach DIN EN 350.“

---

*1 **Amtl. Anm.:** In Deutschland umgesetzt durch DIN EN 14080:2013-09.
*2 **Amtl. Anm.:** In Deutschland umgesetzt durch DIN EN 15274:2015-06.

**Anlage A 1.2.5/2**

**1**

Für die Verwendung und die Einstufung in Gebrauchsklassen gelten ausschließlich DIN 68800-1:2019-06 und DIN 68800-2:2022-02.

**2**

Abschnitt 3.2 der DIN 68800-1:2019-06 ist nicht anzuwenden. Soweit Bestimmungen der DIN 68800-1:2019-06 und DIN 68800-2:2022-02 bauaufsichtliche Verwendbarkeitsnachweise für erforderlich erklären, sind diese Bestimmungen nicht anzuwenden. Das Erfordernis von bauaufsichtlichen Verwendbarkeits- und Anwendbarkeitsnachweisen ergibt sich ausschließlich aus der BayBO[1)] und den aufgrund dieses Gesetzes ergangenen Regelungen.

**Anlage A 1.2.6/1**

**1**

Zu DIN EN 1996-1-1:2013-02, Abschnitt 2.5:

Die Bemessung von Mauerwerk auf der Grundlage von Versuchen ist nicht anzuwenden.

**2**

Zu DIN EN 1996-1-1:2013-02, Abschnitt 6.1.2.2:

Für die Ermittlung des Bemessungswertes des Tragwiderstandes ist der Abminderungsfaktor $\Phi_m$ zur Berücksichtigung von Schlankheit und Ausmitte gemäß DIN EN 1996-1-1/NA:2019-12, NCI zu Anhang NA.G, zu berechnen.

**3**

Neben DIN EN 1996-1-1:2013-02 und DIN EN 1996-1-1/NA:2019-12 sind folgende Normen zu beachten:

---

[1)] Nr. **1**.

| | |
|---|---|
| DIN 20000-401:2017-01 | Anwendung von Bauprodukten in Bauwerken – Teil 401: Regeln für die Verwendung von Mauerziegeln nach DIN EN 771-1:2015-11 |
| DIN 20000-402:2017-01 | Anwendung von Bauprodukten in Bauwerken – Teil 402: Regeln für die Verwendung von Kalksandsteinen nach DIN EN 771-2:2015-11 |
| DIN 20000-403:2019-11 | Anwendung von Bauprodukten in Bauwerken – Teil 403: Regeln für die Verwendung von Mauersteinen aus Beton nach DIN EN 771-3:2015-11 |
| DIN 20000-404:2018-04 | Anwendung von Bauprodukten in Bauwerken – Teil 404: Regeln für die Verwendung von Porenbetonsteinen nach DIN EN 771-4:2015-11 |
| DIN 20000-412:2019-06 | Anwendung von Bauprodukten in Bauwerken – Teil 412: Regeln für die Verwendung von Mauermörtel nach DIN EN 998-2:2017-02 |
| DIN 18580:2019-06 | Baustellenmauermörtel |

**4**

In Ermangelung einer allgemein anerkannten Regel der Technik für die Planung, Bemessung und Ausführung von Ergänzungsbauteilen nach EN 845-1:2013+A1:2016[*1], EN 845-2:2013+A1:2016[*2] und EN 845-3:2013 +A1:2016[*3] ist ein Nachweis gemäß Art. 15 BayBO[1)] erforderlich.

**5**

Bei Fasensteinen nach DIN 20000-402:2017-01 darf die Fasenbreite 7 mm nicht überschreiten. Zur Verwendung der Fasensteine in tragendem Mauerwerk muss deren planmäßig zu vermörtelnde Aufstandsbreite ≥ 115 mm, bei Verwendung der Fasensteine für die Vorsatzschale von zweischaligem Mauerwerk ≥ 90 mm betragen. Die Aufstandsbreite ist die Steinbreite abzüglich der Fasenbreite(n).

**6**

Zu DIN 20000-412, Tabelle 3:

Die Werte der charakteristischen Druckfestigkeit von Mauerwerk nach DIN EN 1996-1-1/NA dürfen für Mauerwerk im Dünnbettverfahren nur angesetzt werden, wenn der Dünnbettmörtel nach EN 998-2 auch nachfolgende Leistungen aufweist:

Trockenrohdichte ≥ 1.300 kg/m³

Größtkorn ≤ 1,0 mm

Korrigierbarkeitszeit ≥ 7 min

Verarbeitbarkeitszeit ≥ 4 h.

---

[*1] **Amtl. Anm.:** In Deutschland umgesetzt durch DIN EN 845-1:2016-12.
[*2] **Amtl. Anm.:** In Deutschland umgesetzt durch DIN EN 845-2:2016-12.
[*3] **Amtl. Anm.:** In Deutschland umgesetzt durch DIN EN 845-3:2016-12.

---

[1)] Nr. **1**.

**Anlage A 1.2.6/2**

**Zu DIN EN 1996-1-2 in Verbindung mit DIN EN 1996-1-2/NA**

Für spezielle Ausbildungen (z.B. Anschlüsse, Fugen etc.) sind die Anwendungsregeln nach DIN 4102-4:2016-05 zu beachten, sofern der Eurocode dazu keine Angaben enthält.

**Zu DIN EN 1996-1-2/NA, Tabelle NA.B.1.3, Zeile 1.3**

Für die Bemessung ist der Ausnutzungsfaktor $\alpha_{fi} \leq 0{,}70$ anzusetzen.

**Zu DIN EN 1996-1-2/NA, Tabelle NA.B.1.3, Zeile 5.1**

Für die Bemessung ist der Ausnutzungsfaktor $\alpha_{fi} \leq 0{,}55$ anzusetzen.

**Anlage A 1.2.6/3**
**Zu DIN 1053-4**

Bei Anwendung der technischen Regel sind zusätzlich DIN EN 1996-1-1/NA/A1:2014-03,

DIN EN 1996-1-1/NA/A2:2015-01, DIN EN 1996-3/NA/A1:2014-03 und DIN EN 1996-3/NA/A2:2015-01 sowie die Anlage A 1.2.6/1 zu beachten.

Für die brandschutztechnische Bemessung des Mauerwerks gelten die Bestimmungen von DIN EN 1996-1-2:2011-04 in Verbindung mit DIN EN 1996-1-2/NA:2013-06 für das entsprechende nicht vorgefertigte Mauerwerk, wobei für die Klassifizierung Brandwand (Kriterium REI-M und EI-M) zusätzlich Folgendes gilt:

Sofern das Mauerwerk nicht aus raumbreiten Mauertafeln oder raumbreiten Vergusstafeln ausgeführt wird, sind vertikale Stoßfugen in Wandebene wie folgt auszubilden.

In den Einzeltafeln ist werkseitig in den Drittelspunkten und in halber Wandhöhe eine Schlaufenbewehrung aus Betonstahl Ø 6 mm – wie im Bild dargestellt – in den Lagerfugen so anzuordnen, dass die Schlaufen nach dem Versetzen der Mauertafeln in der Stoßfuge übereinander greifen. Durch die so gebildeten Bewehrungsringe ist von oben ein Betonstabstahl Ø 8 mm zu stecken. Die Anforderungen von Abschnitt 8.2.1 der Norm sind zu beachten. Anschließend ist die Fuge hohlraumfrei mit Mörtel nach Abschnitt 5.3.3 der Norm zu verfüllen.

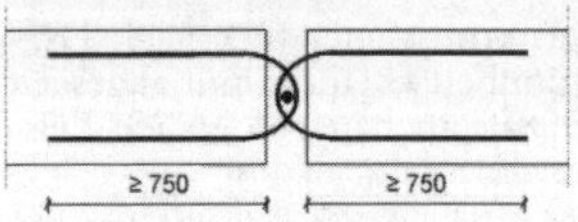


Bild: Vertikale Stoßfuge in Wandebene bei Brandwänden

**Anlage A 1.2.7/1**
**Zu DIN 18008-1**

**1**

In Ermangelung einer allgemein anerkannten Regel der Technik für die Planung, Bemessung und Ausführung von geklebten Glaskonstruktionen unter

Verwendung von Bauprodukten mit einer ETA nach ETAG 002 oder EAD 090035-00-0404 ist ein Nachweis gemäß Art. 15 BayBO[1)] erforderlich.

**2**

Bei der Planung, Bemessung und Ausführung von Glaskonstruktionen in Fenstern und Außentüren sind die Bestimmungen von DIN 18008-1:2020-05, DIN 18008-2:2020-05 und/oder DIN 18008-4:2013-07 zu beachten.

**Anlage A 1.2.7/2**
**Zu DIN 18008-1**

**1**

zu Anhang B.2

Alternativ zu den Regelungen von Anhang B.2 können die Bauwerksanforderungen im Hinblick auf die Resttragfähigkeit durch ein Verbund-Sicherheitsglas (VSG) nach EN 14449:2005[*1] mit nachfolgend beschriebenen Eigenschaften gewährleistet werden:

- das VSG muss mindestens die Einstufung 2(B)2 gemäß DIN EN 12600:2003-04 aufweisen
- die Zwischenschicht muss aus Polyvinyl-Butyral (PVB-Folie) mit folgenden Eigenschaften bestehen:
  - Reißfestigkeit: > 20 N/mm
  - Bruchdehnung: > 250 %.

  (Prüfung nach DIN EN ISO 527-3:2003-07; Prüfgeschwindigkeit: 50 mm/min, Prüftemperatur: 23 °C.)
- Bei beschichteten Gläsern muss die Beschichtung auf der von der PVB-Folie abgewandten Seite erfolgen.

**2**

Glasprodukte nach EN 12150-2[*3] und EN 14179-2[*2] müssen das in DIN EN 12150-1:2019-08 für Testscheiben definierte Bruchbild für jede hergestellte Bauteilgröße aufweisen.

**3**

Glasprodukte nach EN 1863-2[*4] müssen ab einer Bauteilgröße von 1.000 mm x 1.500 mm ein Bruchbild aufweisen, bei dem der Flächenanteil an Bruchstücken unkritischer Größe mehr als vier Fünftel der Gesamtfläche beträgt. Die Prüfung des Bruchbilds ist dabei in Anlehnung an DIN EN 1863-1:2012-02, Abschnitt 8 durchzuführen. Als Bruchstücke unkritischer Größe dürfen alle Bruchstücke betrachtet werden, denen ein Kreis von 120 mm Durchmesser einbeschrieben werden kann.

---

[*1] **Amtl. Anm.:** In Deutschland umgesetzt durch DIN EN 14449:2005-07.
[*2] **Amtl. Anm.:** In Deutschland umgesetzt durch DIN EN 14179-2:2005-08.
[*3] **Amtl. Anm.:** In Deutschland umgesetzt durch DIN EN 12150-2:2005-01.
[*4] **Amtl. Anm.:** In Deutschland umgesetzt durch DIN EN 1863-2:2005-01.

---

[1)] Nr. **1**.

**Anlage A 1.2.7/3**
**Zu DIN 18008-2**

1

Die Vorgaben von DIN 18008-2 zur Verwendung von VSG brauchen nicht angewendet werden für:

- verglaste Dachausstiege in Dachräumen mit einer lichten Glasfläche (Rahmen-Innenmaß) von bis zu 0,4 $m^2$,
- Verglasungen von Kulturgewächshäusern/Produktionsgewächshäusern.

2

Der Text zu B.2 „Vertikalverglasungen" wird ersetzt durch:

An mindestens zwei gegenüberliegenden Rändern durchgehend linienförmig gelagerte Vertikalverglasungen, die den Bedingungen des Abschnitts 4.3 genügen, gelten als ausreichend resttragfähig. Die ausreichende Resttragfähigkeit der Verglasungskonstruktion darf durch Bohrungen und Ausschnitte nicht unzulässig beeinträchtigt werden. Im Zweifelsfall ist ein Versuch nach Anhang B.1 der DIN 18008-1 durchzuführen. Für Glasbrüstungen Typ B nach DIN 18008-4 und für Verglasungen aus Verbund-Sicherheitsglas mit den Eigenschaften nach DIN 18008-1:2020-05, B.2. sind Resttragfähigkeitsversuche nach Anhang B.1 der DIN 18008-1 nicht erforderlich.

3

Der Mindestwert des Zuverlässigkeitsindexes von heißgelagertem ESG nach Abschnitt 4.3 kann durch eine sich alle zwei Jahre wiederholende Kalibrierung entsprechend E DIN EN 14179-1:2002-03 für jeden Heißlagerungsofen verbunden mit einer jährlichen Überprüfung der werkseigenen Produktionskontrolle durch eine Drittstelle mit hinreichender Erfahrung in der Prüfung der Produktionsüberwachung und der Prüfung der Kalibrierung der Heißlagerungsöfen erreicht werden. Die Drittstelle kann bei Vorliegen geeigneter Messmittel und Kontrollen des Herstellers eine von den zwei Jahren abweichende Frequenz für die Kalibrierung festlegen.

**Anlage A 1.2.7/4**
**Zu DIN 18008-3 -4 und -5**

Unter ESG-H ist heißgelagertes Einscheibensicherheitsglas nach EN 14179-2:2005 zu verstehen. Bei der Verwendung von Einscheiben-Sicherheitsglas (ESG) oder heißgelagertem ESG als monolithische Einfachgläser oder als äußere monolithische Scheiben von Mehrscheiben-Isolierglas (MIG) gelten die Bestimmungen von DIN 18008-2:2020-05, Abschnitt 4.3, zweiter und dritter Spiegelstrich.

**Anlage A 1.2.8/1**
**Zu DIN EN 13084-1**

Zu Abschnitt 5.2.4.1:

Die Ermittlung der Einwirkungen aus Erdbeben erfolgt nach Abschnitt 1.2.9.

**Anlage A 1.2.8/2**
**Zu DIN EN 13084-6 und DIN EN 13084-8**

Zusätzlich ist DIN EN 13084-1:2007-05 in Verbindung mit Anlage A 1.2.8/1 anzuwenden.

**Anlage A 1.2.8/3**
in Bayern nicht besetzt

**Anlage A 1.2.8/4**
in Bayern nicht besetzt

**Anlage A 1.2.8/5**
in Bayern nicht besetzt

**Anlage A 1.2.8/6**
**Zur „Richtlinie für Windenergieanlagen“**

Die Einhaltung der Anforderungen an die Standsicherheit des Turms und des Fundaments der Windenergieanlage kann als erfüllt angesehen werden, wenn die Nachweisführung nach der hier in Bezug genommenen Richtlinie für Windenergieanlagen vorgenommen wird.

Bei Anwendung der technischen Regel gilt Folgendes:

**1**

Sofern in Normen bei der Ausführung von Stahl- oder Aluminiumtragwerken oder Stahl- oder Aluminiumbauteilen auf DIN 18800-7 bzw. auf DIN V 4113-3 verwiesen wird, gilt dafür DIN EN 1090-2:2018-09 bzw. DIN EN 1090-3:2019-07.

**2**

Abstände zu Verkehrswegen und Gebäuden sind unbeschadet der Anforderungen aus anderen Rechtsbereichen wegen der Gefahr des Eisabwurfs (Windenergieanlage in Betrieb) und des Eisfalls (Windenergieanlage im Stillstand) einzuhalten, soweit eine Gefährdung der öffentlichen Sicherheit nicht auszuschließen ist. Abstände, gemessen von der Turmachse, größer als 1,5 × (Rotordurchmesser plus Nabenhöhe) gelten im Allgemeinen in nicht besonders eisgefährdeten Regionen als ausreichend. In anderen Fällen ist die Stellungnahme eines Sachverständigen erforderlich.

**3**

Ergänzende Unterlagen zu den im Abschnitt 3, Buchstaben A bis L der Richtlinie aufgeführten bautechnischen Unterlagen:

**3.1**

die gutachterliche Stellungnahme eines Sachverständigen über die Einflüsse benachbarter baulicher Anlagen, Geländerauigkeit und Topografie auf die Standorteignung der vorgesehenen WEA gemäß Absatz 7.3.3 der Richtlinie. Bezüglich der Turbulenzintensität sind hier die Abstände zu benachbarten Windenergieanlagen in Bezug auf die Standsicherheit der bestehenden und möglicherweise vorgesehenen Windenergieanlagen sowie der beantragten Windenergieanlage zu bewerten, soweit die Abstände gemäß Absatz 7.3.3 der Richtlinie nicht eingehalten werden,

**3.2**

die gutachterliche Stellungnahme eines Sachverständigen zur Funktionssicherheit von Einrichtungen, durch die der Betrieb der Windenergieanlage bei Eisansatz sicher ausgeschlossen werden kann oder durch die ein Eisansatz verhindert werden kann, soweit erforderliche Abstände wegen der Gefahr des Eisabwurfes nicht eingehalten werden,

**3.3**

das Baugrundgutachten nach Abschnitt 3, Buchstabe H der Richtlinie zur Bestätigung, dass die der Auslegung der Anlage zugrundeliegenden Anforderungen an den Baugrund am Aufstellort vorhanden sind,

**3.4**

die Angabe der Entwurfslebensdauer nach Abschnitt 9.6.1 der Richtlinie.

**4**

Für Windenergieanlagen, deren überstrichene Rotorfläche geringer als 200 $m^2$ ist und die eine Spannung erzeugen, die unter 1000 V Wechselspannung oder 1500 V Gleichspannung liegt, sind folgende unter Abschnitt 3, Buchstaben A bis L der Richtlinie aufgeführten bautechnischen Unterlagen nicht erforderlich: die gutachterlichen Stellungnahmen nach Abschnitt 3, Buchstaben I sowie J, K und L der Richtlinie.

**5**

Für Windenergieanlagen bis zu 10 m Höhe gemessen von der Geländeoberfläche bis zum höchsten Punkt der vom Rotor bestrichenen Fläche und einem Rotordurchmesser bis zu drei Metern gelten Abschnitte 3.1 bis 3.4 nicht.

**Anlage A 1.2.8/7**

Für die Verwendung von ortsfesten liegenden zylindrischen Tanks aus Stahl nach EN 12285-2:2005*[1] gilt:

- In Überschwemmungsgebieten sind die Tanks so aufzustellen, dass sie von der Flut nicht erreicht werden können.
- Sie dürfen nicht in Erdbebengebieten der Erdbebenzonen 1 bis 3 (DIN 4149:2005-04) aufgestellt werden.

---

*[1] **Amtl. Anm.:** In Deutschland umgesetzt durch DIN EN 12285-2:2005-05.

**Anlage A 1.2.8/8**

Für die Verwendung von ortsfesten Tanks aus Thermoplasten nach EN 13341:2005+A1:2011*[1] gilt:

- In Überschwemmungsgebieten sind die Behälter so aufzustellen, dass sie von der Flut nicht erreicht werden können.
- Sie dürfen nicht in Erdbebengebieten der Erdbebenzonen 1 bis 3 (DIN 4149:2005-04) aufgestellt werden.
- Anforderungen an den Brandschutz (Brandeinwirkungsdauer) können von diesen Tanks nicht erfüllt werden.

---

*[1] **Amtl. Anm.:** In Deutschland umgesetzt durch DIN EN 13341:2011-04.

**Anlage A 1.2.9/1**
**Zu DIN 4149**

Bei Anwendung der technischen Regel gilt Folgendes:

**1**

In Erdbebenzone 3 sind die Dachdeckungen bei Dächern mit mehr als 35° Neigung und in den Erdbebenzonen 2 und 3 die freistehenden Teile der Schornsteine über Dach durch geeignete Maßnahmen gegen die Einwirkungen von Erdbeben so zu sichern, dass keine Teile auf angrenzende öffentlich zugängliche Verkehrsflächen sowie die Zugänge zu den baulichen Anlagen herabfallen können.

**2**

Hinsichtlich der Zuordnung von Erdbebenzonen und geologischen Untergrundklassen wird auf die Tabelle „Zuordnung der Erdbebenzonen nach Verwaltungsgrenzen" hingewiesen. Die Tabelle ist über www.is-argebau.de oder https://www.dibt.de/de/wir-bieten/technische-baubestimmungen abrufbar.

**2a**

Im gesamten Normtext werden die Verweise auf DIN 1045-1:2001-07 und DIN 1052:2004-08 wie folgt ersetzt:

DIN 1045-1:2001-07 ersetzt durch Verweis auf DIN EN 1992-1-1:2011-01 und DIN EN 1992-1-1/A1:2015-03 in Verbindung mit DIN EN 1992-1-1/NA:2013-04 und DIN EN 1992-1-1/NA/A1:2015-12,

DIN 1052:2004-08 ersetzt durch Verweis auf DIN EN 1995-1-1:2010-12 und DIN EN 1995-1-1/A2:2014-07 in Verbindung mit DIN EN 1995-1-1/NA:2013-08.

**3**

Zu Abschnitt 5.5:

Bei der Ermittlung der wirksamen Massen zur Berechnung der Erdbebenlasten sind Schneelasten in Gleichung (12) mit dem Kombinationsbeiwert $\Psi_2 = 0,5$ zu multiplizieren. Diese reduzierten Schneelasten sind auch beim Standsicherheitsnachweis zu berücksichtigen.

**4**

Zu Abschnitt 6:

- In 6.2.2.4.2 (8) ist der Bezug auf „Abschnitt (7)" durch den Bezug auf „Abschnitt (6)" zu ersetzen.
- Im ersten Satz von 6.2.4.1 (5) ist die Bedingung „oder" durch „und" zu ersetzen.

**5**

Zu Abschnitt 8:

Bei Erdbebennachweisen von Stahl- und Spannbetonbauten nach dieser Norm ist DIN EN 1992-1-1:2011-01 in Verbindung mit DIN EN 1992-1-1/NA:2013-04 anzuwenden.

- Absatz 8.2 (3) erhält folgende Fassung:

  „Es gelten die in DIN EN 1992-1-1:2011-01 angegebenen Vorschriften für Bemessung und bauliche Durchbildung. Dabei dürfen die zur Ermittlung der Schnittgrößen in 5.5 und 5.6 der DIN EN 1992-1-1:2011-01 angegebenen Verfahren nicht angewandt werden, es sei denn, die doppelte Ausnutzung der plastischen Reserven (infolge q >1 und nichtlinearer Rechenannahmen) wird dabei ausgeschlossen."
- Absatz 8.2 (5) a) und Absatz 8.3.2 (2) erhalten folgende Fassung:

  „In Bauteilen, die zur Abtragung von Einwirkungen aus Erdbeben genutzt werden, sind Stähle mit erhöhter Duktilität des Typs B500B zu verwenden. Hierauf darf verzichtet werden, wenn sichergestellt ist, dass die betroffenen Bereiche im Erdbebenfall, ohne Berücksichtigung eines die rechnerische

Erdbebeneinwirkung reduzierenden Verhaltensbeiwertes (d.h. q = 1,0), nicht plastizieren."

- Absatz 8.3.5.3 (4), 1. Satz erhält folgende Fassung:

  „Die bei Übergreifungsstößen vorzusehende Querbewehrung ist nach DIN EN 1992-1-1:2011-01, Abschnitt 8.7.4 zu bemessen."
- Absatz 8.4 (2), 2. Satz erhält folgende Fassung:

  „Hierbei sind die Regelungen nach DIN EN 1992-1-1:2011-01, Abschnitt 9.4.1 (3) zu berücksichtigen."
- Absatz 8.4 (3), 2. Satz erhält folgende Fassung:

  „Der Mindestbewehrungsgrad der Querkraftbewehrung ist nach DIN EN 1992-1-1:2011-01, Abschnitt 9.2.2 (5) einschließlich DIN EN 1992-1-1/NA:2013-04, NDP zu 9.2.2 (5) zu bestimmen."

**6**

Zu Abschnitt 9:

- Bei Erdbebennachweisen von Stahlbauten sind die Verweise auf DIN 18800-1 bis 18800-4 und DIN V ENV 1993-1-1 mit DASt-Richtlinie 103 durch DIN EN 1993-1-1:2010-12 und DIN EN 1993-1-1/A1:2014-07 in Verbindung mit DIN EN 1993-1-1/NA:2018-12 sowie DIN EN 1993-1-8:2010-12 in Verbindung mit DIN EN 1993-1-8/NA:2020-11 zu ersetzen.
- In Absatz 9.3.4 (1) ist der Verweis auf DIN 18800-7 durch den Verweis auf DIN EN 1090-2:2018-09 zu ersetzen.
- Die Duktilitätsklassen 2 und 3 dürfen nur dann zur Anwendung kommen, wenn der Höchstwert der Streckgrenze $f_{y,\ max}$ (siehe DIN 4149:2005-04, Abschnitt 9.3.1.1) und die in Absatz 9.3.1.1 (2) geforderte Mindestkerbschlagarbeit des zu verwendenden Stahles in den Bauvorlagen dokumentiert sind.
- Abschnitt 9.3.5.1 (2) c) erhält folgende Fassung:

  „c) bei zugbeanspruchten Bauteilen ist an Stellen von Lochschwächungen die Bedingung von DIN EN 1993-1-1:2010-12, 6.2.3 (3) einzuhalten ($N_{u,R,d} > N_{pl,R,d}$)."
- In Absatz 9.3.5.4 (7) wird der Verweis auf den Absatz „9.3.3.3 (10)" durch den Verweis „9.3.5.3 (10)" ersetzt.
- In Absatz 9.3.5.5 (5) erhält Formel (87) folgende Fassung:

$$\Omega_i = \frac{M_{pl,\ Verb,\ i}}{M_{sdi}}$$

- In Absatz 9.3.5.8 (1) wird der Verweis auf die Abschnitte „8 und 11" durch den Verweis „8 und 9" ersetzt.

**7**

Zu Abschnitt 10:

- Bei Erdbebennachweisen von Holzbauten nach dieser Norm ist DIN EN 1995-1-1:2010-12 in Verbindung mit DIN EN 1995-1-1/NA:2013-08 anzuwenden.
- Absatz 10.1 (5) erhält folgende Fassung:

„(5) In den Erdbebenzonen 2 und 3 darf bei der Berechnung eine Kombination von Tragwerksmodellen der Duktilitätsklassen 1 und 3 für die beiden Hauptrichtungen des Bauwerks nicht angesetzt werden.“

- Absatz 10.3 (1) erhält folgende Fassung:

  „(1) Die Bedingungen der DIN EN 1995-1-1:2010-12, Abschnitt 3 in Verbindung mit DIN EN 1995-1-1/NA:2013-08 sind einzuhalten.“

- In Absatz 10.3 (2) erhält der mit dem 4. Spiegelstrich markierte Unterabsatz folgende Fassung

  „– die Verwendbarkeit von mehrschichtigen Massivholzplatten und deren Verbindungsmitteln muss nachgewiesen sein;“

- In Absatz 10.3 (3) erhält der mit dem 2. Spiegelstrich markierte Unterabsatz folgende Fassung:

  „– die Erhöhung des Nagelabstandes bei gleicher Tragfähigkeit gemäß DIN EN 1995-1-1:2010-12, Abschnitt 9.2.3.2 (4) wird in den Erdbebenzonen 2 und 3 nicht angesetzt;“

- In Absatz 10.3 (3) erhält der mit dem 3. Spiegelstrich markierte Unterabsatz folgende Fassung:

  „– die Anwendung geklebter Tafeln führt auch bei gleichzeitiger Verwendung mechanischer Verbindungsmittel zur Einstufung in Duktilitätsklasse 1.“

- Absatz 10.3 (6) erhält folgende Fassung:

  „(6) Bei Anwendung der Gleichungen zur Ermittlung der Tragfähigkeit von stiftförmigen Verbindungsmitteln auf Abscheren nach DIN EN 1995-1-1/NA:2013-08, Abschnitt NCI Zu 8.2 bis NCI Zu 8.7 ist eine Unterschreitung der Mindestdicken von Holzbauteilen, wie sie in DIN EN 1995-1-1/NA:2013-08 NCI NA.8.2.4 (NA.2) und NCI NA.8.2.5 (NA.4) gestattet ist, in den Erdbebenzonen 2 und 3 nicht zulässig.“

- Absatz 10.3 (7) ist wie folgt zu ergänzen:

  „(7) Eine Erhöhung der Tragfähigkeit der Verbindungsmittel nach DIN EN 1995-1-1:2010-12, Abschnitt 9.2.4.2 (5) ist nicht zulässig.“

**8**

Zu Abschnitt 11:

Die Absätze 11.7.3 (1), 11.7.3 (2) und 11.7.3 (3) erhalten folgende Fassung (Tab. 16 ist zu streichen):

„(1) Der Bemessungswert $E_d$ der jeweilig maßgebenden Schnittgröße in der Erdbebenbemessungssituation ist nach Gleichung (37) zu ermitteln. Dabei darf abhängig von den vorliegenden Randbedingungen entweder das vereinfachte oder das genauere Berechnungsverfahren nach DIN 1053-1:1996-11 zur Anwendung kommen.“

„(2) Bei der Anwendung des vereinfachten Berechnungsverfahrens nach DIN 1053-1:1996-11 darf die Bemessungstragfähigkeit $R_d$ aus den um 50 % erhöhten zulässigen Spannungen ermittelt werden. Auf einen expliziten rechnerischen Nachweis der ausreichenden räumlichen Steifigkeit darf nicht verzichtet werden.“

„(3) Bei Anwendung des genaueren Berechnungsverfahrens, ist der Bemessungswert $E_d$ der jeweilig maßgebenden Schnittgröße unter $\gamma$-fachen Einwirkungen gemäß DIN 1053-1:1996-11 zu ermitteln. Der maßgebende Sicherheitsbeiwert $\gamma$ darf hierbei auf 2/3 der in Abschnitt 7 der DIN 1053-1:1996-11

festgelegten Werte reduziert werden.
Als Bemessungstragfähigkeit $R_d$ sind die in DIN 1053-1:1996-11 angegebenen rechnerischen Festigkeitswerte anzusetzen."

**9**

Zu Abschnitt 12:

- Bei Erdbebennachweisen von Gründungen und Stützbauwerken nach dieser Norm ist DIN 1054:2005-01 einschließlich DIN 1054 Berichtigung 1:2005-04, DIN 1054 Berichtigung 2:2007-04, DIN 1054 Berichtigung3:2008-01 und DIN 1054 Berichtigung 4:2008-10 sowie DIN 1054/A1:2009-07 anzuwenden.
- Die Absätze 12.1.1 (1) und 12.1.1 (2) erhalten folgende Fassung:

  „(1) Werden die Nachweise auf Basis der Kapazitätsbemessung geführt, so ist Abschnitt 7.2.5 zu beachten."

  „(2) Der Nachweis unter Einwirkungskombinationen nach Abschnitt 7.2.2 umfasst:

  (a) den Nachweis der ausreichenden Tragfähigkeit der Gründungselemente nach den baustoffbezogenen Regeln dieser Norm und den jeweiligen Fachnormen;

  (b) die einschlägigen Nachweise der Gründungen nach DIN 1054:2010-12, DIN 1054/A1:2012-08 und DIN 1054/A2:2015-11. Einschränkungen hinsichtlich der generellen Anwendbarkeit von Nachweisverfahren im Lastfall Erdbeben in DIN 1054 oder in diese begleitenden Berechnungsnormen müssen nicht beachtet werden, wenn keine ungünstigen Bodenverhältnisse (Hangschutt, lockere Ablagerungen, künstliche Auffüllungen, usw.) vorliegen."

- Absatz 12.1.1 (4) erhält folgende Fassung:

  „(4) Beim Nachweis der Gleitsicherheit darf der charakteristische Wert des Erdwiderstands (passiver Erddruck) nur mit maximal 30 % seines nominellen Wertes angesetzt werden."
- Absatz 12.2.1 (2) erhält folgende Fassung:

  „Vereinfacht kann die Einwirkung durch Erddruck bei Erdbeben ermittelt werden, indem der Erddruckbeiwert $k$ ersetzt wird durch $k_e = k + a_g \bullet \gamma_I \bullet \frac{S}{g}$."

## A 2. Brandschutz

### A 2.1. Allgemeine Anforderungen an bauliche Anlagen aus Gründen des Brandschutzes

Bauliche Anlagen sind gemäß Art. 3 BayBO[1)] i.V.m. Art. 12 BayBO[1)] so anzuordnen, zu errichten, zu ändern und instand zu halten, dass

- der Entstehung eines Brandes vorgebeugt wird
- der Ausbreitung von Feuer und Rauch (Brandausbreitung) vorgebeugt wird
- bei einem Brand die Rettung von Menschen und Tieren möglich ist
- wirksame Löscharbeiten möglich sind.

---

[1)] Nr. 1.

Konkretisiert werden die schutzzielbezogenen Brandschutzanforderungen für bauliche Anlagen mit den Festlegungen der Art. 5, 24 bis 34, 37 bis 40, 44 und 45 BayBO[1)] und den Anforderungen der nachfolgenden Abschnitte. Bei Sonderbauten nach Art. 2 Abs. 4 BayBO[1)] i.V.m. Art. 54 Abs. 3 BayBO[1)] können sich weitergehende oder geringere Anforderungen aus Rechtsverordnungen oder bauaufsichtlichen Richtlinien ergeben.

Abschnitt A 2.2, Tabelle A 2.2.1 listet die in Bayern bekannt gemachten, aufgrund von Art. 81a Abs. 1 Satz 1 BayBO[1)] zu beachtenden Technischen Baubestimmungen zum Brandschutz auf. Abschnitt A 2.2, Tabelle A 2.2.2 weist nur nachrichtlich auf bayerische Rechtsverordnungen und Bekanntmachungen für Sonderbauten und Garagen sowie für Feuerungsanlagen und elektrische Betriebsräume hin.

Für Bauprodukte nach derzeit vorhandenen europäisch harmonisierten Spezifikationen, deren Verwendung Einfluss bei der Erfüllung von Brandschutzanforderungen an bauliche Anlagen hat, sind für die bauordnungsrechtlichen Anforderungen auf der Grundlage der Konkretisierungen zum Brandschutz (A 2.1.1 ff.) die notwendigen Zuordnungen von Angaben zu Leistungen sowie zugehörige Verwendbarkeits- und Ausführungsbestimmungen in der unter der lfd. Nr. A 2.2.1.2 genannten technischen Regel enthalten.

### A 2.1.1. Anforderungen an die Zugänglichkeit baulicher Anlagen

Zur Durchführung von Lösch- und Rettungsmaßnahmen ergeben sich Anforderungen an Zugänge, Durchgänge oder Durchfahrten sowie Aufstell- und Bewegungsflächen für die Feuerwehr aus Art. 5 BayBO[1)]. Die Konkretisierungen der unter der lfd. Nr. A 2.2.1.1 genannten technischen Regel sind zu beachten.

### A 2.1.2. Anforderungen an das Brandverhalten von Baustoffen und Bauteilen

#### A 2.1.2.1. Allgemeines

Zur Erfüllung der Grundanforderungen werden in Art. 24 Abs. 1 BayBO[1)] allgemeine Anforderungen an das Brandverhalten formuliert.

Zur Erfüllung nachfolgender Anforderungen ist die unter lfd. Nr. A 2.2.1.2 genannte technische Regel zu beachten.

#### A 2.1.2.2. Nichtbrennbar

Bei der Verwendung in baulichen Anlagen muss bei Einwirkung eines Brandes, insbesondere eines fortentwickelten, teilweise vollentwickelten Brandes, gewährleistet sein, dass die Teile baulicher Anlagen keinen Beitrag zum Brand leisten. Dabei dürfen je nach Verwendung keine oder eine begrenzt bleibende Entzündung, geringstmögliche Rauchentwicklung, kein fortschreitendes Glimmen und/oder Schwelen und kein brennendes Abtropfen oder Abfallen auftreten; Art der Bestandteile, Formstabilität sowie Schmelzpunkt/ Schmelztemperatur und Rohdichte sind zu berücksichtigen.

Baustoffe sind nichtbrennbar, wenn sie dauerhaft bei Einwirkung eines Brandes nach DIN 4102-1:1998-05, Abschnitt 5.1 oder 5.2, die dort angegebenen Kriterien einhalten, soweit erforderlich mit der Angabe zum Schmelzpunkt von mindestens 1000 °C nach DIN 4102-17: 2017-12.

---

1) Nr. 1.

### A 2.1.2.3. Schwerentflammbar

Bei der Verwendung in baulichen Anlagen muss bei Einwirkung eines Entstehungsbrandes oder eines sich entwickelnden Brandes gewährleistet sein, dass die Teile baulicher Anlagen nur einen begrenzten Beitrag zum Brand leisten und dass nur eine begrenzte Brandausbreitung während und bei Wegfall der Brandeinwirkung vorliegt.

Dabei dürfen je nach Verwendung des Bauteils eine Entzündung erst nach einer bestimmten Zeit der Flammeneinwirkung, nur eine begrenzte Temperatur der entstehenden Rauchgase, eine begrenzte Freisetzung von Energie, eine definierte Rauchentwicklung, kein selbstständiges Weiterbrennen, kein fortschreitendes Glimmen und/oder Schwelen, soweit erforderlich kein brennendes Abfallen oder Abtropfen auftreten.

Als Brandeinwirkung ist mit Ausnahme von Außenwandbekleidungen und Bodenbelägen die Brandeinwirkung gemäß Abschnitt 6.1.1a) von DIN 4102-1:1998-05 der Brand eines Gegenstandes in einem Raum anzunehmen; bei Außenwandbekleidungen die Brandeinwirkung gemäß Abschnitt 6.1.1b) von DIN 4102-1:1998-05 aus einer Wandöffnung schlagenden Flammen (siehe auch A 2.1.5), bei Bodenbelägen ist die Brandeinwirkung gemäß Abschnitt 6.1.1c) von DIN 4102-1:1998-05 von einer Brandsituation anzunehmen, bei der Flammen aus der Türöffnung zu einem benachbarten Raum schlagen und bei der die waagerechte Flammenausbreitung und die Rauchentwicklung unbedenklich sind.

Baustoffe sind schwerentflammbar, wenn sie dauerhaft bei Einwirkung eines Brandes nach DIN 4102-1:1998-05, Abschnitt 6.1, die dort angegebenen Kriterien einhalten.

Für Teile baulicher Anlagen, die nicht brennend abtropfen oder abfallen dürfen, müssen zusätzlich die Kriterien gemäß DIN 4102-16:2021-01, Abschnitt 10.3, erfüllt sein.

### A 2.1.2.4. Normalentflammbar

Bei der Verwendung in der baulichen Anlage muss bei Einwirkung eines Entstehungsbrandes gewährleistet sein, dass die Teile der baulichen Anlage nur einen begrenzten Beitrag zum Brand leisten, soweit erforderlich darf kein brennendes Abfallen oder Abtropfen auftreten. Als Brandeinwirkung ist die Brandeinwirkung gemäß Abschnitt 6.2.1 von DIN 4102-01:1998-05 anzunehmen.

Baustoffe sind normalentflammbar, wenn sie dauerhaft bei Einwirkung eines Brandes nach DIN 4102-1:1998-05, Abschnitt 6.2, die dort angegebenen Kriterien erfüllen.

Für Teile baulicher Anlagen, die nicht brennend abtropfen oder abfallen dürfen, müssen zusätzlich die Kriterien gemäß DIN 4102-1:1998-05, Abschnitt 6.2.6, erfüllt sein.

Soweit für die bauliche Anlage ein Bestandteil verwendet werden soll, der nicht mindestens der Anforderung „normalentflammbar“ entspricht (leichtentflammbar), ist Art. 24 Abs. 1 Satz 2 BayBO[1] einzuhalten.

---

[1] Nr. **1**.

## A 2.1.3. Anforderungen an die Feuerwiderstandsfähigkeit von Teilen baulicher Anlagen

### A 2.1.3.1. Allgemeines

Zur Erfüllung der Grundanforderungen werden in Art. 24 Abs. 2 BayBO[1] allgemeine Anforderungen an die Feuerwiderstandfähigkeit im Brandfall von Bauteilen baulicher Anlagen gestellt.

Grundsätzlich richtet sich die Feuerwiderstandsfähigkeit von Bauteilen nach dem geltenden bauaufsichtlichen Anforderungssystem (Gebäudeklassen, Höhenlage der Geschosse, Gebäudeart). Die Einstufungen in Feuerwiderstandsklassen ergeben sich (auf der Grundlage von Brandprüfungen nach der Einheitstemperaturzeitkurve (ETK)) aus der unter lfd. Nr. A 2.2.1.2 genannten technischen Regel.

Die Feuerwiderstandsfähigkeit bezieht sich bei tragenden und aussteifenden Bauteilen baulicher Anlagen auf deren Standsicherheit im Brandfall Bei raumabschließenden Bauteilen, wie Wänden und Decken, bezieht sich die Feuerwiderstandsfähigkeit auch auf deren Widerstand gegen eine Brandausbreitung (raumabschließend feuerwiderstandsfähig – im Weiteren: Raumabschluss).

Feuerwiderstandsfähige Bauteile werden unterschieden in:

a) feuerbeständige Bauteile:
Tragende und aussteifende Teile müssen aus nichtbrennbaren Baustoffen bestehen. Raumabschließende Bauteile müssen zusätzlich eine in Bauteilebene durchgehende Schicht aus nichtbrennbaren Baustoffen haben.

b) hochfeuerhemmende Bauteile:
Bestehen tragende und aussteifende Teile aus brennbaren Baustoffen, müssen sie allseitig eine brandschutztechnisch wirksame Bekleidung aus nichtbrennbaren Baustoffen (Brandschutzbekleidung) und – sofern vorhanden – nichtbrennbaren Dämmstoffen haben. Die Brandschutzbekleidung muss
- ein Brennen der tragenden und aussteifenden Teile,
- die Einleitung von Feuer und Rauch in Wand- und Deckenbauteile über Fugen, Installationen oder Einbauten sowie eine Brandausbreitung innerhalb dieser Bauteile,
- die Übertragung von Feuer über Anschlussfugen von raumabschließenden Bauteilen in angrenzende Nutzungseinheiten oder Räume und
- eine wesentliche Übertragung von Rauch über Anschlussfugen (s. A 2.1.3.3.3)

verhindern.
Wenn raumabschließende hochfeuerhemmende Bauteile in ihren tragenden und aussteifenden Teilen aus nichtbrennbaren Baustoffen bestehen und eine in Bauteilebene durchgehende Schicht aus nichtbrennbaren Baustoffen angeordnet ist, ist eine brandschutztechnisch wirksame Bekleidung nicht erforderlich; sie können auch insgesamt aus nichtbrennbaren Baustoffen bestehen.

c) feuerhemmende Bauteile:
Tragende und aussteifende Bauteile können aus brennbaren Baustoffen ausgeführt werden. Dies gilt auch für raumabschließende Bauteile.

---

[1] Nr. 1.

d) Bauteile gemäß Art. 24 Abs. 2 Satz 4 BayBO, die aus brennbaren Baustoffen bestehen dürfen und keine Hohlräume oder verfüllte Hohlräume sowie keine Dämmstoffe im Inneren aufweisen. Tragende und aussteifende Bauteile können aus brennbaren Baustoffen ausgeführt werden. Dies gilt auch für raumabschließende Bauteile.

e) Feuerwiderstandsfähige Bauteile für 120 Minuten Standsicherheit im Brandfall und Raumabschluss; tragende und aussteifende Bauteile müssen aus nichtbrennbaren Baustoffen ausgeführt werden. Dies gilt auch für raumabschließende Bauteile.

### A 2.1.3.2. Anforderungen an die Standsicherheit im Brandfall

#### A 2.1.3.2.1. Allgemeines

Um die Anforderungen des Art. 10 BayBO[1] i.V.m. Art. 12 BayBO zu erfüllen, müssen tragende Teile baulicher Anlagen dauerhaft auch unter Brandeinwirkung über eine bestimmte Zeitdauer standsicher sein.

Querschnittsänderungen und Durchdringungen – auch nachträglicher Art – sowie Verformungen durch die Brandeinwirkung müssen berücksichtigt werden, soweit sie Einfluss auf die Standsicherheit haben können.

#### A 2.1.3.2.2. Feuerbeständig

Die Standsicherheit muss bei Brandeinwirkung nach der ETK gemäß DIN 4102-2:1977-09, Abschnitt 6.2.4, über mindestens 90 Minuten gewährleistet sein.

#### A 2.1.3.2.3. Hochfeuerhemmend

Die Standsicherheit muss bei Brandeinwirkung nach der ETK gemäß DIN 4102-2:1977-09, Abschnitt 6.2.4, über mindestens 60 Minuten gewährleistet sein.

#### A 2.1.3.2.4. Feuerhemmend

Die Standsicherheit muss bei Brandeinwirkung nach der ETK gemäß DIN 4102-2:1977-09, Abschnitt 6.2.4, über mindestens 30 Minuten gewährleistet sein.

#### A 2.1.3.2.5. Feuerwiderstandsfähigkeit von 120 Minuten nach A 2.1.3.1 Buchtstabe e

Die Standsicherheit muss bei Brandeinwirkung nach der ETK gemäß DIN 4102-2:1977-09, Abschnitt 6.2.4, über mindestens 120 Minuten gewährleistet sein.

#### A 2.1.3.2.6. Feuerwiderstandsfähigkeit von 90 Minuten für Bauteile nach A 2.1.3.1 Buchstabe d

Die Standsicherheit muss bei Brandeinwirkung nach der ETK gemäß DIN 4102-2:1977-09, Abschnitt 6.2.4, über mindestens 90 Minuten gewährleistet sein.

---

[1] Nr. 1.

**A 2.1.3.2.7. Feuerwiderstandsfähigkeit von 60 Minuten für Bauteile nach A 2.1.3.1 Buchstabe d**

Die Standsicherheit muss bei Brandeinwirkung nach der ETK gemäß DIN 4102-2:1977-09, Abschnitt 6.2.4, über mindestens 60 Minuten gewährleistet sein.

**A 2.1.3.3. Anforderungen an den Raumabschluss im Brandfall**

**A 2.1.3.3.1. Allgemeines**

Teile baulicher Anlagen sind raumabschließend, wenn sie dauerhaft mindestens für eine bestimmte, nachfolgend angegebene Zeitdauer die Brandausbreitung verhindern, der Raumabschluss auch im Bereich von Verbindungen und Anschlüssen zu angrenzenden Teilen baulicher Anlagen nicht beeinträchtigt ist und wenn auf der brandabgewandten Seite keine wesentliche Rauchentwicklung und kein wesentliches Abfallen oder Abtropfen von Bestandteilen zu verzeichnen ist.

Soweit nichts anderes bestimmt ist, bezieht sich die Feuerwiderstandsfähigkeit auf jede der möglichen Brandeinwirkungsrichtungen (z.B. sowohl von innen nach außen als auch von außen nach innen sowie sowohl von oben nach unten als auch von unten nach oben).

Grenzen Bauteile, die raumabschließend feuerwiderstandsfähig sein müssen, an Bauteile ohne Feuerwiderstandsfähigkeit an (z.B. Außenwand oder Dach), so müssen sie bei Brandeinwirkung über die jeweils erforderliche Zeitdauer standsicher bleiben.

Dürfen in Bauteilen, die raumabschließend feuerwiderstandsfähig sein müssen, lichtdurchlässige Flächen als Brandschutzverglasung, die den Durchtritt der Wärmestrahlung nicht verhindern, ausgeführt werden, so müssen sie bei Brandeinwirkung nach DIN 4102-13:1990-05, Abschnitt 6.1, über die mindestens erforderliche Zeitdauer die Ausbreitung von Feuer und Rauch entsprechend der Feuerwiderstandsdauer der raumabschließenden Wände verhindern und die Kriterien gemäß DIN 4102-13:1990-05 einhalten. Zur Erfüllung dieser Anforderungen ist die unter lfd. Nr. A 2.2.1.2 genannte technische Regel zu beachten. Für die Planung, Bemessung und Ausführung von Brandschutzverglasungen gibt es hinsichtlich der bauordnungsrechtlichen Anforderungen keine allgemein anerkannten Regeln der Technik und es ist ein Nachweis gemäß Art. 15 BayBO[1] erforderlich.

Dürfen in Bauteilen, die raumabschließend feuerwiderstandsfähig sein müssen, Überströmöffnungen ausgeführt werden, müssen die Verschlüsse dieser Öffnungen mit einer Rauchauslöseeinrichtung versehen sein und mindestens bei Zugrundelegung des Normbrandes nach DIN 4102-2:1977-09 den Durchtritt von Feuer und Rauch entsprechend der Feuerwiderstandsdauer der raumabschließenden Wände verhindern. Zur Erfüllung dieser Anforderungen ist die unter lfd. Nr. A 2.2.1.2 genannte technische Regel zu beachten. In Ermangelung einer allgemein anerkannten Regel der Technik für die Planung, Bemessung und Ausführung unter Verwendung dieser Verschlüsse ist ein Nachweis gemäß Art. 15 BayBO erforderlich.

Fugen der Bauteile müssen zur Sicherung des Raumabschlusses während der Brandeinwirkung geschlossen bleiben. Diese Anforderung kann mit nicht-

[1] Nr. 1.

brennbaren mineralischen Baustoffen (wie Mörtel, Beton) oder mineralischen Dämmstoffen mit einem Schmelzpunkt von mindestens 1000 °C nach DIN 4102-17:2017-12 sowie mit Produkten, die bei Brandeinwirkung den Restquerschnitt sicher verschließen, erfüllt werden.

**A 2.1.3.3.2. Feuerbeständig**

Der Raumabschluss muss bei Brandeinwirkung nach der ETK gemäß DIN 4102-2:1977-09, Abschnitt 6.2.4, über mindestens 90 Minuten gewährleistet sein. Damit ist auch die Standsicherheit von nichttragenden Bauteilen im Brandfall unter Eigengewicht nachgewiesen. Bei den Beobachtungen zur Rauchentwicklung nach DIN 4102-2:1977-09, Abschnitt 8.6, muss festgestellt sein, dass höchstens eine geringe Rauchentwicklung beobachtet worden ist (kein flächiger Rauchaustritt auf der Bauteiloberfläche, nur einzelne Rauchfähnchen auch aus Fugen).

Die Anforderungen an das Brandverhalten ergeben sich aus Art. 24 Abs. 2 Satz 3 Nr. 1 BayBO[1)].

**A 2.1.3.3.3. Hochfeuerhemmend**

Der Raumabschluss muss bei Brandeinwirkung nach der ETK gemäß DIN 4102-2:1977-09, Abschnitt 6.2.4, über mindestens 60 Minuten gewährleistet sein. Damit ist auch die Standsicherheit von nichttragenden Bauteilen im Brandfall unter Eigengewicht nachgewiesen.

Bei den Beobachtungen zur Rauchentwicklung nach DIN 4102-2:1977-09, Abschnitt 8.6, muss festgestellt sein, dass höchstens eine geringe Rauchentwicklung beobachtet worden ist (kein flächiger Rauchaustritt auf der Bauteiloberfläche, nur einzelne Rauchfähnchen auch aus Fugen).

Die Anforderungen an das Brandverhalten ergeben sich aus Art. 24 Abs. 2 Satz 3 Nr. 2 BayBO[1)].

Für hochfeuerhemmende raumabschließende Bauteile mit brennbaren tragenden und aussteifenden Teilen aus Holz sind die Konkretisierungen der unter lfd. Nr. A 2.2.1.4 genannten technischen Regel zu beachten.

**A 2.1.3.3.4. Feuerhemmend**

Der Raumabschluss muss bei Brandeinwirkung nach der ETK gemäß DIN 4102-2:1977-09, Abschnitt 6.2.4, über mindestens 30 Minuten gewährleistet sein. Damit ist auch die Standsicherheit von nichttragenden Bauteilen im Brandfall unter Eigengewicht nachgewiesen. Bei den Beobachtungen zur Rauchentwicklung nach DIN 4102-2:1977-09, Abschnitt 8.6, muss festgestellt sein, dass höchstens eine geringe Rauchentwicklung beobachtet worden ist (kein flächiger Rauchaustritt auf der Bauteiloberfläche, nur einzelne Rauchfähnchen auch aus Fugen).

Die Anforderungen an das Brandverhalten ergeben sich aus Art. 24 Abs. 1 Satz 2 BayBO[1)].

**A 2.1.3.3.5. Feuerwiderstandsfähigkeit von 120 Minuten nach A 2.1.3.1 Buchstabe e**

Der Raumabschluss muss bei Brandeinwirkung nach der ETK gemäß DIN 4102-2:1977-09, Abschnitt 6.2.4, über mindestens 120 Minuten gewährleistet sein. Damit ist auch die Standsicherheit von nichttragenden Bauteilen im

---

[1)] Nr. 1.

Brandfall unter Eigengewicht nachgewiesen. Bei den Beobachtungen zur Rauchentwicklung nach DIN 4102-2:1977-09, Abschnitt 8.6, muss festgestellt sein, dass höchstens eine geringe Rauchentwicklung beobachtet worden ist (kein flächiger Rauchaustritt auf der Bauteiloberfläche, nur einzelne Rauchfähnchen auch aus Fugen).

**A 2.1.3.3.6. Feuerwiderstandsfähigkeit von 90 Minuten für Bauteile nach A 2.1.3.1 Buchstabe d**

Der Raumabschluss muss bei Brandeinwirkung nach der ETK gemäß DIN 4102-2:1977-09, Abschnitt 6.2.4, über mindestens 90 Minuten gewährleistet sein. Damit ist auch die Standsicherheit von nichttragenden Bauteilen im Brandfall unter Eigengewicht nachgewiesen. Bei den Beobachtungen zur Rauchentwicklung nach DIN 4102-2:1977-09, Abschnitt 8.6, muss festgestellt sein, dass höchstens eine geringe Rauchentwicklung beobachtet worden ist (kein flächiger Rauchaustritt auf der Bauteiloberfläche, nur einzelne Rauchfähnchen auch aus Fugen). Für raumabschließende Bauteile sind die Konkretisierungen der unter lfd. Nr. A 2.2.1.4 genannten technischen Regel zu beachten.

**A 2.1.3.3.7. Feuerwiderstandsfähigkeit von 60 Minuten für Bauteile nach A 2.1.3.1 Buchstabe d**

Der Raumabschluss muss bei Brandeinwirkung nach der ETK gemäß DIN 4102-2:1977-09, Abschnitt 6.2.4, über mindestens 60 Minuten gewährleistet sein. Damit ist auch die Standsicherheit von nichttragenden Bauteilen im Brandfall unter Eigengewicht nachgewiesen. Bei den Beobachtungen zur Rauchentwicklung nach DIN 4102-2:1977-09, Abschnitt 8.6, muss festgestellt sein, dass höchstens eine geringe Rauchentwicklung beobachtet worden ist (kein flächiger Rauchaustritt auf der Bauteiloberfläche, nur einzelne Rauchfähnchen auch aus Fugen). Für raumabschließende Bauteile sind die Konkretisierungen der unter lfd. Nr. A 2.2.1.4 genannten technischen Regel zu beachten.

**A 2.1.4. Tragende und aussteifende Bauteile**

Die einschlägigen Anforderungen ergeben sich je nach Gebäudeklasse aus Art. 25 BayBO[1].

Werden tragende Teile der baulichen Anlage aus Beton, Stahl, Aluminium, Holz oder Mauerwerk ausgeführt, sind die technischen Regeln zur Tragwerksbemessung für den Brandfall in A 1.2.3, A 1.2.4, A 1.2.5 und A 1.2.6 zu beachten. Wird die Standsicherheit im Brandfall rechnerisch nachgewiesen, gilt:

- für tragende Bauteile, die feuerbeständig sein müssen, ist die Tragfähigkeit rechnerisch für mindestens 90 Minuten Brandbeanspruchung nach ETK nachzuweisen,
- für tragende Bauteile, die hochfeuerhemmend sein müssen, ist die Tragfähigkeit rechnerisch für mindestens 60 Minuten Brandbeanspruchung nach ETK nachzuweisen,
- für tragende Bauteile, die feuerhemmend sein müssen, ist die Tragfähigkeit rechnerisch für mindestens 30 Minuten Brandbeanspruchung nach ETK nachzuweisen, und

---

[1] Nr. 1.

- für tragende Bauteile, die eine Feuerwiderstandsfähigkeit von 120 Minuten haben müssen, ist die Tragfähigkeit rechnerisch für mindestens 120 Minuten Brandbeanspruchung nach ETK nachzuweisen,
- für tragende Bauteile nach A 2.1.3.1 Buchstabe d, die eine Feuerwiderstandsfähigkeit von 90 Minuten haben müssen, ist die Tragfähigkeit rechnerisch für mindestens 90 Minuten Brandbeanspruchung nach ETK nachzuweisen,
- für tragende Bauteile nach A 2.1.3.1 Buchstabe d, die eine Feuerwiderstandsfähigkeit von 60 Minuten haben müssen, ist die Tragfähigkeit rechnerisch für mindestens 60 Minuten Brandbeanspruchung nach ETK nachzuweisen.

Werden tragende und aussteifende Teile baulicher Anlagen unter Anwendung von Naturbrandmodellen bemessen, ist Anlage A 1.2.1/3 zu beachten. Naturbrandmodelle dürfen für tragende Bauteile, die eine Feuerwiderstandsfähigkeit von 90 Minuten oder 60 Minuten gemäß Abschnitt 5 der unter der lfd. Nr. A 2.2.1.4 genannten technischen Regel haben müssen, nicht angewendet werden.

Für hochfeuerhemmende Bauteile mit tragenden und aussteifenden Teilen aus brennbaren Baustoffen sowie für feuerwiderstandsfähige Bauteile aus brennbaren Bauastoffen gemäß A 2.1.3.1, Buchstabe d, sind die Konkretisierungen der unter Nr. A 2.2.1.4 genannten technischen Regel zu beachten.

**A 2.1.5. Außenwände**

Die einschlägigen Anforderungen ergeben sich je nach Gebäudeklasse aus Art. 26 BayBO[1)].

Abweichend von den Festlegungen in Abschnitt A 2.1.3.3.4 ist es für die Brandeinwirkung von außen nach innen zulässig, dass ein Versagen frühestens nach 30 Minuten gemäß DIN 4102-3:1977-09, Abschnitt 5.3.2 (abgeminderte Einheits-Temperaturkurve), eintreten darf.

Müssen Oberflächen von Außenwänden sowie Außenwandbekleidungen mit Ausnahme von Unterkonstruktionen nach Art. 26 Abs. 3 Satz 1 i.V.m. Abs. 5 BayBO schwerentflammbar sein, gilt dies auch für ihre einzelnen Bestandteile.

Für schwerentflammbare Außenwandbekleidungen sind die Kriterien bei Brandeinwirkungen gemäß DIN 4102-20:2017-10, Abschnitt 4.2, einzuhalten.

Außenwandbekleidungen in der Ausführung als Wärmedämmverbundsystem (WDVS) mit EPS-Dämmstoffen erfüllen die Anforderungen schwerentflammbar, wenn an vorhandenen Öffnungen in der Außenwand im Bereich der Stürze oberhalb der Öffnung auch bei Brandeinwirkung standsichere und formstabile, nichtbrennbare konstruktive Maßnahmen angeordnet werden. Darauf kann verzichtet werden, wenn umlaufend horizontal angeordnete, auch bei Brandeinwirkung standsichere und formstabile, nichtbrennbare konstruktive Maßnahmen angeordnet werden.

Für solche Außenwandbekleidungen in der Ausführung als Wärmedämmverbundsystem (WDVS) mit EPS-Dämmstoffen ist zusätzlich eine Brandeinwirkung von außen, die unmittelbar im unteren Bereich der Fassade einwirkt, zu berücksichtigen. Dazu sind geeignete nichtbrennbare Konstruktio-

---

[1)] Nr. **1**.

nen vorzusehen, damit das Schutzziel gemäß Art. 24 Abs. 1 Satz 1 BayBO erfüllt ist oder es ist die unter lfd. Nr. A 2.2.1.5 genannte technische Regel einzuhalten.

Sind bei Außenwänden mit hinterlüfteten Bekleidungen, die geschossübergreifende Hohlräume haben oder die über Brandwände hinweggeführt werden, ausgenommen solche nach Abschnitt 6 der unter der lfd. Nr. A 2.2.1.4 genannten technischen Regel, Vorkehrungen zur Begrenzung der Brandausbreitung zu treffen, so ist die unter lfd. Nr. A 2.2.1.6 genannte technische Regel zu beachten.

Für Außenwandbekleidungen aus Holz oder Holzwerkstoffen bei Gebäuden der Gebäudeklassen 4 oder 5 ist der Abschnitt 6 der unter der lfd. Nr. A 2.2.1.4 genannten technischen Regel zu beachten.

### A 2.1.6. Trennwände

Die einschlägigen Anforderungen ergeben sich je nach Gebäudeklasse aus Art 27 BayBO[1)].

Anschlüsse einschließlich Fugenausbildungen, Durchdringungen von Leitungen sowie Querschnittsverringerungen bei Einbau von Steckdosen, Schaltkästen, Leitungsverteilern etc. dürfen den Raumabschluss und, bei tragenden Wänden, die Standsicherheit nicht beeinträchtigen.

Soweit nicht anders geregelt (s. Rechtsverordnungen oder Richtlinien in Tabelle A 2.2.2) sind Öffnungen in Trennwänden nur zulässig, wenn sie auf die für die Nutzung erforderliche Zahl und Größe beschränkt sind; sie müssen feuerhemmende, dicht- und selbstschließende Abschlüsse haben. Die Anschlüsse sind selbstschließend, wenn sie geeignete Schließmittel haben, die mittels mechanisch gespeicherter Energie den Abschluss selbsttägig schließen. Diese Abschlüsse gelten als Türen, wenn sie einschließlich vorhandener Seitenteile und Oberlichter nicht breiter und nicht höher als 2,50 m (vgl. DIN 4102-18:1991-03, Abschnitt 2.3) sind. Im Übrigen sind größere Abschlüsse Tore.

Bei Türen wird hinsichtlich der Eigenschaft selbstschließend von mind. 200.000 Schließvorgängen (Prüfzyklen) ausgegangen; dies gilt auch für Türen in Toren (Schlupftüren). Bei anderen Abschlüssen als Türen wird hinsichtlich der Eigenschaft selbstschließend von mind. 10.000 Schließvorgängen ausgegangen.

Bei den Beobachtungen zur Rauchentwicklung nach DIN 4102-5:1977-09 muss festgestellt sein, dass höchstens eine geringe Rauchentwicklung beobachtet worden ist (kein flächiger Rauchaustritt auf der Bauteiloberfläche, nur einzelne Rauchfähnchen auch aus Fugen).

Zur Erfüllung dieser Anforderungen ist die unter der lfd. Nr. A 2.2.1.2 genannte technische Regel zu beachten.

Ein Feuerschutzabschluss darf dann offengehalten werden, wenn er zur Gewährleistung des Raumabschlusses der Trennwand mit einer Einrichtung versehen ist, die bereits bei Raucheinwirkung und soweit erforderlich bei Wärmeeinwirkung, dauerhaft das unverzügliche und sichere Schließen des Feuerschutzabschlusses gewährleistet (Feststellanlage).

Die Feststellanlage ist ein System, bestehend aus Geräten und/oder Gerätekombinationen, das geeignet ist, die Funktion von Schließmitteln kontrolliert

---

[1)] Nr. 1.

unwirksam zu machen. Beim Ansprechen der zugehörigen Auslösevorrichtung im Fall eines Brandes, einer Störung oder durch Handauslösung werden offen gehaltene Abschlüsse unmittelbar sicher zum Schließen freigegeben. Eine Feststellanlage besteht aus mindestens

- einem Brandmelder als Rauch- und, soweit erforderlich, Wärmemelder,
- einer signalverarbeitenden Auslösevorrichtung,
- einer an ein Stromversorgungsnetz angeschlossen Energieversorgung,
- einer an die Energieversorgung angeschlossenen Feststellvorrichtung und
- einem Handauslösetaster.

In Ermangelung einer allgemein anerkannten Regel der Technik für die Planung, Bemessung und Ausführung unter Anwendung von Feststellanlagen ist ein Nachweis gemäß Art. 15 BayBO erforderlich.

Selbstschließende Abschlüsse dürfen nur dann elektromotorisch geöffnet und geschlossen werden, wenn die Antriebssysteme nachfolgende Anforderungen erfüllen.

Das für das elektromotorische Öffnen und Schließen von Abschlüssen erforderliche Antriebssystem ist ein System, bestehend aus mindestens

- einem Antrieb mit signalverarbeitender Antriebssteuerung,
- einer Energieversorgung zusätzlich zur allgemeinen Stromversorgung und
- einem Brandmelder als Rauchmelder oder, soweit erforderlich, als Wärmemelder und
- einem Handauslösetaster.

Das Antriebssystem muss außerdem geeignet sein, den Abschluss bei Bedarf zu öffnen und im Fall eines Brandes, einer Störung oder durch Handauslösung unmittelbar ohne Verzögerung und sicher zu schließen. Nach dem Schließen ist ausschließlich ein manuelles Öffnen zulässig. Für die Planung, Bemessung und Ausführung von Antriebssystemen für das elektromotorische (kraftbetätigte) Öffnen und Schließen von Abschlüssen, ausgenommen Bauprodukte nach C 2.6.10 und C 2.6.13, gibt es hinsichtlich der bauordnungsrechtlichen Anforderungen keine allgemein anerkannte Regel der Technik und es ist ein Nachweis gemäß Art. 15 BayBO erforderlich.

Trennwände aus Brandschutzverglasungen müssen die Anforderungen an raumabschließende Bauteile bei Einwirkungen nach DIN 4102-13:1990-05, Abschnitt 6.1, über die mindestens erforderliche Zeitdauer und die Kriterien gemäß DIN 4102-13:1990-05, Abschnitte 6.2 und 6.3.1, einhalten. Bei den Beobachtungen zur Rauchentwicklung nach DIN 4102-13:1990-05, Abschnitt 8.1, muss festgestellt sein, dass höchstens eine geringe Rauchentwicklung beobachtet worden ist (kein flächiger Rauchaustritt auf der Bauteiloberfläche, nur einzelne Rauchfähnchen auch aus Fugen).

Zur Erfüllung dieser Anforderungen ist die unter lfd. Nr. A 2.2.1.2 genannte technische Regel zu beachten. Zur Gewährleistung des Raumabschlusses der Trennwand müssen Abschlüsse von notwendigen Öffnungen in einer als Brandschutzverglasung ausgeführten Trennwand der Feuerwiderstandsdauer der Brandschutzverglasung entsprechen; im Übrigen gelten die genannten Anforderungen an Feuerschutzabschlüsse.

Die an Türen und Tore als Feuerschutzabschlüsse gestellten Anforderungen gelten, soweit nichts anderes bestimmt ist, auch für Abschlüsse, die in Rechtsverordnungen oder Richtlinien in Tabelle A 2.2.2 oder anderen Technischen Baubestimmungen der BayTB erforderlich sind. Hinsichtlich der Feuerwiderstandsdauer und der Rauchdichtigkeit sind auch die genannten Rechtsverordnungen oder Richtlinien in Tabelle A 2.2.2 und Technischen Baubestimmungen der BayTB maßgebend.

### A 2.1.7. Brandwände und Wände, die anstelle von Brandwänden zulässig sind

Die einschlägigen Anforderungen ergeben sich je nach Gebäudeklasse aus Art. 28 BayBO[1].

Brandwände sind im Brandfall nur standsicher und raumabschließend, wenn sie ohne zusätzliche Maßnahmen den Anforderungen der Abschnitte A 2.1.3.2 und A 2.1.3.3 entsprechen und ergänzend die Kriterien nach DIN 4102-3:1977-09, Abschnitte 4.2.1 bis 4.2.4, einhalten. Abweichend von DIN 4102-3:1977-09, Abschnitt 4.2.3 dürfen Brandwände auch ohne mittige und außermittige Auflast geprüft werden.

Wände anstelle von Brandwänden gemäß Art. 28 Abs. 3 Satz 2 Nr. 1 BayBO

- Hochfeuerhemmende Wände nach Abschnitt A 2.1.3.3.3 oder
- Wände mit einer Feuerwiderstandsfähigkeit von 60 Minuten nach Abschnitt A 2.1.3.3.7

sind im Brandfall nur standsicher und raumabschließend, wenn sie ohne zusätzliche Maßnahmen den Anforderungen der Abschnitte A 2.1.3.2 und A 2.1.3.3 entsprechen und ergänzend die Kriterien nach DIN 4102-3:1977-09, Abschnitte 4.2.2 bis 4.2.4, einhalten, jedoch nur für eine Zeitdauer der Brandeinwirkung von 60 Minuten. Abweichend von DIN 4102-3:1977-09, Abschnitt 4.2.3 dürfen Wände anstelle von Brandwänden auch ohne mittige und außermittige Auflast geprüft werden. Für hochfeuerhemmende Wände gelten zusätzlich die Anforderungen nach Abschnitt A 2.1.3.1 Satz 6 Buchstabe b. Für Wände nach Abschnitt A 2.1.3.3.7 gelten zusätzlich die Anforderungen gemäß Abschnitt 5.2 der unter der lfd. Nr. A 2.2.1.4 bekannt gemachten technischen Regel.

Für Brandwände und Wände anstelle von Brandwänden gilt, dass in der Prüfung nach DIN 4102-3:1977-09 die aufzubringende Belastung nach DIN 4102-3:1977-09, 4.2.3, 4.2.4 und 4.3.2 anwendungsbezogen zu ermitteln ist. Ein Mindestwert ist nicht einzuhalten. Bei Wänden, die ohne Belastung geprüft werden, soll die Stoßbeanspruchung so aufgebracht werden, dass die Anforderungen an die Wand auch im Bereich der Verankerungen und Befestigungen gemäß DIN 4102-3:1977-09, Abschnitt 4.3.3 nachgewiesen werden können.

Bekleidungen von Brandwänden im Sinne von DIN 4102-3:1977-09, Absatz 4.2.2, sind i.d.R. nach Errichtung der Wandbauart auf die Wand aufgebrachte oder mit Abstand zur Wand angeordnete Ebenen, die der Feuerwiderstandsfähigkeit der Wand nicht hinzuzurechnen sind, wie z.B. Außenwandbekleidungen, Installationsebenen, Schallschutzmaßnahmen, Wandbeläge usw. Brandwände und Wände anstelle von Brandwänden müssen die Anforderungen nach DIN 4102-3:1977-09 ohne Anordnung solcher Bekleidungen erfüllen.

---

[1] Nr. 1.

Bekleidungen, die wesentliche Bestandteile der Wandkonstruktion sind und ohne die die Wand nicht raumabschließend ist, wie z.B. Wände mit einer Stahl-Unterkonstruktion und einer flächigen Bekleidung mit nichtbrennbaren Gipsplatten, sind nicht als Bekleidung im Sinne des Abschnitts 4.2.2 der DIN 4102-3:1977-09 zu verstehen. Dies kann auch für Putze auf Wänden gelten, die regelmäßig mit Putz ausgeführt werden.

Für alle in diesem Abschnitt behandelten Wände gilt, dass bei den Beobachtungen zur Rauchentwicklung nach DIN 4102-3:1977-09, Abschnitt 5.4, festgestellt sein muss, dass höchstens eine geringe Rauchentwicklung beobachtet worden ist (kein flächiger Rauchaustritt auf der Bauteiloberfläche, nur einzelne Rauchfähnchen auch aus Fugen).

In Brandwände und Wände anstelle von Brandwänden eingreifende andere Bauteile, Anschlüsse einschließlich Fugenausbildungen, Durchdringungen von Leitungen sowie Querschnittsverringerungen bei Einbau von Steckdosen, Schaltkästen, Leitungsverteilern etc. dürfen den Raumabschluss und die Standsicherheit nicht beeinträchtigen.

Öffnungen sind nur in inneren Brandwänden und Wänden anstelle von Brandwänden und nur dann zulässig, wenn sie auf die für die Nutzung erforderliche Zahl und Größe beschränkt sind; Öffnungsabschlüsse müssen eine der Wand entsprechende Feuerwiderstandsdauer haben und dicht- und selbstschließend sein. Die Anforderungen nach Abschnitt A 2.1.6 hinsichtlich des Offenhaltens und des elektromotorischen Öffnens und Schließens von Feuerschutzabschlüssen gelten entsprechend.

Für Verglasungen nach Art. 28 Abs. 9 BayBO sind die Anforderungen erfüllt mit Brandschutzverglasungen, die bei Brandeinwirkung nach DIN 4102-13:1990-05, Abschnitt 6.1, über die mindestens erforderliche Zeitdauer die Ausbreitung von Feuer und Rauch sowie der Durchtritt der Wärmestrahlung verhindern und die Kriterien gemäß DIN 4102-13:1990-05 einhalten. Bei den Beobachtungen zur Rauchentwicklung nach DIN 4102-13:1990-05, Abschnitt 8.1, muss festgestellt sein, dass höchstens eine geringe Rauchentwicklung beobachtet worden ist (kein flächiger Rauchaustritt auf der Bauteiloberfläche, nur einzelne Rauchfähnchen auch aus Fugen).

Zur Erfüllung dieser Anforderungen ist die unter lfd. Nr. A 2.2.1.2 genannte technische Regel zu beachten.

### A 2.1.8. Decken

Die einschlägigen Anforderungen ergeben sich je nach Gebäudeklasse aus Art. 29 BayBO[1)].

Decken zwischen Geschossen, die feuerwiderstandsfähig sein müssen, müssen auch bei einer Brandeinwirkung von oben nach unten den Anforderungen der Abschnitte A 2.1.3.2 und A 2.1.3.3 entsprechen.

Anschlüsse einschließlich Fugenausbildungen an andere Bauteile, auch an Außenwände, müssen so ausgebildet sein, dass die Standsicherheit und der Raumabschluss gewahrt bleiben, um die Brandausbreitung zu verhindern.

Die Anforderungen nach Abschnitt A 2.1.6, auch hinsichtlich des Offenhaltens und elektromotorische Öffnens und Schießen von Feuerschutzabschlüssen

---

[1)] Nr. **1**.

gelten entsprechend; hinsichtlich der Dauerfunktion genügen 10.000 Schließvorgänge.

Zur Erfüllung dieser Anforderungen ist die unter lfd. Nr. A 2.2.1.2 genannte technische Regel zu beachten.

**A 2.1.9. Dächer**

Die einschlägigen Anforderungen ergeben sich je nach Gebäudeklasse aus Art. 30 BayBO[1)].

Die Anforderung nach einer gegen Flugfeuer und strahlende Wärme widerstandsfähigen Bedachung (harte Bedachung) wird bei der Verwendung von Bedachungen erfüllt, die bei Einwirkung eines Brandes nach DIN 4102-7:2018-11, Abschnitte 6.1 bis 6.5, unter Berücksichtigung von Abschnitt 7 mindestens die in DIN 4102-7:2018-11, Abschnitt 4 Buchstabe a bis e, genannten Kriterien erfüllen.

Begrünte Bedachungen gelten als harte Bedachungen, wenn sie den Anforderungen der unter lfd. Nr. A 2.2.1.3 genannten technischen Regel entsprechen.

Für bestimmte brennbare lichtdurchlässige Flächen oder Abschlüsse von Öffnungen, für die kein Nachweis der harten Bedachung vorliegt, kann von ausreichenden Vorkehrungen im Sinne des Art. 30 Abs. 4 BayBO ausgegangen werden, wenn:

- die Summe der Teilflächen höchstens 30 % der Dachfläche beträgt,
- die Teilflächen einen Abstand von mindestens 5 m zu Brandwänden bzw. zu unmittelbar angrenzenden höheren Gebäuden oder Gebäudeteilen aufweisen

und die Teilflächen

- als Lichtbänder höchstens 2 m breit und maximal 20 m lang sind, untereinander und zu den Dachrändern einen Abstand von mindestens 2 m haben oder
- als Lichtkuppeln eine Fläche von nicht mehr als je 6 m$^2$, untereinander und von den Dachrändern einen Abstand von mindestens 1 m und von Lichtbändern aus brennbaren Baustoffen einen Abstand von 2 m haben.

**A 2.1.10. Treppen**

Die einschlägigen Anforderungen an die tragenden Teile notwendiger Treppen ergeben sich je nach Gebäudeklasse aus Art. 32 Abs. 4 BayBO[1)].

**A 2.1.11. Notwendige Treppenräume**

Die einschlägigen Anforderungen an notwendige Treppenräume ergeben sich aus Art. 33 BayBO[1)].

Rauchdicht sind Türen, die die Kriterien der DIN 18095-1:1988-12 erfüllen (Rauchschutzabschlüsse). Selbstschließend sind Türen, die die Kriterien der Dauerfunktion nach DIN 4102-18:1991-03 erfüllen. Zur Erfüllung der Anforderungen an Feuer- und Rauchschutzabschlüsse sowie an Abschlüsse, die selbstschließend sein müssen, ist die Technische Regel A 2.2.1.2 zu beachten. Hinsichtlich des Offenhaltens solcher Abschlüsse gelten die Anforderungen nach Abschnitt A 2.1.6 sinngemäß.

---

[1)] Nr. **1**.

Vollwandig sind Türen, deren Türblatt keine Öffnungen und auch keine Hohlräume hat und bei Hitzebeaufschlagung nicht leicht durchbrennt oder zerstört wird. Türen schließen dicht mit dreiseitig umlaufender dauerelastischer Dichtung oder dreiseitig umlaufendem Falz. Anders als feuerwiderstandsfähige oder rauchdichte Abschlüsse bedürfen Abschlüsse, die vollwandig und dichtschließend oder nur dichtschließend sein müssen, keiner Prüfung hinsichtlich Feuerwiderstandsfähigkeit und Rauchdurchlässigkeit.

**A 2.1.12. Notwendige Flure und offene Gänge**

Die einschlägigen Anforderungen an notwendige Flure ergeben sich aus Art. 34 BayBO[1)].

Hinsichtlich der Anforderungen an Türen, die feuerwiderstandfähig, rauchdicht und selbstschließend sein oder nur dicht schließen müssen, gilt Abschnitt A 2.1.11 entsprechend. Dichtschließende Türen dürfen lichtdurchlässige Seitenteile enthalten, sofern das Türelement mit Seitenteil insgesamt nicht breiter als 1,50 m ist.

Die Technische Regel A 2.2.1.2 ist zu beachten. Hinsichtlich des Offenhaltens von Feuer- und Rauchschutzabschlüssen gelten die Anforderungen nach Abschnitt A 2.1.6 sinngemäß.

Sofern Wände notwendiger Flure als Brandschutzverglasungen ausgeführt werden sollen, sind die Anforderungen mit Brandschutzverglasungen erfüllt, die bei Brandeinwirkung nach DIN 4102-13:1990-05, Abschnitt 6.1, über die mindestens erforderliche Zeitdauer die Ausbreitung von Feuer und Rauch sowie den Durchtritt der Wärmestrahlung verhindern und die Kriterien gemäß DIN 4102-13:1990-05 einhalten. Abschlüsse von Öffnungen in diesen Brandschutzverglasungen müssen – abweichend von Art. 34 Abs. 4 Satz 4 BayBO – dicht- und selbstschließend sein und der Feuerwiderstandsdauer der Brandschutzverglasung entsprechen.

**A 2.1.13. Fahrschachtwände und Fahrschachttüren für Aufzüge**

Die einschlägigen Anforderungen an Fahrschachtwände und Türen in Fahrschächten ergeben sich je nach Gebäudeklasse aus Art. 37 BayBO[1)].

Die Fahrschächte müssen so beschaffen sein, dass Feuer und Rauch nicht in andere Geschosse übertragen werden können.

Zur Erfüllung dieser Anforderungen ist die unter lfd. Nr. A 2.2.1.2 genannte technische Regel zu beachten. Fahrschachttüren müssen im Wesentlichen aus nichtbrennbaren Baustoffen bestehen.

**A 2.1.14. Installationsschächte und -kanäle, Systemböden und elektrische Betriebsräume**

In baulichen Anlagen dürfen Leitungen, Installationsschächte und -kanäle gemäß Art 38 BayBO[1)] durch raumabschließende Bauteile, für die eine Feuerwiderstandsfähigkeit vorgeschrieben ist, nur hindurchgeführt werden, wenn eine Brandausbreitung ausreichend lang nicht zu befürchten ist oder Vorkehrungen hiergegen getroffen werden. Für die Verlegung von Leitungsanlagen in Rettungswegen und die Führung von Leitungsanlagen durch raumabschließende Bauteile sowie für den ggf. erforderlichen Funktionserhalt bei elektrischen Leitungen, die bestimmte sicherheitstechnische Anlagen mit Strom versorgen,

---

[1)] Nr. **1**.

gilt die unter lfd. Nr. A 2.2.1.8 genannte technische Regel. Zur Erfüllung dieser Anforderungen ist die unter lfd. Nr. A 2.2.1.2 genannte technische Regel zu beachten.

Werden in baulichen Anlagen Installationen in Hohlräumen von Systemböden geführt, ist die unter lfd. Nr. A 2.2.1.9 genannte technische Regel zu beachten; unabhängig von tatsächlichen Verkehrslasten ist bei der Bemessung der Feuerwiderstandsdauer im Brandfall bei Doppelböden eine Verkehrslast von mindestens 1,5 $kN/m^2$ zu berücksichtigen. Bei Brandprüfungen ist ebenfalls eine Verkehrslast von 1,5 $kN/m^2$ zu berücksichtigen. Zur Erfüllung dieser Anforderungen ist die unter lfd. Nr. A 2.2.1.2 genannte technische Regel zu beachten.

### A 2.1.15. Anlagen und Bauprodukte der Technischen Gebäudeausrüstung

#### A 2.1.15.1. Allgemeines

Die bauaufsichtlichen Anforderungen an die Anlagen und Bauprodukte der Technischen Gebäudeausrüstung ergeben sich aus Art. 37 – 44 BayBO[1] sowie aus der Feuerungsverordnung (FeuV)[2], der Garagenverordnung[3] und der Verordnung über den Bau von Betriebsräumen für elektrische Anlagen (EltBauV)[4]. Sie werden durch die unter den lfd. Nrn. A 2.2.1.8 bis A 2.2.1.11, A 2.2.1.16, A 2.2.2.1 bis A 2.2.2.4, A 2.2.2.6 bis A 2.2.2.8 und A 2.2.2.10 genannten technischen Regeln konkretisiert. Zur Erfüllung der Anforderungen ist auch die unter lfd. Nr. A 2.2.1.2 genannte technische Regel zu beachten.

#### A 2.1.15.2. Blitzschutzanlagen

Blitzschutzanlagen nach Art. 44 BayBO[1] sollen die Brandentstehung an der baulichen Anlage und eine Gefährdung von Personen durch Blitzeinschläge verhindern.

#### A 2.1.15.3. Brandfallsteuerung von Aufzügen

Brandfallsteuerungen sollen bewirken, dass bei Erkennung eines Brandes der Aufzug mit darin befindlichen Personen nicht mehr das vom Brand betroffene Geschoss anfahren kann und die Personen den Aufzug in einem anderen Geschoss verlassen, um sich zu retten. Außerdem wird sichergestellt, dass danach der Aufzug außer Betrieb geht.

Brandfallsteuerungen bestehen mindestens aus automatischen Brandmeldern zur Branderkennung in jedem Geschoss, den automatischen Übertragungseinrichtungen der Brandmeldung und dem Auswerte- und Steuerungssystem für den Aufzug. Das Auslösen der Brandfallsteuerung ist auch durch eine automatische Brandmeldeanlage zulässig.

#### A 2.1.15.4. Wärmeabzugsgeräte

Sofern Wärmeabzugsgeräte verlangt werden, soll der Brandausbreitung im Hinblick auf einen Vollbrand in bestimmten Bereichen einer baulichen Anlage entgegen gewirkt werden, um eine Entzündung brennbarer Teile der baulichen Anlage außerhalb des eigentlichen Brandbereiches durch heiße Brandgase zu verhindern. Für vorhandene Bauteile im Brandbereich soll eine Reduzierung

---

[1] Nr. **1**.
[2] Nr. **7**.
[3] Nr. **6**.
[4] Nr. **12**.

der thermischen Einwirkungen erreicht werden, damit die Standsicherheit oder der Raumabschluss im Brandfall gewährleistet bleibt. Damit können auch wirksame Löscharbeiten unterstützt werden.

Erforderliche Wärmeabzugsgeräte sind in Abhängigkeit von Lage in der baulichen Anlage, vorgeschriebener geometrischer Abmessungen, der erforderlichen geometrischen Öffnungsfläche und des Standortes der baulichen Anlage hinsichtlich des Funktionserhalts und der Einwirkungen u.a. von Wind, Schnee, den Umgebungstemperaturen auszuwählen und zu verwenden. Für die Verwendung gilt die unter lfd. Nr. A 2.2.1.2 genannte technische Regel mit den dort genannten Leistungsanforderungen.

**A 2.1.15.5. Feuerwehraufzüge**

Feuerwehraufzüge dienen insbesondere bei baulichen Anlagen großer Höhe der Unterstützung wirksamer Löscharbeiten. Feuerwehraufzüge sollen im Brandfall durch die Feuerwehr nutzbar bleiben.

Die einschlägigen bauordnungsrechtlichen Anforderungen an Feuerwehraufzüge, die Fahrschächte von Feuerwehraufzügen und deren Vorräume ergeben sich aus Abschnitt 6.1 und (für Gebäude mit nicht mehr als 60 m Höhe) aus Abschnitt 8.4 der Richtlinie über die bauaufsichtliche Behandlung von Hochhäusern (s. A 2.2.2.7, Bekanntmachung vom 21. April 2015, AllMBl. S. 274).

In normalen Betrieb ist die Nutzung zur Personen- und Lastenbeförderung zulässig.

Feuerwehraufzüge müssen auch bei Ausfall der allgemeinen Stromversorgung ausreichend lang mit Strom versorgt werden und funktionsfähig bleiben (Sicherheitsstromversorgung).

**A 2.1.15.6. Objektfunkanlagen für die Feuerwehr**

Objektfunkanlagen für die Feuerwehr dienen der Unterstützung wirksamer Löscharbeiten. Die Anlagen sollen die Funkkommunikation der Einsatzkräfte der Feuerwehr untereinander in der baulichen Anlage und mit den unmittelbar an der baulichen Anlage vorhandenen Einsatzkräften der Feuerwehr während des Einsatzes unterstützen, wenn dies wegen der räumlichen Struktur, der Ausdehnung oder wegen der die Funkkommunikation abschirmender Eigenschaften der baulichen Anlage mit den von der Feuerwehr mitgeführten Geräte zur Funkkommunikation nicht ausreichend möglich ist. Sie bestehen mindestens aus Sende-, Empfangs- und Übertragungseinrichtungen.

Objektfunkanlagen müssen auch bei Ausfall der allgemeinen Stromversorgung ausreichend lang mit Strom versorgt werden und funktionsfähig bleiben (Sicherheitsstromversorgung).

Für die Funktion von Objektfunkanlagen notwendige elektrische Leitungsanlagen zur Stromversorgung müssen so beschaffen oder durch Bauteile abgetrennt sein, dass die Anlagen im Brandfall ausreichend lang funktionsfähig bleiben. Die unter der lfd. Nr. A 2.2.1.8 genannte technische Regel ist zu beachten.

**A 2.1.16. Bauliche Anlagen zur Lagerung von wassergefährdenden Stoffen und zur Lagerung von Sekundärstoffen aus Kunststoff**

Werden in baulichen Anlagen wassergefährdende Stoffe gelagert, müssen zum Schutz der Gewässer vor verunreinigtem Löschwasser, das bei Brand anfällt, die Anforderungen an die Löschwasser-Rückhaltung nach der Technischen Regel lfd. Nr. A 2.2.1.13 beachtet werden.

Dienen bauliche Anlagen zur Lagerung von Sekundärstoffen aus Kunststoff, muss der Ausbreitung von Feuer vorgebeugt und wirksame Löscharbeiten ermöglicht werden. Die unter lfd. Nr. A 2.2.1.14 genannte technische Regel ist zu beachten.

**A 2.1.17. Garagen**

Die einschlägigen Anforderungen an Gebäude oder Gebäudeteile zum Abstellen von Kraftfahrzeugen (Garagen nach Art. 2 Abs. 8 BayBO[1)]) ergeben sich aus der Verordnung über den Bau und Betrieb von Garagen[2)] sowie über die Zahl der notwendigen Stellplätze (Garagen- und Stellplatzverordnung [GaStellV]).

**A 2.1.18. Anforderungen an Sonderbauten**

Bei Sonderbauten nach Art. 2 Abs. 4 BayBO[1)] können sich weitergehende oder geringere Anforderungen aus einer Rechtsverordnung oder Technischen Baubestimmung ergeben oder es kann im Rahmen der Genehmigung/Bescheinigung des Brandschutznachweises die Beachtung der einschlägigen Anforderungen einer bauaufsichtlich bekannt gemachten Richtlinie festgelegt werden.

Das betrifft in Bayern

- Beherbergungsstätten (Beherbergungsstättenverordnung[3)] [BStättV])
- Hochhäuser (Richtlinie über die bauaufsichtliche Behandlung von Hochhäusern [HHR])
- Fliegende Bauten (Richtlinie über den Bau und Betrieb Fliegender Bauten [FlBauR])
- Verkaufsstätten (Bayerische Verkaufsstättenverordnung[4)] [BayVkV])
- Versammlungsstätten (Versammlungsstättenverordnung[5)] [VStättV])
- Industriebauten (Industriebaurichtlinie [IndBauR])

Bei anderen Sonderbauten können weitergehende Anforderungen zur Abwehr von Gefahren oder Nachteilen einzelfallbezogen im Rahmen der Genehmigung/Bescheinigung des Brandschutznachweises gestellt werden.

**A 2.2. Technische Anforderungen hinsichtlich Planung, Bemessung und Ausführung und Technische Anforderungen an Bauteile gemäß Art. 81a Abs. 2 BayBO[1)]**

| Lfd. Nr. | Anforderungen an Planung, Bemessung und Ausführung gem. Art. 81a Abs. 2 BayBO[1)] | Technische Regeln/Ausgabe | Weitere Maßgaben gem. Art. 81a Abs. 2 BayBO[1)] |
|---|---|---|---|
| 1 | 2 | 3 | 4 |
| **A 2.2.1** | **Planung, Bemessung und Ausführung** | | |

[1)] Nr. **1**.
[2)] Nr. **6**.
[3)] Nr. **16**.
[4)] Nr. **14**.
[5)] Nr. **15**.

| Lfd. Nr. | Anforderungen an Planung, Bemessung und Ausführung gem. Art. 81a Abs. 2 BayBO | Technische Regeln/Ausgabe | Weitere Maßgaben gem. Art. 81a Abs. 2 BayBO |
|---|---|---|---|
| 1 | 2 | 3 | 4 |
| A 2.2.1.1 | Flächen für die Feuerwehr | Richtlinie über Flächen für die Feuerwehr: 2009-10*1 | Anlage A 2.2.1.1/1 |
| A 2.2.1.2 | Bauprodukte und Bauarten | Bauaufsichtliche Anforderungen, Zuordnung der Klassen, Verwendung von Bauprodukten, Anwendung von Bauarten: 2022-11*1 (s. Anhang 4) | |
| A 2.2.1.3 | Klassifizierte Baustoffe und Bauteile, Ausführungsregeln | DIN 4102-4:2016-05 | Anlage A 2.2.1.3/1 |
| A 2.2.1.4 | Hochfeuerhemmende Bauteile in Holzbauweise und Feuerwiderstandsfähige Bauteile in Massivholzbauweise, Außenwandbekleidungen aus Holz und Holzwerkstoffen | Richtlinie über brandschutztechnische Anforderungen an Bauteile und Außenwandbekleidungen in Holzbauweise – HolzBauRL: 2020-10*1 | Anlage A 2.2.1.4/1Bay |
| A 2.2.1.5 | Wärmedämmverbundsysteme | WDVS mit EPS, Sockelbrandprüfverfahren: 2016-06*1 (s. Anhang 5) | |
| A 2.2.1.6 | Hinterlüftete Außenwandbekleidungen | Hinterlüftete Außenwandbekleidungen: 2021-10 (s. Anhang 6) | |
| A 2.2.1.7 | „Feststellanlagen" gestrichen in den BayTB – Ausgabe April 2021 | | |
| A 2.2.1.8 | Leitungsanlagen | Richtlinie über brandschutztechnische Anforderungen an Leitungsanlagen (Leitungsanlagenrichtlinie – LAR): 2015-02, Fassung 10.02.2015, zuletzt geändert durch Beschluss der Fachkommission Bauaufsicht vom 03.09.2020 | Anlage A 2.2.1.8/1Bay |
| A 2.2.1.9 | Systemböden | Richtlinie über brandschutztechnische Anforderungen an Systemböden (SysBöR): 2005-09 | Anlage A 2.2.1.9/Bay |
| A 2.2.1.10 | „Elektrische Betriebsräume" – in Bayern hier nicht besetzt | In Bayern: EltBauV[1] unter lfd. Nr. A 2.2.2.9 | |
| A 2.2.1.11 | Lüftungsanlagen | Richtlinie über brandschutztechnische Anforderungen an Lüftungsanlagen (Lüftungsanlagen-Richtlinie LüAR): Fassung 29.09.2005, zuletzt geändert durch Beschluss der Fachkommission Bauaufsicht vom 03.09.2020 | Anlage A 2.2.1.11/1Bay |
| A 2.2.1.12 | „Feuerungsanlagen" – in Bayern hier nicht besetzt | In Bayern: Feuerungsverordnung[2] unter lfd. Nr. A 2.2.2.10 | |
| A 2.2.1.13 | Löschwasser-Rückhalteanlagen | Richtlinie zur Bemessung von Löschwasser-Rückhalteanlagen | Anlage A 2.2.1.13/1Bay |

*1 **Amtl. Anm.**: Für bauordnungsrechtliche Anforderungen in dieser Technischen Baubestimmung ist eine Abweichung nach Art. 81a Abs. 1 Satz 2 BayBO *[Nr. 1]* ausgeschlossen; eine Abweichung von bauordnungsrechtlichen Anforderungen kommt nur nach Art. 63 BayBO *[Nr. 1]* in Betracht. Art. 15 Abs. 2 und Art. 17 BayBO *[Nr. 1]* bleiben unberührt.

[1] Nr. **12**.

[2] Nr. **7**.

| Lfd. Nr. | Anforderungen an Planung, Bemessung und Ausführung gem. Art. 81a Abs. 2 BayBO | Technische Regeln/Ausgabe | Weitere Maßgaben gem. Art. 81a Abs. 2 BayBO |
|---|---|---|---|
| 1 | 2 | 3 | 4 |
| | | beim Lagern wassergefährdender Stoffe (LöRüRL):1992-08*2 | |
| A 2.2.1.14 | Lagerung von Sekundärstoffen aus Kunststoff | Richtlinie über den Brandschutz bei der Lagerung von Sekundärstoffen aus Kunststoff (Kunststofflagerrichtlinie – KLR): 1996-06*2 | |
| A 2.2.1.15 | Industriebau | Richtlinie über den baulichen Brandschutz im Industriebau (Industriebaurichtlinie – IndBauRL): 2019-05*2 | Anlage A 2.2.1.15/1Bay |
| A 2.2.1.16 | Technische Gebäudeausrüstung | Technische Regel Technische Gebäudeausrüstung (TR TGA): 2022-04 (s. Anhang 14) | |
| A 2.2.1.17 | Normalentflammbare Verglasungen | Verwendung von normalentflammbaren Verglasungen in Außenwänden ausgenommen Außenwandkonstruktionen mit geschossübergreifenden Hohl- oder Lufträumen und Fassade: 2022-07*2 (s. Anhang 18) | |
| **A 2.2.2** | **Garagen und Sonderbauten, Betriebsräume für elektrische Anlagen und Feuerungsanlagen** | | |
| A 2.2.2.1 | Garagen | Verordnung über den Bau und Betrieb von Garagen sowie über die Zahl der notwendigen Stellplätze (Garagen- und Stellplatzverordnung – GaStellV)[1]; 1993-11 | |
| A 2.2.2.2 | Beherbergungsstätten | Verordnung über den Bau und Betrieb von Beherbergungsstätten (Beherbergungsverordnung – BstättV)[2]: 2007-07 | |
| A 2.2.2.3 | Verkaufsstätten | Verordnung über den Bau und Betrieb von Verkaufsstätten (Bayerische Verkaufsstättenverordnung – BayVkV)[3]: 1997-11 | |
| A 2.2.2.4 | Versammlungsstätten | Verordnung über den Bau und Betrieb von Versammlungsstätten (Versammlungsstättenverordnung – VstättV)[4]: 2007-11 | |
| A 2.2.2.5 | „Schulen" – in Bayern nicht besetzt | | |
| A 2.2.2.6 | „Wohnformen für Menschen mit Pflegebedürftigkeit oder mit Behinderung" – in Bayern nicht besetzt | | |

*2 **Amtl. Anm.:** Für bauordnungsrechtliche Anforderungen in dieser Technischen Baubestimmung ist eine Abweichung nach Art. 81a Abs. 1 Satz 2 BayBO *[Nr. 1]* ausgeschlossen; eine Abweichung von bauordnungsrechtlichen Anforderungen kommt nur nach Art. 63 BayBO *[Nr. 1]* in Betracht. Art. 15 Abs. 2 und Art. 17 BayBO *[Nr. 1]* bleiben unberührt.

[1] Nr. **6**.

[2] Nr. **16**.

[3] Nr. **14**.

[4] Nr. **15**.

| Lfd. Nr. | Anforderungen an Planung, Bemessung und Ausführung gem. Art. 81a Abs. 2 BayBO | Technische Regeln/Ausgabe | Weitere Maßgaben gem. Art. 81a Abs. 2 BayBO |
|---|---|---|---|
| 1 | 2 | 3 | 4 |
| A 2.2.2.7 | Hochhäuser | Richtlinie über die bauaufsichtliche Behandlung von Hochhäusern (HHR): 2015-04 | |
| A 2.2.2.8 | „Industriebau" – in Bayern hier nicht besetzt | In Bayern: Industriebaurichtlinie unter lfd. Nr. A 2.2.1.15 | |
| A 2.2.2.9 | Betriebsräume für elektrische Anlagen | Verordnung über den Bau von Betriebsräumen für elektrische Anlagen (EltBauV)[1]: 1977-04 | |
| A 2.2.2.10 | Feuerungsanlagen | Feuerungsverordnung (FeuV)[2]: 2007-11 | |
| A 2.2.2.11 | Fliegende Bauten | Richtlinie über den Bau und Betrieb Fliegender Bauten (FlBauR): 2010-06 | |

## Anlage A 2.2.1.1/1 zur Richtlinie über Flächen für die Feuerwehr

Bei Anwendung der technischen Regel gilt Folgendes:

### 1. Zu Abschnitt 1

Zufahrten, Aufstell- und Bewegungsflächen sind mindestens entsprechend Belastungsklasse Bk0,3 der Richtlinien für Standardisierung des Oberbaues von Verkehrsflächen (RStO 12) zu befestigen. Alternativ genügt zur Erfüllung der bauaufsichtlichen Anforderungen auch eine Befestigung entsprechend der Straßen Bauklasse VI der vormaligen RStO 01.

Anstelle von DIN 1055-3:2006-03 ist DIN EN 1991-1-1:2010-12 in Verbindung mit DIN EN 1991-1-1/NA:2010-12 anzuwenden.

Sofern durch geeignete Unterhaltung der Neuaufbau von Humus vermieden wird, sind auch Pflasterrasendecken, Rasengittersteine oder Einfachbauweisen entsprechender Tragfähigkeit zulässig.

### 2. Hinweisschilder

#### 2.1

Hinweisschilder für Zu- oder Durchfahrten haben die Aufschrift „Feuerwehrzufahrt", die Schilder für Aufstell- oder Bewegungsflächen die Aufschrift „Flächen für die Feuerwehr".

Die Hinweisschilder für Flächen für die Feuerwehr müssen der DIN 4066:1997-07 entsprechen; die Hinweisschilder „Feuerwehrzufahrt" müssen eine Größe von mindestens B/H = 594/210 mm haben und von der öffentlichen Verkehrsfläche aus erkennbar sein. Flächen für die Feuerwehr müssen eine jederzeit deutlich sichtbare Randbegrenzung haben.

#### 2.2

Nach § 12 Abs. 1 Nr. 5 StVO ist das Halten vor und in Feuerwehrzufahrten unzulässig, wenn diese Zufahrten amtlich gekennzeichnet sind.

---

[1] Nr. **12**.
[2] Nr. **7**.

Ist die Anordnung eines Halteverbots nach StVO im öffentlichen Verkehrsraum im Bereich der Feuerwehrzufahrt notwendig, so muss das Hinweisschild „Feuerwehrzufahrt" von der zuständigen Behörde gekennzeichnet sein (amtliches Hinweisschild).

Anstelle des amtlichen Hinweisschildes „Feuerwehrzufahrt" kann die zuständige Behörde die Aufstellung des Verkehrszeichens 283 (Halteverbot) nach StVO mit dem Zusatzschild „Feuerwehrzufahrt" anordnen (Schutzzone im Sinne von § 45 Abs. 1 Satz 2 Nr. 5 StVO).

**2.3**

Bei Anordnung von Außenwandbekleidungen aus Holz oder Holzwerkstoffen an Gebäuden der Gebäudeklassen 4 und 5 sind die Anforderungen gemäß Abschnitt 6.3 der unter der lfd. Nr. A 2.2.1.4 bekannt gemachten technischen Regel zu beachten.

**3. Zu Abschnitt 2**

In Abschnitt 2 wird Satz 4 durch folgende Sätze 4 und 5 ersetzt: „Wände und Decken von Durchfahrten müssen die Feuerwiderstandsfähigkeit der tragenden Bauteile haben; Bekleidungen, Oberflächen und Dämmschichten müssen nichtbrennbar sein. In diesen Wänden sind Öffnungen zu notwendigen Treppenräumen und notwendigen Fluren sowie kleinflächige Öffnungen, soweit sie zur Belüftung angrenzender Räume erforderlich sind, zulässig."

**Anlage A 2.2.1.3/1**

Gegenstand der Technischen Baubestimmung sind nur die klassifizierten Baustoffe und Bauarten für Bauteile, die zur Erfüllung der Anforderungen gemäß technischer Regel A 2.2.1.2 erforderlich sind.

Bei Anwendung der technischen Regel ist Folgendes zu beachten:

Zu Abschnitt 4.2

Bei brandschutztechnischen Anforderungen und brandschutztechnischen Bewertungen der Baustoffklasse bleiben nachträglich aufgebrachte Beschichtungen bis 0,5 mm Dicke auf Bauteilen unberücksichtigt, soweit die Beschichtungen vollständig ohne Hohlräume auf nichtbrennbarem Untergrund aufgebracht sind.

Zu Abschnitt 10.5.6

Absatz 3 ist für Gebäude der Gebäudeklasse 4 und 5 nicht anzuwenden.

Zu Abschnitt 11.3.1

In Absatz 1 wird Satz 1 wie folgt gefasst: „Installationsschächte und Kanäle müssen unter Beachtung der Angaben dieses Abschnitts wie Lüftungsleitungen nach den Angaben von 11.2.1 bis 11.2.5 ausgeführt werden."

In Absatz 2 werden nach dem Wort „Kanalwände" die Worte „nach Absatz 1" eingefügt.

**Anlage A 2.2.1.4/1Bay**
**zur Richtlinie über brandschutztechnische Anforderungen an Bauteile und Außenwandbekleidungen in Holzbauweise (HolzBauRL)**

Die Richtlinie entspricht der Muster-Richtlinie über brandschutztechnische Anforderungen an Bauteile und Außenwandbekleidungen in Holzbauweise – M-HolzBauRL.

Bei Anwendung der technischen Regel ist Folgendes zu beachten:

## 42 Technische Baubestimmungen

**01.**

Die zitierten Vorschriften der MBO entsprechen folgenden Vorschriften der BayBO[1] in der Fassung der Bekanntmachung vom 14. August 2007, die zuletzt durch § 5 des Gesetzes vom 23. Juli 2024 (GVBl. S. 257) geändert worden ist:

- § 2 Abs. 3 Satz 2 MBO (s. Nr. 5.1) entspricht Art. 2 Abs. 3 Satz 2 BayBO,
- § 2 Abs. 4 MBO (s. Nr. 2.2) entspricht Art. 2 Abs. 4 BayBO,
- § 6 Abs. 8 MBO (s. Nr. 3.3) entspricht Art. 6 Abs. 9 BayBO,
- § 16a MBO (s. Nrn. 3.1, 3.2, 4.1 und 6.1) entspricht Art. 15 BayBO,
- § 16 Abs. 2 MBO (s. Nr. 9) entspricht Art. 15 Abs. 2 BayBO,
- § 16a Abs. 5 MBO (s. Nr. 8.2) entspricht Art. 15 Abs. 5 BayBO,
- § 26 Abs. 2 Satz 2 Nr. 3 MBO (s. Nrn. 4.1 und 4.2) entspricht Art. 24 Abs. 2 Satz 2 Nr. 3 BayBO,
- § 26 Abs. 2 Satz 3 MBO (s. Nr. 1) entspricht Art. 24 Abs. 2 Satz 3 BayBO,
- § 26 Abs. 2 Satz 4 MBO (s. Nr. 1) entspricht Art. 24 Abs. 2 Satz 4 BayBO,
- § 28 Abs. 5 Satz 2 MBO (s. Nr. 1 6.1) entspricht Art. 26 Abs. 5 Satz 2 BayBO,
- § 29 MBO (s Nr. 5.1) entspricht Art. 27 BayBO,
- § 30 MBO (s. Nr. 6.2.5) entspricht Art. 28 BayBO,
- § 30 Abs. 1 MBO (s. Nr. 3.3) entspricht Art. 28 Abs. 1 BayBO,
- § 30 Abs. 3 Satz 2 Nr. 2 MBO (s. Nr. 1) entspricht Art. 28 Abs. 3 Satz 2 Nr. 2 BayBO,
- § 30 Abs. 7 Satz 1 MBO (s. Nr. 6.2.5) entspricht Art. 28 Abs. 7 Satz 1 BayBO,
- § 39 Abs. 2 Satz 1 Nr. 1 MBO (s. Nr. 1) entspricht Art. 37 Abs. 2 Satz 1 Nr. 1 BayBO,
- § 1 Abs. 8 MGarVO (s. Nr. 2.2) entspricht § 1 Abs. 7 GaStellV[2],
- Kapitel A 2 Abschnitt A 2.1.12 MVV TB (s. Nr. 5.2) entspricht Kapitel A 2 Abschnitt A 2.1.12 BayTB,
- MVV TB Anhang 6 (s. Nr. 6.1) entspricht BayTB Anhang 6,
- lfd. Nr. A 2.2.1.1 MVV TB/s. Nr. 6.3) entspricht lfd. Nr. A 2.2.1.1 BayTB

**02.**

Für den Nachweis der erforderlichen Feuerwiderstandsfähigkeit der Bauteile dürfen bis zum Ablauf der jeweiligen Geltungsdauer auch allgemeine bauaufsichtliche Prüfzeugnisse nach den laufenden Nummern C 3.21, C 4.1 und C 4.2 der BayTB – Ausgabe April 2021 – oder nach entsprechenden Verwaltungsvorschriften anderer Bundesländer herangezogen werden. In Abschnitt 4.1 Satz 4 werden die Worte „eine Bauartgenehmigung“ ersetzt durch die Worte „ein Nachweis“.

**03.**

In Abschnitt 4.2 wird der dritte Absatz wie folgt gefasst:

Die Anforderungen nach den Absätzen 1 und 2 gelten als erfüllt, wenn die Brandschutzbekleidung durch Anordnung einer zweilagigen Bekleidung der Dicke von 2 × 18 mm mit Gipsplatten des Typs GKF nach DIN 18180 in

---

[1] Nr. **1**.
[2] Nr. **6**.

Verbindung mit DIN EN 520 bzw. Gipsfaserplatten mit einer Mindestrohdichte von 1000 kg/m³ nach europäisch technischer Bewertung ausgeführt wird. Für die Befestigung der Brandschutzbekleidung sind die Verbindungsmittel und -abstände nach Tabelle 1 zu wählen. Die Anforderungen an die Brandschutzbekleidung nach den Absätzen 1 und 2 gelten auch als erfüllt, wenn die Brandschutzbekleidung aus nichtbrennbaren Baustoffen besteht, hinter der Brandschutzbekleidung keine Hohlräume an brennbaren Baustoffen liegen oder solche Hohlräume formschlüssig mit nichtbrennbaren Dämmstoffen ausgefüllt werden und die Kriterien nach Abschnitt 10.7 der DIN EN 13381-7:2019-09 bei der Prüfung über eine Dauer von mindestens 60 Minuten eingehalten sind bzw. die Berechnung von tch gemäß DIN EN 1995-1-2:2010-12 einen Wert von mindestens 60 Minuten ergibt. Die Befestigung der Brandschutzbekleidung hat in die Holzkonstruktion (Tragkonstruktion oder zusätzliche Holzunterkonstruktion) zu erfolgen. Eine Befestigung „Platte in Platte" ist nicht zulässig. Für die Ausbildung der Längs- und Querfugen sind die Stoßfugen der Platten direkt auf der Holzkonstruktion anzuordnen. Der Fugenversatz der beiden Plattenlagen zueinander ist mit ≥ 300 mm auszuführen.

**04.**

In Abschnitt 5.2 wird der erste Absatz wie folgt gefasst:

Brennbare Bauteiloberflächen von Wänden und Decken müssen eine brandschutztechnisch wirksame Bekleidung aus nichtbrennbaren Baustoffen haben, die eine Entzündung der brennbaren Bauteiloberflächen während eines Zeitraumes von mindestens 30 Minuten verhindert. Dies gilt als erfüllt, wenn die Bekleidung aus einer mindestens 18 mm dicken Gipsplatte des Typs GKF nach DIN 18180 in Verbindung mit DIN EN 520 bzw. Gipsfaserplatte mit einer Mindestrohdichte von 1000 kg/m³ nach europäisch technischer Bewertung besteht und die in der Tabelle 2 aufgeführten Befestigungsmittel und deren Abstände untereinander beachtet werden. Die Anforderungen an die Brandschutzbekleidung nach Satz 1 gelten auch als erfüllt, wenn die Brandschutzbekleidung aus nichtbrennbaren Baustoffen besteht, hinter der Brandschutzbekleidung keine Hohlräume an brennbaren Baustoffen liegen oder solche Hohlräume formschlüssig mit nichtbrennbaren Dämmstoffen ausgefüllt werden und die Kriterien nach Abschnitt 10.7 der DIN EN 13381-7:2019-09 bei der Prüfung über eine Dauer von mindestens 30 Minuten eingehalten sind bzw. die Berechnung von tch gemäß DIN EN 1995-1-2:2010-12 einen Wert von mindestens 30 Minuten ergibt.

**Anlage A 2.2.1.8/1Bay**
**zur Richtlinie über brandschutztechnische Anforderungen an Leitungsanlagen (LAR)**

Die Richtlinie entspricht der Muster-Leitungsanlagen-Richtlinie – M-LAR.

Bei Anwendung der technischen Regel ist Folgendes zu beachten:

Die zitierten Vorschriften entsprechen folgenden Vorschriften der BayBO[1)] in der Fassung der Bekanntmachung vom 14. August 2007, die zuletzt durch § 5 des Gesetzes vom 23. Juli 2024 (GVBl. S. 257) geändert worden ist:

- § 40 Abs. 2 MBO (s. Nr. 3.1.1) entspricht Art. 38 Abs. 2 BayBO,
- § 35 Abs. 1 MBO (s. Nr. 3.1.1) entspricht Art. 33 Abs. 1 BayBO,

---

1) Nr. 1.

- § 35 Abs. 3 Satz 2 MBO (s. Nr. 3.1.1) entspricht Art. 33 Abs. 3 Satz 2 BayBO,
- § 36 Abs. 1 MBO (s. Nr. 3.1.1) entspricht Art. 34 Abs. 1 BayBO,
- § 33 Abs. 2 Satz 3 MBO (s. Nr. 3.1.3) entspricht Art. 31 Abs. 2 Satz 3 BayBO,
- § 40 Abs. 1 MBO (s. Nr. 4.1.1) entspricht Art. 38 Abs. 1 BayBO.

Nr. 4.1.1 Satz 1 Buchstabe a wird wie folgt gefasst: „innerhalb von Gebäuden der Gebäudeklassen 1 und 2“.

Nr. 5.2.2 Buchstabe c ist von der Einführung ausgenommen.

**Anlage A 2.2.1.9/1Bay**
**zur Richtlinie über brandschutztechnische Anforderungen an Systemböden (SysBöR)**

Die Richtlinie entspricht der Muster-Systemböden-Richtlinie – M-SysBöR.

Bei Anwendung der technischen Regel ist Folgendes zu beachten:

Die zitierten Vorschriften entsprechen folgenden Vorschriften der BayBO[1] in der Fassung der Bekanntmachung vom 14. August 2007, die zuletzt durch § 5 des Gesetzes vom 23. Juli 2024 (GVBl. S. 257) geändert worden ist:

- § 30 Abs. 3 Satz 2 MBO (s. Nr. 5.1) entspricht Art. 28 Abs. 3 Satz 2 BayBO,
- § 29 Abs. 2 Nr. 1 MBO (s. Nr. 5.1) entspricht Art. 27 Abs. 2 Nr. 1 BayBO.

**Anlage A 2.2.1.11/1Bay**
**zur Richtlinie über brandschutztechnische Anforderungen an Lüftungsanlagen (LüAR)**

Die Richtlinie entspricht der Muster-Lüftungsanlagen-Richtlinie – M-LüAR.

Bei Anwendung der technischen Regel ist Folgendes zu beachten:

Die zitierten Vorschriften entsprechen folgenden Vorschriften der BayBO in der Fassung der Bekanntmachung vom 14. August 2007, die zuletzt durch § 5 des Gesetzes vom 23. Juli 2024 (GVBl. S. 257) geändert worden ist:

- § 41 MBO (s. Nr. 1) entspricht Art. 39 BayBO,

In Nr. 4.1. entfällt der 2. Absatz. Je nach Art. der Brandschutzklappe ist die erforderliche Leistung im Hinblick auf das Brandverhalten aus Anhang 14, Abschnitt 6, Tabelle 1, 2 oder 5 zu entnehmen.

Nr. 5.1.1 wird wie folgt gefasst (entspricht der bisherigen Fassung):

**„5.1.1. Lüftungsleitungen mit erhöhter Brand-, Explosions- oder Verschmutzungsgefahr**

Lüftungsleitungen, in denen sich in besonderem Maße brennbare Stoffe ablagern können (z. B: Abluftleitungen von Dunstabzugshauben in Wohnungsküchen) oder die der Lüftung von Räumen mit erhöhter Brand- oder Explosionsgefahr dienen, dürfen untereinander und mit anderen Lüftungsleitungen nicht verbunden sein, es sei denn, die Übertragung von Feuer und Rauch ist durch geeignete Brandschutzklappen verhindert.“

In Bild 4 entfällt der Verweis auf Abschnitt 5.1.1.

---

[1] Nr. 1.

**Anlage A 2.2.1.13/1Bay**
**zur Richtlinie zur Bemessung von Löschwasser-Rückhalteanlagen beim Lagen wassergefährdender Stoffe (LöRüRl)**

Bei Anwendung der technischen Regel ist Folgendes zu beachten:

1. Abschnitt 1.2 Abs. 1 erhält folgende Fassung:

   „Das Erfordernis der Rückhaltung verunreinigten Löschwassers ergibt sich ausschließlich aus dem Besorgnisgrundsatz des Wasserrechts (§ 62 Wasserhaushaltsgesetz – WHG[1]) in Verbindung mit der Regelung des § 17 Abs. 1 Nr. 4 Verordnung über Anlagen zum Umgang mit wassergefährdenden Stoffen (AwsV)[2]. Danach muss im Schadensfall anfallendes Löschwasser, das mit ausgetretenen wassergefährdenden Stoffen verunreinigt sein kann, zurückgehalten und ordnungsgemäß entsorgt werden können."

2. Nach Abschnitt 1.4 wird folgender neuer Abschnitt 1.5 eingefügt:

   „1.5 Eine Löschwasserrückhaltung ist nicht erforderlich für das Lagern von Calciumsulfat und Natriumchlorid."

3. Abschnitt 1.5 wird Abschnitt 1.6 neu.

4. In Abschnitt 3.2 wird die Zeile „WGK 0: im Allgemeinen nicht wassergefährdende Stoffe" gestrichen.

5. Satz 2 des Hinweises in Fußnote 4 wird gestrichen. Satz 1 erhält folgenden neuen Wortlaut:

   „Vergleiche Allgemeine Verwaltungsvorschrift zum Wasserhaushaltsgesetz über die Einstufung wassergefährdender Stoffe und ihre Einstufung in Wassergefährdungsklassen (Verwaltungsvorschrift wassergefährdender Stoffe – 17. Mai 1999, Bundesanzeiger Nr. 98a vom 29. Mai 1999, geändert durch Verwaltungsvorschrift vom 23. Juni 2005, Bundesanzeiger Nr. 126a vom 8. Juli 2005)."

Zusätzlich gilt Folgendes:

01. Die Richtlinie regelt ausschließlich die Bemessung von Löschwasser-Rückhalteanlagen beim Lagern wassergefährdender Stoffe.

02. Eine Löschwasser-Rückhalteanlage ist nicht erforderlich, wenn wassergefährdende Stoffe unterhalb der Schwellenwerte nach Abschnitt 2.1 der Richtlinie gelagert werden.

03. Für bauliche Anlagen in oder auf denen mit wassergefährdenden Stoffen umgegangen wird und auf die die Richtlinie nach den Abschnitten 2.2 und 2.3 keine Anwendung findet, ist eine allgemeine Bemessungsregel für Löschwasser-Rückhalteanlagen nicht möglich. Sofern für solche Anlagen die Zurückhaltung verunreinigten Löschwassers erforderlich ist, muss über die Anordnung und Bemessung von Löschwasser-Rückhalteanlagen im Einzelfall entschieden werden.

04. Der Nachweis ausreichend bemessener Löschwasser-Rückhalteanlagen ist durch den Bauherrn zu erbringen. Dieser ist auch für die Angaben zu den Lagermengen und zur Wassergefährdungsklasse der gelagerten Stoffe verantwortlich; eine bauaufsichtliche Prüfung dieser Angaben findet nicht statt.

---

1) Nr. **34**.
2) Nr. **36**.

**Anlage A 2.2.1.15/1Bay**
**zur Richtlinie über den baulichen Brandschutz im Industriebau (IndBauRL)**

Die Richtlinie entspricht der Muster-Industriebau-Richtlinie – M-IndBauRL.
Bei Anwendung der technischen Regel gilt zusätzlich Folgendes:

**01.**

Die Richtlinie gilt für Industriebauten, die Sonderbauten nach Art. 2 Abs. 4 Nr. 3 BayBO[1)] sind (Gebäude mit mehr als 1.600 m$^2$ Fläche des Geschosses mit der größten Ausdehnung). Die Richtlinie stellt sowohl weitergehende als auch geringere Anforderungen im Sinn des Art. 54 Abs. 3 BayBO an Industriebauten; im Übrigen bleiben die Anforderungen der BayBO unberührt.

Für Industriebauten, die keine Sonderbauten sind, kann die Richtlinie bei der Entscheidung über Abweichungen nach Art. 63 Abs. 1 BayBO von den entsprechenden Vorschriften der BayBO herangezogen werden; sie ist dann insgesamt anzuwenden.

**02.**

Soweit der Wortlaut der Richtlinie auf Regelungen der Musterbauordnung (MBO), der Musterverwaltungsvorschrift Technische Baubestimmungen (MVV TB) oder der Muster-Bauvorlagenverordnung (MBauVorlV) verweist, sind die entsprechenden Regelungen der BayBO[1)] in der Fassung der Bekanntmachung vom 14. August 2007, die zuletzt durch § 5 des Gesetzes vom 23. Juli 2024 (GVBl. S. 257) geändert worden ist, zugrunde zu legen:

- in Abschnitt 1 anstelle von § 14 MBO Art. 12 BayBO,
- in Abschnitt 2 anstelle von § 2 Abs. 3 Satz 2 MBO Art. 2 Abs. 3 Satz 2 BayBO und anstelle von § 2 Abs. 5 MBO Art. 2 Abs. 5 BayBO,
- in Abschnitt 4.3 anstelle von § 3 Abs. 3 Satz 3 MBO Art. 81a Abs. 1 Satz 2 BayBO,
- in Abschnitt 5.2.3 anstelle von § 5 MBO Art. 5 BayBO,
- in Abschnitt 5.6.10 anstelle von § 35 MBO Art. 33 BayBO,
- in Abschnitt 5.10.1 anstelle von § 30 Abs. 3 Satz 2 MBO Art. 28 Abs. 3 Satz 2 BayBO,
- in Abschnitt 5.12.1 anstelle von § 28 Abs. 2 bis 4 MBO Art. 26 Abs. 2 bis 4 BayBO, anstelle von § 28 Abs. 5 MBO Art. 26 Abs. 5 BayBO und anstelle von § 28 Abs. 3 MBO Art. 26 Abs. 3 BayBO,
- in Abschnitt 5.13.4 anstelle von § 32 Abs. 1 MBO Art. 30 Abs. 1 BayBO,
- in Abschnitt 5.14.9 wird Satz 2 wie folgt gefasst: „Aus der Feuerwiderstandsfähigkeit nach Tabellen 2 und 6 ergeben sich die Feuerwiderstandsklassen oder Klassen entsprechend der Zuordnung in den BayTB lfd. Nr. A 2.2.1.2 Abschnitt 4.1. Aus der Anforderung zum Brandverhalten nach Tabellen 2 und 6 ergeben sich entsprechend der Zuordnung in den BayTB, lfd. Nr. A 2.2.1.2 Abschnitt 1.2, die Baustoffklassen bzw. entsprechend der Zuordnung in den BayTB, lfd. Nr. A 2.2.1.2 Abschnitt 1.3, für nichtbrennbares oder schwerentflammbares Brandverhalten auch unter Beachtung der Anforderungen gemäß der BayTB, lfd. Nr. A 2.1.2.2 oder A 2.1.1.2, die Klassen,

---

1) Nr. **1**.

- in Tabelle 2 Fußnote 3 anstelle von § 27 Abs. 1 Satz 2 Nr. 2 und 3 in Verbindung mit § 30 Abs. 2 Nr. 2 MBO Art. 25 Abs. 1 Satz 2 Nr. 2 und 3 in Verbindung mit Art. 28 Abs. 2 Nr. 2 BayBO,
- in Abschnitt 8 anstelle von § 11 Abs. 1 MBauVorlV § 11 Abs. 1 BauVorlV[1].

**03.**

Zu Abschnitt 3.12, Sicherheitskategorien:

Die Sicherheitskategorien K 2 bis K 3.4 sind nur anzunehmen, wenn die Brandmeldeanlage den einschlägigen technischen Regeln entspricht (z.B. DIN 14675).

Aufgrund der Vorgaben des bayerischen Feuerwehrrechts (Art. 15 des Bayerischen Feuerwehrgesetzes – BayFwG – in Verbindung mit § 14 der Verordnung zur Ausführung des Bayerischen Feuerwehrgesetzes – AVBayFwG) muss eine Werkfeuerwehr während des Betriebs über eine Mindestschichtstärke von neun Feuerwehrangehörigen (Gruppenstärke) verfügen. Die Sicherheitskategorie K 3.1 ist daher nur anzunehmen, wenn die nach BayFwG anerkannte Werkfeuerwehr während des Betriebs über eine Mindestschichtstärke von neun Feuerwehrangehörigen verfügt, von denen sechs Feuerwehrangehörige, darunter der Gruppenführer, hauptberuflich für die Werkfeuerwehr tätig sind.

**04.**

Zu Abschnitt 3.13, Werkfeuerwehr:

Die Werkfeuerwehr muss nach Art. 15 Abs. 2 BayFwG anerkannt oder angeordnet sein. Die nach IndBauRL anzurechnenden Kräfte einer Werkfeuerwehr müssen darüber hinaus die Anforderungen nach Abschnitt 3.13 Satz 1 Halbsatz 2 erfüllen und jederzeit (auch außerhalb der Betriebszeiten) spätestens fünf Minuten nach ihrer Alarmierung die Einsatzstelle erreichen können. Diese zusätzlichen Anforderungen gelten als erfüllt, wenn zumindest die erste Staffel (sechs Feuerwehrangehörige) mit hauptberuflichen Kräften besetzt ist.

Als die Stelle des Industriebaus, von der aus vor Ort erste Brandbekämpfungsmaßnahmen vorgetragen werden, ist jeder Punkt des Industriebaus zu verstehen.

**05.**

Zu Abschnitt 5.6.4:

Werden Rettungswege in andere Brandabschnitte oder Brandbekämpfungsabschnitte geführt, so müssen sie dort auf Rettungswege führen.

**06.**

Zu Abschnitt 5.9:

Der nach Satz 4 zulässige Ersatz einer automatischen Brandmeldeanlage durch eine ständige Personalbesetzung setzt voraus, dass die Personen von ihren Arbeitsplätzen aus den gesamten Brandabschnitt oder Brandbekämpfungsabschnitt ständig einsehen können und über die technischen Mittel verfügen, einen Brand zu melden.

Zusammenstellung der Mindeststärken einer nach BayFwG anerkannten Werkfeuerwehr bei Anwendung der Sicherheitskategorien K 3.1 bis K 3.4:

---

[1] Nr. 3.

| Sicherheitskategorie | während der Betriebszeit | | außerhalb der Betriebszeit | |
|---|---|---|---|---|
| | hauptberufliche Kräfte | nebenberufliche Kräfte | hauptberufliche Kräfte | nebenberufliche Kräfte |
| K 3.1 | 6 | 3 | 6 | 0 |
| K 3.2 | 6 | 3 | 6 | 3 |
| K 3.3 | 6 | 6 | 6 | 6 |
| K 3.4 | 6 | 12 | 6 | 12 |

## A 3. Hygiene, Gesundheit und Umweltschutz

### A 3.1. Allgemeines

Gemäß Art. 3 und Art. 11 BayBO[1)] sind bauliche Anlagen so anzuordnen, zu errichten, zu ändern und instand zu halten, dass die öffentliche Sicherheit und Ordnung, insbesondere Leben, Gesundheit und die natürlichen Lebensgrundlagen, nicht gefährdet werden und durch pflanzliche und tierische Schädlinge sowie andere chemische, physikalische oder biologische Einflüsse keine Gefahren oder unzumutbaren Belästigungen entstehen.

Zum Nachweis der Einhaltung dieser Anforderungen sind bauliche Anlagen im Ganzen und in ihren Teilen so zu entwerfen und auszuführen, dass die Anforderungen bezüglich des Gesundheitsschutzes und des Schutzes von Boden und Gewässer aus Abschnitt A 3.2 erfüllt werden.

### A 3.2. Technische Anforderungen hinsichtlich Planung, Bemessung und Ausführung an bestimmte bauliche Anlagen und ihre Teile gem. Art. 81a Abs. 2 BayBO[1)]

Die Anforderungen zur bauwerksseitigen Beschränkung gesundheitsschädlicher Emissionen in Aufenthaltsräumen gemäß lfd. Nr. A 3.2.1 und A 3.2.2 sowie zur Sicherstellung der Umweltverträglichkeit von Außenbauteilen gemäß lfd. Nr. A 3.2.3 sind in den Regelwerken beschrieben. Sie sind einzuhalten. Werden für die betroffenen Bereiche stattdessen konstruktive Maßnahmen (z.B. Deckschichten, Ummantelungen) vorgesehen, so ist deren Schutzwirkung nachzuweisen.

| Lfd. Nr. | Anforderungen an Planung, Bemessung und Ausführung gem. Art. 81a Abs. 2 BayBO[1)] | Technische Regeln/Ausgabe | Weitere Maßgaben gem. Art. 81a Abs. 2 BayBO[1)] |
|---|---|---|---|
| 1 | 2 | 3 | 4 |
| A 3.2.1 | Anforderungen an bauliche Anlagen bezüglich des Gesundheitsschutzes | ABG – Anforderungen an bauliche Anlagen bezüglich des Gesundheitsschutzes: 2022-10 (s. Anhang 8) | |
| A 3.2.2 | Textile Bodenbeläge | TR Textile Bodenbeläge: 2020-08 (s. Anhang 9) | |
| A 3.2.3 | Anforderungen an bauliche Anlagen bezüglich der Auswirkungen auf Boden und Gewässer | ABuG – Anforderungen an bauliche Anlagen bezüglich der Auswirkungen auf Boden und Gewässer: 2023-08 (s. Anhang 10) | Anlage A 3.2/4 |

[1)] Nr. **1**.

| Lfd. Nr. | Anforderungen an Planung, Bemessung und Ausführung gem. Art. 81a Abs. 2 BayBO | Technische Regeln/Ausgabe | Weitere Maßgaben gem. Art. 81a Abs. 2 BayBO |
|---|---|---|---|
| 1 | 2 | 3 | 4 |
| A 3.2.4 | Bewertung und Sanierung PCB-belasteter Baustoffe und Bauteile in Gebäuden | Richtlinie für die Bewertung und Sanierung PCB-belasteter Baustoffe und Bauteile in Gebäuden (PCB-Richtlinie), Fassung September 1994, Abschnitte 1, 2, 3, 4.1, 4.2, 5.1, 5.2, 5.4 und 6 | Anlage A 3.2/1 |
| A 3.2.5 | Bewertung und Sanierung schwach gebundener Asbestprodukte in Gebäuden | Richtlinie für die Bewertung und Sanierung schwach gebundener Asbestprodukte in Gebäuden, Ausgabe November 2020 (s. Anhang 16) | Anlage A 3.2/2Bay |
| A 3.2.6 | Lüftung fensterloser Küchen, Bäder und Toilettenräume in Wohnungen | Bauaufsichtliche Richtlinie über die Lüftung fensterloser Küchen, Bäder und Toilettenräume in Wohnungen, Ausgabe April 2009, zuletzt geändert am 1. Juli 2010 | Anlage A 3.2/5Bay |
| A 3.2.7 | Bewertung und Sanierung Pentachlorphenol (PCP)-belasteter Baustoffe und Bauteile in Gebäuden | Richtlinie für die Bewertung und Sanierung Pentachlorphenol (PCP)-belasteter Baustoffe und Bauteile in Gebäuden (PCP-Richtlinie), Fassung Oktober 1996, Abschnitte 1, 2, 3, 4, 5, 6.1 und 6.2 | Anlage A 3.2/6Bay |
| A 3.2.8 | „Begrenzung der Formaldehydemission in der Raumluft bei Verwendung von Harnstoff-Formaldehydharz-Ortschaum" gestrichen in den BayTB – Ausgabe April 2021 | | |

**Anlage A 3.2/1**
**zur PCB-Richtlinie**

Zusätzlich gilt Folgendes:

**1**

Zur Abwehr möglicher Gefahr für Leben oder Gesundheit sind in dauerhaft genutzten Räumen Sanierungsmaßnahmen durchzuführen, wenn die zu erwartende Raumluftkonzentration – unabhängig von der täglichen Aufenthaltsdauer – im Jahresmittel mehr als 3000 ng PCB/m³ Luft beträgt. Der letzte Satz in Kapitel 3 der Richtlinie wird aufgehoben.

**2**

Die Richtlinie ist ansonsten in der Fassung September 1994 in vollem Umfang zu befolgen, solange es sich bei den PCB-haltigen Primärquellen ausschließlich um nicht dioxin-ähnliche PCB-Quellen wie Fugendichtstoffe handelt. Sind jedoch bei den PCB-Primärquellen nur oder auch dioxin-ähnliche PCB-Quellen wie Deckenplatten, Anstriche sowie nicht sicher einzuordnende PCB-Quellen zu berücksichtigen, so ist zusätzlich die Bestimmung der Raumluftkonzentration von PCB 118 erforderlich, wenn die Gesamtkonzentration an PCB über 1000 ng PCB/m³ Luft liegt. Beträgt die Raumluftkonzentration dabei mehr als 10 ng PCB 118/m³ Luft, sind umgehend expositionsmindernde Maßnahmen gemäß den Abschnitten 3 und 4 der Richtlinie zur Verringerung der Raumluftkonzentration von PCB durchzuführen. Bei Raumluftkonzentrationen gleich oder unter 10 ng PCB 118/m³ Luft wird empfohlen, in Abhängigkeit von der Belastung zumindest das Lüftungsverhalten zu überprüfen und gegebenenfalls zu verbessern.

**3**

Sollen bauliche Anlagen abgebrochen werden, die PCB-haltige Produkte enthalten, so sind diese Produkte vor Beginn der Abbrucharbeiten aus der baulichen Anlage zu entfernen.

*Hinweis:*

*Ergänzend wird darauf hingewiesen, dass der in Abschnitt 5.3 der Richtlinie genannte Sanierungsleitwert von 300 ng PCB/m³ Luft einen Wert aus dem Vorsorgebereich darstellt, der nicht exakt abgrenzbar ist und deshalb der Größenordnung nach erreicht werden sollte. Maßnahmen zur Reduzierung der PCB-Raumluftkonzentration werden in Abhängigkeit vom Maß der Überschreitung des Sanierungsleitwerts und unter Beachtung der Verhältnismäßigkeit empfohlen.*

**Anlage A 3.2/1Bay**

**01.**

In bestehenden Gebäuden können von Asbestprodukten mit einer Rohdichte unter 1000 kg/m³ – sogenannte schwachgebundene Asbestprodukte – durch Alterung, Erschütterungen, Luftbewegungen oder Beschädigungen in erheblichem Umfang Asbestfasern in atembarer Form freigesetzt werden, die beim Menschen schwere Erkrankungen auslösen können.

Die Verantwortung für die Durchführung der erforderlichen Untersuchungen und Sanierungsmaßnahmen obliegt den jeweiligen Eigentümern bzw. Verfügungsberechtigten der betroffenen Gebäude im Rahmen ihrer Unterhaltspflicht.

**02.**

Wird der Bauaufsichtsbehörde bekannt, dass in einem Gebäude schwachgebundene Asbestprodukte ungeschützt vorhanden sind, so hat sie dem Eigentümer der baulichen Anlage bzw. dem Verfügungsberechtigten aufzugeben,

1. die Bewertung der Sanierungsdringlichkeit nach Abschnitt 3.2 der Richtlinie innerhalb von vier Wochen vornehmen zu lassen,
2. das Ergebnis der Bewertung der Bauaufsichtsbehörde unverzüglich schriftlich mitzuteilen und,
3. soweit die Sanierung nach Abschnitt 3.2 der Richtlinie unverzüglich erforderlich ist, Angaben über das vorgesehene Sanierungskonzept und den vorgesehenen zeitlichen Ablauf der Sanierung zu machen.

Die Bauaufsichtsbehörde kann im Zweifel eine erneute Bewertung durch einen von ihr benannten Sachverständigen verlangen.

Bei einer Bewertung von 80 Punkten oder mehr ist mit hohen Asbestfaserkonzentrationen oder mit einem kurzfristigen und unvorhersehbaren, extremen Anstieg der Asbestfaserkonzentrationen zu rechnen. Diese Asbestfaserkonzentrationen stellen eine konkrete Gefahr im Sinn des Art. 3 BayBO[1)] dar.

**03.**

Bedarf die Sanierungsmaßnahme der Baugenehmigung, so müssen die Bauvorlagen Angaben enthalten über

---

1) Nr. 1.

– das Ergebnis der Bewertung der Dringlichkeit der Sanierung (Abschnitt 3.2 der Richtlinie),
– das vorgesehene Sanierungskonzept (Abschnitt 4 der Richtlinie).

**04.**

Die sanierten Räume dürfen erst dann wieder benützt werden, wenn nachgewiesen wird, dass die durch die Messungen ermittelte Asbestfaserkonzentration in der Raumluft die in Abschnitt 5.3 der Richtlinie angegebenen Werte nicht überschreitet. Ein Nachweis durch Messungen ist nicht erforderlich, wenn Sanierungsverfahren ohne abgeschotteten Arbeitsbereich (siehe Abschnitt 4.4.2 Nr. 2 der Richtlinie) durchgeführt werden konnten.

**05.**

Sollen bauliche Anlagen abgebrochen werden, die schwachgebundene Asbestprodukte enthalten, so sind diese Produkte vor Beginn der Abbrucharbeiten aus der baulichen Anlage zu entfernen.

**Anlage A 3.2/3**

gestrichen in den BayTB – Ausgabe April 2021

**Anlage A 3.2/3**

**Anlage A 3.2/4**

Nach Kapitel D 3 können freiwillig weitere Angaben zu Produkten nach harmonisierten technischen Spezifikationen erklärt und deren Korrektheit in einer technischen Dokumentation dargelegt werden.

Die Anwendungen von

- DAfStb-Richtlinie „Verwendung von siliziumreicher Flugasche und Kesselsand in Betonbauteilen in Kontakt mit Boden, Grundwasser oder Niederschlag" (Fassung April 2023) sowie
- DIN 4226-101:2017-08 „Rezyklierte Gesteinskörnungen für Beton nach DIN EN 12620 – Teil 101: Typen und geregelte gefährliche Substanzen" und DIN 4226-102:2017-08 „Rezyklierte Gesteinskörnungen für Beton nach DIN EN 12620 – Teil 102: Typprüfung und Werkseigene Produktionskontrolle"

stellen eine Möglichkeit dar, die Anforderungen an bauliche Anlagen bezüglich der Auswirkungen auf Boden und Gewässer (ABuG) zu erfüllen und hierzu eine entsprechende technische Dokumentation zu erstellen. Die Beurteilung der Auswirkungen auf Boden und Gewässer beim Einsatz von Gleisschotter kann nicht auf Grundlage von DIN 4226-101:2017-08 erfolgen.

**Anlage A 3.2/5Bay**

Zur bauaufsichtlichen Richtlinie über die Lüftung fensterloser Küchen, Bäder und Toilettenräume in Wohnungen

Die bauaufsichtliche Richtlinie entspricht der gleichnamigen Muster-Richtlinie.

Bei Anwendung der technischen Regel ist Folgendes zu beachten:

Die zitierten Vorschriften entsprechen folgenden Vorschriften der BayBO[1] in der Fassung der Bekanntmachung vom 14. August 2007, die zuletzt durch § 5

---

[1] Nr. 1.

des Gesetzes vom 23. Juli 2024 (GVBl. S. 257) geändert worden ist, und der Feuerungsverordnung (FeuV)[1] vom 11. November 2007, zuletzt geändert durch § 2 der Verordnung vom 7. August 2018 (GVBl. S. 694):

- § 15 Abs. 2 MBO entspricht Art. 13 Abs. 2 BayBO,
- § 41 Abs. 2 MBO entspricht Art. 39 Abs. 2 BayBO,
- § 43 Abs. 1 MBO entspricht Art. 42 BayBO,
- § 48 Abs. 1 Satz 2 MBO entspricht Art. 46 Abs. 1 Satz 2 BayBO,
- § 4 Abs. 2 MFeuV entspricht § 4 Abs. 2 FeuV.

**Anlage A 3.2/6Bay zur PCP-Richtlinie**

Zusätzlich gilt Folgendes:

**01.**

In bestehenden Gebäuden kann Pentachlorphenol (PCP) von belasteten Bauprodukten und Bauteilen in die Atemluft freigesetzt werden und beim Menschen Gesundheitsschädigungen auslösen. Die Verantwortung für die Durchführung der erforderlichen Untersuchungen und Sanierungsmaßnahmen obliegt den jeweiligen Eigentümern bzw. Verfügungsberechtigten der betroffenen Gebäude.

**02.**

Sollen bauliche Anlagen abgebrochen werden, die mit PCP-haltigen Zubereitungen behandelte Bauprodukte und Bauteile enthalten, so sind diese Bauprodukte und Bauteile vor Beginn der Abbrucharbeiten aus der baulichen Anlage zu entfernen.

**03.**

Hinweis zu Abschnitt 7.2

Bei der in der Luft am Arbeitsplatz vorliegenden Gesamtstaubkonzentration liegen die Massenanteile von PCP in der Regel unterhalb des in § 35 Abs. 3 GefStoffV festgelegten Grenzwertes von 0,1 %, sodass die PCP-haltigen Stäube in diesen Konzentrationen nicht als krebserzeugend anzusehen sind. Der Abschnitt 6 der GefStoffV findet deshalb nur bei Überschreiten dieser Konzentration in vollem Umfang Anwendung.

**04.**

Ausreichend fachkundig für PCP-Raumluftmessungen sind insbesondere die bekannt gemachten Stellen nach § 26 Bundesimmissionsschutzgesetz (AllMBl. 1994 S. 704), die in einem Verzeichnis geführten Messstellen nach § 18 Abs. 2 GefStoffV (Bundesarbeitsblatt Nr. 1/1996 S. 63 ff.) sowie die Institute mit einer Akkreditierung für Innenraummessungen nach DAP (Auskünfte beim Deutschen Akkreditierungsrat DAR, c/o Bundesanstalt für Materialprüfung BAM, Unter den Eichen 87, 12205 Berlin).

---

[1] Nr. 7.

## A 4. Sicherheit und Barrierefreiheit bei der Nutzung

### A 4.1. Allgemeines

Gemäß Art. 3 BayBO[1)] sind bauliche Anlagen so anzuordnen, zu errichten, zu ändern und instand zu halten, dass die öffentliche Sicherheit und Ordnung, insbesondere Leben, Gesundheit und die natürlichen Lebensgrundlagen, nicht gefährdet werden.

Die Anforderungen an die Nutzungssicherheit und die Barrierefreiheit sind insbesondere gemäß Art. 14 und 48 BayBO umgesetzt, wenn bauliche Anlagen im Ganzen und in ihren Teilen entsprechend den technischen Regeln bezüglich der Sicherheit und Barrierefreiheit bei der Nutzung gemäß Abschnitt A 4.2 entworfen und ausgeführt werden.

### A 4.2. Technische Anforderungen hinsichtlich Planung, Bemessung und Ausführung an bestimmte bauliche Anlagen und ihre Teile gem. Art. 81a Abs. 2 BayBO[1)]

| Lfd. Nr. | Anforderungen an Planung, Bemessung und Ausführung gem. Art. 81a Abs. 2 BayBO[1)] | Technische Regeln/Ausgabe | Weitere Maßgaben gem. Art. 81a Abs. 2 BayBO |
|---|---|---|---|
| 1 | 2 | 3 | 4 |
| A 4.2.1 | Gebäudetreppen | DIN 18065:2020-08 | Anlage A 4.2/1 |
| **A 4.2.2** | **Barrierefreies Bauen** | | |
| A 4.2.2.1 | Öffentlich zugängliche Gebäude | DIN 18040-1:2010-10 | Anlage A 4.2/2Bay |
| A 4.2.2.2 | Wohnungen | DIN 18040-2:2011-09 | Anlage A 4.2/3Bay |

### Anlage A 4.2/1
### Zu DIN 18065

**1**

Von der Einführung ausgenommen ist die Anwendung auf Treppen in Wohngebäuden der Gebäudeklassen 1 und 2 und in Wohnungen.

**2**

Bauaufsichtliche Anforderungen an den Einbau von Treppenliften in Treppenräumen notwendiger Treppen in bestehenden Gebäuden:

Durch den nachträglichen Einbau eines Treppenlifts im Treppenraum darf die Funktion der notwendigen Treppe als Teil des ersten Rettungswegs und die Verkehrssicherheit der Treppe grundsätzlich nicht beeinträchtigt werden. Der nachträgliche Einbau eines Treppenlifts ist zulässig, wenn folgende Kriterien erfüllt sind:

1. Die Treppe erschließt nur Wohnungen und/oder vergleichbare Nutzungen.
2. Die Mindestlaufbreite der Treppe von 100 cm darf durch die Führungskonstruktion nicht wesentlich unterschritten werden; eine untere Einschränkung des Lichtraumprofils (s. Bild A.8) von höchstens 20 cm Breite und höchstens 50 cm Höhe ist hinnehmbar, wenn die Treppenlauflinie (s. Ziffer 3.6) oder

---

1) Nr. 1.

der Gehbereich (s. Ziffer 8) nicht verändert wird. Ein Handlauf muss zweckentsprechend genutzt werden können.

3. Wird ein Treppenlift über mehrere Geschosse geführt, muss mindestens in jedem Geschoss eine ausreichend große Wartefläche vorhanden sein, um das Abwarten einer begegnenden Person bei Betrieb des Treppenlifts zu ermöglichen. Das ist nicht erforderlich, wenn neben dem benutzten Lift eine Restlaufbreite der Treppe von 60 cm gesichert ist.
4. Der nicht benutzte Lift muss sich in einer Parkposition befinden, die den Treppenlauf nicht einschränkt. Im Störfall muss sich der Treppenlift auch von Hand ohne größeren Aufwand in die Parkposition fahren lassen.
5. Während der Leerfahrten in die bzw. aus der Parkposition muss der Sitz des Treppenlifts hochgeklappt sein. Neben dem hochgeklappten Sitz muss eine Restlaufbreite der Treppe von 60 cm verbleiben.
6. Gegen die missbräuchliche Nutzung muss der Treppenlift gesichert sein.
7. Der Treppenlift muss aus nichtbrennbaren Materialien bestehen, soweit das technisch möglich ist.

**3**

Bei einer notwendigen Treppe in einem bestehenden Gebäude darf durch den nachträglichen Einbau eines zweiten Handlaufs die nutzbare Mindestlaufbreite um höchstens 10 cm unterschritten werden. Diese Ausnahmeregelung bezieht sich nur auf Treppen mit einer Mindestlaufbreite von 100 cm nach den Festlegungen der DIN 18065:2020-08. Abweichende Festlegungen und Anforderungen an die Laufbreite bleiben davon unberührt.

**Anlage A 4.2/2Bay**
**Zu DIN 18040-1**

Die Einführung bezieht sich auf die baulichen Anlagen oder die Teile baulicher Anlagen, die nach Art. 48 Abs. 2 BayBO[1] barrierefrei sein müssen.

Bei Anwendung der Technischen Baubestimmung ist Folgendes zu beachten:

01. Die Norm ist regelmäßig anzuwenden, wenn bauaufsichtliche Anforderungen an das barrierefreie Bauen gestellt werden.
02. Abschnitt 4.3.7 ist von der Einführung ausgenommen.
03. Die in den Abschnitten 4.4 und 4.7 genannten Hinweise und Beispiele können im Einzelfall berücksichtigt werden.
04. Das in Abschnitt 4.3.3.2, Tabelle 1, Zeile 6 festgelegte Achsmaß der Greifhöhe für Türdrücker ist grundsätzlich nur bei Türen zu den barrierefreien Sanitärräumen auszuführen. Die Greifhöhe aller anderen Türen kann in Abhängigkeit von der Nutzung und mit Blick auf den Nutzerkreis des öffentlich zugänglichen Bereichs zwischen 85 cm und 105 cm festgelegt werden.
05. Abschnitt 4.3.6 muss nur auf notwendige Treppen im Sinn des Art. 32 BayBO angewendet werden.
06. Mindestens ein Toilettenraum für den allgemeinen Besucher- und Benutzerverkehr muss Abschnitt 5.3.3 entsprechen; Abschnitt 5.3.3 Satz 1 ist nicht anzuwenden.

---

[1] Nr. 1.

07. Mindestens 1 v.H., mindestens jedoch einer der notwendigen Stellplätze für den allgemeinen Besucher- und Benutzerverkehr müssen Abschnitt 4.2.2 Sätze 1 und 2 entsprechen.

08. Mindestens 1 v.H., mindestens jedoch einer der Besucherplätze in Versammlungsräumen mit festen Stuhlreihen müssen Abschnitt 5.2.1 entsprechen; sie können auf die nach § 10 Abs. 7 VStättV[1] erforderlichen Plätze für Rollstuhlbenutzer angerechnet werden.

09. Barrierefreie Beherbergungsräume und die zugehörigen Sanitärräume müssen den Abschnitten 5.1 und 5.3 entsprechen; für die Bewegungsflächen in den Wohn- und Schlafräumen ist DIN 18040-2 Abschnitt 5, Anforderungen mit der Kennzeichnung „R“ anzuwenden. Soweit nur Mindeststandards für die barrierefreie Nutzbarkeit gefordert sind, genügt es, wenn die Beherbergungsräume einschließlich der zugehörigen Sanitärräume DIN 18040-2 Abschnitt 5 ohne Anforderungen mit der Kennzeichnung „R“ entsprechen.

010. DIN 18040-1 berücksichtigt Plattformaufzüge nicht. Vertikale Plattformaufzüge sind bei Änderungen baulicher Anlagen für die barrierefreie Erreichbarkeit zur Überwindung von höchstens einem Geschoss zulässig, wenn folgende Kriterien erfüllt sind:
- Die Förderplattform muss mindestens 110 cm x 140 cm groß sein und mindestens 110 cm hoch sicher umkleidet sein (Innenkabine); ein Durchblick muss auch in sitzender Position möglich sein,
- die Nennlast ist auf mindestens 360 kg auszulegen,
- die Benutzbarkeit muss ohne fremde Hilfe und nicht ausschließlich für Rollstuhlnutzer möglich sein und
- die räumlichen Bedingungen außerhalb des Plattformaufzugs sind entsprechend Abschnitt 4.3.5 auszuführen.

011. Die Abschnitte 4.2.1, 4.3.6 und 4.3.8 finden auch auf nicht gebäudebezogene Hauptwege Anwendung.

Hinweis:

Technische Regeln, auf die in dieser Norm verwiesen wird, sind von der Einführung nicht erfasst.

**Anlage A 4.2/3Bay**
**Zu DIN 18040-2**

Die Einführung bezieht sich auf Wohnungen, soweit sie nach Art. 48 Abs. 1 BayBO[2] barrierefrei sein müssen.

Bei der Anwendung der Technischen Baubestimmung ist Folgendes zu beachten:

01. Die Norm ist regelmäßig anzuwenden, wenn bauaufsichtliche Anforderungen an das barrierefreie Bauen gestellt werden.

02. Die Abschnitte 4.3.6, 4.4 und 5.6 sowie alle Anforderungen mit der Kennzeichnung „R“ sind von der Einführung ausgenommen.

03. Für Wohnungen nach Art. 48 Abs. 1 BayBO genügt es, wenn ein Fenster eines Aufenthaltsraums je Wohnung Abschnitt 5.3.2 Satz 2 entspricht.

---

[1] Nr. **15**.
[2] Nr. **1**.

Zulässig sind auch Fenster, deren Brüstungen aufgrund der Anforderungen an die Kindersicherheit eine Höhe von 70 cm über OFF aufweisen.

04. Abweichend von Abschnitt 5.5.6 ist im Sanitärraum eine Badewanne anstelle eines Duschplatzes schon bei der Errichtung zulässig, sofern der Raum so dimensioniert und bauseits vorbereitet ist, dass ein barrierefreier Duschplatz nachträglich möglich ist.

Hinweis:
Technische Regeln, auf die in dieser Norm verwiesen wird, sind von der Einführung nicht erfasst.

### A 5. Schallschutz

### A 5.1. Allgemeines

Gemäß Art. 3 und Art. 13 Abs. 2 BayBO[1)] sind bauliche Anlagen so zu errichten, zu ändern und instand zu halten, dass sie einen ihrer Nutzung entsprechenden Schallschutz haben.

Zur Erfüllung dieser Anforderung sind die technischen Regeln bezüglich des Schallschutzes aus Abschnitt A 5.2 zu beachten.

### A 5.2. Technische Anforderungen hinsichtlich Planung, Bemessung und Ausführung an bestimmte bauliche Anlagen und ihre Teile gem. Art. 81a Abs. 2 BayBO[1)]

| Lfd. Nr. | Anforderungen an Planung, Bemessung und Ausführung gem. Art. 81a Abs. 2 BayBO[1)] | Technische Regeln/Ausgabe | Weitere Maßgaben gem. Art. 81a Abs. 2 BayBO[1)] |
|---|---|---|---|
| 1 | 2 | 3 | 4 |
| A 5.2.1 | Schallschutz im Hochbau | DIN 4109-1:2018-01 | Anlagen A 5.2/1 bis A 5.2/3 |

**Anlage A 5.2/1**
**Zu DIN 4109-1**

**1**

Zu Abschnitt 7.1:
Sofern das gesamte bewertete Bau-Schalldämm-Maß $R'_{w,ges} > 50$ dB betragen muss, bzw. bei einem Maßgeblichen Außenlärmpegel $L_a > 80$ dB sind die Anforderungen im Einzelfall von der Bauaufsichtsbehörde festzulegen.

**2**

Zu Abschnitt 8, Tabelle 8:
Die Anforderungen in Tabelle 8, Zeilen 3.3, 3.4, 5.1 und 5.2 sind nur einzuhalten, sofern es sich bei den schutzbedürftigen Räumen um Wohn-, Schlaf- oder Bettenräume gemäß DIN 4109-1:2018-01, Abschnitt 3.16 handelt.

**3**

Zu den Abschnitten 7, 8 und 9:

---

1) Nr. **1**.

Bei baulichen Anlagen, die nach Tabelle 9, Zeilen 3 und 4 einzuordnen sind, ist die Einhaltung des geforderten Schalldruckpegels durch Vorlage von Messergebnissen nachzuweisen. Das Gleiche gilt für die Einhaltung des geforderten Schalldämm-Maßes bei Bauteilen nach Tabelle 8 und bei Außenbauteilen, an die Anforderungen entsprechend Abschnitt 7.1 gestellt werden, sofern das gesamte bewertete Bau-Schalldämm-Maß R'w,ges ≥ 50 dB betragen muss, bzw. bei einem Maßgeblichen Außenlärmpegel $L_a$ > 80 dB. Diese Messungen sind unter Beachtung von DIN 4109-4:2016-07 von bauakustischen Prüfstellen durchzuführen, die in einem Verzeichnis über „anerkannte Schallschutzprüfstellen" bei dem Verband der Materialprüfungsanstalten VMPA[*1] geführt werden.

**4**

Die informativen Anhänge A und B sind nicht anzuwenden.

**5**

Zu Abschnitt 7:

Ein Nachweis der Luftschalldämmung von Außenbauteilen ist erforderlich, wenn

a) der Bebauungsplan festsetzt, dass Vorkehrungen zum Schutz vor Außenlärm am Gebäude zu treffen sind (§ 9 Abs. 1 Nr. 24 BauGB) oder
b) der „maßgebliche Außenlärmpegel" (Abschnitt 4.4.5 der DIN 4109-2:2018-01) auch nach den vorgesehenen Maßnahmen zur Lärmminderung gleich oder höher ist als
   - 61 dB(A) bei Aufenthaltsräumen in Wohnungen, Übernachtungsräumen, Unterrichtsräumen und ähnlichen Räumen sowie bei Bettenräumen in Krankenhäusern und Sanatorien
   - 66 dB(A) bei Büroräumen

---

[*1] **Amtl. Anm.:** Verband der Materialprüfungsanstalten (VMPA) e.V., Littenstraße 10, 10179 Berlin (www.vmpa.de)

**Anlage A 5.2/2**

Der schalltechnische Nachweis ist nach DIN 4109-2:2018-01 in Verbindung mit DIN 4109-31:2016-07, DIN 4109-32:2016-07, DIN 4109-33:2016-07, DIN 4109-34:2016-07, DIN 4109-34/A1:2019-12, DIN 4109-35:2016-07, DIN 4109-35/A1:2019-12 und DIN 4109-36:2016-07 zu führen.

Für Bauteile im Massivbau kann der Nachweis auch nach Beiblatt 1 zu DIN 4109:1989-11 geführt werden. Wenn Mauerwerk aus Lochsteinen zur Anwendung kommt, gilt dies nur für Mauerwerk, welches den Bedingungen in DIN 4109-32:2016-07, Abschnitt 4.1.4.2.1, entspricht. Beiblatt 1 zu DIN 4109:1989-11 darf jedoch nicht für den Nachweis von massiven Treppen herangezogen werden.

**Zu DIN 4109-2**

Die informativen Anhänge B, C und D sind nicht anzuwenden.

**Zu DIN 4109-36**

Der informative Anhang A ist nicht anzuwenden.

**Anlage A 5.2/3**

1

In Ermangelung einer allgemein anerkannten Regel der Technik für die Planung, Bemessung und Ausführung von Bauteilen, für die die Eingangsdaten für die rechnerischen Nachweise des Schallschutzes gemäß DIN 4109-2:2018-01, Abschnitt 5.1, durch bauakustische Prüfungen bestimmt werden sollen, weil keine Kennwerte nach DIN 4109-32:2016-07 bis DIN 4109-35:2016-07 zur Verfügung stehen, ist ein Nachweis gemäß Art. 15 BayBO[1)] erforderlich.

Hiervon ausgenommen sind Bauarten unter Verwendung von Bauprodukten mit einer ETA gemäß den Ziffern 2 und 3.

2

Bei der Ausführung von Bauteilen mit Dämmstoffen aus granuliertem Polystyrol und Bindemittelgemisch mit einer ETA auf Grundlage von EAD 040635-00-1201 oder EAD 040635-01-1201 gilt Folgendes:

Das Bauprodukt darf zur Trittschalldämmung unter unbeheizten schwimmenden Estrichen verwendet werden, wenn entweder für die Verformung unter Druck- und Temperaturbeanspruchung eine maximale Differenz der relativen Stauchungen von 5 % eingehalten wird oder der deklarierte Wert der Druckspannung bei 10 % Stauchung muss mindestens 30 kPa beträgt. Im letzteren Fall muss die Dimensionsstabilität unter definierten Temperatur- und Feuchtebedingungen ausgewiesen sein.

Der Nachweis des Schallschutzes ist nach DIN 4109-2:2018-01 mit dem für den Konstruktionsaufbau angegebenen Nennwert der bewerteten Trittschallminderung $\Delta L_w$ zu führen.

Hinsichtlich Planung und Ausführung ist DIN 4109-34:2016-07, Abschnitt 4.5.3 zu beachten.

3

Bei der Ausführung von Bauteilen mit Gummifasermatten und/oder Polyurethan(PU)-Schaummatten zur Trittschalldämmung mit einer ETA auf Grundlage von EAD 040048-00-0502 oder EAD 040048-01-0502 bzw. einer ETA auf Grundlage von EAD 040049-00-0502 oder EAD 040049-01-0502 gilt Folgendes:

Die Bauprodukte dürfen zur Trittschalldämmung auf Massivdecken unter schwimmendem Estrich verwendet werden, wenn für die Verformung unter Druck- und Temperaturbeanspruchung die maximale Differenz der relativen Stauchungen 5 % beträgt. Der Nachweis des Schallschutzes ist nach DIN 4109-2:2018-01 mit dem für den Konstruktionsaufbau angegebenen Nennwert der bewerteten Trittschallminderung $\Delta L_w$ zu führen. Hinsichtlich Planung und Ausführung ist DIN 4109-34:2016-07, Abschnitt 4.5.3 zu beachten.

**Anlage A 5.2/4**

– gestrichen in den BayTB – Ausgabe Februar 2025

---

[*1] **Amtl. Anm.:** nach EAD/ETAG/CUAP

---

[1)] Nr. **1**.

## A 6. Wärmeschutz

### A 6.1. Allgemeines

Gemäß Art. 3 und Art. 15 Abs. 1 BayBO[1)] sind bauliche Anlagen so zu errichten, zu ändern und instand zu halten, dass sie einen ihrer Nutzung und den klimatischen Verhältnissen entsprechenden Wärmeschutz haben.

Zur Erfüllung dieser Anforderung an bauliche Anlagen im Ganzen und in ihren Teilen sind die technischen Regeln bezüglich des Wärmeschutzes aus Abschnitt A 6.2 zu beachten.

### A 6.2. Technische Anforderungen hinsichtlich Planung, Bemessung und Ausführung an bestimmte bauliche Anlagen und ihre Teile gem. Art. 81a Abs. 2 BayBO[1)]

| Lfd. Nr. | Anforderungen an Planung, Bemessung und Ausführung gem. Art. 81a Abs. 2 BayBO[1)] | Technische Regeln/Ausgabe | Weitere Maßgaben gem. Art. 81a Abs. 2 BayBO[1)] |
|---|---|---|---|
| 1 | 2 | 3 | 4 |
| A 6.2.1 | Wärmeschutz in Gebäuden | | |
| | Mindestanforderungen an den Wärmeschutz | DIN 4108-2:2013-02 | Anlage A 6.2/1 |
| | Klimabedingter Feuchteschutz | DIN 4108-3:2018-10 | Anlage A 6.2/2 |
| | Wärme- und feuchteschutztechnische Bemessungswerte | DIN 4108-4:2020-11 | Anlage A 6.2/3 |
| | Anwendungsbezogene Anforderungen an Wärmedämmstoffe | DIN 4108-10:2020-11 | Anlage A 6.2/5 |
| A 6.2.2 | „Harnstoff-Formaldehydharz-Ortschaum für die Wärmedämmung" gestrichen in den BayTB – Ausgabe April 2021 | | |

**Anlage A 6.2/1**
**Zu DIN 4108-2**

**1**

Der sommerliche Wärmeschutz erfolgt über die Regelungen des Gebäudeenergiegesetzes.

**2**

Zu Abschnitt 5.2.2:

Die aufgeführten Ausnahmen sind nur für einlagig hergestellte bzw. einlagig verlegte Dämmstoffplatten anzuwenden.

**Anlage A 6.2/2**
**Zu DIN 4108-3**

Der Abschnitt 6 gilt nicht als Technische Baubestimmung.

**Anlage A 6.2/3**
**Zu DIN 4108-4**

Für Dämmstoffe und Dämmputze mit ETA*1 ist der Bemessungswert der Wärmeleitfähigkeit wie folgt zu ermitteln: Auf Grundlage des in der ETA angegebenen Nennwertes, der 90 % der Produktion mit einer Aussagewahr-

1) Nr. **1**.

scheinlichkeit von 90 % repräsentiert, ergibt sich der Bemessungswert der Wärmeleitfähigkeit durch Umrechnung auf einen Feuchtegehalt bei 23 °C und 80 % relative Luftfeuchte und Multiplikation mit dem Sicherheitsbeiwert $\gamma = 1{,}03$. Zur Umrechnung für die Feuchte sind die in der ETA angegebenen Umrechnungsfaktoren zu verwenden.

*1 **Amtl. Anm.:** nach EAD/ETAG/CUAP

## Anlage A 6.2/4

– gestrichen in den BayTB – Ausgabe November 2023

## Anlage A 6.2/5

### 1

In Ermangelung einer allgemein anerkannten Regel der Technik für die Planung, Bemessung und Ausführung von baulichen Anlagen unter Verwendung von nicht in DIN 4108-10:2021-11 aufgeführten Wärmedämmstoffen ist ein Nachweis gemäß Art. 15 BayBO[1)] erforderlich. Hiervon ausgenommen ist die Ausführung von Bauteilen mit Dämmprodukten gemäß den Ziffern 1.1 bis 1.4 bei Einhaltung der entsprechenden Anforderungen:

### 1.1

Wärmedämmplatten aus mineralischem Material mit einer ETA auf Grundlage von EAD 040012-00-1201 bzw. EAD 040012-01-1201:

| Anwendungsgebiet nach DIN 4108-10, Tabelle 1 (Kurzzeichen) | Grenzabmaße für Länge, Breite und Dicke | Rechtwinkligkeit | Ebenheit | Zugfestigkeit senkrecht | Druckfestigkeit | Dimensionsstabilität | | Wasseraufnahme bei teilweisem Eintauchen | |
|---|---|---|---|---|---|---|---|---|---|
| | | | | | | bei definierter Temperatur | bei definierten Temperatur- und Feuchtebedingungen | kurzzeitig | langzeitig |
| | mm | mm/m | mm | kPa | kPa | % | % | kg/m² | kg/m² |
| DAD | ± 2 | ≤ 5 | ≤ 2 | – | ≥ 200 | ≤ 1,0 | ≤ 1,0 | ≤ 2,0 | ≤ 3,0 |
| DAA | ± 2 | ≤ 5 | ≤ 2 | ≥ 80 | ≥ 200 | ≤ 1,0 | ≤ 1,0 | ≤ 2,0 | ≤ 3,0 |
| DZ | ± 2 | ≤ 5 | ≤ 2 | – | – | ≤ 1,0 | ≤ 1,0 | – | – |
| DI | ± 2 | ≤ 5 | ≤ 2 | – | ≥ 150 | ≤ 1,0 | ≤ 1,0 | – | – |
| DEO | ± 2 | ≤ 5 | ≤ 2 | – | ≥ 150 | ≤ 1,0 | ≤ 1,0 | – | – |
| WI | ± 2 | ≤ 5 | ≤ 2 | – | ≥ 150 | ≤ 1,0 | ≤ 1,0 | – | – |
| WZ | ± 2 | ≤ 5 | ≤ 2 | – | – | ≤ 1,0 | ≤ 1,0 | ≤ 2,0 | ≤ 3,0 |
| WAB | ± 2 | ≤ 5 | ≤ 2 | ≥ 80 | ≥ 200 | ≤ 1,0 | ≤ 1,0 | ≤ 2,0 | ≤ 3,0 |
| WAP | ± 2 | ≤ 5 | ≤ 2 | ≥ 80 | ≥ 200 | | | ≤ 2,0 | ≤ 3,0 |
| WH | ± 2 | ≤ 5 | ≤ 2 | – | – | | | – | – |
| WTR | ± 2 | ≤ 5 | ≤ 2 | – | – | | | – | – |

### 1.2

Dämmprodukte aus expandiertem Perlit (EPB) mit einer ETA auf Grundlage von EAD 0400100-001201:

Für die Anwendung gilt DIN 4108-10:2021-11, Tabelle 11 mit Ausnahme der Anforderung an die Biegefestigkeit.

1) Nr. 1.

**1.3**

Dämmstoffe aus granuliertem Polystyrol und Bindemittelgemisch mit einer ETA auf Grundlage von EAD 040635-00-1201:

Das Produkt darf als Wärmedämmstoff entsprechend den Anwendungsgebieten DEO, DAD und DAA(dm) nach DIN 4108-10:2021-11 verwendet werden, wenn der deklarierte Wert der Druckspannung bei 10 % Stauchung mindestens 100 kPa beträgt und für die Verformung unter Druck- und Temperaturbeanspruchung eine maximale Differenz der relativen Stauchungen von 5 % eingehalten wird.

**1.4**

Produkte mit reflektierenden Schichten zur Wärmedämmung der Gebäudehülle mit ETA auf Grundlage von EAD 04007-00-1201:

**1.4.1. Anwendung**

Die Produkte dürfen entsprechend den Anwendungsgebieten DI und WI nach der Norm DIN 4108-10:2021-11 als nicht druckbelastete, zusätzliche Wärmedämmung auf der Innenseite wärmeübertragender Bauteile verwendet werden.

Sie dürfen nur in Konstruktionen eingebaut werden, in denen sie vor Niederschlag, Bewitterung und Durchfeuchtung geschützt sind.

**1.4.2. Bemessungswert des Wärmedurchlasswiderstandes**

Die Berechnung des Wärmeschutzes ist mit dem Bemessungswert des Wärmedurchlasswiderstandes zu führen. Der Bemessungswert des Wärmedurchlasswiderstandes ist wie folgt zu ermitteln:

Auf Grundlage des in der ETA angegebenen Nennwertes („Core thermal resistance“ ohne benachbarte Lufträume) ergibt sich der Bemessungswert des Wärmedurchlasswiderstandes mittels Division durch den Sicherheitsbeiwert $\gamma$ = 1,03. Bei Produkten auf Basis von Naturfaserdämmstoffen hat zusätzlich eine Umrechnung auf einen Feuchtegehalt bei 23 °C und 80 % relative Luftfeuchte unter Verwendung der in der ETA angegebenen Umrechnungsfaktoren zu erfolgen.

In Bereichen, in denen die Produkte zusammengedrückt werden (z.B. Befestigungsbereiche auf der Tragkonstruktion) ist der Wärmedurchlasswiderstand der Produkte nicht für den Nachweis anzusetzen.

**1.4.3. Wärmedurchlasswiderstand von benachbarten, unbelüfteten Lufträumen**

Bei der Berechnung des Wärmedurchlasswiderstandes von durch die Produkte begrenzten, unbelüfteten Lufträumen mit einer Länge und Breite von mehr als dem 10-fachen der Dicke nach DIN EN ISO 6946:2018-03, Anhang D, sind folgende Werte in Ansatz zu bringen:

- Emissionsgrad $\varepsilon$ der Oberfläche der Produkte gemäß ETA
- $h_a$ nach DIN EN ISO 6946:2018-03, Tabelle D.2, mit $\Delta T$ = 10 K
- $h_{ro}$ = 5,7 W/(m² K)

Es dürfen nur luftdichte Konstruktionsaufbauten berücksichtigt werden, bei denen die Produkte vor Verschmutzung und Witterung geschützt auf der Innenseite der Konstruktion eingebaut werden.

### 1.4.4. Klimabedingter Feuchteschutz

Beim rechnerischen Nachweis des klimabedingten Feuchteschutzes nach DIN 4108-3:2018-10 sind für die Produkte die in der ETA angegebenen Werte in Ansatz zu bringen.

2

Bei der Ausführung von Bauteilen mit Dämmprodukten aus pflanzlichen oder tierischen Fasern gemäß DIN 4108-10:2021-11, Tabellen 15 und 20 gilt Folgendes:

Hinsichtlich des Widerstandes gegenüber Schimmelpilz müssen die Dämmprodukte in die Klasse 0 eingestuft sein. Alternativ ist durch hygrothermische Simulation nachzuweisen, dass ein Risiko gegenüber Schimmelpilzbefall nicht gegeben ist.

Werden die Dämmprodukte trocken verarbeitet, dürfen sie auch für Außenbauteile GK 0 (Gebrauchsklasse 0 nach DIN 68800-2:2012-02) mit Ausnahme von Bild A.8, Schicht Nr. 7 in Fällen verwendet werden, in denen nach DIN 68800-2:2012-02 Dämmstoffe mit Verwendbarkeitsnachweis für bestimmte Anwendungen gefordert sind, wenn folgende Leistungen ausgewiesen sind:

- Dichte im eingebauten Zustand 25 kg/m³ bis 155 kg/m³
- Wasserdampfdiffusionswiderstandszahl $\mu \leq 3$
- Massebezogener Feuchtegehalt nach DIN EN ISO 12571:2013-12 bei 23 °C/80 % relative Luftfeuchtigkeit ≤ 0,19 kg/kg.

## B. Technische Baubestimmungen für Bauteile und Sonderkonstruktionen, die zusätzlich zu den in Teil A aufgeführten Technischen Baubestimmungen zu beachten sind



### B 1. Allgemeines

Dieser Abschnitt enthält Technische Baubestimmungen, die bei der Erstellung bestimmter Sonderkonstruktionen und Bauteile beachtet werden müssen. Die Technischen Baubestimmungen werden zur Erleichterung der Anwendung zu jeder Sonderkonstruktion / jedem Bauteil gebündelt dargestellt, weil sie der Konkretisierung mehrerer Grundanforderungen dienen.

Bauliche Anlagen müssen über den gesamten Zeitraum ihrer Nutzung im Ganzen und in ihren einzelnen Teilen für sich allein standsicher sein. Sie müssen so angeordnet, beschaffen und gebrauchstauglich sein, dass keine Gefahrenlage oder unzumutbare Belästigungen entstehen.

---

[1)] Nr. 1.

## B 2. Technische Regelungen für Sonderkonstruktionen und Bauteile gem. Art. 81a Abs. 2 BayBO[1)]

| Lfd. Nr. | Anforderungen an die Planung, Bemessung und Ausführung gem. Art. 81a Abs. 2 BayBO[1)] | Bestimmungen/Festlegungen gem. Art. 81a Abs. 2 BayBO[1)] |
|---|---|---|
| 1 | 2 | 3 |
| **B 2.1** | **Sonderkonstruktionen** | |
| B 2.1.1 | Fliegende Bauten – Zelte | DIN EN 13782:2015-06<br>Anlage B 2.1/1 |
| B 2.1.2 | Fliegende Bauten und Anlagen für Veranstaltungsplätze und Vergnügungsparks | DIN EN 13814:2005-06<br>Anlage B 2.1/2 |
| **B 2.2** | **Bauteile** | |
| **B 2.2.1** | **Bauteile für Wände, Dächer, Decken und Fassadenkonstruktionen** | |
| B 2.2.1.1 | Außenwandbekleidungen, hinterlüftet | DIN 18516-1:2010-06<br>Anlage B 2.2.1/1<br>DIN 18516-3:2021-05<br>DIN 18516-5:2021-05<br>Anlage B 2.2.1/2<br>Zusätzlich gilt:<br>A 2.2.1.6 |
| B 2.2.1.2 | Aus Bausätzen hergestellte tragende Außenwände | Anlage B 2.2.1/3 |
| B 2.2.1.3 | Vorhangfassaden | Anlage B 2.2.1/4 |
| B 2.2.1.4 | Dächer, Wände und Decken aus selbsttragenden Sandwich-Elementen mit beidseitigen Metalldeckschichten | Anlage B 2.2.1/5 |
| B 2.2.1.5 | Außenseitige Wärmedämmverbundsysteme | WDVS mit ETA nach ETAG 004:<br>2019-05 (s. Anhang 11) |
| B 2.2.1.6 | Ortbeton-Wände aus Schalungssteinen | Anwendungsregeln für nicht lasttragende verlorene Schalungsbausätze/-systeme und Schalungssteine für die Erstellung von Ortbeton-Wänden: 2024-04 (s. Anhang 12) |
| B 2.2.1.7 | Bausätze für innere Trennwände zur Verwendung als nicht tragende Wände[*1] | Anlage B 2.2.1/6 |
| B 2.2.1.8 | Bausätze für Gebäude aus Holz, Metall und Stahlbeton[*3] | Anlage B 2.2.1/3 |
| B 2.2.1.9 | Vorgefertigte Raumzellen für Gebäude[*1] | Anlage B 2.2.1/3 |
| B 2.2.1.10 | Bauteile aus Gipsplatten, Gipsplattenprodukten aus der Weiterverarbeitung, Gipsplatten mit Vliesarmierung, Gipsfaserplatten und Gipsplatten-Wandbaufertigtafeln mit einem Kartonwabenkern | Anlage B 2.2.1/7 |
| B 2.2.1.11 | Leichte tragende Stahl-/Holz-Dachelemente[*2] | Anlage B 2.2.1/8 |
| B 2.2.1.12 | Dachelemente für Dacheindeckungen, Dachlichtbänder, vorgefertigte Lichtkuppeln aus Kunststoff | Anlage B 2.2.1/9 |

[1)] Nr. **1**.
[*1] **Amtl. Anm.:** nach EAD/ETAG/CUAP
[*3] *Anm. d. Red.:* Fußnote 3 amtlich nicht wiedergegeben.
[*2] **Amtl. Anm.:** nach EAD/ETAG/CUAP

| Lfd. Nr. | Anforderungen an die Planung, Bemessung und Ausführung gem. Art. 81a Abs. 2 BayBO | Bestimmungen/Festlegungen gem. Art. 81a Abs. 2 BayBO |
|---|---|---|
| 1 | 2 | 3 |
| **B 2.2.2** | **Unterdeckenkonstruktionen** | |
| B 2.2.2.1 | Gipsplatten-Deckenbekleidungen und Unterdecken | DIN 18168-1:2007-04 |
| B 2.2.2.2 | Abgehängte Decken mit Bauprodukten aus Faserzement bzw. mit zementgebundenen Bauplatten | Anlage B 2.2.2/1 |
| **B 2.2.3** | **Bauteile aus Dämmstoffen für den Wärme- und Schallschutz** | |
| B 2.2.3.1 | Werkmäßig hergestellte Schüttungen aus Schaumglasschotter | Anlage B 2.2.3/1 |
| **B 2.2.4** | **Lager** | |
| B 2.2.4.1 | „Lager im Bauwesen" gestrichen in den BayTB – Ausgabe April 2021 | |
| | | |
| **B 2.2.5** | **Bauteile zur Abdichtung von baulichen Anlagen** | |
| Bauliche Anlagen müssen nach Art. 11 Abs. 1 BayBO[1] so angeordnet, beschaffen und gebrauchstauglich sein, dass durch Wasser und Feuchtigkeit Gefahren oder unzumutbare Belästigungen nicht entstehen. | | |
| B 2.2.5.1 | Dachabdichtungen aus Bitumenbahnen mit Trägereinlage | DIN SPEC 20000-201:2018-08 Abschnitt 5.1 |
| B 2.2.5.2 | Dachabdichtungen aus Kunststoff- und Elastomerbahnen | DIN SPEC 20000-201:2018-08 Abschnitt 5.3 |
| B 2.2.5.3 | Bauwerksabdichtungen aus Kunststoff- und Elastomer-Mauersperrbahnen | DIN/TS 20000-202:2020-11 Abschnitt 5.3 |
| B 2.2.5.4 | Bauwerksabdichtungen aus Bitumen- und Mauersperrbahnen | DIN/TS 20000-202:2020-11 Abschnitt 5.2 |
| B 2.2.5.5 | Bauwerksabdichtungen gegen Bodenfeuchte und Wasser aus Kunststoff- und Elastomerbahnen | DIN/TS 20000-202:2020-11 Abschnitt 5.3 |
| B 2.2.5.6 | Bauwerksabdichtungen gegen Bodenfeuchte und Wasser aus Bitumenbahnen | DIN/TS 20000-202:2020-11 Abschnitt 5.2 |
| B 2.2.5.7 | Abdichtungen von Betonbrücken und anderen Verkehrsflächen aus Beton aus Bitumenbahnen mit Trägereinlage | DIN/TS 20000-203:2021-03 Abschnitt 5 |
| B 2.2.5.8 | Flächenabdichtungen für Behälter und Nassräume aus flüssig zu verarbeitenden wasserundurchlässigen Produkten im Verbund mit keramischen Fliesen und Plattenbelägen | Anhang 15:2019-11, Abschnitt 2.5.1 |
| B 2.2.5.9 | Bauwerksabdichtungen aus polymermodifizierten Bitumendickbeschichtungen | DIN 18533-3:2017-07, Tabelle 2 |
| B 2.2.5.10 | Dachabdichtungssysteme aus flüssig aufzubringenden Stoffen | Anhang 15:2019-11, Abschnitt 2.2.1 |
| B 2.2.5.11 | Dachabdichtungssysteme aus mechanisch befestigten Dachabdichtungsbahnen | Dachabdichtungsbahn nach DIN SPEC 20000-201:2018-08, Abschnitt 5.1 oder 5.3 |

[1] Nr. 1.

| Lfd. Nr. | Anforderungen an die Planung, Bemessung und Ausführung gem. Art. 81a Abs. 2 BayBO | Bestimmungen/Festlegungen gem. Art. 81a Abs. 2 BayBO |
|---|---|---|
| 1 | 2 | 3 |
| B 2.2.5.12 | Abdichtung von Wänden und Böden in Nassräumen | Anhang 15:2019-11, Abschnitt 2.6.1 |
| B 2.2.5.13 | Brücken- und Parkdeckabdichtungen aus flüssig aufzubringenden Stoffen | Anhang 15:2019-11, Abschnitt 2.3.1 |
| B 2.2.5.14 | Dachabdichtungen aus flüssigen und bahnenförmigen Stoffen im Verbund | Anhang 15:2019-11, Abschnitt 2.2.2 |
| B 2.2.5.15 | „Dach- und Bauwerksabdichtungen aus Abdichtungsbahnen im Verbund mit weiteren Stoffen" gestrichen in den BayTB – Ausgabe April 2021 | |
| B 2.2.5.16 | Abdichtungen von vertikalen Wandanschlüssen bei Bitumendachabdichtungen mit einkomponentiger Bitumen-Polyurethan-Mischung | Anhang 15: 2019-11, Abschnitt 2.2.3 |
| B 2.2.5.17 | Fugenabdichtungen mit beschichteten Fugenblechen in WU-Betonkonstruktionen | Anhang 15:2019-11, Abschnitt 2.7.1 |
| B 2.2.5.18 | Bauwerksabdichtungen mit Klebemassen und Deckaufstrichmassen aus Straßenbaubitumen oder Elastomerbitumen | DIN 18533-2:2017-07, Tabelle 4 (EN 12591 und EN 14023)<br>Zusätzlich gilt:<br>DIN EN ISO 11925-2:2011-02 in Verbindung mit Anlage C 3.7 unter Beachtung von A 2.2.1.2, Tabelle 1.2.1 |
| B 2.2.5.19 | Bauwerksabdichtungen aus flexiblen polymermodifizierten Dickbeschichtungen | Anhang 15:2019-11, Abschnitt 2.4.1 |
| B 2.2.5.20 | Fugenabdichtungen mit Quellfugenbändern in WU-Betonkonstruktionen | Anhang 15:2019-11, Abschnitt 2.7.2 |
| **B 2.2.6** | **Grundstücksentwässerungsanlagen** | |
| Grundstücksentwässerungsanlagen müssen so beschaffen sein, dass sie standsicher sind und von ihrer Nutzung keine Gefahren oder unzumutbare Belästigungen ausgehen, insbesondere keine gesundheits- oder umweltgefährdenden Stoffe entweichen. Zur Erfüllung der Anforderungen an die Beschaffenheit von Grundstückentwässerungsanlagen müssen für Bauprodukte nach harmonisierten technischen Spezifikationen alle in der hEN enthaltenen Merkmale in der Leistungserklärung angegeben sein. | | |
| B 2.2.6.1 | Rückstauverschlüsse für Gebäude | Anlage B 2.2.6/1 |
| B 2.2.6.2 | Rohre und Formstücke aus Beton, Stahlfaserbeton und Stahlbeton | Anlage B 2.2.6/2 |
| B 2.2.6.3 | Einstieg- und Kontrollschächte aus Beton, Stahlfaserbeton und Stahlbeton | Anlage B 2.2.6/3 |
| B 2.2.6.4 | Rohre und Fittings aus unlegiertem Stahl für den Transport von Wasser und anderen wässrigen Flüssigkeiten | Anlage B 2.2.6/4 |

## Anlage B 2.1/1
## Zu DIN EN 13782

Bei Anwendung der technischen Regel ist Folgendes zu beachten:

**1**

Zu Abschnitt 7.4.2.2:

Für den Standsicherheitsnachweis von Zelten, die als Fliegende Bauten auch für Aufstellorte mit vb,0 > 28 m/s bemessen werden sollen, sind die Böengeschwindigkeitsdrücke nach Tabelle NA.B.3 oder Abschnitt NA.B.3.3 der Norm DIN EN 1991-1-4/NA:2010-12 anzuwenden. Diese dürfen gemäß

Abschnitt 7.4.2.2 abgemindert werden. Andere Abminderungen der Böengeschwindigkeitsdrücke dürfen nicht in Ansatz gebracht werden. Die Regelungen der vorstehenden Sätze gelten auch für den Standsicherheitsnachweis von Zelten, die als Fliegende Bauten für Aufstellorte im Küstenbereich der Windzone 3 (Definition nach DIN EN 1991-1-4/NA:2010-12) bemessen werden sollen. Als Küstenbereich gelten ein Streifen entlang der Küste mit 5 km Breite landeinwärts und die der Küste vorgelagerten Inseln.

**2**

Der Abschnitt 12 und die Anhänge B und C sind von der Einführung ausgenommen.

**Anlage B 2.1/2**
**Zu DIN EN 13814**

Bei Anwendung der technischen Regel ist Folgendes zu beachten:

**1.1**

Abschnitt 1 erhält folgende Fassung:

„Diese Norm ist anzuwenden für Fliegende Bauten nach Art. 72 BayBO[1]), z.B. Karusselle, Schaukeln, Boote, Riesenräder, Achterbahnen, Rutschen, Tribünen, textile und Membrankonstruktionen, Buden, Bühnen, Schaugeschäfte und Aufbauten für artistische Vorstellungen in der Luft. Sie gilt auch für die Bemessung entsprechender baulicher Anlagen, die in Vergnügungsparks für einen längeren Zeitraum aufgestellt werden, mit Ausnahme der Windlastansätze sowie der Bemessung der Gründung. Diese Norm gilt nicht für Zelte. Ortsfeste Tribünen, Baustelleneinrichtungen, Baugerüste und versetzbare landwirtschaftliche Konstruktionen gehören nicht zu den Fliegenden Bauten."

**1.2**

Für die Anwendung der Norm sind die Auslegungen, Stand: März 2010, zu beachten, die vom Arbeitsausschuss Fliegende Bauten NA 005-11-15 AA (https://www.din.de/de/mitwirken/normenausschuesse/nabau/auslegungen-zu-din-normen-des-nabau-68630) veröffentlicht wurden.

**2.1**

Bei undatierten Verweisen auf Normen der Reihe ENV 1991 bis ENV 1997 sind die entsprechenden technischen Regeln nach Teil A anzuwenden.

**2.2**

Bei Verweisen auf „relevante Europäische Normen" bzw. „EN-Normen" sind zutreffende technische Regeln der Verwaltungsvorschrift Technische Baubestimmungen anzuwenden.

**3**

Die Abschnitte 3.1 bis 3.7 sind von der Einführung ausgenommen.

**4.1**

Zu Abschnitt 5.2:

---

1) Nr. 1.

Bei der Auswahl der Werkstoffe sind die in der BayBO[1)] und in den Vorschriften aufgrund der BayBO vorgegebenen Verwendungsbedingungen zu beachten.

**4.2**

Zu Abschnitt 5.3.3.1.2.2:

Für Tribünen ohne feste Sitzplätze und deren Zugänge und Podeste sind vertikale Verkehrslasten mit $q_k$ = 7,5 kN/m² anzunehmen.

**4.3**

Zu Abschnitt 5.3.3.4:

Bei Anwendung von Tabelle 1 ist der durch erforderliche Schutz- und Verstärkungsmaßnahmen ertüchtigte Fliegende Bau im Zustand außer Betrieb für die höchste vorgesehene Windzone mit den Geschwindigkeitsdrücken nach Tabelle NA.B.3 oder Abschnitt NA.B.3.3 der Norm DIN EN 1991-1-4/NA:2010-12 zu bemessen. Diese dürfen mit dem Faktor 0,7 abgemindert werden. Andere Abminderungen der Geschwindigkeitsdrücke dürfen nicht in Ansatz gebracht werden.

Alternativ darf die Standsicherheit von Fliegenden Bauten im Zustand außer Betrieb, auch für Aufstellorte mit $v_{b,0}$ > 28 m/s, mit den Böengeschwindigkeitsdrücken nach Tabelle NA.B.3 oder Abschnitt NA.B.3.3 der Norm DIN EN 1991-1-4/NA:2010-12 nachgewiesen werden. Diese dürfen mit dem Faktor 0,7 abgemindert werden. Andere Abminderungen der Böengeschwindigkeitsdrücke dürfen nicht in Ansatz gebracht werden.

Bild 1 ist von der Einführung ausgenommen.

**4.4**

Zu Abschnitt 5.3.6.2:

Für günstig wirkende ständige Einwirkungen ist der Teilsicherheitsbeiwert $\gamma_G$ = 1,0 zu verwenden.

**4.5**

Zu Abschnitt 5.6.5.3:

Fußriemenverschnallungen in Überschlagschaukeln, einschließlich deren Befestigungen und Verbindungen, müssen eine Bruchlast von mindestens 2 kN aufweisen.

**5**

Zu Abschnitt 6:

Anstelle der nachfolgend von der Einführung ausgenommenen Abschnitte der Norm gelten die Anforderungen der Richtlinie über den Bau und Betrieb Fliegender Bauten, Fassung Juni 2010.

**5.1**

Die Abschnitte 6.1.3.2, 6.1.3.3, 6.1.4.1, 6.1.4.5 und 6.1.5.2 sind von der Einführung ausgenommen.

**5.2**

Zu Abschnitt 6.1.6.4:

---

1) Nr. **1**.

Bei Kettenfliegerkarussellen darf insbesondere das Versagen einer Tragkette nicht zum Ausfall der Fahrgastsicherung (Schließkette, -stange, etc.) führen.

**5.3**

Zu Abschnitt 6.2.1.2:

Rotoren müssen eine geschlossene Zylinderwand haben. Der Boden und die Innenseite der Zylinderwand sind ohne vorstehende oder vertiefte Teile auszuführen. Der obere Rand der Zylinderwand darf weder vom Benutzer noch von Zuschauern erreicht werden können. Der höhenverschiebbare Boden ist mit geringer Fuge in den Zylinder einzupassen und mit der Zylinderdrehung gleichlaufend zu führen. Die Türen sind mit geringen Fugen in die Zylinderwand einzupassen. Rotoren sind so auszubilden, dass sie nicht bei offenen Türen anfahren können.

**5.4**

Zu Abschnitt 6.2.2.2:

Die Höhe der Umwehrung offener Gondeln von Riesenrädern, in denen Fahrgäste während des Betriebs aufstehen können, muss, gemessen ab Oberkante Sitzfläche, mindestens 0,55 m betragen. Ein- und Aussteigeöffnungen müssen in Höhe der Umwehrung durch feste Vorrichtungen geschlossen werden können. Sie müssen mit nicht selbsttätig lösbaren Verschlüssen gesichert werden können.

**5.5**

Zu Abschnitt 6.2.3.1:

Achterbahnen sind ringsum mit einer Flächenabsperrung der Anforderungsklasse J3 auszustatten.

Die Fahrbahnen von Geisterbahnen sind bis auf die Ein- und Aussteigestellen mindestens mit Bereichsabsperrungen der Anforderungsklasse J2 gegenüber Zuschauern abzuschranken.

**5.6**

Zu Abschnitt 6.2.3.5.1:

Bei Geisterbahnen mit langsam fahrenden Fahrzeugen (Geschw. ≤ 3 m/s) und geeigneten Anpralldämpfern kann auf ein Blocksystem verzichtet werden.

**5.7**

Zu Abschnitt 6.2.3.5.2:

Stockwerksgeisterbahnen müssen Rücklaufsicherungen in den Steigungsstrecken haben. In den Gefällestrecken sind erforderlichenfalls Bremsen zur Regelung der Geschwindigkeit und Kippsicherungen vorzusehen.

**5.8**

Zu Abschnitt 6.2.5.1.1:

Zwischen Drehscheibe und Stoßbande muss eine feststehende, waagerechte und glatte Rutschfläche von mindestens 2 m Breite vorhanden sein.

**5.9**

In Abschnitt 6.2.5.2 ist der 1. Absatz von der Einführung ausgenommen.

**5.10**

Abschnitt 6.2.6 ist von der Einführung ausgenommen.

**5.11**

Zu Abschnitt 6.2.7.5:

Schießtische sind unverrückbar zu befestigen. Die Entfernung zu einzelnen flächenmäßig begrenzten Zielen von höchstens 0,40 m Tiefe (z.B. Häuschen für Walzenschießen) darf bis auf 2,40 m verringert werden.

**5.12**

Abschnitte 6.4, 6.5 und 6.6 sind von der Einführung ausgenommen.

**6**

Abschnitt 7 ist von der Einführung ausgenommen.

**7**

Die Anhänge A, C, E, F, H und I sind von der Einführung ausgenommen.

**Anlage B 2.2.1/1**
**Zu DIN 18516-1**

**1**

Zu Abschnitt 7.1.1, Absatz a):

Für Bekleidungen dürfen auch nichtrostende Stähle der Korrosionsbeständigkeitsklasse II (CRC) nach DIN EN 1993-1-4:2015-10 verwendet werden.

**2**

Auf folgende Druckfehlerberichtigung wird hingewiesen:

Zu Anhang A, Abschnitt A 3.1:

Im 4. Absatz muss es anstelle von „… nach Bild A.1.b) …“ richtig „… nach Bild A.1.c) …“ und anstelle von „… nach Bild A.1.c) …“ richtig „… nach Bild A.1.d) …“ heißen.

Zu Anhang A, Bild A.4:

Es muss heißen: anstelle von „vorh. $F_{Q,Ed}$“ richtig „vorh. $F_Q$“, anstelle von „vorh. $F_{Z,Ed}$“ richtig „vorh. $F_Z$“, anstelle von „zul. $F_{Q,Rd}$“ richtig „zul. $F_Q$“, anstelle von „zul. $F_{Z,Rd}$“ richtig „zul. $F_Z$“, anstelle von „max. $F_{Q,Rd}$“ richtig „max. zul. $F_Q$“ und anstelle von „max. $F_{Z,Rd}$“ richtig „max. zul. $F_Z$“.

**3**

Bei Außenwandbekleidungen sind zur Erfüllung der Anforderungen nach Abschnitt A 1.1 die relevanten Bestimmungen von Abschnitt A 1.2 und B 2.2.1.1 zu beachten. Ausgenommen von der Beachtung der technischen Regeln nach lfd. Nrn. A 1.2.3 ff. und B 2.2.1.1 sind Außenwandbekleidungen mit Fassadenelementen (einschließlich ihrer Befestigungen), die nach allgemein anerkannten Regeln der Technik befestigt sind und folgende Bedingungen erfüllen:

a. mit kleinformatigen Fassadenelementen mit ≤ 0,4 m² Fläche und ≤ 5 kg Eigengewicht oder

b. mit brettformatigen Fassadenelementen mit ≤ 0,3 m Breite und Unterstützungsabständen durch die Unterkonstruktion von ≤ 0,85 m.

**Anlage B 2.2.1/2**
**Zu DIN 18516-5**

Zu Abschnitt 5.4.2:

Gleichung (11) muss wie folgt lauten:

$$V_{Rk,red} = V_{Rk} \cdot \frac{d}{d + 2 \cdot z_A}$$

**Anlage B 2.2.1/3**

**1. Standsicherheit**

Werden Tragfähigkeitsmerkmale von Bauteilen oder Bausätzen nach ETA[*1] in Form von rechnerisch ermittelten Tragfähigkeitswerten, mechanischen Festigkeiten oder komplette statische Berechnungen im Rahmen der Leistungserklärung angegeben, so gehören diese zu den Bauvorlagen.

**2. Wärmeschutz**

Beim Nachweis des Wärmeschutzes sind die Bemessungswerte gemäß DIN 4108-4:2020-11 zu verwenden. Die im Bausatz verwendeten Dämmstoffe müssen die Anforderungen nach DIN 4108-10:2021-11 entsprechend dem jeweiligen Anwendungsgebiet erfüllen.

---

[*1] **Amtl. Anm.:** nach EAD/ETAG/CUAP

**Anlage B 2.2.1/4**
**Standsicherheit**

Zur Erfüllung der Anforderung nach Abschnitt A 1.1 sind für den Tragsicherheitsnachweis der mit dem Vorhangfassadenbausatz hergestellten Fassaden die in den Abschnitten A 1.2 genannten relevanten Bestimmungen anzuwenden.

**Anlage B 2.2.1/5**

**1. Standsicherheit**

Bauteile aus Sandwichelementen nach EN 14509:2013[*1] dürfen nicht zur Aussteifung von Gebäuden, Gebäudeteilen und baulichen Anlagen herangezogen werden.

Bei der Bemessung und Ausführung gilt Folgendes: Die Bemessung und Ausführung der Sandwichelemente ist gemäß Abschnitt E.2, E.3, E.5 und E.7 der Norm EN 14509:2013[*1] vorzunehmen. Abschnitt E.4.2 und E.4.3 kommen nicht zur Anwendung. Die Durchbiegungsbegrenzungen nach EN 14509:2013[1)], Abschnitt E.5.4, sind einzuhalten. Die Temperaturdifferenzen zwischen den Deckschichten sind zu berücksichtigen. Als maximale Temperaturdifferenz der gleichzeitig in beiden Deckschichten wirkenden Temperaturen ist mit $\Delta T = T_1 - T_2$ wie folgt anzusetzen:

- Deckschichttemperatur der Innenseite T2
  Im Regelfall ist von T2 = +20 °C im Winter und von T2 = +25 °C im Sommer auszugehen; dies gilt für den Standsicherheitsnachweis und für den Gebrauchsfähigkeitsnachweis. In besonderen Anwendungsfällen (z.B. Hallen mit Klimatisierung – wie Reifehallen, Kühlhäuser) ist T2 entsprechend der Betriebstemperatur im Innenraum anzusetzen.
- Deckschichttemperatur der Außenseite T1
  Im Winter ist für T1 = –20 °C anzusetzen; für schneebedeckte Dachelemente gilt für T1 die Regelung der Norm. Im Sommer sind für den

---

[1)] **Amtl. Anm.:** In Deutschland umgesetzt durch DIN EN 14509:2013-12.

Gebrauchstauglichkeitsnachweis die Deckschichttemperatur T1 gemäß der Norm sowie für den Standsicherheitsnachweis T1 = +80 °C (bei direkter Sonneneinstrahlung) bzw. T1 = +40 °C (bei keiner direkten Sonneneinstrahlung) anzusetzen.

Die Befestigung der Sandwichelemente hat direkt (sichtbar), durch beide Deckschichten hindurch mit Schrauben, deren Verwendbarkeit hierfür nachgewiesen ist, zu erfolgen. Die Knitterspannungen an den Zwischenauflagern gelten nur bei Befestigung mit maximal 3 Schrauben pro Meter. Für mehr als 3 Schrauben pro Meter sind die Knitterspannungen mit dem Faktor K = (11 – n)/8 (n = Anzahl der Schrauben pro Meter) abzumindern.

Der Nachweis der Tragfähigkeit der Schrauben sowie der Schraubenkopfauslenkungen hat nach den Technischen Baubestimmungen oder dem Verwendbarkeitsnachweis der Schrauben zu erfolgen, wobei die Einwirkungen und deren Kombinationen analog zu EN 14509:2013*1, Abschnitt E.5.3, zu ermitteln sind. Bei der Ermittlung der Einwirkungen für die Befestigungen darf bei durchlaufenden Sandwichelementen der Ansatz von Knittergelenken über den Innenstützen (Traglastverfahren nach EN 14509:2013*1, E.7.2.1 und E.7.2.3) nicht angesetzt werden (keine Kette von Einfeldelementen).

Die Kombinationskoeffizienten $\psi_0$ und $\psi_1$ sind Tabelle E.6, die Lastfaktoren $\gamma_F$ der Tabelle E.8 der Norm EN 14509:2013*1 zu entnehmen. Die materialbezogenen Sicherheitsbeiwerte $\gamma_M$ sind in folgender Tabelle aufgeführt:

| Eigenschaften, für die **$\gamma_M$ gilt** | **Grenzzustand** | |
|---|---|---|
| | **Tragfähigkeit** | **Gebrauchstauglichkeit** |
| Fließen einer Metalldeckschicht | 1,10 | 1,00 |
| Knittern einer Metalldeckschicht im Feld und an einem Mittelauflager (Interaktion mit der Auflagerreaktion) | 2,80 | 1,40 |
| Schubversagen des Kerns | 2,40 | 1,30 |
| Schubversagen einer profilierten Deckschicht | 1,10 | 1,00 |
| Druckversagen des Kerns | 2,40 | 1,30 |
| Versagen der profilierten Deckschicht am Mittelauflager | 1,10 | 1,00 |

**2. Brandschutz / Feuerwiderstand**

Die Verwendung von selbstragenden Sandwich-Elementen mit beidseitigen Metalldeckschichten gemäß EN 14509:2013*1 erfordert die Klassifizierung des Brandverhaltens nach DIN EN 13501-1:2010-01 mit dem Zusatz „alle Endanwendungen".

Die Feuerwiderstandsfähigkeit von Bauteilen (Bauarten) ist nicht geregelt.

*1 **Amtl. Anm.:** In Deutschland umgesetzt durch DIN EN 14509:2013-12.

**Anlage B 2.2.1/6**

Für die Verwendung von Bausätzen von vollständig oder teilweise verglasten Trennwänden der Kategorie IV nach ETA*1 gelten die Bestimmungen von A 1.2.7.1.

---

*1 **Amtl. Anm.:** nach EAD/ETAG/CUAP

**Anlage B 2.2.1/7**

**1**

Gipsplatten nach EN 520:2004+A1:2009*1 zur Verwendung bei tragenden (einschließlich aussteifenden) Bauteilen müssen die Bestimmungen von DIN 18180:2014-09 erfüllen. Gipsplatten aus der Weiterverarbeitung, die durch die Weiterverarbeitung von Gipsplatten nach EN 520:2004+A1:2009*1 hergestellt wurden, dürfen bei tragenden Bauteilen nur verwendet werden, sofern die Weiterverarbeitung nicht zu einer Tragfähigkeitsminderung führt.

**2. Wärmeschutz**

Der Nachweis des Wärmeschutzes ist mit dem Bemessungswert des Wärmedurchlasswiderstandes zu führen. Der Bemessungswert des Wärmedurchlasswiderstandes ist gleich dem Nennwert des Wärmedurchlasswiderstandes R dividiert durch den Umrechnungsfaktor für den Feuchtegehalt von $F_m = 1{,}25$.

---

*1 **Amtl. Anm.:** In Deutschland umgesetzt durch DIN EN 520:2009-12.

**Anlage B 2.2.1/8**

Der Nachweis des Grenzzustandes der Gebrauchstauglichkeit ist ohne Ansatz der Verklebung der Stahlprofile mit den Holzbauteilen zu führen. Die Bildung von Wassersäcken ist auszuschließen.

Die Einhaltung eines ausreichenden Holzschutzes (insbesondere Tauwasser) der Dachelemente ist gemäß DIN 68800-2:2012-02 nachzuweisen.

**Anlage B 2.2.1/9**

Zur Erfüllung der Anforderungen nach Abschnitt A 1.1 sind die relevanten Bestimmungen von Abschnitt A.1.2 zu beachten. Ausgenommen von der Beachtung der technischen Regeln nach lfd. Nrn. A 1.2.3 ff. sind:

**1)**

Dacheindeckungen mit Dachelementen (einschließlich ihrer Befestigungen), die nach allgemein anerkannten Regeln der Technik befestigt sind und folgende Bedingungen erfüllen:

- kleinformatige Dachelemente – außer folgender Elemente nach Punkt b) und c) – mit ≤ 0,4 m² Fläche und ≤ 5 kg Eigengewicht oder
- Dachziegel und -steine (nach DIN EN 1304:2005*1 oder EN 490:2011*2) mit einer Fläche ≤ 0,4 m² und einem Eigengewicht ≤ 7 kg oder
- Formziegel und -steine (nach DIN EN 1304:2005*1 oder EN 490:2011*2) mit einer Fläche ≤ 0,4 m² und einem Eigengewicht ≤ 13 kg oder
- andere Dachelemente mit einem Unterstützungsabstand durch die Unterkonstruktion von ≤ 1,0 m – außer aus Glas,

**2)**

Dachlichtbänder aus Kunststoffplatten, die die folgenden Bedingungen erfüllen:

- ebene Dachlichtbänder mit Dachelementen, deren Unterstützungsabstand durch die Unterkonstruktion ≤ 1,0 m ist oder
- nach oben gekrümmte Dachlichtbänder mit Dachelementen, deren Unterstützungsabstand durch die Unterkonstruktion in Haupttragrichtung (bei nur einachsig gekrümmten Dachelementen in Richtung der Krümmung) ≤ 2,0 m ist,

**3)**

vorgefertigte Lichtkuppeln aus Kunststoff mit einem Unterstützungsabstand durch die Unterkonstruktion in Haupttragrichtung ≤ 2,0 m.

---

*1 **Amtl. Anm.:** In Deutschland umgesetzt durch DIN EN 1304:2008-07.
*2 **Amtl. Anm.:** In Deutschland umgesetzt durch DIN EN 490:2012-01.

### Anlage B 2.2.2/1

Für die Verwendung von Faserzementplatten nach EN 12467:2012*1 bzw. zementgebundenen Bauplatten nach ETA*2 als abgehängte Decke im Innenbereich ist EN 13964:2014*3 mit folgenden Einschränkungen zu beachten:

**1**

Die Verankerung in Beton, Porenbeton, haufwerksporigem Beton, Ziegeln, Stahl, Holz oder ähnlichen Verankerungsgründen erfolgt mit Verankerungselementen wie z.B. Dübeln, Setzbolzen oder Schrauben, deren Verwendung in den Technischen Baubestimmungen geregelt ist.

**2**

Der Nachweis des Wärmeschutzes ist mit dem Bemessungswert der Wärmeleitfähigkeit zu führen. Der Bemessungswert der Wärmeleitfähigkeit ergibt sich aus dem in der ETA*2 angegebenen Nennwert durch Umrechnung auf einen Feuchtegehalt bei 23 °C und 80 % relative Luftfeuchte. Zur Umrechnung sind die in der Europäischen Technischen Zulassung / Bewertung angegebenen Umrechnungsfaktoren zu verwenden.

---

*1 **Amtl. Anm.:** In Deutschland umgesetzt durch DIN EN 12467:2012-12.
*2 **Amtl. Anm.:** nach EAD/ETAG/CUAP
*3 **Amtl. Anm.:** In Deutschland umgesetzt durch DIN EN 13964:2014-08.

### Anlage B 2.2.3/1

In Ermangelung einer allgemein anerkannten Regel der Technik für die Planung, Bemessung und Ausführung unter Verwendung von werkmäßig hergestellten Schüttungen aus Schaumglasschotter unter lastabtragenden Gründungsplatten ist ein Nachweis gemäß Art. 15 BayBO[1] erforderlich.

### Anlage B 2.2.4/1

– gestrichen in den BayTB – Ausgabe April 2021

### Anlage B 2.2.5/1

– gestrichen in den BayTB – Ausgabe April 2021

---

[1] Nr. 1.

**Anlage B 2.2.5/2**
– gestrichen in den BayTB – Ausgabe April 2021

**Anlage B 2.2.5/3**
– gestrichen in den BayTB – Ausgabe April 2021

**Anlage B 2.2.5/4**
– gestrichen in den BayTB – Ausgabe April 2021

**Anlage B 2.2.5/5**
– gestrichen in den BayTB – Ausgabe April 2021

**Anlage B 2.2.5/6**
– gestrichen in den BayTB – Ausgabe April 2021

**Anlage B 2.2.5/7**
– gestrichen in den BayTB – Ausgabe April 2021

**Anlage B 2.2.5/8**
– gestrichen in den BayTB – Ausgabe April 2021

**Anlage B 2.2.5/9**
– gestrichen in den BayTB – Ausgabe April 2021

**Anlage B 2.2.5/10**
– gestrichen in den BayTB – Ausgabe April 2021

**Anlage B 2.2.6/1**

Für fäkalienfreies Abwasser sind nach EN 13564-1:2002[*1] Rückstauverschlüsse der Typen 2, 3 und 5 zu verwenden. Für fäkalienhaltiges Abwasser sind nach EN 13564-1:2002[*2] Rückstauverschlüsse Typ 3 mit der Kennzeichnung „F“ zu verwenden.

---

[*1] **Amtl. Anm.:** In Deutschland umgesetzt durch DIN EN 13564-1:2002-10.
[*2] **Amtl. Anm.:** In Deutschland umgesetzt durch DIN EN 13564-1:2002-10.

**Anlage B 2.2.6/2**

Für die Verwendung der Rohre und Formstücke für die Grundstücksentwässerung können die in EN 1916:2002[*1], Tabelle 1, nicht erfassten Eigenschaften entsprechend DIN V 1201:2004-08 nachgewiesen werden.

---

[*1] **Amtl. Anm.:** In Deutschland umgesetzt durch DIN EN 1916:2003-04.

**Anlage B 2.2.6/3**

Für die Verwendung der Einstieg- und Kontrollschächte für die Grundstücksentwässerung können die in EN 1917:2002[*1], Tabelle 1, nicht erfassten Eigenschaften entsprechend DIN V 4034-1:2004-08 nachgewiesen werden.

---

[*1] **Amtl. Anm.:** In Deutschland umgesetzt durch DIN EN 1917:2003-04.

**Anlage B 2.2.6/4**

Rohre und Fittings sind mit Beschichtungsstoffen zum Korrosionsschutz mit einem Gehalt < 50 ppm Benzo(a)pyren verwendbar.

## B 3. Technische Gebäudeausrüstungen und Teile von Anlagen zum Lagern, Abfüllen und Umschlagen von wassergefährdenden Stoffen, die die CE-Kennzeichnung nicht nach der Bauproduktenverordnung tragen

### B 3.1. Allgemeines

Technische Gebäudeausrüstungen und Teile von Anlagen zum Lagern, Abfüllen und Umschlagen von wassergefährdenden Stoffen, die hinsichtlich ihres Verwendungszwecks bestimmte Grundanforderungen nach Art. 3 Abs. 1 der EU-BauPVO an bauliche Anlagen und ihre Teile nicht erfüllen (und die weiteren harmonisierten Rechtsbereichen unterliegen).

Für diese Produkte ist zum Nachweis der fehlenden Wesentlichen Merkmale unter den Voraussetzungen des Art. 17 BayBO[1] ein Verwendbarkeitsnachweis erforderlich. Dies gilt nicht, sofern in Spalte 4, Buchstabe d, eine andere Festlegung getroffen wurde. Hier ist eine Übereinstimmungserklärung zu den fehlenden Wesentlichen Merkmalen nach Art. 21 BayBO des Herstellers aufgrund vorheriger Prüfung der Bauprodukte durch eine hierfür bauaufsichtlich anerkannte Prüfstelle ausreichend.

### B 3.2. Bestimmungen nach Art. 81a Abs. 2 Nr. 3 BayBO[1]

| Lfd. Nr. | Bauprodukt | Maßgebende Harmonisierungsrechtsvorschriften | a: Konkreter Verwendungszweck<br>b: Gemäß BayBO bestehende Grundanforderung, ggf. mit Konkretisierung<br>c: Fehlendes Wesentliches Merkmal<br>d: Verfahren zum Nachweis des fehlenden Wesentlichen Merkmals |
|---|---|---|---|
| 1 | 2 | 3 | 4 |
| **B 3.2.1** | **Technische Gebäudeausrüstungen, die Anforderungen nach anderen Rechtsvorschriften unterliegen** | | |
| B 3.2.1.1 | Amalgamabscheider | 2014/35/EU<br>2014/30/EU<br>93/42/EWG<br>2006/42/EG | a: Verwendung in der Gebäudeentwässerung<br>b: Hygiene, Gesundheit, Umweltschutz<br>c: Dichtheit, Verhinderung des Rückflusses, Geruchsdichtheit und ausreichender Abscheidegrad |
| B 3.2.1.2 | Kleinkläranlagen mit motorischen Antrieben | 2014/35/EU<br>2014/30/EU<br>2006/42/EG | a: Verwendung in der Gebäudeentwässerung<br>b: Hygiene, Gesundheit, Umweltschutz<br>c: Dichtheit, Verhinderung des Rückflusses, Geruchsdichtheit und biologische Klärwirkung |
| B 3.2.1.3 | Anlagen zur Begrenzung von Schwermetallen in Abwässern, die bei der Herstellung keramischer Erzeugnisse anfallen und die mit motorischen Antrieben ausgestattet sind | 2014/35/EU<br>2014/30/EU<br>2006/42/EG | a: Verwendung in der Gebäudeentwässerung<br>b.1: Hygiene, Gesundheit, Umweltschutz<br>b.2: Nutzungssicherheit<br>c.1: Dichtheit, Begrenzungswirkung<br>c.2: Funktionssicherheit der Mess-, Steuer- und Regelungseinrichtungen |
| B 3.2.1.4 | Anlagen zur Begrenzung von abfiltrierbaren Stoffen, Arsen, Antimon, Barium, Blei und anderen Schwermetallen, die für einen An- | 2014/35/EU<br>2014/30/EU<br>2006/42/EG | a: Verwendung in der Gebäudeentwässerung<br>b.1: Hygiene, Gesundheit, Umweltschutz<br>b.2: Nutzungssicherheit |

[1] Nr. 1.

| Lfd. Nr. | Bauprodukt | Maßgebende Harmonisierungsrechtsvorschriften | a: Konkreter Verwendungszweck<br>b: Gemäß BayBO bestehende Grundanforderung, ggf. mit Konkretisierung<br>c: Fehlendes Wesentliches Merkmal<br>d: Verfahren zum Nachweis des fehlenden Wesentlichen Merkmals |
|---|---|---|---|
| 1 | 2 | 3 | 4 |
| | fall von bei der Herstellung und Verarbeitung von Glas und künstlichen Mineralfasern anfallenden Abwässern bis zu acht Kubikmetern pro Tag bemessen sind und die mit motorischen Antrieben ausgestattet sind | | c.1: Dichtheit, Begrenzungswirkung<br>c.2: Funktionssicherheit der Mess-, Steuer- und Regelungseinrichtungen |
| B 3.2.1.5 | Anlagen zur Begrenzung von Kohlenwasserstoffen in mineralölhaltigen Abwässern, die mit motorischen Antrieben ausgestattet sind | 2014/35/EU<br>2014/30/EU<br>2006/42/EG | a: Verwendung in der Gebäudeentwässerung<br>b.1: Hygiene, Gesundheit, Umweltschutz<br>b.2: Nutzungssicherheit<br>c.1: Dichtheit, Begrenzungswirkung<br>c.2: Funktionssicherheit der Mess-, Steuer- und Regelungseinrichtungen |
| B 3.2.1.6 | Anlagen zur Begrenzung des Silbergehaltes in Abwässern aus fotografischen Verfahren, die mit motorischen Antrieben ausgestattet sind | 2014/35/EU<br>2014/30/EU<br>2006/42/EG | a: Verwendung in der Gebäudeentwässerung<br>b.1: Hygiene, Gesundheit, Umweltschutz<br>b.2: Nutzungssicherheit<br>c.1: Dichtheit, Begrenzungswirkung<br>c.2: Funktionssicherheit der Mess-, Steuer- und Regelungseinrichtungen |
| B 3.2.1.7 | Anlagen zur Begrenzung von Halogenkohlenwasserstoffen in Abwässern von chemischen Reinigungen, die mit motorischen Antrieben ausgestattet sind | 2014/35/EU<br>2014/30/EU<br>2006/42/EG | a: Verwendung in der Gebäudeentwässerung<br>b.1: Hygiene, Gesundheit, Umweltschutz<br>b.2: Nutzungssicherheit<br>c.1: Dichtheit, Begrenzungswirkung<br>c.2: Funktionssicherheit der Mess-, Steuer- und Regelungseinrichtungen |
| B 3.2.1.8 | Brandschutzklappen für Lüftungsleitungen, die nicht vom Anwendungsbereich der DIN EN 15650 erfasst werden | 2014/35/EU<br>2014/30/EU<br>2006/42/EG | a: Verwendung in Lüftungsanlagen<br>b: Brandschutz<br>c: Dichtheit, Oberflächentemperatur, Auslöseeinrichtung und Rauchmelder |
| B 3.2.1.9 | Rauchschutzklappen für Lüftungsleitungen | 2014/35/EU<br>2014/30/EU<br>2006/42/EG | a: Verwendung in Lüftungsanlagen<br>b: Brandschutz<br>c: Dichtheit, Rauchmelder und Schließen bei Unterbrechung der Hilfsenergiezufuhr |
| B 3.2.1.10 | Lüftungsgeräte mit einem Volumenstrom von ≤ 1000 $m^3/h$ | 2014/35/EU<br>2014/30/EU<br>2006/42/EG<br>2009/125/EG<br>Verordnung (EU) Nr. 1253/2014<br>Verordnung (EU) | a: Be- und Entlüftung von Wohn- und Nichtwohngebäuden<br>b.1: Brandschutz<br>b.2: Hygiene, Gesundheit, Umweltschutz<br>b.3: Energieeinsparung und Wärmeschutz<br>c.1: Brandverhalten<br>c.2: Kennlinienverlauf, Mindestvolumenstrom, Dichtheit, Luftqualität (Filter), Sicherheitseinrichtungen<br>c.3: Energetische Kennwerte |

| Lfd. Nr. | Bauprodukt | Maßgebende Harmonisierungsrechtsvorschriften | a: Konkreter Verwendungszweck<br>b: Gemäß BayBO bestehende Grundanforderung, ggf. mit Konkretisierung<br>c: Fehlendes Wesentliches Merkmal<br>d: Verfahren zum Nachweis des fehlenden Wesentlichen Merkmals |
|---|---|---|---|
| 1 | 2 | 3 | 4 |
| | | Nr. 2017/1369<br>Delegierte Verordnung (EU) Nr. 1254/2014 | |
| B 3.2.1.11 | Raumluftunabhängige Feuerstätten für feste Brennstoffe mit motorisch betriebenen Teilen | 2014/35/EU<br>2014/30/EU<br>2006/42/EG | a: Beheizung von Räumen<br>b.1: Hygiene, Gesundheit, Umweltschutz<br>b.2: Nutzungssicherheit<br>c.1: CO-Konzentration im Abgas, notwendiger Förderdruck<br>c.2: Funktionssicherheit für diese Betriebsweise, selbstschließende Feuerraumtüren, Aufstellbedingungen, Mindestluftbedarf, Dichtheit |
| B 3.2.1.12 | Raumluftunabhängige Feuerstätten für flüssige Brennstoffe mit motorisch betriebenen Teilen | 2014/35/EU<br>2014/30/EU<br>92/42/EWG<br>2006/42/EG | a: Beheizung von Räumen<br>b.1: Hygiene, Gesundheit, Umweltschutz<br>b.2: Nutzungssicherheit<br>c.1: CO-Konzentration im Abgas, notwendiger Förderdruck<br>c.2: Funktionssicherheit für diese Betriebsweise, selbstschließende Feuerraumtüren, Aufstellbedingungen, Mindestluftbedarf, Dichtheit |
| B 3.2.1.13 | Schnellregelbare Feuerstätten für feste Brennstoffe mit motorisch betriebenen Teilen für einzelne Räume oder Raumgruppen (Einzelfeuerstätte) | 2014/35/EU<br>2014/30/EU<br>2006/42/EG | a: Beheizung von Räumen<br>b.1: Hygiene, Gesundheit, Umweltschutz<br>b.2: Nutzungssicherheit<br>c.1: CO-Konzentration im Abgas, notwendiger Förderdruck<br>c.2: Funktionssicherheit für diese Betriebsweise, Abschaltzeit, Brennstoffdosierung, Aufstellbedingungen, Mindestluftbedarf, Dichtheit |
| B 3.2.1.14 | „Öl- und gasbefeuerte Feuerstätten 4 kW bis max. 400 kW" gestrichen in den BayTB – Ausgabe April 2021 | | |
| B 3.2.1.15 | „Öl- und gasbefeuerte Feuerstätten < 4 kW und > 400 kW" gestrichen in den BayTB – Ausgabe April 2021 | | |
| B 3.2.1.16 | Baugruppen für die Erzeugung von Warmwasser, die von Hand mit festen Brennstoffen beschickt werden | 2014/68/EU | a: Beheizung von Räumen<br>b.1: Brandschutz<br>b.2: Hygiene, Gesundheit, Umweltschutz<br>b.3: Nutzungssicherheit<br>c.1: Brandsicherheit der Feuerstätte<br>c.2: Soweit erforderlich: Eignung für den Kontakt mit Trinkwasser, hygienische Verbrennung<br>c.3: Nutzungssicherheit der Feuerstätte |
| B 3.2.1.17 | „Heizkessel mit motorischem Antrieb für feste Brennstoffe" gestrichen in den BayTB – Ausgabe April 2021 | | |

| Lfd. Nr. | Bauprodukt | Maßgebende Harmonisierungsrechtsvorschriften | a: Konkreter Verwendungszweck<br>b: Gemäß BayBO bestehende Grundanforderung, ggf. mit Konkretisierung<br>c: Fehlendes Wesentliches Merkmal<br>d: Verfahren zum Nachweis des fehlenden Wesentlichen Merkmals |
|---|---|---|---|
| 1 | 2 | 3 | 4 |
| B 3.2.1.18 | Eigenständige Sicherheitseinrichtungen zur Gewährleistung eines gefahrlosen gemeinsamen Betriebes von Lüftungsanlagen und raumluftabhängigen Feuerstätten | 2014/35/EU<br>2014/30/EU | a: Gewährleistung eines gefahrlosen gemeinsamen Betriebes von Lüftungsanlagen und raumluftabhängigen Feuerstätten<br>b.1: Hygiene, Gesundheit, Umweltschutz<br>b.2: Nutzungssicherheit<br>c.1: Verhinderung eines gefährlichen Unterdruckes im Aufstellraum der Feuerstätte während des Betriebes der Feuerstätte<br>c.2: Funktionssicherheit |
| B 3.2.1.19 | „Wärmepumpen elektr." gestrichen in den BayTB – Ausgabe April 2021 | | |
| B 3.2.1.20 | „Nicht elektrisch betriebene Wärmepumpen (Sorptions- oder motorisch betriebene WP)" gestrichen in den BayTB – April 2021 | | |
| B 3.2.1.21 | „Thermische Solaranlagen, vorgefertigte Anlagen und Teilanlagen" gestrichen in den BayTB – April 2021 | | |
| B 3.2.1.22 | Solarkollektoren mit mechanisch gehaltenen Glasdeckfläche mit einer maximalen Einzelglasfläche bis 3.0 m² für die Verwendung:<br>– im Dachbereich mit einem Neigungswinkel ≤ 75*1<br>– bei gebäudeunabhängigen Solaranlagen im öffentlich unzugänglichen Bereich | 2014/68/EU | a: Energiegewinnung zur Erwärmung von Heizwasser<br>b.1: Brandschutz<br>c.1: Brandverhalten der Bauteile, wenn schwerentflammbar oder nichtbrennbar gefordert |
| B 3.2.1.23 | Solarkollektoren und deren Verwendung abweichend von B 3.2.1.22 oder B 3.2.1.33 | 2014/68/EU | a: Energiegewinnung zur Erwärmung von Heizwasser<br>b.1: Mechanische Festigkeit und Standsicherheit<br>b.2 Brandschutz<br>c.1: Je nach Einbausituation sind die Bestimmungen von A 1.2.7 zu erfüllen<br>c.2: Brandverhalten der Bauteile, wenn schwerentflammbar oder nicht brennbar gefordert. |
| B 3.2.1.24 | „Solarspeicher" gestrichen in den BayTB – Ausgabe April 2021 | | |
| B 3.2.1.25 | Photovoltaische Module mit mechanisch gehaltenen Glasdeckflächen mit einer maximalen Einzelglasfläche bis 3,0 m² für die Verwendung: | 2014/35/EU | a: Stromerzeugung für Gebäude<br>b: Brandschutz<br>c: Brandverhalten der Bauteile, wenn schwerentflammbar oder nichtbrennbar gefordert |

*1 **Amtl. Anm.**: Hinweis: Bei Verwendung über Verkehrsflächen, die durch herabfallende Glasteile gefährdet werden können (Überkopfverglasung), sind die Bestimmungen von Abschnitt A 1.2.7 zu beachten.

| Lfd. Nr. | Bauprodukt | Maßgebende Harmonisierungsrechtsvorschriften | a: Konkreter Verwendungszweck<br>b: Gemäß BayBO bestehende Grundanforderung, ggf. mit Konkretisierung<br>c: Fehlendes Wesentliches Merkmal<br>d: Verfahren zum Nachweis des fehlenden Wesentlichen Merkmals |
|---|---|---|---|
| 1 | 2 | 3 | 4 |
| | – im Dachbereich mit einem Neigungswinkel < 75°*1<br>– bei gebäudeunabhängigen Solaranlagen im öffentlich unzugänglichen Bereich | | |
| B 3.2.1.26 | Photovoltaische Module ohne Glasdeckflächen für die Verwendung:<br>– im Dachbereich mit einem Neigungswinkel < 75°*1<br>– bei gebäudeunabhängigen Solaranlagen im öffentlich unzugänglichen Bereich | 2014/35/EU | a: Stromerzeugung für Gebäude<br>b: Brandschutz<br>c: Brandverhalten der Bauteile, wenn schwerentflammbar oder nichtbrennbar gefordert |
| B 3.2.1.27 | Photovoltaische Module und deren Verwendung abweichend von B 3.2.1.25 oder B 3.2.1.26 | 2014/35/EU | a: Stromerzeugung für Gebäude<br>b.1: Mechanische Festigkeit und Standsicherheit<br>b.2: Brandschutz<br>c.1: Je nach Einbausituation sind die Bestimmungen von A 1.2.7 zu erfüllen<br>c.2: Brandverhalten der Bauteile, wenn schwerentflammbar oder nichtbrennbar gefordert |
| B 3.2.1.28 | „Trinkwasserspeicher" gestrichen in den BayTB – Ausgabe April 2021 | | |
| B 3.2.1.29 | „Blockheizkraftwerke, BHKWs" gestrichen in den BayTB – Ausgabe April 2021 | | |
| B 3.2.1.30 | „Fern- und Nahwärmeübergabestationen" gestrichen in den BayTB – Ausgabe April 2021 | | |
| B 3.2.1.31 | Abgaswärmeübertrager*2 | 2014/68/EU | a: Wärmerückgewinnung zur Beheizung von Gebäuden<br>b.1: Brandschutz<br>b.2: Nutzungssicherheit<br>c.1: Brandverhalten des Abgaswärmeübertragers<br>c.2: Funktionssicherheit der Feuerungsanlage mit Abgaswärmeübertrager |
| B 3.2.1.32 | Verteiler in elektrischen Leitungsanlagen mit Anforderungen an den Funktionserhalt im Brandfall | 2014/35/EU<br>2014/30/EU<br>2006/42/EG | a: Verwendung in elektrischen Leitungsanlagen<br>b: Brandschutz<br>c: Funktionserhalt im Brandfall |
| B 3.2.1.33 | Solarkollektoren ohne Glasdeckflächen für die Verwendung<br>– im Dachbereich | 2014/68/EU | a: Energiegewinnung zur Erwärmung von Heizwasser<br>b: Brandschutz |

*2 **Amtl. Anm.:** Heizseitig Warmwasser als Wärmeträgermedium

| Lfd. Nr. | Bauprodukt | Maßgebende Harmonisierungsrechtsvorschriften | a: Konkreter Verwendungszweck<br>b: Gemäß BayBO bestehende Grundanforderung, ggf. mit Konkretisierung<br>c: Fehlendes Wesentliches Merkmal<br>d: Verfahren zum Nachweis des fehlenden Wesentlichen Merkmals |
|---|---|---|---|
| 1 | 2 | 3 | 4 |
| | – bei gebäudeunabhängigen Solaranlagen im öffentlich unzugänglichen Bereich | | c: Brandverhalten der Bauteile, wenn schwerentflammbar oder nichtbrennbar gefordert |
| **B 3.2.2** | **Teile von Anlagen zum Lagern, Abfüllen und Umschlagen von wassergefährdenden Stoffen, die Anforderungen nach anderen Rechtsvorschriften unterliegen** | | |
| B 3.2.2.1 | Überfüllsicherungen für Behälter | 2014/35/EU<br>2014/30/EU<br>2014/34/EU | a: Lagern, Abfüllen und Umschlagen von wassergefährdenden Flüssigkeiten<br>b: Hygiene, Gesundheit, Umweltschutz<br>c: Funktionssicherheit, Erkennbarkeit der Alarmanzeige, Korrosionsbeständigkeit und Störungsanzeige |
| B 3.2.2.2 | Leckanzeigegeräte für Behälter und Rohrleitungen*3 | 2014/35/EU<br>2014/30/EU<br>2014/34/EU | a: Lagern, Abfüllen und Umschlagen von wassergefährdenden Flüssigkeiten<br>b.1: Festigkeit und Standsicherheit<br>b.2: Hygiene, Gesundheit, Umweltschutz<br>c.1: Standsicherheit des Überwachungsraums<br>c.2: Eignung des Leckanzeigemediums, Korrosionsbeständigkeit, Durchgängigkeit und Dichtigkeit des Überwachungsraums und Funktionssicherheit des Leckanzeigers |
| B 3.2.2.3 | Leckageerkennungssysteme*4 | 2014/35/EU<br>2014/30/EU | a: Lagern, Abfüllen und Umschlagen von wassergefährdenden Flüssigkeiten<br>b: Hygiene, Gesundheit, Umweltschutz<br>c: Funktionssicherheit, Erkennbarkeit der Alarmanzeige, Korrosionsbeständigkeit und Störungsanzeige |
| B 3.2.2.4 | Behälter mit im planmäßigen Betrieb auf den Atmosphärendruck bezogenen Überdrücken über 0,5 bar | 2014/68/EU | a: Lagern, Abfüllen und Umschlagen von wassergefährdenden Flüssigkeiten<br>b.1: Festigkeit und Standsicherheit<br>b.2: Hygiene, Gesundheit, Umweltschutz<br>b.3: Nutzungssicherheit (nur bei Behältern zum Lagern, Abfüllen und Umschlagen wassergefährdender Flüssigkeiten mit Flammpunkt ≤ 55 °C) |

*3 **Amtl. Anm.:** Für Leckanzeiger bzw. Leckageerkennungssysteme gibt es für die Anwendung in Einrichtungen zur Lagerung von Brennstoffen mit einem Flammpunkt > 55 °C, die für die Versorgung von Heizsystemen in Gebäuden bestimmt sind, eine technische Spezifikation nach Verordnung (EU) Nr. 305/2011. Die Verwendung bereits in Verkehr gebrachter Bauprodukte bleibt unberührt.

*4 **Amtl. Anm.:** Für Leckanzeiger bzw. Leckageerkennungssysteme gibt es für die Anwendung in Einrichtungen zur Lagerung von Brennstoffen mit einem Flammpunkt > 55 °C, die für die Versorgung von Heizsystemen in Gebäuden bestimmt sind, eine technische Spezifikation nach Verordnung (EU) Nr. 305/2011. Die Verwendung bereits in Verkehr gebrachter Bauprodukte bleibt unberührt.

| Lfd. Nr. | Bauprodukt | Maßgebende Harmonisierungsrechtsvorschriften | a: Konkreter Verwendungszweck<br>b: Gemäß BayBO bestehende Grundanforderung, ggf. mit Konkretisierung<br>c: Fehlendes Wesentliches Merkmal<br>d: Verfahren zum Nachweis des fehlenden Wesentlichen Merkmals |
|---|---|---|---|
| 1 | 2 | 3 | 4 |
| | | | c.1: Standsicherheit des Überwachungsraums (nur bei doppelwandigen Behältern)<br>c.2: – Leckerkennung (nur bei Behältern mit Leckschutzauskleidung und bei doppelwandigen Behältern)<br>– Permeation (nur bei unterirdischen Kunststoffbehältern)<br>c.3: – Explosionsfestigkeit (nur bei Behältern ohne Ausrüstung mit Flammendurchschlagsicherung)<br>– Elektrostatische Aufladung (nur bei Behältern ohne eine Einrichtung zur Ableitung elektrostatischer Aufladungen) |
| B 3.2.2.5 | Rohre, Schläuche, zugehörige Formstücke, Dichtmittel, Armaturen für Rohrleitungen mit im planmäßigen Betrieb auf den Atmosphärendruck bezogenen Überdrücken über 0,5 bar | 2014/68/EU | a: Lagern, Abfüllen und Umschlagen von wassergefährdenden Flüssigkeiten<br>b.1: Festigkeit und Standsicherheit<br>b.2: Hygiene, Gesundheit, Umweltschutz<br>b.3: Nutzungssicherheit (nur bei Rohrleitungen für Anlagen zum Lagern, Abfüllen und Umschlagen wassergefährdender Flüssigkeiten mit Flammpunkt ≤ 55 °C)<br>c.1: Standsicherheit des Überwachungsraums (nur bei doppelwandigen Rohrleitungen<br>c.2: – Leckerkennung (nur bei doppelwandigen Rohrleitungen)<br>– Permeation (nur bei unterirdischen Rohrleitungen aus Kunststoff)<br>c.3: Elektrostatische Aufladung (nur bei Rohrleitungen ohne eine Einrichtung zur Ableitung elektrostatischer Aufladungen) |
| B 3.2.2.6 | Selbsttätig schließende Zapfventile | 2014/34/EU<br>2006/42/EG | a: Lagern, Abfüllen und Umschlagen von wassergefährdenden Flüssigkeiten<br>b: Hygiene, Gesundheit, Umweltschutz<br>c: Funktionssicherheit<br>d: Übereinstimmungserklärung nach C 3.17 |
| B 3.2.2.7 | Kupplungen mit Nottrennfunktion (Abreißkupplungen) für flexible Rohrleitungen mit auf den Atmosphärendruck bezogenen Überdrücken über 0,5 bar | 2014/68/EU | a: Lagern, Abfüllen und Umschlagen von wassergefährdenden Flüssigkeiten<br>b.1: Hygiene, Gesundheit, Umweltschutz<br>b.2: Nutzungssicherheit<br>c.1: Leckagemenge<br>c.2: Nottrennfunktion |
| **B 3.2.3** | **Zubehörteile für den Brandschutz, die Anforderungen nach anderen Rechtsvorschriften unterliegen** | | |
| B 3.2.3.1 | Elektrische Kabelanlagen mit Anforderungen an den Funktionserhalt im Brandfall | 2014/35/EU | a: Verwendung in elektrischen Leitungsanlagen<br>b: Brandschutz<br>c: Funktionserhalt unter Brandeinwirkung<br>d: Übereinstimmungserklärung nach C 4.9 |

## B 4. Bauprodukte und Bauarten, die Anforderungen nach anderen Rechtsvorschriften unterliegen, für die nach Art. 80 Abs. 5 Nr. 5 BayBO[1] eine Rechtsverordnung erlassen wurde

Anlagen mit Bauprodukten zur Behandlung von Abwasser bzw. LAU-Anlagen müssen tragfähig, dicht und dauerhaft sein und müssen mindestens aus normalentflammbaren Baustoffen bestehen.

| Lfd. Nr. | Bezeichnung | Bestimmungen/Festlegungen gem. Art. 81a Abs. 2 BayBO[1] |
|---|---|---|
| 1 | 2 | 3 |
| **B 4.1** | **Technische Anforderungen an ortsfest verwendete Anlagen und Anlagenteile in Lager-, Abfüll- und Umschlaganlagen (LAU-Anlagen) zum Umgang mit wassergefährdenden Stoffen** | |
| B 4.1.1 | – Auffangwannen und -vorrichtungen sowie vorgefertigte Teile für Auffangräume und -flächen,<br>– Abdichtungsmittel für Auffangwannen, -vorrichtungen, -räume und für Flächen,<br>– Behälter,<br>– Innenbeschichtungen und Auskleidungen für Behälter und Rohre,<br>– Rohre, zugehörige Formstücke, Dichtmittel, Armaturen und<br>– Sicherheitseinrichtungen | Anlage B 4.1/1 |
| **B 4.2** | **Technische Anforderungen an Einbau, Betrieb und Wartung von Anlagen mit Bauprodukten zur Abwasserbehandlung** | |
| B 4.2.1 | Anlagen mit Bauprodukten zur Behandlung von Abwasser mit Anteilen von Leichtflüssigkeiten mineralischen Ursprungs | Anlagen B 4.2/1, B 4.2/2 und B 4.2/4 |
| B 4.2.2 | Anlagen mit Bauprodukten zur Rückhaltung von Leichtflüssigkeiten mineralischen Ursprungs | Anlagen B 4.2/1, B 4.2/2 und B 4.2/4 |
| B 4.2.3 | Anlagen mit Bauprodukten zur Behandlung von fetthaltigem Abwasser (Abscheideranlagen für Fette) | Anlagen B 4.2/1 und B 4.2/3 |

## Anlage B 4.1/1

Für den Standsicherheitsnachweis sind mindestens folgende Einwirkungen zu berücksichtigen: Temperatur, Prüf- und Betriebsdrücke bzw. Füllhöhen, Eigen- und Fülllasten, Verkehrslasten, Anprall, Wind, Schnee, Erdbeben (außergewöhnliche Last), Überflutung, chemische Beanspruchung durch Umwelteinflüsse sowie durch das Lager- oder Abfüllmedium (wassergefährdende Stoffe).

Es gelten mindestens die Schadensfolgeklasse CC2 und die Zuverlässigkeitsklasse RC2 gemäß Anhang B von EN 1990.

Rissbreitenbeschränkung bei Betonbauteilen in LAU-Anlagen:

- unbeschichtete Bauteile: $w_{cal} \leq 0{,}1$ mm
- ausgekleidete oder beschichtete Bauteile: Rissbreite w abgestimmt auf die Leistung des jeweiligen Abdichtungsmittels.

Für Schweißnähte von Stahlteilen mit Dichtfunktion gilt die Ausführungsklasse EXC 2 nach DIN EN 1090-2:2018-09 unter zusätzlicher Erfüllung von Anforderungen an die Schweißausführung und die Rückverfolgbarkeit der Werkstoffe.

---

[1] Nr. **1**.

**Anlage B 4.2/1**

**1. Standsicherheit**

Der Nachweis der Tragfähigkeit und Gebrauchstauglichkeit der Anlagen mit Bauprodukten zur Behandlung von Abwasser mit Anteilen von Leichtflüssigkeiten und der Anlagen mit Bauprodukten zur Behandlung von fetthaltigem Abwasser ist auf der Grundlage von DIN 19901:2012-12 durch eine Typenstatik oder einen statischen Nachweis im Einzelfall zu erbringen. Dabei gilt Folgendes:

- Für Behälter aus Beton ohne Innenbeschichtung/Innenauskleidung ist das Eindringverhalten von Fetten bzw. Leichtflüssigkeiten im Abwasser in den Beton zu berücksichtigen.
- Für Behälter aus Kunststoff sind für die statische Berechnung die erforderlichen Kennwerte unter Berücksichtigung des Medien-, Zeit- und Temperatureinflusses zu ermitteln.

**2. Brandschutz**

Bei Anlagen mit Bauprodukten zur Behandlung von Abwasser mit Anteilen von Leichtflüssigkeiten

- die zur Freiaufstellung vorgesehen werden, müssen Behälter, Decken und Bauteile, die die Verbindung zu Zu- und Ablauf herstellen, aus nichtbrennbaren Baustoffen bestehen.
- mit Behältern, Decken und Bauteilen, die die Verbindung zu Zu- und Ablauf herstellen, die nicht aus nichtbrennbaren Baustoffen bestehen, sind die Anlagen mindestens bis zur Höhe des höchsten Betriebsflüssigkeitsspiegels bzw. bei möglichem Aufstau (z.B. bei Vorhandensein einer selbsttätigen Verschlusseinrichtung am Ablauf der Abscheideranlage) bis zur Oberkante der Schachtabdeckung in den Baugrund einzubauen.

Werden Bauprodukte nach EN 858-1:2002+A1:2004*[1] verwendet, müssen folgende Leistungen für das Brandverhalten erklärt sein:

| Verwendungszweck/Aufstellbedingung | Klasse zum Brandverhalten nach EN 13501-1:2010-01 mindestens |
|---|---|
| Freiaufstellung | A2-s1,d0 |
| Erdeinbau | E-d2 |

*[1] **Amtl. Anm.:** In Deutschland umgesetzt durch DIN EN 858-1:2005-02.

**Anlage B 4.2/2**

Die Anlagen sind so zu errichten und zu betreiben, dass Leichtflüssigkeit nicht in Boden und Gewässer austritt.

Es gilt DIN 1999-100:2016-12, Abschnitt 1 ausgenommen Absatz 2 und 3, Abschnitt 2, Abschnitt 3, Abschnitt 5 ausgenommen Ziffer 5.4, Ziffer 5.7.2, Ziffer 5.8 und Ziffer 5.10, Abschnitt 9, Abschnitt 10, Abschnitt 11, Abschnitt 12, Anhang A und Anhang B.

Ergänzend zu DIN 1999-100:2016-12, Abschnitt 10, Ziffer 10.1, sind im Rahmen der Bemessung von Schlammfängen die Volumina zusätzlicher Einbauten in Abzug zu bringen.

Für die Verwendung der Anlagen mit Bauprodukten zur Behandlung von Abwasser mit Anteilen von Leichtflüssigkeiten mineralischen Ursprungs, dessen

Schadstofffracht im Wesentlichen aus Betriebsstätten stammt, in denen bei Entkonservierung, Reinigung, Instandhaltung, Instandsetzung sowie Verwertung von Fahrzeugen und Fahrzeugteilen regelmäßig mineralölhaltiges Abwasser anfällt und bei denen das Abwasser nicht weitestgehend im Kreislauf geführt werden kann, sind Abscheideranlagen für Leichtflüssigkeiten Klasse I nach EN 858-1:2002+A1:2004*1, Abschnitt 4, mit Koaleszenzeinrichtung einzusetzen.

*1 **Amtl. Anm.:** In Deutschland umgesetzt durch DIN EN 858-1:2005-02.

**Anlage B 4.2/3**

Die Anlagen sind so zu errichten und zu betreiben, dass Fett nicht in Boden und Gewässer austritt.

Es gilt DIN 4040-100:2016-12, Abschnitt 1, Abschnitt 2, Abschnitt 3, Abschnitt 4 ausgenommen Ziffer 4.2, Abschnitt 5 ausgenommen Ziffer 5.4, Ziffer 5.6, Ziffer 5.7.2, Ziffer 5.8 und Ziffer 5.9, Abschnitt 8, Abschnitt 9, Abschnitt 10, Anhang A und Anhang B.

Bei der Wahl der Nenngröße gelten zusätzlich zu DIN EN 1825-2:2002-05, Abschnitt 6, folgende Anforderungen:

- Im Rahmen der Bemessung von Schlammfängen sind die Volumina zusätzlicher Einbauten in Abzug zu bringen.

In Verbindung mit EN 1825-1:2004*1, Abschnitt 5.5.3, gilt:

- Die Mindestoberfläche des Fettabscheideraumes entspricht der Gesamtwasseroberfläche des Fettabscheiders abzüglich der Oberflächen des Zu- und Ablaufraumes und der Einbauten. Das Mindestvolumen des Fettabscheideraumes ist das erforderliche Füllvolumen des Fettabscheiders an Wasser und gespeichertem Fett, d.h. einschließlich Fettsammelraum, jedoch ohne Zu- und Ablaufraum. Für den rechnerischen Nachweis des Mindestvolumens des Fettsammelraumes ist von einer Dichte der abgeschiedenen Fettstoffe von 1,0 g/cm³ auszugehen.

*1 **Amtl. Anm.:** In Deutschland umgesetzt durch DIN EN 1825-1:2004-12.

**Anlage B 4.2/4**

Durch mechanische Prozesse in der Anlage entstehende elektrische Ladungen sind aus der Anlage abzuleiten und Maßnahmen zum Potentialausgleich zu treffen.

## C. Technische Baubestimmungen für Bauprodukte, die nicht die CE-Kennzeichnung tragen, und für Bauarten

C 1. Allgemeines

C 2. Voraussetzungen zur Abgabe der Übereinstimmungserklärung für Bauprodukte nach Art. 21 BayBO[1)]

C 3. Bauprodukte, die nur eines allgemeinen bauaufsichtlichen Prüfzeugnisses nach Art. 19 Abs. 1 Satz 2 BayBO[1)] bedürfen

C 4. Bauarten, die nur eines allgemeinen bauaufsichtlichen Prüfzeugnisses nach Art. 15 Abs. 3 BayBO[1)] bedürfen

1) Nr. 1.

Voraussetzungen zur Abgabe der Übereinstimmungserklärung für Bauprodukte sowie Angaben zu Bauarten und Bauprodukten, die nur eines allgemeinen bauaufsichtlichen Prüfzeugnisses bedürfen

## C1. Allgemeines

Bauprodukte dürfen nur verwendet werden, wenn bei ihrer Verwendung die baulichen Anlagen die bauaufsichtlichen Anforderungen erfüllen.

Zur Konkretisierung der bauaufsichtlichen Anforderungen durch Technische Baubestimmungen werden im Einvernehmen mit den obersten Bauaufsichtsbehörden der Länder technische Regeln in Bezug genommen, die zu beachten sind (vgl. Art. 81a BayBO[1)]). Diese technischen Regeln für Bauprodukte, die nicht die CE-Kennzeichnung nach der EU-BauPVO tragen, sind in Kapitel C 2 Spalte 3 niedergelegt. Der Hersteller hat die Übereinstimmung mit diesen technischen Regeln zu bestätigen und zwar durch Abgabe einer Übereinstimmungserklärung, die mittels Kennzeichnung der Bauprodukte mit dem Übereinstimmungszeichen (Ü-Zeichen) erfolgt. Kapitel C 2 legt gemäß Art. 81a Abs. 2 Nr. 6 BayBO in Spalte 4 die Anforderungen fest, die an die Abgabe einer Übereinstimmungserklärung des Herstellers (Art. 21 BayBO) gestellt werden:

- Übereinstimmungserklärung des Herstellers (ÜH),
- Übereinstimmungserklärung des Herstellers nach vorheriger Prüfung des Bauprodukts durch eine anerkannte Prüfstelle (ÜHP) oder
- Übereinstimmungszertifikat durch eine anerkannte Zertifizierungsstelle (ÜZ).

In Kapitel C 2 werden die bisher in Bauregelliste A Teil 1 getroffenen Regelungen fortgeführt.

Gibt es für Bauprodukte, die nicht die CE-Kennzeichnung nach der Bauproduktenverordnung tragen, keine Technische Baubestimmung und keine allgemein anerkannte Regel der Technik oder weicht das Bauprodukt von einer Technischen Baubestimmung wesentlich ab, dann ist eine allgemeine bauaufsichtliche Zulassung (Art. 18 BayBO) oder eine Zustimmung im Einzelfall (Art. 20 BayBO) erforderlich.

Davon ausgenommen sind die in Kapitel C 3 aufgeführten Bauprodukte, für die die in Spalte 2 genannten anerkannten Prüfverfahren vorliegen und anstelle einer allgemeinen bauaufsichtlichen Zulassung nur eines allgemeinen bauaufsichtlichen Prüfzeugnisses (Art. 19 BayBO) bedürfen. In Spalte 4 werden gemäß Art. 81a Abs. 2 Nr. 5 BayBO die Anforderungen festgelegt, die an die Abgabe einer Übereinstimmungserklärung des Herstellers im Hinblick auf das allgemeine bauaufsichtliche Prüfzeugnis gestellt werden.

In Kapitel C 3 werden die bisher in Bauregelliste A Teil 2 getroffenen Regelungen fortgeführt.

Die jeweils erforderliche Art der Übereinstimmungsbestätigung ist für Bauprodukte in Kapitel C 2 und C 3 bestimmt.

Maßgebend ist die öffentlich-rechtlich geforderte Art des Nachweises, auch wenn unter Umständen in der technischen Regel etwas anderes vorgesehen sein kann. Eine in einer technischen Regel vorgesehene Fremdüberwachung

---

1) Nr. **1**.

ist daher öffentlich-rechtlich nicht zu beachten, wenn in der Spalte 4 kein Übereinstimmungszertifikat vorgeschrieben ist.

Sind in den technischen Regeln nach Kapitel C 2 und C 3 Prüfungen von Bauprodukten, insbesondere Eignungsprüfungen, Erstprüfungen oder Prüfungen zur Erlangung von Prüfzeugnissen oder Werksbescheinigungen vorgesehen, so sind diese Prüfungen im Rahmen der vorgeschriebenen Übereinstimmungsnachweise durchzuführen.

Die werkseigene Produktionskontrolle ist die vom Hersteller vorzunehmende kontinuierliche Überwachung der Produktion, die sicherstellen soll, dass die von ihm hergestellten Bauprodukte den maßgebenden technischen Regeln entsprechen. Sie erfolgt nach DIN 18200:2021-04, Abschnitt 4.2. Im Übrigen sind für die werkseigene Produktionskontrolle die in den technischen Regeln enthaltenen Bestimmungen maßgebend. Dabei gelten Bestimmungen für die Eigenüberwachung als Bestimmungen für die werkseigene Produktionskontrolle.

Werden Bauprodukte nicht in Serie von Betrieben hergestellt, deren Betreiber in die Handwerksrolle eingetragen sind, gelten die Anforderungen an die werkseigene Produktionskontrolle im Sinne von DIN 18200:2021-04, Abschnitt 4.2, bei Einhaltung der handwerklichen Regeln als erfüllt.

Die Fremdüberwachung erfolgt nach DIN 18200:2021-04, Abschnitte 4.3 und 4.4 für System A. Im Übrigen sind die für die Fremdüberwachung in den technischen Regeln enthaltenen Bestimmungen maßgebend.

Bauarten, die von Technischen Baubestimmungen wesentlich abweichen oder für die es allgemein anerkannte Regeln der Technik im Hinblick auf Planung, Bemessung und Ausführung nicht gibt, dürfen nur angewendet werden, wenn eine allgemeine Bauartgenehmigung oder eine vorhabenbezogene Bauartgenehmigung vorliegt.

Davon ausgenommen sind die in Kapitel C 4 aufgeführten Bauarten, für die anerkannte Prüfverfahren (Spalte 2) vorliegen und anstelle einer allgemeinen Bauartgenehmigung nur eines allgemeinen bauaufsichtlichen Prüfzeugnisses bedürfen. Der Anwender hat die Übereinstimmung der Bauart mit dem allgemeinen bauaufsichtlichen Prüfzeugnis durch Übereinstimmungserklärung zu bestätigen.

In Kapitel C 4 werden die bisher in Bauregelliste A Teil 3 getroffenen Regelungen fortgeführt.

Nach dem Grundsatz der gegenseitigen Anerkennung gilt ein Bauprodukt, das nicht Gegenstand gemeinschaftsweiter Harmonisierung ist und in einem anderen Mitgliedstaat der Europäischen Union, des Europäischen Wirtschaftsraums, in der Türkei oder in der Schweiz nach deren nationalen technischen Vorschriften rechtmäßig in den Verkehr gebracht worden ist, als den in und aufgrund der BayBO gestellten Anforderungen entsprechend, sofern die nach den anderen nationalen technischen Vorschriften gestellten und erfüllten Anforderungen den in Deutschland in und aufgrund der BayBO gestellten Anforderungen für die vorgesehene Verwendung entsprechen. Dies schließt Anforderungen an das Verfahren und die Stellen der Konformitätsbewertung ein.

## C2. Voraussetzungen zur Abgabe der Übereinstimmungserklärung für Bauprodukte nach Art. 21 BayBO[1)]

| Lfd. Nr. | Bauprodukt | Technische Regeln/Ausgabe | Übereinstimmungsbestätigung |
|---|---|---|---|
| 1 | 2 | 3 | 4 |
| **C 2.1** | **Bauprodukte für den Beton-, Stahlbeton- und Spannbetonbau** | | |
| **C 2.1.1** | **Bindemittel** | | |
| C 2.1.1.1 | Zement mit frühem Erstarren (FE-Zement) und schnell erstarrender Portland- und Portlandkompositzement (SE-Zement) | DIN 1164-2, -11:2023-02<br>Zusätzlich gelten:<br>Anlagen C 2.1.1, C 2.1.9 und C 2.1.10 | ÜZ |
| C 2.1.1.2 | „Zement mit einem erhöhten Anteil an organischen Bestandteilen" gestrichen in den BayTB – Ausgabe Februar 2025 | | |
| C 2.1.1.3 | Portlandkompositzement CEM II/C-M und Kompositzement CEM VI | DIN EN 197-5:2021-07 | ÜZ |
| **C 2.1.2** | **Betonzusätze** | | |
| C 2.1.2.1 | Trass | DIN 51043-1, -2:2023-02 | ÜZ |
| **C 2.1.3** | **Betonstähle** | | |
| C 2.1.3.1 | Betonstabstahl | DIN 488-2:2009-08<br>DIN 488-6:2010-01<br>Zusätzlich gilt:<br>DIN 488-1:2009-08 | ÜZ |
| C 2.1.3.2 | Betonstahlmatten | DIN 488-4:2009-08<br>DIN 488-6:2010-01<br>Zusätzlich gilt:<br>DIN 488-1:2009-08 | ÜZ |
| C 2.1.3.3 | Betonstahl in Ringen/Bewehrungsdraht | DIN 488-3:2009-08<br>DIN 488-6:2010-01<br>Zusätzlich gilt:<br>DIN 488-1:2009-08 | ÜZ |
| C 2.1.3.4 | Gitterträger | DIN 488-5:2009-08<br>DIN 488-6:2010-01<br>Zusätzlich gilt:<br>DIN 488-1:2009-08 | ÜZ |
| **C 2.1.4** | **Beton** | | |
| C 2.1.4.1 | Spritzbeton | DIN EN 14487-1:2006-03<br>Zusätzlich gilt:<br>DIN 18551:2014-08 | ÜZ[*1] |
| C 2.1.4.2 | Standardbeton | DIN 1045-2:2023-08<br>Zusätzlich gilt:<br>DIN 1045-3:2023-08 | ÜH |

[1)] Nr. **1**.

[*1] **Amtl. Anm.:** Die Übereinstimmung ÜZ wird durch die Prüfung bzw. Überwachung durch anerkannte Stellen nach Maßgabe der Verordnung über bauordnungsrechtliche Regelungen für Bauprodukte und Bauarten (Bauprodukte- und Bauartenverordnung – BauPAV) und der jeweils betreffenden Norm ersetzt.

| Lfd. Nr. | Bauprodukt | Technische Regeln/Ausgabe | Übereinstimmungsbestätigung |
|---|---|---|---|
| 1 | 2 | 3 | 4 |
| C 2.1.4.3 | Beton nach Eigenschaften, Beton nach Zusammensetzung | DIN 1045-2:2023-08<br>Zusätzlich gilt:<br>DIN 1045-3:2023-08,<br>Anlagen C 2.1.2 und C 2.1.3<br>Je nach Bauprodukt gilt:<br>DAfStb-Richtlinie für vorbeugende Maßnahmen gegen schädigende Alkalireaktion im Beton (Alkali-Richtlinie) – AlkR – (2013-10),<br>DAfStb-Richtlinie für die Herstellung und Verwendung von Trockenbeton und Trockenmörtel (Trockenbeton-Richtlinie) – TrBMR – (2005-06),<br>DAfStb-Richtlinie Massige Bauteile aus Beton (2010-04) und DAfStb-Richtlinie Stahlfaserbeton (2021-06), Teil 2 | ÜZ |
| C 2.1.4.4 | Einpressmörtel für Spannglieder | DIN EN 447:1996-07<br>Zusätzlich gilt:<br>DIN EN 445:1996-07,<br>DIN EN 446:1996-07 und<br>Anlagen C 2.1.4 und C 2.1.5 | ÜZ*2 |
| C 2.1.4.5 | Vergussmörtel, Vergussbeton | DAfStb-Richtlinie für die Herstellung und Verwendung von zementgebundenem Vergussbeton und Vergussmörtel – VeBMR – (2019-07)<br>Zusätzlich gilt:<br>DIN 1045-2:2023-08, Anhang O | ÜZ |
| **C 2.1.5** | **Vorgefertigte Bauteile aus Beton und Stahlbeton, Betongläser und Ziegel** | | |
| C 2.1.5.1 | Betonfenster | DIN 18057:2005-08<br>Zusätzlich gilt:<br>Anlage C 2.1.6 | ÜZ |
| C 2.1.5.2 | Statisch mitwirkende Ziegel für Decken mit nicht vorgefertigten Trägern | DIN 4159:2014-05 | ÜZ |
| C 2.1.5.3 | „Statisch nicht mitwirkende Ziegel für Decken mit nicht vorgefertigten Trägern" gestrichen in den BayTB – Ausgabe April 2021 | | |
| C 2.1.5.4 | Tragende Fertigteile aus Beton, Stahlbeton oder Spannbeton, welche nicht den harmonisierten Produktnormen entsprechen | DIN 1045-40:2023-08 | ÜZ, gilt auch für Nichtserienfertigung |

*2 **Amtl. Anm.:** Die Übereinstimmung ÜZ wird durch die Prüfung bzw. Überwachung durch anerkannte Stellen nach Maßgabe der Verordnung über bauordnungsrechtliche Regelungen für Bauprodukte und Bauarten (Bauprodukte- und Bauartenverordnung – BauPAV) und der jeweils betreffenden Norm ersetzt.

| Lfd. Nr. | Bauprodukt | Technische Regeln/Ausgabe | Übereinstimmungsbestätigung |
|---|---|---|---|
| 1 | 2 | 3 | 4 |
| C 2.1.5.5 | Vorgefertigte Ziegeldecken | DIN 1045-100:2017-09 in Verbindung mit DIN 1045-101:2017-09 | ÜZ, gilt auch für Nichtserienfertigung |
| C 2.1.5.6 | Tragende Fertigteile aus Stahlfaserbeton | DAfStb-Richtlinie Stahlfaserbeton (2021-06),<br>DIN 1045-40:2023-08 | ÜZ, gilt auch für Nichtserienfertigung |
| **C 2.2** | **Bauprodukte für den Mauerwerksbau** | | |
| C 2.2.1 | Statisch mitwirkende Ziegel für Vergusstafeln | DIN 4159:2014-05 | ÜZ |
| C 2.2.2 | Mauertafeln und Vergusstafeln | DIN 1053-4:2018-05 in Verbindung mit DIN 1053-41:2018-05 | ÜZ, gilt auch für Nichtserienfertigung |
| C 2.2.3 | Keramikklinker | DIN 105-4:2019-01<br>DIN 105-4/A1:2021-04 in Verbindung mit DIN 105-41:2019-01 | ÜZ |
| **C 2.3** | **Bauprodukte für den Holzbau** | | |
| **C 2.3.1** | **Vorgefertigte Bauteile** | | |
| C 2.3.1.1 | Geklebte tragende Holzbauteile nach DIN 1052-10:2012-05, Abschnitte 6.2 bis 6.5 und 6.7 außer Bauprodukte nach lfd. Nr. C 2.3.1.5 | DIN 1052-10:2012-05<br>Zusätzlich gilt:<br>Anlage C 2.3.1 | ÜH |
| C 2.3.1.2 | Tragwerke aus Balkenschichtholz, Brettschichtholz oder Furnierschichtholz aus Nadelholz mit Nagelplattenverbindungen | DIN 1052:2008-12 und<br>DIN 1052/Berichtigung 1:2010-05 | ÜZ, gilt auch für Nichtserienfertigung |
| C 2.3.1.3 | Geklebte Verbundbauteile aus Brettschichtholz, sofern nicht durch DIN EN 14080 erfasst, und Brettsperrholz | DIN 1052-10:2012-05 | ÜZ |
| C 2.3.1.4 | Beidseitig geschlossene, nicht geklebte Holztafelelemente DIN 1052-11, Typ M2 | DIN 1052-11:2022-12 | ÜZ, gilt auch für Nichtserienfertigung |
| C 2.3.1.5 | Beidseitig bekleidete oder beplankte geklebte Wand-, Decken- und Dachelemente, z.B. Tafelelemente für Holzhäuser in Tafelbauart | DIN 1052-10:2012-05<br>Zusätzlich gilt sinngemäß:<br>Richtlinie für die Überwachung von Wand-, Decken- und Dachtafeln für Holzhäuser in Tafelbau- | ÜZ, gilt auch für Nichtserienfertigung |

| Lfd. Nr. | Bauprodukt | Technische Regeln/Ausgabe | Übereinstimmungsbestätigung |
|---|---|---|---|
| 1 | 2 | 3 | 4 |
| | | art nach DIN 1052 Teil 1 bis Teil 3 (1992-06) | |
| C 2.3.1.6 | Einseitig geschlossene, nicht geklebte Holztafelelemente,<br>DIN 1052-11, Typ M1A und M1B | DIN 1052-11:2022-12 | ÜH |
| C 2.3.1.7 | Einseitig geschlossene, nicht geklebte Holztafelelemente,<br>DIN 1052-11, Typ M1C | DIN 1052-11:2022-12 | ÜZ, gilt auch für Nichtserienfertigung |
| **C 2.3.2** | **Verbindungsmittel** | | |
| C 2.3.2.1 | Betonrippenstähle, Gewindestangen und Stahlstäbe mit Holzschraubengewinde für den Holzbau | DIN 1052-10:2012-05<br>Zusätzlich gilt:<br>Anlage C 2.3.2 | ÜH |
| C 2.3.2.2 | Klammern, sofern nicht durch DIN EN 14592 erfasst | DIN 1052-10:2012-05 | ÜHP |
| **C 2.3.3** | **Klebstoffe für tragende Holzbauteile** | | |
| C 2.3.3.1 | Phenoplaste und Aminoplaste des Klebstofftyps I für geklebte tragende Verbindungen in und von Holzbauteilen | DIN EN 301:2018-01,<br>Zusätzlich gilt:<br>Anlage C 2.3.3 | ÜHP |
| **C 2.4** | **Bauprodukte für den Metallbau** | | |
| **C 2.4.1** | **Bauprodukte aus unlegierten Baustählen** | | |
| C 2.4.1.1 | Blankstahl | DIN EN 10278:1999-12<br>Zusätzlich gilt:<br>DIN EN 10277-2:2008-06 und<br>Anlagen C 2.4.1 und C 2.4.2 | ÜHP |
| C 2.4.1.2 | Blanker gleichschenkliger scharfkantiger Winkelstahl | DIN 59370:2008-06<br>Zusätzlich gilt: DIN EN 10277-2:2008-06 und<br>Anlagen C 2.4.1, C 2.4.2 und C 2.4.3 | ÜHP |
| C 2.4.1.3 | Warmgewalzte nahtlose Stahlrohre aus unlegierten Stählen für die Verwendung bei Tankbauwerken | DIN 1629:1984-10<br>Zusätzlich gilt:<br>Anlagen C 2.4.2, C 2.4.3 und C 2.4.4 | ÜHP |
| C 2.4.1.4 | Kaltgewalztes Band und Blech | DIN 1623:2009-05<br>Zusätzlich gilt:<br>Anlage C 2.4.2 | ÜHP |
| C 2.4.1.5 | Drahtseile aus Stahldrähten | DIN 3051-4:1972-03<br>Zusätzlich gilt:<br>Anlage C 2.4.2 | ÜHP |
| C 2.4.1.6 | Warmgewalzte Spundbohlen aus unlegierten Stählen | DIN EN 10248-1:1995-08<br>Zusätzlich gilt:<br>Anlagen C 2.4.2 und C 2.4.3 | ÜHP |
| C 2.4.1.7 | Kaltgeformte Spundbohlen aus unlegierten Stählen | DIN EN 10249-1:1995-08<br>Zusätzlich gilt:<br>Anlagen C 2.4.2 und C 2.4.3 | ÜHP |

| Lfd. Nr. | Bauprodukt | Technische Regeln/Ausgabe | Übereinstimmungsbestätigung |
|---|---|---|---|
| 1 | 2 | 3 | 4 |
| **C 2.4.2** | **Bauprodukte aus geschmiedetem Stahl** | | |
| C 2.4.2.1 | Schmiedestücke aus Stahl | DIN EN 10222-4:2001-12<br>DIN EN 10250-2:1999-12<br>Zusätzlich gilt:<br>Anlagen C 2.4.2 und C 2.4.5 | ÜHP |
| **C 2.4.3** | **Bauprodukte aus Gusswerkstoffen** | | |
| C 2.4.3.1 | Erzeugnisse aus Stahlguss | DIN EN 10293:2015-04<br>DIN 18800-1:2008-11<br>Zusätzlich gilt: Anlage C 2.4.2 | ÜHP |
| **C 2.4.4** | **Bauprodukte aus nichtrostendem Stahl** | | |
| C 2.4.4.1 | „Schmiedestücke aus nichtrostenden Stählen für die Verwendung bei Tankbauwerken und Stahlschornsteinen" gestrichen in den BayTB – Ausgabe April 2021 | | |
| C 2.4.4.2 | „Flachzeuge, Stäbe und Drähte zur Verwendung bei Stahlschornsteinen" gestrichen in den BayTB – Ausgabe April 2021 | | |
| C 2.4.4.3 | „Geschweißte kreisförmige Rohre aus nichtrostenden Stählen für die Verwendung bei Stahlschornsteinen" gestrichen in den BayTB – Ausgabe April 2021 | | |
| C 2.4.4.4 | „Nahtlose kreisförmige Rohre aus nichtrostenden Stählen für die Verwendung bei Stahlschornsteinen" gestrichen in den BayTB – Ausgabe April 2021 | | |
| C 2.4.4.5 | „Warm- oder kaltgewalztes Blech und Band, warm- oder kaltumgeformte Stäbe, Walzdraht und Profile aus nichtrostenden, hitzebeständigen Stählen für die Verwendung bei Stahlschornsteinen" gestrichen in den BayTB – Ausgabe April 2021 | | |
| **C 2.4.5** | **Verbindungsmittel (Niete, Schrauben, Bolzen, Muttern und Scheiben), Schweißzusätze, Schweißhilfsstoffe** | | |
| C 2.4.5.1 | Scheiben (vierkant und keilförmig) für U-Träger | DIN 434:2000-04 | ÜH |
| C 2.4.5.2 | Scheiben (vierkant und keilförmig) für I-Träger | DIN 435:2000-01 | ÜH |
| C 2.4.5.3 | Scheiben für Stahlkonstruktionen | DIN 7989-1, -2:2001-04 | ÜH |
| C 2.4.5.4 | Keilförmige Vierkantscheiben für HV-Schrauben an I-Profilen | DIN 6917:1989-10 | ÜH |
| C 2.4.5.5 | Keilförmige Vierkantscheiben für HV-Schrauben an U-Profilen | DIN 6918:1990-04 | ÜH |
| C 2.4.5.6 | Halbrundniete aus Stahl mit Durchmessern ≥ 10 mm | DIN 124:2011-03<br>Zusätzlich gilt:<br>Anlage C 2.4.10 | ÜZ |
| C 2.4.5.7 | Senkniete aus Stahl | DIN 302:2011-03<br>Zusätzlich gilt:<br>Anlage C 2.4.10 | ÜZ |
| C 2.4.5.8 | Halbrundniete aus Aluminium | DIN 660:2012-01<br>Zusätzlich gilt:<br>Anlage C 2.4.10 | ÜZ |
| C 2.4.5.9 | Halbrundniete aus Stahl mit Durchmessern von < 10 mm | DIN 660:2012-01<br>Zusätzlich gilt:<br>Anlage C 2.4.10 | ÜZ |
| C 2.4.5.10 | Hammerschrauben mit Vierkant | DIN 186:2010-09<br>Zusätzlich gilt:<br>Anlage C 2.4.11 | ÜZ |

| Lfd. Nr. | Bauprodukt | Technische Regeln/Ausgabe | Übereinstimmungsbestätigung |
|---|---|---|---|
| 1 | 2 | 3 | 4 |
| C 2.4.5.11 | Hammerschrauben mit Nase | DIN 188:2011-02<br>Zusätzlich gilt:<br>Anlage C 2.4.11 | ÜZ |
| C 2.4.5.12 | Hammerschrauben | DIN 261:1987-01<br>Zusätzlich gilt:<br>Anlage C 2.4.11 | ÜZ |
| C 2.4.5.13 | Hammerschrauben mit großem Kopf | DIN 7992:2010-09<br>Zusätzlich gilt:<br>Anlage C 2.4.11 | ÜZ |
| C 2.4.5.14 | Ankerplatten für Hammerschrauben | DIN 24539-2:1985-05 | ÜHP |
| C 2.4.5.15 | Bügelschrauben | DIN 3570:1968-10<br>Zusätzlich gilt:<br>Anlage C 2.4.11 | ÜZ |
| C 2.4.5.16 | Augenschrauben | DIN 444:1983-04 in Verbindung mit DIN EN 22340:1992-10<br>Zusätzlich gilt:<br>Anlage C 2.4.11 | ÜZ |
| C 2.4.5.17 | Spannschlösser aus Stahlrohr oder Rundstahl | DIN 1478:2005-09 | ÜZ |
| C 2.4.5.18 | Spannschlossmuttern geschmiedet (offene Form) | DIN 1480:2005-09 | ÜZ |
| C 2.4.5.19 | Anschweißenden für Spannschlösser | DIN 34828:2005-09 | ÜZ |
| C 2.4.5.20 | Sechskantspannschlossmuttern | DIN 1479:2005-09 | ÜZ |
| C 2.4.5.21 | Feuerverzinkte Garnituren aus hochfesten Sechskantschrauben mit großen Schlüsselweiten der Größen M 39 bis M 72 | DASt-Richtlinie 021 (2013-09)<br>Zusätzlich gilt:<br>Anlage C 2.4.11,<br>DIN EN 1090-2:2018-09 und<br>DIN EN ISO 10684:2011-09 | ÜZ |
| C 2.4.5.22 | Senkschrauben mit Innensechskant der Festigkeitsklassen 8.8 und 10.9 | DIN EN ISO 10642:2004-06<br>Zusätzlich gilt:<br>Anlage C 2.4.11 | ÜZ |
| C 2.4.5.23 | Gewindestangen aus Stahl der Festigkeitsklassen 5.6, 8.8 und 10.9 | DIN 976-1:2016-09<br>Zusätzlich gilt: Anlage C 2.4.11 | ÜZ |
| **C 2.4.6** | **Korrosionsschutzstoffe und korrosionsgeschützte Bauprodukte (ohne mechanische Verbindungsmittel)** | | |
| C 2.4.6.1 | Bauteile aus Stahl und Stahlguss mit thermisch gespritzten Schichten aus Zink und Aluminium und ihren Legierungen | DIN EN ISO 2063-1:2019-07<br>DIN EN ISO 2063-2:2018-02 | ÜHP |
| C 2.4.6.2 | Feuerverzinkte tragende Bauteile aus Stahl und Stahlguss (Stückverzinken) | DASt-Richtlinie 022 (2016-06)<br>Zusätzlich gilt:<br>Anlage C 2.4.13 | ÜZ |
| **C 2.4.7** | **Vorgefertigte Bauteile aus Metall** | | |
| C 2.4.7.1 | Vorgefertigte lastabtragende Bauteile aus Stahl, die nicht von DIN EN 1090-1 erfasst sind | DIN EN 1090-2:2018-09<br>Zusätzlich gilt:<br>Anlage C 2.4.14 | ÜH |

| Lfd. Nr. | Bauprodukt | Technische Regeln/Ausgabe | Übereinstimmungsbestätigung |
|---|---|---|---|
| 1 | 2 | 3 | 4 |
| C 2.4.7.2 | Vorgefertigte lastabtragende Bauteile aus Aluminium, die nicht von DIN EN 1090-1 erfasst sind | DIN EN 1090-3:2019-07<br>Zusätzlich gilt:<br>Anlage C 2.4.15 | ÜH |
| **C 2.5** | **Dämmstoffe für den Wärme-und Schallschutz** | | |
| C 2.5.1 | „Harnstoff-Formaldehydharz-Ortschaum für die Wärmedämmung" gestrichen in den BayTB – Ausgabe April 2021 | | |
| **C 2.6** | **Türen und Tore** | | |
| C 2.6.1 | Mineralfaserplatten als Einlagen für Feuerschutztüren | DIN 18089-1:1984-01 | ÜZ |
| C 2.6.2 | Fahrschacht-Dreh- und -Falttüren für Aufzüge in Fahrschächten mit Wänden der Feuerwiderstandsklasse F 90 | DIN 18090:1997-01<br>Zusätzlich gilt:<br>Anlage C 2.6.1 | ÜZ, gilt auch für Nichtserienfertigung |
| C 2.6.3 | Horizontal- und Vertikal-Schiebetüren für Aufzüge in Fahrschächten mit feuerbeständigen Wänden | DIN 18091:1993-07<br>Zusätzlich gilt:<br>Anlage C 2.6.1 | ÜZ, gilt auch für Nichtserienfertigung |
| C 2.6.4 | Vertikal-Schiebetüren für Kleingüteraufzüge in Fahrschächten mit Wänden der Feuerwiderstandsklasse F 90 | DIN 18092:1992-04<br>Zusätzlich gilt:<br>Anlage C 2.6.1 | ÜZ, gilt auch für Nichtserienfertigung |
| C 2.6.5 | Einsteckschlösser für Feuerschutz- und Rauchschutztüren | DIN 18250:2003-10 | ÜZ |
| C 2.6.6 | Türschließmittel mit kontrolliertem Schließablauf – Obentürschließer mit Kurbeltrieb und Spiralfeder | DIN 18263-1:2015-04<br>Zusätzlich gilt:<br>Anlage C 2.6.2 | ÜZ |
| C 2.6.7 | Türschließmittel mit kontrolliertem Schließablauf – Drehflügelantriebe mit Selbstschließfunktion | DIN EN 17372:2021-09 | ÜZ |
| C 2.6.8 | Federband und Konstruktionsband für Feuerschutztüren | DIN 18272:1987-08 | ÜZ |
| C 2.6.9 | Türdrückergarnituren für Feuerschutztüren und Rauchschutztüren | DIN 18273:1997-12 | ÜZ |
| C 2.6.10 | Automatische Schiebetüren in Rettungswegen | Muster-Richtlinie über automatische Schiebetüren in Rettungswegen (M-AutSchR)<br>Fassung Dezember 1997 | ÜHP |
| C 2.6.11 | Elektrische Verriegelungssysteme für Türen in Rettungswegen | Muster-Richtlinie über elektrische Verriegelungssysteme von Türen in Rettungswegen (M-EltVTR)<br>Fassung Dezember 1997 | ÜHP |
| C 2.6.12 | Innentüren an die Anforderungen hinsichtlich des Schallschutzes gestellt wer- | Anlage C 2.6.3 | ÜHP |

| Lfd. Nr. | Bauprodukt | Technische Regeln/Ausgabe | Übereinstimmungsbestätigung |
|---|---|---|---|
| 1 | 2 | 3 | 4 |
| | den, ausgenommen Feuer- und Rauchschutzabschlüsse | | |
| C 2.6.13 | Automatische Türsysteme | DIN 18650-1, -2:2005-12<br>Für automatische Schiebetüren siehe auch lfd. Nr. C 2.6.10 | ÜHP |
| **C 2.7** | **Lager** | | |
| C 2.7.1 | Gleitpaarung Stahl/Stahl bei Führungslagern und Festhaltekonstruktionen | DIN 4141-13:2010-07<br>Zusätzlich gilt:<br>Anlage C 2.7.1 | ÜZ |
| **C 2.8** | **Sonderkonstruktionen** | | |
| C 2.8.1 | Rollladenkästen mit Anforderungen an den Wärme- und Schallschutz | Richtlinie über Rollladenkästen (RokR): (2022-09) (s. Anhang 13) | ÜHP |
| C 2.8.2 | PVC-beschichtete Polyestergewebe | DIN 18204-101:2018-11 | ÜZ |
| C 2.8.3 | Textile Flächengebilde (Planen) für Hallen und Zelte | DIN 18204-1:2018-11 | ÜHP |
| C 2.8.4 | Kunststoffgitterroste nach DIN 24537-3 | Anlage C 2.8.1 | - |
| **C 2.9** | **Bauprodukte für Dächer und Bedachungen, Wände und Wandbekleidungen sowie Decken und Deckenbekleidungen und nichttragende innere Trennwände** | | |
| C 2.9.1 | Porenbeton-Bauplatten und Porenbeton-Planbauplatten, die nicht in den Geltungsbereich der EN 12602 fallen | DIN 4166:1997-10<br>Zusätzlich gilt:<br>Anlage C 2.1.5 | ÜH |
| C 2.9.2 | Hohlwandplatten aus Leichtbeton | DIN 18148:2000-10 mit Ausnahme der Bestimmungen für die Fremdüberwachung<br>Zusätzlich gilt:<br>Anlagen C 2.1.5, C 2.1.6 und C 2.9.1 | ÜH |
| C 2.9.3 | Unbewehrte Wandbauplatten aus Leichtbeton | DIN 18162:2000-10 mit Ausnahme der Bestimmungen für die Fremdüberwachung<br>Zusätzlich gilt:<br>Anlagen C 2.1.5, C 2.1.6 und C 2.9.2 | ÜH |
| C 2.9.4 | Betonwerksteinplatten für hinterlüftete Außenwandbekleidungen | DIN 18516-5:2013-09 | ÜHP |
| C 2.9.5 | Werksmäßig im Nassverfahren hergestellte Mineralplatten | DIN 18177:2012-11<br>Zusätzlich gilt:<br>Anlage C 2.9.3 | ÜH |
| C 2.9.6 | Verlegeunterlagen zur Verwendung unter Laminatböden | DIN EN 16354:2019-01<br>Zusätzlich gilt Anlage C 2.9.4 | ÜH |
| C 2.9.7 | Normalentflammbare Bodenbeläge aus lignifizierten Materialien, die kein Holz sind | DIN EN 17009:2019-06:<br>Zusätzlich gilt Anlage C 2.9.10 | ÜHP |
| **C 2.10** | **Bauprodukte für die Bauwerksabdichtung und Dachabdichtung** | | |
| C 2.10.1 | Nackte Bitumenbahnen | DIN 52129:2014-11<br>Zusätzlich gilt: | ÜH |

| Lfd. Nr. | Bauprodukt | Technische Regeln/Ausgabe | Übereinstimmungsbestätigung |
|---|---|---|---|
| 1 | 2 | 3 | 4 |
| | | DIN 52144:2014-11 | |
| C 2.10.2 | Normalentflammbare Elastomer-Fugenbänder zur Abdichtung von Fugen in Beton | DIN 7865-1, -2:2015-02<br>Zusätzlich gilt:<br>Anlage C 2.10.1 und<br>DIN 4102-1:1998-05<br>DIN EN ISO 11925-2:2011-02<br>in Verbindung mit Anlage C 3.7 | ÜH |
| C 2.10.3 | Normalentflammbare Fugenbänder aus thermoplastischen Kunststoffen zur Abdichtung von Fugen in Ortbeton | DIN 18541-1, -2:2021-01 und<br>DIN 18541-03:2021-07<br>Zusätzlich gilt: DIN 4102-1:1998-05<br>DIN EN ISO 11925-2:2011-02<br>in Verbindung mit Anlage C 3.7 | ÜH |
| C 2.10.4 | Normalentflammbare Klebemassen und Deckaufstrichmittel für Bauwerksabdichtungen aus Bitumen nach DIN EN 13304 | DIN 18533-2:2017-07, Tabelle 4<br>Zusätzlich gilt:<br>DIN 4102-1:1998-05<br>DIN EN ISO 11925-2:2011-02<br>in Verbindung mit Anlage C 3.7 | ÜH |
| C 2.10.5 | Asphaltmastix für Bauwerksabdichtungen | DIN EN 12970:2001-02 | ÜH |
| C 2.10.6 | Kalottengeriffelte Metallbänder für Bauwerksabdichtungen | DIN 18533-2:2017-07, Tabelle 2 | ÜH |
| **C 2.11** | **Bauprodukte aus Glas** | | |
| C 2.11.1 | Vorgefertigte absturzsichernde Verglasung | DIN 18008-4:2013-07 Anhang B | ÜH |
| C 2.11.2 | Vorgefertigte begehbare Verglasung | DIN 18008-5:2013-07,<br>mit Ausnahme Anhang A | ÜH |
| **C 2.12** | **Bauprodukte der Grundstücksentwässerung** | | |
| **C 2.12.1** | **Rohre, Formstücke und Dichtmittel für Leitungen und Kanäle** | | |
| C 2.12.1.1 | Kalt verarbeitbare plastische Dichtstoffe für Abwasserkanäle und -leitungen aus Beton | DIN 4062:1978-09 | ÜZ |
| C 2.12.1.2 | Kunststoff-Rohrleitungssysteme aus weichmacherfreiem Polyvinylchlorid (PVC-) zum Ableiten von Abwasser innerhalb von Gebäuden | DIN EN 1329-1:2014-07<br>in Verbindung mit<br>DIN CEN/TS 1329-2:2012-09<br>Zusätzlich gilt:<br>DIN 4102-1:1998-05<br>DIN EN ISO 11925-2:2011-02<br>in Verbindung mit Anlage C 3.7 | ÜZ |
| C 2.12.1.3 | Rohre, Formstücke und Rohrleitungen aus weichmacherfreiem Polyvinylchlorid (PVC-U) für erdverlegte drucklose Abwasserkanäle und -leitungen | DIN EN 1401-1:2019-09<br>in Verbindung mit<br>DIN CEN/TS 1401-2:2020-09<br>Zusätzlich gilt: Anlage C 2.12.2 | ÜZ |
| C 2.12.1.4 | Rohre und Formstücke aus Polyethylen hoher Dichte (PE-HD) für heißwasserbeständige Abwasserleitungen (HT) innerhalb von Gebäuden | DIN EN 1519-1:2019-07<br>in Verbindung mit<br>DIN CEN/TS 1519-2:2012-05<br>Zusätzlich gilt: | ÜZ |

| Lfd. Nr. | Bauprodukt | Technische Regeln/Ausgabe | Übereinstimmungsbestätigung |
|---|---|---|---|
| 1 | 2 | 3 | 4 |
| | | DIN 4102-1:1998-05<br>DIN EN ISO 11925-2:2011-02<br>in Verbindung mit Anlage C 3.7 | |
| C 2.12.1.5 | Rohre und Formstücke aus Polyethylen hoher Dichte (PE) für Abwasserkanäle und -leitungen | DIN EN 12666-1:2011-11<br>in Verbindung mit<br>DIN CEN/TS 12666-2:2012-11 | ÜZ |
| C 2.12.1.6 | Schächte und Zubehörteile aus weichmacherfreiem Polyvinylchlorid (PVC-U), Polypropylen (PP) und Polyethylen (PE) für erdverlegte drucklose Abwaserkanäle und -leitungen | DIN EN 13598-1:2020-12<br>in Verbindung mit DIN CEN/TS 13598-3:2012-07 | ÜZ |
| C 2.12.1.7 | Einsteig- und Kontrollschächte aus weichmacherfreiem Polyvinylchlorid (PVC-U), Polypropylen (PP) und Polyethylen (PE) für erdverlegte drucklose Abwasserkanäle und -leitungen | DIN EN 13598-2:2020-12<br>in Verbindung mit DIN CEN/TS 13598-3:2012-07 | ÜZ |
| C 2.12.1.8 | Kunststoff-Rohrleitungssysteme aus chloriertem Polyvinylchlorid (PVC-C) zum Ableiten von Abwasser innerhalb von Gebäuden | DIN EN 1566-1:1999-12<br>in Verbindung mit DIN CEN/TS 1566-2:2012-09<br>Zusätzlich gilt:<br>Anlage C 2.12.1 und<br>DIN 4102-1:1998-05<br>DIN EN ISO 11925-2:2011-02<br>in Verbindung mit Anlage C 3.7 | ÜZ |
| C 2.12.1.9 | Rohre und Formstücke aus glasfaserverstärktem Polyesterharz (UP-GFK) für erdverlegte Abwasserkanäle und -leitungen und für Anlagen zum Lagern und Abfüllen von Jauche, Gülle und Silagesickersäften | DIN EN 14364:2013-05<br>in Verbindung mit DIN CEN/TS 14632:2012-05 | ÜZ |
| C 2.12.1.10 | Einsteig- und Kontrollschächte aus glasfaserverstärkten duroplastischen Kunststoffen (GFK) auf der Basis von Polyesterharz (UP) | DIN EN 15383:2014-02<br>in Verbindung mit DIN CEN/TS 14632:2012-05 | ÜZ |
| C 2.12.1.11 | Faserzementrohre, -formstücke für Hausentwässerungssysteme | DIN EN 12763:2000-10<br>Zusätzlich gilt:<br>Anlage C 2.1.5 | ÜZ |
| C 2.12.1.12 | Faserzementrohre und -formstücke für Abwasserkanäle | DIN EN 588-1:1996-11<br>Zusätzlich gilt:<br>DIN 19850-1:1996-11 und<br>Anlagen C 2.1.5 und C 2.12.3 | ÜZ |
| C 2.12.1.13 | Faserzementschächte für erdverlegte Abwasserkanäle und -leitungen | DIN 19850-3:1990-11<br>Zusätzlich gilt:<br>Anlage C 2.1.6 | ÜZ |
| C 2.12.1.14 | Kunststoff-Rohrleitungssysteme aus Polypropylen (PP) zum Ableiten von Abwasser innerhalb von Gebäuden | DIN EN 1451-1:2018-10<br>in Verbindung mit DIN CEN/TS 1451-2:2020-08<br>Zusätzlich gilt:<br>DIN 4102-1:1998-05 | ÜZ |

| Lfd. Nr. | Bauprodukt | Technische Regeln/Ausgabe | Übereinstimmungsbestätigung |
|---|---|---|---|
| 1 | 2 | 3 | 4 |
| | | DIN EN ISO 11925-2:2011-02 in Verbindung mit Anlage C 3.7 | |
| C 2.12.1.15 | Kunststoff-Rohrleitungssysteme aus Acrylnitril-Butadienstyrol (ABS) zum Ableiten von Abwasser innerhalb von Gebäuden | DIN EN 1455-1:1999-12 in Verbindung mit DIN CEN/TS 1455-2:2012-09<br>Zusätzlich gilt:<br>Anlage C 2.12.1 und<br>DIN 4102-1:1998-05<br>DIN EN ISO 11925-2:2011-02 in Verbindung mit Anlage C 3.7 | ÜZ |
| C 2.12.1.16 | Kunststoff-Rohrleitungssysteme aus Styrol-Copolymer-Blends (SAN +PVC) zum Ableiten von Abwasser innerhalb von Gebäuden | DIN EN 1565-1:1999-12 in Verbindung mit DIN CEN/TS 1565-2:2012-09<br>Zusätzlich gilt: Anlage C 2.12.1 und<br>DIN 4102-1:1998-05<br>DIN EN ISO 11925-2:2011-02 in Verbindung mit Anlage C 3.7 | ÜZ |
| C 2.12.1.17 | Kunststoff-Rohrleitungssysteme mit Rohren mit profilierter Wandung und glatten Rohroberflächen aus weichmacherfreiem Polyvinylchlorid (PVC-U) zum Ableiten von Abwasser innerhalb von Gebäuden | DIN EN 145–1:2017-09<br>in Verbindung mit<br>DIN CEN/TS 1453-2 (DIN SPEC<br>19942):2017-06<br>Zusätzlich gilt:<br>DIN 4102-1:1998-05,<br>DIN EN ISO 11925-2:2011-02 in Verbindung mit Anlage C 3.7 | ÜZ |
| C 2.12.1.18 | Abwasserrohre und Formstücke aus Polypropylen für erdverlegte Abwasserkanäle und -leitungen | DIN EN 1852-1:2018-03<br>in Verbindung mit<br>DIN CEN TS 1852-2:2020-08 | ÜZ |
| C 2.12.1.19 | Kunststoff-Rohrleitungssysteme aus Polypropylen mit mineralischen Additiven (PP-MD) zum Ableiten von Abwasser außerhalb von Gebäuden | DIN EN 14758-1:2012-05<br>in Verbindung mit<br>DIN CEN/TS 14758-2 (DIN SPEC 19647):2016-11<br>Zusätzlich gilt:<br>Anlage C 2.12.4 | ÜZ |
| C 2.12.1.20 | Kunststoff-Rohrleitungssysteme für drucklose erdverlegte Abwasserkanäle und -leitungen mit profilierter Wandung aus Polyvinylchlorid (PVC-U), Polypropylen (PP) und Polyethylen (PE) – Rohre und Formstücke mit glatter Innen- und Außenfläche, Rohrtyp A – | DIN EN 13476-2:2020-12<br>in Verbindung mit<br>DIN CEN/TS 13476-4:2020-08 | ÜZ |
| C 2.12.1.21 | Kunststoff-Rohrleitungssysteme für drucklose erdverlegte Abwasserkanäle und -leitungen mit profilierter Wandung aus Polyvinylchlorid (PVC-U), | DIN EN 13476-3:2020-12 in Verbindung mit<br>DIN CEN/TS 13476-4:2020-08 | ÜZ |

| Lfd. Nr. | Bauprodukt | Technische Regeln/Ausgabe | Übereinstimmungsbestätigung |
|---|---|---|---|
| 1 | 2 | 3 | 4 |
| | Polypropylen (PP) und Polyethylen (PE) – Rohre und Formstücke mit glatter Innen- und profilierter Außenfläche, Rohrtyp B – | | |
| C 2.12.1.22 | Rohre und Formstücke aus Polyesterharzformstoff für erdverlegte Abwasserkanäle und -leitungen | DIN EN 14636-1:2010-04<br>Zusätzlich gilt:<br>Anlage C 2.12.5 | ÜZ |
| C 2.12.1.23 | Einsteig- und Kontrollschächte aus Polyesterharzformstoff für erdverlegte Abwasserkanäle und -leitungen | DIN EN 14636-2:2010-04<br>Zusätzlich gilt:<br>Anlage C 2.12.5 | ÜZ |
| C 2.12.1.24 | Halbzeuge für das Close-Fit-Lining zur Renovierung von erdverlegten Entwässerungsnetzen (Freispiegelleitungen) | DIN EN ISO 11296-3:2011-07<br>Zusätzlich gilt:<br>Anlage C 2.12.6 | ÜZ |
| C 2.12.1.25 | Halbzeuge für das vor Ort härtende Schlauch-Lining zur Renovierung von erdverlegten Entwässerungsnetzen (Freispiegelleitungen) | DIN EN ISO 11296-4:2018-09<br>Zusätzlich gilt: Anlage C 2.12.6 | ÜZ |
| C 2.12.1.26 | Halbzeuge für das Wickelrohr-Lining zur Renovierung von erdverlegten Entwässerungsnetzen (Freispiegelleitungen) | DIN EN ISO 11296-7:2013-05<br>Zusätzlich gilt:<br>Anlage C 2.12.6 | ÜZ |
| C 2.12.1.27 | Halbzeuge für das Lining mit fest verankerten Kunststoffauskleidungen zur Renovierung von erdverlegten Entwässerungsnetzen (Freispiegelleitungen) | DIN EN 16506:2014-12<br>Zusätzlich gilt:<br>Anlage C 2.12.6 | ÜZ |
| **C 2.12.2** | **Sanitärausstattungsgegenstände und Absperreinrichtungen** | | |
| C 2.12.2.1 | Ablaufgarnituren für Sanitärausstattungsgegenstände | DIN EN 274-1, -2, -3:2002-05 mit Ausnahme der Bestimmungen für die Fremdüberwachung | ÜHP |
| C 2.12.2.2 | Urinalanschlussstücke | DIN 1380:2001-05 | ÜHP |
| C 2.12.2.3 | Klosettanschlussstücke | DIN 1389:2015-12 | ÜHP |
| C 2.12.2.4 | Geruchsverschlüsse für besondere Verwendungszwecke | DIN 19541:2004-12 mit Ausnahme der Bestimmungen für die Fremdüberwachung | ÜHP |
| C 2.12.2.5 | Abläufe für Gebäude | DIN EN 1253-1:2015-03,<br>DIN EN 1253-2:2015-03 und<br>DIN EN 1253-4:2016-07<br>in Verbindung mit<br>DIN EN 1253-3:2016-09 mit Ausnahme der Bestimmungen für die Fremdüberwachung<br>Zusätzlich gilt:<br>DIN 4102-1:1998-05 und DIN 4102-4:2016-05,<br>DIN EN ISO 11925-2:2011-02 in Verbindung mit Anlage C 3.7 | ÜHP |
| C 2.12.2.6 | Abläufe mit Leichtflüssigkeitssperren | DIN EN 1253-5:2017-05 in Verbindung mit DIN EN 1253-3:2016-09 mit Ausnahme der Be- | ÜHP |

| Lfd. Nr. | Bauprodukt | Technische Regeln/Ausgabe | Übereinstimmungsbestätigung |
|---|---|---|---|
| 1 | 2 | 3 | 4 |
| | | stimmungen für die Fremdüberwachung<br>Zusätzlich gilt:<br>DIN 4102-1:1998-05<br>DIN EN ISO 11925-2:2011-02 in Verbindung mit Anlage C 3.7 | |
| **C 2.13** | **Technische Gebäudeausrüstung** | | |
| C 2.13.1 | „Wärmepumpen*4, elektr." gestrichen in den BayTB – Ausgabe April 2021 | | |
| C 2.13.2 | „Thermische Solaranlagen, vorgefertigte Anlagen und Teilanlagen" gestrichen in den BayTB – Ausgabe April 2021 | | |
| C 2.13.3 | „Solarkollektoren" gestrichen in den BayTB – Ausgabe April 2021 | | |
| C 2.13.4 | „Solarspeicher" gestrichen in den BayTB – Ausgabe April 2021 | | |
| C 2.13.5 | „Trinkwasserspeicher*4, direkt/indirekt (elektr./Gas) beheizte und Pufferspeicher" gestrichen in den BayTB – Ausgabe April 2021 | | |
| C 2.13.6 | Lüftungsgeräte nach DIN 4719:2009-07 | Anlage C 2.6.4 | – |
| **C 2.14** | **Feuerungsanlagen** | | |
| **C 2.14.1** | **Feuerstätten und Feuerungseinrichtungen** | | |
| C 2.14.1.1 | Ölheizeinsätze mit Verdampfungsbrennern | DIN 4731:1989-07<br>Zusätzlich gilt:<br>Anlage C 2.14.1 | ÜHP |
| C 2.14.1.2 | Ölherde mit Verdampfungsbrennern | DIN 4732:1990-01<br>Zusätzlich gilt:<br>Anlage C 2.14.1 | ÜHP |
| C 2.14.1.3 | Öl-Speicher-Wasserheizer mit Verdampfungsbrennern | DIN 4733:1990-01<br>Zusätzlich gilt:<br>Anlage C 2.14.1 | ÜHP |
| C 2.14.1.4 | Speicher-Kohle-Wasserheizer | DIN 18889:1956-11<br>Zusätzlich gilt:<br>Anlage C 2.14.1 | ÜHP |
| C 2.14.1.5 | Raumluftunabhängige Feuerstätten für feste Brennstofffe | DIN EN 16510-1:2018-11<br>Anlage C 2.14.5 | ÜZ |
| C 2.14.1.6 | „Öl- und gasbefeuerte Feuerstätten 4 bis max. 400 kW" gestrichen in den BayTB – Ausgabe April 2021 | | |
| C 2.14.1.7 | „Öl- und gasbefeuerte Feuerstätten < 4 und > 400 kW" gestrichen in den BayTB – Ausgabe April 2021 | | |
| C 2.14.1.8 | „Heizkessel mit motorischem Antrieb für feste Brennstoffe" gestrichen in den BayTB – Ausgabe April 2021 | | |
| C 2.14.1.9 | Heizkessel ohne motorischen Antrieb für feste Brennstoffe | DIN EN 303-5:2012-10 | ÜHP |
| **C 2.14.2** | **Abgasanlagen** | | |
| C 2.14.2.1 | Nebenluftvorrichtungen für Hausschornsteine ohne motorischen Antrieb | DIN 4795:1991-04 | ÜHP |

*4 *Anm. d. Red.:* Fußnote 4 amtlich nicht wiedergegeben.

| Lfd. Nr. | Bauprodukt | Technische Regeln/Ausgabe | Übereinstimmungsbestätigung |
|---|---|---|---|
| 1 | 2 | 3 | 4 |
| C 2.14.2.2 | Elastomere Dichtungen für Abgasanlagen | DIN EN 14241-1:2013-11<br>Zusätzlich gilt:<br>Anlage C 2.14.4,<br>DIN 4102-1:1998-05,<br>DIN EN ISO 11925-2:2011-02 in Verbindung mit Anlage C 3.7 | ÜZ |
| **C 2.15** | **Bauprodukte für ortsfest verwendete Anlagen zum Lagern, Abfüllen und Umschlagen von wassergefährdenden Stoffen** | | |
| C 2.15.1 | „Liegende Behälter (Tanks) aus Stahl, einwandig, für die unterirdische Lagerung wassergefährdender Flüssigkeiten" gestrichen in den BayTB – Ausgabe April 2021 | | |
| C 2.15.2 | „Liegende Behälter (Tanks) aus Stahl, doppelwandig, für die unterirdische Lagerung wassergefährdender Flüssigkeiten" gestrichen in den BayTB – Ausgabe April 2021 | | |
| C 2.15.3 | „Liegende zylindrische ein- und doppelwandige Behälter (Tanks) aus Stahl zur oberirdischen Lagerung wassergefährdender Flüssigkeiten, die nicht flüssige Brennstoffe zur energetischen Versorgung von Heiz- und Kühlanlagen für Gebäude sind, bzw. zur Lagerung von wassergefährdenden Brennstoffen mit Dichten > 1,0 kg/l und/oder Flammpunkten ≤ 55 °C zur energetischen Versorgung von Heiz- und Kühlanlagen für Gebäude" gestrichen in den BayTB – Ausgabe April 2021 | | |
| C 2.15.4 | Stehende Behälter (Tanks) aus Stahl, einwandig, mit weniger als 1000 Liter Volumen für die oberirdische Lagerung wassergefährdender Flüssigkeiten | DIN 6623-1:2017-06<br>Zusätzlich gilt:<br>Anlage C 2.15.3 | ÜZ |
| C 2.15.5 | Stehende Behälter (Tanks) aus Stahl, doppelwandig, mit weniger als 1000 Liter Volumen für die oberirdische Lagerung wassergefährdender Flüssigkeiten | DIN 6623-2:2017-06<br>Zusätzlich gilt:<br>Anlage C 2.15.3 | ÜZ |
| C 2.15.6 | „Liegende Behälter (Tanks) aus Stahl von 1000 bis 5000 Liter Volumen, einwandig, für die oberirdische Lagerung wassergefährdender Flüssigkeiten" gestrichen in den BayTB – Ausgabe April 2021 | | |
| C 2.15.7 | „Liegende Behälter (Tanks) aus Stahl von 1000 bis 5000 Liter Volumen, doppelwandig, für die oberirdische Lagerung wassergefährdender Flüssigkeiten" gestrichen in den BayTB – Ausgabe April 2021 | | |
| C 2.15.8 | Einwandige vorgefertigte Behälter mit ebenen Wänden und Böden für die oberirdische Lagerung von wassergefährdenden Flüssigkeiten mit Flammpunkten > 55 °C | DIN 6625-1, -2:2013-06<br>Zusätzlich gilt:<br>Anlage 2.15.3 | ÜZ |
| C 2.15.9 | „Als Sammel- oder Entnahmebehälter verwendete, einwandige Transportbehälter, die nach den verkehrsrechtlichen Vorschriften für die Beförderung gefährlicher Güter baumusterzugelassen sind" gestrichen in den BayTB – Ausgabe April 2021 | | |
| C 2.15.10 | „Als Sammel- oder Entnahmebehälter verwendete, einwandige Transportbehälter aus metallischen Werkstoffen, die nicht nach den verkehrsrechtlichen Vorschriften für die Beförderung gefährlicher Güter baumusterzugelassen sind" gestrichen in den BayTB – Ausgabe April 2021 | | |
| C 2.15.11 | „Als ortsfeste Lagerbehälter verwendete, einwandige Transportbehälter aus metallischen Werkstoffen, die nach den verkehrsrechtlichen Vorschriften für die Beförderung gefährlicher Güter baumusterzugelassen sind" gestrichen in den BayTB – Ausgabe April 2021 | | |
| C 2.15.12 | Auffangwannen und -vorrichtungen aus Stahl mit Rauminhalten bis 1000 l | Richtlinie über die Anforderungen an Auffangwannen aus Stahl mit einem Rauminhalt bis 1000 | ÜHP |

| Lfd. Nr. | Bauprodukt | Technische Regeln/Ausgabe | Übereinstimmungsbestätigung |
|---|---|---|---|
| 1 | 2 | 3 | 4 |
| | | Liter – StawaR – (September 2020) (s. Anhang 17) | |
| C 2.15.13 | Einwandige metallische Rohre, zugehörige Formstücke, Dichtmittel, Armaturen für Rohrleitungen in Anlagen zur Lagerung wassergefährdender Flüssigkeiten mit Ausnahme der Bauteile für Ölversorgungsanlagen für Ölbrenner | TRbF 50 (2002-06), Anhang A<br>Zusätzlich gilt:<br>Anlagen C 2.15.3, C 2.15.9 und C 2.15.10 | ÜH |
| C 2.15.14 | „Stehende vorgefertigte zylindrische Behälter aus metallischen Werkstoffen mit flachem Boden und festem Dach zur oberirdischen Lagerung von Flüssigkeiten oder von gekühlten Gasen" gestrichen in den BayTB – Ausgabe Juni 2022 | | |
| C 2.15.15 | Betonschalungssteine für Gärfuttersilos und Güllebehälter in Biogas-Lager- und Abfüllanlagen und Anlagen zum Lagern von Jauche, Gülle und Silagesickersäften mit einem Gemischanteil mit maximal jeweils 10 Vol.-% Silagesickersäften | DIN 11622-22:2015-09 | ÜZ |
| C 2.15.16 | Beton als Abdichtungsmittel für Auffangräume und Flächen | DIN 1045-2:2023-08<br>Zusätzlich gilt:<br>DIN 1045-3:2023-08,<br>DAfStb-Richtlinie Betonbau beim Umgang mit wassergefährdenden Stoffen (BUmwS), Teil 2 (2011-03), DAfStb-Richtlinie Stahlfaserbeton (2021-06) und Anlage C 2.15.11 | ÜZ |
| C 2.15.17 | Domschächte und Domschachtkragen aus Stahl | DIN 6626:2016-11 | ÜHP |
| C 2.15.18 | „Domschachtkragen aus Stahl für gemauerte Domschächte" gestrichen in den BayTB – Ausgabe April 2021 | | |
| C 2.15.19 | Fugenbleche zur Abdichtung von Arbeits- und Bewegungsfugen in Ortbetondichtkonstruktionen | DAfStb-Richtlinie Betonbau beim Umgang mit wassergefährdenden Stoffen (BUmwS) (2011-03), Teil 1 Abschnitte 7.3.3 (1) bis (3) und (6) bis (12), Teil 2 Abschnitt 3.4 (1) und (5)<br>Zusätzlich gilt:<br>Anlage C 2.15.12 | ÜH |
| C 2.15.20 | Schläuche, zugehörige Formstücke, Dichtmittel, Armaturen für Leitungen in Anlagen zum Lagern, Abfüllen und Umschlagen wassergefährdender Stoffe | TRbF 50 (2002-06), Anhang B<br>Zusätzlich gilt:<br>Anlage C 2.15.9 | ÜH |
| C 2.15.21 | „Als Sammelbehälter für Altöle und sonstige Abfallstoffe verwendete, einwandige Transportbehälter aus metallischen Werkstoffen, die nach den verkehrsrechtlichen Vorschriften für die Beförderung gefährlicher Güter baumusterzugelassen sind" gestrichen in den BayTB – Ausgabe April 2021 | | |
| C 2.15.22 | Komponenten für Versorgungsanlagen für Verbrauchsstellen mit flüssigen Brennstoffen | DIN EN 12514-1:2022-01<br>Zusätzlich gilt:<br>Anlage C 2.15.19 | ÜHP |

| Lfd. Nr. | Bauprodukt | Technische Regeln/Ausgabe | Überein-stim-mungs-bestäti-gung |
|---|---|---|---|
| 1 | 2 | 3 | 4 |
| C 2.15.23 | „Bauelemente, Armaturen, Leitungen, Filter, Heizölentlüfter, Zähler für Ölversorgungsanlagen für Ölbrenner" – gestrichen in den BayTB – Ausgabe Februar 2025 | | |
| C 2.15.24 | Leckdetektoren für Unter- und Überdrucksysteme zur Lagerung wassergefährdender Flüssigkeiten*3 | Anlage C 2.15.15 | ÜHP |
| C 2.15.25 | Leckdetektoren für Flüssigkeitssysteme zur Lagerung wassergefährdender Flüssigkeiten*3 | Anlage C 2.15.16 | ÜHP |
| C 2.15.26 | Beton als Abdichtungsmittel in Anlagen zum Lagern und Abfüllen von Gärsubstraten und Gärresten aus landwirtschaftlicher Herkunft sowie Jauche, Gülle und Silagesickersäften, mit einem Gemischanteil mit maximal jeweils 10 Vol.-% Silagesickersäften | DIN 11622-2:2015-09,<br>Abschnitte 4, 6.1, 6.2.1 und 6.2.5 | ÜZ |
| C 2.15.27 | Stahlbeton- und Spannbetonfertigteile als Teil von Dichtkonstruktion in Anlagen zum Lagern und Abfüllen von Gärsubstraten und Gärresten aus landwirtschaftlicher Herkunft sowie Jauche, Gülle und Silagesickersäften, mit einem Gemischanteil mit maximal jeweils 10 Vol.-% Silagesickersäften | DIN 11622-2:2015-09,<br>Abschnitte 4, 6.1, 6.2.1 und 6.2.5 | ÜZ |
| C 2.15.28 | Fugenbleche zur Abdichtung in Ortbetondichtkonstruktionen in Anlagen zum Lagern und Abfüllen von Gärsubstraten und Gärresten aus landwirtschaftlicher Herkunft sowie Jauche, Gülle und Silagesickersäften | DIN 11622-2:2015-09,<br>Abschnitt 6.4.1 | ÜZ |
| C 2.15.29 | Beton für Fahrsilos (einschließlich zugehöriger Abfüllflächen) in Anlagen zum Lagern von Gärsubstraten aus landwirtschaftlicher Herkunft und Gärfutter sowie zur Ableitung entstehender Silagesickersäfte | DIN 11622-5:2015-09,<br>Abschnitt 4, Absätze 2 und 3 | ÜZ |
| C 2.15.30 | Stahlbeton- und Spannbetonfertigteile als Teil von Fahrsilos (einschließlich zugehöriger Abfüllflächen) in Anlagen zum Lagern von Gärsubstraten aus landwirtschaftlicher Herkunft und Gärfutter sowie zur Ableitung entstehender Silagesickersäfte | DIN 11622-5:2015-09,<br>Abschnitt 4, Absätze 2 und 3 | ÜZ |
| C 2.15.31 | Liegende zylindrische ein- und doppelwandige Behälter (Tanks) aus Stahl zur oberirdischen Lagerung wassergefährdender Flüssigkeiten, außer flüssige Brennstoffe zur energetischen Versorgung von Heiz- und Kühlanlagen für Gebäude | Anlage C 2.15.17<br>Zusätzlich gilt Anlage C 2.15.3 | ÜZ |

*3 **Amtl. Anm.**: Ausgenommen sind Leckdetektoren für Einrichtungen zur Lagerung von Brennstoffen, die für die Versorgung von Heizsystemen in Gebäuden bestimmt sind.

| Lfd. Nr. | Bauprodukt | Technische Regeln/Ausgabe | Übereinstimmungsbestätigung |
|---|---|---|---|
| 1 | 2 | 3 | 4 |
| C 2.15.32 | Liegende zylindrische ein- und doppelwandige Behälter (Tanks) aus Stahl für die unterirdische Lagerung wassergefährdender Flüssigkeiten | DIN EN 12285-1:2018-12<br>Zusätzlich gilt:<br>Anlage C 2.15.3 und C 2.15.18 | ÜZ |
| **C 2.16** | **„Gerüstbauteile" in Bayern nicht besetzt** | | |

**Anlage C 2.1.1**

Der Hersteller hat der Zertifizierungsstelle die Art und den prozentualen Anteil der (Zement) Zusätze nach DIN 1164-11:2023-02, Abschnitt 5 anzugeben.

**Anlage C 2.1.2**

Beton für tausalzbeanspruchte Kappen an Brücken darf in der Expositionsklasse XD3 abweichend von DIN 1045-2:2023-08, Anhang F, Tabelle F.2.1 mit einem höchstzulässigen w/z-Wert von 0,50 hergestellt werden. Abweichend von DIN 1045-2:2023-08, Anhang F, Tabelle F.1 und Tabelle F.2 beträgt in den Expositionsklassen XD3 und XF4 die Mindestdruckfestigkeitsklasse des Luftporenbetons C25/30 nach 28 Tagen.

Für Bauteile von Straßenbrücken, Tunneln und Trögen beträgt in den Expositionsklassen XD2, XS2, XF2, XF3 oder XA2 abweichend von DIN 104-2:2023-08, Anhang F, Tabellen F.1 und F.2 die Mindest-druckfestigkeitsklasse des Betons C30/37 nach 28 Tagen.

**Anlage C 2.1.3**

**1. Zu DIN 1045-2:2023-08**

**1.1**

Abschnitt 5.1.2

Absatz (4) wird durch folgenden Absatz ersetzt:

„(4) Anforderungen an Zemente sind im Anhang O (normativ) angegeben."

**1.2**

Abschnitt 5.1.5

Absatz (3) wird durch folgenden Absatz ersetzt:

„(3) Anforderungen an Zusatzmittel sind im Anhang O (normativ) angegeben."

**1.3**

Abschnitt 5.1.6

Absatz (9) wird durch folgenden Absatz ersetzt:

„(9) Anforderungen an Zusatzstoffe sind im Anhang O (normativ) angegeben."

**1.4**

Abschnitt 5.1.7

Absatz (2) wird durch folgenden Absatz ersetzt:

„(2) Anforderungen an Fasern sind im Anhang O (normativ) angegeben."

**1.5**

Abschnitt 5.2.3.4

Absatz (4) wird durch folgenden Satz ergänzt:

„… werden. Die Verwendung von rezyklierten Gesteinskörnungen in den Expositionsklassen XA2, XA3 und XM sowie für Spannbeton und Leichtbeton ist nicht zulässig."

**1.6**

Abschnitt 5.2.5.1

Absatz (8) wird durch folgenden Absatz ersetzt:

„(8) Anforderungen an Zusatzstoffe sind im Anhang O (normativ) angegeben."

**1.7**

Abschnitt 5.5.4

Absatz (1) wird durch folgenden Absatz ersetzt:

„(1) Beton mit einer Zusammensetzung aus Gesteinskörnung nach 5.1.3, Zement nach 5.1.2, Zusatzmitteln nach 5.1.5, Zusatzstoffen nach 5.1.6, Fasern nach 5.1.7 oder anderen anorganischen Ausgangsstoffen nach 5.1.1 mit höchstens 1 % Massen- oder Volumenanteil (der höhere Wert ist maßgebend) an organischen Bestandteilen darf gemäß Entscheidung 96/603/EC (geändert durch die Entscheidung 2000/605/EC und 2003/424/EC) für das Brandverhalten in die Klasse A1[6] eingestuft werden, ohne dass eine Prüfung erforderlich ist."

Zur Klasse A1 ist die folgende Fußnote 6 zu berücksichtigen:

„6 „kein Beitrag zum Brand" gemäß Delegierter Verordnung (EU) 2016/364."

**1.8. Anhang O, Tabelle O.1**

In Tabelle O.1 wird die Angabe zu „Zement mit niedrigem wirksamen Alkaligehalt nach DIN 1164-10:2013-03" durch folgende Angabe ersetzt:

„Zement mit niedrigem wirksamen Alkaligehalt nach DIN 1164-10:2023-02"

**2. Zur Alkali-Richtlinie – AlkR – (2013-10)**

Abschnitt 7.1.1:

Es ist zu ergänzen: „Für Zement mit niedrigem wirksamen Alkaligehalt (NA-Zement) ist die Übereinstimmung mit DIN 1164-10:2023-02 vom Hersteller zu erklären."

---

[*1] **Amtl. Anm.:** In Deutschland umgesetzt durch DIN EN 197-1:2011-11.
[*2] **Amtl. Anm.:** In Deutschland umgesetzt durch DIN EN 14216:2015-09.
[*3] **Amtl. Anm.:** In Deutschland umgesetzt durch DIN EN 15167-1:2006-12.
[*4] **Amtl. Anm.:** In Deutschland umgesetzt durch DIN EN 12620:2008-07.

**Anlage C 2.1.4**

Bei Anwendung der technischen Regeln gilt Folgendes:

**1**

Die Spannglieder dürfen mit einem Einpressmörtel bestehend aus Portlandzement CEM I nach EN 197-1:2011[*1] oder nach DIN 1164-10:2023-02, Wasser und einer Einpresshilfe nach EN 934-4:2009[*2] verpresst werden. Die Verwendung von Einpresshilfen muss DIN V 20000-101:2002-11 entsprechen. Das Korrosionsverhalten darf alternativ zu DIN V 20000-101:2002-11, Abschnitt 7, auch nach DIN EN 934-1:2008-04 nachgewiesen sein. Die Verwendung anderer Einpressmörtel bedarf eines bauaufsichtlichen Verwendbarkeitsnachweises.

**2. Zu DIN EN 445:1996-07**

**2.1**

Abschnitt 2:

Es ist mit letztem Ausgabedatum zu zitieren „DIN EN 196-1:2016-11“.

**2.2**

Abschnitt 3.2.2.3:

Der letzte Satz „Es sind zwei … durchzuführen.“ ist durch folgende Sätze zu ersetzen: „Es sind drei Prüfungen durchzuführen; die erste Prüfung ist unmittelbar nach dem Mischen des Einpressmörtels und die verbleibenden zwei Prüfungen 30 min nach dem Mischen des Einpressmörtels durchzuführen. Während der Durchführung der Prüfungen ist der Einpressmörtel in Bewegung zu halten.“

**2.3**

Abschnitt 3.4.2.3:

Statt „(siehe 3.4)“ ist „(siehe 3.3.3)“ zu schreiben.

**2.4**

Abschnitt 3.4.3:

Statt „Gefäßverfahren“ ist „Dosenverfahren“ zu schreiben. Entsprechend sind in den Unterabschnitten bei „Behältern“ immer „Dosen“ gemeint. In den Unterabschnitten ist statt „Messschieber“ immer „Tiefenmesser“ zu schreiben.

**2.5**

Abschnitt 3.4.3.2:

Unter a) sind im ersten Absatz die ersten beiden Sätze durch folgende Fassung zu ersetzen: „Die erste Messung ist unmittelbar nach dem Füllen der Dosen mit Einpressmörtel durchzuführen, indem der Abstand zwischen der Oberfläche des Einpressmörtels und dem oberen Rand der Dose mit der Abdeckplatte auf der Dose an mindestens sechs Stellen mit dem Tiefenmesser oder mit anderen Messvorrichtungen abzulesen ist. Die Markierung auf der Abdeckplatte muss mit der Markierung am Rand der Dose übereinstimmen (Referenzpunkt).“

Unter a) ist der zweite Absatz durch die folgende Fassung zu ersetzen: „Bei der zweiten Messung wird der Abstand zwischen der festen Oberfläche des Einpressmörtels und dem oberen Rand des Behälters an denselben sechs Messstellen der ersten Messung und mit demselben Messverfahren gemessen.“

Unter a) ist am Ende „(siehe 3.6)“ zu streichen.

**2.6**

Abschnitt 3.5.1.2:

„b)…“ ist durch folgende Fassung zu ersetzen: „b) Einrichtungen für die Lagerung gemäß Abschnitt 4.1 von DIN EN 196-1:2016-11“.

**2.7**

Abschnitt 3.5.1.3.1:

Der dritte Absatz ist am Ende zu ergänzen: „Dann sind die Proben mit einer Glasplatte abzudecken."

**3. Zu DIN EN 446:1996-07**

**3.1**

Abschnitt 0:

Statt „Anforderungen an den Einpressmörtel" ist „Anforderungen an das Einpressen mit Einpressmörtel" und statt „Eurocode 2" ist „DIN EN 1992-1-1:2011-01 und DIN EN 1992-1-1/A1:2015-03" zu schreiben.

**3.2**

Abschnitt 3:

Die in den Unterabschnitten 3.2 und 3.3 angegebenen Definitionen der Einpressvorgänge sind durch die folgende Fassung zu ersetzen:

„**3.2**

Nachpressen: Zusätzliches Einpressen, um Luft- oder Wasserblasen durch Einpressmörtel in den Spannkanälen zu ersetzen, bevor der ursprüngliche Einpressmörtel erhärtet ist.

**3.3**

Nachverfüllen: Zusätzliches Einpressen, um Luft- oder Wasserblasen durch Einpressmörtel in den Spannkanälen zu ersetzen, nachdem der ursprüngliche Einpressmörtel erhärtet ist."

**3.3**

Abschnitt 4:

Zu Abschnitt 4 ist klarzustellen: „Die Vorprüfung nach DIN EN 446:1996-07, Abschnitt 4, gilt für die Stoffe nach DIN EN 447:1996-07, Abschnitt 4, bauaufsichtlich als erfüllt, wenn die Stoffe den in Kapitel C 2 angegebenen technischen Regeln entsprechen oder bei wesentlichen Abweichungen der geforderte Verwendbarkeitsnachweis vorliegt und für sie der Übereinstimmungsnachweis geführt wurde."

**3.4**

Abschnitt 7.3:

Statt „Verpress- und Nachverpressverfahren" ist zu schreiben „Verfahren beim Einpressen und Nachpressen".

**3.5**

Abschnitt 7.6:

Es ist zu streichen: „ohne Abbindeverzögerer".

**3.6**

Abschnitt 7.8:

Statt „Nacheinspritzen" und „Nacheinpressen" ist in der Überschrift und im Text „Nachpressen" zu schreiben.

**3.7**

Abschnitt 7.9:

Statt „Nachpressen" ist in der Überschrift und im Text „Nachverfüllen" und statt „bilden" ist im ersten Satz des Textes „gebildet haben" zu schreiben.

**3.8**

Abschnitt 8.1:

Nach dem ersten Spiegelstrich ist „Abnehmer“ durch „Auftraggeber“ zu ersetzen und nach dem zweiten Spiegelstrich ist der zweite Satz durch folgende Fassung zu ersetzen: „Die zuständige Stelle darf zusätzliche Überprüfungen fordern.“

**3.9**

Abschnitt 8.4:

Im Text nach „Wasserabsonderung:“ ist ergänzt zu schreiben: „… Fließvermögen des Einpressmörtels dort den Anforderungen…“.

Statt „Einpressung“ ist „Auftrag zum Einpressen“ zu schreiben.

**4. Zu DIN EN 447:1996-07**

**4.1**

Abschnitt 0:

Im zweiten Absatz ist vor den Spiegelstrichen „vor allem“ zu streichen.

**4.2**

Tabelle 1:

Die Tabelle 1 ist durch folgende Fassung zu ersetzen:

| Prüfverfahren nach DIN EN 445:2008-01 | Unmittelbar nach dem Mischen Zeit (in s) | 30 Minuten nach dem Mischen[1] oder nach dem Einpressen Zeit (in s) | an der Austrittsöffnung des Hüllrohrs Zeit (in s) |
|---|---|---|---|
| Eintauchversuch | ≥ 30 | ≤ 80 (200)[2] | ≥ 30 |
| Trichterverfahren | ≤ 25 (50)[2] | ≤ 25 (50)[2] | ≥ 10 |

[1] Die Mischzeit ist zu messen, wenn sich alle erforderlichen Stoffmengen im Mischer befinden.

[2] Für Einpressmörtel, die in gewissen Mischern mit hoher Rührwerksgeschwindigkeit vorbereitet werden, dürfen die oben in Tabelle 1 angegebenen Grenzen bis 200 s beim Eintauchversuch und bis 50 s beim Trichterverfahren erhöht werden. Der Mischer und diese Grenzwerte müssen mit der zuständigen Behörde vereinbart werden.

**4.3**

Abschnitt 4.2:

In der Anmerkung 2 ist statt „Hochofenschlacke“ „Hüttensand“ zu schreiben.

**4.4**

Abschnitt 4.4:

Abweichend von Abschnitt 4.4 dürfen nur für Einpressmörtel zugelassene Zusatzmittel (Einpresshilfen) verwendet werden.

**4.5**

Abschnitt 5.2:

Im zweiten Satz ist statt „den Abschnitten 3.2 und 3.3“ zu schreiben „Abschnitt 3.2“.

Die Prüfung des Fließvermögens darf abweichend von Abschnitt 5.2 für Einpressmörtel mit Einpresshilfen nur mit dem Eintauchversuch nach Abschnitt 3.2.1 der DIN EN 445:2008-01 durchgeführt werden, da die Grenzwerte nach Tabelle 1 für den Auslauftrichter für diesen Einpressmörtel nicht gelten. Werden bei der Eignungsprüfung eines Einpressmörtels mit Einpresshilfen die

Grenzwerte für den Auslauftrichter mit dem Eintauchversuch kalibriert, darf auch nach Abschnitt 3.2.2 der DIN EN 445:2008-01 mit dem Trichterverfahren gemessen werden. Die ermittelten Grenzwerte sind anstelle der in Tabelle 1 für das Trichterverfahren angegebenen Werte einzuhalten.

**4.6**

Abschnitt 5.3:

Es ist auf „Abschnitt 3.3" statt auf „Abschnitt 3.4" zu verweisen.

**4.7**

Abschnitt 5.4:

Es ist auf „Abschnitt 3.4" statt auf „Abschnitt 3.5 oder 3.6" zu verweisen. Der letzte Satz ist ergänzt zu schreiben: „Einpressmörtel mit Treibmitteln dürfen in der Eignungsprüfung keine Volumenverringerung aufweisen."

**4.8**

Abschnitt 5.5:

Abweichend von Abschnitt 5.5 darf die Druckfestigkeit von Einpressmörtel mit Einpresshilfen nur an den in Tabelle 2 angegebenen Zylindern geprüft werden.

**4.9**

Tabelle 2:

In Tabelle 2 sind die Verweise wie folgt zu ändern:

Auf „Abschnitt 3.5.1" statt auf „Abschnitt 3.7",

auf „Abschnitt 3.5.2" statt auf „Abschnitt 3.8" und

in der Fußnote 1) auf „Abschnitt 3.5.2" statt auf „Abschnitt 3.6".

**4.10**

Abschnitt 6:

Abweichend von Abschnitt 6 wird die Mischzeit auf 4 min begrenzt.

---

*1 **Amtl. Anm.:** In Deutschland umgesetzt durch DIN EN 197-1:2011-11.

*2 **Amtl. Anm.:** In Deutschland umgesetzt durch DIN EN 934-4:2009-09.

**Anlage C 2.1.5**

**Tabelle: Verwendung von Zement nach EN 197-1:2011*1**

Die Norm DIN 1164-1:199-10 wurde durch die Europäische Norm EN 197-1:2011*1 sowie die Norm DIN 1164-10:2023-02 ersetzt. Soweit in den technischen Regeln der Verwaltungsvorschrift Technische Baubestimmungen Bezug auf DIN 1164 (frühere Ausgaben) genommen wird, sind Zemente nach EN 197-1:2011*1 nach folgender Tabelle verwendbar. Verwendungsbeschränkungen in den technischen Regeln bleiben unberührt.

| Lfd. Nr. | **Technische Regel** | | **Verwendbare Zemente (Zementart) nach EN 197-1:2011*1** |
|---|---|---|---|
| 1 | 2 | 3 | 4 |
| 1 | DIN EN 447 | 1996-07 | CEM I |
| 2 | DIN EN 588-1 | 1996-11 | Entsprechend den Verwendungsregeln für die Expositionsklasse XF 1 in DIN 1045-2:2023-08 |
| 3 | DIN 4166 | 1997-10 | Alle |
| 4 | DIN 18148 | 2000-10 | Alle |
| 5 | DIN 18162 | 2000-10 | |

| Lfd. Nr. | Technische Regel | | Verwendbare Zemente (Zementart) nach EN 197-1:2011[*1] |
|---|---|---|---|
| 1 | 2 | 3 | 4 |
| 6 | DIN EN 12763 | 2000-10 | Wie lfd. Nr. 2 |

[*1] **Amtl. Anm.:** In Deutschland umgesetzt durch DIN EN 197-1:2011-11.

## Anlage C 2.1.6

Dem Beton dürfen Betonzusatzmittel nur zugegeben werden, wenn deren Verwendbarkeit gemäß EN 934-2:2009+A1:2012[*1] oder durch eine Europäische Technische Zulassung/Bewertung nachgewiesen ist.

[*1] **Amtl. Anm.:** In Deutschland umgesetzt durch DIN EN 934-2:2012-08.

## Anlage C 2.1.7

– gestrichen in den BayTB – Ausgabe Februar 2025

## Anlage C 2.1.8

– gestrichen in den BayTB – Ausgabe Februar 2025

## Anlage C 2.1.9

Bei Anwendung von DIN 1164-2:2023-02 gilt Folgendes:

Abschnitt 4.2, 3. Absatz: Der letzte Satzteil: „… sowie die Festigkeit nach DIN EN 196-1 mit einem von DIN EN 196-1 abweichenden Prüfkörperalter von 6 h ± 15 min zu überprüfen" ist nicht anzuwenden. Die Festigkeit ist an nach DIN 1164-11:2023-02, Anhang A.3, hergestellten Probekörpern gemäß DIN EN 196-1 zu überprüfen.

Abschnitt 5.2, 2. Absatz: Der letzte Satzteil: „… sowie die Festigkeit nach DIN EN 196-1 mit einem von DIN EN 196-1 abweichenden Prüfkörperalter von 6 h ± 15 min zu überprüfen" ist nicht anzuwenden. Die Festigkeit ist an nach DIN 1164-11:2023-02, Anhang A.3, hergestellten Probekörpern gemäß DIN EN 196-1 zu überprüfen.

## Anlage C 2.1.10

Bei Anwendung von DIN 1164-11 gilt Folgendes:

Vorwort

Spiegelstrich d) ist nicht anzuwenden.

Tabelle 1:

Spalte „Anforderung" SE-Zemente: Festigkeit nach 6 h: ≥ 4,0 MPa ist nicht anzuwenden.

Spalte „Prüfverfahren", Anhang A: Verweis auf die Fußnote a ist nicht anzuwenden.

Fußnote a ist nicht anzuwenden.

Tabelle 2:

1. Spalte, 6. Zeile: „Druckfestigkeit nach 6 h" ist nicht anzuwenden.
3. Spalte, 2. Zeile: Die Fußnote a für Prüfverfahren ist nicht anzuwenden.
3. Spalte, 4. Zeile: DIN EN 196-3 mit Verweis auf Fußnote a ist anzuwenden.
3. Spalte, 6. Zeile: Die Fußnote e ist für Anhang A nicht anzuwenden.

Tabelle 3:

5. Zeile ist nicht anzuwenden.

**Anlage C 2.2.1**

– gestrichen in den BayTB – Ausgabe April 2021

**Anlage C 2.3.1**

Werden Bauprodukte über den Handel an den Verwender geliefert und die gelieferten Bauprodukte beim Händler geteilt, so sind die Teile durch Beipackzettel, Farbauftrag, Anhängeschilder o.ä. unverwechselbar zu kennzeichnen. Alle Teilungen sind zu dokumentieren.

**Anlage C 2.3.2**

Sofern die Norm DIN 1052-10:2012-05 mehrere Metallsorten vorsieht, ist bei metallenen Verbindungsmitteln im Ü-Zeichen als für den Verwendungszweck Wesentliches Merkmal auch die Legierung, die Werkstoffnummer, die Stahlgüte oder die Festigkeitsklasse anzugeben.

**Anlage C 2.3.3**

Klebstoffe für tragende Holzbauteile müssen für eine Verwendung der verklebten Holzbauteile in Deutschland die Anforderungen des Klebstofftyps I nach DIN EN 301:2018-01 erfüllen und die Klassifizierungsbezeichnung „w" im Bezeichnungsschlüssel der Klebstoffe enthalten. Die offene Antrockenzeit darf alternativ zu DIN EN 301:2018-01, Abschnitt 6.3 b nach DIN 68141:2016-12 bestimmt werden. Bei den Prüfungen gemäß den Normen DIN EN 302-1:2013-06, DIN EN 302-2:2017-11 und DIN EN 302-4 bis 302-6:2013-06 müssen die Prüfkörper mindestens mit einem Pressdruck von 0,6 N/mm$^2$ hergestellt sein. Ausgenommen davon ist die Herstellung von Prüfkörpern mit 2 mm dicker Klebstofffuge nach Abschnitt 5.2.2 in DIN EN 302-2:2017-11.

Im Ü-Zeichen sind darüber hinaus mögliche Anwendungserweiterungen (z.B. Verklebung von Laubholz oder von chemisch behandeltem Holz) anzugeben.

**Anlage C 2.4.1**

Die technischen Regeln gelten nur für die den nachstehenden Stahlsorten zugeordneten Werkstoffnummern:

| | |
|---|---|
| S 235 | 1.0037, 1.0036, 1.0038, 1.0114, 1.0116, 1.0117, 1.0120, 1.0121, 1.0122, 1.0115, 1.0118, 1.0119 |
| S 275 | 1.0044, 1.0143, 1.0144, 1.0145, 1.0128, 1.0140, 1.0141, 1.0142 |
| S 355 | 1.0045, 1.0553, 1.0570, 1.0577, 1.0595, 1.0596, 1.0551, 1.0554, 1.0569, 1.0579, 1.0593, 1.0594 |

**Anlage C 2.4.2**

Als Wesentliches Merkmal sind im Ü-Zeichen die Werkstoffnummer oder der Kurzname anzugeben.

Wird in Technischen Baubestimmungen eine Prüfbescheinigung nach EN 10204:2004*[1] verlangt, ist diese Prüfbescheinigung dem Lieferschein als Anlage beizufügen und mit dem Ü-Zeichen zu versehen. Sie genügt als Angabe der Wesentlichen Merkmale nach der Ü-Zeichen-Verordnung.

Werden Metallbauprodukte über den Handel an den Verwender geliefert und die gelieferten Bauprodukte beim Händler geteilt, so sind die Teile durch

Umstempelung, Farbauftrag, Klebezettel oder Anhängeschilder unverwechselbar zu kennzeichnen. Alle Teilungen sind zu dokumentieren. Bei Metallbauprodukten, die wiederholt verwendet werden, gilt dies entsprechend.

*1 **Amtl. Anm.:** In Deutschland umgesetzt durch DIN EN 10204:2005-01.

**Anlage C 2.4.3**

Bei planmäßigen Abweichungen von den Nennmaßen der Metallprofile ist im Ü-Zeichen als technische Regel die Profilnorm mit dem Zusatz „Sonderprofil" anzugeben. Die in den Profilnormen angegebenen Grenzabmaße und Formtoleranzen bleiben hiervon unberührt. Die Einhaltung der Grenzabmaße und Formtoleranzen ist in die werkseigene Produktionskontrolle einzubeziehen.

**Anlage C 2.4.4**

Die technischen Regeln gelten nur für die Stahlsorten mit den Werkstoffnummern: 1.0254, 1.0256, 1.0421.

**Anlage C 2.4.5**

Die technischen Regeln gelten für die Stahlsorten nach DIN EN 10250-2:1999-12 mit den Werkstoffnummern: 1.0038, 1.0116, 1.0570 und nach EN 10222-4:2017*1 mit den Werkstoffnummern: 1.0565 und 1.0571.

*1 **Amtl. Anm.:** In Deutschland umgesetzt durch DIN EN 10222-4:2017-06.

**Anlage C 2.4.6**

– gestrichen in den BayTB – Ausgabe April 2021

**Anlage C 2.4.7**

– gestrichen in den BayTB – Ausgabe April 2021

**Anlage C 2.4.8**

– gestrichen in den BayTB – Ausgabe April 2021

**Anlage C 2.4.9**

– gestrichen in den BayTB – Ausgabe April 2021

**Anlage C 2.4.10**

Prüfungsumfang und -art bei Nieten im Rahmen der Fremdüberwachung

| **Zeitpunkt** | **Prüfungsart** | **Prüfungsumfang** |
|---|---|---|
| Erstprüfung | verschärfte Prüfung | übliche und besondere Eigenschaften |
| Fremdüberwachung im 1. Jahr | normale Prüfung | übliche Eigenschaften |
| Fremdüberwachung ab 2. Jahr | reduzierte Prüfung | übliche Eigenschaften |

Im Rahmen der Fremdüberwachung werden im Abstand von 6 Monaten Proben so entnommen, dass wechselweise alle Produktarten geprüft werden.

**Übliche Eigenschaften**

| **Merkmal** | **geprüftes Produkt** | **Charakter des Prüfumfanges** | | |
|---|---|---|---|---|
| | | reduziert | normal | verschärft |
| | | L P Pr | L P Pr | L P Pr |
| Maße | alle | 1 × 3 × 1 | 2 × 3 × 1 | 4 × 3 × 1 |
| Scherversuch | alle | 1 × 3 × 1 | 2 × 3 × 1 | 4 × 3 × 1 |
| Härteprüfung | alle | 1 × 3 × 3 | 2 × 3 × 3 | 4 × 3 × 3 |
| Kopfschlagzähigkeit | alle | 1 × 3 × 1 | 2 × 3 × 1 | 4 × 3 × 1 |

**Besondere Eigenschaften**

| Merkmal | Charakter des Prüfumfangs verschärft | | |
|---|---|---|---|
| | L | P | Pr |
| Schichtdicke | 1 × | 3 × | 3 |
| Zugversuch | 1 × | 3 × | 1 |
| Kerbschlagarbeit | 1 × | 3 × | 1 |

L = Los
P = Probe
Pr = Prüfung

## Anlage C 2.4.11

Prüfungsumfang und -art bei Schrauben und Muttern im Rahmen der Fremdüberwachung

| Zeitpunkt | Prüfungsart | Prüfungsumfang |
|---|---|---|
| Erstprüfung | verschärfte Prüfung | übliche und besondere Eigenschaften |
| Fremdüberwachung im 1. Jahr | normale Prüfung | übliche Eigenschaften |
| Fremdüberwachung ab 2. Jahr | reduzierte Prüfung | übliche Eigenschaften |

Im Rahmen der Fremdüberwachung werden im Abstand von 6 Monaten Proben so entnommen, dass wechselweise alle Produktarten geprüft werden.

**Übliche Eigenschaften**

| Merkmal | geprüftes Produkt | Charakter des Prüfumfanges | | |
|---|---|---|---|---|
| | | reduziert | normal | verschärft |
| | | L P Pr | L P Pr | L P Pr |
| Maße | alle Produkte | 1 × 3 × 1 | 2 × 3 × 1 | 4 × 3 × 1 |
| Schrägzugversuch oder Zugversuch an der Ganzschraube | Schrauben 8.8 und 10.9 | 1 × 3 × 1 | 2 × 3 × 1 | 4 × 3 × 1 |
| Zugversuch an der abgedrehten Probe | Schrauben 4.6 und 5.6 | 1 × 3 × 1 | 2 × 3 × 1 | 4 × 3 × 1 |
| Prüfkraftversuch | alle Muttern | 1 × 3 × 1 | 2 × 3 × 1 | 4 × 3 × 1 |
| Anziehversuch | Garnituren 8.8 und 10.9 | 1 × 6 × 1 | 2 × 12 × 1 | 4 × 12 × 1 |
| Härte HV 30 | alle Produkte | 1 × 1 × 3 | 2 × 2 × 3 | 4 × 2 × 3 |
| Härte HV 0,3 | Schrauben 8.8 und 10.9 | 1 × 1 × 3 | 2 × 2 × 3 | 4 × 2 × 3 |
| Schliff (Randzustand) | Schrauben 10.9 | 1 × 1 × 3 | 2 × 2 × 3 | 4 × 2 × 3 |
| Schichtdicke | alle Produkte | 1 × 1 × 3 | 2 × 2 × 3 | 4 × 2 × 3 |

**Besondere Eigenschaften**

| Merkmal | geprüftes Produkt | Charakter des Prüfumfangs verschärft | | |
|---|---|---|---|---|
| | | L | P | Pr |
| Chemische Zusammensetzung | Schrauben und Muttern | 2 × | 2 × | 1 |
| Anlassversuch | Schrauben 8.8 und 10.9 | 4 × | 3 × | 1 |
| Kerbschlagarbeit | Schrauben | 4 × | 3 × | 1 |
| Rissanzeige | Schrauben und Muttern | 1*) ×<br>+4 × | 100 ×<br>20 × | 1<br>1 |

*) **Amtl. Anm.:** Prüfungsumfang bei einem beanstandeten Los bzw. beim Auftreten von Mängeln

L = Los
P = Probe
Pr = Prüfung

**Anlage C 2.4.12**

– gestrichen in den BayTB – Ausgabe April 2021

**Anlage C 2.4.13**

Für das Feuerverzinken tragender Stahlbauteile und Gussbauteile ist nur die Zinkbadklasse 1 gemäß Tabelle 8 nach DASt-Richtlinie 022:2016-06 zulässig. Es ist der vereinfachte Nachweis nach Abschnitt 4.2.2 der DASt-Richtlinie 022:2016-06 zu führen. Rechnerische Nachweise nach Anlage 4 dürfen nicht herangezogen werden.

**Anlage C 2.4.14**
**Zu DIN EN 1090-2**

Die technische Regel ist wie folgt anzuwenden:

**1**

Die Bestätigung der Übereinstimmung von Bauteilen aus Stahl, die nicht von EN 1090-1:2009+A1:2011*1 erfasst sind, die aber Nutzlasten abzutragen haben, muss mit einer Übereinstimmungserklärung des Herstellers auf der Grundlage einer Erstprüfung nach Abschnitt 6.2 von EN 1090-1:2009 +A1:2011*1 durch den Hersteller und einer werkseigenen Produktionskontrolle nach Abschnitt 6.3 von EN 1090-1:2009+A1:2011*1 erfolgen.

**2**

Die Übereinstimmungserklärung hat der Hersteller durch Kennzeichnung der Bauprodukte mit dem Übereinstimmungszeichen (Ü-Zeichen) unter Hinweis auf den Verwendungszweck abzugeben.

**3**

Die Herstellung von geschweißten Bauteilen aus Stahl, die nicht von EN 1090-1:2009+A1:2011*1 erfasst sind, die aber Nutzlasten abzutragen haben, darf nur durch solche Betriebe erfolgen, die über einen Eignungsnachweis für die Ausführung von Schweißarbeiten in der jeweiligen Ausführungsklasse (EXC) verfügen.

Als Eignungsnachweis gilt alternativ:

- ein durch eine notifizierte Stelle ausgestelltes oder bestätigtes Schweißzertifikat nach EN 1090-1:2009+A1:2011*1, wenn die werkseigene Produktionskontrolle des Betriebs durch diese Stelle entsprechend EN 1090-1:2009 +A1:2011*1 zertifiziert ist;
- ein auf Grundlage von DIN EN 1090-2:2018-09 in Verbindung mit EN 1090-1:2009+A1:2011*1, Tabelle B.1 durch eine bauaufsichtlich anerkannte Stelle ausgestelltes Schweißzertifikat.

Für die Zuordnung von Bauteilen in die Ausführungsklassen (EXC) gilt DIN EN 1993-1-1/NA:2018-12.

---

*1 **Amtl. Anm.:** In Deutschland umgesetzt durch DIN EN 1090-1:2012-02.

**Anlage C 2.4.15**
**Zu DIN EN 1090-3**

Die technische Regel ist wie folgt anzuwenden:

# 42 Technische Baubestimmungen

1

Die Bestätigung der Übereinstimmung von Bauteilen aus Aluminium, die nicht von EN 1090-1:2009+A1:2011[*1] erfasst sind, die aber Nutzlasten abzutragen haben, muss mit einer Übereinstimmungserklärung des Herstellers auf der Grundlage einer Erstprüfung nach Abschnitt 6.2 von EN 1090-1:2009 +A1:2011[*1] durch den Hersteller und einer werkseigenen Produktionskontrolle nach Abschnitt 6.3 von EN 1090-1:2009+A1:2011[*1]
erfolgen.

2

Die Übereinstimmungserklärung hat der Hersteller durch Kennzeichnung der Bauprodukte mit dem Übereinstimmungszeichen (Ü-Zeichen) unter Hinweis auf den Verwendungszweck abzugeben.

3

Die Herstellung von geschweißten Bauteilen aus Aluminium, die nicht von EN 1090-1:2009+A1:2011[*1] erfasst sind, die aber Nutzlasten abzutragen haben, darf nur durch solche Betriebe erfolgen, die über einen Eignungsnachweis für die Ausführung von Schweißarbeiten in der jeweiligen Ausführungsklasse (EXC) verfügen. Als Eignungsnachweis gilt alternativ:

- ein durch eine notifizierte Stelle ausgestelltes oder bestätigtes Schweißzertifikat nach EN 1090-1:2009+A1:2011[*1], wenn die werkseigene Produktionskontrolle des Betriebs durch diese Stelle entsprechend EN 1090-1:2009 +A1:2011[*1] zertifiziert ist;
- ein auf Grundlage von DIN EN 1090-3:2019-07 in Verbindung mit EN 1090-1:2009+A1:2011[*1], Tabelle B.1 durch eine bauaufsichtlich anerkannte Stelle ausgestelltes Schweißzertifikat.

Für die Zuordnung von Bauteilen in die Ausführungsklassen (EXC) gilt DIN EN 1999-1-1/NA:2021-03.

---

[*1] **Amtl. Anm.:** In Deutschland umgesetzt durch DIN EN 1090-1:2012-02.

**Anlage C 2.6.1**

Bei Verwendung von Fahrschachttüren nach
DIN 18090:1997-01
DIN 18091:1993-07
DIN 18092:1992-04
gilt Anhang 4 Nr. 5.3.

**Anlage C 2.6.2**

Türschließer nach DIN 18263-1:2015-04 dürfen nur als Ersatzteile verwendet werden. Sie sind nur für Feuer- und/oder Rauchschutzabschlüsse geeignet, sofern diese einflügelige Drehflügeltüren sind.

**Anlage C 2.6.3**

**1. Allgemeines**

Folgendes gilt für Innentüren, an die Anforderungen hinsichtlich des Schallschutzes gestellt werden. Innentüren bestehen jeweils mindestens aus den Komponenten Türflügel und Zarge sowie den Baubeschlägen.

Innentüren müssen aus mindestens normalentflammbaren Baustoffen bestehen.

**2. Bewertetes Schalldämm-Maß**

Sollen je nach Verwendungszweck schalldämmende Eigenschaften ausgewiesen werden, so ist das bewertete Schalldämm-Maß $R_w$ nach Abschnitt 5.6 der DIN EN 14351-2:2019-01 zu bestimmen.

**3. Wesentliche Merkmale für das Ü-Zeichen**

Im Ü-Zeichen einer Innentür, die den Anforderungen nach Abschnitt 2 entspricht, ist das bewertete Schalldämm-Maß $R_w$ anzugeben sowie die Kombinationen von Türblättern mit Türzargen, für welche dieses gilt.

**Anlage C 2.6.4**

Es ist ein Verwendbarkeitsnachweis gemäß Art. 17 Abs. 1 BayBO[1)] erforderlich.

**Anlage C 2.7.1**

Für Führungslager und Festhaltekonstruktionen gilt EN 1337-8:2007[*1]. Für die Gleitpaarung Stahl/Stahl bei Führungslagern und Festhaltekonstruktionen kann der entsprechende Abschnitt von DIN 4141-13:2010-07 angewendet werden.

---

[*1] **Amtl. Anm.:** In Deutschland umgesetzt durch DIN EN 1337-8:2008-01.

**Anlage C 2.8.1**

Begehbare Kunststoffgitterroste nach DIN 24537-3:2007-08 bedürfen als Verwendbarkeitsnachweis einer allgemeinen bauaufsichtlichen Zulassung, sofern die Fallhöhe mehr als 0,5 m beträgt oder die Stützweiten der Roste mehr als 0,5 m betragen.

**Anlage C 2.9.1**
**Zu DIN 18148:2000-10**

Zu Abschnitt 1: Hohlwandplatten aus Leichtbeton dürfen nur für die Herstellung von leichten Trennwänden nach DIN 4103-1:2015-06 verwendet werden.

**Anlage C 2.9.2**
**Zu DIN 18162:2000-10**

Zu Abschnitt 1: Unbewehrte Wandbauplatten aus Leichtbeton dürfen nur für die Herstellung von leichten Trennwänden nach DIN 4103-1:2015-06 verwendet werden.

**Anlage C 2.9.3**

Das Brandverhalten von nichtbrennbaren und schwerentflammbaren werksmäßig im Nassverfahren hergestellten Mineralplatten ist nach lfd. Nr. C 3.9 bzw. C 3.11 nachzuweisen.

Bei Produkten, die in die Klasse TVOC 3 nach Tabelle 3 und/oder FH Klasse 3 nach Tabelle 4 eingestuft sind und daher nicht in Innenräumen verwendet werden dürfen, ist im Ü-Zeichen anzugeben: „Das Produkt darf nicht in Innenräumen verwendet werden."

---

[1)] Nr. 1.

**Anlage C 2.9.4**

Abweichend von DIN EN 16354:2019-01, Abs. 4.4.15 sind Emissionen flüchtiger organischer Verbindungen in die Innenraumluft auf Grundlage von DIN EN 16516:2020-10 zu ermitteln. Die Beladung der Prüfkammer für die Verlegeunterlagen muss 0,4 $m^2/m^3$ betragen. Die Prüfung soll mit offenen Kanten erfolgen. Die Anforderungen der ABG, Anhang 8 der BayTB sind einzuhalten.

Hinsichtlich der Prüfkörperherstellung für die Emissionsmessung können die Verlegeunterlagen in zu prüfende Gruppen unterteilt werden. Dabei sind folgende Parameter zu berücksichtigen:

- jede Verlegeunterlage mit einer anderen Rezeptur und/oder Kaschierung ist einzeln zu prüfen,
- die jeweils dickste Variante bzw. das höchste Flächengewicht sind zu berücksichtigen.

Abweichend von DIN EN 16354:2019-01, Abs. 4.4.11 ist das Brandverhalten der Verlegeunterlage zur Verwendung unter Laminatböden nach DIN 4102-1:1998-05, Abs. 6.2 zu ermitteln und zu klassifizieren.

Die Prüfung im Brennkasten ist mit Flächen- und Kantenbeflammung durchzuführen. Die Konditionierung der Probekörper und die Auswahl einer, entsprechend dem vorgesehenen Verwendungszweck, repräsentativen Trägerplatte, hat nach DIN EN 13238:2010-06 zu erfolgen.

Werden die Verlegeunterlagen in der Endanwendung mit dem Untergrund verklebt, so ist die Verklebung bei der Prüfung zu berücksichtigen. Das Ergebnis der Prüfung ist nur für den in der Prüfung verwendeten Kleber (Auftragsmenge ≤ der geprüften) in Verbindung mit der Verlegeunterlage gültig.

Die nachstehend aufgeführten Produktparameter können das Brandverhalten von Verlegeunterlagen beeinflussen und sind bei der Auswahl der zu prüfenden Probekörper zu berücksichtigen:

**Tabelle 1: Produktparameter, die das Brandverhalten beeinflussen, und Prüffestlegungen**

| Parameter | Prüffestlegungen |
|---|---|
| Zusammensetzung | Jede Verlegeunterlage, die sich hinsichtlich ihrer chemischen Zusammensetzung unterscheidet, ist separat zu prüfen. |
| Dicke | Wird eine Verlegeunterlage mit einer Reihe unterschiedlicher Nenndicken hergestellt, ist dies bei der Prüfung zu berücksichtigen. Es ist mindestens die geringste und die größte Dicke (mit jeweils 2 Probekörpern) zu prüfen; für die ungünstigsten Bedingungen ist eine vollständige Prüfreihe durchzuführen. Die Klassifizierung bestimmt sich aus den ungünstigsten Bedingungen. |
| flächenbezogene Masse oder Dichte | Wird eine Verlegeunterlage mit einer Reihe unterschiedlicher Nennmassen je Flächeneinheit oder Dichten hergestellt, ist dies bei der Prüfung zu berücksichtigen. Es ist mindestens die geringste und die größte Masse je Flächeneinheit oder Dichte (mit jeweils 2 Probekörpern) zu prüfen; für die ungünstigsten Bedingungen ist eine vollständige Prüfreihe durchzuführen. Die Klassifizierung bestimmt sich aus den ungünstigsten Bedingungen. |
| Kaschierung | Jede Kaschierung, z.B. Folien, Fleece usw., die sich hinsichtlich ihrer chemischen Zusammensetzung, Dicke und flächenbezogenen Masse oder Dichte unterscheidet, ist bei den Prüfungen zu berücksichtigen. Es ist jede Kaschierung (mit jeweils 2 Probekörpern) zu prüfen; für die ungünstigsten Bedingungen ist eine vollständige Prüfreihe durchzuführen. Die Klassifizierung bestimmt sich aus den ungünstigsten Bedingungen. |
| Oberflächenstruktur | Wird eine Verlegeunterlage mit einer Reihe unterschiedlicher Oberflächenstrukturen, z.B. Noppen, Perforationen usw. hergestellt, ist dies bei den Prüfungen zu berücksichtigen. Es ist jede Oberflächenstruktur (mit jeweils 2 Probekörpern) zu prüfen; für die ungünstigsten Bedingungen ist eine vollständige Prüfrei- |

| Parameter | Prüffestlegungen |
|---|---|
| | he durchzuführen. Die Klassifizierung bestimmt sich aus den ungünstigsten Bedingungen. |

**Anlage C 2.9.5**

**1)**

Abweichend von DIN EN 17009:2019, Abschnitt 5.2.2 sind die Emissionen flüchtiger organischer Verbindungen in die Innenraumluft auf Grundlage der DIN EN 16516:2020-10 zu ermitteln. Die Beladung der Prüfkammer muss 0,4 $m^2/m^3$ betragen.

Bei der Durchführung der Prüfung ist Folgendes zu beachten: Es ist zu unterscheiden zwischen Bodenbelägen mit werkseitig aufgebrachter Oberflächenbehandlung und Bodenbelägen, die nach Einbau oberflächenbehandelt werden und somit erst dann gebrauchsfertig sind. Nach der Fertigstellung des Prüfstücks mit werkseitig aufgebrachter Oberflächenbehandlung wird dieses sofort in die Emissionsprüfkammer überführt. Bodenbeläge, die erst vor Ort oberflächenbehandelt werden, werden im Labor entsprechend dem Technischen Merkblatt des Oberflächenbeschichtungsmittels versiegelt.

Die Prüfkörper sind auf dem Boden liegend zu prüfen. Dabei sind die Seitenkanten vollständig mit Aluminium-Klebeband abzukleben. Alternativ können auch mechanische (starre) Rücken- und Kantenabdichtungen (z.B. Seal Box nach JIS A 1901) verwendet werden. Die Probenrückseite ist mit Aluminium-Klebeband zu fixieren.

Die Prüfkammergröße ist auf Grund der Heterogenität der Produkte in ausreichender Größe zu wählen. Das Mindestprüfkammervolumen muss 0,225 $m^3$ betragen.

Hinsichtlich der Prüfkörperherstellung für die Emissionsmessung dürfen Bodenbeläge aus lignifizierten Materialien, die kein Holz sind, nicht in Gruppen unterteilt werden. Folgende Parameter sind zu berücksichtigen:

- jeder Bodenbelag mit einer anderen Rezeptur/Schichtaufbau ist einzeln zu prüfen,
- die jeweils dickste Variante bzw. das höchste Flächengewicht sind zu berücksichtigen,
- sofern Oberflächenbeschichtungen eingesetzt werden, ist sowohl mit als auch ohne Oberflächenbeschichtung zu prüfen,
- unterschiedliche Herstellungsverfahren sind zu berücksichtigen.

Es ist darauf zu achten, dass eine repräsentative Probe geprüft wird. Aufgrund der Heterogenität sind daher ggf. mehrere Prüfungen erforderlich.

Vorkonditionierung: Entfällt bei Bodenbelägen mit werkseitig aufgebrachter Oberflächenbehandlung. Nach der Fertigstellung des Prüfstücks wird dieses sofort in die Emissionsprüfkammer überführt. Bodenbeläge, die nach Einbau oberflächenbehandelt werden, trocknen nach dem letzten Auftrag der Beschichtung 72 Stunden in einer Prüfkammer unter Prüfkammerbedingungen nach DIN EN 16516 oder in einer Lagerungsvorrichtung, in der die entsprechenden Prüfkammerbedingungen eingestellt werden können.

Die „Anforderungen an bauliche Anlagen bezüglich des Gesundheitsschutzes" (ABG) sind einzuhalten.

**2)**

Im Rahmen der werkseigenen Produktionskontrolle sind regelmäßige Prüfungen von Proben, die im Werk entnommen wurden, nach Anlage C 2.9.10 1) durchzuführen. Die regelmäßigen Prüfungen erfolgen mindestens alle 5 Jahre.

**3)**

Im Rahmen der Erstprüfung durch eine anerkannte Stelle (ÜHP) sind die Prüfungen nach Anlage C 2.9.10 1) durchzuführen.

**4)**

Der Abschnitt 6.2 gemäß DIN EN 17009:2019 ist für Prüfungen gemäß C 2.9.10 1), 2) und 3) nicht anzuwenden.

**5)**

Der Bodenbelag muss normalentflammbar sein. Die Erfüllung weitergehender Anforderungen an das Brandverhalten ist im Rahmen eines bauaufsichtlichen Verwendbarkeitsnachweises nachzuweisen.

**Anlage C 2.10.1**
**Zu DIN 7865-1 und DIN 7865-2**

DIN 7865-2:2015-02 gilt mit Ausnahme von Abschnitt 8.1 Absatz 2 und 4, Abschnitt 8.3 und Anhang A.
Die Baustoffklasse ist im Rahmen der Produktkennzeichnung anzugeben.

**Anlage C 2.12.1**

Die Rohre und Formstücke dürfen nur verklebt werden, wenn der Klebstoff EN 14680:2006[*1] entspricht oder für nicht vom Geltungsbereich der o.g. harmonisierten Spezifikation erfasste Klebstoffe ein bauaufsichtlicher Verwendbarkeitsnachweis oder eine europäische technische Bewertung erteilt ist.

[*1] **Amtl. Anm.:** In Deutschland umgesetzt durch DIN EN 14680:2006-12.

**Anlage C 2.12.2**

Die Verwendung von Abwasserrohren und Formstücken mit einer geringeren Nenn-Ringsteifigkeit als SN 4 (geprüft nach DIN EN ISO 9969:2016-06) bedarf einer allgemeinen bauaufsichtlichen Zulassung.

**Anlage C 2.12.3**
**Zu DIN 588-1:1996-11**

Zu Abschnitt 4.1 Allgemeine Werkstoffzusammensetzung
Die technische Regel gilt nur für die unter Typ NT (asbestfreie Technologie) aufgeführten Produkte.

**Anlage C 2.12.4**

Für mehrschichtige Abwasserrohre und Formstücke mit mineralischem Füllstoffanteil ist der Nachweis der Verwendbarkeit durch allgemeine bauaufsichtliche Zulassungen erforderlich.

**Anlage C 2.12.5**

Es dürfen nur natürliche mineralische Zuschläge und Füllstoffe gemäß EN 12620:2002+A1:2008[*1] zugegeben werden. Die Verwendung anderer natürlicher mineralischer Zuschläge und Füllstoffe bedarf der allgemeinen bauaufsichtlichen Zulassung.

---

*1 **Amtl. Anm.**: In Deutschland umgesetzt durch DIN EN 12620:2008-07.

**Anlage C 2.12.6**

Für die abschließende Feststellung der Verwendbarkeit der aus Halbzeugen auf der Baustelle hergestellten Bauprodukte zur Renovierung von erdverlegten Entwässerungsnetzen ist eine allgemeine bauaufsichtliche Zulassung erforderlich.

**Anlage C 2.13.1**

– gestrichen in den BayTB – Ausgabe April 2021

**Anlage C 2.13.2**

– gestrichen in den BayTB – Ausgabe April 2021

**Anlage C 2.13.3**

– gestrichen in den BayTB – Ausgabe April 2021

**Anlage C 2.13.4**

– gestrichen in den BayTB – Ausgabe April 2021

**Anlage C 2.13.5**

– gestrichen in den BayTB – Ausgabe April 2021

**Anlage C 2.14.1**

Eine Kennzeichnung mit dem DIN-Prüf- und Überwachungszeichen mit Registriernummer ist zur Erfüllung der Anforderungen der in Spalte 3 genannten technischen Regeln und zur Kennzeichnung mit dem Übereinstimmungszeichen nach den Bauordnungen der Länder nicht erforderlich.

**Anlage C 2.14.2**

– gestrichen in den BayTB – Ausgabe April 2021

**Anlage C 2.14.3**

– gestrichen in den BayTB – Ausgabe April 2021

**Anlage C 2.14.4**

Die Bestätigung der Übereinstimmung der Dichtungen muss für das Herstellwerk mit einem Übereinstimmungszertifikat auf der Grundlage einer werkseigenen Produktionskontrolle nach DIN EN 14241-1:2013-11, Abschnitt 8.4, und einer regelmäßigen Fremdüberwachung einschließlich einer Erstprüfung des Bauprodukts nach Maßgabe der folgenden Bestimmungen erfolgen.

Für die Erteilung des Übereinstimmungszertifikats und die Fremdüberwachung einschließlich der dabei durchzuführenden Produktprüfungen hat der Hersteller des Bauprodukts eine hierfür anerkannte Zertifizierungsstelle sowie eine hierfür anerkannte Überwachungsstelle einzuschalten. In dem Herstellwerk ist die werkseigene Produktionskontrolle durch eine Fremdüberwachung regelmäßig zu überprüfen, mindestens jedoch zweimal jährlich. Im Rahmen der Fremdüberwachung ist eine Erstprüfung des Bauprodukts entsprechend Abschnitt 6 der Norm durchzuführen. Außerdem sind Proben für Stichprobenprüfungen zu entnehmen und an mindestens fünf Proben die Werkstoffkennwerte gemäß Abschnitt 8.3, Tabelle 8, der Norm zu prüfen.

Die Probenahme und Prüfungen obliegen jeweils der anerkannten Überwachungsstelle. Die Ergebnisse der Zertifizierung und Fremdüberwachung sind mindestens fünf Jahre aufzubewahren.

**Anlage C 2.14.5**

Die raumluftunabhängigen Feuerstätten müssen dem Typ CA gemäß Tabelle 1 von DIN EN 16510-1:2018-11 entsprechen. Dabei darf die ermittelte Leckage den Wert von 2 $m^3/h$ nicht überschreiten. Im Rahmen der einmal im Jahr stattfindenden Fremdüberwachung ist auch der Leckageprüfstand des Feuerstättenerstellers hinsichtlich seiner Eignung zu beurteilen.

**Anlage C 2.15.1**

Einwirkungen aus Überschwemmungen sind in der Norm nicht berücksichtigt.

**Anlage C 2.15.2**

– gestrichen in den BayTB – Ausgabe April 2021

**Anlage C 2.15.3**

Die Blechdicken (Nettowanddicken) sind erforderlichenfalls um Korrosionszuschläge zu erhöhen, die in Abhängigkeit von der geplanten Lebensdauer, der konkreten Lagerflüssigkeit und der zugehörigen Abtragsrate, den zu erwartenden Materialabbau infolge Korrosion berücksichtigen. Dabei darf auf die vorgenannten Korrosionszuschläge nur verzichtet werden, wenn für die konkrete Flüssigkeit-Werkstoff-Kombination unter Berücksichtigung der geplanten Lebensdauer und der geplanten Betriebsbedingungen kein Korrosionsabtrag erwartet wird. Dies ist für jeden konkreten Anwendungsfall durch ein Gutachten einer unabhängigen Materialprüfanstalt nachzuweisen.

An Blechen von statisch relevanten Bauteilen, die von der Lagerflüssigkeit bzw. deren Dämpfen oder Kondensat berührt sind, muss die Einhaltung der Nennblechdicken in regelmäßigen Abständen durch Blechdickenmessungen geprüft werden. Ist die Nennblechdicke erreicht, sind die Bauprodukte außer Betrieb zu nehmen.

Besonderheiten, wie z.B. erhöhter korrosiver Angriff bei Lagerung von hygroskopischen Medien und gleichzeitiger Belüftung im sog. Dampfraum über dem Flüssigkeitsspiegel, Wasseransammlungen am Boden bei Medien mit Dichten < 1,0 kg/l, die sich nicht mit Wasser mischen, sind gesondert zu berücksichtigen.

Die Außenkorrosion der Bauprodukte und deren Auflagerkonstruktionen durch korrosiven Angriff aufgrund der Umgebungsbedingungen am Aufstellungsort ist durch geeignete Maßnahmen (z.B. ein Beschichtungssystem mit einer auf die geplante Lebensdauer abgestimmten Wirkungsdauer des Schutzes) auszuschließen.

Der Hersteller muss die für die ordnungsgemäße Herstellung des Bauproduktes erforderlichen Verfahren nachweislich beherrschen. Der Nachweis ist durch ein Schweißzertifikat für die Ausführungsklasse EXC 2 oder höher nach DIN EN 1090-2:2018-09 für Bauprodukte aus Stahl bzw. nach DIN EN 1090-3:2019-07 für Bauprodukte aus Aluminium zu führen. Abweichend von DIN EN 1090-2:2019-07, Tabelle 14 bzw. DIN EN 1090-3:2019-07, Tabelle 7 muss das für die Koordinierung der Herstellungsprozesse des Bauproduktes verantwort-

liche Schweißaufsichtspersonal mindestens über spezielle technische Kenntnisse nach DIN EN ISO 14731:2006-12 verfügen.
Für die zur Herstellung des Bauproduktes verwendeten Konstruktionsmaterialien ist die vollständige Rückverfolgbarkeit sicherzustellen.
Die Schweißverfahren sind nach DIN EN ISO 15614-1:2017-12 zu qualifizieren. Die Prüfung von Schweißern hat auf Grundlage der DIN EN ISO 9606-1:2017-12 zu erfolgen.

**Anlage C 2.15.4**
– gestrichen in den BayTB – Ausgabe April 2021

**Anlage C 2.15.5**
– gestrichen in den BayTB – Ausgabe April 2021

**Anlage C 2.15.6**
– gestrichen in den BayTB – Ausgabe April 2021

**Anlage C 2.15.7**
– gestrichen in den BayTB – Ausgabe April 2021

**Anlage C 2.15.8**
– gestrichen in den BayTB – Ausgabe April 2021

**Anlage C 2.15.9**
Der Nachweis der Übereinstimmung mit dieser technischen Regel entfällt, wenn Rohre oder Schläuche sowie zugehörige Formstücke, Dichtmittel und Armaturen die Anforderungen der Druckgeräte-Richtlinie (DGRL) erfüllen und deshalb das CE-Zeichen tragen.

**Anlage C 2.15.10**
**Zu TRbF 50 (2002-06), Anhang A**
Nr. 3.21 (5) von Anhang A entfällt.

**Anlage C 2.15.11**

**1**

Die DAfStb-Richtlinie „Betonbau beim Umgang mit wassergefährdenden Stoffen (BUmwS)“: 2011-03 regelt nicht, wie Bauteile transportiert, zwischengelagert oder montiert werden müssen, damit sie für die anschließende Nutzung als Teil der Dichtfläche geeignet sind.

**2**

Die Bestimmungen der technischen Regeln wassergefährdender Stoffe (TRwS):

- DWA-A 786 „Ausführung von Dichtflächen“ und
- DWA-A 781 bis 784 für Tankstellen für die Betankung von Kraft-, Schienen-, Wasser- und Luftfahrzeugen

sind zu berücksichtigen.

**3**

Die DAfStb-Richtlinie „Betonbau beim Umgang mit wassergefährdenden Stoffen (BUmwS)“:2011-03 gilt nicht für die Verwendung in Anlagen zum Lagern und Abfüllen von Jauche, Gülle und Silagesickersäften.

**Anlage C 2.15.12**

Für einbetonierte Fugenbleche gelten zusätzlich die Bestimmungen der DAfStb-Richtlinie „Betonbau beim Umgang mit wassergefährdenden Stoffen“: 2011-03, Anhang B: Erläuterungen zu Abschnitt 7.3.3.

**Anlage C 2.15.13**

– gestrichen in den BayTB – Ausgabe Februar 2025

**Anlage C 2.15.14**

– gestrichen in den BayTB – Ausgabe Februar 2025

**Anlage C 2.15.15**

**1. Anforderungen an das Bauprodukt**

Die Leckdetektoren sind entsprechend DIN EN 13160-2:2016-12 in Verbindung mit EN 13160-1:2016-12 auszubilden.

Die Teile eines Leckdetektors, die für den Einbau im Freien gedacht sind, müssen in einem Temperaturbereich von –20 °C bis +60 °C betriebsfähig sein.

**2. Festlegungen für die werkseigene Produktionskontrolle und die Erstprüfung**

Für die werkseigene Produktionskontrolle und die Erstprüfung gilt EN 13160-2, Anhang ZA, Tabelle ZA.1 und Tabelle ZA.3. Bei der Erstprüfung sind auch die Anweisungen nach EN 13160-2, Abschnitt 5.7, zu prüfen. Die anderen Abschnitte des Anhangs ZA gelten nicht.

**3. Festlegungen für die Kennzeichnung**

Im Rahmen der Ü-Kennzeichnung ist als maßgebende technische Regel die Verwaltungsvorschrift Technische Baubestimmungen, Kapitel C 2, Anlage C 2.15.15, anzugeben.

**4. Festlegungen für den Einbau**

Die Leckdetektoren für Unter- und Überdrucksysteme als Teil von Leckanzeigesystemen der Klasse I dürfen für folgende Anwendungsbereiche verwendet werden:

- doppelwandige Behälter,
- doppelwandige Rohrleitungen,
- einwandige Behälter mit Leckschutzauskleidung,
- einwandige Rohre mit Leckschutzauskleidung,
- einwandige Behälter mit Leckschutzummantelung,
- einwandige Rohre mit Leckschutzummantelung.

**Anlage C 2.15.16**

**1. Anforderungen an das Bauprodukt**

Die Leckdetektoren sind entsprechend DIN EN 13160-3:2016-12 in Verbindung mit EN 13160-1:2016-12 auszubilden.

Die Teile eines Leckdetektors, die für den Einbau im Freien gedacht sind, müssen in einem Temperaturbereich von –20 °C bis +60 °C betriebsfähig sein.

**2. Festlegungen für die werkseigene Produktionskontrolle und die Erstprüfung**

Für die werkseigene Produktionskontrolle und die Erstprüfung gilt EN 13160-3, Anhang ZA, Tabelle ZA.1 und Tabelle ZA.3. Bei der Erstprüfung sind auch die Anweisungen nach EN 13160-3, Abschnitt 7, zu prüfen. Die anderen Abschnitte des Anhangs ZA gelten nicht.

**3. Festlegungen für die Kennzeichnung**

Im Rahmen der Ü-Kennzeichnung ist als maßgebende technische Regel die Verwaltungsvorschrift Technische Baubestimmungen, Kapitel C 2, Anlage C 2.15.16, anzugeben.

**4. Festlegungen für den Einbau**

**1**

Die Leckdetektoren für Flüssigkeitssysteme als Teil von Leckanzeigesystemen der Klasse II dürfen für folgende Anwendungsbereiche verwendet werden:

- doppelwandige, drucklose, oberirdische Behälter,
- einwandige, drucklose, oberirdische Behälter mit Leckschutzauskleidung,
- einwandige, drucklose, oberirdische Behälter mit Leckschutzummantelung.

**2**

Das Volumen des Überwachungsraumes der Anlage darf max. 1 $m^3$ betragen.

**Anlage C.2.15.17**

**1. Anforderung an das Bauprodukt**

Die Behälter sind nach EN 12285-2:2005*1 in Tankklasse B oder Tankklasse C auszubilden. Die Höhe $n_1$ des Sattelfußes darf 500 mm nicht übersteigen.

**2. Festlegungen für die werkseigene Produktionskontrolle und die Erstprüfung**

Die werkseigene Produktionskontrolle ist entsprechend DIN EN 1090-2:2018-09 bei Zugrundelegung der Anforderungen der Ausführungsklasse EXC 2 durchzuführen. Abweichend von EN 12285-2:2005*1, Abschnitt 5 ist die Dichtheitsprüfung des Innenbehälters als Stückprüfung wie folgt durchzuführen:

Nach Beendigung aller Schweißarbeiten ist die Druck- bzw. Dichtheitsprüfung des Behälters durchzuführen. Die Prüfung erfolgt mit Wasser. Als Prüfdruck wird die mit einer Sicherheit von 1,3 erhöhte Summe aus dem maximal zulässigen Betriebsüberdruck und dem im Betrieb zu erwartenden hydrostatischen Druck der Lagerflüssigkeit mit der maximal zulässigen Dichte bezogen auf den tiefsten Punkt des Behälters, mindestens jedoch 2 bar angesetzt. Nach der Beruhigungsphase ist der Druck mindestens eine halbe Stunde zu halten. Der Behälter muss diesem Prüfdruck standhalten, ohne messbare Formänderungen zu erfahren und ohne undicht zu werden (kein Druckabfall ab der Beruhigungsphase).

Bei Mehrkammerbehältern muss jede Kammer zusätzlich dem Prüfüberdruck standhalten, der dem jeweils zulässigen Betriebsüberdruck zugeordnet ist (mit einer Sicherheit von 1,3 erhöhte Summe aus dem maximal zulässigen Betriebsüberdruck und dem im Betrieb zu erwartenden hydrostatischen Druck der

Lagerflüssigkeit mit der maximal zulässigen Dichte bezogen auf den tiefsten Punkt des Behälters).

**3. Festlegungen für die Kennzeichnung**

Bei der Kennzeichnung der Bauprodukte sind mindestens die Typbezeichnung, das Herstellungsjahr, die Herstellungsnummer, die zur Herstellung verwendeten Werkstoffe, der Nenninhalt des Behälters bei zulässiger Füllhöhe, der zulässige Füllungsgrad oder die zulässige Füllhöhe (entsprechend dem zulässigen Füllungsgrad) und die Leistungsfähigkeit des Produkts (maximal zulässige Mediendichte, Nennblechdicken, Korrosionszuschläge soweit erforderlich, Druck- und Temperaturbereiche) anzugeben.

**4. Festlegungen für den Einbau**

In Überschwemmungsgebieten sind die Tanks so aufzustellen, dass sie von der Flut nicht erreicht werden können. Sie dürfen nicht in Erdbebengebieten der Erdbebenzonen 1 bis 3 (DIN 4149:2005-04) aufgestellt werden.

---

[*1] **Amtl. Anm.:** In Deutschland umgesetzt durch DIN EN 12285-2:2005-05.

**Anlage C 2.15.18**

**1**

Die Norm DIN EN 12285-1 ist auch anzuwenden auf Behälter zur Lagerung von wassergefährdenden Flüssigkeiten, die für das Heizen und Kühlen von Gebäuden vorgesehen sind. In Überschwemmungsgebieten sind die Tanks so aufzustellen, dass sie von der Flut nicht erreicht werden können. Sie dürfen nicht in Erdbebengebieten der Erdbebenzonen 1 bis 3 (DIN 4149) aufgestellt werden.

**2. Anforderungen an das Bauprodukt**

Die Behälter sind nach DIN EN 12285-1:2018-12 in Tankklasse B oder Tankklasse C auszubilden. Die Schweißnähte müssen beidseitig durchgehend geschweißt sein. Als Versteifungsringe sind mindestens Stahlprofile T 80 nach DIN EN 10055 bzw. Flachstäbe mit einer Erzeugnisbreite von mindestens 100 mm x 30 mm nach DIN EN 10058 zu verwenden.

Der Verzicht auf Versteifungsringe durch Anwendung der Formel (3) aus Abschnitt 4.5.3 der Norm ist nicht zulässig. Die Möglichkeit der Anfertigung von Berechnungen nach Abschnitt 1 Satz 3 zum Nachweis der Standsicherheit bei Einwirkung von Verkehrslasten und/oder Erdüberdeckungshöhen > 1.5 m gilt nicht.

**3. Festlegungen für die werkseigene Produktionskontrolle und die Erstprüfung**

Die werkseigene Produktionskontrolle ist entsprechend DIN EN 1090-2 bei Zugrundelegung der Anforderungen der Ausführungsklasse EXC 2 durchzuführen. Die Dichtheitsprüfung des Innenbehälters ist als Stückprüfung wie folgt durchzuführen:

Nach Beendigung aller Schweißarbeiten ist die Druck- bzw. Dichtheitsprüfung des Behälters durchzuführen. Die Prüfung erfolgt mit Wasser. Als Prüfdruck wird die mit einer Sicherheit von 1,3 erhöhte Summe aus dem maximal zulässigen Betriebsüberdruck und dem im Betrieb zu erwartenden hydrostatischen Druck der Lagerflüssigkeit mit der maximal zulässigen Dichte bezogen auf den tiefsten Punkt des Behälters, mindestens jedoch 2 bar angesetzt.

Nach der Beruhigungsphase ist der Druck mindestens eine halbe Stunde zu halten. Der Behälter muss diesem Prüfdruck standhalten, ohne messbare Formänderungen zu erfahren und ohne undicht zu werden (kein Druckabfall ab der Beruhigungsphase).

Bei Mehrkammerbehältern muss jede Kammer zusätzlich dem Prüfüberdruck standhalten, der dem jeweils zulässigen Betriebsüberdruck zugeordnet ist (mit einer Sicherheit von 1,3 erhöhte Summe aus dem maximal zulässigen Betriebsüberdruck und dem im Betrieb zu erwartenden hydrostatischen Druck der Lagerflüssigkeit mit der maximal zulässigen Dichte bezogen auf den tiefsten Punkt des Behälters). Die Dichtheit des Überwachungsraumes von doppelwandigen Behältern ist mit einem auf den Atmosphärendruck bezogenen Überdruck von 0,6 bar zu prüfen.

**4. Festlegungen für die Kennzeichnung**

Bei der Kennzeichnung der Bauprodukte sind mindestens die Typbezeichnung, das Herstellungsjahr, die Herstellungsnummer, die zur Herstellung verwendeten Werkstoffe, der Nenninhalt des Behälters bei zulässiger Füllhöhe, der zulässige Füllungsgrad oder die zulässige Füllhöhe (entsprechend dem zulässigen Füllungsgrad) und die Leistungsfähigkeit des Produkts (maximal zulässige Mediendichte, Nennblechdicken, Korrosionszuschläge soweit erforderlich, Druck- und Temperaturbereiche) anzugeben.

**Anlage C 2.15.19**

Abweichend von Abschnitt 4.12.2 der Norm DIN EN 12514:2022-01 darf die Leckrate für die innere Dichtheit von Sicherheitseinrichtungen gegen Ausheben die Leckrate A nach EN 12266-2:2012 nicht überschreiten.

## C3. Bauprodukte, die nur eines allgemeinen bauaufsichtlichen Prüfzeugnisses nach Art. 19 Abs. 1 Satz 2 BayBO[1] bedürfen

| Lfd. Nr. | Bauprodukt | anerkanntes Prüfverfahren nach | Übereinstimmungsbestätigung |
|---|---|---|---|
| 1 | 2 | 3 | 4 |
| C 3.1 | Vorgefertigte Lüftungsleitungen, an die Anforderungen an die Feuerwiderstandsdauer und/oder den Schallschutz gestellt werden | Je nach Bauprodukt gilt:<br>*für die Feuerwiderstandsdauer:*<br>DIN 4102-6:1977-09 und – sofern zutreffend – in Verbindung mit<br>DIN V 4102-21:2002-08 oder<br>DIN EN 1363-1:2020-05,<br>DIN EN 1366-1:2020-11 und – sofern zutreffend – in Verbindung mit<br>DIN V 4102-21:2002-08 und Anlage C 3.1<br>*für den Schallschutz:*<br>DIN EN ISO 10140-1, -2, -4, -5:2021-09,<br>DIN EN ISO 717-1:2021-05 | ÜH |

[1] Nr. 1.

| Lfd. Nr. | Bauprodukt | anerkanntes Prüfverfahren nach | Übereinstimmungsbestätigung |
|---|---|---|---|
| 1 | 2 | 3 | 4 |
| C 3.2 | Baustoffe, an die nur Anforderungen an das Brandverhalten gestellt werden und<br>– die nichtbrennbar sein müssen, ohne brennbare Bestandteile,<br>– die normalentflammbar sein müssen Ausgenommen sind Baustoffe des Abschnitts D 2.2 | DIN 4102-1:1998-05<br>in Verbindung mit<br>DIN 4102-16:2015-09 | ÜH |
| C 3.3 | Baustoffe, an die nur Anforderungen an das Brandverhalten gestellt werden und die normalentflammbar sein müssen. Ausgenommen sind Baustoffe des Abschnitts D 2.2 | DIN EN ISO 11925-2:2011-02<br>in Verbindung mit Anlage C 3.7 | ÜH |
| C 3.4 | Baustoffe, an die nur Anforderungen an das Brandverhalten gestellt werden und<br>– die nichtbrennbar sein müssen, mit brennbaren Bestandteilen,<br>– die schwerentflammbar sein müssen, ausgenommen Bodenbeläge | DIN 4102-1:1998-05<br>in Verbindung mit<br>DIN 4102-16:2015-09 | ÜZ |
| C 3.5 | Bodenbeläge, die schwerentflammbar sein müssen, die nicht für die Verwendung in Aufenthaltsräumen vorgesehen sind und die nicht EN 13813 oder EN 14041 oder EN 14904 oder EN 14342 oder EN 15285 entsprechen | DIN 4102-1:1998-05<br>Tabelle 1.2.1 oder<br>DIN EN ISO 11925-2:2011-02 und<br>DIN EN ISO 9239-1:2010-11 in Verbindung mit Anlage C 3.8 | ÜZ |
| C 3.6 | Schornsteinreinigungsverschlüsse und Rußabsperrer | Bau- und Prüfgrundsätze für Schornsteinreinigungsverschlüsse und Rußabsperrer (2012-11) | ÜHP |
| C 3.7 | Armaturen und Geräte der Wasserinstallation, an die hinsichtlich des Geräuschverhaltens Anforderungen gestellt werden | DIN EN ISO 3822-1:2009-07<br>DIN EN ISO 3822-2:1995-05<br>DIN EN ISO 3822-3:2018-04 in Verbindung mit Anlage C 3.10<br>DIN EN ISO 3822-4:1997-03 | ÜHP |
| C 3.8 | Beschichtungsstoffe zum Beschichten von Beton-, Putz- und Estrichflächen in Auffangwannen und Auffangräumen für die Lagerung von<br>– Heizöl EL,<br>– ungebrauchten Verbrennungsmotoren- und Kraftfahrzeuggetriebeölen,<br>– Gemischen aus gesättigten und aromatischen Kohlenwasserstoffen mit einem Aromatengehalt von ≤ 20 Masse-% und einem Flammpunkt von > 60 °C sowie<br>– Öle (z.B. Transformatoren- und Hydrauliköle), die sich diesen Gemischen zuordnen lassen | Bau- und Prüfgrundsätze (BPG) Beschichtungen von Auffangräumen (2017-08) | ÜZ |
| C 3.9 | Niet- und schraubenartige Verbindungen und niet- und schraubenartige Befestigungen für geregelte Außenwandbekleidungen | DIN 18516-1:2010-06<br>Zusätzlich gilt:<br>Anlage C 3.2 | ÜHP |

| Lfd. Nr. | Bauprodukt | anerkanntes Prüfverfahren nach | Übereinstimmungsbestätigung |
|---|---|---|---|
| 1 | 2 | 3 | 4 |
| C 3.10 | „Mit Scheitholz befeuerte Backöfen mit offenem oder geschlossenem Feuerraum" in Bayern nicht besetzt | | |
| C 3.11 | Metall-Kunststoff-Verbundprofile für lastabtragende Rahmentragwerke von Türen, Fenstern, Fensterwänden und Vorhangfassaden sofern diese nicht Komponenten der Türen, Fenster, Fensterwände und Vorhangfassaden sind | Richtlinie für den Nachweis der Standsicherheit von Metall-Kunststoff-Verbundprofilen, Abschnitt 3.2 (1986-08) | ÜH |
| C 3.12 | „Oberflächenbeschichtungsstoffe OS 7 und OS 10 für Beton für Instandsetzungen, die für die Erhaltung der Standsicherheit von Betonbauteilen erforderlich sind" gestrichen in den BayTB – Ausgabe November 2023 | | |
| C 3.13 | Baustützen aus Stahl mit Ausziehvorrichtung, deren Tragfähigkeit mit Hilfe von Versuchen ermittelt wird | DIN EN 1065:1998-12<br>Zusätzlich gilt<br>Anlage C 3.9 | ÜZ |
| C 3.14 | Türen und Tore als Rauchschutzabschlüsse, ausgenommen Vorhänge | DIN 18095-1:1988-10<br>DIN 18095-3:1999-06 | ÜH |
| C 3.15 | Zubehörteile (nicht geregelte) für Rauchschutzabschlüsse, ausgenommen einachsige Türbänder und absenkbare Bodendichtung | DIN 4102-18:1991-03<br>in Verbindung mit<br>DIN 18095-1:1988-10 | ÜH |
| C 3.16 | Flüssig zu verarbeitende Abdichtungsstoffe für die Abdichtung von befahrbaren Flächen | TL/TP-BEL-B Teil 3 (Ausgabe 1995) und TL/TP-BEL-EP (Ausgabe 1999)<br>Zusätzlich gilt:<br>DIN 4102-1:1998-05 oder<br>DIN EN ISO 11925-2:2011-02<br>in Verbindung mit Anlage C 3.7 | ÜZ |
| C 3.17 | Selbsttätig schließende Zapfventile | DIN EN 13012:2021-11 | ÜHP |
| C 3.18 | Vorgefertigte absturzsichernde Verglasung mit versuchstechnisch ermittelter Tragfähigkeit | DIN 18008-4:2013-07,<br>Anhang A, Anhang D und Anhang E;<br>Zusätzlich gilt:<br>Anlage C 3.5 | ÜH |
| C 3.19 | Punkthalter ohne Kugelgelenk mit versuchstechnisch ermittelter Tragfähigkeit | DIN 18008-3:2013-07,<br>Anhang D | ÜH |
| C 3.20 | Vorgefertigte begehbare Verglasung mit versuchstechnisch ermittelter Tragfähigkeit | DIN 18008-5:2013-07,<br>Anhang A | ÜH |
| C 3.21 | „Hochfeuerhemmende Bauteile, deren tragende, aussteifende und raumabschließende Teile aus Holz oder Holzwerkstoffen bestehen und die allseitig eine brandschutztechnisch wirksame Bekleidung aus nichtbrennbaren Baustoffen (Brandschutzbekleidung) und Dämmstoffe aus nichtbrennbaren Baustoffen haben" gestrichen in den BayTB – Ausgabe Juni 2022 | | |
| C 3.22 | Beschichtungs- und Einhausungssysteme zur Sanierung Pentachlorphenol (PCP)-belasteter Holzbauteile | Prüfplan für Beschichtungs- und Einhausungssysteme zur Sanierung Pentachlorphenol (PCP)-belasteter Holzbauteile (2006-01) | ÜHP |
| C 3.23 | „Nahtlose kreisförmige Rohre aus unlegiertem Stahl nach EN 10216-1 für die Verwendung bei Stahlschornsteinen" gestrichen in den BayTB – Ausgabe April 2021 | | |
| C 3.24 | „Geschweißte kreisförmige Rohre aus unlegiertem Stahl nach EN 10217-1 für die Verwendung bei Stahlschornsteinen" gestrichen in den BayTB – Ausgabe April 2021 | | |

| Lfd. Nr. | Bauprodukt | anerkanntes Prüfverfahren nach | Übereinstimmungsbestätigung |
|---|---|---|---|
| 1 | 2 | 3 | 4 |
| C 3.25 | „Stoffe zur Abdichtung erdberührter Bauteile gegen drückendes Wasser und im Übergang auf wasserundurchlässige Bauteile" gestrichen in den BayTB – Ausgabe April 2021 | | |
| C 3.26 | Mineralische Dichtungsschlämmen und flexible polymermodifizierte Dickbeschichtungen für Bauwerksabdichtungen | Prüfgrundsätze zur Erteilung von allgemeinen bauaufsichtlichen Prüfzeugnissen für starre und flexible mineralische Dichtungsschlämmen sowie flexible polymermodifizierte Dickbeschichtungen für die Abdichtung von Bauwerken (PG-MDS/FPD) (2016-11) | ÜHP |
| C 3.27 | Produkte für Abdichtungen im Verbund mit Fliesen und Plattenbelägen<br>– für Wände und Böden im Innenbereich oder im Außenbereich, wenn diese mit Gebäuden verbunden sind, gegen nichtdrückendes Wasser bei hoher Beanspruchung wie z.B. in Nassräumen im öffentlichen und gewerblichen Bereich<br>– für Behälter und Becken im Innenbereich oder im Außenbereich, wenn diese mit Gebäuden verbunden sind, gegen Füllwasser wie z.B. bei Schwimmbecken | Prüfgrundsätze zur Erteilung von allgemeinen bauaufsichtlichen Prüfzeugnissen für Abdichtungen im Verbund mit Fliesen- und Plattenbelägen<br>– Teil 1: Flüssig zu verarbeitende Abdichtungen (PG AIV-F) (2018-03),<br>– Teil 2: Bahnenförmige Abdichtungen (PG AIV-B) (2018-03),<br>– Teil 3: Plattenförmige Abdichtungen (PG AIV-P) (2018-03)<br>– Teil 4: Ergänzende Prüfungen an den Abdichtungssystemen in Verbindung mit Nutzschichten (PG-AIV-N) (2021-07) | ÜHP |
| C 3.28 | Flüssigkunststoffe für die Bauwerksabdichtung | Prüfgrundsätze zur Erteilung von allgemeinen bauaufsichtlichen Prüfzeugnissen für Flüssigkunststoffe für die Bauwerksabdichtung (PG-FLK)<br>Stand Juli 2019 | ÜHP |
| C 3.29 | Dachabdichtungen mit Flüssigkunststoffen | Prüfgrundsätze zur Erteilung von allgemeinen bauaufsichtlichen Prüfzeugnissen für Dachabdichtungen mit Flüssigkunststoffen<br>Anlage C 3.6 | ÜHP |
| C 3.30 | Abdichtungen für Fugen und Übergänge in bzw. auf wasserdichten Bauteilen u.a. aus Beton mit hohem Wassereindringwiderstand im erdberührten Bereich, die nicht den Produkten C 2.10.2 und C 2.10.3 in Kapitel C 2 zugeordnet werden können | Prüfgrundsätze zur Erteilung von allgemeinen bauaufsichtlichen Prüfzeugnissen für Fugenabdichtungen in Bauteilen u.a. aus Beton mit hohem Wassereindringwiderstand im erdberührten Bereich (PG-FBB) Teil 1: Abdichtungen für Arbeitsfugen und Sollrissquerschnitte, Übergänge und Anschlüsse (Mai 2020) Teil 2: Abdichtungen für Bewegungsfugen<br>(Juli 2021) | ÜHP |
| C 3.31 | Aufsätze für Montageabgasanlagen, sofern nicht durch<br>DIN EN 13502:2003-01,<br>DIN EN 16475-7:2016-05 und<br>DIN EN 14989-1:2007-05 erfasst | DIN CEN/TS 16134:2011-11 | ÜH |
| C 3.32 | Vorgefertigte zu Instandhaltungsmaßnahmen betretbare und vorgefertigte | DIN 18008-6:2018-02,<br>Anhang A | ÜH |

| Lfd. Nr. | Bauprodukt | anerkanntes Prüfverfahren nach | Überein-stim-mungs-bestäti-gung |
|---|---|---|---|
| 1 | 2 | 3 | 4 |
| | durchsturzsichere Verglasung mit versuchstechnisch ermittelter Tragfähigkeit | | |
| C 3.33 | Vorgefertigte Verglasung mit versuchstechnisch ermittelter Resttragfähigkeit | DIN 18008-1:2020-05, Anhang B1 | ÜH |

**Anlage C 3.1**
**Lüftungsleitungen**

Eine runde oder vierseitige rechteckige Lüftungsleitung mit maximalen Abmessungen nach DIN EN 1366-1:2020-11, Tabelle 6, kann als L … nach DIN 4102-6:1977-09 klassifiziert werden, wenn die Lüftungsleitung mit den Normmaßen nach DIN EN 1366-1:2020-11, Abschnitt 6.1 während einer Prüfdauer von … Minuten die Anforderungen nach DIN EN 1363-1:2020-05 in Verbindung mit DIN EN 1366-1:2020-11, Abschnitt 11, erfüllt hat.

Eine Lüftungsleitung mit den Nenn-Innenabmessungen des luftführenden Querschnitts von 1250 mm x 1000 mm < B x H ≤ 2500 mm x 1250 mm bzw. einem Nenn-Innendurchmesser von 1000 mm < D ≤ 1250 mm kann als L … nach DIN 4102-6:1977-09 klassifiziert werden, wenn

- sie nach DIN V 4102-21:2002-08 geprüft wurde und während einer Prüfdauer von … Minuten die Anforderungen nach DIN V 4102-21:2002-08, Abschnitt 5.2 und 5.3 erfüllt hat

und wenn

- zuvor eine Lüftungsleitung gleicher Konstruktionsart (Material, Materialdicke, Verbindungstechnik, Befestigung) nach DIN EN 1363-1:2020-05 in Verbindung mit DIN EN 1366-1:2020-11 für die in DIN EN 1366-1:2020-11, Tabelle 2 genannte Abmessung geprüft wurde.

**Anlage C 3.2**

Der charakteristische Wert der Tragfähigkeit für die Verbindungen und Befestigungen ist jeweils das aus den Prüfergebnissen ermittelte 5 % Quantil mit 75 %iger Aussagewahrscheinlichkeit.

**Anlage C 3.3**

In Bayern nicht besetzt.

**Anlage C 3.4**

– gestrichen in den BayTB – Ausgabe April 2021

**Anlage C 3.5**

Für den versuchstechnischen Nachweis der Tragfähigkeit von punktförmigen Lagerungskonstruktionen (Punkthalter) gilt lfd. Nr. C 3.19.

Für zweiseitig linienförmig gelagerte Einfachverglasungen der Kategorie A darf anstelle des im letzten Satz von DIN 18008-4, A.1.9. geforderten Versuches alternativ auch nur die stoßzugewandte Glastafel mit dem Körner gebrochen werden, welche dann jedoch durch einen Pendelschlag mit einer Fallhöhe von 450 mm zu prüfen ist.

**Anlage C 3.6**

Die Prüfgrundsätze bestehen aus dem in den Kapiteln 2 - 7 beschriebenen Prüfverfahren der ETAG 005 „Flüssig aufzubringende Dachabdichtungen", Teile 1 bis 8, veröffentlicht im Bundesanzeiger, Jg. 53, Nr. 200a, 25.10.2001 und Jg. 57, Nr. 102a, 04.06.2005. Weiterhin sind die in lfd. Nr. B 2.2.5.10 genannten Anwendungsregelungen zu beachten.

**Anlage C 3.7**

Ein Baustoff kann nach B2 nach DIN 4102-1:1998-05 klassifiziert werden, wenn die Prüfergebnisse nach DIN EN ISO 11925-2:2011-02 die Voraussetzung von DIN 4102-1:1998-05, Abschnitt 6.2.2, erfüllen.

Die Prüfung nach DIN EN ISO 11925-2:2011-02 ist bei Kantenbeflammung (Abschnitt 7.3.3.2 der Norm) und, sofern hierbei ein Versagen zu erwarten ist, auch bei Flächenbeflammung (Abschnitt 7.3.3.1 der Norm) durchzuführen. Bei der Durchführung sind die Festlegungen der DIN 4102-1:1998-05, Abschnitte 6.2.5.2, 6.2.5.5 und 6.2.5.6 zu beachten.

**Anlage C 3.8**

Ein Baustoff kann nach B1 nach DIN 4102-1:1998-05 klassifiziert werden, wenn die Prüfergebnisse nach DIN EN ISO 11925-2 die Voraussetzungen von DIN 4102-1:1998-05, Abschnitt 6.2.2, und die Prüfergebnisse nach DIN EN ISO 9239-1 die Voraussetzungen von DIN 4102-1:1998-05, Abschnitt 6.1.2.3, erfüllen.

Die Prüfung nach DIN EN ISO 11925-2 ist bei Kantenbeflammung (Abschnitt 7.3.3.2 der Norm) und, sofern hierbei ein Versagen zu erwarten ist, auch bei Flächenbeflammung (Abschnitt 7.3.3.1 der Norm) durchzuführen. Bei der Durchführung sind die Festlegungen der DIN 4102-1:1998-05, Abschnitte 6.2.5.2, 6.2.5.5 und 6.2.5.6 zu beachten.

**Anlage C 3.9**

Für die werkseigene Produktionskontrolle und die Fremdüberwachung gelten die Regelungen des Anhangs E der Norm für Überwachungsstufe M. Abweichend von Tabelle E.1 sind die Eigenschaften der verwendeten Werkstoffe und Komponenten durch Werkszeugnis 2.2 und die Eigenschaften der Rohre mit erhöhter Streckgrenze durch Abnahmeprüfzeugnis 3.1 nach EN 10204:2005-01 zu belegen.

Wenn nach Abschnitt 9.4.2 von DIN EN 1065:1998-12 gezeigt werden kann, dass die charakteristische Tragfähigkeit für die Verstelleinrichtung mindestens 44,0 kN (Klasse A) bzw. 59,5 kN (Klassen B bis E) beträgt, darf eine größere charakteristische Tragfähigkeit gegenüber der nominellen charakteristischen Tragfähigkeit nach Abschnitt 8 der Norm ausgenutzt werden, sofern diese durch Versuch für die Gesamtstütze nach Abschnitt 9.3 der Norm nachgewiesen wurde.

Dabei ist der Ansatz größerer charakteristischer Tragfähigkeiten der Baustützen nach DIN EN 1065:1998-12 als 44,0 kN (Klasse A) bzw. 59,5 kN (Klassen B bis E) nicht zulässig.

**Anlage C 3.10**

Für Eckventile, die vor Auslaufarmaturen für Waschbecken, Spülen und Bidets eingebaut sind, ist der Durchfluss auf 0,25 l/s (Durchflussklasse A) oder 0,42 l/s (Durchflussklasse B) einzustellen.

Für Kombi-Eckventile mit Geräteanschluss ist der Durchfluss für den Geräteanschluss auf 0,2 l/s einzustellen.

## C4. Bauarten, die nur eines allgemeinen bauaufsichtlichen Prüfzeugnisses nach Art. 15 Abs. 3 BayBO[1)] bedürfen

| Lfd. Nr. | Bauart | anerkanntes Prüfverfahren nach |
|---|---|---|
| 1 | 2 | 3 |
| C 4.1 | Bauarten, ausgenommen solche nach Kapitel A 2, lfd. Nr. A 2.2.1.4, zur Errichtung von Decken, Dächern, Unterdecken, Doppelböden, Hohlböden, Stützen, Trägern, Unterzügen, Treppen und tragenden Wänden, an die Anforderungen an die Feuerwiderstandsdauer und/oder den Schallschutz gestellt werden. Das gilt nicht für die Teile baulicher Anlagen, an die weitere Anforderungen gestellt werden, wenn die maßgebenden Bauarten von Technischen Baubestimmungen wesentlich abweichen oder wenn es für die maßgebenden Bauarten keine allgemein anerkannten Regeln der Technik gibt. | Je nach Bauart gilt:<br>*für die Feuerwiderstandsdauer:*<br>DIN 4102-2:1977-09 außer den Abschnitten 6.2.7, 6.2.9 und 6.2.10<br>oder<br>DIN EN 1363-1:2020-05,<br>DIN EN 1363-2:1999-10,<br>DIN EN 1364-2:2018-03,<br>DIN EN 1365-1:2013-08,<br>DIN EN 1365-2:2015-02,<br>DIN EN 1365-3:2000-02,<br>DIN EN 1365-4:1999-10<br>DIN EN 1366-6:2005-02<br>in Verbindung mit Anlage C 4.6<br>*für den Schallschutz:*<br>DIN EN ISO 10140-1, -2, -3, -4, -5:2021-09,<br>DIN EN ISO 717-1, -2:2021-05 sowie<br>DIN EN ISO 10848-1, -2, -3:2018-02 |
| C 4.1.1 | Bauarten, ausgenommen solche nach Kapitel A 2, lfd. Nr. A 2.2.1.4, zur Errichtung von Brandwänden oder Wänden anstelle von Brandwänden mit zusätzlicher mechanischer Beanspruchung, an die Anforderungen an die Feuerwiderstandsdauer gestellt werden. Satz 2 aus lfd. Nr. C 4.1 gilt entsprechend. | Je nach Bauart gilt:<br>DIN 4102-3:1977-09 oder<br>DIN EN 1363-1:2020-05,<br>DIN EN 1363-2:1999-10 und für tragende Wände:<br>DIN EN 1365-1:2013-08 oder für nichttragende Wände:<br>DIN EN 1364-1:2015-09,<br>in Verbindung mit Anlage C 4.6 |
| C 4.2 | Bauarten, ausgenommen solche nach Kapitel A 2, lfd. Nr. A 2.2.1.4, zur Errichtung von nichttragenden inneren Trennwänden, einschließlich Einbauten (Sanitäreinrichtungen), deren Absturzsicherheit experimentell nachgewiesen werden soll und/oder an die Anforderungen an die Feuerwiderstandsdauer und/oder den Schallschutz gestellt werden mit Ausnahme von solchen aus Glas.<br>Satz 2 aus lfd. Nr. C 4.1 gilt entsprechend. | Je nach Bauart gilt:<br>*für die Absturzsicherung:*<br>DIN 4103-1:2015-06<br>Die folgenden Eigenschaften sind jeweils zusammen mit den Anforderungen der DIN 4103-1:2015-06 zu erfüllen:<br>*für die Feuerwiderstandsdauer:*<br>DIN 4102-2:1977-09 außer den Abschnitten 6.2.7 und 6.2.9 oder<br>DIN EN 1363-1:2020-05,<br>DIN EN 1363-2:1999-10,<br>DIN EN 1364-1:2015-09<br>in Verbindung mit Anlage C 4.6<br>*für den Schallschutz:* |

[1)] Nr. 1.

| Lfd. Nr. | Bauart | anerkanntes Prüfverfahren nach |
|---|---|---|
| 1 | 2 | 3 |
| | | DIN EN ISO 10140-1, -2, -3, -4, -5:2021-09,<br>DIN EN ISO 717-1, -2:2021-05 sowie<br>DIN EN ISO 10848-1, -2, -3:2018-02 |
| C 4.3 | Bauarten zur Errichtung von nichttragenden Außenwänden, an die Anforderungen an die Feuerwiderstandsdauer und/oder den Schallschutz gestellt werden.<br>Satz 2 aus lfd. Nr. C 4.1 gilt entsprechend. | Je nach Bauart gilt:<br>*für die Feuerwiderstandsdauer:*<br>DIN 4102-3:1977-09 oder<br>DIN EN 1363-1:2020-05,<br>DIN EN 1363-2:1999-10,<br>DIN EN 1364-1:2015-09<br>in Verbindung mit Anlage C 4.6<br>*für den Schallschutz:*<br>DIN EN ISO 10140-1, -2, -3, -4, -5:2021-09,<br>DIN EN ISO 717-1, -2:2021-05 sowie<br>DIN EN ISO 10848-1, -2, -3:2018-02<br>*für die Absturzsicherung:*<br>ETB-Richtlinie „Bauteile, die gegen Absturz sichern" (1985-06) |
| C 4.4 | Bauarten zur Errichtung von Lüftungsleitungen, an die Anforderungen an die Feuerwiderstandsdauer und/oder den Schallschutz gestellt werden.<br>Satz 2 aus lfd. Nr. C 4.1 gilt entsprechend. | Je nach Bauart gilt:<br>*für die Feuerwiderstandsdauer:*<br>DIN 4102-6:1977-09 und – sofern zutreffend – in Verbindung mit<br>DIN V 4102-21:2002-08 oder<br>DIN EN 1363-1:2020-05,<br>DIN EN 1366-1:2020-11<br>und – sofern zutreffend –<br>in Verbindung mit<br>DIN V 4102-21:2002-08 und<br>Anlage C 3.1 des Kapitels C 3<br>*für den Schallschutz:*<br>DIN EN ISO 10140-1, -2, -3, -4, -5:2021-09,<br>DIN EN ISO 717-1, -2:2021-05 |
| C 4.5 | Bauarten für Abschottungen an Rohrleitungen aus (ggf. wärmeisolierten) Metallrohren,<br>– deren Funktion auf der Anordnung einer Rohrummantelung/Streckenisolierung beruht und<br>– an die nur Anforderungen an die Feuerwiderstandsdauer gestellt werden.<br>Satz 2 aus lfd. Nr. C 4.1 gilt entsprechend. | DIN 4102-11:1985-12<br>in Verbindung mit<br>Anlage C 4.5 und Anlage C 4.1 |
| C 4.6 | Bauarten für Abschottungen an Rohrleitungen aus (ggf. wärmeisolierten) thermoplastischen Kunststoffrohren,<br>– deren Funktion auf der Anordnung einer Rohrummantelung/Streckenisolierung beruht,<br>– bei denen keine dämmschichtbildenden Baustoffe eingesetzt werden und<br>– an die nur Anforderungen an die Feuerwiderstandsdauer gestellt werden. | DIN 4102-11:1985-12<br>in Verbindung mit<br>Anlage C 4.5 und Anlage C 4.1 |

| Lfd. Nr. | Bauart | anerkanntes Prüfverfahren nach |
|---|---|---|
| 1 | 2 | 3 |
| | Satz 2 aus lfd. Nr. C 4.1 gilt entsprechend. | |
| C 4.7 | Bauarten zur Herstellung von Installationsschächten und -kanälen einschließlich der Abschlüsse ihrer Revisionsöffnungen, an die Anforderungen an die Feuerwiderstandsdauer und/oder den Schallschutz gestellt werden.<br>Satz 2 aus lfd. Nr. C 4.1 gilt entsprechend. | Je nach Bauart gilt:<br>*für die Feuerwiderstandsdauer:*<br>DIN 4102-11:1985-12 bzw. als Prüfverfahren für Installationsschachtwände von Installationsschächten auch<br>DIN 4102-2:1977-09, außer den Abschnitten 6.2.7 und 6.2.9 oder<br>DIN EN 1363-1:2020-05,<br>DIN EN 1363-2:1999-10,<br>DIN EN 1364-1:2015-05 in Verbindung mit<br>Anlage C 4.6<br>*für den Schallschutz:*<br>DIN EN ISO 10140-1, -2, -3, -4, -5:2021-09,<br>DIN EN ISO 717-1, -2:2021-05 |
| C 4.8 | Bauarten zur Herstellung von Bedachungen, an die Anforderungen hinsichtlich Widerstandsfähigkeit gegen Flugfeuer und strahlende Wärme gestellt werden.<br>Satz 2 aus lfd. Nr. C 4.1 gilt entsprechend. | DIN 4102-7:2018-11<br>in Verbindung mit<br>DIN SPEC 4102-23:2018-07<br>Abschnitte 1, 2, 3, 4 und 7 oder<br>DIN CEN/TS 1187:2012-03<br>Prüfverfahren 1 in Verbindung mit<br>DIN SPEC 4102-23:2018-07<br>Abschnitte 1, 2, 3, 4 und 7 oder<br>DIN CEN/TS 1187:2012-03<br>Prüfverfahren 1 in Verbindung mit DIN CEN/TS 16459:2020-04<br>Abschnitte 1, 2, 3, 4, 7 und Anhang A |
| C 4.9 | Bauarten zur Herstellung von elektrischen Kabelanlagen, an die Anforderungen hinsichtlich des Funktionserhalts unter Brandeinwirkung gestellt werden.<br>Satz 2 aus lfd. Nr. C 4.1 gilt entsprechend. | DIN 4102-12:1998-11 |
| C 4.10 | Bauarten zur Errichtung von Entrauchungsleitungen, an die Anforderungen an die Feuerwiderstandsdauer und/oder den Schallschutz gestellt werden.<br>Satz 2 aus lfd. Nr. C 4.1 gilt entsprechend. | Je nach Bauart gilt:<br>*für die Feuerwiderstandsdauer:*<br>DIN 4102-6:1977-09<br>DIN V 18232-6:1997-10<br>in Verbindung mit Anlage C 4.2 oder<br>DIN EN 1363-1:2020-05,<br>DIN EN 1366-1:2020-11<br>in Verbindung mit<br>DIN EN 1366-8:2004-10<br>in Verbindung mit Anlage C 4.3<br>*für den Schallschutz:*<br>DIN 52210-6:2013-07 |
| C 4.11 | Bauarten zur Errichtung von Entrauchungsleitungen, an die keine Anforderungen an die Feuerwiderstandsdauer und/oder den Schallschutz gestellt werden.<br>Satz 2 aus lfd. Nr. C 4.1 gilt entsprechend. | DIN V 18232-6:1997-10<br>in Verbindung mit Anlage C 4.4 |

| Lfd. Nr. | Bauart | anerkanntes Prüfverfahren nach |
|---|---|---|
| 1 | 2 | 3 |
| C 4.12 | Bauarten für absturzsichernde Verglasung mit versuchstechnisch ermittelter Tragfähigkeit | DIN 18008-4:2013-07 Anhang A, Anhang D und Anhang E Zusätzlich gilt: Anlage C 3.5 des Kapitels C 3 |
| C 4.13 | Bauarten für begehbare Verglasung mit versuchstechnisch ermittelter Tragfähigkeit | DIN 18008-5:2013-07 Anhang A |
| C 4.14 | Polymermodifizierte Bitumendickbeschichtungen (PMBC) als Abdichtung für Übergangsfugen auf wasserundurchlässige/wasserdichte Bauteile | Prüfgrundsätze zur Erteilung von allgemeinen bauaufsichtlichen Prüfzeugnissen für Fugenabdichtungen in Bauteilen u.a. aus Beton mit hohem Wassereindringwiderstand im erdberührten Bereich (PG FBB) Teil 1: Abdichtungen für Arbeitsfugen, Sollrissquerschnitte, Übergänge und Anschlüsse (Mai 2020) |
| C 4.15 | Bauarten für zu Instandhaltungsmaßnahmen betretbare und durchsturzsichere Verglasung mit versuchstechnisch ermittelter Tragfähigkeit | DIN 18008-6:2018-02 Anhang A |
| C 4.16 | Bauarten für Verglasung mit versuchstechnisch ermittelter Resttragfähigkeit | DIN 18008-1:2020-05, Anhang B1 |

**Anlage C 4.1**
**Zu DIN 4102-11:1985-12**

Zu Abschnitt 3.1 Nachweis mit Brandversuchen

Abweichend von Abschnitt 3.1 genügt ein Probekörper für die Brandprüfung.

Zu Abschnitt 4.2.3 Probekörper und Prüfanordnung

Abweichend von Abschnitt 4.2.3 wird auf die Durchführung von Brandprüfungen an Rohrpost- und Staubsaugleitungen bei einem Arbeitsdruck von -0,5 bar verzichtet.

Zu Abschnitt 4.2.4.1 Brandversuch mit minimaler Beanspruchung

Der Abschnitt 4.2.4.1 entfällt.

Zu Abschnitt 4.2.4.2 Brandversuch mit der Einheits-Temperaturzeitkurve

Abweichend von Abschnitt 4.2.4.2 entfallen die Messstellen zur Ermittlung der mittleren Temperaturerhöhung in 10 cm und 60 cm Abstand von Wand oder Decke.

Zu Abschnitt 4.2.4.3 Brandversuch mit Schwelfeuerbeanspruchung

Der Abschnitt 4.2.4.3 entfällt.

**Anlage C 4.2**

Abweichend von DIN V 18232-6:1997-10 ist die Leckage der Entrauchungsleitung der Kategorie 3 der vorgenannten Norm bei Brandbeanspruchung mit der Sauerstoff-Messmethode nach DIN EN 1366-8:2004-10 für die darin aufgeführten Druckstufen 1 oder 2 oder 3 zu bestimmen.

**Anlage C 4.3**

Eine Entrauchungsleitung kann als Kategorie 3 nach DIN V 18232-6:1997-10 klassifiziert werden, wenn sie die Prüfungen nach DIN EN 1366-1:2020-11 (Leitung A bei einem Druck von -500 Pa) bestanden hat und während einer Prüfdauer von ≥ 30 Minuten bei einer Temperaturbeanspruchung nach DIN

EN 1363-1:2020-05 die Anforderungen nach DIN EN 1366-8:2004-10, Abschnitt 11.3.2, Dichtheit; nach Abschnitt 11.3.3, Raumabschluss; nach Abschnitt 11.3.4, Wärmedämmung und nach Abschnitt 11.3.5, Querschnittsverringerung erfüllt hat.

**Anlage C 4.4**

Abweichend von DIN V 18232-6:1997-10 ist die Leckage der Entrauchungsleitung der Kategorie 2 der vorgenannten Norm bei Brandbeanspruchung mit der Sauerstoff-Messmethode nach DIN EN 1366-8:2004-10 für die darin aufgeführten Druckstufen 1 oder 2 oder 3 zu bestimmen.

**Anlage C 4.5**

Eine Rohrummantelung/Rohrabschottung kann als R … nach DIN 4102-11:1985-12 klassifiziert werden, wenn sie die Bedingungen nach DIN 4102-11:1985-12 eingehalten hat, wobei die Prüfung

- nach DIN 4102-11:1985-12 (inkl. Anlage C 4.1) durchgeführt wurde

oder

- nach DIN 4102-11:1985-12 jedoch mit modifizierten Prüfbedingungen in Anlehnung an DIN EN 1366-3:2009-07, Abschnitt 5, durchgeführt wurde: Die Steuerung der Ofentemperatur erfolgte gemäß DIN EN 1363-1:2020-05, Abschnitt 5.1, mit Ofenthermoelementen nach Abschnitt 4.5.1.1 und der Beginn der Prüfung erfolgte gemäß DIN EN 1363-1:2020-05, Abschnitt 10.3. Die Druckbedingungen im Brandraum entsprachen DIN EN 1366-3:2009-07, Abschnitt 5.2.

**Anlage C 4.6**

**1. Nichttragende raumabschließende Trennwände**

Eine nichttragende raumabschließende Trennwand kann als F … nach DIN 4102-2:1977-09 klassifiziert werden, wenn sie entweder

- die Bedingungen nach DIN 4102-2:1977-09 eingehalten hat

oder

- nach DIN EN 1363-1:2020-05 in Verbindung mit DIN EN 1364-1:2015-09 geprüft wurde und dabei für … Minuten die Anforderungen nach DIN EN 1363-1:2020-05, Abschnitt 11.2, Raumabschluss und Abschnitt 11.3, Wärmedämmung erfüllt hat.

Für die Prüfung nach DIN EN 1363-1:2020-05 in Verbindung mit DIN EN 1364-1:2015-09 ist bei symmetrischen Bauteilen ein Brandversuch erforderlich.

**2. Tragende raumabschließende Wände**

Eine tragende raumabschließende Wand kann als F … nach DIN 4102-2:1977-09 klassifiziert werden, wenn sie entweder

- die Bedingungen nach DIN 4102-2:1977-09 eingehalten hat

oder

- nach DIN EN 1363-1:2020-05 in Verbindung mit DIN EN 1365-1:2013-08 geprüft wurde und während einer Prüfdauer von … Minuten die Anforderungen nach DIN EN 1363-1:2020-05, Abschnitt 11.1, Tragfähigkeit,

Ziffer II sowie nach Abschnitt 11.2, Raumabschluss und Abschnitt 11.3, Wärmedämmung erfüllt hat.

Für die Prüfung nach DIN EN 1363-1:2020-05 in Verbindung mit DIN EN 1365-1:2013-08 ist bei symmetrischen Bauteilen ein Versuch erforderlich.

**3. Unterdecke (als selbständiges Bauelement)**

Eine Unterdecke als selbständiges Bauelement kann als F … nach DIN 4102-2:1977-09 klassifiziert werden, wenn sie entweder

- die Bedingungen nach DIN 4102-2:1977-09 eingehalten hat

oder

- nach DIN EN 1363-1:2020-05 in Verbindung mit DIN EN 1364-2:2018-03 geprüft wurde und während einer Prüfdauer von … Minuten die Anforderungen nach DIN EN 1364-2:2018-03, Abschnitt 11.2, Raumabschluss und Abschnitt 11.3, Wärmedämmung erfüllt hat.

Für die Prüfung nach DIN EN 1363-1:2020-05 in Verbindung mit DIN EN 1364-2:2018-03 ist ein Versuch mit Beanspruchung der Unterseite und ein Versuch mit Beanspruchung der Oberseite erforderlich. Wenn die Klassifizierung nur von einer Seite erfolgen soll, ist ein Versuch mit Beanspruchung dieser Seite erforderlich.

**4. Stützen**

Eine Stütze kann als F … nach DIN 4102-2:1977-09 klassifiziert werden, wenn sie entweder

- die Bedingungen nach DIN 4102-2:1977-09 eingehalten hat

oder

- nach DIN EN 1363-1:2020-05 in Verbindung mit DIN EN 1365-4:1999-10 geprüft wurde und während einer Prüfdauer von … Minuten die Anforderungen nach DIN EN 1363-1:2020-05, Abschnitt 11.1, Tragfähigkeit, Ziffer II erfüllt hat.

Für die Prüfung nach DIN EN 1363-1:2020-05 in Verbindung mit DIN EN 1365-4:1999-10 ist ein Versuch erforderlich.

**5. Träger/Unterzüge**

Ein Träger/Unterzug kann als F … nach DIN 4102-2:1977-09 klassifiziert werden, wenn er entweder

- die Bedingungen nach DIN 4102-2:1977-09 eingehalten hat

oder

- nach DIN EN 1363-1:2020-05 in Verbindung mit DIN EN 1365-3:2000-02 geprüft wurde und während einer Prüfdauer von … Minuten die Anforderungen nach DIN EN 1363-1:2020-05, Abschnitt 11.1, Tragfähigkeit, Ziffer I erfüllt hat.

Für die Prüfung nach DIN EN 1363-1:2020-05 in Verbindung mit DIN EN 1365-3:2000-02 ist ein Versuch erforderlich.

### 6. Brandwände

#### 6.1. Brandwände als tragende Wände

Eine Brandwand kann als solche nach DIN 4102-2:1977-09 klassifiziert werden, wenn sie entweder

- die Bedingungen nach DIN 4102-3:1977-09 eingehalten hat

oder

- nach DIN EN 1363-1:2020-05 in Verbindung mit DIN EN 1365-1:2013-08 und DIN EN 1363-2:1999-10, Abschnitt 7, geprüft wurde und während einer Prüfdauer von 90 Minuten die Anforderungen nach DIN EN 1363-1:2020-05, Abschnitt 11.1 b), Tragfähigkeit sowie nach Abschnitt 11.2, Raumabschluss und Abschnitt 11.3, Wärmedämmung erfüllt hat.

Die Wände müssen diese Anforderungen ohne Bekleidungen erfüllen. Sie müssen außerdem ausschließlich aus nichtbrennbaren Baustoffen bestehen.

Für die Prüfung nach DIN EN 1363-1:2020-05 in Verbindung mit DIN EN 1365-1:2013-08 und DIN EN 1363-2:1999-10, Abschnitt 7, ist bei symmetrischen Bauteilen ein Versuch erforderlich.

Für Wände anstelle von Brandwänden mit mechanischer Beanspruchung gelten die diesbezüglichen Vorgaben wie für Brandwände, jedoch unter der Maßgabe, dass die Feuerwiderstandsdauer entsprechend den jeweiligen bauordnungsrechtlichen Anforderungen mindestens 60 Minuten betragen muss.

#### 6.2. Brandwände als nichttragende Wände

Eine Brandwand kann als solche nach DIN 4102-2:1977-09 klassifiziert werden, wenn sie entweder

- die Bedingungen nach DIN 4102-3:1977-09 (bzgl. der Belastung s. Abs. A 2.1.7) eingehalten hat

oder

- nach DIN EN 1364-1: 2015-02 und DIN EN 1363-2:1999-10, Abschnitt 7, geprüft wurde und während einer Prüfdauer von 90 Minuten die Anforderungen nach DIN EN 1363-1:2020-05, nach Abschnitt 11.2, Raumabschluss und Abschnitt 11.3, Wärmedämmung erfüllt hat.

Die Wände müssen diese Anforderungen ohne Bekleidungen erfüllen. Sie müssen außerdem ausschließlich aus nichtbrennbaren Baustoffen bestehen.

Für die Prüfung nach DIN EN 1363-1:2020-05, in Verbindung mit DIN EN 1364-1:2015-09 und DIN EN 1363-2:1999-10, Abschnitt 7, ist bei symmetrischen Bauteilen ein Versuch erforderlich.

Für Wände anstelle von Brandwänden mit mechanischer Beanspruchung gelten die diesbezüglichen Vorgaben wie für Brandwände jedoch unter der Maßgabe, dass die Feuerwiderstandsdauer entsprechend den jeweiligen bauordnungsrechtlichen Anforderungen mindestens 60 Minuten betragen muss.

Die Stoßbeanspruchung nach DIN EN 1363-2:1999-10 hat unter Berücksichtigung der Vorgaben der DIN 4102-3:1977-09, Abschnitt 4.3.3, zusätzlich auch in den Verankerungs- und Befestigungsbereichen zu erfolgen.

### 7. Nichttragende Außenwände

Eine nichttragende raumabschließende Außenwand kann als W … nach DIN 4102-3:1977-09 klassifiziert werden, wenn sie entweder

- die Bedingungen nach DIN 4102-3:1977-09 eingehalten hat

oder

- von innen nach DIN EN 1363-1:2020-05 (für Prüfung nach Einheitstemperaturzeitkurve) und von außen nach DIN EN 1363-2:1999-10 (für Prüfung nach Außenbrandkurve) in Verbindung mit DIN EN 1364-1:2015-09 geprüft wurde und dabei für … Minuten die Anforderungen nach DIN EN 1363-1:2020-05, Abschnitt 11.2, Raumabschluss und Abschnitt 11.3, Wärmedämmung jeweils erfüllt hat.

**8. Decken/Dächer**

Eine Decke/ein Dach kann als F … nach DIN 4102-2:1977-09 klassifiziert werden, wenn sie/es entweder

- die Bedingungen nach DIN 4102-2:1977-09 eingehalten hat

oder

- nach DIN EN 1363-1:2020-05 in Verbindung mit DIN EN 1365-2:2015-02 geprüft wurde und während einer Prüfdauer von … Minuten die Anforderungen nach DIN EN 1363-1:2020-05, Abschnitt 11.1, Tragfähigkeit, Ziffer I sowie nach Abschnitt 11.2, Raumabschluss und Abschnitt 11.3, Wärmedämmung erfüllt hat.

Für die Prüfung nach DIN EN 1363-1:2020-05 in Verbindung mit DIN EN 1365-2:2015-02 ist ein Versuch erforderlich.

**9. Installationsschächte und -kanäle**

Ein Installationsschacht/-kanal kann als I … nach DIN 4102-11:1985-12 klassifiziert werden, wenn er entweder

- die Bedingungen nach DIN 4102-11:1985-12 eingehalten hat

oder

- als Installationsschacht aus Wänden besteht, die nach DIN 4102-2:1977-09 geprüft wurden

oder

- als Installationsschacht aus Wänden besteht, die nach DIN EN 1363-1:2020-05 in Verbindung mit DIN EN 1364-1:2015-09 geprüft wurden und dabei für … Minuten die Anforderungen nach DIN EN 1363-1:2020-05, Abschnitt 11.2, Raumabschluss und Abschnitt 11.3, Wärmedämmung erfüllt hat.

Für die Prüfung nach DIN EN 1363-1:2020-05 in Verbindung mit DIN EN 1364-1:2015-09 ist bei symmetrischen Bauteilen ein Brandversuch erforderlich.

**10. Doppelböden/Hohlböden**

Ein Doppelboden/Hohlboden kann als F… nach DIN 4102-2:1977-09 klassifiziert werden, wenn er entweder

- die Bedingungen an ein horizontales raumabschließendes Bauteil nach DIN 4102-2:1977-09 – unter einer Mindestlast von 1,5 kN/m² im Brandfall – eingehalten

oder

- nach DIN EN 1363-1:2020-05 in Verbindung mit DIN EN 1366-6:2005-02 bei Brandbeanspruchung nach der Einheits-Temperaturzeitkurve geprüft wurde und während einer Prüfdauer von ... Minuten die Anforderungen nach DIN EN 1363-1:2020-05, Abschnitt 11.1, Tragfähigkeit sowie nach Abschnitt 11.2, Raumabschluss und Abschnitt 11.3, Wärmedämmung erfüllt hat.

Für die Prüfung nach DIN EN 1363-1:2020-05 in Verbindung mit DIN EN 1366-6:2005-02 ist mindestens ein Versuch erforderlich. Die Brandprüfung ist mit einer Mindestlast von 1,5 kN/m$^2$ durchzuführen.

Für den Anwendungsfall eines Doppelbodens nach Abschnitt 4.1 der Muster-Systembödenrichtlinie bezieht sich die Beurteilung bei der Bauteilprüfung nach DIN 4102-2:1977-09 bzw. nach DIN EN 1363-1:2020-05 in Verbindung mit DIN EN 1366-6:2005-02, jeweils unter einer Mindestlast von 1,5 kN/m$^2$ im Brandfall, nur auf die Tragkonstruktion (Tragplatten und Ständer). Ist deren Tragfähigkeit über mindestens 30 Minuten gegeben, kann die Bewertung „Doppelboden mit feuerhemmender Tragkonstruktion bei Brandbeanspruchung von unten“ erfolgen; sie ist sowohl auf dem Deckblatt als auch im Anwendungsbereich des allgemeinen bauaufsichtlichen Prüfzeugnisses anzugeben. Es erfolgt keine Klassifizierung.

## D. Bauprodukte, die keines Verwendbarkeitsnachweises bedürfen



### D1. Allgemeines

Abschnitt D 2 enthält eine nicht abschließende Liste von Bauprodukten, die keines Verwendbarkeitsnachweises nach Art. 17 BayBO[1)] bedürfen.

Entsprechend Art. 17 BayBO ist ein Verwendbarkeitsnachweis für Bauprodukte nicht erforderlich, für die es allgemein anerkannte Regeln der Technik zwar gibt, auch wenn an sie Anforderungen nach Art. 3 BayBO gestellt werden (ehemals „sonstige Bauprodukte“). Eine Verwendbarkeit der Bauprodukte i.S.d. Art. 16 Abs. 2 BayBO muss damit materiell zwar vorliegen, jedoch ist diese nach Bauordnungsrecht nicht nachzuweisen. Hierunter fallen insbesondere Bauprodukte, die durch andere Zertifizierungs- und Zulassungssysteme abgedeckt werden (z.B. DVGW und VDE).

In der Liste sind Bauprodukte aufgeführt, für die es weder Technische Baubestimmungen noch allgemein anerkannte Regeln der Technik gibt und die für die Erfüllung der Anforderungen nach Art. 3 BayBO nicht von Bedeutung sind. Für diese Bauprodukte wird durch den Verzicht auf bauaufsichtliche Verwendbarkeitsnachweise die bauordnungsrechtlich untergeordnete Bedeutung kenntlich gemacht.

---

1) Nr. 1.

## D2. Liste von Bauprodukten, die keines Verwendbarkeitsnachweises nach Art. 17 BayBO[1)] bedürfen (Art. 81a Abs. 2 Nr. 4 BayBO[1)])

### D 2.1. Beispiele für Produkte, für die es allgemein anerkannte Regeln der Technik gibt

- Absperrarmaturen in Anlagen zur Wasserver- und -entsorgung
- Absperranlagen in Anlagen zur Gasversorgung
- Strömungswächter
- Sicherheitseinrichtungen der Gas-Installation
- Sicherheits-Gasschlauchleitungen für den Anschluss von Haushalts-Gasgeräten
- Mehrschichtverbundrohre für die Gas-Inneninstallation
- Flüssiggasdruckregelgeräte
- Trinkwassererwärmer und Speicher-Trinkwassererwärmer
- Warmwasser-Flächenheizungen und Heizkörperanbindungen
- Kunststoff-Rohrleitungssysteme für Warmwasser-Fußbodenheizung
- Wärmeübertragungsanlagen
- Sanitärausstattungsgegenstände
- Schächte für Brunnen und Sickeranlagen
- Sickerrohre für Deponien
- Blitzschutzanlagen
- Elektroinstallationen wie Leitungen, Schalter, Steckdosen u.Ä. zur Allgemeinstromversorgung unter Normalbedingungen von baulichen Anlagen
- Telekommunikation-, Fernseh- und Radioinstallationen

### D 2.2. Produkte, für die es keine allgemein anerkannten Regeln der Technik gibt

Diese Liste gilt nur für solche Bauprodukte und Verwendungen, für die nach bauaufsichtlichen Vorschriften nur die Anforderung normalentflammbar vorausgesetzt wird und an die keine weitergehenden Brandschutzanforderungen und keine Anforderungen an den Schall- und Wärmeschutz gestellt werden.

#### D 2.2.1. Bauprodukte für den Rohbau

D 2.2.1.1 Kellerlichtschächte mit Lichtschachtöffnungen bis 1,50 m (lichtes Maß parallel zur Kellerwand) x 1,0 m (lichtes Maß normal zur Kellerwand)

D 2.2.1.2 Dränelemente

D 2.2.1.3 Außenwandausfachungen einschließlich ihrer Befestigungen mit einem Unterstützungsabstand von ≤ 1,0 m, wenn sie nicht für die Standsicherheit einer baulichen Anlage oder deren Teilen dienen

D 2.2.1.4 Mauerwerksbewehrung, die nicht für die Standsicherheit des Mauerwerks erforderlich ist

D 2.2.1.5 Hilfsstoffe für Bauwerks- und Dachabdichtungen wie z.B. Grundierungen, Deckaufstrichmittel, Trennlagen, Schutzlagen, Fugenverfüllungen sowie Hilfsstoffe für An- und Abschlüsse

---

[1)] Nr. 1.

D 2.2.1.6 Abdichtungen von Fassaden zum Schutz gegen Wind und Schlagregen

D 2.2.1.7 Hydrophobiermittel gegen kapillare(n) Aufnahme und Transport von Wasser mit Ausnahme solcher, die für die Erhaltung der Standsicherheit von Betonbauteilen erforderlich sind

D 2.2.1.8 Bauprodukte zur Trockenlegung von feuchten Mauern, ausgenommen Produkte, die im direkten Kontakt mit Grundwasser oder Boden aushärten

D 2.2.1.9 Schalungsplatten und Schalungstafeln sowie Schalungskörper als verlorene Schalung

D 2.2.1.10 Elastische Lager zur Auflagerung von Treppen

D 2.2.1.11 Wand- und Dachbauteile, einschließlich der Befestigungen, für eingeschossige bauliche Anlagen mit einem umbauten Raum ≤ 30 $m^3$

D 2.2.1.12 Mehrlagige Trennschichten (z.B. „Gleitfolien") zur Ermöglichung von Relativverschiebungen zwischen Bauteilen für Verwendungen, bei denen der Ausfall oder die Beeinträchtigung der Funktion des Bauprodukts keinen Einfluss auf die Standsicherheit des Tragwerks oder auf die Dichtheit des Tragwerks bezüglich der Lagerung wassergefährdender Flüssigkeiten hat

D 2.2.1.13 Bauprodukte, die für zusätzliche Dichtungsmaßnahmen bei Bauteilen aus Beton mit hohem Wassereindringwiderstand verwendet werden, z.B. Betonitmatten, Frischbetonverbundbahnen

D 2.2.1.14 Spaltenböden aus Kunststoff mit einem lichten Abstand zur tragenden Bodenplatte oder tragenden Decke von ≤ 0,5 m

D 2.2.1.15 Produkte zur Abdichtung von Fugen, Stößen und Anschlüssen von Dampfsperrbahnen und anderen Luftdichtheitsschichten (z.B. Dichtbänder, Klebebänder)

D 2.2.1.16 Trennlagen zwischen schwimmendem Estrich und Trittschalldämmschichten sowie Trennlagen zwischen Bauteilen und Bauteilen zur akustischen Entkopplung

D 2.2.1.17 Zwischenlagen mit bis zu 10 mm Dicke (Nennmaß) zwischen zwei Bauwerksteilen, die keine Auswirkung auf die Standsicherheit des Bauwerkes sowie der anliegenden Bauteile haben

D 2.2.1.18 Kleber und Dichtmassen zur Befestigung und zum Schutz von Wärmedämmplatten bei außen liegender Wärmedämmung im Erdreich (Perimeterdämmung) und Außendämmung von Dächern

**D 2.2.2. Bauprodukte für den Ausbau**

D 2.2.2.1 Fassadenelemente (einschließlich ihrer Befestigungen) für Außenwandbekleidungen, die nach allgemein anerkannten Regeln der Technik befestigt werden
- mit kleinformatigen Fassadenelementen mit ≤ 0,4 $m^2$ Fläche und ≤ 5 kg Eigengewicht
- mit brettformatigen Fassadenelementen mit ≤ 0,3 m Breite und Unterstützungsabständen durch die Unterkonstruktion von ≤ 0,85 m

D 2.2.2.2 Dachelemente (einschließlich ihrer Befestigungen) für Dacheindeckungen, die nach allgemein anerkannten Regeln der Technik befestigt werden
- mit kleinformatigen Elementen mit ≤ 0,4 $m^2$ Fläche und ≤ 5 kg Eigengewicht
- mit anderen Elementen mit einem Unterstützungsabstand durch die Unterkonstruktion von ≤ 1,0 m, außer aus Glas

D 2.2.2.3 Innentüren einschließlich Zubehör

D 2.2.2.4 Nichttragende und nichtaussteifende Einfassungen von Fenster- und Türöffnungen, Fensterbänke und ihre Befestigungen

D 2.2.2.5 Doppelböden und Hohlböden mit einem lichten Abstand zur tragenden Decke von ≤ 0,5 m

D 2.2.2.6 Außenwandbeschichtungen mit einer Dicke bis 2 cm

D 2.2.2.7 „Bodenbeläge, die nicht für die Verwendung in Aufenthaltsräumen vorgesehen sind" gestrichen in den BayTB – Ausgabe April 2021

D 2.2.2.8 Ausfachungen für Umwehrungen einschließlich Befestigungen:
- plattenförmige Ausfachungen mit Unterstützungsabständen ≤ 1,0 m, mit Ausnahme von solchen aus Glas
- unterhalb eines tragenden Handlaufs oder Brüstungsriegels angebrachte ausfachende Spannseilsysteme mit Spannweiten ≤ 2,0 m

D 2.2.2.9 Randdämmstreifen für Estriche

D 2.2.2.10 Träger und Schürzen für Bade- und Duschwannen

D 2.2.2.11 Abdichtungsstoffe
- auf Bodenplatten mit Wassereinwirkungen der Klasse W1-E nach DIN 18533-1
- an spritzwasserbelasteten Wandsockeln
- auf Wand- und Bodenflächen mit Wassereinwirkungen der Klasse W0-I und W1-I nach DIN 18534-1
- für Balkone, Loggien und Laubengänge

D 2.2.2.12 Ringdichtungen für Rohrdurchführungen und Abdichtungen von Schalungsspannstellen bei erdberührten Außenbauteilen, an die hinsichtlich des Brandschutzes keine Anforderungen gestellt werden

D 2.2.2.13 Schneefangvorrichtungen, die nicht Lasten nach DIN EN 1991-1-3:2010, Abschnitt 6.4 sowie DIN EN 1991-1-3/NA:2010, NCI zu 6.4 (1) aufnehmen

D 2.2.2.14 Bauprodukte aus mineralischen Baustoffen sowie Polymerbeton für die Bekleidung von Wänden in Innenräumen

D 2.2.2.15 Keile und Klötze zum Justieren von Bauteilen, die nicht als Lager im Sinne von DIN EN 1337-1 verwendet werden

D 2.2.2.16 Elastische Dehnungselemente für metallische Bauteile im Dach- und Wandbereich

D 2.2.2.17 Haftbrücken für Gipsputzsysteme

D 2.2.2.18 Aussteifungen von Fassadenelementen für Außenwandbekleidungen, wenn diese Aussteifungen nicht für deren Standsicherheit erforderlich sind

D 2.2.2.19 Mobile Trennwände

D 2.2.2.20 Luftdurchlässige Gewebe (Eigenlast $\leq$ 1,0 kg/m$^2$) einschließlich der Befestigung, angeordnet auf einer für sich standsicheren Unterkonstruktion zur Anordnung als Windnetze an Hallen, als Bedachung an eingeschossigen Gebäuden und baulichen Anlagen oder zum Anbringen an der Außenseite. Die Unterkonstruktion muss in der Lage sein, die unter der Annahme eines luftundurchlässigen Gewebes ausgeübten Lasten sicher abzutragen.

D 2.2.2.21 Befestigungsmittel von an Wänden angebrachten Dämmprodukten im Innenbereich, ausgenommen Klebstoffe auf Kunstharzbasis

D 2.2.2.22 Kleber und/oder Dübel (Verankerungsmittel) von an Decken angebrachten Dämmstoffen im Innenbereich, wenn das Gesamtgewicht aus Wärmedämmung und Beschichtung 15 kg/m$^2$ nicht übersteigt; ausgenommen ist die Verwendung von Klebstoffen auf Kunstharzbasis im Innenbereich

D 2.2.2.23 „Einschubtreppen mit Abschluss der Öffnung" gestrichen in den BayTB – Ausgabe April 2021

D 2.2.2.24 Produkte zur Schallabsorption, die nach allgemein anerkannten Regeln der Technik befestigt werden

D 2.2.2.25 Zubehörteile für Putz bzw. Fliesenarbeiten, wie z.B. An- und Abschlussschienen, Träger und Verstärkungen

**D 2.2.3. Bauprodukte der Haustechnik**

D 2.2.3.1 Flammenkatalysatoren

D 2.2.3.2 „Öl-Nassbrenner" gestrichen in den BayTB – Ausgabe April 2021

D 2.2.3.3 Lüftungsleitungen einschließlich Zubehör

D 2.2.3.4 Vorgefertigte Installationsschächte und -kanäle einschließlich ihrer Revisionsöffnungen

D 2.2.3.5 Ummantelungen und Verkleidungen von Abgasanlagen zum Freien einschließlich zugehöriger Unterkonstruktionen sowie Abdeckplatten und Fugendichtungen für Mündungen von Abgasanlagen aus nichtbrennbaren Baustoffen nach DIN 4102-4:2016-05, Abschnitt 4

D 2.2.3.6 Nicht abgasberührte untergeordnete Zubehörteile von Abgasanlagen (Bauteile für Kondensatableitung oder Hinterlüftung, Abstandshalter, Wandbefestigungen u.ä.)

D 2.2.3.7 Befestigungsmittel für Rohrummantelungen

D 2.2.3.8 Latent-Wärmespeicherelemente aus gekapseltem Calcium-Chlorid ($CaCl_2$ x 6 $H_2O$) für Fußbodenheizungen, soweit die Kapselung baustoffmäßig für den Verwendungszweck geeignet ist

D 2.2.3.9 Abschlüsse von Öffnungen zur Rauchableitung in notwendigen Treppenräumen, die nicht zur Rauchfreihaltung, sondern der Entrauchung nach Evakuierung dienen, sowie deren Vorrichtung zum Öffnen

D 2.2.3.10 Heiz- und Kühlflächen an Decken und Wänden

D 2.2.3.11 Heizkörperabdeckungen

D 2.2.3.12 Bauteile, außerhalb von Gebäuden, für die Be- und Entlüftung der Gebäude- und Grundstücksentwässerung (ausgenommen Belüftungsventile nach DIN EN 12380)

D 2.2.3.13 Tageslichtführungssysteme mit Querschnittsflächen ≤ 0,4 m²

D 2.2.3.14 Wasserlose Urinale

**D 2.2.4. Bauprodukte für Deponien**

D 2.2.4.1 Entwässerungsrohre für Deponieabdichtungen

D 2.2.4.2 Dränelemente für Deponieabdichtungen

D 2.2.4.3 Dichtungselemente für Deponieabdichtungen

D 2.2.4.4 Schutzschichten für Deponie-Dichtungselemente

**D 2.2.5. Bauprodukte für die Instandsetzung**

D 2.2.5.1 Bauprodukte zur Instandsetzung von Bauwerksabdichtungen sowie der zugehörigen Einbauteile, ausgenommen Produkte, die im direkten Kontakt mit Grundwasser oder Boden aushärten

D 2.2.5.2 Bauprodukte zur Instandsetzung von Dachabdichtungen sowie der zugehörigen Einbauteile

**D 2.2.6. Andere Bauprodukte**

D 2.2.6.1 Bauteile für Wasserbecken mit Inhalten ≤ 100 m³

D 2.2.6.2 Drucklose Behälter bis 50 m³ Rauminhalt und bis 3 m Höhe zur Lagerung von Regen- und Trinkwasser

D 2.2.6.3 Muster- und Rastergeber und Abstandhalter für Pflasterungen

D 2.2.6.4 Stützelemente zur Verwendung bei Geländesprüngen bis zu 1,0 m Höhe

D 2.2.6.5 Bauteile aus Kunststoffen für Wasserrutschen bis zu 2,0 m Höhe

D 2.2.6.6 Starre und flexible Schüttgutsilos bis 3 m³ Rauminhalt und bis 3 m Höhe (Oberkante des Silos über Gelände)

D 2.2.6.7 Nichtbegehbare Abdeckungen für Behälter, unter denen sich keine Verkehrsflächen befinden und die nicht der Standsicherheit von baulichen Anlagen oder deren Teilen dienen. Die Abdeckungen dürfen einem maximalen Innendruck von 50 mbar ausgesetzt sein.

D 2.2.6.8 Bauprodukte für gebäudeunabhängige Solaranlagen im öffentlich unzugänglichen Bereich mit einer Höhe bis zu 3 m

D 2.2.6.9 Schwimmdächer und Ringspaltabdichtungssysteme von Schwimmdächern bei Flachbodentankbauwerken

### D 3. Technische Dokumentation nach Art. 81a Abs. 2 Nr. 7 BayBO[1)]

In Bezug auf die Wesentlichen Merkmale eines Bauproduktes, die von der der CE-Kennzeichnung zugrundeliegenden harmonisierten technischen Spezifikation erfasst sind, ist die CE-Kennzeichnung die einzige Kennzeichnung (Art. 8 Abs. 3 UAbs. 1 EU-BauPVO). Ansonsten sind weitere freiwillige Angaben zu dem Produkt möglich. In diesem Fall ist deren Korrektheit in einer technischen Dokumentation darzulegen. Hierzu kann es je nach Produkt, Einbausituation und Verwendungszweck erforderlich sein, in der Technischen Dokumentation anzugeben, welche technische Regel der Prüfung zugrunde gelegt wurde sowie ob und welche Stellen eingeschaltet wurden. Zum Beispiel kann es insbesondere sinnvoll sein, eine entsprechend Art. 30 EU-BauPVO qualifizierte Stelle einzuschalten, sofern es keine anwendbare, anerkannte technische Regel gibt oder eine entsprechend Art. 43 EU-BauPVO qualifizierte Stelle, sofern lediglich eine unabhängige Drittprüfung anhand einer anwendbaren technischen Regel durchgeführt werden soll.

## Anhänge

| | |
|---|---|
| Anhang 1 zu lfd. Nr. A 1.2.3.7 | Anforderungen an Planung, Bemessung und Ausführung; Stand: April 2024 |
| Anhang 2 zu lfd. Nr. A 1.2.3.8 | Anforderungen an Planung, Bemessung und Ausführung; Stand: April 2024 |
| Anhang 3 zu lfd. Nr. A 1.2.6.3 | Anforderungen an Planung, Bemessung und Ausführung; Stand: April 2024 |
| Anhang 4 zu lfd. Nr. A 2.2.1.2 | Bauaufsichtliche Anforderungen, Zuordnung der Klassen, Verwendung von Bauprodukten, Anwendung von Bauarten; Stand: Januar 2024 |
| Anhang 5 zu lfd. Nr. A 2.2.1.5 | WDVS mit EPS, Sockelbrandprüfverfahren; Stand: Oktober 2021 |
| Anhang 6 zu lfd. Nr. A 2.2.1.6 | Hinterlüftete Außenwandbekleidungen; Stand: Januar 2024 |
| Anhang 7 | „Anforderungen an Feststellanlagen" – gestrichen in den BayTB Ausgabe – April 2021 |
| Anhang 8 zu lfd. Nr. A 3.2.1 | Anforderungen an bauliche Anlagen bezüglich des Gesundheitsschutzes (ABG); Stand: Oktober 2022 |
| Anhang 9 zu lfd. Nr. A 3.2.2 | Textile Bodenbeläge; Stand: August 2020 |
| Anhang 10 zu lfd. Nr. A 3.2.3 | Anforderungen an bauliche Anlagen bezüglich der Auswirkungen auf Boden und Gewässer (ABuG); Stand: August 2023 |
| Anhang 11 zu lfd. Nr. B 2.2.1.5 | WDVS mit ETA nach ETAG 004; Stand: Mai 2019 |
| Anhang 12 zu lfd. Nr. B 2.2.1.6 | Anwendungsregeln für nicht lasttragende verlorene Schalungsbausätze/-systeme und Schalungssteine |

---

[1)] Nr. **1**.

| | |
|---|---|
| | für die Erstellung von Ortbeton-Wänden; Stand: April 2024 |
| Anhang 13 zu lfd. Nr. C 2.8.1 | Richtlinie über Rollladenkästen (RokR); Stand: September 2022 |
| Anhang 14 zu lfd. Nr. A 2.2.1.16 | Technische Regel Technische Gebäudeausrüstung – TR TGA; Stand: April 2022 |
| Anhang 15 zu lfd. Nr. B 2.2.5 | Produkte für die Abdichtung von Bauwerken – Mindestens erforderliche Leistungen; Stand: November 2019 |
| Anhang 16 zu lfd. Nr. A 3.2.5 | Richtlinie für die Bewertung und Sanierung schwach gebundener Asbestprodukte in Gebäuden (Asbest-Richtlinie); Stand: November 2020 |
| Anhang 17 zu lfd. Nr. C 2.15.12 | Richtlinie über die Anforderungen an Auffangwannen aus Stahl mit einem Auffangvolumen bis 1000 Liter (StawaR); Stand: September 2020 |
| Anhang 18 zu lfd. Nr. A 2.2.1.17 | Verwendung von normalentflammbaren Verglasungen in Außenwänden, ausgenommen Außenwandkonstruktionen mit geschossübergreifenden Hohl- oder Lufträumen und Fassaden; Stand: Juli 2022 |

**Anhang 1**

## Anforderungen an Planung, Bemessung und Ausführung von nachträglichen Bewehrungsanschlüssen mit eingemörtelten Bewehrungsstäben

Stand: April 2024

**Inhalt**



### 1. Anwendungsbereich

Diese technische Regel gilt für Bewehrungsstäbe aus Stahl nach DIN 488 oder mit allgemeiner bauaufsichtlicher Zulassung, die mit Injektionssystemen mit Europäischer Technischer Bewertung (ETA) auf Grundlage von EAD 330087 „Systeme für nachträglich eingemörtelte Bewehrungsanschlüsse" eingemörtelt werden.

Die möglichen Anwendungsbereiche sind in Anlage 1, Bild 1 bis Bild 5 dargestellt.

## 2. Planung

Die Bewehrungsanschlüsse sind ingenieurmäßig zu planen. Unter Beachtung der nachfolgenden Punkte sind prüfbare Konstruktionszeichnungen anzufertigen.

- Bewehrungsanschlüsse dürfen nur für die Übertragung von Zugkräften in Richtung der Stabachse verwendet werden.
- Die Lage der einbetonierten Bewehrung ist auf Grundlage der Planungsunterlagen und ggf. durch Bewehrungssuchgeräte festzustellen und auf der Betonoberfläche zu kennzeichnen.
- Die Betonfestigkeitsklasse des Verankerungsgrundes ist auf Grundlage der Planungsunterlagen und ggf. durch Bohrkernentnahme festzustellen.
- Die Übertragung von Querkräften zwischen vorhandenem und neuem Beton ist entsprechend DIN EN 1992-1-1:2011-01, DIN EN 1992-1-1/A1:2015-03, DIN EN 1992-1-1/NA:2013-04 und DIN EN 1992-1-1/NA/A1:2015-12 nachzuweisen. Die Betonierfugen sind mindestens derart aufzurauen, dass die Zuschlagstoffe herausragen. Anmerkung: In den Konstruktionszeichnungen sind Angaben zu machen, wie (z.B. nach DIN EN 1992-1-1:2011-01, DIN EN 1992-1-1/A1:2015-03, DIN EN 1992-1-1/NA:2013-04 und DIN EN 1992-1-1/NA/A1:2015-12) aufgeraut werden muss.
- Bei einer karbonatisierten Oberfläche des bestehenden Betons ist die karbonatisierte Schicht vor dem Anschluss des neuen Stabes im Bereich des nachträglichen Bewehrungsanschlusses mit dem Durchmesser $\phi + 6$ cm zu entfernen. Die Tiefe des zu entfernenden Betons muss mindestens der Mindestbetondeckung für die entsprechenden Umweltbedingungen nach DIN EN 1992-1-1:2011-01, DIN EN 1992-1-1/A1:2015-03, DIN EN 1992-1-1/NA:2013-04 und DIN EN 1992-1-1/NA/A1:2015-12 entsprechen. Dies entfällt bei neuen, nicht karbonatisierten Bauteilen und bei Bauteilen in trockener Umgebung.
- Allgemeine Konstruktionsregeln nach Anlage 2
- Minimale Betondeckung $c_{min}$ nach Tabelle 1 und minimaler lichter Abstand a nach Tabelle 2
- Bohrverfahren

**Tabelle 1: Mindestbetondeckung $c_{min}$ [mm] in Abhängigkeit vom Bohrverfahren, Stabdurchmesser und von der Verwendung einer Bohrhilfe**

| Bohrverfahren | Stabdurchmesser | Ohne Bohrhilfe | Mit Bohrhilfe |
|---|---|---|---|
| Hammerbohren<br>Hohlbohren<br>Diamantbohren | $\phi < 25$ mm | $c_{min} = 30\text{ mm} + 0{,}06\,\ell_v \geq 2\,\phi$ | $c_{min} = 30\text{ mm} + 0{,}02\,\ell_v \geq 2\,\phi$ |
| | $\phi \geq 25$ mm | $c_{min} = 40\text{ mm} + 0{,}06\,\ell_v \geq 2\,\phi$ | $c_{min} = 40\text{ mm} + 0{,}02\,\ell_v \geq 2\,\phi$ |
| Pressluftbohren | $\phi < 25$ mm | $c_{min} = 50\text{ mm} + 0{,}08\,\ell_v$ | $c_{min} = 50\text{ mm} + 0{,}02\,\ell_v$ |
| | $\phi \geq 25$ mm | $c_{min} = 60\text{ mm} + 0{,}08\,\ell_v \geq 2\,\phi$ | $c_{min} = 60\text{ mm} + 0{,}02\,\ell_v \geq 2\,\phi$ |

**Tabelle 2: Minimaler lichter Abstand a [mm] in Abhängigkeit von der Verwendung einer Bohrhilfe und vom Stabdurchmesser**

| Ohne Bohrhilfe | Mit Bohrhilfe |
|---|---|
| $a = 40\text{ mm} \geq 4\,\phi$ | $a \geq 2\,\phi$ |

### 3. Bemessung

Die Bewehrungsanschlüsse sind ingenieurmäßig zu bemessen. Unter Berücksichtigung der zu verankernden Lasten sind prüfbare Berechnungen anzufertigen.

Die Bemessung der Bewehrungsanschlüsse richtet sich nach DIN EN 1992-1-1:2011-01, DIN EN 1992-1-1/A1:2015-03, DIN EN 1992-1-1/NA:2013-04 und DIN EN 1992-1-1/NA/A1:2015-12. In der Europäischen Technischen Bewertung/Zulassung (ETA) sind die Bemessungswerte der Verbundspannung $f_{bd}$ oder der Abminderungsfaktor für die Bemessungswerte der Verbundspannung $k_b$ angegeben, mit dem der Bemessungswert der Verbundspannung nach DIN EN 1992-1-1:2011-01, DIN EN 1992-1-1/A1:2015-03, DIN EN 1992-1-1/NA:2013-04 und DIN EN 1992-1-1/NA/A1:2015-12 zu multiplizieren ist.

Für Bewehrungsanschlüsse mit Anforderungen an den Feuerwiderstand ist der Bemessungswert der Verbundspannung unter Brandbeanspruchung $f_{bd,fi}$ gemäß den Bestimmungen der jeweiligen ETA zu ermitteln. Die minimale Verankerungslänge $l_{b,min}$ und die minimale Übergreifungslänge $l_{0,min}$ entsprechend DIN EN 1992-1-1:2011-01, DIN EN 1992-1-1/A1:2015-03, DIN EN 1992-1-1/NA:2013-04 und DIN EN 1992-1-1/NA/A1:2015-12 müssen mit dem in der ETA angegebenen Faktor $\alpha_{lb}$ multipliziert werden. Der Nachweis der unmittelbaren örtlichen Krafteinleitung in den Beton gilt bei Beachtung der Bestimmungen der jeweiligen ETA als erbracht.

Die Weiterleitung der zu verankernden Lasten im Bauteil ist nachzuweisen.

### 4. Ausführung

#### 4.1. Allgemeines

Die Bewehrungsanschlüsse dürfen nur durch Betriebe ausgeführt werden, die die Anforderungen nach Abschnitt 5 erfüllen.

Die Bewehrungsanschlüsse sind entsprechend den Konstruktionszeichnungen sowie der Montageanweisung (Bohrlochherstellung, Bohrlochreinigung, Vorbereitung des Bewehrungsstabes, Injektion des Verbundmörtels und Setzen des Bewehrungsstabes) des jeweiligen Injektionssystemherstellers auszuführen. Für die Bohrlochherstellung, -reinigung und die Injektion des Mörtels dürfen nur die dafür vorgesehenen Geräte verwendet werden.

#### 4.2. Dokumentation der Ausführung

Für jeden Bewehrungsanschluss ist ein Montageprotokoll über die Ausführung anzufertigen. Die Dokumentation der Ausführung richtet sich nach Tabelle 3. Die Montageprotokolle müssen während der Bauzeit auf der Baustelle bereitliegen. Sie sind ebenso wie die Lieferscheine nach Abschluss der Arbeiten mindestens 5 Jahre vom Unternehmen aufzubewahren.

#### 4.3. Kontrolle der Ausführung

Die ordnungsgemäße Vorbereitung und Ausführung der Arbeiten ist zu überwachen. Dafür ist das erstellte Montageprotokoll zu überprüfen und gegenzuzeichnen. Bei Abweichungen von den Planungsvorgaben ist der verantwortliche Planungsingenieur zu kontaktieren.

**Tabelle 3: Montageprotokoll – Prüfungen, Anforderungen und Häufigkeit**

| Zeile | Gegenstand der Prüfung | Art der Prüfung | Anforderungen | Häufigkeit, Zeitpunkt |
|---|---|---|---|---|
| | Vorbereitung | | | |
| 1 | Mörtelgebinde | Verpackungsaufdruck | Verfallsdatum nicht abgelaufen | jede Lieferung |
| | | Sichtprüfung | keine auffälligen Veränderungen | laufend |
| | | Lagerungsbedingungen | Vorgaben des Herstellers | bei Ein-/Auslagerung |
| 2 | Verarbeitungsgeräte | Funktionskontrolle | einwandfreie Funktion | bei Inbetriebnahme und täglich |
| 3 | Arbeitsplan (erstellt aus den Planungsunterlagen) | Anweisung für Herstellen und Verarbeiten | Einhaltung der Vorgaben | vor Beginn der Arbeiten |
| | Verarbeitung | | | |
| 4 | Witterung | Temperatur (im Verankerungsgrund) | Einhaltung Arbeitsplan und Montageanweisung | vor dem Verfüllen des Bohrloches |
| | | Schutz des Bohrloches vor Wasserzutritt | kein Wasser im Bohrloch | vor dem Verfüllen des Bohrloches |
| 5 | Bohrlochherstellung | Überdeckung, Randabstände, Achsabstände | Einhaltung Arbeitsplan und Montageanweisung<br>keine Bewehrungstreffer bei den Bohrarbeiten<br>im Fall von Treffern Planer involvieren | jedes Bohrloch |
| 6 | Bohrlochreinigung | Sichtkontrolle und Ausblaskontrolle | staubfrei; saubere Bohrloch-Oberfläche | jedes Bohrloch vor dem Verfüllen |
| 7 | Bewehrungsstäbe | Zustand, Markierung, Gängigkeit im Bohrloch | nur Flugrost, Setztiefe markiert, gängig | jeden Stab vor dem Verfüllen des Bohrloches |
| 8 | Arbeitssicherheit | Persönliche Schutzausrüstung | geeignete Schutzkleidung, Schutzhandschuhe und Schutzbrille/ Gesichtsschutz tragen | bei der Arbeit mit dem Injektionsmörtel |
| 9 | Verfüllung | Mörtel-Füllmarke auf der Mischerverlängerung | entsprechend Arbeitsplan und Montageanweisung | jeden Stab beim Setzen |
| | | hohlraumfrei | kein Rückfedern des Stabes, kein Mörtelspritzen | |
| 10 | Eingemörtelte Bewehrungsanschlüsse | Setztiefe | Setzmarkierung am Bohrlochmund | jeden Stab nach dem Setzen |
| | | Verfüllung | Mörtel tritt am Bohrlochmund sichtbar aus | |

## 5. Anforderungen an den Betrieb

### 5.1. Allgemeines

Der mit der Herstellung des Bewehrungsanschlusses betraute Betrieb muss über

1 einen gültigen Eignungsnachweis entsprechend Abschnitt 6,

2 eine qualifizierte und im Eignungsnachweis benannte Führungskraft,

3 einen verantwortlichen Bauleiter,

4 Baustellenfachpersonal, das für die Ausführung des Bewehrungsanschlusses besonders ausgebildet ist und hierfür eine Bescheinigung über die erfolgreiche Schulungsteilnahme nachweist und

5 die notwendige Geräteausstattung verfügen.

Der Betrieb hat dafür zu sorgen, dass das eingesetzte Baustellenfachpersonal über die Herstellung von nachträglichen Bewehrungsanschlüssen mit eingemörtelten Bewehrungsstäben geschult wird.

### 5.2. Qualifizierte Führungskraft

Die qualifizierte Führungskraft muss ausreichende Kenntnisse im Stahlbetonbau und Erfahrungen bei der Herstellung von nachträglichen Bewehrungsanschlüssen mit eingemörtelten Bewehrungsstäben haben. Sie muss mindestens die Qualifikation aufweisen, welche zur selbständigen Ausführung von Stahlbetonarbeiten und zur Leitung eines Betriebes in diesem Bereich notwendig ist.

Die qualifizierte Führungskraft ist zuständig und verantwortlich für die Herstellung der Bewehrungsanschlüsse auf der Baustelle.

Zu den Aufgaben der qualifizierten Führungskraft gehören u.a.:

- Beurteilen von Konstruktionszeichnungen im Hinblick auf die Vollständigkeit der Angaben für nachträglich eingemörtelte Bewehrungsstäbe,
- Erstellen und ggf. Prüfen von Leistungsbeschreibungen und Beurteilen der Durchführbarkeit der Bewehrungsanschlüsse,
- Erstellen von Arbeitsplänen (Arbeitsanweisungen),
- Beurteilen der fachlichen Qualifikation des eingesetzten Baustellenfachpersonals,
- Auswertung der Ergebnisse des Montageprotokolls.

### 5.3. Verantwortlicher Bauleiter

Bei der Herstellung der nachträglichen Bewehrungsanschlüsse mit eingemörtelten Bewehrungsstäben muss ein verantwortlicher und im Eignungsnachweis benannter Bauleiter auf der Baustelle darüber wachen, dass die Bewehrungsanschlüsse mit nachträglich eingemörtelten Bewehrungsstäben entsprechend den Bestimmungen dieser Richtlinie hergestellt werden.

Er hat für die ordnungsgemäße Vorbereitung und Ausführung der Arbeiten zu sorgen und die Ausführung der Arbeiten zu überwachen. Dafür ist das vom Baustellenfachpersonal erstellte Montageprotokoll zu überprüfen und gegenzuzeichnen.

Der Bauleiter muss betontechnische und andere werkstofftechnische Kenntnisse, Fertigkeiten und praktische Erfahrung besitzen. Der Bauleiter muss entweder genauso qualifiziert wie die qualifizierte Führungskraft sein oder wie das Baustellenfachpersonal geschult sein.

### 5.4. Baustellenfachpersonal

Die Arbeiten müssen von einem im Eignungsnachweis benannten und gemäß Abschnitt 7 geschulten Baustellenfachpersonal ausgeführt werden, das insbesondere handwerklich ausgebildet ist und entsprechende Fertigkeiten und praktische Erfahrung besitzt.

Zu den Aufgaben des Baustellenfachpersonals gehören u.a.:

- Praktisches Durchführen der Bohr-, Reinigungs-, Verfüll- und Versetzarbeiten nach Arbeitsplan. Bei Abweichungen ist dies im Montageprotokoll zu dokumentieren und der verantwortliche Bauleiter umgehend zu informieren.
- Führen des Montageprotokolls.

### 5.5. Geräteausstattung

Für die Herstellung von Bewehrungsanschlüssen mit nachträglich eingemörtelten Bewehrungsstäben müssen auf der Baustelle die in der Montageanweisung des zu verwendenden Injektionssystems genannten Einrichtungen und Geräte vorhanden sein, welche eine fachgerechte Ausführung dieser Arbeiten ermöglichen. Es ist sicherzustellen, dass alle Geräte und Einrichtungen auf der Baustelle einwandfrei funktionieren.

Zu den Geräten und Einrichtungen gehören:

- Geräte für die lagegetreue Durchführung der Bohrung, (Bohrhilfe) Bohrständer für Diamantkernbohrgeräte,
- Geräte für die Reinigung der Bohrlöcher,
- Einrichtungen für die saubere und temperaturgerechte Lagerung des Injektionsmörtels,
- Funktionstüchtige Auspressgeräte und Mischerverlängerungen,
- Kompressor für ölfreie Druckluft von mindestens 6 bar.

## 6. Eignungsnachweis

Der Eignungsnachweis wird von einer anerkannten Prüfstelle (siehe PÜZ-Verzeichnis Teil 6) ausgestellt.

Hat diese Prüfstelle festgestellt, dass die Anforderungen an den Betrieb entsprechend Abschnitt 5.1, Ziffern (2) bis (4) erfüllt sind und kann der Betrieb den Besitz eines vollständigen, mit funktionsfähigen Ausstattungsgegenständen versehenen Systemkoffers nachweisen, so stellt sie hierüber einen Eignungsnachweis aus.

Der Eignungsnachweis wird für drei Jahre widerruflich erteilt. Auf Antrag an die Prüfstelle kann die Geltungsdauer des Eignungsnachweises um jeweils drei Jahre verlängert werden.

Vor jeder Verlängerung ist der Prüfstelle darzulegen, dass die o.g. Anforderungen an den Betrieb weiterhin eingehalten werden. Jeder Wechsel des im Eignungsnachweis benannten Personals ist der Prüfstelle anzuzeigen.

## 7. Schulung und Prüfung des Baustellenfachpersonals

### 7.1. Allgemeines

Das Baustellenfachpersonal ist gemäß den nachfolgenden Inhalten zu schulen. Nach erfolgter Schulung ist der ausreichende Kenntnisstand durch eine anerkannte Prüfstelle (siehe PÜZ-Verzeichnis Teil 6, lfd. Nr. 7) zu überprüfen.

Hat diese Prüfstelle festgestellt, dass die Schulung mit Erfolg durchgeführt wurde, so stellt sie dem Baustellenfachpersonal eine Bescheinigung über die erfolgreiche Schulungsteilnahme aus.

### 7.2. Inhalt der Schulung

- Sicherheitsvorkehrungen (Schutzbrille, Handschuhe usw.)
- Sicherstellen der Funktion der Geräte (wann ist ein Gerät nicht mehr in Ordnung)
- Bohrmethoden (welche sind für das System gültig und wie funktionieren sie, welche Eigenheiten usw.)

- Verwendung der Bohrhilfe (wann notwendig, warum notwendig, wie anzuwenden)
- Reinigungsmethoden (welche sind für das System gültig und wie funktionieren sie, welche Eigenheiten usw.)
- Spezielle Montagebedingungen (z.B. Überkopf, extreme Temperaturen)
- Arbeitsablauf (Hierarchie und Aufgaben der an der Planung und Herstellung beteiligten Personen; Mindestanforderungen an den Arbeitsplan; durchzuführende Kontrollen während und nach dem Setzvorgang; Verhalten bei Bewehrungstreffern, Fehlbohrungen oder fehlenden Informationen bzw. unvollständigem Arbeitsplan; Anforderungen und Kontrollen an die zusätzlichen benötigten Gerätschaften; Lagerung und Schutz der Gerätschaften und der Injektionsmasse; Führen des Montageprotokolls; Verhalten bei Unterbrechung der Arbeiten)

### 7.3. Inhalt der theoretischen Prüfung

Im Rahmen der theoretischen Prüfung ist durch das Baustellenfachpersonal in schriftlicher Form nachzuweisen, dass für das jeweilige System ausreichende Kenntnisse über die o.g. Inhalte der Schulung vorliegen.

### 7.4. Inhalt der praktischen Prüfung

Im Rahmen der praktischen Prüfung für das Baustellenfachpersonal sind folgende Aufgaben durchzuführen:

- Ausführung eines kompletten randnahen Übergreifungsstoßes $\phi = 12$ mm, $\ell_v = 1{,}0$ m in bewehrtem Beton nach Konstruktionszeichnungen mit Montageprotokoll gemäß der zugehörigen Montageanleitung des Herstellers (MPII)
  - mit anschließender Schlusskontrolle und Selbstbewertung
- Einmörteln eines Bewehrungsstabes $\phi = 12$ mm im verdeckten, transparenten Schaurohr mit $\ell_v = 60$ cm.
  - Die benötigte Zeit für die Injektion des Mörtels und das Einsetzen des Stabes ist jeweils zu messen.

Im Rahmen der praktischen Prüfung ist durch das Baustellenfachpersonal nachzuweisen, dass unter anderem ausreichende Kenntnisse zu folgenden Fragestellungen vorliegen:

- Wurde der Arbeitsplan auf die Vollständigkeit aller benötigten Angaben kontrolliert?
- Liegt vor Beginn der Arbeiten ein ausreichendes Verständnis für die auszuführende Arbeit vor?
- Entsprechen die verwendeten Geräte den Anforderungen der Zulassung oder ETA und werden diese Geräte sicher beherrscht?
- Wird das Bohrloch an der richtigen Stelle gesetzt?
- Wird bei randnahen Bohrungen die Führungseinrichtung sicher gehandhabt?
- Entspricht die Winkelabweichung beim Bohren den zulässigen Toleranzen?
- Erfolgt die Bohrlochreinigung entsprechend den Montageanweisungen?
- Wird die Verankerungslänge des Bewehrungsstabes richtig markiert und die Gängigkeit im Bohrloch kontrolliert?
- Werden die Mörtelgebinde hinsichtlich Temperatur und Verfallsdatum überprüft?

- Werden die Mörtelgebinde korrekt aufgebrochen und für den Gebindewechsel vorbereitet?
- Werden die Injektionsgeräte entsprechend den Montageanweisungen gehandhabt?
  Wird die Füllmarke auf der Mischerverlängerung richtig angebracht?
- Liegt der markierte Bewehrungsstab vor Beginn der Injektion griffbereit?
- Wird die erforderliche Menge Mörtel beim Aufbrechen eines neuen Gebindes verworfen?
- Entspricht die Injektion des Mörtels den Vorgaben der Montageanweisung für ein vollständiges und hohlraumfreies Verfüllen?
- Wird der Bewehrungsstab ordnungsgemäß bis zur Markierung der Verankerungstiefe gesetzt?
- Tritt Mörtel am Bohrlochmund aus?
- Wurde vom Beginn des Injizierens bis zum Setzen des Bewehrungsstabes die zulässige Verarbeitungszeit eingehalten?
- Wurden Mängel während oder nach Herstellung des Bewehrungsanschlusses erkannt und fachgerecht korrigiert?
- Wurde das Montageprotokoll vollständig und richtig geführt?

**Anlage 1 – Anwendungsbereiche**

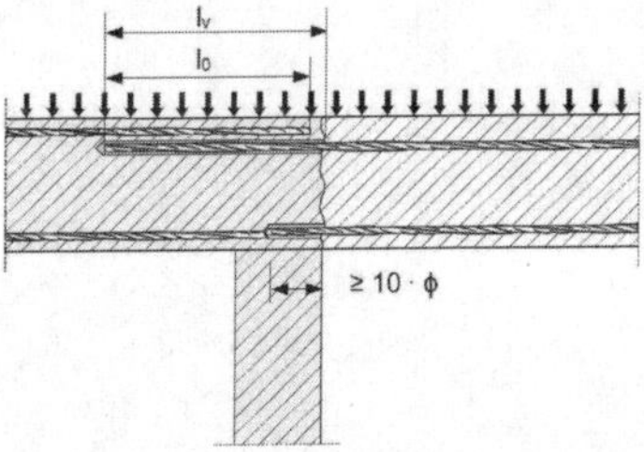


**Bild 1:** Übergreifungsstoß mit bestehender Bewehrung für Bewehrungsanschlüsse von Platten und Balken

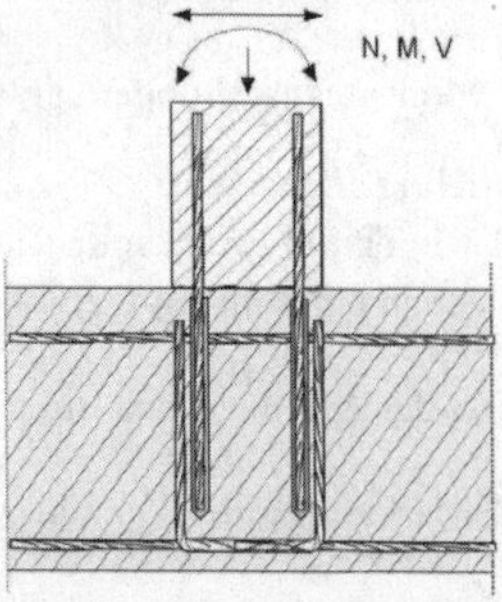


**Bild 2:** Übergreifungsstoß mit bestehender Bewehrung einer biegebeanspruchten Stütze oder Wand an ein Fundament. Die Bewehrungsstäbe sind zugbeansprucht.

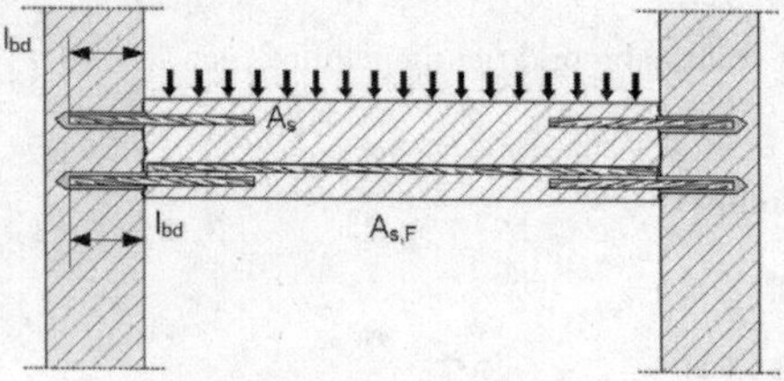


**Bild 3:** Endverankerung von Platten oder Balken

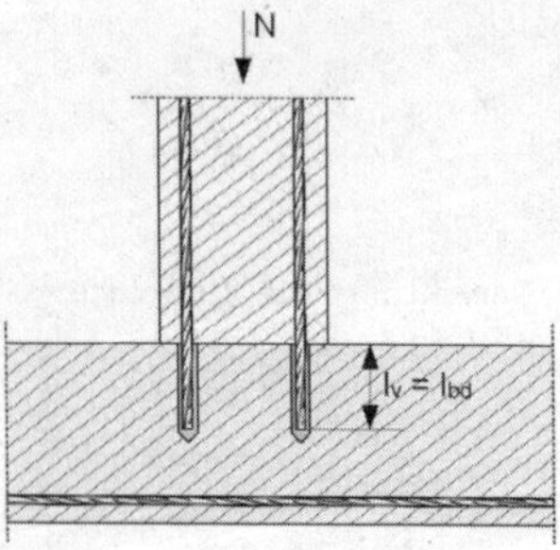


**Bild 4:** Bewehrungsanschlüsse überwiegend auf Druck beanspruchter Bauteile

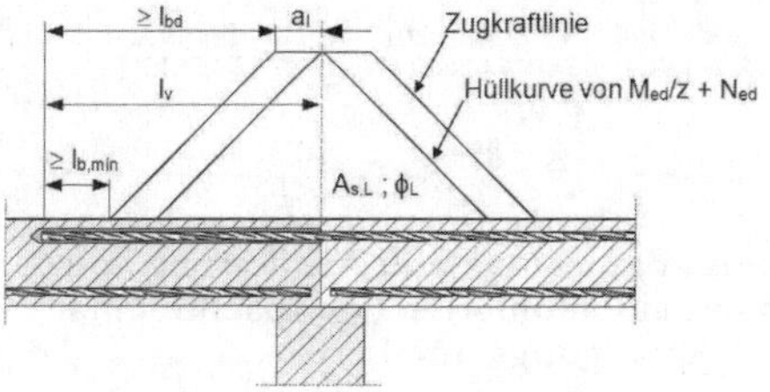


**Bild 5:** Verankerung von Bewehrung zur Abdeckung der Zugkraftlinie im auf Biegung beanspruchten Bauteil

Bemerkungen:

- In Bild 1 bis Bild 5 ist keine Querbewehrung dargestellt. Die nach DIN EN 1992-01-1:2011-01, DIN EN 1992-1-1/A1:2015-03, DIN EN 1992-1-1/NA:2013-04 und DIN EN 1992-1-1/NA/A1:2015-12 erforderliche Querbewehrung muss vorhanden sein.
- Die Querkraftübertragung zwischen bestehendem und neuem Beton ist gemäß DIN EN 1992-1-1:2011-01, DIN EN 1992-1-1/A1:2015-03, DIN EN 1992-1-1/NA:2013-04 und DIN EN 1992-1-1/NA/A1:2015-12 zu bemessen.

## Anlage 2 – Allgemeine Konstruktionsregeln

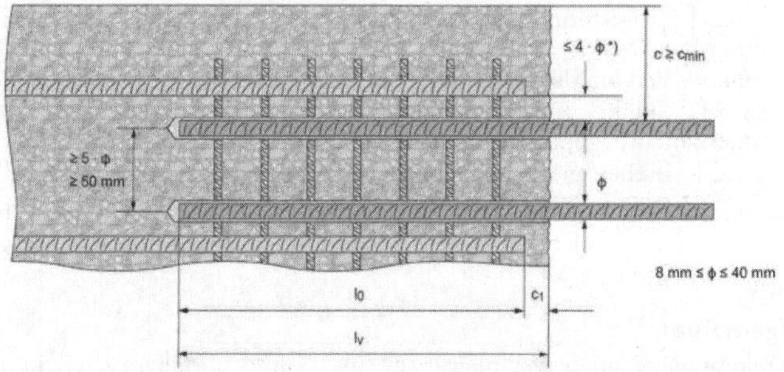


**Bild 6:** Abstände zwischen existierenden und nachträglich zu installierenden Bewehrungsstäben und Abstand zum (parallelen) Rand.

*) Ist der lichte Abstand der gestoßenen Stäbe größer als 4 ϕ, so muss die Übergreifungslänge um die Differenz zwischen dem vorhandenen lichten Stababstand und 4· ϕ vergrößert werden.

c Betondeckung des eingemörtelten Betonstabs

$c_1$ Betondeckung an der Stirnseite des einbetonierten Betonstabs

$c_{min}$ Mindestbetondeckung gemäß Tabelle 1 und DIN EN 1992-1-1:2011-01, DIN EN 1992-1-1/A1:2015-03, DIN EN 1992-1-1/NA:2013-04 und DIN EN 1992-1-1/NA/A1:2015-12

$\phi$ Durchmesser des Betonstabs
$l_0$ Länge des Übergreifungsstoßes gemäß der DIN EN 1992-1-1:2011-01, DIN EN 1992-1-1/A1:2015-03, DIN EN 1992-1-1/NA:2013-04 und DIN EN 1992-1-1/NA/A1:2015-12
$l_v$ Setztiefe $\geq l_0 + c_1$

## Anhang 2

## Anforderungen an Planung, Bemessung und Ausführung von Verankerungen in Beton mit einbetonierten oder nachträglich gesetzten Befestigungsmitteln

Stand: April 2024

**Inhalt**



### 1. Anwendungsbereich

Diese technische Regel gilt für Verankerungen in Beton, die mit Befestigungsmitteln ausgeführt werden, die eine Europäische Technische Bewertung (ETA) nach folgenden technischen Spezifikationen haben:

- EAD 330008 „Ankerschienen"
- EAD 330012 „Einbetonierte Anker mit Innengewindehülse"
- EAD 330084 „Ankerplatten mit Kopfbolzen"
- EAD 330232 „Mechanische Dübel zur Verwendung im Beton"
- EAD 330284 „Kunststoffdübel für redundante nichttragende Systeme in Beton und Mauerwerk"
- EAD 330499 „Verbunddübel zur Verwendung im Beton"
- EAD 330747 „Dübel zur Verwendung im Beton zur Verankerung von redundanten, nichttragenden Systemen"
- EAD 330924 „Einbetonierte Ankerbolzen aus geripptem Bewehrungsstahl"

Diese technische Regel gilt nicht für Verankerungen in kerntechnischen Anlagen.

### 2. Planung

#### 2.1. Allgemeines

Die Verankerungen, außer Verankerungen mit Kunststoffdübeln, sind unter Beachtung von DIN EN 1992-4 und DIN EN 1992-4/NA ingenieurmäßig zu planen. Verankerungen mit Kunststoffdübeln sind unter Beachtung des Bemessungsverfahrens für Kunststoffdübel zur Verankerung in Beton und Mauerwerk, August 2019 (Deutsches Anwendungsdokument zu EOTA TR 064 vom Mai 2018) (www.dibt.de) zu planen.

Unter Berücksichtigung der zu verankernden Lasten sind prüfbare Konstruktionszeichnungen anzufertigen.

Dabei sind die Bestimmungen der jeweiligen ETA zu beachten. Insbesondere sind dies:

- Unterscheidung in gerissenen oder ungerissenen Beton

- Betonfestigkeitsklasse des Verankerungsgrundes
- minimale Bauteildicke
- minimale Achs- und Randabstände
- Grenzwerte für Umgebungs- und Bauteiltemperaturen.

Kunststoffdübel mit ETA: Die charakteristischen Tragfähigkeiten in der ETA gelten für die Festigkeitsklasse, das Bohrverfahren und die Verankerungstiefe, die in der ETA angegeben sind. Für größere Verankerungstiefen, andere Bohrverfahren oder wenn keine Informationen zur Betonfestigkeitsklasse vorliegen, darf die charakteristische Tragfähigkeit durch Baustellenversuche nach der Technischen Regel „Durchführung und Auswertung von Versuchen am Bau für Kunststoffdübel in Beton und Mauerwerk mit ETA nach ETAG 020 bzw. nach EAD 330284-00-0604, Stand: September 2019“ ermittelt werden.

### 2.2. Verankerungen von redundanten, nichttragenden (non-structural) Systemen

Anwendungsgrenzen für redundante, nichttragende (non-structural) Systeme:

| | |
|---|---|
| Mechanische Dübel und Verbunddübel: | $n_1 \geq 4$; $n_2 \geq 1$ und $n_3 \leq 3{,}0$ kN oder |
| | $n_1 \geq 3$; $n_2 \geq 1$ und $n_3 \leq 2{,}0$ kN. |
| Kunststoffdübel: | $n_1 \geq 4$; $n_2 \geq 1$ und $n_3 \leq 4{,}5$ kN oder |
| | $n_1 \geq 3$; $n_2 \geq 1$ und $n_3 \leq 3{,}0$ kN. |

$n_1$ = Anzahl von Befestigungsstellen
$n_2$ = Anzahl von Dübeln je Befestigungsstelle
$n_3$ = Bemessungswert der Einwirkungen $N_{Ed}$ (kN) einer Befestigungsstelle

### 3. Bemessung

Die Verankerungen, außer Verankerungen mit Kunststoffdübeln, sind entsprechend DIN EN 1992-4 und DIN EN 1992-4/NA ingenieurmäßig zu bemessen. Für Ankerschienen darf zusätzlich das Bemessungsverfahren für Ankerschienen, August 2020 (Deutsches Anwendungsdokument zu EOTA TR 047 vom März 2018) (www.dibt.de), und das Bemessungsverfahren für Ankerschienen unter ermüdungsrelevanter Belastung, August 2020 (Deutsches Anwendungsdokument zu EOTA TR 050 vom Oktober 2018) (www.dibt.de), angewendet werden.

Verankerungen mit Kunststoffdübeln sind entsprechend des Bemessungsverfahrens für Kunststoffdübel zur Verankerung in Beton und Mauerwerk, August 2019 (Deutsches Anwendungsdokument zu EOTA TR 064 vom Mai 2018) (www.dibt.de) ingenieurmäßig zu bemessen.

Unter Berücksichtigung der zu verankernden Lasten sind prüfbare Berechnungen anzufertigen.

Die für die Bemessung erforderlichen Produktleistungen (charakteristische Werte der Tragfähigkeit, Achs- und Randabstände, Montagekennwerte) sind den entsprechenden ETAs zu entnehmen.

Ändern angreifende Querlasten mehrfach ihr Vorzeichen, sind diese gegebenenfalls als ermüdungsrelevante Beanspruchung zu betrachten. Veränderliche Querlasten mit wechselnden Vorzeichen, die sich aus Windlasten oder Temperaturänderung ergeben, werden im Regelfall nicht als Ermüdungsbeanspruchungen, sondern als quasistatische Lasten betrachtet. Weitere Hinweise sind in DAfStb Heft 615, Kommentar zu DIN EN 1992-4, Abschnitt 8.1 (2) enthalten.

Der Nachweis der unmittelbaren örtlichen Krafteinleitung in den Beton gilt unter Beachtung der Bestimmungen der jeweiligen ETA als erbracht.
Die Weiterleitung der zu verankernden Lasten im Bauteil ist nachzuweisen.

**4. Ausführung**
Hinweise zur Ausführung sind im DIBt-Papier „Hinweise für die Montage von Dübelverankerungen, Oktober 2010" (www.dibt.de) enthalten.

**Anhang 3**

## Anforderungen an Planung, Bemessung und Ausführung von Verankerungen in Mauerwerk mit nachträglich gesetzten Befestigungsmitteln

Stand: April 2024

**Inhalt**



### 1. Anwendungsbereich

Diese technische Regel gilt für Verankerungen in Mauerwerk, die mit Befestigungsmitteln ausgeführt werden, die eine Europäische Technische Bewertung (ETA) nach folgenden technischen Spezifikationen haben:

- EAD 330076 „Metall-Injektionsdübel zur Verankerung in Mauerwerk"
- EAD 330284 „Kunststoffdübel für redundante nichttragende Systeme in Beton und Mauerwerk"

### 2. Planung

#### 2.1. Allgemeines

Die Verankerungen sind ingenieurmäßig zu planen. Unter Berücksichtigung der zu verankernden Lasten sind prüfbare Konstruktionszeichnungen anzufertigen.
Dabei sind die Bestimmungen der jeweiligen ETA zu beachten. Insbesondere sind dies:

- Unterscheidung der Verankerungsgründe
- Festigkeitsklasse des Verankerungsgrundes
- Ausführungsart der Stoß- und Lagerfugen
- minimale Bauteildicke
- minimale Achs- und Randabstände
- Grenzwerte für Umgebungs- und Bauteiltemperaturen
- Bohrverfahren

Die charakteristischen Tragfähigkeiten in der ETA gelten nur für die Steine, die in der ETA angegeben sind. Für Mauerwerk aus anderen, vergleichbaren Steinen darf die charakteristische Tragfähigkeit durch Baustellenversuche nach folgenden Regeln ermittelt werden:

- Injektionsankersysteme „Durchführung und Auswertung von Versuchen am Bau für Injektionsankersysteme im Mauerwerk mit ETA nach EAD 330076-00-0604 bzw. nach ETAG 029, Stand: September 2019“
- Kunststoffdübel: „Durchführung und Auswertung von Versuchen am Bau für Kunststoffdübel in Beton und Mauerwerk mit ETA nach EAD 330284-00-0604 bzw. nach ETAG 020, Stand: September 2019“

### 2.2. Verankerungen von redundanten, nichttragenden (non-structural) Systemen

Es gelten folgende Anwendungsgrenzen für redundante, nichttragende (non-structural) Systeme:

| | |
|---|---|
| Kunststoffdübel: | $n_1 \geq 4$; $n_2 \geq 1$ und $n_3 \leq 4{,}5$ kN oder |
| | $n_1 \geq 3$; $n_2 \geq 1$ und $n_3 \leq 3{,}0$ kN |

$n_1$ = Anzahl von Befestigungsstellen
$n_2$ = Anzahl von Dübeln je Befestigungsstelle
$n_3$ = Bemessungswert der Einwirkungen $N_{Ed}$ (kN) einer Befestigungsstelle

### 3. Bemessung

Die Verankerungen sind ingenieurmäßig zu bemessen. Unter Berücksichtigung der zu verankernden Lasten sind prüfbare Berechnungen anzufertigen.

Abhängig von der Art des Befestigungsmittels sind für die Bemessung der Verankerungen folgende Bemessungsmethoden anzuwenden:

- Bemessungsverfahren für Metall-Injektionsanker zur Verankerung in Mauerwerk, August 2019 (Deutsches Anwendungsdokument zu EOTA TR 054 vom April 2016) (www.dibt.de) oder
- Bemessungsverfahren für Kunststoffdübel zur Verankerung in Beton und Mauerwerk, August 2019 (Deutsches Anwendungsdokument zu EOTA TR 064 vom Mai 2018) (www.dibt.de).

Die für die Bemessung erforderlichen Produktleistungen (charakteristische Werte der Tragfähigkeit, Achs- und Randabstände, Montagekennwerte) sind den entsprechenden ETAs zu entnehmen.

Der Nachweis der unmittelbaren örtlichen Krafteinleitung in das Mauerwerk gilt unter Beachtung der Bestimmungen der jeweiligen ETA als erbracht.

Die Weiterleitung der zu verankernden Lasten im Bauteil ist nachzuweisen.

### 4. Ausführung

Hinweise zur Ausführung sind im DIBt-Papier „Hinweise für die Montage von Dübelverankerungen, Oktober 2010“ (www.dibt.de) enthalten.

## Anhang 4

## Bauaufsichtliche Anforderungen, Zuordnung der Klassen, Verwendung von Bauprodukten, Anwendung von Bauarten

Stand: Januar 2024

Im Anhang 4 werden die hEN. EAD und ETAG berücksichtigt, die im Dezember 2021 vorlagen und bauordnungsrechtlich relevant sind.

# 42 Technische Baubestimmungen

**Inhalt**



## 1. Teile von baulichen Anlagen, an die Anforderungen an das Brandverhalten und Glimmverhalten gestellt werden

Zur Erfüllung der Bauwerksanforderungen in A 2.1.2 bei Verwendung von Teilen baulicher Anlagen nach Technischen Baubestimmungen oder nach Verwendbarkeitsnachweisen gemäß Art. 17 BayBO[1)] sind die mindestens erforderlichen Baustoffklassen dem Abschnitt 1.1 zu entnehmen. Sofern in den nachfolgenden Abschnitten nichts anderes gefordert ist, gilt die Mindestanforderung „normalentflammbar" für das Brandverhalten der Baustoffe.

Zur Erfüllung der Bauwerksanforderungen in A 2.1.2 bei Verwendung von Teilen baulicher Anlagen, bei denen Bauprodukte nach harmonisierten technischen Spezifikationen verwendet werden, sind die mindestens erforderlichen Leistungen dem Abschnitt 1.2 zu entnehmen.

### 1.1. Bauaufsichtliche Anforderungen und Zuordnung von Baustoffklassen nach DIN 4102-1:1998-05 und weiteren Merkmalen

**Tabelle 1.1: Bauaufsichtliche Anforderungen und Zuordnung von Baustoffklassen nach DIN 4102-1:1998-05 einschließlich Bodenbeläge und lineare Rohrdämmstoffe und weiteren Merkmalen**

| | Bauaufsichtliche Anforderung | Mindestens erforderliche Baustoffklassen nach DIN 4102-1:1998-05 | Weitere Merkmale für die Verwendung |
|---|---|---|---|
| | 1 | 2 | 3 |
| 1 | nichtbrennbar[1], [2] | A 2 | – |
| 2 | schwerentflammbar[2] | B 1 | Baustoffe mit Ausnahme Bodenbeläge:<br>begrenzte Rauchentwicklung (I ≤ 400 % x Min. bei Prüfung nach DIN 4102-15:1990-05) bestanden |
| 3 | schwerentflammbar[2] und nicht brennend abfallend oder abtropfend | B 1 | Kein brennendes Abfallen oder Abtropfen<br>begrenzte Rauchentwicklung ($I^a$ ≤ 400 % x Min. bei Prüfung nach DIN 4102-15:1990-05) bestanden |
| 4 | schwerentflammbar[2] und geringe Rauchentwicklung | B1 | geringe Rauchentwicklung<br>($I^a$ ≤ 100 % x Min. bei Prüfung nach DIN 4102-15:1990-05) bestanden |

[1)] Nr. 1.

| | Bauaufsichtliche Anforderung | Mindestens erforderliche Baustoffklassen nach DIN 4102-1:1998-05 | Weitere Merkmale für die Verwendung |
|---|---|---|---|
| | 1 | 2 | 3 |
| 5 | schwerentflammbar[2] und nicht brennend abfallend oder abtropfend sowie geringe Rauchentwicklung | B1 | Kein brennendes Abfallen oder Abtropfen<br>geringe Rauchentwicklung<br>($I^a \leq 100$ % x Min. bei Prüfung nach DIN 4102-15:1990-05) bestanden |
| 6 | normalentflammbar nicht brennend abfallend oder abtropfend | B 2 | Kein brennendes Abfallen oder Abtropfen |
| 7 | normalentflammbar | B 2 | – |
| | [1] soweit erforderlich zusätzlich Schmelzpunkt > 1000 ° C<br>[2] soweit erforderlich zusätzlich Rohdichte | –<br>– | Angabe: Schmelzpunkt von mindestens 1000 °C nach DIN 4102-17:2017-12<br>Angabe: Rohdichte |
| | [a] Der Integralwert I der Rauchentwicklung ist durch Bestimmung des Flächeninhalts mittels Rechteckmethode unter der Kurve der Lichtschwächung über die Zeit zu ermitteln, die bei der Prüfung nach DIN 4102-15:1990-05 während der Beflammungsdauer mittels der Lichtmessstrecke nach DIN 50055:1989-03 mit einer Abtastrate von mindestens einem Messwert je 3 Sekunden aufgezeichnet wird. | | |

Für Bauprodukte – ausgenommen Bodenbeläge – werden bei den Prüfungen nach DIN 4102-1:1998-05, Abschnitte 6.1 und 6.2, Ergebnisse über das brennende Abtropfen oder das Abfallen brennender Probenteile bzw. nach DIN 4102-1:1998-05, Abschnitte 6.1, Werte über die Rauchentwicklung festgestellt. Diese Ergebnisse und die Werte sind – ausgenommen für Bodenbeläge – vom Hersteller anzugeben.

## 1.2. Mindestens erforderliche Leistungen zum Brandverhalten nach harmonisierten technischen Spezifikationen

Für die Verwendung in baulichen Anlagen können Bauprodukte, einschließlich deren Bestandteile, nach harmonisierten technischen Spezifikationen verwendet werden. Die mindestens erforderlichen Leistungen sind der Tabelle 1.2 zu entnehmen. Für die Verwendung dieser Bauprodukte bei horizontalem Einbau ist zusätzlich 1.4 zu beachten.

**Tabelle 1.2: Bauaufsichtliche Anforderungen und mindestens erforderliche Leistungen zum Brandverhalten und weitere Merkmale**

| | | Mindestens erforderliche Leistungen[1] | | | |
|---|---|---|---|---|---|
| | Bauaufsichtliche Anforderung | Bauprodukte, ausgenommen lineare Rohrdämmstoffe und Bodenbeläge | lineare Rohrdämmstoffe | Bodenbeläge | Weitere Merkmale (ausgenommen Bodenbeläge) |
| | 1 | 2 | 3 | 4 | 5 |
| 1 | nichtbrennbar | A2 – s1,d0* | $A2_L$ – s1,d0 | $A2_{fl}$ – s1 | Angabe:<br>Glimmverhalten gemäß 1.3 und soweit erforderlich Rohdichte |
| 2 | Nichtbrennbar und zusätzlich Schmelzpunkt > 1000 °C | A2 – s1,d0* | $A2_L$ – s1,d0 | $A2_{fl}$ – s1 | Angabe:<br>Schmelzpunkt von mindestens 1000 °C |

| | | Mindestens erforderliche Leistungen[1] | | | |
|---|---|---|---|---|---|
| | **Bauaufsichtliche Anforderung** | **Bauprodukte, ausgenommen lineare Rohrdämmstoffe und Bodenbeläge** | **lineare Rohrdämmstoffe** | **Bodenbeläge** | **Weitere Merkmale (ausgenommen Bodenbeläge)** |
| | 1 | 2 | 3 | 4 | 5 |
| | | | | | und Glimmverhalten gemäß 1.3 und soweit erforderlich Rohdichte |
| 3 | schwerentflammbar und nicht brennend abfallend oder abtropfend, sowie geringe Rauchentwicklung | C – s1,d0** | $C_L$ – s1,d0 | – | Angabe: Glimmverhalten gemäß 1.3 und soweit erforderlich Rohdichte |
| 4 | schwerentflammbar und nicht brennend abfallend oder abtropfend | C – s2,d0 | $C_L$ – s2,d0 | – | |
| 5 | schwerentflammbar und geringe Rauchentwicklung | C – s1,d2** | $C_L$ – s1,d2 | $C_{fl}$ – s1 | |
| 6 | schwerentflammbar | C – s2,d2 | $C_L$ – s2,d2 | $C_{fl}$ – s1 | |
| 7 | normalentflammbar und nicht brennend abfallend oder abtropfend | E | $E_L$ | – | |
| 8 | normalentflammbar | E – d2 | $E_L$ – d2 | $E_{fl}$ | |

[1] Klassen gemäß delegierter Verordnung 2016/364 (EU) – umgesetzt durch Klassifizierung gemäß DIN EN 13501-1 oder Kommissionsentscheidungen für Klassifizierungen ohne weitere Prüfung.

* Bei Prüfung gemäß EN 13823:2020 $TSP_{600\,s}$ ≤ 35 m²; diese Angabe ist nicht erforderlich bei Bauprodukten, deren Brandverhalten nach CWFT-Entscheidungen 2003/43/EG vom 17.01.2003 (Abl. L13/35), 2003/593/EG vom 07.08.2003 (Abl. L201/35), 2006/673/EG vom 05.10.2006 (Abl. L276/77) und 2010/83/EU vom 09.02.2010 (Abl. L38/13) sowie delegierte Verordnung (EU) 2017/1228 vom 20.03.2017 (Abl. L177/4) der Europäischen Kommission ohne Prüfung in die Klasse A2 – s1,d0 eingestuft ist.

** Bei Prüfung gemäß EN 13823:2020 $TSP_{600\,s}$ ≤ 35 m²; diese Angabe ist nicht erforderlich bei Bauprodukten, deren Brandverhalten nach CWFT-Entscheidungen 2003/43/EG vom 17.01.2003 (Abl. L13/35) und 2007/348/EG vom 15.05.2007 (Abl. L131/21) der Europäischen Kommission ohne Prüfung in die Klasse B-s1,d0 eingestuft ist

Erläuterungen zu Tabelle 1.2:

| **Herleitung des Kurzzeichens** | **Kriterium** | **Anwendungsbereich** |
|---|---|---|
| s (Smoke) | Rauchentwicklung | Anforderungen an die Rauchentwicklung<br>▪ s1: geringe Rauchentwicklung<br>▪ s2: begrenzte Rauchentwicklung |
| d (Droplets) | brennendes Abtropfen/Abfallen | Anforderungen an das brennende Abtropfen/Abfallen<br>▪ d0: kein brennendes Abtropfen/Abfallen<br>▪ d1, d2: brennendes Abtropfen/Abfallen |
| … fl (Floorings) | | Brandverhaltensklasse für Bodenbeläge |
| … L (Linear Pipe Thermal Insulation Products) | | Brandverhaltensklasse für lineare Produkte zur Wärmedämmung von Rohren |

### 1.3. Mindestens erforderliche Leistungen zum Glimmverhalten

Zur Erfüllung der Bauwerksanforderungen in A 2.1.2 bei schwerentflammbaren oder nichtbrennbaren Teilen baulicher Anlagen, bei denen Bauprodukte nach folgenden harmonisierten Normen (EN 438-7:2005*1, EN 13162:2012 +A1:2015*2, EN 13168:2012+A1:2015*3, EN 13170:2012+A1:2015*4, EN 13171:2012+A1:2015*5, EN 13950:2014*6, EN 13964:2014*7, EN 13986:2004 +A1:2015*8, EN 14064-1:2010*9, EN 14190:2014*10, EN 14303:2009 +A1:2013*11, EN 15037-4:2010+A1:2013*12, EN 15498:2008*13) verwendet werden sollen, sind gemäß Tabelle 1.2 Angaben zum Glimmverhalten erforderlich. Zur Bestimmung des Glimmverhaltens liegt ein europäisches Prüfverfahren DIN EN 16733:2016-07 vor; die notwendige Angabe lautet: „Die Prüfung wurde bestanden: das Produkt zeigt keine Neigung zum kontinuierlichen Schwelen.“.

### 1.4. Verwendung von Baustoffen bei horizontalem Einbau unterhalb von Decken

Abweichend von den Angaben in der Tabelle 1.2 dürfen Bauprodukte ausschließlich aus Polystyrol-Hartschaum (EPS, XPS) nach harmonisierten Produktspezifikationen sowie Verbundbauprodukte mit Polystyrol-Hartschaumdämmstoffschichten nach harmonisierten Produktspezifikationen nicht horizontal eingebaut werden, wenn für diese Bauprodukte bei der vorgesehenen Verwendung die bauaufsichtliche Anforderung „schwerentflammbar“ besteht.

## 2. Elektrische Leitungen und elektrische Leitungsanlagen

### 2.1. Elektrische Leitungen

#### 2.1.1. Bauaufsichtliche Anforderungen und Zuordnung von Baustoffklassen nach DIN 4102-1:1998-05 und weiteren Merkmalen

Zum Nachweis des Brandverhaltens für elektrische Leitungen nach Technischen Baubestimmungen oder nach Verwendbarkeitsnachweisen gemäß Art. 17 BayBO[1)] können die Zuordnung der Baustoffklassen nach DIN 4102-1:1998-05 zu den Anforderungen nach A 2.1.2 der Tabelle 2.1.1 und weitere Merkmale entnommen werden.

*1 **Amtl. Anm.:** In Deutschland umgesetzt durch DIN EN 438-7:2005-04
*2 **Amtl. Anm.:** In Deutschland umgesetzt durch DIN EN 13162:2015-04
*3 **Amtl. Anm.:** In Deutschland umgesetzt durch DIN EN 13168:2015-04
*4 **Amtl. Anm.:** In Deutschland umgesetzt durch DIN EN 13170:2015-04
*5 **Amtl. Anm.:** In Deutschland umgesetzt durch DIN EN 13171:2015-04
*6 **Amtl. Anm.:** In Deutschland umgesetzt durch DIN EN 13950:2014-09
*7 **Amtl. Anm.:** In Deutschland umgesetzt durch DIN EN 13964:2014-08
*8 **Amtl. Anm.:** In Deutschland umgesetzt durch DIN EN 13986:2015-06
*9 **Amtl. Anm.:** In Deutschland umgesetzt durch DIN EN 14064-1:2010-06
*10 **Amtl. Anm.:** In Deutschland umgesetzt durch DIN EN 14190:2014-09
*11 **Amtl. Anm.:** In Deutschland umgesetzt durch DIN EN 14303:2013-04
*12 **Amtl. Anm.:** In Deutschland umgesetzt durch DIN EN 15037-4:2013-08
*13 **Amtl. Anm.:** In Deutschland umgesetzt durch DIN EN 15498:2008-08
1) Nr. 1.

**Tabelle 2.1.1: Bauaufsichtliche Anforderungen und Zuordnung von Baustoffklassen nach DIN 4102-1:1998-05 und weiteren Merkmalen**

| | Bauaufsichtliche Anforderung | Mindestens erforderliche Baustoffklassen nach DIN 4102-1:1998-05 | Weitere Merkmale für die Verwendung |
|---|---|---|---|
| | 1 | 2 | 3 |
| 1 | nichtbrennbar | A2 | |
| 2 | schwerentflammbar | B1 | begrenzte Rauchentwicklung (I[a] ≤ 400 % x Min. bei Prüfung nach DIN 4102-15:1990-05) bestanden |
| 3 | schwerentflammbar und mit geringer Rauchentwicklung | B1 | geringe Rauchentwicklung (I[a] ≤ 100 % x Min. bei Prüfung nach DIN 4102-15:1990-05) bestanden |
| 4 | normalentflammbar | B2 | – |
| | [a] Der Integralwert I der Rauchentwicklung ist durch Bestimmung des Flächeninhalts mittels Rechteckmethode unter der Kurve der Lichtschwächung über die Zeit zu ermitteln, die bei der Prüfung nach DIN 4102-15:1990-05 während der Beflammungsdauer mittels der Lichtmessstrecke nach DIN 50055:1989-03 mit einer Abtastrate von mindestens einem Messwert je 3 Sekunden aufgezeichnet wird. | | |

## 2.1.2. Mindestens erforderliche Leistungen zum Brandverhalten

Für die Verwendung in baulichen Anlagen sind für Kabel und Leitungen, nach Abschnitt 4.1 der EN 50575:2014+A1:2016[*14] die mindestens erforderlichen Leistungen der Tabelle 2.1.2 zu entnehmen.

**Tabelle 2.1.2: Bauaufsichtliche Anforderungen und mindestens erforderliche Leistungen zum Brandverhalten**

| | Bauaufsichtliche Anforderung | Mindestens erforderliche Leistungen |
|---|---|---|
| | 1 | 2 |
| 1 | nichtbrennbar | $A_{ca}$ |
| 2 | schwerentflammbar | $B1_{ca}$ – s2 |
| 3 | schwerentflammbar und mit geringer Rauchentwicklung | $B1_{ca}$ – s1 |
| 4 | normalentflammbar | $E_{ca}$ |

Erläuterung zur Tabelle 2.1.2: … ca(cable) Brandverhaltensklasse von Kabeln

## 2.2. Elektrische Kabelanlagen

Zur Erfüllung der Bauwerksanforderungen in A 2.1.15 und A 2.2.1.8 sind zum Nachweis des Funktionserhalts elektrischer Kabelanlagen unter Brandeinwirkung für Bauarten gemäß Art. 15 BayBO[1)] die mindestens erforderlichen Funktionserhaltsklassen nach DIN 4102-12:1998-11 der Tabelle 2.2.1 zu entnehmen.

**Tabelle 2.2.1: Bauaufsichtliche Anforderungen und Zuordnung von Funktionserhaltsklassen nach DIN 4102-12:1998-11**

| | Anforderungen an den Funktionserhalt in Minuten | Mindestens erforderliche Funktionserhaltsklassen nach DIN 4102-12:1998-11 |
|---|---|---|
| | 1 | 2 |
| 1 | ≥ 30 | E 30 |
| 2 | ≥ 60 | E 60 |
| 3 | ≥ 90 | E 90 |

[*14] **Amtl. Anm.:** In Deutschland umgesetzt durch DIN EN 50575:2017-02

[1)] Nr. 1.

## 3. Bedachungen

### 3.1. Bedachungen mit Brandbeanspruchung von außen durch Flugfeuer und strahlende Wärme und Zuordnung von Klassen nach DIN 4102-7:2018-11

Zur Erfüllung der Bauwerksanforderungen in A 2.1.9 ist zum Nachweis der Eigenschaft einer Bedachung als Teil der baulichen Anlage bei einer Brandbeanspruchung von außen gegen Flugfeuer und strahlende Wärme (harte Bedachung) die mindestens erforderliche Klasse für eine als widerstandsfähig gegen Flugfeuer und strahlende Wärme geltende Bedachung nach DIN 4102-7:2018-11 in Verbindung mit DIN SPEC 4102-23:2018-07 der Tabelle 3.1 zu entnehmen.

**Tabelle 3.1: Bauaufsichtliche Anforderung und Zuordnung von Klassen nach DIN 4102-7:2018-11**

| Bauaufsichtliche Anforderung | Klassen nach DIN 4102-7:2018-11 |
|---|---|
| 1 | 2 |
| Brandbeanspruchung von außen durch Flugfeuer und strahlende Wärme (harte Bedachung) | widerstandsfähig gegen Flugfeuer und strahlende Wärme |

### 3.2. Bedachungen mit Brandbeanspruchung von außen durch Flugfeuer und strahlende Wärme bei Verwendung von Bauprodukten nach europäischen harmonisierten Spezifikationen und mindestens erforderliche Leistungen

Zur Erfüllung der Bauwerksanforderungen in A 2.1.9 ist zum Nachweis einer harten Bedachung unter Verwendung von Bauprodukten (EN 492:2012+A2:2018*[15], EN 494:2012+A1:2015*[16], EN 534:2006+A1:2010*[17], EN 1873:2005*[18], EN 13707:2004+A2:2009*[19], EN 13956:2012*[20], EN 14351-1:2006+A2:2016*[21], EN 14783:2013*[22] und EN 14963:2006*[23]), die die CE-Kennzeichnung aufgrund der Verordnung (EU) Nr. 305/2011 tragen, die mindestens erforderliche Leistungen der Tabelle 3.2 zu entnehmen.

Wenn im Rahmen der CE-Kennzeichnung die Klasse $B_{ROOF}$(t1), Beanspruchung durch Feuer von außen gemäß DIN EN 13501-5:2016-12, angegeben wird, gilt diese für die Bedachung nach A 2.1.9 nur, wenn die Ausführung der Bedachung den Ausführungen im zugehörigen Klassifizierungsdokument entspricht.

**Tabelle 3.2: Bauaufsichtliche Anforderung und mindestens erforderliche Leistung**

| Bauaufsichtliche Anforderung | Mindestens erforderliche Leistung |
|---|---|
| 1 | 2 |
| Brandbeanspruchung von außen durch Flugfeuer und strahlende Wärme (harte Bedachung) | $B_{ROOF}$(t1) |

*[15] **Amtl. Anm.:** In Deutschland umgesetzt durch DIN EN 492:2018-07
*[16] **Amtl. Anm.:** In Deutschland umgesetzt durch DIN EN 494:2015-12
*[17] **Amtl. Anm.:** In Deutschland umgesetzt durch DIN EN 534:2010-07
*[18] **Amtl. Anm.:** In Deutschland umgesetzt durch DIN EN 1873:2006-03
*[19] **Amtl. Anm.:** In Deutschland umgesetzt durch DIN EN 13707:2009-10
*[20] **Amtl. Anm.:** In Deutschland umgesetzt durch DIN EN 13956:2013-03
*[21] **Amtl. Anm.:** In Deutschland umgesetzt durch DIN EN 14351:2016-12
*[22] **Amtl. Anm.:** In Deutschland umgesetzt durch DIN EN 14783:2013-07
*[23] **Amtl. Anm.:** In Deutschland umgesetzt durch DIN EN 14963:2006-12

## 4. Bauteile

### 4.1. Tragende Bauteile

Zur Erfüllung der Bauwerksanforderungen in A 2.1.3 bei Planung, Bemessung und Ausführung von tragenden Teilen baulicher Anlagen sind bei Ermittlung der Standsicherheit im Brandfall nach Eurocode die Tabellen 4.1.1 und 4.1.2 einzuhalten.

Die Anforderungen in den Tabellen sind nur erfüllt, wenn die Bemessung der Bauteile nach den Technischen Baubestimmungen des Teiles A, Kapitel A 1, lfd. Nrn. A 1.2 erfolgt ist.

Für Bauteile nach nationalen technischen Regeln werden in den nachfolgenden Tabellen nur die bauordnungsrechtlichen Mindestanforderungen aufgelistet:

**Tabelle 4.1.1[A]:. Bauaufsichtliche Anforderungen an tragende Bauteile, Bemessung nach Eurocode und zusätzliche Anforderungsregeln**

| | Bauaufsichtliche Anforderung | Ermittelte Dauer der Standsicherheit im Brandfall in Min. gem. Eurocode[1,**], bei Einwirkung ETK nach DIN EN 1991[1,**] | Zusätzlich zum Eurocode zu beachtende Anwendungsregel für Bauarten unter Verwendung bestimmter Baustoffe*** |
|---|---|---|---|
| | 1 | 2 | 3 |
| 1 | aus nichtbrennbaren* Baustoffen | nicht erforderlich | DIN 4102-4:2016-05 |
| 2 | aus normalentflammbaren Baustoffen | nicht erforderlich | DIN 4102-4:2016-05 |
| 3 | feuerhemmend | ≥ 30 | DIN 4102-4:2016-05 |
| 4 | feuerhemmend und aus nichtbrennbaren* Baustoffen | ≥ 30[2] | DIN 4102-4:2016-05 |
| 5 | hochfeuerhemmend (tragende Teile brennbar, mit Dämmstoffen nichtbrennbar* und mit brandschutztechnisch wirksamer Bekleidung von 60 Min. aus nichtbrennbaren* Baustoffen) nach Abschnitt 4 der technischen Regel gemäß lfd. Nr. A 2.2.1.4[4] | ≥ 60[3] | A 2.2.1.4 |
| 6 | hochfeuerhemmend und in den wesentlichen Teilen aus nichtbrennbaren* Baustoffen | ≥ 60[2] | DIN 4102-4:2016-05 |
| 7 | hochfeuerhemmend und aus nichtbrennbaren* Baustoffen | ≥ 60[2] | DIN 4102-4:2016-05 |
| 8 | feuerbeständig (tragende und aussteifende Teile nichtbrennbar*) | ≥ 90[2] | DIN 4102-4:2016-05 |
| 9 | feuerbeständig und aus nichtbrennbaren* Baustoffen | ≥ 90[2] | DIN 4102-4:2016-05 |
| 10 | Feuerwiderstandsfähigkeit 120 Min und aus nichtbrennbaren* Baustoffen | ≥ 120[2] | - |
| 11 | Bauteile gemäß A 2.1.3.1, Buchstabe d mit einer Feuerwiderstandsfähigkeit von 60 Min. und aus brennbaren Baustoffen nach Abschnitt 5 der technischen Regel gemäß lfd. Nr. A 2.2.1.4[4] | ≥ 60[3,**] | A 2.2.1.4 |
| 12 | Bauteile gemäß A 2.1.3.1 *Bauchstabe*[1)] d mit einer Feuerwiderstandsfähigkeit von 90 Min. und aus brennbaren Baustoffen nach Ab- | ≥ 90[3,5,**] | A 2.2.1.4 |

[1)] Wortlaut amtlich.

| | Bauaufsichtliche Anforderung | Ermittelte Dauer der Standsicherheit im Brandfall in Min. gem. Eurocode[1,**], bei Einwirkung ETK nach DIN EN 1991[1,**] | Zusätzlich zum Eurocode zu beachtende Anwendungsregel für Bauarten unter Verwendung bestimmter Baustoffe*** |
|---|---|---|---|
| | schnitt 5 der technischen Regel gemäß lfd. Nr. A 2.2.1.4[4] | | |
| | A Tabelle erhält nur bauaufsichtliche Anforderungen an Bauteile, die auch durch die Eurocodes abgebildet werden.<br>1 DIN EN 1992-1-2:2010-12, DIN EN 1993-1-2:2010-12, DIN EN 1994-1-2:2010-12, DIN EN 1995-1-2:2010-12, DIN EN 1999-1-2:2010-12, DIN EN 1996-1-2:2011-04, DIN EN 1991-1-2:2010-12, Abschnitt 3.2.1<br>2 Für DIN EN 1995 nicht zutreffend, da Anforderungen zum Brandverhalten der tragenden Teile nicht eingehalten<br>3 Für DIN EN 1992-1-2:2010-12, DIN EN 1993-1-2:2010-12 DIN EN 1994-1-2:2010-12, DIN EN 1999-1-2:2010-12 DIN EN 1996-1-2:2011-04 nicht *zuteffend*[1)]<br>4 nicht besetzt<br>5 Im Zusammenhang mit DIN EN 1995-1-2:2010-12 Abschnitt 6 wird auf die Möglichkeit der DIN EN 1995-1-1/NA:2010-12, NCI NA.12 („Zimmermannsmäßige Verbindungen") hingewiesen.<br>* Hinsichtlich der Anforderungen gilt Tabelle 1.1.<br>** Die Bemessung nach Eurocode berücksichtigt das Brandverhalten der Baustoffe nicht.<br>*** Hinsichtlich der Anforderungen gilt Tabelle 1.1 oder Tabelle 1.2 | | |

Die Anforderung der Tabelle 4.1.1, Spalte 1, ist nur erfüllt, wenn aussteifende Bauteile mit ihren Verbindungen mindestens die gleiche ermittelte Dauer der Standsicherheit im Brandfall aufweisen.

**Tabelle 4.1.2[A]:. Bauaufsichtliche Anforderungen an tragende Bauteile und Zuordnung von Klassen (Tabellenwerte) nach Eurocode DIN EN 1992-1-2:2010-12, DIN EN 1994-1-2:2010-12, DIN EN 1996-1-2/NA:2013-06 und zusätzliche Anwendungsregeln**

| | Bauaufsichtliche Anforderung | Klassen nach Eurocode**DIN EN 1992-1-2:2010-12, Abschnitt 5 DIN EN 1994-1-2:2010-12, Abschnitt 4.2 DIN EN 1996-1-2/NA:2013-06, zu Anhang B | Zusätzlich zum Eurocode einzuhaltende Anwendungsregel für Bauarten unter Verwendung bestimmter Baustoffe*** |
|---|---|---|---|
| | 1 | 2 | 3 |
| 1 | aus nichtbrennbaren* Baustoffen | nicht erforderlich | DIN 4102-4:2016-05 |
| 2 | feuerhemmend | R 30 | DIN 4102-4:2016-05 |
| 3 | feuerhemmend und aus nichtbrennbaren* Baustoffen | R 30 | DIN 4102-4:2016-05 |
| 4 | hochfeuerhemmend und in den wesentlichen Teilen aus nichtbrennbaren* Baustoffen | R 60 | DIN 4102-4:2016-05 |
| 5 | hochfeuerhemmend und aus nichtbrennbaren* Baustoffen | R 60 | DIN 4102-4:2016-05 |
| 6 | feuerbeständig (tragende und aussteifende Teile nichtbrennbar*) | R 90 | DIN 4102-4:2016-05 |

[1)] Wortlaut amtlich.

| | Bauaufsichtliche Anforderung | Klassen nach Eurocode**DIN EN 1992-1-2:2010-12, Abschnitt 5<br>DIN EN 1994-1-2:2010-12, Abschnitt 4.2<br>DIN EN 1996-1-2/NA:2013-06, zu Anhang B | Zusätzlich zum Eurocode einzuhaltende Anwendungsregel für Bauarten unter Verwendung bestimmter Baustoffe*** |
|---|---|---|---|
| | 1 | 2 | 3 |
| 7 | feuerbeständig und aus nichtbrennbaren* Baustoffen | R 90 | DIN 4102-4:2016-05 |
| 8 | Feuerwiderstandsfähigkeit 120 Min und aus nichtbrennbaren* Baustoffen | R 120 | DIN 4102-4:2016-05 |
| | A Tabelle erhält nur bauaufsichtliche Anforderungen an Bauteile, die auch durch die Eurocodes abgebildet werden.<br>* Hinsichtlich der Anforderungen gilt Tabelle 1.1.<br>** Die Klasse nach Eurocode berücksichtigt das Brandverhalten der Baustoffe nicht. Es gilt Tabelle 1.1 oder 1.2.<br>*** Hinsichtlich der Anforderungen gilt Tabelle 1.1 oder Tabelle 1.2 | | |

Die Anforderungen der Tabellen 4.1.1 Spalte 1, und 4.1.2, Spalte 1, sind nur erfüllt, wenn die diese Teile tragenden oder aussteifende Bauteile mindestens die gleiche ermittelte Feuerwiderstandsfähigkeit aufweisen.

## 4.2. Raumabschließende Bauteile

Zur Erfüllung der Bauwerksanforderungen in A 2.1.3 bei Planung, Bemessung und Ausführung von raumabschließenden und ggf. tragenden Teilen baulicher Anlagen sind für die Bemessung der Feuerwiderstandsfähigkeit nach Eurocode die Tabellen 4.2.1 bis 4.2.3 einzuhalten.

Die Anforderungen in den Tabellen 4.2.1 bis 4.2.3 sind nur erfüllt, wenn die Bemessung der Bauteile nach den Technischen Baubestimmungen des Teiles A, Kapitel A 1, lfd. Nrn. A 1.2 erfolgt ist.

Für Bauteile nach nationalen technischen Regeln werden in den nachfolgenden Tabellen nur die bauordnungsrechtlichen Mindestanforderungen aufgelistet.

### 4.2.1. Nichttragende raumabschließende Wände

**Tabelle 4.2.1A:. Bauaufsichtliche Anforderungen an nicht tragende raumabschließende Wände und Zuordnung von Klassen (Tabellenwert) nach Eurocode DIN EN 1992-1-2:2010-12 und DIN EN 1996-1/NA:2013-06 und zusätzliche Anwendungsregeln**

| | Bauaufsichtliche Anforderung | Klassen nach Eurocode**DIN EN 1992-1-2:2010-12, Abschnitt 5<br>DIN EN 1996-1-2/NA:2013-06, zu Anhang B | Zusätzlich zum Eurocode einzuhaltende Anwendungsregel für Bauarten unter Verwendung bestimmter Baustoffe*** |
|---|---|---|---|
| | 1 | 2 | 3 |
| 1 | feuerhemmend | EI 30 | DIN 4102-4:2016-05 |
| 2 | feuerhemmend und aus nichtbrennbaren* Baustoffen | EI 30 | DIN 4102-4:2016-05 |
| 3 | hochfeuerhemmend und in den wesentlichen Teilen aus nichtbrennbaren* Baustoffen | EI 60 | DIN 4102-4:2016-05 |

| | Bauaufsichtliche Anforderung | Klassen nach Eurocode**DIN EN 1992-1-2:2010-12, Abschnitt 5 DIN EN 1996-1-2/ NA:2013-06, zu Anhang B | Zusätzlich zum Eurocode einzuhaltende Anwendungsregel für Bauarten unter Verwendung bestimmter Baustoffe*** |
|---|---|---|---|
| | 1 | 2 | 3 |
| 4 | hochfeuerhemmend und aus nichtbrennbaren* Baustoffen | EI 60 | DIN 4102-4:2016-05 |
| 5 | feuerbeständig (tragende und aussteifende Teile nichtbrennbar*) | EI 90 | DIN 4102-4:2016-05 |
| 6 | feuerbeständig und aus nichtbrennbaren* Baustoffen | EI 90 | DIN 4102-4:2016-05 |
| 7 | Brandwand (feuerbeständig und aus nichtbrennbaren* Baustoffen, auch unter zusätzlicher mechanischer Beanspruchung standsicher) | EI 90-M | DIN 4102-4:2016-05 |
| 8 | Wand anstelle einer Brandwand (hochfeuerhemmend und aus nichtbrennbaren* Baustoffen, auch unter zusätzlicher mechanischer Beanspruchung standsicher) | EI 60-M | DIN 4102-4:2016-05 |
| 9 | Feuerwiderstandsfähigkeit 120 Min und aus nichtbrennbaren* Baustoffen | EI 120 | DIN 4102-4:2016-05 |
| | A Tabelle erhält nur bauaufsichtliche Anforderungen an Bauteile, die auch durch die Eurocodes abgebildet werden.<br>* Hinsichtlich der Anforderungen gilt Tabelle 1.1.<br>** Die Klasse nach Eurocode berücksichtigt das Brandverhalten der Baustoffe nicht. Es gilt Tabelle 1.1 oder 1.2.<br>*** Hinsichtlich der Anforderungen gilt Tabelle 1.1 oder Tabelle 1.2. | | |

## 4.2.2. Tragende raumabschließende Wände

**Tabelle 4.2.2A:. Bauaufsichtliche Anforderungen an tragende raumabschließende Wände und Zuordnung von Klassen (Tabellenwerte) nach Eurocode DIN EN 1992-1-2:2010-12 und DIN EN 1996-1-2/NA:2013-06 und zusätzliche Anwendungsregeln**

| | Bauaufsichtliche Anforderung | Klassen nach Eurocode**DIN EN 1992-1-2:2010-12, Abschnitt 5 DIN EN 1996-1-2/ NA:2013-06, zu Anhang B bei einseitiger Brandbeanspruchung | Zusätzlich zum Eurocode einzuhaltende Anwendungsregel für Bauarten unter Verwendung bestimmter Baustoffe*** |
|---|---|---|---|
| | 1 | 2 | 3 |
| 1 | feuerhemmend | REI 30 | DIN 4102-4:2016-05 |
| 2 | feuerhemmend und aus nichtbrennbaren* Baustoffen | REI 30 | DIN 4102-4:2016-05 |
| 3 | hochfeuerhemmend und in den wesentlichen Teilen aus nichtbrennbaren* Baustoffen | REI 60 | DIN 4102-4:2016-05 |
| 4 | hochfeuerhemmend und aus nichtbrennbaren* Baustoffen | REI 60 | DIN 4102-4:2016-05 |
| 5 | feuerbeständig (tragende und aussteifende Teile nichtbrennbar*) | REI 90 | DIN 4102-4:2016-05 |
| 6 | feuerbeständig und aus nichtbrennbaren* Baustoffen | REI 90 | DIN 4102-4:2016-05 |

| | Bauaufsichtliche Anforderung | Klassen nach Eurocode** DIN EN 1992-1-2:2010-12, Abschnitt 5<br>DIN EN 1996-1-2/NA:2013-06, zu Anhang B bei einseitiger Brandbeanspruchung | Zusätzlich zum Eurocode einzuhaltende Anwendungsregel für Bauarten unter Verwendung bestimmter Baustoffe*** |
|---|---|---|---|
| | 1 | 2 | 3 |
| 7 | Brandwand (feuerbeständig und aus nichtbrennbaren* Baustoffen) | REI 90 und Kriterium M | DIN 4102-4:2016-05 |
| | | REI-M 90 | DIN 4102-4:2016-05 |
| 8 | Wand anstelle einer Brandwand (hochfeuerhemmend und aus nichtbrennbaren* Baustoffen auch unter zusätzlicher mechanischer Beanspruchung standsicher) | REI 60 und Kriterium M | DIN 4102-4:2016-05 |
| | | REI-M 60 | DIN 4102-4:2016-05 |
| 9 | Feuerwiderstandsfähigkeit 120 Min und aus nichtbrennbaren* Baustoffen | REI 120 | DIN 4102-4:2016-05 |
| 10 | Feuerwiderstandsfähigkeit 120 Min und aus nichtbrennbaren* Baustoffen auch unter zusätzlicher mechanischer Beanspruchung standsicher | REI 120 und Kriterium M | DIN 4102-4:2016-05 |
| | | REI-M 120 | DIN 4102-4:2016-05 |

A Tabelle erhält nur bauaufsichtliche Anforderungen an Bauteile, die auch durch die Eurocodes abgebildet werden.
* Hinsichtlich der Anforderungen gilt Tabelle 1.1.
** Die Klasse nach Eurocode berücksichtigt das Brandverhalten der Baustoffe nicht. Es gilt Tabelle 1.1 oder 1.2.
*** Hinsichtlich der Anforderungen gilt Tabelle 1.1 oder Tabelle 1.2..

## 4.2.3. Tragende raumabschließende Decken

**Tabelle 4.2.3A:. Bauaufsichtliche Anforderungen an tragende raumabschließende Decken und Zuordnung von Klassen (Tabellenwerte) nach Eurocode und zusätzliche Anwendungsregeln**

| | Bauaufsichtliche Anforderung | Klassen nach Eurocode** DIN EN 1992-1-2:2010-12, Abschnitt 5 oder DIN EN 1994-1-2:2010-12, Abschnitt 4.3 | Zusätzlich zum Eurocode einzuhaltende Anwendungsregel für Bauarten unter Verwendung bestimmter Baustoffe*** |
|---|---|---|---|
| | 1 | 2 | 3 |
| 1 | feuerhemmend | REI 30 | DIN 4102-4:2016-05 |
| 2 | feuerhemmend und aus nichtbrennbaren* Baustoffen | REI 30 | DIN 4102-4:2016-05 |
| 3 | hochfeuerhemmend und in den wesentlichen Teilen aus nichtbrennbaren* Baustoffen | REI 60 | DIN 4102-4:2016-05 |
| 4 | hochfeuerhemmend und aus nichtbrennbaren* Baustoffen | REI 60 | DIN 4102-4:2016-05 |
| 5 | feuerbeständig (tragende und aussteifende Teile nichtbrennbar*) | REI 90 | DIN 4102-4:2016-05 |
| 6 | feuerbeständig und aus nichtbrennbaren* Baustoffen | REI 90 | DIN 4102-4:2016-05 |
| 7 | Feuerwiderstandsfähigkeit 120 Min und aus nichtbrennbaren* Baustoffen | REI 120 | DIN 4102-4:2016-05 |

A Tabelle erhält nur bauaufsichtliche Anforderungen an Bauteile, die auch durch die Eurocodes abgebildet werden.
* Hinsichtlich der Anforderungen gilt Tabelle 1.1.

| | Bauaufsichtliche Anforderung | Klassen nach Eurocode** DIN EN 1992-1-2:2010-12, Abschnitt 5 oder DIN EN 1994-1-2:2010-12, Abschnitt 4.3 | Zusätzlich zum Eurocode einzuhaltende Anwendungsregel für Bauarten unter Verwendung bestimmter Baustoffe*** |
|---|---|---|---|
| | 1 | 2 | 3 |
| | ** Die Klasse nach Eurocode berücksichtigt das Brandverhalten der Baustoffe nicht. Es gilt Tabelle 1.1 oder 1.2.<br>*** Hinsichtlich der Anforderungen gilt Tabelle 1.1 oder Tabelle 1.2.. | | |

Bei Decken ist der Nachweis gemäß Tabelle 4.2.3, Spalte 2 auch für Brandeinwirkung von der Oberseite (Brand von oben nach unten) entsprechend der Anforderung in A 2.1.8 zu führen.

Für Decken aus Beton, Stahlbeton, Spannbeton oder Verbunddecken nach den Eurocodes DIN EN 1992-1-1:2011-01 bzw. DIN EN 1994-1-1:2010-12, die hinsichtlich der Tragfähigkeit im Brandfall (Kriterium R) bemessen wurden, gilt neben der Tabelle 4.1.1 Folgendes:

- Für die Decken ist der Nachweis des Raumabschlusses (Kriterien E und I) für die jeweils in Tabelle 4.1.1, Spalte 2, angegebene Dauer auf Grundlage der in A 1.2 angegebenen Bestimmungen zu erbringen.
- Bei Decken ist der vorher genannte Nachweis auch für Brandeinwirkung von der Oberseite (Brand von oben nach unten) entsprechend der Anforderung in A 2.1.8 zu führen.

### 4.2.4. Tragende Bauteile, raumabschließende Decken, Brandwände und Wände anstelle von Brandwänden, Trennwänden, Wänden *notweniger*[1] Treppenräume und Flure, Wände von offenen Gängen Außenwände, selbstständige Unterdecken, Dächer, Treppen, Systemböden

Zur Erfüllung der Bauwerksanforderungen in A 2.1.3 sind für raumabschließende und/oder tragende Teile baulicher Anlagen nach Technischen Baubestimmungen oder nach Verwendbarkeitsnachweisen gemäß Art. 17 BayBO[2] oder Nachweise zur Anwendbarkeit von Bauarten gemäß Art. 15 BayBO die mindestens erforderlichen Klassen nach Abschnitt 4.2, Tabelle 4.2.4, einzuhalten.

**Tabelle 4.2.4: Bauaufsichtliche Anforderungen und Zuordnung von Klassen nach DIN 4102-2:1977-09**

| | Bauaufsichtliche Anforderung | Mindestens erforderliche Klassen nach DIN 4102-2:1977-09 | Kurzbezeichnung nach DIN 4102-2:1977-09 |
|---|---|---|---|
| | 1 | 2 | 3 |
| 1 | aus nichtbrennbaren* Baustoffen | Keine Angabe der Klasse erforderlich. Es gilt Tabelle 1.1. | |
| 2 | aus schwerentflammbaren Baustoffen | | |
| 3 | aus schwerentflammbaren Baustoffen nicht brennend abfallend oder abtropfend | | |
| 4 | aus normalentflammbaren Baustoffen | | |
| 5 | feuerhemmend | Feuerwiderstandsklasse F 30 | F 30-B*1 |

[1] Wortlaut amtlich.
[2] Nr. 1.

| | Bauaufsichtliche Anforderung | Mindestens erforderliche Klassen nach DIN 4102-2:1977-09 | Kurzbezeichnung nach DIN 4102-2:1977-09 |
|---|---|---|---|
| | 1 | 2 | 3 |
| 6 | feuerhemmend und aus nichtbrennbaren* Baustoffen | Feuerwiderstandsklasse F 30 und aus nichtbrennbaren Baustoffen | F 30-A*1 |
| 7 | hochfeuerhemmend und in den wesentlichen Teilen aus nichtbrennbaren Baustoffen** | Feuerwiderstandsklasse F 60 und in den wesentlichen Teilen aus nichtbrennbaren Baustoffen | F 60-AB*2, *3 |
| 8 | hochfeuerhemmend (tragende Teile brennbar, mit Dämmstoffen nichtbrennbar* und brandschutztechnisch wirksamer Bekleidung von 60 Min. aus nichtbrennbaren* Baustoffen) nach Abschnitt 4 der technischen Regel gemäß lfd. Nr. A 2.2.1.4*4 | hochfeuerhemmend (tragende Teile brennbar, mit Dämmstoffen nichtbrennbar* und brandschutztechnisch wirksamer Bekleidung von 60 Min. aus nichtbrennbaren* Baustoffen) nach Abschnitt 4 der technischen Regel gemäß lfd. Nr. A 2.2.1.4 | – |
| 9 | hochfeuerhemmend und aus nichtbrennbaren* Baustoffen | Feuerwiderstandsklasse F 60 und aus nichtbrennbaren Baustoffen | F 60-A*2, *3 |
| 10 | feuerbeständig (tragende und aussteifende Teile nicht brennbar*) ** | Feuerwiderstandsklasse F 90 und in den wesentlichen Teilen aus nichtbrennbaren Baustoffen | F 90-AB*5, *6 |
| 11 | feuerbeständig und aus nichtbrennbaren* Baustoffen | Feuerwiderstandsklasse F 90 und aus nichtbrennbaren Baustoffen | F 90-A*5, *6 |
| 12 | Brandwand (auch unter zusätzlicher mechanischer Beanspruchung feuerbeständig und aus nichtbrennbaren* Baustoffen) | Brandwand | – |
| 13 | Wand in der Bauart von Brandwänden (feuerbeständig und aus nichtbrennbaren* Baustoffen) | Wand in der Bauart von Brandwänden (feuerbeständig und aus nichtbrennbaren* Baustoffen) | – |
| 14 | Wand anstelle einer Brandwand hochfeuerhemmend (tragende Teile brennbar, mit Dämmstoffen nichtbrennbar und brandschutztechnisch wirksamer Bekleidung von 60 Min. aus nichtbrennbaren Baustoffen) nach Abschnitt 4 der technischen Regel gemäß lfd. Nr. A 2.2.1.4*4 | Wand anstelle einer Brandwand hochfeuerhemmend (tragende Teile brennbar, mit Dämmstoffen nichtbrennbar und brandschutztechnisch wirksamer Bekleidung von 60 Min. aus nichtbrennbaren Baustoffen) nach Abschnitt 4 der technischen Regel gemäß lfd. Nr. A 2.2.1.4 | – |
| 15 | Wand anstelle einer Brandwand hochfeuerhemmend und aus nichtbrennbaren** Baustoffen auch unter zusätzlicher mechanischer Beanspruchung standsicher | Wand anstelle einer Brandwand hochfeuerhemmend und aus nichtbrennbaren** Baustoffen auch unter zusätzlicher mechanischer | – |

| | Bauaufsichtliche Anforderung | Mindestens erforderliche Klassen nach DIN 4102-2:1977-09 | Kurzbezeichnung nach DIN 4102-2:1977-09 |
|---|---|---|---|
| | 1 | 2 | 3 |
| | | Beanspruchung standsicher | |
| 16 | Wand anstelle einer Brandwand hochfeuerhemmend und in den wesentlichen Teilen aus nichtbrennbaren** Baustoffen auch unter zusätzlicher mechanischer Beanspruchung standsicher | Wand anstelle einer Brandwand hochfeuerhemmend und in den wesentlichen Teilen aus nichtbrennbaren** Baustoffen auch unter zusätzlicher mechanischer Beanspruchung standsicher | – |
| 17 | Gebäudeabschlusswände, die jeweils von innen nach außen die Feuerwiderstandsfähigkeit der tragenden und aussteifenden Teile des Gebäudes, mindestens jedoch feuerhemmende Bauteile, und von außen nach innen die Feuerwiderstandsfähigkeit feuerbeständiger Bauteile haben | Gebäudeabschlusswände, die jeweils von innen nach außen die Feuerwiderstandsfähigkeit der tragenden und aussteifenden Teile des Gebäudes, mindestens jedoch feuerhemmende Bauteile, und von außen nach innen die Feuerwiderstandsfähigkeit feuerbeständiger Bauteile haben | F 30-B (von innen) und F90-B (von außen) |
| 18 | Feuerwiderstandsfähigkeit 120 Min. und aus nichtbrennbaren Baustoffen | Feuerwiderstandsklasse F 120 und aus nichtbrennbaren Baustoffen | F 120-A |
| 19 | Feuerwiderstandsfähigkeit 120 Min. und aus nichtbrennbaren* Baustoffen auch unter zusätzlicher mechanischer Beanspruchung standsicher | Brandwand mit einer höheren Feuerwiderstandsdauer von 120 Min. | – |
| 20 | Bauteile gemäß A 2.1.3.1, Buchstabe d mit einer Feuerwiderstandsfähigkeit von 90 Min. und aus brennbaren Baustoffen nach Abschnitt 5 der technischen Regel gemäß lfd. Nr. A 2.2.1.4*8 | Bauteile gemäß A 2.1.3.1, Buchstabe d mit einer Feuerwiderstandsfähigkeit von 90 Min. und aus brennbaren Baustoffen nach Abschnitt 5 der technischen Regel gemäß lfd. Nr. A 2.2.1.4*7 | |
| 21 | Bauteile gemäß A 2.1.3.1, Buchstabe d mit einer Feuerwiderstandsfähigkeit von 60 Min. und aus brennbaren Baustoffen nach Abschnitt 5 der technischen Regel gemäß lfd. Nr. A 2.2.1.4*4 | Bauteile gemäß A 2.1.3.1, Buchstabe d mit einer Feuerwiderstandsfähigkeit von 60 Min. und aus brennbaren Baustoffen nach Abschnitt 5 der technischen Regel gemäß lfd. Nr. A 2.2.1.4*7 | |
| 22 | Bauteile gemäß A 2.1.3.1, Buchstabe d als Wand anstelle einer Brandwand (auch unter zusätzlicher mechanischer Beanspruchung mit einer Feuerwiderstandsfähigkeit von 60 Min. und aus brennbaren Baustoffen) nach | Wand anstelle einer Brandwand (auch unter zusätzlicher mechanischer Beanspruchung mit einer Feuerwiderstandsfähigkeit von 60 | – |

| | Bauaufsichtliche Anforderung | Mindestens erforderliche Klassen nach DIN 4102-2:1977-09 | Kurzbezeichnung nach DIN 4102-2:1977-09 |
|---|---|---|---|
| | 1 | 2 | 3 |
| | Abschnitt 5 der technischen Regel gemäß lfd. Nr. A 2.2.1.4*8 | Min. und aus brennbaren Baustoffen) nach Abschnitt 5 der technischen Regel gemäß lfd. Nr. A 2.2.1.4*7 | |

*1 **Amtl. Anm.:** Bei nichttragenden Außenwänden auch W 30 zulässig.
*2 **Amtl. Anm.:** Der Nachweis und die Zuordnung erfolgen nach Tabelle 4.3.1.
*3 **Amtl. Anm.:** Bei nichttragenden Außenwänden auch W 60 zulässig.
*4 **Amtl. Anm.:** Nicht besetzt.
*5 **Amtl. Anm.:** Bei nichttragenden Außenwänden auch W 90 zulässig.
*6 **Amtl. Anm.:** Tragende Bauteile müssen nach DIN 4102-2:1977-09, Abschnitt 6.2.2.6, unter entsprechender Last geprüft sein.
*7 **Amtl. Anm.:** Es ist eine brandschutztechnische wirksame Bekleidung aus nichtbrennbaren Baustoffen nach der technischen Regel gemäß lfd. Nr. A 2.2.1.4 erforderlich soweit nicht in Abschnitt 5.2 der technischen Regel gemäß lfd. Nr. A 2.2.1.4 Erleichterungen gestattet sind.
*8 **Amtl. Anm.:** Nicht besetzt.
* **Amtl. Anm.:** Hinsichtlich der Anforderungen gilt Tabelle 1.1.
** **Amtl. Anm.:** In Bauteilebene durchgehende Schicht aus nichtbrennbaren Baustoffen.

### 4.3. Verwendung von Bauprodukten nach harmonisierten technischen Spezifikationen für tragende und/oder raumabschließende Bauteile

Zur Erfüllung der Bauwerksanforderungen in A 2.1.3 bei Verwendung von Bauprodukten nach harmonisierten technischen Spezifikationen für tragende und/oder raumabschließende Teile baulicher Anlagen sind die mindestens erforderlichen Leistungen dem Abschnitt 4.3 zu entnehmen.

Die Anforderungen in den Tabellen sind nur erfüllt, wenn die erforderlichen Leistungen auf Grundlage von Bemessung oder soweit erforderlich einer Prüflastermittlung bei Brandprüfungen nach den Technischen Baubestimmungen des Teiles A, Kapitel A 1, lfd. Nrn. A 1.2, erfolgt sind.

Entsprechend A 2.1.3.3.1 ist bei Anforderungen zum Raumabschluss der Nachweis der Feuerwiderstandsfähigkeit für jede der möglichen Richtungen der Brandeinwirkung zu führen (z.B. sowohl von innen nach außen als auch von außen nach innen sowie sowohl von oben nach unten als auch von unten nach oben).

In Ermangelung einer allgemein anerkannten Regel der Technik für die Planung, Bemessung und Ausführung unter Verwendung von o.g. Bauprodukten ist ein Nachweis gemäß Art. 15 BayBO[1)] erforderlich.

Für Bauteile nach harmonisierten technischen Spezifikationen werden in den nachfolgenden Tabellen nur die bauordnungsrechtlichen Mindestanforderungen aufgelistet.

---

[1)] Nr. 1.

### 4.3.1.1. Anforderungen zur Feuerwiderstandsfähigkeit einschließlich Brandverhalten bei Verwendung von Bauprodukten nach harmonisierten technischen Spezifikationen*24 für tragende sowie tragende und raumabschließende Bauteile und mindestens erforderliche Leistungen ausgenommen Bauprodukte nach 4.3.1.2

**Tabelle 4.3.1.1: Bauaufsichtliche Anforderungen und mindestens erforderliche Leistungen**

| | **Bauaufsichtliche Anforderung** | **Mindestens erforderliche Leistungen** | | |
|---|---|---|---|---|
| | | **Feuerwiderstandsfähigkeit** | | **Brandverhalten** |
| | | **ohne Raumabschluss*1** | **mit Raumabschluss** | |
| | **1** | **2** | **3** | **4** |
| 1 | aus nichtbrennbaren* Baustoffen | – | – | A2 – s1,d0** |
| 2 | aus schwerentflammbaren* Baustoffen | – | – | C – s2,d0** |
| 3 | aus normalentflammbaren* Baustoffen | – | – | E – d2 |
| 4 | feuerhemmend | R 30 | REI 30 | E – d2 |
| 5 | Feuerhemmend mit einseitiger Bekleidung aus nichtbrennbaren* Baustoffen | – | REI 30 | Nichtbrennbare*4 Bekleidung: A2 – s1,d0**; im Übrigen: E – d2** |
| 6 | feuerhemmend und aus nichtbrennbaren* Baustoffen | R 30 | REI 30 | A2 – s1,d0** |
| 7 | hochfeuerhemmend (tragende Teile brennbar, Dämmstoffe nichtbrennbar* und brandschutztechnisch wirksamer Bekleidung von 60 Min. aus nichtbrennbaren* Baustoffen) nach Abschnitt 4 der technischen Regel gemäß lfd. Nr. A 2.2.1.4*3 | R 60 brandschutztechnisch wirksame Bekleidung $K_2 60$ | REI 60 brandschutztechnisch wirksame Bekleidung $K_2 60$ | Dämmstoff und brandschutztechnisch wirksame Bekleidung: A2 – s1,d0**; im Übrigen: E – d2 |
| 8 | Hochfeuerhemmend und aus nichtbrennbaren* Baustoffen | R 60 | REI 60 | A2 – s1,d0** |
| 9 | hochfeuerhemmend und in den wesentlichen Teilen aus nichtbrennbaren* Baustoffen | R 60 | REI 60*2 | wesentliche Teile: A2 – s1,d0** im Übrigen: E – d2 |
| 10 | Wand anstelle einer Brandwand hochfeuerhemmend (aus nichtbrennbaren* Baustoffen auch unter zusätzlicher mechanischer Beanspruchung standsicher) | – | REI 60-M | A2 – s1,d0** |

*24 **Amtl. Anm.:** Ausgenommen Bauteile nach B 2.2.1.6 aus Bauprodukten nach harmonisierten technischen Spezifikationen

| | Bauaufsichtliche Anforderung | Mindestens erforderliche Leistungen | | |
|---|---|---|---|---|
| | | Feuerwiderstandsfähigkeit | | Brandverhalten |
| | | ohne Raumabschluss*1 | mit Raumabschluss | |
| | 1 | 2 | 3 | 4 |
| 11 | Wand anstelle einer Brandwand hochfeuerhemmend und in den wesentlichen Teilen aus nichtbrennbaren* Baustoffen auch unter zusätzlicher mechanischer Beanspruchung standsicher | – | REI 60-M | wesentliche Teile: A2 – s1,d0** im Übrigen: E – d2 |
| 12 | Wand anstelle einer Brandwand (hochfeuerhemmend (tragende Teile brennbar, Dämmstoffe nichtbrennbar* mit brandschutztechnisch wirksamer Bekleidung von 60 Min. aus nichtbrennbaren* Baustoffen auch unter zusätzlicher *mechanische*[1] Beanspruchung standsicher) nach Abschnitt 4 der technischen Regel gemäß lfd. Nr. A 2.2.1.4*3 | – | REI 60-M brandschutztechnisch wirksame Bekleidung $K_2$60 | tragende und aussteifende Teile E, im Übrigen A2 – s1,d0** |
| 13 | Bauteile gemäß A 2.1.3.1, Buchstabe d mit einer Feuerwiderstandsfähigkeit von 60 Min. und aus brennbaren Baustoffen, nach Abschnitt 5 der technischen Regel gemäß lfd. Nr. A 2.2.1.4*3, mit raumseitiger brandschutztechnisch wirksamer Bekleidung von 30 Min. aus nichtbrennbaren* Baustoffen nach Abschnitt 5.2 der technischen Regel gemäß lfd. Nr. A 2.2.1.4*3, und mit einseitiger Bekleidung aus nichtbrennbaren* Baustoffen gemäß Art. 33 Abs. 5 BayBO[2] i.V.m. A 2.1.12, auch unter zusätzlicher mechanischer Beanspruchung | – | REI 60-M brandschutztechnisch wirksame Bekleidung $K_2$60 | brandschutztechnisch wirksame Bekleidung, nicht brennbare*4 Bekleidung: A2 – s1,d0** im Übrigen: E – d2 |

[1] Wortlaut amtlich.
[2] Nr. 1.

| | Bauaufsichtliche Anforderung | Mindestens erforderliche Leistungen | | |
|---|---|---|---|---|
| | | Feuerwiderstandsfähigkeit | | Brandverhalten |
| | | ohne Raumabschluss*1 | mit Raumabschluss | |
| | 1 | 2 | 3 | 4 |
| | standsicher (Treppenraumwand) | | | |
| 14 | feuerbeständig (tragende und aussteifende Teile nicht brennbar*)*4 | R 90 | REI 90*2 | A2 – s1,d0**;<br>im Übrigen E – d2 |
| 15 | feuerbeständig und aus nichtbrennbaren* Baustoffen | R 90 | REI 90 | A2 – s1,d0** |
| 16 | Feuerwiderstandsfähigkeit 120 Min. und aus nichtbrennbaren* Baustoffen | R 120 | REI 120 | A2 – s1,d0** |
| 17 | Feuerwiderstandsfähigkeit 120 Min. und aus nichtbrennbaren* Baustoffen auch unter zusätzlicher mechanischer Beanspruchung standsicher | – | REI 120-M4 | A2 – s1,d0** |
| 18 | Bauteile gemäß A 2.1.3.1, Buchstabe d mit einer Feuerwiderstandsfähigkeit von 60 Min. oder 90 Min. und aus brennbaren Baustoffen, nach Abschnitt 5 der technischen Regel gemäß lfd. Nr. A 2.2.1.4*3 | R 60 oder R 90 | – | E – d2 |
| 19 | Bauteile gemäß A 2.1.3.1, Buchstabe d mit einer Feuerwiderstandsfähigkeit von 60 Min. oder 90 Min. und aus brennbaren Baustoffen nach Abschnitt 5 der technischen Regel gemäß lfd. Nr. A 2.2.1.4*3, und brandschutztechnisch wirksamer Bekleidung aus nichtbrennbaren* Baustoffen nach Abschnitt 5.2 der technischen Regel gemäß lfd. Nr. A 2.2.1.4*3 | R 60 oder R 90 | REI 60 oder REI 90<br>brandschutztechnisch wirksame Bekleidung: $K_2$30 | brandschutztechnisch wirksame Bekleidung: A2 – s1,d0**<br>im Übrigen: E – d2 |
| 20 | Bauteile gemäß A 2.1.3.1, Buchstabe d mit einer Feuerwiderstandsfähigkeit von 30 Min. oder 90 Min. und aus brennbaren Baustoffen nach Abschnitt | – | REI 30 oder REI 90 | nicht brennbare*4<br>Bekleidung:<br>A2 – s1,d0**<br>im Übrigen: E – d2 |

| | Bauaufsichtliche Anforderung | Mindestens erforderliche Leistungen | | |
|---|---|---|---|---|
| | | Feuerwiderstandsfähigkeit | | Brandverhalten |
| | | ohne Raumabschluss*1 | mit Raumabschluss | |
| | 1 | 2 | 3 | 4 |
| | 5 der technischen Regel gemäß lfd. Nr. A 2.2.1.4*3, und mit einseitiger Bekleidung aus nichtbrennbaren* Baustoffen gemäß Art. 34 Abs. 6 BayBO i.V.m. A 2.1.12 (Flurwand) | | | |
| 21 | Bauteile gemäß A 2.1.3.1, Buchstabe d mit einer Feuerwiderstandsfähigkeit von 30 Min. oder 90 Min. und aus brennbaren Baustoffen nach Abschnitt 5 der technischen Regel gemäß lfd. Nr. A 2.2.1.4*3, und brandschutztechnisch wirksamer Bekleidung aus nichtbrennbaren* Baustoffen nach Abschnitt 5.2 der technischen Regel gemäß lfd. Nr. A 2.2.1.4*3, und mit einseitiger Bekleidung aus nichtbrennbaren* Baustoffen gemäß Art. 34 Abs. 6 BayBO i.V.m. A 2.1.12 (Flurwand) | – | REI 30 oder REI 90<br>brandschutztechnisch wirksame Bekleidung: $K_2 30$ | brandschutztechnisch wirksame Bekleidung, nichtbrennbare*4 Bekleidung:<br>A2 – s1,d0**;<br>im Übrigen: E – d2 |
| 22 | Brandwand*** | – | REI 90-M | A2 – s1,d0** |
| 23 | Wand in der Bauart von Brandwänden (auch unter zusätzlicher mechanischer Beanspruchung feuerbeständig und aus nichtbrennbaren* Baustoffen) | – | REI 90-M | A2 – s1,d0** |
| 24 | Bauteile gemäß A 2.1.3.1, Buchstabe d als Wand anstelle einer Brandwand (auch unter zusätzlicher mechanischer Beanspruchung mit einer Feuerwiderstandsfähigkeit von 60 Min. und aus brennbaren Baustoffen nach Abschnitt 5 der technischen Regel gemäß lfd. Nr. A 2.2.1.4*3) mit brandschutztechnisch wirksamer Bekleidung aus nicht- | – | REI 60-M<br>brandschutztechnisch wirksame Bekleidung: $K_2 30$ | brandschutztechnisch wirksame Bekleidung:<br>A2 – s1,d0**;<br>im Übrigen: E – d2 |

| | Bauaufsichtliche Anforderung | Mindestens erforderliche Leistungen | | |
|---|---|---|---|---|
| | | Feuerwiderstandsfähigkeit | | Brandverhalten |
| | | ohne Raumabschluss*1 | mit Raumabschluss | |
| | 1 | 2 | 3 | 4 |
| | brennbaren Baustoffen, nach Abschnitt 5.2 der technischen Regel gemäß lfd. Nr. A 2.2.1.4*3 | | | |

*1 **Amtl. Anm.:** Für die mit reaktiven Brandschutzsystemen beschichteten Stahlbauteile ist die Angabe IncSlow gemäß DIN EN 13501-2:2010-02 in der Leistungserklärung zusätzlich zu nennen.
*2 **Amtl. Anm.:** gemäß Art. 33 Abs. 5, Art. 34 Abs. 6 und Art. 37 Abs. 2 BayBO *[Nr. **1**]* i.V.m. A 2.1.12
*3 **Amtl. Anm.:** Für Bauteile gemäß A 2.1.3.1, Buchstabe d in Gebäuden der Gebäudeklassen 4 und 5 gilt für die Bemessung und Verwendung die technische Regel gemäß lfd. Nr. A 2.2.1.4.
*4 **Amtl. Anm.:** Eine in Bauteilebene durchgehende, nichtbrennbare Schicht: A2 – s1,d0** gemäß Tabelle 1.2
* **Amtl. Anm.:** Hinsichtlich der Anforderungen gilt Tabelle 1.1.
** **Amtl. Anm.:** Hinsichtlich der Anforderungen an das Brandverhalten gilt Tabelle 1.2. Soweit erforderlich gilt Abschnitt 1.3.
*** **Amtl. Anm.:** Die Brandwand muss aus nichtbrennbaren Baustoffen bestehen.

Hinsichtlich des Brandverhaltens der Bauprodukte gilt Tabelle 1.2.
Liegen die Voraussetzungen nach der technischen Regel gemäß lfd. Nr. A 2.2.1.4 gemäß der Tabelle 4.3.1.1, Fußnote 3, nicht vor, ist in Ermangelung einer allgemein anerkannten Regel der Technik für die Planung, Bemessung und Ausführung unter Verwendung von o.g. Bauprodukten ein Nachweis gemäß Art. 15 BayBO erforderlich.

### 4.3.1.2. Anforderungen zur Feuerwiderstandsfähigkeit einschließlich Brandverhalten bei Verwendung von Bauprodukten nach DIN EN 13964:2014-08 für raumabschließende Bauteile als nichttragende Unterdecken mit einer Brandbeanspruchung nur von unten oder von unten nach oben sowie von oben nach unten und mindestens erforderliche Leistungen

**Tabelle 4.3.1.2: Bauaufsichtliche Anforderungen und mindestens erforderliche Leistungen**

| | Bauaufsichtliche Anforderung | Mindestens erforderliche Leistungen | | |
|---|---|---|---|---|
| | | Feuerwiderstandsfähigkeit der Unterdecke | | Brandverhalten der Unterdecke |
| | | mit einer Brandbeanspruchung nur von unten | mit einer Brandbeanspruchung von unten nach oben und von oben nach unten | |
| | 1 | 2 | 3 | 4 |
| 1 | aus nichtbrennbaren* Baustoffen | – | – | A2 – s1,d0** |
| 2 | aus schwerentflammbaren Baustoffen, nicht brennend abfallend oder abtropfend* | – | – | C – S2,d0** |
| 3 | feuerhemmend | von unten nach oben EI 30 (a←b) | von unten nach oben und von oben nach unten EI 30 (a↔b) | E – d2 |

| | Bauaufsichtliche Anforderung | Mindestens erforderliche Leistungen | | |
|---|---|---|---|---|
| | | Feuerwiderstandsfähigkeit der Unterdecke | | Brandverhalten der Unterdecke |
| | | mit einer Brandbeanspruchung nur von unten | mit einer Brandbeanspruchung von unten nach oben und von oben nach unten | |
| | 1 | 2 | 3 | 4 |
| 4 | feuerhemmend und aus nichtbrennbaren* Baustoffen | von unten nach oben EI 30 (a←b) | von unten nach oben und von oben nach unten EI 30 (a↔b) | A2 – s1,d0** |
| 5 | hochfeuerhemmend und aus nichtbrennbaren*Baustoffen | von unten nach oben EI 60 (a←b) | von unten nach oben und von oben nach unten EI 60 (a↔b) | A2 – s1,d0** |
| 6 | feuerbeständig und aus nichtbrennbaren* Baustoffen | von unten nach oben EI 90 (a←b) | von unten nach oben und von oben nach unten EI 90 (a↔b) | A2 – s1,d0** |

* Hinsichtlich der Anforderungen gilt Tabelle 1.1.
** Hinsichtlich der Anforderungen gilt Tabelle 1.1 oder Tabelle 1.2.

### 4.3.1.3. Verwendungs- und Ausführungsbestimmungen für Bauprodukte nach Tabelle 4.3.1.2

1. Die Verwendung ist nur zulässig, wenn die gemäß der Einbauanleitung des Herstellers zu beschreibenden an das Bauprodukt angrenzenden Bauteile hinsichtlich der Feuerwiderstandsfähigkeit die Anforderungen an die bauliche Anlage einhalten. Diese Bauteile müssen so bemessen sein, dass sie den Einwirkungen aus der Benutzung des Bauproduktes und den Einwirkungen aus dem Bauprodukt im Brandfall widerstehen. Die Anforderungen an der Tabelle 4.3.1.2 ist nur erfüllt, wenn anschließende, raumabschließende Bauteile mindestens die gleiche Feuerwiderstandsfähigkeit aufweisen.
2. Die Anforderungen der Tabelle 4.3.1.2 an Unterdecken mit einer Brandbeanspruchung nur von unten werden nur erfüllt, wenn die Decke, an die diese Unterdecke angebaut wird, die Anforderungen bei Brandeinwirkung von der Oberseite (Brand von oben nach unten) entsprechend der Anforderung in lfd. Nr. A 2.1.8 erfüllt.
3. Die Verwendung von Unterdecken ist nur zulässig, wenn die Art der Befestigung an vertikalen und/oder horizontalen Bauteilen im Klassifizierungsbericht ausgewiesen ist und diese aus der Einbauanleitung des Herstellers ersichtlich ist.
4. Die Verwendung von Unterdecken mit Einbauten (wie Leuchten, Lautsprechern, Lüftungsbauteilen etc.) ist nur zulässig, wenn dies im Klassifizierungsbericht ausgewiesen ist und die Einbauart aus der Einbauanleitung des Herstellers ersichtlich ist.
5. Die Verwendung von Unterdecken mit Revisionsöffnungen ist nur zulässig, wenn dies im Klassifizierungsbericht ausgewiesen ist und die Einbauart für die Revisionsöffnung aus der Einbauanleitung des Herstellers ersichtlich ist.

### 4.3.2. Anforderungen zur Feuerwiderstandsfähigkeit einschließlich Brandverhalten bei Verwendung von Bauprodukten nach harmonisierten technischen Spezifikationen für nichttragende Wände als Trennwände oder Wände notwendiger Flure, Wände offener Gänge und mindestens erforderliche Leistungen

**Tabelle 4.3.2: Bauaufsichtliche Anforderungen und mindestens erforderliche Leistungen**

| | Bauaufsichtliche Anforderung | Mindestens erforderliche Leistungen | |
|---|---|---|---|
| | | Feuerwiderstandsfähigkeit | Brandverhalten |
| | 1 | 2 | 3 |
| 1 | aus normalentflammbaren Baustoffen | – | E – d2 |
| 2 | aus normalentflammbaren Baustoffen mit brandschutztechnisch wirksamer Bekleidung von 30 Min. aus nichtbrennbaren* Baustoffen, nach Abschnitt 5.2 der technischen Regel gemäß lfd. Nr. A 2.2.1.4 | brandschutztechnisch wirksame Bekleidung: je nach Verwendung ein- oder beidseitig $K_2$30 | brandschutztechnisch wirksame Bekleidung: A2 – s1,d0**, im Übrigen: E – d2 |
| 3 | feuerhemmend | EI 30 | E – d2 |
| 4 | feuerhemmend mit einseitiger*1 Bekleidung aus nichtbrennbaren*Baustoffen | EI 30 | nichtbrennbare* Bekleidung: A2 – s1,d0**; im Übrigen: E – d2 |
| 5 | feuerhemmend und aus nichtbrennbaren* Baustoffen | EI 30 | A2 – s1,d0** |
| 6 | hochfeuerhemmend (tragende Teile brennbar, Dämmstoffe nichtbrennbar* mit brandschutztechnisch wirksamer Bekleidung von 60 Min. aus nichtbrennbaren* Baustoffen)*2 nach Abschnitt 4 der technischen Regel gemäß lfd. Nr. A 2.2.1.4*3 | EI 60- brandschutztechnisch wirksame Bekleidung: beidseitig: $K_2$60 | Dämmstoff und brandschutztechnisch wirksame Bekleidung: A2 – s1,d0**, im Übrigen: E – d2 |
| 7 | Hochfeuerhemmend und aus nichtbrennbaren* Baustoffen | EI 60 | A2 – s1,d0** |
| 8 | hochfeuerhemmend und in den wesentlichen Teilen aus nichtbrennbaren* Baustoffen (tragende und aussteifende Teile nichtbrennbar)*2, *3 | EI 60 | Wesentliche Teile: A2 – s1,d0**, im Übrigen: E – d2 |
| 9 | hochfeuerhemmend und aus nichtbrennbaren* Baustoffen, auch unter zusätzlicher mechanischer Beanspruchung standsicher | EI 60-M | A2 – s1,d0** |
| 10 | Bauteile gemäß lfd. Nr. A 2.1.3.1, Buchstabe b, hochfeuerhemmend, auch unter zusätzlicher mechanischer Beanspruchung standsicher (tragende Teile brennbar, Dämmstoffe nichtbrennbar* mit brandschutztechnisch wirksamer Bekleidung von 60 Min. aus nichtbrennbaren* Baustoffen) nach Abschnitt 4 der technischen Regel gemäß lfd. Nr. A 2.2.1.4*3 (Wand anstelle einer Brandwand) | EI 60-M brandschutztechnisch wirksame Bekleidung: $K_2$60 | tragende und aussteifende Teile: E im Übrigen A2 – s1,d0** |
| 11 | feuerbeständig (tragende und aussteifende Teile nicht brennbar*)*2, *3 | EI 90 | A2 – s1,d0**, im Übrigen E – d2 |
| 12 | feuerbeständig und aus nichtbrennbaren* Baustoffen | EI 90 | A2 – s1,d0** |
| 13 | Brandwand feuerbeständig und aus nichtbrennbaren* Baustoffen, auch unter zusätzlicher mechanischer Beanspruchung standsicher | EI 90-M | A2 – s1,d0** |
| 14 | Feuerwiderstandsfähigkeit 120 Min. und aus nichtbrennbaren* Baustoffen | EI 120 | A2 – s1,d0** |

| | Bauaufsichtliche Anforderung | Mindestens erforderliche Leistungen | |
|---|---|---|---|
| | | Feuerwiderstandsfähigkeit | Brandverhalten |
| | 1 | 2 | 3 |
| 15 | Bauteile gemäß A 2.1.3.1, Buchstabe d mit einer Feuerwiderstandsfähigkeit von 60 Min. oder 90 Min. und aus brennbaren Baustoffen nach Abschnitt 5 der technischen Regel gemäß lfd. Nr. A 2.2.1.4*3, mit brandschutztechnisch wirksamer Bekleidung von 30 Min. aus nichtbrennbaren* Baustoffen, nach Abschnitt 5.2 der technischen Regel gemäß lfd. Nr. A 2.2.1.4*3 | EI 60 oder EI 90<br>brandschutztechnisch wirksame Bekleidung: beidseitig: $K_2 30$ | brandschutztechnisch wirksame Bekleidung, nichtbrennbare Bekleidung:<br>A2 – s1,d0**;<br>im Übrigen: E – d2 |
| 16 | Bauteile gemäß A 2.1.3.1, Buchstabe d mit einer Feuerwiderstandsfähigkeit von 60 Min., auch unter zusätzlicher mechanischer Beanspruchung standsicher, und aus brennbaren Baustoffen, mit brand-schutztechnisch wirksamer Bekleidung von 30 Min. aus nichtbrennbaren* Baustoffen, nach Abschnitt 5.2, der technischen Regel gemäß lfd. Nr. A 2.2.1.4*3 (Wand anstelle einer Brandwand) | EI 60-M<br>brandschutztechnisch wirksame Bekleidung:<br>$K_2 30$ | tragende und aussteifende Teile: E<br>im Übrigen A2 – s1,d0** |
| 17 | Bauteile gemäß A 2.1.3.1, Buchstabe d mit einer Feuerwiderstandsfähigkeit von 30 Min. oder 90 Min. und aus brennbaren Baustoffen nach Abschnitt 5 der technischen Regel gemäß lfd. Nr. A 2.2.1.4*3 und mit einseitiger Bekleidung aus nichtbrennbaren* Baustoffen gemäß Art. 34 Abs. 6 BayBO[1] i.V.m. A 2.1.12 (Flurwand, offener Gang) | EI 30 oder EI 90 | nichtbrennbare* Bekleidung: A2 – s1,d0**; im Übrigen: E – d2 |
| 18 | Bauteile gemäß A 2.1.3.1, Buchstabe d mit einer Feuerwiderstandsfähigkeit von 30 Min. oder 90 Min. und aus brennbaren Baustoffen nach Abschnitt 5 der technischen Regel gemäß lfd. Nr. A 2.2.1.4*3, und brandschutztechnisch wirksamer Bekleidung aus nichtbrennbaren* Baustoffen nach Abschnitt 5.2 der technischen Regel gemäß lfd. Nr. A 2.2.1.4*3, und mit einseitiger Bekleidung aus nichtbrennbaren* Baustoffen gemäß Art. 34 Abs. 6 BayBO i.V.m. A 2.1.12 (Flurwand, offener Gang) | EI 30 oder EI 90<br>brandschutztechnisch wirksame Bekleidung: einseitig: $K_2 30$ | brandschutztechnisch wirksame Bekleidung, nichtbrennbare* Bekleidung:<br>A2 – s1,d0**;<br>im Übrigen: E – d2 |

*1 **Amtl. Anm.:** gemäß Art. 33 Abs. 5, Art. 34 Abs. 6 und Art. 37 Abs. 2 BayBO *[Nr. 1]* i.V.m. A 2.1.12 und A 2.1.13

*2 **Amtl. Anm.:** Teile innerhalb des Bauteils zur Gewährleistung der Standsicherheit (Eigengewicht) und Gebrauchstauglichkeit.

*3 **Amtl. Anm.:** Für Bauteile gemäß A 2.1.3.1, Buchstabe d in Gebäuden der Gebäudeklassen 4 und 5 gilt für die Bemessung und Verwendung die technische Regel gemäß lfd. Nr. A 2.2.1.4

*4 **Amtl. Anm.:** Eine in Bauteilebene durchgehende, nichtbrennbare Schicht: A2 – s1,d0** gemäß Tabelle 1.2

* **Amtl. Anm.:** Hinsichtlich der Anforderungen gilt Tabelle 1.1.

** **Amtl. Anm.:** Hinsichtlich der Anforderungen an das Brandverhalten gilt Tabelle 1.2. Soweit erforderlich gilt Abschnitt 1.3.

Hinsichtlich des Brandverhaltens der Bauprodukte gilt Tabelle 1.2.

[1] Nr. **1**.

## 4.3.3. Anforderungen zur Feuerwiderstandsfähigkeit einschließlich Brandverhalten bei Verwendung von Bauprodukten nach harmonisierten technischen Spezifikationen für nichttragende Außenwände (mit Raumabschluss) und mindestens erforderliche Leistungen

**Tabelle 4.3.3: Bauaufsichtliche Anforderungen und mindestens erforderliche Leistungen**

| | Bauaufsichtliche Anforderung | Mindestens erforderliche Leistungen | |
|---|---|---|---|
| | | Feuerwiderstandsfähigkeit | Brandverhalten |
| | 1 | 2 | 3 |
| 1 | aus nichtbrennbaren* Baustoffen | – | A2 – s1,d0** |
| 2 | aus schwerentflammbaren Baustoffen | – | C – s2,d2** |
| 3 | aus schwerentflammbaren Baustoffen nicht brennend abfallend oder abtropfend | – | C – s2,d0** |
| 4 | aus normalentflammbaren Baustoffen | – | E – d2 |
| 5 | feuerhemmend | von innen nach außen: E 30 (i→o) und von außen nach innen: EI 30-ef (i←o) | E – d2 |
| 6 | feuerhemmend mit einseitiger Bekleidung aus nichtbrennbaren* Baustoffen gemäß Art. 34 Abs. 6*1 BayBO[1] i.V.m. A 2.1.12 | EI 30 | nichtbrennbare Bekleidung: A2 – s1,d0**; im Übrigen: E – d2 |
| 7 | feuerhemmend mit einseitiger Bekleidung aus nichtbrennbaren* Baustoffen gemäß Art. 33 Abs. 5*1 und Art. 37 Abs. 2 BayBO i.V.m. A 2.1.12 und A 2.1.13 | von innen nach außen: E 30 (i→o) und von außen nach innen: EI 30-ef (i←o) | nichtbrennbare* Bekleidung: A2 – s1,d0**; im Übrigen: E – d2 |
| 8 | feuerhemmend mit einer brandschutztechnisch wirksamen Bekleidung von 30 Min. aus nichtbrennbaren* Baustoffen nach Abschnitt 5.2 der technischen Regel gemäß lfd. Nr. A 2.2.1.4 | von innen nach außen: E 30 (i→o) und von außen nach innen: EI 30-ef (i←o) brandschutztechnisch wirksamen Bekleidung: $K_2$30 | nichtbrennbare* Bekleidung: A2 – s1,d0**; im Übrigen: E – d2 |
| 9 | feuerhemmend mit einer brandschutztechnisch wirksamen Bekleidung von 30 Min. aus nichtbrennbaren* Baustoffen nach Abschnitt 5.2 der technischen Regel gemäß lfd. Nr. A 2.2.1.4, und mit einseitiger Bekleidung aus nichtbrennbaren* Baustoffen gemäß Art. 34 Abs. 6 BayBO i.V.m. A 2.1.12 (offener Gang) | EI 30 brandschutztechnisch wirksame Bekleidung: $K_2$30 | brandschutztechnisch wirksame Bekleidung, nichtbrennbare* Bekleidung: A2 – s1,d0**; im Übrigen: E – d2 |
| 10 | feuerhemmend und aus nichtbrennbaren* Baustoffen | von innen nach außen: E 30 (i→o) und von außen nach innen: EI 30-ef (i←o) | A2 – s1,d0** |

[1] Nr. 1.

| | Bauaufsichtliche Anforderung | Mindestens erforderliche Leistungen | |
|---|---|---|---|
| | | Feuerwiderstandsfähigkeit | Brandverhalten |
| | 1 | 2 | 3 |
| 11 | feuerbeständig (tragende und aussteifende Teile nichtbrennbar*)*2, *3 | von innen nach außen: EI 90 (i→o) und von außen nach innen: EI 90-ef (i←o) | wesentliche Teile: A2 – s1,d0**, im Übrigen: E – d2 |
| 12 | feuerbeständig und aus nichtbrennbaren* Baustoffen | von innen nach außen: EI 90 (i→o) und von außen nach innen: EI 90-ef (i←o) | A2 – s1,d0** |

*1 **Amtl. Anm.:** beidseitig zu bekleiden, wenn Treppenraumwand gleichzeitig Wand des offenen Ganges ist

*2 **Amtl. Anm.:** Teile innerhalb des Bauteils zur Gewährleistung der Standsicherheit (Eigengewicht) und Gebrauchstauglichkeit.

*3 **Amtl. Anm.:** eine in Bauteilebene durchgehende, nichtbrennbare Schicht: A2 – s1,d0** gemäß Tabelle 1.2

* **Amtl. Anm.:** Hinsichtlich der Anforderungen gilt Tabelle 1.1.

** **Amtl. Anm.:** Hinsichtlich der Anforderungen an das Brandverhalten gilt Tabelle 1.2. Soweit erforderlich gilt Abschnitt 1.3.

Hinsichtlich des Brandverhaltens der Bauprodukte gilt Tabelle 1.2.

## 5. Abschlüsse

### 5.1. Feuer- und/oder Rauchschutzabschlüsse sowie dicht- und selbstschließende Abschlüsse

Zur Erfüllung der Bauwerksanforderungen in A 2.1.6, A 2.1.7, A 2.1.8, A 2.1.11, A 2.1.12 und A 2.1.13 bei Verwendung von Feuer- und Rauchschutzabschlüssen nach Verwendbarkeitsnachweisen gemäß Art. 17 BayBO[1)] sind die mindestens erforderlichen Klassen und Bezeichnungen den Abschnitten 5.1.1 und 5.1.2 zu entnehmen.

Zur Erfüllung der Bauwerksanforderungen in A 2.1.6, A 2.1.7, A 2.1.8, A 2.1.11, A 2.1.12 und A 2.1.13 bei Verwendung von Feuer- und Rauchschutzabschlüssen, für die harmonisierte technische Spezifikationen vorliegen, sind die mindestens erforderlichen Leistungen dem Abschnitt 5.1.4 zu entnehmen.

- Tore als Feuerschutzabschlüsse nach EN 16034:2014*25 in Verbindung mit EN 13241:2003+A2:2016*26 erfüllen nicht die Anforderungen hinsichtlich des elektromotorischen Öffnens und Schließens gemäß A 2.1.6.

#### 5.1.1. Feuer- und/oder Rauchschutzabschlüsse im Inneren von baulichen Anlagen nach Verwendbarkeitsnachweisen gemäß Art. 17 BayBO[1)], ausgenommen Förderanlagenabschlüsse

**Tabelle 5.1.1: Bauaufsichtliche Anforderungen und Zuordnung von Klassen**

| | Bauaufsichtliche Anforderungen | Mindestens erforderliche Klasse gemäß Verwendbarkeitsnachweis |
|---|---|---|
| | 1 | 2 |
| 1 | feuerhemmend und selbstschließend dichtschließend | T 30 |

[1)] Nr. 1.

*25 **Amtl. Anm.:** In Deutschland umgesetzt durch DIN EN 16034:2014-12

*26 **Amtl. Anm.:** In Deutschland umgesetzt durch DIN EN 13241:2016-12

| | Bauaufsichtliche Anforderungen | Mindestens erforderliche Klasse gemäß Verwendbarkeitsnachweis |
|---|---|---|
| | 1 | 2 |
| 2 | feuerhemmend und selbstschließend rauchdicht | T 30-RS |
| 3 | hochfeuerhemmend und selbstschließend dichtschließend | T 60 |
| 4 | hochfeuerhemmend und selbstschließend rauchdicht | T 60-RS |
| 5 | feuerbeständig und selbstschließend dichtschließend | T 90 |
| 6 | feuerbeständig und selbstschließend rauchdicht | T 90-RS |
| 7 | Feuerwiderstandsfähigkeit 120 Minuten und selbstschließend dichtschließend | T 120 |
| 8 | Feuerwiderstandsfähigkeit 120 Minuten und selbstschließend rauchdicht | T 120-RS |
| 9 | rauchdicht und selbstschließend | RS |

### 5.1.2. Feuer- und/oder Rauchschutzabschlüsse in Außenwänden von baulichen Anlagen, ausgenommen Förderanlagenabschlüsse

Es gelten die Anforderungen nach Tabelle 5.1.1. Für die Außenanwendung müssen zusätzlich das Differenzklima nach EN 14351-1:2006+A2:2016*27 und die Verformungsklassen nach EN 12219:1999*28 nachgewiesen sein. Zur Erfüllung der bauaufsichtlichen Anforderungen sind mindestens die Klassen 2(d) und 2(e) erforderlich.

### 5.1.3. Verwendungs- und Ausführungsbestimmungen für Abschlüsse nach 5.1.1

Die Verwendungs- und Ausführungsbestimmungen sind Bestandteil der Verwendbarkeitsnachweise nach Art. 17 BayBO[1)].

### 5.1.4. Bauprodukte nach EAD Nr. 020029-00-1102 und EAD Nr. 020062-00-1102 sowie nach EN 16034:2014*29 in Verbindung mit EN 13241:2003+A2:2016*30 zur Verwendung im Inneren von baulichen Anlagen als Feuer- und/oder Rauchschutzabschlüsse zur Verwendung im Inneren von baulichen Anlagen

**Tabelle 5.1.4: Bauaufsichtliche Anforderungen und mindestens erforderliche Leistungen und weitere erforderliche Merkmale**

| | Bauaufsichtliche Anforderungen | Mindestens erforderliche Leistungen | Weitere erforderliche Merkmale |
|---|---|---|---|
| | | Feuerwiderstandsfähigkeit und Rauchdichtigkeit für Bauprodukte als Abschlüsse*1, *2 | Brandverhalten |
| | 1 | 2 | 3 |
| 1 | feuerhemmend,<br>dichtschließend<br>selbstschließend | $EI_2$ 30<br>$S_a$<br>C | E – d2 |

*27 **Amtl. Anm.:** In Deutschland umgesetzt durch DIN EN 14361-1:2016-12
*28 **Amtl. Anm.:** In Deutschland umgesetzt durch DIN EN 12219:2000-06
1) Nr. 1.
*29 **Amtl. Anm.:** In Deutschland umgesetzt durch DIN EN 16034:2014-12
*30 **Amtl. Anm.:** In Deutschland umgesetzt durch DIN EN 13241:2016-12

| | Bauaufsichtliche Anforderungen | Mindestens erforderliche Leistungen | Weitere erforderliche Merkmale |
|---|---|---|---|
| | | **Feuerwiderstandsfähigkeit und Rauchdichtigkeit für Bauprodukte als Abschlüsse**[*1, *2] | **Brandverhalten** |
| | 1 | 2 | 3 |
| | | Dauerfunktionsprüfung[*2] | |
| 2 | hochfeuerhemmend,<br>dichtschließend<br>selbstschließend | $EI_2$ 60<br>$S_a$<br>C<br>Dauerfunktionsprüfung[*2] | |
| 3 | feuerbeständig,<br>dichtschließend<br>selbstschließend | $EI_2$ 90<br>$S_a$<br>C<br>Dauerfunktionsprüfung[*2] | |
| 4 | feuerhemmend,<br>rauchdicht<br>selbstschließend | $EI_2$ 30<br>$S_{200}$<br>C<br>Dauerfunktionsprüfung[*2] | |
| 5 | hochfeuerhemmend,<br>rauchdicht<br>selbstschließend | $EI_2$ 60<br>$S_{200}$<br>C<br>Dauerfunktionsprüfung[*2] | |
| 6 | feuerbeständig,<br>rauchdicht<br>selbstschließend | $EI_2$ 90<br>$S_{200}$<br>C<br>Dauerfunktionsprüfung[*2] | |
| 7 | rauchdicht und<br>selbstschließend | $S_{200}$<br>C<br>Dauerfunktionsprüfung[*2] | |

[*1] **Amtl. Anm.:** Die mindestens erforderlichen Leistungen müssen für beide Seiten des Abschlusses geprüft sein.

[*2] **Amtl. Anm.:** Festlegungen zur Prüfzyklenanzahl für die Dauerfunktionsprüfungen (Klassifizierung unter Einhaltung der Kriterien nach EN 14600:2005):
[C5 (200.000 Zyklen) für Feuerschutz-/Rauchschutztüren (Drehflügelabschlüsse), Schlupftüren in Toren
sowie Bauprodukte nach EN 13241:2003 + A2:2016, die gemäß Abschnitt A 2.1.6 als Türen gelten]
[C2 (10.000 Zyklen) für sonstige Feuerschutz-/Rauchschutzabschlüsse (z. B. Klappen, Tore)]

## 5.1.5. Feuer- und/oder Rauchschutzabschlüsse nach EN 16034:2014[*31] in Verbindung mit EN 14351-1:2006+A2:2016[*32] oder EN 13241:2003+A2:2016[*33] für die Verwendung in Außenwänden von baulichen Anlagen

Es gelten die Anforderungen nach Tabelle 5.1.4. Für Bauprodukte nach EN 16034:2014[*31] in Verbindung mit EN 14351-1:2006+A2:2016[*32] müssen zusätzlich das Differenzklima nach EN 14351-1:2006+A2 2016[*32] und die Verformungsklasse EN 12219:1999[*34] nachgewiesen sein. Zur Erfüllung der bau-

[*31] **Amtl. Anm.:** In Deutschland umgesetzt durch DIN EN 16034:2014-12
[*32] **Amtl. Anm.:** In Deutschland umgesetzt durch DIN EN 14351:2016-12
[*33] **Amtl. Anm.:** In Deutschland umgesetzt durch DIN EN 13241:2016-12
[*34] **Amtl. Anm.:** In Deutschland umgesetzt durch DIN EN 12219:2000-06

aufsichtlichen Anforderungen sind mindestens die Klassen 2(d) und 2(e) erforderlich.

**5.1.6. Verwendungs- und Ausführungsbestimmungen für Abschlüsse nach 5.1.4 und 5.1.5**

Für die Verwendung von Bauprodukten als Feuer- und/oder Rauchschutzabschlüssen gelten DIN 18093:2017-10 und die folgenden Verwendungs- und Ausführungsbestimmungen:

1. Die Verwendung ist nur zulässig, wenn die gemäß DIN 18093:2017-10, Abschnitt 3.2 in der Einbauanleitung des Herstellers zu beschreibenden an das Bauprodukt angrenzenden Bauteile hinsichtlich der Feuerwiderstandsfähigkeit die Anforderungen an die bauliche Anlage einhalten. Diese Bauteile müssen so bemessen sein, dass sie den Einwirkungen aus der Benutzung des Bauproduktes und den Einwirkungen aus dem Bauprodukt im Brandfall widerstehen.
2. Sogenannte Seiten- und/oder Sturzklappen in Verbindung mit Bauprodukten als Feuer- und/oder Rauchschutzabschlüssen sind von EN 16034:2014[*31] nicht erfasst. Für die Planung, Bemessung und Ausführung gibt es keine allgemein anerkannten Regeln der Technik und es ist ein Nachweis gemäß Art. 15 BayBO[1)] erforderlich.
3. Die Verwendung von Bauprodukten als Feuerschutzabschlüsse oder Feuer- und Rauchschutzabschlüsse für den nichtfußbodengleichen Einbau (Höhe > 500 mm über OKF des Raumes) ist nur zulässig, wenn dies geprüft und in der Einbauanleitung angegeben ist.
4. Der Sturz/das Bauteil über einem Bauprodukt als Feuer- und/oder Rauchschutzabschluss muss statisch und so bemessen werden, dass das Bauprodukt als Abschluss (außer seinem Eigengewicht) keine zusätzliche Belastung erhält.
5. Auf beiden Seiten von Bauprodukte als Schiebe-, Hub- und Rollabschlüssen sind sichtbare Hinweise anzubringen, dass der Schließbereich dauerhaft von jeglichen Gegenständen freigehalten werden muss, die den Schließvorgang des jeweiligen Abschlusses behindern könnten. Schiebe-, Hub- und Rollabschlüsse sind mit einer audiovisuellen Warnanlage auszurüsten, die das Schließen ankündigt. Ein einmal eingeleiteter Schließvorgang darf nur zum Zwecke des Personenschutzes unterbrochen werden können. Der Schließvorgang muss sich nach Freiwerden des Schließbereichs selbstständig fortsetzen.
6. Ein Feuer- und/oder Rauchschutzabschluss im Inneren von baulichen Anlagen darf mit einer für den Feuer- und/oder Rauchschutzabschluss geeigneten Feststellanlage ausgeführt werden, deren Anwendbarkeit an diesem Abschluss durch eine Bauartgenehmigung nachgewiesen ist.
7. Die Angabe „freigegeben" zum Merkmal „Fähigkeit zur Freigabe" in der Leistungserklärung bedeutet nur, dass eine Feststellvorrichtung und keine Feststellanlage vorhanden ist.
8. Die Entscheidung zur Verwendung eines Feuerschutzvorhangs kann nur unter Berücksichtigung nachfolgender Kriterien erfolgen:

---

[*31] **Amtl. Anm.:** In Deutschland umgesetzt durch DIN EN 16034:2014-12
[1)] Nr. **1**.

- zu erwartende Luftströmungen, z.B. durch natürliche Thermik oder künstliche Belüftungsanlagen, die das sichere Schließen beeinflussen würden,
- der vorhandenen Formstabilität gegenüber einstürzenden oder umfallenden Trümmerteilen, Bauteilen oder Gegenständen,
- der Rauchdichtigkeit und
- des Verhaltens bei Druckverhältnissen, die von denen nach EN 1634-1:2014+A1:2018[*35] abweichen,
- des Abrollens des Vorhangs bei Druckdifferenzen.

Es dürfen Feuerschutzvorhänge nur in den Abmessungen verwendet und eingebaut werden, für die auch eine Prüfung erfolgt ist. Eine Aneinanderreihung von zwei oder mehr Feuerschutzvorhängen, auch eine solche mit Trennung durch Stützelemente, ist nicht zulässig.

9. Die Entscheidung zur Verwendung eines Rauchschutzvorhangs kann nur unter Berücksichtigung nachfolgender Kriterien erfolgen:
   - zu erwartende Lüftströmung, z.B. durch natürliche Thermik oder künstliche Belüftungsanlagen, die das sichere Schließen beeinflussen würden,
   - vorhandene Formstabilität gegenüber einstürzenden oder umfallenden Trümmerteilen, Bauteilen oder Gegenständen,
   - Verhalten bei Druckverhältnissen, die von denen nach EN 1634-3:2005:2005-01[*36] abweichen.

   Es dürfen Rauchschutzvorhänge nur in den Abmessungen verwendet und eingebaut werden, für die auch eine Prüfung erfolgt ist. Eine Aneinanderreihung von zwei oder mehr Rauchschutzvorhängen, auch eine solche mit Trennung durch Stützelemente, ist nicht zulässig.
10. Die Verwendung ist nur zulässig, wenn in der Einbauanleitung angegeben ist, dass die Anforderungen im Hinblick auf die Brandeinwirkung von beiden Seiten und die Rauchentwicklung nach A 2.1.6 für den Abschluss eingehalten sind.
    Die Verwendung in Rettungswegen ist nur zulässig, wenn in der Einbauanleitung angegeben ist, dass die Anforderungen im Hinblick auf die Schließmittel und die Möglichkeit des manuellen Öffnens nach A 2.1.6 erfüllt sind.

### 5.2. Feuerschutzabschlüsse im Zuge bahngebundener Förderanlagen

Zur Erfüllung der Bauwerksanforderungen in A 2.1.7 und A 2.1.8 bei Verwendung von Feuerschutzabschlüssen im Zuge bahngebundener Förderanlagen nach Verwendbarkeitsnachweisen gemäß Art. 17 BayBO[1)] sind die mindestens erforderlichen Klassen und Bezeichnungen dem Abschnitt 5.2.1 zu entnehmen. Zur Erfüllung der Bauwerksanforderungen in A 2.1.7 und A 2.1.8 bei Verwendung von Feuerschutzabschlüssen im Zuge bahngebundener Förderanlagen, für die harmonisierte technische Spezifikationen vorliegen, sind die mindestens erforderlichen Leistungen dem Abschnitt 5.2.2 zu entnehmen.

---

[*35] **Amtl. Anm.:** In Deutschland umgesetzt durch DIN EN 1634-1:2018-04
[*36] **Amtl. Anm.:** In Deutschland umgesetzt durch DIN EN 1634-3:2005-01
[1)] Nr. **1**.

## 5.2.1. Feuerschutzabschlüsse im Zuge bahngebundener Förderanlagen klassifiziert nach DIN 4102-5:1977-05

**Tabelle 5.2.1: Bauaufsichtliche Anforderungen und Zuordnung der Klasse nach DIN 4102-5:1977-05**

| | Bauaufsichtliche Anforderung | Feuerschutzabschlüsse in Förderanlagen |
|---|---|---|
| | 1 | 2 |
| 1 | feuerhemmend, dicht*- und selbstschließend | T 30 |
| 2 | hochfeuerhemmend, dicht*- und selbstschließend | T 60 |
| 3 | Feuerbeständig, dicht*- und selbstschließend | T 90 |
| * | Die Anforderung „dichtschließend" gilt bei Feuerschutzabschlüssen im Zuge bahngebundener Förderanlagen nach dem aktuellen Stand der Technik auch ohne umlaufende dauerelastische Dichtung als erfüllt. | |

## 5.2.2. Bauprodukte als Feuerschutzabschluss im Zuge bahngebundener Förderanlagen nach EAD 350022-01-1107

**Tabelle 5.2.2: Bauaufsichtliche Anforderungen und mindestens erforderliche Leistungen**

| | Bauaufsichtliche Anforderung | Mindestens erforderliche Leistungen*1 | | |
|---|---|---|---|---|
| | | Feuerwiderstandsfähigkeit | Brandverhalten | Elektromotorisches Öffnen und/oder Schließen |
| | 1 | 2 | 3 | 4 |
| 1 | feuerhemmend, dicht*- und selbstschließend | EI2 30<br>C<br>Dauerfunktionsprüfung*2 | E – d2 | Angabe: Anhang B2 und B3 des EAD erfüllt |
| 2 | hochfeuerhemmend, dicht*- und selbstschließend | EI2 60<br>C<br>Dauerfunktionsprüfung*2 | E – d2 | Angabe: Anhang B2 und B3 des EAD erfüllt |
| 3 | Feuerbeständig, dicht*- und selbstschließend | EI2 90<br>C<br>Dauerfunktionsprüfung*2 | E – d2 | Angabe: Anhang B2 und B3 des EAD erfüllt |

*1 **Amtl. Anm.:** Die mindestens erforderlichen Leistungen müssen **für beide Seiten** des Abschlusses erklärt sein.

*2 **Amtl. Anm.:** Festlegungen zur Prüfzyklenanzahl für die Dauerfunktionsprüfungen:

Klasse 5 (200.000 Zyklen)
für Feuerschutzabschlüsse im Zuge bahngebundener Förderanlagen als planmäßig geschlossene Abschlüsse]

Klasse 2 (10.000 Zyklen)
für Feuerschutzabschlüsse im Zuge bahngebundener Förderanlagen als planmäßig offene Abschlüsse]

* **Amtl. Anm.:** Die Anforderung „dichtschließend" gilt bei Feuerschutzabschlüssen im Zuge bahngebundener Förderanlagen nach dem aktuellen Stand der Technik auch ohne umlaufende dauerelastische Dichtung als erfüllt.

## 5.2.3. Verwendungs- und Ausführungsbestimmungen für Bauprodukte nach 5.2.2

### 1. Allgemeines

Die Verwendung ist nur zulässig, wenn die in der Einbauanleitung des Herstellers zu beschreibenden an das Bauprodukt angrenzenden Bauteile hinsichtlich der Feuerwiderstandsfähigkeit die Anforderungen an die bauliche Anlage einhalten. Diese Bauteile müssen so bemessen sein, dass sie den Einwirkungen aus der Benutzung des Bauproduktes und den Einwirkungen aus dem Bauprodukt im Brandfall widerstehen.

Der Feuerschutzabschluss im Zuge bahngebundener Förderanlagen (im Folgenden Förderanlagenabschluss genannt) muss am Verwendungsort eingebaut werden.

Der Einbau ist nur von Unternehmen auszuführen, die ausreichende Erfahrungen auf diesem Gebiet haben und die durch den Hersteller geschult und unterrichtet wurden und die als Nachweis ihrer Fachkunde vom Hersteller darüber eine Bestätigung vorlegen können.

Der Förderanlagenabschlussdarf mit einer geeigneten Feststellanlage ausgeführt werden, deren Anwendbarkeit an diesem Abschluss durch eine Bauartgenehmigung nachgewiesen ist.

Sofern der Förderanlagenabschluss bereits herstellerseitig mit einer Feststellvorrichtung ausgestattet ist, muss diese den Bestimmungen der Bauartgenehmigung der verwendeten Feststellanlage entsprechen.

**2. Einbauanleitung**

Der Hersteller hat eine auf der Grundlage des Klassifizierungsdokumentes beruhende schriftliche Einbauanleitung in deutscher Sprache bereitzustellen. Diese muss mindestens folgende Angaben enthalten:

- Angaben für den Einbau des Feuerschutzabschlusses (z.B. angrenzende Bauteile, zulässige Befestigungsmittel, Anzahl und Abstände der Befestigungspunkte, Fugenausbildung),
- Hinweise zu ggf. erforderlichen Schweißarbeiten an der Konstruktion des Feuerschutzabschlusses,
- Hinweise auf zulässige Zubehörteile für den Feuerschutzabschluss (z.B. Dämpfungseinrichtungen),
- Hinweise auf das funktionsgerechte Zusammenspiel aller Teile,
- Hinweise auf die Reihenfolge der Arbeitsvorgänge beim Einbau,
- Hinweise auf die Einstellung der Schließgeschwindigkeit des Feuerschutzabschlusses,
- Hinweise bezüglich der Anwendung von Feststellanlagen,
- Angaben zu Schnittstellen für das Schließen des Förderanlagenabschlusses,
- Angaben zur Wartung und Instandhaltung.

Der Anwender hat entsprechend dieser Einbauanleitung den Förderanlagenabschluss einzubauen, dem Bauherrn die Einbauanleitung zu übergeben und für den ordnungsgemäßen Einbau eine Einbaubestätigung zu fertigen, die ebenfalls zu übergeben ist.

**3. Steuerung von Förderanlagenabschluss und Förderanlage im Schließbereich der Wandöffnung**

Durch geeignete Maßnahmen, die mit dem Hersteller der Förderanlage abgestimmt sein müssen, ist dafür Sorge zu tragen, dass bei Auslösen der Feststellanlage der Fördervorgang unterbrochen wird und im Öffnungsbereich des Förderanlagenabschlusses befindliches Fördergut diesen Bereich verlässt.

**4. Wartung und Prüfung**

Bauaufsichtlich erforderliche Prüfungen ergeben sich aus § 2 der Sicherheitsanlagenprüfverordnung. (SPrüfV). Ggf. darüber hinaus gehende Wartungs- und Prüferfordernisse seitens des Herstellers bleiben unberührt.

**5.3. Fahrschachttüren**

Fahrschachttüren nach Teil C, Kapitel C 2, lfd. Nrn. C 2.6.2 bis C 2.6.4, für Aufzüge in Fahrschachtwänden nach A 2.1.13 der Feuerwiderstandsklasse F 90 erfüllen die Anforderungen nach Art. 37 Abs. 2 Satz 2 BayBO[1)] nur, wenn folgende Verwendungsregeln eingehalten sind:

a. sie werden in massive raumabschließende Wände aus Mauerwerk oder Beton eingebaut,
b. die Fahrkörbe müssen überwiegend aus nichtbrennbaren Baustoffen hergestellt werden (Fahrkörbe gelten als überwiegend aus nichtbrennbaren Baustoffen hergestellt, wenn die tragenden und aussteifenden Teile des Fahrkorbs aus nichtbrennbaren Baustoffen bestehen und die übrigen Teile des Fahrkorbs (wie Wand- und Deckenbekleidungen, Fußbodenbeläge, Lüftungs- und Beleuchtungsabdeckungen) keinen höheren Anteil an brennbaren, mindestens normalentflammbaren Baustoffen aufweisen als 2,5 kg je $m^2$ Fahrkorbinnenfläche),
c. die Türen müssen so gesteuert werden, dass sie nur so lange offen bleiben, wie es das Betreten oder Verlassen des Fahrkorbs erfordert; jeweils zwei übereinanderliegende Türen verhindern im geschlossenen Zustand eine Brandübertragung vom Brandgeschoss ins darüber liegende Geschoss,
d. die Türen müssen, falls mehrere nebeneinander angeordnet werden, durch feuerbeständige Bauteile getrennt und an diesen befestigt werden, und
e. der Fahrschacht muss eine Öffnung zur Rauchableitung gemäß Art. 37 Abs. 3 Satz 1 BayBO aufweisen.

Fahrschachttüren mit der Klassifizierung „E 30/60/90“ nach EN 81-58:2018[*37] zum Einbau in feuerhemmende, hochfeuerhemmende oder feuerbeständige raumabschließende Fahrschachtwände nach A 2.1.13 erfüllen die Anforderungen nach Art. 37 Abs. 2 Satz 2 BayBO nur, wenn die Anforderungen nach den Buchstaben b, c und e erfüllt sind und die Fahrschachttüren, falls mehrere nebeneinander angeordnet werden, durch Bauteile getrennt und an diesen befestigt werden, die die Feuerwiderstandsfähigkeit der Fahrschachtwand aufweisen. Das Brandverhalten der Komponenten der Fahrschachttür ist nachzuweisen; sie müssen mindestens normalentflammbar sein.

**5.4. Dichtschließende Türen**

Türen sind dann dichtschließend oder schließen dicht, wenn sie formstabile Türflügel haben und mit dreiseitig umlaufenden dauerelastischen Dichtungen oder dreiseitig umlaufendem Falz ausgestattet sind, die aufgrund ihrer Form (Lippen-/Schlauchdichtung) und des Dichtungsweges bei geschlossenen Türen nach dem Einbau sowohl an den Zargen als auch an den Türflügeln anliegen. Türflügel sind dann formstabil, wenn sie geschlossen sind und Verformungen ≤

---

[1)] Nr. **1**.
[*37] **Amtl. Anm.:** In Deutschland umgesetzt durch DIN EN 81-58:2018-05

4 mm, bezogen auf die Türflügelebene in Längsrichtung (im Sinne von RAL-GZ 426/1), aufweisen.

Für die Außenanwendung müssen zusätzlich das Differenzklima nach EN 14351-1:2006+A2:2016*38 und die Verformungsklasse nach EN 12219:1999-06*39 nachgewiesen sein. Zur Erfüllung der bauaufsichtlichen Anforderungen sind mindestens die Klassen 2(d) und 2(e) erforderlich.

Für die Außenanwendung ist DIN 18055:2020-09 zu beachten.

### 5.5. Sonstige Abschlüsse als Türen

### 5.5.1. Dicht- und selbstschließende Abschlüsse

Türen, die als Abschlüsse dicht- und selbstschließend sein müssen, müssen den Anforderungen des Abschnittes 5.4 genügen. Die Abschlüsse sind selbstschließend, wenn sie geeignete Schließmittel haben, die mittels mechanisch gespeicherter Energie den Abschluss selbsttätig schließen.

### 5.5.2. Bauprodukte nach EN 16034:2014*40 in Verbindung mit EN 14351-1:2016*41 oder EN 13241:2003+A2:2016*42 sowie EAD Nr. 020029-00-1102 und EAD Nr. 020062-00-1102 für die Verwendung als dicht- und selbstschließende Abschlüsse

**Tabelle 5.5.2: Bauaufsichtliche Anforderungen und mindestens erforderliche Leistungen und weiteres Merkmal**

| | Bauaufsichtliche Anforderung | Mindestens erforderliche Leistungen | Weiteres Merkmal<br>Brandverhalten |
|---|---|---|---|
| | 1 | 2 | 3 |
| 1 | dicht[2]- und selbstschließend | $S_a$<br>C<br>Dauerfunktionsprüfung[1] | E – d2 |
| 2 | dicht[2]- und selbstschließend aus nichtbrennbaren* Baustoffen | $S_a$<br>C<br>Dauerfunktionsprüfung[1] | A 2 – s1,d0** |
| | 1 Dauerfunktionsprüfung:<br>– Klasse 5 für Türen (Drehflügelabschlüsse), Schlupftüren in Toren sowie Bauprodukte nach EN 13241:2003 + A2:2016, die gemäß Abschnitt A 2.1.6 als Türen gelten<br>– mind. Klasse 2 für sonstige dicht- und selbstschließende Abschlüsse (Tore)<br>2 Die Klassifizierung $S_a$ ist zur Erfüllung der bauaufsichtlichen Anforderung „dichtschließend“ nicht zwingend erforderlich. Die Anforderung kann auch durch konstruktive Merkmale gemäß A 2.1.11 erfüllt werden (s. auch Nr. 5.4).<br>* Hinsichtlich der Anforderungen gilt Tabelle 1.1<br>** Hinsichtlich der Anforderungen an das Brandverhalten gilt Tabelle 1.2. Soweit erforderlich gilt Abschnitt 1.3. | | |

### 5.5.3. Verwendungs- und Ausführungsbestimmungen für Abschlüsse nach 5.5.2

1. Für die Verwendung von Bauprodukten als dicht- und selbstschließende Abschlüsse gilt DIN 18093:2017-10 sinngemäß.
2. Nicht besetzt.

*38 **Amtl. Anm.:** In Deutschland umgesetzt durch DIN EN 14351:2016-12
*39 **Amtl. Anm.:** In Deutschland umgesetzt durch DIN EN 12219:2000-06
*40 **Amtl. Anm.:** In Deutschland umgesetzt durch DIN EN 16034:2014-12
*41 **Amtl. Anm.:** In Deutschland umgesetzt durch DIN EN 14351:2016-12
*42 **Amtl. Anm.:** In Deutschland umgesetzt durch DIN EN 13241:2016-12

3. Sogenannte Seiten- und/oder Sturzklappen für Bauprodukte nach EN 13241:2003 + A2:2016 in Verbindung mit EN 16034:2014*40 als dicht- und selbstschließende Abschlüsse sind von EN 16034:2014*40 nicht erfasst. Für die Planung, Bemessung und Ausführung gibt es keine allgemein anerkannten Regeln der Technik und es ist ein Nachweis gemäß Art. 15 BayBO0) erforderlich.
4. Die Verwendung von Bauprodukten als dicht- und selbstschließende Abschlüsse für den nichtfußbodengleichen Einbau (Höhe > 500 mm über OKF des Raumes) ist nur zulässig, wenn dies geprüft und in der Einbauanleitung angegeben ist.
5. Der Sturz/das Bauteil über einem Bauprodukt als dicht- und selbstschließender Abschluss muss statisch und so bemessen werden, dass das Bauprodukt als Abschluss (außer seinem Eigengewicht) keine zusätzliche Belastung erhält.
6. Auf beiden Seiten von Bauprodukten als Schiebe-, Hub- und Rollabschlüssen sind sichtbare Hinweise anzubringen, dass der Schließbereich dauerhaft von jeglichen Gegenständen freigehalten werden muss, die den Schließvorgang des jeweiligen Abschlusses behindern könnten. Schiebe-, Hub- und Rollabschlüsse sind mit einer audiovisuellen Warnanlage auszurüsten, die das Schließen ankündigt. Ein einmal eingeleiteter Schließvorgang darf nur zum Zwecke des Personenschutzes unterbrochen werden können. Der Schließvorgang muss sich nach Freiwerden des Schließbereichs selbstständig fortsetzen.
7. Ein Bauprodukt für die Verwendung als dicht- und selbstschließender Abschluss darf mit einer für den dicht- und selbstschließenden Abschluss geeigneten Feststellanlage im Inneren von baulichen Anlagen ausgeführt werden, deren Anwendbarkeit an diesem Abschluss durch eine Bauartgenehmigung nachgewiesen ist.
8. Die Angabe „freigegeben" zum Merkmal „Fähigkeit zur Freigabe" in der Leistungserklärung bedeutet nur, dass eine Feststellvorrichtung und keine Feststellanlage vorhanden ist.
9. Die Entscheidung zur Verwendung eines dicht- und selbstschließenden Vorhangs kann nur unter Berücksichtigung nachfolgender Kriterien erfolgen:
   - zu erwartende Luftströmungen, z.B. durch natürliche Thermik oder künstliche Belüftungsanlagen, die das sichere Schließen beeinflussen würden,
   - vorhandene Formstabilität gegenüber einstürzenden oder umfallenden Trümmerteilen, Bauteilen oder Gegenständen.

   Es dürfen dicht- und selbstschließende Vorhänge nur in den Abmessungen verwendet und eingebaut werden, für die auch eine Prüfung erfolgt ist. Eine Aneinanderreihung von zwei oder mehr dicht- und selbstschließenden Vorhängen, auch eine solche mit Trennung durch Stützelemente, ist nicht zulässig.
10. Die Verwendung ist nur zulässig, wenn in der Einbauanleitung angegeben ist, dass die Anforderungen im Hinblick auf die Brandeinwirkung von

---

*40 **Amtl. Anm.:** In Deutschland umgesetzt durch DIN EN 16034:2014-12
0) Nr. **1**.

beiden Seiten beim wesentlichen Merkmal Rauchschutz für den Abschluss eingehalten sind.

Die Verwendung in Rettungswegen ist nur zulässig, wenn in der Einbauanleitung angegeben ist, dass die Anforderungen im Hinblick auf die Schließmittel und die Möglichkeit des manuellen Öffnens nach A 2.1.6 erfüllt sind.

## 6. Vorkehrungen für Kabel- und/oder Rohrleitungsdurchführungen in feuerwiderstandsfähigen Bauteilen

Sind zur Erfüllung der Bauwerksanforderungen in A 2.1.15 und A 2.2.1.8 für Vorkehrungen für Kabel- und Rohrleitungsdurchführungen Nachweise zur Anwendbarkeit von Bauarten gemäß Art. 15 BayBO[1)] zu führen, sind die mindestens erforderlichen Klassen der Tabelle 6 zu entnehmen.

**Tabelle 6: Bauaufsichtliche Anforderungen und Zuordnungen von Klassen nach DIN 4102-9:1990-05 oder DIN 4102-11:1985-12**

| | **Bauaufsichtliche Anforderung** | **Mindestens erforderliche Klassen nach** | |
|---|---|---|---|
| | | **DIN 4102-9:1990-05 für Kabelabschottungen** | **DIN 4102-11:1985-12 für Rohrabschottungen**[1] |
| | 1 | 2 | 3 |
| 1 | feuerhemmend | S30 | R30 |
| 2 | hochfeuerhemmend | S60 | R60 |
| 3 | feuerbeständig | S90 | R90 |
| 4 | Feuerwiderstandsfähigkeit 120 Minuten | S120 | R120 |
| | 1 Die Klassifizierung ist nur zulässig, wenn bei der Brandprüfung von:<br>a) Vorkehrungen für Durchführungen von brennbaren Rohren oder Rohren mit einem Schmelzpunkt < 1000 °C die Rohrenden innerhalb und außerhalb des Prüfofens offen ausgeführt sind. Sind die Vorkehrungen ausschließlich für Trinkwasser-, Heiz- und Kälteleitungen mit Durchmessern ≤ 110 mm vorgesehen, darf das Rohr wahlweise außerhalb des Prüfofens geschlossen sein.<br>b) Vorkehrungen für Durchführungen von nichtbrennbaren Rohren mit einem Schmelzpunkt ≥ 1000 °C (Ausführung der Rohrleitung ohne Anschlüsse von brennbaren Rohren) die Rohrenden in der Brandprüfung innerhalb des Prüfofens geschlossen und außerhalb offen ausgeführt sind (wahlweise beidseitig offen). | | |

Hinweis:

In Ermangelung einer allgemein anerkannten Regel der Technik für die Planung, Bemessung und Ausführung von Vorkehrungen von Kabel- und/oder Rohrleitungsdurchführungen unter Verwendung von Bauprodukten nach harmonisierten technischen Spezifikationen ist ein Nachweis gemäß Art. 15 BayBO erforderlich.

Erleichterungen nach der unter der lfd. Nr. A 2.2.1.8 genannten technischen Regel bleiben unberührt.

## 7. Wärmeabzugsgeräte nach EN 12101-2:2003[*43] für die Verwendung in Dächern gemäß A 2.1.15.4 und Verwendungs- und Ausführungsbestimmungen

### Verwendungs- und Ausführungsbestimmungen

---

[1)] Nr. **1**.

[*43] **Amtl. Anm.:** In Deutschland umgesetzt durch DIN EN 12101-2:2003-09

Für die Verwendung der Wärmeabzugsgeräte in der Bedachung von Dächern ist A 2.1.9 hinsichtlich der Lage und Anordnung als lichtdurchlässige Flächen einzuhalten, wenn die Leistung nach Abschnitt 7.5.2 der EN 12101-2:2003*[43] nicht mit mindestens A2 – s1,d0 erklärt ist; anderenfalls ist der Nachweis gemäß A 2.1.9 für eine gegen Flugfeuer und strahlende Wärme widerstandsfähige Bedachung zu führen (s. Abschnitt 3, Tabelle 3.2) oder die bauliche Anlage hat die Abstände nach Art. 30 Abs. 2 BayBO[1)] einzuhalten. Die Verwendung in lichtdurchlässigen Bedachungen, die schwerentflammbar sein dürfen und nicht brennend abtropfen, ist zulässig, wenn die Leistungsangabe nach Abschnitt 7.5.2 der EN 12101-2:2003*[44] mindestens als C – s3,d0 erklärt ist.

**Tabelle 7: Mindestens erforderliche Leistungen**

| | EN 12101-2:2003*[44] | Mindestens erforderliche Leistungen |
|---|---|---|
| | 1 | 2 |
| 1 | 4.1 | Thermoelement nach 4.1.1a) und Handauslösung nach 4.1.1d) |
| 2 | 4.2 | erfüllt |
| 3 | 4.4 | Angabe (m²), Breite ≥ 1,0 m |
| 4 | 7.1.1 | Re 50 |
| 5 | 7.1.3 | ja, wenn zusätzlich Lüftungsfunktion |
| 6 | 7.2.1.1 | SL 500 |
| 7 | 7.3.1 | T (0) |
| 8 | 7.4.1 | WL 1500 |
| 9 | 7.5.1 | B 300 |
| 10 | 7.5.2 | E – d2 |

## 8. Installationskanäle und -schächte, einschließlich der Abschlüsse ihrer Öffnungen

Zur Erfüllung der Bauwerksanforderungen in A 2.1.14 bei Verwendung von Bauprodukten für Installationsschächte und -kanäle, einschließlich der Abschlüsse ihrer Öffnungen für Nachweise zur Anwendbarkeit von Bauarten gemäß Art. 15 BayBO[1)], sind die mindestens erforderlichen Klassen dem Abschnitt 8.1 zu entnehmen.

Zur Erfüllung der Bauwerksanforderungen in A 2.1.14 bei Verwendung von Bauprodukten als Installationskanäle, für die harmonisierte technische Spezifikationen vorliegen, sind die mindestens erforderlichen Leistungen dem Abschnitt 8.2 zu entnehmen.

### 8.1. Installationskanäle und -schächte, einschließlich der Abschlüsse ihrer Öffnungen

**Tabelle 8.1: Bauaufsichtliche Anforderungen und Zuordnung von Klassen nach DIN 4102-11:1985-12**

| | Bauaufsichtliche Anforderung | Mindestens erforderliche Klassen nach DIN 4102-11:1985-12 |
|---|---|---|
| | 1 | 2 |
| 1 | feuerhemmend und aus nichtbrennbaren Baustoffen | I 30 |

*[43] **Amtl. Anm.:** In Deutschland umgesetzt durch DIN EN 12101-2:2003-09

[1)] Nr. **1**.

*[44] **Amtl. Anm.:** In Deutschland umgesetzt durch DIN EN 12101-2:2003-09

| | Bauaufsichtliche Anforderung | Mindestens erforderliche Klassen nach DIN 4102-11:1985-12 |
|---|---|---|
| | 1 | 2 |
| 2 | hochfeuerhemmend und aus nichtbrennbaren Baustoffen | I 60 |
| 3 | feuerbeständig und aus nichtbrennbaren Baustoffen | I 90 |
| 4 | Feuerwiderstandsfähigkeit 120 Minuten und aus nichtbrennbaren Baustoffen | I 120 |

## 8.2. Bauprodukte für Installationskanäle aus werkseitig vorgefertigten Formstücken und Zubehörteilen nach EAD 350003-01-1109

**Tabelle 8.2: Bauaufsichtliche Anforderungen und mindestens erforderliche Leistungen**

| | Bauaufsichtliche Anforderung | Mindestens erforderliche Leistungen | |
|---|---|---|---|
| | | Feuerwiderstandsfähigkeit | Brandverhalten |
| | 1 | 2 | 3 |
| 1 | feuerhemmend und aus nichtbrennbaren* Baustoffen | EI 30($v_e h_o$ i↔o) | A2 – s1, d0**, für im Brandfall aufschäumende Baustoffe gilt: E-d2 |
| 2 | hochfeuerhemmend und aus nichtbrennbaren* Baustoffen | EI 60($v_e h_o$ i↔o) | |
| 3 | feuerbeständig und aus nichtbrennbaren Baustoffen | EI 90($v_e h_o$ i↔o) | |
| 4 | Feuerwiderstandfähigkeit 120 Minuten | EI 120($v_e h_o$ i↔o) | |
| | * Hinsichtlich der Anforderungen gilt Tabelle 1.1. ** Hinsichtlich der Anforderungen an das Brandverhalten gilt Tabelle 1.2. Soweit erforderlich gilt Abschnitt 1.3. | | |

## 8.3. Verwendungs- und Ausführungsbestimmungen für Bauprodukte nach 8.2

Sofern in der ETA aufgrund des EAD das Bauprodukt für den Installationskanal abschließend beschrieben ist, hat der Hersteller eine auf der Grundlage des Klassifizierungsdokumentes beruhende schriftliche Einbauanleitung in deutscher Sprache bereitzustellen, die mindestens folgende Angaben enthalten muss:

- Beschreibung des Zusammenfügens der zulässigen Komponenten,
- Beschreibung des Einbaus in angrenzende Bauteile (einschließlich zulässiger Befestigungsmittel und deren Abstände),
- Beschreibung von zulässigen Ausführungsvarianten.

Die Verwendung ist nur zulässig, wenn die in der Einbauanleitung des Herstellers zu beschreibenden an das Bauprodukt angrenzenden Bauteile hinsichtlich der Feuerwiderstandsfähigkeit die Anforderungen an die bauliche Anlage einhalten und der Raumabschluss nach lfd. Nr. A 2.1.3.3 nicht beeinträchtigt wird.

Der Anwender hat entsprechend dieser Einbauanleitung das Bauprodukt einzubauen, dem Bauherrn die Einbauanleitung zu übergeben und für den ordnungsgemäßen Einbau eine Einbaubestätigung zu fertigen, die ebenfalls zu übergeben ist.

## 9. Brandschutzverglasungen

Zur Erfüllung der Bauwerksanforderungen in A 2.1.6, A 2.1.7, A 2.1.8, A 2.1.9 und A 2.1.12 bei Verwendung von Bauprodukten für Brandschutzverglasungen mit Verwendbarkeitsnachweisen gemäß Art. 17 BayBO[1] oder Nachweise zur Anwendbarkeit von Bauarten gemäß Art. 15 BayBO[1] sind die mindestens erforderlichen Klassen dem Abschnitt 9.1 zu entnehmen.

Zur Erfüllung der Bauwerksanforderungen in A 2.1.6, A 2.1.7, A 2.1.8, A 2.1.9 und A 2.1.12 bei Verwendung von Bauprodukten als Brandschutzverglasungen, für die harmonisierte technische Spezifikationen vorliegen, sind die mindestens erforderlichen Leistungen dem Abschnitt 9.2 zu entnehmen.

## 9.1. Brandschutzverglasungen

**Tabelle 9: Bauaufsichtliche Anforderungen und Zuordnung von Klassen nach DIN 4102-13:1990-05**

| | Bauaufsichtliche Anforderung | Mindestens erforderliche Klassen nach DIN 4102-13:1990-05 |
|---|---|---|
| | 1 | 2 |
| 1 | feuerhemmend | F 30 |
| 2 | hochfeuerhemmend | F 60 |
| 3 | feuerbeständig | F 90 |
| 4 | Feuerwiderstandsfähigkeit 120 Minuten | F 120 |

Brandschutzverglasungen, die diese Anforderungen nicht erfüllen (wie G-Verglasungen nach DIN 4102-13:1990-05), sind konkretisiert unter A 2.1.3.3.1.

## 9.2. Bauprodukte für Brandschutzverglasungen nach ETAG 003 oder EAD 210005-00-0509

Zur Erfüllung der Bauwerksanforderungen in A 2.1.6, A 2.1.7, A 2.1.8, A 2.1.9 und A 2.1.12 bei Verwendung von Bauprodukten für Brandschutzverglasungen, die als Bauprodukte für nichttragende innere Trennwände verwendet werden, gelten für die mindestens erforderlichen Leistungen der Abschnitt 4.3 und Tabelle 4.3.2. Abschlüsse von notwendigen Öffnungen in diesen Trennwänden müssen gemäß A 2.1.6 oder A 2.1.12 die gleiche Feuerwiderstandsfähigkeit wie die nichttragende innere Trennwand haben. Die mindestens erforderlichen Leistungen für die Abschlüsse sind dem Abschnitt 5.1.4 zu entnehmen.

## 9.3. Verwendungs- und Ausführungsbestimmungen der Bauprodukte nach 9.2

Sofern in der ETA das Bauprodukt für die Trennwand abschließend beschrieben ist, hat der Hersteller eine auf der Grundlage des Klassifizierungsdokumentes beruhende schriftliche Einbauanleitung in deutscher Sprache bereitzustellen, die mindestens folgende Angaben enthalten muss:

- Beschreibung des Zusammenfügens der zulässigen Komponenten,
- Beschreibung des Einbaus in angrenzende Bauteile (einschließlich zulässiger Befestigungsmittel und deren Abstände),
- Beschreibung von zulässigen Ausführungsvarianten.

Die Verwendung ist nur zulässig, wenn die in der Einbauanleitung des Herstellers zu beschreibenden an das Bauprodukt angrenzenden Bauteile hinsichtlich der Feuerwiderstandsfähigkeit die Anforderungen an die bauliche Anlage einhalten und der Raumabschluss nach lfd. Nr. A 2.1.3.3 nicht beeinträchtigt wird.

---

[1] Nr. 1.

Der Anwender hat entsprechend dieser Einbauanleitung das Bauprodukt einzubauen, dem Bauherrn ist die Einbauanleitung zu übergeben und für den ordnungsgemäßen Einbau eine Einbaubestätigung zu fertigen, die ebenfalls zu übergeben ist.

**10. Spezielle Brandschutzprodukte**

**10.1. Feuerschutzmittel**

**10.1.1. Allgemeines**

Zur Erfüllung der Bauwerksanforderungen in A 2.1.2 bei Verwendung von Feuerschutzmitteln nach Verwendbarkeitsnachweisen gemäß Art. 17 BayBO[1] sind die mindestens erforderlichen Klassen und Bezeichnungen dem Abschnitt 1.1 zu entnehmen.

Zur Erfüllung der Bauwerksanforderungen in A 2.1.2 bei Verwendung von Feuerschutzmitteln, für die harmonisierte technische Spezifikationen vorliegen, sind die mindestens erforderlichen Leistungsangaben dem Abschnitt 1.2 zu entnehmen.

**10.1.2. Verwendungs- und Ausführungsbestimmungen für Bauprodukte mit Feuerschutzmitteln nach harmonisierten technischen Spezifikationen**

Sofern in der ETA nach ETAG 028 oder EAD 350865-00-1106 das Bauprodukt abschließend beschrieben ist, hat der Hersteller eine auf der Grundlage des Klassifizierungsdokumentes beruhende schriftliche Einbauanleitung in deutscher Sprache bereitzustellen, die mindestens folgende Angaben enthalten muss:

- Beschreibung zur Verarbeitung des Bauproduktes
- Beschreibung der Mindestauftragsmenge
- Beschreibung des Einbaus der mit dem Bauprodukt ausgerüsteten Baustoffe

Feuerschutzmittel sind auf Bodenbelägen und/oder Untergründen, die durch dauerhafte Nässe und/oder UV-Bestrahlung beansprucht werden, nicht nachgewiesen.

**10.2. Reaktive Brandschutzbeschichtungen auf Stahlbauteilen**

Zur Erfüllung der Bauwerksanforderungen in A 2.1.4 bei Verwendung von reaktiven Brandschutzbeschichtungen auf Stahlbauteilen nach Verwendbarkeitsnachweisen gemäß Art. 17 BayBO[1] sind die mindestens erforderlichen Klassen dem Abschnitt 4.3 zu entnehmen.

Zur Erfüllung der Bauwerksanforderungen in A 2.1.4 bei Verwendung von reaktiven Brandschutzbeschichtungen auf Stahlbauteilen für ETA nach ETAG 018-1 und -2/EAD 350402-00-1106 sind die mindestens erforderlichen Leistungen dem Abschnitt 4.3 und Bezeichnungen der Tabelle 4.3.1, Fußnote 1, zu entnehmen.

**Verwendungs- und Ausführungsbestimmungen**

In Ermangelung einer allgemein anerkannten Regel der Technik für die Planung, Bemessung und Ausführung ist für die Verwendung von reaktiven Brandschutzbeschichtungen auf Stahlbauteilen nach ETAG 018-1 und -2 bzw. EAD 350402-00-1106 ein Nachweis gemäß Art. 15 BayBO erforderlich.

---

[1] Nr. **1**.

### 10.3. Lineare Fugenabdichtungen

Fugenabdichtungen nach EAD 350141-00-1106 sind zum Verschließen von konstruktionsbedingten horizontalen und vertikalen linienförmigen Fugen (Anschluss-, Bauwerks- und Bewegungsfugen) in oder zwischen feuerwiderstandsfähigen, raumabschließenden Bauteilen geeignet.

Fugen werden bauordnungsrechtlich nicht eigenständig betrachtet.

Die Deklaration des Leistungsmerkmals „Feuerwiderstand" für die Fugenabdichtung nach EAD 350141-00-1106 ersetzt nicht den notwendigen Nachweis der Feuerwiderstandsfähigkeit des gesamten Bauteils, einschließlich der Fuge(n).

## Anlage zu Anhang 4:

### Erläuterungen der Klassifizierungskriterien und der zusätzlichen Angaben zur Klassifizierung im Anhang 4

| | Herleitung des Kurzzeichens | Kriterium | Anwendungsbereich |
|---|---|---|---|
| | 1 | 2 | 3 |
| 1 | R (Résistance) | Tragfähigkeit | zur Beschreibung der Feuerwiderstandsfähigkeit |
| 2 | E (Étanchéité) | Raumabschluss | |
| 3 | I (Isolation) | Wärmedämmung (unter Brandeinwirkung) | |
| 4 | W (Radiation) | Begrenzung des Strahlungsdurchtritts | |
| 5 | M (Mechanical) | Mechanische Einwirkung auf Wände (Stoßbeanspruchung) | |
| 6 | $S_a$ (Smoke) | Begrenzung der Rauchdurchlässigkeit (Dichtheit, Leckrate), erfüllt die Anforderungen bei Umgebungstemperatur | dichtschließende Abschlüsse |
| 7 | $S_{200}$ ($Smoke_{max.\ leakage\ rate}$) | Begrenzung der Rauchdurchlässigkeit (Dichtheit, Leckrate), erfüllt die Anforderungen sowohl bei Umgebungstemperatur als auch bei 200 °C | Rauchschutzabschlüsse (als Zusatzanforderung auch bei Feuerschutzabschlüssen) |
| 8 | C… (Closing) | Selbstschließende Eigenschaft (ggf. mit Anzahl der Lastspiele) einschl. Dauerfunktion | Rauchschutztüren, Feuerschutzabschlüsse (einschließlich Abschlüsse für Förderanlagen) |
| 9 | P | Aufrechterhaltung der Energieversorgung und/oder Signalübermittlung | Elektrische Kabelanlagen allgemein |
| 10 | $K_1$, $K_2$ | Brandschutzvermögen | Wand- und Deckenbekleidungen (Brandschutzbekleidungen) |
| 11 | $I_1$, $I_2$ | unterschiedliche Wärmedämmungskriterien | Feuerschutzabschlüsse (einschließlich Abschlüsse für Förderanlagen) |
| 12 | i→o<br>i←o<br>i↔o (in – out) | Richtung der klassifizierten Feuerwiderstandsdauer | Nichttragende Außenwände, Installationsschächte/-kanäle, lt. Tab. 8.2) |
| 13 | a↔b (above – below) | Richtung der klassifizierten Feuerwiderstandsdauer | Unterdecken |
| 14 | ca (cable) | Brandverhaltensklasse | Kabel |
| 15 | ROOF | Brandverhalten | Bedachungen |

# 42 Technische Baubestimmungen

## Anhang 5

## WDVS mit EPS, Sockelbrandprüfverfahren

Stand: Juni 2016

**Inhalt**



### 1. Prüfstand

Der Versuchsstand ist vor Witterungseinflüssen zu schützen und besteht aus zwei miteinander verbundenen Wänden, die im rechten Winkel aneinander grenzen. Die Abmessungen der Wände des Prüfstandes, auf denen der Prüfkörper aufgebaut wird, sind:

- langer Schenkel ist mindestens 4,0 m breit,
- kurzer Schenkel ist mindestens 2,0 m breit,
- die Höhe des Versuchsstandes beträgt mindestens 9,8 m.

Die Wände des Prüfstandes sind aus ca. 25 cm dicken Porenbetonplansteinen mit einer Rohdichte ≥ 600 kg/m³ herzustellen, die auf der Applikationsfläche für das WDVS mit einem mineralisch gebundenen Putz beschichtet sind.

Die nachfolgende Abbildung zeigt die Ansicht und den Grundriss des Prüfstandes.

**Abbildung 1:**

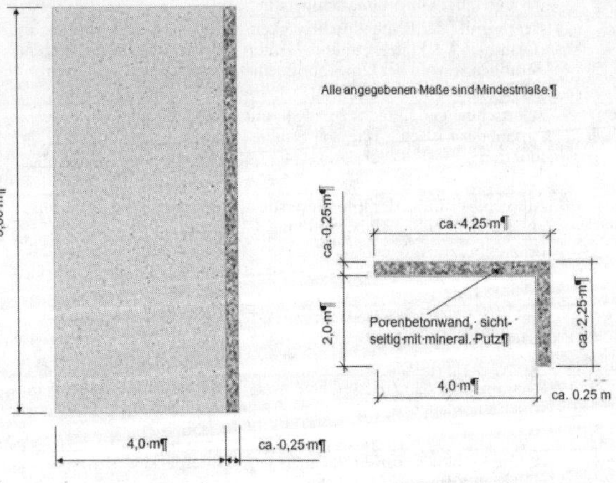


Ansicht des Prüfstandes, Blick auf die Rückwand

Grundriss des Prüfstandes

Für die Prüfung von WDVS, die auf Wänden aus Rahmentragwerken (z.B. aus Holz oder Stahl) mit außenseitiger Beplankung appliziert werden sollen, sind gesonderte Festlegungen für den Prüfstand erforderlich.

**2. Messtechnische Ausrüstung des Versuchsstandes**

Für die Versuchsdurchführung sind der Prüfstand und das applizierte WDVS mit Thermoelementen (Typ K gemäß DIN EN 60584-1:2014-07, Ø 3 mm) gemäß Abbildung 2 auszurüsten.

**Abbildung 2:**

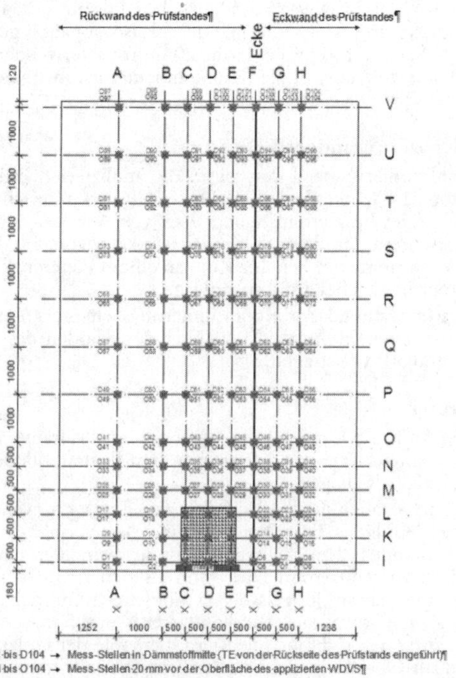


Zudem ist eine Versuchserfassung mit Foto-Kamera und Videoaufzeichnung (HD-Standard) durchzuführen.

**3. Primärbrandquelle**

Als Primärbrandquelle für die Prüfung ist eine Holzkrippe aus 200 kg (± 5 kg) Fichtenholz (Rohdichte 475 ± 25 kg/m³) mit einer Grundfläche von ca. 1,1 × 1,1 m zu verwenden. Sie ist aus Holzstäben mit den Abmessungen B × H × L = 40 (± 2) × 40 (± 2) × 1100 (± 10) mm herzustellen.

Die Holzstäbe werden in kreuzweise (90°) zueinander angeordneten Lagen mit einem Verhältnis Holz : Luft ≈ 1 : 1 aufgestapelt, wobei die unterste Lage parallel zur Rückwand anzuordnen ist. In der obersten Lage der Holzkrippe sind die Zahl der benötigten Holzstäbe ggf. soweit zu verringern und gleichmäßig zu verteilen, dass das o.a. Holzgewicht eingehalten ist. Die Schichten sind untereinander zu vernageln.

Das Holz muss bis zum Erreichen der Gewichtskonstanz in einem Klimaraum im Normalklima nach DIN EN 13238:2010-06 gelagert und darf erst am Tag vor dem Versuch für den Aufbau der Holzkrippe herausgeholt werden.

Die Unterkante der Holzkrippe soll sich ca. 15 – 20 cm über dem Fußboden des Prüfraumes befinden und der Abstand der Holzkrippe zur Oberfläche des applizierten WDVS an Rück- und Eckwand des Versuchsstands muss ca. 10 cm betragen. Für die Zündung sind vier, mit je 400 ml Isopropanol gefüllte Wannen (Breite 25 mm × Länge 1100 mm × Höhe 20 mm) zu verwenden, die über der untersten Lage der Holzstäbe in die Krippe hineingeschoben werden. Als Zündmittel dient eine offene Flamme.

**4. Konditionierung der zu prüfenden WDVS**

Bei WDVS ist eine Konditionierungszeit des vollständig applizierten Prüfkörpers am Versuchsstand von 21 Tagen erforderlich. Diese Zeit darf unterschritten werden, wenn die Feuchte des Putzsystems einen Wert von 6 % (ca. doppelte Ausgleichsfeuchte) unterschreitet und eine Mindeststandzeit von 14 Tagen eingehalten wird. Die Bestimmung der Feuchte kann an einem Referenzkörper vorgenommen werden, der in gleicher Atmosphäre lagert.

Die Umgebungstemperatur während der Konditionierungszeit muss 1 m vor dem Versuchsstand und in einer Höhe von 1 m über dem Boden des Prüfraumes zwischen 10 °C und 30 °C betragen.

**5. Versuchsdurchführung**

Vor Beginn der Prüfung muss die Umgebungstemperatur im Prüfraum 1,5 m vor dem Versuchsstand in einer Höhe von 1,5 m über dem Prüfraumboden im Bereich zwischen 5 °C und 30 °C liegen.

Der Abbrand des Prüffeuers als auch der des Prüfkörpers soll unter freiventilierten Lüftungsbedingungen erfolgen. Eine Beeinflussung des Versuchsablaufes durch Wind oder eine maschinelle Rauchabsaugung ist zu vermeiden bzw. auf ein vertretbares Minimum zu reduzieren. Dies kann als sichergestellt gelten, wenn bei der Prüfung mit einem Flügelrad-Anemometer unmittelbar vor Versuchsbeginn im Mittel eine Strömungsgeschwindigkeit von 0,5 m/s – kurzzeitig maximal 1 m/s – mittig in 1 m Höhe über der Oberkante der Holzkrippe und in 100 mm Abstand zur Oberfläche des WDVS nicht überschritten wird.

Alle Änderungen der Abzugsbedingungen während der Prüfzeit sind zu dokumentieren (z.B. Erhöhung der Abzugsgeschwindigkeit bei mechanischer, steuerbarer Rauchabsaugung, Vergrößerung/Verkleinerung der Zuluft-/Abluftöffnungen bei natürlicher Entrauchung).

Die Prüfzeit beträgt mindestens 25 Minuten (eine direkte Brandbeaufschlagung des WDVS ≥ 20 Minuten ist einzuhalten). Sie beginnt mit der Entzündung der Holzkrippe mittels des Isopropanols. Nach Ablauf der Prüfzeit ist die Holzkrippe so abzulöschen, dass der Prüfkörper nicht beeinträchtigt wird. Daran schließt sich eine Beobachtungszeit an, die frühestens 60 Minuten nach Versuchsbeginn beendet werden darf.

Während der Prüfung sind folgende Messdaten zu erfassen:

- Temperaturen vor der Oberfläche des WDVS und in der Mitte der Dämmstoffebene in Zeitintervallen von ≤ 10 Sekunden,
- maximale Flammenhöhen in Zeitintervallen von ≤ 2 Minuten anhand von Messmarken im Abstand von 0,5 m am Prüfstand sowie kontinuierlich mittels der Videoaufzeichnung (der ganze Prüfkörper ist zu filmen),
- kontinuierlich alle relevanten Beobachtungen zum Verhalten des Prüfkörpers infolge der Brandbeanspruchung durch die Primärbrandquelle (s. auch Abschnitt 6).

Nach Versuchsende sind Art und Ausmaß der Brandschädigung am Probekörper zu ermitteln.
Der Versuch darf vorzeitig beendet werden, sofern es zu einem Vollbrand des applizierten WDVS – Brandausbreitung bis zu den seitlichen Rändern und der Oberkante des Prüfkörpers – kommt bzw. ernsthafte Gefahr für die während des Versuchs anwesenden Personen auftritt.

**6. Beurteilung**

Über die Durchführung und Ergebnisse der Prüfung ist ein Prüfbericht zu erstellen. Der Prüfbericht enthält:

- Name und Adresse der Prüfstelle
- Datum und Registriernummer des Prüfberichtes
- Name und Adresse des Auftraggebers
- Datum der Prüfung
- Beschreibung des angewandten Prüfverfahrens, der verwendeten Brandlast und der Beflammungsdauer
- Beschreibung des applizierten WDVS und seiner Komponenten sowie der berücksichtigten Brandschutzmaßnahmen,
  - Beschreibung des Untergrundes
  - Abmessungen des Prüfkörpers
  - Lage der Brandschutzmaßnahmen
  - ausgeführte Sockelausbildung
  - Systemabschlüsse und -anschlüsse
  - Name und Art der Komponenten des WDVS sowie Angabe der vorliegenden Verwendbarkeitsnachweise
  - Eigenschaften der Komponenten des WDVS (Rohdichte, Flächengewicht, Auftragsmengen bzw. Schichtdicken, Form und Farbe)
  - Brandverhalten (Klassifizierung) der verwendeten eigenständigen Baustoffe soweit vorhanden
- die Konditionierungszeit und die Konditionierungsbedingungen
- die Prüfbedingungen (Temperatur, relative Luftfeuchte, Luftdruck etc.)
- Strömungsgeschwindigkeit der Luft vor Beginn der Prüfung, mittig in 1 m Höhe über der Oberkante der Holzkrippe und in 100 mm Abstand zur Oberfläche des WDVS und Zeit und Art von Änderungen der Lüftungsbedingungen während der Versuchszeit
- ausführliche Beschreibung des Ablaufs des Versuchs mit allen relevanten Beobachtungen,
  - Zeitpunkt der Beanspruchung des Prüfkörpers durch die Flammen der Holzkrippe

  - Zeitpunkt der Entflammung des Prüfkörpers
  - Flammenausbreitung am oder im Prüfkörper
  - Vergrößerung der Flammen des Prüffeuers durch Pyrolysegase
  - maximale Flammenhöhe in Intervallen von höchstens 2 Minuten
  - Abfallen brennender Teile bzw. brennendes Abtropfen mit Angabe des Zeitpunkts des Auftretens und der Dauer
  - Zeitpunkt, Größe und Dauer eines Sekundärbrandes auf dem Prüfraumboden
  - Abfallen und Abtropfen nicht brennender Teile
  - Veränderungen des Prüfaufbaus, Wölbungen der Oberfläche, Verfärbungen etc.
  - Verbale Beschreibung der Rauchentwicklung
- die aufgezeichneten Temperaturverläufe an den Mess-Stellen und deren Auswertung (z.B. in Form von Isothermen-Darstellungen),
- ausführliche Beschreibung des Zustands des WDVS nach Versuchsende, u.a.:
  - Aussehen des Prüfkörpers unmittelbar nach Versuchsende
  - während des Versuchs entstandene Öffnungen an der Prüfkörperoberfläche (Lage und Größe)
  - Art und Ausmaß der Schädigungen (u.a. verbrannte Bereiche der einzelnen Schichten, Verrußungen, Verfärbungen, Gefügeänderungen)
  - ggf. noch vorhandener Verbund zwischen den einzelnen Schichten
  - Zustand der Brandschutzmaßnahmen und deren Befestigung
- eine ausführliche Fotodokumentation, die sowohl die Herstellung des Prüfkörpers als auch den Versuchsablauf und den Zustand nach Versuchsende dokumentiert.

Die Beurteilung der Versuchsergebnisse erfolgt auf der Basis folgender Gesichtspunkte:

- ein Öffnen des applizierten und geprüften WDVS
- die beobachtete Verlängerung der Flammen der Primärbrandquelle vor der Oberfläche des WDVS
- ein Brennen in der Dämmstoffebene
- ein Überspringen von ausgeführten Brandschutzmaßnahmen durch die Flammen in der Dämmstoffebene des WDVS
- die Brandausbreitung auf der Oberfläche des WDVS
- der Zeitpunkt eines etwaigen Versagens der Brandschutzmaßnahmen und ein darauf folgender Abbrand des WDVS
- Gesamtzustand des WDVS nach Beendigung der Prüfung.

## Anhang 6

### Hinterlüftete Außenwandbekleidungen

Stand: Januar 2024

**Inhalt**

4. Horizontale Brandsperren
5. Vertikale Brandsperren

## 1. Anwendungsbereich

Bei hinterlüfteten Außenwandbekleidungen, die

- geschossübergreifende Hohl- oder Lufträume haben

oder

- über Brandwände hinweggeführt werden,

sind nach Art. 26 Abs. 4 BayBO[1)] in Verbindung mit Abs. 5 sowie nach Art. 28 Abs. 7 BayBO besondere Vorkehrungen gegen die Brandausbreitung zu treffen. Dies gilt als erfüllt, wenn die Anforderung der hinterlüfteten Außenwandbekleidung entprechend dieser technischen Regel erfolgt.

## 2. Begriffe

### 2.1. Hinterlüftete Außenwandbekleidungen bestehen aus:

- Bekleidungselement mit offenen oder geschlossenen Fugen, sich überdeckenden Elementen bzw. Stößen
- Unterkonstruktionen (z.B. Trag- und gegebenenfalls Wandprofilen aus Metall, Holzlatten (Traglatten), Konterlatten (Grundlatten))
- Halterungen (Verankerungs-, Verbindungs-, Befestigungselementen)
- Zubehörteilen (z.B. Anschlussprofile, Dichtungsbänder, thermische Trennelemente)
- Hinterlüftungsspalt
- ggf. Wärmedämmung mit Dämmstoffhaltern.

### 2.2

Hinterlüftungsspalt ist der Luftraum zwischen den Bekleidungselementen und der Wärmedämmung oder zwischen den Bekleidungselementen und der Wand, soweit keine außenliegende Wärmedämmung vorgesehen ist.

### 2.3

Brandsperren dienen der Begrenzung der Brandausbreitung im Hinterlüftungsspalt über eine ausreichend lange Zeit durch Unterbrechung oder partielle Reduzierung des freien Querschnitts des Hinterlüftungsspalts.

## 3. Dämmstoffe, Unterkonstruktionen, Hinterlüftungsspalt

### 3.1

Abweichend von Art. 26 Abs. 3 Satz 1 BayBO[1)] muss die Wärmedämmung nichtbrennbar sein. Die Dämmstoffe sind entweder mechanisch oder mit einem Klebemörtel, der schwerentflammbar ist oder einen Anteil von nicht mehr als 7,5 % an organischen Bestandteilen aufweist, auf dem Untergrund zu befestigen. Stabförmige Unterkonstruktionen aus Holz sind zulässig (Art. 26 Abs. 3 Satz 1, Halbsatz 2 BayBO).

### 3.2

Die Tiefe des Hinterlüftungsspalts darf nicht größer sein als

---

[1)] Nr. **1**.

- 50 mm bei Verwendung einer Unterkonstruktion aus Holz und
- 300 mm bei Verwendung einer linearen oder punktuellen Unterkonstruktion aus Metall.

**4. Horizontale Brandsperren**

**4.1**

In jedem zweiten Geschoss sind horizontale Brandsperren im Hinterlüftungsspalt anzuordnen. Die Brandsperren sind zwischen der Wand und den Bekleidungselementen einzubauen. Bei einer außenliegenden Wärmedämmung genügt bei einer Hinterlüftungsspalttiefe bis maximal 150 mm der Einbau zwischen dem Dämmstoff der außenliegenden Wärmedämmung und den Bekleidungselementen, wenn der Dämmstoff im Brandfall formstabil ist und einen Schmelzpunkt von > 1.000 °C aufweist. Dabei ist die Brandsperre mindestens 40 mm tief in den Dämmstoff einzubinden.

Bei Außenwandbekleidungen mit einer Tiefe des Hinterlüftungsspalts > 150 mm bis maximal 300 mm muss die Brandsperre immer zwischen der Wand und den Bekleidungselementen eingebaut werden.

**4.2**

Unterkonstruktionen aus brennbaren Baustoffen müssen im Bereich der horizontalen Brandsperren vollständig unterbrochen werden.

**4.3**

Die Größe der Öffnungen in den horizontalen Brandsperren ist insgesamt auf 100 $cm^2$/lfm Wand zu begrenzen. Die Öffnungen können als gleichmäßig verteilte Einzelöffnungen oder als durchgehender Spalt angeordnet werden.

**4.4**

Die horizontalen Brandsperren müssen über mindestens 30 Minuten hinreichend formstabil sein. Dies gilt als erfüllt bei Ausführung der Brandsperren aus Stahlblech mit einer Dicke von d ≥ 1 mm. Sie sind in der Außenwand in Abständen von ≤ 0,6 m zu verankern. Die Stahlbleche sind an den Stößen mindestens 30 mm zu überlappen.

Bei hinterlüfteten Außenwandbekleidungen mit einer Tiefe des Hinterlüftungsspalts von maximal 100 mm können horizontale Brandsperren aus einem nichtbrennbaren, im Brandfall formstabilen Dämmstoff mit einem Schmelzpunkt von > 1000 °C bestehen, wenn folgende Randbedingungen erfüllt sind:

- Die Brandsperre muss mindestens 150 mm hoch sein.
- Die Befestigung der Brandsperre ist wie folgt auszuführen:
  - mechanisch mit nichtbrennbaren Befestigungsmitteln in der Außenwand in Abständen von ≤ 0,6 m verankert

  oder
  - mit nichtbrennbarem Klebemörtel vollflächig an der Außenwand angeklebt

  oder
  - eingeklemmt in eine außenliegende Wärmedämmung aus einem im Brandfall formstabilen Dämmstoff mit einem Schmelzpunkt > 1000 °C, wobei die Dicke der Wärmedämmung mindestens doppelt so groß sein muss wie die Tiefe des Hinterlüftungsspaltes und die Einklemmtiefe der Brandsperre der Dicke der Wärmedämmung entsprechen muss.

Bei hinterlüfteten Außenwandbekleidungen mit einer Tiefe des Hinterlüftungsspalts > 150 mm bis maximal 300 mm müssen horizontale Brandsperren aus Stahlblech bestehen (Dicke d ≥ 1 mm) und zusätzlich mit Stahlwinkeln an den Tragprofilen der Metallunterkonstruktion oberhalb der Brandsperren befestigt werden. Auf die Notwendigkeit ggf. erforderlicher Maßnahmen zur Vermeidung von Kontaktkorrosion bei der Befestigung der Brandsperren an den Tragprofilen der Metallunterkonstruktion wird hingewiesen.

**4.5**

Laibungen von Außenwandöffnungen (Türen, Fenster) dürfen integraler Bestandteil von Brandsperren sein, soweit der Hinterlüftungsspalt durch Bekleidung der Laibungen und Stürze der Außenwandöffnungen verschlossen ist; die Bekleidung muss den Anforderungen nach Ziffer 4.4 entsprechen, Unterkonstruktionen und eine ggf. vorhandene Wärmedämmung müssen aus nichtbrennbaren Baustoffen bestehen.

**4.6**

Horizontale Brandsperren sind nicht erforderlich:

1. bei öffnungslosen Außenwänden,
2. wenn durch die Art der Fensteranordnung eine Brandausbreitung im Hinterlüftungsspalt ausgeschlossen ist (z.B. horizontal durchgehende Fensterbänder, geschossübergreifende Fensterelemente) und
3. bei Außenwänden mit einer Tiefe des Hinterlüftungsspalts von maximal 150 mm und mit hinterlüfteter Außenwandbekleidung, die einschließlich ihrer Unterkonstruktionen, Wärmedämmung und Halterungen aus nichtbrennbaren Baustoffen bestehen, wenn der Hinterlüftungsspalt im Bereich der angrenzenden Laibungen von Öffnungen 3-seitig (seitlich und unter dem Sturz) von Öffnungen umlaufend im Brandfall über mindestens 30 Minuten formstabil (z.B. durch Stahlblech mit einer Dicke von d ≥ 1 mm) verschlossen ist.

## 5. Vertikale Brandsperren

**5.1**

Der Hinterlüftungsspalt darf über die Brandwände nicht hinweggeführt werden. Der Hinterlüftungsspalt ist mindestens in Brandwanddicke mit einer vertikalen Brandsperre aus einem im Brandfall formstabilen Dämmstoff mit einem Schmelzpunkt von > 1.000 °C auszufüllen. Die vertikale Brandsperre ist mit nichtbrennbaren, mechanischen Befestigungsmitteln in der Außenwand in Abständen von ≤ 0,6 m zu verankern oder vollflächig mit einem nichtbrennbaren Klebemörtel auf der Außenwand zu befestigen.

Art. 28 Abs. 7 Satz 1 BayBO[1] bleibt unberührt.

**5.2**

Vertikale Brandsperren sind außerdem erforderlich

- an Gebäudeecken mit einem Übergang zu öffnungslosen Außenwänden nach Abschnitt 4.6 Nr. 1 und
- an Übergängen zu anderen Außenwandbekleidungen

---

[1] Nr. 1.

Die Ausführung der vertikalen Brandsperren muss wie in Abschnitt 5.1 beschrieben erfolgen. Alternativ dürfen die vertikalen Brandsperren auch aus Stahlblech ausgeführt werden, wobei die Anforderungen nach Abschnitt 4.4. einzuhalten sind.

**Anhang 7**

**Anforderungen an Feststellanlagen**

Stand: Juli 2017
– Anhang 7 gestrichen in den BayTB – Ausgabe April 2021

**Anhang 8**

**Anforderungen an bauliche Anlagen bezüglich des Gesundheitsschutzes (ABG)**

Stand: Oktober 2022

**Inhalt**



**1. Gegenstand und Geltungsbereich**

Die ABG konkretisieren die allgemeinen Anforderungen an bauliche Anlagen hinsichtlich des Gesundheitsschutzes.

Die Luftqualität in Innenräumen spielt eine wesentliche Rolle für die Gesundheit und das Wohlbefinden des Menschen. In zahlreichen wissenschaftlichen Studien ist belegt, dass die Ausbildung von Atemwegserkrankungen, Entzündungsreaktionen und Reizschädigungen am Atemtrakt und Augen, systemische Schädigungen, Sensibilisierungen/Allergien sowie eine Reihe unspezifischer Symptome (Unwohlsein, Kopfschmerzen, Übelkeit, zentralnervöse Störungen, Schwindel usw.) in direktem Zusammenhang mit der Innenraumluftqualität und Luftverunreinigungen stehen. Unter den gesundheitsschädigenden Wirkungen erfordern karzinogene, mutagene und reproduktionstoxische Auswirkungen eine besondere Beachtung.

Die Gesundheits- und Hygieneanforderungen an bauliche Anlagen leiten sich aus den gesundheitsrelevanten Eigenschaften der verwendeten Bauteile, Bausätze und Baustoffe ab. Diese können durch Emissionen zu den Raumluftverunreinigungen beitragen und erhebliche Auswirkungen auf die Gesundheit verursachen. Dazu gehören potentielle Emissionen flüchtiger anorganischer und organischer Verbindungen ebenso wie von Partikeln.

Zu berücksichtigen sind bauliche Anlagen, Bauteile und Baustoffe mit direktem oder indirektem Kontakt zum Innenraum, das heißt auch solche Produkte, die zwar mit anderen Produkten verkleidet oder abgedeckt, aber nicht diffusionsdicht abgeschottet sind. Auch der Gehalt nicht oder wenig flüchtiger Stoffe ist für die gesundheitliche Bewertung von Bedeutung, da diese z.B. durch das Bearbeiten der Produkte auch in partikel- oder staubgebundener Form freigesetzt, für den menschlichen Körper verfügbar gemacht oder durch direkten Hautkontakt aufgenommen werden können.

**2. Anforderungen**

Weitere gesetzliche Regelungen (z.B. die REACH-Verordnung (EG) Nr. 1907/2006, die Biozid-Verordnung (EU) Nr. 528/2012, die POP-Verordnung (EG) Nr. 850/2004, Chemikalien-Verbotsverordnung und das Kreislaufwirtschaftsgesetz) bleiben unberührt.

**2.1. Allgemeine Anforderungen an Bauprodukte**

Im Übrigen darf jedes Bauprodukt nicht als Teil von baulichen Anlagen verwendet werden, wenn die Einzelkonzentration eines aktiv eingesetzten Stoffes*1, welcher als Carc. (H350; H350i) der Kategorie 1A oder 1B und/oder Muta. (H340) der Kategorie 1A oder 1B gemäß der Verordnung (EG) Nr. 1272/2008 eingestuft ist, folgende Werte erreicht oder übersteigt:

- die jeweiligen in Anhang VI Teil 3 der Verordnung (EG) Nr. 1272/2008 festgelegten spezifischen Konzentrationsgrenzwerte oder
- die jeweiligen in Anhang I Teil 3 der Verordnung (EG) Nr. 1272/2008 festgelegten allgemeinen Konzentrationsgrenzwerte.

Die genannten Anforderungen an Komponenten von Bauprodukten oder Bausätzen bezüglich karzinogener und mutagener Stoffe gelten nicht, wenn begründet werden kann, dass im eingebauten Zustand von ihnen keine potentielle Gefährdung für die Gesundheit des Menschen ausgeht*2.

**2.2. Besondere Anforderungen an Bauprodukte in Aufenthaltsräumen und baulich nicht davon abgetrennten Räumen**

Zusätzlich zu den in Nr. 2.1 genannten allgemeinen Anforderungen an Bauprodukte ist der aktive*3 Einsatz von Stoffen, die nach der CLP-Verordnung (EG) Nr. 1272/2008 in der jeweils aktuell geltenden Fassung als Acute Tox. 1, 2 oder 3 (H300, H301, H310, H311, H330 oder H331), Repr 1A oder 1B (H360, H360F, H360D, H360FD) sowie STOT SE 1 (H370) oder STOT RE 1 (H372) klassifiziert werden, in Bauprodukten, die in Aufenthaltsräumen und in baulich nicht davon abgetrennten Räumen Verwendung finden, zu vermeiden. Ist dies nicht möglich, muss sichergestellt werden, dass eine gesundheitsgefährdende Exposition der Gebäudenutzer ausgeschlossen ist.

**2.2.1. Emissionen**

Für die nachfolgend aufgeführten Bauprodukte bestehen Anforderungen hinsichtlich der Emissionen flüchtiger organischer Verbindungen, wenn sie in Aufenthaltsräumen und in baulich nicht davon abgetrennten Räumen Verwendung finden:

---

*1 **Amtl. Anm.:** Aktiver Einsatz ist der gezielte Einsatz von Stoffen zur Erreichung spezifischer Produkteigenschaften. Als nicht „aktiv eingesetzt" sind Stoffe anzusehen, die als Verunreinigung und/oder als Nebenbestandteil im Produkt vorliegen.

*2 **Amtl. Anm.:** Z.B. die Substanz reagiert vollständig zu einer anderen Verbindung aus, ist vollständig abgekapselt oder gebunden oder es konnte für die Substanz ein Schwellenwert für den empfindlichsten Endpunkt abgeleitet werden.

*3 **Amtl. Anm.:** Aktiver Einsatz ist der gezielte Einsatz von Stoffen zur Erreichung spezifischer Produkteigenschaften. Als nicht „aktiv eingesetzt" sind Stoffe anzusehen, die als Verunreinigung und/oder als Nebenbestandteil im Produkt vorliegen.

- Bodenbeläge*4, Bodenbelagskonstruktionen sowie deren Komponenten,
- Klebstoffe*5,
- reaktive Brandschutzbeschichtungssysteme auf Stahlbauteilen,
- Dämmstoffe (Phenolharzschäume und UF-Ortschäume),
- Dekorative Wandbekleidungen und dickschichtige Wandbeschichtungen auf Kunststoffbasis,
- Deckenverkleidungen und Deckenkonstruktionen auf Kunststoffbasis,
- Holzwerkstoffe in Form von schlanken ausgerichteten Spänen (OSB) und kunstharzgebundene Spanplatten,
- dekorative Hochdruck-Schichtpressstoffplatten (HPL),
- nachträglich aufgebrachte organische Feuerschutzmittel.

**2.2.1.1. VOC-Emissionen**

Die verwendeten Begriffe werden wie folgt definiert:

- VVOC (Retentionsbereich < C6): Leichtflüchtige organische Verbindung, die aus einer als 5 % Phenyl-/95 % Methyl-Polysiloxan-Kapillarsäule festgelegten gaschromatographischen Trennsäule vor n-Hexan eluiert.
- VOC (Retentionsbereich C6 bis C16): flüchtige organische Verbindung, die aus einer als 5 % Phenyl-/95 % Methyl-Polysiloxan-Kapillarsäule festgelegten gaschromatographischen Trennsäule zwischen n-Hexan und einschließlich n-Hexadecan eluiert.
- SVOC (Retentionsbereich > C16 bis C22): schwerflüchtige organische Verbindung, die aus einer als 5 % Phenyl-/95 % Methyl-Polysiloxan-Kapillarsäule festgelegten gaschromatographischen Trennsäule nach n-Hexadecan bis einschließlich n-Docosan eluiert.
- $TVOC_{spez}$ (Summe der flüchtigen organischen Verbindungen): Summe der flüchtigen organischen Verbindungen. Summe der Konzentrationen identifizierter und nicht identifizierter flüchtiger organischer Verbindungen, berechnet durch Aufsummieren der Konzentrationen aller Substanzen (Zielverbindungen und Nicht-Zielverbindungen, identifizierte und nichtidentifizierte Verbindungen) in der Luft des Referenzraums; dabei handelt es sich um Substanzen, die zwischen n-Hexan bis einschließlich n-Hexadecan, unter Verwendung einer festgelegten Trennsäule eluieren, mit jeweils einer Konzentration ab 5 $\mu g/m^3$. Zielverbindungen sind substanzspezifisch zu quantifizieren während Nicht-Zielverbindungen, identifizierte und nichtidentifizierte Verbindungen über das Toluoläquivalent zu quantifizieren sind.
- TSVOC (Summe der Konzentrationen der schwerflüchtigen organischen Verbindungen): Summe der schwerflüchtigen organischen Verbindungen. Summe der Konzentrationen identifizierter und nicht identifizierter schwerflüchtiger organischer Verbindungen, berechnet durch Aufsummieren der Konzentrationen aller Substanzen (Zielverbindungen und Nicht-Zielverbindungen, identifizierte und nichtidentifizierte Verbindungen) in der Luft des Referenzraums; dabei handelt es sich um Substanzen, die nach n-Hexadecan

*4 **Amtl. Anm.:** Z.B. elastische Bodenbeläge, textile Bodenbeläge, Laminatbodenbeläge, oberflächenbeschichtete/verklebte Parkette und Holzfußböden, Kunstharzestriche, künstlich hergestellter Stein auf Kunstharzbasis, Verbundbodenbeläge, Korkbodenbeläge, Sportböden, Verlegeunterlagen, Oberflächenbeschichtungen für Holzfußböden, elastische Bodenbeläge und Korkfußböden.

*5 **Amtl. Anm.:** Bodenbelagsklebstoffe und Klebstoffe für strukturelle Verbunde bis einschließlich n-Docosan unter Verwendung einer festgelegten Trennsäule eluieren, berechnet mittels des TIC-Responsfaktors für Toluol, mit jeweils einer Konzentration ab 5 µg/m³.

- R-Wert
  Summe aller $R_i$-Werte*6, die bei einer bestimmten Prüfung ermittelt werden

Folgende Anforderungen hinsichtlich der Emissionen flüchtiger organischer Verbindungen – für die in Abschnitt 2.2.1 aufgezählten Bauprodukte – gemäß DIN EN 16516:2020-10*7, bestehen für die aufgeführten Parameter:
Alle Verbindungen, deren Konzentration 1 µg/m³ erreicht oder übersteigt, werden identifiziert und mit der Angabe ihrer CAS-Nummer ausgewiesen sowie je nach Zugehörigkeit quantifiziert.

- **Karzinogene Stoffe (Kategorie 1A und 1B)**
  Kein Karzinogen der Kategorie 1A und 1B nach der CLP-Verordnung (EG) Nr. 1272/2008 darf die in Tabelle 1 genannten Emissionswerte überschreiten. Ausgenommen von dieser Regelung sind definierte, als karzinogen 1A oder 1B eingestufte Stoffe, für die hinsichtlich des empfindlichsten Endpunktes ein Schwellenwert abgeleitet werden kann, da bei diesen kein krebserzeugendes Potential mehr anzunehmen ist. Stoffe für die auf dieser Basis ein NIK-Wert (Niedrigste interessierende Konzentration) abgeleitet und in Anlage 2 genannt ist, werden in gleicher Weise wie andere VOC-Stoffe mit NIK-Werten behandelt (siehe R-Wert).
- **$TVOC_{spez}$**
  Die $TVOC_{spez}$-Werte dürfen die in Tabelle 1 genannten Werte nicht überschreiten.
- **TSVOC Summe der schwerflüchtigen organischen Verbindungen**
  Die Summe der SVOC in der Kammerluft nach 28 Tagen darf die in Tabelle 1 genannte Konzentration nicht überschreiten. In Einzelfällen sind für SVOC NIK-Werte abgeleitet.
  Die SVOC, für die NIK-Werte festgelegt wurden, sind in die R-Wertbildung (siehe unten) und in den TVOC-Werten rechnerisch einzubeziehen und unterliegen nicht mehr dem Summenwert SVOC von 0,1 mg/m³ nach 28 Tagen.
- **R-Wert (Einzelstoffbewertung)**
  Die Summe aller $R_i$ -Werte darf den in Tabelle 1 genannten Wert nicht überschreiten.
  $R$ = Summe aller $R_i$ = Summe aller Quotienten $(C_i/NIK_i) \leq 1$
  Zur Bewertung wird für jede Verbindung $_i$ das in nachfolgender Gleichung definierte Verhältnis $R_i$ gebildet.

  $$R_i = C_i/NIK_i$$

  Hierin ist $C_i$ die Stoffkonzentration in der Kammerluft.
  Für eine Vielzahl von innenraumrelevanten flüchtigen organischen Verbindungen (VVOC, VOC und SVOC) sind in Anlage 2 NIK-Werte gelistet. Ihre Quantifizierung erfolgt substanzspezifisch. Alle Einzelstoffe ab einer

---

*6 **Amtl. Anm.:** Verhältnis $C_i/NIK_i$, wobei $C_i$ die Massenkonzentration in der Luft im Referenzraum und $NIK_i$ der NIK-Wert der Verbindung $_i$ ist.

*7 **Amtl. Anm.:** Als Zielverbindungen (target compounds) sind die in der NIK-Liste in Anlage 2 dieses Dokumentes aufgeführten Substanzen heranzuziehen.

Konzentration von 5 $\mu g/m^3$ sind in der Einzelstoffbewertung zu berücksichtigen.

- **VOC ohne Bewertungsmaßstäbe nach NIK**
  Die Summe der nicht bewertbaren VOC ab einer Konzentration von ≥ 5 $\mu g/m^3$ darf den in Tabelle 1 genannten Wert nicht überschreiten.
- **Leichtflüchtige organische Verbindungen (VVOC)**
  Die VVOC, für die NIK-Werte festgelegt wurden, sind in die R-Wertbildung rechnerisch einzubeziehen, werden aber nicht in der Bildung des TVOC-Wertes berücksichtigt.

**Tabelle 1: Anforderungen hinsichtlich VOC-Emissionen**

| Art der Emission | Wert nach 3 Tagen | Wert nach 28 Tagen | Abschnitt ABG |
|---|---|---|---|
| Karzinogen (Kat. 1A/ 1B) | ≤ 0,01 $mg/m^3$ | ≤ 0,001 $mg/m^3$ | 2.2.1.1 |
| $TVOC_{spez}$ | ≤ 10 $mg/m^3$* | ≤ 1,0 $mg/m^3$* | |
| TSVOC | | ≤ 0,1 $mg/m^3$* | |
| TVOC ohne NIK | | ≤ 0,1 $mg/m^3$* | |
| R-Wert | | ≤ 1* | |

* **Amtl. Anm.**: Die Anforderung gilt nicht für Holzwerkstoffe in Form von schlanken ausgerichteten Spänen (OSB) und kunstharzgebundene Spanplatten.

### 2.2.1.2. Ammoniak-Emissionen

Bei Parketten und Holzfußböden mit Anteilen aus geräuchertem Holz darf der Ammoniak-Wert nach 28 Tagen den in Tabelle 2 genannten Wert nicht überschreiten.

Die Ermittlung der Ammoniak-Emissionen erfolgt analog der Bedingungen der VOC-Emissionsprüfung (Prüfkammer und Kammerbedingungen nach DIN EN 16516:2020-10).

### 2.2.1.3. Anforderungen an Nitrosamin-Emissionen

Bei Produkten nach Abschnitt 2.2.1, mit Anteilen an Kautschuk/Gummi, welche Vulkanisationsmittel mit Nitrosaminabspaltern und/oder Recyclinganteile aus Gummi enthalten, darf der Nitrosamin-Wert nach 28 Tagen den in Tabelle 2 genannten Wert nicht übersteigen.

Die Ermittlung von Nitrosamin-Emissionen erfolgt in Anlehnung an das Analyseverfahren zur Bestimmung von N-Nitrosaminen, DGUV Information 213-523 (früher BGI/GUV-I 505-23 bzw. ZH1/120.23).

**Tabelle 2: Anforderungen an weitere Emissionen**

| Art der Emission | Wert nach 28 Tagen [$mg/m^3$] | Abschnitt ABG |
|---|---|---|
| Ammoniak[*8] | ≤ 0,1 | 2.2.1.2 |
| Nitrosamine[*9] | ≤ 0,0002 | 2.2.1.3 |

### 2.2.2. Gehalt

### 2.2.2.1. PAK

Für Produkte, die an die breite Öffentlichkeit abgegeben werden (verbrauchernahe Verwendungen) sind die Anforderungen entsprechend der REACH-Ver-

[*8] **Amtl. Anm.**: Anforderung für Parkette und Holzfußböden mit Anteilen aus geräuchertem Holz

[*9] **Amtl. Anm.**: Anforderung für Produkte nach Abschnitt 2.2.1, mit Anteilen an Kautschuk/Gummi, welche Vulkanisationsmittel mit Nitrosaminabspaltern und/oder Recyclinganteile aus Gummi enthalten.

ordnung einzuhalten, hierzu zählen auch Fußbodenbeläge und Prallwandkonstruktionen für Sporthallen und Aufenthaltsräume, auch wenn diese nur an professionelle Anwender, abgegeben und von diesen verbaut werden.

Bei Produkten nach Abschnitt 2.2.1, auch ohne direkten Kontakt zum Gebäudenutzer, welche Sekundärrohstoffe aus Gummi oder Rohstoffe mit Einsatz von PAK-haltigen Weichmacherölen bzw. PAK-haltigem Ruß enthalten, darf der Gehalt an Benzo(a)pyren (BaP) als Leitsubstanz und der Gehalt an 16 PAK (siehe Anlage 3) nach EPA (US-Environmental Protection Agency) die in Tabelle 3 genannten Werte nicht überschreiten.

Der analytische Nachweis auf PAK erfolgt für 16 PAK in Anlehnung an die Methode des AfPS GS 2019:01[*10].

Ausgenommen hiervon sind Produkte die gemäß ihrer Einbausituation und Verwendung partikeldicht, bezogen auf eine mögliche Freisetzung von partikelgebundenen PAK in den Aufenthaltsraum, verwendet werden. Die dauerhafte Schutzwirkung derartiger konstruktiver Maßnahmen ist gewährleistet bei:

- Verwendung diffusionsdichter Abdichtungen sowie
- Einsatz unter einer wirksamen Deckschicht aus anderen Materialien, z.B. Abdichtungen wie Überdeckungen aus Estrich, in Verbindung mit Folien sowie Abdeckungen mit Kantenabdichtungen in Randbereichen oder vollflächig verwendeten Bodenbelägen

Geltende Gehaltsgrenzen für Schadstoffe insbesondere gemäß Kreislaufwirtschaftsgesetz (KrWG) und Deponieverordnung (DepV) werden von dieser Regelung nicht berührt.

### 2.2.2.2. Nitrosamine

Bei Produkten nach Abschnitt 2.2.1, mit Anteilen an Kautschuk/Gummi, welche Vulkanisationsmittel mit Nitrosaminabspaltern und/oder Recyclinganteile aus Gummi enthalten, darf der in Tabelle 3 angegebene Gehalt an Nitrosaminen nicht überschritten werden.

Der analytische Nachweis der Nitrosamine (gem. TRGS 552) erfolgt nach einer Methode des DIK (Deutsches Institut für Kautschuktechnologie e.V.), veröffentlicht in „Kautschuk Gummi Kunststoffe", Nr. 6/91, pp. 514-521).

**Tabelle 3: Anforderungen hinsichtlich des Gehalts**

| Stoff/Stoffgruppe | Gehalt [mg/kg] | Abschnitt ABG |
|---|---|---|
| B(a)P[*11] | ≤ 5 | 2.2.2.1 |
| 16 PAK[*11] | ≤ 50 | 2.2.2.1 |
| Nitrosamine[*12] | ≤ 0,011 | 2.2.2.2 |

[*10] **Amtl. Anm.:** Derzeit wird ein europäisch harmonisiertes Prüfverfahren für PAK erarbeitet. Bis zur Veröffentlichung dieses Prüfverfahrens (Frist 31.12.2022) ist optional die GC-Methode nach DIN ISO 18287:2006-05 zulässig.

[*11] **Amtl. Anm.:** Anforderungen für Produkte nach Abschnitt 2.2.1, ohne direkten Kontakt zum Gebäudenutzer, welche Rohstoffe mit Recyclinganteilen aus Gummi oder Rohstoffe mit Einsatz von PAK-haltigen Weichmacherölen bzw. PAK-haltigem Ruß enthalten.

[*12] **Amtl. Anm.:** Anforderung für Produkte nach Abschnitt 2.2.1, mit Anteilen an Kautschuk/Gummi, welche Vulkanisationsmittel mit Nitrosaminabspaltern und/oder Recyclinganteile aus Gummi enthalten.

## Anlage 1 – Referenzen

| | |
|---|---|
| DIN EN 16516:2020-10 | Bauprodukte – Bewertung der Freisetzung von gefährlichen Stoffen – Bestimmung von Emissionen in die Innenraumluft; Deutsche Fassung EN 16516:2017 Massenspektrometrie |
| DIN ISO 18287:2006-05 | Bodenbeschaffenheit – Bestimmung der polycyclischen aromatischen Kohlenwasserstoffe (PAK) – Gaschromatographisches Verfahren mit Nachweis durch Massenspektrometrie (GC-MS) |
| TRGS 552 | Technische Regel für Gefahrstoff „N-Nitrosamine"; GMBl 2018 S. 913–934 |
| DIK-Arbeitsvorschrift | DIK (Deutsches Institut für Kautschuktechnologie), „Methoden zur Bestimmung von N-Nitrosaminen in der Luft, Vulkanisaten und Vulkanisationdämpfen", Liekefeld et. al., veröffentlicht in Kautschuk Gummi Kunststoff, Nr. 6/91, pp. 514–521 |
| AfPS GS 2019:01 PAK | GS-Spezifikation „Prüfung und Bewertung von Polyzyklischen Aromatischen Kohlenwasserstoffen (PAK) bei der Zuerkennung des GS-Zeichens des Ausschusses für Produktsicherheit (AfPS); Anlage Prüfanweisung Harmonisierte Methode zur Bestimmung von polyzyklischen aromatischen Kohlenwasserstoffen (PAK) in Polymeren |
| DGUV Informationen 213-523 | Analysenverfahren zur Bestimmung von N-Nitrosaminen |

## Anlage 2 – NIK-Werte (target compounds)

Die bauaufsichtlich geltenden NIK-Werte sind in Tabelle 4 abgedruckt.

**Tabelle 4: NIK-Werte-Liste 2022**

| | Substanz | CAS Nr. | NIK [µg/m³] | Bemerkungen |
|---|---|---|---|---|
| **1** | **Aromatische Kohlenwasserstoffe** | | | |
| 1–1 | Toluol | 108-88-3 | **2900** | Übernahme EU-LCI-Wert |
| 1–2 | Ethylbenzol | 100-41-4 | **850** | Übernahme EU-LCI-Wert |
| 1–3 | Xylol, Gemisch aus den Isomeren o-, m- und p-Xylol | 1330-20-7 | **500** | Übernahme EU-LCI-Wert |
| 1–4 | p-Xylol | 106-42-3 | **500** | Übernahme EU-LCI-Wert |
| 1–5 | m-Xylol | 108-38-3 | **500** | Übernahme EU-LCI-Wert |
| 1–6 | o-Xylol | 95-47-6 | **500** | Übernahme EU-LCI-Wert |
| 1–7 | Isopropylbenzol | 98-82-8 | **1700** | Übernahme EU-LCI-Wert |
| 1–8 | n-Propylbenzol | 103-65-1 | **950** | Übernahme EU-LCI-Wert Read across von Ethylbenzol |
| 1–9 | 1-Propenylbenzol (β-Methylstyrol) | 637-50-3 | **1200** | Übernahme EU-LCI-Wert Read across von 2 Phenylpropen |
| 1–10 | 1,3,5-Trimethylbenzol | 108-67-8 | **450** | Übernahme EU-LCI-Wert |
| 1–11 | 1,2,4-Trimethylbenzol | 95-63-6 | **450** | Übernahme EU-LCI-Wert |
| 1–12 | 1,2,3-Trimethylbenzol | 526-73-8 | **450** | Übernahme EU-LCI-Wert |

| | Substanz | CAS Nr. | NIK [µg/m³] | Bemerkungen |
|---|---|---|---|---|
| 1–13 | 2-Ethyltoluol | 611-14-3 | **550** | Übernahme EU-LCI-Wert Read across von Xylol |
| 1–14 | 1-Isopropyl-2-methylbenzol (o-Cymol) | 527-84-4 | **1000** | Übernahme EU-LCI-Wert |
| 1–15 | 1-Isopropyl-3-methylbenzol (m-Cymol) | 535-77-3 | **1000** | Übernahme EU-LCI-Wert |
| 1–16 | 1-Isopropyl-4-methylbenzol (p-Cymol) | 99-87-6 | **1000** | Übernahme EU-LCI-Wert |
| 1–17 | 1,2,4,5-Tetramethylbenzol | 95-93-2 | **250** | Übernahme EU-LCI-Wert Read across von Trimethylbenzol |
| 1–18 | n-Butylbenzol | 104-51-8 | **1100** | Übernahme EU-LCI-Wert Read across von Ethylbenzol |
| 1–19 | 1,3-Diisopropylbenzol | 99-62-7 | **750** | Übernahme EU-LCI-Wert Read across von Xylol |
| 1–20 | 1,4-Diisopropylbenzol | 100-18-5 | **750** | Übernahme EU-LCI-Wert Read across von Xylol |
| 1–21 | Phenyloctan und Isomere | 2189-60-8 | **1100** | Übernahme EU-LCI-Wert Read across von Ethylbenzol |
| 1–22 | 1-Phenyldecan und Isomere | 104-72-3 | **1100** | Read across von Ethylbenzol |
| 1–23 | 1-Phenylundecan und Isomere | 6742-54-7 | **1100** | Read across von Ethylbenzol |
| 1–24 | 4-Phenylcyclohexen (4-PCH) | 4994-16-5 | **300** | Read across von Styrol |
| 1–25 | Styrol | 100-42-5 | **250** | Übernahme EU-LCI-Wert |
| 1–26 | Phenylacetylen | 536-74-3 | **200** | Read across von Styrol |
| 1–27 | 2-Phenylpropen (α-Methylstyrol) | 98-83-9 | **1200** | Übernahme EU-LCI-Wert |
| 1–28 | Vinyltoluol (alle Isomeren: o-, m-, p-Methylstyrole) | 25013-15-4 | **1200** | Übernahme EU-LCI-Wert |
| 1–29 | Andere Alkylbenzole, sofern Einzelisomere nicht anders zu bewerten sind | | **450** | Read across von Trimethylbenzol |
| 1–30 | Naphthalin | 91-20-3 | **10** | Übernahme EU-LCI-Wert |
| 1–31 | Inden | 95-13-6 | | |
| **2** | **Aliphatische Kohlenwasserstoffe (n-, iso- und cyclo-)** | | | |
| 2–1 | 3-Methylpentan | 96-14-0 | | VVOC |
| 2–2 | n-Hexan | 110-54-3 | **4300** | Übernahme EU-LCI-Wert |
| 2–3 | Cyclohexan | 110-82-7 | **6000** | Übernahme EU-LCI-Wert |
| 2–4 | Methylcyclohexan | 108-87-2 | **8100** | Übernahme EU-LCI-Wert |
| 2–5 | – | | | 1) |
| 2–6 | – | | | 1) |
| 2–7 | – | | | 1) |
| 2–8 | n-Heptan | 142-82-5 | **15000** | Übernahme EU-LCI-Wert |
| 2–9 | Andere gesättigte aliphatische Kohlenwasserstoffe C6 bis C8 | | **14000** | Übernahme EU-LCI-Wert Read across von 2 Methylpentan |
| 2–10 | Andere gesättigte aliphatische Kohlenwasserstoffe C9 bis C16 | | **6000** | Übernahme EU-LCI-Wert |
| 2–11* | – | | | 1) |
| 2–12 | 1-Dodecen | 112-41-4 | **750** | Einzelstoffbetrachtung |
| **3** | **Terpene** | | | |
| 3–1 | 3-Caren | 498-15-7 | **1500** | Übernahme EU-LCI-Wert |
| 3–2 | α-Pinen | 80-56-8 | **2500** | Übernahme EU-LCI-Wert |
| 3–3 | β-Pinen | 127-91-3 | **1400** | Übernahme EU-LCI-Wert |

| | Substanz | CAS Nr. | NIK [µg/m³] | Bemerkungen |
|---|---|---|---|---|
| 3–4 | Limonen | 138-86-3 | **5000** | Übernahme EU-LCI-Wert |
| 3–5 | Terpene, sonstige | | **1400** | Übernahme EU-LCI-Wert (zur Gruppe gehören alle Monoterpene und Sesquiterpene und deren Sauerstoffderivate) |
| **4** | **Aliphatische mono Alkohole (n-, iso- und cyclo-) und Dialkohole** | | | |
| 4–1 | Ethanol | 64-17-5 | | VVOC |
| 4–2 | 1-Propanol | 71-23-8 | | VVOC |
| 4–3 | 2-Propanol | 67-63-0 | | VVOC |
| 4–4 | tert-Butanol, 2-Methyl-2-propanol | 75-65-0 | **620** | Übernahme EU-LCI-Wert |
| 4–5 | 2-Methyl-1-propanol | 78-83-1 | **11000** | Übernahme EU-LCI-Wert |
| 4–6 | 1-Butanol | 71-36-3 | **3000** | Übernahme EU-LCI-Wert |
| 4–7 | Pentanol (alle Isomere) | 71-41-0<br>30899-19-5<br>94624-12-1<br>6032-29-7<br>584-02-1<br>137-32-6<br>123-51-3<br>598-75-4<br>75-85-4<br>75-84-3 | **730** | Übernahme EU-LCI-Wert |
| 4–8 | 1-Hexanol | 111-27-3 | **2100** | Übernahme EU-LCI-Wert |
| 4–9 | Cyclohexanol | 108-93-0 | **2000** | Übernahme EU-LCI-Wert |
| 4–10 | 2-Ethyl-1-hexanol | 104-76-7 | **300** | Übernahme EU-LCI-Wert |
| 4–11 | 1-Octanol | 111-87-5 | **1700** | Übernahme EU-LCI-Wert |
| 4–12 | 4-Hydroxy-4-methylpentan-2-on (Diacetonalkohol) | 123-42-2 | **960** | Übernahme EU-LCI-Wert |
| 4–13 | Andere C4-C10 gesättigte n- und iso-Alkohole | | | Neubewertung, siehe 4-16 und 4-17 |
| 4–14 | Andere C11-C13 gesättigte n- und iso-Alkohole | | | Neubewertung, siehe 4-16 und 4-17 |
| 4–15* | 1,4-Cyclohexandimethanol | 105-08-8 | **8300** | Übernahme EU-LCI-Wert |
| 4–16 | Andere C7-C13 gesättigte n-Alkohole | | **1700** | Read across von 1-Octanol, ausgenommen sind die cyclischen Verbindungen |
| 4–17 | Andere C6-C13 gesättigte iso-Alkohole | | **300** | Read across von 2-Ethyl-1-hexanol, ausgenommen sind die cyclischen Verbindungen |
| **5** | **Aromatische Alkohole (Phenole)** | | | |
| 5–1 | Phenol | 108-95-2 | **70** | Übernahme EU-LCI-Wert |
| 5–2 | BHT (2,6-di-tert-butyl-4-methylphenol) | 128-37-0 | **100** | Übernahme EU-LCI-Wert |
| 5–3 | Benzylalkohol | 100-51-6 | **440** | Übernahme EU-LCI-Wert |
| **6** | **Glykole, Glykolether, Glykolester** | | | |
| 6–1 | Propylenglykol (1,2-Dihydroxypropan) | 57-55-6 | **2100** | Übernahme EU-LCI-Wert |
| 6–2 | Ethylenglykol (Ethandiol) | 107-21-1 | **3400** | Übernahme EU-LCI-Wert |
| 6–3 | Ethylenglykolmonobutylether | 111-76-2 | **1600** | Übernahme EU-LCI-Wert |

| | Substanz | CAS Nr. | NIK [µg/m³] | Bemerkungen |
|---|---|---|---|---|
| 6–4 | Diethylenglykol | 111-46-6 | **5700** | Übernahme EU-LCI-Wert Read across von Ethylenglykol |
| 6–5 | Diethylenglykolmonobutylether | 112-34-5 | **350** | Übernahme EU-LCI-Wert |
| 6–6 | 2-Phenoxyethanol | 122-99-6 | **60** | Übernahme EU-LCI-Wert |
| 6–7 | Ethylencarbonat | 96-49-1 | **4800** | Read across von Ethylenglykol |
| 6–8 | 1-Methoxy-2-propanol | 107-98-2 | **7900** | Übernahme EU-LCI-Wert |
| 6–9 | 2,2,4-Trimethyl-1,3-pentandiol-monoisobutyrat | 25265-77-4 | **850** | Übernahme EU-LCI-Wert |
| 6–10 | Glykolsäurebutylester (Hydroxy-essigsäurebutylester) | 7397-62-8 | **900** | Übernahme EU-LCI-Wert |
| 6–11 | Butyldiglykolacetat (Ethanol, 2(2-butoxyethoxy)acetat, BDGA) | 124-17-4 | **850** | Übernahme EU-LCI-Wert |
| 6–12 | Dipropylenglykolmonomethylether | 34590-94-8 | **3100** | Übernahme EU-LCI-Wert |
| 6–13 | 2-Methoxyethanol | 109-86-4 | **100** | Übernahme EU-LCI-Wert |
| 6–14 | 2-Ethoxyethanol | 110-80-5 | **8** | EU-OEL: 8.000 µg/m³; Übernahme des EU-LCI-Werts wird noch diskutiert |
| 6–15 | 2-Propoxyethanol | 2807-30-9 | **860** | Übernahme EU-LCI-Wert |
| 6–16 | 2-Methylethoxyethanol | 109-59-1 | **220** | Übernahme EU-LCI-Wert |
| 6–17 | 2-Hexoxyethanol | 112-25-4 | **900** | Übernahme EU-LCI-Wert |
| 6–18* | 1,2-Dimethoxyethan | 110-71-4 | **100** | Übernahme EU-LCI-Wert |
| 6–19* | 1,2-Diethoxyethan | 629-14-1 | **150** | Übernahme EU-LCI-Wert |
| 6–20 | 2-Methoxyethylacetat | 110-49-6 | **150** | Übernahme EU-LCI-Wert Read across von 2 Methoxyethanol |
| 6–21 | 2-Ethoxyethylacetat | 111-15-9 | **11** | EU-OEL: 11.000 µg/m³; Übernahme des EU-LCI-Werts wird noch diskutiert |
| 6–22 | 2-Butoxyethylacetat | 112-07-2 | **2200** | Übernahme EU-LCI-Wert Read across von Ethylenglykolmonobutylether |
| 6–23 | 2-(2-Hexoxyethoxy)-ethanol | 112-59-4 | **400** | Übernahme EU-LCI-Wert Read across von Diethylenglykolmonobutylether |
| 6–24 | 1-Methoxy-2-(2-methoxyethoxy)-ethan | 111-96-6 | **28** | Übernahme EU-LCI-Wert |
| 6–25 | 2-Methoxy-1-propanol | 1589-47-5 | **19** | Übernahme EU-LCI-Wert |
| 6–26 | 2-Methoxy-1-propylacetat | 70657-70-4 | **28** | Übernahme EU-LCI-Wert |
| 6–27 | Propylenglykoldiacetat | 623-84-7 | **1600** | Übernahme EU-LCI-Wert Read across von Essigsäure |
| 6–28 | Dipropylenglykol | 110-98-5 25265-71-8 | **670** | Übernahme EU-LCI-Wert |
| 6–29 | Dipropylenglykolmonomethyletheracetat | 88917-22-0 | **950** | Übernahme EU-LCI-Wert Read across von 2-Methoxy-1-methylethylacetat |
| 6–30 | Dipropylenglykolmono-n-propylether | 29911-27-1 | **200** | Übernahme EU-LCI-Wert Read across von Diethylenglykolmonobutylether |
| 6 31 | Dipropylenglykolmono-n-butylether | 29911-28-2 35884-42-5 | **250** | Übernahme EU-LCI-Wert |

| | Substanz | CAS Nr. | NIK [µg/m³] | Bemerkungen |
|---|---|---|---|---|
| 6–32 | Dipropylenglykolmono-t-butylether | 132739-31-2 (Gemisch) | **250** | Übernahme EU-LCI-Wert |
| 6–33 | 1,4-Butandiol | 110-63-4 | **2000** | Übernahme EU-LCI-Wert |
| 6–34 | Tripropylenglykolmonomethylether | 20324-33-8<br>25498-49-1 | **1200** | Übernahme EU-LCI-Wert |
| 6–35 | Triethylenglykoldimethylether | 112-49-2 | **150** | Übernahme EU-LCI-Wert |
| 6–36 | 1,2-Propylenglykoldimethylether | 7778-85-0 | **25** | Read across von 2-Methoxy-1-propanol |
| 6–37 | 2,2,4-Trimethylpentandiol-1,3-diisobutyrat | 6846-50-0 | **1300** | Übernahme EU-LCI-Wert |
| 6–38 | Ethyldiglykol | 111-90-0 | **350** | Übernahme EU-LCI-Wert |
| 6–39 | Dipropylenglykoldimethylether | 63019-84-1<br>89399-28-0<br>111109-77-4 | **1300** | Übernahme EU-LCI-Wert |
| 6–40* | Propylencarbonat | 108-32-7 | **1800** | Übernahme EU-LCI-Wert |
| 6–41 | Hexylenglykol (2-Methyl-2,4-pentandiol) | 107-41-5 | **3500** | Übernahme EU-LCI-Wert |
| 6–42* | 3-Methoxy-1-butanol | 2517-43-3 | **1700** | Übernahme EU-LCI-Wert |
| 6–43* | 1,2-Propylenglykol-n-propylether | 1569-01-3<br>30136-13-1 | **5200** | Übernahme EU-LCI-Wert |
| 6–44* | 1,2-Propylenglykol-n-butylether | 5131-66-8<br>29387-86-8<br>15821-83-7<br>63716-40-5 | **650** | Übernahme EU-LCI-Wert |
| 6–45 | Diethylenglykol-phenylether | 104-68-7 | **80** | Übernahme EU-LCI-Wert<br>Read across von 2-Phenoxy-ethanol |
| 6–46* | Neopentylglykol (2,2-Dimethyl-propan-1,3-diol) | 126-30-7 | **8700** | Übernahme EU-LCI-Wert |
| **7** | **Aldehyde** | | | |
| 7–1 | Butanal | 123-72-8 | **650** | VVOC<br>Übernahme EU-LCI-Wert |
| 7–2 | Pentanal | 110-62-3 | **800** | Übernahme EU-LCI-Wert<br>Read across von Butanal |
| 7–3 | Hexanal | 66-25-1 | **900** | Übernahme EU-LCI-Wert<br>Read across von Butanal |
| 7–4 | Heptanal | 111-71-7 | **900** | Übernahme EU-LCI-Wert<br>Read across von Butanal |
| 7–5 | 2-Ethylhexanal | 123-05-7 | **900** | Übernahme EU-LCI-Wert<br>Read across von Butanal |
| 7–6 | Octanal | 124-13-0 | **900** | Übernahme EU-LCI-Wert<br>Read across von Butanal |
| 7–7 | Nonanal | 124-19-6 | **900** | Übernahme EU-LCI-Wert<br>Read across von Butanal |
| 7–8 | Decanal | 112-31-2 | **900** | Übernahme EU-LCI-Wert<br>Read across von Butanal |
| 7–9 | 2-Butenal (Crotonaldehyd, cis-trans-Gemisch) | 4170-30-3<br>123-73-9<br>15798-64-8 | **1**# | Einzelstoffbetrachtung; Übernahme des EU-LCI-Werts wird noch diskutiert |
| 7–10 | 2-Pentenal | 1576-87-0<br>764-39-6 | **12** | Read across von 2-Butenal, aber keine EU-Mutagenitäts-einstufung; Übernahme des |

| | Substanz | CAS Nr. | NIK [µg/m³] | Bemerkungen |
|---|---|---|---|---|
| | | 31424-04-1 | | EU-LCI-Werts wird noch diskutiert |
| 7–11 | 2-Hexenal | 16635-54-4<br>6728-26-3<br>505-57-7<br>1335-39-3<br>73543-95-0 | **14** | Read across von 2-Pentenal; Übernahme des EU-LCI-Werts wird noch diskutiert |
| 7–12 | 2-Heptenal | 2463-63-0<br>18829-55-5<br>29381-66-6<br>57266-86-1 | **16** | Read across von 2-Pentenal; Übernahme des EU-LCI-Werts wird noch diskutiert |
| 7–13 | 2-Octenal | 2363-89-5<br>25447-69-2<br>20664-46-4<br>2548-87-0 | **18** | Read across von 2-Pentenal; Übernahme des EU-LCI-Werts wird noch diskutiert |
| 7–14 | 2-Nonenal | 2463-53-8<br>30551-15-6<br>18829-56-6<br>60784-31-8 | **20** | Read across von 2-Pentenal; Übernahme des EU-LCI-Werts wird noch diskutiert |
| 7–15 | 2-Decenal | 3913-71-1<br>2497-25-8<br>3913-81-3 | **22** | Read across von 2-Pentenal; Übernahme des EU-LCI-Werts wird noch diskutiert |
| 7–16 | 2-Undecenal | 2463-77-6<br>53448-07-0 | **24** | Read across von 2-Pentenal; Übernahme des EU-LCI-Werts wird noch diskutiert |
| 7–17 | Furfural | 98-01-1 | **10** | Übernahme EU-LCI-Wert |
| 7–18 | Glutaraldehyd | 111-30-8 | **1#** | Übernahme EU-LCI-Wert |
| 7–19 | Benzaldehyd | 100-52-7 | **90** | WEEL (AIHA): 8.800 µg/m³ |
| 7–20* | Acetaldehyd | 75-07-0 | **300** | VVOC Übernahme EU-LCI-Wert |
| 7–21* | Propanal | 123-38-6 | **650** | VVOC Einzelstoffbewertung |
| 7–22 | Formaldehyd | 50-00-0 | **100** | VVOC Übernahme EU-LCI-Wert |
| 7–23 | Propenal | 107-02-8 | **14** | VVOC Einzelstoffbetrachtung |
| **8** | **Ketone** | | | |
| 8–1 | Ethylmethylketon | 78-93-3 | **20000** | Übernahme EU-LCI-Wert |
| 8–2 | 3-Methyl-2-butanon | 563-80-4 | **7000** | Übernahme EU-LCI-Wert |
| 8–3 | Methylisobutylketon | 108-10-1 | **1000** | Übernahme EU-LCI-Wert |
| 8–4* | Cyclopentanon | 120-92-3 | **1200** | Übernahme EU-LCI-Wert |
| 8–5* | Cyclohexanon | 108-94-1 | **1400** | Übernahme EU-LCI-Wert |
| 8–6* | 2-Methylcyclopentanon | 1120-72-5 | **1400** | Übernahme EU-LCI-Wert Read across von Cyclopentanon |
| 8–7 | 2-Methylcyclohexanon | 583-60-8 | **2300** | Übernahme EU-LCI-Wert |
| 8–8 | Acetophenon | 98-86-2 | **490** | Übernahme EU-LCI-Wert |
| 8–9 | 1-Hydroxyaceton (1-Hydroxy-2-propanon) | 116-09-6 | **2100** | Übernahme EU-LCI-Wert Read across von Propylenglykol |
| 8–10 | Aceton | 67-64-1 | **120000** | VVOC Übernahme EU-LCI-Wert |

| | Substanz | CAS Nr. | NIK [µg/m³] | Bemerkungen |
|---|---|---|---|---|
| **9** | **Säuren** | | | |
| 9–1 | Essigsäure | 64-19-7 | **1200** | Übernahme EU-LCI-Wert |
| 9–2 | Propionsäure | 79-09-4 | **1500** | Übernahme EU-LCI-Wert |
| 9–3 | Isobuttersäure | 79-31-2 | **1800** | Übernahme EU-LCI-Wert Read across von Propionsäure |
| 9–4 | Buttersäure | 107-92-6 | **1800** | Übernahme EU-LCI-Wert Read across von Propionsäure |
| 9–5 | Pivalinsäure | 75-98-9 | **2100** | Übernahme EU-LCI-Wert Read across von Propionsäure |
| 9–6 | n-Valeriansäure | 109-52-4 | **2100** | Übernahme EU-LCI-Wert Read across von Propionsäure |
| 9–7 | n-Capronsäure | 142-62-1 | **2100** | Übernahme EU-LCI-Wert Read across von Propionsäure |
| 9–8 | n-Heptansäure | 111-14-8 | **2100** | Übernahme EU-LCI-Wert Read across von Propionsäure |
| 9–9 | n-Octansäure | 124-07-2 | **2100** | Übernahme EU-LCI-Wert Read across von Propionsäure |
| 9–10 | 2-Ethylhexansäure | 149-57-5 | **150** | Übernahme EU-LCI-Wert |
| 9–11* | Neodecansäure | 26896-20-8 | **750** | Einzelstoffbetrachtung |
| **10** | **Ester und Lactone** | | | |
| 10–1 | Methylacetat | 79-20-9 | | VVOC |
| 10–2 | Ethylacetat | 141-78-6 | | VVOC |
| 10–3 | Vinylacetat | 108-05-4 | | VVOC |
| 10–4 | Isopropylacetat | 108-21-4 | **4200** | Übernahme EU-LCI-Wert |
| 10–5 | Propylacetat | 109-60-4 | **4200** | Übernahme EU-LCI-Wert |
| 10–6 | 2-Methoxy-1-methylethylacetat | 108-65-6 | **650** | Übernahme EU-LCI-Wert |
| 10–7* | n-Butylformiat | 592-84-7 | **4900** | Übernahme EU-LCI-Wert Read across von Methylformiat |
| 10–8 | Methylmethacrylat | 80-62-6 | **750** | Übernahme EU-LCI-Wert |
| 10–9 | Andere Methacrylate | | **750** | Read across von Methylmethacrylat |
| 10–10 | Isobutylacetat | 110-19-0 | **4800** | Übernahme EU-LCI-Wert |
| 10–11 | 1-Butylacetat | 123-86-4 | **4800** | Übernahme EU-LCI-Wert |
| 10–12 | 2-Ethylhexylacetat | 103-09-3 | **350** | Übernahme EU-LCI-Wert Read across von 2-Ethyl-1-hexanol |
| 10–13 | Methylacrylat | 96-33-3 | **180** | Übernahme EU-LCI-Wert |
| 10–14 | Ethylacrylat | 140-88-5 | **200** | Übernahme EU-LCI-Wert |
| 10–15 | n-Butylacrylat | 141-32-2 | **110** | Übernahme EU-LCI-Wert |
| 10–16 | 2-Ethylhexylacrylat | 103-11-7 | **380** | Übernahme EU-LCI-Wert |
| 10–17 | Andere Acrylate (Acrylsäureester) | | **110** | Übernahme EU-LCI-Wert |
| 10–18* | Adipinsäuredimethylester | 627-93-0 | **25** | Einzelstoffbetrachtung |
| 10–19 | Fumarsäuredibutylester | 105-75-9 | **50** | Übernahme EU-LCI-Wert |
| 10–20* | Bernsteinsäuredimethylester | 106-65-0 | **20** | Übernahme EU-LCI-Wert |

| | Substanz | CAS Nr. | NIK [µg/m³] | Bemerkungen |
|---|---|---|---|---|
| 10–21* | Glutarsäuredimethylester | 1119-40-0 | **25** | Übernahme EU-LCI-Wert |
| 10–22 | Hexandioldiacrylat | 13048-33-4 | **10** | Übernahme EU-LCI-Wert |
| 10–23 | Maleinsäuredibutylester | 105-76-0 | **50** | Übernahme EU-LCI-Wert |
| 10–24 | Butyrolacton | 96-48-0 | **2800** | Übernahme EU-LCI-Wert |
| 10–25* | Glutarsäurediisobutylester | 71195-64-7 | **35** | Übernahme EU-LCI-Wert<br>Read across von Glutarsäuredimethylester |
| 10–26* | Bernsteinsäurediisobutylester | 925-06-4 | **35** | Übernahme EU-LCI-Wert<br>Read across von Bernsteinsäuredimethylester |
| 10–27* | (5-Ethyl-1,3-dioxan-5-yl) methylacrylat | 66492-51-1 | **80** | Einzelstoffbetrachtung |
| **11** | **Chlorierte Kohlenwasserstoffe** | | | |
| | Derzeit nicht belegt | | | |
| **12** | **Andere** | | | |
| 12–1 | 1,4-Dioxan | 123-91-1 | **400** | Übernahme EU-LCI-Wert |
| 12–2 | Caprolactam | 105-60-2 | **300** | Übernahme EU-LCI-Wert |
| 12–3 | N-Methyl-2-pyrrolidon | 872-50-4 | **1800** | Übernahme EU-LCI-Wert |
| 12–4 | Octamethylcyclotetrasiloxan (D4) | 556-67-2 | **1200** | Übernahme EU-LCI-Wert |
| 12–5 | Methenamin, Hexamethylentetramin (Formaldehydabspalter) | 100-97-0 | **30** | Übernahme EU-LCI-Wert |
| 12–6 | 2-Butanonoxim | 96-29-7 | **15** | Übernahme EU-LCI-Wert |
| 12–7 | Tributylphosphat | 126-73-8 | **300** | SVOC<br>Übernahme EU-LCI-Wert |
| 12–8 | Triethylphosphat | 78-40-0 | **80** | Einzelstoffbetrachtung |
| 12–9 | 5-Chlor-2-methyl-4-isothiazolin-3-on (CIT) | 26172-55-4 | **1**# | Übernahme EU-LCI-Wert |
| 12–10 | 2-Methyl-4-isothiazolin-3-on (MIT) | 2682-20-4 | **100** | Übernahme EU-LCI-Wert |
| 12–11 | Triethylamin | 121-44-8 | **60** | Übernahme EU-LCI-Wert |
| 12–12 | Decamethylcyclopentasiloxan (D5) | 541-02-6 | **1500** | Read across von Octamethylcyclotetrasiloxan |
| 12–13 | Dodecamethylcyclohexasiloxa n (D6) | 540-97-6 | **1200** | Read across von Octamethylcyclotetrasiloxan |
| 12–14 | Tetrahydrofuran | 109-99-9 | **500** | Übernahme EU-LCI-Wert |
| 12–15 | Dimethylformamid | 68-12-2 | **15** | AGW: 15.000 µg/m³ |
| 12–16 | Tetradecamethylcycloheptasiloxan (D7) | 107-50-6 | **1200** | Read across von Octamethylcyclotetrasiloxan |
| 12–17 | N-Ethyl-2-pyrrolidon | 2687-91-4 | **400** | Übernahme EU-LCI-Wert |
| 12–18 | N-Butyl-2-pyrrolidon | 3470-98-2 | **500** | Einzelstoffbewertung |
| 12–19* | 5-Ethyl-1,3-dioxane-5-methanol | 5187-23-5 | **850** | Einzelstoffbewertung |

* Neuaufnahme/Änderungen 2022

\# Erst ab einer gemessenen Emission von 5 µg/m³ findet eine Bewertung im Rahmen des NIK-Werte-Konzepts statt.

VVOC Leichtflüchtige organische Verbindungen (englisch, very volatile organic compounds)

SVOC Schwerflüchtige organische Verbindungen (englisch, semivolatile organic compounds)

1) Um die Kompatibilität zur Auswertungsmaske ADAM zu wahren, können vormals belegte laufende Nummern der NIK-Liste bei Wegfall oder Umsortierung von Stoffen oder Stoffgruppen nicht mehr neu belegt werden.

**Anmerkungen:**

**I) Hinweis zu aktuellen Listen von kanzerogenen Stoffen (EU-Kategorie 1):**

Folgende Links führen zu Listen von Stoffen, die gemäß EU-Verordnung 1272/2008 als Kanzerogene der Kategorie 1A und 1B eingestuft sind und deren Prüfung und Begrenzung im AgBB-Schema gefordert wird (auf Aktualität ist zu achten – Verfügbarkeit der folgenden Links am 23.09.2022 letztmalig geprüft):

- IFA, *Instituts*[1] für Arbeitsschutz der Deutschen Gesetzlichen Unfallversicherung (DGUV)
  http://www.dguv.de/ifa/fachinfos/kmr-liste/index.jsp
- ECHA, Europäische Chemikalienagentur
  http://echa.europa.eu/web/guest/information-on-chemicals/cl-inventory-database

**II) Analytik von Carbonylverbindungen:**

Für folgende Carbonylverbindungen ist in Übereinstimmung mit der DIN EN 16516 das in der DIN ISO 16000-3 beschriebene Verfahren zu verwenden: Formaldehyd, Acetaldehyd, Propanal, Butanal, Aceton. Propenal ist in Anlehnung an die ISO 16000-3 zu bestimmen.

**III) Analytik von VVOC:**

Für die Bestimmung der VVOC Formaldehyd, Acetaldehyd, Propanal und Aceton ist das in der DIN ISO 16000-3 beschriebene Verfahren zu verwenden. Propenal ist in Anlehnung an die ISO 16000-3 zu bestimmen. Für die weiteren in der NIK-Liste aufgeführten VVOC ist ein geeignetes Prüfverfahren entsprechend dem aktuellen Stand der Normung zu verwenden und auszuweisen (siehe auch DIN EN 16516, Anhang C).

**IV) Analytik der Stoffgruppen gesättigte aliphatische Kohlenwasserstoffe (NIK 2-9/2-10):**

Die durch die unterschiedlichen NIK-Werte notwendige Unterteilung der Stoffgruppe erfolgt beim Auftreten eines „Alkanbuckels" im Gaschromatogramm bei der Retentionszeit von n-Nonan, d.h. für aliphatische KW mit einer kleineren Retentionszeit wie n-Nonan gilt der NIK-Wert von 14000 $\mu g/m^3$ und für aliphatische KW mit der gleichen oder einer größeren Retentionszeit wie n-Nonan gilt der NIK-Wert 6000 $\mu g/m^3$.

Die Retentionszeit von n-Nonan ist auch für die Zuordnung von Einzelpeaks nicht genauer identifizierbarer gesättigter aliphatischer Kohlenwasserstoffe heranzuziehen.

**V) Veröffentlichte Begründungsdokumente für die übernommenen EU-LCI-*Werten*[1]**

Die Begründungsdokumente für die übernommen EU-LCI-Werten werden unter https://ec.europa.eu/growth/sectors/construction/eu-lci/documents-glossary_en veröffentlicht.

---

[1] Wortlaut amtlich.

**Anlage 3**

Von der amerikanischen Bundesumweltbehörde (US-Environmental Protection Agency) zusammengestellte Liste mit 16 PAK, die als Leitsubstanzen für die PAK-Analytik erfasst werden:

- Benzo(a)pyren
- Benzo(a)anthracen
- Benzo(b)fluoranthen
- Benzo(k)fluoranthen
- Benzo(g,h,i)perylen
- Chrysen
- Dibenzo(a,h)anthracen
- Indeno(1,2,3-cd)pyren
- Pyren
- Fluoranthen
- Anthracen
- Phenanthren
- Fluoren
- Acenaphtylen
- Acenaphten
- Naphthalin.

**Anhang 9**

## Textile Bodenbeläge

Stand: August 2020

**Inhalt**



### 1. Gegenstand und Geltungsbereich

Die „Anforderungen an bauliche Anlagen bezüglich des Gesundheitsschutzes" (ABG) konkretisieren die allgemeinen Anforderungen an bauliche Anlagen. Darüber hinaus werden in der technischen Regel „Textile Bodenbeläge" die produktspezifischen Anforderungen für die Bewertung textiler Bodenbeläge hinsichtlich des Gesundheitsschutzes definiert.

Dieses Dokument spezifiziert die Prüfbedingungen (Anforderungen an den Prüfkörper, Beladung der Prüfkammer etc.) sowie die Parameter zur Einteilung von Einzelprodukten in Gruppen und der Auswahl des für die jeweilige Gruppe repräsentativen Produkts (worst case).

Diese technische Regel gilt nicht:

- für gewebte textile Bodenbeläge mit einer Nutzschicht auf PVC-Basis
- für textile Bodenbeläge, die Sekundärrohstoffe enthalten, es sei denn es handelt sich um materialidentische Produktionsabfälle sowie
- für textile Bodenbeläge, welche auch vertikal verwendet werden.

**2. Anforderungen**

Die Anforderungen gemäß Abschnitt 2 der ABG sind einzuhalten. Danach sind die Inhaltsstoffe, die Emissionen flüchtiger organischer Verbindungen sowie Anforderungen an den Gehalt zu bewerten.

**2.1. Ermittlung und Bewertung der flüchtigen organischen Emissionen (VVOC-, VOC- und SVOC-Emissionen) sowie ggf. weiterer Emissionen textiler Bodenbeläge**

Die Emission gefährlicher Stoffe wird anhand von Prüfkammer-Tests durch eine sachverständige Prüfstelle (siehe Abschnitt 2.4) gemäß ABG, Abschnitt 2.2.1.1, bestimmt sowie gemäß ABG, Abschnitt 2.2.1.2 und Abschnitt 2.2.1.3 bewertet. Prüfkammer-Tests sind für jedes Einzelprodukt oder für ein repräsentatives Produkt einer Gruppe von chemisch ähnlichen Einzelprodukten entsprechend nachfolgender Gruppenbildungsparameter durchzuführen.

**2.1.1. Gruppenbildungsparameter und Auswahl des repräsentativen Produkts (worst case-Szenario)**

Die Gruppeneinteilung textiler Bodenbeläge wird nacheinander entsprechend der folgenden Parameter vorgenommen (s. Abbildung 1):

- dem Herstellungsverfahren,
- der chemischen Basis des Polmaterials/der Nutzschicht,
- der Klebeschichten/Verfestigung und der Rückenbasis sowie
- der chemischen Zusatzausrüstung.

in Gruppen einzuteilen (siehe Abbildung 1).

Als repräsentativ für eine Gruppe wird das Produkt angesehen, für welches die höchsten Emissionen zu erwarten sind – in der Regel handelt es sich hierbei um das schwerste und dickste Produkt. Im Zweifel ist das schwerste Produkt auszuwählen. Gegebenenfalls. müssen mehrere Produkte einer Gruppe geprüft werden. Die ermittelten Werte werden als repräsentativ für die gesamte Gruppe der Einzelprodukte angenommen.

**2.1.1.1. Einteilung entsprechend dem Herstellungsverfahren**

Die Einzelprodukte werden zunächst entsprechend dem Herstellungsverfahren nach DIN EN 1307:2019-03 in

- getuftet,
- gewebt,
- genadelt,
- etc.

unterteilt.

**2.1.1.2. Einteilung entsprechend der chemischen Basis des Polmaterials/der Nutzschicht**

Die nach dem Herstellungsverfahren unterteilten Einzelprodukte werden entsprechend der chemischen Basis des Polmaterials/der Nutzschicht in:

- Polypropylen (PP),
- Polyester (PES)
- Polyamid (PA 6 und PA 6.6, als worst case ist PA 6 auszuwählen),
- Wolle,

- pflanzliche Naturfasern,
- etc.

weiter gegliedert. Bei Materialmischungen ist die chemische Basis des Polmaterials mit mindestens 50 % Gewichtsanteil für die Einteilung ausschlaggebend.

#### 2.1.1.3. Einteilung entsprechend der Klebeschicht/Verfestigung und der Rückenbasis

Die bisher nach Herstellverfahren und Polmaterial/Nutzschicht unterteilten textilen Bodenbeläge werden entsprechend des Rückenmaterials weiter in

- textiler Rücken,
- Schaumrücken (gleiche chemische Basis),
- Schwerbeschichtung (gleiche chemische Basis),
- etc.

eingeteilt. Bei Produkten mit gleichen Rücken erfolgt die Einteilung in dieselbe Gruppe nur unter der Voraussetzung dass auch die Klebeschichten/Verfestigungen jeweils auf der gleichen chemischen Basis beruhen.

#### 2.1.1.4. Einteilung entsprechend der chemischen Zusatzausrüstung

Zuletzt werden die textilen Bodenbeläge anhand der chemischen Zusatzausrüstung in

- ohne oder mit Flammschutzausrüstung (mit gleicher chemischer Basis),
- ohne oder mit antimikrobieller/fungizider/insektizider Ausrüstung (mit gleicher chemischer Basis)
- ohne oder mit antistatischer Ausrüstung (mit gleicher chemischer Basis)
- etc.

final unterteilt.

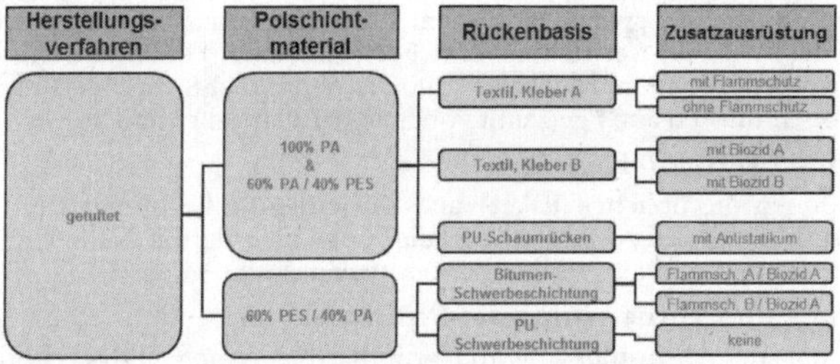


**Abbildung 1:** Beispiel einer Gruppeneinteilung

Es ist zu beachten, dass Änderungen der chemischen Zusammensetzung oder des Aufbaus eine neue Bewertung der Produkte/der Gruppe erfordern. Dies kann erneute Emissionsprüfungen zur Folge haben.

### 2.1.2. Probenahme des Produkts, Transport und Lagerung der Probe

Die Probenahme, Transport und Lagerung der Probe erfolgen grundsätzlich gemäß DIN EN 16516:2020-10. Die Proben sind produktionsfrisch bzw. mit Erreichen der frühesten Handelsfähigkeit zu entnehmen und ein Probenahmeprotokoll mit allen wesentlichen Daten anzufertigen und der Probe beizufügen.

Grundsätzlich ist zu beachten, dass Einflüsse wie:

- Hitze,
- intensives Licht,
- übermäßige Feuchtigkeit,
- Reinigungsmittel,
- Abgase aus Fahrzeugen oder Maschinen sowie
- Lösemittel aus Farben, Lacken, Treibstoffen bzw. Abgasen u.ä.

das Untersuchungsergebnis verfälschen bzw. die Probe kontaminieren können.

**2.1.2.1. Probengröße/Probenahme**

Zur Entnahme der Probe bei Rollenware wird ein Meter oder mindestens die äußere Lage der Rolle abgerollt. Von der sich anschließenden Fläche werden 1 bis 1,5 laufende Meter als Probe entnommen. Die Probe sollte in ihrer Breite 2 m möglichst nicht überschreiten. Gegebenenfalls ist die Breite der Probe entsprechend einzukürzen. Nach Entnahme der Probe wird diese quer zur ursprünglichen Rollrichtung mit der Belagsunterseite nach außen aufgerollt. Die Probe ist nach dem Aufrollen mit Klammern oder Kordel, keinesfalls aber mit Klebebändern, gegen Entrollen zu sichern.

Bei der Probenahme von Teppichfliesen ist eine vollständige Verpackungseinheit zu entnehmen. Ist der Versand der Verpackungseinheit aufgrund ihrer Größe nicht möglich, so sind vier Fliesen (ggf. bei kleinen Fliesen mehr) paarweise – Oberseite auf Oberseite liegend – aus der Mitte einer Verpackungseinheit zu entnehmen. Textile Fliesenbeläge dürfen nicht gerollt werden.

**2.1.2.2. Verpackung**

Nach der Gewinnung der Probe muss diese innerhalb einer Stunde in Aluminiumfolie gewickelt und anschließend in einen emissionsarmen Polyethylen-Beutel verpackt und verschlossen werden. Alternativ kann dazu auch aluminiertes Verpackungsmaterial verwendet werden. Um eine Kontamination von außen zu vermeiden, wird die Verpackung entweder mit einem Folienschweißgerät oder mit emissionsarmem Klebeband möglichst luftdicht verschlossen. Verschiedene Proben müssen auch getrennt voneinander verpackt werden.

**2.1.2.3. Transport/Versand/Lagerung**

Zum Versand können die üblichen Paket- und Kurierdienste beauftragt werden. Beim Transport ist darauf zu achten, dass die Probe nicht in der Nähe von lösemittelhaltigen Stoffen gelagert wird (z.B. Reservekanister).

**2.1.3. Herstellung und Vorbereitung des Prüfstücks**

Die Vorbereitung des Prüfstücks wird grundsätzlich nach DIN EN 16516:2020-10 vorgenommen. Abweichend davon kann das Prüfstück auch ausgestanzt werden. Eine Kantenabdichtung ist nicht erforderlich, da der Einfluss der Kanten textiler Bodenbeläge auf die Emission vernachlässigbar ist.

Nach der Fertigstellung des Prüfstücks wird dieses sofort in die Emissionsprüfkammer überführt. Dieser Zeitpunkt wird als Startpunkt der Emissionsprüfung ($t_0$) angesehen.

**2.1.4. Prüfkammerbedingungen für die Emissionsmessung von textilen Bodenbelagsproben**

Auf Basis der Abmessungen des Referenzraums (DIN EN 16516:2020-10) wird für einen textilen Bodenbelag der folgende Beladungsfaktor festgelegt:

- 0,4 $m^2/m^3$ für Boden.

Entsprechend DIN EN 16516:2020-10 werden für die Emissionsprüfung eine Luftwechselrate von 0,5/h und die klimatischen Bedingungen mit 23 °C ± 1 ° C und 50 % ± 5 % relative Luftfeuchte festgelegt. Das Prüfkammervolumen darf 20 l nicht unterschreiten.

### 2.1.5. Emissionsmessung von textilen Bodenbelagsproben

Die Messung der Emissionen von textilen Bodenbelagsproben erfolgt entsprechend der Bestimmungen der ABG und der Norm DIN EN 16516:2020-10 und ist nach 3 Tagen und 28 Tagen auszuwerten.

Die Emissionsprüfung kann 7 Tage nach Beladung der Prüfkammer vorzeitig beendet werden, wenn die ermittelten Werte unterhalb von 50 % der in den ABG vorgegebenen 28-Tage-Werte liegen und im Vergleich zur Messung am 3. Tag kein signifikanter Konzentrationsanstieg einzelner Substanzen festzustellen ist. Die Erfüllung dieser Kriterien ist durch die Prüfstelle hinreichend zu begründen. Die 50 %-Marke gilt für alle Parameter, somit auch für den R-Wert.

### 2.2. Bewertung der flüchtigen organischen Emissionen (VVOC-, VOC- und SVOC-Emissionen)

Die Ergebnisse der Emissionsmessungen auf VVOC, VOC und SVOC sind nach ABG, Abschnitt 2.2.1.1 (Tabelle 1) zu bewerten und in einem Prüfbericht detailliert anzugeben.

### 2.3. Bestimmung des Gehaltes von polyzyklischen aromatischen Kohlenwasserstoffen (PAK) beim Einsatz von bitumenhaltigen Schwerbeschichtungen

Beim Einsatz von bitumenhaltigen Schwerbeschichtungen erfolgt die Prüfung des PAK-Gehaltes im Bitumen. Der Gehalt an Benzo[a]pyren (BaP) als Leitsubstanz darf den in Tabelle 3 der ABG genannten Wert nicht überschreiten. Der analytische Nachweis erfolgt in Anlehnung an die Methode des AfPS GS 2019:01.

### 2.4. Anforderungen an die Prüfstellen zur Durchführung von Emissionsprüfungen für textile Bodenbeläge

Prüfstellen für die Emissionsprüfungen müssen folgende Anforderungen erfüllen:

- Unabhängigkeit, d.h. sie müssen frei von wirtschaftlichen Interessen einzelner Hersteller handeln.
- Akkreditierung nach ISO 17025*[1] für Prüfkammeruntersuchungen gemäß DIN EN 16516:2020-10 bzw.
- Notifizierung entsprechend Verordnung (EU) Nr. 305/2011 des Europäischen Parlaments und des Rates (Wesentliches Merkmal: Emission von gefährlichen Stoffen, technische Spezifikation EN 16516).
- Vorhandensein der technischen Ausstattung für die VOC, VVOC und SVOC-Emissionsprüfung nach DIN EN 16516:2020-10.
- Vorhandensein der NIK-Substanzen als Standards (ABG Anlage 2).

*[1] **Amtl. Anm.:** Die Vergabe an Unteraufträgen ist untersagt.

- Vorhandensein der nach der CLP-Verordnung (EG) Nr. 1272/2008 als kanzerogen (Carc. 1A und 1B) eingestuften Substanzen, welche potentiell von textilen Bodenbelägen emittiert werden können, als Standards.
- Mindestens eine Teilnahme pro Jahr an Ringversuchen für VOC Thermodesorptions-Messungen nach DIN EN 16516:2020-10. Es wird die Teilnahme an den von der BAM und dem IFA angebotenen Ringversuchen empfohlen (siehe:
  - https://rrr.bam.de/RRR/Navigation/DE/Ringversuche-Eignungspuefungen/ringversuche.html
  - https://www.dguv.de/ifa/fachinfos/ringversuche/index.jsp).

**Abkürzungsverzeichnis**

| | |
|---|---|
| ABG | Anforderungen an bauliche Anlagen bezüglich des Gesundheitsschutzes |
| BAM | Bundesanstalt für Materialforschung |
| BaP | Benzo(a)pyren |
| BauPVO | Bauproduktenverordnung |
| DIN | Deutsches Institut für Normung |
| EN | Europäische Norm |
| EPA | Environmental Protection Agency |
| IFA | Institut für Arbeitsschutz |
| NIK | Niedrigste interessierende Konzentration |
| PAK | Polyzyklische aromatische Kohlenwasserstoffe |
| PA 6 | Polyamid 6 (Nylon) |
| PA 6.6 | Polyamid 6.6 (Dederon) |
| PES | Polyester |
| PP | Polypropylen |
| PVC | Polyvinylchlorid |
| R-Wert | Summe aller $R_i$ wobei $R_i = c_i/NIK_i$ |
| SVOC | Schwerflüchtige organische Verbindungen |
| $t_0$ | Beginn der Emissionsmessung |
| VOC | Flüchtige organische Verbindungen |
| VVOC | Leichtflüchtige organische Verbindungen |

**Literatur- und Normenverzeichnis**


| | |
|---|---|
| DIN EN 1307:2019-03 | Textile Bodenbeläge – Einstufung |
| DIN EN 16516:2020-10 | Bauprodukte – Bewertung der Freisetzung von gefährlichen Stoffen – Bestimmung von Emissionen in die Innenraumluft |
| DIN EN ISO 16000-11:2006-06 | Innenraumluftverunreinigungen – Teil 11: Bestimmung der Emission von flüchtigen organischen Ver- |

| | |
|---|---|
| | bindungen aus Bauprodukten und Einrichtungsgegenständen – Probenahme, Lagerung der Proben und Vorbereitung der Prüfstücke |
| DIN EN ISO/IEC 17025:2018-03 | Konformitätsbewertung – Anforderungen an den Betrieb verschiedener Typen von Stellen, die Inspektionen durchführen (ISO/IEC 17020:2012) |

**Anhang 10**

## Anforderungen an bauliche Anlagen bezüglich der Auswirkungen auf Boden und Gewässer (ABuG)

Stand: August 2023

**Inhalt**



### 1. Gegenstand und Geltungsbereich

Die BayBO[1)] bestimmt in Art. 3, dass Anlagen so anzuordnen, zu errichten, zu ändern und instand zu halten sind, dass die öffentliche Sicherheit und Ordnung, insbesondere Leben, Gesundheit und die natürlichen Lebensgrundlagen, nicht gefährdet werden.

Zur Erfüllung der in der BayBO formulierten Anforderungen ist bei baulichen Anlagen oder Teilen von baulichen Anlagen, die in Boden oder Grundwasser eingebaut bzw. durch Niederschlag beaufschlagt werden, sicherzustellen, dass die verwendeten Bauteile weder eine schädliche Bodenveränderung noch eine Grundwasserverunreinigung hervorrufen können.

In diesem Dokument werden die allgemeinen Anforderungen an bauliche Anlagen hinsichtlich ihrer Auswirkungen auf Boden und Gewässer konkretisiert.

Baulichen Anlagen, deren Bauteilen und den in ihnen verwendeten Bauprodukten, die in Boden oder Grundwasser eingebaut bzw. durch Niederschlag beaufschlagt werden, kommt eine besondere Bedeutung hinsichtlich ihrer Auswirkungen auf die Schutzgüter Boden und Wasser zu. Aus ihnen können bei Kontakt mit Wasser Stoffe ausgewaschen werden und in Grundwasser, Meeresgewässer, Oberflächengewässer oder in den Boden gelangen, die negative Einflüsse auf deren Beschaffenheit haben und damit zur Gefährdung der natürlichen Lebensgrundlagen beitragen können.

Bauliche Anlagen, deren Bauteile und die in ihnen verwendeten Bauprodukte, müssen daher im Hinblick auf den Umweltschutz Anforderungen an Inhalts-

---

[1)] Nr. **1**.

stoffe (Art und Menge) und an die Freisetzung gefährlicher Stoffe*[1] erfüllen. Diesbezüglich relevant ist insbesondere eine Bewertung der Freisetzung von anorganischen und organischen Stoffen. Zu berücksichtigen ist dabei auch die jeweilige Einbausituation (direkter bzw. indirekter Kontakt zu Boden oder Grundwasser). Wenn durch konstruktive Maßnahmen eine Freisetzung von gefährlichen Stoffen ausgeschlossen ist, müssen keine Nachweise über die Freisetzung von gefährlichen Stoffen erbracht werden.

Gemäß § 1 Bundes-Bodenschutzgesetz (BBodSchG) sollen bei Einwirkungen auf den Boden, hier bedingt durch bauliche Anlagen oder Teile von baulichen Anlagen, Beeinträchtigungen seiner natürlichen Funktionen sowie seiner Funktion als Archiv der Natur- und Kulturgeschichte so weit wie möglich vermieden werden.

Der Erlaubnisvorbehalt der zuständigen Wasserbehörden, insbesondere in Wasserschutzzonen, bleibt durch die Regelungen der ABuG unberührt.

Tabelle 1 enthält die Bauteile, die im Kontakt mit Boden, Grundwasser oder Niederschlag stehen und für die derzeit die Erfüllung der Anforderungen an den Umweltschutz nach BayBO zu erbringen ist (umweltrelevante Bauteile).

**Tabelle 1: Umweltrelevante Bauteile (Bauteile mit Kontakt zu Boden, Grundwasser oder Niederschlag)**

| **Bauteile** | | **Anforderung s. Abschnitt** |
|---|---|---|
| Dach | Dachbauteile aus Beton | 4.1 |
| | Abdichtungen | 4.2 |
| Außenwand einschließlich Träger und Stützen | Bauteile für Außenwände aus Beton | 5.1 |
| | Abdichtungen | 5.2 |
| | Brandschutzprodukte zur Verbesserung der Feuerwiderstandsfähigkeit von Bauteilen | 5.3 |
| Flächenbeläge | Bauteile für Flächenbeläge aus Beton | 6.1 |
| | Abwasserbehandelnde Flächenbeläge | 6.2 |
| Gründungen inkl. Pfähle | Injektions- und Verpressmaterialien | 7.2 |
| | Bauteile aus Beton | 7.3 |
| | Abdichtungen | 7.4 |
| Baugrubenabdichtung | Injektions- und Verpressmittel aus Bindemittelsuspensionen oder Einpressmörtel | 8.2 |
| | Injektions- und Verpressmittel auf Silikatbasis | 8.3 |
| Körnige Schüttungen | Schaumglasschotter als Schüttung unter Gründungsplatten | 9.1 |
| | Filtermaterialien zur Behandlung von Niederschlagsabwasser, das versickert werden soll | 9.2 |
| Unterirdische Rohre und Behälter | Unterirdische Behälter und Rohre aus Beton | 10.1 |
| | Kanalsanierungsmittel | 10.2 |

## 2. Anforderungen an Inhaltsstoffe

Es gelten die gesetzlichen Regelungen für Stoffe wie die REACH-Verordnung (EG) Nr. 1907/2006, die Biozid-Verordnung (EU) Nr. 528/2012, die POP-Verordnung (EG) Nr. 850/2004, die Chemikalien-Verbotsverordnung und das Kreislaufwirtschaftsgesetz.

*[1] **Amtl. Anm.:** Der Begriff „gefährliche Stoffe" wird in der Bauproduktenverordnung verwendet und bezeichnet Stoffe, die in Bezug auf Bauprodukte relevant sind und aufgrund des Risikos schädlicher Auswirkungen durch Vorschriften der EU und/oder der Mitgliedstaaten reguliert sind.

Im Übrigen darf jede Komponente eines Bauproduktes oder Bausatzes nicht als Teil von baulichen Anlagen verwendet werden, wenn die Einzelkonzentration eines aktiv eingesetzten Stoffs*2, welcher als karzinogen (H350; H350i) der Kategorie 1A oder 1B, mutagen (H340) der Kategorie 1A oder 1B und/oder reproduktionstoxisch (H360 H360F, H360D, H360FD) der Kategorie 1A oder 1B gemäß der Verordnung (EG) Nr. 1272/2008 eingestuft ist, folgende Werte erreicht oder übersteigt:

- die jeweiligen in Anhang VI Teil 3 der Verordnung (EG) Nr. 1272/2008 festgelegten spezifischen Konzentrationsgrenzwerte oder
- die jeweiligen in Anhang I Teil 3 der Verordnung (EG) Nr. 1272/2008 festgelegten Konzentrationen, sofern in Anhang VI Teil 3 der Verordnung (EG) Nr. 1272/2008 kein spezifischer Konzentrationsgrenzwert festgelegt ist.

Die genannten Anforderungen an Komponenten von Bauprodukten oder Bausätzen bezüglich karzinogener, mutagener und reproduktionstoxischer Stoffe gelten nicht, wenn nachgewiesen werden kann, dass von ihnen im eingebauten Zustand keine potentielle Gefährdung für Boden oder Gewässer ausgeht*3.

Hinweis:

Der aktive*4 Einsatz von Stoffen, die nach der CLP-Verordnung (EU) Nr. 1272/2008 in der jeweils aktuell geltenden Fassung mit H400, H410, H411, H300, H301, H310, H311, H341, H351, H361, H370, H372 gekennzeichnet werden müssen, ist zu vermeiden. Sofern eine Komponente nicht vermeidbar ist, darf von der Komponente keine Gefahr im eingebauten Zustand ausgehen.

### 3. Anforderungen an die Freisetzung gefährlicher Stoffe

Die Konzentration freigesetzter gefährlicher Stoffe aus baulichen Anlagen darf:

- die Gewässer in nur unerheblichem Ausmaß in ihrer chemischen Beschaffenheit verändern,
- keine relevanten ökotoxischen Auswirkungen auf die Gewässer haben und
- die natürlichen Bodenfunktionen, hier vor allem die Funktion des Bodens als Abbau-, Ausgleichs- und Aufbaumedium für stoffliche Einwirkungen auf Grund der Filter-, Puffer- und Stoffumwandlungseigenschaften (Filter- und Pufferfunktion), insbesondere auch zum Schutz des Grundwassers, nicht beeinträchtigen bzw. überbeanspruchen.

Dies gilt als erfüllt, wenn z.B. die Geringfügigkeitsschwellen*5 sowie die weiteren in diesem Abschnitt aufgeführten Anforderungen eingehalten werden.

---

*2 **Amtl. Anm.:** Aktiver Einsatz ist der gezielte Einsatz von Stoffen zur Erreichung spezifischer Produkteigenschaften. Als nicht „aktiv" eingesetzt sind Stoffe anzusehen, die als Verunreinigung und/oder als Nebenbestandteil im Produkt vorliegen.

*3 **Amtl. Anm.:** Z.B. die Substanz reagiert vollständig zu einer anderen Verbindung aus, ist vollständig abgekapselt oder gebunden oder es konnte für die Substanz ein Schwellenwert für den empfindlichsten Endpunkt abgeleitet werden und dieser wird eingehalten.

*4 **Amtl. Anm.:** Aktiver Einsatz ist der gezielte Einsatz von Stoffen zur Erreichung spezifischer Produkteigenschaften. Als nicht „aktiv" eingesetzt sind Stoffe anzusehen, die als Verunreinigung und/oder als Nebenbestandteil im Produkt vorliegen.

*5 **Amtl. Anm.:** Den in der ABuG aufgeführten Prüfwerten für die Freisetzung von gefährlichen Stoffen liegen die Geringfügigkeitsschwellen der LAWA zugrunde: LAWA: „Ableitung von Gering- →

Hinweis:
In Laborversuchen ermittelte Stoffkonzentrationen im Eluat sind in der Regel nicht direkt mit den Anforderungswerten am Ort der Beurteilung unter realen Bedingungen vergleichbar. Die Einbausituation und ggf. Transportpfade sind, z.B. mit Übertragungsfunktionen*6, zu berücksichtigen.

Die Freisetzung von gefährlichen Stoffen aus baulichen Anlagen darf keine dauerhaften Änderungen der elektrischen Leitfähigkeit, des pH-Wertes sowie anderer Veränderungen im Wasser wie Färbung, Trübung, Schaumbildung oder Geruch hervorrufen.

Wenn die Obergrenzen (Anhang A) bezüglich der Freisetzung von gefährlichen Stoffen aus einem bestimmten Bauteil/Bauprodukt – sofern diese explizit angegeben sind – eingehalten werden, gelten diese Anforderungen als erfüllt.

Falls organische Stoffe aus baulichen Anlagen freigesetzt werden können, für die keine Prüfwerte existieren, sind zusätzlich die Anforderungen aus Tabelle 2 einzuhalten.

**Tabelle 2: Anforderungen an umweltrelevante Bauteile aus organischen Materialien bezüglich biologischer Auswirkungen im Grundwasser**

| **Parameter** | **Prüfung während der Reaktion der Materialien*** | **Prüfung von ausreagierten Materialien*** |
|---|---|---|
| TOC | Angabe in mg/l | Angabe in mg/l |
| Algentest mit *Desmodesmus subspicatus* oder *Pseudokirchneriella subcapitata* nach DIN EN ISO 8692:2012-06 | $G_A$** $\leq 8$ | $G_A \leq 4$ |
| *Daphnientest* mit *Daphnia magna Straus* nach DIN EN ISO 6341:2013-01 | $G_D \leq 8$ (nach 48h) | $G_D \leq 4$ (nach 48h) |
| Leuchtbakterien-Lumineszenz-Hemmtest mit *Vibrio fischeri* nach DIN EN ISO 11348-1 bis DIN EN ISO 11348-3:2009-05 | $G_L \leq 8$ | $G_L \leq 8$ |
| Leuchtbakterien-Zellvermehrungs-Hemmtest mit *Photobacterium phosphoreum* nach DIN 38412-37:1999-04, wenn $G_L > 8$ | $G_{LW} \leq 2$ | $G_{LW} \leq 2$ |
| Fischeitest mit *Danio rerio* nach DIN EN ISO 15088:2009-06 | $G_{EI} \leq 6$ | $G_{EI} \leq 6$ |
| umu-Test auf erbgutveränderndes Potenzial nach ISO 13829:2000-03 | $G_{EU} \leq 1{,}5$ | $G_{EU} \leq 1{,}5$ |
| Biologische Abbaubarkeit, wenn TOC > 10 mg/l | „leicht biologisch abbaubar“ gemäß OECD 301:1992-07 | „leicht biologisch abbaubar“ gemäß OECD 301:1992-07 |

* Die Anforderungen beziehen sich auf die Elutionsprüfung des jeweiligen Bauteils/Bauprodukts.

** Gemäß der Prüfvorschrift wird eine Hemmung der Zellvermehrung von Grünalgen von 5 % und mehr als akut toxische Wirkung eingestuft. Die für eine unter 5 %ige Hemmung notwendige Verdünnungsstufe des Originaleluats (Verdünnungsstufe $G_A$) wird bestimmt. Die weiteren G-Werte sind analog definiert.

---

*(Fortsetzung der Anm. von voriger Seite)*
fügigkeitsschwellen für das Grundwasser“. Dezember 2004. Erhältlich bei Kulturbuch-Verlag GmbH, Postfach 470449, 12313 Berlin oder herunterzuladen von der LAWA-Homepage: www.lawa.de.

*6 **Amtl. Anm.:** Für die Freisetzung gefählicher Stoffe aus Festbeton siehe abgeleitete Übertragungsfunktionen in Anhang II-B der „Grundsätze zur Bewertung der Auswirkungen von Bauprodukten auf Boden und Grundwasser – Fassung 2011“.

### 4. Anforderungen an Dachbauteile

Für kleinteilige Bauteile, z.B. Befestigungen, Blitzableiter, ist kein Nachweis bezüglich der Freisetzung gefährlicher Stoffe zu erbringen.

### 4.1. Dachbauteile aus Beton

Betonausgangsstoffe, die in Dachbauteilen verwendet werden, müssen die in den folgenden Abschnitten aufgeführten Anforderungen erfüllen.

Beim ausschließlichen Einsatz von natürlichen Gesteinskörnungen ist kein Nachweis bezüglich der Stoffgehalte und der Freisetzung gefährlicher Stoffe zu erbringen.

Bauprodukte, die unter Einsatz von Bildschirmglas hergestellt wurden, dürfen nicht verwendet werden.

### 4.1.1. Rezyklierte Gesteinskörnungen

Dachbauteile aus Beton, der unter Verwendung von rezyklierter Gesteinskörnung*7 hergestellt wird, dürfen nur eingebaut werden, wenn die rezyklierte Gesteinskörnung die folgenden Anforderungen erfüllt:

- Zur Herstellung der rezyklierten Gesteinskörnung dürfen nur Abfälle verwendet werden, die bei Bautätigkeiten (z.B. Rückbau, Abriss, Umbau, Ausbau, Neubau und Erhaltung von Hoch- und Tiefbauten, Straßen, Wegen, Flugplätzen und sonstigen Verkehrsflächen) angefallen sind und zuvor als natürliche oder künstliche mineralische Baustoffe in gebundener oder ungebundener Form im Hoch- und Tiefbau eingesetzt waren. Die Abfälle müssen den in der Tabelle A-1 (Anhang A) genannten Abfallarten entsprechen. Vor Umbau, Rückbau oder Abriss eines Bauwerkes ist zunächst durch Inaugenscheinnahme und Auswertung vorhandener Unterlagen festzustellen, ob mit einer Schadstoffbelastung des dabei anfallenden Materials gerechnet werden muss. Wenn eine Schadstoffbelastung über den in der Tabelle A-2 (Anhang A) aufgeführten Parameterumfang hinaus bestehen könnte, ist das Material gesondert abfallrechtlich zu bewerten. Kontaminierte Baustoffe und Bauteile sind während des Rückbaus eines Bauwerks zu separieren und einer geordneten Entsorgung zuzuführen. Dies betrifft insbesondere Brandschutt, Bauteile mit Isolierungen und Anstrichen auf Pechbasis, Innenwandungen von Industrieschornsteinen, asbest- und PCB-haltige Stoffe, mit Schadstoffen kontaminierte Gebäudeteile von Gaswerken, Tankstellen, Galvanikbetrieben und Produktionsanlagen der chemischen Industrie.
- Die Stoffkonzentrationen im Eluat gemäß DIN EN 12457-4:2003-01 der rezyklierten Gesteinskörnung müssen die Obergrenzen gemäß Tabelle A-2 (Anhang A) einhalten.
- Die Stoffgehalte im Feststoff der rezyklierten Gesteinskörnung müssen die Obergrenzen gemäß Tabelle A-2 (Anhang A) einhalten.

Beim Einsatz von Fehlchargen von Betonfertigteilen (dies gilt auch für Restbeton in Transportbetonwerken) direkt im Herstellwerk als rezyklierte Gesteinskörnung ist kein Nachweis bezüglich der Stoffgehalte und der Freisetzung gefährlicher Stoffe zu erbringen.

---

*7 **Amtl. Anm.:** Dies gilt auch, wenn die rezyklierte Gesteinskörnung als RC Sand in Zement eingesetzt wird.

### 4.1.2. Industriell hergestellte Gesteinskörnungen

Dachbauteile aus Beton, der unter Verwendung industriell hergestellter Gesteinskörnungen hergestellt wird, dürfen nur eingebaut werden, wenn die industriell hergestellten Gesteinskörnungen die folgenden Anforderungen einhalten:

- Die Stoffkonzentrationen im Eluat gemäß DIN EN 12457-4:2003-01 der industriell hergestellten Gesteinskörnung müssen die Obergrenzen gemäß Tabelle A-3 (Anhang A) einhalten.
- Die Stoffgehalte im Feststoff der industriell hergestellten Gesteinskörnung müssen die Obergrenzen gemäß Tabelle A-3 (Anhang A) einhalten.

Beim Einsatz von kristalliner Hochofenstückschlacke, Hüttensand, Schmelzkammergranulat, Blähglimmer (Vermikulit), Blähperlit, Blähschiefer, Blähton und Ziegelsplitt aus ungebrauchten Ziegeln als Gesteinskörnung (oder Gesteinsmehl) in Beton ist kein Nachweis bezüglich der Stoffgehalte und der Freisetzung gefährlicher Stoffe zu erbringen. Beim Einsatz von gesinterter Steinkohlenflugasche und Kesselasche (Kesselsand) in Beton ist dann kein Nachweis bezüglich der Stoffgehalte und der Freisetzung gefährlicher Stoffe zu erbringen, wenn die Gesteinskörnung (oder Gesteinsmehl) aus solchen Wärmekraftwerken stammt, in denen nur Kohle und keine Sekundärbrennstoffe, mit Ausnahme von Biomasse in einem Anteil von bis zu 14 M.-% (Trockenmasse), von praktisch aschefreiem Erdgas sowie kommunalem Klärschlamm (Abfallschlüssel 19 08 05 gemäß AVV*8 mit einem Anteil von bis zu 5 M.-% (Trockenmasse), bezogen auf trockene Kohle, mitverbrannt werden. Unter Biomasse wird pflanzliches Material verstanden. Nicht zulässig sind Altholz oder Sekundärmaterial.

Industriell hergestellte Gesteinskörnungen, die weder in dem vorangegangenen Absatz noch in der Tabelle A-3 (Anhang A) genannt sind, sind für die Verwendung in Beton unzulässig.

### 4.1.3. Flugaschen

Dachbauteile aus Beton, der unter Verwendung von siliziumreicher Flugasche (i.d.R. Steinkohlenflugasche) hergestellt wird, dürfen nur eingebaut werden, wenn die siliziumreiche Flugasche die folgenden Anforderungen einhält:

Die Stoffgehalte im Feststoff der siliziumreichen Flugasche müssen die Obergrenzen der Tabelle A-4 (Anhang A) einhalten.

Bei Verwendung von siliziumreicher Flugasche in Beton ist dann kein Nachweis bezüglich der Stoffgehalte und der Freisetzung gefährlicher Stoffe zu erbringen, wenn die Flugasche aus solchen Wärmekraftwerken stammt, in denen nur Kohle und keine Sekundärbrennstoffe, mit Ausnahme von Biomasse in einem Anteil von bis zu 14 M.-% (Trockenmasse), von praktisch aschefreiem Erdgas sowie kommunalem Klärschlamm (mit dem Abfallschlüssel 19 08 05 gemäß AVV*8) in einem Anteil von bis zu 5 M.-% (Trockenmasse), bezogen auf trockene Kohle mitverbrannt werden. Unter Biomasse wird pflanzliches Material verstanden. Nicht zulässig sind Altholz oder Sekundärmaterial.

Für calciumreiche Flugaschen (i.d.R. Braunkohlenflugasche) für Dachbauteile aus Beton gibt es keine Technischen Baubestimmungen oder allgemein an-

---

*8 **Amtl. Anm.:** Verordnung über das Europäische Abfallverzeichnis (AVV) vom 10.12.2001, in der jeweils gültigen Fassung erkannte Regeln der Technik, nach denen ihre Auswirkungen auf Boden und Gewässer bewertet werden können. Sie sind aber für die Erfüllung der Anforderungen nach Art. 3 der BayBO[1)], auch im Hinblick auf ihre Auswirkungen auf Boden und Gewässer, von Bedeutung.

### 4.2. Abdichtungen für Dachbauteile

Abdichtungen für Dachbauteile, die Stoffe enthalten, die eine Durchwurzelung hemmen oder verhindern sollen (Wurzelschutzmittel), dürfen nur eingebaut werden, wenn die Anforderungen gemäß Abschnitt 2 und die Konzentration des Wurzelschutzmittels im Eluat die Anforderungen gemäß Abschnitt 3 eingehalten werden. Für Mecoprop gilt, dass der nach DIN CEN/TS 16637-2:2014-11 bestimmte kumulierte Austrag einen Wert von 47 mg/m² nicht überschreiten darf. Für MCPA gilt, dass der nach DIN CEN/TS 16637-2:2014-11 bestimmte kumulierte Austrag einen Wert von 206 mg/m² nicht überschreiten darf.

## 5. Anforderungen an Außenwände (einschließlich Träger und Stützen)

Für kleinteilige Bauteile, z.B. Befestigungen, ist kein Nachweis bezüglich der Freisetzung gefährlicher Stoffe zu erbringen.

Ferner ist z.B. für Bauteile für Außenwände aus Natursteinen, Glas oder Keramik kein Nachweis bezüglich der Stoffgehalte und der Freisetzung gefährlicher Stoffe zu erbringen.

### 5.1. Bauteile für Außenwände aus Beton

Betonausgangsstoffe, die in Bauteilen für Außenwände verwendet werden, müssen die in den folgenden Abschnitten aufgeführten Anforderungen erfüllen.

Beim ausschließlichen Einsatz von natürlichen Gesteinskörnungen ist kein Nachweis bezüglich der Stoffgehalte und der Freisetzung gefährlicher Stoffe zu erbringen.

Bauprodukte, die unter Einsatz von Bildschirmglas hergestellt wurden, dürfen nicht verwendet werden.

#### 5.1.1. Rezyklierte Gesteinskörnungen

Bauteile für Außenwände aus Beton, der unter Verwendung von rezyklierter Gesteinskörnung hergestellt wird, dürfen nur eingebaut werden, wenn die rezyklierte Gesteinskörnung die folgenden Anforderungen erfüllt:

- Zur Herstellung der rezyklierten Gesteinskörnung dürfen nur Abfälle verwendet werden, die bei Bautätigkeiten (z.B. Rückbau, Abriss, Umbau, Ausbau, Neubau und Erhaltung von Hoch- und Tiefbauten, Straßen, Wegen, Flugplätzen und sonstigen Verkehrsflächen) angefallen sind und zuvor als natürliche oder künstliche mineralische Baustoffe in gebundener oder ungebundener Form im Hoch- und Tiefbau eingesetzt waren. Die Abfälle müssen den in der Tabelle A-1 (Anhang A) genannten Abfallarten entsprechen. Vor Umbau, Rückbau oder Abriss eines Bauwerkes ist zunächst durch Inaugenscheinnahme und Auswertung vorhandener Unterlagen festzustellen, ob mit einer Schadstoffbelastung des dabei anfallenden Materials gerechnet werden muss. Wenn eine Schadstoffbelastung über den in der Tabelle A-

---

[1)] Nr. 1.

2 (Anhang A) aufgeführten Parameterumfang hinaus bestehen könnte, ist das Material gesondert abfallrechtlich zu bewerten. Kontaminierte Baustoffe und Bauteile sind während des Rückbaus eines Bauwerks zu separieren und einer geordneten Entsorgung zuzuführen. Dies betrifft insbesondere Brandschutt, Bauteile mit Isolierungen und Anstrichen auf Pechbasis, Innenwandungen von Industrieschornsteinen, asbest- und PCB-haltige Stoffe, mit Schadstoffen kontaminierte Gebäudeteile von Gaswerken, Tankstellen, Galvanikbetrieben und Produktionsanlagen der chemischen Industrie.

- Die Stoffkonzentrationen im Eluat gemäß DIN EN 12457-4:2003-01 der rezyklierten Gesteinskörnung müssen die Obergrenzen gemäß Tabelle A-2 (Anhang A) einhalten.
- Die Stoffgehalte im Feststoff der rezyklierten Gesteinskörnung müssen die Obergrenzen gemäß Tabelle A-2 (Anhang A) einhalten.

Beim Einsatz von Fehlchargen von Betonfertigteilen (dies gilt auch für Restbeton in Transportbetonwerken) direkt im Herstellwerk als rezyklierte Gesteinskörnung ist kein Nachweis bezüglich der Stoffgehalte und der Freisetzung gefährlicher Stoffe zu erbringen.

### 5.1.2. Industriell hergestellte Gesteinskörnungen

Bauteile für Außenwände aus Beton, der unter Verwendung industriell hergestellter Gesteinskörnungen[*9] hergestellt wird, dürfen nur eingebaut werden, wenn die industriell hergestellten Gesteinskörnungen die folgenden Anforderungen einhalten:

- Die Stoffkonzentrationen im Eluat gemäß DIN EN 12457-4:2003-01 der industriell hergestellten Gesteinskörnung müssen die Obergrenzen gemäß Tabelle A-3 (Anhang A) einhalten.
- Die Stoffgehalte im Feststoff der industriell hergestellten Gesteinskörnung müssen die Obergrenzen gemäß Tabelle A-3 (Anhang A) einhalten.

Für Außenwände aus Beton, der unter Verwendung industriell hergestellter Gesteinskörnungen hergestellt wird, gilt, dass bei Verwendung in Kontakt mit Boden oder Grundwasser die Stoffkonzentrationen im Eluat gemäß DIN CEN/TS 16637-2:2014-11 (an Festbetonprobekörpern von einem Modellbeton) die Obergrenzen gemäß Tabelle A-6 (Anhang A) bzw. bei Kesselasche die Obergrenze gemäß Tabelle A-5 (Anhang A) einhalten müssen.

Der Nachweis, dass die Stoffkonzentrationen im Eluat gemäß DIN CEN/TS 16637-2:2014-11 die Obergrenzen gemäß Tabelle A-5 bzw. Tabelle A-6 (Anhang A) einhalten, entfällt, falls durch konstruktive Maßnahmen ein direkter Kontakt des Bauteils mit Boden oder Grundwasser verhindert wird.

Beim Einsatz von kristalliner Hochofenstückschlacke, Hüttensand, Schmelzkammergranulat, Blähglimmer (Vermikulit), Blähperlit, Blähschiefer, Blähton und Ziegelsplitt aus ungebrauchten Ziegeln als Gesteinskörnung (oder Gesteinsmehl) in Beton ist kein Nachweis bezüglich der Stoffgehalte und der Freisetzung gefährlicher Stoffe zu erbringen. Beim Einsatz von gesinterter Steinkohlenflugasche und Kesselasche (Kesselsand) in Beton ist dann kein Nachweis bezüglich der Stoffgehalte und der Freisetzung gefährlicher Stoffe zu erbringen, wenn die Gesteinskörnung (oder Gesteinsmehl) aus solchen Wär-

---

[*9] **Amtl. Anm.:** Dies gilt auch, wenn die rezyklierte Gesteinskörnung als RC Sand in Zement eingesetzt wird.

mekraftwerken stammt, in denen nur Kohle und keine Sekundärbrennstoffe, mit Ausnahme von Biomasse in einem Anteil von bis zu 14 M.-% (Trockenmasse), von praktisch aschefreiem Erdgas sowie kommunalem Klärschlamm (Abfallschlüssel 19 08 05 gemäß AVV*10 mit einem Anteil von bis zu 5 M.-% (Trockenmasse), bezogen auf trockene Kohle, mitverbrannt werden. Unter Biomasse wird pflanzliches Material verstanden. Nicht zulässig sind Altholz oder Sekundärmaterial.

Industriell hergestellte Gesteinskörnungen, die weder in dem vorangegangenen Absatz noch in der Tabelle A-3 (Anhang A) genannt sind, sind für die Verwendung in Beton unzulässig.

### 5.1.3. Flugaschen

Bauteile für Außenwände aus Beton, der unter Verwendung von siliziumreicher Flugasche (i.d.R. Steinkohlenflugasche) hergestellt wird, dürfen nur eingebaut werden, wenn die siliziumreiche Flugasche die folgende Anforderung einhält:

Die Stoffgehalte im Feststoff der siliziumreichen Flugasche müssen die Obergrenzen der Tabelle A-4 (Anhang A) einhalten.

Für Außenwände aus Beton, der unter Verwendung von siliziumreicher Flugasche hergestellt wird, gilt, dass bei Verwendung in Kontakt mit Boden oder Grundwasser die Stoffkonzentrationen im Eluat gemäß DIN CEN/TS 16637-2:2014-11 (an Festbetonprobekörpern von einem Modellbeton) die Obergrenzen gemäß Tabelle A-5 (Anhang A) einhalten müssen.

Der Nachweis, dass die Stoffkonzentrationen im Eluat gemäß DIN CEN/TS 16637-2:2014-11 die Obergrenzen gemäß Tabelle A-5 (Anhang A) einhalten, entfällt, falls durch konstruktive Maßnahmen ein direkter Kontakt des Bauteiles mit Boden oder Grundwasser ausgeschlossen wird.

Bei Verwendung von siliziumreicher Flugasche in Beton ist dann kein Nachweis bezüglich der Stoffgehalte und der Freisetzung gefährlicher Stoffe zu erbringen, wenn die Flugasche aus solchen Wärmekraftwerken stammt, in denen nur Kohle und keine Sekundärbrennstoffe, mit Ausnahme von Biomasse in einem Anteil von bis zu 14 M.-% (Trockenmasse), von praktisch aschefreiem Erdgas sowie von kommunalem Klärschlamm (Abfallschlüssel 19 08 05 gemäß AVV*10) in einem Anteil von bis zu 5 M.-% (Trockenmasse), bezogen auf trockene Kohle mitverbrannt werden. Unter Biomasse wird pflanzliches Material verstanden. Nicht zulässig sind Altholz oder Sekundärmaterial.

Für calciumreiche Flugaschen (i.d.R. Braunkohlenflugasche) für Außenwandbauteile aus Beton gibt es keine Technischen Baubestimmungen oder allgemein anerkannte Regeln der Technik, nach denen ihre Auswirkungen auf Boden und Gewässer bewertet werden können. Sie sind aber für die Erfüllung der Anforderungen nach Art. 3 der BayBO[0], auch im Hinblick auf ihre Auswirkungen auf Boden und Gewässer, von Bedeutung.

### 5.1.4. Sulfathüttenzement und Calciumaluminatsulfatzement

Bauteile für Außenwände aus Beton, der unter Verwendung von Sulfathüttenzement oder Calciumaluminatsulfatzement hergestellt wird, dürfen in Kontakt

*10 **Amtl. Anm.:** Verordnung über das Europäische Abfallverzeichnis (AVV) vom 10.12.2001, in der jeweils gültigen Fassung

[0] Nr. **1**.

mit Boden oder Grundwasser nur eingebaut werden, wenn die Stoffkonzentrationen im Eluat gemäß DIN CEN/TS 16637-2:2014-11 (an Festbetonprobekörpern von einem Modellbeton) die Obergrenzen gemäß Tabelle A-6 (Anhang A) einhalten.

Der Nachweis dieser Anforderungen entfällt, falls durch konstruktive Maßnahmen ein direkter Kontakt des Bauteiles mit Boden oder Grundwasser ausgeschlossen wird.

**5.1.5. Betonzusatzmittel für Außenwände aus Beton**

Betonzusatzmittel, die in Beton für Außenwände in Kontakt mit Boden oder Grundwasser eingesetzt werden, und für die es keine Technischen Baubestimmungen oder allgemein anerkannte Regeln der Technik gibt, sind für die Erfüllung der Anforderungen nach Art. 3 der BayBO[1], auch im Hinblick auf ihre Auswirkungen auf Boden und Gewässer, von Bedeutung.

**5.2. Abdichtungen für Außenwände**

Für Schleierinjektionen als nachträgliche Bauwerksabdichtung gibt es keine Technischen Baubestimmungen oder allgemein anerkannte Regeln der Technik, nach denen ihre Auswirkungen auf Boden und Gewässer bewertet werden können. Sie sind aber für die Erfüllung der Anforderungen nach Art. 3 der BayBO[1], auch im Hinblick auf ihre Auswirkungen auf Boden und Gewässer, von Bedeutung.

**5.3. Brandschutzprodukte zur Verbesserung der Feuerwiderstandsfähigkeit von Bauteilen**

Reaktive Brandschutzbeschichtungen, Brandschutzputzbekleidungen sowie linienförmige Fugenabdichtungen müssen die Anforderungen aus Abschnitt 2 bezüglich des Gehaltes an gefährlichen Stoffen einhalten. Die im Produkt enthaltenen gefährlichen Stoffe sind zu deklarieren.

**6. Anforderungen an Flächenbeläge im Außenbereich**

Für kleinteilige Bauteile, z.B. Befestigungen, ist kein Nachweis bezüglich der Freisetzung gefährlicher Stoffe zu erbringen.

**6.1. Bauteile für Flächenbeläge im Außenbereich aus Beton**

Betonausgangsstoffe, die in Bodenbelägen oder Stufenbelägen verwendet werden, müssen die in den folgenden Abschnitten aufgeführten Anforderungen erfüllen.

Beim ausschließlichen Einsatz von natürlichen Gesteinskörnungen ist kein Nachweis bezüglich der Stoffgehalte und der Freisetzung gefährlicher Stoffe zu erbringen.

Bauprodukte, die unter Einsatz von Bildschirmglas hergestellt wurden, dürfen nicht verwendet werden.

**6.1.1. Rezyklierte Gesteinskörnungen**

Flächenbeläge aus Beton, der unter Verwendung von rezyklierter Gesteinskörnung[*11] hergestellt wird, dürfen nur eingebaut werden, wenn die rezyklierte Gesteinskörnung die folgenden Anforderungen erfüllt:

---

[1] Nr. 1.

[*11] **Amtl. Anm.:** Dies gilt auch, wenn die rezyklierte Gesteinskörnung als RC Sand in Zement eingesetzt wird.

- Zur Herstellung der rezyklierten Gesteinskörnung dürfen nur Abfälle verwendet werden, die bei Bautätigkeiten (z.B. Rückbau, Abriss, Umbau, Ausbau, Neubau und Erhaltung von Hoch- und Tiefbauten, Straßen, Wegen, Flugplätzen und sonstigen Verkehrsflächen) angefallen sind und zuvor als natürliche oder künstliche mineralische Baustoffe in gebundener oder ungebundener Form im Hoch- und Tiefbau eingesetzt waren. Die Abfälle müssen den in der Tabelle A-1 (Anhang A) genannten Abfallarten entsprechen. Vor Umbau, Rückbau oder Abriss eines Bauwerkes ist zunächst durch Inaugenscheinnahme und Auswertung vorhandener Unterlagen festzustellen, ob mit einer Schadstoffbelastung des dabei anfallenden Materials gerechnet werden muss. Wenn eine Schadstoffbelastung über den in der Tabelle A-2 (Anhang A) aufgeführten Parameterumfang hinaus bestehen könnte, ist das Material gesondert abfallrechtlich zu bewerten. Kontaminierte Baustoffe und Bauteile sind während des Rückbaus eines Bauwerks zu separieren und einer geordneten Entsorgung zuzuführen. Dies betrifft insbesondere Brandschutt, Bauteile mit Isolierungen und Anstrichen auf Pechbasis, Innenwandungen von Industrieschornsteinen, asbest- und PCB-haltige Stoffe, mit Schadstoffen kontaminierte Gebäudeteile von Gaswerken, Tankstellen, Galvanikbetrieben und Produktionsanlagen der chemischen Industrie.
- Die Stoffkonzentrationen im Eluat gemäß DIN EN 12457-4:2003-01 der rezyklierten Gesteinskörnung müssen die Obergrenzen gemäß Tabelle A-2 (Anhang A) einhalten.
- Die Stoffgehalte im Feststoff der rezyklierten Gesteinskörnung müssen die Obergrenzen gemäß Tabelle A-2 (Anhang A) einhalten.

Beim Einsatz von Fehlchargen von Betonfertigteilen (dies gilt auch für Restbeton in Transportbetonwerken) direkt im Herstellwerk als rezyklierte Gesteinskörnung ist kein Nachweis bezüglich der Stoffgehalte und der Freisetzung gefährlicher Stoffe zu erbringen.

### 6.1.2. Industriell hergestellte Gesteinskörnungen

Flächenbeläge aus Beton, der unter Verwendung industriell hergestellter Gesteinskörnungen hergestellt wird, dürfen nur eingebaut werden, wenn die industriell hergestellten Gesteinskörnungen die folgenden Anforderungen einhalten:

- Die Stoffkonzentrationen im Eluat gemäß DIN EN 12457-4:2003-01 der industriell hergestellten Gesteinskörnung müssen die Obergrenzen gemäß Tabelle A-3 (Anhang A) einhalten.
- Die Stoffgehalte im Feststoff der industriell hergestellten Gesteinskörnung müssen die Obergrenzen gemäß Tabelle A-3 (Anhang A) einhalten.

Beim Einsatz von kristalliner Hochofenstückschlacke, Hüttensand, Schmelzkammergranulat, Blähglimmer (Vermikulit), Blähperlit, Blähschiefer, Blähton und Ziegelsplitt aus ungebrauchten Ziegeln als Gesteinskörnung (oder Gesteinsmehl) in Beton ist kein Nachweis bezüglich der Stoffgehalte und der Freisetzung gefährlicher Stoffe zu erbringen. Beim Einsatz von gesinterter Steinkohlenflugasche und Kesselasche (Kesselsand) in Beton ist dann kein Nachweis bezüglich der Stoffgehalte und der Freisetzung gefährlicher Stoffe zu erbringen, wenn die Gesteinskörnung (oder Gesteinsmehl) aus solchen Wärmekraftwerken stammt, in denen nur Kohle und keine Sekundärbrennstoffe, mit Ausnahme von Biomasse in einem Anteil von bis zu 14 M.-% (Trockenmasse), von praktisch aschefreiem Erdgas sowie kommunalem Klärschlamm (Abfallschlüssel 19 08 05 gemäß AVV*12 mit einem Anteil von bis zu 5 M.-% (Trockenmasse), bezogen auf trockene Kohle, mitverbrannt werden. Unter Biomasse wird pflanzliches Material verstanden. Nicht zulässig sind Altholz oder Sekundärmaterial.

Industriell hergestellte Gesteinskörnungen, die weder in dem vorangegangenen Absatz noch in der Tabelle A-3 (Anhang A) genannt sind, sind für die Verwendung in Beton unzulässig.

### 6.1.3. Flugaschen

Flächenbeläge aus Beton, der unter Verwendung von siliziumreicher Flugasche (i.d.R. Steinkohlenflugasche) hergestellt wird, dürfen nur eingebaut werden, wenn die siliziumreiche Flugasche die folgenden Anforderungen einhält:

- Die Stoffgehalte im Feststoff der siliziumreichen Flugasche müssen die Obergrenzen der Tabelle A-4 (Anhang A) einhalten.

Bei Verwendung von siliziumreicher Flugasche in Beton ist dann kein Nachweis bezüglich der Stoffgehalte und der Freisetzung gefährlicher Stoffe zu erbringen, wenn die Flugasche aus solchen Wärmekraftwerken stammt, in denen nur Kohle und keine Sekundärbrennstoffe, mit Ausnahme von Biomasse in einem Anteil von bis zu 14 M.-% (Trockenmasse), von praktisch aschefreiem Erdgas sowie kommunalem Klärschlamm (mit dem Abfallschlüssel 19 08 05 gemäß AVV*12) in einem Anteil von bis zu 5 M.-% (Trockenmasse), bezogen auf trockene Kohle mitverbrannt werden. Unter Biomasse wird pflanzliches Material verstanden. Nicht zulässig sind Altholz oder Sekundärmaterial.

Für calciumreiche Flugaschen (i.d.R. Braunkohlenflugasche) für Flächenbeläge aus Beton gibt es keine Technischen Baubestimmungen oder allgemein anerkannte Regeln der Technik, nach denen ihre Auswirkungen auf Boden und Gewässer bewertet werden können. Sie sind aber für die Erfüllung der Anforderungen nach Art. 3 der BayBO0), auch im Hinblick auf ihre Auswirkungen auf Boden und Gewässer, von Bedeutung.

### 6.2. Abwasserbehandelnde Flächenbeläge

Für wasserdurchlässige Beläge für KFZ-Verkehrsflächen für die Behandlung des Abwassers zur anschließenden Versickerung gibt es keine Technischen Baubestimmungen oder allgemein anerkannte Regeln der Technik, nach denen ihre Auswirkungen auf Boden und Gewässer bewertet werden können. Sie sind aber für die Erfüllung der Anforderungen nach Art. 3 der BayBO0), auch im Hinblick auf ihre Auswirkungen auf Boden und Gewässer, von Bedeutung.

## 7. Anforderungen an Gründungen inklusive Pfähle

### 7.1. Allgemeines

In Injektionsmitteln und Verpressmaterialien, die für Gründungen und Pfähle direkt im Grundwasser eingesetzt werden, dürfen keine rezyklierten oder industriell hergestellten Gesteinskörnungen verwendet werden.

---

*12 **Amtl. Anm.:** Verordnung über das Europäische Abfallverzeichnis (AVV) vom 10.12.2001, in der jeweils gültigen Fassung

0) Nr. **1**.

### 7.2. Injektions- und Verpressmaterialien für Gründungen inklusive Pfähle

#### 7.2.1. Flugasche

Gründungen inklusive Pfähle aus Bindemittelsuspensionen, Einpressmörtel (Zementmörtel) oder Beton, die unter Verwendung von siliziumreicher Flugasche (i.d.R. Steinkohlenflugasche) hergestellt werden, dürfen nur eingebaut werden, wenn die Flugasche die folgenden Anforderungen einhält:

- Die Stoffgehalte im Feststoff der siliziumreichen Flugasche müssen die Obergrenzen gemäß Tabelle A-4 (Anhang A) einhalten.
- Die Stoffkonzentrationen im Eluat gemäß DIN CEN/TS 16637-2:2014-11 (an Mörtel- oder Festbetonprobekörpern von einem Modellbeton) müssen die Obergrenzen gemäß Tabelle A-5 (Anhang A) einhalten.

Der Nachweis, dass die Stoffkonzentrationen im Eluat gemäß DIN CEN/TS 16637-2:2014-11 von Mörtel bzw. Beton (nach einer Modellrezeptur), der unter Verwendung von siliziumreicher Flugasche hergestellt ist, die Obergrenzen gemäß Tabelle A-5 (Anhang A) einhalten, entfällt, falls durch konstruktive Maßnahmen ein direkter Kontakt mit Boden oder Grundwasser auszuschließen ist.

Bei Verwendung von siliziumreicher Flugasche in Beton ist dann kein Nachweis bezüglich der Stoffgehalte und der Freisetzung gefährlicher Stoffe zu erbringen, wenn die Flugasche aus solchen Wärmekraftwerken stammt, in denen nur Kohle und keine Sekundärbrennstoffe, mit Ausnahme von Biomasse in einem Anteil von bis zu 14 M.-% (Trockenmasse), von praktisch aschefreiem Erdgas sowie kommunalem Klärschlamm (mit dem Abfallschlüssel 19 08 05 gemäß AVV[*13]) in einem Anteil von bis zu 5 M.-% (Trockenmasse), bezogen auf trockene Kohle mitverbrannt werden. Unter Biomasse wird pflanzliches Material verstanden. Nicht zulässig sind Altholz oder Sekundärmaterial.

Für calciumreiche Flugaschen (i.d.R. Braunkohlenflugasche) für Gründungen inklusive Pfähle aus Bindemittelsuspensionen, Einpressmörtel (Zementmörtel) oder Beton gibt es keine Technischen Baubestimmungen oder allgemein anerkannte Regeln der Technik, nach denen ihre Auswirkungen auf Boden und Gewässer bewertet werden können. Sie sind aber für die Erfüllung der Anforderungen nach Art. 3 der BayBO[1)], auch im Hinblick auf ihre Auswirkungen auf Boden und Gewässer, von Bedeutung.

### 7.3. Gründungen aus Beton

Betonausgangsstoffe, die in Gründungen verwendet werden, die Kontakt zu Grundwasser oder Boden haben, müssen die in den folgenden Abschnitten aufgeführten Anforderungen erfüllen.

Beim ausschließlichen Einsatz von natürlichen Gesteinskörnungen ist kein Nachweis bezüglich der Stoffgehalte und der Freisetzung gefährlicher Stoffe zu erbringen.

---

[*13] **Amtl. Anm.:** Verordnung über das Europäische Abfallverzeichnis (AVV) vom 10.12.2001, in der jeweils gültigen Fassung

[1)] Nr. **1**.

### 7.3.1. Rezyklierte Gesteinskörnungen

Gründungen aus Beton, der unter Verwendung von rezyklierter Gesteinskörnung*[14] hergestellt wird, dürfen nur eingebaut werden, wenn die rezyklierte Gesteinskörnung die folgenden Anforderungen erfüllt:

- Zur Herstellung der rezyklierten Gesteinskörnung dürfen nur Abfälle verwendet werden, die bei Bautätigkeiten (z.B. Rückbau, Abriss, Umbau, Ausbau, Neubau und Erhaltung von Hoch- und Tiefbauten, Straßen, Wegen, Flugplätzen und sonstigen Verkehrsflächen) angefallen sind und zuvor als natürliche oder künstliche mineralische Baustoffe in gebundener oder ungebundener Form im Hoch- und Tiefbau eingesetzt waren. Die Abfälle müssen den in der Tabelle A-1 (Anhang A) genannten Abfallarten entsprechen. Vor Umbau, Rückbau oder Abriss eines Bauwerkes ist zunächst durch Inaugenscheinnahme und Auswertung vorhandener Unterlagen festzustellen, ob mit einer Schadstoffbelastung des dabei anfallenden Materials gerechnet werden muss. Wenn eine Schadstoffbelastung über den in der Tabelle A-2 (Anhang A) aufgeführten Parameterumfang hinaus bestehen könnte, ist das Material gesondert abfallrechtlich zu bewerten. Kontaminierte Baustoffe und Bauteile sind während des Rückbaus eines Bauwerks zu separieren und einer geordneten Entsorgung zuzuführen. Dies betrifft insbesondere Brandschutt, Bauteile mit Isolierungen und Anstrichen auf Pechbasis, Innenwandungen von Industrieschornsteinen, asbest- und PCB-haltige Stoffe, mit Schadstoffen kontaminierte Gebäudeteile von Gaswerken, Tankstellen, Galvanikbetrieben und Produktionsanlagen der chemischen Industrie.
- Die Stoffkonzentrationen im Eluat gemäß DIN EN 12457-4:2003-01 der rezyklierten Gesteinskörnung müssen die Obergrenzen gemäß Tabelle A-2 (Anhang A) einhalten.
- Die Stoffgehalte im Feststoff der rezyklierten Gesteinskörnung müssen die Obergrenzen gemäß Tabelle A-2 (Anhang A) einhalten.

Beim Einsatz von Fehlchargen von Betonfertigteilen (dies gilt auch für Restbeton in Transportbetonwerken) direkt im Herstellwerk als rezyklierte Gesteinskörnung ist kein Nachweis bezüglich der Stoffgehalte und der Freisetzung gefährlicher Stoffe zu erbringen.

### 7.3.2. Industriell hergestellte Gesteinskörnungen

Gründungen aus Beton, der unter Verwendung industriell hergestellter Gesteinskörnungen*[15] hergestellt wird, dürfen nur eingebaut werden, wenn die industriell hergestellten Gesteinskörnungen die folgenden Anforderungen einhalten:

- Die Stoffkonzentrationen im Eluat gemäß DIN EN 12457-4:2003-01 der industriell hergestellten Gesteinskörnung müssen die Obergrenzen gemäß Tabelle A-3 (Anhang A) einhalten.
- Die Stoffgehalte im Feststoff der industriell hergestellten Gesteinskörnung müssen die Obergrenzen gemäß Tabelle A-3 (Anhang A) einhalten.

---

*[14] **Amtl. Anm.:** Dies gilt auch, wenn die rezyklierte Gesteinskörnung als RC Sand in Zement eingesetzt wird.

*[15] **Amtl. Anm.:** Dies gilt auch, wenn die rezyklierte Gesteinskörnung als RC Sand in Zement eingesetzt wird.

- Die Stoffkonzentrationen im Eluat gemäß DIN CEN/TS 16637-2:2014-11 (an Festbetonprobekörpern aus einem Modellbeton) müssen die Obergrenzen gemäß Tabelle A-6 (Anhang A) bzw. bei Kesselsand die Obergrenzen der Tabelle A-5 (Anhang A) einhalten.

Der Nachweis, dass die Stoffkonzentrationen im Eluat gemäß DIN CEN/TS 16637-2:2014-11 die Obergrenzen gemäß Tabelle A-5 bzw. Tabelle A-6 (Anhang A) einhalten, entfällt, falls durch konstruktive Maßnahmen ein direkter Kontakt mit Boden oder Grundwasser auszuschließen ist.

Beim Einsatz von kristalliner Hochofenstückschlacke, Hüttensand, Schmelzkammergranulat, Blähglimmer (Vermikulit), Blähperlit, Blähschiefer, Blähton und Ziegelsplitt aus ungebrauchten Ziegeln als Gesteinskörnung (oder Gesteinsmehl) in Beton ist kein Nachweis bezüglich der Stoffgehalte und der Freisetzung gefährlicher Stoffe zu erbringen. Beim Einsatz von gesinterter Steinkohlenflugasche und Kesselasche (Kesselsand) in Beton ist dann kein Nachweis bezüglich der Stoffgehalte und der Freisetzung gefährlicher Stoffe zu erbringen, wenn die Gesteinskörnung (oder Gesteinsmehl) aus solchen Wärmekraftwerken stammt, in denen nur Kohle und keine Sekundärbrennstoffe, mit Ausnahme von Biomasse in einem Anteil von bis zu 14 M.-% (Trockenmasse), von praktisch aschefreiem Erdgas sowie kommunalem Klärschlamm (Abfallschlüssel 19 08 05 gemäß AVV[*16] mit einem Anteil von bis zu 5 M.-% (Trockenmasse), bezogen auf trockene Kohle, mitverbrannt werden. Unter Biomasse wird pflanzliches Material verstanden. Nicht zulässig sind Altholz oder Sekundärmaterial.

Industriell hergestellte Gesteinskörnungen, die weder in dem vorangegangenen Absatz noch in der Tabelle A-3 (Anhang A) genannt sind, sind für die Verwendung in Beton unzulässig.

### 7.3.3. Flugaschen

Gründungen aus Beton, der unter Verwendung von siliziumreicher Flugasche (i.d.R. Steinkohlenflugasche) hergestellt wird, dürfen nur eingebaut werden, wenn die Flugasche die folgenden Anforderungen einhält:

- Die Stoffgehalte im Feststoff der siliziumreichen Flugasche müssen die Obergrenzen gemäß Tabelle A-4 (Anhang A) einhalten.
- Die Stoffkonzentrationen im Eluat gemäß DIN CEN/TS 16637-2:2014-11 (an Festbetonprobekörpern aus einem Modellbeton) müssen die Obergrenzen gemäß Tabelle A-5 (Anhang A) einhalten.

Der Nachweis, dass die Stoffkonzentrationen im Eluat gemäß DIN CEN/TS 16637-2:2014-11 die Obergrenzen gemäß Tabelle A-5 (Anhang A) einhalten, entfällt, falls durch konstruktive Maßnahmen ein direkter Kontakt mit Boden oder Grundwasser auszuschließen ist.

Bei Verwendung von siliziumreicher Flugasche in Beton ist dann kein Nachweis bezüglich der Stoffgehalte und der Freisetzung gefährlicher Stoffe zu erbringen, wenn die Flugasche aus solchen Wärmekraftwerken stammt, in denen nur Kohle und keine Sekundärbrennstoffe, mit Ausnahme von Biomasse in einem Anteil von bis zu 14 M.-% (Trockenmasse), von praktisch aschefreiem Erdgas sowie kommunalem Klärschlamm (mit dem Abfallschlüssel 19 08 05

---

[*16] **Amtl. Anm.:** Verordnung über das Europäische Abfallverzeichnis (AVV) vom 10.12.2001, in der jeweils gültigen Fassung

gemäß AVV[*17]) in einem Anteil von bis zu 5 M.-% (Trockenmasse), bezogen auf trockene Kohle mitverbrannt werden. Unter Biomasse wird pflanzliches Material verstanden. Nicht zulässig sind Altholz oder Sekundärmaterial.

Für calciumreiche Flugaschen (i.d.R. Braunkohlenflugasche) für Gründungen aus Beton gibt es keine Technischen Baubestimmungen oder allgemein anerkannte Regeln der Technik, nach denen ihre Auswirkungen auf Boden und Gewässer bewertet werden können. Sie sind aber für die Erfüllung der Anforderungen nach Art. 3 der BayBO[1)], auch im Hinblick auf ihre Auswirkungen auf Boden und Gewässer, von Bedeutung.

**7.3.4. Sulfathüttenzement und Calciumaluminatsulfatzement**

Gründungen aus Beton, der unter Verwendung von Sulfathüttenzement oder Calciumaluminatsulfatzement hergestellt wird, dürfen nur eingebaut werden, wenn die Stoffkonzentrationen im Eluat gemäß DIN CEN/TS 16637-2:2014-11 (an Festbetonprobekörpern aus einem Modellbeton) die Obergrenzen gemäß Tabelle A-6 (Anhang A) einhalten.

Der Nachweis, dass die Stoffkonzentrationen im Eluat gemäß DIN CEN/TS 16637-2:2014-11 die Obergrenzen gemäß Tabelle A-6 (Anhang A) einhalten, entfällt, falls durch konstruktive Maßnahmen ein direkter Kontakt mit Boden oder Grundwasser auszuschließen ist.

**7.3.5. Betonzusatzmittel**

Betonzusatzmittel, die für Gründungen aus Beton verwendet werden und für die es keine Technischen Baubestimmungen oder allgemein anerkannte Regeln der Technik gibt, sind für die Erfüllung der Anforderungen nach Art. 3 der BayBO[1)], auch im Hinblick auf ihre Auswirkungen auf Boden und Gewässer, von Bedeutung.

**7.4. Abdichtungen für Gründungen**

Für Schleierinjektionen als nachträgliche Bauwerksabdichtung gibt es keine Technischen Baubestimmungen oder allgemein anerkannte Regeln der Technik, nach denen ihre Auswirkungen auf Boden und Gewässer bewertet werden können. Sie sind aber für die Erfüllung der Anforderungen nach Art. 3 der BayBO[1)], auch im Hinblick auf ihre Auswirkungen auf Boden und Gewässer, von Bedeutung.

**8. Anforderungen an Sohlabdichtungen zur Herstellung von Baugruben**

**8.1. Allgemeines**

In Injektionsmitteln aus Bindemittelsuspensionen oder Einpressmörtel (Zementmörtel), die direkt im Grundwasser eingesetzt werden, dürfen keine rezyklierten oder industriell hergestellten Gesteinskörnungen verwendet werden.

---

[*17] **Amtl. Anm.:** Verordnung über das Europäische Abfallverzeichnis (AVV) vom 10.12.2001, in der jeweils gültigen Fassung

[1)] Nr. 1.

### 8.2. Injektions- und Verpressmittel für Sohlabdichtungen aus Bindemittelsuspensionen oder Einpressmörtel

#### 8.2.1. Flugasche für zementgebundene Sohlabdichtungen

Injektionsmittel aus Bindemittelsuspensionen oder Einpressmörtel (Zementmörtel), die unter Verwendung von siliziumreicher Flugasche (i.d.R. Steinkohlenflugasche) hergestellt werden, dürfen nur eingebaut werden, wenn die Flugasche die folgenden Anforderungen einhält:

- Die Stoffgehalte im Feststoff der siliziumreichen Flugasche müssen die Obergrenzen der Tabelle A-4 (Anhang A) einhalten.
- Die Stoffkonzentrationen im Eluat gemäß DIN CEN/TS 16637-2:2014-11 (an Mörtel- bzw. Betonprobekörpern aus Modellmörtel bzw. -beton) müssen die Obergrenzen gemäß Tabelle A-5 (Anhang A) einhalten.

Bei Verwendung von siliziumreicher Flugasche in Beton ist dann kein Nachweis bezüglich der Stoffgehalte und der Freisetzung gefährlicher Stoffe zu erbringen, wenn die Flugasche aus solchen Wärmekraftwerken stammt, in denen nur Kohle und keine Sekundärbrennstoffe, mit Ausnahme von Biomasse in einem Anteil von bis zu 14 M.-% (Trockenmasse), von praktisch aschefreiem Erdgas sowie kommunalem Klärschlamm (Abfallschlüssel 19 08 05 gemäß AVV[*18]) in einem Anteil von bis zu 5 M.-% (Trockenmasse), bezogen auf trockene Kohle mitverbrannt werden. Unter Biomasse wird pflanzliches Material verstanden. Nicht zulässig sind Altholz oder Sekundärmaterial.

Für calciumreiche Flugaschen (i.d.R. Braunkohlenflugasche) für Injektionsmittel aus Bindemittelsuspensionen oder Einpressmörtel (Zementmörtel) gibt es keine Technischen Baubestimmungen oder allgemein anerkannte Regeln der Technik, nach denen ihre Auswirkungen auf Boden und Gewässer bewertet werden können. Sie sind aber für die Erfüllung der Anforderungen nach Art. 3 der BayBO[1)], auch im Hinblick auf ihre Auswirkungen auf Boden und Gewässer, von Bedeutung.

### 8.3. Injektions- und Verpressmittel für Sohlabdichtungen auf Silikatbasis

Für Injektions- und Verpressmittel für Sohlabdichtungen auf Silikatbasis gibt es keine Technischen Baubestimmungen oder allgemein anerkannte Regeln der Technik, nach denen ihre Auswirkungen auf Boden und Gewässer bewertet werden können. Sie sind aber für die Erfüllung der Anforderungen nach Art. 3 der BayBO[1)], auch im Hinblick auf ihre Auswirkungen auf Boden und Gewässer, von Bedeutung.

## 9. Anforderungen an Schüttungen

### 9.1. Schaumglasschotter als Schüttungen unter Gründungsplatten

Schüttungen, die aus Schaumglasschotter bestehen, dürfen unterhalb von Gründungsplatten dann eingebaut werden, wenn der Schaumglasschotter die folgenden Anforderungen erfüllt, und die Schüttung oberhalb der gesättigten Bodenzone sowie oberhalb des Kapillarsaumes des Grundwassers (i.d.R. 30 cm über HGW (höchster gemessener Grundwasserstand)) eingebaut ist:

---

[*18] **Amtl. Anm.:** Verordnung über das Europäische Abfallverzeichnis (AVV) vom 10.12.2001, in der jeweils gültigen Fassung

[1)] Nr. **1**.

- Die Stoffkonzentrationen im Eluat gemäß DIN EN 12457-4:2003-01 des Glasmehls, aus dem Schaumglasschotter hergestellt wird, müssen die Obergrenzen gemäß Tabelle A-7 (Anhang A) einhalten.
- Die Stoffgehalte im Feststoff des Glasmehls, aus dem Schaumglasschotter hergestellt wird, müssen die Obergrenzen gemäß Tabelle A-7 (Anhang A) einhalten.

Bauprodukte, die unter Einsatz von Bildschirmglas hergestellt wurden, dürfen nicht verwendet werden.

**9.2. Filtermaterialien zur Behandlung von Niederschlagswasser, das versickert werden soll**

Für Filtermaterialien, die von Niederschlagswasser durchströmt werden, gibt es keine Technischen Baubestimmungen oder allgemein anerkannte Regeln der Technik, nach denen ihre Auswirkungen auf Boden und Gewässer bewertet werden können. Sie sind aber für die Erfüllung der Anforderungen nach Art. 3 der BayBO[1)], auch im Hinblick auf ihre Auswirkungen auf Boden und Gewässer, von Bedeutung.

**10. Anforderungen an unterirdische Behälter und Rohre**

**10.1. Unterirdische Behälter und Rohre aus Beton**

Betonausgangsstoffe, die in unterirdischen Behältern und Rohren verwendet werden, die Kontakt zu Grundwasser oder Boden haben, müssen die in den folgenden Abschnitten aufgeführten Anforderungen erfüllen.

Beim ausschließlichen Einsatz von natürlichen Gesteinskörnungen ist kein Nachweis bezüglich der Stoffgehalte und der Freisetzung gefährlicher Stoffe zu erbringen.

Bauprodukte, die unter Einsatz von Bildschirmglas hergestellt wurden, dürfen nicht verwendet werden.

**10.1.1. Rezyklierte Gesteinskörnungen**

Unterirdische Behälter und Rohre aus Beton, der unter Verwendung von rezyklierter Gesteinskörnung[*19] hergestellt wird, dürfen nur eingebaut werden, wenn die rezyklierte Gesteinskörnung die folgenden Anforderungen erfüllt:

- Zur Herstellung der rezyklierten Gesteinskörnung dürfen nur Abfälle verwendet werden, die bei Bautätigkeiten (z.B. Rückbau, Abriss, Umbau, Ausbau, Neubau und Erhaltung von Hoch- und Tiefbauten, Straßen, Wegen, Flugplätzen und sonstigen Verkehrsflächen) angefallen sind und zuvor als natürliche oder künstliche mineralische Baustoffe in gebundener oder ungebundener Form im Hoch- und Tiefbau eingesetzt waren. Die Abfälle müssen den in der Tabelle A-1 (Anhang A) genannten Abfallarten entsprechen. Vor Umbau, Rückbau oder Abriss eines Bauwerkes ist zunächst durch Inaugenscheinnahme und Auswertung vorhandener Unterlagen festzustellen, ob mit einer Schadstoffbelastung des dabei anfallenden Materials gerechnet werden muss. Wenn eine Schadstoffbelastung über den in der Tabelle A-2 (Anhang A) aufgeführten Parameterumfang hinaus bestehen könnte, ist das Material gesondert abfallrechtlich zu bewerten. Kontaminierte Baustoffe und

[1)] Nr. 1.

[*19] **Amtl. Anm.:** Dies gilt auch, wenn die rezyklierte Gesteinskörnung als RC Sand in Zement eingesetzt wird.

Bauteile sind während des Rückbaus eines Bauwerks zu separieren und einer geordneten Entsorgung zuzuführen. Dies betrifft insbesondere Brandschutt, Bauteile mit Isolierungen und Anstrichen auf Pechbasis, Innenwandungen von Industrieschornsteinen, asbest- und PCB-haltige Stoffe, mit Schadstoffen kontaminierte Gebäudeteile von Gaswerken, Tankstellen, Galvanikbetrieben und Produktionsanlagen der chemischen Industrie.

- Die Stoffkonzentrationen im Eluat gemäß DIN EN 12457-4:2003-01 der rezyklierten Gesteinskörnung müssen die Obergrenzen gemäß Tabelle A-2 (Anhang A) einhalten.
- Die Stoffgehalte im Feststoff der rezyklierten Gesteinskörnung müssen die Obergrenzen gemäß Tabelle A-2 (Anhang A) einhalten.

Beim Einsatz von Fehlchargen von Betonfertigteilen (dies gilt auch für Restbeton in Transportbetonwerken) direkt im Herstellwerk als rezyklierte Gesteinskörnung ist kein Nachweis bezüglich der Stoffgehalte und der Freisetzung gefährlicher Stoffe zu erbringen.

### 10.1.2. Industriell hergestellte Gesteinskörnungen

Unterirdische Behälter und Rohre aus Beton, der unter Verwendung industriell hergestellter Gesteinskörnungen hergestellt wird, dürfen nur eingebaut werden, wenn die industriell hergestellten Gesteinskörnungen die folgenden Anforderungen einhalten:

- Die Stoffkonzentrationen im Eluat gemäß DIN EN 12457-4:2003-01 der industriell hergestellten Gesteinskörnung müssen die Obergrenzen gemäß Tabelle A-3 (Anhang A) einhalten.
- Die Stoffgehalte im Feststoff der industriell hegestellten Gesteinskörnung müssen die Obergrenzen gemäß Tabelle A-3 (Anhang A) einhalten.

Für Bauteile für unterirdische Behälter und Rohre aus Beton, die im Kontakt mit Grundwasser eingebaut werden, gilt:

- Die Stoffkonzentrationen im Eluat gemäß DIN CEN/TS 16637-2:2014-11 (an Festbetonprobekörpern aus einem Modellbeton) müssen die Obergrenzen gemäß Tabelle A-6 (Anhang A) bzw. bei Kesselasche die Obergrenze gemäß Tabelle A-5 (Anhang A) einhalten.

Der Nachweis, dass die Stoffkonzentrationen im Eluat gemäß DIN CEN/TS 16637-2:2014-11 die Obergrenzen gemäß Tabelle A-5 bzw. Tabelle A6 (Anhang A) einhalten, entfällt, falls durch konstruktive Maßnahmen ein direkter Kontakt mit Grundwasser auszuschließen ist.

Beim Einsatz von kristalliner Hochofenstückschlacke, Hüttensand, Schmelzkammergranulat, Blähglimmer (Vermikulit), Blähperlit, Blähschiefer, Blähton und Ziegelsplitt aus ungebrauchten Ziegeln als Gesteinskörnung (oder Gesteinsmehl) in Beton ist kein Nachweis bezüglich der Stoffgehalte und der Freisetzung gefährlicher Stoffe zu erbringen. Beim Einsatz von gesinterter Steinkohlenflugasche und Kesselasche (Kesselsand) in Beton ist dann kein Nachweis bezüglich der Stoffgehalte und der Freisetzung gefährlicher Stoffe zu erbringen, wenn die Gesteinskörnung (oder Gesteinsmehl) aus solchen Wärmekraftwerken stammt, in denen nur Kohle und keine Sekundärbrennstoffe, mit Ausnahme von Biomasse in einem Anteil von bis zu 14 M.-% (Trockenmasse), von praktisch aschefreiem Erdgas sowie kommunalem Klärschlamm

(Abfallschlüssel 19 08 05 gemäß AVV*[20] mit einem Anteil von bis zu 5 M.-% (Trockenmasse), bezogen auf trockene Kohle, mitverbrannt werden. Unter Biomasse wird pflanzliches Material verstanden. Nicht zulässig sind Altholz oder Sekundärmaterial.

Industriell hergestellte Gesteinskörnungen, die weder in dem vorangegangenen Absatz noch in der Tabelle A-3 (Anhang A) genannt sind, sind für die Verwendung in Beton unzulässig.

### 10.1.3. Flugaschen

Unterirdische Behälter und Rohre aus Beton, der unter Verwendung von siliziumreicher Flugasche (i.d.R. Steinkohlenflugasche) hergestellt wird, dürfen nur eingebaut werden, wenn die siliziumreiche Flugasche die folgenden Anforderungen einhält:

- Die Stoffgehalte im Feststoff der siliziumreichen Flugasche müssen die Obergrenzen der Tabelle A-4 (Anhang A) einhalten.

Für Bauteile für unterirdische Behälter und Rohre aus Beton, die im Kontakt mit Grundwasser eingebaut werden, gilt:

- Die Stoffkonzentrationen im Eluat gemäß DIN CEN/TS 16637-2:2014-11 von Festbeton (an Festbetonprobekörpern aus einem Modellbeton), der unter Verwendung von siliziumreicher Flugasche hergestellt ist, müssen die Obergrenzen gemäß Tabelle A-5 (Anhang A) einhalten.

Der Nachweis, dass die Stoffkonzentrationen im Eluat gemäß DIN CEN/TS 16637-2:2014-11 die Obergrenzen gemäß Tabelle A-5 (Anhang A) einhalten, entfällt, falls durch konstruktive Maßnahmen ein direkter Kontakt mit Grundwasser auszuschließen ist.

Bei Verwendung von siliziumreicher Flugasche in Beton ist dann kein Nachweis bezüglich der Stoffgehalte und der Freisetzung gefährlicher Stoffe zu erbringen, wenn die Flugasche aus solchen Wärmekraftwerken stammt, in denen nur Kohle und keine Sekundärbrennstoffe, mit Ausnahme von Biomasse in einem Anteil von bis zu 14 M.-% (Trockenmasse), von praktisch aschefreiem Erdgas sowie kommunalem Klärschlamm (mit dem Abfallschlüssel 19 08 05 gemäß AVV*[21]) in einem Anteil von bis zu 5 M.-% (Trockenmasse), bezogen auf trockene Kohle mitverbrannt werden. Unter Biomasse wird pflanzliches Material verstanden. Nicht zulässig sind Altholz oder Sekundärmaterial.

Für calciumreiche Flugaschen (i.d.R. Braunkohlenflugasche) für unterirdische Behälter und Rohre gibt es keine Technischen Baubestimmungen oder allgemein anerkannte Regeln der Technik, nach denen ihre Auswirkungen auf Boden und Gewässer bewertet werden können. Sie sind aber für die Erfüllung der Anforderungen nach Art. 3 der BayBO[1)], auch im Hinblick auf ihre Auswirkungen auf Boden und Gewässer, von Bedeutung.

### 10.1.4. Sulfathüttenzement und Calciumaluminatsulfatzement

Unterirdische Behälter und Rohre aus Beton, der unter Verwendung von Sulfathüttenzement oder Calciumaluminatsulfatzement hergestellt wird, dürfen

---

*[20] **Amtl. Anm.:** Verordnung über das Europäische Abfallverzeichnis (AVV) vom 10.12.2001, in der jeweils gültigen Fassung

*[21] **Amtl. Anm.:** Verordnung über das Europäische Abfallverzeichnis (AVV) vom 10.12.2001, in der jeweils gültigen Fassung

[1)] Nr. **1**.

in Kontakt mit Boden oder Grundwasser nur eingebaut werden, wenn die Stoffkonzentrationen im Eluat gemäß DIN CEN/TS 16637-2:2014-11 von Festbeton (an Modellbetonprobekörpern), der unter Verwendung von Sulfathüttenzement oder Calciumaluminatsulfatzement hergestellt ist, die Obergrenzen gemäß Tabelle A-6 (Anhang A) einhalten.

Der Nachweis, dass die Stoffkonzentrationen im Eluat gemäß DIN CEN/TS 16637-2:2014-11 die Obergrenzen gemäß Tabelle A-6 (Anhang A) einhalten, entfällt, falls durch konstruktive Maßnahmen ein direkter Kontakt mit Boden oder Grundwasser auszuschließen ist.

### 10.1.5. Betonzusatzmittel

Betonzusatzmittel, die in unterirdischen Behältern und Rohren aus Beton in Kontakt mit Grundwasser eingesetzt werden, und für die es keine Technischen Baubestimmungen oder allgemein anerkannte Regeln der Technik gibt, sind für die Erfüllung der Anforderungen nach Art. 3 der BayBO[1)], auch im Hinblick auf ihre Auswirkungen auf Boden und Gewässer, von Bedeutung.

### 10.2. Kanalsanierungsmittel

Für Kanalsanierungsmittel gibt es keine Technischen Baubestimmungen oder allgemein anerkannte Regeln der Technik, nach denen ihre Auswirkungen auf Boden und Gewässer bewertet werden können. Sie sind aber für die Erfüllung der Anforderungen nach Art. 3 der BayBO[1)], auch im Hinblick auf ihre Auswirkungen auf Boden und Gewässer, von Bedeutung.

## Anhang A – Obergrenzen

**Tabelle A-1: Zulässige Eingangsmaterialien in eine Bauschuttrecyclinganlage zur Herstellung von rezyklierter Gesteinskörnung**

| | |
|---|---|
| 1 | Beton (Abfallschlüssel 17 01 01 gemäß AVV*) |
| 2 | Ziegel (Abfallschlüssel 17 01 02 gemäß AVV*) |
| 3 | Fliesen, Ziegel, Keramik (Abfallschlüssel 17 01 03 gemäß AVV*) |
| 4 | Gemische aus Beton, Ziegeln, Fliesen und Keramik, die keine gefährlichen Stoffe enthalten (Abfallschlüssel 17 01 07 gemäß AVV*) |
| 5 | Bitumengemische mit Ausnahme derjenigen, die unter 17 03 01 fallen (Abfallschlüssel 17 03 02 gemäß AVV*) (hier: Asphalt, teerfrei) |
| 6 | Betonabfälle, hier jedoch ohne Betonschlämme (Abfallschlüssel 10 13 14 gemäß AVV*) |
| 7 | Boden und Steine, die keine gefährlichen Stoffe enthalten (Abfallschlüssel 17 05 04 gemäß AVV*) |
| 8 | Gleisschotter, der keine gefährlichen Stoffe enthält (Abfallschlüssel 17 05 08 gemäß AVV*) |
| * Verordnung über das Europäische Abfallverzeichnis (AVV) vom 10.12.2001 in der jeweils gültigen Fassung. | |

**Tabelle A-2: Obergrenzen für die Eluatkonzentration und die Feststoffgehalte von rezyklierten Gesteinskörnungen**

| | Parameter | Dimension | Obergrenze |
|---|---|---|---|
| Eluatkonzentration | Arsen (As) | µg/l | 50 |
| | Blei (Pb) | µg/l | 100 |
| | Cadmium (Cd) | µg/l | 5 |
| | Chrom, gesamt (Cr) | µg/l | 100 |
| | Kupfer (Cu) | µg/l | 200 |

1) Nr. 1.

| | Parameter | Dimension | Obergrenze |
|---|---|---|---|
| | Nickel (Ni) | µg/l | 100 |
| | Quecksilber (Hg) | µg/l | 2 |
| | Zink (Zn) | µg/l | 400 |
| | Chlorid ($Cl^-$) | mg/l | 150 |
| | Sulfat ($SO_4^{2-}$) | mg/l | 600 |
| | Phenolindex | µg/l | 100 |
| | Atrazin* | µg/l | 0,1 |
| | Bromacil* | µg/l | 0,1 |
| | Diuron* | µg/l | 0,1 |
| | Glyphosat* | µg/l | 0,1 |
| | AMPA* | µg/l | 1 |
| | Simazin' | µg/l | 0,1 |
| | Dimefuron* | µg/l | 0,1 |
| | Flazasulfuron* | µg/l | 0,1 |
| | Flumioxazin* | µg/l | 0,1 |
| | Ethidimuron* | µg/l | 0,1 |
| | Thiazafluron* | µg/l | 0,1 |
| | Neu zugelassene Wirkstoffe* | µg/l | 0,1 |
| | pH-Wert | - | 7,0-12** |
| | pH-Wert* | | 6,5-10** |
| | Leitfähigkeit | µS/cm | 3000** |
| | Leitfähigkeit* | | 500** |
| Feststoffgehalt | Kohlenwasserstoffe | mg/kg | 1000** |
| | $PAK_{16}$ | mg/kg | 20 |
| | $PCB_6$ | mg/kg | 1 |

* Ist nur für Gleisschotter erforderlich. Auf die Untersuchung kann verzichtet werden, wenn dem Hersteller seitens der Deutschen Bahn AG Nachweise vorliegen, dass auf dem jeweiligen Streckenabschnitt keine Herbizide eingesetzt werden.

** Überschreitungen stellen kein Ausschlusskriterium dar, wenn der Betonanteil des untersuchten Materials mindestens 60 Masse-% beträgt.

*** Überschreitungen, die auf Asphaltanteile zurückzuführen sind, stellen kein Ausschlusskriterium dar.

**Tabelle A-3: Obergrenzen für die Eluatkonzentration und die Feststoffgehalte von industriell hergestellten Gesteinskörnungen**

| | Parameter | Dimension | Stahlwerksschlacke (SWS) | Kesselasche (Kesselsand) aus Steinkohlekraftwerken mit Mitverbrennung* | Schlacke aus der Kupfererzeugung (CUS/CUG) | Gießereisand (Gießereirestsand GRS) | Gesteinskörnung aus gebrochenem Altglas | Braunkohlenflugasche (BFA) |
|---|---|---|---|---|---|---|---|---|
| Eluatkonzentration | Arsen (As) | µg/l | | | | 60 | 60 | 100 |
| | Blei (Pb) | µg/l | | | 100 | 200 | 200 | 200 |
| | Cadmium (Cd) | µg/l | | | | 10 | 6 | 10 |
| | Chrom, gesamt (Cr) | µg/l | 100 | | | 150 | 60 | 300 |
| | Kupfer (Cu) | µg/l | | | 100 | 300 | 100 | 100 |
| | Molybdän | µg/l | | | | | | 300 |
| | Nickel (Ni) | µg/l | | | | 150 | 70 | 70 |
| | Quecksilber (Hg) | µg/l | | | | | 2 | 2 |
| | Vanadium | µg/l | 250 | | | | | |
| | Zink (Zn) | µg/l | | | 200 | 600 | 600 | 600 |
| | Chlorid ($Cl^-$) | mg/l | | | | | | 50 |
| | Sulfat ($SO_4^{2-}$) | mg/l | | | | | | 1000 |
| | Fluorid | mg/l | 5 | | | 1 | | |
| | Phenolindex | µg/l | | | | 100 | | |
| | DOC | µg/l | | | | 20000 | | |
| | pH-Wert** | – | 10–13 | | 6,0–10 | 5,5–12 | 5,5–12 | 10–13 |
| | Leitfähigkeit** | µS/cm | 1500 | | 700 | 1000 | 2000 | 5000 |
| Feststoffgehalt | Arsen | mg/kg | 150 | 150 | 150 | 150 | 150 | 150 |
| | Blei | mg/kg | 700 | 700 | 700 | 700 | 700 | 700 |
| | Cadmium | mg/kg | 10 | 10 | 10 | 10 | 10 | 10 |
| | Chrom, gesamt | mg/kg | 600 | 600 | 600 | 600 | 600 | 600 |
| | Kupfer | mg/kg | 400 | 400 | 400 | 400 | 400 | 400 |
| | Nickel | mg/kg | 500 | 500 | 500 | 500 | 500 | 500 |
| | Thallium | mg/kg | 7 | 7 | 7 | 7 | 7 | 7 |
| | Vanadium | Mg/kg | | 1500 | | | | 1500 |
| | Quecksilber | mg/kg | 5 | 5 | 5 | 5 | 5 | 5 |
| | Zink | mg/kg | 1500 | 1500 | 1500 | 1500 | 1500 | 1500 |
| | EOX | mg/kg | | | | 10*** | | |
| | BTX | mg/kg | | | | 1 | | |
| | LHKW | mg/kg | | | | 1 | | |
| | Benzo(a)pyren | mg/kg | | | | 3 | | |
| | Kohlenwasserstoffe | mg/kg | | | | 1000 | | |
| | $PAK_{16}$ | mg/kg | | | | 20 | | 20 |
| | $PCB_6$ | mg/kg | | 0,5 | | | | 0,5 |
| | PCDD/PCDF | ng TEQ/kg**** | | 100 | | | | 100 |

* Als Mitverbrennungsstoffe dürfen ausschließlich Petrolkoks, kommunaler Klärschlamm (mit dem Abfallschlüssel 19 08 05 nach der Verordnung über das Europäische Abfallverzeichnis), Biomasse oder praktisch aschefreies Erdgas eingesetzt werden.

| | Parameter | Dimension | Stahlwerksschlacke (SWS) | Kesselasche (Kesselsand) aus Steinkohlekraftwerken mit Mitverbrennung* | Schlacke aus der Kupfererzeugung (CUS/CUG) | Gießereisand (Gießereirestsand GRS) | Gesteinskörnung aus gebrochenem Altglas | Braunkohlenflugasche (BFA) |
|---|---|---|---|---|---|---|---|---|
| ** | Die Angaben zu pH-Wert und Leitfähigkeit sind Orientierungswerte. Bei Abweichungen vom stoffspezifischen Orientierungswert ist die Ursache zu prüfen. | | | | | | | |
| *** | Ausgesetzt bis zum Vorliegen einer europäischen Prüfnorm. | | | | | | | |
| **** | TEQ = Toxizitätsäquivalent nach WHO-TEF | | | | | | | |

**Tabelle A-4: Obergrenzen für die Feststoffgehalte von siliziumreichen Flugaschen für die Verwendung in Beton**

| | Parameter | Dimension | Obergrenze |
|---|---|---|---|
| Feststoffgehalt | Arsen (As) | mg/kg | 150 |
| | Blei (Pb) | mg/kg | 700 |
| | Cadmium (Cd) | mg/kg | 10 |
| | Chrom, gesamt (Cr) | mg/kg | 600 |
| | Kupfer (Cu) | mg/kg | 400 |
| | Nickel (Ni) | mg/kg | 500 |
| | Quecksilber | mg/kg | 5 |
| | Thallium (Tl) | mg/kg | 7 |
| | Vanadium (V) | mg/kg | 1500 |
| | Zink (Zn) | mg/kg | 1500 |
| | $PCB_6$ | mg/kg | 0,5 |
| | PCDD/PCDF | ng TEQ/kg* | 100 |
| | | | |
| * | TEQ = Toxizitätsäquivalent nach WHO-TEF. | | |

**Tabelle A-5: Obergrenzen für die Stofffreisetzung im Eluat von Festbeton (Modellbeton) unter Verwendung von siliziumreichen Flugaschen oder Kesselsand**

| Parameter | Dimension | Obergrenze |
|---|---|---|
| Barium (Ba) | $mg/m^2$ | 375 |
| Blei (Pb) | $mg/m^2$ | 7,7 |
| Chrom VI (Cr) | $mg/m^2$ | 6,6 |
| Chrom, gesamt (Cr) | $mg/m^2$ | 7,7 |
| Cyanid | $mg/m^2$ | 5,5 |
| Quecksilber (Hg) | $mg/m^2$ | 0,22 |
| Selen | $mg/m^2$ | 7,7 |
| Thallium (Tl) | $mg/m^2$ | 0,88 |
| Vanadium (V) | $mg/m^2$ | 4,4* |
| Zink (Zn) | $mg/m^2$ | 63,9 |
| * derzeit ausgesetzt | | |

**Tabelle A-6: Obergrenzen für die Stofffreisetzung im Eluat von Festbeton (Modellbeton), der unter Verwendung von Sulfathüttenzement oder Calciumaluminatsulfatzement oder sonstigen industriell hergestellten Gesteinskörnungen (mit Ausnahme von Kesselsand) hergestellt wird**

| Parameter | Dimension | Obergrenze |
|---|---|---|
| Antimon (Sb) | $mg/m^2$ | 5,5 |
| Arsen (As) | $mg/m^2$ | 11 |
| Barium (Ba) | $mg/m^2$ | 375 |

| Parameter | Dimension | Obergrenze |
|---|---|---|
| Blei (Pb) | $mg/m^2$ | 7,7 |
| Cadmium (Cd) | $mg/m^2$ | 0,56 |
| Chrom VI (Cr) | $mg/m^2$ | 6,6 |
| Chrom, gesamt (Cr) | $mg/m^2$ | 7,7 |
| Cyanid | $mg/m^2$ | 5,5 |
| Kobalt (Co) | $mg/m^2$ | 8,8 |
| Kupfer (Cu) | $mg/m^2$ | 15,4 |
| Molybdän (Mo) | $mg/m^2$ | 38,6 |
| Nickel (Ni) | $mg/m^2$ | 15,4 |
| Quecksilber (Hg) | $mg/m^2$ | 0,22 |
| Selen | $mg/m^2$ | 7,7 |
| Thallium (Tl) | $mg/m^2$ | 0,88 |
| Vanadium (V) | $mg/m^2$ | 4,4* |
| Zink (Zn) | $mg/m^2$ | 63,9 |
| Chlorid ($Cl^-$) | $mg/m^2$ | 275000 |
| Fluorid ($F^-$) | $mg/m^2$ | 826 |
| Sulfat ($SO_4^{2-}$) | $mg/m^2$ | 264500 |
| * derzeit ausgesetzt | | |

**Tabelle A-7: Obergrenzen für die Eluatkonzentrationen und die Feststoffgehalte von Glasmehl, für die Herstellung von Schaumglasschotter für Schüttungen**

| | Parameter | Dimension | Obergrenze |
|---|---|---|---|
| Eluatkonzentration | Arsen (As) | µg/l | 20 |
| | Blei (Pb) | µg/l | 80 |
| | Cadmium (Cd) | µg/l | 3 |
| | Chrom, gesamt (Cr) | µg/l | 25 |
| | Kupfer (Cu) | µg/l | 60 |
| | Nickel (Ni) | µg/l | 20 |
| | Quecksilber (Hg) | µg/l | 1 |
| | Zink (Zn) | µg/l | 200 |
| Feststoffgehalt | Arsen (As) | mg/kg | 45 |
| | Blei (Pb) | mg/kg | 210 |
| | Cadmium (Cd) | mg/kg | 3 |
| | Chrom, gesamt (Cr) | mg/kg | 180 |
| | Kupfer (Cu) | mg/kg | 120 |
| | Nickel (Ni) | mg/kg | 150 |
| | Quecksilber (Hg) | mg/kg | 1,5 |
| | Zink (Zn) | mg/kg | 450 |

## Anhang 11

## WDVS mit ETA nach ETAG 004

Stand: Mai 2019

**Inhalt**

# 42 Technische Baubestimmungen

## 1. Geltungsbereich

Der Geltungsbereich bezieht sich auf geklebte oder gedübelte und geklebte Wärmedämm-Verbundsysteme (WDVS) mit einer ETA nach ETAG 004 mit Dämmstoffen aus Polystyrol (EPS) nach EN 13163:2012+A1:2015*[1] oder Mineralwolle (MW) nach EN 13162:2012+A1:2015*[2].

Für die Ausführung des WDVS ist DIN 55699:2017-08 zu beachten, sofern im Folgenden nichts anderes bestimmt ist.

## 2. Standsicherheit und Gebrauchstauglichkeit

### 2.1. Allgemeine Voraussetzungen

Der Untergrund, auf dem das WDVS angebracht wird, sind Wände aus Mauerwerk oder Beton mit oder ohne Putz oder mit festhaftenden keramischen Belägen.

Die WDVS dürfen unter den folgenden Randbedingungen verwendet werden:

#### 2.1.1. WDVS mit geklebten Polystyrol(EPS)-Platten

- Der Untergrund (Wand) weist mindestens eine Abreißfestigkeit von 80 kN/m² auf.
- Die Dicke der EPS-Platten ist nicht größer als 400 mm.
- Die Abreißfestigkeit EPS-Platten/Klebemörtel und EPS-Platten/Unterputz ist mindestens 80 kN/m².
- Die EPS-Platten sind so verklebt, dass mindestens 0,03 N/mm² horizontale Flächenlast über die Klebung auf den Untergrund abgeleitet wird.
- Bei Dämmstoffdicken über 200 mm beträgt die Gesamtauftragsmenge von Unterputz und Oberputz/Schlussbeschichtung maximal 22 kg/m².
- Die Bewehrung des Unterputzes ist ein Textilglas-Gittergewebe.
- Der Winddruck $w_e$ (Windsoglast) überschreitet in Abhängigkeit von der Querzugfestigkeit nicht folgende Werte:

| **EPS-Platten (Zugfestigkeit senkrecht zur Plattenebene)** | | **Winddruck $w_e$ (Windsoglast)** |
|---|---|---|
| Mittelwert nach Dämmstoffnorm | ≥ TR 100 | –1,1 kN/m² |

#### 2.1.2. WDVS mit geklebten Mineralwolle(MW)-Lamellen (Fasern senkrecht zum Untergrund)

- Der Untergrund (Wand) weist mindestens eine Abreißfestigkeit von 80 kN/m² auf.
- Die MW-Lamellen sind nicht dicker als 400 mm und weisen einen Schubmodul von mindestens 1,0 N/mm² auf.
- Die Abreißfestigkeit MW-Lamellen/Klebemörtel und MW-Lamellen/Unterputz ist mind. 80 kN/m².
- Die MW-Lamellen sind so verklebt, dass mindestens 0,03 N/mm² horizontale Flächenlast über die Klebung auf den Untergrund abgeleitet wird; bei Dicken > 200 mm werden mindestens 0,05 N/mm² horizontale Flächenlast über die Klebung auf den Untergrund abgeleitet.

---

*[1] **Amtl. Anm.:** In Deutschland umgesetzt durch DIN EN 13163:2016-08
*[2] **Amtl. Anm.:** In Deutschland umgesetzt durch DIN EN 13162:2015-04

- Bei Dämmstoffdicken über 200 mm beträgt die Gesamtauftragsmenge von Unterputz und Oberputz/Schlussbeschichtung maximal 22 kg/m² und die Festigkeit der MW-Lamelle ist ≥ TR 100.
- Die Bewehrung des Unterputzes ist ein Textilglas-Gittergewebe.
- Auch bei ausreichender Abreißfestigkeit der Wandoberfläche sind die MW-Lamellen in Abhängigkeit vom Winddruck $w_e$ mit zusätzlichen Dübeln befestigt:

| **MW-Lamellen mit einer Zugfestigkeit in Faserrichtung ≥ TR 80** | | | |
|---|---|---|---|
| **Putzsystem** | | **Windsoglast $w_e$ [kN/m²]** | **Mindestdübelanzahl [Dübel/m²]** |
| **Dicke [mm]** | **Flächengewicht [kg/m²]** | | |
| beliebig | | < –0,8 | 0 |
| ≤ 10 und | ≤ 10 | –0,8 bis –1,1 | 3 |
| > 10 oder | > 10 | –0,8 bis –1,1 | 5 |

- Die MW-Lamellen sind mit Dübeln mit ETA nach ETAG 014 oder nach EAD 330196-01-0604 (Dübeltellerdurchmesser ≥ 60 mm; Tellersteifigkeit ≥ 0,3 kN/mm; Tragfähigkeit des Dübeltellers ≥ 1,0 kN) befestigt. Der Einbau der Dübel ist ober-flächenbündig mit dem Dämmstoff (Dübelteller liegt auf dem Dämmstoff) erfolgt. Dübel mit einem Tellerdurchmesser < 140 mm sind durch das Bewehrungsgewebe gesetzt worden. Dübel mit einem Tellerdurchmesser ≥ 140 mm können unter dem Bewehrungsgewebe gesetzt sein.
- MW-Lamellen mit Dämmstoffdicken > 200 mm sind wie folgt ausgeführt: Eine ausreichende Montagesicherheit ist durch geeignete Abstützungsmaßnahmen sichergestellt. Die Verlegung der Dämmplatten erfolgt im Verband. An Gebäudekanten sind ausschließlich ganze Dämmplatten in voller Länge angeordnet, soweit die geometrischen Randbedingungen dies erlauben.

In den folgenden Bereichen sind die Dämmplatten mit 3 Dübeln/Dämmplatte bzw. 2,5 Dübeln/m befestigt:

- bei Unterschreitung einer Mindesthöhe einer zu dämmenden Teilfläche von min $H \leq 2 \times d_{\text{Dämmstoff}}$,
- bei Unterschreitung einer Mindestbreite einer zu dämmenden Teilfläche von min $B \leq 2 \times d_{\text{Dämmstoff}}$,
- die letzte obere ungestörte Dämmplattenlage (oberer Gebäudeabschluss),
- am seitlichen Gebäudeabschluss, in einem Streifen bis maximal 2 m Breite, ist mindestens eine vertikale Verdübelungsreihe mit 2,5 Dübeln/m anzuordnen.

Eine Sturzhöhe min $H < d_{\text{Dämmstoff}}$ ist nicht ohne zusätzliche Auflagerkonstruktionen ausgeführt.

Die Feldgrößen ohne Dehnungsfugen betragen

- für Dickschichtsysteme (Unterputz einschließlich Oberputz/Schlussbeschichtung = Gesamtputzdicke > 10 mm) 9 m × 9 m bzw. 80 m².
- für Dünnschichtsysteme (Unterputz einschließlich Oberputz/Schlussbeschichtung = Gesamtputzdicke ≤ 10 mm) 50 m × 25 m.

### 2.1.3. WDVS mit Polystyrol(EPS)-Platten oder mit Mineralwolle (MW)-Platten (Fasern parallel zum Untergrund) oder mit Mineralwolle(MW)-Lamellen (Fasern senkrecht zum Untergrund), die mit Dübeln mechanisch befestigt und zusätzlich verklebt sind

- Die Dicke des Dämmstoffs hält die folgenden Werte ein:

| | EPS-Platten | MW-Lamellen | MW-Platten |
|---|---|---|---|
| **Dämmstoffdicke [mm]** | ≤ 400 | ≤ 200 | ≤ 340 |

- Bei Dämmstoffdicken über 200 mm beträgt die Gesamtauftragsmenge von Unterputz und Oberputz/Schlussbeschichtung maximal 22 kg/m$^2$.
- Die Bewehrung des Unterputzes ist ein Textilglas-Gittergewebe.
- Der Dämmstoff ist mit Dübeln mit ETA nach ETAG 014 oder nach EAD 330196-01-0604 (Dübeltellerdurchmesser ≥ 60 mm; Tellersteifigkeit ≥ 0,3 kN/mm; Tragfähigkeit des Dübeltellers ≥ 1,0 kN) befestigt. Der Einbau der Dübel ist oberflächenbündig mit dem Dämmstoff (Dübelteller liegt auf dem Dämmstoff) erfolgt.

Folgende Nachweise nach a) bis c) sind geführt:

a) Der Nachweis der Verankerung der Dübel im Untergrund (Wand):

$S_d \leq N_{Rd}$

dabei ist

$S_d = \gamma_F \cdot W_e$

$N_{Rd} = N_{Rk}/\gamma_{M,U}$

mit

| | | |
|---|---|---|
| $S_d$ | : | Bemessungswert der Windsoglast |
| $N_{Rd}$ | : | Bemessungswert der Beanspruchbarkeit des Dübels |
| $W_e$ | : | Einwirkungen aus Wind |
| $N_{Rk}$ | : | charakteristische Zugtragfähigkeit des Dübels (gemäß Anhang der jeweiligen Dübel-ETA) |
| $\gamma_F$ | : | 1,5 (Sicherheitsbeiwert für die Einwirkungen aus Wind) |
| $\gamma_{M,U}$ | : | Sicherheitsbeiwert des Ausziehwiderstands der Dübel aus dem Untergrund (s. jeweilige Dübel-ETA) |

b) Der Nachweis des WDVS:

$S_d \leq R_d$

dabei ist

$S_d$ = Bemessungswert der Windsoglast

$$R_d = \frac{R_{Fläche} \times n_{Fläche} \times R_{Fuge} \times n_{Fuge}}{\gamma_{M,S}}$$

mit

| | | |
|---|---|---|
| $R_d$ | : | Bemessungswert des Widerstands des WDVS |
| $R_{Fuge}$, $R_{Fläche}$ | : | Die aus dem WDVS resultierende Versagenslast (Mindestwert) im Bereich bzw. nicht im Bereich der Plattenfugen (s. jeweilige WDVS-ETA) |
| $n_{Fuge}$, $n_{Fläche}$ | : | Anzahl der Dübel (je m$^2$) die im Bereich bzw. nicht im Bereich der Plattenfugen gesetzt werden. |

$\gamma_{M,S}$ : 4,0

c) Der Nachweis des Dämmstoffs bei Verdübelung unter dem Bewehrungsgewebe:
$S_d \leq R_d$
dabei ist
$S_d$ = (s. vorstehenden Abschnitt)
$R_d = N_{Rk}/\gamma_{M,D}$
mit

$N_{Rk}$ : Bemessungswert des Widerstands des Dämmstoffs (Platten: Zugfestigkeit senkrecht zur Plattenebene, Lamellen: Zugfestigkeit in Faserrichtung)

$\gamma_{M,D}$ : 5,0

Die größere Dübelanzahl ist maßgebend, wobei mindestens 4 Dübel/m² eingebaut sind.

Bei MW-Platten mit Dicken > 200 mm sind mindestens 6 Dübel/m² vorhanden.

### 3. Brandschutz

Für die nachstehenden bauaufsichtlichen Anforderungen zum Brandverhalten von Außenwänden gemäß Kapitel A 2.1.5 i.V.m. A 2.2.1.2 der BayTB werden für bestimmte WDVS Klassen nach DIN EN 13501-1:2010-01 zugeordnet und Verwendungsregeln angegeben.

#### 3.1. WDVS mit Mineralwolle (MW)-Dämmstoff nach EN 13162:2012 +A1:2015[*3]

| Bauaufsichtliche Anforderung | Klasse nach DIN EN 13501-1: 2010-01* | Bestimmungen für die Verwendung |
|---|---|---|
| WDVS nichtbrennbar | A1<br>A2 – s1,d0 | ▪ Mineralisch gebundene Unter- und Oberputze (Bindemittel Kalk u./o. Zement) mit ≤ 5 % organische Bestandteile in der Trockenmasse oder<br>▪ Organisch gebundene Unter- und Oberputze (Bindemittel Kunst- oder Silikonharz bzw. Silikatdispersion) mit Gesamtputzdicke (Unter- und Oberputz) ≤ 10 mm, Gehalt an organischen Bestandteilen in der Trockenmasse von Unter- und Oberputz jeweils ≤ 10 %<br>▪ PCS-Wert des Unterputzes ≤ 3,0 MJ/kg<br>▪ PCS-Wert des Oberputzes ≤ 2,6 MJ/kg |
| Dämmstoff: nichtbrennbar | A1<br>A2 – s1,d0 | |
| * Es gelten die Anforderungen aus Anhang 4 Abschnitt 1.3. | | |

| Bauaufsichtliche Anforderung | Klasse nach DIN EN 13501-1: 2010-01* | Bestimmungen für die Verwendung |
|---|---|---|
| WDVS schwerentflammbar | C-s2,d0 | – |
| Dämmstoff: schwerentflammbar | C-s2,d0 | |
| * Es gelten die Anforderungen aus Anhang 4 Abschnitt 1.3. | | |

*3 **Amtl. Anm.:** In Deutschland umgesetzt durch DIN EN 13162:2015-04

| Bauaufsichtliche Anforderung | Klasse nach DIN EN 13501-1: 2010-01* | Bestimmungen für die Verwendung |
|---|---|---|
| WDVS normalentflammbar | E | – |
| Dämmstoff: normalentflammbar | E | |
| * Es gelten die Anforderungen aus Anhang 4 Abschnitt 1.3. | | |

### 3.2. WDVS mit expandiertem Polystyrol (EPS)-Dämmstoff nach EN 13163:2012+A1:2015*4

| Bauaufsichtliche Anforderung | Klasse nach DIN EN 13501-1: 2010-01 | Bestimmungen für die Verwendung |
|---|---|---|
| WDVS: schwerentflammbar | C-s2,d0 | – |
| Dämmstoff: schwerentflammbar | C-s2,d0 | Rohdichte: ≤ 25 kg/m³, Dämmstoffdicke: ≤ 300 mm |
| konstruktive Maßnahmen (Brandriegel): nichtbrennbar, formstabil bis 1000 °C,<br>Rohdichte ≥ 60 kg/m²,<br>standsicher, auch im Brandfall:<br>Querzugfestigkeit ≥ 5 kPa<br>Mindestabmessungen:<br>Höhe: ≥ 200 mm | A2-s1,d0 | **Brandschutzmaßnahmen gegen Brandeinwirkung von außen:**<br>1. ein Brandriegel an der Unterkante des WDVS bzw. maximal 90 cm über Geländeoberkante oder genutzten angrenzenden horizontalen Gebäudeteilen (z.B. Parkdächer u.a.),<br>2. ein Brandriegel in Höhe der Decke des 1. Geschosses über Geländeoberkante oder angrenzenden horizontalen Gebäudeteilen nach Nr. 1, jedoch zu dem darunter angeordneten Brandriegel mit einem Achsabstand von nicht mehr als 3 m. Bei größeren Abständen sind zusätzliche Brandriegel einzubauen,<br>3. ein Brandriegel in Höhe der Decke des 3. Geschosses über Geländeoberkante oder angrenzender horizontaler Gebäudeteile nach Nr. 1, jedoch zu dem darunter angeordneten Brandriegel mit einem Achsabstand von nicht mehr als 8 m. Bei größeren Abständen sind zusätzliche Brandriegel einzubauen,<br>4. weitere Brandriegel an Übergängen der Außenwand zu horizontalen Flächen (z.B. Durchgänge, -fahrten, Arkaden), soweit diese in dem durch einen Brand von außen beanspruchten Bereich des 1. bis 3. Geschosses liegen.<br>Weiterhin ist ein Brandriegel (wie vorstehend beschrieben) maximal 1,0 m unterhalb von angrenzenden brennbaren Bauprodukten (z.B. am oberen Abschluss des WDVS unterhalb eines Daches) in der Dämmebene des WDVS anzuordnen.<br>Das applizierte WDVS muss von der Unterkante des WDVS bis mindestens zur Höhe des Brandriegels nach Nr. 3 folgende Anforderungen erfüllen:<br>▪ Mindestdicke des Putzsystems (Oberputz und Unterputz) 4 mm, bei Ausführung vorgefertigter, klinkerartiger Putzteile („Flachverblender") Dicke des Unterputzes ≥ 4 mm, |

*4 **Amtl. Anm.:** In Deutschland umgesetzt durch DIN EN 13163:2016-08

| Bauaufsichtliche Anforderung | Klasse nach DIN EN 13501-1: 2010-01 | Bestimmungen für die Verwendung |
|---|---|---|
| | | ▪ an Gebäudeinnenecken sind in den bewehrten Unterputz Eckwinkel aus Glasfasergewebe, Flächengewicht 280 g/$m^2$ und Reißfestigkeit > 2,3 kN/5 cm (im Anlieferungszustand) einzuarbeiten und<br>▪ Verwendung eines Bewehrungsgewebes mit einem Flächengewicht von ≥ 150 g/$m^2$.<br>**Brandschutzmaßnahmen bei Brandbeanspruchung aus Außenwandöffnungen, oberhalb des Brandriegels nach Nr. 3:**<br>1. Dämmstoffdicken d > 100 mm bis d ≤ 300 mm bei geklebten bzw. geklebt-gedübelten WDVS<br>Bei Verwendung von:<br>▪ ausschließlich mineralisch oder organisch gebundenen Klebemörteln (keine Klebeschäume)<br>▪ mineralisch gebundenen Unter- und Oberputzen (Bindemittel Zement/Kalk) mit<br>▪ Gehalt an organischen Bestandteilen in der Trockenmasse von Unter- und Oberputz jeweils ≤ 5 %,<br>▪ Nassauftragsmenge jeweils ≥ 2,5 kg/$m^2$,<br>▪ Gesamtputzdicke (Unter- + Oberputz) ≥ 4 mm<br>▪ organisch gebundenen Unter- und Oberputz (Bindemittel: Kunstharz-, Silikonharz- oder Silikatdispersion) mit<br>  ▪ Gehalt an organischen Bestandteilen in der Trockenmasse von Unter- und Oberputz jeweils ≤ 10 %,<br>  ▪ Nassauftragsmenge jeweils 2,5 bis 8 kg/$m^2$,<br>  ▪ Gesamtputzdicke (Unter- + Oberputz) 4 bis 14 mm<br>sind in folgenden Bereichen Brandschutzmaßnahmen auszuführen:<br>a) Oberhalb jeder Öffnung im Bereich der Stürze, mindestens 300 mm seitlich überstehend (links und rechts der Öffnung) und im Bereich gedämmter Laibungen,<br>b) beim Einbau von Rollladen oder Jalousien unmittelbar oberhalb von Öffnungen bzw. bei der Montage von Fenstern in der Dämmebene sind diese dreiseitig – oberhalb und an beiden Seiten, mindestens 200 mm hoch bzw. breit, wie unter a) beschrieben – zu umschließen.<br>Die Ausführung nach a) und b) darf entfallen, wenn mindestens in jedem 2. Geschoss ein horizontal um das Gebäude umlaufender Brandriegel angeordnet wird. Der Brandriegel ist so anzuordnen, dass ein maximaler Abstand von 0,5 m zwischen Unterkante Sturz und Unterkante Brandriegel eingehalten wird.<br>2. Dämmstoffdicken ≤ 100 mm:<br>Der Einbau der Fenster erfolgt bündig mit oder hinter der Rohbaukante. |
| WDVS normalentflammbar | E | – |
| Dämmstoff: normalentflammbar | E | |

**4. Schallschutz**

Ist kein Nennwert angegeben, so ist das WDVS mit einem Wert von $\Delta R_w = -6$ dB beim Nachweis des Schallschutzes in Ansatz zu bringen.

**5. Wärmeschutz**

Der rechnerische Nachweis des Wärmeschutzes ist mit den Bemessungswerten der Wärmeleitfähigkeit nach DIN 4108-4:2017-03 zu führen.

**6. Bescheinigung für den Einbau des WDVS**

Der Unternehmer, der das WDVS vor Ort einbaut, muss für jedes Bauvorhaben eine Bescheinigung ausstellen, mit der er bestätigt, dass die von ihm eingebauten Bauprodukte (Komponenten) den Bestimmungen der Europäischen Technischen Zulassung bzw. der Europäischen Technischen Bewertung sowie der jeweils geltenden Einbauanleitung entsprechen und die Bestimmungen dieser technischen Regel eingehalten sind; die entsprechenden Einstufungen und Eigenschaften sind darin anzugeben. Diese Bescheinigung ist dem Bauherrn zur ggf. erforderlichen Weiterleitung an die zuständige Bauaufsichtsbehörde auszuhändigen.

## Anhang 12

## Anwendungsregeln für nicht lasttragende verlorene Schalungsbausätze/-systeme und Schalungssteine für die Erstellung von Ortbeton-Wänden

Stand: April 2024

**Inhalt**



### Vorwort

Diese technische Regel gilt für die Verwendung bzw. Anwendung von Bauprodukten bzw. Bausätzen, die in den folgenden technischen Spezifikationen geregelt sind:

**I)** nicht lasttragende verlorene Schalungssteine nach ETA erstellt auf der Grundlage von ETAG 009 [1],

**II)** nicht lasttragende verlorene Schalungssteine aus Normalbeton und Leichtbeton nach EN 15435:2008*1 [2],

**III)** nicht lasttragende verlorene Schalungssteine aus Holzspanbeton nach EN 15498:2008*2 [3].

---

*1 **Amtl. Anm.:** In Deutschland umgesetzt durch DIN EN 15435:2008-10.

*2 **Amtl. Anm.:** In Deutschland umgesetzt durch DIN EN 15498:2008-08.

Gemeinsam ist den o.g. Bauprodukten bzw. Bausätzen, dass sie ein nicht lasttragendes verlorenes Schalungssystem ausbilden, das die Erstellung von Ortbeton-Wänden ermöglicht. Die Schalungssteine bzw. Schalungsbausätze/-systeme nach I), II) und III) – im Weiteren Schalungsbausteine genannt – bleiben nach der Betonage des Kernbetons Bestandteil der Wand.

## A. Spezielle Definitionen

**Geometrische Ausbildung des tragenden Kernbetons:**
Durch die (nicht lasttragenden) Schalungsbausteine und deren Anordnung wird die geometrische Ausbildung des tragenden Kernbetons definiert. Der Betonkörper darf bewehrt sein. Die Kernbetondicke ist definiert als kleinste über die Wandhöhe durchgehende Dicke der geometrischen Ausbildung des tragenden Kernbetons.

**Typen je nach geometrischer Ausbildung des Kernbetons:**

**1. Scheibenartiger Typ**
Der tragende Kernbeton des scheibenartigen Typs ist eine Betonwand, die nur an einzelnen Stellen von Abstandhaltern punktförmig unterbrochen ist. Die Abstandhalter sind im Allgemeinen regelmäßig angeordnet. Die Summe der Querschnittsflächen der Abstandhalter darf dabei nur maximal 1 % der Wandfläche betragen.

**2. Gittertyp**
Der tragende Kernbeton des Gittertyps besteht aus Betonstützen, die durch horizontale Beton-Riegel verbunden sind. Die Stützen und Riegel entstehen durch das Ausbetonieren der Hohlräume der Schalungsbausteine. Die vertikalen Stützen verlaufen über die gesamte Höhe der Wand, und zwar ohne Unterbrechung oder Verringerung der Querschnittsfläche.

**3. Säulentyp**
Der tragende Kernbeton des Säulentyps besteht aus regelmäßig angeordneten Beton-Stützen ohne horizontale Beton-Riegel oder mit Beton-Riegeln, die keine rechnerisch tragende Verbindung zu den Beton-Stützen aufweisen. Die Stützen entstehen durch das Ausbetonieren der vertikalen Hohlräume der Schalungsbausteine. Die vertikalen Stützen verlaufen über die gesamte Höhe der Wand, und zwar ohne Unterbrechung oder Verringerung der Querschnittsfläche.

**4. Sonstige Typen**
Sämtliche Typen, die vorstehend nicht definiert sind.

## B. Standsicherheit und Gebrauchstauglichkeit

### B1. Bemessung, Konstruktion und Ausführung

Bemessung, Konstruktion und Ausführung der mit verlorenen Schalungsbausystemen nach o.g. technischen Spezifikationen hergestellten Ortbetonwände erfolgt nach A 1.2.3.1 der BayTB.

Schalungsbausteine dürfen nur trocken verlegt werden.

Außenwände, die mit Schalungsbausteinen errichtet werden, sind durch Putz oder Bekleidungen vor Umwelteinflüssen zu schützen.

Zur Sicherstellung des Verbunds der Betonstabstähle dürfen die Schalungsbausteine nicht auf die Betondeckung angerechnet werden.

Bei Schalungsbausätzen/-systemen nach ETA basierend auf der ETAG 009 [1] sind die Aussagen zum Widerstand gegen den Schalungsdruck und/oder die Aussagen zur maximalen zulässigen Füllhöhe der ETA zu entnehmen.

Bei Schalungssteinen nach EN 15435:2008*1 [2] bzw. EN 15498:2008*2 [3] sind die Widerstände gegen den Schalungsdruck (charakteristische Zugfestigkeit der Stege, charakteristische Biegezugfestigkeit der Wandungen) der Leistungserklärung bzw. den begleitenden Dokumenten zu entnehmen.

Sofern keine maximale zulässige Füllhöhe angegeben ist, sind geeignete statische Systeme zu wählen, um die Beanspruchungen der Schalung mit den Lastannahmen infolge des Frischbetondrucks aus DIN 18218:2010-01 [4] realitätsnah zu ermitteln, dabei ist Kapitel B 2 dieser technischen Regel zu beachten. Für den Nachweis gegen den Schalungsdruck sind die Bemessungswerte der Widerstände (z.B. Stegzugfestigkeit, Biegezugfestigkeit der Wandungen und ggf. Ausreißfestigkeit des Steges aus der Wandung) den Bemessungswerten der Beanspruchungen gegenüberzustellen. Die Teilsicherheitsbeiwerte sind entsprechend DIN EN 1990:2010-12 und DIN EN 1990/NA:2010-12 [5, 6] festzulegen.

**B1.1. Bei der Bemessung und Konstruktion nach DIN EN 1992-1-1:2011-01 und DIN EN 1992-1-1/A1:2015-03 [7] in Verbindung mit DIN EN 1992-1-1/NA:2013-04 und DIN EN 1992-1-1/NA/A1:2015-12 [8] einer aus Schalungsbausteinen hergestellten Ortbetonwand des Gittertyps, des Säulentyps bzw. „Sonstigen Typs" gilt zusätzlich Folgendes:**

1. Es sind nur vorwiegend ruhende Einwirkungen erlaubt. Die Bemessung und Konstruktion von Tragwerken unter Erdbebeneinwirkung sind mit dieser technischen Regel nicht geregelt.
2. Die Schlankheit der Wand bzw. der Kernbetonstützen darf den Wert $\lambda = 85$ nicht überschreiten.
3. Höhere Betondruckfestigkeitsklassen des Ortbetons als C30/37 bzw. LC30/33 dürfen rechnerisch nicht in Ansatz gebracht werden.

**B1.2. Beim Nachweis des Widerstandes gegen horizontale Einwirkungen ($H_{Ed}$) in Wandebene für Wände des Gittertyps und des Säulentyps gilt zusätzlich:**

- Die Wände dürfen nach Anlage 1 bemessen werden, wenn der Querschnitt der horizontalen Beton-Riegel zwischen den vertikalen Stützen mindestens 100 cm² beträgt, deren kleinste Dicke mindestens dem dreifachen Größtkorndurchmesser entspricht und pro m Wandhöhe mindestens vier solcher Riegel angeordnet sind. Wird diese Bedingung nicht erfüllt, können die Bemessungsmodelle von Anlage 1 nicht verwendet werden. In diesem Fall ist der statische Nachweis des Widerstandes gegen die horizontale Einwirkung in Wandebene so zuführen, als wenn es sich um nebeneinanderstehende Stützen handelt. Die Definition der Stegaussparungen ist der ETA bzw. EN 15435:2008*1, Abschnitt 3.1.10 [2] bzw. EN 15498:2008*2, Bild 3.b [3], zu entnehmen.
- Die Querschnittsabmessungen der durchgehenden Stützen bei Wänden des Gitter- und Säulentyps müssen für tragende Wände über die gesamte Wandhöhe in jeder Querschnittsrichtung mindestens 120 mm betragen. Scha-

lungsbausteine, für die diese Bedingung im Endzustand nicht zutrifft, sind damit für tragende Wände ausgeschlossen.

- Die Standsicherheit nichttragender Wände mit Abmessungen kleiner 120 mm in einer Querschnittsrichtung ist nach DIN 4103-1:2015-06 [9] nachzuweisen.
- Für die Bemessung der Wände bei Querkraftbeanspruchung des Gittertyps in Wandebene gilt Anlage 1 dieser technischen Regel.
- Bei Beanspruchungen senkrecht zur Wandebene müssen Wände des Gitter- und Säulentyps immer zweiseitig gehalten sein, d.h. sie dürfen in der Regel nur in Bauwerken verwendet werden, in denen die Decken als Scheiben wirken.
- Es dürfen folgende Bewehrungen angeordnet werden:
  - in jedem Beton-Riegel der Systeme des Gittertyps maximal 2 Betonstäbe
  - in jeder Stütze der Systeme Gittertyp oder Säulentyp je Seite des Betonquerschnitts ein Vertikalstab oder zu einer Matte zusammengefasste Vertikalstäbe oder für den ganzen Betonquerschnitt ein Bewehrungskorb.
- Bei der Planung und Ausführung der Bewehrung gilt Folgendes:
  - Die horizontalen Abmessungen der Bewehrungsmatten und -körbe für die vertikale Bewehrung müssen einschließlich Abstandhalter um ein geeignetes Maß kleiner als die entsprechenden minimalen Abmessungen des Betonkerns sein.
- Für die Betondeckungen gilt DIN EN 1992-1-1:2011-01 und DIN EN 1992-1-1/A1:2015-03 [7] in Verbindung mit DIN EN 1992-1-1/NA:2013-04 und DIN EN 1992-1-1/NA/A1:2015-12 [8].
- Für den Abstand der Bewehrungsstäbe untereinander gelten die Regelungen nach DIN EN 1992-1-1:2011-01 und DIN EN 1992-1-1/A1:2015-03 [7] in Verbindung mit DIN EN 1992-1-1/NA:2013-04 und DIN EN 1992-1-1/NA/A1:2015-12 [8].
- Wird mehr als ein Betonstabstahl auf einer Seite des Betonquerschnitts der Stütze angeordnet, sind diese zu einer Matte zu verbinden (z.B. durch aufgeschweißte oder angebundene Querstäbe).
- Die Vertikalbewehrung darf nur statisch angerechnet werden, wenn sie den zugehörigen Bewehrungs- und Konstruktionsregeln für normalkraft- und/oder biegebeanspruchte Balken oder Stützen nach DIN EN 1992 1 1:2011-01 und DIN EN 1992-1-1/A1:2015-03 [7] in Verbindung mit DIN EN 1992-1-1/NA:2013-04 und DIN EN 1992-1-1/NA/A1:2015-12 [8] entspricht.

**B2. Zusätzlich zu DIN EN 1992-1-1:2011-01 und DIN EN 1992-1-1/A1:2015-03 [7] in Verbindung mit DIN EN 1992-1-1/NA:2013-04 und DIN EN 1992-1-1/NA/A1:2015-12 [8] gilt Folgendes:**

**1.**

Die mindestens einzuhaltende Ausbreitmaßklasse und das Größtkorn der Gesteinskörnung des verwendeten Frischbetons müssen für alle Systeme (auch für Systeme des scheibenartigen Typs) den Angaben der folgenden Tabelle 1 entsprechen.

**Tabelle 1**

| | Mindestabmessung des Füllbereichs | Größtkorn der Gesteinskörnung | Ausbreitmaßklasse |
|---|---|---|---|
| | 1 | 2 | 3 |
| 1 | < 120 mm | ≤ 16 mm | F5 |
| 2 | 120 bis 140 mm | ≤ 16 mm | ≥ F3 |
| 3 | ≥ 140 mm | ≤ 32 mm | ≥ F2 |

Die maximale Ausbreitmaßklasse darf F5 nicht überschreiten.

Frischbeton im unteren Bereich der Ausbreitmaßklasse F3 und darunter muss durch Rütteln verdichtet werden.

Frischbeton im oberen Bereich der Ausbreitmaßklasse F3 und darüber darf durch Stochern verdichtet werden.

Die Festigkeitsentwicklung des Frischbetons muss „Mittel" bis „Schnell" nach DIN 1045-2:2023-08 [10], Tabelle 19 sein.

**2.**

Waagerechte Arbeitsfugen sind vorzugsweise in Höhe der Geschossdecken anzuordnen. Sofern darüber hinausgehende Arbeitsunterbrechungen nicht vermieden werden können, sind vertikale Betonstabstähle (Steckeisen) in den Arbeitsfugen wie folgt anzuordnen:

- Die Steckeisen müssen zueinander versetzt sein und der Abstand voneinander darf nicht größer als 500 mm sein.
- Der Gesamtquerschnitt muss mindestens 1/2000 der Querschnittsfläche des anzuschließenden Betonkerns betragen, jedoch sind je Meter Wandlänge mindestens zwei Betonstabstähle B500 Ø 8 mm (oder gleichwertig) anzuordnen.
- Die Steckeisen müssen jeweils mindestens 200 mm in die miteinander zu verbindenden Betonschichten reichen.

**3.**

Der Beton darf frei nur bis zu einer Höhe von 2 m fallen, darüber hinaus ist der Beton durch Schüttrohre oder Betonierschläuche von maximal 100 mm Durchmesser zusammenzuhalten und bis kurz vor die Einbaustelle zu führen. Schüttkegel sind durch kurze Abstände der Einfüllstellen zu vermeiden.

Es muss genügend Zwischenraum in der Bewehrung für Schüttrohre oder Betonierschläuche vorgesehen werden. Das DBV-Merkblatt „Betonierbarkeit von Bauteilen aus Beton und Stahlbeton" – 01/2014 [11] ist zu beachten.

**4.**

Die Wände dürfen nach dem Betonieren nicht mehr als 5 mm pro laufenden Meter Wandhöhe von der Lotrechten abweichen, ab eine Wandhöhe von 3 m allerdings insgesamt maximal 15 mm und müssen den Ebenheitstoleranzen für Wandoberflächen nach DIN 18202:2013-04, Tabelle 3, Zeile 6 [12], entsprechen.

## C. Brandschutz

### C1. Feuerwiderstand

Bei tragenden Wandkonstruktionen, die unter Verwendung von vorher genannten Schalungssteinen oder Schalungsbausätzen/-systemen erstellt werden, kann der Feuerwiderstand hinsichtlich der Standsicherheit (Tragfähigkeitskrite-

rium R) für die i.d.R. innenliegende, tragende Betonkonstruktion nach laufender Nummer A 1.2.3.1 erfolgen, wenn der Nachweis der Standsicherheit unter normalen Temperaturen auf Grundlage von DIN EN 1992-1-1:2011-01 und DIN EN 1992-1-1/A1:2015-03 [7] unter Berücksichtigung von DIN EN 1992-1-1/NA:2013-04 und DIN EN 1992-1-1/NA/A1:2015-12 [8] vollumfänglich möglich ist. In welchem Rahmen eine Beurteilung des Feuerwiderstandes hinsichtlich Raumabschluss und Isolation (EI) oder Tragfähigkeit, Raumabschluss und Isolation (REI) möglich ist, hängt von den entsprechenden dazu erforderlichen Randbedingungen der Nachweisführung nach laufender Nummer A 1.2.3.1 ab.

Für den prüftechnischen Nachweis gibt es keine abschließende technische Regel.

**C2. Brandverhalten**

Für nicht lasttragende verlorene Schalungsbausteine, die aus expandiertem Polystyrol-(EPS)-Dämmstoff nach EN 13163:2012+A2:2016*3 [13] hergestellt werden, ist hinsichtlich der Zuordnung der Klassifizierung nach DIN EN 13501-1:2010-01 [14] zu den bauaufsichtlichen Anforderungen die TR „WDVS mit ETA nach ETAG 004" (Juni 2016) Abschnitt 3.2*4 sinngemäß anzuwenden.

**D. Schallschutz**

Werden Schalungsbausteine in Fällen verwendet, in denen Anforderungen an den Schallschutz bestehen, sind zum Nachweis der Erfüllung der Anforderung die technischen Regeln bezüglich des Schallschutzes aus Abschnitt A 5.2 der BayTB zu beachten.

**E. Wärmeschutz**

Der auf Basis der o.g. technischen Spezifikationen nach [1], [2] und [3]) angegebene Nennwert des Wärmedurchlasswiderstandes des Schalungsbausteins ist für den Nachweis des Wärmeschutzes in einen Bemessungswert umzurechnen. Der Bemessungswert ist gleich dem Nennwert dividiert durch einen Sicherheitsbeiwert = 1,2.

Für Schalungsbausteine darf der Nachweis des Wärmeschutzes alternativ mit den Bemessungswerten der Wärmeleitfähigkeit der einzelnen Komponenten nach DIN 4108-4:2020-11 [15] geführt werden.

Als integrierte Wärmedämmung, das sind Wärmedämmstoff-Einlagen im Inneren des Schalungsbausteins, die direkt dem Frischbetondruck ausgesetzt sind, dürfen nur Dämmstoffe verwendet werden, deren Druckspannung bei 10 % Stauchung mindestens der Stufe ≥ 100 kPa [13] entspricht.

**Literatur**


| | | |
|---|---|---|
| [1] | ETAG 009:2002-06 | Nicht lasttragende verlorene Schalungsbausätze/-systeme bestehend aus Schalungs-/Mantelsteinen |


*3 **Amtl. Anm.:** In Deutschland umgesetzt durch DIN EN 13163:2017-0

*4 **Amtl. Anm.:** Bei der sinngemäßen Anwendung der TR „WDVS mit ETA nach ETAG 004" bzgl. des Brandverhaltens von verlorenen Schalungsbausätzen aus Polystyrol ist zu beachten, dass nach den Bauordnungen der Länder „schwerentflammbar" nur für die Oberflächen von Außenwänden der Gebäude nach den Gebäudeklassen 4 und 5 gefordert wird. Für Gebäudeklassen 1 bis 3 reicht „normalentflammbar" aus.

| | | |
|---|---|---|
| | | oder -elementen aus Wärmedämmstoffen und – mitunter – aus Beton |
| [2] | DIN EN 15435:2008-10 | Betonfertigteile – Schalungssteine aus Normal- und Leichtbeton – Produkteigenschaften und Leistungsmerkmale; Deutsche Fassung EN 15435:2008 |
| [3] | DIN EN 15498:2008-08 | Betonfertigteile – Holzspanbeton-Schalungssteine – Produkteigenschaften und Leistungsmerkmale; Deutsche Fassung EN 15498:2008 |
| [4] | DIN 18218:2010-01 | Frischbetondruck auf lotrechte Schalungen |
| [5] | DIN EN 1990:2010-12 | Eurocode: Grundlagen der Tragwerksplanung; Deutsche Fassung EN 1990:2002+A1:2005 +A1:2005/AC:2010 |
| [6] | DIN EN 1990/NA:2010-12 | Nationaler Anhang – National festgelegte Parameter – Eurocode: Grundlagen der Tragwerksplanung |
| [7] | DIN EN 1992-1-1:2011-01 | Eurocode 2: Bemessung und Konstruktion von Stahlbeton- und |
| | DIN EN 1992-1-1/A1:2015-03 | Spannbetontragwerken – Teil 1-1: Allgemeine Bemessungsregeln und Regeln für den Hochbau; Deutsche Fassung EN 1992-1-1:2004 + AC:2010 |
| [8] | DIN EN 1992-1-1/NA | Nationaler Anhang: 2013-04 – Nationaler Anhang – National |
| | DIN EN 1992-1-1/NA/A1:2015-12 | festgelegte Parameter – Eurocode 2: Bemessung und Konstruktion von Stahlbeton- und Spannbetontragwerken – Teil 1-1: Allgemeine Bemessungsregeln und Regeln für den Hochbau |
| [9] | DIN 4103-1:2015-06 | Nichttragende innere Trennwände – Teil 1: Anforderungen und Nachweise |
| [10] | DIN 1045-2:2023-08 | Tragwerke aus Beton, Stahlbeton und Spannbeton – Teil 2: Beton |
| [11] | DBV-Merkblatt | Betonierbarkeit von Bauteilen aus Beton und Stahlbeton – Planungs- und Ausführungsempfehlungen für den Betoneinbau – 01/2014 |
| [12] | DIN 18202:2013-04 | Toleranzen im Hochbau – Bauwerke |
| [13] | DIN EN 13163:2017-02 | Wärmedämmstoffe für Gebäude – Werkmäßig hergestellte Produkte aus expandiertem Polystyrol (EPS) – Spezifikation; Deutsche Fassung EN 13163:2012+A2:2016 |
| [14] | DIN EN 13501-1:2010-01 | Klassifizierung von Bauprodukten und Bauarten zu ihrem Brandverhalten – Teil 1: Klassifizierung mit den Ergebnissen aus den Prüfungen zum Brandverhalten von Bauprodukten; Deutsche Fassung EN 13501-1:2007+A1:2009 |
| [15] | DIN 4108-4:2020-11 | Wärmeschutz und Energie-Einsparung in Gebäuden – Teil 4: Wärme- und feuchteschutztechnische Bemessungswerte |

**Anlage 1**

**Nachweis des Widerstandes gegen horizontale Einwirkungen ($H_{Ed}$), in Wandebene für Wände des Gittertyps und des Säulentyps, ausgenommen Einwirkungen aus Erdbeben**

Die Ermittlung des Bemessungswiderstandes ist unter Wahl eines zutreffenden Modells (siehe nachfolgend, hier: a), b) oder c) und des verwendeten Betons (Normalbeton oder Leichtbeton) vorzunehmen. Bei der Ermittlung der relevanten Einwirkungen ist DIN EN 1992-1-1:2011-01 und DIN EN 1992-1-1/A1:2015-03 [7] in Verbindung mit DIN EN 1992-1-1/NA:2013-04 und DIN EN 1992-1-1/NA/A1:2015-12 [8] zu berücksichtigen.

Die Teilsicherheitsbeiwerte für die „außergewöhnliche Bemessungssituation" sind entsprechend denen für die „ständige und vorübergehende Bemessungssituation" zu wählen.

Dabei können drei statische Modelle gemäß Abb. 1 angewandt werden:

a) Rahmenmodell (unbewehrter Beton)
b) Modell mit durchgehenden Streben (unbewehrter Beton)
c) Balkenmodell (bewehrter Beton)

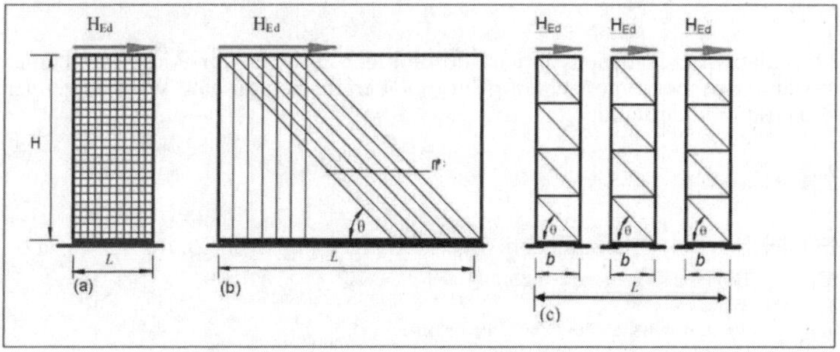


**Abb. 1:** Statische Modelle für horizontale Scherkräfte $H_{Ed}$

Der Nachweis von Horizontalkräften in Wandlängsrichtung (Scherkräften) $H_{Ed}$ ist wie folgt zu führen:

$H_{Ed} \leq H_{Rd,i}$ mit i = 1 bis 3 (Bemessungswiderstände der u.g. einzelnen Modelle)

Unter der kombinierten Einwirkung von horizontalen und vertikalen Lasten müssen die Beton-Stützen in Zustand I bleiben, d.h. es dürfen keine Zugspannung auftreten, andernfalls muss der Planer in den Stützen vertikale Bewehrung zur Deckung der Zugkräfte anordnen.

Die Nachweise $H_{Ed} \leq H_{Rd,i}$ der vorgeschlagenen statischen Modelle dürfen mittels folgender Ansätze geführt werden:

## A. Rahmenmodell

Der Bemessungswiderstand $H_{Rd,1}$ des Rahmenmodells hängt von der Zugfestigkeit der Beton-Riegel ab. Nimmt man eine parabolische Schubflussverteilung über die Wandlänge $L$ gemäß der Balkentheorie und einen Nullpunkt des Moments in der Mitte der Beton-Riegel an, so ist die Tragfähigkeit eines Beton-Riegels erreicht, wenn die Zugspannung auf Grund des maximalen Biegemoments am Schnittpunkt Riegel/Stütze die Zugfestigkeit des Betons überschreitet. Der maximale Wert der Schubbeanspruchung $H'_{Ed}$ ergibt sich aus Gleichung (1):

$$\max H'_{Ed} = \frac{3}{2} \frac{H_{Ed}}{L} \quad (1)$$

und führt so zu einer maximalen Schubkraft max $V_{Ed,r}$ in einem Beton-Riegel von

$$\max V_{Ed,r} = \max H'_{Ed}\, h_s = \frac{3}{2} \frac{H_{Ed}}{L}\, h_s \quad (2)$$

Das anliegende maximale Biegemoment $\max M_{Ed,r}$ in einem Beton-Riegel ist

$$\max M_{Ed,r} = \max V_{Ed,r} \frac{l_r}{2} = \frac{3}{4} \frac{H_{Ed}}{L}\, h_s\, l_r \quad (3)$$

Mit einem vorgegebenen Widerstandsmoment $Z_r$ des Beton-Riegels und einer charakteristischen Betonzugfestigkeit $f_{ctk;0,05}$ ergibt sich für eine Wand folgender Bemessungswiderstand:

$$H_{Rd,1} = \frac{4}{3} \frac{L}{h_s} \frac{Z_r}{l_r} \frac{f_{ctk;0,05}}{\gamma_{ct}} \quad (4)$$

In Gleichung (4) gelten folgende Bezeichnungen (vgl. Abb. 2):

| | | | |
|---|---|---|---|
| $H_{Rd,1}$ | Bemessungsscherfestigkeit gemäß Rahmenmodell; | | |
| $L$ | Wandlänge; | | |
| $h_s$ | Abstand zwischen den Achsen der Beton-Riegel; | | |
| $l_r$ | lichte Länge des Beton-Riegels; | | |
| $Z_r$ | Widerstandsmoment des Beton-Riegels; | | |
| $f_{ctk;0,05}$ | charakteristische Betonzugfestigkeit; | | |
| | $f_{ctk;0,05} = \eta_1 \times 0{,}7 \times 0{,}3 \times f_{ck}^{2/3} = \eta_1 \times 0{,}21 \times f_{ck}^{2/3}$ [MN/m²]; | | |
| $f_{ck}$ | charakteristische Druckfestigkeit des Betons (Zylinder); | | |
| $\gamma_{ct}$ | mit 1,5 | Teilsicherheitsbeiwert für die Betonzugfestigkeit Ortbetons; | |
| $\eta_1$ | mit 1,0 | | für Normal-Ortbeton; |
| | $0{,}40+0{,}60 \times \rho/2200$ | | für Ortbeton aus Leichtbeton mit einem Rechenwert der Trockenrohdichte von ρ in [kg/m³]. |

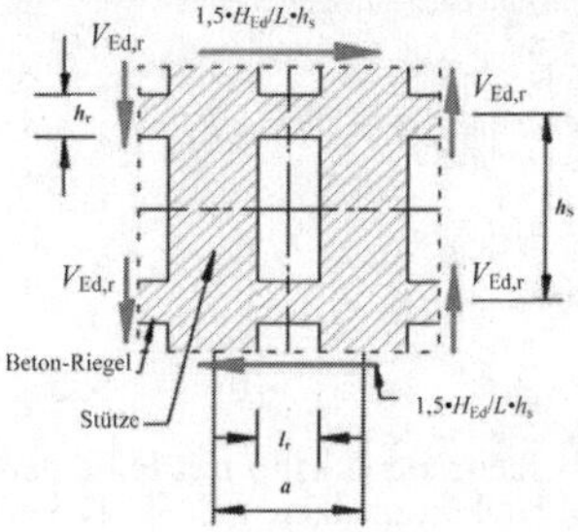


**Abb. 2:** Bezeichnungen

## B. Modell mit durchgehenden Druck-Streben

Der Bemessungswiderstand $H_{Rd,2}$ des Modells mit durchgehenden Streben hängt von der Festigkeit der *n* Streben ab, die durchgehend von einem Geschoss zum nächsten durch die Wand verlaufen (vgl. Abb. 1 und 3).

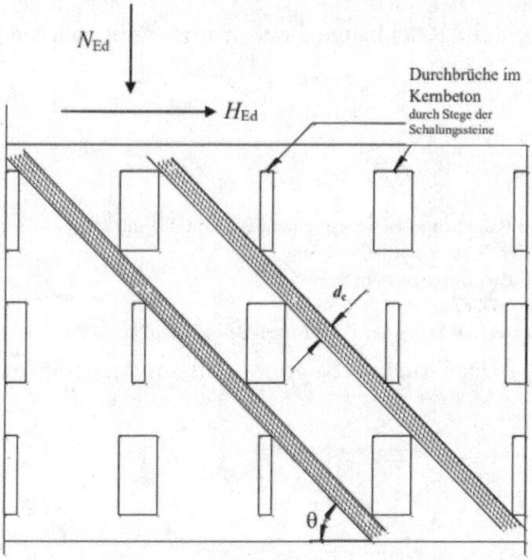


**Abb. 3:** Höhe $d_c$ einer durchgehenden Strebe

Der Bemessungswiderstand einer Strebe wird gemäß Gleichung (5) ermittelt. Der Neigungswinkel $\theta$ der Streben ergibt sich aus Abb. 3.

Der Bemessungswiderstand $H_{Rd,2}$ ergibt sich aus Gleichung (5):

$$H_{Rd,2} = n^{*} \times \nu \times f_{cd} \times b_c \times d_c \times \cos\theta \leq N_{Ed} \times \cot\theta \tag{5}$$

mit

$H_{Rd,2}$ = Bemessungswiderstand gemäß dem Modell mit durchgehenden Streben;
$n^*$ = Anzahl der durchgehenden Streben in einer Wand;
$f_{cd}$ = Bemessungswert der Druckfestigkeit des Betons;
$\nu$ = $0{,}6 \cdot (1 - f_{ck}/250)$ [$f_{ck}$ in MN/m²] *(entspricht Gleichung 6.6N in [8] bzw. [9])*;
$b_c$ = Dicke der Strebe;
$d_c$ = Höhe der Strebe (mindestens 70 mm);
$\theta$ = Neigungswinkel der Streben $30° \leq \theta \leq 60°$;
$N_{Ed}$ = Bemessungswert der einwirkenden Normalkraft.

## C. Balkenmodell

Der Bemessungswiderstand $H_{Rd,3}$ gemäß dem Balkenmodell kann mit Hilfe der Bemessungsregeln bestimmt werden, die für Stahlbetonbalken gelten. Dabei verläuft die Beton-Druckstrebe nicht über das ganze Geschoss, sondern nur innerhalb der Beton-Stütze. Die Beton-Druckstrebe wird dabei mit Hilfe der Bewehrung zurückgehängt. Diese „Rückhänge-Bewehrung" wird dabei durch horizontale Betonstabstähle gebildet, die innerhalb der Beton-Riegel des Stützen/Riegel-Systems verlaufen. Eine ausreichende Endverankerung der horizontalen Stäbe – z.B. durch Schlaufen der Bewehrung – ist gemäß DIN EN 1992-1-1:2011-01 und DIN EN 1992-1-1/A1:2015-03 [7] in Verbindung mit DIN EN 1992-1-1/NA:2013-04 und DIN EN 1992-1-1/NA/A1:2015-12 [8], Abschnitt 8, sicherzustellen.

Der Bemessungswiderstand $H_{Rd,3a}$ der Rückhänge-Bewehrung ergibt sich aus Gleichung (6):

$$H_{Rd,3a} = \min(A_{sh,r} \times f_{yd}\,;\, A_{sv,r} \times f_{yd} \times \frac{H}{b}) \qquad (6)$$

mit

$H_{Rd,3a}$ = Bemessungswiderstand der Rückhänge-Bewehrung gemäß dem Balkenmodell;
$A_{sh,r}$ = Querschnitt der horizontalen Rückhänge-Bewehrung;
$A_{sv,r}$ = Querschnitt der vertikalen Betonstab-Bewehrung;
$b$ = Breite der betrachteten Beton-Stütze;
$f_{yd}$ = Bemessungswert der Festigkeit des Stahls der Rückhänge-Bewehrung.

Der Bemessungswiderstand $H_{Rd,3b}$ der Druckstrebe ergibt sich aus Analogie zu (5) aus Gleichung (7):

$$H_{Rd,3b} = n^* \times \nu \times f_{cd} \times b_c \times d_c \times \cos\theta \qquad (7)$$

mit

$n^*$ = 1;
$\theta$ = Neigungswinkel der Strebe $30° \leq \theta \leq 60°$.

Der Bemessungswiderstand $H_{Rd,3}$ des Balkenmodells nach Abb. 1c) ergibt sich nach Gleichung (8):

$$H_{Rd,3} = \min(H_{Rd,3a}; H_{Rd,3b}) \qquad (8)$$

**Anhang 13**

## Richtlinie über Rollladenkästen (RokR)

Stand: September 2022

**Inhalt**



### 1. Geltungsbereich

Diese Richtlinie gilt für werkmäßig hergestellte Rollladenkästen (einschließlich Rollladenkastendeckel), an die Anforderungen hinsichtlich des Wärme- oder Schallschutzes gestellt werden.

Die Bestandteile des Rollladenkastens müssen aus mindestens normalentflammbaren Baustoffen bestehen.

Für werkmäßig hergestellte Rollladenkästen mit statisch tragender Funktion im Bauwerk ist zusätzlich die in Kapitel C 2 bekannt gemachte technische Regel für das jeweilige Bauprodukt zu beachten.

### 2. Wärmeschutz

#### 2.1. Anforderungen an den Mindestwärmeschutz

Es werden Anforderungen an die Begrenzung des Wärmedurchgangs sowie an die Oberflächentemperatur gestellt.

Der Rollladenkasten muss die Anforderung des Mindestwärmeschutzes nach DIN 4108-2:2013-02, Abschnitt 5.1.3, erfüllen.

Diese Anforderung gilt als erfüllt, wenn der nach Abschnitt 2.2 berechnete oder der nach Abschnitt 2.3 gemessene Wärmedurchgangskoeffizient $U_{sb}$ des Rollladenkastens $U_{sb} \leq 0{,}85\ W/(m^2 \cdot K)$ beträgt und der nach Abschnitt 2.2 berechnete Temperaturfaktor $f_{Rsi} \geq 0{,}70$ beträgt.

#### 2.2. Berechnung des Wärmedurchgangskoeffizienten $U_{sb}$ und des Temperaturfaktors $f_{Rsi}$

Der Wärmedurchgangskoeffizient $U_{sb}$ des Rollladenkastens ist zweidimensional nach DIN EN ISO 10077-2:2018-01 zu berechnen und auf zwei Wert anzeigende Ziffern zu runden. Die Berechnung ist mit einem Blendrahmen mit 60 mm Bautiefe, der für die Zwecke dieser Richtlinie als adiabat zu betrachten ist, durchzuführen. Der Blendrahmen ist bündig mit der Außenseite des tatsächlichen oder geplanten Fensterrahmens anzusetzen, unabhängig von dessen Breite.

Bei der zweidimensionalen Berechnung ist die Wärmestromdichte auf die maßgebliche Höhe $b_{sb}$ nach DIN EN ISO 10077-2:2018-01 zu beziehen.

Der Temperaturfaktor $f_{Rsi}$ des Rollladenkastens ist zweidimensional nach DIN EN ISO 10211:2018-03 in Verbindung mit DIN EN ISO 10077-2:2018-01 zu berechnen und auf zwei Wert anzeigende Ziffern zu runden. Die Berechnung ist mit einem Blendrahmen mit 70 mm Bautiefe aus Holz der Wärmeleitfähigkeit $\lambda = 0{,}13\ W/(m \cdot K)$ unter den Randbedingungen aus DIN 4108-2:2013-02 durchzuführen. Für die Übergangswiderstände sind die Randbedingungen nach DIN 4108 Beiblatt 2:2019-06 anzusetzen. Der obere Baukörperanschluss wird für die Zwecke dieser Richtlinie als adiabat betrachtet.

Für die Bestandteile des Rollladenkastens sind bei den Berechnungen die jeweiligen Bemessungswerte der Wärmeleitfähigkeit nach DIN EN ISO 10456:2010-05, DIN EN ISO 10077-2:2018-01 oder DIN 4108-4:2020-11 anzusetzen. Der Rollraum ist entsprechend den Randbedingungen nach Abschnitt 6.3.5 oder DIN EN ISO 10077-2:2018-01 zu behandeln.

**2.3. Messung des Wärmedurchgangskoeffizienten $U_{sb}$**

Der Wärmedurchgangskoeffizient $U_{sb}$ des Rollladenkastens ist nach DIN EN 12412-4:2003-11 zu bestimmen.

**3. Schallschutz**

Sollen für den Rollladenkasten schalldämmende Eigenschaften ausgewiesen werden, so ist das zugehörige bewertete Schalldämm-Maß zu ermitteln entweder:

- aufgrund seiner konstruktiven Merkmale nach DIN 4109-35:2016-07, Tabelle 6, oder
- durch Messung nach DIN EN ISO 10140-1, -2, -4 und -5:2021-09 und Bewertung nach DIN EN ISO 717-1:2021-05. Falls im Rahmen der Messung nur eine bewertete Norm-Schallpegeldifferenz $D_{n,e,w}$ ausgewiesen wurde, so ist diese nach folgender Formel in ein bewertetes Schalldämm-Maß umzurechnen:

  $R_w = D_{n,e,w} + 10 \log(S_R/10m^2)$

  mit $S_R$ Fläche des Rollladenkastens in $m^2$.

Bei der Berechnung der Luftschalldämmung kann das angegebene bewertete Schalldämm-Maß $R_w$ direkt in Gleichung 37 der DIN 4109-2:2018-01, Abschnitt 4.4.2 eingesetzt werden.

**4. Wesentliche Merkmale für das Ü-Zeichen**

Im Ü-Zeichen eines Rollladenkastens, der den Anforderungen der Abschnitte 1 und 2 entspricht, ist als wesentliches Merkmal der Wärmedurchgangskoeffizient $U_{sb}$, bei Rollladenkästen mit schalldämmenden Eigenschaften nach Abschnitt 3 zusätzlich das bewertete Schalldämm-Maß „$R_W$ = …“ anzugeben.

Zu den im Ü-Zeichen anzugebenden Wesentlichen Merkmalen gehört auch die Angabe, für welche Kombination von Rollladenkasten mit Rollladenkastendeckel diese Wesentlichen Merkmale gelten.

Für Rollladenkästen mit statisch tragender Funktion im Bauwerk sind die Regelungen zur Kennzeichnung gemäß der in Bezug genommenen technischen Regel zusätzlich zu beachten.

## Anhang 14

### Technische Regel Technische Gebäudeausrüstung – TR TGA

Stand: April 2022

Inhalt

3. Alarmierungsanlagen
4. Sicherheitsbeleuchtungsanlagen
5. Sicherheitsstromversorgungsanlagen
6. Lüftungsanlagen
7. Rauchabzugsanlagen und *Rauchabszugsgeräte*[1]
8. Druckbelüftungsanlagen
9. CO-Warnanlagen
10. Feuerlöschanlagen

## 1. Feuerungsanlagen

### 1.1. Zweck der Anlage

Feuerungsanlagen bestehen aus ortsfest installierten Feuerstätten und Abgasanlagen. Feuerstätten erzeugen Wärme durch die Verbrennung flüssiger, gasförmiger oder fester Brennstoffe. Als ortsfest installiert gelten auch Anlagen und Einrichtungen, die über flexible Leitungen an ortsfest installierte Brennstoffversorgungsleitungen angeschlossen sind. Sonstige Anlagen zur Wärmeerzeugung sind ortsfeste Verbrennungsmotoren, Blockheizkraftwerke, Brennstoffzellen und Verdichter.

### 1.2. Betriebs- und Brandsicherheit

Für die Betriebs- und Brandsicherheit müssen Feuerungsanlagen unter Beachtung der allgemein anerkannten Regeln der Technik sowie unter Verwendung geeigneter Bauprodukte ausgeführt sein. Dabei sind die Anforderungen der Feuerungsverordnung (FeuV)[2] u.a. an die Verbrennungsluftversorgung, die Aufstellung von Feuerstätten, die Abstände zu brennbaren Baustoffen, die Abgasabführung unter Beachtung des nach BayBO[3] ggf. erforderlichen Feuerwiderstands zwischen Geschossen einzuhalten.

Elektrisch versorgte Teile, wie z.B. Motoren, Fühler und Schalter, müssen entsprechend bemessen, isoliert und geschützt sein; dies gilt auch für Einflüsse aufgrund Feuchtigkeit und Kälte- bzw. Wärmebelastungen.

Anlagenteile, die zur Förderung der Brennstoffe dienen, sind so auszuführen, dass Brennstoffe sich in diesen Anlagenteilen sowie in den davor befindlichen Brennstofflägern nicht selbst entzünden können.

### 1.3. Aufstellen von Feuerstätten

Die einschlägigen Anforderungen ergeben sich aus der FeuV[2].

### 1.4. Brandausbreitung und sichere Abgasabführung

Die einschlägigen Anforderungen ergeben sich aus der FeuV[2].

### 1.5. Brennstoffversorgung und -lagerung

Die einschlägigen Anforderungen ergeben sich aus der FeuV[2].

Weitere Vorschriften zur Lagerung der Brennstoffe können sich aus Regelungen des Produktsicherheitsgesetzes und der Verordnung über die Verhütung von Bränden (VVB) ergeben.

Die bauaufsichtlichen Anforderungen an die Versorgung und den Anschluss der Feuerstätten für die Brennstoffe Gas und Flüssiggas gelten als erfüllt, wenn das technische Regelwerk des Deutschen Vereins des Gas- und Wasserfaches e.V.

---

[1] Wortlaut amtlich.
[2] Nr. **7**.
[3] Nr. **1**.

(DVGW) oder des Deutschen Verbandes Flüssiggas e.V. (DVFG) für die Bauweise der Brennstoffversorgungsanlage beachtet ist.

### 1.6. Grundlegende Anforderungen

#### 1.6.1. Grundlegende Anforderungen an Feuerungsanlagen

Abgase von Feuerstätten müssen bei allen bestimmungsgemäßen Betriebszuständen einwandfrei ins Freie abgeleitet werden; gegenüber Räumen darf kein gefährlicher Überdruck auftreten. Der dafür erforderliche lichte Querschnitt der Abgasanlagen ist auf der Grundlage von DIN EN 13384-1:2019-09, bei mehrfach belegten Abgasanlagen auf der Grundlage von DIN EN 13384-2:2019-09 zu bemessen.

Die einschlägigen Anforderungen an die Verbrennungsluftversorgung ergeben sich aus der FeuV[1].

Raumluftunabhängigen Feuerstätten ist die erforderliche Verbrennungsluft über dichte Leitungen direkt vom Freien oder über einen Luftschacht z.B. eines Luft-Abgas-Systems und einer Anschlussleitung direkt zuzuführen, sie darf nicht den Aufstellräumen der Feuerstätten entnommen werden. Der für eine ausreichende Verbrennungsluftversorgung erforderliche lichte Querschnitt der Leitung ist bei einfach belegten Abgasleitungen nach DIN EN 13384-1:2019-09, bei mehrfach belegten Abgasleitungen nach DIN EN 13384-2:2019-09 zu bemessen.

Raumluftunabhängige Feuerstätten für feste Brennstoffe dürfen in Räumen von Wohnungen oder Nutzungseinheiten vergleichbarer Größe mit Raumluft absaugenden Anlagen nur aufgestellt werden, wenn die zuluftseitige Bemessung darauf ausgelegt ist, dass durch den Betrieb der Raumluft absaugenden Anlagen im Aufstellraum, in der Wohnung oder einer vergleichbaren Nutzungseinheit kein größerer Unterdruck als 8 Pa gegenüber dem Freien auftritt.

Raumluftunabhängige Feuerstätten für feste Brennstoffe müssen selbsttätig dicht schließende Türen aufweisen oder es sind während des Betriebes durch andere Maßnahmen gegen das Austreten von Verbrennungsgasen in gefahrdrohender Menge zu treffen.

Für die Aufstellung und den Betrieb von Feuerstätten können sich zusätzlich Anforderungen aus anderen Bereichen wie dem Immissionsschutzrecht, dem Gebäudeenergiegesetz und der Kehr- und Überprüfungsordnung ergeben.

#### 1.6.2. Grundlegende Anforderungen an eigenständige Sicherheitseinrichtungen

Sicherheitseinrichtungen mit Verwendung eines Abgastemperaturfühlers müssen so ausgeführt werden, dass dieser bei einer max. Abgastemperatur von 50 ° C (Festbrennstofffeuerstätte) die Differenzdruckmessung, die Positionsüberwachung oder andere Überwachungsmethoden auslöst.

Eigenständig wirkende Sicherheitseinrichtungen dürfen nur innerhalb einer Nutzungseinheit verwendet werden, wobei die Sicherheitseinrichtung den Aufstellraum der raumluftabhängigen Feuerstätte und die dazu im Raumluftverbund stehenden Räume überwachen kann. Dabei ist zu beachten, dass die raumluftabhängige Feuerstätte nicht an eine mehrfach belegte Abgasanlage anzuschließen ist.

---

[1] Nr. 7.

Die Verwendung einer Sicherheitseinrichtung ersetzt nicht die fachgerechte Bemessung und Ausführung der raumlufttechnischen und der feuerungstechnischen Anlage hinsichtlich der notwendigen Verbrennungsluftversorgung und Abgasabführung im Raumluftverbund. Die Installation von eigenständigen Sicherheitseinrichtungen darf nur von Personen ausgeführt werden, die über hinreichende Fachkunde verfügen. Wird eine Sicherheitseinrichtung installiert, ist der zuständige bevollmächtigte Bezirksschornsteinfeger vom Betreiber darüber zu informieren.

### 1.7. Anforderungen an die Verwendung von Feuerstätten

#### 1.7.1. Grundlegende Anforderungen

Die bauaufsichtlichen Anforderungen gelten als erfüllt, wenn nach Maßgabe dieser technischen Regel Feuerstätten verwendet werden

1. mit CE-Kennzeichnung nach der
   - Verordnung (EU) Nr. 305/2011 (Bauproduktenverordnung) (betr. häusliche Feuerstätten für feste und für flüssige Brennstoffe) insbesondere unter Beachtung von Abschnitt 1.9 dieser technischen Regel,
   - Verordnung (EU) 2016/426 (Gasgeräteverordnung) (betr. Feuerstätten für gasförmige Brennstoffe),
   - Richtlinie 2006/42/EG (Maschinenrichtlinie) (betr. z.B. Feuerstätten für flüssige und für feste Brennstoffe mit motorischem Antrieb),
   - Richtlinie 2014/35/EG (Niederspannungsrichtlinie) (betr. z.B. Feuerstätten für flüssige und für feste Brennstoffe mit Verbrennungsluftsteuerungen oder Konvektionsluftgebläse) oder
   - Richtlinie 2014/68/EU (Druckgeräterichtlinie) (betr. Baugruppen zur Erzeugung von Warmwasser),
2. ohne CE-Kennzeichnung, wenn Sie z.B. nach der „Fachregel Ofen- und Luftheizungsbau TR OL 2006, Ausgabe 2010" errichtet sind oder es sich um Feuerstätten für feste Brennstoffe ohne motorischem Antrieb, ausgenommen häusliche Feuerstätten, handelt oder
3. mit bauaufsichtlichem Verwendbarkeitsnachweis.

#### 1.7.2. Feuerstätten für feste und flüssige Brennstoffe, die die CE-Kennzeichnung nach harmonisierten technischen Spezifikationen auf Grundlage der Bauproduktenverordnung tragen

Zur Erfüllung der bauaufsichtlichen Anforderungen sind für die zu verwendenden Bauprodukte Leistungen zu Wesentlichen Merkmalen mindestens gemäß Tabelle 1 erforderlich

**Erläuterung zu Tabelle 1**

| Nr. Spalte | Produkt nach harmonisierter Norm |
|---|---|
| 2 | EN 13240:2001, EN 13240:2001/A2:2004 und EN 13240:2001/AC:2006 und EN 13240:2001/A2:2004/AC:2007 Raumheizer für feste Brennstoffe – Anforderungen und Prüfungen[*1] |

[*1] **Amtl. Anm.:** In Deutschland umgesetzt durch DIN EN 13240:2005-10 + DIN EN 13240 Berichtigung 1 2008-06

| Nr. Spalte | Produkt nach harmonisierter Norm |
|---|---|
| 3 | EN 13229:2001, EN 13229:2001/A1:2003, EN 13229:2001/AC:2006 und EN 13229:2001/A2:2004/AC:2007 Kamineinsätze einschließlich offene Kamine für feste Brennstoffe – Anforderungen und Prüfungen*2 |
| 4 | EN 12815:2001, EN 12815:2001/A1:2004 und EN 12815:2001/AC:2006 und EN 12815:2001/A1:2004/AC:2007 – Herde für feste Brennstoffe – Anforderungen und Prüfungen*3 |
| 5 | EN 12809:2001, EN 12809:2001/A1:2004, EN 12809:2001/AC:2006/AC:2007 + EN 12809:2001/A1:2004/AC:2007 Heizkessel für feste Brennstoffe Nennwärmeleistung bis 50 kW – Anforderungen und Prüfungen*4 |
| 6 | EN 15250:2007 Speicherfeuerstätten für feste Brennstoffe – Anforderungen und Prüfverfahren*5 |
| 7 | EN 14785:2006 Raumheizer zur Verfeuerung von Holzpellets – Anforderungen und Prüfverfahren*6 |
| 8 | EN 15821:2010 Mehrfach befeuerbare Saunaöfen zur Verfeuerung von naturbelassenem Scheitholz – Anforderungen und Prüfverfahren*7 |
| 9 | EN 1:1998 und EN 1:1998/A1:2007 Heizöfen für flüssige Brennstoffe mit Verdampfungsbrennern und Schornsteinanschluss*8 |

**Tabelle 1**

| **Wesentliches Merkmal** | **Produkt nach harmonisierter Norm** | | | | | | | |
|---|---|---|---|---|---|---|---|---|
| **1** | **2** | **3** | **4** | **5** | **6** | **7** | **8** | **9** |
| **Brandsicherheit** | | | | | | | | |
| Abstände zu brennbaren Materialien | L | L | L | L | L | L | L | L |
| Brandgefahr durch Herausfallen von brennendem Brennstoff | X | X | X | X | X | X | X | – |
| **Emissionen von Verbrennungsprodukten (bei Nennwärmeleistung und wenn angegeben bei Teillast und Schwachlast)** | | | | | | | | |
| CO | L | L | L | L | L | L | L | K* |
| **Freisetzung von gefährlichen Stoffen** | X | X | X | X | X | X | X | X |
| **Oberflächentemperatur** | X | X | X | X | X | X | X | X |
| **Elektrische Sicherheit** | X | X | X | X | X | X | X | X |
| **Reinigbarkeit** | – | – | – | – | – | – | – | – |
| **Maximaler Betriebsdruck (nur zutreffend, wenn Feuerstätte mit wasserführenden Bauteilen ausgestattet ist)** | L | L | L | L | L | L | L | – |
| **Mechanische Festigkeit (zum Tragen eines Schornsteins)** | – | – | – | – | – | – | – | – |
| **Wärmeabgabe/Wirkungsgrad** | | | | | | | | |
| Nenn-Raumwärmeleistung | L | L | L | L | L | L | L | L |
| Nenn-Wasserwärmeleistung (falls zutreffend)[1] | L | L | L | L | L | L | L | – |

*2 **Amtl. Anm.:** In Deutschland umgesetzt durch DIN EN 13229:2005-10 + DIN EN 13229 Berichtigung 1:2008-06

*3 **Amtl. Anm.:** In Deutschland umgesetzt durch DIN EN 12815:2005-09 + DIN EN 12815 Berichtigung 1:2008-06

*4 **Amtl. Anm.:** In Deutschland umgesetzt durch DIN EN 12809:2005-08 + DIN EN 12809 Berichtigung 1:2008-06

*5 **Amtl. Anm.:** In Deutschland umgesetzt durch DIN EN 15250:2007-06 + DIN EN 15250 Berichtigung 1:2015-05

*6 **Amtl. Anm.:** In Deutschland umgesetzt durch DIN EN 14785:2006-09 + DIN EN 14785 Berichtigung 1:2007-10

*7 **Amtl. Anm.:** In Deutschland umgesetzt durch DIN EN 15821:2011-01

*8 **Amtl. Anm.:** In Deutschland umgesetzt durch DIN EN 1:2007-12

| Wesentliches Merkmal | Produkt nach harmonisierter Norm | | | | | | | |
|---|---|---|---|---|---|---|---|---|
| 1 | 2 | 3 | 4 | 5 | 6 | 7 | 8 | 9 |
| Teillast-Raumwärmeleistung (wenn vom Hersteller angegeben)[2] | L | L | L | L | L | L | L | L |
| Teillast-Wasserwärmeleistung (falls zutreffend[1] und wenn angegeben[2]) | L | L | L | L | L | L | L | – |
| Schwachlast-Raumwärmeleistung (wenn vom Hersteller angegeben[2]) | L | L | L | L | L | L | L | – |
| Schwachlast-Wasserwärmeleistung (falls zutreffend[1] und wenn vom Hersteller angegeben[2]) | L | L | L | L | L | L | L | – |
| Wirkungsgrad bei Nennwärmeleistung | L | L | L | L | L | L | L | K |
| Wirkungsgrad bei Teillastwärmeleistung (wenn vom Hersteller angegeben[2]) | L | L | L | L | L | L | L | – |
| **Abgastemperatur bei Nennwärmeleistung und Teillastwärmeleistung (wenn angegeben)** | L | L | L | L | L | L | L | L |
| **Dauerhaftigkeit** | – | – | – | – | – | – | – | – |

1 Wasserwärmeleistung – Leistungsangabe dann erforderlich, wenn die Feuerstätte über einen Wasserwärmeübertrager verfügt;
2 sofern der Hersteller einen Betrieb in Teillast oder Schwachlast für die Feuerstätte vorsieht, ist die Leistungsangabe dieser Wärmeleistung erforderlich
das gilt für die Fälle mit/ohne Wasserwärmeübertrager gleichermaßen;
X muss erfüllt werden
K Angabe der Klasse erforderlich
K* Die Klasse kann neben dem Wert für CO und der Angabe des Wirkungsgrades noch weitere Parameter beinhalten.
L Leistungsangabe als Wert erforderlich
– Wesentliches Merkmal für das Bauprodukt im Anhang ZA nicht enthalten oder im Anhang ZA enthalten aber bauaufsichtlich nicht erforderlich

Bei der Verwendung der Feuerstätten nach Bauproduktenverordnung, ausgenommen Saunaöfen nach EN 15821:2010*9, ist zu beachten, dass

- der mit der CE-Kennzeichnung angegebene Abstand zu Bauteilen aus brennbaren Baustoffen eingehalten wird wobei die angrenzenden Bauteile einen Wärmedurchlasswiderstand gemäß harmonisierter Norm von $R \leq 1{,}2$ $m^2K/W$ bei Feuerstätten für feste Brennstoffe und von $R \leq 0{,}127$ $m^2K/W$ bei Feuerstätten für flüssige Brennstoffe aufweisen, sofern in den Leistungserklärungen nicht andere Angaben zum Wärmedurchlasswiderstand der angrenzenden Bauteile gemacht werden. Bei größeren Wärmedurchlasswiderständen sind ggf. zusätzliche Maßnahmen erforderlich, z.B. gemäß DIN 18896:2014-02, Abschnitt 4.4.1.
- bei Kamineinsätzen in Feuerstätten die Bestimmungen der „Fachregel Ofen- und Luftheizungsbau TR OL 2006, Ausgabe 2010" oder die Vorgaben des Herstellers z.B. gemäß EN 13229:2001*10 beachtet werden,
- bei der Verwendung von Speicherfeuerstätten
  1. die Nennwärmeleistung (kW) der Feuerstätte anhand der Gesamtwärmeleistung [kJ] und der Zeit, bis die durchschnittliche Oberflächentemperatur 25 % des maximalen Wertes aufweist, angegeben ist und

*9 **Amtl. Anm.:** In Deutschland umgesetzt durch DIN EN 15821:2011-01
*10 **Amtl. Anm.:** In Deutschland umgesetzt durch DIN EN 13229:2005-10 + DIN EN 13229 Berichtigung 1:2008-06

2. mineralische Strukturen der Feuerstätte, die mit Feuer oder Abgas in Kontakt kommen, die folgenden Eigenschaften gemäß Tabelle 2 aufweisen.

**Tabelle 2:**

| **Materialien** | **Rohdichte [kg/dm³]** |
|---|---|
| Standardschamotte | 1,75 bis 2,2 |
| Schwerschamotte | 2,3 bis 4,0 |
| Vermiculite | 0,6 bis 1,5 |
| Speckstein[1] | 2,8 bis 3,2 |
| Feuerfester Beton | 1,9 bis 2,8 |
| [1] nicht für den Feuerraum | |

oder die Dauerhaftigkeitsanforderungen nach einschlägigen Normen wie folgt nachgewiesen sind:

a. Feuerfestigkeit (Kegelfallpunkt als Feuerfestigkeitszahl) > 15,

b. Temperaturwechselbeständigkeit ≥ 25 Zyklen,

c. Thermische Längenausdehnung ≤ 1,5 %,

d. bleibende Längenänderung nach Temperatureinwirkung < 1,5 %.

### 1.7.3. Feuerstätten, die die CE-Kennzeichnung aufgrund anderer Harmonisierungsvorschriften als der Bauproduktenverordnung tragen

Bei der Verwendung von Feuerstätten, die die CE-Kennzeichnung nicht nach der Bauproduktenverordnung tragen, gilt Folgendes:

Für die Errichtung und den Betrieb von Feuerstätten für gasförmige Brennstoffe mit CE-Kennzeichnung aufgrund der Gasgeräteverordnung oder der Maschinenrichtlinie sind die in der „Technischen Regel für Gasinstallationen" (DVGW-Arbeitsblatt G 600, Technische Regel für Gasinstallationen, DVGW-TRGI, Stand 2018) bzw. die in den „Technischen Regeln Flüssiggas" (TRF 2021) zusammengefassten technischen Regeln unter Berücksichtigung der FeuV[1)] zu beachten. Das schließt auch die Abgasanlage ein.

Für die Errichtung und den Betrieb von Feuerstätten für flüssige Brennstoffe mit CE-Kennzeichnung aufgrund der Maschinenrichtlinie ist die FeuV zu beachten. Ergänzend sind die in den „Technischen Regeln Ölanlagen" (TRÖl 2.1, Ausgabe 12/2019) zusammengefassten technischen Regeln zu berücksichtigen.

### 1.7.4. Feuerstätten ohne CE-Kennzeichnung

Für die Errichtung und den Betrieb von vor Ort errichteten Feuerstätten für feste Brennstoffe mit handwerklich hergestellten Brennräumen sind die in der „Fachregel Ofen- und Luftheizungsbau TR OL 2006, Ausgabe 2010" zusammengefassten technischen Regeln unter Berücksichtigung der FeuV[1)] zu beachten.

Nachfolgend genannte Dämmstoffe dürfen unter Beachtung der Ausführungsbestimmungen der TR OL 2006, Ausgabe 2010 für vor Ort errichtete Feuerstätten verwendet werden:

[1)] Nr. 7.

- Wärmedämmstoffe für die technische Gebäudeausrüstung und für betriebstechnische Anlagen in der Industrie – werkmäßig hergestellte Produkte aus Mineralwolle (MW) – nach DIN EN 14303:2016-08;
- Wärmedämmstoffe für die technische Gebäudeausrüstung und für betriebstechnische Anlagen in der Industrie – werkmäßig hergestellte Produkte aus Calciumsilikat (CS) – nach DIN EN 14306:2016-03;
- Wärmedämmstoffe für die Haustechnik und für betriebstechnische Anlagen – werkmäßig hergestellte Produkte aus Blähperlit (EP) und expandiertem Vermiculit (EV) nach DIN EN 15501:2016-03.

### 1.8. Anforderungen an die Errichtung und die sichere Benutzbarkeit von Abgasanlagen

Abgasanlagen sollen die Abgase von Feuerstätten sicher ins Freie abführen. Abgasanlagen, wie Abgasleitungen, Schornsteine, Luft-Abgas-Systeme, Luft-Abgas-Schornsteine und Verbindungsstücke können entweder aus einzelnen Bauteilen (Montageabgasanlage) oder aus Bausätzen (Systemabgasanlage) nach Maßgabe dieses Abschnittes errichtet werden.

Die bauaufsichtlichen Anforderungen gelten für die Planung und Ausführung von Abgasanlagen zur Abführung von Abgasen von Feuerstätten, die mit festen, flüssigen oder gasförmigen Brennstoffen betrieben werden, sowie für die Abführung von Abgasen von Wärmepumpen, Blockheizkraftwerken und ortsfesten Verbrennungsmotoren als erfüllt, wenn die Regeln von DIN V 18160-1:2006-01, mit Ausnahme der Abschnitte 5.2.1, 6.2, 6.5, 6.9, 6.10.1 und 6.10.2, in Verbindung mit DIN V 18160-1 Beiblatt 1:2015-11 und Beiblatt 2:2016-04 sowie die nachfolgend aufgeführten Bestimmungen eingehalten sind.

Bauteile von Abgasanlagen müssen hinsichtlich ihres Brandverhaltens mindestens normalentflammbar sein. Der in der Kennzeichnung von Bauprodukten für Abgasanlagen angegebene Abstand zu brennbaren Baustoffen gilt nur für angrenzenden Wände, die einen Wärmedurchlasswiderstand von $R \leq 2{,}7\ m^2K/W$ aufweisen, und für zu durchdringende Decken und Dächer, die einen Wärmedurchlasswiderstand von $R \leq 5{,}4\ m^2K/W$ aufweisen. Die Verwendung von Abgasanlagen in Gebäuden mit Wand-, Decken- und Dachkonstruktionen aus oder mit brennbaren Baustoffen, die höhere Wärmedurchlasswiderstände aufweisen, ist nur zulässig, wenn dies in harmonisierten Spezifikationen erfasst ist oder dafür eine Bauartgenehmigung erteilt wurde.

Sofern Abgasanlagen Geschosse überbrücken, für die bauordnungsrechtlich eine feuerwiderstandsfähige Trennung vorgeschrieben ist, müssen sie so ausgeführt sein, dass auch bei einer Brandeinwirkung von außen auf die Oberflächen der Abgasanlage eine Brandausbreitung über einen bestimmten Zeitraum verhindert wird. Solche Abgasanlagen müssen daher einen hinreichend langen Feuerwiderstand aufweisen. Dieser kann aufgrund der für die Errichtung von Abgasanlagen verwendeten Materialien und Konstruktion oder zusammen mit einem Schacht erreicht werden.

Für Anwendungen, bei denen Anforderungen an die Feuerwiderstandsdauer der Abgasanlage zur Vermeidung der Brandübertragung von Geschoss zu Geschoss gestellt werden, ist der Feuerwiderstand, einschließlich einer thermischen Vorbehandlung, entsprechend einer thermischen Belastung durch den Heizbetrieb unter Berücksichtigung von DIN 18160-60:2014-02 oder von DIN EN 1366-13:2019-09 nachzuweisen. Zum Nachweis des Feuerwiderstandes entsprechend DIN EN 1366-13:2019-09 ist der senkrechte Prüfaufbau mit einem Prüfkörper „B" zu verwenden. Abweichend von DIN EN 1366-13:2019-09 sind Prüfungsergebnisse mit Innenrohren aus nichtrostendem Stahl nur auf Innenrohre aus nicht brennbaren Werkstoffen übertragbar.

Ausgeführte Abgasanlagen müssen dauerhaft und gut sichtbar je nach Anwendungsbereich mit mindestens folgenden Angaben gekennzeichnet werden:

- Normnummer: DIN V 18160-1:2006-01,
- Die Temperaturklasse „Txxx" gibt an, bis zu welcher Nennbetriebstemperatur xxx in °C die ausgeführte Abgasanlage einsetzbar ist.
- Die Gasdichtheits-/Druckklasse gibt an, für welche Betriebsweise die Abgasanlage geeignet ist:
  „N1"und „N2" für Unterdruck, „P1" auch für Überdruck ≤ 200 Pa
  „P2" auch für Überdruck ≤ 200 Pa im Freien
  „H1" auch für Überdruck ≤ 5 000 Pa
  „H2" auch für Überdruck ≤ 5 000 Pa im Freien.
- Die Kondensatbeständigkeitsklasse gibt an, für welche Betriebsbedingungen die Abgasanlage geeignet ist:
  „D" für planmäßig trockenen Betrieb (ohne Unterschreitung der Taupunkttemperatur),
  „W" auch für planmäßig feuchten Betrieb.
- Die Korrosionswiderstandsklasse gibt an, für welche Brennstoffart die Abgasanlage geeignet ist:
  „1" für gasförmige Brennstoffe mit einem Schwefelgehalt ≤ 50 mg/m³, wie Flüssiggas, Erdgas L und H, sowie für flüssige Brennstoffe mit einem Schwefelgehalt ≤ 50 mg/kg, „2" für gasförmige Brennstoffe, für flüssige Brennstoffe mit einem Schwefelgehalt ≤ 2 000 mg/kg sowie für Holz in ausschließlich offen betriebenen Feuerstätten, „3" für gasförmige und flüssige Brennstoffe sowie für Holz, Kohle und Torf.
- Die Rußbrandbeständigkeitsklasse mit Angabe eines Abstandes zu brennbaren Baustoffen
  „Oxx" gibt an, dass die Abgasanlage nicht gegen Rußbrände beständig ist und deshalb nur als Abgasleitung für Feuerstätten für gasförmige und flüssige Brennstoffe geeignet ist;
  „Gxx" gibt an, dass die Abgasanlage gegen Rußbrände beständig ist und deshalb als Schornstein auch für Feuerstätten für feste Brennstoffe geeignet ist;
  „xx" gibt den erforderlichen Mindestabstand der äußeren Oberfläche der Abgasanlage zu brennbaren Bauteilen an, wobei xx der Zahlenwert des Mindestabstands in gerundeten Millimeter ist.
- Die Feuerwiderstandsklasse „$L_A$" gibt die Zeitdauer an, der eine Abgasanlage bei einer Brandeinwirkung von außen widersteht und in der keine Brandweiterleitung über die Oberflächen in andere Brandabschnitte erfolgt. Die möglichen Klassen *sind der*[1)] Tabelle 3 aufgeführt.

---

[1)] Wortlaut amtlich.

**Tabelle 3**

| **Bauaufsichtliche Anforderung und Zuordnung der Klassifizierungen nach DIN 18160-60 für Abgasanlagen** | | |
|---|---|---|
| **Bauaufsichtliche Anforderung** | **Feuerwiderstandsklassen** | |
| feuerhemmend | $L_A$30* | Feuerwiderstandsdauer ≥ 30 Min. |
| feuerbeständig | $L_A$90* | Feuerwiderstandsdauer ≥ 90 Min. |
| * Der angegebene Feuerwiderstand muss entsprechend der gewählten Temperaturklasse (z.B. T400) mit thermischer Vorbehandlung geprüft worden sein. | | |

Jede Leistungskenngröße muss mindestens der geforderten Klasse oder einer höheren Klasse nach folgender Reihenfolge entsprechen:

T600 >T450 >T400 >T300 >T250 >T200 >T160 >T140 >T120 >T100 >T080;

H > P > N; Wx > Dx; D3 > D2 > D1; W3 > W2 > W1; G > O.

Beispiel für die Kennzeichnung einer ausgeführten Abgasanlage:

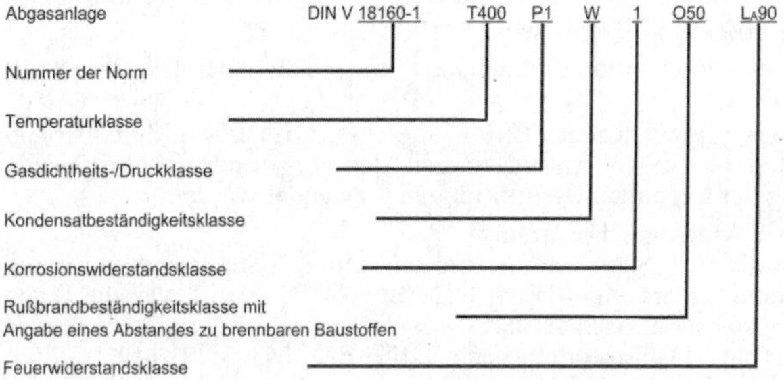


Außenschalen von Abgasanlagen nach DIN V 18160-1:2006-01, die als Montageschornsteine ausgeführt werden, müssen Leistungsmerkmale aufweisen, die mindestens den Leistungsklassen entsprechen, die gleich oder höher sind als für die vorgesehene Ausführung erforderlich. Dafür dürfen Bauprodukte nach EN 1858: 2008+A1:2001[*11], EN 12446: 2011[*12], EN 13069: 2005[*13] und EN 1806:2006[*14] verwendet werden und müssen mindestens mit T400 und G gekennzeichnet sein. Sofern bei der Verwendung Anforderungen an den Feuerwiderstand gestellt werden, ist dieser nach DIN 18160-60:2014-02 über einen bauaufsichtlichen Verwendbarkeitsnachweis nachzuweisen. Der Nachweis kann für die Außenschale allein oder für mehrschalige Konstruktionen gemeinsam erbracht werden.

Zur Herstellung der Außenschalen aus Mauerwerk dürfen auch verwendet werden:

- Mauerziegel nach DIN EN 771-1:2015-11 in Verbindung mit DIN 20000-401:2017-01 oder alternativ DIN 105-100:01-2012 mit einer Wanddicke ≥ 11,5 cm;

---

*11 **Amtl. Anm.:** In Deutschland umgesetzt durch DIN EN 1858:2011-09
*12 **Amtl. Anm.:** In Deutschland umgesetzt durch DIN EN 12446:2011-09
*13 **Amtl. Anm.:** In Deutschland umgesetzt durch DIN EN 13069:2005-12
*14 **Amtl. Anm.:** In Deutschland umgesetzt durch DIN EN 1806:2006-10

- Vollziegel (Mz) und Hochlochziegel Lochung A (HLzA) nach EN 771-1:2015-11 in Verbindung mit DIN 20000-401:2017-01 oder alternativ DIN 105-100:2012-01 mit einer Wanddicke ≥ 11,5 cm und einer Rohdichte ≥ 1,2 kg/dm³;
- Hochlochziegel Lochung B (HLzB) nach EN 771-1:2015-11 in Verbindung mit DIN 20000-401:2017-01 oder alternativ DIN 105-100:2012-01 mit einer Wanddicke ≥ 24 cm und einer Rohdichte ≥ 1,2 kg/dm³;
- Kalksandsteine nach DIN EN 771-2:2015-11 in Verbindung mit DIN 20000-402:2017-01 mit einer Wanddicke ≥ 11,5 cm;
- Porenbeton-Blocksteine nach DIN EN 771-4:2011-07 in Verbindung mit DIN 20000-404:2015-12 mit einer Wanddicke ≥ 10 cm;
- Hohlblocksteine aus Leichtbeton nach DIN 18151 mit einer Wanddicke ≥ 17,5 cm;
- Vollsteine aus Leichtbeton nach DIN EN 771-3:2005-05 in Verbindung mit DIN V 20000-403:2005-06 oder DIN V 18152-100:2005-10 mit einer Wanddicke ≥ 11,5 cm gelten als gleichwertig.

Außenschalen aus vorgenanntem Mauerwerk entsprechen der Klassifizierung T400 G50 $L_A$90.

Für Montageabgasanlagen dürfen Dämmstoffe nach DIN EN 14303:2016-08 entsprechend den jeweiligen Anforderungen der vorgesehenen Abgasanlage unter Beachtung der folgenden Bestimmungen verwendet werden.

1. Dämmstoffe für Montageschornsteine
   Die Dämmstoffe für Schornsteine müssen einer Temperatureinwirkung durch Rußbrand widerstehen. Nach DIN EN 14303:2016-08 ist die Rußbrandbeständigkeit nicht nachweisbar.
   Dämmschalen aus Dämmstoffen nach DIN EN 14303:2016-08 müssen mindestens eine Dicke von 3 cm und mindestens einen Wärmedurchlasswiderstand von 0,4 m²K/W bei 300 °C aufweisen.
   Auf eine Dämmschale kann bei Innenschalen nach EN 1856-1:2009[*15] mit einer Wärmedämmung von mindestens 3 cm in Verbindung mit denen in DIN V 18160-1:2006-01, Abschnitt 7.2.3 benannten Außenschalen verzichtet werden.
2. Dämmstoffe für Montageabgasleitungen
   Dämmstoffe nach DIN EN 14303:2016-08 dürfen für Montageabgasleitungen verwendet werden. Die obere Anwendungsgrenztemperatur des Dämmstoffes muss größer oder gleich der benötigten Temperaturklasse der vorgesehenen Abgasanlage liegen.
3. Dämmstoffe für Verbindungsstücke und einschalige metallische Abgasanlagen
   Dämmstoffe, die direkt auf den Oberflächen von metallischen Abgasanlagen oder Verbindungsstücken angeordnet sind, müssen nichtbrennbar sein. Die obere Anwendungsgrenztemperatur des Dämmstoffes muss größer oder gleich der benötigten Temperaturklasse der vorgesehenen Abgasanlage liegen.

Für nachfolgende Ausführungen ist eine Bauartgenehmigung erforderlich:

- Luft-Abgas-Schornsteine,

---

[*15] **Amtl. Anm.:** In Deutschland umgesetzt durch DIN EN 1856-1:2009-09

- mehrfach belegte Abgasanlagen für raumluftunabhängige Feuerstätten für feste Brennstoffe,
- Schornsteine im Überdruckbetrieb,
- Verbindungsstücke für Feuerstätten für feste Brennstoffe im Überdruckbetrieb und
- Montageabgasanlagen mit einer höheren Temperaturklasse als T400.

Für freistehende Abgasanlagen mit einer Höhe von > 3 m über der obersten wirksamen Abstützung sind die Bestimmungen in Abschnitt A 1.2.8.1 der BayTB zu beachten.

Zur Erfüllung der Anforderungen an die Beschaffenheit von Abgasanlagen sind für die zu verwendenden Bauprodukte nach harmonisierten technischen Spezifikationen Leistungen zu Wesentlichen Merkmalen mindestens gemäß Tabellen 4 und 5 erforderlich.

**Erläuterung zu Tabelle 4**

| Nr. Spalte | Produkt nach harmonisierter Norm |
|---|---|
| 2 | EN 1457-1:2012 Keramikinnenrohre für Abgasanlagen für Trockenbetrieb*16 |
| 3 | EN 1457-2:2012 Keramikinnenrohre für Abgasanlagen für Nassbetrieb*17 |
| 4 | EN 1806:2006 Keramik-Formblöcke für Abgasanlagen*18 |
| 5 | EN 1856-1:2009 Bauteile und Abschnitte von System-Abgasanlagen mit Metallinnenrohren*19 |
| 6 | EN 1856-2:2009 Innenrohre und Verbindungsstücke aus Metall für Abgasanlagen*20 |
| 7 | EN 1857:2010 Betoninnenrohre für Abgasanlagen*21 |
| 8 | EN 1858:2008+A1:2001 Betonformblöcke für Abgasanlagen*22 |
| 9 | EN 12446:2011 Abgasanlagen – Bauteile – Außenschalen aus Beton*23 |
| 10 | EN 13063-1:2005+A1:2007 Rußbrandbeständige Systemabgasanlagen mit Keramik-Innenrohren*24 |
| 11 | EN 13063-2:2005+A1:2007 Systemabgasanlagen mit Keramik-Innenrohren*25 |
| 12 | EN 13063-3:2007 Luft-Abgassysteme mit Keramik-Innenrohren*26 |
| 13 | EN 13069:2005 Keramik-Außenschalen für Systemabgasanlagen*27 |
| 14 | EN 14471:2013+A1:2015 Systemabgasanlagen mit Kunststoffinnenrohren*28 |
| 15 | EN 14989-1:2007 Aufsätze für raumluftunabhängige Abgasanlagen von Gasgeräten des Typs C6*29 |
| 16 | EN 14989-2:2007 Abgas- und Luftleitungen für raumluftunabhängige Feuerstätten*30 |

*16 **Amtl. Anm.**: In Deutschland umgesetzt durch DIN EN 1457-1:2012-04
*17 **Amtl. Anm.**: In Deutschland umgesetzt durch DIN EN 1457-2:2012-04
*18 **Amtl. Anm.**: In Deutschland umgesetzt durch DIN EN 1806:2006-10
*19 **Amtl. Anm.**: In Deutschland umgesetzt durch DIN EN 1856-1:2009-09
*20 **Amtl. Anm.**: In Deutschland umgesetzt durch DIN EN 1856-2:2009-09
*21 **Amtl. Anm.**: In Deutschland umgesetzt durch DIN EN 1857:2010-08
*22 **Amtl. Anm.**: In Deutschland umgesetzt durch DIN EN 1858:2011-09
*23 **Amtl. Anm.**: In Deutschland umgesetzt durch DIN EN 12446:2011-09
*24 **Amtl. Anm.**: In Deutschland umgesetzt durch DIN EN 13063-1:2007-10
*25 **Amtl. Anm.**: In Deutschland umgesetzt durch DIN EN 13063-2:2005-12
*26 **Amtl. Anm.**: In Deutschland umgesetzt durch DIN EN 13063-3:2007-10
*27 **Amtl. Anm.**: In Deutschland umgesetzt durch DIN EN 13069:2005-12
*28 **Amtl. Anm.**: In Deutschland umgesetzt durch DIN EN 14471:2015-03
*29 **Amtl. Anm.**: In Deutschland umgesetzt durch DIN EN 14989-1:2007-05
*30 **Amtl. Anm.**: In Deutschland umgesetzt durch DIN EN 14989-2:2008-03

**Tabelle 4**

| Wesentliches Merkmal | Produkt nach harmonisierter Norm | | | | | | | | | | | | | | |
|---|---|---|---|---|---|---|---|---|---|---|---|---|---|---|---|
| 1 | 2 | 3 | 4 | 5 | 6 | 7 | 8 | 9 | 10 | 11 | 12 | 13 | 14 | 15 | 16 |
| Temperaturklasse | K | K | K | K | K | K | K | K | K | K | K | K | K | K | K |
| Druckklasse | K | K | K | K | K | K | K | – | K | K | K | – | K | K | K |
| Kondensatbeständigkeitsklasse | K | K | K | K | K | K | K | – | K | K | K | – | K | K | K |
| Korrosionsbeständigkeitsklasse | K | K | K | K | K | K | K | – | K | K | K | – | K | K | K |
| Rußbrandbeständigkeitsklasse | K | K | K | K | K | K | K | K | K | K | K | K | K | K | K |
| Angabe des Abstandes zu brennbaren Baustoffen | – | – | L | L | L | – | L | L | L | L | L | – | L | L | L |
| Druckklasse sofern nicht oben enthalten (für LAS) | – | – | – | – | – | – | – | K | – | – | – | K | – | – | – |
| Brandverhalten | – | – | – | – | – | K | K | K | – | – | – | – | K | – | – |
| Wärmedurchlasswiderstand | L | L | L | L | L | L | L | L | L | L | L | L | L | L | L |
| Strömungswiderstand | L | L | L | L | L | L | L | – | L | L | L | – | L | L | L |
| Frost-Tau-Wechselbeständigkeit | X | X | X | X | X | X | X | X | X | X | X | X | X | X | X |
| Mechanischer Widerstand und Stabilität | L | L | L | L | L | L | L | L | L | L | L | L | L | X | L |

X muss erfüllt werden
K Angabe der Klasse erforderlich
L Leistungsangabe als Wert erforderlich
– Wesentliches Merkmal für das Bauprodukt im Anhang ZA nicht enthalten oder im Anhang ZA enthalten aber bauaufsichtlich nicht erforderlich

**Erläuterung zu Tabelle 5**

| Nr. Spalte | Europäisches Bewertungsdokument (EAD) |
|---|---|
| 2 | Abgasanlagen mit keramischem Abgasrohr<br>EAD 060001-00-0802 |
| 3 | Abgasanlagen mit keramischem Abgasrohr und spezieller Außenschale<br>EAD 060003-00-0802 |
| 4 | Abgasanlagen mit keramischem Abgasrohr, mit unterschiedlichen Außenschalen und möglichem Wechsel der Außenschale<br>EAD 060008-00-0802 |

**Tabelle 5**

| Wesentliches Merkmal | Bauprodukt nach Europäischem Bewertungsdokument (EAD) | | |
|---|---|---|---|
| 1 | 2 | 3 | 4 |
| Temperaturklasse | K | K | K |
| Druckklasse | K | K | K |
| Kondensatbeständigkeitsklasse | K | K | K |
| Korrosionsbeständigkeitsklasse | K | K | K |
| Rußbrandbeständigkeitsklasse | K | K | K |
| Angabe des Abstandes zu brennbaren Baustoffen | L | L | L |
| Druckklasse sofern nicht oben enthalten (für LAS) | X | X | X |

| Wesentliches Merkmal | Bauprodukt nach Europäischem Bewertungsdokument (EAD) | | |
|---|---|---|---|
| 1 | 2 | 3 | 4 |
| Wärmedurchlasswiderstand | L | L | L |
| Strömungswiderstand | L | L | L |
| Frost-Tau-Wechselbeständigkeit | X | X | X |
| Mechanischer Widerstand und Stabilität | L | L | L |
| X muss erfüllt werden<br>K Angabe der Klasse erforderlich<br>L Leistungsangabe als Wert erforderlich | | | |

## 2. Brandmeldeanlagen

### 2.1. Zweck der Anlage

Brandmeldeanlagen sind Gefahrenmeldeanlagen. Sie müssen Personen zum direkten Hilferuf (Handauslösung) bei Brandgefahren dienen. Selbsttätige Brandmeldeanlagen müssen Brände zu einem frühen Zeitpunkt erkennen und melden.

Brandmeldeanlagen sind technisch geeignet, die vom Brand bedrohten Personen zu warnen und über das Brandereignis in Kenntnis zu setzen.

Rauchwarnmelder oder vernetzte Rauchwarnmelder bilden keine Brandmeldeanlagen.

Aufgaben von Brandmeldeanlagen können nicht von Brandwarnanlagen übernommen werden.

Anders als Brandwarnanlagen sind Brandmeldeanlagen technisch geeignet, andere Anlage anzusteuern, insbesondere Brandfallsteuerungen zu aktivieren.

### 2.2. Bauprodukte von Brandmeldeanlagen

Zur Erfüllung der bauaufsichtlichen Anforderungen müssen Brandmeldeanlagen unter Verwendung von Bauprodukten der Normenreihe DIN EN 54 errichtet werden.

Sie müssen im Brandfall ausreichend leistungsfähig und betriebszuverlässig sein, eine ausreichende Ansprechverzögerung, Feuchte-, Korrosions- und Temperaturbeständigkeit sowie Schock- und Schwingfestigkeit aufweisen.

Zur Erfüllung der bauaufsichtlichen Anforderungen sind für die zu verwendenden Bauprodukte Leistungen zu Wesentlichen Merkmalen mindestens gemäß Tabelle 1 erforderlich.

**Erläuterung zu Tabelle 1**

| Nr. Spalte | Produkt nach harmonisierter Norm |
|---|---|
| 2 | EN 54-2:1997/A1 2006 Brandmelderzentralen*31 |
| 3 | EN 54-3:2001 + A1:2002 + A2:2006 Akustischer Signalgeber*32 |
| 4 | EN 54-4:1997 + EN 54-4:1997/AC 1999 + EN 54-4:1997/A1:2002 + EN 54-4:1997/A2:2006 Energieversorgungseinrichtungen*33 |
| 5 | EN 54-5:2017 +A1:2018 Wärmemelder – Punktförmige Melder*34 |

*31 **Amtl. Anm.:** In Deutschland umgesetzt durch DIN EN 54-2:1997-12 i.V.m. DIN EN 54-2/A1:2007-01

*32 **Amtl. Anm.:** In Deutschland umgesetzt durch DIN EN 54-3:2006-08

*33 **Amtl. Anm.:** In Deutschland umgesetzt durch DIN EN 54-4:1997.12 i.V.m. DIN EN 54.4/A1:2003-03 + DIN EN 54-4/A2:2007-01

*34 **Amtl. Anm.:** In Deutschland umgesetzt durch DIN EN 54-5:2018-10

| Nr. Spalte | Produkt nach harmonisierter Norm |
|---|---|
| 6 | EN 54-7:2018 Rauchmelder – Punktförmige Melder nach dem Streulicht-, Durchlicht- oder Ionisationsprinzip*35 |
| 7 | EN 54-10:2002 + EN 54-10/A1:2005 Flammenmelder – Punktförmige Melder*36 |
| 8 | EN 54-11:2001 + EN-54-11/A1:2005 Handfeuermelder*37 |
| 9 | EN 54-12:2015 Rauchmelder – Linienförmige Melder nach dem Durchlichtprinzip*38 |
| 10 | EN 54-16:2008 Sprachalarmzentralen*39 |
| 11 | EN 54-17:2005 + EN 54-17:2005/AC:2007 Kurzschlussisolatoren*40 |
| 12 | EN 54-18:2005 + EN 54-18:2005/AC:2007 Eingangs/Ausgangsgeräte*41 |
| 13 | EN 54-20:2006 + EN 54-20:2006/AC:2008 Ansaugrauchmelder*42 |
| 14 | EN 54-21:2006 Übertragungseinrichtungen für Brand- und Störungsmeldung*43 |
| 15 | EN 54-23:2010 Optische Signalgeber*44 |
| 16 | EN 54-24:2008 Komponenten für Sprachalarmierungssysteme – Lautsprecher*45 |
| 17 | EN 54-25:2008 + EN 54-25:2008/AC 2012 + Bestandteile, die Hochfrequenz-Verbindungen nutzen*46 |

**Tabelle 1**

| Wesentliches Merkmal | Produkt nach harmonisierter Norm | | | | | | | | | | | | | | | |
|---|---|---|---|---|---|---|---|---|---|---|---|---|---|---|---|---|
| 1 | 2 | 3 | 4 | 5 | 6 | 7 | 8 | 9 | 10 | 11 | 12 | 13 | 14 | 15 | 16 | 17 |
| **Leistungsfähigkeit im Brandfall** | | | | | | | | | | | | | | | | |
| Allgemeine Anforderungen | X | | X | | | | | | X | | | | X | | | |
| Allgemeine Anforderungen für Anzeigen | X | | | | | | | | X | | | | | | | |
| Brandmeldezustand | X | | | | | | | | | | | | | | | |
| Funktionen | | | X | | | | | | | | | | X | | | |
| Werkstoffe, Ausführung und Herstellung | | | X | | | | | | | | | | X | | | |
| Schallpegel | | X | | | | | | | | | | | | | | |
| Frequenz u. Schallform | | X | | | | | | | | | | | | | | |
| Exemplarstreuung | | X | | X | X | X | | X | | X | | X | | | X | |
| Funktionsprüfung | | X | | | | | | | | | X | | | | | |
| Lage der wärmeempfindlichen Elemente | | | | X | | | | | | | | | | | | |
| Richtungsabhängigkeit | | | | X | X | X | | | | | | | | | | |
| Statische Ansprechtemperatur | | | | X | | | | | | | | | | | | |

*35 **Amtl. Anm.:** In Deutschland umgesetzt durch DIN EN 54-7:2018-10

*36 **Amtl. Anm.:** In Deutschland umgesetzt durch DIN EN 54-10:2002-05 + DIN EN 54-10/A1:2006-03

*37 **Amtl. Anm.:** In Deutschland umgesetzt durch DIN EN 54-11:2001-10 + DIN EN 54-11/A1:2006-03

*38 **Amtl. Anm.:** In Deutschland umgesetzt durch DIN EN 54-12:2015-10 i.V.m. DIN EN 54-12 Berichtigung 1:2018-08

*39 **Amtl. Anm.:** In Deutschland umgesetzt durch DIN EN 54-16:2008-06

*40 **Amtl. Anm.:** In Deutschland umgesetzt durch DIN EN 54-17:2006-03

*41 **Amtl. Anm.:** In Deutschland umgesetzt durch DIN EN 54-18:2006-03 + DIN EN 54-18 Berichtigung 1:2007-05

*42 **Amtl. Anm.:** In Deutschland umgesetzt durch DIN EN 54-20:2009-02

*43 **Amtl. Anm.:** In Deutschland umgesetzt durch DIN EN 54-21:2006-08

*44 **Amtl. Anm.:** In Deutschland umgesetzt durch DIN EN 54-23:2010-06

*45 **Amtl. Anm.:** In Deutschland umgesetzt durch DIN EN 54-24:2008-06

*46 **Amtl. Anm.:** In Deutschland umgesetzt durch DIN EN 54-25:2009-02 + DIN EN 54-25 Berichtigung 1:2012-09

| **Wesentliches Merkmal** | **Produkt nach harmonisierter Norm** | | | | | | | | | | | | | | | |
|---|---|---|---|---|---|---|---|---|---|---|---|---|---|---|---|---|
| 1 | 2 | 3 | 4 | 5 | 6 | 7 | 8 | 9 | 10 | 11 | 12 | 13 | 14 | 15 | 16 | 17 |
| Ansprechzeiten bei typischer Anwendungstemperatur | | | | X | | | | | | | | | | | | |
| Ansprechzeiten bei 25 °C | | | | X | | | | | | | | | | | | |
| Ansprechzeiten bei hoher Umgebungstemperatur | | | | X | | | | | | | | | | | | |
| Zusätzliche Prüfung für Melder mit Kategorie Index S[1] | | | | X | | | | | | | | | | | | |
| Zusätzliche Prüfung für Melder mit Kategorie Index R[1] | | | | X | | | | | | | | | | | | |
| Ansprechen bei sich langsam entwickelnden Bränden | | | | | X | | | | | | | X | | | | |
| Wiederholbarkeit/ Wiederholpräzision | | | | | X | X | | X | | | | X | | | | |
| Luftbewegung | | | | | X | | | | | | | | | | | |
| Blendung | | | | | X | | | | | | | | | | | |
| Brandempfindlichkeit | | | | | X | X | | X | | | | X | | | | |
| Einteilung in Klassen | | | | | | X | | | | | | | | | | |
| Blendprüfung (in Betrieb) | | | | | | X | | | | | | | | | | |
| Alarmzustand | | | | | | | X | | | | | | | | | |
| Anzeigen für den Alarmzustand | | | | | | | X | | | | | | | | | |
| Sicherheitsaspekte | | | | | | | X | | | | | | | | | |
| Schutz gegen unbeabsichtigte Auslösung | | | | | | | X | | | | | | | | | |
| Prüfung der Gebrauchstauglichkeit | | | | | | | X | | | | | | | | | |
| Prüfung der Funktion | | | | | | | X | | | | | | | | | |
| Abhängigkeit von der Länge der optischen Messstrecke | | | | | | | | X | | | | | | | | |
| Streulicht | | | | | | | | X | | | | | | | | |
| Sprachalarmzustand | | | | | | | | | X | | | | | | | |
| Manuelle Auslösung des Sprachalarms | | | | | | | | | X | | | | | | | |
| Notfallmikrofon | | | | | | | | | X | | | | | | | |
| Signal Rauschabstand | | | | | | | | | X | | | | | | | |
| Frequenzgang der SAZ ohne Mikrofon | | | | | | | | | X | | | | | | | |
| Frequenzgang der SAZ mit Mikrofon | | | | | | | | | X | | | | | | | |
| Signalisierungsbereich | | | | | | | | | | | | | | X | | |
| Veränderung der Lichtabstrahlung | | | | | | | | | | | | | | X | | |
| Kleinste u. größte effektive Lichtstärke | | | | | | | | | | | | | | X | | |
| Lichtfarbe | | | | | | | | | | | | | | X | | |
| Zeitliches Lichtmuster und Blinkfrequenz | | | | | | | | | | | | | | X | | |
| Toleranz zur Fehlausrichtung des Strahls | | | | | | | | X | | | | | | | | |
| Synchronisation | | | | | | | | | | | | | | X | | |
| Frequenzganggrenzen | | | | | | | | | | | | | | | X | |
| Nenn-Impedanz | | | | | | | | | | | | | | | X | |
| Horizontaler und vertikaler Abstrahlwinkel | | | | | | | | | | | | | | | X | |
| Maximaler Schalldruckpegel | | | | | | | | | | | | | | | X | |

| Wesentliches Merkmal | Produkt nach harmonisierter Norm | | | | | | | | | | | | | | | |
|---|---|---|---|---|---|---|---|---|---|---|---|---|---|---|---|---|
| 1 | 2 | 3 | 4 | 5 | 6 | 7 | 8 | 9 | 10 | 11 | 12 | 13 | 14 | 15 | 16 | 17 |
| **Ansprechverzögerung** | | | | | | | | | | | | | | | | |
| Empfang u. Verarbeitung von Brandmeldungen | X | | | | | | | | X | | | | | | | |
| Ausgang zur Weiterleitung des Brandmeldezustandes | X | | | | | | | | | | | | | | | |
| Abhängigkeit des Brandmeldezustandes von mehr als einem Alarmsignal | X | | | | | | | | | | | | | | | |
| Schnelle Änderungen der Lichtdämpfung | | | | | | | | X | | | | | | | | |
| Verzögerung beim Übergang in den Sprachalarmzustand | | | | | | | | | X | | | | | | | |
| Ausgang zu Alarmierungseinrichtungen | | | | | | | | | X | | | | | | | |
| Notfallmikrofon | | | | | | | | | X | | | | | | | |
| **Betriebszuverlässigkeit** | | | | | | | | | | | | | | | | |
| Allgemeine Anforderungen | X | | X | | | | | | X | X | | | X | | | X |
| Allgemeine Anforderungen für Anzeigen | X | | | | | | | | X | | | | | | | |
| Betriebsbereitschaftszustand | X | | | | | | | | X | | | | | | | |
| Brandmeldezustand | X | | | | | | | | | | | | | | | |
| Störungsmeldezustand | X | | | | | | | | X | | | | | | | |
| Abschaltzustand | X | | | | | | | | | | | | | | | |
| Anforderungen an die Ausführung | X | | | | | | | | X | | | | X | | | |
| Zusätzliche Anforderungen an die Ausführung von softwaregesteuerten Brandmelderzentralen | X | | | | | | | | | | | | | | | |
| Kennzeichnung | X | | X | | | | | | | | | | X | X | | |
| Funktionen | | | X | | | | | | | | | | X | | | |
| Werkstoffe, Ausführung und Herstellung | | | X | | | | | | | | | | | | | |
| Dokumentation | | | X | | | X | X | | | | | X | | | | X |
| Lebensdauer | | X | | | | | | | | | | | | | | |
| Aufbau | | X | | | | | | | | | | | | | | |
| Kennzeichnung und Daten | | X | | | | | | | | | | | X | | X | X |
| Lebensdauerprüfung | | X | | | | | | | | | | | | | | |
| Individuelle Alarmanzeige | | | | X | X | X | | X | | | | X | | | | |
| Anschluss von Hilfsvorrichtungen | | | | X | X | X | | X | | | | X | | | | |
| Überwachung abnehmbarer Melder[2] | | | | X | X | X | | X | | | | | | | | |
| Herstellerabgleiche | | | | X | | X | | X | | | | X | | X | | |
| Einstellung des Ansprechverhaltens vor Ort | | | | X[2] | | X | | X | | | | X | | X | | |
| Zusätzliche Anforderungen für softwaregesteuerte Melder[2] | | | | X | X | X | | X | | | | X | | | | |
| Schutz gegen das Eindringen von Fremdkörpern | | | | | X | | | X | | | | | | | | |
| Rückstelleinrichtung | | | | | | | X | | | | | | | | | |
| Prüfeinrichtung | | | | | | | X | | | | | | | | | |
| Form, Maße und Farben | | | | | | | X | | | | | | | | | |
| Symbole und Beschriftung | | | | | | | X | | | | | | | | | |
| Umweltkategorie | | | | | | | X | | | | | | | | | |

| Wesentliches Merkmal | Produkt nach harmonisierter Norm | | | | | | | | | | | | | | | |
|---|---|---|---|---|---|---|---|---|---|---|---|---|---|---|---|---|
| 1 | 2 | 3 | 4 | 5 | 6 | 7 | 8 | 9 | 10 | 11 | 12 | 13 | 14 | 15 | 16 | 17 |
| Zusätzliche Anforderungen an softwaregesteuerte Handfeuermelder[2] | | | | | | | X | | | | | | | | | |
| Prüfung der Prüfeinrichtung in Betrieb) | | | | | | | X | | | | | | | | | |
| Prüfung der Zuverlässigkeit (Dauerprüfung) | | | | | | | X | | | | | | | | | |
| Sprachalarmzustand | | | | | | | | | X | | | | | | | |
| Manuelle Auslösung des Sprachalarms | | | | | | | | | X | | | | | | | |
| Schnittstelle zu externen Steuereinrichtungen | | | | | | | | | X | | | | | | | |
| Zusätzliche Anforderungen an die Ausführung von softwaregesteuerten SAZ | | | | | | | | | X | | | | | | | |
| Mechanische Festigkeit der Rohrleitung | | | | | | | | | | | | X | | | | |
| Hardware-Komponenten und zusätzliche Sensoreinheiten in der Ansaugeinrichtung | | | | | | | | | | | | X | | | | |
| Luftstromüberwachung | | | | | | | | | | | | X | | | | |
| Stromversorgung | | | | | | | | | | | | X | | | | |
| Funktionsdauer | | | | | | | | | | | | | | X | | |
| Vorkehrungen für Außenleiter | | | | | | | | | | | | | | X | | |
| Entflammbarkeit von Werkstoffen | | | | | | | | | | | | | | X | | |
| Zugang | | | | | | | | | | | | | | X | | |
| Anforderungen an softwaregesteuerte Geräte | | | | | | | | | | | | | | X | | |
| Dauerhaftigkeit | | | | | | | | | | | | | | | X | |
| Konstruktion | | | | | | | | | | | | | | | X | |
| Nenn-Rauschleistung (Dauerhaftigkeit) | | | | | | | | | | | | | | | X | |
| Gehäuseschutz | | | | | | | | | | | | | | | X | |
| Immunität gegen Streckendämpfung | | | | | | | | | | | | | | | | X |
| Identifikation des HF-angebundenen Bestandteils | | | | | | | | | | | | | | | | X |
| Leistungseigenschaften des Empfängers | | | | | | | | | | | | | | | | X |
| Immunität gegen Störeinflüsse | | | | | | | | | | | | | | | | X |
| Verlust der Kommunikation | | | | | | | | | | | | | | | | X |
| Antenne | | | | | | | | | | | | | | | | X |
| Energieversorgungseinrichtung | | | | | | | | | | | | | X | | | X |
| Anforderungen an die Umweltprüfungen | | | | | | | | | | | | | | | | X |
| Prüfung der Immunität gegen Streckendämpfung | | | | | | | | | | | | | | | | X |
| Prüfung zur Identifizierung der HF angebundenen Bestandteile | | | | | | | | | | | | | | | | X |
| Prüfung der Leistungseigenschaften des Empfängers | | | | | | | | | | | | | | | | X |
| Prüfung der Kompatibilität mit anderen Nutzern des Frequenzbandes | | | | | | | | | | | | | | | | X |

| Wesentliches Merkmal | Produkt nach harmonisierter Norm | | | | | | | | | | | | | | | |
|---|---|---|---|---|---|---|---|---|---|---|---|---|---|---|---|---|
| 1 | 2 | 3 | 4 | 5 | 6 | 7 | 8 | 9 | 10 | 11 | 12 | 13 | 14 | 15 | 16 | 17 |
| Prüfung zur Erkennung bei Verlust der Kommunikation auf einer Verbindung | | | | | | | | | | | | | | | | X |
| Prüfung der Antenne | | | | | | | | | | | | | | | | X[2] |
| Prüfplan für die Prüfung der Bestandteile | | | | | | | | | | | | | | | | X |
| Überprüfung der Lebensdauer der autonomen Energiequelle | | | | | | | | | | | | | | | | X |
| Prüfung der Störungsmeldung für den Zustand schwache Energieversorgung | | | | | | | | | | | | | | | | X[2] |
| Prüfung der Polaritätsumkehr | | | | | | | | | | | | | | | | X[2] |
| Prüfung der Wiederholbarkeit | | | | | | | | | | | | | | | | X |
| **Dauerhaftigkeit der Betriebszuverlässigkeit, Feuchtebeständigkeit, Korrosionsbeständigkeit, Schock u. Schwingfestigkeit, Temperaturbeständigkeit** | | | | | | | | | | | | | | | | |
| Kälte in Betrieb | X | X | X | X | X | X | X | X | X | X | X | X | X | X | X | X |
| Vibration, sinusförmig (in Betrieb) | X | | X | | | | | | | | | | | | | |
| Vibration, sinusförmig (Dauerprüfung) | X | | X | | | | | | | | | | | | | |
| EMV Störfestigkeit (in Betrieb) | X | X[2] | X | X | X | X | X[2] | X | X | X | X | X | X | | | X |
| Schwankungen der Versorgungsspannung (in Betrieb) | X | | | | | | | | X | | | | X | | | |
| Feuchte Wärme, konstant (in Betrieb) | X | | X | | X | | | X | X | | | X | X | | | X[2] |
| Feuchte Wärme, konstant (Dauerprüfung) | X | X | X | X | X | X | X | X | X | X | | X | X | X | X | X |
| Schlag (in Betrieb) | | | X | X | X | X | X | X | X | X | X | X | X | X | X | X |
| Trockene Wärme (in Betrieb) | | X | | | X | X | X | X | | X | X | X | | X | X | X[2] |
| Trockene Wärme (Dauerprüfung) | | X[1] | | | | | X[1] | | | | | | | X[1] | X[1] | X[2] |
| Feuchte Wärme, zyklisch (in Betrieb) | | X | | X | | X | X | | | X | X | | | X | X | X[2] |
| Feuchte Wärme, zyklisch (Dauerprüfung) | | X[1] | | | | | X[1] | | | | X | | | X[1] | X[1] | |
| Schwefeldioxid-Korrosion (Dauerprüfung) | | X | | X | X | X | X | X | | X | X | X | | X | X | X[2] |
| Stoß (in Betrieb) | | X | | X | X | X | | | | X | X | X | | X | X | X[2] |
| Schwingen, sinusförmig (in Betrieb) | | X | | X | X | X | X | | X | X | X | X | X | X | X | X |
| Schwingen, sinusförmig (Dauerprüfung) | | X | | X | X | X | X | X | X | X | X | X | X | X | X | X |
| Schutz durch Gehäuse | | X | | | | | X[1] | | | | | | | X | | |
| Schwankungen der Versorgungsparameter | | | | X | X | X | X | X | | X | X | X | | | | |
| Schocken (in Betrieb) | | | | | | | X | | | | | | | | | |
| Ausgangsleistung | | | | | | | | | X | | | | | | | |
| **Übertragungsleistung** | | | | | | | | | | | | | | | | |
| Allgemeine Anforderungen | | | | | | | | | | | | | X | | | |
| Anforderungen an Funktionen | | | | | | | | | | | | | X | | | |
| X | muss erfüllt werden | | | | | | | | | | | | | | | |

| Wesentliches Merkmal | Produkt nach harmonisierter Norm | | | | | | | | | | | | | | | |
|---|---|---|---|---|---|---|---|---|---|---|---|---|---|---|---|---|
| 1 | 2 | 3 | 4 | 5 | 6 | 7 | 8 | 9 | 10 | 11 | 12 | 13 | 14 | 15 | 16 | 17 |
| 1 | sofern das Merkmal aufgrund der Anwendung benötigt wird | | | | | | | | | | | | | | | |
| 2 | sofern das Merkmal auf das Bauprodukt anwendbar ist | | | | | | | | | | | | | | | |

Stehen für Komponenten einer Brandmeldeanlage keine harmonisierten Normen zur Verfügung, dürfen auch Bauprodukte verwendet werden, die in DIN 14675-1:2020-01 oder DIN VDE 0833-2:2017-10 genannt sind.

Darüber hinaus sind die Anforderungen an das Brandverhalten und an den Funktionserhalt unter Brandeinwirkung entsprechend der in den BayTB, lfd. Nr. A 2.2.1.8 genannten technischen Regel unter Berücksichtigung von Abschnitt 2 der in den BayTB, lfd. Nr. A 2.2.1.2 genannten technischen Regel zu erfüllen.

### 2.3. Planung, Bemessung und Ausführung von Brandmeldeanlagen

Brandmeldeanlagen, deren technische Planung, Bemessung und Ausführung unter Anwendung von DIN 14675-1:2020-01 in Verbindung mit DIN VDE 0833-1:2014-10 und -2:2017-10 erfolgt, erfüllen die bauaufsichtlichen Anforderungen, sofern im bauaufsichtlichen Verfahren nicht weitergehende Anforderungen gestellt sind.

Brandmeldeanlagen müssen auch bei Ausfall der allgemeinen Stromversorgung ausreichend lang mit Strom versorgt werden und funktionsfähig bleiben.

Die Regelungen von Planungs-, Bemessungs- und Ausführungsnormen zu Betrieb, Personal und Instandhaltung sind nicht Bestandteil dieser technischen Regel. Die Notwendigkeit einer Aufschaltung auf die alarmauslösende Stelle ergibt sich aus Art. 2 Abs. 2 des Gesetzes über die Integrierten Leitstellen (ILSG).

## 3. Alarmierungsanlagen

### 3.1. Zweck der Anlage

Alarmierungsanlagen sind Gefahrenmeldeanlagen. Sie müssen Personen im Gefahrenfall mittels Verbreitung eines Notsignals und/oder einer Sprachanweisung alarmieren und veranlassen, den Gefahrenbereich zu verlassen. Eine Alarmierungsanlage besteht aus einer Zentrale, einer Energieversorgung, Auslöse- oder Steuereinrichtungen, Signalgebern und dem verbindenden Übertragungsweg.

Bei Sprachalarmierung muss diese mindestens in deutscher Sprache und ausreichend verständlich erfolgen.

Zu Alarmierungsanlagen zählen insbesondere elektroakustische Alarmierungsanlagen zur Erteilung von Anweisungen, wie Sprachalarmierungsanlagen oder Notfallwarnsysteme. Alarmierungsanlagen können auch als Brandmeldeanlagen mit Alarmierungsfunktion ausgeführt werden.

Aufgaben von Alarmierungsanlagen können nicht von Brandwarnanlagen übernommen werden.

### 3.2. Bauprodukte von Alarmierungsanlagen

Zur Erfüllung der bauaufsichtlichen Anforderungen müssen Alarmierungsanlagen mit Bauprodukten errichtet sein, die ausreichend leistungsfähig und betriebszuverlässig sind und eine ausreichende Ansprechverzögerung, Feuchte-,

Korrosions- und Temperaturbeständigkeit sowie Schock- und Schwingfestigkeit aufweisen.

Sofern Bauprodukte nach DIN EN 54 Teile 3, 4, 16, 17, 23 und 24 für Brandmeldeanlagen zur Errichtung von Alarmierungsanlagen verwendet werden, müssen Leistungen zu Wesentlichen Merkmalen mindestens gemäß Tabelle 1 des Abschnitts 2.2 Brandmeldeanlagen dieser technischen Regel festgestellt und angegeben werden.

Anforderungen an das Brandverhalten und an den Funktionserhalt unter Brandeinwirkung ergeben sich aus der in den BayTB unter der lfd. Nr. A 2.2.1.8 genannten technischen Regel unter Berücksichtigung von Abschnitt 2 der in den BayTB unter der lfd. Nr. A 2.2.1.2 genannten technischen Regel.

### 3.3. Planung, Bemessung und Ausführung von Alarmierungsanlagen

Alarmierungsanlagen, deren technische Planung, Bemessung und Ausführung unter Anwendung der Normen

- DIN 14675-1:2020-01 in Verbindung mit DIN VDE 0833-1:2014-10 und DIN VDE 0833-2:2017-10,
- DIN 14675-1:2020-01 in Verbindung mit DIN VDE 0833-1:2014-10, DIN VDE 0833-2:2017-10 und DIN VDE 0833-4:2014-10 oder
- DIN EN 50849 (DIN VDE 0828-1):2017-11

erfolgt, erfüllen die bauordnungsrechtlichen Anforderungen, sofern im bauaufsichtlichen Verfahren nicht weitergehende Anforderungen gestellt sind oder sich weitergehende Anforderungen aus Gründen der Barrierefreiheit nach der in den BayTB unter lfd. Nr. A 4.2.2.1 genannten technischen Regel ergeben. Die Regelungen von Planungs-, Bemessungs- und Ausführungsnormen zu Betrieb, Personal und Instandhaltung sind nicht Bestandteil dieser technischen Regel.

Bei Alarmierungsanlagen mit akustischen Signalgebern muss die Abschaltung der Signale auch in unmittelbarer Nähe der Erstanlaufstelle für die Feuerwehr oder hilfeleistende Stelle möglich sein.

Eine Alarmierungsanlage mit Sprachalarmierung erfordert eine Sprachalarmzentrale. Die Sprachalarmzentrale kann eine gesonderte Einheit oder mit der Brandmeldezentrale physikalisch kombiniert sein. Brandmeldezentrale und Sprachalarmzentrale dürfen sich einschließlich der für ihren Betrieb erforderlichen Komponenten am gleichen Aufstellort befinden.

Alarmierungsanlagen müssen auch bei Ausfall der allgemeinen Stromversorgung ausreichend lang mit Strom versorgt werden und funktionsfähig bleiben.

## 4. Sicherheitsbeleuchtungsanlagen

### 4.1. Zweck der Anlage

Sicherheitsbeleuchtungsanlagen sind elektrische Anlagen einschließlich der zugehörigen Leitungsanlagen mit einer Stromversorgung und mehr als einer Leuchte, die Räume, Rettungswege oder Sicherheitszeichen auch bei Ausfall der Stromversorgung der allgemeinen Beleuchtung solange beleuchten, dass Personen das sichere Verlassen der Räume oder des Gebäudes und sofern bauaufsichtlich verlangt bis hin zu öffentlichen Verkehrsflächen ermöglicht ist und ggf. auch Arbeitsvorgänge sicher abgeschlossen werden können.

**4.2. Bauprodukte von Sicherheitsbeleuchtungsanlagen**

Bauprodukte für Sicherheitsbeleuchtungsanlagen müssen den Produktanforderungen europäischer Normen oder, sofern nur nationale technische Regeln wie DIN- oder DIN VDE-Normen zur Verfügung stehen, diesen technischen Regeln entsprechen.

Notleuchten die der Norm DIN EN 60598-2-22:2015-06 (DIN VDE 0711-2-22:2020-12) entsprechen, erfüllen die bauaufsichtlichen Anforderungen.

Die zur Verbindung der einzelnen Bauprodukte erforderlichen Kabel und Leitungen dürfen verwendet werden, sofern sie gebrauchstauglich, ausreichend dimensioniert und für den vorgesehenen Zweck geeignet sind. Darüber hinaus sind die Anforderungen an das Brandverhalten und an den Funktionserhalt unter Brandeinwirkung entsprechend der in den BayTB unter der lfd. Nr. A 2.2.1.8 genannten technischen Regel unter Berücksichtigung von Abschnitt 2 der in den BayTB unter der lfd. Nr. A 2.2.1.2 genannten technischen Regel zu erfüllen.

**4.3. Planung, Bemessung und Ausführung der Sicherheitsbeleuchtungsanlagen**

Sicherheitsbeleuchtungsanlagen, deren technische Planung, Bemessung und Ausführung unter Anwendung der Normenreihe DIN VDE 0100 (mit Ausnahme der Normenteile 801 ff), DIN VDE V 0108-100-1:2018-12 und DIN EN 1838:2019-11 sowie unter Beachtung des Abschnitts 5 Sicherheitsstromversorgungsanlagen dieser technischen Regel erfolgt, erfüllen die bauordnungsrechtlichen Anforderungen, sofern im bauaufsichtlichen Verfahren nicht weitergehende Anforderungen gestellt sind.

**5. Sicherheitsstromversorgungsanlagen**

**5.1. Zweck der Anlage**

Sicherheitsstromversorgungsanlagen sind elektrische Anlagen, die bei Ausfall der allgemeinen Stromversorgung den Betrieb der sicherheitstechnischen Anlagen für einen bestimmten Zeitraum aufrechterhalten. Sicherheitsstromversorgungsanlagen umfassen die Stromquelle (Spannungserzeugung oder Energiespeicherung), die erforderlichen Schalt- und Hilfseinrichtungen sowie die zugehörigen Leitungsanlagen bis zu den Anschlüssen der zu versorgenden sicherheitstechnischen Anlagen.

Netzersatzanlagen, die aus betriebstechnischen Gründen erforderlich sind, gelten nicht als Sicherheitsstromversorgungsanlagen im bauaufsichtlichen Sinne.

**5.2. Bauprodukte von Sicherheitsstromversorgungsanlagen**

Bauprodukte für Sicherheitsstromversorgungsanlagen müssen den Produktanforderungen europäischer Normen oder, sofern nur nationale technische Regeln wie DIN- oder DIN VDE-Normen zur Verfügung stehen, diesen technischen Regeln entsprechen.

Stromerzeugungsaggregate mit Hubkolben-Verbrennungsmotoren, die den Anforderungen der Normenreihe DIN 6280 genügen und zentrale Stromversorgungssysteme, die den Anforderungen von DIN EN 50171:2001-11 (DIN VDE 0558-508) genügen, erfüllen die bauaufsichtlichen Anforderungen.

Die zur Verbindung der einzelnen Bauprodukte erforderlichen Kabel und Leitungen dürfen verwendet werden, sofern sie gebrauchstauglich, ausreichend dimensioniert und für den vorgesehenen Zweck geeignet sind. Darüber hinaus sind die Anforderungen an das Brandverhalten und an den Funktionserhalt unter Brandeinwirkung entsprechend der in den BayTB unter der lfd. Nr. A 2.2.1.8 genannten technischen Regel unter Berücksichtigung von Abschnitt 2 der in den BayTB unter der lfd. Nr. A 2.2.1.2 genannten technischen Regel zu erfüllen.

### 5.3. Planung, Bemessung und Ausführung der Sicherheitsstromversorgungsanlagen

Sicherheitsstromversorgungsanlagen, deren technische Planung, Bemessung und Ausführung unter Anwendung der Normenreihe DIN VDE 0100 (mit Ausnahme der Normenteile 801 ff), bei Anlagen mit einer Nennspannung über 1000 V unter Anwendung der Normenreihe DIN VDE 0101 erfolgt, erfüllen die bauaufsichtlichen Anforderungen, sofern im bauaufsichtlichen Verfahren nicht weitergehende Anforderungen gestellt sind.

Sicherheitsstromversorgungsanlagen sind so aufzubauen, dass bei Überlast oder Kurzschluss nur der davon betroffene Abschnitt ausschaltet, während die restliche Anlage in Funktion bleibt (Selektivität). Der Nachweis der selektiven Fehlerabschaltung kann durch geeignete Ingenieurmethoden (Rechenverfahren) erbracht werden.

Die Stromquelle ist so zu bemessen, dass sie die Energieversorgung der sicherheitstechnischen Anlagen für den erforderlichen Zeitraum aufrechterhält. Bei der Bemessung der Stromquelle sind insbesondere ihre Leistungsfähigkeit und das Anlaufverhalten sowie die Nichtlinearität der Verbraucher zu berücksichtigen.

Ein duales System nach DIN VDE 0100-560:2013-10, Abschnitt 6.1 „Stromquellen für Sicherheitszwecke“, letzter Spiegelstrich erfüllt nicht die bauaufsichtlichen Anforderungen an eine Sicherheitsstromversorgungsanlage.

## 6. Lüftungsanlagen

### 6.1. Zweck der Anlage

Lüftungsanlagen dienen der Be- oder Entlüftung von Räumen. Die Anlagen können natürliche oder maschinelle Lüftungsanlagen sein. Zu den maschinellen Anlagen gehören auch *raumlufttechnischen*[1] Anlagen, Klimaanlagen und Warmluftheizungen.

Lüftungsanlagen dienen der Erfüllung der bauaufsichtlichen Anforderungen an die ausreichende und wirksame Lüftung von Räumen.

### 6.2. Planung, Bemessung und Ausführung

Die einschlägigen Anforderungen ergeben sich aus Art. 39 BayBO[2]. Die in den BayTB unter den lfd. Nrn. A 2.2.1.11 und A 3.2.6 genannten technischen Regeln sind zu beachten.

Bezüglich der Regelungen zu Überströmöffnungen wird auf die BayTB, Abschnitt A 2.1.3.3.1 verwiesen.

Zur Konkretisierung bauaufsichtlicher Anforderungen können auch allgemein anerkannten Regeln der Technik dienen, die nicht bauaufsichtlich eingeführt sind.

---

[1] Wortlaut amtlich.
[2] Nr. 1.

Werden Überströmöffnungen in raumabschließenden Wänden aus lüftungstechnischen Gründen vorgesehen, sind die Regelungen zu Überströmöffnungen gemäß BayTB, Abschnitt A 2.1.3.3.1 zu beachten.

### 6.3. Bauprodukte und Bauarten

### 6.3.1. Allgemeine Bestimmungen

Bauprodukte und Bauarten für Lüftungsanlagen sind entsprechend den technischen und hygienischen Anforderungen auszuwählen und zu verwenden. Dabei sind insbesondere die Einbaulage, die erforderliche Temperaturbeständigkeit, die Feuerwiderstandsdauer, die Anforderungen an die Dichtheit, der erforderliche Volumenstrom, die Druckdifferenz, der Standort und die Umgebungstemperaturen zu berücksichtigen.

Brandschutzklappen nach EN 15650:2010[*47] mit mechanischem Absperrelement dürfen in Lüftungsanlagen nur mit der Achslage des mechanischen Absperrelementes verwendet werden, die mit der in der v.g. harmonisierten Norm vorgegebenen Feuerwiderstandsprüfung gemäß DIN EN 1366-2:1999-10 nachgewiesen wurde. Die Nennauslösetemperatur der thermischen Auslöseeinrichtung der Brandschutzklappen darf maximal 72 °C betragen, in der Zuluft bei Warmluftlüftungsanlagen 95 °C.

Brandschutzklappen in Atmosphären, die planmäßig oder außerplanmäßig aufgrund chemischer Reaktionen eine schädigende und/oder korrosive Wirkung auf diese ausüben können, fallen nicht in den Anwendungsbereich von EN 15650:2010[*48]. Dazu gehören auch Atmosphären in Ab- oder Fortluftleitungen von gewerblichen Küchen.

### 6.3.2. Zur Erfüllung der Bauwerksanforderungen erforderliche Leistungen

Bei Verwendung von Bauprodukten mit Verwendbarkeitsnachweisen gemäß Art. 17 BayBO[1)] oder bei Anwendung von Bauarten gemäß Art. 15 BayBO sind die mindestens erforderlichen Klassen den Tabellen 1 bis 3 und 6 zu entnehmen.

Bei Verwendung von Bauprodukten für Lüftungsanlagen, für die harmonisierte technische Spezifikationen nach der Verordnung (EU) Nr. 305/2011 vorliegen, sind Leistungen zu Wesentlichen Merkmalen mindestens gemäß Tabelle 4 i.V.m. Tabelle 5 sowie Tabelle 7 erforderlich.

**Tabelle 1**

| **Brandschutzklappen in Unterdecken (nicht im Anwendungsbereich von EN 15650:2010[*49])** | | | |
|---|---|---|---|
| | **Mindestens erforderlich** | | |
| **Bauaufsichtliche Anforderung** | **Feuerwiderstandsklasse nach DIN 4102-6:1977-09 und zusätzliche Bezeichnung gemäß Verwendbarkeitsnachweis** | **Baustoffklasse nach DIN 4102-1:1998-05** | |
| | | Gehäuse, Absperrelement* | Übrige Komponenten |

[*47] **Amtl. Anm.:** In Deutschland umgesetzt durch DIN EN 15650:2010-09

[*48] **Amtl. Anm.:** In Deutschland umgesetzt durch DIN EN 15650:2010-09

[1)] Nr. 1.

[*49] **Amtl. Anm.:** In Deutschland umgesetzt durch DIN EN 15650:2010-09

| Brandschutzklappen in Unterdecken (nicht im Anwendungsbereich von EN 15650:2010) | | | |
|---|---|---|---|
| | Mindestens erforderlich | | |
| **Bauaufsichtliche Anforderung** | **Feuerwiderstandsklasse nach DIN 4102-6:1977-09 und zusätzliche Bezeichnung gemäß Verwendbarkeitsnachweis** | **Baustoffklasse nach DIN 4102-1:1998-05** | |
| feuerhemmend | K 30 U | A 2 | B2 |
| hochfeuerhemmend | K 60 U | | |
| feuerbeständig | K 90 U | | |

* **Amtl. Anm.:** Aufgebrachte Dämmstoffe, Dämmschichtbildner und Dichtungselemente bleiben unberücksichtigt.

**Tabelle 2**

| – Brandschutzklappen in Lüftungsanlagen in Ab- oder Fortluftleitungen gewerblicher Küchen, die nicht in den Anwendungsbereich von EN 15650:2010*50 fallen | | | |
|---|---|---|---|
| **– Brandschutztellerventile, die nicht in den Anwendungsbereich von EN 15650:2010*51 fallen** | | | |
| | **Mindestens erforderlich** | | |
| **Bauaufsichtliche Anforderung** | **Feuerwiderstandsklasse nach DIN 4102-6:1977-09** | **Baustoffklasse nach DIN 4102-1:1998-05** | |
| | | Gehäuse, Absperrelement* | Übrige Komponenten |
| feuerhemmend | K 30 | A2 | B2 |
| hochfeuerhemmend | K 60 | | |
| feuerbeständig | K 90 | | |

* **Amtl. Anm.:** Aufgebrachte Dämmstoffe, Dämmschichtbildner und Dichtungselemente bleiben unberücksichtigt.

**Tabelle 3**

| Absperrvorrichtungen und Brandschutzsysteme in Lüftungsanlagen gemäß der in den BayTB unter der lfd. Nr. A 2.2.1.11 genannten technischen Regel, Abschnitt 7.2 | |
|---|---|
| | **Mindestens erforderlich** |
| **Bauaufsichtliche Anforderung** | **Feuerwiderstandsklasse nach DIN 4102-6:1977-09 und zusätzliche Bezeichnung gemäß Verwendbarkeitsnachweis** |
| feuerhemmend | K30-18017, K30-18017-S |
| hochfeuerhemmend | K60-18017, K60-18017-S |
| feuerbeständig | K90-18017, K90-18017-S |

**Tabelle 4**

| Wesentliches Merkmal | Brandschutzklappe nach EN 15650:2010*52 |
|---|---|
| Nennbedingungen der Aktivierung/Ansprechempfindlichkeit | X |
| Ansprechverzögerung/Ansprechzeit | X |
| Betriebssicherheit (Zyklen) | 50 |

*50 **Amtl. Anm.:** In Deutschland umgesetzt durch DIN EN 15650:2010-09
*51 **Amtl. Anm.:** In Deutschland umgesetzt durch DIN EN 15650:2010-09
*52 **Amtl. Anm.:** In Deutschland umgesetzt durch DIN EN 15650:2010-09

| Wesentliches Merkmal | Brandschutzklappe nach EN 15650:2010 |
|---|---|
| Feuerwiderstandsfähigkeit♦ | |
| – Raumabschluss | K |
| – Wärmedämmung | K |
| – Rauchleckage | K |
| – Mechanische Festigkeit (bzgl. E) | X |
| – Beibehaltung des Querschnitts (bzgl. E) | X |
| Dauerhaftigkeit | |
| – der Ansprechverzögerung | X |
| – der Betriebssicherheit | L |
| X muss erfüllt werden<br>K Angabe der Klasse erforderlich<br>L Leistungsangabe als Wert erforderlich (Bei Brandschutzklappen, die nur über temperaturempfindliche Messfühler (ohne Motor) verfügen, ist die Dauerhaftigkeit mit den 50 Zyklen der Betriebssicherheit nachgewiesen).<br>♦ siehe Tabelle 5 | |

**Tabelle 5**

| Brandschutzklappen nach EN 15650:2010*[53] | | | |
|---|---|---|---|
| | Mindestens erforderliche Leistungen | | |
| **Bauaufsichtliche Anforderung** | **Feuerwiderstandsfähigkeit** | **Brandverhalten** | |
| | | Gehäuse, Absperrelement* | übrige Komponenten |
| feuerhemmend | EI 30 ($v_e h_o$ i↔o)-S | A 2 – s1,d0 | E-d2 |
| hochfeuerhemmend | EI 60 ($v_e h_o$ i↔o)-S | | |
| feuerbeständig | EI 90 ($v_e h_o$ i↔o)-S | | |
| Feuerwiderstandsfähigkeit 120 Minuten | EI 120 ($v_e h_o$ i↔o)-S | | |

* **Amtl. Anm.**: Aufgebrachte Dämmstoffe, Dämmschichtbildner und Dichtungselemente bleiben unberücksichtigt.

**Tabelle 6**

| Feuerwiderstandsfähige Lüftungsleitungen | | |
|---|---|---|
| | Mindestens erforderlich | |
| **Bauaufsichtliche Anforderung** | **Feuerwiderstandsklasse nach DIN 4102-6:1977-09 und ggf. DIN V 4102-21:2002-08** | **Baustoffklasse nach DIN 4102-1:1998-05** |
| feuerhemmend | L 30 | A2<br>abweichend gemäß A 2.2.1.11, Abschnitt 3.2:<br>B1 |
| hochfeuerhemmend | L 60 | A2 |
| feuerbeständig | L 90 | |
| Feuerwiderstandsfähigkeit 120 Minuten | L 120 | |
| Für feuerwiderstandsfähige Lüftungsleitungen, die eines allgemeinen bauaufsichtlichen Prüfzeugnisses bedürfen, siehe auch Abschnitte C 3.1 und C 4.4 der BayTB. | | |

*[53] **Amtl. Anm.**: In Deutschland umgesetzt durch DIN EN 15650:2010-09

**Tabelle 7**

| Bausätze für feuerwiderstandsfähige Lüftungsleitungen nach EAD 350142-00-1106*54 | | |
|---|---|---|
| | Mindestens erforderliche Leistungen | |
| **Bauaufsichtliche Anforderung** | **Feuerwiderstandsfähigkeit** | **Brandverhalten[1]** |
| feuerhemmend | EI 30 ($v_e h_o$ i↔o)S | A2 – s1,d0<br>abweichend gemäß A 2.2.1.11, Abschnitt 3.2<br>C-s2, d2, sonst |
| hochfeuerhemmend | EI 60 ($v_e h_o$ i↔o)S | A2 – s1,d0 |
| feuerbeständig | EI 90 ($v_e h_o$ i↔o)S | A2 – s1,d0 |
| Feuerwiderstandsfähigkeit 120 Minuten | EI 120 ($v_e h_o$ i↔o)S | A2 – s1,d0 |
| 1 innerhalb und außerhalb | | |

### 6.3.3. Besondere Bestimmungen für die Verwendung und Ausführung

Bausätze für feuerwiderstandsfähige Lüftungsleitungen nach EAD 350142-00-1106*54

Für Bausätze zur Errichtung feuerwiderstandsfähiger Lüftungsleitungen nach ETA aufgrund des EAD 350142-00-1106*54, bestehend aus Brandschutzplatten, Dichtungsmitteln, Verbindungsmitteln und Befestigungsmitteln, hat der Hersteller gemäß Verordnung (EU) Nr. 305/2011 eine auf der Grundlage des Klassifizierungsdokumentes beruhende Einbauanleitung bereitzustellen. Diese muss mindestens folgende Angaben enthalten:

- Beschreibung der zulässigen, vierseitigen Leitungskonstruktionen aus Leitungsformstücken (Werkstoffe, Abmessungen, ggf. Aussteifungen, Leitungsführung (vertikal/horizontal/schräg), zugehörige Formteile, max. Geschosshöhe und Lastabtragung bei vertikalen Leitungen, Abhängungen, Befestigungen),
- zulässiger Betriebsdruckbereich,
- Art und Mindestdicke der Bauteile (Wand/Decke), die von den Leitungen durchdrungen werden dürfen,
- Grundsätze für die Herstellung der Leitungsformstücke aus den Brandschutzplatten und den Verbindungs- und Dichtungsmittel (z.B. Kleber, Klammern, Schrauben, ggf. Aussteifung inkl. Befestigung) mit Angaben zur Fügetechnik,
- Grundsätze für das Zusammenfügen der Formstücke zu Leitungen und deren Einbau mit Angaben zu den zu verwendenden Bauprodukten (z.B. Abhängungen, Traversen, ggf. Bekleidung der Abhängungen/Traversen, Kompensatoren, zulässige Befestigungsmittel), zur Fügetechnik, zu notwendigen Abständen und zu ggf. zulässigen nachträglichen Beschichtungen,
- Ausführung und Abdichtung der Bauteildurchdringung sowie der Revisionsöffnungsverschlüsse,
- Hinweise zur Bemessung und Ausführung der Befestigung,
- Verarbeitungshinweise (z.B. zu zulässigen Werkzeugen, zur Reihenfolge der Arbeitsgänge bei der Formstückherstellung und deren Zusammenfügen zur Leitung),
- ggf. Hinweise zum Transport und zur Lagerung der Brandschutzplatten,
- Hinweise zur Instandhaltung.

*54 **Amtl. Anm.:** Ausgabedatum EAD September 2017

Liegen diese Voraussetzungen nicht vor, gibt es für Bausätze zur Errichtung feuerwiderstandsfähiger Lüftungsleiten nach ETA aufgrund des EAD 350142-00-1106 keine allgemein anerkannte Regel der Technik*55.

**7. Rauchabzugsanlagen und Rauchabzugsgeräte**

**7.1. Zweck der Rauchabzugsanlagen und Rauchabzugsgeräte**

Rauchabzugsanlagen und Rauchabzugsgeräte dienen dazu, Rauch abzuleiten, um dadurch gleichzeitig wirksame Löscharbeiten der Feuerwehr zu unterstützen.

Rauchabzugsanlagen und Rauchabzugsgeräte können nach Maßgabe von Sonderbauverordnungen und Sonderbaurichtlinien erforderlich sein oder einzelfallbezogen im bauaufsichtlichen Verfahren gefordert werden.

Müssen mehrere Geräte zur Rauchableitung zusammenwirken, um die bauordnungsrechtlichen Anforderungen zu erfüllen, bilden diese Einrichtungen eine Anlage.

Verschlüsse von Öffnungen zur Rauchableitung, z.B. im Treppenraum, sind keine Rauchabzugsanlagen im hier geforderten Sinne.

**7.2. Planung, Bemessung und Ausführung**

Rauchabzugsanlagen und Rauchabzugsgeräte sind so zu planen, zu bemessen und auszuführen, dass die bauaufsichtlichen Anforderungen aufgrund der Sonderbauverordnungen, Sonderbaurichtlinien und Brandschutznachweise erfüllt werden.

Rauchabzugsanlagen, die entsprechend der einschlägigen Regelungen der Normenreihe DIN 18232 sowie nach dieser technischen Regel errichtet werden, erfüllen auch die bauaufsichtlichen Anforderungen, soweit nicht abweichende Anforderungen im Einzelfall gestellt sind. Die Bemessung von Rauchabzugsanlagen und Rauchabzugsgeräten kann auch nach Ingenieurmethoden des Brandschutzes erfolgen. Die Eingabeparameter sind in den Bauvorlagen zu dokumentieren.

Bei Rauchabzugsanlagen und Rauchabzugsgeräten muss die für die Entrauchung notwendige Zuluft nachgeführt werden können. Bei maschinellen Rauchabzugsanlagen müssen mit ihrem Anlaufen selbsttätig die Zuluftanlagen in Betrieb gehen bzw. die erforderlichen Zuluftöffnungen öffnen. Soweit manuelle Zuluftöffnungen zulässig sind, müssen diese leicht zugänglich sein und leicht geöffnet werden können.

Zu keiner Zeit dürfen die Türöffnungskräfte bei Türen in Rettungswegen infolge des Betriebs der Rauchabzugsanlage größer 100 N sein.

Für die Verwendung von Rauchabzugsgeräten in der Bedachung ist Abschnitt A 2.1.9 der BayTB zu beachten.

**7.3. Auslösung – manuell/selbsttätig**

Rauchabzugsanlagen müssen sowohl von Hand als auch automatisch ausgelöst werden können.

Für die selbsttätige Auslösung maschineller Rauchabzugsanlagen sind Brandmelder zu verwenden, die die zu erwartenden Brandkenngrößen detektieren. Brandmelder nach der Normenreihe DIN EN 54 sind hierfür verwendbar.

---

*55 **Amtl. Anm.:** Anwendung von Art. 15 BayBO *[Nr. 1]*

Natürlich wirkende Rauchabzugsanlagen und Rauchabzugsgeräte müssen selbsttätig mindestens durch thermische Auslöseeinrichtungen und von Hand ausgelöst werden können.

Schalter oder manuelle Einrichtungen zur Auslösung von Rauchabzugsanlagen sind an einer jederzeit zugänglichen Stelle in einer Höhe zwischen 1,2 m und 1,6 m über dem Boden anzuordnen. Die Schalter oder manuellen Auslöseeinrichtungen sind mit einem gut lesbaren Schild „Rauchabzug" zu kennzeichnen. Die Farbe der Schalter oder manuellen Auslöseeinrichtungen darf nicht rot sein.

### 7.4. Zuluftöffnungen

Öffnungen, die dem Nachströmen der für die Entrauchung notwendigen Zuluft dienen, sind mit einem gut lesbaren Schild „Zuluftöffnung für Rauchabzugsanlage" zu kennzeichnen.

### 7.5. Bauprodukte und Bauarten

#### 7.5.1. Allgemeine Bestimmungen

Rauchabzugsanlagen bestehen mindestens aus den Bedien- und Auslöseeinrichtungen sowie den jeweiligen Rauchabzugsgeräten. Maschinelle Rauchabzugsanlagen können zusätzlich aus den Entrauchungsleitungen einschließlich notwendiger Entrauchungsklappen bestehen.

Bauprodukte für Rauchabzugsanlagen und Rauchabzugsgeräte sind entsprechend der Einbaulage, der erforderlichen Temperaturbeständigkeit, des erforderlichen Volumenstroms, der Druckdifferenz, der erforderlichen aerodynamisch wirksamen oder geometrischen Öffnungsfläche und des Standortes hinsichtlich des Funktionserhalts und der Einwirkungen u.a. von Wind, Schnee, den Umgebungstemperaturen auszuwählen und zu verwenden.

Die detaillierte Einbauanleitung und die Gebrauchsanleitung des Herstellers müssen von diesem für jeden Einbauort in deutscher Sprache schriftlich zur Verfügung gestellt werden. Der Hersteller hat in der Gebrauchsanleitung ausführlich die für die Inbetriebnahme, Inspektion, Wartung, Instandsetzung sowie Überprüfung der Funktion der Bauprodukte notwendigen Angaben darzustellen. Für Bauprodukte nach harmonisierten technischen Spezifikationen muss die Einbauanleitung den Angaben der Klassifizierungsberichte entsprechen.

Die Einbau- und Gebrauchsanleitungen des Herstellers für die zu verwendenden Bauprodukte sind zu beachten und dem Bauherrn zu übergeben.

In maschinellen Rauchabzugsanlagen sind maschinelle Rauchabzugsgeräte nach EN 12101-3:2015*[56] zu verwenden. Für die Verwendung der maschinellen Rauchabzugsgeräte gibt es keine allgemein anerkannte Regel der Technik*[57].

Sofern in maschinellen Rauchabzugsanlagen Entrauchungsklappen auch von Hand gesteuert werden sollen, müssen diese für die manuelle Auslösung geeignet sein. Entrauchungsklappen mit mechanischem Absperrelement nach EN 12101-8*[58] dürfen in maschinellen Rauchabzugsanlagen nur mit der Achslage des mechanischen Absperrelementes verwendet werden, die nach der in v.g. harmonisierter Norm vorgegebenen Feuerwiderstandprüfung bei beidseitiger Beflammung nachgewiesen wurde.

---

*[56] **Amtl. Anm.:** In Deutschland umgesetzt durch DIN EN 12101-3:2015-12

*[57] **Amtl. Anm.:** Anwendung von Art. 15 BayBO *[Nr. 1]*

*[58] **Amtl. Anm.:** In Deutschland umgesetzt durch DIN EN 12101-8:2011-08

Entrauchungsleitungen dürfen nicht selbst zur Ausbreitung von Feuer und Rauch in der baulichen Anlage beitragen. Sie müssen nichtbrennbar, temperaturbeständig und dicht sein. Ihre Formbeständigkeit (Querschnittserhalt) und die mechanische Festigkeit müssen gewährleisten, dass die vorgesehene Rauchmenge abgeführt werden kann. Entrauchungsleitungen müssen so angeordnet und beschaffen sein, dass sie nicht durch Temperaturerhöhungen auf der Außenseite der Leitungen einen Beitrag zur Brandausbreitung leisten.

### 7.5.2. Zur Erfüllung der Bauwerksanforderungen erforderliche Leistungen

Bei Verwendung von Bauprodukten mit Verwendbarkeitsnachweisen gemäß Art. 17 BayBO[1)] oder Anwendung von Bauarten gemäß Art. 15 BayBO sind die mindestens erforderlichen Klassen der Tabelle 1 zu entnehmen.

**Tabelle 1**

| **Entrauchungsleitungen nach DIN V 18232-6:1997-10 i.V.m. DIN 4102-6:1977-09** | | |
|---|---|---|
| | **Mindestens erforderlich** | |
| **Bauaufsichtliche Anforderung** | **Feuerwiderstandsklasse, Kategorie und Druckstufe** | **Brandverhalten Baustoffklasse nach DIN 4102-1:1998-05** |
| feuerhemmend | L 30, Kategorie 3 und Druckstufe 1/2/3* | A2 |
| hochfeuerhemmend | L 60, Kategorie 3 und Druckstufe 1/2/3* | |
| feuerbeständig | L 90, Kategorie 3 und Druckstufe 1/2/3* | |
| * je nach vorgesehener Verwendung, mindestens jedoch Druckstufe 1 | | |

Bei Verwendung von Bauprodukten für maschinelle Rauchabzugsanlagen, für die harmonisierte technische Spezifikationen nach der Verordnung (EU) Nr. 305/2011 vorliegen, sind Leistungen zu Wesentlichen Merkmalen mindestens gemäß Tabelle 2 i.V.m. Tabellen 3 und 4 erforderlich.

**Erläuterung zu Tabelle 2**

| **Nr. Spalte** | **Produkt nach harmonisierter Norm** |
|---|---|
| 2 | EN 12101-2:2003 Rauch- und Wärmefreihaltung<br>Teil 2: Festlegungen für natürliche Rauch- und Wärmeabzugsgeräte*59 |
| 3 | EN 12101-3:2015 Rauch- und Wärmefreihaltung<br>Teil 3: Bestimmungen für maschinelle Rauch- und Wärmeabzugsgeräte*60 |
| 4 | EN 12101-7:2011 Rauch- und Wärmefreihaltung Teil 7: Entrauchungskanalstücke*61 |
| 5 | EN 12101-8:2011 Rauch- und Wärmefreihaltung Teil 8: Entrauchungsklappen*62 |
| 6 | EN 12101-10:2005/AC:2007 Rauch- und Wärmefreihaltung<br>Teil 10: Energieversorgung*63 |

[1)] Nr. 1.

*59 **Amtl. Anm.:** In Deutschland umgesetzt durch DIN EN 12101-2:2003-09

*60 **Amtl. Anm.:** In Deutschland umgesetzt durch DIN EN 12101-3:2015-12

*61 **Amtl. Anm.:** In Deutschland umgesetzt durch DIN EN 12101-7:2011-07

*62 **Amtl. Anm.:** In Deutschland umgesetzt durch DIN EN 12101-8:2011-08

*63 **Amtl. Anm.:** In Deutschland umgesetzt durch DIN EN 12101-10:2006-01 + DIN EN 12101-10 Berichtigung 1:2009-07

Tabelle 2

| Wesentliches Merkmal | Produkt nach harmonisierter Norm | | | | |
|---|---|---|---|---|---|
| 1 | 2 | 3 | 4 | 5 | 6 |
| **Nominale Auslösungsbedingungen/Empfindlichkeit** | X | | | | |
| **Funktionssicherheit (Re)** | K | | | | |
| **Windlast (WL)** | K | | | | |
| **Aerodynamisch wirksame Öffnungsfläche# (Aa)** | L | | | | |
| **Leistung unter Brandbedingungen** | K | | | | |
| **Brandverhalten von Baustoffen** | K | | | | |
| **Betriebszuverlässigkeit** | | | | | |
| Anwendungskategorien | | K* | | | |
| Motorleistung | | K | | | |
| **Wirksamkeit der Abführung von Rauch/heißem Gas: (ähnlich Wirksamkeit Rauch- und Wärmeableitung)** | X | | | | |
| Aufrechterhaltung des Gasvolumens und des Drucks während der Prüfung der Ableitung von Rauch und heißem Gas | | L | | | |
| **Feuerbeständigkeit** | | K | | | |
| **Fähigkeit zum Öffnen unter Umgebungsbedingungen** | | | | | |
| Öffnen unter Windlast innerhalb einer vorgegebenen Zeit | | K** | | | |
| Öffnen unter Schneelast innerhalb einer vorgegebenen Zeit (SL) | K | K** | | | |
| Öffnen bei niedriger Umgebungstemperatur innerhalb einer vorgegebenen Zeit (T) | K | | | | |
| **Nennbedingungen der Aktivierung/Ansprechempfindlichkeit** | | | | X | |
| **Betriebssicherheit** | | | | K | X |
| **Feuerwiderstandsfähigkeit♦, ♦♦** | | | | | |
| Raumabschluss | | | K | K | |
| Wärmedämmung | | | K*** | K*** | |
| Rauchdichtheit | | | K | K | |
| Mechanische Formstabilität (unter E) | | | X | X | |
| Aufrechterhaltung des Querschnitts (unter E) | | | X | X | |
| **Ansprechverzögerung/Ansprechzeit** | X | X* | | X, K | X |
| **Leistungs-Parameter unter Brandbedingungen** | | | | | X |
| **Beständigkeit der Betriebszuverlässigkeit** | | K | | | |
| **Dauerhaftigkeit** | | | | | |
| der Ansprechverzögerung | | | | X | |
| der Betriebssicherheit | | | | X | |

| | |
|---|---|
| X | muss erfüllt werden |
| X* | muss erfüllt sein, wenn K** erforderlich ist |
| L | Leistungsangabe als Wert erforderlich |
| K | Angabe der Klasse erforderlich; |
| K* | Angabe der Anwendungskategorien erforderlich |
| K** | Angabe der Klasse erforderlich abhängig von der Verwendung |
| K*** | Angabe nur für Entrauchungsleitungen oder Entrauchungsklappen für Mehrfachabschnitte |
| # | Angabe nicht erforderlich bei Verwendung in Druckbelüftungsanlagen nach Abschnitt 8 |

| Wesentliches Merkmal | Produkt nach harmonisierter Norm | | | | |
|---|---|---|---|---|---|
| 1 | 2 | 3 | 4 | 5 | 6 |
| ◆ – für Entrauchungsleitungen aus Entrauchungskanalstücken nach EN 12101-7:2011 siehe Tabelle 3 | | | | | |
| ◆◆ – für Entrauchungsklappen nach EN 12101-8:2011 siehe Tabelle 4 | | | | | |

**Tabelle 3**

| – Feuerwiderstandsfähige Entrauchungsleitungen nach EN 12101-7:2011[*64] | | |
|---|---|---|
| **– Feuerwiderstandsfähige Entrauchungsleitungen nach EAD 350142-00-1106[*65]** | | |
| | **Mindestens erforderliche Leistungen** | |
| **Bauaufsichtliche Anforderung** | **Feuerwiderstandsfähigkeit** | **Brandverhalten** |
| feuerhemmend | EI 30 ($v_e - h_o$) S $_{xx}$[1] multi | A 2-s1, d0 |
| hochfeuerhemmend | EI 60 ($v_e - h_o$) S $_{xx}$[1] multi | |
| feuerbeständig | EI 90 ($v_e - h_o$) S $_{xx}$[1] multi | |
| Feuerwiderstandsfähigkeit 120 Minuten | EI 120 ($v_e - h_o$) S $_{xx}$[1] multi | |
| 1 je nach vorgesehener Verwendung, mindestens jedoch 500 Pa | | |

**Tabelle 4**

| Feuerwiderstandsfähige Entrauchungsklappen nach EN 12101-8:2011[*66] | | | |
|---|---|---|---|
| | **Mindestens erforderliche Leistungen** | | |
| **Bauaufsichtliche Anforderung** | **Feuerwiderstandsfähigkeit** | **Brandverhalten** | |
| | | **Klappenblatt, Gehäuse** | **übrige Komponenten** |
| feuerhemmend | EI 30 ($v_e$[1] – $h_o$[2] – i↔o) $S_{xx}$[3] $C_{xx}$[4] MA/AA[5] multi | A 2-s1, d0, | E-d2 |
| hochfeuerhemmend | EI 60 ($v_e$[1] – $h_o$[2] – i↔o) $S_{xx}$[3] $C_{xx}$[4] MA/AA[5] multi | | |
| feuerbeständig | EI 90 ($v_e$[1] – $h_o$[2] – i↔o) $S_{xx}$[3] $C_{xx}$[4] MA/AA[5] multi | | |
| Feuerwiderstandsfähigkeit 120 Minuten | EI 120 ($v_e$[1] – $h_o$[2] – i↔o) $S_{xx}$[3] $C_{xx}$[4] MA/AA[5] multi | | |
| 1 je nach vorgesehener Verwendung: $v_{ew}$, $v_{edw}$, $v_{ed}$ ($v_{ed}$ nur in Verbindung mit $v_{ew}$) | | | |
| 2 je nach vorgesehener Verwendung: $h_{ow}$, $h_{odw}$, $h_{od}$ ($h_{od}$ nur in Verbindung mit $h_{ow}$) | | | |
| 3 je nach vorgesehener Verwendung, mindestens jedoch 500 Pa | | | |
| 4 je nach vorgesehener Verwendung: $C_{300}$ oder $C_{10000}$ | | | |
| 5 je nach Verwendung (s. Abschnitt 7.5.1 und/oder Abschnitt 8.2) | | | |

Wenn Bauprodukte gemäß Tabelle 2, Spalte 2 in Rauchabzugsanlagen verwendet werden sollen, die nach den in den BayTB unter den lfd. Nrn. A 2.2.2.3, A 2.2.2.4 und A 2.2.1.15 genannten Regelungen für Sonderbauten erforderlich sind so sind zur Erfüllung der Bauwerksanforderungen die Leistungen zu Wesentlichen Merkmalen je nach Verwendungszweck und unter Berücksichtigung von Abschnitt 7.2 festzulegen. Es sind mindestens Leistungen zu Wesentlichen Merkmalen gemäß Tabelle 5 erforderlich.

[*64] **Amtl. Anm.:** In Deutschland umgesetzt durch DIN EN 12101-7:2011-08
[*65] **Amtl. Anm.:** Ausgabedatum EAD September 2017
[*66] **Amtl. Anm.:** In Deutschland umgesetzt durch DIN EN 12101-8:2011-08

**Tabelle 5**

| **Mindestens erforderliche Leistungen für Rauchabzugsgeräte zur Verwendung in notwendigen Treppenräumen von Verkaufs- und Versammlungsstätten* sowie in Rauchabzugsanlagen** | |
|---|---|
| **EN 12101-2:2003*67** | |
| 4.1 – Nominale Auslösebedingungen/Empfindlichkeit | Möglichkeit der manuellen Ansteuerbarkeit (Abschnitt 4.1.1 b) |
| 6 – Aerodynamisch wirksame Öffnungsfläche | Angabe (m²) |
| 7.1.1 – Funktionssicherheit | Re 50 |
| 7.1.2 – Ansprechverzögerung (Ansprechzeit) | ≤ 60 s |
| 7.1.3 – Funktionssicherheit | ja, wenn zusätzlich Lüftungsfunktion |
| 7.2.1.1 – Öffnung unter Umweltbedingungen – Schneelast, ausgenommen Einbauneigung ≥ 60° | SL 500 |
| 7.3.1 – Öffnung unter Umweltbedingungen – niedrige Umgebungstemperatur | T (–05) |
| 7.4.1 – Funktionssicherheit Windlast | WL 1500 |
| 7.5.1 – Klassifizierung Wärmebeständigkeit | B 300 |
| 7.5.2 – Leistungsverhalten Brandverhalten der Baustoffe | E – d2 |

* **Amtl. Anm.:** In Bayern nach BayVkV *[Nr. **14**]* und VStättV *[Nr. **15**]* nicht regelmäßig vorgeschrieben.

## 7.5.3. Besondere Bestimmungen für die Verwendung und Ausführung

Bausätze für feuerwiderstandsfähige Entrauchungsleitungen nach EAD 350142-00-1106*68

Für Bausätze zur Errichtung feuerwiderstandsfähiger Entrauchungsleitungen nach ETA aufgrund des EAD 350142-00-1106*69, bestehend aus Brandschutzplatten, Dichtungsmitteln, Verbindungsmitteln und Befestigungsmitteln hat der Hersteller gemäß Verordnung (EU) Nr. 305/2011 eine auf der Grundlage des Klassifizierungsdokumentes beruhende Einbauanleitung bereitzustellen. Diese muss mindestens die folgenden Angaben enthalten:

- Beschreibung der zulässigen, vierseitigen Leitungskonstruktionen aus Leitungsformstücken (Werkstoffe, Abmessungen, ggf. Aussteifungen, Leitungsführung (vertikal/horizontal/schräg), zugehörige Formteile, max. Geschosshöhe und Angaben zur Lastabtragung bei vertikalen Leitungen, Revisionsöffnungen, Abhängungen, Befestigungen),
- zulässiger Betriebsdruckbereich,
- Art und Mindestdicke der Bauteile (Wand/Decke), die von den Leitungen durchdrungen werden dürfen,
- Grundsätze für die Herstellung der Leitungsformstücke aus den Brandschutzplatten und den Verbindungs- und Dichtungsmitteln (z.B. Kleber, Klammern, Schrauben, ggf. Aussteifung inkl. Befestigung) mit Angabe der Fügetechnik,
- Grundsätze für das Zusammenfügen der Formstücke zu Leitungen und deren Einbau mit Angaben zu den zu verwendenden Bauprodukten (z.B. Abhängungen, Traversen, ggf. Bekleidung der Abhängungen/Traversen, Kompen-

*67 **Amtl. Anm.:** In Deutschland umgesetzt durch DIN EN 12101-2:2003-09
*68 **Amtl. Anm.:** Ausgabedatum EAD September 2017
*69 **Amtl. Anm.:** Ausgabedatum EAD September 2017

satoren, zulässige Befestigungsmittel), zur Fügetechnik, zu notwendigen Abständen und zu ggf. zulässigen nachträglichen Beschichtungen,

- Ausführung und Abdichtung der Bauteildurchdringung sowie der Revisionsöffnungsverschlüsse,
- Hinweise zur Bemessung und Ausführung der Befestigung,
- Verarbeitungshinweise (z.B. zu zulässigen Werkzeugen, zur Reihenfolge der Arbeitsgänge bei der Formstückherstellung und deren Zusammenfügen zur Leitung),
- ggf. Hinweise zum Transport und zur Lagerung der Brandschutzplatten,
- Hinweise zur Instandhaltung.

Liegen die Voraussetzungen nach Satz 1 i.V.m. Satz 2 dieses Abschnittes nicht vor, gibt es für Bausätze zur Errichtung feuerwiderstandsfähiger Entrauchungsleitungen nach EAD 350142-00-1106 keine allgemein anerkannte Regel der Technik[*70].

## 8. Druckbelüftungsanlagen

### 8.1. Zweck der Anlagen

Druckbelüftungsanlagen dienen dazu, bauaufsichtlich besonders zu schützende Rettungswege sowie Aufzugsschächte von Feuerwehraufzügen von Rauch frei zu halten, damit Personen sich retten können und wirksame Löscharbeiten unterstützt werden.

### 8.2. Planung, Bemessung und Ausführung

Druckbelüftungsanlagen müssen einen kontinuierlichen Luftvolumenstrom über den Luftweg Außenluftansaugung, ggf. Überströmöffnungen, sowie Abströmöffnungen gewährleisten.

Druckbelüftungsanlagen für Sicherheitstreppenräume müssen so bemessen und beschaffen sein, dass der Luftvolumenstrom

- bei geöffneten Türen vom Treppenraum zu dem vom Brand betroffenen Geschoss mit einer mittleren Geschwindigkeit von mindestens 2,0 m/s – bezogen auf den freien Türquerschnitt – entgegen der Fluchtrichtung strömt und
- im gesamten Querschnitt der Türen in die gleiche Richtung strömt
- im Brandgeschoss in geeigneter Weise abgeführt wird.

Abweichend davon muss der Luftvolumenstrom durch die geöffnete Tür des Vorraumes eines Feuerwehraufzugs mit einer mittleren Geschwindigkeit von mindestens 0,75 m/s strömen.

Der Betrieb der Druckbelüftungsanlage darf nicht dazu führen, dass sich Türen in Rettungswegen wegen zu hoher Druckdifferenzen nicht mehr öffnen lassen. Die maximale Türöffnungskraft darf 100 N betragen. Sie darf bei Türen von Vorräumen auch dann nicht überschritten werden, wenn eine der beiden Türen geöffnet ist. Nach Öffnen und Schließen von Türen zum Sicherheitstreppenraum oder Vorräumen muss sich innerhalb von 3 Sekunden der Sollzustand wieder eingestellt haben.

Die Abschaltung der Druckbelüftungsanlagen durch Rauchauslöseeinrichtungen ist nicht zulässig.

---

[*70] **Amtl. Anm.:** Anwendung von Art. 15 BayBO *[Nr. 1]*

Außenluftansaugung

Die für eine Druckbelüftungsanlage erforderliche Außenluftansaugung muss so angeordnet sein, dass kein Rauch angesaugt werden kann und sie von Fenstern, anderen Außenwandöffnungen und von Außenwänden mit brennbaren Baustoffen sowie Außenwandbekleidungen mindestens 2,5 m entfernt ist.

Außen- und Zuluftleitungen

Diese Leitungen sind hinsichtlich der Feuerwiderstandsfähigkeit und des Brandverhaltens entsprechend den brandschutztechnischen Anforderungen an Lüftungsanlagen auszubilden. Brandschutzklappen und Rauchschutzklappen dürfen in diesen Leitungen nicht verwendet werden.

Bei Verwendung von Klappen in der Außenluft- oder Zuluftleitung müssen die Antriebe über eine sichere Energieversorgung angeschlossen werden oder über eine solche verfügen.

Abluft- und Entrauchungsleitungen

Diese Leitungen sind hinsichtlich der Feuerwiderstandsfähigkeit und des Brandverhaltens entsprechend den brandschutztechnischen Anforderungen an Entrauchungsanlagen auszubilden. Entrauchungsklappen und -ventilatoren dürfen in diesen Leitungen verwendet werden.

Überströmöffnungen

Vorräume von Sicherheitstreppenräumen müssen auch bei geschlossenen Türen mit Luft durchspült werden können. Dies kann durch Überströmöffnungen realisiert werden.

An den Verschluss der Überströmöffnung zwischen Vorraum und Treppenraum werden keine Anforderungen hinsichtlich des Feuerwiderstands gestellt, es reicht eine Klappe aus, die bei Luftströmung in Richtung Treppenraum schließt.

An den Verschluss der Überströmöffnung zwischen Vorraum und Feuerwehraufzugsschacht werden keine Anforderungen hinsichtlich des Feuerwiderstands gestellt, es reicht eine motorisch oder über andere Einrichtungen angetriebene Klappe aus.

In der Wand zwischen Vorraum und notwendigem Flur oder Nutzungseinheit muss der Verschluss der Überströmöffnung die gleiche Feuerwiderstandsdauer wie die Wand aufweisen.

Die Ansteuerung der Verschlüsse darf nicht über eine Rauchauslöseeinrichtung erfolgen. Klappen, die motorisch oder über anderen Einrichtungen offengehalten oder angetrieben werden, müssen an eine sichere Energieversorgung angeschlossen werden.

Abströmöffnungen

Mündungen und Abströmöffnungen sind so anzuordnen, dass die Wirksamkeit der Druckbelüftungsanlage auch bei ungünstigen Wetterbedingungen gewährleistet ist.

Als Abströmöffnungen können im vom Brand betroffenen Geschoss Fenster in der Fassade verwendet werden. Diese sind je Abströmbereich an gegenüberliegenden Fassaden anzuordnen.

Wenn die Abströmung über einen Schacht erfolgt, sind in die Schachtwandung Entrauchungsklappen zu integrieren.

Fortluftöffnungen (Mündungen) von Leitungen, aus denen Brandgase ins Freie gelangen können, müssen entsprechend den brandschutztechnischen Anforderungen an Lüftungsanlagen angeordnet oder ausgebildet sein (s. BayTB Abschnitt A 2.2, lfd. Nr. A 2.2.1.11, Abschnitt 5.1.2 Nr. 1). Brandschutzklappen dürfen nicht verwendet werden.

**8.3. Auslösung**

Die Druckbelüftungsanlagen müssen im Brandfall automatisch auslösen.

Soweit selbsttätige Brandmeldeanlagen erforderlich oder vorhanden sind, müssen diese die Druckbelüftungsanlagen auslösen.

Wenn keine Brandmeldeanlage vorhanden ist, muss die Auslösung mindestens durch geeignete Auslöseeinrichtungen, die über im Bereich des Zugangs zum Sicherheitstreppenraum (ausgenommen Vorräume) und zum Feuerwehraufzugsvorraum sowie im Bereich der notwendigen Abströmöffnungen positionierte Rauchmelder angesteuert werden, erfolgen. Rauchmelder nach der Normenreihe DIN EN 54 sind für die Detektion geeignet.

Sollen Druckbelüftungsanlagen auch von Hand ausgelöst werden, sind dafür Schalter zu verwenden, die zwischen 1,2 m und 1,6 m über dem Boden anzuordnen sind. Die Schalter sind mit einem gut lesbaren Schild „Druckbelüftungsanlage“ zu kennzeichnen. Die Beschilderung darf auf dem Schalter oder dem Gehäuse erfolgen oder muss in unmittelbarer Nähe dauerhaft befestigt erfolgen. Die Farbe der Schalter darf nicht rot sein.

Notwendige Abströmöffnungen dürfen nur selbsttätig angesteuert werden.

Die Funktionsfähigkeit und Wirksamkeit der Druckbelüftungsanlage muss sich innerhalb 120 Sekunden nach dem Auslösen eingestellt haben.

Bei einer Ansteuerung oder Auslösung über ein programmierbares System ist dessen Programmierstand ebenfalls zu dokumentieren. Bei der Änderung des Programmierstandes bzw. bei Änderung der Betriebs- und Systemsoftware handelt es sich um eine wesentliche Änderung der Druckbelüftungsanlage. Soll die Ansteuerung oder Auslösung über ein programmierbares System erfolgen, so ist ein *sicherstechnisches*[1)] Steuerungskonzept zu erstellen.

Energieversorgung

Bauaufsichtlich geforderte Druckbelüftungsanlagen müssen auch bei Ausfall der allgemeinen Stromversorgung ausreichend lang mit Strom versorgt werden und funktionsfähig bleiben; dies gilt als erfüllt bei Anschluss an eine Sicherheitsstromversorgungsanlage.

**8.4. Bauprodukte und Bauarten von Druckbelüftungsanlagen**

Druckbelüftungsanlagen bestehen aus Bauprodukten und Bauteilen (z.B. Ventilator, Abströmelemente), die für die Funktion der Druckbelüftungsanlage erforderlich sind. Türen und Fenster können für die Abströmung genutzt werden.

Bauprodukte für Druckbelüftungsanlagen sind entsprechend der Einbaulage, der erforderlichen Temperaturbeständigkeit, des erforderlichen Volumenstroms, der Druckdifferenz und des Standortes hinsichtlich des Funktionserhalts und der Einwirkungen u.a. von Wind, Schnee, den Umgebungstemperaturen auszuwählen und zu verwenden.

Zur Erfüllung der bauaufsichtlichen Anforderungen sind für die zu verwendenden Bauprodukte nach harmonisierten technischen Spezifikationen Leistungen

---

1) Wortlaut amtlich.

zu Wesentlichen Merkmalen mindestens gemäß Abschnitt 6, Tabellen 4, 5 und 7 sowie Abschnitt 7, Tabellen 2 bis 5 erforderlich. Im Übrigen gilt Abschnitt 6, Tabelle 6.

Zuluftventilatoren dürfen mit Frequenzumrichtern betrieben werden. Reparaturschalter an Ventilatoren müssen überwacht oder gegen unbefugtes Betätigen gesichert sein. Der durch die Druckbelüftungsanlage im Treppenraum erzeugte Schalldruckpegel soll ab einem Abstand zum Luftaustritt von 5 m nicht mehr als 85 dB(A) betragen. Für Feuerwehraufzüge ist ein durch die Druckbelüftungsanlage erzeugter Schalldruckpegel von maximal 80 dB(A) in 0,5 m Entfernung vom Mikrofon im Fahrkorb, der Feuerwehr-Zugangsebene und am Tableau für Notfälle und Prüfungen zulässig.

Als Verschluss der Überströmöffnung zwischen Vorraum und notwendigem Flur oder Nutzungseinheit darf eine Brandschutzklappe ohne Leitungsanschluss nach EN 15650[*71] verwendet werden, die Klassifizierung EI 90 ($v_e$ i↔o)-S nach DIN EN 13501-3:2010-02 ist ausreichend. Brandschutzklappen mit mechanischem Absperrelement dürfen in Druckbelüftungsanlagen nur mit der Achslage des mechanischen Absperrelementes verwendet werden, die mit der Feuerwiderstandprüfung gemäß DIN EN 1366-2:1999-10 nachgewiesen wurde. Die Nennauslösetemperatur der thermischen Auslöseeinrichtung der Brandschutzklappen darf maximal 72 °C betragen.

## 9. CO-Warnanlagen

### 9.1. Zweck der Anlage

CO-Warnanlagen sind Gefahrenmeldeanlagen. Sie dienen der Warnung von Personen, sobald gefahrdrohende Mengen von Kohlenmonoxid (CO) in Garagen erreicht sind.

### 9.2. Bauprodukte von CO-Warnanlagen

Die zum Einsatz kommenden Bauprodukte müssen für die Messung, Auswertung und Warnung geeignet sein.

Zur CO-Warnanlage gehören alle Bauprodukte (wie Ansaugstellen, Messstellen, Leitungen, Übertragungseinrichtungen, Ersatzstromversorgung, Steuereinheit, optische und akustische Signalgeber etc.), die zur Aufrechterhaltung der Funktion der CO-Warnanlage erforderlich sind.

### 9.3. Planung, Bemessung und Ausführung von CO-Warnanlagen

CO-Warnanlagen müssen so geplant, bemessen und ausgeführt sein, dass der CO-Gehalt in allen Garagenbereichen zuverlässig erfasst wird und eine Alarmierung bei Überschreitung des CO-Gehalts in der Luft von 250 ppm erfolgt. Dabei sind die allgemein anerkannten Regeln der Technik zu beachten, sofern nachfolgend nichts anderes bestimmt ist. Bei Anlagen, die weitere Funktionen übernehmen, muss der Anlagenteil für die CO-Warnung autark betrieben und geprüft werden können.

Die CO-Messstellen sind auf einer Höhe von etwa 1,50 m über dem Fußboden zu positionieren und so anzuordnen, dass auch Bereiche zuverlässig erfasst werden, für die erhöhte CO-Konzentrationen zu erwarten sind.

CO-Warnanlagen müssen auch bei Ausfall der allgemeinen Stromversorgung ausreichend lang mit Strom versorgt werden und funktionsfähig bleiben. Die

---

[*71] **Amtl. Anm.:** In Deutschland umgesetzt durch DIN EN 15650:2010-09

Signalisierung muss solange aktiviert sein, wie die CO-Konzentration den zulässigen Grenzwert übersteigt.

## 10. Feuerlöschanlagen

### 10.1. Zweck der Anlage

Selbsttätige Feuerlöschanlagen erkennen frühzeitig ein Brandereignis und dienen i.d.R. dem Eindämmen/Begrenzen des Brandherdes oder der direkten Löschung des Brandereignisses. Manuelle, nichtselbsttätige Anlagen wie Hydrantenanlagen mit nassen oder trockenen Löschwasserleitungen unterstützen wirksame Löscharbeiten der Feuerwehr. Beide Anlagenarten dienen vorrangig der Rettung von Mensch und Tier, können aber auch bei der Minderung von Brand-, Sach- und Umweltschäden effizient sein.

Zu den Feuerlöschanlagen gehören alle Arten von ortsfesten, nichtselbsttätigen Feuerlöschanlagen (ns-FLA) sowie die ortsfesten, selbsttätigen Feuerlöschanlagen (s-FLA). Als Löschmittel kann Wasser oder auch jedes andere Löschmittel verwendet werden, soweit mit diesen Löschmitteln die Brandausbreitung kontrolliert oder der Brand gelöscht werden kann.

Die nichtselbsttätigen Feuerlöschanlagen bestehen aus einem Leitungsnetz (dazu gehören trockene und nasse Steigleitungen) und haben Entnahmestellen, Wandhydranten für die Feuerwehr (Typ F) oder Außenhydranten. Die selbsttätigen Feuerlöschanlagen sind ortsfeste Löschanlagen. Als Löschmittel wird Wasser, z.B. in Sprinkler-, Sprühwasser- und Wassernebellöschanlagen, verwendet.

### 10.2. Bauprodukte von Feuerlöschanlagen

In Feuerlöschanlagen dürfen nur Bauprodukte (Produkte, Baustoffe, Bauteile und Anlagen sowie Bausätze gemäß Art. 2 Nr. 2 der Verordnung (EU) Nr. 305/2011) vorgesehen und betrieben werden, die für den Betrieb der Anlagen erforderlich und geeignet sind. Andere Bauprodukte, z.B. Sicherungseinrichtungen für Trinkwasser, dürfen die Wirksamkeit der Feuerlöschanlage nicht beeinträchtigen. Ebenso dürfen durch sie die Feuerlöschanlagen in ihrer Funktion nicht beeinträchtigt werden.

Bauprodukte, die mit Trinkwasser in Kontakt kommen können oder mit dem Trinkwassernetz verbunden sind, müssen für diese Verwendung geeignet sein.

Als Bauprodukte für Sprinkler- und Sprühwasserlöschanlagen dürfen die Bauprodukte der Normenreihe DIN EN 12259, für Löschanlagen mit gasförmigen Löschmitteln die Bauprodukte der Normenreihe DIN EN 12094 verwendet werden.

Für andere Löschanlagen, auch mit anderen Löschmitteln, z.B. Schaumlöschmitteln, sind die in den Planungs- und Bemessungsnormen für diese Anlagen genannten Bauprodukte zu verwenden.

Wandhydranten gemäß EN 671-1*[72] und EN 671-2*[73], Überflurhydranten gemäß EN 14384*[74] und Unterflurhydranten gemäß EN 14339*[75] dürfen für nichtselbsttätige Feuerlöschanlagen verwendet werden.

### 10.3. Erforderliche Leistungen von Bauprodukten für Feuerlöschanlagen

Bauprodukte müssen ausreichend leistungsfähig und dauerhaft betriebszuverlässig sein sowie eine ausreichende Ansprechverzögerung, Feuchte-, Korrosions-, Temperaturbeständigkeit sowie Schock- und Schwingungsfestigkeit aufweisen. Die Bauprodukte müssen für die Anwendung hydraulisch geeignet und ausreichend druckfest sowie für den Betrieb dauerhaft leichtgängig zu bedienen und zu betreiben sein.

Die Auswahl der Produkte unter Berücksichtigung der vorgesehenen Verwendung muss auf Grundlage der Informationen zu den Wesentlichen Merkmalen und Eigenschaften erfolgen.

Zur Erfüllung der bauaufsichtlichen Anforderungen sind für die zu verwendenden Bauprodukte Leistungen zu Wesentlichen Merkmalen mindestens gemäß nachstehenden Tabellen 1 bis 3 erforderlich.

**Erläuterung zu Tabelle 1**

| **Nr. Spalte** | **Produkt nach harmonisierter Norm** |
|---|---|
| 2 | EN 12259-1:1999 + A1:2001 + A2:2004 + A3:2006 Teil 1: Sprinkler*[76] |
| 3 | EN 12259-2:1999 + A1:2001 + AC:2002 + A2:2005 Teil 2: Nassalarmventile mit Zubehör*[77] |
| 4 | EN 12259-3:2000 + A1:2001 + A2:2005: Trockenalarmventile mit Zubehör*[78] |
| 5 | EN 12259-4:2000 + A1:2001 Teil 4: Wassergetriebene Alarmglocken*[79] |
| 6 | EN 12259-5:2002 Teil 5: Strömungsmelder*[80] |

**Tabelle 1**

| **Wesentliches Merkmal** | **Bauprodukte für Ortsfeste Löschanlagen – Bauteile für Sprinkler- und Sprühwasseranlagen nach harmonisierter Norm** | | | | |
|---|---|---|---|---|---|
| 1 | 2 | 3 | 4 | 5 | 6 |
| Nenn-Auslösebedingungen | X | | | | |
| Löschmittelverteilung | X | | | | |
| Ansprechverzögerung (Ansprechzeit) | X | X | X | X | X |
| Zuverlässigkeit | X | | | | |
| Dauerhaftigkeit<br>– Wärmebeständigkeit, | X | | | | |

*[72] **Amtl. Anm.**: In Deutschland umgesetzt durch DIN EN 671-1:2012-07

*[73] **Amtl. Anm.**: In Deutschland umgesetzt durch DIN EN 671-2:2012-07

*[74] **Amtl. Anm.**: In Deutschland umgesetzt durch DIN EN 14384:2005-10 + DIN EN 14384 Berichtigung 1:2007-07

*[75] **Amtl. Anm.**: In Deutschland umgesetzt durch DIN EN 14339:2005-10 + DIN EN 14339 Berichtigung 1:2007-07

*[76] **Amtl. Anm.**: In Deutschland umgesetzt durch DIN EN 12259-1:2006-03 + DIN EN 12259-1 Berichtigung 1:2007-01

*[77] **Amtl. Anm.**: In Deutschland umgesetzt durch DIN EN 12259-2:2001-08 + DIN EN 12259-2/A2:2006-02

*[78] **Amtl. Anm.**: In Deutschland umgesetzt durch DIN EN 12259-3:2001-08 + DIN EN 12259-3 Berichtigung 1:2008-06

*[79] **Amtl. Anm.**: In Deutschland umgesetzt durch DIN EN 12259-4:2001-08

*[80] **Amtl. Anm.**: In Deutschland umgesetzt durch DIN EN 12259-5:2002-12

| Wesentliches Merkmal | Bauprodukte für Ortsfeste Löschanlagen – Bauteile für Sprinkler- und Sprühwasseranlagen nach harmonisierter Norm | | | | |
|---|---|---|---|---|---|
| 1 | 2 | 3 | 4 | 5 | 6 |
| – Temperaturschockbeständigkeit | | | | | |
| Korrosionsbeständigkeit | X | | | | |
| Betriebszuverlässigkeit | | X | X | X | X |
| Leistungsfähigkeit im Brandfall | | X | X | X | |
| Ansprechverzögerung – Dauerhaftigkeit | | X | X | X | |
| Betriebszuverlässigkeit – Dauerhaftigkeit<br>– Alterung nichtmetallischer Bauteile und<br>– Brandbeanspruchung | | X | X | X | |
| Nennansprechbedingungen | | | | | X |
| Stabilität der Betriebszuverlässigkeit<br>– Korrosionsbeständigkeit<br>– Festigkeit nichtmetallischer Bauteile | | | | | X |
| X muss erfüllt werden | | | | | |

**Erläuterung zu Tabelle 2**

| Nr. Spalte | Produkt nach harmonisierter Norm |
|---|---|
| 2 | EN 671-1:2012 Ortsfeste Löschanlagen – Wandhydranten – Teil 1: Schlauchhaspeln mit formstabilem Schlauch*[81] |
| 3 | EN 671-2:2012 Ortsfeste Löschanlagen – Wandhydranten – Teil 2: Wandhydranten mit Flachschlauch*[82] |

**Tabelle 2**

| Wesentliches Merkmal | Bauprodukte für Ortsfeste Löschanlagen – Wandhydranten – nach harmonisierter Norm | |
|---|---|---|
| 1 | 2 | 3 |
| **Verteilung des Löschmittels mit:** | | |
| Schlauchinnendurchmesser | X | X |
| Mindestdurchflussmenge | X | X |
| Wirksame Wurfweite | X | X |
| Sprühstrahlbetrieb | X | X |
| **Funktionssicherheit/Betriebszuverlässigkeit** | | |
| Haspel – Konstruktion | X | |
| Haspel – Drehen | X | |
| Haspel – Ausschwenken | X | |
| Haspel – Beständigkeit gegen Stoß | X | |
| Haspel – Beständigkeit gegen Belastung | X | |
| Schlauch – Allgemeines | X | X |
| Absperrbares Strahlrohr – Allgemeines | X | X |
| Absperrbares Strahlrohr – Beständigkeit gegen Stoß | X | X |
| Absperrbares Strahlrohr – Drehmoment für die Bedienung | X | X |
| Absperrventil am Wasseranschluss | | X |

*[81] **Amtl. Anm.**: In Deutschland umgesetzt durch DIN EN 671-1:2012-07
*[82] **Amtl. Anm.**: In Deutschland umgesetzt durch DIN EN 671-2:2012-07

| **Wesentliches Merkmal** | **Bauprodukte für Ortsfeste Löschanlagen – Wandhydranten – nach harmonisierter Norm** | |
|---|---|---|
| 1 | 2 | 3 |
| Absperrventil am Wasseranschluss – Allgemeines | X | |
| Absperrventil am Wasseranschluss – Handbetätigtes Absperrventil | X | |
| Absperrventil am Wasseranschluss – Automatisches Absperrventil | X | |
| Hydraulische Eigenschaften – Festigkeit bei innerer Druckbeanspruchung | X | |
| Hydraulische Eigenschaften – Druckfestigkeit | X | |
| Hydraulische Eigenschaften – Beständigkeit gegen Innendruck | | X |
| Hydraulische Eigenschaften, Sicherheit der Kupplungen | | X |
| **Abrollbarkeit des Schlauches** | | |
| Haspel – Abrollkraft | X | |
| Haspel – dynamisches Abbremsen | X | |
| Schlauch – maximale Länge | X | |
| Schlauchhaltevorrichtung, Typ 1 | | X |
| Schlauchhaltevorrichtung, Typ 1 und Typ 3 | | X |
| **Dauerhaftigkeit der Funktionssicherheit/Betriebszuverlässigkeit** | | |
| Beständigkeit gegen Korrosion beschichteter Teile | X | X |
| Korrosionsbeständigkeit von wasserbeaufschlagten Teilen | X | X |
| Alterungsprüfung für Kunststoffteile | X | X |
| X muss erfüllt werden | | |

**Erläuterung zu Tabelle 3**

| **Nr. Spalte** | **Produkt nach harmonisierter Norm** |
|---|---|
| 2 | EN 12094-1:2003 Teil 1: Anforderungen und Prüfverfahren für automatische elektrische Steuer- und Verzögerungseinrichtungen*83 |
| 3 | EN 12094-2:2003 Teil 2: Anforderungen und Prüfverfahren für nichtelektrische automatische Steuer- und Verzögerungseinrichtungen*84 |
| 4 | EN 12094-3:2003 Teil 3: Anforderungen und Prüfverfahren für Handauslöseeinrichtungen und Stopptaster*85 |
| 5 | EN 12094-4:2004 Teil 4: Anforderungen und Prüfverfahren für Behälterventilbaugruppen und zugehörige Auslöseeinrichtungen*86 |
| 6 | EN 12094-5:2006 Teil 5: Anforderungen und Prüfverfahren für Hoch- und Niederdruck-Bereichsventile und zugehörige Auslöseeinrichtungen*87 |
| 7 | EN 12094-6:2006 Teil 6: Anforderungen und Prüfverfahren für nicht-elektrische Blockiereinrichtungen*88 |
| 8 | EN 12094-7:2000 + A1:2005 Teil 7: Anforderungen und Prüfverfahren für Düsen für $CO_2$-Anlagen*89 |

*83 **Amtl. Anm.:** In Deutschland umgesetzt durch DIN EN 12094-1:2003-07 + DIN EN 12094-1 Berichtigung 1:2006-09

*84 **Amtl. Anm.:** In Deutschland umgesetzt durch DIN EN 12094-2:2003-09

*85 **Amtl. Anm.:** In Deutschland umgesetzt durch DIN EN 12094-3:2003-07

*86 **Amtl. Anm.:** In Deutschland umgesetzt durch DIN EN 12094-4:2004-10

*87 **Amtl. Anm.:** In Deutschland umgesetzt durch DIN EN 12094-5:2006-07

*88 **Amtl. Anm.:** In Deutschland umgesetzt durch DIN EN 12094-6:2006-07

*89 **Amtl. Anm.:** In Deutschland umgesetzt durch DIN EN 12094-7:2005-04

| Nr. Spalte | Produkt nach harmonisierter Norm |
|---|---|
| 9 | EN 12094-8:2006 Teil 8: Anforderungen und Prüfverfahren für Verbindungen*[90] |
| 11 | EN 12094-9:2003 Teil 9: Anforderungen und Prüfverfahren für spezielle Branderkennungselemente*[91] |
| 12 | EN 12094-10:2003 Teil 10: Anforderungen und Prüfverfahren für Druckmessgeräte und Druckschalter*[92] |
| 13 | EN 12094-11:2003 Teil 11: Anforderungen und Prüfverfahren für mechanische Wägeeinrichtungen*[93] |
| 14 | EN 12094-12:2003 Teil 12: Anforderungen und Prüfverfahren für pneumatische Alarmgeräte*[94] |
| 15 | EN 12094-13:2001/AC:2002 Teil 13: Anforderungen und Prüfverfahren für Rückflussverhinderer und Rückschlagventile*[95] |

**Tabelle 3**

| **Wesentliches Merkmal** | **Bauprodukt für Gaslöschanlagen nach harmonisierter Norm** | | | | | | | | | | | | |
|---|---|---|---|---|---|---|---|---|---|---|---|---|---|
| 1 | 2 | 3 | 4 | 5 | 6 | 7 | 8 | 9 | 10 | 11 | 12 | 13 | 14 |
| Ansprechverzögerung (Ansprechzeit) | X | X | | X | | X | | | X | | | | |
| Betriebssicherheit | | | | | | | | | | | | | X |
| Betriebszuverlässigkeit | X | X | X | X | X | | | X | X | | X | X | |
| Stabilität der Betriebszuverlässigkeit gegenüber Korrosion | | X | | | | | | | X | | | | X |
| Stabilität der Betriebszuverlässigkeit; Schwingen | | | | | | | | | X | | | | X |
| Dauerhaftigkeit der Betriebszuverlässigkeit gegen Korrosion | | | X | | | | | | | | X | | |
| Dauerhaftigkeit der Betriebszuverlässigkeit | | | | | X | X | | X | | | | X | |
| Leistungsfähigkeit im Brandfall | X | X | X | X | | | | X | | | | | |
| Dauerhaftigkeit | X | | | X | | | | | | | | | |
| Löschmittelverteilung | | | | | X | | X | | | | | | X |
| Nenn-Auslösebedingungen/ -empfindlichkeit | | | | | | | | | X | | | | |
| Nennansprechbedingungen Ansprechempfindlichkeit – Druckschalter | | | | | | | | | | X | | | |
| Nennansprechbedingungen Ansprechempfindlichkeit – Druckmessgeräte | | | | | | | | | | X | | | |
| Betriebszuverlässigkeit – Druckschalter | | | | | | | | | | X | | | |
| Betriebszuverlässigkeit – Druckmessgeräte | | | | | | | | | | X | | | |
| Stabilität der Betriebszuverlässigkeit von Druckmessgeräten gegen Korrosion | | | | | | | | | | X | | | |

*[90] **Amtl. Anm.:** In Deutschland umgesetzt durch DIN EN 12094-8:2006-07
*[91] **Amtl. Anm.:** In Deutschland umgesetzt durch DIN EN 12094-9:2003-07
*[92] **Amtl. Anm.:** In Deutschland umgesetzt durch DIN EN 12094-10:2003-09
*[93] **Amtl. Anm.:** In Deutschland umgesetzt durch DIN EN 12094-11:2003-07
*[94] **Amtl. Anm.:** In Deutschland umgesetzt durch DIN EN 12094-12:2003-07
*[95] **Amtl. Anm.:** In Deutschland umgesetzt durch DIN EN 12094-13:2001-06 + Berichtigung 1 zu DIN EN 12094-13:2002-06

| Wesentliches Merkmal | Bauprodukt für Gaslöschanlagen nach harmonisierter Norm | | | | | | | | | | | | |
|---|---|---|---|---|---|---|---|---|---|---|---|---|---|
| 1 | 2 | 3 | 4 | 5 | 6 | 7 | 8 | 9 | 10 | 11 | 12 | 13 | 14 |
| Stabilität der Betriebszuverlässigkeit von Druckschaltern gegen Korrosion | | | | | | | | | | X | | | |
| X muss erfüllt werden | | | | | | | | | | | | | |

## 10.4. Planung und Bemessung selbsttätiger und nicht selbsttätiger Feuerlöschanlagen

### 10.4.1. Allgemeine Anforderungen

Feuerlöschanlagen sind in Abhängigkeit von der raumbildenden Struktur der baulichen Anlage sowie vorhandener Baustoffe und Brandgüter, deren Verteilung und Anordnung im Raum, deren Abbrandverhalten und hinsichtlich der Branderkennungs- und Auslöseeinrichtungen, der geeigneten Löschmittel, Löschmittelmengen und notwendiger Wirkbereiche für die Löschmittel entsprechend dem für den Einzelfall festgelegten Regelwerk zu planen und zu errichten. Soweit erforderlich, sind Pumpenanlagen zur Druckerhöhung zu errichten.

Die Einhaltung von Anforderungen an die Qualifikation (Kompetenz, Ausbildung und Zertifizierung) als Planer und Errichter in Normen ist für die Erreichung der bauaufsichtlichen Schutzziele nicht verbindlich.

Die Regelungen der Planungs- und Bemessungsnormen zu Betrieb, Personal und Instandhaltung sind nicht Bestandteil dieser bauaufsichtlichen technischen Regel. Die Verpflichtungen zur Instandhaltung gemäß Art. 3 BayBO[1)] bleiben unberührt.

### 10.4.2. Selbsttätige Feuerlöschanlagen

Planung, Einbau und Bemessung von Sprinkleranlagen als selbsttätige Feuerlöschanlage sollen nach der Regelung von DIN EN 12845:2020-11 (Ortsfeste Brandbekämpfungsanlagen – Automatische Sprinkleranlagen, Planung, Installation und Instandhaltung) erfolgen.

Wenn Sprinkleranlagen abweichend nach einem anderen technischen Regelwerk ausgelegt werden soll (z.B. CEA 4001, FM Global Data Sheets, VdS CEA 4001) muss dies im Brandschutznachweis dargestellt werden.

Beim Auslösen bauaufsichtlich geforderter selbsttätiger Feuerlöschanlagen muss eine Brandmeldung selbsttätig über eine geeignete Brandmeldeeinrichtung an die Leitstelle der örtlich zuständigen Feuerwehr erfolgen, soweit die Bauaufsichtsbehörde nichts Anderes gestattet hat.

### 10.4.3. Nichtselbsttätige Feuerlöschanlagen

Nichtselbsttätige Feuerlöschanlagen sind gemäß dem technischen Regelwerk zu bemessen und auszuführen. Die bauaufsichtlichen Anforderungen gelten als erfüllt, wenn DIN 14462:2012-09 beachtet wird.

## 10.5. Wasserversorgung

Soll die Löschwasserversorgung durch einen unmittelbaren Anschluss der Löschanlagen an die allgemeine Trinkwasserversorgung erfolgen, sind die wasserrechtlichen Anforderungen zu beachten. Wenn keine Löschwasserversor-

[1)] Nr. **1**.

gung über die Trinkwasseranlage möglich ist, muss das notwendige Löschwasser in dafür geeigneten Löschwasserquellen (Tanks, Löschwasserteiche etc.) vorgehalten werden. Die komplette vom Löschwasser durchströmte Installation der Löschanlage muss für das verwendete Wasser geeignet sein, dies ist vor Ausführung der Löschanlage zu prüfen.

Wenn ortsfeste, selbsttätige mit ortsfesten, nichtselbsttätigen Löschanlagen aus einer gemeinsamen Löschwasserquelle versorgt werden sollen, müssen die für beide Schutzziele erforderlichen Wasservolumina bevorratet werden. Der Ausfall der Wasserquelle für eine Löschanlage darf die zweite Löschanlage in Wirksamkeit und Betriebssicherheit nicht beeinträchtigen. Dies gilt als erfüllt, wenn voneinander unabhängige Löschwasserquellen die Löschanlagen versorgen.

Bei einem nicht unmittelbaren Anschluss an die allgemeine Trinkwasserversorgung sind mindestens ein Löschwasserbehälter sowie eine technische Einrichtung zur Förderung des Löschwassers unter Berücksichtigung und Einhaltung der entsprechenden Auslegungskriterien erforderlich.

### 10.6. Personenschutz

Selbsttätige Feuerlöschanlagen, die für die Brandbekämpfung technische Gase oder Leichtschaum als Löschmittel verwenden, dürfen den Löschvorgang nach der Branderkennung erst dann auslösen, wenn die Nutzer alarmiert wurden und ausreichend Zeit zum Verlassen des betroffenen Bereiches (Raumes/Schutzbereiches) hatten. Die Weiterleitung der Brandmeldung bleibt davon unberührt.

### 10.7. Aufstellraum

Die wesentlichen Anlagenteile der Feuerlöschanlage wie z.B. Pumpenanlage und deren Schaltschrank, Druckhalteanlagen/-einrichtungen mit Armaturen, Alarmventile, Hilfsaggregate und Hauptabsperrschieber, Steuer- und Meldeeinheiten müssen in einem eigenen Raum (Feuerlöschzentrale) aufgestellt werden. Bei dezentral aufgestellten Alarmventilen/Sprinklerunterzentralen kann die bauliche Abtrennung entfallen, wenn der Zugriff Unbefugter durch geeignete Maßnahmen verhindert wird, z.B. Drahtgitter und es sich um einen durch Sprinkler geschützten Bereich handelt.

Der Zugang zur Feuerlöschzentrale muss zu jeder Zeit, d.h. auch im Brandfall, rasch und gefahrlos möglich sein.

### 10.8. Einbau und Betrieb

Eine gleichzeitige Außerbetriebnahme von nichtselbsttätigen und selbsttätigen Feuerlöschanlagen ist unzulässig.

## Anhang 15

## Produkte für die Abdichtung von Bauwerken – Mindestens erforderliche Leistungen

Stand: November 2019

**Inhalt**

# 42 Technische Baubestimmungen

## 1. Allgemeines

Dieser Anhang gilt für die Verwendung in:

- Dachabdichtung von genutzten und ungenutzten Dachflächen
- Abdichtung von Verkehrsflächen und befahrenen Decken
- Abdichtung von erdberührten Flächen
- Abdichtung gegen aufsteigende Feuchtigkeit in Wänden
- Abdichtung von Nassräumen mit hoher Wasserbeanspruchung
- Abdichtung von Behältern gegen von innen drückendes Wasser
- Abdichtung von Fugen in WU-Beton bzw. Fugen im Übergang auf wasserundurchlässige Bauteile
- Abdichtung von erdberührten Bewegungsfugen
- Abdichtung von direkt befahrenen Abdichtungskonstruktionen.

Eine Abdichtung setzt sich in der Regel aus einer Flächenabdichtung mit ggf. mehrlagigem Aufbau sowie Detaillösungen für An- und Abschlüsse, Übergänge auf wasserdichte Bauteile und Fugenabdichtungen (Abdichtungssystem) zusammen. Erst durch das Zusammenwirken der einzelnen Bestandteile ist die wirksame Abdichtung eines Gebäudes gegen eindringendes Wasser sichergestellt. Ein Abdichtungssystem setzt sich aus Systembestandteilen wie z.B. Grundierungen, Verstärkungen, Dichtungsdetails für Ecken, Fugen und Durchdringungen zusammen. Auch an Systembestandteile können Anforderungen insbesondere hinsichtlich dauerhafter Funktion und Verträglichkeit mit angrenzenden Materialien gestellt sein.

Die Wassereinwirkungsklassen sowie Riss- bzw. Rissüberbrückungsklassen ergeben sich aus den nachfolgend genannten Normen:

- DIN 18531 Abdichtung von Dächern sowie von Balkonen, Loggien und Laubengängen
- DIN 18532 Abdichtung von befahrbaren Verkehrsflächen aus Beton
- DIN 18533 Abdichtung von erdberührten Bauteilen
- DIN 18534 Abdichtung von Innenräumen
- DIN 18535 Abdichtung von Behältern
- Wasserundurchlässige Bauwerke aus Beton (WU-Richtlinie).

Der Verwendungszweck der Produkte nach hEN bzw. ETA ist zu beachten. Einbauhinweise des Herstellers müssen vorliegen und sind zu beachten.

## 2. Mindestens erforderliche Leistungen

### 2.1. Allgemeines

Der Auftrag von flüssigen Produkten erfolgt für den jeweils größeren Wert von Trockenschichtdicke und Mindesttrockenschichtdicke.

Zur Verwendung in Abdichtungssystemen müssen, in Abhängigkeit des Verwendungszwecks und der Wassereinwirkung, die Produkte mindestens die in Abschnitt 2 genannten Leistungen aufweisen.

## 2.2. Dachabdichtungen

### 2.2.1. Flüssig aufzubringende Dachabdichtungen

Dieser Abschnitt gilt für Dachabdichtungen unter Verwendung von Produkten mit einer Leistungserklärung auf der Grundlage einer ETA nach ETAG 005 bzw. EAD 030350-00-0402.

| Lfd. Nr. | Bauaufsichtliche Anforderung | Mindestens erforderlich Leistung | | | | | |
|---|---|---|---|---|---|---|---|
| | | Nicht genutzte Dachflächen nach Beanspruchungsklassen nach DIN 18531 | | | | Genutzte Dachflächen | |
| | | I A | I B | II A | II B | Direkt genutzt | Indirekt genutzt |
| 1 | Klimazone | M | M | M | M | S | M |
| 2 | Dauerhaftigkeit | W2 | W2 | W2 | W2 | W3 | W3 |
| 3 | Nutzlast P | P4 | P4 | P3 | P3 | P4 | P4 |
| 4 | Minimale Oberflächentemperatur | TL 3 | TL 2 | TL 3 | TL 2 | TL 3 | TL 2 |
| 5 | Maximale Oberflächentemperatur | TH 3 | TH 2 | TH 3 | TH 2 | TH 3 | TH 2 |
| 6 | Mindestschichtdicke | bei Neigung ≥ 2 %: 1,5 mm<br>bei Neigung < 2 %: 2,0 mm | | | | 2,0 mm | 2,0 mm |
| 7 | Gehalt und Freisetzung von gefährlichen Stoffen | Keine negativen Auswirkungen auf Boden und Grundwasser gem. Anhang 10 der BayTB | | | | | |

Bei extensiv und intensiv begrünten Flächen muss die Abdichtung wurzelbeständig sein oder der Schutz gegen Durchwurzelung ist durch andere Maßnahmen sicherzustellen.

Der Mittelwert der aufgebrachten Schichtdicke darf die geforderte Mindestschichtdicke nicht unterschreiten, wobei kein Einzelwert die Mindestschichtdicke um mehr als 5 % unterschreiten darf.

### 2.2.2. Zweilagige Verbundabdichtung

Dieser Abschnitt gilt für Dachabdichtungen unter Verwendung von Produkten mit einer Leistungserklärung auf der Grundlage einer ETA nach EAD 030065-00-0402.

| Lfd. Nr. | Bauaufsichtliche Anforderung | Mindestens erforderliche Leistung |
|---|---|---|
| 1 | Brandverhalten | Klasse E |
| 2 | Wasserdichtheit | bestanden |
| 3 | Widerstand gegen mechanische Beschädigung | beständig gegen mechanische Beschädigung (P4) |
| 4 | Widerstand gegen Ermüdung | beständig gegen Ermüdung |
| 5 | Widerstand gegen niedrige und hohe Oberflächentemperaturen | beständig bei niedrigen (–20 °C) und hohen (+60 °C) |
| 6 | Nutzungsdauer | 25 Jahre |
| 7 | Widerstand gegen Wärmealterung | beständig bei Wärmealterung |
| 8 | Widerstand gegen Wasseralterung | beständig bei Wasseralterung |
| 9 | Widerstand gegen Durchwurzelung | durchwurzelungsfest (nur für Gründächer) |
| 10 | Effekte aus Herstellungsbedingungen | keine Effekte |

### 2.2.3. Abdichtungen von Anschlüssen von Bitumenbahnen an Flüssigkunststoff

Dieser Abschnitt gilt für Dachabdichtungen unter Verwendung von Produkten mit einer Leistungserklärung auf der Grundlage einer ETA nach EAD 030155-00-0402.

| Lfd. Nr. | Bauaufsichtliche Anforderung | Mindestens erforderliche Leistung |
|---|---|---|
| 1 | Brandverhalten | mindestens Klasse E |
| 2 | Wasserdichtheit | bestanden |
| 3 | Gehalt und Freisetzung von gefährlichen Stoffen | Keine negativen Auswirkungen auf Boden und Grundwasser gem. Anhang 10 der BayTB |
| 4 | Haftzugfestigkeit zum Untergrund | > 50 kPa |
| 5 | Widerstand gegen dynamischen Eindruck | bestanden bei 2,0 m Fallhöhe |
| 6 | Widerstand bei Bewegung in der Wärmedämmschicht | bestanden |
| 7 | Widerstand bei unterschiedlicher Bewegung von horizontaler und vertikaler Fläche | bestanden |
| 8 | Widerstand gegen Abrutschen | < 2 mm |
| 9 | Verträglichkeit mit dem vertikalen Untergrund und der Bitumenbahn | > 25 N/50 mm |
| 10 | Flexibilität bei Kälte | ≤ –35 °C |
| 11 | Durchwurzelungsfest | bestanden (nur für Gründächer) |
| 12 | Widerstand gegen Wärmealterung | < 15 % Leistungsverlust |
| 13 | Widerstand gegen UV-Alterung | < 20 % Leistungsverlust |
| 14 | Widerstand gegen Wasseralterung | < 20 % Leistungsverlust |

Eine Mindestschichtdicke der erhärteten Dichtungsschicht von 1,5 mm ist einzuhalten. Bei geringeren Neigungen in der Abdichtungsebene der Dachfläche als 2 % ist eine Mindestschichtdicke bei Anschlüssen und Durchdringungen von 2,0 mm einzuhalten.

### 2.3. Abdichtung von befahrbaren Verkehrsflächen

### 2.3.1. Flüssigaufzubringende Abdichtungen für befahrbare Verkehrsflächen aus Beton

Dieser Abschnitt gilt für Brückenabdichtungen unter Verwendung von Produkten mit einer Leistungserklärung auf der Grundlage einer ETA nach ETAG 033 bzw. EAD 0300507-00-0107.

Gegenüber EAD erweiterte Nutzungsbereiche:

**(I)** Verkehrsflächen für den Fahrzeugverkehr mit sehr hoher Belastung wie z.B. Brücken, Hofkellerdecken und Zufahrtrampen für Fahrzeuge aller Art.

Es dürfen Produkte der Nutzungskategorie (A: A.1-A.4) verwendet werden.

**(II)** Verkehrsflächen für Fahrzeugverkehr mit geringer und hoher Belastung wie z.B. Brücken für Fußgänger und Fahrradfahrer sowie Hofkellerdecken, Parkdecks und deren Zufahrtsrampen mit Fahrzeugverkehr bis 160 kN.

Es dürfen Produkte der Nutzungskategorie (A) oder (B) verwendet werden.

Produkte der Nutzungskategorie (B) dürfen nur in Verbindung mit einer Deckschicht verwendet werden.

| Lfd. Nr. | Bauaufsichtliche Anforderung | Nachweis erbracht für Prüfkategorien (P,S,T) | Mindestens erforderliche Leistung |
|---|---|---|---|
| 1 | Haftzugfestigkeit zur Unterlage | P1, S0, T5 | > 1,3 MPa (Ausgangswert) |
| | Hitzeeinwirkung und Wärmealterung | P1, MA/LMA/CBM, T5 | > 1,3 MPa (für A.1, A.2, A.3) |
| | Frost-Tau-Wechsel | P1, FT, T5 | > 1,3 MPa und < 30 % Abfall vom Ausgangswert |
| | Verarbeitungsklima | $P2_{min}$, S0, T5 | > 1,3 MPa und < 30 % Abfall vom Ausgangswert |
| | Feuchter Beton | P3, S0, T5 | > 1,3 MPa und < 30 % Abfall vom Ausgangswert |
| | Arbeitsfuge | P4, S0, T5 | > 1,3 MPa und < 30 % Abfall vom Ausgangswert |
| | Abschnittsfuge | P4, S0, T5 | > 1,3 MPa und < 30 % Abfall vom Ausgangswert |
| 2 | Rissüberbrückungsfähigkeit | P1, MA/$LMA_{max}$/ CBM, HA, T2/T1 | bestanden (für A) |
| | | P1, UV, T2/T1 | bestanden (für B) |
| 3 | Widerstand gegen Verdichtung von Walzasphalt | P1, CBM, T5 | bestanden (für A.1) |
| 4 | Widerstand gegen Hitzeeinwirkung: | | |
| | Zugfestigkeit/Dehnverhalten | P1, S0, T5 | ≥ 3,0 MPa/≥ 350 % (Ausgangswert) |
| | Änderung der Zugfestigkeit, Änderung des Dehnverhaltens | P1, MA/$LMA_{max}$/ CBM, T5 | < 30 % Abweichung vom Ausgangswert (für A.1, A.2, A.3) |
| 5 | Widerstand gegen Perforation | P1, S0, T5 | bestanden mit $I_4$ (für B) |
| 6 | Scherfestigkeit des zusammengefügten Systems | P1, $LMA_{min}$, T5 | > 0,45 MPa (für A.1, A.2, A.3) (Ausgangswert) |
| | | P1, $LMA_{min}$, FT, T5 | > 0,45 MPa und < 20 % Abfall vom Ausgangswert (für A.1, A.2, A.3) |
| 7 | Wasserdichtheit | P1, S0, T5 | wasserdicht (für A und B) |
| | | P1, UV, T5 | wasserdicht (für B) |
| 8 | Haftzugfestigkeit zur Schutzschicht | P1, MA/$LMA_{min}$/ CBM, T5 | > 0,4 MPa (für A.1, A.2, A.3) (Ausgangswert) |
| | | P1, MA/$LMA_{min}$/ CBM, FT, T5 | > 0,4 MPa (für A.1, A.2, A.3) < 30 % Abfall vom Ausgangswert |
| 9 | Rutschhemmung | Deklarierter Wert | > 55 (für B) |
| 10 | Verträglichkeit der Materialien mit einwirkenden Stoffen: | P1, T5 | |
| | Wasser | Änderung der Mikrohärte | > –15 IHRD |

| Lfd. Nr. | Bauaufsichtliche Anforderung | Nachweis erbracht für Prüfkategorien (P,S,T) | Mindestens erforderliche Leistung |
|---|---|---|---|
| | Alkali | Masseänderung | < 2,5 %* |
| | | Änderung der Mikrohärte | Wert > −7 IHRD + Wert nach Wasserbeanspruchung |
| | | Masseänderung | < 0,5 %* |
| | Öl, Benzin, Diesel, Tausalz | – | bestanden |
| | Bitumen | Änderung der Mikrohärte | −16 IHRD < Wert < 6 IHRD |
| 11 | Aspekte der Dauerhaftigkeit: | | |
| | Zugfestigkeit/Dehnverhalten | P1, S0, T5 | ≥ 3,0 MPa/≥ 350 % (Ausgangswert) |
| | Beständigkeit gegen Wärmealterung | P1, HA, T5 | < 30 % Abweichung vom Ausgangswert (für A) |
| | Änderung der Zugfestigkeit, Änderung des Dehnverhaltens | | |
| | Beständigkeit gegen UV-Strahlung | P1, UV, T5 | < 30 % Abweichung vom Ausgangswert (für B) |
| | Änderung der Zugfestigkeit Änderung des Dehnverhaltens | | |
| | Widerstand gegen Verschleiß | Deklarierter Wert | bestanden (für B) |
| 12 | Aspekte der Gebrauchstauglichkeit: | | |
| | Widerstand gegen Ablaufen | Deklarierter Wert für Masseänderung | bestanden (≤ 10,0 %) |
| | Mindestschichtdicke/maximale Schichtdicke | Deklarierte Werte | 2,0 mm/6,0 mm |

* **Amtl. Anm.:** Der kombinierte Einfluss aus Wasser, Temperatur und Alkali darf bei der Ermittlung der Masseänderung berücksichtigt werden

## 2.4. Abdichtung von erdberührten Bauteilen

### 2.4.1. Flexible kunststoffmodifizierte Dickbeschichtungen

Dieser Abschnitt gilt für Abdichtungen unter Verwendung von Produkten mit einer Leistungserklärung auf der Grundlage einer ETA nach EAD 030295-00-0605.

Die Produkte dürfen zur Abdichtung von Bauteilen in den folgenden Wassereinwirkungsklassen bzw. Anwendungsbereichen eingesetzt werden:

- W1-E, W2.1-E (bis 3 m Eintauchtiefe)
- W4-E nach DIN 18533
- im Übergang auf wasserundurchlässige (WU-)Betonbauteile (bis 3 m Eintauchtiefe)
- zur Fugenabdichtung bei WU-Betonbauteilen bis zu einer maximalen Eintauchtiefe von 3 m
- zur Abdichtung von Behältern in der Wassereinwirkungsklasse W1-B (für 5 m Füllhöhe) nach DIN 18535.

Die Rissüberbrückungsklassen (RÜx-E) nach DIN 18533 bzw. der Rissklassen (Rx-B) nach DIN 18535 sind zu beachten.

| Nr. | Bauaufsichtliche Anforderung | Mindestens erforderliche Leistung | | |
|---|---|---|---|---|
| | | **W1-E, W3-E mit einer Mindesttrockenschichtdicke von 3,0 mm** | **W2.1-E, W1-B mit einer Mindesttrockenschichtdicke von 4,0 mm** | **W4-E mit einer Mindesttrockenschichtdicke von 2,0 mm** |
| 1 | Brandverhalten | Klasse E | Klasse E | Klasse E |
| 2 | Rissüberbrückungsfähigkeit | Verfahren A: Für RÜ1-E/RÜ2-E: CB1*1 Für RÜ3: CB2*1 | Verfahren A: Für RÜ1-E/RÜ2-E: CB1 Für RÜ3: CB2 Für R0-B2: – Für R1-B/R2-B: CB1 Für R3-B2: CB2 | – |
| 3 | Regenfestigkeit | Keine Verfärbung des Wassers und keine Oberflächenveränderung, Angabe der Prüfzeit | Keine Verfärbung des Wassers und keine Oberflächenveränderung, Angabe der Prüfzeit | Keine Verfärbung des Wassers und keine Oberflächenveränderung, Angabe der Prüfzeit |
| 4 | Beständigkeit gegen Wasser | Keine Verfärbung des Wassers und keine Oberflächenveränderung | Keine Verfärbung des Wassers und keine Oberflächenveränderung | Keine Verfärbung des Wassers und keine Oberflächenveränderung |
| 5 | Dauerhaftigkeit des Haftverbundes nach Wasserlagerung | Keine Abnahme der Haftzugfestigkeit, die auf einen zeitabhängigen Ausfall hindeuten könnte, Mittelwert der Haftzugfestigkeit nach 56 Tagen: ≥ 0,5 N/mm² ≥ 0,2 N/mm² (bei Kohäsionsbruch) | Keine Abnahme der Haftzugfestigkeit, die auf einen zeitabhängigen Ausfall hindeuten könnte, Mittelwert der Haftzugfestigkeit nach 56 Tagen: ≥ 0,5 N/mm² ≥ 0,2 N/mm² (bei Kohäsionsbruch) | Keine Abnahme der Haftzugfestigkeit, die auf einen zeitabhängigen Ausfall hindeuten könnte, Mittelwert der Haftzugfestigkeit nach 56 Tagen: ≥ 0,5 N/mm² ≥ 0,2 N/mm² (bei Kohäsionsbruch) |
| 6 | Wasserdampfdurchlässigkeit | Wert ist anzugeben | Wert ist anzugeben | – |
| 7 | Wasserdichtheit | Wasserdicht für >24 h bei Schlitzweite von 5 mm und einem Wasserdruck von 2 bar | Wasserdicht für >24 h bei Schlitzweite von 5 mm und einem Wasserdruck von 2 bar | Wasserdicht für >24 h bei Schlitzweite von 5 mm und einem Wasserdruck von 2 bar |
| 8 | Druckfestigkeit | C11 | C2A1 | C1 |
| 9 | Wasserdichtheit im Einbauzustand (Übergang auf wasserundurchlässige Betonbauteile) | – | Nur bei Übergängen auf WU-Betonbauteile: Kein Wasserdurchtritt, keine Ablösungen bei einem Prüfdruck von 0,75 bar | – |
| | Trockenschichtdicke*2 | Mittelwert, Standardabweichung und Verbrauch pro mm Trockenschichtdicke sind anzugeben. | Mittelwert, Standardabweichung und Verbrauch pro mm Trockenschichtdicke sind anzugeben. | Mittelwert, Standardabweichung und Verbrauch pro mm Trockenschichtdicke sind anzugeben. |
| 11 | Biegsamkeit bei niedrigen Temperaturen | keine Risse | keine Risse | keine Risse |
| 12 | Wasserdichtheit im eingebauten Zustand („Beckenprüfung") | nur bei Verwendung von weiteren Komponenten: kein Wasser- | Für W2.1-E: Kein Wasserdurchtritt bei Prüfdruck 75 kPa | – |

| Nr. | Bauaufsichtliche Anforderung | Mindestens erforderliche Leistung | | |
|---|---|---|---|---|
| | | **W1-E, W3-E mit einer Mindesttrockenschichtdicke von 3,0 mm** | **W2.1-E, W1-B mit einer Mindesttrockenschichtdicke von 4,0 mm** | **W4-E mit einer Mindesttrockenschichtdicke von 2,0 mm** |
| | | durchtritt bei Prüfdruck 2 kPa | Für W-1B:<br>Kein Wasserdurchtritt bei Prüfdruck 125 kPa | |

*1 **Amtl. Anm.:** CB-Klassen nach DIN EN 15814

*2 **Amtl. Anm.:** Die Ausführung der Dichtungsschicht hat grundsätzlich mit mindestens 2 Aufträgen zu erfolgen. Bei Mindesttrockenschichtdicken ≥ 3 mm ist eine Verstärkungseinlage vorzusehen.

Für die Anwendung auf geneigten bzw. senkrechten Flächen sind in der Einbauanleitung Angaben zur Standfestigkeit erforderlich.

### 2.5. Abdichtung von Behältern

#### 2.5.1. Flüssig aufzubringende Abdichtungen im Verbund mit Fliesen und Platten

Dieser Abschnitt gilt für Abdichtungen unter Verwendung von Produkten mit einer Leistungserklärung nach EN 14891.

Die Produkte dürfen zur Abdichtung von Wand- und Bodenflächen und Schwimmbecken, sofern diese im Außenbereich liegen und nicht mit Gebäuden verbunden sind, verwendet werden.

### 2.6. Abdichtung von Nassräumen

#### 2.6.1. Abdichtungen im Verbund mit Fliesen und Platten

Dieser Abschnitt gilt für Nassraumabdichtungen unter Verwendung von Bausätzen mit einer Leistungserklärung auf der Grundlage einer ETA nach ETAG 022 bzw. EAD 030352-00-0503, EAD 030436-00-0503, EAD 030437-00-0503 und EAD 030400-00-0605.

Für Nassraumabdichtungen in den Anwendungsbereichen W2-I und W3-I nach DIN 18534 müssen für die Bausätze für die Nassraumabdichtung nach EAD 030352-00-0503, EAD 030436-00-0503, EAD 030437-00-0503 und EAD 030400-00-0605 mindestens die in der Tabelle genannten Leistungen angegeben sein.

| Nr. | Bauaufsichtliche Anforderung | Mindestens erforderliche Leistung | | |
|---|---|---|---|---|
| | | **EAD 030352-00-0503** | **EAD 030436-00-0503**<br>**EAD 030400-00-0605** | **EAD 030437-00-0503** |
| 1 | Brandverhalten | Klasse E | Klasse E | Klasse E |
| 2 | Gehalt und Freisetzung von gefährlichen Stoffen | Der Gehalt darf die Werte gemäß Abs. 2 Anhang 8 der BayTB nicht erreichen oder übersteigen. | Der Gehalt darf die Werte gemäß Abs. 2 Anhang 8 der BayTB nicht erreichen oder übersteigen. | Der Gehalt darf die Werte gemäß Abs. 2 Anhang 8 der BayTB nicht erreichen oder übersteigen. |
| 3 | Wasserdampfdurchlässigkeit | Angabe des Wertes | Angabe des Wertes | Angabe des Wertes |
| 4 | Wasserdichtheit | wasserdicht | wasserdicht | wasserdicht |
| 5 | Rissüberbrückungsfähigkeit | Nachweis nur bei rissgefährdeten Unterlagen: ≥ 0,4 mm | Nachweis für mit der Unterlage verklebte Bahnen und nur bei | Nachweis für dünne und spröde Platten, die mit der Unterlage verklebt sind und nur |

| Nr. | Bauaufsichtliche Anforderung | Mindestens erforderliche Leistung | | |
|---|---|---|---|---|
| | | **EAD 030352-00-0503** | **EAD 030436-00-0503**<br>**EAD 030400-00-0605** | **EAD 030437-00-0503** |
| | | | rissgefährdeten Unterlagen: ≥ 0,4 mm | bei rissgefährdeten Unterlagen: ≥ 0,4 mm |
| 6 | Haftzugfestigkeit | ≥ 0,5 MPa | ≥ 0,3 MPa | ≥ 0,3 MPa |
| 7 | Kratzfestigkeit | Nachweis nur bei Systemen ohne Nutzschicht: kratzfest | Nachweis nur bei Systemen ohne Nutzschicht: kratzfest | Nachweis nur bei Systemen ohne Nutzschicht: kratzfest |
| 8 | Fugenüberbrückungsfähigkeit | Nachweis nur bei Unterlagen mit Fugen: Beurteilungskategorie 2: Prüfung bestanden | Nachweis nur bei Unterlagen mit Fugen: Beurteilungskategorie 0: Die Prüfung ist nicht erforderlich oder Beurteilungskategorie 2: Prüfung bestanden | Nachweis nur bei Unterlagen mit Fugen: Beurteilungskategorie 0: Die Prüfung ist nicht erforderlich oder Beurteilungskategorie 2: Prüfung bestanden |
| 9 | Undurchlässigkeit an Fugen | Nachweis nicht vorgesehen | Nachweis nicht vorgesehen | Wasserdicht |
| 10 | Wasserdichtheit an Durchdringungen | Beurteilungskategorie 2:<br>Prüfung bestanden | Beurteilungskategorie 2:<br>Prüfung bestanden | Beurteilungskategorie 2:<br>Prüfung bestanden |
| 11 | Temperaturbeständigkeit | Beurteilungskategorie 2: Haftzugfestigkeit<br>≥ 0,5 MPa<br>Zusätzlicher Nachweis bei rissgefährdeten Unterlagen:<br>Rissüberbrückung ≥ 0,4 mm oder bei Unterlagen mit Fugen:<br>Nachweis der Fugenüberbrückungsfähigkeit | Änderung der Zugfestigkeit und Dehnung:<br>≤ 20 % | Änderung der Biegesteifigkeit: ≤ 20 %<br>Haftzugfestigkeit:<br>≥ 0,3 MPa |
| 12 | Wasserbeständigkeit | Haftzugfestigkeit:<br>≥ 0,5 MPa | Haftzugfestigkeit:<br>≥ 0,3 MPa | nachgewiesen, wenn Anforderungen gemäß Zeile 10 und Zeile 6 erfüllt sind |
| 13 | Alkalibeständigkeit | Haftzugfestigkeit:<br>≥ 0,5 MPa | Änderung der Zugfestigkeit und Dehnung: ≤ 20 % nach Lagerung bei 50 °C über 16 Wochen | Haftzugfestigkeit:<br>≥ 0,3 MPa |
| 14 | Reparierbarkeit | Haftzugfestigkeit:<br>≥ 0,5 MPa | Reparierbar | Reparierbar |
| 15 | Dicke der Dichtungsschicht | ≥ 2,0 mm bei mineralischen Dichtschlämmen<br>≥ 1,0 mm bei Reaktionsharzsystemen<br>≥ 0,5 mm bei Dispersionen | ≥ 0,20 mm mit Nutzschicht<br>≥ 0,70 mm ohne Nutzschicht | ≥ 5 mm |
| 16 | Verarbeitbarkeit | verarbeitbar | verarbeitbar | Nachweis nicht vorgesehen |

Polymerdispersionen dürfen nur auf Wandflächen eingesetzt werden.

Anstrichsysteme als Abdichtungen, die nach EAD 030352-00-0503 (Anstrichsysteme für Wände ohne Nutzschicht) beurteilt worden sind, dürfen nicht in den Wassereinwirkungsklassen W2-I und W3-I angewendet werden.

Abdichtungssysteme nach EAD 030400-00-0605, für die der Anwendungsbereich B in der ETA ausgewiesen ist, dürfen auch als Behälterabdichtung im Sinne der DIN 18535 bis zu einer Wassertiefe von 10 m angewendet werden.

### 2.7. Abdichtungen von Fugen

### 2.7.1. Beschichtete Fugenbleche

Dieser Abschnitt gilt für die Fugenabdichtung unter Verwendung von Produkten mit einer Leistungserklärung auf der Grundlage einer ETA nach EAD 320002-00-0605, -01-0605 und -02-0605.

Der mit der ETA nachgewiesene Anwendungsbereich und der ausgewiesene zulässige Wasserdruck sind zu beachten.

| Lfd. Nr. | Bauaufsichtliche Anforderung | Mindestens erforderliche Leistung |
|---|---|---|
| 1 | Brandverhalten | mindestens Klasse E |
| 2 | Wasserdichtheit im eingebauten Zustand | Anwendungsbereich a), b) oder c) und zulässiger Wasserdruck |
| 3 | Haftzugfestigkeit im Anlieferungszustand | Wert |
| 4 | Haftzugfestigkeit nach Wärmealterung | Abweichung zu 3 < 20 % |
| 5 | Dauerhaftigkeit | wenn erforderlich < 3 % |

### 2.7.2. Quellfugenbänder

Dieser Abschnitt gilt für die Fugenabdichtung unter Verwendung von Produkten mit einer Leistungserklärung auf der Grundlage einer ETA nach EAD 320008-00-0605 und -01-0605.

| Lfd. Nr. | Bauaufsichtliche Anforderung | Mindestens erforderliche Leistung |
|---|---|---|
| 1 | Brandverhalten | mindestens Klasse E |
| 2 | Wasserdichtheit im eingebauten Zustand | zulässiger Wasserdruck |
| 3 | Quellverhalten in verschiedenen Flüssigkeiten zum Zeitpunkt der Anlieferung | Masseaufnahme zeitlich begrenzt (Zeitangabe); keine Zersetzung des Materials oder Ablösungen |
| 4 | Wiederholbarkeit des Quellvorgangs | Zeitangabe zum Quellvorgang |
| 5 | Quelldruck | > 0,5 $N/mm^2$ |

## Anhang 16

## Richtlinie für die Bewertung und Sanierung schwach gebundener Asbestprodukte in Gebäuden (Asbest-Richtlinie)

Stand: November 2020

**Inhalt**

## 1. Geltungsbereich

Diese Richtlinie gilt für die Bewertung und Sanierung schwach gebundener Asbestprodukte in Gebäuden.

Schwach gebundene Asbestprodukte im Sinne dieser Richtlinie sind Asbestprodukte mit einer Rohdichte unter 1000 kg/m³.

Die in der ehemaligen DDR hergestellten und in Gebäuden der ehemaligen DDR verwendeten asbesthaltigen Plattenarten

- Anorganische Brandschutzplatte nach TGL 22973 (Handelsbezeichnung Baufatherm)
- Leichtbauplatte Sokalit nach TGL 24452
- Anorganische Feuerschutzplatte (Neptunit) nach TGL 29312 und TGL 37478 sind unabhängig von ihrer Rohdichte schwach gebundene Asbestprodukte im Sinne dieser Richtlinie.

## 2. Mitgeltende Regelungen

Bei der Durchführung der Maßnahmen sind auch die geltenden Regelungen des Arbeitsschutz-, des Immissionsschutz- und des Abfallrechts zu beachten.

## 3. Bewertung

### 3.1. Sanierungsbedürftigkeit

(1) Von schwach gebundenen Asbestprodukten in Gebäuden können durch Alterung und äußere Einwirkungen, wie z.B. Luftbewegungen, Erschütterungen, Temperaturänderungen und mechanische Beschädigungen, Asbestfasern in die Raumluft freigesetzt werden.

(2) Die Faserabgabe in die Raumluft vergrößert sich mit der Verschlechterung des baulichen Zustandes der Produkte. Auch derzeit noch intakte Produkte verschlechtern sich erfahrungsgemäß im Laufe der Zeit.

(3) Asbestfasern können eingeatmet werden und beim Menschen schwere Erkrankungen auslösen. Da eine gesundheitlich unbedenkliche Konzentration (Schwellenwert) für Asbest nicht angegeben werden kann, muss aus Gründen des Gesundheitsschutzes entsprechend der Sanierungsdringlichkeit die Faserabgabe in die Raumluft unterbunden und dadurch die Asbestfaserkonzentration minimiert werden.

(4) Das Gesundheitsrisiko steigt insbesondere mit der Höhe der Asbestfaserkonzentration im Raum, mit der Dauer der Einwirkung auf die Nutzer und mit der Lebenserwartung. Diese Einflussgrößen liegen der Bewertung nach Abschnitt 3.2 zugrunde.

### 3.2. Dringlichkeit einer Sanierung

Die Dringlichkeit der Sanierung ist mit Hilfe des Formblattes nach Anhang 1 auf Grund folgender Kriterien zu bewerten.

- Art der Asbestverwendung,
- Asbestart,
- Struktur der Oberfläche des Asbestprodukts,
- Oberflächenzustand des Asbestprodukts,
- Beeinträchtigung des Asbestprodukts von außen,
- Raumnutzung,

- Lage des Produkts.

Den Kriterien sind Bewertungspunkte zugeordnet, aus deren Summe sich die Dringlichkeit der Sanierung wie folgt ergibt:

(1) Dringlichkeitsstufe I (≥ 80 Punkte): Sanierung unverzüglich erforderlich.
Verwendungen mit dieser Bewertung sind zur Gefahrenabwehr unverzüglich nach Abschnitt 4 zu sanieren.
Falls die endgültige Sanierung nach Abschnitt 4.3 nicht sofort möglich ist, müssen unverzüglich vorläufige Maßnahmen nach Abschnitt 4.2 zur Minderung der Asbestfaserkonzentration im Raum ergriffen werden, wenn er weiter genutzt werden soll. Mit der endgültigen Sanierung nach Abschnitt 4.3 muss jedoch nach spätestens drei Jahren begonnen werden.

(2) Dringlichkeitsstufe II (70–79 Punkte): Neubewertung mittelfristig erforderlich.
Verwendungen mit dieser Bewertung sind in Abständen von höchstens zwei Jahren erneut zu bewerten. Ergibt eine Neubewertung die Dringlichkeitsstufe I oder III, so ist entsprechend der Regelungen zu diesen Dringlichkeitsstufen zu verfahren.

(3) Dringlichkeitsstufe III (< 70 Punkte): Neubewertung langfristig erforderlich.
Verwendungen mit dieser Bewertung sind in Abständen von höchstens fünf Jahren erneut zu bewerten. Ergibt eine Neubewertung die Dringlichkeitsstufe I oder II, so ist entsprechend den Regelungen zu diesen Dringlichkeitsstufen zu verfahren.
Gebäude, die aufgrund einer früheren Fassung der Asbest-Richtlinie schon bewertet wurden, müssen erst bei der Neubewertung gem. Abschnitt 3.2, Nr. 2 bzw. 3 erneut bewertet werden.
Folgende Verwendungen lassen sich mit Hilfe des Formblattes nicht beurteilen; sie sind einer individuellen Bewertung zu unterziehen:
   - asbesthaltige Brandschutzklappen in Dringlichkeitsstufe III;
   - asbesthaltige Brandschutztüren, bei denen die Asbestprodukte vom Blechkörper – mit Ausnahme notwendiger Öffnungen zum Öffnen und Schließen – dicht eingeschlossen sind, in Dringlichkeitsstufe III;
   - asbesthaltige Dichtungen zwischen Flanschen in technischen Anlagen in Dringlichkeitsstufe III.

### 4. Sanierung

#### 4.1. Grundsätze

Für die Sanierung schwach gebundener Asbestprodukte gelten folgende Grundsätze:

1. Sanierungsmaßnahmen müssen als in sich geschlossenes Konzept vom Beginn der Arbeiten bis zur Entsorgung der Abfälle entsprechend den geltenden Regelungen geplant werden. Dabei ist auch zu berücksichtigen, dass durch die Sanierung der Asbestprodukte notwendige bauphysikalische Eigenschaften der Bauteile – z.B. das Brandverhalten und die Feuerwiderstandsdauer – beeinträchtigt werden können.
2. Es sind nur Firmen zu beauftragen, die mit den Arbeiten, den dabei auftretenden Gefahren und den erforderlichen Schutzmaßnahmen vertraut sind und über die erforderlichen Geräte und Ausrüstungen verfügen.

3. Schutzmaßnahmen während der Sanierung (siehe Abschnitt 4.4) sind stets erforderlich.

**4.2. Vorläufige Maßnahmen**

**4.2.1. Allgemeines**

Können Asbestprodukte mit der Bewertung „Dringlichkeitsstufe I" (nach Abschnitt 3.2 Nr. 1) nicht sofort saniert werden und soll der Raum trotzdem weiterhin genutzt werden, so muss durch geeignete Maßnahmen das potentielle Risiko der erhöhten Faserfreisetzung soweit minimiert werden, dass eine weitere Nutzung des Raumes ohne konkrete Gesundheitsgefährdung möglich ist. Vorläufige Maßnahmen können betrieblicher und baulicher Art sein.

Vorläufige Maßnahmen sind nur zulässig, wenn eine unkontrollierbare stoßweise Faserabgabe in die Raumluft während und nach Einleitung solcher Maßnahmen ausgeschlossen werden kann.

Vorläufige Maßnahmen sind fachkundig und sorgfältig auf die baulichen, betrieblichen und nutzungsbedingten Besonderheiten abgestimmt zu planen, auszuführen und bis zur endgültigen Sanierung voll funktionstüchtig zu halten.

Die Einhaltung und die Wirksamkeit dieser Maßnahmen sind regelmäßig zu kontrollieren.

Sofern bei Wartungs- oder Reparaturarbeiten bzw. bei baulichen Maßnahmen Einwirkungen auf schwachgebundene Asbestprodukte nicht ausgeschlossen werden können, sind bei diesen Arbeiten Schutzmaßnahmen nach Abschnitt 4.4 und sinngemäß Maßnahmen nach Abschnitt 4.5 erforderlich.

**4.2.2. Betriebliche Maßnahmen**

Betriebliche Maßnahmen können sein:

- Vermeidung von Einwirkungen auf das Asbestprodukt, die Fasern freisetzen, z.B. durch Wartungs-, Reinigungs- oder Instandsetzungsarbeiten, Erschütterungen oder stärkere Luftbewegungen. Sind Arbeiten, die zu Faserfreisetzungen führen können, unvermeidlich, so muss sichergestellt sein, dass Fasern nicht in die Raumluft gelangen können.
- Änderung der Raumnutzung, z.B. Reduzierung der Nutzungsdauer.
- Regelmäßige Nassreinigung von Räumen, Einrichtungen und Ausstattungen.
- Außerbetriebnahme oder angepasster Betrieb von raumlufttechnischen Anlagen, z.B. durch Reduzierung der Luftgeschwindigkeit, Erhöhung der relativen Raumluftfeuchte oder Verbesserung ihrer Abscheideleistung.

**4.2.3. Bauliche Maßnahmen**

Bauliche Maßnahmen können sein:

- Beschichten des Asbestproduktes (nur bei Platten),
- staubdichte Trennung des Asbestproduktes vom Raum,
- Ausbessern von Beschädigungen des Asbestproduktes,
- Schließen von Fugen asbesthaltiger Bauteile.

Sind bei diesen Arbeiten Faserfreisetzungen unvermeidlich, so muss sichergestellt sein, dass Fasern nicht in die Raumluft gelangen können.

**4.2.4. Erfolgskontrolle der vorläufigen Maßnahmen**

Der Erfolg der vorläufigen Maßnahmen ist durch Messungen nachzuweisen:

- eine Messung unmittelbar nach den vorläufigen Maßnahmen und
- etwa halbjährliche Messungen unter jeweils gleichen Bedingungen bis zur endgültigen Sanierung.

Für die Durchführung der Messungen und deren Bewertung gilt Abschnitt 5.

**4.3. Endgültige Maßnahmen (Sanierungsverfahren)**

**4.3.1. Übersicht**

Es werden folgende Verfahren für eine dauerhafte Sanierung unterschieden:

- Entfernen (Methode 1),
- Räumliche Trennung (Methode 3).

Hinweis: Beschichten (Methode 2) ist nicht anzuwenden.

**4.3.2. Entfernen (Methode 1)**

Bei dieser Methode sind

- absaugfähige Asbestprodukte (z.B. Spritzasbest) in der Regel in nassem Zustand vom Untergrund abzulösen und direkt in einen staubdichten Behälter abzusaugen,
- nicht absaugfähige Asbestprodukte (z.B. Platten) in der Regel in nassem Zustand möglichst zerstörungsfrei auszubauen und in staubdichte Behälter zu verpacken.

**4.3.3. Beschichten (Methode 2)**

Diese Methode ist nicht anzuwenden.

**4.3.4. Räumliche Trennung (Methode 3)**

Bei dieser Methode wird mit Hilfe zusätzlicher Bauteile eine staubdichte Trennung zwischen Asbestprodukt und Raum geschaffen. Dabei ist insbesondere auch darauf zu achten, dass Anschlüsse und Fugen dauerhaft staubdicht bleiben.

**4.4. Schutzmaßnahmen während der Sanierung**

**4.4.1. Grundsätze**

1. Die Maßnahmen dienen sowohl dem Schutz von Personen innerhalb als auch außerhalb des Bereichs, in dem die Sanierungsarbeiten durchgeführt werden (Arbeitsbereich)*1.
2. Aus dem Arbeitsbereich dürfen keine Asbestfasern in Räume gelangen, die nicht zum Arbeitsbereich gehören.
3. Luft aus dem Arbeitsbereich darf an die Außenluft nur kontrolliert und über mechanische Lüftungsanlagen abgegeben werden*2.

---

*1 **Amtl. Anm.:** Für den Schutz von Personen innerhalb des Arbeitsbereiches gelten die einschlägigen arbeitsschutzrechtlichen und berufsgenossenschaftlichen Bestimmungen.

*2 **Amtl. Anm.:** Zum Schutz der Außenluft gelten die Bestimmungen des Gesetzes zum Schutz vor schädlichen Umwelteinwirkungen durch Luftverunreinigungen, Geräusche, Erschütterungen und ähnliche Vorgänge (Bundes-Immissionsschutzgesetz – BImSchG) und die Bestimmungen auf Grund dieses Gesetzes in der jeweils geltenden Fassung.

### 4.4.2. Maßnahmen zum Schutz von Personen außerhalb des Arbeitsbereiches

Die folgenden Maßnahmen zum Schutz von Personen außerhalb des Arbeitsbereiches erfüllen die Grundsätze nach Abschnitt 4.4.1:

1. Der Arbeitsbereich ist möglichst klein zu halten.
2. Falls das gewählte Sanierungsverfahren eine Faserfreisetzung nicht mit Sicherheit ausschließt, muss – außer bei Arbeiten mit geringer Exposition nach TRGS 519 (Ausgabe Januar 2014) Nr. 2.8 unter Beachtung von TRGS 519 Nr. 14.4 bei Anwendung geprüfter Arbeitsverfahren gemäß TRGS 519, Änderungen von 2019, Nr. 15.1. Absatz 7 – der Arbeitsbereich staubdicht abgeschottet sein.
3. Kann die Abschottung nicht staubdicht ausgeführt werden, muss der Arbeitsbereich während der Sanierungsarbeiten ständig unter ausreichend wirksamen Unterdruck gehalten werden. Der Unterdruck ist nachzuweisen.
4. Soweit der Arbeitsbereich abgeschottet sein muss, sind Verbindungen zum Arbeitsbereich durch Schleusen herzustellen. Auf Schleusen kann nur unter den in TRGS 519 (Ausgabe Januar 2014) Nr. 14.4, Abs. 4 genannten Voraussetzungen und Bedingungen verzichtet werden.
5. Erfolgt die Sanierung durch Absaugen des Asbests (siehe Abschnitt 4.3.2), muss das gesamte Saugsystem von der Absaugstelle über den Behälter und die Filter bis hin zur Pumpe während der Saugarbeiten unter Unterdruck stehen. Die dabei abgesaugte Luft muss über geeignete Filter ins Freie abgeführt werden.

### 4.5. Abschließende Arbeiten

Nach Beendigung der Sanierungsverfahren nach Abschnitt 4.3 sind folgende abschließende Arbeiten in der angegebenen Reihenfolge erforderlich:

1. Bei Sanierungsverfahren mit abgeschottetem Arbeitsbereich
   - Reinigen aller Oberflächen im abgeschotteten Bereich (z.B. durch Absaugen);
   - Visuelle Kontrolle, dass keine sichtbaren Asbestfasern mehr vorhanden sind;
   - Binden der nicht mehr sichtbaren Restfasern auf allen schwer zu reinigenden Oberflächen im abgeschotteten Bereich;
   - Messen der Asbestfaserkonzentration nach Abschnitt 5 – ausgenommen die Nutzungssimulation – vor Abbau der Abschottung, sofern eine solche Messung in TRGS 519 bestimmt ist;
   - Abbau der Abschottung;
   - Nachreinigung;
   - Erfolgskontrolle nach Abschnitt 5.
2. Bei Sanierungsverfahren ohne abgeschotteten Arbeitsbereich
   - Reinigung mit anschließendem Luftwechsel gemäß TRGS 519.
3. Asbestprodukte, die nach Methode 3 (siehe Abschnitt 4.3) saniert wurden, sind nach Bild 1 zu kennzeichnen:

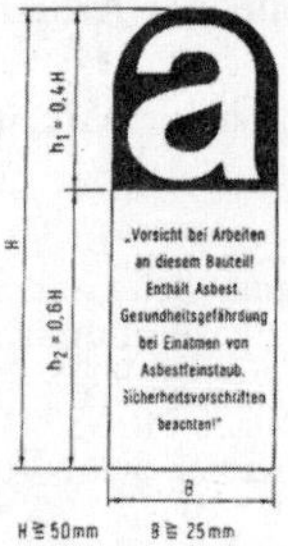


Bild 1. Kennzeichnung

### 4.6. Abfallentsorgung

Die Entsorgung regelt sich nach den einschlägigen gesetzlichen Bestimmungen.

## 5. Erfolgskontrolle der Sanierung

### 5.1. Allgemeines

Der Erfolg der Sanierung nach Abschnitt 4.3 und die Wirksamkeit vorläufiger Maßnahmen nach Abschnitt 4.2 sind durch Messungen der Konzentration von Asbestfasern in der Raumluft nach Richtlinie VDI 3492 (Ausgabe Juni 2013) zu belegen. Von jeder Messung sind die ausgewerteten Proben und die zugehörigen Protokolle mindestens 6 Monate von den Messinstituten aufzubewahren.

### 5.2. Messstrategie für die Erfolgskontrolle von Sanierungsmaßnahmen

#### 5.2.1. Messung

Die Messungen zur Erfolgskontrolle der Sanierung sind nach Beendigung der Sanierungsarbeiten – einschließlich der Maßnahmen nach Abschnitt 4.5 –, jedoch vor der erneuten Nutzung der Räume durchzuführen.

Eine Erfolgskontrolle der Sanierung nach Abschnitt 4.3. durch Messungen der Konzentration von Asbestfasern in der Raumluft ist nicht erforderlich bei Sanierungsverfahren, die nach dieser Richtlinie keiner Abschottung des Arbeitsbereiches bedürfen.

#### 5.2.2. Messort

Messungen des Asbestfasergehaltes in der Raumluft des sanierten Raumes sind dort durchzuführen, wo sich die Personen bei typischer Raumnutzung vorwiegend aufhalten oder wo eine hohe Asbestfaserkonzentration vermutet wird.

#### 5.2.3. Messbedingungen, Nutzungssimulation

Da die Messungen vor einer erneuten Nutzung erfolgen müssen, muss die Simulation des Normalbetriebes gem. Richtlinie VDI 3492 vorgenommen werden.

### 5.3. Beurteilung der raumlufthygienischen Situation

#### 5.3.1. Erfolgskontrolle von Sanierungen

Bei der Erfolgskontrolle von Sanierungen ist nachzuweisen, dass die beiden folgenden Bedingungen eingehalten sind:

1. Die Asbestfaserkonzentration mit Faserlängen L ≥ 5 µm, Faserdurchmessern D < 3 µm und einem Verhältnis von Faserlänge zu Faserdurchmesser L:D > 3:1 wird aus der auf dem Filter beobachteten Faseranzahl berechnet. Jeder Messwert muss weniger als 500 $F/m^3$ betragen.
2. Die Obergrenze des aus der Anzahl der Asbestfasern mit einer Faserlänge L ≥ 5 µm, einem Faserdurchmesser D < 3 µm und einem Verhältnis von Faserlänge zu Faserdurchmesser L:D > 3:1 nach der Poisson-Verteilung berechneten 95 %-Vertrauensbereichs der Asbestfaserkonzentration muss unterhalb von 1000 $F/m^3$ liegen.

#### 5.3.2. Erfolgskontrolle vorläufiger Maßnahmen

Bei Erfolgskontrolle vorläufiger Maßnahmen nach Abschnitt 4.2.4 und bei eventuellen Nachweisen zum Schutz Dritter während der Sanierung ist nachzuweisen, dass die Asbestfaserkonzentration mit Faserlängen L ≥ 5 µm, Faserdurchmessern D < 3 µm und einem Verhältnis von Faserlänge zu Faserdurchmesser L:D > 3:1 höchstens einen Messwert von 1000 $F/m^3$ erreicht.

### 5.4. Anforderungen an die Messinstitute

Messungen nach Abschnitt 5.2 dürfen nur von Instituten durchgeführt werden, die eine ordnungsgemäße Durchführung der Messung nach Richtlinie VDI 3492 (Ausgabe Juni 2013) gewährleisten. Die Messungen sind gem. Richtlinie VDI 3492, Anhang B, zu protokollieren.

## Anhang 1

## Bewertung der Dringlichkeit einer Sanierung

**Formblatt**

| Zeile | Gruppe | **Asbestprodukte – Bewertung der Dringlichkeit einer Sanierung**<br>Gebäude: ..........<br>Raum: ..........<br>Produkt: .......... | Bewertung*) | Bewertungszahl |
|---|---|---|---|---|
| | I | **Art der Asbestverwendung** | ○ | 20 |
| 1 | | Spritzasbest .......... | | |
| 2 | | Asbesthaltiger Putz .......... | ○ | 10 |
| 3 | | Leichte asbesthaltige Platten .......... | ○ | 5, 10 oder 15 |
| 4 | | Sonstige asbesthaltige Produkte .......... | ○ | 5, 10,15 oder 20 |
| | II | **Asbestart** | | |
| 5 | | Amphibol-Asbest .......... | ○ | 2 |
| 6 | | Sonstige Asbeste .......... | ○ | 0 |
| | III | **Struktur der Oberfläche des Asbestprodukts** | | |
| 7 | | Aufgelockerte Faserstruktur .......... | ○ | 10 |
| 8 | | Feste Faserstruktur ohne oder mit nicht ausreichend dichter Oberflächenbeschichtung .......... | ○ | 4 |
| 9 | | Beschichtete, dichte Oberfläche .......... | ○ | 0 |
| | IV | **Oberflächenzustand des Asbestprodukts** | | |

| Zeile | Gruppe | Asbestprodukte – Bewertung der Dringlichkeit einer Sanierung<br>Gebäude: ...<br>Raum: ...<br>Produkt: ... | | Bewertung*) | Bewertungszahl |
|---|---|---|---|---|---|
| 10 | | Starke Beschädigung | | ○ | 6 |
| 11 | | Leichte Beschädigung | | ○ | 3 |
| 12 | | Keine Beschädigung | | ○ | 0 |
| | V | **Beeinträchtigung des Asbestprodukts von außen** | | | |
| 13 | | Produkt ist durch direkte Zugänglichkeit (Fußboden bis Greifhöhe) Beschädigungen ausgesetzt | | ○ | 10 |
| 14 | | Am Produkt werden gelegentlich Arbeiten durchgeführt | | ○ | 10 |
| 15 | | Produkt ist mechanischen Einwirkungen ausgesetzt | | ○ | 10 |
| 16 | | Produkt ist Erschütterungen ausgesetzt | | ○ | 10 |
| 17 | | Produkt ist starken klimatischen Wechselbeanspruchungen ausgesetzt | | ○ | 10 |
| 18 | | Produkt liegt im Bereich stärkerer Luftbewegungen | | ○ | 10 |
| 19 | | Im Raum mit dem asbesthaltigen Produkt sind starke Luftbewegungen vorhanden | | ○ | 7 |
| 20 | | Am Produkt kann bei unsachgemäßem Betrieb Abrieb auftreten | | ○ | 3 |
| 21 | | Das Produkt ist von außen nicht beeinträchtigt | | ○ | 0 |
| | VI | **Raumnutzung** | | | |
| 22 | | Regelmäßig von Kindern, Jugendlichen und Sportlern benutzter Raum | | ○ | 25 |
| 23 | | Dauernd oder häufig von sonstigen Personen benutzter Raum | | ○ | 20 |
| 24 | | Zeitweise benutzter Raum | | ○ | 15 |
| 25 | | Nur selten benutzter Raum | | ○ | 8 |
| | V-II | **Lage des Produkts** | | | |
| 26 | | Unmittelbar im Raum | | ○ | 25 |
| 27 | | Im Lüftungssystem (Auskleidung oder Ummantelung undichter Kanäle) für den Raum | | ○ | 25 |
| 28 | | Hinter einer abgehängten undichten Decke oder Bekleidung | | ○ | 25 |
| 29 | | Hinter einer abgehängten Decke oder Bekleidung, hinter staubdichter Unterfangung oder Beschichtung außerhalb dichter Lüftungskanäle | | ○ | 0 |
| 30 | Summe der Bewertungspunkte | | | | |
| 31 | | Sanierung unverzüglich erforderlich | (Dringlichkeitsstufe I) | ○ | ≥ 80 |
| 32 | | Neubewertung mittelfristig erforderlich | (Dringlichkeitsstufe II) | ○ | 70–79 |
| 33 | | Neubewertung langfristig erforderlich | (Dringlichkeitsstufe III) | ○ | < 70 |

*) **Amtl. Anm.:** Zutreffendes bitte ankreuzen. Wurden innerhalb einer Gruppe mehrere Bewertungen angekreuzt, darf bei der Summenbildung (Zeile 30) nur eine – die höchste – Bewertungszahl berücksichtigt werden.

## Erläuterung zur Anwendung des Formblatts

Das Formblatt „Asbestprodukte – Bewertung der Dringlichkeit einer Sanierung" soll als Checkliste zur Beurteilung der Sanierungsbedüftigkeit dieser Produkte dienen.

In den Tabellen-Legenden sind sieben Gruppen mit Bewertungskriterien (I bis VII) aufgeführt. Die zutreffenden Bewertungen sind in der vorletzten Spalte durch Ankreuzen vorzunehmen. Diese haben Bewertungszahlen zwischen 0 und 25 (letzte Spalte). Wurden innerhalb einer Gruppe mehrere Bewertungen angekreuzt, darf bei der Summenbildung (Zeile 30) nur eine – die höchste – Bewertungszahl berücksichtigt werden. Diese sieben Bewertungszahlen werden in Zeile 30 summiert und ergeben nach Einordnung die Dringlichkeit der Sanierung (Zeilen 31 bis 33).

**I. Art der Asbestverwendung (Zeilen 1 bis 4)**

Spritzasbest ist ein weißgraues, graues oder graublaues, in der Regel weiches, mit dem Finger eindrückbares Material. Die Oberfläche ist zumeist genarbt, auch wenn sie mit einer Zementschlemme oder mit einem Farbanstrich geschützt ist.

Asbesthaltiger Putz und leichte asbesthaltige Platten sind meist weißgrau, jedoch auch grau bis graubraun. Das Material ist relativ weich und brüchig und lässt sich mit dem Fingernagel an der Oberfläche leicht ankratzen.

Sonstige asbesthaltige Produkte wie Pappe, Schnüre oder auch Schaumstoffe sind in der Regel ebenfalls weißgrau bis grau und weisen eine geringe Festigkeit auf.

Bei sämtlichen asbesthaltigen Produkten sind an den Bruchstellen sehr feine, abstehende Fasern zu erkennen. Eine definitive Aussage, ob das Produkt Asbest enthält, ist selbst für den Fachmann nicht immer einfach. Bevor eine Sanierung in Angriff genommen wird, sollte daher das als asbesthaltig vermutete Produkt einer Materialanalyse unterzogen werden.

In Gruppe I, Zeile 3 – Leichte asbesthaltige Platten –, sind Platten, bei denen Faserfreisetzungen aufgrund von Pumpeffekten oder Schwingungen nicht auftreten können, mit 5 Punkten zu bewerten. Dies gilt in der Regel für kleinformatige Platten (Platten mit Plattengrößen unter 0,4 $m^2$) und für großformatige Platten, die ausreichend biegesteif über engrastrige Unterkonstruktionen oder unmittelbar an massiven Bauteilen befestigt sind.

Großformatige Platten, bei denen Faserfreisetzungen aufgrund von Pumpeffekten oder Schwingungen möglich sind[**)], sind je nach deren Intensität mit 10 oder 15 Punkten zu bewerten.

In Gruppe I, Zeile 4 – Sonstige asbesthaltige Produkte –, ist in der Regel von folgenden Bewertungszahlen auszugehen:

| | | Bewertungszahl |
|---|---|---|
| a) | Asbestkitt, Asbestschaumstoff, Asbestspachtelmasse | 5 |
| b) | Asbestpappe | 10 |
| c) | Asbestgewebematte, Asbestschnur | 15 |
| d) | Ungebundene Asbeststopfmassen | 20 |

**II. Asbestart (Zeilen 5 und 6)**

Amphibol-Asbeste weisen ein ungünstigeres Verstaubungsverhalten auf als Chrysotil. Das Vorhandensein von Amphibol-Asbesten ist nur mittels Materialanalyse feststellbar.

**III. Struktur der Oberfläche des Asbestprodukts (Zeilen 7 bis 9)**

Eine aufgelockerte Faserstruktur kann in der Regel bei Spritzasbest und Asbestschnur angenommen werden.

Eine feste Faserstruktur ist bei asbesthaltigem Putz, asbesthaltigem Schaumstoff und bei Spritzasbest mit zusätzlichem geschlossenem Deckanstrich gegeben.

---

[**)] **Amtl. Anm.:** Nach derzeitigem Kenntnisstand gilt dies für Platten, die Amphibol-Asbeste enthalten.

Bei asbesthaltigen Platten ist zwar in der Regel auch eine feste Faserstruktur anzunehmen, im Einzelfall kann aber auch eine aufgelockerte Faserstruktur vorliegen, z.B. bei Ausblühungen.

Eine Kunststoffummantelung, ein Gipsmantel oder dergleichen kann als beschichtete, dichte Oberfläche gelten, wenn die Ummantelung keine Beschädigungen oder undichten Stellen aufweist.

**IV. Oberflächenzustand des Asbestprodukts (Zeilen 10 bis 12)**

Der Grad der Beschädigungen ist entsprechend den drei genannten Abstufungen einzuordnen.

**V. Beeinträchtigung des Asbestprodukts von außen (Zeilen 12 bis 21)**

Eine Beeinträchtigung ist beispielsweise gegeben,

- wenn das Produkt direkt zugänglich ist und dadurch sehr leicht beschädigt wird,
- wenn bei Abschottungen Kabel nachgezogen werden,
- wenn an oder unter beschichteten Decken Leitungen befestigt, Dekorationen aufgehängt, abgehängte Decken geöffnet werden,
- wenn Blechverkleidungen am Produkt scheuern,
- wenn ein bewegliches Produkt Abrieb ausgesetzt ist,
- wenn ummantelte Lüftungskanäle Erschütterungen ausgesetzt sind, z.B. auch durch Ein- und Ausschalten der Lüftungsanlage,
- wenn beschichtete Decken, Wände oder Stützen Erschütterungen oder mechanischen Einwirkungen, z.B. durch Ballwurf, ausgesetzt sind,
- wenn Beschichtungen von Dächern oder Wänden starken klimatischen Wechselbeanspruchungen ausgesetzt sind, z.B. Innenbeschichtung ohne äußere Wärmedämmung,
- wenn das Produkt von einer Lüftungsanlage direkt angeblasen wird,
- wenn in dem Raum mit dem Produkt starke Luftbewegungen vorhanden sind.

Bei beweglichen Produkten, wie z.B. Wärmerückgewinnungsanlagen, kann bei unsachgemäßem Betrieb oder bei Störung Abrieb auftreten.

**VI. Raumnutzung (Zeilen 22 bis 25)**

Schulen, Kindergärten, Sporthallen, Hallenbäder werden vorwiegend von Kindern, Jugendlichen und jüngeren Erwachsenen benutzt. Diese Altersgruppen sind wegen der langen Latenzzeit der asbestbedingten Krankheiten besonders gefährdet.

Zu den dauernd oder häufig benutzten Räumen zählen alle Räume, die regelmäßig über einen Zeitraum von mehreren Stunden benutzt werden.

Zeitweise benutzte Räume sind z.B. Technikräume, Lagerräume, Dachräume, Kellerräume, sonstige Nebenräume.

Selten benutzte Räume sind Technikschächte, Kriechgänge usw.

Die in der ehemaligen DDR hergestellten asbesthaltigen Platten wurden dort auch in Wohnungen verwendet; Räume von Wohnungen sind in Zeile 22 einzustufen.

**VII. Lage des Produkts (Zeilen 26 bis 29)**

Als unmittelbar im Raum liegend sind alle Produkte einzustufen, die zwischen dem Rohfußboden und der untersten Decke (Zwischendecke) angeordnet sind.

Ummantelungen oder Auskleidungen von Lüftungskanälen oder Lüftungsgeräten sind grundsätzlich für sämtliche von dieser Lüftungsanlage belüfteten Räume zu berücksichtigen. Bei Ummantelungen kann bei nachgewiesener Dichtheit der Lüftungskanäle oder Lüftungsgeräte von einer Nichtbeeinträchtigung der belüfteten Räume ausgegangen werden.

Abgehängte undichte Decken oder Bekleidungen sind sämtliche nicht luftdichte Konstruktionen oder Materialien.

## Anhang 17

## Richtlinie über die Anforderungen an Auffangwannen aus Stahl mit einem Auffangvolumen bis 1000 Liter (StawaR)

Stand: September 2020

**Inhalt**



### 1. Regelungsgegenstand und Verwendungs- bzw. Anwendungsbereich

(1) Gegenstand dieser Richtlinie sind flüssigkeitsundurchlässige Auffangwannen aus Stahl mit einem Auffangvolumen bis 1000 Liter,

- in bzw. auf denen Behälter, Fässer oder Gebinde (im Folgenden als Behälter bezeichnet) aufgestellt werden und die dazu bestimmt sind, aus den Behältern sowie aus den verbindenden Rohrleitungen austretende, wassergefährdende Flüssigkeiten aufzunehmen und zurückzuhalten,
- die nach oben offen oder mit einem Gitterrost versehen sind,
- deren Höhe der Aufkantung nicht mehr als 1 m beträgt und
- deren Grundfläche, bezogen auf die Einzelwanne, nicht mehr als 10 $m^2$ beträgt (größere Grundflächen können durch Zusammenbau kleinerer Wannen erzielt werden).

(2) Die Auffangwannen dürfen verwendet werden, wenn sie aus Werkstoffen hergestellt sind, die in Abschnitt 5 dieser Richtlinie genannt sind und wenn sie die Anforderungen des Abschnitts 2 dieser Richtlinie erfüllen.

(3) Auffangwannen nach dieser Richtlinie dürfen auch in Regale eingebaut werden, sofern sie nicht zu deren Standsicherheit beitragen.

(4) Belastungen aus Fahrzeugen (wie z.B. Gabelstaplern) sind vom Anwendungsbereich der Richtlinie ausgeschlossen.

(5) Die Richtlinie gilt unbeschadet der Bestimmungen und der Prüf- oder Genehmigungsvorbehalte anderer Rechtsbereiche.

## 2. Bestimmungen für die Auffangwanne

### 2.1. Anforderungen an die Auffangwanne

#### 2.1.1. Werkstoffe

(1) Der Stahl der Auffangwannen muss gegen die wassergefährdenden Flüssigkeiten beständig sein. Die geforderte Beständigkeit gilt als nachgewiesen, wenn

a) die Flüssigkeit-Werkstoff-Kombination in der DIN EN 12285-1 Anhang B positiv bewertet ist und die darin aufgeführten Randbedingungen beachtet werden oder

b) die Eignung nach DIN EN 12285-1 Anhang B Anlage 1 nachgewiesen wurde, wobei der Wandabtrag durch Flächenkorrosion abweichend von DIN EN 12285-1 Anhang B Abschnitt 2.2.1 maximal 0,5 mm/Jahr betragen darf oder

c) die Flüssigkeit-Werkstoff-Kombination in der „BAM-Liste, Anforderungen an Tanks für die Beförderung gefährlicher Güter" (herausgegeben von der Bundesanstalt für Materialforschung und -prüfung (BAM), Unter den Eichen 87, 12205 Berlin) positiv bewertet ist und die darin aufgeführten Randbedingungen beachtet werden.

(2) Auffangwannen aus Stählen, die unter Umwelteinflüssen zu Korrosion neigen (wie Baustähle nach DIN EN 10025-2, Kesselbleche nach DIN EN 10028-2), sind mit einem Oberflächenschutz (z.B. Beschichtung gemäß DIN EN ISO 12944-1; -4; -5, Verzinken gemäß DIN EN ISO 1461) entsprechend der vorgesehenen Lebensdauer (Schutzdauer) zu versehen. Nichtrostende Stähle sind entsprechend der erforderlichen Korrosionswiderstandsklassen gemäß der allgemeinen bauaufsichtlichen Zulassung Z-30.3-6 zu wählen.

(3) Verzinkte Auffangwannen sind bei der Lagerung folgender Flüssigkeiten nicht einzusetzen: organische und anorganische Säuren, Natron- und Kalilauge sowie weitere Alkalihydroxide, Chlorkohlenwasserstoffe, Amine, Nitroverbindungen, Säurechloride und andere Chloride, Phenol, wässrige alkalische Lösungen, Nitrile.

(4) Auffangwannen aus Stahl nach DIN EN 10025-2 oder DIN EN 10028-2 müssen Wanddicken von mindestens 3 mm, aus nichtrostendem Stahl nach DIN EN 10088-4 von mindestens 2 mm aufweisen. Ausnahme: Auffangwannen in Sicherheitsschränken nach DIN EN 14470-1 müssen unabhängig von der Stahlsorte eine Wanddicke von mindestens 1 mm aufweisen.

#### 2.1.2. Konstruktion

(1) Auffangwannen müssen flüssigkeitsundurchlässig im Sinne von § 18 Abs. 2 AwSV[1] sein.

(2) Bei Auffangwannen aus Stahl nach DIN EN 10025-2 oder DIN EN 10028-2 muss die Unterseite des Bodens auf Korrosion überprüft werden können. Das kann durch organisatorische oder konstruktive Maßnahmen, z.B. durch einen Bodenabstand zur Aufstellfläche von ≥ 100 mm, realisiert werden.

(3) Auffangwannen müssen einen Freibord von mindestens 2 cm aufweisen, der bei der Berechnung des Auffangvolumens zu berücksichtigen ist. Außerdem darf bei Auffangwannen, die mit einem Gitterrost versehen sind, das

---

[1] Nr. **36**.

Auffangvolumen nur bis zur Unterkante des Gitterrostes berücksichtigt werden.

(4) Die Auffangwannen müssen eine Aufkantung (Höhe) von mindestens 5 cm aufweisen.

(5) Auffangwannen dürfen keine Abläufe haben.

**2.1.3. Standsicherheit**

(1) Die Wände und Böden der Auffangwannen müssen die auf sie wirkenden Belastungen mit ausreichender Sicherheit aufnehmen. Dazu können sie gegebenenfalls versteift werden. Die Dicken der Wände und Böden entsprechend Abschnitt 2.1.1 Absatz (4) müssen jedoch mindestens eingehalten werden.

(2) Die Standsicherheit ist durch eine Berechnung nachzuweisen, die alle relevanten Einwirkungen berücksichtigt. Dabei ist die Einwirkung aus dem Leckagelastfall als Betriebslastfall anzusetzen (kein außergewöhnlicher Lastfall).

(3) Alternativ zur Statischen Berechnung bezüglich der eingestellten oder auf einem Gitterrost aufgestellten Behälter und bezüglich des Leckagelastfalls kann die Standsicherheit durch Belastungsversuche mit der Sicherheit 2 an mindestens 3 Wannen jeder Größe nachgewiesen werden. (Bei einer größeren Reihe verschiedener Wannengrößen aber gleicher Bauart können von der Prüfstelle einige Wannengrößen ausgewählt werden.)

(4) Der Leckagelastfall kann durch an ungünstigster Stelle (Bestimmung durch die Prüfstelle) aufgelegte Sandsäcke mit der entsprechenden Masse (max. erlaubtes Füllvolumen der Wanne x Dichte der Lagerflüssigkeit x 2) simuliert werden.

(5) Die Prüfdauer soll 15 Minuten betragen. Die Prüfung der Belastung aus den Behältern bzw. des Leckagelastfalls ist bestanden,

- wenn die Auffangwanne nach der Belastung gegenüber dem Zustand vor der Belastung keine mit einfachen Mitteln (z.B. Maßband, Messuhr) nachweisbaren, plastischen Verformungen aufweist und
- wenn die Schweißnähte der Auffangwanne nach der Belastung dicht sind (Prüfung z.B. mit Vakuumverfahren, Farbeindringverfahren).

**2.2. Herstellung und Kennzeichnung**

**2.2.1. Herstellung**

(1) Für die Herstellung der Auffangwannen gelten die Anforderungen der Ausführungsklasse EXC2 nach DIN EN 1090-2, für Auffangwannen aus nichtrostendem Stahl ist die allgemeine bauaufsichtliche Zulassung Nr. Z-30.3-6 zu beachten. Zusätzlich gelten die nachfolgenden Bestimmungen.

(2) Das Zusammenfügen der Einzelteile der Auffangwannen hat durch Schweißen anhand einer Schweißanweisung (WPS) entsprechend DIN EN ISO 15609 zu erfolgen.

(3) Die Wandungen durchdringende Schraubverbindungen unterhalb des maximal möglichen Flüssigkeitsspiegels in den Auffangwannen sind unzulässig.

(4) Werden die Einzelteile der Wandungen durch Kaltumformung hergestellt, so dürfen keine für die Herstellung und Verwendung der Auffangwannen schädlichen Änderungen des Werkstoffes eintreten. Bei Abkantung von Teilen der Auffangwannen ist der Biegeradius gleich oder größer der Wanddicke zu wählen.

(5) Die Schweißnähte müssen über den ganzen Querschnitt durchgeschweißt sein. Sie dürfen keine Risse und keine Bindefehler und Schlackeneinschlüsse aufweisen. Die Schweißnähte an den Wandungen müssen als doppelseitig geschweißte Stumpfnaht ohne wesentlichen Kantenversatz ausgeführt werden. Eckverbindungen müssen als beidseitig geschweißte Kehlnähte, einseitig stumpfgeschweißte Ecknähte oder beidseitig geschweißte Ecknähte ausgeführt werden. Kreuzstöße sind zu vermeiden.
Ausnahme: Bei Auffangwannen in Sicherheitsschränken nach DIN EN 14470-1 dürfen die Ecknähte bis zu einer Wanddicke von 1,5 mm einseitig geschweißt werden.

(6) Sämtliche Handschweißarbeiten dürfen nur von Schweißern ausgeführt werden, die für die erforderliche Prüfgruppe nach DIN EN ISO 9606-1 und für das jeweilige angewendete Schweißverfahren eine gültige Prüfbescheinigung haben. Mechanisierte Schweißverfahren, zum Beispiel für vorgefertigte Teile, sind zulässig, wenn deren Gleichwertigkeit mit der doppelseitigen Handschweißung aufgrund einer Verfahrensprüfung durch die zuständige Prüfstelle nachgewiesen ist.

**2.2.2. Kennzeichnung**

Auffangwannen müssen vom Hersteller mit dem Übereinstimmungszeichen (Ü-Zeichen) nach den Übereinstimmungszeichen-Verordnungen der Länder gekennzeichnet werden. Die Kennzeichnung darf nur erfolgen, wenn die Voraussetzungen nach Abschnitt 2.3 erfüllt sind.
Außerdem hat der Hersteller die Auffangwannen gut sichtbar und dauerhaft mit folgenden Angaben zu kennzeichnen:

- Herstellungsnummer,
- Herstellungsjahr,
- Werkstoff der Auffangwanne,
- Auffangvolumen,
- maximale Dichte der Lagerflüssigkeit (entsprechend Standsicherheitsnachweis),
- maximale Nutzlast (entsprechend Standsicherheitsnachweis),
- sowie mit dem Hinweis „Verwendung nach StawaR" zu versehen.

**2.3. Übereinstimmungsnachweis**

Die Bestätigung der Übereinstimmung der Auffangwannen mit den Bestimmungen dieser Richtlinie muss für jedes Herstellwerk mit einer Erstprüfung der Auffangwannen durch eine hierfür anerkannte Prüfstelle[*1] und einer Übereinstimmungserklärung des Herstellers auf der Grundlage einer werkseigenen Produktionskontrolle erfolgen.

**2.3.1. Erstprüfung durch eine anerkannte Prüfstelle**

Im Rahmen der Erstprüfung ist die Einhaltung der in den Abschnitten 2.1 und 2.2 der StawaR Fassung September 2020 genannten Anforderungen zu prüfen und in einem Prüfbericht zu dokumentieren. Im Erstprüfbericht sind alle Auffangwannentypen und deren Eigenschaften zu benennen, für die der

---

[*1] **Amtl. Anm.:** siehe Verzeichnis der Prüf-, Überwachungs- und Zertifizierungsstellen nach den Landesbauordnungen – PÜZ-Verzeichnis, veröffentlicht auf der Homepage des Deutschen Instituts für Bautechnik

Prüfbericht gilt. Die Auswahl der Prüflinge liegt in der Verantwortung der anerkannten Prüfstelle.

**2.3.2. Werkseigene Produktionskontrolle**

(1) In jedem Herstellwerk ist eine werkseigene Produktionskontrolle einzurichten und durchzuführen. Unter werkseigener Produktionskontrolle wird die vom Hersteller vorzunehmende kontinuierliche Überwachung der Produktion verstanden, mit der dieser sicherstellt, dass die von ihm hergestellten Auffangwannen den Bestimmungen dieser Richtlinie entsprechen.

(2) Die werkseigene Produktionskontrolle hat in Anlehnung an DIN EN 1090-2 zu erfolgen. Im Rahmen der werkseigenen Produktionskontrolle sind an jeder einzelnen Auffangwanne folgende Prüfungen durchzuführen:

1. Kontrolle der Kennzeichnung des verwendeten Stahls sowie Kontrolle des Werkszeugnisses 2.2 nach DIN EN 10204 für den Werkstoff Nr. 1.0038 bzw. des Abnahmeprüfzeugnisses 3.1 für die anderen Stahlwerkstoffe,
2. Kontrolle der Abmessungen,
3. Schweißnahtprüfung (Sichtprüfung) entsprechend DIN EN 1090-2 Ausführungsklasse EXC2,
4. Dichtheitsprüfung,
5. gegebenenfalls Kontrolle des Korrosionsschutzes entsprechend DIN EN 1090-2 Ausführungsklasse EXC2.

Die Dichtheitsprüfung erfolgt durch zerstörungsfreie Prüfung: dem Vakuumverfahren nach DIN EN 1593, dem Farbeindringverfahren nach DIN EN ISO 3452-1 oder einem gleichwertigen Verfahren. Das Füllen der Auffangwanne mit Wasser oder das Eintauchen der Auffangwanne in Wasser wird nicht als gleichwertiges Verfahren angesehen.

**3. Bestimmungen für die Aufstellung**

(1) Die Bedingungen für die Aufstellung der Auffangwannen sind den wasser-, arbeitsschutz- und baurechtlichen Vorschriften zu entnehmen.

(2) Die Auffangwannen dürfen nur auf waagerechten, ebenen und ausreichend befestigten Flächen (zum Beispiel Asphalt, Beton) aufgestellt oder in Regalen (siehe Abschnitt 1(3)) eingebaut werden. Niederschlagswasser darf nicht in die Auffangwannen gelangen. Die Fläche um die Auffangwannen muss befestigt sein und darf kein Gefälle zu den Auffangwannen aufweisen, sodass sich z.B. Niederschlagswasser nicht unter den Auffangwannen sammeln kann.

(3) Die als Stellflächen verwendeten Stahlgitterroste müssen für die angegebene Nutzlast nach anerkannten Regeln des Stahlbaus, z.B. Eurocode 3 (DIN EN 1993) oder RAL-GZ 638 bemessen und ausgeführt sein und gegenüber den Lagermedien nachweislich entsprechend Abschnitt 2.1.1 Absatz (1) beständig sein.

(4) Auffangwannen müssen gegen mögliche Beschädigung von außen ausreichend geschützt sein. Der Schutz kann zum Beispiel erfolgen durch

- geschützte Aufstellung außerhalb innerbetrieblicher Transportwege,
- Anfahrschutz,
- Aufstellung in einem geeigneten Raum.

(5) Bei einer flächenhaften Zusammenstellung von mehreren Auffangwannen ist an sichtbarer Stelle eine Übersicht anzubringen, aus der für jede Auf-

fangwanne die Kennzeichnung entsprechend Abschnitt 2.2.2 ersichtlich ist. Die Fugen zwischen den Auffangwannen müssen flüssigkeitsundurchlässig abgedeckt werden.

(6) Bei der Aufstellung von Bodenwannen aus Stahl nach DIN EN 10025-2 oder DIN EN 10028-2 ohne Füße oder Kufen darf die Korrosionsschutzschicht nicht beschädigt werden.

## 4. Bestimmungen für Nutzung, Unterhalt, Wartung und Prüfung

### 4.1. Nutzung

(1) Die Bedingungen für die Nutzung müssen den Nachweisen nach Abschnitt 2.1 entsprechen.

(2) Das zulässige Lagervolumen der in bzw. über der Auffangwanne gelagerten Behälter ist entsprechend dem erforderlichen Rückhaltevolumen nach § 18, Absatz (3) und (4) sowie Kapitel 3 Abschnitt 3 AwSV[1)] zu ermitteln.

(3) Werden Auffangvorrichtungen flächig zusammengestellt, entspricht das zulässige Auffangvolumen dem jeweiligen Auffangvolumen der einzelnen Auffangvorrichtung, auf der die Behälter aufgestellt werden. Werden Behälter über mehrere Auffangvorrichtungen hinweg aufgestellt, so ist das zulässige Auffangvolumen der kleinsten Auffangvorrichtung maßgebend. Bei flächiger Zusammenstellung dürfen die Auffangvolumina der einzelnen Auffangvorrichtungen nicht addiert werden.

(4) Der Betreiber ist verantwortlich für die Einhaltung der in Absatz (2) bzw. auch in Absatz (3) beschriebenen maximal zulässigen Lagerkapazität oder Behältergröße unter Berücksichtigung des an der Auffangwanne gekennzeichneten Auffangvolumens. Die Volumenverdrängung durch die eingestellten Behälter ist zu beachten.

(5) Die Grundfläche von Auffangvorrichtungen muss so bemessen sein, dass Spritzverluste, z.B. aus mechanischen Beschädigungen von Behälterwänden, aus Befüll- und Entleervorgängen und Tropfverluste sicher aufgefangen werden. Gegebenenfalls ist durch Spritzschutzmaßnahmen eine sichere Einleitung von Leckagen in die Auffangvorrichtung zu gewährleisten.

(6) Die maximale Nutzlast der Auffangwanne sowie des Gitterrostes darf nicht überschritten werden.

(7) Große Gebinde und Fässer dürfen nur mit geeigneten Geräten (zum Beispiel Fassgreifern) in die Auffangwanne bzw. auf deren Gitterrost gestellt werden und aus bzw. von ihr entnommen werden.

(8) Kleingebinde und Fässer dürfen nur entsprechend der verkehrsrechtlichen Zulassung und den Arbeitsschutzbestimmungen gestapelt werden, wobei eine maximale Stapelhöhe von 1,5 m nicht überschritten werden darf. Sie sind gegen Herabstürzen zu sichern.

(9) In Erdbebengebieten innerhalb der Erdbebenzonen 1 bis 3 nach DIN 4149 sind die Behälter ausreichend in ihrer Lage so zu sichern, dass im Erdbebenfall keine konzentrierten Einzellasten auf die Behälter einwirken.

(10) Bei der Zusammenlagerung von unterschiedlichen Stoffen muss eine Stoffverträglichkeit gegeben sein. Verschiedenartige Flüssigkeiten, die miteinander reagieren können, müssen so gelagert werden, dass sie im Falle des

---

[1)] Auszugsweise abgedruckt unter Nr. **36**.

Auslaufens nicht in dieselbe Wanne gelangen können. Der Werkstoff eines anderen Behälters darf nicht durch das Lagermedium angegriffen werden.

(11) In Fällen, in denen mit Kontaktkorrosion zu rechnen ist, muss sichergestellt sein, dass die Behälter und Gebinde einen ausreichenden Abstand von der Wandung der Auffangwanne aufweisen.

(12) Das Austreten wassergefährdender Stoffe aus dem Behälter muss schnell und zuverlässig feststellbar sein. Die wassergefährdenden Stoffe müssen sichtbar sein oder durch eine Leckagesonde angezeigt werden. Die Aufstellung und Anordnung der Behälter in bzw. auf der Auffangwanne richten sich nach den wasserrechtlichen und arbeitsschutzrechtlichen Vorschriften.

(13) Abfüllgefäße (zum Beispiel Kannen) und Lagerbehälter dürfen nicht über den Wannenrand hinausragen.

### 4.2. Unterhalt, Wartung

(1) Die Auffangwanne ist frei von Wasser, Niederschlag und Verschmutzungen zu halten.

(2) Schäden am Oberflächenschutz der Auffangwanne sind umgehend zu beheben.

(3) Bei Austausch des Gitterrostes darf nur ein Gitterrost gleicher Bauart mit mindestens der gleichen Tragkraft verwendet werden.

(4) Ist die Auffangwanne nach einer Beschädigung, die die Funktionsfähigkeit der Wanne wesentlich beeinträchtigt hat, wieder instandgesetzt worden, so ist sie erneut einer Dichtheitsprüfung zu unterziehen. Instandsetzung und Dichtheitsprüfung müssen entweder durch den Hersteller oder durch einen Betrieb, der die Anforderungen gemäß Abschnitt 2.2.1 erfüllt, durchgeführt werden. Prüfmethoden zur Dichtheitsprüfung siehe Abschnitt 2.3.2 (2).

### 4.3. Prüfungen

(1) Der Betreiber hat regelmäßig, entsprechend den wasserrechtlichen Festlegungen und betrieblichen Bedingungen festzustellen, ob Flüssigkeit aus den Behältern ausgelaufen ist bzw. gegebenenfalls die Betriebsbereitschaft der angeschlossenen Leckagesonde zu kontrollieren. Ausgelaufene Flüssigkeit ist umgehend fachgerecht schadlos zu beseitigen.

(2) Der Zustand der Auffangwanne und gegebenenfalls des Gitterrostes ist alle zwei Jahre, bei Auffang-wannen in Sicherheitsschränken nach DIN EN 14470-1 alle 6 Monate durch Inaugenscheinnahme zu prüfen. Zumindest bei Auffangwannen aus Stahl nach DIN EN 10025-2 oder DIN EN 10028-2 ist die Prüfung auch an der Bodenunterseite durchzuführen. Das Ergebnis ist zu protokollieren und auf Verlangen der zuständigen Wasserbehörde vorzulegen.

## 5. Auffangwannen – Werkstoffe und Werkstoffbescheinigungen

| Stahlsorten | | Werkstoff Nr. nach DIN EN 10027-2 | frühere Bezeichnung | Nachweis | |
|---|---|---|---|---|---|
| Stähle nach DIN EN 10025-2 | S235JR | 1.0038 | St37-2 | CE-Konformitätskennzeichnung nach DIN EN 10025-1 | Werkszeugnis 2.2* |
| | S275J2 | 1.0145 | St44-3 | | Abnahmeprüfzeugnis 3.1* |
| | S355J2 | 1.0570 | St52-3 | | |

| Stahlsorten | | Werkstoff Nr. nach DIN EN 10027-2 | frühere Bezeichnung | Nachweis | |
|---|---|---|---|---|---|
| Stähle nach DIN EN 10028-2 | P235GH<br>P265GH<br>P295GH | 1.0345<br>1.0425<br>1.0481 | HI<br>HII<br>17Mn4 | Abnahmeprüfzeugnis 3.1* | |
| Nichtrostende Stähle | entsprechend Z-30.3-6 | | | Kennzeichnung nach Z-30.3-6 | |
| | nach DIN EN 10088-4 | | | Abnahmeprüfzeugnis 3.1* | |

* **Amtl. Anm.:** nach DIN EN 10204

## 6. Zitierte Normen und Regelwerke

| | |
|---|---|
| DIN 4149:2005-04 | Bauten in deutschen Erdbebengebieten – Lastannahmen, Bemessung und Ausführung üblicher Hochbauten |
| DIN EN 1090-2:2018-09 | Ausführung von Stahltragwerken und Aluminiumtragwerken – Teil 2: Technische Regeln für die Ausführung von Stahltragwerken |
| DIN EN 1593:1999-11 | Zerstörungsfreie Prüfung – Dichtheitsprüfung – Blasenprüfverfahren |
| DIN EN 10025-1:2005-2 | Warmgewalzte Erzeugnisse aus Baustählen – Teil 1: Allgemeine technische Lieferbedingungen |
| DIN EN 10025-2:2019-10 | Warmgewalzte Erzeugnisse aus Baustählen – Teil 2: Technische Lieferbedingungen für unlegierte Baustähle |
| DIN EN 10027-2:2015-07 | Bezeichnungssysteme für Stähle; Teil 2: Nummernsystem |
| DIN EN 10028-2:2017-10 | Flacherzeugnisse aus Druckbehälterstählen – Teil 2: Unlegierte und legierte Stähle mit festgelegten Eigenschaften bei erhöhten Temperaturen |
| DIN EN 10088-4:2010-01 | Nichtrostende Stähle – Teil 4: Technische Lieferbedingungen für Blech und Band aus korrosionsbeständigen Stählen für das Bauwesen |
| DIN EN 10204:2005-01 | Metallische Erzeugnisse – Arten von Prüfbescheinigungen |
| DIN EN 12285-1:2018-12 | Werksgefertigte Tanks aus Stahl – Teil 1: Liegende, zylindrische, ein- und doppelwandige Tanks zur unterirdischen Lagerung von brennbaren und nicht brennbaren wassergefährdenden Flüssigkeiten, die nicht für das Heizen und Kühlen von Gebäuden vorgesehen sind (Positiv-Flüssigkeitsliste) |
| DIN EN 14470-1:2004-07 | Feuerwiderstandsfähige Lagerschränke – Teil 1: Sicherheitsschränke für brennbare Flüssigkeiten |
| DIN EN ISO 1461:2009-10 | Durch Feuerverzinken auf Stahl aufgebrachte Zinküberzüge (Stückverzinken) – Anforderungen und Prüfungen |
| DIN EN ISO 3452-1:2014-09 | Zerstörungsfreie Prüfung-Eindringprüfung – Teil 1: Allgemeine Grundlagen |

| | |
|---|---|
| DIN EN ISO 9606-1:2017-12 | Prüfung von Schweißern – Schmelzschweißen – Teil 1: Stähle (ISO 9606-1:2012, einschließlich Cor 1:2012 und Cor 2:2013) |
| DIN EN ISO 12944-1:2019-01 | Beschichtungsstoffe – Korrosionsschutz von Stahlbauten durch Beschichtungssysteme – Teil 1: Allgemeine Einleitung |
| DIN EN ISO 12944-4:2018-04 | Beschichtungsstoffe – Korrosionsschutz von Stahlbauten durch Beschichtungssysteme – Teil 4: Arten von Oberflächen und Oberflächenvorbereitung |
| DIN EN ISO 12944-5:2018-06 | Beschichtungsstoffe – Korrosionsschutz von Stahlbauten durch Beschichtungssysteme – Teil 5: Beschichtungssysteme |
| DIN EN ISO 15609-1/-2/-3/-4/-5/-6:2005-01, 2001-12, 2004-10, 2009-10, 2012-03, 2013-06 | Anforderung und Qualifizierung von Schweißverfahren für metallische Werkstoffe – Schweißanweisung |
| AwSV[1] | Verordnung über Anlagen zum Umgang mit wassergefährdenden Stoffen (AwSV) Es gilt die aktuelle Fassung. (zum Zeitpunkt der Erstellung dieser StawaR gilt die Fassung vom 18. April 2017 (BGBl. I Nr. 22, S. 905)) |
| RAL-GZ 638:2008-09 | Gitterroste – Gütesicherung |
| Z-30.3-6:05.03. 2018 | Erzeugnisse, Verbindungsmittel und Bauteile aus nichtrostendem Stahl |

Bezüglich der in dieser Richtlinie genannten Normen, anderen Unterlagen und technischen Anforderungen, die sich auf Produkte oder Prüfverfahren beziehen, gilt, dass auch Produkte bzw. Prüfverfahren angewendet werden dürfen, die Normen oder sonstigen Bestimmungen und/oder technischen Vorschriften anderer EU-Mitgliedstaaten und weiterer Vertragsstaaten des Europäischen Wirtschaftsraums (EWR) sowie der Schweiz und der Türkei entsprechen, sofern das geforderte Schutzniveau in Bezug auf Sicherheit, Gesundheit und Gebrauchstauglichkeit gleichermaßen dauerhaft erreicht wird.

**Anhang 18**

## Verwendung von normalentflammbaren Verglasungen in Außenwänden, ausgenommen Außenwandkonstruktionen mit geschossübergreifenden Hohl- oder Lufträumen und Fassaden

Stand: Juli 2022

Anstelle von nichtbrennbar geforderten Verglasungen in Außenwänden dürfen normalentflammbare Verglasungen verwendet werden, wenn die Verglasung mit Mehrscheibenisolierglas mit Verbundsicherheitsglas jeweils aus nichtbrennbaren Einzelgläsern (z.B. Floatglas, Einscheibensicherheitsglas) und zwischenliegenden Folien besteht und das Mehrscheibenisolierglas mit Verbundsicher-

[1] Auszugsweise abgedruckt unter Nr. **36**.

heitsglas insgesamt mindestens normalentflammbar ist und die Verglasung im Brandfall nicht zu einer dauerhaften Flammenausbreitung beiträgt.

Dies gilt als erfüllt durch Verbundsicherheitsglas mit maximal zwei 0,38 mm dicken Folien aus Polyvinylbutyral (PVB)-Folien je Zwischenlage. Diese Verbundsicherheitsgläser dürfen auch in mehreren Scheibenebenen angeordnet sein (z.B. als Außen-, Mittel- und Innenscheibe). Die Scheibenkanten müssen durch eine Glashalterung aus nichtbrennbaren Baustoffen vor Flammeneinwirkung geschützt sein. Soll davon abgewichen werden, ist ein Anwendbarkeitsnachweis gemäß Art 15 BayBO[1] erforderlich.

## Bezugsquellennachweis

Normen (DIN, DIN V, DIN V ENV, DIN EN, DIN EN ISO, DIN CEN/TS, DIN SPEC, Eurocode), AD-Merkblätter, DIN-Fachberichte
DIN Media GmbH
www.dinmedia.de

EADs (European Assessment Documents)
www.eota.eu

ETAGs (European Technical Approvals Guidelines)
www.eota.eu

Bau- und Prüfgrundsätze für Beschichtungsstoffe zum Beschichten von Beton-, Putz- und Estrichflächen in Auffangwannen und Auffangräumen
Fassung August 2017
Deutsches Institut für Bautechnik (DIBt)
www.dibt.de

Bau- und Prüfgrundsätze für Schornsteinreinigungsverschlüsse und Rußabsperrer
Fassung November 2012
Deutsches Institut für Bautechnik (DIBt)
www.dibt.de

Bemessungsverfahren für Ankerschienen (Deutsches Anwendungsdokument zu EOTA TR 047 vom März 2018)
Stand: August 2020
Deutsches Institut für Bautechnik (DIBt)
www.dibt.de

Bemessungsverfahren für Ankerschienen unter ermüdungsrelevanter Belastung (Deutsches Anwendungsdokument zu EOTA TR 050 vom Oktober 2018)

---

[1] Nr. **1**.

Stand: August 2020
Deutsches Institut für Bautechnik (DIBt)
www.dibt.de

Bemessungsverfahren für Kunststoffdübel zur Verankerung in Beton und Mauerwerk (Deutsches Anwendungsdokument zu EOTA TR 064 vom Mai 2018)
Stand: August 2019
Deutsches Institut für Bautechnik (DIBt)
www.dibt.de

Bemessungsverfahren für Metall-Injektionsanker zur Verankerung in Mauerwerk (Deutsches Anwendungsdokument zu EOTA TR 054 vom April 2016)
Stand: August 2019
Deutsches Institut für Bautechnik (DIBt)
www.dibt.de

Bemessung von Flachdecken, Einzelfundamenten und Bodenplatten aus Stahlbeton mit Doppelkopfankern als Durchstanzbewehrung (Deutsches Anwendungsdokument zu EOTA TR 060 vom November 2017)
Stand: August 2019
Deutsches Institut für Bautechnik (DIBt)
www.dibt.de

Bemessung von Flachdecken, Einzelfundamenten und Bodenplatten aus Stahlbeton mit Gitterträgern als Durchstanzbewehrung (Deutsches Anwendungsdokument zu EOTA TR 058 vom Juni 2017)
Stand: August 2019
Deutsches Institut für Bautechnik (DIBt)
www.dibt.de

Bauaufsichtliche Richtlinie über die Lüftung fensterloser Küchen, Bäder und Toilettenräume in Wohnungen
Ausgabe April 2009, zuletzt geändert am 1. Juli 2010
www.bauministerkonferenz.de

DAfStb-Richtlinie Betonbau beim Umgang mit wassergefährdenden Stoffen – BUmwS
Ausgabe März 2011
Deutscher Ausschuss für Stahlbeton e.V. – DAfStb
DIN Media GmbH
www.dinmedia.de

DAfStb-Richtlinie Betondecken und -dächer aus Fertigteilhohlplatten

Ausgabe Januar 2023
DIN Media GmbH
www.dinmedia.de

DAfStb-Richtlinie für die Herstellung und Verwendung von Trockenbeton und Trockenmörtel (Trockenbeton-Richtlinie) – TrBMR –
Ausgabe Juni 2005
DIN Media GmbH
www.dinmedia.de

DAfStb-Richtlinie für die Herstellung und Verwendung von zementgebundenem Vergussbeton und Vergussmörtel – VeBMR –
Ausgabe Juli 2019
DIN Media GmbH
www.dinmedia.de

DAfStb-Richtlinie Massige Bauteile aus Beton
Ausgabe April 2010
Deutscher Ausschuss für Stahlbeton e.V. – DAfStb
DIN Media GmbH
www.dinmedia.de

DAfStb-Richtlinie – Schutz und Instandsetzung von Betonbauteilen (Instandsetzungsrichtlinie)
Ausgabe Oktober 2001
Teil 1: Allgemeine Regelungen und Planungsgrundsätze
Teil 2: Bauprodukte und Anwendung
Teil 3: Anforderungen an die Betriebe und Überwachung der Ausführung
Teil 4: Prüfverfahren
Berichtigung 1 (2002-01)
Berichtigung 2 (2005-12)
Berichtigung 3 (2014-09)
DIN Media GmbH
www.dinmedia.de

DAfStb-Richtlinie – Stahlfaserbeton Ergänzungen und Änderungen zu DIN EN 1992-1-1 in Verbindung mit DIN EN 1992-1-1/NA, DIN EN 206-1 in Verbindung mit DIN 1045-2 und DIN EN 13670 in Verbindung mit DIN 1045-3, Teile 1 bis 3
Ausgabe Juni 2021
Deutscher Ausschuss für Stahlbeton e.V. – DAfStb
DIN Media GmbH
www.dinmedia.de

DAfStb-Richtlinie – Verwendung von siliziumreicher Flugasche und Kesselsand in Betonbauteilen in Kontakt mit Boden, Grundwasser oder Niederschlag
Ausgabe April 2023
Deutscher Ausschuss für Stahlbeton e.V. – DAfStb
DIN Media GmbH
www.dinmedia.de

DAfStb-Richtlinie Vorbeugende Maßnahmen gegen schädigende Alkalireaktion im Beton (Alkali-Richtlinie)
Ausgabe Oktober 2013
Deutscher Ausschuss für Stahlbeton e.V. – DAfStb
DIN Media GmbH
www.dinmedia.de

DASt-Richtlinie 021
Schraubenverbindungen aus feuerverzinkten Garnituren M39 bis M72 entsprechend DIN EN 14399-4, DIN EN 14399-6
Ausgabe September 2013
Stahlbau Verlags- und Service GmbH
shop.deutscherstahlbau.de

DASt-Richtlinie 022
Feuerverzinken von tragenden Stahlbauteilen
Ausgabe Juni 2016
Stahlbau Verlags- und Service GmbH
shop.deutscherstahlbau.de

DASt-Richtlinie 024
Anziehen von geschraubten Verbindungen der Abmessungen M12 bis M36
Ausgabe Juni 2018
Stahlbau Verlags- und Service GmbH
shop.deutscherstahlbau.de

DASt-Richtlinie 027
Ermittlung der Bauteiltemperatur feuerverzinkter Stahlbauteile im Brandfall
Ausgabe November 2020
Stahlbau Verlags- und Service GmbH
shop.deutscherstahlbau.de

Durchführung und Auswertung von Versuchen am Bau für Injektionsanker-systeme im Mauerwerk mit ETA nach EAD 330076-00-0604 bzw. nach ETAG 029
Deutsches Institut für Bautechnik (DIBt)
www.dibt.de

Durchführung und Auswertung von Versuchen am Bau für Kunststoffdübel in Beton und Mauerwerk mit ETA nach EAD 330284-00-0604 bzw. nach ETAG 020
Stand: September 2019
Deutsches Institut für Bautechnik (DIBt)
www.dibt.de

DVS-Richtlinie DVS 1708:2009-09
DIN Media GmbH
www.dinmedia.de

Empfehlungen für den Entwurf und die Berechnung von Erdkörpern mit Bewehrungen aus Geokunststoffen – EBGEO
Deutsche Gesellschaft für Geotechnik e.V.
Ausgabe April 2010
Ernst & Sohn GmbH
www.ernst-und-sohn.de

ETB-Richtlinie „Bauteile, die gegen Absturz sichern"
Ausgabe Juni 1985
Mitteilungen IfBt Heft 2/1987
DIN Media GmbH
www.dinmedia.de

Fachregel Ofen- und Luftheizungsbauhandwerks – TR OL 2006
Ausgabe 2010
Zentralverband Sanitär Heizung Klima
www.zvshk.de

Hinweise für die Montage von Dübelverankerungen
Ausgabe Oktober 2010
Deutsches Institut für Bautechnik (DIBt)
www.dibt.de

Instandhaltung von Betonbauwerken
(TR Instandhaltung):

Teil 1 – Anwendungsbereich und Planung der Instandhaltung
Teil 2 – Merkmale von Produkten oder Systemen für die Instandsetzung und Regelungen für deren Verwendung
Fassung Mai 2020
Deutsches Institut für Bautechnik (DIBt)
www.dibt.de

Lehmbau Regeln
Ausgabe Februar 2008
Dachverband Lehm e.V.
www.dachverband-lehm.de

Verordnung über den Bau und Betrieb von Garagen sowie über die Zahl der notwendigen Stellplätze (Garagen- und Stellplatzverordnung – GaStellV) vom 30. November 1993 (GVBl. S. 910, BayRS 2132-1-4-B), zuletzt geändert durch § 3 der Verordnung vom 7. August 2018 (GVBl. S. 694)
Verordnung über den Bau von Betriebsräumen für elektrische Anlagen (EltBauV) vom 13. April 1977 (BayRS 2132-1-8-B)
Feuerungsverordnung (FeuV) vom 11. November 2007 (GVBl. S. 800, BayRS 2132-1-3-B), zuletzt geändert durch § 2 der Verordnung vom 7. August 2018 (GVBl. S. 694)
Bauprodukte- und Bauartenverordnung (BauPAV) vom 20. September 1999 (GVBl. S. 424, BayRS 2132-1-23-B), die zuletzt durch Verordnung vom 17. Dezember 2021 (GVBl. 2022 S. 10) geändert worden ist
Muster-Richtlinie über automatische Schiebetüren in Rettungswegen (M-AutSchR)
Fassung Dezember 1997
www.bauministerkonferenz.de

„Muster-Richtlinie über bauaufsichtliche Anforderungen an Schulen – MSchulbauR"
In Bayern nicht besetzt-
„Muster-Richtlinie über bauaufsichtliche Anforderungen an Wohnformen für Menschen mit Pflegebedürftigkeit oder mit Behinderung – MWR"
In Bayern nicht besetzt
Muster-Richtlinie über brandschutztechnische Anforderungen an Bauteile und Außenwandbekleidungen in Holzbauweise (MHolzBauRL)
Fassung Oktober 2020,
Deutsches Institut für Bautechnik (DIBt)
www.dibt.de

Muster-Richtlinie über brandschutztechnische Anforderungen an Leitungsanlagen (Muster-Leitungsanlagen-Richtlinie – MLAR)

# 42 Technische Baubestimmungen

Fassung 10.02.2015, zuletzt geändert durch Beschluss der Fachkommission Bauaufsicht vom 03.09.2020
www.bauministerkonferenz.de

Muster-Richtlinie über brandschutztechnische Anforderungen an Lüftungsanlagen (Muster-Lüftungsanlagen-Richtlinie M-LüAR)
Fassung: 29.09.2005, zuletzt geändert durch Beschluss der Fachkommission Bauaufsicht vom 03.09.2020
www.bauministerkonferenz.de

Muster-Richtlinie über brandschutztechnische Anforderungen an Systemböden, Muster-Systembödenrichtlinie (MSysBöR)
Fassung September 2005
www.bauministerkonferenz.de

Richtlinie über die bauaufsichtliche Behandlung von Hochhäusern (HHR), Bekanntmachung vom 21. April 2015 (AllMBl. S. 274)
Muster-Richtlinie über den baulichen Brandschutz im Industriebau (Muster-Industriebau-Richtlinie – MIndBauRL)
Stand Mai 2019
www.bauministerkonferenz.de

Muster-Richtlinie über den Brandschutz bei der Lagerung von Sekundärstoffen aus Kunststoff (Muster-Kunststofflager-Richtlinie MKLR)
Fassung Juni 1996
www.bauministerkonferenz.de
Muster-Richtlinie über elektrische Verriegelungssysteme von Türen in Rettungswegen (M-EltVTR)
Fassung Dezember 1997
www.bauministerkonferenz.de

Muster-Richtlinien über Flächen für die Feuerwehr – Fassung Februar 2007 – (zuletzt geändert durch Beschluss der Fachkommission Bauaufsicht vom Oktober 2009)
www.bauministerkonferenz.de

Verordnung über den Bau und Betrieb von Beherbergungsstätten (Beherbergungsverordnung – BStättV) vom 2. Juli 2007 (GVBl. S. 538, BayRS 2132-1-19-B), zuletzt geändert durch § 7 der Verordnung vom 7. August 2018 (GVBl. S. 694)
Verordnung über den Bau und Betrieb von Verkaufsstätten (Bayerische Verkaufstättenverordnung – BayVKV) vom 2. November 2007 (GVBl. S. 751, BayRS 2132-1-6-B), zuletzt geändert durch Verordnung vom 11. Dezember 2017 (GVBl. S. 595)

Verordnung über den Bau und Betrieb von Versammlungsstätten (Versammlungsstättenverordnung – VStättV) vom 2. November 2007 (GVBl. S. 736, BayRS 2132-1-5-B), zuletzt geändert durch § 4 der Verordnung vom 7. August 2018 (GVBl. S. 694)

Prüfgrundsätze für Schornsteinreinigungsverschlüsse und Rußabsperrer

Ausgabe November 2012

Deutsches Institut für Bautechnik (DIBt)

www.dibt.de

Prüfgrundsätze zur Erteilung von allgemeinen bauaufsichtlichen Prüfzeugnissen für Abdichtungen im Verbund mit Fliesen- und Plattenbelägen

Teil 1: Flüssig zu verarbeitende Abdichtungsstoffe – PG AIV-F

Ausgabe März 2018

Teil 2: Bahnenförmige Abdichtungsstoffe – PG AIV-B

Ausgabe März 2018

Teil 3: Plattenförmige Abdichtungsstoffe – PG AIV-P

Ausgabe März 2018

Teil 4: Ergänzende Prüfungen an den Abdichtungssystemen in Verbindung mit Nutzschichten (PG AIV N)

Stand: Juli 2021

Deutsches Institut für Bautechnik (DIBt)

www.dibt.de

Prüfgrundsätze zur Erteilung von allgemeinen bauaufsichtlichen Prüfzeugnissen für Flüssigkunststoffe für die Bauwerksabdichtung (PG-FLK)

Stand Juli 2019

Deutsches Institut für Bautechnik (DIBt)

www.dibt.de

Prüfgrundsätze zur Erteilung von allgemeinen bauaufsichtlichen Prüfzeugnissen für starre und flexible mineralische Dichtungsschlämme sowie flexible polymermodifizierte Dickbeschichtungen für die Abdichtung von Bauwerken – PG-MDS/FPD

Ausgabe November 2016

Deutsches Institut für Bautechnik (DIBt)

www.dibt.de

Prüfgrundsätze zur Erteilung von allgemeinen bauaufsichtlichen Prüfzeugnissen für Fugenabdichtungen in Bauteilen u.a. aus Beton mit hohem Wassereindringwiderstand im erdberührten Bereich – PG-FBB

Teil 1: Abdichtungen für Arbeitsfugen und Sollrissquerschnitte, Übergänge und Anschlüsse

Ausgabe Mai 2020

Teil 2: Abdichtungen für Bewegungsfugen
Ausgabe Juli 2021
Deutsches Institut für Bautechnik (DIBt)
www.dibt.de

Prüfplan für Beschichtungs- und Einhausungssysteme zur Sanierung Pentachlorphenol (PCP)-belasteter Holzbauteile
Stand: Januar 2006
Deutsches Institut für Bautechnik (DIBt)
www.dibt.de

Richtlinie für den Nachweis der Standsicherheit von Metall-Kunststoff-Verbundprofilen
Ausgabe August 1986
DIN Media GmbH
www.dinmedia.de

Richtlinie für die Bewertung und Sanierung PCB-belasteter Baustoffe und Bauteile in Gebäuden (PCB-Richtlinie)
Fassung September 1994
Mitteilungen DIBt Heft 2/1995
Deutsches Institut für Bautechnik (DIBt)
www.dibt.de

Richtlinie für die Bewertung und Sanierung PCP-belasteter Baustoffe und Bauteile in Gebäuden (PCP-Richtlinie)
Fassung Oktober 1996
Mitteilungen DIBt Heft 1/1997
Deutsches Institut für Bautechnik (DIBt)
www.dibt.de

Richtlinie für die Überwachung von Wand-, Decken- und Dachtafeln für Holzhäuser in Tafelbauart nach DIN 1052 Teil 1 bis Teil 3
Fassung Juni 1992
Mitteilungen IfBt Heft 1/1993
Deutsches Institut für Bautechnik (DIBt)
www.dibt.de

Richtlinie für Standardisierung des Oberbaues von Verkehrsflächen RStO 01
FGSV Verlag GmbH
www.fgsv-verlag.de

Richtlinie für Windenergieanlagen
Einwirkungen und Standsicherheitsnachweise für Turm und Gründung
Stand 2012, Korrigierte Fassung März 2015
Deutsches Institut für Bautechnik (DIBt)
www.dibt.de

Technische Lieferbedingungen/Technische Prüfvorschriften für Baustoffe zur Herstellung von Brückenbelägen auf Beton mit einer Dichtungsschicht aus Flüssigkunststoff (TL/TP BEL – B, Teil 3)
Ausgabe 1995
Bundesministerium für Verkehr, Abteilung Straßenbau
FGSV Verlag GmbH
www.fgsv-verlag.de

Richtlinie zur Bemessung von Löschwasser-Rückhalteanlagen beim Lagern wassergefährdender Stoffe – LöRüL
Ausgabe August 1992
www.is-argebau.de

Richtlinie über den Bau und Betrieb Fliegender Bauten – FlBauR
Ausgabe Juni 2010
www.is-argebau.de

Technische Lieferbedingungen und Technische Prüfvorschriften für Reaktionsharze für Grundierungen, Versiegelungen und Kratzspachtelungen unter Asphaltbelägen auf Beton (TL/TP-BEL-EP)
Ausgabe 1999
Verkehrsblatt-Verlag Borgmann GmbH & Co KG
www.verkehrsblatt.de

Technische Regeln Flüssiggas (DVFG-TRF 2021)
wvgw Wirtschafts- und Verlagsgesellschaft Gas und Wasser mbH
www.shop.wvgw.de

Technische Regeln für brennbare Flüssigkeiten (TRbF)
UWS Umweltmanagement GmbH
www.umwelt-online.de

Technische Regel für Gasinstallationen
DVGW-TRGI; Arbeitsblatt G 600
Ausgabe September 2018
DVGW Deutscher Verein des Gas- und Wasserfaches e.V.

www.dvgw-regelwerk.de

Technische Regeln Ölanlagen (TRÖl 2.1)
Ausgabe 12/2019
Institut für Wärme und Öltechnik e.V.
www.zukunftsheizen.de

Verordnung über das Europäische Abfallverzeichnis (Abfallverzeichnis-Verordnung – AVV)
Ausfertigungsdatum: 10.12.2001
www.gesetze-im-internet.de

Verzeichnis der Prüf-, Überwachungs- und Zertifizierungsstellen nach den Landesbauordnungen (PÜZ-Verzeichnis)
Deutsches Institut für Bautechnik (DIBt)
www.dibt.de

# Sachverzeichnis

Die fetten Zahlen bedeuten die Ordnungsnummern der Gesetze und Verordnungen, die mageren Zahlen die Paragraphen bzw. Artikel.